내가 뽑은 원픽!　　최신 출제경향에　　최고의 수험서

- 꼼꼼하고 알찬 **과목별 핵심이론**

- **합격노트, TIP, OX퀴즈** 등 학습 길잡이 수록

- **출제 가능성 높은 문제로 구성한** 챕터별 실전문제

- 사회복지 관련 **최신 개정법령** 반영

2025

사회복지사 1급

노민래 저

전 과목 무료동영상

Ⅰ권
이론

최근 5개년 과년도 기출문제 수록

★
2024년 시행
22회
최신 기출문제
수록

동영상 강의, 1:1 Q&A 등 학습자료 제공

NAVER 카페 [한끝사　　▼]

예문사

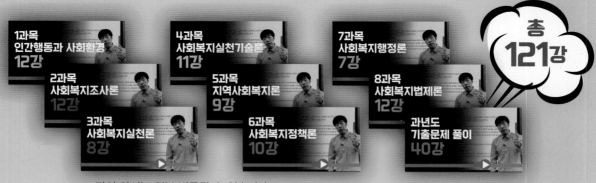

무료동영상 강의 수강 안내

STEP 1 카페 접속

NAVER 카페 한끝사 에 접속합니다.

STEP 2 카페 가입

가입하기를 클릭하여 카페에 가입합니다.

STEP 3 도서 인증

교재 내 닉네임 기재란(Ⅰ권)에 자필로 카페 닉네임을 적은 후
도서 제목과 닉네임이 모두 보이도록 사진을 찍어
등업 게시판에 인증합니다.

STEP 4 강의 수강

도서 인증이 완료되면 카페에서
저자 직강 무료동영상 강의를 수강할 수 있습니다.

NAVER 카페 한끝사 바로가기

사회복지사 합격은
예문사 사회복지사 1급
시리즈로 통한다!

사회복지사 1급

핵심요약집

- 총 8과목 핵심이론 압축 요약
- 키워드별 출제경향 및 핵심문제 수록
- 놓치는 내용이 없도록 다양한 요소 수록

사회복지사 1급
전 과목 무료동영상

기본서 [이론+문제]

- 꼼꼼하고 알찬 과목별 핵심이론
- 출제 가능성 높은 문제로 구성한 챕터별 실전문제
- 최근 5개년(2020~2024년) 과년도 기출문제 수록

사회복지사 1급

단원별 기출문제집

- 출제 가능성 높은 과년도 기출문제를 엄선하여 수록
- 빈출 개념 정리와 상세한 해설로 기출문제 완전 정복

※ 도서의 이미지와 구성은 변경될 수 있습니다.

한 권으로 끝내는 사회복지사

#합격 미룰래? #안 미룰래! #노민래

노민래 강사가 알려주는
사회복지사 1급 이론 / 기출문제집 / 핵심요약집

내가 뽑은 원픽!　최신 출제경향에 맞춘 최고의 수험서

2025

사회복지사 1급

노민래 저

전 과목
무료동영상

Ⅰ권
이론

카페 닉네임

시험을 준비하는
수험생들에게

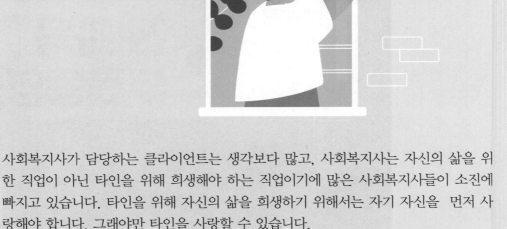

사회복지사가 담당하는 클라이언트는 생각보다 많고, 사회복지사는 자신의 삶을 위한 직업이 아닌 타인을 위해 희생해야 하는 직업이기에 많은 사회복지사들이 소진에 빠지고 있습니다. 타인을 위해 자신의 삶을 희생하기 위해서는 자기 자신을 먼저 사랑해야 합니다. 그래야만 타인을 사랑할 수 있습니다.

휴머니즘과 열성만 있으면 사회복지사가 될 수 있다고 생각하는 사람들이 있습니다. 하지만 사회복지사는 휴머니즘과 열성만으로 되는 자리가 아닙니다. 많은 지식과 기술이 필요한 자리입니다.

부족한 자원을 활용하여 많은 욕구를 가진 클라이언트에게 합리적이고 공정한 방법을 통하여 자원을 재분배해야 하기 때문에 반드시 전문성을 입증해야 합니다. 결국 사회복지사는 누구나 할 수 있는 일이 아니라 전문적 기술과 지식, 열정, 봉사, 사랑, 가치 등을 겸비한 멀티플레이어가 되어야만 할 수 있습니다. 사회복지사는 사회복지전담공무원보다 사회복지정책과 법을 더 많이 알고 있어야 클라이언트를 도울 수 있고 지도점검에도 대처할 수 있습니다.

최근 1년에 10만 명이 자격증을 취득할 정도로 사회복지사 2급의 무분별한 배출로 인하여 많은 문제가 발생하고 있습니다. 이럴 때일수록 사회복지사 1급 자격증은 더욱 빛을 낼 수 있습니다.

사회복지사 2급 자격증을 취득하기 위해 사회복지학을 공부했기 때문에 다른 과목보다 쉽게 느껴질 것입니다. 그러나 사회복지사 1급 시험은 8과목으로 나누어져 있고 8과목 모두 공부하려면 많은 시간이 필요하며, 시험에서는 통합적이고 유기적인 문제들이 자주 출제되고 있습니다. 따라서 자주 출제되고 있는 부분을 집중적으로 공부해야 합니다.

사회복지사 1급 시험을 준비하기 위해서는 우선 기본서를 충실하게 학습하여 이론을 정립한 후에 기출문제의 특징을 파악해야 합니다. 짧은 시간에 준비하는 것보다는 여유 있게 준비하는 것이 유리합니다. 하지만 공부를 하다 보면 시간은 늘 부족할 수밖에 없습니다.

이에 본 도서에서는 최근 시험에 출제되고 있는 내용을 우선적으로 선별하여 추록하였고, 많은 책을 보고 많은 양을 공부하는 번거로움을 줄이기 위해 출제경향을 분석하여 시험에 나올만한 내용을 학습하고 짧은 시간에 큰 효과를 볼 수 있도록 하였습니다.

아무것도 하지 않으면 아무 일도 일어나지 않는다는 말이 있습니다. 부정적인 생각은 하지 말고 자신을 믿고 끝까지 완주한다면 좋은 결과가 있을 것입니다. 모든 수험생 여러분을 응원합니다!

저자 **노 민 래**

사회복지사 1급 시험 개요

1. 자격명 : 사회복지사 1급

2. 관련 부처 : 보건복지부

3. 시행기관 : 한국산업인력공단

4. 도입 목적

사회복지에 관한 소정의 전문지식과 기술을 가진 자에게 사회복지사 자격을 부여하고 이들에게 복지업무를 담당하도록 함으로써 아동·청소년·노인·장애인 등 보호가 필요한 사람들에게 전문적이고 체계적인 복지서비스를 제공하기 위하여 도입됨

※ 시행관련 법령 : 「사회복지사업법」 제12조 및 동법 시행령 제3조 제2항

5. 응시 자격

- 「고등교육법」에 따른 대학원에서 사회복지학 또는 사회사업학을 전공하고 석사학위 또는 박사학위를 취득한 자
  ※ 시행연도 2월 말일까지 학위를 취득한 자 포함

- 「고등교육법」에 따른 대학에서 보건복지부령이 정하는 사회복지학 전공교과목과 사회복지 관련 교과목을 이수하고 학 득한 자
  ※ 시행연도 2월 말일까지 학위를 취득한 자 포함

- 법령에서 「고등교육법」에 따른 대학을 졸업한 자와 동등 이상의 학력이 있다고 인정하는 자로서 보건복지부령으로 정하는 사회복지학 전공교과목과 사회복지관련 교과목을 이수한 자
  ※ 시행연도 2월 말일까지 동등학력 취득자 포함

- 외국의 대학 또는 대학원(단, 보건복지부장관이 인정한 대학 또는 대학원)에서 사회복지학 또는 사회사업학을 전공하고 학사학위 이상을 취득한 자로서 위의 두 항목의 자격과 동등하다고 보건복지부장관이 인정하는 자

- 다음에 해당하는 자로서 사회복지사 2급 자격증을 취득한 자 중에서, 그 자격증을 취득한 날부터 시험일까지의 기간 동안 1년(2,080시간) 이상 사회복지사업의 실무경험이 있는 자
  ① 「고등교육법」에 의한 전문대학에서 보건복지부령이 정하는 사회복지학 전공교과목과 사회복지관련 교과목을 이수하고 졸업한 자
  ② 법령에서 「고등교육법」에 전문대학을 졸업한 자와 동등 이상의 학력이 있다고 인정하는 자로서 보건복지부령이 정하는 사회복지학 전공교과목과 사회복지관련 교과목을 이수한 자
  ※ 자세한 사항은 반드시 해당 연도 시행계획 공고 참고 요망

6. 결격사유

- 피성년후견인 또는 피한정후견인
- 금고 이상의 형을 선고받고 그 집행이 끝나지 아니하였거나 그 집행을 받지 아니하기로 확정되지 아니한 자
- 법원의 판결에 따라 자격이 상실되거나 정지된 자
- 마약·대마 또는 향정신성의약품의 중독자
- 「정신건강증진 및 정신질환자 복지서비스 지원에 관한 법률」 제3조 제1호에 따른 정신질환자. 다만, 전문의가 사회복지사로서 적합하다고 인정하는 사람은 제외

7. 수행직무

- 사회복지 프로그램의 개발 및 운영
- 시설 거주자의 생활지도 업무
- 사회복지를 필요로 하는 자에 대한 상담 업무 등

8. 최종합격자 발표

- 매 과목 4할, 전 과목 6할 이상 득점한 자를 합격예정자로 결정
- 필기시험에 합격하고 응시자격 서류심사에 통과한 자
- 사회복지사 1급 합격예정자에 대해서는 한국사회복지사협회에서 응시자격 서류심사를 실시하며, 심사결과 부적격 사유에 해당되거나 응시자격서류를 정해진 기한 내에 제출하지 않은 경우 합격예정을 취소함
- 최종합격자 발표 후라도 제출된 서류 등의 기재사항이 사실과 다르거나 응시자격 부적격 사유가 발견된 때에는 합격을 취소함

사회복지사 1급 시험 정보

1. 시험 일정

원서접수 기간		시험 시행일
정기접수	빈자리 접수	
12월 초	1월 초	1월 2~3째 주 토요일
합격예정자 발표	응시자격 서류제출	최종합격자 발표
2월 중	2~3월 중	3월 중

① 원서접수 기간 중에는 24시간 접수 가능하며, 접수기간 종료 후에는 접수 불가
② 빈자리 접수는 환불기간 종료 후, 환불(취소)로 발생한 수용인원 범위 내에서만 선착순으로 접수되므로 사정에 따라 조기에 마감될 수 있으며 이 기간에는 취소 및 환불 불가
③ 자세한 사항은 큐넷 사회복지사 1급 홈페이지(www.q-net.or.kr/site/welfare) 참고
④ 합격예정자는 필기시험 합격자에 해당

2. 시험 시행지역

전국 12개 지역(서울, 강원, 부산, 경남, 울산, 대구, 인천, 경기, 광주, 전북, 제주, 대전)

3. 시험 시간 및 시험 과목

● 시험 구성

시험 과목 수	문제 수	배점	총점	문제 형식
3과목(8영역)	200문제	1점/1문제	200점	객관식 5지 택1형

● 시험 과목 및 시험 시간(일반수험자 기준)

구분	시험 과목	세부영역	입실 시간	시험 시간
1교시	사회복지기초 (50문항)	• 인간행동과 사회환경(25문항) • 사회복지조사론(25문항)	09:00	09:30~10:20 (50분)
휴식 시간 10:20 ~ 10:40(20분)				
2교시	사회복지실천 (50문항)	• 사회복지실천론(25문항) • 사회복지실천기술론(25문항) • 지역사회복지론(25문항)	10:40	10:50~12:05 (75분)

휴식 시간 12:05 ~ 12:25(20분)				
3교시	사회복지정책과 제도(50문항)	• 사회복지정책론(25문항) • 사회복지행정론(25문항) • 사회복지법제론(25문항)	12:25	12:35~13:50 (75분)

① 시험관련 법령 등을 적용하여 정답을 구하여야 하는 문제는 시험 시행일 현재 시행 중인 법령을 기준으로 출제함

② 수험자는 매 과목 시험 시간표와 입실 시간을 반드시 확인하시어 차질이 없도록 함

③ 응시편의 제공 대상자는 일반 수험자의 1.2~1.7배 시간 연장

4. 취득 방법

필기시험에 합격하고 응시자격 서류심사에 통과한 자를 최종합격자로 발표하며, 최종합격자에 대해서는 (사)한국사회복지사협회에서 응시자격 서류심사, 신원조회 실시 후 자격증 교부

5. 2024년 주요 변경 사항

● 응시자격 서류 등기우편 접수 마감 기준 변경

기존	변경 후
등기우편 접수는 응시자격 서류접수 마감일 도착분까지 유효	등기우편은 응시자격 서류접수 마감일 기준으로 우체국 소인이 찍힌 경우 유효

● 폐업기관(시설) 종사자의 경우 폐업 전 발급받은 '경력증명서' 제출 가능

6. 통계자료

사회복지사 1급					
연도	대상	응시	응시율(%)	합격	합격률(%)
2019년	28,271	22,646	80.1	7,734	34.2
2020년	33,787	25,462	75.4	8,388	32.9
2021년	35,598	28,391	79.8	17,158	60.4
2022년	31,016	24,248	78.2	8,753	36.1
2023년	30,528	24,119	79.0	9,673	40.1

이 책의 특징

출제경향과 학습 가이드 제공

챕터별로 최근 5개년 출제경향과 학습 가이드를 수록하여 시험에 대한 사전 정보를 얻을 수 있습니다.

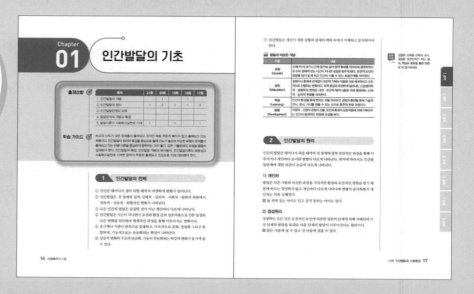

합격노트, TIP

오랜 노하우를 가진 전문가의 한마디를 합격노트에, 이론과 관련된 보충자료를 TIP에 담았습니다.

OX퀴즈

학습한 이론에서 중요한 내용을 OX퀴즈를 풀면서 이론을 정리해 보세요.

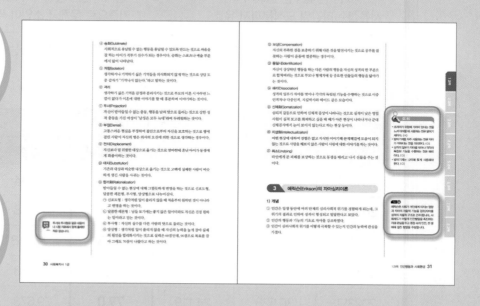

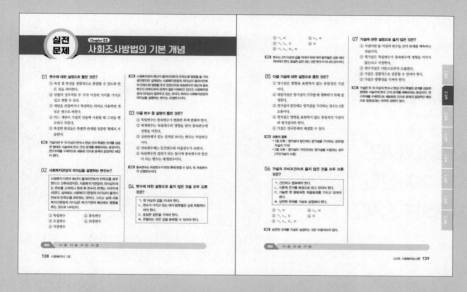

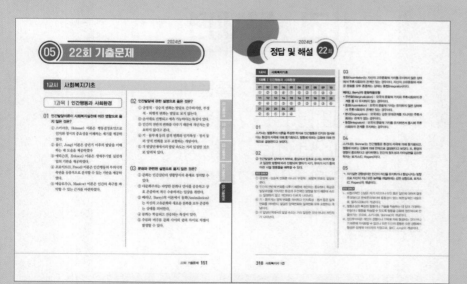

실전문제

시험에 출제될 가능성이 높은 문제들과 이미 출제되었던 과년도 기출문제를 챕터별로 담았습니다. 이론을 점검하고 실전 감각을 높일 수 있습니다.

최근 5개년 기출문제

2020년 18회부터 2024년 22회까지 기출문제를 풀면서 실제 시험의 출제경향을 파악하고 자주 출제되는 유형을 파악할 수 있습니다.

상세한 해설

상세한 해설을 통해 정답이 되는 근거와 선지가 틀린 이유까지 완벽하게 최종 점검을 할 수 있습니다.

이 책의 차례

이 책의 차례

2교시 | 사회복지실천

3 교시 | 사회복지정책과 제도

6과목   사회복지정책론

이 책의 차례

**II권
문제편**

과년도 기출문제

인간행동과 사회환경

1 과목

학습 가이드　비교적 난도가 낮은 문제들이 출제되고 있지만 매회 꾸준히 빠지지 않고 출제되고 있는 부분이다. 인간발달의 원리와 특징을 중심으로 출제 빈도가 높으며 비슷한 유형의 문제들이 출제되고 있는 만큼 이론을 충실하게 공부하는 것이 좋다. 또한 기출문제의 유형을 꼼꼼히 살펴봐야 한다. 인간발달의 특징, 인간발달 개념과 유사어, 인간발달이론의 유용성과 사회복지실천에 기여한 문제가 꾸준히 출제되고 있으므로 이에 대비해야 한다.

1 　 인간발달의 개념

① 인간은 태어나서 생이 다할 때까지 다양하게 변화가 일어난다.
② 인간발달은 전 생애에 걸쳐 신체적 · 심리적 · 사회적 · 문화적 측면에서 연속적 · 상승적 · 퇴행적인 변화가 나타난다.
③ 모든 인간의 발달은 동일한 것이 아닌 개인마다 다르게 나타난다.
④ 인간발달은 시간이 지나면서 유전과 환경 간의 상호작용으로 인한 일생의 모든 변화를 의미하며 체계적인 과정을 통해 이루어지는 변화이다.
⑤ 유기체나 기관이 양적으로 증대하고, 구조적으로 분화, 정밀화 그리고 통합되며, 기능적으로는 유능화되는 현상이 나타난다.
⑥ 상승적 변화와 구조의 단순화, 기능이 무능화되는 하강적 변화가 동시에 올 수 있다.

⑦ 인간행동은 개인이 처한 상황과 관계의 맥락 속에서 이해되고 분석되어야 한다.

📖 발달과 비슷한 개념

구분	내용
성장 (Growth)	신체(키)의 크기나 근육 증가와 같이 양적 확대를 의미하며 생태학적으로 이미 정해져 있는 시간이 지나면 성장은 멈추게 된다. 유전적 요인의 영향을 많이 받게 되고 인간이 이룰 수 있는 최종단계를 의미한다.
성숙 (Maturation)	경험이나 훈련에 관계없이 유전적 기제의 작용에 의해 체계적이고 규칙적으로 진행되는 변화이다. 외적 환경과 무관하게 일어나는 신경생리학적 · 생화학적 변화와 내적 · 유전적 메커니즘에 의해 출현되는 신체적 · 심리적 변화를 의미한다.
학습 (Learning)	인간이 환경을 통해 변하는 것을 의미하고 경험과 훈련을 통해 기술과 지식, 정서, 가치를 얻을 수 있는 것으로 후천적 변화 과정이다.
발달 (Development)	직접적 · 간접적 경험의 산물, 유전과 환경의 상호작용에 의해 이루어지는 인간의 총체적인 변화에 초점을 둔다.

 성장은 신체와 근육의 크기, 성숙은 유전인자가 지닌 정보, 학습은 훈련을 통한 변화로 꼭 암기하세요.

---

2 인간발달의 원리

인간의 발달은 태어나서 죽을 때까지 전 생애에 걸쳐 점진적인 과정을 통해 이루어지나 개인마다 순서와 방향이 다르게 나타난다. 학자에 따라서도 인간발달단계에 대한 의견이 조금씩 다르게 나타난다.

1) 개인차

발달은 다른 사람과 비슷한 과정을 거치지만 환경과 유전적인 영향을 받기 때문에 속도는 일정하지 않고 개인마다 다르게 나타나며 연령이 증가하면서 개인차는 더욱 심해진다.

예 돌 전에 걷는 아이도 있고 걷지 못하는 아이도 있다.

2) 점성원리

성장하는 모든 것은 유전적인 요인에 의존한 일련의 단계에 의해 지배되며 이전 단계의 발달을 토대로 다음 단계의 발달이 이루어진다는 원리이다.

예 앉은 다음에 설 수 있고 선 다음에 걸을 수 있다.

3) 최적의 시기

인간은 발달을 하는 데 있어 최적의 시기가 있는데, 이러한 최적의 시기는 사람마다 다르게 나타난다.

4) 통합과 분화의 과정

발달은 분화의 과정인 동시에 통합의 과정으로 전체에서 부분으로 분화되고 분화된 측면들은 통합되어 하나를 형성한다.

5) 유전과 환경의 상호작용

인간이 발달하기 위해서는 유전과 환경의 영향을 받는데, 유전이나 환경 한쪽의 영향을 받는 것이 아니라 환경과 유전, 두 요인의 상호작용에 의해 발달하게 되며 처음에는 유전적 영향을 받고 시간이 지날수록 환경의 영향을 받는다.

 일정한 순서와 방향성에 대한 내용은 시험에 자주 출제되고 있습니다. 상부에서 하부로, 중심에서 말초로 발달한다는 것을 꼭 기억하세요.

6) 일정한 순서와 방향성

상부에서 하부로, 중심에서 말초로 발달하는 것처럼 큰 것으로부터 작은 것으로 순서는 바뀌지 않고 일정한 방향에 따라 진행된다.
예 팔이 만들어진 후에 손가락이 만들어진다.

7) 연속적 과정

발달은 특정시기(영아기, 청소년기)에 급격하게 이루어지지만 전 생애에 걸쳐 나타나는 연속적인 과정으로 개인차가 나타난다.

8) 불가역성

최적의 시기를 놓치면 발달에 문제가 생겨 이후에 회복하기가 어렵다. 즉, 시기를 놓치면 이후에 회복하기가 힘들게 된다.
예 어린 시절 말을 배우는 시기를 놓치면 언어발달에 문제가 생길 수 있다.

9) 기초성

어린 시절의 성장발달은 이후의 발달에 결정적인 영향을 미치는 기초가 된다. 즉, 어린 시절의 성장발달을 기초로 발달하게 된다.
예 세 살 버릇 여든까지 간다

10) 상호 관련성

발달은 환경과 유전 간 상호 관련이 없어 보이지만 밀접한 관련성을 가지고 있다.

11) 연령이 증가하면 발달을 예측하기 어려움

어린 시절 행동은 예측이 가능하지만 시간이 지날수록 행동을 예측하기가 어려워진다.

3 발달단계의 개념과 특징

1) 발달단계의 개념

인간에게 정해져 있는 어느 한 부분이 발달하는 단계를 의미한다.

2) 발달단계의 특징

① 학자마다 연령이나 기준이 조금씩 다르지만 내용이 비슷할 때도 있다. 프로이트(Freud)의 구강기 시기와 에릭슨(Erikson)의 영아기 시기는 기준은 다르지만 내용은 비슷하다.
② 각 단계의 이전 단계와 이후 단계는 확실히 구별이 된다. 즉, 아동기와 청소년기는 구별할 수 있다.
③ 각 단계에서 성취한 발달은 향후 모든 단계에 영향을 미친다. 영아기 시기의 발달은 유아기 시기에 영향을 미치게 된다.
④ 각 단계마다 이전 단계에서 획득한 것은 새로운 것에 도전하기 위한 자원이 된다.
⑤ 발달단계는 연속적이며 각 단계는 항상 특정한 방향을 가진다.
⑥ 발달단계에 따라 발달의 내용 및 과업이 겹치기도 한다.

3) 발달과업

① 발달과업은 인간의 발달단계마다 성취해야 할 과업을 말한다.
② 발달과업을 성취하기에 좋은 시기가 있다.
③ 발달과업은 연령에 따라 변한다.
④ 신체적 · 인지적 · 사회적 · 정신적 기술을 획득하는 것을 포함한다.
⑤ 신체적 성숙, 사회적 기대, 개인적 노력으로 얻을 수 있다.

Tip

발달단계와 주요 발달과제

발달단계	주요 발달과제
영아기 (출생~2세)	신체적 성장, 감각운동, 대상영속성 습득, 사회적 애착
유아기 (2~6세)	자아를 의식하면서 자율적이고 독립적인 존재로 발달
아동기 (6~12세)	구체적 · 조작적 사고와 사회화 습득, 도덕성 발달
청소년기 (12~24세)	자율성 및 성적 사회화, 자아정체감 확립
청년기 (25~35세)	친밀감 형성, 직업준비와 직업 생활, 결혼과 가정형성
중년기 (36~65세)	사회적 의무 완수와 자녀양육, 경제적 표준생활 확립과 유지, 장년기 위기 극복
노년기 (65세 이후)	역할 변화에 적응, 자아통합, 삶과 죽음의 수용

① 인간은 일상생활에서 여러 기능들이 통합된 방식으로 활동하기에 인간은 전체로서 이해되어야 한다.
② 인간은 태어나서 죽을 때까지의 모든 변화를 포함하기에 인간의 성장과 발달은 전 생에 걸쳐 일어난다.
③ 인간의 삶이란 시간에 따라 진행되면서 변화를 보이기 때문에 변화에 기여하는 과정을 파악해야 한다.
④ 인간의 발달과 행동은 개인의 관련 상황과 인간관계의 맥락에서 분석되어야 한다.

최근 들어 발달이론이 사회복지실천에 미치는 기여 및 유용성이 시험에 출제되는 비율이 높아지고 있습니다. 꼭 기억하세요.

① 발달단계에 따른 클라이언트의 욕구와 문제를 파악할 수 있다.
② 특정 발달단계에서 나타나는 특징적 발달요인을 이해할 수 있다.
③ 전 생애에 걸쳐 일어나는 안정성과 변화의 과정을 이해할 수 있다.
④ 이전 발달단계의 결과가 다음 단계에 미치는 영향을 파악할 수 있다.
⑤ 개인적인 발달상의 차이를 파악할 수 있다. 즉, 개인의 성장 과정에서 나타나는 문제의 원인을 이해하는 데 도움을 준다.
⑥ 생활주기를 순서대로 정리할 수 있는 준거틀을 제공할 수 있다.
⑦ 발달을 구성하는 다양한 신체·심리·사회적 요인을 파악할 수 있다.
⑧ 다양한 연령층의 클라이언트를 이해할 수 있는 기반을 제공한다.
⑨ 개인 적응과 부적응의 판단 기준이 된다.
⑩ 모든 연령 계층의 클라이언트와 일할 수 있는 기반이 된다.
⑪ 생애주기에 따른 변화와 안정 요인을 이해하게 된다.
⑫ 발달단계별 욕구에 따른 사회복지제도의 기반을 제공한다.

01 인간발달의 원리에 관한 설명으로 옳은 것은?

[13회]

① 유전적 요인보다 환경적 요인을 중시한다.
② 일생에 걸쳐 일어나는 예측 불가능한 변화이다.
③ 연속적인 과정이지만 발달속도는 일정하지 않다.
④ 발달상의 결정적 시기와 바람직한 성격형성은 무관하다.
⑤ 개인차가 존재하므로 일정한 순서와 방향성을 제시하기 어렵다.

해설 ① 유전과 환경의 상호작용에 의해 발달하기 때문에 유전과 환경 중 어느 것을 더 중요시할 수 없고 모두 중요하다.
② 발달은 일생에 걸쳐 변화하지만 예측 불가능한 변화는 아니다. 발달단계상 변화에 대해 예측이 가능하다.
④ 발달은 결정적 시기가 있어 차이가 생긴다.
⑤ 발달은 상부에서 하부로, 중심에서 말초로 발달하는 것처럼 순서는 바뀌지 않고 일정한 순서와 방향성에 따라 진행된다.

02 발달에 대한 설명으로 옳은 것은?

① 신체나 힘 등이 양적으로 증가하는 것을 말한다.
② 경험, 훈련 또는 연습의 결과로 인해 개인이 내적으로 변화하는 것을 의미한다.
③ 유전적인 요인의 영향을 받아 외부의 영향에 관계없이 최종 단계에 이르는 것이다.
④ 세포의 크기나 수가 증가로 인해 크기나 개체의 수가 증가하는 것을 말한다.
⑤ 신체적, 심리적, 사회적 측면에서 변화하는 것을 의미하고 상승적 혹은 하강적 변화도 포함된다.

해설 발달이란 일반적으로 체계적인 과정을 따라 이루어지는 일련의 변화를 의미하며 시간이 지날수록 유전과 환경의 상호작용으로 인하여 일생 동안의 모든 변화를 의미한다.
• 성장 : 신체나 힘 등이 양적으로 증가하는 것을 의미한다.
• 성숙 : 유전인자에 포함되어 전개되는 신체와 심리의 변화를 의미한다.
• 학습 : 경험, 훈련, 연습의 결과로 개인이 내적으로 변화를 의미한다.

03 발달의 원리에 대한 설명으로 옳은 것은?

① 한 단계의 발전은 다음 단계의 발달에 영향을 받는다.
② 발달은 상호 간에 아무런 관련이 없다.
③ 어릴 때의 발달이 이후의 발달에 아무런 영향을 주지 않는다.
④ 최적의 시기를 놓친 발달은 이후에 완전히 회복하기 어렵다.
⑤ 발달은 보편적인 과정을 거치기 때문에 개인차가 없다.

해설 • 점성원리 : 한 단계의 발전은 이전 단계의 발달에 영향을 받는다.
• 상호관련성 : 발달은 상호 간 아무런 관련이 없는 것처럼 보이지만 밀접한 관련이 있다.
• 기초성 : 어릴 때의 발달이 이후의 발달을 결정하게 되는 기초가 된다.
• 개인차 : 발달은 보편적인 과정을 거치지만 속도는 일정하지 않고 개인차가 있으며 연령이 증가하면서 더욱 두드러지게 나타난다.

정답 01 ③ 02 ⑤ 03 ④

04 발달단계의 과제의 내용으로 틀린 것은?

① 인간의 성장은 청소년기에 끝난다.
② 인간행동은 적절한 상황이나 관계의 맥락 속에서 분석되어야 한다.
③ 인간을 전체로 이해해야 한다.
④ 인간은 자신의 발달에 적극적으로 관여한다.
⑤ 인간의 삶은 시간이 지날수록 지속성과 변화를 보인다.

해설 인간의 성장은 삶의 모든 단계에서 일어난다. 즉, 태어나서 죽을 때까지 발달은 계속된다.

05 인간발달이론이 사회복지실천에 기여한 내용으로 옳지 않은 것은?

① 클라이언트의 욕구와 문제를 파악하는 데 도움이 된다.
② 클라이언트의 사회환경보다 생물학적 요소가 더 중요함을 이해하게 한다.
③ 사회복지사가 파악해야 할 클라이언트에 관한 사항을 사정할 수 있게 한다.
④ 클라이언트의 발달과업 수행에 필요한 서비스가 무엇인지 파악할 수 있게 한다.
⑤ 사회복지사가 모든 연령층의 클라이언트를 이해하고 그들과 함께 일할 수 있게 한다.

해설 인간이 발전하는 데 사회 환경과 생물학적 요소 모두 중요하기 때문에 어느 하나가 더 중요하다고 단정할 수 없다.

06 인간발달에 관한 설명으로 옳지 않은 것은? [14회]

① 발달은 일정한 순서를 거친다.
② 발달과 변화는 전 생애에 걸쳐 일어난다.
③ 발달은 특수 활동에서 전체 활동으로 이루어진다.
④ 발달을 이해하는 데 사회환경은 필수적 요인이다.
⑤ 발달은 '환경 속의 인간(Person in Environment)'의 맥락으로 이해되어야 한다.

해설 인간의 발달은 상부에서 하부로, 중심에서 말초로, 전체 활동에서 특수 활동으로 진행된다.

07 인간발달에 관한 설명으로 옳지 않은 것은? [15회]

① 각 단계의 발달은 이전 단계의 발달에 의해 영향을 받지 않는다.
② 인간발달에는 일반적인 원리가 존재하지만 모든 사람들이 동일하게 발달하는 것은 아니다.
③ 발달과정에는 결정적 시기가 존재한다.
④ 유전적 요인과 환경적 요인 모두 인간발달에 중요하다.
⑤ 중추부에서 말초로, 상체에서 하체의 방향으로 발달한다.

해설 인간의 발달은 이전 단계의 발달이 이후에 발달에 영향을 미친다. 영아기 시기에 발달하지 못한 부분은 유아기 시기에 영향을 미친다.

08 인간발달에 관한 설명으로 옳지 않은 것은? [16회]

① 발달의 속도에는 개인차가 있다.
② 발달은 하부에서 상부로, 말초부위에서 중심부위로 진행된다.
③ 발달은 유전과 환경의 상호작용에 의해 이루어진다.
④ 발달에는 결정적 시기가 있다.
⑤ 발달은 양적 변화와 질적 변화를 포함한다.

해설 발달은 상부에서 하부로, 중심부위에서 말초부위로 진행된다.

정답 08 ②

출제경향

목차	22회	21회	20회	19회	18회
1. 프로이트의 정신분석이론		1	1	1	
2. 안나 프로이트의 자기방어기제이론	1				1
3. 에릭슨의 심리사회이론	1	1		1	1
4. 아들러의 개인심리이론	1		1	1	1
5. 융의 분석심리이론	1	1	1	1	1
6. 학자 연결	1		1		1

학습 가이드

• 문제 출제 비중이 상당히 높은 부분으로 매 학자에 대한 문제가 한 문제씩 출제된다고 보면 된다. 한 학자의 이론을 물어보는 문제와 학자의 이론을 통합하여 물어보는 문제가 출제되기에 각 학자들의 특징을 확실히 암기해야 한다.
• 프로이트의 경우 지형학적 모델, 구조적 모델, 발달단계, 개입기법, 안나 프로이트의 경우 자기방어기제, 에릭슨의 경우 발달단계, 아들러의 경우 주요 개념, 융의 경우 기본개념을 반드시 암기해야 한다.
• 프로이트와 에릭슨, 프로이트와 융의 공통점 및 차이점도 알아야 하고 안나 프로이트의 자기방어기제에 대한 문제와 융의 성격특성에 관한 문제가 자주 출제되므로 학자들의 내용을 꼼꼼히 암기해야 한다.
• 여러 명의 학자에 대한 정의를 복합적으로 물어보는 문제도 출제되고 있어 학자들의 특성을 구분할 수 있어야 한다.

1   프로이트(Freud)의 정신분석이론

1) 기본개념

(1) 지형학적 모델

① 의식(Conscious)

    ㉠ 자신의 행동이나 경험을 느끼거나 의식할 수 있는 상태를 말한다.

Tip
프로이트는 어린 시절에 목격한 어머니의 나체에 대한 강한 성적 흥분으로 인해 리비도(성 에너지)에 영향을 줍니다.

ⓛ 의식은 정신세계에서 작은 한 부분에 지나지 않는다.

ⓒ 의식은 자신의 관심대상에서 벗어나게 되면 더 이상 의식되지 않는다.

② 전의식(Preconscious)

ⓞ 의식과 무의식의 중간에 있으며 의식과 무의식을 연결하는 중간단계 이다.

ⓛ 평소에는 잘 의식되지 않지만 집중을 하면 의식화될 수 있다.

  예 초등학교 담임선생님에 대하여 물어보면 당장 생각나지 않지만 조금만 생각하면 생각해 낼 수 있는 것

③ 무의식(Unconscious)

ⓞ 평소에 의식되지 않는 기억, 경험, 생각들로 정신내용의 대부분을 차지하고 있다.

ⓛ 과거 기억의 저장고가 아니라 미래의 무한한 가능성의 원천으로 아무리 생각해도 생각나지 않는다.

ⓒ 인간의 중요한 행동은 무의식에 있는 충동과 욕구에 의해 이루어지며 꿈, 말실수 등이 증거이다.

(2) 구조적 모델

① 원초아(Id)

ⓞ 성격의 가장 원초적인 부분으로 본능의 저장소이며 쾌락의 원칙을 따른다.

ⓛ 무의식 영역에 속하기 때문에 의식화될 수는 없지만 일생에 거쳐 일어난다.

ⓒ 성인기보다는 대부분 유아기에 강하다.

ⓔ 문제를 해결하는 데 필요한 대상의 기억표상을 만드는 1차적 사고과정이 발달한다. 배가 고플 때 밥을 먹는 생각을 하지만 근본적인 원인은 해결할 수 없다.

② 자아(Ego)

ⓞ 행동과 생각을 통제하는 조정자의 역할을 하면서 현실원칙에 따른다.

ⓛ 생후 6개월부터 발달하기 시작하며 대부분 전의식에 속하지만 의식, 전의식, 무의식 세 부분을 모두 가지고 있다.

ⓒ 문제를 해결하는 데 필요한 해결책을 계획할 때까지 기다리는 2차적 사고과정이 발달한다. 배가 고플 때 밥을 구할 때까지 기다린다.

③ 초자아(Superego)

ⓞ 현실보다는 이상, 쾌락보다는 완벽을 추구하는 것이다. 즉, 이기적인 행동보다는 이성적인 행동을 하게 된다.

Tip 👆
구조적 모델
• 원초아 : 쾌락의 원칙
• 자아 : 현실의 원칙
• 초자아 : 완벽의 원칙

Tip 👆
프로이트는 인간의 성격구조를 원초아, 자아, 초자아 세 가지 부분으로 분류하였습니다. 이 세 부분은 밀접하게 연관되어 작용하고 원초아는 무의식, 자아와 초자아는 의식화가 가능하지만 대부분 무의식 영역에 존재합니다.

ⓛ 일부는 사회적 규범이나 법, 도덕으로 구성되고 일부는 부모가 아이에게 전달하는 사회의 가치와 관습으로 구성된다.

ⓒ 자아이상과 양심으로 구성된다.

ⓔ 자아이상 : 자아가 긍지를 느끼도록 작용하고 긍정적인 부분이나 보상을 통하여 발달하며 보상적 측면이 크다.

ⓜ 양심 : 마음의 도덕적 가르침으로 처벌을 통하여 죄책감을 느끼게 하는 것으로 처벌적 측면이 크다.

(3) 심리성적 발달단계

① 구강기(Oral Stage)

구강기는 태어나서부터 18개월까지의 모든 에너지가 입에 집중되는 시기로 빨고, 깨물고, 삼키는 데 만족감을 느낀다. 6개월 이전에는 입으로 빠는 것에 쾌락을 느끼게 되고 6개월 이후에는 깨무는 것에 쾌락을 느낀다. 아직 분화되지 않은 상태여서 의존적이기 때문에 주 양육자와의 관계가 중요하고 사랑과 미움을 동시에 느끼는 양가감정이 생긴다. 구강기에 만족할 수 있는 사랑을 받지 못하여 고착이 되면 불신으로 인하여 인간관계에 어려움을 겪게 된다.

② 항문기(Anal Stage)

항문기는 18개월부터 3세까지의 모든 에너지가 항문에 집중하는 시기로 배변활동을 통하여 만족감을 느낀다. 배변을 통하여 만족을 얻는 항문기 초반과 배변을 보유하는 데 만족을 얻는 항문기 후반으로 나뉘게 된다. 배변활동을 통하여 성격이 형성되는데, 배변활동에 성공한 아이는 사회적 승인을 얻는 쾌감을 경험하게 되고 생산적인 성격의 특성이 발달하게 된다. 항문기에 고착이 되면 항문 공격적 성격 또는 항문 보유적 성격을 갖게 된다. 항문 공격적 성격은 무모하고 무질서하며 반항적이고 지저분한 성격을 갖게 되고 항문 보유적 성격은 고집이 세고, 복종적이며, 인색하고 지나치게 청결한 성격을 갖게 된다.

③ 남근기(Phallic Stage)

남근기 시기에서 '남아의 엄마 사랑 – 오이디푸스 콤플렉스 – 거세불안', '여아의 아빠사랑 – 엘렉트라 콤플렉스 – 남근 선호사상'을 꼭 기억해 둡니다.

남근기는 3~6세까지의 모든 에너지가 성기에 집중되는 시기로 자신의 성기를 만지면서 만족감을 느낀다. 남자아이는 어머니를 사랑하여 오이디푸스 콤플렉스가 생기고 여자아이는 아버지를 사랑하여 엘렉트라 콤플렉스가 생긴다. 남아는 오이디푸스 콤플렉스로 인하여 거세불안을 경험하게 되고 여아는 엘렉트라 콤플렉스로 인하여 남근 선호사상이 생기게 된다. 남근기에 고착이 되면 남자는 경솔하고 과장되며 야심적인 성격이 되고, 여자는 난잡하고 유혹적이며 경박한 성격이 된다.

④ 잠복기(Latency Stage)

잠복기는 6~12세까지의 시기로 리비도가 어느 한 부분에 정착되어 있지 않은 때이다. 원초아가 약해지고 초자아가 강해지는 시기로 성적 관심은 저하되고 사회성이 발달하며 이성 친구보다는 동성 친구에게 관심을 갖는다. 아동의 에너지는 지적 활동, 운동, 친구와의 우정에 집중된다. 잠복기에 고착이 되면 성인이 되어도 이성에 대한 친밀감을 갖지 못한다.

⑤ 생식기(Genital Stage)

생식기는 사춘기에서 성인기 이전까지의 시기로 생리적 변화가 심하며 격동적 단계로 불린다. 동성 친구에게 향했던 리비도가 이성 친구에게로 향하게 된다. 2차 성징이 나타나며 성적 충동이 가장 왕성하고 성적 만족감을 얻으려 한다. 사춘기 초반에는 성적인 쾌락을 추구하는 데 집중하거나 자아를 지나치게 내세운다. 사춘기 후반에는 성적으로 성숙해져 사춘기 초반에 보였던 불안전한 모습이 사라지게 되고 동성 친구가 아닌 이성 친구에 더욱 관심을 갖게 된다. 생식기에 고착이 되면 쾌락 추구, 공격성, 범죄행동 등이 나타난다.

2) 개입기법

(1) 자유연상(Free Association)

자유연상은 정신분석치료의 주된 치료기법 중 하나로 클라이언트가 마음속에 떠오르는 것 모두를 이야기할 수 있도록 도와주는 기술이다. 클라이언트의 무의식 속에 있는 생각을 의식 속으로 끌어내는 데 효과적인 방법이며 클라이언트의 자발성이 중요하다. 무의식적 갈등에 접근할 수 있고 과거의 고통스러운 기억들을 의식화할 수 있는 방법으로 클라이언트에게 중요하지 않거나 필요하지 않다고 생각되는 이야기도 하는 것이 중요하다는 것을 알게 한다.

(2) 저항(Resistance)

클라이언트가 무의식적 욕구를 표출하여 불안으로부터 자신을 방해하거나 치료 시 자신의 성장을 방어하는 것이다. 클라이언트는 과거의 억압된 기억이 자신을 괴롭혀 그 문제를 해결하고 싶지만 한편으로는 그 고통을 회피하고 싶은 양가감정이 나타나 저항이 발생한다.

(3) 꿈의 분석

클라이언트의 꿈을 통하여 무의식적 자료를 얻을 수 있고 꿈이 무엇을 의미하는지 분석해 문제를 해결하는 방법이다. 꿈은 클라이언트가 깨어 있을 때보다 더 많은 무의식적 생각이 포함되어 있고 꿈의 의미를 분석하고 해석하여 클라이언트의 문제가 무엇인지 이해할 수 있다.

OX 퀴즈

• 기억, 경험, 생각들로 정신내용의 대부분을 차지하고 있는 것은 의식이다. (×)
• 현실보다는 이상, 쾌락보다는 완벽을 추구하는 것은 원초아이다. (×)
• 처벌을 통하여 죄책감을 느끼게 하는 것은 양심이다. (○)
• 심리성적 발달단계는 구강기 → 항문기 → 남근기 → 잠복기 → 생식기 순이다. (○)
• 인간의 행동은 우연히 일어나는 것이 아니라 과거와 연결되고 반드시 원인이 있어 발생한다는 것은 자유연상이다. (×)

Tip 👆
전이는 클라이언트가 사회복지사에게, 역전이는 사회복지사가 클라이언트에게 저항이 나타나는 것입니다.

Tip 👆
본능
• 삶의 본능(Eros) : 생명을 유지 · 발전 시키고 사랑하게 하는 본능
• 죽음의 본능(Thanatos) : 생물체가 무생물체로 환원하려는 본능

(4) 전이(Transference)

클라이언트의 어린 시절 억눌려 있던 경험 또는 기억들이 사회복지사를 통하여 그 경험과 기억이 되살아나는 것을 의미한다. 클라이언트에게서 전이가 나타나면 사회복지사에게 저항을 하여 어려움을 겪을 수 있어 다른 사회복지사에게 의뢰해야 한다.

(5) 역전이(Countertransference)

사회복지사의 어린 시절 억눌려 있던 경험 또는 기억들이 클라이언트를 통하여 되살아나는 것을 의미한다. 사회복지사에게서 역전이가 나타나면 클라이언트에게 영향을 미칠 수 있으므로 다른 사회복지사에게 의뢰해야 한다.

(6) 훈습(Working Through)

저항이나 전이가 왜 나타나는지 분석하여 클라이언트에게 알려줌으로써 저항이나 전이를 극복할 수 있도록 도와주는 것이다. 한번에 극복할 수 없으므로 극복할 수 있을 때까지 이 과정을 반복한다.

(7) 정신결정론

정신분석이론의 기본적 원리로 인간의 행동은 우연히 일어나는 것이 아니라 과거와 연결되고 반드시 원인이 있어 발생한다는 것이다.

(8) 해석

클라이언트의 꿈, 자유연상, 저항, 전이 등을 분석하여 그 의미를 설명하고 때로는 가르치는 것이다. 해석을 할 때에는 클라이언트로부터 거부반응이 나타나지 않게 하기 위해 적절한 시기에 해야 하며 클라이언트가 받아들일 수 있는 정도까지만 해야 한다. 마지막으로 해석을 하기 전에 저항과 방어가 어떻게 나타나고 있는지 알려줄 필요가 있다.

(9) 리비도(Libido)

본능적인 성적 에너지로 어떤 행동을 하는 데 있어 중요한 역할을 한다. 리비도가 어디에 분포되어 있느냐에 따라 발달단계가 나누어지는데, 입에 있으면 구강기, 항문에 있으면 항문기가 된다. 리비도는 개인의 성격과 행동에 영향을 미치는 것으로 삶의 본능인 에로스(Eros)와 죽음의 본능인 타나토스(Thanatos)로 나뉜다. 에로스는 생명을 유지하거나 발전시키는 삶의 본능이고 타나토스는 생명체의 생명을 빼앗는 죽음의 본능이다.

3) 사회복지실천에 미치는 영향

① 무의식적 동기의 중요성을 인식하는 데 유용하다.
② 유아기 경험의 중요성을 인식하는 데 유용하다.

③ 방어기제의 중요성을 인식하는 데 유용하다.

④ 본능의 중요성을 인식하는 데 유용하다.

⑤ 개인의 과거 경험을 중심으로 개별적으로 접근하는 진단주의 학파에 영향을 미친다.

2 안나 프로이트(Anna Freud)의 자기방어기제이론

1) 자기방어기제

(1) 방어기제(Defense Mechanism)의 특징

① 불안으로부터 자신을 보호하기 위하여 무의식적으로 사용하는 것이다.

② 정신적 갈등의 원천을 왜곡, 대체, 차단하기 위해 사용하는 것이다.

③ 자아가 불안에 대처할 때 사용하는 심리적인 기제이다.

④ 불안을 감소시킬 뿐 아니라 긍정적인 결과도 나타나 정상적인 사람들도 사용한다.

⑤ 매번 사용하는 것이 아니라 필요한 시기에 선택해서 사용한다.

⑥ 방어기제를 자주 사용하는 것은 자아가 약하다는 것을 의미한다.

(2) 방어기제의 종류

① 반동형성(Reaction Formation)

받아들일 수 없는 욕구, 생각, 충동 등을 반대되는 감정으로 표현하는 것으로 남편이 바람 피워 데려온 아이를 싫어함에도 오히려 과잉보호로 키우는 부인이나 학생이 교사에게 불만은 많은데, 순종을 잘하는 경우 등이다.

② 퇴행(Regression)

심한 스트레스나 좌절을 당하면 이전 단계로 되돌아가는 것을 의미한다. 즉, 불안이나 죄책감이 없던 시기로 돌아가는 것으로 어른들이 어릴 적 친구를 만나면 마치 아이처럼 즐거워하는 모습을 보이는 경우, 입원 중 간호사에게 아이 같은 행동을 하여 불안을 감소시키는 노인의 경우 등이다.

③ 억압(Repression)

현실에서 받아들이기 힘든 생각, 감정, 사고, 기억 등을 무의식 속에 집어넣거나 기억하기 싫은 것들을 기억하지 않는 것으로, 자신의 애인을 빼앗아 결혼한 친구의 얼굴을 의식하지 못하는 경우 등이다.

Tip

안나 프로이트의 이론적 출처는 아버지인 지그문트 프로이트의 번역으로 취급될 정도로 많은 이론을 인용하였습니다.

합격노트 방어기제의 종류뿐 아니라 종류에 대한 예도 암기해야 합니다.

④ 승화(Sublimate)

사회적으로 용납될 수 없는 행동을 용납될 수 있도록 만드는 것으로 싸움을 잘 하는 아이가 격투기 선수가 되는 경우이다. 승화는 스포츠나 예술 부분에서 많이 나타난다.

⑤ 저항(Isolation)

생각하거나 기억하기 싫은 기억들을 의식화되지 않게 막는 것으로 상담 도중 갑자기 "기억나지 않는다."라고 말하는 것이다.

⑥ 격리

생각하기 싫은 기억을 감정과 분리시키는 것으로 부모의 이혼 시 아무런 느낌이 없다가 이혼에 대한 이야기를 할 때 흥분하며 이야기하는 것이다.

⑦ 투사(Projection)

자신이 받아들일 수 없는 충동, 행동을 남의 탓으로 돌리는 것으로 강한 성적 충동을 가진 여성이 "남성은 모두 늑대"라며 두려워하는 것이다.

⑧ 부정(Denial)

고통스러운 현실을 부정하여 불안으로부터 자신을 보호하는 것으로 병에 걸린 사람이 자신의 병은 의사의 오진에 의한 것으로 생각하는 경우이다.

⑨ 전치(Displacement)

자신보다 덜 위험한 대상으로 옮기는 것으로 엄마한테 혼난 아이가 동생에게 화풀이하는 것이다.

⑩ 대치(Substitution)

기존의 대상과 비슷한 대상으로 옮기는 것으로 고백에 실패한 사람이 비슷하게 생긴 사람을 사귀는 것이다.

⑪ 합리화(Rationalization)

받아들일 수 없는 현상에 대해 그럴듯하게 변명을 하는 것으로 신포도형, 달콤한 레몬형, 투사형, 망상형으로 나누어진다.

ㄱ 신포도형 : 생각처럼 일이 풀리지 않을 때 처음부터 원하던 것이 아니라고 변명을 하는 것이다.

ㄴ 달콤한 레몬형 : 남들 보기에는 좋지 않은 일이더라도 자신은 진정 원하는 일이라고 믿는 것이다.

ㄷ 투사형 : 자신의 실수를 다른 사람의 탓으로 돌리는 것이다.

ㄹ 망상형 : 생각처럼 일이 풀리지 않을 때 자신의 능력을 높게 잡아 실패의 원인을 합리화시키는 것으로 실력은 60점인데, 90점으로 목표를 잡아 그래도 70점이 나왔다고 하는 것이다.

투사와 투사형은 같은 내용이나 시험 지문에서 함께 출제된 적은 없습니다.

⑫ 보상(Compensation)

자신의 부족한 점을 보충하기 위해 다른 것을 발전시키는 것으로 공부를 잘 못하는 사람이 운동에 열중하는 경우이다.

⑬ 동일시(Identification)

자신이 상상하던 행동을 하는 다른 사람의 행동을 자신의 성격의 한 부분으로 합쳐버리는 것으로 부모나 형제자매 등 중요한 인물들의 행동을 닮아가는 것이다.

⑭ 해리(Dissociation)

성격의 일부가 자아를 벗어나 각각의 독립된 기능을 수행하는 것으로 이중인격자나 다중인격, 지킬박사와 하이드 같은 모습이다.

⑮ 신체화(Somatization)

심리적 갈등으로 인하여 신체적 증상이 나타나는 것으로 실적이 낮은 영업사원이 실적 보고를 회피하고 싶을 때 배가 아픈 현상이 나타나거나 군대 신체검사에서 눈이 보이지 않는다고 하는 현상 등이다.

⑯ 지성화(Intellectualization)

어떤 현상에 대하여 경험은 없고 지식만 이야기해 문제해결에 도움이 되지 않는 것으로 사랑을 해보지 않은 사람이 사랑에 대한 이야기를 하는 것이다.

⑰ 취소(Undoing)

타인에게 준 피해를 보상하는 것으로 동생을 때리고 나서 선물을 주는 것이다.

OX 퀴즈

- 초자아가 위험에 가까이 있다는 것을 느껴 대처할 때 사용하는 것은 방어기제이다. (×)
- 방어기제를 자주 사용하는 것은 자아가 약하다는 것을 의미한다. (○)
- 성격의 일부가 자아를 벗어나 각각의 독립된 기능을 수행하는 것은 해리이다. (○)
- 방어기제는 나이에 맞게 사용해야 한다. (○)

---

3 에릭슨(Erikson)의 심리사회이론

1) 개념

① 인간은 일생 동안에 여러 단계의 심리사회적 위기를 경험하게 되는데, 그 위기의 결과로 인하여 성격이 형성되고 발달한다고 보았다.

② 인간의 행동과 기능의 기초로 자아를 강조하였다.

③ 인간이 심리사회적 위기를 어떻게 극복할 수 있는지 인간의 능력에 관심을 가졌다.

Tip

에릭슨은 사회가 개인에게 미치는 영향과 자아의 자율적 기능을 강조(자아를 성격의 자율적 구조로 간주)합니다. 사회제도가 어떻게 인간발달을 촉진하는지에 관심을 두고 환경 속의 인간, 전 생애에 걸친 발달을 주장합니다.

1과목

2과목

3과목

4과목

5과목

6과목

7과목

8과목

2) 주요 기법

(1) 점성원리(Epigenetic Principle)

점성원리는 성장하는 모든 것은 기본 계획안을 가지고 있으며, 기본 계획안으로 부터 각 부분이 발생하고, 각 부분에서부터 전체를 이루게 될 때까지 우세해지는 특정한 시기이다. 즉, 인간은 기본적인 요소를 가지고 태어나지만 자라면서 결합 과 분화, 재결합을 통하여 새롭게 구조를 형성한다는 것이다. 심리사회이론은 인 간의 발달과정을 8단계로 나누고 점성원리에 입각하여 발달한다고 설명하였다.

(2) 자아정체감(Ego-identity)

본인이 자기 자신을 아는 것으로 타인이 나에 대해 아는 모습과 자신이 알고 있는 것이 일치되어야 한다. 자아는 개인의 적응능력을 결정하고 자아 기능은 타고난 것이지만, 심리·사회적 요인 간의 상호작용을 통하여 발달하게 된다. 즉, 여러 가지 부분적인 동일시의 종합이다.

(3) 위기

각 단계에서 서로 대립되는 양극의 개념으로 재앙의 위협이 아니고 전환점이 므로 세대적 힘과 부적응의 개체 발생적 근원이 된다. 인간은 스트레스 상황에 서 적응하려고 노력하면서 위기를 극복하는데, 이 과정을 통하여 성격이 발달 하게 된다. 심리사회이론은 개인과 환경 간 상호작용의 결과로 성격이 일생 동 안 어떻게 발달하는가에 주목한다.

3) 기본가정

① 인간은 점성원리를 통해 발달한다.
② 인간은 합리적이고, 논리적이며, 창조적인 존재이다.
③ 인간행동은 의식할 수 있는 수준에서 자아에 의해 동기화된다.
④ 발달단계는 외부 환경에 의해 중요해지는데, 대처·적응하는 과정에 중점 을 둔다.

4) 발달단계

(1) 영아기 - 신뢰감 대 불신감 : 희망(출생~18개월)

프로이트의 구강기에 해당하는 시기로 주 양육자와의 관계가 중요하고 주 양 육자와의 상호작용을 통해 사회적 관계를 형성한다. 생후 1년 동안에 발달하 게 되며 구강적 욕구충족보다는 주 양육자와의 관계가 더욱 중요하다. 주 양육 자의 따뜻한 사랑을 받게 되면 신뢰감이 형성되고 희망이 생기며, 사랑을 받지 못하면 불신감이 형성되고 공포가 생긴다. 신뢰감이 형성되지 못할 경우 영아 에게는 우울증이, 성인에게는 편집증이 생길 수 있다.

(2) 유아기 – 자율성 대 수치심 : 의지(18개월~3세)

프로이트의 항문기에 해당하는 시기로 부모와의 관계가 중요하며 아이 스스로 하려는 자율성이 발달한다. 스스로 행동이 가능해지면서 이때 자율성이 발달하게 되고 부모와 아동 간에 통제를 둘러싼 갈등이 치열해진다. 부모가 아이의 행동이나 의사를 저지하지 않고 인정해준다면 아이는 사회에 잘 적응하게 되면서 자율성이 발달하지만 아이의 행동이나 의사를 저지하게 되면 자율성이 통제되고 수치심과 의심이 생긴다. 아이가 위기를 극복하면 의지가 생기지만 위기를 극복하지 못하면 강박적 행동이나 피해망상, 편집증이 생길 수 있다.

(3) 아동 전기 – 주도성(솔선성) 대 죄의식 : 목적(3~6세)

프로이트의 남근기에 해당하는 시기로 아이는 새로운 기술을 배우고 생산적인 움직임을 보이며 어떤 일에 대하여 계획을 세우거나 목표를 설정하여 실행하려는 주도성이 생긴다. 아이가 스스로 어떤 일을 하는 데 기회를 주지 않거나 계속 통제를 하게 되면 체념, 불안, 죄의식이 발달한다. 또한 과도한 체벌이나 무시를 받게 되면 죄의식으로 인하여 체념적이거나 의존적이 된다. 아이는 위기를 극복하면 목적이 생기지만 실패하면 가치 있는 존재로 느끼지 못하여 목적을 수립하려는 목적의식과 용기가 없어진다.

(4) 아동 후기 – 근면성 대 열등감 : 능력(6~12세)

프로이트의 잠복기에 해당하는 시기로 아이들이 학교에서 교육을 받기에 이웃과 학교생활이 중요한 시기이다. 아이가 노력하여 인정을 받게 되거나 어른에게 지지적이면 근면성이 향상되지만 과제를 수행하지 못하거나 학습에 실패하고 노력을 인정받지 못할 경우에는 열등감이 생기게 된다. 학교에서는 다른 아이들과 함께 생활을 하기에 근면성이 가장 중요하다. 아이는 위기를 극복하면 능력이 생기고 실패하면 무기력을 느낀다.

(5) 청소년기 – 자아정체감 대 자아정체감 혼란 : 성실(12~22세)

프로이트의 생식기에 해당하는 시기로 또래집단과의 관계가 중요하다. 타인이 자신을 어떻게 생각하는지, 자신을 타인과 비교하여 어떤 존재인지 느끼는 것에 관심을 갖는다. 자신의 역할에 대하여 직면하게 되면서 자아정체감을 확립하려고 한다. 사회의 요구, 어린 시절의 불행한 경험, 현재의 사회환경으로 인하여 자아정체감의 혼란이 생기기 쉽다. 자아정체감이 형성되지 못하면 다른 사람을 동일시하게 되어서 청소년들이 연예인에 빠져들게 되는 것이다. 위기를 잘 극복하게 되면 성실한 자세, 즉 성실성이 발달하지만 실패하면 불확실성을 초래한다.

 청소년기까지 프로이트와 비교하는 문제가 자주 출제됩니다.

⑹ 성인기 – 친밀감 대 고립감 : 사랑(22~35세)

성인이 되면서 타인이나 사회에 친밀감을 갖게 되는 시기로 친밀감은 성적인
것 이상으로 누군가와 연합하는 능력을 의미한다. 많은 사람들 사이에서 차이
점을 극복해 나가는 것으로 진정한 친밀감은 자아정체감이 형성될 때에만 가
능하다. 친밀감을 형성할 수 없다면 고립감이 형성되는데, 타인과 접촉이 없고
타인을 거부하게 되며 낮은 자존감이 형성된다. 위기를 잘 극복하면 사랑이라
는 자아특질을 갖게 되지만 실패하면 사람들을 배척하는 사람이 될 수 있다.

⑺ 중년기 – 생산성 대 침체 : 배려(35~65세)

인생의 중반에 해당되며 자신의 세대뿐 아니라 다음 세대까지 양육에 관심을
갖고 있고 양육은 가장 중요한 과업 중 하나이다. 자녀를 양육하는 것뿐 아니라
다음 세대가 살아갈 수 있도록 사상을 전수하는 것을 통해 생산성이 발달된다.
생산성이 발달한 사람은 타인을 위해 살기에 배려할 줄 알게 되지만 실패한 사
람은 타인이 아닌 자신만을 위한 삶을 살기에 거절이나 이기주의가 생김으로
써 사회생활에 있어 구성원으로서의 기능을 하지 못하게 된다.

⑻ 노년기 – 자아통합 대 절망 : 지혜(65세 이후)

생을 마무리하는 시기로 신체적·사회적으로 상실을 직면한다. 자신의 삶을
돌아보고 젊은 시절과 같이 활동하지 못하여 사회에서 필요하지 않은 존재인
것을 인식한다. 자신의 삶이 사회에 잘 적응했다고 생각할 경우에는 자아통합
을 하게 되는데, 자아통합이란 자신의 인생을 수용하고 갈등, 실패, 실망 등을
성공, 보람 등과 함께 전체 삶 속에 포함시키는 것을 의미한다. 하지만 자아통
합에 실패하게 되면 자신의 삶을 다시 시작하고 싶지만 남은 시간이 얼마 없다
는 것을 알고 절망에 빠지게 되며 사소한 일이나 잘못에도 쉽게 화를 낸다. 위기
를 잘 극복하면 적극적인 관심이나 지혜가 생기지만 실패하면 자신에 대한 나
약함이나 경멸을 느끼게 된다.

5) 프로이트와 에릭슨의 공통점 및 차이점

⑴ 프로이트와 에릭슨의 공통점
① 인간의 자아분석에 기초를 두고 있으며 인간의 초기 경험이 중요하다.
② 인간발달의 단계는 정해져 있어 그 순서에 맞게 발달한다는 이론이다.
③ 인간행동은 생물학적 요인에 의해 성격이 형성된다.

(2) 프로이트와 에릭슨의 차이점

프로이트	에릭슨
폐쇄체계	개방체계
생물학적 힘인 본능에 강조	심리 · 사회적 측면 강조
원초아에 의해 지배	자아에 의해 지배
성격은 초기 아동기에 형성	성격은 전 생애를 통해 형성
과거 중시	미래도 중시
성격 형성은 부모의 영향	성격 형성은 사회적 · 문화적 배경 강조
초기 외상은 성인이 된 후 병리성을 띰	초기 외상은 극복 가능하고 극복을 통해 성장
강력한 성적 · 공격적 충동에 의해 추진	성적 충동은 약하고 사회적 충동이 강함

6) 에릭슨 이론의 평가

① 정신분석이론을 확대시켜 자아의 성장 가능성을 제시하였고, 인간의 건강 발달에 대한 새로운 통찰력을 부여하였다.
② 청소년기가 중추적 역할을 하는 시기이며, 개인과 사회의 역할이 동등하게 중요하다고 보았다.
③ 과학적 요소가 불충분하다.

심리 · 사회적 발달단계

단계	심리 · 사회적 위기	시기	연령	중요 관계 범위	자아 특질	프로이트
1	신뢰감 대 불신감 : 희망 / 위축	영아기	출생~ 18개월	어머니	희망	구강기
2	자율성 대 수치심과 의심 : 의지력 / 강박적 행동	유아기	18개월~ 3세	부모	의지	항문기
3	주도성(솔선성) 대 죄의식 : 목적 / 억제	아동 전기	3~6세	가족	목적	남근기
4	근면성 대 열등감 : 능력 / 무력감	아동기	7~12세	이웃, 학교	능력	잠복기
5	자아정체감 대 자아정체감 혼란 : 성실성 / 불확실성	청소년기	12~22세	또래 집단	성실	생식기
6	친밀감 대 고립감 : 사랑 / 배척	성인기	22~35세	우정, 애정	사랑	
7	생산성 대 침체 : 배려 / 거절	중년기	35~65세	직장, 확대가족	배려	
8	자아통합 대 절망 : 지혜 / 경멸	노년기	65세 이상	인류동족	지혜	

OX 퀴즈

- 인간이 심리적 · 사회적 위기를 어떻게 극복할 수 있는지 인간의 능력에 관심을 갖는다. (O)
- 에릭슨은 프로이트와 달리 개방체계의 측면을 제시하였다. (O)
- 점성원리는 성장하는 모든 것은 기본 계획안을 가지고 그 기본 계획안으로부터 각 부분이 발생하는 원리이다. (O)

1) 주요 개념

(1) 열등감과 보상

인간은 모두 열등감을 가지고 태어나며 어떤 문제에 대하여 적응하지 못하거나 해결할 수 없을 때 생긴다. 아들러는 자신의 어린 시절, 병약한 신체로 인하여 열등감에 빠져 있었다. 이러한 열등감으로 인하여 부단한 노력을 하게 되었고 연습, 훈련 등의 노력을 통해 열등감을 해결하려는 시도를 하면서 성장하게 된다. 이러한 노력으로 인하여 인간은 보상을 받게 되는데, 자신의 잠재능력을 발휘하도록 자극하는 반응을 보상이라고 한다.

열등감을 해결하기 위해 노력하여 보상을 받게 되면 더 높은 수준의 열등감이 생겨난다. 열등감은 모든 사람이 공통적으로 가지고 있는데, 이 열등감이 개인을 발전시키는 원동력으로 보았다. 만약 열등감을 해결하지 못하게 된다면 병적 우월감을 갖게 되는데, 성인기에 과장되고, 자만하며, 이기주의적인 성격이 된다. 방임으로 인한 낮은 자존감을 갖는 경우나 응석받이로 자라 문제해결을 하지 못하는 경우, 신체적 결함으로 인하여 다른 사람과 경쟁을 할 수 없는 경우에는 병적 우월감을 갖게 된다.

(2) 우월에 대한 추구

인간이 목적을 갖게 하는 동기를 우월에 대한 추구로 설명하였는데, 즉 열등감을 극복하려고 노력하는 것을 의미한다. 우월은 인간이 가지는 선천적인 동기로 각자의 인생관에 따라 달라진다. 우월에 대한 추구로 인하여 인간은 보다 높은 단계로 발전하게 되는데, 이런 긍정적인 경향뿐 아니라 부정적인 경향도 있다. 부정적 경향은 자신의 우월성을 추구하는 것으로 과장이나 자기애가 높아져 이기적인 목적으로 나타나고 긍정적 경향은 사회적 관심이나 타인의 욕구충족을 실행하는 이타적 목적으로 나타난다.

(3) 생활양식

우월성에 대한 추구를 좀 더 확대한 개념으로 개인의 행동, 사고에 대해 이해하는 것이다. 즉, 개인이 살아가면서 자신만이 가지고 있는 습관, 행동, 해석, 태도 등을 의미하며 5세 정도에 발달되고 시간이 지나면 생활양식은 변하지 않는다. 생활양식은 지배형, 획득형, 회피형, 사회적 유용형으로 나뉜다.

(4) 사회적 관심

자신이 속한 사회에 대한 소속감, 타인에 대한 감정이입 등과 같이 공동의 목적을 이루기 위해 실행하는 노력을 의미하며 인간은 자신의 이익을 포기해서라도 사회적 이익을 얻기 위해 노력하는 본능이 있다고 믿었다. 특히, 사회적 관심은 선천적으로 타고나지만 어머니와 학교교육, 아동기의 경험을 통해서도 후천적으로 발달할 수 있다.

(5) 창조적 자아

인간은 환경, 경험, 지각 등으로 인하여 스스로 자신의 삶을 만들 수 있는 능력이 있으며 자유가 있는 존재로 보았다. 또한 인생의 목표를 추구하는 방법을 결정하고 사회적 관심을 발달시키며 유전과 환경에 대한 자신의 해석으로 인하여 자신만의 특별한 생활양식을 만든다.

(6) 가상적 목표

개인의 궁극적인 목적은 현실에서 검증하거나 확인할 수 없는 것으로 불가능한 목적을 가상적 목표라고 하였다. 인간이 살아가면서 느끼게 되는 신념 중 "모든 사람은 동등하다." 와 같은 말은 진실이 아닌 거짓이라고 할 수 있기에 가상적 목표이다.

Tip

가상적 목표는 현실에서는 검증하거나 확인될 수 없는 목표로 허구이지만 개인의 행동에 영향을 미칩니다.

2) 출생순위

아들러는 인간이 출생순위에 따라 성격이나 생활양식이 달라지는 것에 많은 관심을 가졌다. 모든 사람이 같은 생활양식을 갖는 것은 아니지만 개인의 주관적 지각보다는 더 중요하게 작용한다고 보았다.

(1) 출생순위가 미치는 영향

① 첫째 자녀

태어났을 때 다른 형제가 없어 부모의 사랑을 혼자 독차지하게 되면서 버릇이 없어진다. 동생이 태어나면서 부모의 사랑이 줄어들어 폐위된 왕이나 쫓겨난 황제에 비유되기도 한다. 동생보다 권위에 대해 확실히 인지하고 규칙이나 규범을 중요시하며 빼앗긴 위치를 찾기 위해 부모의 관심을 끌기 위한 행동을 하는데, 퇴행적 모습이 보이기도 하여 부모에게 역효과가 나타난다. 부모에게 사랑받지 못한다는 느낌을 받게 되면서 신경질적이 되고 타인과 잘 어울리지 못하게 되면서 고립감을 느낀다. 성인이 되면 사회적으로 필요한 사람이 되거나 지배자가 될 확률이 높다.

② 중간 자녀

태어났을 때 자신보다 강한 형제가 있어 이기기 위해 노력을 하게 되는데, 그 이유는 형을 이겨야만 사랑을 받는다고 생각하여 이기기 위해 자신을 훈련시킨다. 이때 경쟁심이 강해진다. 부모의 사랑을 다른 형제에게 빼앗긴 적이 없기에 동생이 태어난다 하더라도 첫째보다 충격은 덜하다. 중간 자녀 중 성공한 사람들이 많은데, 그 이유는 유전적인 것보다 어렸을 때부터 형을 이겨야 한다는 부담감으로 인한 노력이 결실을 맺기 때문이다.

③ 막내 자녀

태어났을 때에는 손위 형제들만 있기에 부모의 사랑과 관심을 독차지하며 동생이 없기에 사랑을 빼앗기는 경험을 하지 않는다. 또한 가족 안에서 사랑만 받기에 응석받이로 자랄 수 있지만 경제 여력이 좋지 않은 집안에서는 형제들의 물건을 물려받기만 하는 신세가 된다. 모든 것을 해주는 부모와 자신보다 힘이 센 형제들과 함께 있어 독립심이 부족할 수 있고 열등감을 경험하기가 쉽다.

④ 외동 자녀

태어났을 때 형제들이 없어 부모의 사랑을 독차지하게 되는 위치에 있어 의존성이 강하고 다른 형제와 경쟁을 한 적이 없기에 자기중심적이다. 부모에게 받기만 해서 노력보다는 받는 것에 익숙하고 관심을 받지 못할 경우에는 대인관계에 어려움이 생길 수 있다.

5 융(Jung)의 분석심리이론

1) 인간관

① 인간은 자아현실을 이루기 위해 앞으로 나아가는 미래지향적이며 성장지향적인 존재이다.
② 인간은 가변적 존재로 살아가는 과정 속에서 변할 수 있는 후천적인 존재이다.

2) 기본가정

① 인간의 정신 또는 성격은 부분들의 집합이 아니라 하나의 전체이다.
② 인간의 행동은 무의식과 의식의 상반되는 두 힘에 의해 동기화된다.
③ 인간의 행동은 과거에 영향을 받지만 미래와 가능성에 의해 조정된다.
④ 인간은 선천적인 것을 표현하지만 시간이 흐를수록 후천적 경험에 의해 다르게 나타난다.
⑤ 개인은 독립되어 있는 존재가 아니라 역사적으로 연결되어 있다.

3) 기본개념

(1) 자아(Ego)

의식의 중심부에 있으면서 의식을 지배하는 것으로 인간의 외부와 내부에 연결된다. 자기 자신에 대한 의식뿐 아니라 외부에 대한 지각도 포함된다.

(2) 원형(Archetype)

인류 역사를 물려받은 정신으로 집단 무의식을 구성하며 보편적으로 존재하는 인류의 가장 원초적인 행동 유형이다. 표상이 불가능하고 무의식적이며 선험적인 이미지를 의미하는데, 대표적인 원형은 페르소나, 음영, 아니마, 아니무스가 있다.

① 페르소나(Persona)

자아가 외부에 보여지는 자신의 모습으로 개인이 사회에 보이는 공개되는 얼굴이다. 사회생활을 많이 할수록 페르소나는 많아지고 사회에 적응하기 위해서도 페르소나를 발달시켜야 한다. 하지만 페르소나를 동일시하여 자신의 본 모습이 보이지 않게 될 수 있다.

② 음영(Shadow)

인간이 가지고 있는 어둡고 사악한 측면을 의미하며 자기와 반대로 부정적인 의미를 포함하고 있다. 자신이 용납하기 어려운 특징과 감정으로 구성되어 자기상과는 반대되는 개념으로 자기상이 긍정적이면 음영은 부정적이 된다. 음영에는 동물적 본성이 포함되어 있어 이것을 가리기 위해 페르소나를 발달시킨다.

③ 아니마(Anima), 아니무스(Animus)

인간의 본성은 양성이기 때문에 남성성과 여성성을 모두 가지고 있다. 그러나 남성이나 여성의 성에 대한 역할은 뚜렷하게 나누어진다. 아니마는 남성의 여성적인 측면을 의미하고 아니무스는 여성의 남성적인 측면을 의미한다.

 남성의 여성적 측면인 아니마와 여성의 남성적 측면인 아니무스는 시험에 자주 바꿔 출제됩니다.

(3) 자기(Self)

성격의 모든 요소들이 전체를 이루려는 무의식적 원형으로 자아가 의식세계에서 나타난다면 자기는 의식과 무의식 모두를 포함하고 있는 정신의 중심이다. 자기실현을 하는 데 있어 중심적 역할을 하게 되는데, 중년기 시기에 많이 나타난다.

(4) 의식(Conscious)

개인이 직접 인식할 수 있는 정신으로, 자기 신체나 존재에 대한 의식을 통해서 또는 일련의 기억을 통해서 형성된다.

Tip 👆

의식과 무의식을 구분한 학자는 프로이트와 융입니다. 융은 무의식을 개인무의식과 집단무의식으로 구분하였습니다.

(5) 개인 무의식(Personal Unconscious)

프로이트의 전의식과 유사한 개념으로 과거의 경험을 바로 의식할 수는 없지만 노력하면 의식할 수 있다.

(6) 집단 무의식(Collective Unconscious)

개인의 경험이나 기억에 의해 형성되는 것이 아니기 때문에 의식화할 수 없으나 모든 인간의 공통된 오랜 경험에서 형성된 잠재적 이미지의 저장고이다. 지역, 문화, 인종, 특성과 관계없이 인간에게 발견되는 보편적인 행동유형으로 개인이 태어난 세계의 형태는 이미 잠재적 이미지로서 선천적으로 갖춰져 있기에 정신 가장 깊은 곳에 있다. 신화나 민속, 예술을 통해 확인이 가능하지만 직접적으로 의식되지는 않는다.

(7) 리비도(Libido)

프로이트의 성 에너지와 달리 인생 전반에 작용하는 생활 에너지를 의미한다.

(8) 콤플렉스(Complex)

여러 감정으로 이루어진 무의식 속의 관념 덩어리로 완전 무의식이거나 아니면 의식되다가 다시 무의식이 될 수도 있다.

(9) 개성화(Individuation)

한 개인의 의식이 다른 사람으로부터 분리되는 것으로 무의식적인 내용을 의식화하는 과정이다. 모든 콤플렉스와 원형을 끌어들여 성격을 조화시키고 안정성을 유지한다. 자기 자신을 완전히 아는 것을 목표로 하기에 자기 자신을 정확히 인식하지 못하면 자기실현을 할 수 없기에 자기 자신을 먼저 인식해야 한다. 자기실현을 하기 위해서는 자기가 발달해야 하는데, 자기는 중년기가 될 때까지 나타나지 않는다.

합격노트 프로이트와 융의 이론은 비슷한 용어들이 많으므로 잘 구분해야 합니다.

OX 퀴즈

- 개인은 독립되어 있는 존재가 아니라 역사적으로 연결되어 있다. (○)
- 집단 무의식은 과거의 경험을 바로 의식할 수는 없지만 노력하면 의식할 수 있다. (×)
- 리비도는 성 에너지를 의미한다. (×)

4) 프로이트와 융의 차이점

구분	프로이트	융
발달단계	청소년기까지 5단계로 구성	노년기까지 4단계로 구성
리비도	성 에너지	생활 에너지
본능	성적 · 공격적 본능	종교 · 역사 · 문화적 배경
발달	어린 시절의 경험	전 생애에 걸친 후천적 변화
정신세계	무의식, 전의식, 의식	의식, 무의식(개인, 집단)

01 정신분석이론의 주요 개념으로 틀린 것을 모두 고른 것은?

> ㄱ. 의식 : 오래된 의식은 전의식이나 무의식 속에 포함된다.
> ㄴ. 자아 : 원초아를 현실에 맞게 만족시키는 역할을 한다.
> ㄷ. 무의식 : 정신의 가장 깊숙한 곳에 위치해 있고 정신분석의 초점이 된다.
> ㄹ. 초자아 : 원초아의 기능을 관찰하고 평가하는 마음의 부분이다.

① ㄱ, ㄷ   ② ㄴ, ㄹ
③ ㄱ, ㄴ, ㄷ   ④ ㄹ
⑤ ㄱ, ㄴ, ㄷ, ㄹ

[해설] 초자아는 원초아가 아니라 자아의 기능을 관찰하고 평가하는 마음의 부분이다.

02 남근기 시기에 대한 설명으로 틀린 것을 모두 고른 것은?

> ㄱ. 엘렉트라 콤플렉스와 오이디푸스 콤플렉스가 나타난다.
> ㄴ. 고착되면 남자는 난잡하고 경박한 기질을 갖고 여자는 경솔하고 과장된다.
> ㄷ. 성공하면 충성심, 효도, 헌신, 사랑과 같은 표현을 할 수 있다.
> ㄹ. 남자아이가 어머니를 사랑하는 콤플렉스는 엘렉트라 콤플렉스이다.

① ㄱ, ㄷ   ② ㄴ, ㄹ
③ ㄱ, ㄴ, ㄷ   ④ ㄹ

⑤ ㄱ, ㄴ, ㄷ, ㄹ

[해설]
> ㄴ. 남근기에 고착된 남자는 경솔하고 과장되며, 야심적이다. 여자는 난잡하고 유혹적이며 경박한 기질을 갖는다.
> ㄹ. 남자아이가 어머니를 사랑하고 아버지를 경쟁자로 여기며 적개심을 갖는 콤플렉스는 오이디푸스 콤플렉스이다.

03 프로이트에 대한 설명으로 옳은 것은?

① 인간의 성격은 초기가 중요하지만 인생 전반에 나타난다.
② 초기 외상은 극복이 가능하며 극복을 통해 성장이 가능하다.
③ 4~5세경에 형성되어 그 후에는 변하지 않는다.
④ 무의식은 인류 역사를 통해 물려받은 정신적 소인이다.
⑤ 자유연상은 과거의 고통스러운 기억을 의식화하는 기법이다.

[해설]
① 인간의 성격은 초기가 중요하지만 인생 전반에 나타난다고 한 학자는 에릭슨이다. 프로이트는 초기 아동기 시기를 중요하게 생각했다.
② 에릭슨은 초기 외상은 극복이 가능하며 극복을 통해 성장이 가능하다고 보았다. 프로이트는 초기 외상은 성인이 된 후에 병리성으로 나타난다고 했다.
③ 아들러의 생활양식은 4~5세경에 형성되어 그 후에는 변하지 않는 것이다.
④ 융의 원형은 무의식을 구성하고 있는 인류 역사를 통해 물려받은 정신적 소인이다.

정답   01 ④   02 ②   03 ⑤

1과목

2과목

3과목

4과목

5과목

6과목

7과목

8과목

04 다음이 설명하는 시기로 옳은 것은?

> • 리비도가 각 층에 모두 분포되어 있다.
> • 운동이나 동성친구에 더 관심을 많이 갖는 시기이다.
> • 자아와 초자아가 강해지는 시기이다.

① 구강기　　　　　② 항문기
③ 남근기　　　　　④ 잠복기
⑤ 생식기

해설 잠복기 시기의 특징
• 6~13세로 리비도가 특별히 한 부위에 한정되지 않는다.
• 리비도는 승화되어 지적 활동, 운동, 동성친구 간의 우정으로 전환된다.
• 원초아는 약해지고 자아와 초자아는 강해진다.
• 성적 관심은 저하되고 지적 활동 및 일상생활에 필요한 기술을 습득하기 위하여 열중하고 사회성이 발달하는 시기이다.
• 리비도는 친구, 특히 동성친구에게 향한다.
• 잠복기에 고착되면 성인이 되어서도 이성에 대한 정상적인 친밀감을 갖지 못한다.

05 프로이트의 정신분석이론에서 설명하는 성격발달에 대한 내용으로 틀린 것은?

① 초기의 발달단계의 경험에 따라 성인의 생활사건이 결정된다.
② 인간행동의 동기는 무의식에 있다.
③ 본능적 성적 에너지가 행동의 동기가 된다.
④ 인간은 유아기부터 노년기까지 5단계에 걸쳐 성격이 발달한다.
⑤ 리비도에 따라 성격발달단계가 나누어진다.

해설 인간은 유아기부터 노년기까지가 아니라 영아기부터 청소년기까지 5단계에 걸쳐 성격이 발달한다.

06 방어기제와 그 예의 연결이 옳은 것은?　　　[10회]

① 부정 – 부모에게 꾸중을 듣고 적대감으로 개를 발로 차는 아이

② 퇴행 – 불치병에 걸렸음을 알고도 미래의 계획을 화려하게 세우는 환자
③ 승화 – 효도를 다하지 못한 죄책감으로 독거 노인을 극진히 부양하는 자식
④ 억압 – 입원 중 간호사에게 아기 같은 행동을 하며 불안을 감소시키는 노인
⑤ 반동형성 – 남편이 바람 피워 데려온 아이를 싫어함에도 오히려 과잉보호로 키우는 부인

해설 ① 전치 : 부모에게 꾸중을 듣고 적대감으로 개를 발로 차는 아이
② 부정 : 불치병에 걸렸음을 알고도 미래의 계획을 화려하게 세우는 환자
③ 격리 : 효도를 다하지 못한 죄책감으로 독거노인을 극진히 부양하는 자식
④ 퇴행 : 입원 중 간호사에게 아이 같은 행동을 하여 불안을 감소시키는 노인

07 방어기제의 예로 옳은 것은?

① 전치 : 엄마한테 혼난 아이가 동생에게 화풀이하는 것
② 보상 : 병에 걸린 사람이 의사의 오진으로 생각하는 것
③ 전환 : 이중인격자, 지킬박사와 하이드
④ 부정 : 상담 도중 갑자기 '기억나지 않는다.'라고 말하는 것
⑤ 격리 : 살인을 한 후 자신의 팔이 저려 오는 것

해설 ② 보상은 약점이 있는 사람이 이를 보충하기 위해 다른 것을 발전시키는 것을 의미한다.
　　예 운동을 잘 못하는 사람이 공부에 열중하는 행동
③ 전환은 심리적 갈등이 신체 감각기관의 증상으로 표출되는 것을 의미한다.
　　예 살인을 한 후 자신의 팔이 저려 오는 것
④ 부정은 의식화되려는 고통스러운 현실을 부정함으로써 불안으로부터 자신을 보호하는 것을 의미한다.
　　예 병에 걸린 사람이 의사의 오진으로 생각하는 것
⑤ 격리는 생각하기 싫은 기억을 감정 상태와 분리시키는 것을 의미한다.
　　예 부모의 이혼 시 아무런 느낌이 없다가 이혼에 대한 이야기를 할 때 흥분하며 이야기하는 것

정답　　04 ④　05 ④　06 ⑤　07 ①

08 에릭슨 이론의 주요 개념과 그에 관한 설명으로 옳은 것은? [14회]

① 전이 – 치료자가 클라이언트의 문제를 자신에게 투사하는 것이다.

② 창조적 자기 – 개인이 인생의 목표를 직시하고 결정하는 능력이다.

③ 페르소나 – 자아의 가면으로 개인이 외부세계에 내보이는 이미지이다.

④ 집단무의식 – 모든 개인의 정신이 공통으로 가지고 있는 하부구조를 일컫는다.

⑤ 점성원칙 – 인간발달은 최적의 시기가 있고, 모든 단계는 예정된 계획대로 전개된다.

해설 ① 전이는 프로이트의 이론이다.
② 창조적 자기는 아들러의 이론이다.
③ 페르소나는 융의 이론이다.
④ 집단무의식은 융의 이론이다.

09 에릭슨의 자아심리이론의 기본가정에 관한 설명으로 옳지 않은 것은? [13회]

① 발달은 점성원칙을 따른다.

② 인간의 공격성과 성적 충동의 영향력을 강조한다.

③ 인간을 합리적이고, 이성적이며, 창조적인 존재로 간주한다.

④ 인간행동은 의식 수준에서 통제 가능한 자아(Ego)에 의해 동기화된다.

⑤ 발달단계에서 외부 환경에 대처하고 적응하는 과정을 중요하게 다룬다.

해설 에릭슨은 인간의 행동은 생물학적 요인에 의해 성격이 형성된다고 강조하였고 인간의 공격성과 성적 충동의 영향력을 강조한 학자는 프로이트이다.

10 다음 중 심리사회적 발달단계 설명으로 틀린 것은?

① 신뢰감 대 불신감 – 희망

② 자율성 대 수치심 – 목적

③ 근면성 대 열등감 – 능력

④ 생산성 대 침체 – 배려

⑤ 자아통합 대 절망 – 지혜

해설 유아기 시기인 자율성 대 수치심은 의지력이 생기고 아동전기 시기에 주도성 대 죄의식 목적이 생긴다.

11 프로이트와 에릭슨의 공통점이 아닌 것을 모두 고른 것은?

ㄱ. 인간의 초기 경험이 중요하다고 했다.
ㄴ. 인간의 발달단계는 정해져 있어 그 순서에 맞게 발달한다.
ㄷ. 인간행동은 생물학적 요인에 의해 성격이 형성된다.
ㄹ. 외부환경에 적응하는 과정을 중요시한다.

① ㄱ, ㄷ
② ㄴ, ㄹ
③ ㄱ, ㄴ, ㄷ
④ ㄹ
⑤ ㄱ, ㄴ, ㄷ, ㄹ

해설 프로이트는 에릭슨과 달리 폐쇄체계로 환경영향을 무시했다. 환경보다는 과거의 경험이 성격형성에 중요한 요인이라고 하였다.

12 아들러의 개인심리이론에 관한 설명으로 옳지 않은 것은? [16회]

① 열등감은 보다 나은 자기완성의 의지를 약화시키는 요소이다.

② 인간은 우월성을 추구하려는 동기를 가지고 있다.

③ 사회적 관심은 가족관계 및 아동기 경험의 맥락에서 발달한다.

④ 인간은 자신의 삶을 스스로 창조해갈 수 있는 능동적인 존재이다.

⑤ 출생순위, 가족의 크기 등은 개인의 성격발달과 생활양식에 영향을 미친다.

해설 열등감은 자신을 발전시키는 동기유발의 근거로 보다 나은 자기완성의 의지를 약화시키는 요소이다.

13 아들러의 개인심리이론의 내용으로 틀린 것은?

① 형제와의 관계도 성격발달에 영향을 끼친다.
② 부모와 자녀와의 관계는 성격발달에 영향을 끼친다.
③ 가족의 크기도 성격발달에 영향을 끼친다.
④ 인간은 성적 만족이 성격발달에 영향을 끼친다.
⑤ 자유와 선택도 성격발달에 영향을 끼친다.

해설 아들러는 인간은 성적 만족에 대한 언급을 하지 않았다. 성에 대한 내용은 프로이트가 언급하였다.

14 아들러(A. Adler) 이론에 관한 설명으로 옳지 않은 것은? [13회]

① 인간행동의 객관성과 보편성을 강조한다.
② 인간을 하나의 통합된 유기체로 인식한다.
③ 출생순위는 생활양식 형성에 영향을 미친다.
④ 사회적 관심은 선천적이지만 의식적인 개발을 필요로 한다.
⑤ 개인의 성장과 발달은 열등감을 극복하려는 시도에서 나온다.

해설 아들러는 열등감과 보상, 우월성 추구, 사회적 관심, 생활양식, 출생순위에 관심을 두었다. 인간행동의 객관성과 보편성 강조와는 거리가 멀다.

15 융의 분석심리이론에 관한 설명으로 옳지 않은 것은? [16회]

① 인간은 생물학적, 심리적, 사회문화적 존재이다.
② 인간은 자신의 일부로 받아들이기 꺼리는 그림자를 가지고 있다.
③ 집단무의식을 조상 대대로의 경험의 침전물로 보았다.
④ 남자의 여성적인 면은 아니무스, 여자의 남성적인 면은 아니마이다.
⑤ 페르소나는 개인이 외부에 표출하는 이미지 혹은 가면을 의미한다.

해설 남자의 여성성은 아니마, 여자의 남성성은 아니무스이다.

16 융의 이론에 관한 설명으로 옳은 것은? [18회]

① 남성의 여성적인 면은 아니무스, 여성의 남성적인 면은 아니마이다.
② 원초아, 자아, 초자아의 중요성을 강조한다.
③ 음영은 자기나 자아상과 같은 개념으로 인간의 어둡고 동물적인 측면이다.
④ 페르소나는 개인이 외부 세계에 보여주는 이미지이며, 사회적 요구에 대한 반응이다.
⑤ 집단 무의식은 다양한 콤플렉스에 기초한다.

해설 ① 남성의 여성적인 면은 아니마, 여성의 남성적인 면은 아니무스이다.
② 원초아, 자아, 초자아의 중요성을 강조한 학자는 프로이트이다.
③ 음영은 인간의 어둡고 동물적인 측면이지만 자기나 자아상과 같은 개념은 아니다.
⑤ 집단 무의식은 모든 인간의 공통된 오랜 경험에서 형성된 잠재적 이미지의 저장으로 다양한 콤플렉스에 기초하지 않는다.

17 융의 분석심리학 이론의 중요한 개념을 설명한 것으로 틀린 것은?

① 원형은 어떤 형상이나 심상의 본보기를 의미한다.
② 집단무의식은 개인적 경험과는 상관없이 조상 또는 종족 전체의 경험 및 생각과 관계가 있는 원시적 공포나 사고 등을 포함하는 무의식이다.
③ 리비도는 인생 전반에 작동하는 성 에너지이다.
④ 페르소나는 개인이 외부에 표출하는 이미지로서 가면과도 같다.
⑤ 음영은 자기상과 반대되는 개념으로 대부분 부정적인 의미를 포함한다.

해설 리비도는 인생 전반에 작동하는 생활에너지이다. 성 에너지는 프로이트의 리비도에 대한 설명이다.

18 융(C. Jung)의 분석심리이론에 관한 설명으로 옳지 않은 것은? [15회]

① 자아(Ego) : 의식과 무의식을 결합시키는 원형적인 심상이며, 의식은 자아에 의해 지배된다.

② 페르소나(Persona) : '자아의 가면'이라고 하며 외부와의 적응에서 생긴 기능 콤플렉스이다.

③ 음영/그림자(Shadow) : 자신이 모르는 무의식적 측면에 있는 부정적인 또 다른 나의 모습으로 모순된 행동을 하게 만든다.

④ 집단무의식(Collective Unconscious) : 인류역사를 통해 조상으로부터 물려받은 정서적 소인으로 개인마다 그 원형은 다르다.

⑤ 개성화(Individuation) : 자기실현이라고도 하며 모든 콤플렉스와 원형을 끌어들여 성격을 조화하고 안정성을 유지하는 것이다.

> **해설** 개인적으로 경험할 수 있는 것이 아니라 인류의 오랜 경험으로부터 형성된 것으로 역사와 문화를 통해 공유해 온 모든 정신적 자료의 저장소이다. 모든 인류에게 공통적으로 유전되어 온 것이다.

19 프로이트(S. Freud)의 정신분석이론에 관한 설명으로 옳지 않은 것은? [16회]

① 어린 시절에 겪었던 과거 경험의 중요성을 강조한다.

② 엄격한 배변훈련으로 항문보유적 성격이 형성될 수 있다.

③ 초자아는 성격의 실행자이자 마음의 이성적인 부분이다.

④ 생식기에는 이성에 대한 관심과 호기심이 높아진다.

⑤ 남자아이는 남근기에 오이디푸스 콤플렉스(Oedipus Complex)로 거세불안을 경험한다.

> **해설** 성격의 실행자는 초자아가 아니라 자아에 대한 설명이다. 자아는 행동과 생각을 통제하는 조정자, 실행자의 역할을 한다.

20 에릭슨(E. Erikson)의 심리사회적이론의 기본 가정에 관한 설명으로 옳지 않은 것은? [13회]

① 발달은 점성원칙을 따른다.

② 인간의 공격성과 성적 충동의 영향력을 강조한다.

③ 인간을 합리적이고, 이성적이며, 창조적인 존재로 간주한다.

④ 인간행동은 의식 수준에서 통제 가능한 자아(Ego)에 의해 동기화된다.

⑤ 발달 단계에서 외부 환경에 대처하고 적응하는 과정을 중요하게 다룬다.

> **해설** 인간의 공격성이나 성적 충동의 영향력을 강조한 학자는 프로이트이다.

정답 18 ④ 19 ③ 20 ②

행동주의이론

학습 가이드

- 그동안 스키너와 반두라 외에 왓슨, 손다이크, 파블로프 등의 학자에 대한 문제가 많이 나왔으나 최근에는 스키너와 반두라에 대한 문제가 주로 출제되고 있다. 문제 유형이 하나의 이론을 물어보는 것이 아니라 학자들의 전반적인 내용을 물어보는 경우가 많아 전체적인 내용을 학습해야 한다.
- 스키너의 조작적 조건화와 강화와 벌, 강화계획이 중요해 반드시 기억하고 있어야 한다.
- 반두라의 모방과 인지, 자기강화, 상호결정론, 관찰학습과정 등의 개념을 기억하고 있어야 하고 자기효능감의 형성요인에 대한 문제가 출제된 만큼 파생되는 내용도 학습해야 한다.
- 스키너와 반두라 이론의 차이점과 공통점을 구분할 수 있어야 한다.

Tip 👆

고전적 조건화는 수동적 반응이고 조작적 조건화는 능동적 반응입니다.

행동주의이론은 파블로프, 왓슨, 손다이크 등의 이론가에 의해 정교화되었고 스키너의 조작적 조건화의 이론은 파블로프의 고전적 조건화가 기초가 되었다.

1 스키너(Skinner)의 행동주의이론

스키너는 쥐에게 먹이를 주지 않고 상자 안에 넣어 놓았는데, 쥐는 계속 상자를 돌아다니다가 우연히 지렛대를 누르게 되고 음식이 나오는 것을 알게 되면서 배가 고플 때마다 지렛대를 누르게 되었다.

1) 기본가정

인간행동은 환경의 자극에 의해 동기화되고, 행동에 따르는 강화에 의해 전적으로 결정된다고 보고 있다.

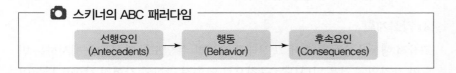

📷 스키너의 ABC 패러다임

| 선행요인 (Antecedents) | → | 행동 (Behavior) | → | 후속요인 (Consequences) |

2) 주요 개념

(1) 조작적 조건형성(Operant Conditioning)

고전적 조건화와 다르게 사람이 원하는 결과를 얻기 위해 스스로 행동하는 능동적인 반응으로 결과에 의해 인간의 행동이 변하는 것이다. 행동의 결과가 좋아 그 행동이 반복되어 나타나는 경우를 강화라고 하고 행동의 결과가 좋지 않아 그 행동을 반복하지 않는 경우를 소거라고 한다. 이러한 경향을 조작적 조건형성이라고 한다.

(2) 강화(Reinforcement)

바람직한 행동을 증가시키기 위한 방법으로 정적 강화와 부적 강화로 나누어지는데, 정적은 주는 것이고 부적은 뺏는 것이다.

① **정적 강화(Positive Reinforcement)**

좋아하는 것을 주어 바람직한 행동을 증가시키는 것이다.

예 • 동생과 놀아줌(행동) → 용돈을 받음(자극) → 동생과 더 잘 놀아줌(증가)
  • 성적이 오름(행동) → 용돈을 받음(자극) → 성적이 더 오름(증가)

② **부적 강화(Negative Reinforcement)**

싫어하는 것을 뺏어 바람직한 행동을 증가시키는 것이다.

예 • 동생과 놀아줌(행동) → 청소를 면제함(자극) → 동생과 더 잘 놀아줌(증가)
  • 성적이 오름(행동) → 청소를 면제함(자극) → 성적이 더 오름(증가)

(3) 처벌(Punishment)

바람직하지 못한 행동을 감소시키기 위한 방법으로 정적 처벌과 부적 처벌이 있는데, 정적은 주는 것이고 부적은 뺏는 것이다.

① **정적 처벌(Positive Punishment)**

싫어하는 것을 주어 바람직하지 못한 행동을 감소시키는 것이다.

예 (컴퓨터 게임에 중독된 아이) 게임을 함(행동) → 청소를 시킴(자극) → 게임을 더 하지 않음(감소)

Tip 👆

스키너의 쥐 실험

스키너는 파블로프의 개 실험을 인용하여 쥐들에게 보상이 주어지면 그 보상을 받기 위해 그 행동을 할 것이란 생각을 토대로 쥐 실험을 실시하였습니다. 처음에는 지렛대를 한 번 누르면 음식이 나오도록 하였으나 이후 보상의 횟수를 달리 하여 지렛대를 눌러도 음식이 나오지 않게 하자 쥐는 지렛대 누르는 행동을 몇 번이고 반복하여 음식을 가져갔고, 그 후 그 횟수만큼 누른 뒤 음식을 타갔습니다. 나중에는 지렛대를 눌러도 음식이 나오지 않자 쥐는 지렛대 누르는 행위를 하지 않았습니다.

② 부적 처벌(Negative Punishment)

좋아하는 것을 뺏어 바람직하지 못한 행동을 감소시키는 것이다.

예 (컴퓨터 게임에 중독된 아이) 게임을 함(행동) → 용돈을 줄임(자극) → 게임을 더 하지 않음(감소)

(4) 강화계획

조작적 행동을 습득한 후에 그 상태를 유지할 수 있도록 강화물을 제시하는 빈도와 간격의 조건을 나타내는 규칙으로 연속적 강화와 간헐적 강화로 나누어진다. 연속적 강화는 행동을 할 때마다 강화를 제시하는 것이고 간헐적 강화는 행동과 관계없이 주기적이지 않거나 주기적으로 제시되는 것이다. 간헐적 강화에는 고정간격, 고정비율, 변수간격, 변수비율 강화로 나누어진다.

① 고정간격 강화계획은 정해진 시간이 지난 후 강화를 주는 것이다.

예 월급이나 주급을 주는 것이다.

② 고정비율 강화계획은 정해진 횟수가 지난 후 강화를 주는 것이다.

예 근로자에게 작업이 끝나고 성과급을 주는 것이다.

③ 가변간격 강화계획은 가변적인 임의의 시간 이후 강화를 주는 것으로 일정한 시간 안에서 시간을 다르게 하여 강화를 준다.

예 1년에 시험을 4번 본다면 1학기 중간, 기말, 2학기 중간, 기말이 아니라 시험 날짜를 5월 4일, 9월 5일, 10월 30일, 11월 20일처럼 선생님 마음대로 정하는 것이다.

④ 가변비율 강화계획은 평균적으로 정해진 횟수가 지난 후에 강화를 주는 것으로 언제 강화될지 예측할 수 없어 꾸준한 반응을 한다.

예 영업사원에게 대략 20개의 물건을 팔면 보상을 주기로 하고 18개, 19개, 21개, 22개를 팔았을 때 보상을 주는 것이다.

Tip 👆
고정간격 강화계획 < 가변간격 강화계획 < 고정비율 강화계획 < 가변비율 강화계획 순으로 지속성이 높습니다.

(5) 변별자극

어떤 행동에 대하여 보상되거나 보상되지 않을 것이라는 단서 혹은 신호로 작용하는 자극을 말한다. 긍정적 결과를 얻기 위해 해야 하는 행동을 알려주는 신호이다. 동물에게 두 가지의 소리를 들려주고 A소리에는 음식을, B소리에는 아무것도 주지 않았다면 시간이 지날수록 소리에 대해 학습하게 되고 A소리에만 반응을 보이게 된다.

(6) 소거(Extunction)

강화를 통해 증가한 반응이 강화를 받지 못하면 줄어들거나 사라지는 현상이다. 즉, 개에게 종소리를 들려주고 음식을 주었을 때 종소리만 들어도 침을 흘렸지만 종소리를 들려주고 음식을 주지 않으면 더 이상 침을 흘리지 않게 된다.

(7) 일반화

'자라 보고 놀란 가슴 솥뚜껑 보고 놀란다'는 속담처럼 어떠한 사건에 의해 만들어진 경험이 비슷한 사건이 일어났을 때 같은 반응이 나타나는 것을 일반화라고 한다. 개에게 종소리를 들려주고 음식을 주었더니 비슷한 소리를 듣고도 개가 침을 흘릴 수 있다.

(8) 행동조성, 행동형성(Shaping)

복잡한 행동이나 기술을 학습하는 데 있어 기대하는 반응이나 행동을 학습할 수 있도록 행동을 강화해 점진적으로 만들어가는 것을 의미한다.

(9) 타임아웃(Time Out)

특정행동의 발생 빈도를 줄이기 위해 정적 강화물을 철회함으로써 잘못된 행동을 하지 못하도록 행동을 수정하는 것을 의미한다.

(10) 토큰경제(Token Economy)

바람직한 특정행동을 구체적으로 정하여 그 행동을 했을 경우에 토큰으로 보상하였다가 후에 토큰으로 원하는 물건과 교환할 수 있도록 하여 체계적으로 강화하는 기법이다.

(11) 체계적 둔감화(Systemic Desensitization)기법

불안을 일으키는 자극을 행동적으로 분석하고 불안유발상황에 대한 위계목록을 작성한 다음 이완훈련을 시키고, 불안을 유발하는 상황을 상상하게 하여 치료하는 기법이다.

3) 스키너 이론의 평가

① 인간은 자신의 행동을 통제할 수 있는 힘이 없다.
② 외적인 강화 없이는 어떠한 행동의 학습이나 수정은 없다.
③ 효과성을 중시하고 정밀한 측정을 강조하며 빠른 개입효과를 기대한다.
④ 인간행동에 대하여 인간의 내적·정신적 특성보다는 환경의 영향력을 강조하였다.
⑤ 인간의 존중이나 자유를 무시하고 조작이 가능한 대상으로 취급하였다.
⑥ 인간은 조작을 통하여 행동을 통제할 수 있다고 보았다.

OX 퀴즈

- 정적 강화는 바람직한 행동이 증가하면 싫어하는 것을 뺏는 것이다. (×)
- 사건에 의해 만들어진 경험은 비슷한 사건이 일어나면 같은 반응이 나타나는 것을 일반화라고 한다. (○)
- 인간은 조작을 통하여 행동을 통제할 수 있다고 보았다. (○)

1) 기본가정

외적 환경의 자극과 인간 내적 사건이 상호작용하여 결정된다고 보고 있다.

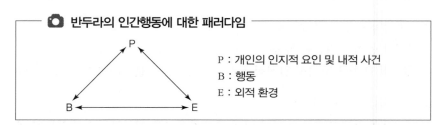

반두라의 인간행동에 대한 패러다임

P : 개인의 인지적 요인 및 내적 사건
B : 행동
E : 외적 환경

2) 주요 개념

(1) 상호결정론

기질적 요인들과 상황적 요인들이 상호 의존하여 행동의 원인이 되는 것으로 간주하여 환경 자극이 인간행동에 영향을 주지만 신념, 기대와 같은 요인이 인간의 행동 방식에 영향을 준다는 것이다. 개인, 인간, 환경의 상호작용으로 발달하는데, 환경 조절로 인하여 학습도 조절이 가능하고 인간의 행동을 수정할 수 있다.

(2) 모방(Modeling)

자신이 직접 경험하지 않고도 타인의 행동을 따라함으로써 변화할 수 있는 것으로 부정적인 행동이나 긍정적 행동이 관찰을 통해 학습된다. 인간은 타인의 모든 행동을 모방하는 것이 아니라 자신의 모델을 선정하여 그 행동을 모방하게 된다.

(3) 자기효능감(Self – efficacy)

인간은 자신의 행동을 책임지거나 통제할 수 있다고 믿는 믿음으로 자기 자신의 행동에 대한 믿음이다. 즉, 어떤 목표 수준에서 과제를 수행하거나 학습하는 데 필요한 어떤 행동을 성공적으로 수행할 수 있는지에 대한 신념이다. 한 영역의 효능감이 높다고 해서 모든 영역의 효능감이 높을 수는 없다. 예로 어떤 사람이 사회성이 발달하여 높은 효능감을 가지고 있는 데 비해 운동에 대해서는 낮은 효능감을 가질 수 있다.

Tip

모방학습을 효과적으로 사용하기 위한 원칙

- 바람직한 행동은 가능한 한 여러 사람이 여러 번 시범을 보입니다.
- 모방의 내용은 쉽고 간단한 것에서 시작하여 점차 복잡하고 어려운 것으로 옮겨갑니다.
- 각 단계에서 말로써 설명해 주거나 지도해 주는 것이 필요합니다.
- 가르치는 내용에 따라 보여주는 것이 효과적입니다.
- 각 단계마다 잘하면 칭찬을 해 주어야 합니다.

(4) 인지

사회적 학습은 주로 인지적 활동이다. 학습된 반응을 수행할 의지는 인지적 통제하에 있는 것이고 관찰학습을 통해 인간은 장래의 학습과 수행에 영향을 미치는 인지적 구조를 획득한다.

(5) 자기강화

인간의 행동은 자기강화와 함께 외적인 요인으로 결정된다고 주장하였다. 자기강화는 자신이 스스로 통제할 수 있는 보상과 처벌을 자신에게 제공하여 자신의 행동을 유지하거나 변화시키는 과정으로 자신이 정한 기준에 따라 보상 또는 처벌을 내린다.

(6) 자기규제

인간은 자신의 자기 자신의 행동에 영향력을 행사할 수 있는 개인의 능력을 의미하고 인간행동은 외부환경이 보상하고 처벌하기 때문이 아니라 스스로 정한 내적 표준에 따라 조정되는 것이다.

3) 관찰학습과정

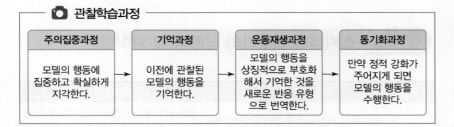

📷 **관찰학습과정**

주의집중과정	기억과정	운동재생과정	동기화과정
모델의 행동에 집중하고 확실하게 지각한다.	이전에 관찰된 모델의 행동을 기억한다.	모델의 행동을 상징적으로 부호화해서 기억한 것을 새로운 반응 유형으로 번역한다.	만약 정적 강화가 주어지게 되면 모델의 행동을 수행한다.

(1) 주의집중과정

모방하기 위해서는 보는 것으로는 부족하여 모델에 주의나 관심을 집중해야 한다. 모델을 결정하는 데 있어 자신과 가까이에서 상호작용을 하는 사람 중에서 선택하게 되며 자신의 가치와 꿈이 좌우되기도 하고 대중매체에 의해 영향을 받을 수도 있다.

(2) 기억과정

모델로부터 배운 것을 장기간 기억해야 하는데, 기억하지 못하면 변화가 될 수 없기에 기억하는 것이 중요하다. 암기를 하든지 현상을 영상처럼 기억할 수 있다.

(3) 운동재생과정

기억을 행동으로 전환하는 것으로 관찰을 통하여 기억하고 연습을 하더라도 정확한 행동 수행을 하지 못할 수 있으며 자신의 신체 능력으로 인하여 기억된 행동을 재생할 수 없는 경우가 많다.

Tip 👆
관찰학습과정 중 기억과정은 보존과정과 같은 의미입니다.

(4) 동기화과정

관찰한 것만으로도 학습이 가능하고 재연할 수 있지만 긍정적인 결과가 주어져 동기부여가 되면 모델의 행동을 수행한다. 하지만 행동할 능력이 있다 하더라도 동기부여가 되지 않으면 행동하지 않는다.

3　반두라 이론의 평가

① 인간의 내면적인 면과 자발적인 면보다는 외부환경의 중요성만 강조하였다.
② 단순한 행동은 모방에 대한 설명이 가능하지만 복잡한 행동의 모방에 대한 설명은 불가능하다.
③ 인간의 발달에서 나타나는 학습의 수준을 고려하지 않았다.
④ 인간에 있어 사회환경이 얼마나 영향을 주는지 인식시켰다.

4　스키너와 반두라의 공통점 및 차이점

구분	스키너	반두라
차이점	환경론적 입장으로 환경적 요인에 의해 인간의 본성이 결정된다.	상호 결정론적 입장으로 인지특성, 행동 그리고 환경이 서로 상호작용한 결과라고 본다.
	인간의 성격, 심리상태, 느낌, 목적, 의도 등은 연구할 필요가 없다.	인지적 능력을 활용하여 사려 깊고 창조적인 사고를 함으로써 합리적 행동을 계획할 수 있는 능력이 있다.
	인간행동은 자극 – 반응의 관계만 설명, 인간본성에 대해 강한 객관적 관점을 갖는다.	환경으로부터 객관적 자극에 반응할 때 인간 내면의 주관적인 인지적 요소가 관여하고 주관적 관점과 객관적 관점을 동시에 지닌다.
공통점	• 인간의 행동을 불러일으키는 요인은 환경의 영향이다. • 인간본성이 가변적 속성을 지닌다는 점을 인정하였다.	

OX 퀴즈

• 기질적 요인들과 상황적 요인들이 상호 의존하여 행동의 원인이 되는 것은 상호결정론이다. (O)
• 관찰학습과정은 주의집중과정 → 기억과정 → 운동재생과정 → 동기화과정으로 이루어진다. (O)
• 자신이 직접 경험하지 않고도 타인의 행동으로 인하여 변화할 수 있는 것은 모방이다. (O)
• 자신의 행동을 책임지거나 통제할 수 있다고 믿는 믿음은 인지이다. (×)

행동주의이론

01 스키너 이론에 대한 설명으로 옳은 것은?

① 인간의 인지적 능력을 중시한다.
② 어떠한 상황에도 행동을 성공적으로 수행할 수 있다고 믿는다.
③ 인간의 행동에 대한 영향력을 행사할 수 있는 능력을 중요하게 생각한다.
④ 심리적 · 사회적 측면을 강조한다.
⑤ 인간은 내적 충동보다 외적 자극에 의해 동기화된다.

해설 ① 인간의 인지적 능력을 중시한 학자는 에릭슨이다.
② 자기효능감은 어떠한 상황에도 행동을 성공적으로 수행할 수 있다고 믿는다.
③ 자기조정은 인간의 행동에 대한 영향력을 행사할 수 있는 능력을 중요하게 생각한다.
④ 심리적 · 사회적 측면을 강조한 학자는 에릭슨이다.

02 스키너(B. F. Skinner)의 이론에 관한 설명으로 옳은 것은?

[14회]

① 인간행동은 내적인 동기에 의해 강화된다.
② 조작적 행동보다 반응적 행동을 중요시한다.
③ 인간행동에 대한 환경의 결정력을 강조한다.
④ 자기효율성을 성취하기 위해 행동을 규제한다.
⑤ 인간은 자신의 행동을 통제할 수 있는 힘을 가지고 있다.

해설 ① 인간행동은 외적인 동기에 의해 강화된다.
② 반응적 행동보다는 조작적 행동을 중요시한다.
④ 반두라는 자기효율성을 성취하기 위해 행동을 규제한다고 했다.
⑤ 인간은 자신의 행동을 통제할 수 있는 힘을 가지고 있다고 한 학자는 로저스나 매슬로우와 같은 인본주의 이론가이다.

03 관찰학습의 구성요소 내용으로 틀린 것을 모두 고른 것은?

> ㄱ. 주의집중단계 – 모델의 행동에 집중, 정확하게 지각하는 단계
> ㄴ. 파지단계 – 관찰된 모델의 행동을 기억하는 단계
> ㄷ. 운동재생단계 – 모델의 행동을 기억한 것을 새로운 반응 유형으로 나타내는 단계
> ㄹ. 동기화단계 – 부적 강화가 주어지게 되면 모델의 행동을 수행하는 단계

① ㄱ, ㄷ   ② ㄴ, ㄹ
③ ㄱ, ㄴ, ㄷ   ④ ㄹ
⑤ ㄱ, ㄴ, ㄷ, ㄹ

해설 ㄹ. 동기화단계 – 정적 강화가 주어지게 되면 모델의 행동을 수행하는 단계

04 반두라(A. Bandura)가 주장한 개념으로 옳지 않은 것은?

[9회]

① 모방(Modeling)
② 관찰학습(Observational Learning)
③ 자기효능감(Self-efficacy)
④ 행동조성(Shaping)
⑤ 자기강화(Self-reinforcement)

해설 행동조성은 반두라가 아니라 스키너의 이론으로 복잡한 행동이나 기술을 학습하는 데 있어 기대하는 반응이나 행동을 학습할 수 있도록 행동을 강화해 점진적으로 만들어 가는 것을 의미한다.

정답 01 ⑤   02 ③   03 ④   04 ④

출제경향 ⊙

학습 가이드 ⊙

- 엘리스와 아론 벡의 개념들이 다른 학자들의 문제에 출제되고 있는 만큼 개념과 기법을 암기할 필요가 있다.
- 피아제의 인지발달이론은 이 장에서 뿐만 아니라 발달단계에서도 중요한 부분을 차지하고 있기에 중요한 부분이라 할 수 있다.
- 피아제의 인지발달 4단계의 내용은 확실히 구별할 수 있어야 고득점이 가능하다. 피아제에 대한 문제가 나오지 않을 수 있지만 발달단계에서 중복되어 나오는 만큼 확실한 암기가 필요하다.
- 콜버그의 도덕성발달단계의 특성을 잘 정리해 두어야 한다.

---

1 피아제(Piaget)의 인지발달이론

1) 주요 개념

(1) 도식(Schema)

외부의 사물을 인지하고 대응하기 위해 사용하는 기본적인 반응의 틀로 외부 환경에 대처하기 위해 인간이 반복적으로 하는 행동과 경험을 의미한다. 사물의 중요한 측면이나 특징을 인식하고 표현하는 능력으로 대상에 대한 청사진이라 할 수 있다. 또한 빨기, 잡기, 보기와 같이 단순한 행동이 다양해지면서 일생에 걸쳐 발달되고 수정된다.

 아이는 처음에 빨기 도식이 발달하는데, 배가 고프지 않아도 모든 사물을 빨기 시작하고 커가면서 물건을 손에 쥘 수 있게 발달한다.

(2) 적응(Adaptation)

감각에 주어지는 환경의 정보를 수동적으로 받아들이기보다는 정보를 능동적으로 선택하고 해석하여 자신의 지식으로 받아들이며 자신의 환경을 조절하는 능력이다. 동화와 조절 과정으로 인하여 적응이 발달하게 된다고 본다.

(3) 동화(Assimilation)

이미 경험이나 학습을 통하여 형성되어 있는 도식에 맞게 새로운 개념을 이해하는 것으로 인지구조의 양적 변화를 가져온다.
- **예** 다리가 네 개인 강아지를 알게 된 아이는 다리가 네 개인 것들을 보면 강아지라고 이야기한다.

(4) 조절(Accommodation)

기존의 도식으로 새로운 개념이 이해되지 않을 때 도식을 변화시켜 이해하는 것으로 인지구조의 질적 변화를 가져온다.
- **예** 다리가 네 개인 것을 보고 강아지라고 생각했으나 수염이 긴 것을 보고 강아지가 아니라 고양이라는 것을 알게 된 후에는 다리가 네 개이고 수염이 긴 것은 고양이라고 받아들인다. 즉, 동화와 조절은 함께 나타난다.

(5) 평형화(Equilibrium)

동화와 조절의 균형을 이루는 것으로 인간의 인지발달은 평형화를 통해 이루어지기에 평형상태를 취하려고 애쓴다. 즉, 인간은 새로운 경험을 할 경우 불평형상태가 되는데, 이때 평형상태가 되기 위해 노력한다.

(6) 조직화(Organization)

기존의 도식을 새롭게 하거나 비슷한 도식들과 결합하여 좀 더 복잡한 도식으로 변화시키는 것이다.

2) 기본 가정

① 모든 인간은 똑같은 방법으로 생각하는 법을 배운다.
② 유아기와 아동기 초기에 생각하는 것은 매우 기본적이고 구체적이다.
③ 인간은 성장하면서 사고는 더욱 복잡하고 추상적이 된다.
④ 인지발달단계는 개인이 생각하는 일정한 원칙과 방식이 존재한다.
⑤ 인지발달은 정해진 순서에 따라 뛰어넘거나 바꿀 수 없다.
⑥ 인지발달단계는 인종과 문화와 상관없이 보편적이다.
⑦ 인지발달은 동화와 조절을 활용하여 환경에 적응하는 것이다.
⑧ 상위단계는 바로 하위단계를 기초로 형성되고 하위단계를 통합한다.

 합격노트 동화는 기존의 도식으로 사물을 이해하는 것이고 조절은 기존의 도식으로 사물을 이해하지 못해 새로운 도식을 변화시켜 이해하는 것입니다.

3) 발달이론

(1) 감각운동기(Sensory Motor Period, 0~2세)

감각운동기는 상징적 사고가 시작되는 단계로 12~18개월 정도가 되면 대상영속성이 형성된다. 대상영속성이란 처음에 자신의 지각 안에 있는 사물만 인식하다가 자신의 지각 안에 있지 않더라도 사물을 인식할 수 있게 되는 능력이다. 즉, 사물이 보이지 않아도 어디에 있는지 찾을 수 있는 능력이다. 또한 지연모방이 발달하게 되는데, 눈으로 보고 배울 것을 바로 시행할 수 있는 것이 아니라 시간이 지난 후에 행동하는 것이다.

Tip 👆

감각운동기 시기에는 대상연속성이 발달하지 못해 눈에 보이지 않으면 없는 것으로 인지합니다.

📕 감각운동기의 세부 특징

단계	특징
반사 활동기 (출생~1개월)	• 학습되지 않은 반사로 인하여 환경에 적응한다. • 외부에 관심을 갖고 손에 닿는 것 잡기, 입에 닿는 것 빨기, 큰소리에 고개 돌리기 등과 같은 반사적인 반응 행동을 한다. • 반복적으로 같은 반사를 사용하는 재생적 동화를 한다. • 자신과 외부를 구분하지 못한다. • 다양한 도식을 통하여 경험이 쌓여 가면서 외부환경의 요구에 더욱 잘 적응하게 된다.
1차 순환반응 (1~4개월)	• 모든 관심이 외부가 아닌 자신의 신체에 있기 때문에 스스로 발견한 자신의 신체에 대한 탐구과정이다. • 순환반응이란 빨기, 잡기 등과 같은 감각운동 행동의 반복을 의미한다. • 많은 행동에 대하여 시행착오를 거치면서 학습을 하게 되며, 학습과정에서 우연은 중요한 요소가 되기도 한다. • 우연히 발견된 즐거운 행동에 재미를 느껴 반복하게 되고 습관이 형성된다.
2차 순환반응 (4~10개월)	• 자기 자신이 아닌 외부에 관심을 갖는다. • 모빌을 계속 치는 행위와 같이 새로운 것을 발견하면 반복해서 그것을 연습하는 것처럼 보인다. • 외부의 일이 자신의 행동으로 생길 수 있다는 것을 이해하기 시작한다. • 대상영속성 개념이 없어 물건을 숨겨 보이지 않으면 물건을 찾지 못한다.
2차 도식의 반응 (10~12개월)	• 행동은 좀 더 분화되며 목표를 얻기 위해 도식을 협응하게 된다. • 인과관계를 이해하고 결과를 얻기 위한 목적 지향적 행동을 한다. • 주위에 있는 것들은 자신과는 분리되어 다른 성질을 갖고 있다는 것을 알게 되고 물건을 숨겨 보이지 않아도 물건을 찾을 수 있을 정도로 대상 영속성이 발달한다. 하지만 위치가 바뀌게 되면 찾지 못한다.
3차 순환반응 (12~18개월)	• 환경을 통제하고 실험을 하기 시작하며 가설을 검증한다. • 이전 단계와 다르게 반복하는 것이 아니라 새로운 결과를 알아보기 위해 다양한 실험을 한다.
상징적 표상 (18~24개월)	• 직접적인 경험이나 실험 없이도 다른 대상과의 관계를 이해하는 능력이 크게 발달한다. • 행동을 하기 전 사고를 하기 시작하여 문제해결을 한다. • 대상영속성을 형성하는 시기이다. • 행동을 하기 전에 마음속으로 문제해결 활동 및 계획을 수행해 본다. • 어떠한 행동을 보고 바로 시행하지 못하지만 시간이 지난 후에 그 행동을 재현할 수 있는 지연모방이 나타난다.

(2) 전조작기(Per - operational Period, 2~7세)

논리보다는 지각에 더 의존하는 시기로 언어를 사용하고 언어능력이 발달한다. 또한 감각운동기에서 형성된 대상영속성이 발달하는 시기이면서 보존 개념을 이해하기 시작하지만 획득하지 못하는 시기이다.

① 타율적 도덕성

자신 스스로 도덕을 지키는 것이 아니라 타인에 의해 규칙을 지키는 것을 의미한다. 규칙을 지키지 않으면 혼나는 것을 당연하게 생각한다.

② 물활론(Hylozoism)

인형에게 먹을 것을 주는 것처럼 모든 사물에는 생명이 있다고 믿고 생명이 없는 것에는 생명을 부여하는 것으로, 인형을 던지면 아프다고 생각한다.

③ 상징놀이

실제 존재하는 대상이 아닌 가상적인 대상을 만들어 놀이를 하는 것으로 나무를 총으로 생각한다.

④ 중심화(Concentration)

여러 가지 상황에 집중하지 못하고 한 가지 상황에만 집중하여 다른 상황을 무시하는 것이다. 그래서 보존개념이나 비가역적 사고, 직관적 사고를 하지 못한다.

⑤ 인공론적 사고

사람의 필요에 의해서 세상의 모든 사물이 만들어졌다고 믿는 것으로 별과 달은 밤에 우리를 비추기 위해 만든 것으로 생각한다.

⑥ 목적론적 사고

이 세상에 존재하고 있는 모든 것에 대한 존재의 이유를 찾으려고 하는 것으로 오렌지나무는 내가 오렌지를 먹기 위해 있는 것으로 생각한다.

⑦ 자아중심성(Egocentrism)

자신과 타인을 구별하지 못하는 것으로 자신의 관점에서 생각과 행동을 하는 것이다. 즉, 아이들끼리 이야기를 하지만 자신의 중심에서 하고 싶은 이야기만 하기에 이야기는 성립되지 않는다.

⑧ 비가역성(Irreversibility)

한쪽으로만 생각할 수 있는 것을 의미하는 것으로 자신에게 형이 있는 것은 이해할 수 있으나 형에게 동생이 있는 것을 이해하지 못한다. 즉, 자신의 입장에서는 생각할 수 있으나 타인의 입장에서는 생각하지 못한다.

Tip 👆
전조작기 시기에 자아중심성이 발달하여 모든 것을 자신의 입장에서 생각하고 행동합니다.

(3) 구체적 조작기(Period of Concrete Operations, 7～11세)

① 보존의 개념을 획득하여 비논리적인 사고에서 논리적인 사고를 할 수 있게 된다.

② 보존개념이 획득되어 동일성, 보상성, 가역성을 이해한다.

③ 동일성(Identity) : 더하거나 빼지 않으면 그 본래의 양은 같다는 것을 의미한다.

④ 보상성(Compensation) : 크기가 커지거나 높이가 낮아지거나 달라지더라도 본래의 양은 변하지 않는 것을 의미한다.

⑤ 가역성(Inversion) : 변화된 물체가 변화된 과정으로 되돌아간다면 예전의 상태로 돌아간다는 것을 의미한다.

⑥ 서열화(Sriation) : 많은 종류의 사물을 큰 순서대로 또는 작은 순서대로 크기에 맞게 분류할 수 있는 능력을 말한다.

⑦ 탈중심화 : 중심에서 벗어나 다른 면도 고려할 수 있는 능력을 말한다. 어떤 사물에 대해 한 측면만을 고려하는 것이 아니라 전체를 고려하는 것으로 문제를 해결할 때 다양한 변수를 고려하여 문제를 조사할 수 있게 된다.

⑧ 유목화(Classification) : 사물의 특성이 비슷한 것끼리 분류할 수 있는 능력을 말한다.

⑨ 자율적 도덕성 : 행동을 하는 데 있어 행동의 결과가 좋은지 나쁜지 보다는 행동의 의도가 좋은지 아니면 나쁜지에 따라 달라지는 것이다. 어머니의 설거지를 도와주다 컵을 두 개 깨는 것보다 장난치다 컵을 하나 깨는 것이 나쁘다는 것을 알게 되면서 행동에 대해 무조건 처벌을 받지 않고 상황에 따라 달라진다는 것을 알 수 있다.

(4) 형식적 조작기(Period of Formal Operations, 12세～성인기)

① 가설설정이 가능해지고 미래사건에 대해 예측할 수 있게 된다.

② 조합적 사고 : 어떤 문제에 직면했을 때 해결하기 위해 모든 해결책을 동원해 문제를 해결할 수 있는 능력을 말한다.

③ 가설 연역 추리 : 어떤 문제에 대하여 가설을 설정하고 검증하여 일반적인 원리를 바탕으로 특수한 원리를 논리적으로 이끌어 내는 능력을 말한다.

④ 추상적 사고 : 추상적 개념을 이용하여 논리적인 사고를 할 수 있는 능력을 말한다.

Tip 👆
유목화는 비슷한 것끼리 분류할 수 있는 능력으로 분류화라고도 합니다.

학자별 발달단계

연령	피아제		프로이트	에릭슨
0~2세	감각운동기		구강기 – 항문기	신뢰 – 불신
2~7세	전 조작기	전 개념적 사고기 (2~4세)	항문기 – 남근기	자율성 – 수치심 주도성 – 죄의식
		직관적 사고기 (4~7세)		
7~11세	구체적 조작기		잠복기	근면성 – 열등감
12세~성인기	형식적 조작기		생식기	자아정체감 – 역할 혼란

1과목
2과목
3과목
4과목
5과목
6과목
7과목
8과목

OX 퀴즈

- 이미 경험이나 학습을 통하여 형성되어 있는 도식에 맞게 새로운 개념을 이해하는 것은 조절이다. (×)
- 대상영속성을 확립하는 시기는 전조작기 시기이다. (×)
- 보존의 개념을 획득하는 시기는 구체적 조작기 시기이다. (○)
- 한쪽으로만 생각할 수 있는 것은 자아중심성이다. (×)

2 콜버그(Kohlberg)의 도덕성발달이론

한 부인이 암으로 죽어가고 있었다. 그 부인을 살릴 수도 있는 한 가지 유일한 약이 있었는데, 같은 마을에 사는 약사가 개발한 약이었다. 그 약은 원가의 10배나 되는 가격인 2,000달러에 비싸게 판매되고 있었다. 부인의 남편인 하인즈는 그 약을 사려고 이 사람 저 사람에게 돈을 빌렸지만 약 값의 절반인 1,000달러밖에 구하지 못하였다. 나머지 돈을 구하지 못한 하인즈는 약사에게 그 약을 싸게 팔든지 아니면 나머지를 외상으로 달라고 부탁하였으나 거절당하였다. 하인즈는 절망한 나머지 그 약을 훔치기 위해 약국 문을 부수고 들어갔다. 과연 하인즈가 이처럼 행동한 것이 정당한 것인가?

Tip

콜버그의 도덕성 발달이론은 피아제의 타율적 도덕성과 자율적 도덕성을 토대로 발전되었습니다.

1) 도덕성발달단계

(1) 전인습적 수준(4~9세)

규칙이 자신의 외부에 존재하는 것으로 인식하여 벌을 받지 않기 위해 규칙을 지키는 수준이다.

① 1단계 : 벌과 복종지향

칭찬을 받는지 아니면 벌을 받는지에 따라 행동 여부가 결정되고 착한 행동을 하면 칭찬을 받고 나쁜 행동을 하면 벌을 받을 것이라는 논리이다. 칭찬을 받기 위해서는 복종하는 것이 옳다고 생각한다.

예 하인즈 이야기를 통한 대답으로 "하인즈는 약을 훔쳤기 때문에 나쁘다." 라고 이야기한다.

② 2단계 : 욕구충족수단

욕구가 충족이 되는가에 목적을 두고 이익이 생긴다면 옳은 행동이고 이익이 생기지 않는다면 잘못된 행동이라고 생각하는 것으로 이익에 따라 행동의 옳고 그름이 결정된다.

예 하인즈 이야기를 통한 대답으로 하인즈는 부인을 구하기 위해 약을 훔쳤기 때문에 하인즈 입장에서는 옳은 행동이지만 약사는 자신의 약을 훔쳤기 때문에 나쁘다고 이야기한다. 즉, 옳고 그름이 누구의 입장이냐에 따라 달라진다.

(2) 인습적 수준(10세~)

자신의 이익이 아니라 사람들과 관계의 공정성에 기초한 논리를 중요시한다.

① 3단계 : 대인관계 조화(착한 아이 지향)

자신과 가까운 사람들에게 인정받으려고 노력한다. 특히, 부모와 선생님의 인정이 중요하다.

예 하인즈 이야기를 통한 대답으로 "하인즈는 부인의 생명을 구하려고 했어요." 라고 이야기한다.

② 4단계 : 법과 질서 지향

정상적인 사회가 유지되기 위해서는 사회규범을 준수하고 법을 잘 지켜야 한다는 것이다.

예 하인즈 이야기를 통한 대답으로 "하인즈의 동기는 나쁘다고 할 수 없지만 도둑질은 법을 어긴 행동이므로 용서할 수 없다." 고 이야기한다.

(3) 후인습적 수준(특별한 단계)

사회가 지키고 있는 관습적 도덕보다는 자신의 가치에 따른 도덕적 기준에 의한 판단을 중요시한다.

① 5단계 : 사회계약 지향

현재 사회의 모든 법이 정의롭다고는 할 수 없는데, 이러한 판단은 개인의 가치와 권리가 중요하다는 것에서 출발한다. 법은 인간이 살아가면서 필요한 것이기 때문에 많은 사람의 이익을 위해 변경될 수 있고 '최대 다수의 최대 행복'을 전제로 생각한다. 세상을 살아가면서 도덕적으로 옳은 것이 항상 법적으로 옳은 것과 일치된다고 할 수는 없다.

예 하인즈 이야기를 통한 대답으로 "하인즈는 약을 훔쳐 부인은 살릴 수 있지만 좋은 결과가 나쁜 과정을 정당화할 수는 없다."라고 이야기한다.

② 6단계 : 보편적 원리

모든 인간에게 보편적으로 적용되는 원칙을 중요시하여 사회의 법보다 사람이 느끼는 양심의 가책을 더욱 중요하게 생각한다. 이 단계에는 누구나 도달할 수 있는 것이 아니라 소수의 사람만 도달할 수 있다.

> 예 하인즈 이야기를 통한 대답으로 "하인즈는 아내를 구하기 위하여 도둑질할 법적 권리는 없으나 상위의 도덕적 권리가 있다."라고 이야기한다.

2) 콜버그 이론의 평가

① 도덕적 사고와 도덕적 행동 간에 불일치가 나타난다. 도덕적 사고를 가지고 있다고 해도 항상 도덕적 행동이 나타나지 않는다.

② 여성이 남성보다 도덕수준이 낮다는 성차별적 관점을 지닌다.

③ 모든 문화권에 보편적으로 적용하기에는 한계가 있다. 서구사회의 문화적 편향성을 보여 동양이나 다른 문화권에 대입하기 어렵다. 즉, 복지국가와 다르게 사회주의에서는 문화적 차이 때문에 후인습적 수준을 볼 수 없다.

④ 남성만을 연구 대상으로 삼은 한계가 있다. 남성과 여성은 도덕적 관점이 다르다. 남성은 정의에 초점을 두고 여성은 배려에 초점을 둔다.

⑤ 도덕적 행동에 영향을 미치는 여러 상황적 요인을 고려하지 않는다.

⑥ 상황에 따라 도덕적 퇴행 현상이 나타난다. 일부 연구에서 고등학교 시기에 후인습적 단계로 전진하는 대신에 전인습적 단계로 퇴행하는 현상을 볼 수 있다.

OX 퀴즈

- 자신의 이익이 아니라 사람들과 관계의 공정성에 기초한 논리를 중요시하는 시기는 전인습적 시기이다. (×)
- 자신과 가까운 사람들에게 인정받으려고 노력하여 도덕을 지키는 이유는 대인관계 때문이다. (○)

01 피아제의 전조작기의 설명으로 틀린 것은?

① 자아중심성 : 모든 것을 자신의 입장에서 생각하여 자신의 관점과 다른 사람의 관점을 구별하지 못한다.

② 물활론 : 생명이 없는 대상에 생명을 부여하는 것이다.

③ 직관적 사고 : 대상이 갖는 한 가지의 현저한 지각적 속성에 의해 그 대상의 성격을 판단한다.

④ 목적론적 사고 : 모든 사물과 자연현상이 사람의 필요에 따라 만들어졌다고 믿는 것이다.

⑤ 비가역성 : 다른 면을 상상하지 않고 한 방향에서만 생각하는 성향이다. 자신의 입장에서 생각할 수 있으나 남의 입장에서는 생각하지 못한다.

해설 목적론적 사고가 아니라 인공론적 사고에 대한 설명이다.

02 형식적 조작기 시기에 대한 설명으로 옳은 것은?

① 보존개념을 획득하게 되어 역조작성의 논리를 사용할 수 있다.

② 언어를 사용하고 언어능력이 발달하고 보이지 않는 것을 기억하는 표상능력을 획득한다.

③ 주로 사물을 만져보고 그것을 조작하여 환경을 탐색하며 학습한다.

④ 보존개념을 어렴풋이 이해하기 시작하지만 획득하지 못한다.

⑤ 가설설정과 미래사건에 대한 예측이 가능하다.

해설 ① 구체적 조작기 시기에는 보존개념을 획득하게 되어 역조작성의 논리를 사용할 수 있다.

② 전조작기 시기에는 언어를 사용하여 언어능력이 발달하고 보이지 않는 것을 기억하는 표상능력을 획득한다.

③ 감각운동기 시기에는 주로 사물을 만져보고 그것을 조작하여 환경을 탐색하며 학습한다.

④ 전조작기 시기에는 보존개념을 어렴풋이 이해하기 시작하지만 획득하지 못한다.

03 피아제의 인지발달이론에서 전조작기에 관한 설명으로 옳지 않은 것은? [14회]

① 자율적 도덕성이 나타난다.

② 보존개념을 획득하지 못한다.

③ 꿈이 현실로 존재한다는 것을 믿는다.

④ 상징적으로 사고하는 능력이 발달한다.

⑤ 자신의 관점과 상이한 다른 사람의 관점이 존재한다는 사실을 알지 못한다.

해설 자율적 도덕성이 나타나는 시기는 구체적 조작기(7~11세) 시기이다.

04 콜버그의 단계별 도덕성 발달의 연결이 잘못된 것은?

① 1단계 : 욕구충족 수단으로서의 도덕성

② 3단계 : 착한 아이 지향으로서의 도덕성

③ 4단계 : 법과 질서 지향으로서의 도덕성

④ 5단계 : 사회계약으로서의 도덕성

⑤ 6단계 : 보편적 원리 지향으로서의 도덕성

해설 1단계는 처벌과 복종지향의 도덕성이다. 욕구충족 수단으로서의 도덕성은 2단계 도덕성이다.

정답 01 ④ 02 ⑤ 03 ① 04 ①

05 콜버그(L. Kohlberg) 이론에 관한 설명으로 옳은 것은? [13회]

① 도덕성 발달은 아동기에 완성된다.
② 도덕성 발달단계의 순서는 가변적이다.
③ 남성만을 연구의 대상으로 삼은 한계가 있다.
④ 모든 사람이 도달하는 최종적 도덕단계는 동일하다.
⑤ 하위단계에 있는 사람도 상위단계의 도덕적 추론을 능동적으로 표현할 수 있다.

해설 콜버그 이론은 남성만 연구 대상으로 삼아 모든 사람들뿐 아니라 모든 문화권에서 보편적으로 적용하기가 어렵다는 한계가 있다.

인본주의이론

출제경향

학습 가이드

- 인본주의이론은 로저스와 매슬로우에 대한 기본적인 개념이나 특징을 암기하는 것이 중요하다.
- 로저스의 경우 인간에 대한 기본 가정이나 현상학이론의 특징 및 주요 개념을 암기해야 한다.
- 매슬로우의 경우 욕구이론의 특징과 인간에 대한 기본과정, 욕구위계를 암기한다면 고득점이 가능하다.

1 　로저스(Rogers)의 현상학이론

1) 현상학이론의 특징

① 인간은 기본적으로 신뢰할 수 있으며 개인은 같은 일을 겪더라도 자신의 틀에 근거하여 세계를 이해한다.

② 인간의 행동을 결정하는 요인은 과거사건 그 자체가 아니라 과거 경험에 대해 어떻게 해석하는지가 바로 현재의 행동을 결정한다.

③ 인간의 중요성이 강조되면서 사회복지사와 클라이언트의 관계를 중요시하였다.

④ 인간의 자아실현의 경향과 긍정적인 측면을 강조하였다.

⑤ 인간은 자유의지를 가진 잠재력 실현을 할 수 있는 존재이다.

2) 인간에 대한 기본 가정

① 인간은 믿을 수 있고 능력이 있으며 자기 이해와 자아실현을 위한 잠재력을 지니고 있다.
② 자아실현은 일생을 통하여 이루어지는 과정이다.
③ 신뢰하고 존경하는 분위기가 형성된다면 인간은 긍정적으로 성장한다.
④ 진실성, 수용성, 감정이입적 관심을 포함한 사회복지사의 긍정적 태도는 원조관계에서 필수적이다.
⑤ 클라이언트의 주관적인 경험을 존중하고, 자유와 개인적인 책임감, 자율성을 고양하여 선택권을 부여하는 것은 클라이언트의 성장을 촉진시킨다.
⑥ 사회복지사는 존경과 긍정적인 관심을 통하여 긍정적인 성장을 증진시키는 사람이다.
⑦ 클라이언트는 자기인식을 할 수 있고 적절한 행동을 할 수 있는 능력을 지니고 있다.
⑧ 사회복지사는 클라이언트와의 관계에서 '지금 – 여기'에 초점을 두어야 한다.
⑨ 사회복지사와 클라이언트의 원조관계의 중요한 목적은 진정한 자아에 대하여 아는 것과 클라이언트가 더욱 독립적이며 통합된 상태로 변화하게 하는 것이다.

3) 주요 개념

(1) 무조건적 긍정(Unconditional Positive)

타인에 대하여 아무런 조건 없이 있는 그대로 수용하거나 받아들이는 것을 의미하는 것으로 아이가 어머니에게 사랑과 애정을 받고 있다는 것을 느낄 수 있도록 하는 것이다. 아이가 바람직한 행동을 했을 때 받는 관심은 조건적 긍정적 관심이고 모든 행동에 관심을 받는 것은 무조건적 긍정적 관심이다.

(2) 자기실현 경향성(Self – actualization Tendency)

인간은 자신의 능력을 유지하거나 개발하려고 노력하고 더 능력 있는 사람이 되려고 하는 자기실현 경향성이 있다. 인간은 개인마다 다른 잠재력을 가지고 태어나서 고통이 있어도 자신의 능력을 유지, 개발시키기 위해 인내한다. 운동신경이 좋은 사람은 운동신경을 더욱 발전시키기 위해 노력하게 되고 음악적 재능이 있는 사람은 그 재능을 발전시키기 위해 노력한다.

Tip
인본주의 이론은 프로이트의 정신분석 이론을 반대하여 만들어진 이론입니다.

(3) 자기(Self)

자기는 개인의 경험 전체에서 부분화된 부분으로 자기 스스로 자신이 누구인가 인식하는 것이며 이상적인 자기와 현실적인 자기로 나누어진다. 이상적인 자기는 미래에 자기가 되고 싶은 모습에 대한 지각이고 현실적인 자기는 현재에 자기의 모습에 대한 지각이다. 이러한 이상적인 자기와 현실적인 자기의 크기가 클수록 스트레스가 높아지고 크기가 작을수록 충분히 기능하는 사람이 된다.

(4) 현상학적 장(Phenomenal Field)

모든 인간이 느끼는 객관적 세계보다는 개인이 체험하는 주관적 세계를 의식하는 것으로 과거의 행동에 대한 현재의 해석이 개인의 행동을 좌우한다. 프로이트와 같이 과거의 경험이 현재의 행동에 영향을 미치는 것이 아니라 그 경험에 대한 현재의 해석이 행동에 영향을 미치는 것이다.

예 영희, 철수, 민희가 길을 가는데, 개를 보게 되었다. 영희는 개가 무서워 철수 뒤에 숨었고 철수는 덤덤하게 지나갔으며 민희는 개의 머리를 쓰다듬었다. 이런 행동들은 과거의 경험이 현재의 행동으로 나타나게 된다고 할 수 있다.

(5) 충분히 기능하는 사람(Fully Functioning Person)

① **경험에 대한 개방적** : 어떤 일이든지 스스로 해결하고 경험을 하는 데 자유롭다.

② **실존적인 삶** : 살아가는 매 순간 새로운 삶을 살아간다.

③ **유기체적 신뢰** : 현 상태에서 자신의 욕구를 만족시키려 행동한다.

④ **경험적 자유로움** : 자신의 느낌이나 생각에 따라 충실한 삶을 살며 자기 자신이 미래를 결정한다.

⑤ **창조성** : 자신을 신뢰하고 행동이나 결정에 있어 독창적인 사고력과 모든 영역에서 창조적 삶을 스스로 표현한다.

4) 사회복지실천에 미친 영향

① 비지시적인 상담의 중요성을 강조한다.
② 공감적 상담의 중요성을 강조한다.
③ 비심판적 태도는 원조관계에 유용하다.
④ 클라이언트 자기결정권의 중요성을 강조한다.

1) 욕구이론의 전제

① 인간의 본성은 선한데, 나쁜 환경의 영향을 받아 악하고 파괴적인 성격으로 변하게 된다.
② 인간은 통합된 전체이며 본성은 창조성이다.
③ 인간은 선천적으로 자기실현 욕구와 자신을 개발하려는 욕구를 가지고 있다.
④ 소수의 인간만 자아실현을 하고 인간의 본성은 선하며 긍정적이다.
⑤ 하위 욕구가 실현되어야 상위 욕구가 나타난다.

2) 욕구이론의 특징

① 개인의 하위 욕구가 실현되면 상위 욕구로 넘어가게 된다.
② 욕구충족이 되면 역기능적 문제점들이 회복된다.
③ 인간은 공통적으로 본능적 욕구에 충실해 그 욕구를 해결하기 위해서 자신이 성장할 수 있도록 동기부여를 한다.
④ 욕구의 단계는 생리적 욕구, 안전의 욕구, 소속감과 사랑의 욕구, 자존감의 욕구, 자아실현의 욕구 순이다.

3) 인간에 대한 기본 가정

① 인간의 본성은 원래 선하다.
② 인간은 자유롭고 자율적이며, 인간행동은 내면으로부터 나오지만 무의식적 동기의 산물은 아니다.
③ 동물에 관한 연구는 복합적인 인간경험의 본질을 설명하지 못한다.
④ 인간행동을 연구하고 이해하기 위해서는 인간의 병리적인 측면보다는 건강한 사람의 행동과 지각에 대해 탐구해야 한다.
⑤ 사람은 능력 있는 존재이며 기본적인 욕구들이 충족되면 인간성을 성취하고 결국은 자아실현자가 된다.

Tip
로저스와 매슬로우는 인본주의 학자로 인간의 성선설을 주장하였습니다. 즉, 인본주의는 긍정적인 점을 강조합니다.

4) 욕구위계단계

(1) 생리적 욕구(Physiological Needs)

생리적 욕구는 인간의 가장 기본적인 욕구로 식욕, 성욕, 수면욕 등을 의미하며 인간이 죽을 때까지 계속 발생하는 욕구로 강력하다. 존경, 안전, 사랑, 음식이 결핍된 사람의 선택은 음식이 될 정도로 생존과 관련이 있어 가장 강력한 욕구라 할 수 있다. 생리적 욕구가 충족되지 않으면 다음 단계로 넘어가지 못하게 된다.

예 노인이 음식을 먹고 싶어 하는 것

(2) 안전의 욕구(Safety Needs)

생리적 욕구가 충족될 경우에 안전의 욕구가 강해진다. 안전의 욕구는 자신의 보호를 의미하며 불안, 공포에서 벗어나고 싶은 욕구이다. 어린 시절에는 신체적 안전이 주를 이루지만 성인이 된 후에는 재정적으로 안전의 욕구가 강해져 안전의 욕구는 평생 지속되어야 한다.

예 노인학대로부터 노인의 신변을 보호받고 싶어 하는 것

(3) 소속과 사랑의 욕구(Belonging and Love Needs)

안전의 욕구가 충족될 경우에 소속과 사랑의 욕구가 강해진다. 소속과 사랑의 욕구는 타인으로부터 사랑을 받고 싶고 소속감을 갖고 싶은 욕구이다. 인간은 사회적 동물이기 때문에 태어나서 가족의 일부로 소속이 되고 또 타인과 어울리며 사랑받고 사랑하면서 살아가게 된다. 집단 속에서 안전과 안정감을 받지만 소속과 사랑의 욕구가 결핍될 경우 자살, 우울증 등의 문제가 발생할 수 있다.

예 노인이 동년배들과 함께 어울리고자 하는 것

(4) 자존감(존경)의 욕구(Esteem Needs)

소속과 사랑의 욕구가 충족될 경우에 자존감의 욕구가 강해진다. 사회생활을 통해 명예, 권력, 물질 등의 획득으로 자신의 만족감뿐만 아니라 타인으로부터 존경을 받고 싶어 하는 욕구이다. 자신에 대한 만족감이 커갈수록 타인으로부터 존경을 받고 싶어 하는 욕구가 커진다.

예 노인이 다른 사람에게 존경을 받고자 하는 것

(5) 자기실현의 욕구(Self Actualization Needs)

자존감의 욕구가 충족될 경우에 자기실현의 욕구가 강해진다. 인간이 이룰 수 있는 욕구실현의 최종단계로 자기가 어려서 원하던 꿈을 이루려는 욕구이다. 모든 사람이 이 단계까지 가는 것은 아니며 소수의 사람만이 도달할 수 있는 단계이다.

예 노인의 발달단계에 따라 자아를 통합하려는 것

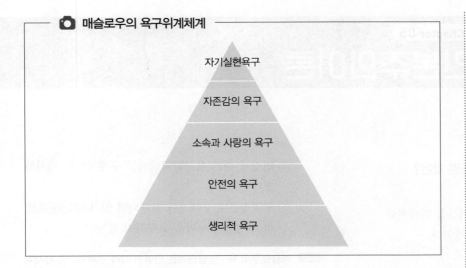

⬤ 매슬로우의 욕구위계체계

- 자기실현욕구
- 자존감의 욕구
- 소속과 사랑의 욕구
- 안전의 욕구
- 생리적 욕구

5) 매슬로우의 인본주의에 관한 비판

① 연령에 따른 욕구의 발달단계를 구체적으로 설명하지 않았다.

② 지나친 획일성으로 인해 개인차이나 상황을 고려하지 않았다.

③ 사회의 가치에 따라 욕구계층의 순서가 바뀔 수도 있음을 간과하였다.

④ 건전하고 창조적인 인간을 지나치게 강조함으로써 내적인 측면의 영향을 무시하였다.

OX 퀴즈

• 자존감의 욕구나 자기실현의 욕구는 중년기 이후에 나타난다. (O)

• 욕구충족이 되면 역기능적인 문제점들이 회복된다. (O)

01 인본주의에 대한 설명으로 틀린 것은?

① 결정론적 관점을 거부한다.
② 정신분석이론과 행동주의이론을 반대한다.
③ 클라이언트와의 수직적 관계이다.
④ 인간은 선하다.
⑤ 인간은 신뢰할 수 있다.

해설 클라이언트와의 관계는 수직 관계가 아니라 수평적 관계이다.

02 다음을 설명하는 것은?

> 운동신경이 좋다고 느낀 사람은 운동신경을 발전시키기 위해 끊임없이 노력한다.

① 자기실현 경향성 　② 무조건적 긍정
③ 자기 　④ 현상학적 장
⑤ 진실성

해설 자기실현 경향성이란 인간은 자신의 능력을 유지 및 개발시키려고 끊임없이 노력하는 성향을 말한다.

03 매슬로우(A. Maslow)의 이론에 관한 설명으로 옳지 않은 것은? [11회]

① 인간의 본성은 본질적으로 선하다고 전제한다.
② 다섯 가지 욕구는 동시에 일어날 수 없다고 전제한다.
③ 위계서열이 낮은 욕구일수록 강도와 우선순위가 높다.

④ 연령에 따른 욕구발달단계를 구체적으로 제시하였다.
⑤ 창조성은 누구에게나 잠재되어 있기 때문에 특별한 자질이나 능력을 요구하지 않는다.

해설 매슬로우의 욕구발달단계는 연령에 따라 구체적으로 제시하지 않았다.

04 매슬로우의 욕구의 특성으로 틀린 것은?

① 욕구위계에서 하위에 있는 욕구가 더 강하고 우선적이다.
② 욕구위계에서 상위의 욕구는 인생의 청년기에 나타난다.
③ 욕구위계에서 상위의 욕구만족은 심리적으로 생산적이고 유용하다.
④ 행복감과 마음의 평안, 인생의 성취감을 제공한다.
⑤ 욕구위계에서 상위 욕구는 소수의 사람만 달성한다.

해설 인간의 상위 욕구인 자존감의 욕구와 자기실현자의 욕구는 청년기에 나타나지 않고 중년기에 나타난다. 자존감과 자기실현자는 자신뿐 아니라 타인에게 인정을 받는 욕구이기 때문에 어린 시기에는 욕구를 충족시키기 어렵다.

정답　01 ③　02 ①　03 ④　04 ②

05 매슬로우에 관한 비판으로 틀린 것을 모두 고른 것은?

> ㄱ. 연령에 따른 욕구의 발달단계를 구체적으로 설명
>   하였다.
> ㄴ. 다양성으로 인해 개인차이나 상황을 고려하지 않
>   는다.
> ㄷ. 사회의 능력에 따라 욕구계층의 순서가 바뀔 수도
>   없었을 간과하였다.
> ㄹ. 건전하고 창조적인 인간을 지나치게 강조함으로
>   써 외적인 측면의 영향을 무시하였다.

① ㄱ, ㄷ, ㄹ   ② ㄴ, ㄷ, ㄹ
③ ㄱ, ㄴ, ㄷ   ④ ㄱ, ㄴ, ㄹ
⑤ ㄱ, ㄴ, ㄷ, ㄹ

해설 ㄱ. 연령에 따른 욕구의 발달단계를 구체적으로 설명하지 않
　　　 았다.
　　ㄴ. 지나친 획일성으로 인해 개인차이나 상황을 고려하지 않
　　　 았다.
　　ㄷ. 사회의 가치에 따라 욕구계층의 순서가 바뀔 수도 있음을
　　　 간과하였다.
　　ㄹ. 건전하고 창조적인 인간을 지나치게 강조함으로써 내적
　　　 인 측면의 영향을 무시하였다.

Chapter 06
인간성장과 발달단계

학습 가이드

- 인간성장의 발달단계는 전체 문제의 30% 이상 출제될 정도로 출제비중이 가장 큰 곳이라 할 수 있다.
- 발달단계마다 한 문제가 출제되고 생애주기 전체를 물어보는 문제가 출제된다.
- 각 발달단계의 특징을 물어보는 문제가 자주 출제되고 있으며 청소년기까지는 학자들에 대한 내용도 중요하다.
- 기존의 문제들을 보면 지문이 비슷하게 출제되는 경향이 있어 이론을 공부한 후에 기출문제도 꼼꼼히 공부해야 한다.
- 피아제의 인지발달이론과 함께 공부하면 훨씬 효과적이며 상식선에서 풀 수 있는 문제들도 출제되고 있다.

1 태내기

인간의 생명은 수정과 함께 시작한다. 즉, 부부간의 성적 관계를 통하여 남성의 정자와 여성의 난자가 결합함으로써 23쌍의 염색체를 가진 새로운 개체가 형성되며, 수정 후 34~40주, 즉 238~280일 동안 어머니의 체내에서 자라게 된다.

수정에서 출산에 이르는 태내기는 수정란이 자유롭게 떠다니다가 자궁에 완전히 착상하여 모체와 의존관계를 확립하는 1~2주간의 난체기(Germinal Period), 중요한 신체기관과 신경계가 형성되는 수정 후 2~8주간의 배아기(Embryonic Period), 수정 후 3개월부터 출생까지의 태아기(Fetal Period)로 구분한다.

1) 태내기 발달단계

(1) 1단계(수정~3개월)

가장 중요한 시기로 팔과 다리가 생기고 신경계의 기본 구조가 나타나 인간의 모습을 차츰 갖추기 시작하는 시기로 질병, 영양결핍, 약물 등 어머니의 상태에 따라 많은 영향을 준다. 어머니는 피로하고 식욕이 증가하며 메스꺼움을 느끼게 된다.

(2) 2단계(4~6개월)

임산부는 1단계에서 느끼던 증상이 없어지고 태아는 키가 25cm까지 성장하는 시기로 빨기, 삼키기, 딸꾹질, 손톱과 발톱, 태반이 완성된다. 솜털이 나타나고 다리가 길어지며 태아의 움직임을 느낄 수 있고 정해진 시간에 잠을 자거나 일어나기도 한다.

(3) 3단계(7개월~출산)

태아의 두뇌와 신경계가 완전히 발달하고 키가 50cm까지 성장하는 시기로 신경계의 조절능력이 생기며 임신 210일, 즉 7개월이 지나면 생존가능연령이라고 한다. 태아가 커 갈수록 어머니에게 무리가 가고 배의 압박으로 인하여 많은 불편함을 느끼게 된다.

2) 태내발달에 영향을 미치는 요소

(1) 유전적 요인

① 클라인펠터증후군(Klinefelter Syndrome)

남성에게 나타나는 증후군으로 46번째 염색체가 XY형이 아닌 XXY형으로 X염색체를 더 가지고 태어난다. 고환이 작고 남성호르몬이 부족하여 남성의 특성이 약하며 사춘기에 여성의 2차 성징인 가슴과 엉덩이가 커진다.

② 터너증후군(Turner Syndrome)

여성의 46번째 염색체 이상으로 2개가 있어야 할 X염색체가 부족하거나 불완전하여 염색체의 모양 이상이 자궁 안에 발생하는 질환이다. 여성이 사춘기에 2차 성징이 나타나지 않아 외관상으로는 여성이지만 여성호르몬이 분비되지 않고 키가 작다.

Tip 👆
태내기 발달단계별 태아 키
• 1단계 : ~약 6cm
• 2단계 : ~약 25cm
• 3단계 : ~약 50cm

 합격노트 태내발달에 영향을 미치는 요소는 꼭 시험에 출제되고 있는 부분이니 요인들에 대한 특성은 꼭 암기해야 합니다.

Tip 👍

헌팅톤병은 열성 유전인자 질병으로서 단백질의 대사장애를 일으킵니다.

Tip 👍

23쌍의 염색체 중에서 21번 염색체가 하나 더 있는 것은 다운증후군입니다. 혈우병은 X염색체에 있는 성염색체 열성으로 유전되는 유전병입니다.

 환경적 요인에 임산부의 학력은 포함되지 않습니다.

Tip ⚡

임신 중 어머니의 과도한 음주는 태아 알콜증후군(Fetal Alcohol Syndrome)을 초래할 수 있습니다.

③ 다운증후군(Down Syndrome)

23쌍의 염색체 중에 21번 염색체가 3개로 키가 작고 정신지체를 가지고 있으며 손가락과 발가락이 작다. 어머니의 나이가 많을수록 발병률이 높아지고 몽고증이라고도 불린다. 머리가 작고 팔과 다리가 짧으며 통통한 신체적 특징과 언어, 기억, 지적장애 등의 인지적 특징을 가진다.

④ 혈우병(Hemophilia)

선천적으로 피가 응고되지 않아 나타나는 출혈성 장애로 상처로 인하여 피가 밖으로 나오면 응고되지 않고 저항력이 약화된다. 특히, 남성에게 주로 발병하는 장애이나 여성도 혈우병 환자가 될 수 있다.

⑤ 페닐케톤뇨증(Phenylketonuria)

단백질 분해효소가 없어 소변에 페닐피부르산이 함유되어 배출되는 유전적인 질병으로 단백질이 포함된 음식을 먹으면 대사과정에서 생기는 물질이 정신치제나 성장장애를 일으킨다. 증상으로 IQ 50 이하인 정신지체, 구토, 습진, 담갈색 모발과 흰 피부색 등이 특징이며 미국에서는 1/14,000명 정도 발생, 한국과 일본에서는 1/75,000명 정도로 발생한다.

(2) 환경적 요인

① 산모의 영양상태

산모가 영양을 섭취하는 것에 따라 태아발달에 영향을 미치게 되고 산모는 평소보다 300cal를 더 섭취해야 한다. 특히, 영양이 부족하면 태아의 뇌에 영향을 주고 저체중아를 낳을 확률과 장애를 가진 아이를 출생할 확률이 높아진다.

② 산모의 질병

산모의 모든 질병이 태아에게 영향을 주진 않지만 풍진이나 성병 및 면역결핍바이러스는 영향을 주게 된다. 풍진은 태아에게 지적장애, 청각장애, 시각장애가 생길 수 있고, 성병은 기형아 출산, 시각장애, 심한 경우 사망할 수도 있다. 면역결핍바이러스는 출산이나 수유를 통해 감염되며 심하면 에이즈에 걸릴 수 있다.

③ 산모의 정서 상태

산모의 스트레스는 태아에게 큰 영향을 미치는데, 정서상태가 불안하면 정서장애나 태아에게 산소결핍이 올 수 있고 큰 스트레스보다 지속적인 스트레스가 더 심각한 영향을 준다. 스트레스가 심한 경우 자연유산이나 조산이 되기 쉽다.

④ 산모의 연령

보통 산모는 16~35세에 출산하였을 때 가장 튼튼한 아이를 낳을 수 있고 16세 미만이나 35세 이상이 될 경우 선천성 결함의 가능성이 높아진다. 특히, 다운증후군의 확률이 40배나 높아진다.

⑤ 약물 중독

마약을 복용하게 되면 선천적인 기형이나 지적장애가 생길 가능성이 높다. 따라서 임신기간 중 카페인이나 아스피린, 감기약 등의 섭취도 주의해야 한다.

　　㉠ 알코올 : 술을 많이 마시게 되면 태아에게 안면기형, 체중미달, 중추신경계의 장애를 유발하는 태아 알코올증후군에 걸릴 확률이 높아진다. IQ는 85 이하가 될 확률이 높고 집중을 잘 하지 못하는 주의력결핍장애(ADHD)가 생길 확률도 높다.

　　㉡ 흡연 : 흡연을 할 경우 조산이나 저체중아를 낳을 확률이 높고 태아에게 산소와 영양소가 결핍되어 학습할 때 집중력이 떨어질 확률이 높다.

(3) 임산부 검사

① 양수검사

임산부 뱃속에 있는 태아의 염색체 이상 여부를 알 수 있는 검사로 주로 염색체와 관련된 기형을 알 수 있다. 35세 이상 임산부인 경우, 쌍둥이를 임신한 경우, 가족력이 있는 경우에 검사를 하게 되고 대체로 다운증후군을 판단하는 기준의 검사이다.

② 융모생체표본검사

태아가 자궁 내에 있을 때 유전적인 결함이 있는지 검사하는 방법이다. 태아의 기형이나 대사질환 등의 산전 이상 유무를 판단하는 것으로 35세 이상 또는 가족력이 있는 산모를 대상으로 한다.

③ 초음파검사

초음파 장치의 초음파 반사를 이용하여 태아의 모습을 보는 검사로 태아의 발육상태, 태아의 성별, 태아의 신체 이상 유무 등을 알기 위해 하는 검사이다.

④ 산모혈액검사

풍진, 에이즈, 매독, 간염, 빈혈 등의 질병의 감염 여부를 혈액을 통하여 검사하는 방법이다.

OX 퀴즈

- 다운증후군을 판단하는 기준의 검사는 융모생체표본검사이다. (×)
- 혈우병은 선천적으로 피가 응고되지 않아 나타나는 출혈성 장애이다. (○)
- 태아의 생존가능연령은 임신 210일, 즉 7개월이다. (○)

영아기는 출생에서부터 만 2세까지의 시기로 출생 30일 이전은 신생아기라고 도 한다. 이 시기는 프로이트의 구강기, 에릭슨의 영아기, 피아제의 감각운동 기에 해당한다. 신체적 성장이 매우 급격히 이루어지고 언어, 운동, 감각발달 도 이루어진다. 영아는 주 양육자와의 관계가 성격형성에 많은 영향을 주는데, 주 양육자와의 관계가 좋을수록 신뢰감을 형성하게 되고 관계가 좋지 않을 경 우 불신감을 형성하게 된다. 즉, 영아가 울고 있을 때 주 양육자가 와서 아이를 돌봐주면 영아는 주 양육자를 믿게 되고, 영아가 울고 있을 때 주 양육자가 오지 않으면 주 양육자를 불신하게 된다. 영아는 기쁨이나, 슬픔, 공포 등의 기본적 인 표현을 하지만 1년이 지나면 부러움이나 죄책감 같은 복합적인 정서가 나타 난다.

1) 신체적 발달

(1) 신생아기(Neonate)

① 신체적 발달

신생아는 출생 후 약 2주간, 발달심리학에서는 출생 시 충격에서 오는 여러 가지 혼란 상태에서 회복하여 안정을 되찾을 때까지 소요되는 약 1개월간 의 어린 아기를 말한다.

② 신생아 반사운동

반사운동 유형		내용
생존 반사	빨기 반사 (Sucking Reflex)	신생아의 입을 자극하면 무의식적으로 입에 닿는 것 모두를 빨려고 하는 행동을 한다.
	탐색반사 (Rooting Reflex)	외부자극에 자동으로 반응하며 입 주위에 자극이 생기면 자동적으로 그 자극을 향해 고개를 돌려 찾으려고 하는 행동을 한다.
	눈 깜빡거리기 반사 (Blinking Reflex)	신생아의 눈에 물체가 오면 신생아는 눈을 깜빡거리는 행동을 한다.
	연하반사 (Swallowing Reflex)	음식물을 삼키는 행동을 한다.
원시 반사	걷기반사 (Walking Reflex)	영아의 발을 바닥에 닿게 하면 영아는 자연스럽게 한 다리를 들어 올리고 발을 번갈아 짚어 걷는 것과 같은 행동을 한다.
	파악반사 (Grasping Reflex)	신생아의 손바닥에 물건을 놓으면 그것을 빼앗기지 않기 위하여 힘을 주어 손을 쥐는 행동을 한다. 이 행동은 3~4개월경에 사라진다.

Tip
인간이 크게 성장하는 시기는 영아기입 니다. 영아기를 제1의 성장기, 청소년기 를 제2의 성장기라고 합니다.

 합격 노트
신생아 반사운동 유형 중 생존 반사가 원시반사의 종류를 잘 구분해야 합니다.

반사운동 유형		내용
원시 반사	바빈스키반사 (Babinski Reflex)	신생아의 발바닥을 문지르면 발가락을 부채처럼 쫙 펴는 행동을 한다. 이 행동은 12개월경에 사라진다.
	모로반사 (Moro Reflex)	갑자기 큰소리를 듣게 되면 무언가를 안는 것과 같이 팔과 다리를 쫙 피는 행동과 머리를 뒤로 젖히는 행동을 한다. 이 행동은 3~4개월경에 사라진다.

(2) 영아기(Infancy Period)

① 신체적 발달

영아기 처음에는 감각체계가 운동체계보다 더 빠르게 발달하여 근육보다는 감각에 전달되는 자극에 의해 반응을 보인다. 또한 신장은 1년간 약 1.5배, 몸무게는 약 3배 정도로 급격한 성장을 하는데, 이 시기는 제1성장기라고도 한다.

2) 심리적 발달

(1) 인지적 발달

📖 피아제의 감각운동기

단계	특징
반사 활동기 (출생~1개월)	• 학습되지 않은 반사로 인하여 환경에 적응한다. • 외부에 관심을 갖고 손에 닿는 것을 잡기, 입에 닿는 것을 빨기, 큰소리에 고개 돌리기 등과 같은 반사적으로 반응하는 행동을 한다. • 반복적으로 같은 반사를 사용하는 재생적 동화를 한다. • 자신과 외부를 구분하지 못한다. • 다양한 도식을 통하여 경험이 쌓여 가면서 외부환경의 요구에 더욱 잘 적응하게 된다.
1차 순환반응 (1~4개월)	• 모든 관심이 외부가 아닌 자신의 신체에 있기 때문에 스스로 발견한 자신의 신체에 대한 탐구과정이다. • 순환반응이란 빨기, 잡기 등과 같은 감각운동 행동의 반복을 의미한다. • 많은 행동에 대하여 시행착오를 거치면서 학습을 하게 되며, 학습과정에서 우연은 중요한 요소가 되기도 한다. • 우연히 발견된 즐거운 행동에 재미를 느껴 반복하게 되고 습관이 형성된다.
2차 순환반응 (4~10개월)	• 자기 자신이 아닌 외부에 관심을 갖는다. • 모빌을 계속 치는 행위와 같이 새로운 것을 발견하면 반복해서 그것을 연습하는 것처럼 보인다. • 외부의 일이 자신의 행동으로 생길 수 있다는 것을 이해하기 시작한다. • 대상영속성 개념이 없어 물건을 숨겨 보이지 않으면 물건을 찾지 못한다.
2차 도식의 반응 (10~12개월)	• 행동은 좀 더 분화되며 목표를 얻기 위해 도식을 협응하게 된다. • 인과관계를 이해하고 결과를 얻기 위한 목적 지향적 행동을 한다. • 주위에 있는 것들은 자신과는 분리되어 다른 성질을 갖고 있다는 것을 알게 되고 물건을 숨겨 보이지 않아도 물건을 찾을 수 있을 정도로 대상 영속성이 발달한다. 하지만 위치가 바뀌게 되면 찾지 못한다.

단계	특징
3차 순환반응 (12~18개월)	• 환경을 통제하고 실험을 하기 시작하며 가설검증을 한다. • 이전 단계와 다르게 반복하는 것이 아니라 새로운 결과를 알아보기 위해 다양한 실험을 한다.
상징적 표상 (18~24개월)	• 직접적인 경험이나 실험 없이도 다른 대상과의 관계를 이해하는 능력이 크게 발달한다. • 행동을 하기 전 사고를 하기 시작하여 문제해결을 한다. • 대상영속성을 확립하는 시기이다. • 행동을 하기 전에 마음속으로 문제해결 활동 및 계획을 수행해 본다. • 어떠한 행동을 보고 바로 시행하지 못하지만 시간이 지난 후에 그 행동을 재현할 수 있는 지연모방이 나타난다.

(2) 정서적 발달

영아는 처음에 자신의 내부 상태에 의하여 감정상태가 결정되지만 시간이 지날수록 정서가 분화되기 시작한다. 영아는 기쁨, 공포, 분노 정도의 정서가 발달하는데, 12개월이 지난 후부터는 불안, 수치심, 자랑스러움 등이 포함되고 이 시기에 자의식이 생긴다. 이 시기 이후에는 애착 형성이 어렵다.

(3) 언어적 발달

영아의 첫 언어는 울음이다. 자신의 표현을 울음으로 하고 시간이 지날수록 분화가 된다. 3~4개월이 지나면 옹알이를 시작하며 12개월이 지나면 단어를 사용하기 시작한다. 24개월이 되면 2개 이상의 단어를 연결하여 사용할 수 있다.

3) 사회적 발달

영아는 24개월이 지나면 주 양육자와 잠시 떨어지는 것이 가능하게 되고 주 양육자와의 애착이 완전히 성립된 후에는 주 양육자와 떨어져 있는 동안에 주 양육자에 대한 영상이나 기억을 하게 된다. 영아는 자신에게 자극을 주는 대상에게 반응을 보이게 되고 그 대상을 관찰하여 특징을 인식하여 익숙해지며 익숙한 대상에게 더 가까이하기 위해 능동적인 행동을 하게 된다.

4) 학자 영역

프로이트의 구강기, 에릭슨의 영아기(신뢰감 대 불신감), 피아제의 감각운동기에 해당한다.

합격
노트 사회적 발달에서 나타날 수 있는 애착, 낯가림, 분리불안 등도 이해하고 있어야 합니다.

OX 퀴즈

• 기쁨이나 슬픔, 공포 등의 기본적인 표현을 할 수 있다. (○)
• 키와 몸무게가 급격한 성장을 이루는 시기는 영아기이다. (○)
• 파악반사는 신생아의 발바닥을 문지르면 발가락을 부채처럼 쫙 펴는 행동이다. (×)
• 정서가 분화되어 자의식이 생긴다.
　　　　　　　　　　　　　(×)

유아기(Early Childhood)는 학교에 입학하기 전 시기로 학자마다 조금씩 기간은 다르지만 보통 3~6세 정도이다. 유아기 초기에는 걸음걸이가 안정되지 못하고 이야기를 많이 하며 타인과 물체에 대한 호기심과 움직임이 상당히 많은 시기이다. 또한 스스로 계획을 수립할 수 있을 정도로 자의식이 발달되고 적극적인 의사표현과 고집스러운 행동이 나타난다. 또래집단과의 접촉을 통해 사회적 기술을 배우고 독립적인 존재가 되어가는 시기이다.

Tip
유아기에는 영아기처럼 급격한 발달은 없지만 그래도 꾸준히 발달합니다.

1) 신체적 발달

(1) 신체성장

영아기와 같이 급속한 성장을 하지는 못하지만 꾸준히 성장하는 시기이다. 매년 5cm 정도의 키가 자라고 몸무게는 매년 2~3kg 정도씩 증가하며 치아는 3세가 되면 모두 생겨 음식을 먹는 데 지장이 없고 5세 정도가 되면 영구치가 나오기 시작한다. 젖살이 빠지고 몸이 커지면서 머리가 작아지게 된다.

(2) 운동발달

소근육뿐 아니라 대근육까지 발달하여 신체의 균형을 이루게 되고 기초능력이 발달하는 시기이다. 3세에는 수저를 사용하고 4세 이후에는 옷 입기가 가능해지며 5세가 되면 좁은 선을 따라 걸을 수 있게 된다. 뛰거나 잡기를 자신의 의지대로 할 수 있게 되고 사물을 접하면서 조작하는 방법을 터득하여 조작적 능력이 향상된다.

2) 심리적 발달

(1) 인지발달

피아제의 전조작기 시기로 논리보다는 지각에 더 의존하며 언어를 사용하고 언어능력이 발달한다.

① 타율적 도덕성

자신 스스로 도덕을 지키는 것이 아니라 타인에 의해 규칙을 지키는 것을 의미한다. 규칙을 지키지 않으면 혼나는 것을 당연하게 생각한다.

② 물활론(Hylozoism)

인형에게 먹을 것을 주는 것처럼 모든 사물에는 생명이 있다고 믿고 생명이 없는 것에는 생명을 부여하는 것으로, 인형을 던지면 아프다고 생각한다.

③ 상징놀이

실제 존재하는 대상이 아닌 가상적인 대상을 만들어 놀이를 하는 것으로 나무를 총으로 생각한다.

④ 중심화(Concentration)

여러 가지 상황에 집중하지 못하고 한 가지 상황에만 집중하여 다른 상황을 무시하는 것이다. 그래서 보존개념이나 비가역적 사고, 직관적 사고를 하지 못한다.

⑤ 인공론적 사고

사람의 필요에 의해서 세상의 모든 사물이 만들어졌다고 믿는 것으로 별과 달은 밤에 우리를 비추기 위해 만든 것으로 생각한다.

⑥ 목적론적 사고

이 세상에 존재하고 있는 모든 것에 대한 존재의 이유를 찾으려고 하는 것으로 오렌지나무는 내가 오렌지를 먹기 위해 있는 것으로 생각한다.

⑦ 자아중심성(Egocentrism)

자신과 타인을 구별하지 못하는 것으로 자신의 관점에서 생각과 행동을 하는 것이다. 즉, 아이들끼리 이야기를 하지만 자신의 중심에서 하고 싶은 이야기만 하기 때문에 이야기는 성립이 되지 않는다.

⑧ 비가역성(Irreversibility)

한쪽으로만 생각할 수 있는 것을 의미하는 것으로 자신에게 형이 있는 것은 이해할 수 있으나 형에게 동생이 있는 것은 이해하지 못한다. 즉, 자신의 입장에서는 생각할 수 있으나 타인의 입장에서는 생각하지 못한다.

(2) 정서발달

유아는 3~4세가 되면 분노, 공포, 사랑 등 자신의 다양한 감정을 표현하는 법을 배우게 되고 5~6세가 되면 자신의 감정을 감추기 위해 거짓말을 한다. 신뢰감이 형성된 유아는 자신이 원하는 것에 대해 시간을 가지고 기다리면 얻을 수 있다는 것을 알게 된다.

(3) 언어발달

3~4세가 되면 3~4개의 단어를 연결하여 사용할 수 있게 되고 5~6세가 되면 6~7개 정도의 단어를 연결하여 사용하는 능력이 생기는데, 이러한 어휘력 증가는 주로 유아의 주변 사람과의 언어적 상호작용을 통한 모방에 의해 발달하기 때문에 주변 사람의 격려나 반응이 언어발달에 중요한 역할을 한다.

3) 사회적 발달

(1) 도덕성발달

유아기 시기에는 조금이나마 도덕에 대한 개념을 가지게 되는데, 타율적 도덕성이 발달된다. 피아제의 타율적 도덕성단계로 어른이 만들어 놓은 규칙을 반드시 따라야 하고 바꿀 수 없다고 믿어 규칙을 어기면 벌을 받는다고 생각한다.

(2) 성역할발달

3세에는 성정체감(Gender Identity)이 형성되어 자신의 성이 남성인지 여성인지 알게 되고 4~5세에는 성안정성(Gender Stability)이 형성되어 남자아이는 남자성인이 되는 것처럼 자신의 성이 평생 동안 변하지 않는다는 것을 알게 되며 6세 이후에는 성항상성(Gender Constancy)이 형성되어 머리나 옷과 같은 겉모습에 변화를 준다고 하더라도 자신의 성이 변하지 않는다는 것을 알게 된다.

Tip

3세에는 성정체감, 4~5세에는 성안정성, 6세 이후로는 성항상성이 발달합니다.

(3) 사회행동발달

자신에게 관심이 많고 타인과의 차이점을 알게 되며 혼자 노는 시간이 많아 또래집단과 상호작용이 많이 없으나 시간이 지날수록 점차 늘어나기 시작한다. 처음에는 또래의 성별과는 무관하게 상호작용하지만 시간이 지날수록 동성 또래와 함께하는 시간이 점차 증가하기 시작한다.

4) 학자 영역

프로이트의 남근기, 에릭슨의 아동 전기(주도성(솔선성) 대 죄의식), 피아제의 전조작기에 해당된다.

OX 퀴즈

- 대상영속성이 형성되는 시기로 보존 개념을 이해한다. (×)
- 자신 스스로 도덕을 지킬 수 있는 자율적 도덕성이 형성된다. (×)
- 3~4세가 되면 자신의 감정을 감추기 위해 거짓말을 한다. (×)

---

4 아동기

생활의 중심이 가정에서 학교로 바뀌면서 다양한 경험과 기술을 습득하게 된다. 연령은 7~12세로 초등학교 입학부터 졸업하는 시기를 말한다. 이 시기는 가족보다는 친구들과 어울리기 시작하여 도당기, 학동기, 학령기 등으로 불린다. 자신만의 가치관이나 습관, 문화를 형성하고 이 과정을 통하여 자신감과 독립심이 발달하며 자신만의 세계관을 형성한다.

합격노트 아동기는 도당기, 학동기, 학령기, 잠복기, 짝패 등으로도 불립니다.

1) 심리적 발달

(1) 인지발달

피아제의 구체적 조작기 시기로 보존기술, 분류기술, 조합기술 등의 개념적 기술들이 발달한다.

① 보존개념 획득

보존의 개념을 획득하여 비논리적인 사고에서 논리적인 사고를 할 수 있게 되고 동일성, 보상성, 가역성을 이해한다.

② 서열화(Sriation)

많은 종류의 사물을 큰 순서대로 또는 작은 순서대로 크기에 맞게 분류할 수 있는 능력을 말한다.

③ 탈중심화

중심에서 벗어나 다른 면도 고려할 수 있는 능력을 말한다. 어떤 사물에 대해 한 측면만을 고려하는 것이 아니라 전체를 고려하는 것으로 문제를 해결할 때 다양한 변수를 고려하여 문제를 조사할 수 있게 된다.

④ 유목화(분류화, Classification)

사물의 특성이 비슷한 것끼리 분류할 수 있는 능력을 말한다.

⑤ 자율적 도덕성

행동을 하는 데 있어 행동의 결과가 좋은지 나쁜지보다는 행동의 의도가 좋은지 아니면 나쁜지에 따라 달라진다. 어머니의 설거지를 도와주다 컵을 두개 깨는 것보다 장난치다 컵을 하나 깨는 것이 나쁘다는 것을 알게 되면서 행동에 대해 무조건 처벌을 받지 않고 상황에 따라 달라진다는 것을 알 수 있다.

⑥ 가역적 사고

어떤 변화가 일어났을 때 이것을 이전 상태로 되돌려놓는 것인데, 구체적 조작기에는 사고의 비가역성을 극복함으로써 가역적 사고가 가능해진다.

(2) 감각발달

지적 기능이 분화되어서 객관적인 지각이 가능해지고 다른 공간을 정확히 기억할 수 있는 공간개념이 형성된다.

(3) 언어발달

학교교육을 통하여 문자언어, 발표력과 문법력, 독해력이 발달하고 초등학교를 졸업하는 시기에는 약 4만 단어 정도를 사용한다. 유사한 단어들의 차이점을 구분할 수 있게 되고 초등학교 고학년이 될수록 자기중심적 언어보다는 사회적 언어를 사용한다.

아동기 문제에 청소년기나 유아기 내용이 섞여 출제되므로 청소년기나 유아기의 특징도 잘 알고 있어야 합니다.

(4) 정서발달

아동기에는 애정을 쏟는 대상이 가족구성원에서 또래 친구에게로 변화해 가고 그중에서도 이성의 친구보다는 동성의 친구에 대한 애정이 더욱 강하다. 이러한 동성애 경향은 사춘기에 접어들면서 점차 이성애로 변하며, 사랑의 대상도 점차 넓어지게 된다. 비현실적인 것에 대한 불안이 생기는데, 부모나 선생님의 기대에 충족시키지 못할 때 질책으로 인한 불안과 친구들보다 운동능력이 떨어져 느끼게 되는 불안으로 인하여 공포가 생기게 된다.

(5) 자아개념의 발달

자아개념은 나는 누구인지 깨닫는 것을 의미하는 것으로 자신만이 가지고 있는 독특하고 타인과 구별될 수 있는 실체라는 인식에서 시작한다. 부모, 친구, 선생님으로부터 어떤 평가를 받느냐에 따라 달라지는데, 부정적인 평가를 많이 받은 아동일수록 자신감이 저하되어 열등감과 부정적인 자아개념을 형성하게 되고 긍정적인 평가를 많이 받은 아동일수록 근면성과 긍정적인 자아개념을 형성하게 된다. 자아개념 및 자아존중감과 밀접한 관련성을 지니고 있는 개념이 자아효능감(Self-efficacy)인데, 자아효능감은 인간은 자신의 행동을 책임지거나 통제할 수 있다고 믿는 믿음으로 자기 자신의 행동에 대한 믿음이다. 아동기에는 일반적으로 자아효능감이 높아지게 된다.

2) 사회적 발달

(1) 또래 친구

또래 친구들과 함께 집단을 형성하는데, 집단을 짝패나 도당이라고 하고 집단에서는 외모, 성숙도, 운동기술, 학업성취, 지도력에 따라 서열이 형성된다. 또래 친구들과의 상호작용으로 인하여 자아중심적 사고가 감소하고 협동이나 경쟁을 습득하게 되어 사회성이 발달하게 된다. 하지만 또래 친구들에게 거부당하는 아동은 학업실패, 비행, 범죄, 정신적 문제 등 부정적 결과를 초래한다.

3) 학자 영역

프로이트의 잠복기, 에릭슨의 아동 후기(근면성 대 열등감), 피아제의 구체적 조작기에 해당한다.

OX 퀴즈

- 고학년이 될수록 자기중심적 언어보다는 사회적 언어를 사용한다. (○)
- 집단에서는 외모, 성숙도, 운동기술, 학업성취, 지도력에 따라 서열이 형성된다. (○)
- 다른 공간을 정확히 기억할 수 있는 공간개념이 형성된다. (○)

청소년기의 나이는 딱 정해져 있는 것이 아니라 아동기에서 성인으로 가는 과도기 시기이다. 급격한 신체의 변화 및 성숙과 더불어 인지적·사회적 행동양식이 성숙해진다. 신체적 측면으로 제2의 성장 급등기, 성적 성숙이 이루어지는 사춘기, 심리적 측면에서는 부모로부터 심리적으로 독립하고 자아정체감을 형성하는 심리적 이유기, 정서적 변화가 급격히 일어나는 질풍노도의 시기라 부르기도 한다. 사회적 측면에서는 부모로부터 독립된 인격체로 대우받기 원하고 정서적으로 독립하려고 하면서 갈등이 생기는 제2의 반항기, 어린이도 성인도 아닌 주변인에 머물러 있는 특징이 있다.

1) 신체적 발달

(1) 신체적 성숙

신장 및 체중의 급격한 성장과 함께 생식능력을 획득해 제2의 성장 급등기라 부른다. 신체구조의 발달로 인해 신체 내부기관도 빠른 발달이 나타난다. 여성은 10~12세, 남성은 12~14세 정도에 나타나는데, 키는 커지고 몸무게도 늘어난다. 2차 성징으로 남성은 턱수염, 체모, 목소리의 변화, 몽정 등이 나타나고 여성은 생리(Menstruation)현상, 가슴이 발달하는 현상이 나타난다.

(2) 성적 성숙

남성은 안드로겐, 여성은 에스트로겐 호르몬의 영향으로 남성은 남자다워지고 여성은 여자다워지게 되며 초경은 12세, 몽정은 13세 정도에 나타나게 된다. 여자 청소년은 이성보다는 동성에 성적 표현을 하는데, 이것은 애정과 친밀감을 표현하는 것이다. 이 시기에는 이성애보다 동성애에 더 큰 관심을 보이는데, 이것은 정상적이라고 할 수 있다. 시간이 지날수록 동성애보다는 이성애가 더 커지게 되며 남자 청소년의 성적 표현이 자위행위로 나타나기도 하지만 지극히 정상적인 행위이다.

2) 심리적 발달

(1) 정서발달

정서가 강하고 불안하여 극단적인 정서를 경험하게 되고 흥분을 잘하며 공격적인 성격을 보이다가 시간이 지날수록 완화되기 시작한다. 이러한 특성으로 인하여 질풍노도의 시기라고 불린다.

Tip 👆
각 법에 정해진 청소년기 나이
• 아동복지법 : 18세 미만
• 청소년 기본법 : 9~24세 이하
• 청소년 보호법 : 19세 미만

Tip 👆
청소년기는 제2의 성장기, 사춘기, 심리적 이유기, 질풍노도의 시기, 제2의 반항기, 주변인이라는 다른 이름이 있습니다.

1과목

2과목

3과목

4과목

5과목

6과목

7과목

8과목

(2) 인지발달

구체적 조작사고에서 형식적 조작사고로 전환되는 시기로 추상적인 사고가 가능해진다. 또한 전에는 경험하지 못한 사건에 대한 가설을 설정하여 미래의 사건을 예측하는 가설적·연역적 사고가 발달한다. 자신은 특별하고 독특한 존재이므로 자신의 감정이나 경험의 세계는 다른 사람과 다르다고 믿는 개인적 우화와 자신이 타인들에게 집중적으로 관심과 주의의 대상이 되고 있다고 믿는 상상적 청중이 생긴다.

(3) 자아정체감 발달

스스로 '나는 누구인가?', '나는 무엇이 될 것인가?' 같은 질문을 하면서 자신을 알아가고 발견하는 시기이다.

🔖 마샤(Marcia)의 자아정체감 유형

전념	위기	
	예	아니오
예	성취(위기해결)	유실(위기경험 없음)
아니오	유예(위기 현재 진행 중)	혼란(위기경험 없음)

① 정체감 성취(Identity Achievement)

위기를 성공적으로 극복하고 정치적 또는 개인적 이념체계를 확립하며, 자신의 의사에 따라 자율적으로 의사결정을 하고 직업적 역할을 성공적으로 수행할 수 있는 상태를 의미한다.

② 정체감 유예(Identity Moratorium)

정체감 성취 또는 정체감 혼란 중 어느 방향으로도 나갈 수 있는 가능성이 있는 상태를 말한다.

③ 정체감 유실(Identity Foreclosure)

부모나 사회의 가치관을 자신의 것으로 그대로 선택하므로 위기도 경험하지 않고, 쉽게 의사결정을 내리지만 독립적 의사결정을 하지 못하는 상태이다.

④ 정체감 혼란(Identity Diffusion)

정체감을 확립하기 위한 노력도 없고 기존의 가치관에 대한 의문도 제기하지 않은 상태이다. 개인적 신념체계를 확립하지도 못하여 자기 자신의 능력에 대해 회의를 품고 있으며, 직업역할을 수행하지도 못하는 사람이 여기 속한다.

3) 학자 영역

프로이트의 생식기, 에릭슨의 청소년기(자아정체감 대 자아정체감 혼란), 피아제의 형식적 조작기에 해당한다.

OX 퀴즈

- 신장 및 체중의 급격한 성장과 함께 생식능력을 획득해 제2의 성장급등기라 부른다. (○)
- 동성애보다 이성애에 더 큰 관심을 보인다. (×)
- 추상적 사고가 가능하고 가설적·연역적 사고가 발달한다. (○)

청소년기가 끝나는 시기부터 35세까지의 시기로 학자마다 나이는 다를 수 있다. 일생 동안 가장 활발하고 신체적·심리적·사회적으로 성숙해지는 시기로 학업을 마치고 집을 떠나 독립하여 성인의 세계로 들어가 사회적 역할을 수행한다. 경제적으로는 자립한 상태일지라도 정서적으로는 유아일 수도 있다. 또한 배우자를 만나 가정을 이루고 자녀를 양육하면서 가정생활과 직장생활을 한다.

1) 신체적 발달

신체적으로 최고조에 이르며 25세를 정점으로 30세가 지나면서 하향세를 타기 시작한다. 시각, 청각, 촉각, 후각, 미각 등 감각기능은 20대가 제일 좋고 40대가 되면서 점점 나빠지기 시작한다. 건강악화로 인한 사망보다는 사고로 인한 사망이 주를 이루고 과도한 스트레스와 음주, 흡연, 과도한 성생활로 인하여 건강에 악영향을 미친다. 스스로 건강을 챙기지 않는 경우가 많아 중년기 이후에 건강으로 인한 고통을 받기도 하고 정신 건강 상태가 전체적인 삶의 질에 크게 영향을 미친다.

2) 사회적 발달

(1) 직업선택

어떠한 직업을 선택하느냐에 따라 삶의 방식이 결정되기에 자신이 원하는 직업을 찾기 위해 신중하게 노력한다. 상황적 요인, 개인적 요인, 심리사회적 요인, 경제적 요인 등 많은 요인들이 직업을 선택하는 데 영향을 미치게 된다.

(2) 결혼

사회의 변화로 인하여 결혼이 늦어지고 결혼을 하지 않으려는 사람이 늘어나고 있다. 사람들마다 차이가 있긴 하지만 남성은 32세, 여성은 30세 정도에 결혼을 한다. 배우자를 선택하여 결혼을 하면 사랑을 실현하고 정서적·경제적으로 안정감을 갖게 되며, 성적인 만족, 자녀출산 등에 기여하게 된다. 학자들마다 배우자를 선택하는 기준이 각각 다르게 나타난다.

연령은 학자마다 다르지만 35~65세 이전까지의 시기를 의미한다. 이 시기에 가장 중요한 것은 자녀양육과 부모부양으로 샌드위치 세대이고 직업적으로 안정감과 동시에 책임과 지위로 인해 위기가 생기는 시기이다.

1) 신체적 발달

(1) 신체적 변화

신진대사가 저하되어 체중은 늘고 질병에 대한 면역력은 감소하며 신체 회복 능력은 현저히 떨어진다. 남성의 키는 2cm, 여성의 키는 5cm 정도가 줄어들게 되며 흰머리가 늘고 피부의 탄력성이 떨어진다. 고혈압이나 당뇨, 여러 성인병에 노출되고, 특히 암이나 심장질환의 발생률이 높아진다.

(2) 생리적 변화

남성의 경우 남성호르몬인 테스토스테론이 감소하여 정자의 수가 줄고 정력의 상실을 가져온다. 여성보다 심하지는 않지만 우울증을 경험하기도 한다. 여성의 경우 호르몬인 에스트로겐의 감소로 생리적 변화가 생기며 폐경이 되는데, 이것을 갱년기라 한다. 이때 골다공증은 폐경기가 일찍 온 여성에게 자주 발생한다.

2) 심리적 발달

(1) 인지적 발달

중년기에는 인지적 반응속도가 늦어진다는 점에 대부분의 학자들이 동의하고 있으나, 일상생활에 지장을 초래할 정도로 늦어지지는 않고 지능도 감소되지 않는다. 새로운 것의 학습반응은 저하되지만 오랜 경험을 통해 획득된 지혜는 문제해결능력을 향상시켜 '지휘하는 세대'라고 부른다.

(2) 심리적 위기

직장에서의 명예퇴직, 부모 부양, 자녀 양육, 부부갈등으로 인하여 무능력함을 느끼게 되면서 위기가 찾아온다. 또한 자신의 삶을 되돌아보는 과정에서 적잖은 스트레스를 받게 되는데, 이를 중년의 위기라고 한다. 중년의 여성은 자녀들을 가정에서 독립시키고 부부만 남게 되면서 상실감과 슬픔을 경험하며 빈 둥지 증후군이 생긴다.

Tip
중년기 특징으로는 샌드위치 세대, 지휘하는 세대, 빈둥지 증후군, 갱년기가 있습니다.

Tip
중년기에는 생산성 대 침체의 심리사회적 위기를 겪습니다.

Tip
중년기에 벗어나야 할 다섯 가지 비합리적 가정
• 안전이 영원히 지속될 것이라는 가정
• 자신과 자기가 사랑하는 사람들에게 죽음이 일어나지 않을 것이라는 가정
• 배우자 없이 사는 것이 불가능하다는 생각
• 가족 밖에서는 어떠한 삶이나 변화도 존재할 수 없다는 가정
• 자신이 순수하다는 가정

Tip
중년기 시기에는 결정성(Crystallized) 지능은 증가하고 유동성(Fluid) 지능은 감소합니다.

3) 사회적 발달

(1) 부부관계

자녀들이 청소년기 이상이 되어 스스로 생활하게 되면서 경제상태가 좋은 부부는 부부의 관계가 더 밀착되고 배우자에게 새로운 만족을 느끼게 되지만 경제상태가 좋지 않은 부부는 경제적 어려움과 남편의 퇴직으로 인하여 부인은 일이 늘었다고 생각하면서 갈등이 생기기도 한다.

(2) 자녀양육

자녀들이 청소년기 이상이 되어 성장이나 성적으로 적응할 수 있도록 도와주어야 한다. 또한 자녀의 학교교육이나 진로에 대한 선택으로 인하여 스트레스가 발생하기도 한다. 자녀에 대한 너무 높은 기대감으로 인하여 자녀에게 부담과 좌절감을 주어서는 안 되고 자녀가 무엇을 잘하는지 어떤 것에 관심이 있는지 알아야 한다.

(3) 부모 부양

부모의 노령화와 신체적 약화, 질병으로 인하여 부모를 부양해야 하는 시기로 경제적, 심리적으로 어려움이 생길 수 있다. 부모의 간병으로 인하여 역할이 과중되고 역할 반전, 노화에 대한 두려움 등에 따른 우울증을 경험하기도 한다.

(4) 직장생활

직장생활에서 가장 안정되고 어느 정도 위치에 올라와 만족감이 높으며 다른 사람들에게 존경을 받고 있는 시기이다. 하지만 더 이상의 승진이나 목표를 이룰 수 없을 경우, 은퇴가 얼마 남지 않은 경우에는 개인적 욕구를 충족시키기 위해 직업을 전환하려고 한다. 기존에 가지고 있는 지식, 기술, 경험에서 벗어나지 않는 직업을 찾으려고 노력하고 새로운 직업을 찾기 위해 새로운 교육, 기술을 배우기도 한다.

노년기는 65세부터 죽음에 이르는 시기로 신체적 노화로 인해 감각기능이 쇠퇴하는 시기이다. UN은 75세까지는 노인 전기 또는 젊은 노인, 75세 이후로는 노년 후기 또는 늙은 노인으로 분류하기도 한다. 신체적 노화, 직장에서의 은퇴, 배우자와 사별의 경험으로 인한 심리적 변화에 적응해야 한다.

1) 신체적 발달

생물학적 노화의 결과로 뇌의 무게는 10%가 줄어 정보처리 속도가 줄어들게 된다. 신체 외형의 변화를 살펴보면, 체중이 60세부터 점점 줄고, 연골조직의 퇴화로 신장도 줄게 된다. 치아는 황색으로 변하고 치주질환을 경험하게 되며 노인의 얼굴이나 피부에 노화가 보이고 목소리는 탄력이 줄어 힘이 없어진다. 또한 머리카락은 희어져서 노인을 실버세대라고 부른다.

2) 인지적 발달

노년기에는 기억력의 감퇴가 확실히 나타나는데, 일반적으로 단기기억과 최근기억의 능력이 약화되지만 오래 전의 일은 정확히 기억하고 있다. 노년기에는 젊은 시절보다 IQ가 떨어지지만 IQ가 지적 능력을 의미하는 것이 아니기 때문에 지적 능력이 떨어진다고 할 수는 없으며 오히려 지적 능력을 꾸준히 사용하기에 지적 능력은 떨어지지 않고 유지된다. 하지만 단기기억의 심각한 장애로 인한 노년기의 치매는 심각한 사회문제가 되고 있다.

3) 사회적 발달

(1) 조부모의 역할

자녀의 양육 경험이 많아 손자녀를 잘 양육할 수 있고 손자녀에 대한 직접적인 책임감이 없기에 순수한 애정관계를 맺고 돌볼 수 있다. 할머니가 할아버지보다 손자녀들과 관계를 잘 유지하기에 양육하기가 쉽다.

(2) 은퇴

특정한 나이가 되면서 지금까지 해오던 사회적 지위에서 물러나고 그와 관련된 업무수행을 중단하게 되는 것을 은퇴라고 한다.

(3) 죽음

인간은 누구나 죽게 되고 노년기에는 비슷한 문제가 발생하다가 죽음에 이르게 된다.

합격노트 노년기의 특징으로는 실버세대, 죽음, 은퇴, 단기기억 상실 등이 있습니다.

Tip 👆

노년기에는 신체변화에 대한 적응, 인생에 대한 평가, 역할 재조정, 죽음에 대한 대비 등이 주요 발달과업입니다.

퀴블러 로스(Kübler-Ross)의 죽음에 대한 적응단계

단계	죽음에 대한 반응양상
부정단계	불치병을 인정하지 않고 의사의 오진이라고 생각하는 단계
분노단계	'왜 나만 죽어야 하는가?' 라고 건강한 사람을 원망하며, 주변 사람들에게 화를 내는 단계
타협단계	죽음을 받아들이고, 해결하지 못한 인생과업을 해결할 때까지라도 살 수 있도록 기원하며 불가사의한 힘과 타협하는 단계
우울단계	주변 사람과 일상생활에 대한 애착을 보이고, 이런 것들과 헤어져야 한다는 점 때문에 우울증이 나타나는 단계
수용단계	죽음 자체를 수용하고, 마음의 평화를 회복하여 임종에 직면하는 단계

4) 정서적 발달

노년기에는 노화와 함께 새로운 역할에 따른 새로운 경험으로 인하여 반응양식이 변화하면서 성격이 변화한다고 본다.

노년기에 나타나는 특징적 변화

변화	내용
내향성 및 수동성의 증가	내적인 측면에 더 관심을 기울이며 자신의 일을 스스로 해결하기보다는 다른 사람에 대한 의존성이 증가한다.
조심성의 증가	노인은 젊은 사람들에 비해 모든 일에 조심하는 경향이 있는데, 자신의 일에 대한 정확성을 중시하고 자신감 결여로 확실한 것을 추구한다.
경직성*의 증가	기존에 가지고 있던 습관이나 지식을 고수하려고 하기에 학습이나 문제를 해결하는 데 어려움을 가지게 된다.
우울성향의 증가	신체적 질병, 배우자 사망, 사회와 가족으로부터 고립 등으로 우울성향이 증가된다.
생에 대한 회상의 경향	지금까지 살아온 생을 뒤돌아보면서 해결하지 못한 문제가 없는지 생각하고 그 문제를 해결하기 위해 시도하면서 인생의 의미를 발견한다.
친근한 사물에 대한 애착 증가	노인은 자신이 생활하면서 사용한 물건들에 애착을 가지며 그것을 통하여 과거를 회상하게 되고 마음의 안정을 찾는다. 그래서 오랫동안 사용해 온 물건에 애착심이 증가한다.
성역할 지각의 변화	남성은 친밀성, 의존성, 관계지향성이 증가하고 여성은 공격성, 자기주장, 자기중심적, 권위주의가 증가한다.
의존성의 증가	노인은 노화가 진행될수록 경제적, 신체적, 정서적 의존성이 증가한다. 그러나 이러한 모습은 병리성이 아닌 정상성이다.
시간전망의 변화	노인은 자신이 살아갈 날이 얼마 남지 않았다는 사실을 알지만 회피하기 위해 과거를 회상하거나 미래지향적이 된다.
유산을 남기려는 경향	노인은 죽기 전에 자신의 재산, 자녀, 기술, 지식 등을 남기려는 성향이 강해진다.

* 경직성 : 고집이라고도 하는데, 어떤 문제를 해결하는 데 있어 그 방법이나 행동이 옳지 않거나 이득이 없음에도 자신에게 익숙한 습관적인 태도와 방법을 고수하려는 행동을 의미합니다.

OX 퀴즈

• 단기기억과 최근기억의 능력이 강화되지만 오래된 기억은 약화된다. (×)
• 새로운 경험으로 인하여 성격이 변화한다. (○)

01 태내 발달에 영향을 미치는 유전적 요인으로 설명이 틀린 것을 모두 고른 것은?

> ㄱ. 혈우병 : 혈액 응고인자가 결핍되어 나타나는 선천적 출혈성 질환이다.
> ㄴ. 다운증후군 : 다운증후군이 있을 경우 지적장애, 기억과 언어문제, 운동발달의 지체 등이 나타난다.
> ㄷ. 터너증후군 : 정상적으로 두 개가 존재해야 할 X염색체가 하나밖에 없다.
> ㄹ. 클라인펠터증후군 : 염색체 수가 45개가 아닌 46개로 XY 대신 XXY형을 이룬다.

① ㄱ, ㄷ   ② ㄴ, ㄹ
③ ㄱ, ㄴ, ㄷ   ④ ㄹ
⑤ ㄱ, ㄴ, ㄷ, ㄹ

해설 ㄹ. 클라인펠터증후군은 남성에게 나타나는 성염색체 이상으로 X염색체를 더 가지고 있어서 발생하는 염색체이상 증후군이다. 염색체 수가 46개가 아닌 47개로 XY 대신 XXY형을 이룬다. 작은 고환을 가지고 있으며 남성호르몬이 부족하고 무정자증인 것과 낮은 지능을 가지고 있는 것이 특징이다.

02 임신 중 태아기에 기형 혹은 저체중을 발생시키는 요인으로 옳지 않은 것은? [15회]

① 간접흡연
② 항생제 섭취
③ 알코올 섭취
④ 폴리염화비페닐(PCB)에 노출
⑤ 철분 섭취

해설 철분 안에 있는 헤모글로빈은 산소를 운반하는 역할을 하는 단백질로 임산부에게 꼭 필요한 필수 영양소이다. 임신 중반 태아가 급격히 성장하면서 임산부의 혈장량이 크게 증가하여 빈혈 증상이 나타날 수 있는데, 이것을 철분 섭취로 예방할 수 있다.

03 신생아의 반사운동에 해당하지 않는 것은?

① 빨기반사   ② 모로반사
③ 기기반사   ④ 파악반사
⑤ 탐색반사

해설 생존반사에는 빨기반사, 탐색반사, 눈깜빡거리기반사, 연하반사가 있다. 원시반사에는 걷기반사, 파악반사, 바빈스키반사, 모로반사가 있다. 신생아기에는 기어다닐 수 없으므로 기기반사는 반사운동에 포함되지 않는다.

04 영아기(0~2세)의 발달특성으로 옳은 것을 모두 고른 것은? [14회]

> ㄱ. 애착관계 및 대상영속성이 확립한다.
> ㄴ. 모로반사, 바빈스키반사 등의 반사행동이 나타난다.
> ㄷ. 피아제(J. Piaget)의 감각운동단계로서 목적지향적 행동을 한다.
> ㄹ. 서열화 및 분류화를 획득한다.

① ㄱ, ㄴ, ㄷ   ② ㄱ, ㄷ
③ ㄴ, ㄹ   ④ ㄹ
⑤ ㄱ, ㄴ, ㄷ, ㄹ

해설 서열화 및 분류화의 습득은 아동기 시기에 가능하다.

정답   01 ④   02 ⑤   03 ③   04 ①

1과목

2과목

3과목

4과목

5과목

6과목

7과목

8과목

05 유아기(3~6세)의 발달에 관한 설명으로 옳은 것을 모두 고른 것은? [13회]

> ㄱ. 피아제의 자기중심적 사고가 활발한 시기이다.
> ㄴ. 에릭슨의 주도성과 죄책감이 중요한 시기이다.
> ㄷ. 프로이트의 오이디푸스 콤플렉스와 엘렉트라 콤 플렉스가 나타나는 시기이다.
> ㄹ. 콜버그의 인습적 단계의 도덕적 사고가 나타나는 시기이다.

① ㄱ, ㄴ, ㄷ   ② ㄱ, ㄷ, ㄹ
③ ㄴ, ㄹ   ④ ㄷ, ㄹ
⑤ ㄱ, ㄴ, ㄷ, ㄹ

해설 콜버그의 인습적 단계는 유아기가 아니라 7세 이후인 아동기 시기에 나타난다.

06 유아기 시기에 대한 설명으로 틀린 것은?

① 서열화 보존개념이 발달하게 된다.
② 자신의 일을 스스로 할 수 있게 된다.
③ 자신의 소유물에 강한 집착력을 보이게 된다.
④ 또래와의 협력을 통해 우정을 경험하게 된다.
⑤ 자신의 몸에 많은 관심이 있고 다른 사람과의 차이점을 알 수 있다.

해설 유아기의 사회적 발달로 2세 이후에는 부모와의 격리에도 불안을 보이지 않으며 3세에는 자신의 몸에 관심이 많고 다른 사람과의 차이점을 알 수 있다. 4~5세 정도가 되면 성적 관심이 나타난다. 자기의 일을 스스로 할 수 있게 되며 내 옷, 내 엄마, 내 책 등 자신의 소유물을 표현하면서 강한 집착력을 보이게 되고 부모와의 관계에서 성격과 사회성 발달에 매우 중요한 영향을 받게 된다. 또래와의 놀이에서 구체적인 물건을 교환하거나 또래와의 협력을 통해 우정을 경험하게 된다. 서열화 보존개념이 발달하는 단계는 아동기이다.

07 아동기 시기에 대한 설명으로 틀린 것은?

① 초등학교에 다니는 시기이다.
② 성 에너지가 무의식 속으로 잠복하는 시기이다.
③ 학교생활이 중요한 역할을 하며 또래 친구들과 사회적 관계를 형성한다.
④ 서열화, 보존개념, 분류화, 비가역성 사고 등이 발달한다.
⑤ 학령기, 학동기, 도당기, 잠복기로도 불린다.

해설 아동기는 초등학교에 다니는 시기로 7~12세 사이이며 성 에너지가 무의식 속으로 잠복하는 시기이다. 이 시기에는 사회적 행동이 현저하게 증가하면서 학교생활이 중요한 역할을 하게 되며 또래 친구들과 사회적 관계를 형성하게 된다. 학령기, 학동기, 도당기, 잠복기로도 불리며 서열화, 보존개념, 분류화 등이 발달하고 비가역성 사고가 아니라 가역성 사고가 발달한다.

08 아동기 시기의 특징으로 틀린 것을 모두 고른 것은?

> ㄱ. 자기중심적이어서 자기주장, 반항과 고집이 강하다.
> ㄴ. 구체적인 물건을 교환하거나 또래와의 협력을 통해 우정을 경험하게 된다.
> ㄷ. 도덕성이 발달하는 시기이다.
> ㄹ. 집단을 형성하여 함께 행동하기를 좋아한다.

① ㄱ, ㄷ   ② ㄴ, ㄹ
③ ㄱ, ㄴ, ㄷ   ④ ㄹ
⑤ ㄱ, ㄴ, ㄷ, ㄹ

해설 ㄱ, ㄴ, ㄷ은 유아기에 대한 설명이다.

정답   05 ①   06 ①   07 ④   08 ③

09 청소년기에 대한 설명으로 틀린 것은?

① 신체적으로 1차 성장이 일어날 만큼 신체변화가 빠르다.
② 미래와 진로에 대해 생각하고 성적으로 성숙해진다.
③ 질풍노도의 시기로 불리며 정신적 변화가 심한 시기이다.
④ 성장은 개인차가 존재하고 영양, 유전, 생활양식에 의해 다를 수 있다.
⑤ 초경은 12세 정도에, 몽정은 13세 정도에 나타난다.

해설 청소년기에는 신체적으로 1차 성장이 아니라 2차 성장이 일어난다. 청소년기는 2차 성장기이고, 1차 성장기는 영아기이다.

10 청소년기(13~19세)에 관한 설명으로 옳지 않은 것은? [17회]

① 구체적 조작기에 해당한다.
② 부모의 권위에 도전하며 잦은 갈등을 겪는 시기이다.
③ 동년배 집단에 참여하여 다양한 경험을 한다.
④ 심리적 이유기라고도 한다.
⑤ 애착대상이 부모에서 친구로 이동한다.

해설 구체적 조작기는 7~12세로 아동기에 해당한다.

11 청년기 시기에 나타나는 내용으로 틀린 것은?

① 직업으로 삶의 만족도를 높일 수 있으나 계속 유지할 수는 없다.
② 음주, 흡연, 약물복용으로 인하여 신체적 건강에 악영향을 줄 수 있다.
③ 자신의 인생을 개척해 나가면서 자아실현을 하는 시기이다.
④ 많은 사람들이 조금씩 다르긴 하지만 30세 전후로 결혼을 한다.
⑤ 신체적 발달이 완성되어 최상의 신체적 상태를 유지한다.

해설 직업으로 삶의 만족도를 높일 수 있으며 만족도를 계속 유지하기 위해서는 직장동료들과 조화로운 상호작용 및 협력관계를 유지해야 하기에 삶의 만족도를 계속 유지할 수 없다고 단정지을 수 없다.

12 청년기(20~35세)에 관한 설명으로 옳지 않은 것은? [17회]

① 부모로부터의 독립에 대한 양가감정에서 해방된다.
② 직업의 준비와 선택은 주요한 발달과업이다.
③ 사랑하고 보살피는 능력이 심화되는 시기이다.
④ 사회적 성역할 정체감이 확립되는 시기이다.
⑤ 친밀감 형성과 성숙한 사회관계 성취가 중요하다.

해설 청년기는 부모로부터의 독립에 대한 양가감정에서 해방되지 않고 부모부터 독립에 대한 불안감과 의존감을 동시에 갖는 양가감정이 생기는 시기이다.

13 중년기의 신체적 변화에 대한 설명으로 틀린 것은?

① 건강에 대한 문제가 많이 발생하는 시기이다.
② 호르몬의 변화로 인하여 활기를 잃고 육체적 힘이 약화되기 시작한다.
③ 질병에 대한 면역력이 떨어지고 회복하는 데 시간이 많이 걸린다.
④ 신체구조상 전반적인 신진대사의 둔화가 나타난다.
⑤ 청각과 시각 등 감각기능도 떨어진다.

해설 청각과 시각 등 감각기능이 떨어지는 시기는 노년기 시기이다. 중년기 신체적 변화는 건강에 대한 문제가 많이 발생하는데, 호르몬의 변화로 인하여 활기를 잃고 육체적 힘이 약화되기 시작하며, 질병에 대한 면역력이 떨어지고 회복하는 데 시간이 많이 걸린다. 신체구조상 전반적인 신진대사의 둔화가 일어난다.

정답 09 ① 10 ① 11 ① 12 ① 13 ⑤

14 중년기(40~64세)의 발달에 관한 설명으로 옳은 것은?　　　　　　　　　　　　　　[9회]

① 친밀감 대 고립의 심리사회적 위기가 나타난다.
② 남성호르몬인 에스트로겐의 감소로 성적 기능이 저하된다.
③ 장기기억을 제대로 하지 못하며 성역할 정체감이 확립된다.
④ 생리적 변화와 함께 여성의 경우 홍조현상이 나타난다.
⑤ 결정할 일이 너무 많아 심리적 유예기간이 필요한 시기이다.

해설 ① 친밀감 대 고립의 심리사회적 위기가 나타나는 시기는 청년기 시기이다.
② 여성호르몬인 에스트로겐의 감소로 성적 기능이 저하된다.
③ 장기기억을 제대로 하지 못하며 성역할 정체감이 확립되는 시기는 노년기이다.
⑤ 결정할 일이 너무 많아 심리적 유예기간이 필요한 시기는 청소년기이다.

15 노년기(65세 이상)에 관한 설명으로 옳지 않은 것은?　　　　　　　　　　　　　　[11회]

① 자아통합 대 절망의 심리사회적 위기를 경험한다.
② 치매는 인지기능과 고등정신기능의 감퇴로 일상적 사회활동이나 대인관계에 지장을 준다.
③ 조심성, 경직성, 능동성, 외향성이 증가한다.
④ 남성노인은 생식기능이 저하되고 성교능력이 저하되긴 하지만 여성보다는 기능 저하가 덜하다.
⑤ 일반적으로 단기기억 능력이 감퇴한다.

해설 조심성과 경직성은 증가한다. 하지만 능동성과 외향성은 증가하지 않는다.

16 퀴블러 로스의 죽음 적응단계에 대한 순서로 옳은 것은?

① 부정단계 → 분노단계 → 우울단계 → 타협단계 → 수용단계
② 분노단계 → 부정단계 → 타협단계 → 우울단계 → 수용단계
③ 부정단계 → 타협단계 → 분노단계 → 우울단계 → 수용단계
④ 부정단계 → 분노단계 → 타협단계 → 우울단계 → 수용단계
⑤ 분노단계 → 부정단계 → 우울단계 → 타협단계 → 수용단계

해설 죽음에 대한 적응단계는 부정단계 → 분노단계 → 타협단계 → 우울단계 → 수용단계 순이다.

17 인생주기에 따른 주요 발달과업의 연결이 옳은 것은?　　　　　　　　　　　　　　[10회]

① 영·유아기(0~6세) : 언어학습, 보행학습, 배설통제학습
② 아동기(7~12세) : 양심의 발달, 부모로부터의 정서적 독립
③ 청소년기(13~18세) : 직업선택, 배우자선택, 성역할학습
④ 중년기(40~64세) : 동년배 사귀는 법 학습, 놀이에 필요한 신체 기술학습
⑤ 노년기(65세 이상) : 노년기 부모에 대한 적응, 경제적 독립의 필요성 인식

해설 ② 양심의 발달은 유아기 시기의 발달과업이고 부모로부터의 정서적 독립은 청소년기 시기의 발달과업이다.
③ 직업 선택, 배우자 선택, 성역할 학습은 청년기 시기 발달과업이다.
④ 동년배 사귀는 법 학습, 놀이에 필요한 신체 기술학습은 아동기 시기의 발달과업이다.
⑤ 노년기 부모에 대한 적응은 중년기 시기의 발달과업이고 경제적 독립의 필요성 인식은 청년기 시기의 발달과업이다.

정답　　14 ④　15 ③　16 ④　17 ①

18 인간생애주기의 이해에 관한 설명으로 옳은 것은?

[15회]

① 성장과 발달은 횡단적으로 일어난다.
② 인간의 삶에는 비지속성 혹은 단절의 특성이 있다.
③ 인간 삶을 전체가 아닌 부분으로 이해해야 한다.
④ 인간행동 이해를 위하여 환경보다 유전적 원인을 분석해야 한다.
⑤ 생애주기의 연령구분은 국가와 사회적 상황에 따라 다양하게 나타난다.

해설 ① 성장과 발달은 횡단적이 아니라 종단적으로 일어난다.
② 인간의 삶에는 지속성의 특성이 있다.
③ 인간의 삶을 부분이 아닌 전체로 이해해야 한다.
④ 인간행동 이해를 위하여 환경과 유전적 원인을 모두 분석해야 한다.

1과목
2과목
3과목
4과목
5과목
6과목
7과목
8과목

정답 18 ⑤

사회체계에 대한 이해

학습 가이드

- 최근 들어 인간행동과 사회환경 부분에서의 출제빈도가 높아지고 있고 실천론 및 실천기술론과 연관되어 있기 때문에 꾸준히 공부해야 하는 부분이다.
- 사회체계의 주요 개념은 꾸준히 출제되고 있으므로 주요 개념들을 확실히 구분할 수 있어야 한다.
- 생태체계(생태학)의 정의인 환경과 인간에 대한 내용뿐 아니라 파생되는 내용과 기본개념에 대한 문제가 자주 출제되고 브론펜브레너의 생태학적 이론의 기본 개념을 암기한다면 고득점이 가능한 부분이다.

1 사회체계이론

1) 기본 가정(Greene)

① 사회체계의 한 구성원에게 일어나는 변화는 사회체계 전체에 영향을 미친다.
② 경계는 다른 사회체계들과 구별되는 체계이며 정체성과 중심점을 규정한다.
③ 사회체계 간의 상호의존과 상호작용이 있다.
④ 모든 체계는 다른 큰 체계의 하위체계이고 작은 체계의 상위체계이다.
⑤ 한 단위 혹은 전체를 이루는 상호 관련된 구성원들로 이루어지며 다른 사회체계들과 구별된다.

2) 주요 개념

① 경계(Boundary) : 다른 체계와 구분하거나 체계의 정체성을 유지하기 위해 필요한 눈에 보이지 않는 테두리이다.

② 체계(System) : 서로 관련을 맺고 상호 작용하는 부분들로 구성된 집합, 부분들 간에 관계를 맺고 있는 일련의 단위이다.

③ 엔트로피(Entropy) : 외부체계와 교류되지 않아 에너지의 투입이 이루어지지 않는 체계이다.

④ 넥엔트로피(Negentropy) : 외부체계와의 교류를 통해 에너지의 투입이 이루어지는 체계이다.

⑤ 시너지(Synergy) : 체계 내에서 유용한 에너지가 증가하는 것이다.

⑥ 균형(Equilibrium) : 외부로부터 새로운 에너지의 투입 없이 현 상태를 유지하려는 속성이다.

⑦ 항상성(Homeostasis) : 변화에 저항하고 현 상태를 유지하려는 것으로 비교적 안정적이며 지속적인 평형상태를 유지하기 위한 체계의 경향이다.

⑧ 안정상태(Steady State) : 체계가 정상적인 기능을 유지할 수 있도록 정보와 자원이 안정적인 흐름을 보이는 것이다.

⑨ 호혜성(Reciprocity) : 한 체계에서 일부가 변화하면 그 변화가 다른 모든 부분들과 상호작용하여 나머지 부분들도 변화하게 되는 것으로 순환적 인과성(Circular Causaliy)을 의미하기도 한다.

⑩ 투입(Input) : 체계에 자원이나 에너지가 환경으로부터 유입되는 것이다.

⑪ 전환(Conversion Operation) : 투입된 에너지를 자신에게 맞게 변화시키는 것이다.

⑫ 산출(Output) : 체계 내에 있는 변화된 에너지를 밖으로 보내는 것이다.

⑬ 피드백(Feedback) : 산출된 에너지가 다시 투입되는 것이다.

⑭ 홀론(Holon) : 한 체계가 상위체계에 포함되는 동시에 하위체계에도 포함되는 것으로 B는 A의 하위체계이자 C의 상위체계가 되는 것이다.

 합격노트 사회체계에 대한 내용은 실천론과 중복되는 부분으로 정확한 학습이 필요합니다.

Tip 👆
엔트로피는 폐쇄체계에서, 넥엔트로피는 개방체계에서 나타납니다.

Tip 👆
엔트로피는 모든 에너지가 감소하고 넥엔트로피는 유용하지 않은 에너지가 감소합니다.

Tip 👆
체계이론의 과정
투입 → 전환 → 산출 → 피드백

1) 기본 가정

생태학적 관점은 단순한 인과관계를 규명하는 것이 아닌 인간과 환경 간의 복잡하고 불확정된 상호교류에 관심이 있다. 환경이 개인의 행동에 어떠한 영향을 주고 개인의 행동이 환경에 어떤 영향을 주는지 환경과 인간의 상호교류에 주목한다.

2) 주요 개념

(1) 적합성(Goodness)

환경과 인간이 상호작용을 통하여 얼마나 조화를 이룰 수 있는가를 의미한다. 인간이 환경에 적응하려는 욕구는 일생 동안 나타난다. 적합성은 적응과 부적응으로 나타나는데, 적응(적합)은 인간과 환경 간의 상호작용으로 서로 긍정적인 영향을 줄 때이고 부적응(부적합)은 인간이나 환경 한쪽의 희생으로 인하여 다른 한쪽이 성장을 이루는 경우이다.

(2) 적응성(Adaptiveness)

인간이 환경에 대하여 적응 수준을 유지하거나 높일 수 있도록 능력을 향상시키는 것으로 인간이 환경에 적응하지 못하는 것은 병리적인 것이 아니라 환경과 일치되지 못하는 것을 의미한다.

(3) 유능성(Competeness)

인간이 환경과 적절하게 상호작용할 수 있는 능력을 말한다. 유능성은 인간이 살아가는 동안 환경과 상호작용하는 과정에서 성취된다.

(4) 스트레스(Stress)

인간과 환경 간의 상호작용 중 인간의 능력을 초과하는 상황에서 나타난다. 생활에서는 결혼이나 이혼, 아이의 출생 및 발달 변화, 지위나 역할의 변화, 생활공간의 변화로 인하여 스트레스가 생길 수 있다. 그러나 스트레스가 무조건 나쁜 것이 아니라 개인이 감당할 수 있는 적절한 스트레스는 개인을 성장시키는 촉진제이다.

(5) 대처(Coping)

스트레스를 완화하기 위한 행동이나 욕구를 해결하기 위해 새롭게 행하는 행동으로 부정적인 감정을 조절하거나 문제를 해결하기 위한 노력을 포함한다.

합격노트 적합성, 적응성, 유능성 등 유사한 개념을 확실히 기억해야 합니다.

3) 브론펜브레너의 생태학적 이론

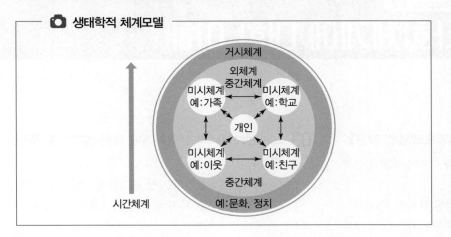

생태학적 체계모델

(1) 미시체계(Micro System)

개인과 가장 가까운 환경으로서 가족, 학교, 이웃처럼 직접적인 영향을 주는 체계로 개인의 일생에 가장 큰 영향을 미치는 체계는 미시체계이다.

(2) 중간체계(Mezzo System)

두 개 이상의 미시체계로 구성된 체계로 서로 연결되어 영향을 미친다. 가족 내에서 자녀의 지위와 역할을 수행하지만 회사에서는 직장인으로서의 지위와 역할을 동시에 갖게 된다.

(3) 외체계(Exo System)

개인이 직접 참여하거나 관여하지는 않지만 개인에게 영향을 미치는 환경체계로 부모의 직장, 정부, 사회복지기관, 대중매체 등이 포함된다. 부모의 직업은 학교에 있는 자녀와 아무런 상관이 없지만 자녀에게 큰 영향을 미친다.

(4) 거시체계(Macro System)

미시체계, 중간체계, 외적 체계 등 모든 체계를 포함한 체계이다. 또한 정치, 경제, 종교, 교육, 윤리와 가치, 신념, 관습, 문화 등의 광범위한 사회적 맥락을 의미한다.

(5) 시간체계(Time System)

개인의 전 생애에 걸쳐 일어나는 변화와 역사적인 환경을 포함하는 체계로 한 개인이 성장하고 죽음에 이르기까지 경험하게 되는 생활사건을 포함한다. 그러나 받아들이는 부분에 있어서 부모의 이혼으로 볼 때 아동기인지 청소년기인지에 따라 미치는 영향은 다르게 나타난다.

OX 퀴즈

- 상위체계에 포함되는 동시에 하위체계에 포함되는 것은 경계이다. (×)
- 유능성이란 인간이 얼마나 환경과 적절한 상호작용을 할 수 있는지의 능력을 말한다. (○)
- 중간체계는 개인이 직접 관여하지는 않지만 개인에게 영향을 미치는 환경체계를 의미한다. (×)

사회체계에 대한 이해

01 체계의 구조적 특성에 대한 설명으로 틀린 것은?

① 경계는 눈에 보이지 않는 테두리이며 체계의 정체성을 유지하기 위해 필요하다.

② 체계는 각각의 부분들로 구성된 전체를 의미한다.

③ 엔트로피는 외부의 에너지가 투입되지 않아 내부의 에너지가 소모되는 것을 의미한다.

④ 넥엔트로피는 외부의 에너지가 투입되고 개방체계에서 나타난다.

⑤ 시너지는 체계 내에 안 좋은 에너지가 증가한 것이다.

해설 시너지는 체계 내에서 유용한 에너지가 증가한 것을 의미한다.

02 생태학의 주요 개념에 해당하는 것은? [17회]

① 무의식 결정론

② 자아실현 경향성

③ 단선적 인과론

④ 개인의 창조적 힘

⑤ 개인－환경 간의 적합성

해설 생태학(생태체계)은 단순한 인과관계를 규명하는 것이 아닌 인간과 환경 간의 복잡하고 불확정된 상호교류에 관심을 둔다. 무의식 결정론은 프로이트의 정신역동이론, 자아실현 경향성은 로저스의 현상학이론, 개인의 창조적 힘(창조적 자아)은 아들러의 개인심리이론의 주요 개념이다.

03 브론펜브레너의 생태체계에 대한 설명으로 틀린 것은?

① 미시체계 : 개인의 가장 근접한 환경을 의미한다.

② 중간체계 : 두 가지 이상의 미시체계를 연결하는 체계를 의미한다.

③ 외체계 : 직접 관여하여 개인에게 영향을 미치는 체계를 의미한다.

④ 거시체계 : 미시, 중간, 외 체계를 모두 포함한 요소와 환경까지 포함하는 의미이다.

⑤ 시간체계 : 개인의 전 생애에 걸쳐 일어나는 변화를 포함하는 체계를 의미한다.

해설 외체계는 개인이 직접 참여하거나 관여하지는 않지만 개인에게 영향을 미치는 환경체계로서 부모의 직장, 정부, 사회복지기관, 대중매체 등이 포함된다.

04 거시체계에 관한 설명으로 옳은 것은? [16회]

① 개인을 의미한다.

② 가족, 소집단, 이웃이 포함된다.

③ 국가, 사회제도가 포함된다.

④ 미시체계 간의 연결망을 의미한다.

⑤ 인간의 삶과 행동에 일방적인 영향을 미친다.

해설 거시체계는 미시체계, 중간체계, 외적체계 등 모든 체계를 포함한 체계로 정치, 경제, 종교, 교육, 윤리와 가치, 신념, 관습, 문화 등의 광범위한 사회적 맥락을 의미한다.

정답 01 ⑤ 02 ⑤ 03 ③ 04 ③

05 '환경 속 인간(Person in Environment)'에 관한 설명으로 옳지 않은 것은?   [11회]

① 인간을 환경과 지속적인 상호작용을 일으키는 존재로 본다.
② 인간과 환경체계 사이의 유기적 관계를 설명한다.
③ 인간은 사회환경을 지배하는 독립적 존재이다.
④ 인간행동이 사회환경에 의해 영향을 받고 있음을 설명한다.
⑤ 인간과 환경을 하나의 통합적 체계로 이해한다.

해설 인간과 환경의 상호작용에 관심을 두는 이론으로 환경 속에 인간이 거하기 때문에 서로 영향을 주고받게 된다. 즉, 인간은 사회환경을 지배하는 독립적 존재가 아니라 서로 영향을 주고받는 존재이다.

06 생태학적 이론에 관한 설명으로 옳지 않은 것은?
                                                [15회]

① 인간과 환경의 지속적인 상호작용을 강조한다.
② 인간의 병리적인 관점을 강조한다.
③ 적합성이란 인간의 욕구와 환경자원이 부합되는 정도를 말한다.
④ 인간은 자신의 요구에 맞게 환경을 만들어내기도 한다.
⑤ 인간의 생활상의 문제는 전체 생활공간 내에서 이해한다.

해설 생태학적 이론은 인간과 환경과의 상호작용을 보는 것이기 때문에 인간의 병리적 관점을 강조하기보다는 강점관점을 강조한다.

학습 가이드

- 집단에 대한 부분이 최근 들어 출제되고 있는데, 따로 공부하는 것이 아니라 실천기술론, 지역사회복지론과 함께 공부한다면 쉽게 접근할 수 있는 부분이다.
- 문화에 관련된 내용을 물어보는 문제가 출제되었는데, 문화 한 분야를 물어보는 것이 아니라 사회체계 전체에 대해 물어보는 문제가 출제된 만큼 사회체계 전체를 이해하고 있어야 한다.
- 문화에 대한 개념, 기능, 특징은 암기할 필요가 있다.

---

1 가족

합격
노트

가족에 대한 내용은 사회복지 실천기술론의 내용과 중복이 되어 암기해 놓으면 도움이 됩니다.

1) 가족의 정의

결혼 또는 혈연으로 이루어져 같이 동거생활을 하면서 상호작용을 하는 1차적 집단으로 제일 먼저 인간에게 문화를 전달하고 가장 큰 영향을 미치는 사회제도이다.

2) 가족의 종류

(1) 핵가족(Nuclear Family)

부부와 미성년 자녀로 구성되어 있는 가족으로 산업화에 따라 구성원의 분리로 인해 만들어진 가족이다. 가족끼리 친밀감, 생활수준을 높일 수 있으나 가족의 보호기능은 약화될 수 있다.

(2) 확대가족(Extended Family)

농업사회의 대표적인 가족 형태로 3세대 이상 함께 거주하는 가족이다. 결혼 후에도 부모와 함께 거주하여 손·자녀들이 안정적으로 보살핌을 받을 수 있고 부모를 부양할 수 있으나 고부갈등이나 의견충돌이 있을 수 있다.

(3) 독신가족

성인이 되었으나 결혼하지 않고 자신 혼자 살고 있는 가족 또는 사별이나 이혼으로 인하여 재혼하지 않고 혼자 사는 가족이다. 사회가 변화하고 경제가 어려워지면서 독신가정이 증가하는 추세이다.

(4) 노인가족

65세 이상 노인들이 자녀들과 함께 살지 않고 독신이나 부부로 이루어진 가족이다. 최근에는 핵가족이 늘어나면서 노인가족도 증가하는 추세이다.

(5) 한부모가족(One – parents Family)

이혼, 사망, 가출, 병, 별거 등으로 한 명의 부모와 자녀로 이루어지거나 두 명의 부모가 있으나 한 명이 부모의 역할을 하지 못하는 가족이다. 한부모가족도 사망, 이혼, 미혼모 등으로 인하여 증가하는 추세이다.

(6) 다문화가족

가족 내에 다른 문화를 가진 구성원이 포함된 가족이다. 외국인 여성과의 결혼, 외국인 노동자, 북한이탈주민 등으로 인하여 증가하는 추세이다. 가정폭력, 의사소통 장애, 빈곤, 문화 부적응, 저임금, 인종차별 등 아직까지 해결해야 하는 문제가 많다.

3) 가족체계

(1) 폐쇄형 가족체계

가족 외부와의 경계가 지나치게 분명하고 침투력이 없어서 외부와 상호교환을 하지 않는다. 가족 내의 권위자가 가족공간을 이웃 및 지역사회와 떨어지게 만든다. 외부와의 상호작용, 사람, 물건, 정보, 생각의 출입을 엄격히 제한한다.

(2) 개방형 가족체계

가족 외부와의 경계가 분명하면서 침투력이 있다. 가족의 경계가 유동적이며 가족공간은 더 큰 지역사회의 공간으로 확대되는 동시에 외부 문화도 가족공간으로 유입된다. 구성원의 행위를 제한하는 규칙은 집단의 합의과정에서 도출되고 개인은 다른 가족에게 악영향을 주거나 가족규범을 위반하지 않는 범위 내에서 왕래할 수 있다.

(3) 방임형 가족체계

가족 외부와의 구분이 거의 없고 가족경계선의 방어를 중요하게 생각하지 않아 외부와의 교류에 제한이 없다. 집안 출입의 권리를 손님이나 제3자에게 확대하려 한다.

2 지역사회

1) 지역사회의 정의

다른 지역과 구별될 수 있는 독립적인 일정 지역에 모여 살면서 상호작용을 통해 서로의 생활에 도움을 주며, 같은 전통, 관습 및 규범 그리고 가치 등을 공유하는 공동체이다.

2) 지역사회의 특성

① 지역사회는 기능적 · 지리적 의미에 기반을 두고 있다.
② 지역사회는 지역주민들의 삶의 질을 향상시키는 것이 목적이다.
③ 지역사회는 공통된 욕구와 문제의 해결, 성장과 발전을 위하여 상호의존적이다.
④ 지역사회는 사회와 개인 사이에 연관된 중요한 중간체계이다.
⑤ 지역사회는 끊임없이 변화하는 역동성을 가진다.
⑥ 지역사회 안에 있는 집단이나 조직은 개인에게 서비스를 제공하기 위해 구성된다.

3) 지역사회의 기능

① **생산 · 분배 · 소비** : 인간이 살아가는 데 필요한 재화와 서비스를 생산하고 분배하며 소비와 관련된 기능이다.
② **사회화** : 일반적인 지식, 사회적 가치, 바람직한 행동을 사회구성원들에게 전달시키는 기능이다.
③ **사회통제** : 지역사회가 구성원들에게 사회의 규범에 순응할 수 있도록 행동을 규제하는 기능이다.
④ **사회통합** : 개인이 발전할 수 있도록 관련된 사회참여를 하도록 기회를 주는 기능이다.
⑤ **상부상조** : 개인이 자신의 욕구를 스스로 충족할 수 없는 경우에 문제를 해결하기 위해 필요로 하는 사회적 기능이다.

 지역사회에 대한 내용은 지역사회복지론의 내용과 중복이 되어 암기해 놓으면 도움이 됩니다.

4) 지역사회의 유형

퇴니에스(Tonnies)는 구성원의 결합의지에 따라 다음과 같이 집단을 구분하였다.

(1) 공동사회(Gemeinschaft)

비공식적 · 개인적인 성격을 가지고 자연발생적으로 만들어진 집단이다.

(2) 이익사회(Gesellschaft)

공식적 · 계약적 · 선택적인 성격을 가지고 공통의 목적을 이루기 위해 인위적으로 만들진 집단이다.

(3) 협동사회(Genssenschaft)

지배관계를 포함하지 않는 사회관계로 이익사회 중 특히 공동사회적 성격이 강한 집단을 말한다.

3 집단

1) 집단의 정의

공통의 목적과 관심을 공유하면서 목적을 성취하기 위해 상호의존적인 두 명 이상으로 구성된 사회조직의 한 형태이다.

2) 집단의 특성

(1) 규모

최소 2명 이상이고 규모가 정해져 있기에 전체의 크기는 대체로 작은 편이다.

(2) 공통적인 목표

공통의 목적과 관심을 공유하는 구성원들이 모였기 때문에 공통된 목적을 가지고 있다.

(3) 개인행동의 영향

구성원의 행동은 다른 구성원에 영향을 미치기에 개인행동은 줄여야 한다. 또한 집단에는 하위문화가 형성되고 하위문화로 인하여 집단에 영향을 줄 수 있기에 이러한 현상을 줄이기 위해 집단에 규범이 생기고 규범을 지켜야 한다.

1과목
2과목
3과목
4과목
5과목
6과목
7과목
8과목

3) 집단의 분류

쿨리(Cooley)의 집단에 따른 사회적 관계 유형은 다음과 같다.

(1) 1차 집단(Primany Group)

가족, 친구, 이웃 등과 같이 혈연과 지연을 바탕으로 자연발생적으로 이루어지는 집단이다.

(2) 2차 집단(Secondary Group)

공통의 목적을 달성하기 위하여 인위적·선택적으로 만들어진 집단이다.

4 문화

1) 문화의 정의

사회구성원으로서 지식, 신앙, 예술, 도덕, 법률, 관습 등 인간에 의해 획득된 다른 모든 능력이나 습성을 포함하는 것을 의미한다.

2) 문화의 특성

① 시대적 상황에 따라 변화하지만 사회마다 공통적인 문화형태가 존재한다. 어느 지역만 가지고 있는 고유의 문화가 있다.
② 창조된 것이며 학습되는 것이다. 한 문화가 만들어지면 그 문화를 학습하게 된다.
③ 세대 간 전승되며 축적되어 간다. 문화는 그 시대로 끝나는 것이 아니라 세대 간 전승되고 축적되어 변화한다.
④ 보편성과 다양성을 동시에 가진다. 지역에는 다양한 문화가 존재하고 같은 지역에 살고 있는 구성원에게 유사하게 나타난다.
⑤ 사회의 안정과 질서를 위해 문제들을 제거, 조절하는 기능을 수행한다. 사회에 필요한 문화는 유지되고 불필요한 문화는 사라지게 된다.
⑥ 사회를 구성하는 다양한 부분들이 하나의 전체를 이룬 통합체이다. 지식이나 신앙, 예술, 도덕 등 많은 부분으로 구성되고 서로 연결되어 있어 한 부분의 변화가 다른 부분에 영향을 미친다.

3) 문화의 개념

(1) 문화마찰(Culture Conflict)

서로 다른 문화를 접촉하면서 각각의 역사나 전통이 문화 차이에서 오는 충돌로 인해 갈등이 발생하는 현상이다.

(2) 문화변용(Acculturation)

독립된 문화를 지닌 둘 이상의 문화가 오랜 시간 접촉으로 인하여 한쪽이나 양쪽 모두에 영향을 주어 문화체계가 변화하는 현상이다.

(3) 문화상대주의(Culture Relativism)

문화가 같이 진화하는 것이 아니라 문화마다 독자적인 발전을 하기에 우열을 가릴 수 없으므로 서로의 문화를 인정해야 한다는 태도이다.

4) 다문화

(1) 베리(Berry)의 문화적응모형

① **주변화(Marginalization)** : 모국의 문화적 가치와 주류사회와의 관계를 둘 다 유지하지 않는 경우이다.

② **동화(Assimilation)** : 모국의 문화적 가치는 유지하지 않은 상태에서 주류사회와의 관계만 있는 경우이다.

③ **분리(Segregation)** : 모국과는 강한 유대관계를 지니지만 주류사회와는 관계가 없는 경우이다.

④ **통합(Integration)** : 모국의 문화적 가치를 유지하면서 동시에 주류사회와의 관계를 유지하는 경우이다.

(2) 다문화사회의 모형

① **차별배제모형** : 경제특구나 수출자유지역과 같은 특정 지역이나 특정 직업(3D)에 한하여 일부 영역 외에는 외국인이나 이민자의 유입을 배제하는 모형이다.

② **동화모형** : 외국인들이 기존에 가지고 있던 문화를 버리고 주류사회의 언어와 문화 등을 받아들여 모든 면이 자국민들과 똑같아야 한다는 모형이다.

③ **다문화모형** : 다른 나라의 사람이나 다른 인종을 포용하는 모형으로 다문화모형은 문화다원주의와 다문화주의로 나누어진다.

　㉠ **문화다원주의(Cultural Pluralism)** : 한 사회의 고유 언어와 문화의 정체성을 유지하면서 새로운 문화를 받아들이는 모형이다. 기존 문화를 중심으로 다른 문화가 포함되는 것이다.

ⓛ 다문화주의(Multi Culturalism) : 한 사회에서 여러 유형의 문화를 수용하여 하나의 문화로 통일시키지 않고 있는 그대로 인정하며 공존하는 모형이다. 기존문화와 수용된 문화 간 동등한 관계를 유지한다.

다문화사회 모형의 특징

구분		내용
차별배제모형		이민자들을 특정 지역이나 직업에 한해서 찬성
동화모형		이민자들이 자국의 문화를 받아들인다는 조건하에 찬성
다문화모형	문화다원주의	기존 문화를 중심으로 다른 문화를 포함
	다문화주의	기존 문화와 수용된 문화 간 동등한 관계 유지

사회환경에 대한 이해

01 가족의 종류에 대한 설명으로 틀린 것은?

① 핵가족 : 부부와 자녀로 구성되어 있는 가족이다.
② 한부모가족 : 이혼, 별거, 사망 등으로 부모 한 명과 자녀로 구성되어 있는 가족만을 의미한다.
③ 다문화가족 : 가족구성원 중 다른 문화권의 구성원이 포함되어 있는 가족이고 외국인 노동자나 외국인과의 혼인, 탈북이주민이 포함된 새로운 형태의 가족이다.
④ 노인가족 : 자녀나 친척들과 함께 살아가지 않고 65세 이상의 노인으로만 구성되어 있는 가족이다.
⑤ 확대가족 : 3세대로 이루어진 가족으로 결혼한 자녀가 출가하지 않고 부모가 함께 구성되어 있는 가족이다.

해설 한부모가족은 이혼, 별거, 사망 등으로 부모 한 명과 자녀로 구성되어 있는 가족뿐 아니라 두 명의 부모가 모두 있어도 한 명이 부모의 역할을 하지 못할 경우에도 한부모가족에 포함된다. 한부모가족은 이혼, 별거, 사망 등으로 부모 한 명과 자녀로 구성되어 있는 가족만을 의미하는 것이 아니다.

02 집단의 기능으로 틀린 것은?

① 대인관계 속의 개인을 원조한다.
② 구성원들을 위한 재활기능을 한다.
③ 성장과 발달을 촉진하는 교육적 기능을 한다.
④ 구성원의 신념, 태도, 감정을 수정하도록 도와준다.
⑤ 개인의 생리적·심리적 욕구 충족에 기여한다.

해설 집단의 기능이 아니라 문화의 기능에 대한 설명이다.

03 집단에 관한 설명으로 옳지 않은 것은? [14회]

① 역할분화가 이루어진다.
② 사회화의 기능을 수행한다.
③ 구성원들이 감정을 공유하며 규범과 목표를 수립한다.
④ 구성원들 간의 관계를 형성하며 상호작용을 통해 성장한다.
⑤ 구성원들을 지지하고 자극시키는 힘을 가지기 때문에 긍정적 기능만을 수행한다.

해설 집단은 구성원들을 지지하고 자극시키는 힘을 가지고 있다. 하지만 모든 구성원들에게 똑같은 영향력을 줄 수 없기에 긍정적 기능만 수행한다고 할 수 없고 긍정적 기능과 부정적 기능을 동시에 수행한다고 할 수 있다.

04 조직에 대한 설명으로 틀린 것은?

① 주어진 목표달성을 위하여 의도적으로 구성된 사회적 단위이다.
② 조직의 공통된 문화, 성향 등 독특한 문화를 갖는다.
③ 목적을 이루기 위해 설립된 사람들의 공식화된 집합체이다.
④ 동아리와 같은 비공식조직도 포함이 된다.
⑤ 구성원들을 위한 재활기능을 한다.

해설 구성원들을 위한 재활기능은 조직의 기능이 아니라 집단의 기능이다.

05 길버트와 스펙트의 지역사회의 기능이 아닌 것은?

① 상부상조 : 사회제도에 의해 자기들의 욕구를 충족할 수 없는 경우에는 가족끼리 해결하는 것이다.

② 사회화 : 일반적인 지식, 사회적 가치, 행동양태를 사회구성원들에게 전달시키는 과정이다.

③ 사회통합 : 사회체계를 구성하는 사회 단위조직들 간의 관계와 관련된 사회참여의 기능이다.

④ 생산·분배·소비 : 일상생활을 영위하는 데 필요한 재화와 서비스를 생산하고 분배하며 소비하는 과정이다.

⑤ 사회통제 : 지역사회가 구성원들에게 사회의 규범에 순응하게 하는 것이다.

해설 상부상조는 사회제도에 의해 자기들의 욕구를 충족할 수 없는 경우에 필요한 사회적 기능이다.

06 문화에 관한 설명으로 옳은 것은? [15회]

① 동화(Assimilation)는 원문화의 가치를 유지하면서 주류사회의 문화에 소극적으로 참여하는 유형이다.

② 인간행동에 영향을 주는 미시체계이다.

③ 개인의 생리적 욕구와 심리적 욕구 충족에 영향을 준다.

④ 예술, 도덕, 제도 등이 각기 독립적으로 존재하며, 서로 영향을 주지 않는다.

⑤ 지속적으로 누적되기 때문에 항상 같은 형태를 지닌다.

해설 ① 동화(Assimilation)는 원문화의 가치를 유지하지 않은 상태에서 주류사회의 문화에 참여하는 유형이다.

② 문화는 인간행동에 영향을 주는 미시체계가 아니라 거시체계이다.

④ 예술, 도덕, 제도 등은 서로 밀접한 관계를 가진다.

⑤ 지속적으로 누적되기 때문에 항상 같은 형태를 지니는 것이 아니라 점진적으로 변화하는 가변성과 역동성을 지니고 있다.

07 다문화에 관한 설명으로 옳지 않은 것은? [13회]

① 관심대상은 결혼이주민, 이주노동자, 새터민 등을 포함한다.

② 최근 한국사회에서 사회복지의 중요한 관심영역으로 부상하고 있다.

③ 이주노동자들은 직장, 건강, 자녀교육 등에 걸쳐 다양한 어려움을 겪고 있다.

④ 다문화주의는 인간 사회의 인종적·문화적 동일성과 보편성을 설명하는 용어이다.

⑤ 결혼이주민들은 의사소통, 문화의 이질성, 사회적 편견과 차별 등으로 인한 어려움을 겪는다.

해설 다문화주의는 이주민들을 존중하며 기존사회와 이주민들 간에 대등한 관계를 유지하는 모형이다.

08 문화에 관한 설명으로 옳지 않은 것은? [14회]

① 인간의 생활양식은 세대 간에 전승된다.

② 삶의 모든 영역에 영향을 미치며 지속적으로 변화한다.

③ 생득적이기보다는 사회 속에서 성장하며 학습을 통해 습득된다.

④ 개인의 행동에 대한 규제와 사회통제의 기능을 수행하지 않는다.

⑤ 문화변용은 둘 이상의 이질적인 문화가 접촉한 결과 한쪽 또는 쌍방의 원래 문화형태에 변화를 일으키는 현상이다.

해설 문화는 사회의 안정과 질서를 위해 문제들을 제거, 조절하는 기능을 수행하므로 개인의 행동에 대한 규제와 사회통제의 기능을 수행한다.

09 집단의 구성 동기에 따른 유형과 그 예가 올바르게 연결된 것을 모두 고른 것은? [16회]

> ㄱ. 자연 집단(Natural Group) – 또래집단
> ㄴ. 1차 집단(Primary Group) – 과업집단
> ㄷ. 형성 집단(Formed Group) – 치료집단
> ㄹ. 2차 집단(Secondary Group) – 이웃

① ㄱ, ㄹ ② ㄱ, ㄷ
③ ㄴ, ㄹ ④ ㄴ, ㄷ, ㄹ
⑤ ㄱ, ㄴ, ㄷ, ㄹ

해설 1차 집단은 가족, 친구, 이웃 등과 같이 혈연과 지연을 바탕으로 하여 자연발생적으로 이루어지는 집단이고, 2차 집단은 공통의 목적을 달성하기 위하여 인위적·선택적으로 만들어진 집단이다. 과업집단은 2차 집단이고 이웃은 1차 집단이다.

1과목
2과목
3과목
4과목
5과목
6과목
7과목
8과목

사회복지 조사론

2 과목

출제경향

목차	22회	21회	20회	19회	18회
1. 과학					
2. 과학적 조사	1		1	2	2
3. 과학철학	1	1	2		1

학습 가이드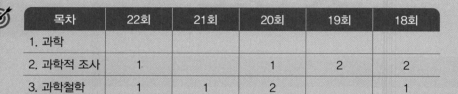

- 과학철학은 매번 출제되고 있는 부분이다.
- 연역법과 귀납법은 최근 들어 출제되지 않지만 출제가 많이 되었던 만큼 꼼꼼히 공부해야 한다.
- 과학의 특성에서 종류를 구분하고 연역법과 귀납법 방식의 차이를 이해할 수 있어야 한다.
- 과학철학의 종류를 구분하고 실증주의, 해석주의, 과학혁명을 구분할 수 있어야 한다.

1 과학의 개념

과학적 지식을 획득하는 방법을 의미하는 것으로, 연구절차가 논리적, 체계적이어야 하며, 경험적으로 검증이 가능해야 한다. 또한, 다른 사람들에 의해 연구되어도 동일한 결과를 얻을 수 있도록 객관적이어야 한다.

2 과학의 목적

① **지식의 제공** : 과학이 이론을 연구하는 이유는 지식을 제공하는 데 목적이 있으므로 존재하는 것에만 관심을 갖는다.

② **규칙성의 일반화** : 자연현상이나 사회현상에는 그 현상만의 패턴(규칙)이 있는데, 이런 패턴(규칙)을 일반화한다.

③ **변수 간 관계의 기술 및 설명** : 과학의 연구대상에는 다수의 변수가 있으며 이러한 변수들의 인과관계를 기술하고 설명한다.

④ **이론을 바탕으로 한 현상 예측** : 경험적 사건이나 일반적인 사건을 포함한 현상들에 대한 이론을 알고 있다면 미래에 발생할 수 있는 사건이나 현상을 예측할 수 있다.

3 과학의 특성

① **논리성** : 논리적 사고의 활동으로 과학적 설명이 이치에 맞아야 하는 것을 의미한다.

② **결과론적 인과성** : 과학의 결과는 100%를 의미하는 것이 아니라 얼마나 확률적인가를 의미한다.

③ **일반적인 것을 추구** : 개개인의 개별적인 현상을 설명하는 것이 아니라 다수를 대상으로 일반적인 것을 추구하는 것을 의미한다.

④ **간결한 것을 추구** : 최소한의 변수를 이용하여 가능한 최대의 설명력을 추구하는 것을 의미한다. 즉, 간결하게 설명하되 많은 내용을 포함하고 있어야 한다.

⑤ **구체성** : 조작화를 통해 검증하고자 하는 개념을 보다 정확히 측정하고 정의하는 것을 의미한다.

⑥ **경험적으로 검증 가능성** : 이론이나 경험에 근거하는 것이 아니라 지식이 현실에서 경험으로 검증이 가능해야 하는 것을 의미한다.

⑦ **간주관성** : 연구에 대한 주관적 동기가 다르더라도 같은 방법의 과학적 연구 과정이면 같은 결론을 얻을 수 있는 것을 의미한다.

⑧ **수정 가능성** : 과학은 변하지 않는 것이 아니라 상황, 시대에 따라서 수정이 가능한 것을 의미한다.

Tip

간주간성은 주관적 동기, 재생 가능성은 표준화된 방법을 특징으로 합니다.

⑨ 설명적 : 과학을 통해 수집된 사실을 설명하는 것을 의미한다.

⑩ 재생 가능성 : 표준화된 방법을 사용할 경우 누구나 동일한 결과나 결론이 나올 가능성을 의미한다.

⑪ 객관성 : 많은 사람들이 어떠한 대상의 지식을 습득하는 데 있어서 대상을 같게 인식하고 습득한 지식이 일치하는 것을 의미한다.

4 과학적 조사

Tip 👍

연역법은 이론에서 시작하고 귀납법은 관찰에서 시작합니다.

1) 연역법

① 일반적인 사실에서 특수한 사실을 추론해 내는 방법이다.

② 실증주의자들이 주로 사용, '가설'을 입증하는 전반적 과정이다.

③ 가설을 입증하여 이론을 전개하는 방법이다.

④ 논리적 전개 : 이론 → 가설 → 조작화 → 관찰 → 검증을 거치는 방법이다.

(논리, 이론, 일반화된 설명, 가설)	모든 사람은 죽는다.
(관찰, 경험)	고로, A는 죽는다.
(검증)	모든 사람은 죽는다는 논리를 검증한다.

2) 귀납법

① 관찰을 시작으로 일반적 원리나 이론을 전개해 나가는 논리적 과정이다.

② 가설을 정하지 않고 스스로 알고 싶거나 관심 있는 것에서 출발한다.

③ 비슷한 행동이 반복되거나 동시에 비슷한 행동이 나오면 추상적 개념이 되어 이론으로 구축된다.

④ 논리적 전개 : 주제 선정 → 관찰 → 경험적 일반화(유형 발견) → 이론(임시적 결론)을 만드는 방법이다.

(주제)	인간의 죽음을 관찰한다.
(관찰)	A가 죽는 걸 관찰한다.
(유형)	다른 사람이 죽는 걸 관찰한다.
(이론)	그러므로, 모든 사람은 죽는다.

3) 연역법과 귀납법의 상호관계

분석적인 연역법과 경험적인 귀납법은 상호대립적인 것이 아니라 서로 관련이 있기에 상호보완적이다. 기존에 이론이 존재할 때는 연역법을 사용하지만 이론이 존재하지 않을 경우에는 귀납법을 사용한다.

과학철학
- 논리 실증주의 = 합리주의적 전통, 논리 실증주의자, 포퍼(Karl Popper)
- 해석주의, 상대주의, 여권주의적 관점(Feminist Researchers), 쿤(Thomas Kuhn, 1970)

1) 실증주의(경험주의)

① 콩트에 의해 제창되었고 사회현상에 대한 과학적 접근이 가능하게 되었다.
② 과학과 비과학을 구분하고 사회과학도 자연과학과 같이 실험과 관찰을 통해서 검증된 것만 인정한다.
③ 사회과학도 자연과학과 같은 방법으로 연구가 가능하다.
④ 객관적 조사를 통해 이론을 재검증하고 연구결과의 일반화 가능성을 주장한다.
⑤ 실증주의 시각에서 과학적 방법은 이론 → 가설 → 관찰 → 일반화 → 이론 → 가설 순으로 반복하는 것을 의미한다.
⑥ 경험적인 관찰을 사용(통제된 실험, 표준화된 척도에 의한 측정)하며 구조화된 양적 방법을 고수한다. 설문지 조사와 같이 보편적으로 적용 가능한 분석도구가 존재한다.
⑦ 정확성, 일반 법칙화를 강조하므로 적은 수의 표본으로 결과를 일반화하는 것은 무리라고 주장한다.

2) 후기 실증주의

① 실증주의의 대안으로 등장한 후기 실증주의는 사회와 자연을 동일한 관점에서 관찰을 통한 경험적 검증을 사회법칙으로 묘사한다.
② 객관적인 지식에 대한 확증은 불가능하다고 본다.
③ 지식을 검증하는 데 있어 이데올로기나 정치의 영향을 받아 완전히 자유로울 수 없다.

3) 논리적 실증주의

① 스펜서(Spencer)의 고전적 실증주의와 베이컨(Bacon)의 경험주의가 합쳐진 것이다.
② 과학을 옹호하고 종교와 같은 비과학적인 것과 과학을 구별한다.
③ 경험적으로 검증 가능한 원리를 추구한다.
④ 경험적 관찰을 통해 이론을 재검증한다.

Tip
과학철학별 학자
- 실증주의 – 콩트
- 논리적 실증주의 – 스펜서
- 해석주의 – 막스 베버
- 과학혁명 – 토마스 쿤

Tip
반증주의
- 관찰증거에 의해 이론이 참임을 밝힐 수는 없지만, 관찰이나 실험의 결과에 의해 어떤 이론이 거짓임을 밝힐 수는 있다고 주장합니다.
- 반증할 수 있는 가설이 많을수록 과학은 진보하는 것으로 간주합니다.

4) 논리적 경험주의

① 논리적 실증주의와 같이 경험적으로 검증이 가능해야 한다고 생각하지만 논리적 실증주의보다 검증 가능성 측면에 대해선 관대한 태도를 취하고 있다.

② 확률적으로 검증되는 관찰에 의해서만 정당화될 수 있다.

③ 귀납법에 의존하고 있다.

5) 해석주의

① 막스 베버(Max Weber)와 딜타이(Wilhelm Dilthey)가 제시하였다.

② 베버는 인간의 행동 중에서 의미 있는 사회적 행동에만 초점을 두고 연구를 강조하였으며 딜타이는 연구 대상자의 입장에서 사회현상을 이해하도록 강조하였다.

③ 사람의 행동은 사람이 주관적 의미를 부여하고 그 행동을 한 사람의 의미를 찾아내는 데 초점을 둔다.

④ 과학과 과학이 아닌 것을 구분하는 기준은 없으며 인간의 다양한 지적 주장들은 인식론적으로 동등하다.

⑤ 일상생활에서 문제를 어떻게 다루고 해결하는지, 다른 사람과 어떻게 상호작용하고 어울리는지 주관적 의미에 관심을 갖는다.

⑥ 인간의 주관적 의식을 중요시하고 연구자의 가치나 태도 활용을 강조한다.

⑦ 사회적 행위의 주관적 의미에 대한 이해를 강조하고 주로 언어를 분석대상으로 활용한다.

6) 과학혁명

① 토마스 쿤(Thomas Kuhn)이 주장하였다.

② 과학은 점진적으로 발전하는 것이 아니라 급진적, 혁명적으로 발전하며 이를 패러다임의 전환으로 설명하였다.

③ 과학적 진리는 과학 공동체의 패러다임에 의존하고 사회의 성격에 영향을 받는다.

④ 과학적 이론을 선택할 때 사회적 성격에 영향을 받는다.

⑤ 패러다임은 고정되어 있는 것이 아니라 끊임없이 변화한다.

⑥ 패러다임을 과학자들이 공유하는 신념, 가치, 기술 등의 총합으로 규정(세상을 보는 눈)한다.

⑦ 패러다임은 한 사람이 현상을 이해하고 세상을 바라보는 방식과 틀의 집합체이다.

⑧ 패러다임은 우열을 비교할 수 있는 객관적 기준이 존재하지 않는다.

    예 다윈의 진화론, 프로이트의 정신분석학, 아인슈타인의 상대성원리

01 인식론에 관한 설명으로 옳지 않은 것은? [13회]

① 실증주의는 경험적 관찰을 통해 이론을 재검증한다.
② 해석주의는 사회적 행위의 주관적 의미에 대한 이해를 강조한다.
③ 실증주의는 적은 수의 표본으로 결과를 일반화하는 것은 무리라고 주장한다.
④ 해석주의는 주로 언어를 분석 대상으로 활용한다.
⑤ 실증주의는 연구자의 가치나 태도 활용을 강조한다.

해설 실증주의는 이론 → 가설 → 관찰 → 일반화 → 이론 → 가설과 같은 연역법을 사용하고, 해석주의는 사람의 행동에 행동하는 사람이 주관적 의미를 부여하여 그 행동을 한 사람의 의미를 찾아내는 데 초점을 둔 귀납법을 사용한다. 즉, 실증주의는 과학적 방법을 사용하며, 연구자의 가치나 태도 활용을 강조하는 것은 귀납법에서 사용하는 방법이다.

02 과학적 특성으로 옳은 것은?

① 과학은 이론이나 추론에 의해 얻어지는 지식이다.
② 과학은 직접적인 상호작용을 통해 습득된다.
③ 과학적 조사는 조사자의 주관성이 적용되어야 한다.
④ 과학은 규칙과 절차가 있기 때문에 인과관계를 추구할 수 없다.
⑤ 과학의 결과는 확정적이다.

해설 ① 과학은 이론이나 추론에 의해 얻어지는 지식이 아니라 과학적 방법으로 얻어지는 지식이다.
③ 과학적 조사에 조사자의 주관성이 적용되어서는 안 되며 객관성이 적용되어야 한다.
④ 과학은 규칙과 절차가 있기 때문에 인과관계를 추구할 수 있다.
⑤ 과학의 결과는 잠정적이며 언제든지 변할 수 있다.

03 과학혁명에 대한 설명으로 틀린 것은?

① 패러다임은 끊임없이 변화하는 것이 아니라 고정되어 있다.
② 혁명적으로 발전을 이루고 이를 패러다임의 전환으로 설명하였다.
③ 과학적 이론 선택 시 사회적 성격에 영향을 받는다.
④ 우열을 비교할 수 있는 객관적 기준은 존재하지 않는다.
⑤ 과학적 진리는 과학 공동체의 패러다임에 의존한다.

해설 패러다임은 고정되어 있지 않고 끊임없이 변화한다.

04 과학적 연구방법 중 연역법의 접근방법으로 옳은 것은?

① 이론 → 가설 → 조작화 → 관찰 → 검증
② 이론 → 조작화 → 가설 → 관찰 → 검증
③ 가설 → 조작화 → 관찰 → 검증 → 이론
④ 가설 → 조작화 → 이론 → 관찰 → 검증
⑤ 조작화 → 가설 → 이론 → 관찰 → 검증

해설 연역법은 이론 → 가설 → 조작화 → 관찰 → 검증을 거치는 방법으로 논리적 전개를 한다.

정답 01 ⑤ 02 ② 03 ① 04 ①

05 과학적 지식에 대한 설명으로 틀린 것은?

① 일반적인 것을 추구 : 개개인의 개별적인 현상을 설명하는 것이 아니라 다수를 대상으로 일반적인 것을 추구하는 것을 의미한다.

② 구체성 : 조작화를 통해 검증하고자 하는 개념을 보다 정확히 측정하고 정의하는 것을 의미한다.

③ 수정 가능성 : 과학은 변하지 않는 것이 아니라 상황, 시대에 따라서 수정이 가능한 것을 의미한다.

④ 재생 가능성 : 연구에 대한 주관적 동기가 다르더라도 같은 방법의 과학적 연구 과정이면 같은 결론을 얻을 수 있는 것을 의미한다.

⑤ 수정 가능성 : 과학은 변하지 않는 것이 아니라 상황, 시대에 따라서 수정이 가능한 것을 의미한다.

해설 재생 가능성은 표준화된 방법을 사용할 경우 누구나 동일한 결과나 결론이 나올 가능성을 의미한다. 연구에 대한 주관적 동기가 다르더라도 같은 방법의 과학적 연구 과정이면 같은 결론을 얻을 수 있는 것을 의미하는 것은 간주관성이다.

06 연역법에 대한 설명으로 틀린 것은?

① 가설을 입증하는 전반적인 과정이다.

② 일반적인 사실에 특수한 사실을 추론해 내는 방법이다.

③ 가설을 입증하여 이론을 입증하는 방법이다.

④ 이론을 조작화한 후에 관찰하여 검증을 거치는 방법이다.

⑤ 반증주의자들이 주로 사용하는 방법이다.

해설 연역법은 반증주의자들이 주로 사용하는 방법이 아니라 실증주의자들이 사용하는 방법이다. 일반적인 사실에서 특수한 사실을 추론할 때 가설을 입증하여 이론을 전개해 나간다.

07 과학적 방법에 관한 설명으로 옳지 않은 것은?

[15회]

① 잠정적이지 않은 지식을 추구한다.

② 철학이나 신념보다는 이론에 기반한다.

③ 경험적인 증거에 기반하여 지식을 탐구한다.

④ 현상의 규칙성에 대한 관심이 높다.

⑤ 허위화(Falsification)의 가능성에 대해 개방적이어야 한다.

해설 과학의 결과는 확정적이지 않다. 시대와 상황, 현상에 따라 다르게 나타날 수 있기 때문에 수정하고 보완한다. 결국 과학의 결과는 잠정적(임시적)인 이론이 된다.

08 사회과학 패러다임에 관한 설명으로 옳은 것을 모두 고른 것은?

> ㄱ. 사회과학의 패러다임이 폐기되는 경우는 자연과학의 패러다임에 비해 흔하지 않다.
> ㄴ. 한 시기에 여러 개의 패러다임이 공존할 수 있다.
> ㄷ. 쿤은 패러다임의 변화를 점진적인 것이 아니라 혁신적인 것으로 봤다.
> ㄹ. 일반적으로 패러다임의 우열을 가릴 수 있는 객관적 기준이 존재한다.

① ㄱ, ㄴ, ㄷ   ② ㄱ, ㄷ

③ ㄴ, ㄹ   ④ ㄹ

⑤ ㄱ, ㄴ, ㄷ, ㄹ

해설 패러다임은 과학자들이 공유하는 신념, 가치, 기술 등의 총합으로 규정(세상을 보는 눈)한다. 패러다임은 고정되어 있는 것이 아니라 끊임없이 변화하므로 패러다임의 우열을 가릴 수 있는 객관적 기준은 존재하지 않는다고 본다.

09 귀납법에 대한 설명으로 틀린 것은?

① 가설을 정하지 않고 스스로 알고 싶거나 관심 있는 것에서 출발한다.

② 일반적인 사실에 특수한 사실을 추론해 내면서 이론을 입증하는 방법이다.

③ 주제선정 → 관찰 → 경험적 일반화(유형발견) → 이론(임시적 결론)을 만드는 방법이다.

④ 관찰에서 시작하여 일반적 원리나 이론을 전개해 나가는 논리적 과정이다.

⑤ 비슷한 행동이 반복되거나 동시에 비슷한 행동이 나오면 추상적 개념이 되어 이론으로 구축된다.

해설 일반적인 사실에 특수한 사실을 추론해 내면서 이론을 입증하는 방법은 연역법이다.

1과목

2과목

3과목

4과목

5과목

6과목

7과목

8과목

정답 09 ②

출제경향

목차	22회	21회	20회	19회	18회
1. 사회복지조사방법의 형태	1	2	2	1	1
2. 해석상의 오류	1	1			
3. 조사연구과정				1	1
4. 사회복지조사 연구윤리	1	1			1

학습 가이드

- 사회복지조사방법의 형태, 조사 연구윤리, 조사 과정 등은 최근 들어 출제 빈도가 조금 낮아지기는 했지만 매년 꾸준히 출제되고 있는 부분이다.
- 조사방법의 형태는 종류가 많지만 구분할 수 있어야 하고, 특히 종단조사와 횡단조사를 구분할 수 있어야 한다.
- 연구의 윤리문제에 대한 내용을 이해해야 한다.

---

1 사회복지조사방법의 형태

1) 연구방법에 따른 분류

(1) 탐색적 조사

어떤 현상에 대하여 사전지식이 없을 경우 탐색을 목적으로 하는 조사를 말한다. 한 번도 조사가 된 적 없는 문제를 알기 위한 목적으로 하는 조사이다.

① 조사를 실시해야 하는지 파악하기 위해 조사한다.

② 기존에 잘 알려져 있지 않은 현상을 탐색할 목적으로 조사한다.

③ 규정, 가설을 명확히 하기 위해서 조사한다.

④ 탐색적 조사에서 알게 된 결과는 공식적으로 발표를 하지 않는 경우가 많다.

⑤ 사회문제가 처음 생겼을 때 사회문제의 원인이나, 상황을 알기 위해 하는 조사로 IMF시절 처음 노숙자가 생겼을 때 어떤 이유로 노숙하게 되었는지, 어떻게 생활을 하고 있는지, 전국에 노숙자는 몇 명인지 알기 위해 한 조사

가 탐색적 조사이다.

예 "노숙자는 어떻게 생활을 할까?"

(2) 기술적 조사

어떤 현상에 대하여 그 현상이 왜 나타나게 되었는지를 알기 위함이 아닌 현상의 특성을 있는 그대로 기술하는 것을 말한다.

① 현상, 분포, 관계 등에 대해 자세히 기술하는 것을 목적으로 조사한다.
② 정책이나 프로그램을 개발하거나 결정할 때 자료를 얻기 위해 조사한다.
③ 탐색적 조사와 비슷하지만 탐색적 조사보다는 명확한 절차가 존재하는 체계적인 조사이다.
④ 현상이나 분포를 있는 그대로 조사하는 것이기에 실태조사가 기술적 조사에 포함된다.

예 만족도조사, 욕구조사

(3) 설명적 조사

어떤 현상에 대하여 그 현상이 왜 나타나게 되었는지 알기 위해 연구하여 설명하는 것을 말한다.

① 어떤 변수들 간의 인과관계를 규명하고자 할 때 사용하는 조사이다.
② 문제에 대한 원인을 밝히는 데 초점을 둔다. 즉, 아동학대가 일어났다면 아동학대가 일어나게 된 원인이 무엇인지 밝히는 데 목적이 있다.

예 "청소년의 봉사활동과 사회적 책임의식 간에는 어떤 상관성이 있는가?"

2) 조사 용도에 따른 분류

(1) 기초조사(순수조사)

사회현상에 대한 기본지식의 탐구, 순수한 학문적 목적을 위해 하는 조사를 말한다.

예 사전조사

(2) 응용조사

특수한 사회문제를 해결하기 위한 해결책을 얻기 위해 하는 조사를 말한다.

예 사회복지시설에서 실시되고 있는 욕구조사

(3) 평가조사

한 나라의 정책이나 시설의 프로그램을 지속하거나, 수정하거나, 중단 여부를 결정하기 위해서 평가하는 조사를 말한다.

Tip 👆
현상을 그대로 기술하는 것은 기술적 조사이고 현상을 설명하는 것은 설명적 조사입니다.

1과목

2과목

3과목

4과목

5과목

6과목

7과목

8과목

3) 시점에 따른 분류

(1) 횡단조사

① 어느 한 시점에 조사를 하는 것으로 그 시점에 필요한 자료를 얻기 위해 사회현상을 조사하는 것을 의미한다.

② 한 시점에 조사를 하는 것이기 때문에 탐색, 기술, 설명의 목적을 갖는다.

③ 장점 : 종단조사에 비해 시간과 비용을 절약할 수 있고 한번에 많은 양의 자료를 얻을 수 있다.

④ 단점 : 조사 시점이 지난 후에 변한 내용은 알 수 없고 시간이 지남에 따라 수집한 자료의 내용이 변경될 수 있다.

(2) 종단조사

① 시간적 차이를 두고 여러 번 걸쳐 조사하는 것을 말한다.

② 적어도 2번 이상의 사회현상을 조사하는 것을 의미하고 횡단조사보다 논리적이고 타당도가 높다.

③ 종단조사의 종류로는 패널조사, 경향조사(추이조사), 동년배조사(동류집단조사, 코호트조사)가 있다.

④ 장점 : 횡단조사에 비해 조사대상자의 변화에 대하여 과정과 원인을 파악할 수 있다.

⑤ 단점 : 시간과 비용이 많이 들고 조사 기간 중에 조사대상자의 탈락의 위험이 있다.

(3) 패널조사

① 한 집단을 두고 오랜 시간 동안 연속적으로 조사하는 것을 말한다.

② 동일한 질문, 동일한 대상을 조사한다.
   예 2010년 A씨의 주택 구입 여부 조사 → 2020년 A씨의 주택 구입 여부 조사

(4) 경향조사(추이조사)

① 한 질문을 반복적으로 조사하나 조사할 때마다 대상자가 다른 것을 말한다.

② 동일한 주제를 가지고 조사를 하지만 매번 다른 조사대상자를 조사한다는 점이 패널조사와 다른 점이다.

③ 동일한 질문, 다른 대상을 조사한다.
   예 2010년 1980년생의 주택 구입 여부 조사 → 2020년 1990년생의 주택 구입 여부 조사

Tip 👆
- 패널조사 – 동일한 질문, 동일한 대상
- 경향조사 – 동일한 질문, 다른 대상
- 동년배조사 – 동일한 질문, 같은 집단 속 다른 대상

(5) 동년배조사(동류집단조사, 코호트조사)

① 동년배 집단을 선정하여 일정한 시간을 두고 조사하는 것을 말한다.

② 같은 시기에 태어나 같은 문화에서 비슷한 경험을 한 사람들을 동년배 집단
이라고 한다.

③ 매번 같은 대상자를 조사하지 않고 집단 안에 있는 다른 대상자로 바뀔 수
있다.

④ 동일한 질문, 집단 내 다른 대상을 조사한다.

> **예** 2010년에 1980년생 100명에게 주택 구입 여부 조사 → 2011년에 1980년
> 생 100명에게 주택 구입 여부 조사

📖 **횡단조사와 종단조사의 차이점**

횡단조사	종단조사
• 한 번의 조사로 이루어진다.	• 여러 번의 조사로 이루어진다.
• 정태적(일정한 시점)이다.	• 동태적(일정 기간)이다.
• 단 한 번에 조사가 이루어지기 때문에 조사의 양(표본의 크기가 크다)이 많다.	• 유형에 따라 여러 번에 걸쳐 조사가 이루어지기 때문에 조사의 양(표본의 크기가 작다)이 적다.

 횡단조사와 종단조사를 비교하는 문제와 종단조사의 종류별 특성들을 파악하고 있어야 합니다.

(6) 유사종단적 조사

종단조사가 어려워 종단조사와 횡단조사를 결합한 방식이다.

4) 조사대상에 따른 분류

(1) 사례조사

① 소수의 특수한 상황, 사건, 현상 등의 구체적 현실세계의 문제에 초점을 맞추어 연구결과를 자세히 기술하는 것이다.

② 가설을 검증하기보다는 새로운 관계를 귀납적 방법을 통해 찾아내고자 할 때 사용된다.

③ 장점 : 소수의 대상을 조사함으로써 조사대상자의 행동이나, 특징, 성질 등 모든 것을 구체적으로 서술할 수 있다.

④ 단점 : 소수의 대상자를 조사함으로써 조사 결과를 일반화하기가 어렵고 다른 대상자들과 비교하기도 어렵다.

(2) 전수조사

① 모집단 전체를 대상으로 하는 조사이다.

② 표본오차는 없으나 비표본오차는 크다.

③ 장점 : 모집단의 전체적 특성을 정확하게 파악할 수 있다.

④ 단점 : 경제성과 신속성이 낮고 조사과정이 복잡하며 많은 노력이 필요하고 모든 조사대상자에게 접근하기 어렵다. **예** 인구주택총조사

(3) 표본조사

① 모집단 전체를 대상으로 하는 전수조사와 달리 모집단 중 대표할 수 있는 표본을 뽑아 조사하는 방법이다.

② 규모가 큰 모집단에서 표본조사를 많이 사용한다.

③ 표본오차는 있으나 비표본오차는 전수조사보다 작다.

④ **장점** : 시간과 비용을 줄일 수 있다.

⑤ **단점** : 모든 집단에 일반화시킬 수 없다.

(4) 표본오차와 비표본오차

① **표본오차** : 표본의 통계치에서 모집단의 추정치를 추정하는 과정에서 발생하는 오차로, 표본조사에서만 발생한다.

② **비표본오차** : 자료의 조사과정과 집계과정에서 발생하는 오차로, 전수조사와 표본조사 모두에서 발생한다.

5) 자료수집기법에 따른 분류

(1) 양적 조사

대상의 속성을 가능한 한 계량적으로 표현하고 그들의 관계를 통계분석을 통해 밝혀내어 자료를 수집하는 방법이다.

① **질문지조사(설문조사)** : 설문지를 통하여 응답자 스스로 기입하는 방식으로 자료를 수집하는 방법이다.

② **우편조사** : 우편으로 설문지를 보내면 설문을 끝낸 응답자가 다시 우편으로 설문지를 보내는 방식으로 자료를 수집하는 방법이다.

　예 학위논문 설문

③ **전화조사** : 전화를 이용하여 직접 통화를 하면서 필요한 설문에 대한 대답을 듣고 조사자가 스스로 질문지에 기재하는 방법이다.

　예 선거철에 오는 전화

④ **인터넷조사** : 인터넷을 이용하여 조사대상자에게 메일을 보내 설문지를 작성하게 한 후 다시 인터넷을 통하여 설문지를 받아 자료를 수집하는 방법이다.

　예 서베이 회사를 통한 이메일조사

⑤ **집합조사** : 조사대상자를 한곳에 모아 질문지를 나누어 주고 질문에 대한 설명을 한 후 직접 설문지에 기입하게 하여 자료를 수집하는 방법이다.

⑥ **실험조사** : 통제집단과 실험집단을 만들어 실험을 통해 두 집단을 비교하여 자료를 수집하는 방법이다.

⑦ **기존통계자료분석** : 기존에 있던 자료를 분석하여 새로운 자료를 수집하는 방법으로 2차 수집방법에 해당한다.

(2) 질적 조사

양적 조사로는 발견하기 어렵거나 분석하기 어려운 문제를 효과적으로 관찰하고 분석하여 자료를 수집하는 방법이다.

① **현지조사** : 작은 집단의 조사대상자를 지속적인 관찰을 통하여 필요한 자료를 수집하는 방법이다.

> 예 한 마을의 문화행사를 조사하고자 할 때 그 지역의 문헌을 통해 문화행사를 잘 아는 사람을 만나 정보를 얻고 문화행사에 참여해서 문화에 대해서 관찰하고 다른 사람들과의 대화를 통하여 자료를 얻는다. 이렇게 얻은 자료들을 모아 정리하여 보고서로 만든다.

② **역사적 방법** : 역사적 자료를 통하여 어떤 시대의 사회현상이나 사건을 연구하여 자료를 수집하는 방법이다.

> 예 월남전에 대해 조사를 하면 월남전에 대한 문헌을 통해 자료를 얻고, 실제 월남전에 참전한 사람과의 면담과 외국의 취재자료 등을 통하여 자료를 얻어 월남전에 대한 의미를 기술할 수 있다.

③ **면접조사** : 조사자와 조사대상자가 함께 대화를 통하여 자료를 수집하는 방법이다.

🔖 양적 조사와 질적 조사 비교

양적 조사	질적 조사
• 결과지향적이다.	• 과정지향적이다.
• 정형화된 측정과 척도를 활용한다.	• 조사자만의 준거틀을 활용한다.
• 조사결과는 일반화가 가능하다.	• 조사결과는 일반화가 어렵다.
• 신뢰성 있는 자료를 산출한다.	• 깊이 있는 자료를 산출한다.

(3) 혼합연구방법(Mixed Method)

① 양적 연구와 질적 연구를 통합한 방법이다.

② 양적 연구의 결과에서 질적 연구가 시작될 수 있다.

③ 질적 연구결과와 양적 연구결과는 상반될 수 있다.

④ 두 가지 연구방법 모두에 대한 전문적 지식이 필요하다.

⑤ 연구자에 따라 두 가지 연구방법의 비중은 상이할 수 있다.

⑥ 다양한 패러다임을 수용할 수 있어야 한다.

Tip 👆
최근 들어 양적 조사와 질적 조사를 통합한 혼합연구방법이 사용되고 있습니다.

① 생태학적 오류 : 집단에서 발견된 내용을 개인에게 적용하는 경우이다(집단 → 개인).
　　예 노인집단의 자살률이 높다고 해서 노인의 자살률이 높다고 할 수 없는 경우
② 개인주의적 오류 : 개인에게서 밝혀진 내용을 집단이나 사회에 적용하는 경우이다(개인 → 집단).
　　예 무교육자가 부자가 된 경우를 보고, 교육수준이 높을수록 부자가 될 확률이 높다는 사실을 부정하는 것
③ 환원주의적 오류 : 어떤 현상의 원인이나 설명을 한 가지 개념이나 변수로 지나치게 제한하는 경우 또는 지나치게 단순화한 경우이다(여러 변수 → 하나의 변수).
　　예 경제학자가 모든 사회현상을 경제적 변수만으로 설명할 수 있다고 보거나, 심리학자가 심리적 요인으로 한정하여 설명하기 때문에 발생하는 오류

① 체계적 오류 : 항상 일정하게 발생하는 오류로 측정의 타당도를 저해한다.
② 비체계적 오류 : 일관성 없이 발생하는 오류로 측정의 신뢰도를 저해한다.

1) 틀린 지문

① 연구 참여자가 평소와 다른 행동을 하지 않도록 연구자의 신분을 숨기고 자료를 수집하였다.
② 연구결과의 확산을 위해 연구 참여자의 신분을 다른 연구기관에 동의 없이 공개하였다.

③ 연구결과에 영향을 미치지 않도록 연구 참여자에게 일어날 수 있는 이익을 미리 알리지 않았다.

④ 연구 참여여부를 성적평가와 연계하여 연구 참여자의 참여 동기를 높였다.

⑤ 연구의 공익적 가치는 일반적으로 연구윤리보다 우선해야 한다.

⑥ 연구로부터 얻을 수 있는 사회적 이익이 비용을 초과해야만 한다.

⑦ 비밀성이 보장되면 익명성도 보장된다.

2) 옳은 지문

① 연구 참여자에게 연구과정에서 발생할 수 있는 고통을 미리 알리고 사전 동의를 구하였다.

② 수업시간에 조사하는 설문지도 응답자의 동의와 자발적 참여가 필요하다.

③ 연구자는 연구 참여자에게 피해를 줘서는 안 된다.

④ 응답자의 익명성과 비밀을 보장해야 한다.

⑤ 타인의 연구결과를 인용 없이 사용하는 경우를 표절이라 한다.

⑥ 조사과정에서 드러난 문제점과 실패도 모두 보고해야 한다.

⑦ 연구 참여자가 원할 경우 언제든지 참여를 중단할 수 있음을 사전에 고지한다.

OX 퀴즈

- 현상이나 분포를 있는 그대로 조사하는 방법은 설명적 조사이다. (×)
- 표본조사는 모집단 전체를 대상으로 하는 전수조사와 달리 모집단 중 대표할 수 있는 표본을 뽑아 조사하는 방법이다. (○)
- 양적 조사는 대상의 속성을 가능한 한 계량적으로 표현하고 그들의 관계를 통계분석을 통해 밝혀내어 자료를 수집하는 방법이다. (○)

01 탐색적 조사에 대한 설명으로 틀린 것은?

① 사전 지식이 없을 때 탐색을 목적으로 하는 조사이다.

② 기존에 잘 알려지지 않은 현상을 탐색할 목적으로 조사한다.

③ 규정이나 가설을 명확히 하기 위해 조사한다.

④ 거의 조사되지 않은 문제를 알기 위해 조사한다.

⑤ 조사로 알게 된 사실을 권위 있는 학술지에 발표한다.

해설 탐색을 목적으로 조사를 하기 때문에 조사 절차를 따를 수 없어 탐색적 조사에서 알게 된 자료는 공식적인 발표를 하지 않는 경우가 많다.

02 종단조사에 대한 설명으로 틀린 것은?

① 탐색, 기술, 설명의 목적을 갖는다.

② 여러 번 조사를 하여 추후에 변화를 알 수 있다.

③ 시간과 비용이 많이 든다.

④ 조사대상자가 탈락할 가능성이 있다.

⑤ 시간의 차이를 두고 2번 이상 조사를 한다.

해설 탐색, 기술, 설명적 목적을 갖는 조사는 횡단조사이다.

03 사회조사의 유형에 관한 설명으로 옳은 것은?

[13회]

① 횡단연구는 탐색, 기술, 설명의 목적을 갖는다.

② 동년배(Cohort)조사는 특정 하위모집단의 변화를 관찰하기 위해 매번 동일대상을 선정한다.

③ 종단연구는 장기간에 걸쳐 조사하는 연구로 질적 연구로는 이루어지지 않는다.

④ 패널(Panel)연구는 새로운 경향을 확인하기 위해 해마다 다른 표본을 선정한다.

⑤ 추이(Trend)조사는 패널연구보다 개인의 변화에 대해 더 명확한 자료를 제공한다.

해설 횡단연구는 어느 한 시점에 조사를 하는 것으로 그 시점에 필요한 자료를 얻기 위해 사회현상을 조사하는 것을 의미한다. 어느 한 시점에 조사를 하는 것이기에 탐색, 기술, 설명의 목적을 갖는다.

② 동년배연구는 매번 같은 대상자를 조사하지 않고 집단 안에 있는 다른 대상자로 바뀔 수 있다.

③ 종단연구는 시간적 차이를 두고 여러 번 걸쳐 조사하는 것을 말한다. 여러 번 걸쳐 조사하기 때문에 질적 연구에 합당하다.

④ 패널연구는 동일한 집단을 동일한 주제로 조사하는 것을 말한다.

⑤ 경향(추이)연구는 동일한 주제를 가지고 매번 다른 조사대상자를 조사한다. 따라서 패널연구보다 개인의 변화에 대해 명확한 자료를 제공할 수 없다.

04 전수조사와 표본조사의 설명으로 틀린 것은?

① 전수조사는 시간과 비용이 많이 든다.

② 표본조사는 규모가 큰 집단에서 많이 사용한다.

③ 전수조사는 모집단의 전체적 특성을 정확하게 파악할 수 있다.

④ 표본조사는 모든 집단에 일반화 시킬 수 없다.

⑤ 전수조사는 비표본오차는 없으나 표본오차는 크다.

해설 전수조사는 대상자를 모두 조사하는 것이므로 표본오차는 없으나 비표본오차는 크다.

정답 01 ⑤ 02 ① 03 ① 04 ⑤

05 양적 조사에 대한 설명으로 틀린 것은?

① 정형화된 측정과 척도를 활용한다.
② 신뢰성 있는 자료를 산출한다.
③ 과정지향적이다.
④ 조사결과의 일반화가 가능하다.
⑤ 가능한 한 계량적으로 표현한다.

해설 과정지향적인 방법을 사용하는 조사는 질적 조사이다. 양적 조사는 결과지향적인 방법을 사용한다.

06 다음을 설명하는 것은?

> 실태조사가 여기에 해당하며 프로그램이나 정책을 개발할 때 자료를 얻기 위해 하는 조사이다.

① 동년배조사   ② 기술적 조사
③ 설명적 조사   ④ 응용조사
⑤ 횡단조사

해설 기술적 조사에 대한 설명이다. 기술적 조사는 어떤 현상에 대하여 그 현상이 왜 나타나게 되었는지를 알기 위함이 아니라 현상의 특성을 있는 그대로 기술하는 것을 말한다.

07 다음에서 설명하는 자료를 수집하는 방법은?

> 한 마을의 문화 행사를 조사하고자 할 때 그 지역의 문헌을 통해 문화 행사를 잘 아는 사람을 만나 정보를 얻고 문화 행사에 참여해서 문화에 대해서 관찰하고 다른 사람들과의 대화를 통하여 자료를 얻는다. 이렇게 얻은 자료들을 모아 정리하여 보고서로 만든다.

① 면접조사   ② 역사적 방법
③ 질적 조사   ④ 현지조사
⑤ 실험조사

해설 현지조사는 작은 집단의 조사대상자를 지속적인 관찰을 통하여 필요한 자료를 수집하는 방법이다.

정답   05 ③   06 ②   07 ④

학습 가이드

- 변수와 가설은 매번 시험에 출제되고 있는 부분이다.
- 변수의 종류도 많아 변수를 심도 있는 내용까지 암기할 수 있어야 한다.
- 가설의 정의와 유형뿐 아니라 가설검증 오류 등도 이해하고 있어야 한다.

1 변수

1) 개념

① 사람, 물건, 사건 등의 속성 및 특성을 경험적으로 관찰할 수 있도록 만든 것을 의미한다.
② 두 가지 이상의 가치를 가지고 있으며 변할 수 있는 속성도 가지고 있다. 즉, 성별이라고 하는 변수는 남자와 여자 두 가지 가치를 가진다.
③ 어느 개념이 가설의 진술에 사용될 때 그것을 변수라고 부르고 측정이 가능하다.
④ 개념을 관찰 또는 측정하는 의미로 사용하거나 조작적 정의가 이루어지면 그 개념은 변수로 바뀐다.
⑤ 상수는 불변의 값을 갖는 변수로, 남성 – M, 여성 – F와 같은 부호로 구성되며 변하지 않는다.

2) 기능적 관점에 따른 분류

(1) 독립변수

① 조사하고자 하는 사건이나 상황을 일으키거나 영향을 미친다고 생각되는 변수를 말한다.

② 보통 종속변수 앞에 오며 비교적 구체화하기가 용이하다.

③ 조사자가 조정하거나 통제할 수 있는 변수를 말한다.

　예 '청소년의 흡연율이 높을수록 학업성적은 떨어질 것이다.'의 관계를 규명하고자 할 때 흡연율은 독립변수가 된다.

📷 독립변수와 종속변수의 관계

독립변수(흡연율) ➡ 종속변수(학업성적)

(2) 종속변수

① 일반적으로 조사의 주제를 말하며, 설명하거나 예측하고자 하는 것을 의미한다.

② 종속변수는 독립변수의 영향을 받아 일정하게 변화된 결과를 나타내는 변수를 말한다.

　예 '청소년의 흡연율이 높을수록 학업성적은 떨어질 것이다.'의 관계를 규명하고자 할 때 학업성적은 종속변수가 된다.

③ 독립변수와 종속변수의 속성은 정해져 있지 않고 경우에 따라 종속변수가 독립변수로, 독립변수가 종속변수로 변하기도 한다.

　예 '학업성적이 떨어질수록 흡연율은 높을 것이다.'의 관계는 독립변수와 종속변수가 변한 것을 알 수 있다.

(3) 매개변수

① 독립변수의 영향을 받아 종속변수에 영향을 주는 변수이다.

② 종속변수에 일정한 영향을 주는 변수로, 그 영향력이 일정한 독립변수와는 달리 종속변수에 보충적 영향을 주는 역할을 한다.

③ 독립변수 다음에 위치하면서 종속변수를 좀 더 설명해 주는 매개적 역할을 한다.

④ 독립변수의 결과가 되는 동시에 종속변수의 원인이 된다.

⑤ 독립변수가 종속변수에 직접 영향을 미치는 것이 아니라 매개변수로 인해 종속변수에 영향을 미친다.

　예 자아존중감이 낮은 사람이 가정폭력을 일으킬 것이다. 낮은 자아존중감은 알코올 중독에 영향을 미치고 알코올 중독은 가정폭력에 영향을 미친다고 가정할 때 가정폭력을 일으키는 독립변수는 가해자의 낮은 자아존

Tip 👆

독립변수와 종속변수의 다른 이름
• 독립변수 : 원인변수, 설명변수, 예측변수
• 종속변수 : 결과변수, 피설명변수, 피예측변수

Tip 👆

독립변수와 종속변수가 정해지는 조건
• 두 변수 간 상관관계가 있어야 합니다(공변성).
• 독립변수가 변한 후에 종속변수가 변해야 합니다(시간적 우선성).
• 두 변수가 변하는 데 다른 제3의 변수의 영향을 받아서는 안 됩니다(제3의 변수 배제).

Tip 👆

매개변수는 모든 측정수준(명목, 서열, 등간, 비율)의 변수가 매개변수로 사용될 수 있습니다.

1과목
2과목
3과목
4과목
5과목
6과목
7과목
8과목

중감이 있지만, 알코올 중독이 가정폭력을 발생시키는 매개 역할을 할 수 있다.

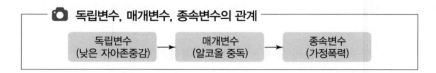

독립변수, 매개변수, 종속변수의 관계

| 독립변수 (낮은 자아존중감) | → | 매개변수 (알코올 중독) | → | 종속변수 (가정폭력) |

(4) 외생변수

① 기존의 독립변수와 종속변수의 관계가 잘못 이해되고 있다는 것을 보여 주는 변수이다.

② 독립변수가 종속변수에 영향을 주어 인과관계가 있는 것처럼 보이지만 실제로는 독립변수와 종속변수 사이에 외생변수가 각각의 두 변수(독립변수와 종속변수)와 밀접한 관계를 가지고 있어 두 변수가 인과관계가 있는 것처럼 보이게 하는 제3의 변수이다.

> **예** 사회복지기관의 예산이 클라이언트의 만족도를 좌우한다고 간주되었지만, 사회복지기관장의 리더십이라는 변수를 고려하면 원래 두 변수의 관계는 사라지게 된다. 실제로는 사회복지기관의 예산이 아니라 사회복지기관장의 리더십이 클라이언트의 만족도를 좌우하는 것이다. 그리고 실제 사회복지기관장의 리더십은 복기기관의 예산에도 영향을 주는 것으로 나타난다.

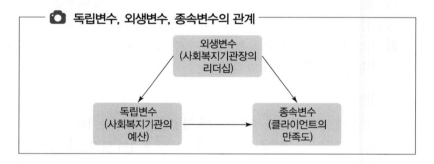

독립변수, 외생변수, 종속변수의 관계

외생변수 (사회복지기관장의 리더십) → 독립변수 (사회복지기관의 예산) → 종속변수 (클라이언트의 만족도)

(5) 억압변수

상관관계가 있는 두 변수와 관계를 맺고 있는 제3의 변수로서 두 변수를 상관관계가 없는 것처럼 보이게 하는 변수를 말한다.

> **예** 병원에 입원해 있는 기간이 길수록 질병 회복이 빠를 것이라고 생각하는데, 치료에 면역이 생겨 치료의 효과를 보지 못할 수도 있고 병이 중증이냐 경증이냐에 따라 입원기간에 차이가 날 수도 있다.

(6) 통제변수

독립변수와 종속변수 간의 관계를 좀 더 정확하게 파악하기 위해서 두 변수 간의 인과관계에 영향을 미칠 수 있는 제3의 변수를 사용하여 통제하는 변수이다.

예 외모에 따라 취업률이 높다는 가정에 제3의 변수인 성별을 통제한 결과 여성의 경우 외모는 취업을 하는 데 영향을 주는 반면 남성의 경우 외모와 취업과는 아무런 관련이 없는 것으로 나타났다. 제3의 변수를 통제하지 않았을 때 외모와 취업률 간에 상관관계가 있었던 것은 여성들은 외모가 예쁠수록 취업률이 높고 남성은 외모와 상관없이 취업률이 낮았기 때문에 외모와 취업 간에 상관관계가 있는 것으로 나타났다. 성별을 통제할 경우 여성에게는 상관관계가 있고 남성에게는 상관관계가 없는 것을 알 수 있다.

(7) 대칭적 관계와 비대칭적 관계

① 대칭적 관계

ㄱ. A변수가 변하면 B변수도 변한다. ↔ B변수가 변하면 A변수도 변한다.

ㄴ. 급여가 오르면 업무능력도 올라간다. ↔ 업무능력이 올라가면 급여가 올라간다.

② 비대칭적 관계

ㄱ. A변수가 변하면 B변수도 변한다. ↔ B변수가 변해도 A변수는 변하지 않는다.

ㄴ. 술은 간암을 유발한다. ↔ 간암은 술을 유발하지 않는다.

---

2 가설

1) 개념

두 개 이상의 변수나 현상 간의 특별한 관계를 검증한 형태로 서술하여 변수 간의 관계를 예측하려는 문장이다. 연구주제를 구체적으로 세분화한 것으로 문제의 잠정적인 해답이다.

2) 가설의 특성

① **상호연관성** : 두 개 이상의 변수로 구성되며 변수들 간에 관계를 나타내야 한다.

② **검증 가능성** : 경험적으로 검증하기 위해 조작적으로 정의될 수 있어야 한다.

Tip

가설의 구비조건
- 가설은 간단 명료해야 합니다.
- 경험적으로 검증이 가능해야 합니다.
- 당연한 관계를 가설로 설정하는 것은 바람직하지 않습니다.
- 가설은 실제로 적용할 자료의 수집과 분석방법이 적절하게 선택할 수 있도록 진술되어야 합니다.
- 가설은 이론적 근거가 있어야 합니다.
- 가설은 계량화할 수 있어야 합니다.
- 가설은 두 가지 이상의 변수 간의 관계로 기술하여야 합니다.
- 가설은 가능한 한 광범위한 적용범위를 가지고 있어야 합니다.

③ 추계성 : 아직 확정된 이론이 아니기 때문에 확률적으로 표현되어야 한다.

④ 문제해결성 : 문제를 해결할 수 있어야 한다.

⑤ 구체성 : 변수들의 관계를 나타내기 때문에 구체적이어야 한다.

3) 가설의 종류

(1) 영가설(= 귀무가설)

① 2개 이상의 변수 간에 차이가 없음을 예측하는 것이다.

② 독립변수가 종속변수에 영향을 미치지 않는다고 가정한다.

③ 방향을 표현하지 않는 중립적인 가설이다.

> 예 고등학교 성적과 대학 성적은 무관하다. → 영가설

(2) 연구가설

① 2개 이상의 변수 간에 차이가 있다고 예측하는 것이다.

② 독립변수가 종속변수에 영향을 미친다고 가정한다.

③ 일종의 추측으로 어떤 가정을 명제화한 것이다.

> 예 고등학교 성적이 높을수록 대학 성적도 높을 것이다. → 연구가설

(3) 대립가설

영가설에 대립되는 가설로, 영가설이 기각될 때 채택하기 위해 설정한다.

(4) 오류

① 1종 오류 : 영가설이 참인데도 영가설을 기각하는 경우이다(참가설의 기각).

② 2종 오류 : 영가설이 거짓인데도 영가설을 수용하는 경우이다(거짓가설의 수용).

3 개념적 정의와 조작적 정의

1) 개념적 정의

연구 대상의 속성, 현상 등의 변수를 개념적으로 정의하는 것이다. 용어가 의미하는 바가 무엇인지를 구체화하는 과정이기 때문에 추상적이고 주관적이다.

> 예 비행 : 현행법을 위반함

Tip
가설을 검증할 때에는 연구가설을 검증하기보다는 영가설을 검증하여 기각시켜 연구가설을 채택하게 됩니다. 연구가설은 직접 검증할 필요가 없는 반면, 영가설은 직접 검증을 거쳐야 하는 가설입니다.

Tip
연구가설은 연구의 개념적 틀 혹은 연구모형으로부터 도출될 수 있습니다.

Tip
• 개념적 정의 → 조작적 정의
• 개념화   → 조작화
• 측정 불가능 → 측정 가능

2) 조작적 정의

추상적인 개념들을 실제 현장에서 측정 가능하도록 관찰 가능한 형태로 정의하고 개념적 정의를 벗어나지 않는 범위 안에서 측정 가능하도록 구체화한 것이다.

예 지난 1년간 물건을 훔친 횟수나 여부

01 변수에 대한 설명으로 틀린 것은?

① 속성 및 특성을 경험적으로 관찰할 수 있도록 만든 것을 의미한다.

② 성별의 경우처럼 두 가지 이상의 가치를 가지고 있고 변할 수 있다.

③ 개념을 관찰하거나 측정하는 의미로 사용하면 개념은 변수로 바뀐다.

④ 어느 개념이 가설의 진술에 사용될 때 그것을 변수라고 부른다.

⑤ 특정한 현상들은 특별한 관계를 검증한 형태로 서술한다.

해설 가설이란 두 개 이상의 변수나 현상 간의 특별한 관계를 검증한 형태로 서술하여 변수 간의 관계를 예측하려는 문장이다. 연구주제를 구체적으로 세분한 것으로 문제의 잠정적인 해답이 된다.

02 사회복지관장의 리더십을 설명하는 변수는?

사회복지기관의 예산이 클라이언트의 만족도를 좌우한다고 간주되었지만, 사회복지기관장의 리더십이라는 변수를 고려하니 원래 두 변수의 관계는 사라지게 되었다. 실제로는 사회복지기관장의 리더십이 클라이언트의 만족도를 좌우하는 것이다. 그리고 실제 사회복지기관장의 리더십은 복기기관의 예산에도 영향을 주는 것으로 나타난다.

① 독립변수   ② 종속변수

③ 조절변수   ④ 외생변수

⑤ 억압변수

해설 사회복지관의 예산이 클라이언트의 만족도에 영향을 줄 거라 생각했지만 실제로는 사회복지관장의 리더십이 클라이언트의 만족도에 영향을 주고 있었으므로 독립변수인 예산과 종속변수인 만족도와의 관계가 잘못 이해되고 있다고 사회복지관장의 리더십이 알려주고 있는 것이다. 따라서 사회복지관장의 리더십을 설명하는 변수는 외생변수이다.

03 다음 변수 중 설명이 틀린 것은?

① 독립변수는 종속변수가 변화한 후에 변해야 한다.

② 매개변수는 독립변수의 영향을 받아 종속변수에 영향을 미친다.

③ 상관관계가 있는 것처럼 보이는 변수는 외생변수이다.

④ 연속변수에는 등간변수와 비율변수가 속한다.

⑤ 독립변수의 결과가 되는 동시에 종속변수의 원인이 되는 변수는 매개변수이다.

해설 종속변수는 독립변수가 변한 후에 변할 수 있다. 즉, 독립변수가 선행변수이다.

04 변수에 대한 설명으로 옳지 않은 것을 모두 고른 것은?

ㄱ. 셋 이상의 값을 지녀야 한다.

ㄴ. 변수가 가지고 있는 여러 범주들은 상호 독립적이어야 한다.

ㄷ. 동일한 값만을 가져야 한다.

ㄹ. 관찰되는 모든 값을 분류할 수 있어야 한다.

정답   01 ⑤   02 ④   03 ①   04 ③

① ㄱ, ㄷ   ② ㄴ, ㄹ
③ ㄱ, ㄴ, ㄷ   ④ ㄹ
⑤ ㄱ, ㄴ, ㄷ, ㄹ

해설 변수는 2개 이상의 값을 지녀야 하며 여러 범주들은 상호 배타적이어야 한다. 동일한 값만 갖는 것은 변수가 아니라 상수이다.

05 다음 가설에 대한 설명으로 틀린 것은?

① 영가설은 방향을 표현하지 않는 중립적인 가설이다.
② 대립가설은 영가설이 기각될 때 채택하기 위해 설정한다.
③ 영가설이 참인데도 영가설을 기각하는 경우는 2종 오류이다.
④ 영가설은 방향을 표현하지 않는 중립적인 가설이라 영가설이라 한다.
⑤ 가설은 연구문제의 해결할 수 있다.

해설 **오류의 종류**
• 1종 오류 : 영가설이 참인데도 영가설을 기각하는 경우(참 가설의 기각)
• 2종 오류 : 영가설이 거짓인데도 영가설을 수용하는 경우(거짓가설의 수용)

06 가설의 구비조건으로 옳지 않은 것을 모두 고른 것은?

> ㄱ. 간단하고 명료해야 한다.
> ㄴ. 이론적 근거를 배경으로 하고 있어야 한다.
> ㄷ. 가능한 한 광범위한 적용범위를 가지고 있어야 한다.
> ㄹ. 당연한 관계를 가설로 설정해야 한다.

① ㄱ, ㄷ   ② ㄴ, ㄹ
③ ㄱ, ㄴ, ㄷ   ④ ㄹ
⑤ ㄱ, ㄴ, ㄷ, ㄹ

해설 당연한 관계를 가설로 설정하는 것은 바람직하지 않다.

07 가설에 관한 설명으로 옳지 않은 것은?

① 가설이란 둘 이상의 변수들 간의 관계를 예측하는 진술이다.
② 영가설은 독립변수가 종속변수에 영향을 미치지 않는다고 가정한다.
③ 연구가설은 이론으로부터 도출된다.
④ 가설은 경험적으로 검증할 수 있어야 한다.
⑤ 가설은 방향성을 가져야 한다.

해설 가설은 두 개 이상의 변수나 현상 간의 특별한 관계를 검증한 형태로 서술하여 변수 간의 관계를 예측하려는 문장이다. 연구주제를 구체적으로 세분화한 것으로 문제의 잠정적인 해답으로 방향성과는 아무런 관련이 없다.

1과목
2과목
3과목
4과목
5과목
6과목
7과목
8과목

학습 가이드

- 척도의 종류가 시험에 자주 출제되고 있다.
- 척도의 종류가 많지만 척도에 대한 개념을 제대로 이해하고 구분할 수 있어야 한다.
- 척도의 정의, 장단점뿐만 아니라 예시도 학습해야 한다.

1 척도

척도란 어떤 현상을 측정하기 위한 도구 또는 일정한 규칙에 따라 숫자나 기호를 배열하여 도구를 만드는 것을 의미한다.

2 척도의 종류

1) 명목척도

① 어떤 사물의 속성을 질적인 특성에 의해 상호배타적인 몇 개의 카테고리로 나눈 것이다.
② 측정대상의 특성을 분류할 목적으로 대상에 숫자를 부여한 것으로, 숫자는 질적이며 수치적 의미는 없다.
③ 일반적으로 척도의 속성에서 그 차이점과 유사점에 따라 일정한 순서 없이 포괄적으로 범주화한다.
④ 성별과 같이 남자와 여자로 분류할 수 있지만 남자나 여자 중 누가 더 크다

고 이야기를 할 수 없다. 질문을 할 때 남자나 여자 중 어느 것을 먼저 써도 문제가 되지 않는다.

◙ 성별, 직업, 종교, 결혼, 인종, 운동선수의 등번호 등

◙ 당신의 성별은?

2) 서열척도

① 어떤 사물의 속성을 상호배타적인 몇 개의 카테고리로 나눌 수 있고 서열(상대적 순서관계)을 측정할 수 있다.

② 서열척도의 경우 서열을 측정할 수는 있으나 서열 간의 차이는 측정할 수 없다.

③ 사회복지사 등급처럼 1급, 2급, 3급으로 순서로 나열할 수 있지만 1급과 2급의 간격과 2급과 3급의 간격을 같다고 할 수 없다.

◙ 지체장애 등급, 생활 수준, 석차, 사회복지사 등급 등

◙ 당신의 학력은?

3) 등간척도

① 어떤 척도의 카테고리 간의 순서뿐만 아니라 카테고리 간의 정확한 간격을 알 수 있다.

② 각 카테고리 간에 동등한 간격을 가지고 있다.

③ 등간격이므로 산술적 계산에 사용될 수 있다.

④ 절대영점이 없기 때문에 곱하기, 나누기 같은 비율적 계산에는 사용할 수 없다.

⑤ 온도처럼 어제 30℃, 오늘 29℃의 1℃의 차이와 오늘 29℃, 내일 28℃의 1℃ 차이는 같다고 할 수 있다.

◙ 온도, 지능지수, 도덕지수, 물가지수, 생산성 지수 등

◙ 오늘의 날씨는 몇 ℃인가요?

4) 비율척도

① 척도의 카테고리 간의 간격이 등간격일 뿐만 아니라 카테고리 간에 몇 배나 큰가 또는 몇 배나 작은가를 측정할 수 있는 변수이다.

② 비율척도는 등간척도의 모든 특성을 가지고 있는 동시에 속성이 전혀 존재하지 않는 상태의 절대영점(True Zero)을 가지고 있다.

③ 0이 실제적 의미를 가지고 있기 때문에 절대영점을 중심으로 곱하고 나누는 사칙연산이 가능하다.

Tip 👆
척도의 종류와 예
• 명목척도 : 성별, 인종, 종교, 결혼여부, 직업 등
• 서열척도 : 장애등급, 학점 등
• 등간척도 : 지능, 온도, 시험점수, 학년 등
• 비율척도 : 연령, 무게, 키, 수입, 출생률, 사망률, 이혼율, 가족 수 등

1과목
2과목
3과목
4과목
5과목
6과목
7과목
8과목

④ 자녀의 수를 물어볼 때 자녀가 없는 경우 0명이라고 대답을 하는데, 여기서 말하는 0은 실질적으로 없다는 것을 의미한다. 절대영점을 가지고 있다고 하는 것은 없다는 것을 의미한다. 온도는 0℃가 있는데, 여기서 0은 없다는 뜻이 아니라 섭씨와 화씨를 구분 짓는 0이라 절대영점이라고 할 수 없다. 0℃를 온도가 없다고 할 수 없기 때문이다.

예 시청률, 투표율, 키, 몸무게, 연령, 자녀, 가격 등

예 당신의 자녀의 수는?

가장 많이 출제되고 있는 척도는 리커트척도입니다. 따라서 리커트척도의 특징과 장·단점을 확실히 암기해야 합니다.

5) 리커트척도

① 다양한 문항들로 척도를 구성하여 변수를 정확하게 측정한다.
② 측정에 동원된 모든 항목들에 대한 동일한 가치를 부여한다.
③ 양적 조사에 가장 많이 사용되며 단순하고 유용한 척도이다.
④ 장점
  ㉠ 조사 응답자의 응답만으로 문항 분석이 가능하다.
  ㉡ 시간과 비용이 절약된다.
  ㉢ 평가자를 사용하지 않아 평가자의 개입을 배제할 수 있다.
  ㉣ 서스톤척도에 비해 간단하다.
  ㉤ 많은 조사대상자에게 같은 문항을 사용하기 때문에 신뢰도를 확보할 수 있다.
  ㉥ 다수의 문항을 사용하기 때문에 정밀한 응답을 구할 수 있어 타당도를 확보할 수 있다.
⑤ 단점
  ㉠ 응답자들이 같은 대답을 해도 서열측정이기 때문에 등간격이 확보되지 않는다.
  ㉡ 전체 문항의 총합으로 값이 결정되기 때문에 응답자의 개별문항은 의미가 없다.
  ㉢ 재생 가능성이 없다. 같은 방법으로 측정을 하더라도 같은 결과가 나오지 않는다.

🖳 리커트척도의 예

다음 문항을 잘 읽은 후에 오늘을 포함하여 지난 2주일 동안 당신이 느끼고 생각한 것을 가장 잘 나타내는 곳에 ○표 하십시오. 한 문항도 빠뜨리지 말고 답해 주시기 바랍니다.

문항	전혀 아니다	아니다	그저 그렇다	그렇다	매우 그렇다
	0	1	2	3	4
1. 나에게는 희망이 없다고 생각한다.		0			
2. 내 인생은 실패작이라고 생각한다.			0		
3. 나의 삶이 후회스러워 괴롭다.			0		
⋮					
29. 입안이 쓰고 마른다.				0	
30. 나는 많은 시간 무력감을 느낀다.		0			

6) 거트만척도

① 개별 문항들을 서열화하는 구성을 취한다.
② 개별항목 자체에 서열성이 미리 부여되는 방식을 택한다.
③ 누적 스케일링의 대표적인 형태이다.
④ 문항 수는 20개 이상이어야 하고 문항들끼리는 상관성이 있어야 한다.
⑤ 장점
  ㉠ 누적적으로 되어 있어 문항 응답을 예측할 수 있다.
  ㉡ 쉽게 서열적으로 척도화가 가능하다.
  ㉢ 단일차원성이다.
⑥ 단점
  ㉠ 일관성 있는 문항을 작성하기가 어렵다.
  ㉡ 두 가지 이상의 변수를 측정할 수 없다.

🖳 거트만척도의 예

다음 사항에 대하여 괜찮다고 생각하면 '예', 그렇지 않으면 '아니오'란에 체크하십시오.

문항	예	아니오
1. 외국인 근로자가 우리나라에 있는 것은?	○	
2. 외국인 근로자가 우리 지역에 있는 것은?	○	
3. 외국인 근로자가 우리 옆집에 사는 것은?	○	
4. 외국인 근로자가 같은 집에 사는 것은?		○
5. 외국인 근로자와 결혼을 전제로 사귀는 것은?		

1과목
2과목
3과목
4과목
5과목
6과목
7과목
8과목

7) 보가더스 사회적 거리감척도

① 사람들 간의 사회적 관계의 거리를 파악하기 위한 도구로 연속성이 있는 문항들로 구성된다.
② 관계의 거리를 측정하는 데 유용하다.
③ 사회적 거리는 원근감 표시에 그치기 때문에 친밀감 크기는 나타나지 않는다.

📖 **보가더스 사회적 거리감척도의 예**

각 항목에 대한 귀하의 첫 인상 반응을 응답에 나타내십시오. 각 국민에 대한 귀하의 일반적 생각을 토대로 해당 빈칸에 'O'표 하십시오.

점수	범주(관계를 맺을 용의도)	일본인	중국인	필리핀인	미국인
7	혼인해서 함께 사는 것이 괜찮다.	O			
6	옆집에 사는 것은 괜찮다.		O		
5	동네에서 같이 사는 것이 괜찮다.			O	
4	같은 직장에서 일하는 것이 괜찮다.				O
3	우리나라 국민으로 받아들이겠다.	O			
2	우리나라 방문객으로 받아들이겠다.		O		
1	우리나라에 들어오지 못하게 한다.			O	

8) 서스톤척도

① 가장 긍정적인 태도와 가장 부정적인 태도를 나타내는 양극단을 등간격으로 구분하여 수치를 부여함으로써 등간척도를 구성하는 방법이다.
② 장점 : 척도를 구성하면서 평가가 이루어지기 때문에 객관성이 인정된다.
③ 단점 : 판단자에 의해 문항 평가가 좌우되고 시간과 비용이 많이 든다.

📖 **서스톤척도의 예**

찬성	질문	점수
(✔)	욱신거린다.	1.5
( )	뜨끔뜨끔하다.	4.2
( )	바늘로 찌르듯이 아프다.	4.7
( )	걷지 못할 정도로 아프다.	7.5
(✔)	뜨겁다.	9.7

9) 의미분화척도(어의차이척도)

어떤 개념을 평가하기 위해 양 끝에 반대되는 형용사(잘생김－못생김)를 배치하여 그 속성을 평가하는 척도이다.

의미분화척도의 예

당신의 특성은?								
외향적		✔						내성적
활발함	✔							시무룩함

의미분화척도는 사회복지실천기술론에서 가족사정도구로, 어의차이척도로 자주 출제되고 있으니 꼭 기억하고 있어야 합니다.

OX 퀴즈

- 리커트척도는 각각의 문항은 측정하고자 하는 개념의 속성에 대해 동일한 기여를 한다. (○)
- 거트만척도는 개별항목 자체에 서열성이 미리 부여되는 방식을 택한다. (○)
- 의미분화척도는 가장 긍정적인 태도와 가장 부정적인 태도를 양 끝에 배치하는 방법이다. (×)

01 다음 내용에서 설명하고 있는 척도는? [9회]

> • 각각의 문항은 측정하고자 하는 개념의 속성에 대해 동일한 기여를 한다.
> • 내적 일관성 검증을 통해 신뢰도가 낮은 항목은 삭제할 필요가 있다.
> • 각 문항별 응답점수의 총합이 측정하고자 하는 개념을 대표한다는 가정에 근거한다.

① 리커트(Likert)척도
② 거트만(Guttman)척도
③ 서스톤(Thurstone)척도
④ 사회적 거리(Social Distance)척도
⑤ 의미분화(Semantic Differential)척도

해설 모두 리커트척도의 내용이다.

02 성적 1등의 학생과 2등의 학생 차이와 2등의 학생과 3등 학생의 차이는 같지 않다는 것을 측정할 수 있는 척도를 모두 고른 것은?

ㄱ. 명목척도	ㄴ. 서열척도
ㄷ. 등간척도	ㄹ. 비율척도

① ㄱ, ㄷ ② ㄷ, ㄹ
③ ㄱ, ㄴ ④ ㄴ, ㄹ
⑤ ㄱ, ㄴ, ㄷ, ㄹ

해설 1등과 2등의 차이와 2등과 3등의 차이가 같지 않다는 것을 측정할 수 있는 척도는 등간척도와 비율척도이다. 서열척도는 등간격을 알 수 없고 순서만 가능하다.

03 리커트척도에 대한 내용으로 틀린 것은?

① 전체 문항의 총합으로 값이 결정되기 때문에 응답자의 개별문항의 의미가 없다.
② 많은 조사대상자에게 같은 문항을 사용하기 때문에 신뢰도를 확보할 수 있다.
③ 문항의 수가 많아 시간이 오래 걸린다.
④ 양적 조사에 가장 많이 사용되며 단순하고 유용한 척도이다.
⑤ 평가자를 사용하지 않아 평가자의 개입을 배제할 수 있다.

해설 리커트척도는 시간과 비용이 절약되는 장점이 있고 문항의 수와는 아무런 관련이 없다.

04 거트만척도에 대한 설명으로 옳은 것은?

① 개별항목 자체에 서열성이 미리 부여되는 방식을 택한다.
② 조사응답자의 응답만으로 문항 분석이 가능하다.
③ 척도를 구성하면서 평가가 이루어지기 때문에 객관성이 인정된다.
④ 관계의 거리를 측정하는 데 유용하다.
⑤ 같은 방법으로 측정을 하더라도 같은 결과가 나오지 않는다.

정답 01 ① 02 ② 03 ③ 04 ①

1과목

2과목

3과목

4과목

5과목

6과목

7과목

8과목

해설 ② 조사응답자의 응답만으로 문항 분석이 가능한 척도는 리커트척도이다.
③ 척도를 구성하면서 평가가 이루어지기 때문에 객관성이 인정되는 척도는 서스톤척도이다.
④ 관계의 거리를 측정하는 데 유용한 척도는 사회적 거리척도이다.
⑤ 같은 방법으로 측정을 하더라도 같은 결과가 나오지 않는 척도는 리커트척도이다.

05 항목과 관계된 척도를 연결한 것으로 틀린 것은?

① 성별 – 명목척도, 학점 – 서열척도
② 온도 – 등간척도, 자녀 – 비율척도
③ 수입 – 비율척도, 등번호 – 명목척도
④ 학력 – 등간척도, 근무경력 – 서열척도
⑤ 계절 – 명목척도, 소득수준 – 서열척도

해설 학력은 초졸, 중졸, 고졸, 대학 이상과 같이 순서가 있으므로 서열척도에 해당하고 근무경력은 1년, 3년, 5년 등으로 나타낼 수 있으므로 비율척도에 해당한다.

정답 05 ④

측정의 타당도와 신뢰도

학습 가이드

- 타당도와 신뢰도는 시험에 꾸준히 출제되고 있다.
- 타당도와 신뢰도의 각 종류에 대한 정의와 장단점을 잘 구분해야 한다.
- 신뢰도를 높이는 방법이나 타당도와 신뢰도의 관계를 이해해야 한다.

1 타당도

측정하고자 하는 것을 정확하게 측정해 내는 정도를 의미한다.

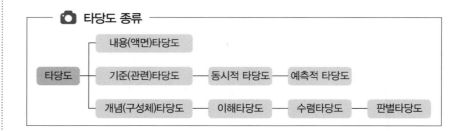

1) 내용타당도(액면타당도) : 검사 내용에 기초한 근거

① 측정 문항들이 측정하고자 하는 내용을 포함하고 있는지 보는 것이다.
> 예 학생들이 수업을 얼마나 잘 들었는지 판단하기 위한 학업성취도 시험
② 측정도구의 대표성 또는 표본 문항의 적절성을 의미한다.
③ 장점 : 주관적 판단에 의존하기에 적용하기 쉽고 많은 시간이 소요되지 않는다.

④ 단점

 ㉠ 전문가 동의에 의해 판단되기 때문에 주관적 판단에 의해 결정되기 쉽다.

 ㉡ 통계적 검증이 어렵고 객관성을 보장하지 못한다.

 ㉢ 전체 내용을 포함하고 있는지 주관적으로 따져봐야 하기에 번거롭다.

2) 기준타당도 : 다른 변수와의 관계에 기초한 근거

① 기존에 사용하고 있는 설문지와 비교하여 새로 만든 설문지와의 상관관계를 알아보는 것이다.

② 주관적인 판단이 아닌 객관적 방법을 통해 타당도를 측정한다.

③ 동시적 타당도 : 두 개의 측정도구로 측정한 결과를 비교했을 때 상관관계가 높게 나오면 동시적 타당도가 높다고 할 수 있다.

 예 기존에 있던 IQ 검사지로 검사하고 새로 만든 IQ 검사지로 검사한 IQ 점수가 상관관계가 높다.

④ 예측적 타당도 : 현재 측정한 타당도가 미래의 사건을 예측할 수 있는 정도를 의미한다.

 예 3월에 본 모의고사 점수가 수능시험 점수와 비슷하게 나온 경우

   → 예측적 타당도가 높은 경우

 예 입학시험 점수가 높은 학생이 중간고사 점수가 낮은 경우

   → 예측적 타당도가 낮은 경우

3) 개념타당도(구성체타당도, 구인타당도) : 내적 구성에 기초한 근거

① 측정해야 할 내용이 포함되었는지 확인하고 그 내용을 경험적으로 검증하는 방법이다.

② 이해타당도 : 어떠한 개념을 이해하는 데 있어 타당한가를 측정한다.

③ 수렴타당도 : 같은 개념을 상이한 측정방법으로 측정했을 때 측정한 값이 상관관계가 높게 나오면 수렴타당도가 높다고 할 수 있다.

 예 영어 실력이 좋은 사람은 영어를 주관식이나 객관식으로 시험을 보더라도 주관식이나 객관식 둘 다 높은 점수가 나온 경우이다.

④ 판별타당도 : 다른 개념을 같은 측정방법으로 측정했을 때 측정한 값이 상관관계가 낮게 나오면 판별타당도가 높다고 할 수 있다.

 예 외국인이 영어시험과 국어시험을 객관식으로 보면 영어시험은 높고 국어시험은 낮은 경우이다.

Tip 👆
동시적 타당도는 현재상태, 예측적 타당도는 미래상태를 알아보는 타당도입니다.

2 신뢰도

측정하고 싶은 것을 반복해서 측정하더라도 같은 값을 얻는 것을 의미한다. 즉, 측정의 일관성을 말한다.

Tip
신뢰도의 종류들은 이전 신뢰도의 단점을 보완하기 위해 만들어진 순서입니다.

1) 조사자 간 신뢰도

두 명 이상의 조사자가 동일한 측정도구로 측정할 경우 결과가 동일하거나 비슷하면 상관관계가 높다고 할 수 있다.

예 시설평가 때 각각의 평가자 점수들이 비슷하게 나오는 경우

예 주관식 문제의 채점을 다른 사람이 했어도 비슷한 점수가 나오는 경우

2) 검사 – 재검사법

① 동일한 검사지를 가지고 동일한 대상자에게 시간 간격을 두고 2번 검사한 결과를 가지고 비교하는 방법이다. 이때 상관관계가 높으면 신뢰도가 높다고 할 수 있다.

② 동일한 검사지로 2번 검사해서 비교하는 방법이라 쉽게 검사하여 비교할 수 있는 장점이 있다.

③ 단점
   ㉠ 동일한 검사지로 검사하는 것이라 첫 번째 검사가 두 번째 검사에 영향을 미친다. 즉, 검사요인을 배제할 수 없다.
   ㉡ 첫 번째 검사를 하고 시간이 지난 후에 두 번째 검사를 할 때까지 대상자에게 어떠한 변화가 있었는지 알 수 없다.
   ㉢ 두 번 검사한다는 현실적인 어려움이 있다.

3) 복수양식법(대안법)

① 유사한 설문지를 두 개를 만들어 차례로 적용하여 신뢰도를 측정하는 방법이다.

② 검사–재검사법의 단점인 검사요인과 시간 변화의 문제, 두 번 검사하는 현실적 어려움을 극복하는 장점이 있다.

③ 단점
   ㉠ 비슷한 두 개의 설문을 만드는 것이 현실적으로 어렵다.
   ㉡ 신뢰도가 낮으면 설문지의 신뢰도가 낮은 것인지 아니면 2개의 설문지 차이 때문인지 알 수가 없다.

4) 반분법

① 독립된 측정도구의 질문을 반으로 나누어 둘로 만든 후 실제로는 측정도구를 그대로 적용하는 것이다.
② 홀수, 짝수 아니면 1~15번, 16~30번 또는 무작위로 반문하는 방법으로 척도를 만든다.
③ 반분법은 검사요인을 예방할 수 있고 시간 간격에 의해 발생하는 문제점도 예방할 수 있는 장점이 있다.
④ 단점
　　㉠ 설문 문항이 적으면 사용할 수 없다.
　　㉡ 어떻게 반분을 하느냐에 따라 상관계수를 가질 수 있다.
　　㉢ 설문지 전체의 신뢰도는 측정할 수 있으나 개별 문항 신뢰도는 측정할 수 없다.

5) 내적 일관성 분석(크론바 알파)

① 반분법의 단점인 개별 문항의 신뢰도를 측정할 수 있는 방법이다.
② 신뢰도를 떨어뜨리는 문항을 제거함으로써 각 항목의 신뢰도를 높이는 방법이다.
③ 신뢰도가 낮을 경우 어떤 문항을 제거해야 할지 알 수 있다.
④ 크론바 알파값이 0.60 이상이면 신뢰도가 있다고 볼 수 있어 사용이 가능하다.
⑤ 문항의 수가 증가하면 할수록 신뢰도 계수는 커진다.

Tip
조사자 간 신뢰도 → 검사－재검사법 → 복수양식법(대안법) → 반분법 → 내적일관성 분석(크론바 알파) 순으로 신뢰도가 높아집니다.

3　신뢰도를 높이는 방법

① 측정항목의 모호성을 줄이고 구체화해야 한다.
② 측정항목의 수를 늘리고 항목의 선택 범위를 넓혀야 한다.
③ 측정자의 측정방식에는 일관성이 있어야 한다.
④ 기존에 신뢰도가 있다고 인정된 측정도구를 사용하는 것이 유리하다.
⑤ 측정하는 동안에 환경적 요인을 통제해야 한다.
⑥ 응답자가 무관심하거나 잘 모르는 내용은 측정하지 않는 것이 좋다.

4 타당도와 신뢰도의 관계

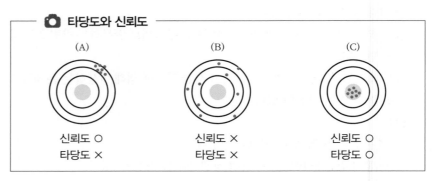

📷 **타당도와 신뢰도**

(A)　　　　　　　(B)　　　　　　　(C)

신뢰도 ○　　　　　신뢰도 ✕　　　　　신뢰도 ○
타당도 ✕　　　　　타당도 ✕　　　　　타당도 ○

OX 퀴즈

• 객관적 방법을 통해 타당도를 측정하는 타당도는 기준타당도이다. (○)
• 신뢰도가 낮으면 설문지의 신뢰도가 낮은 것인지 아니면 2개의 설문지 차이 때문이지 알 수 없는 신뢰도는 반분법이다. (✕)
• 신뢰도란 측정하고 싶은 것을 반복해서 측정하더라도 같은 값을 얻는 것을 의미한다. (○)

① 타당도가 높은 측정은 반드시 신뢰도가 높다.
② 타당도가 낮은 측정은 신뢰도는 높을 수도 낮을 수도 있다.
③ 신뢰도가 높은 측정은 타당도가 높을 수도 낮을 수도 있다.
④ 신뢰도가 낮은 측정은 항상 타당도가 낮다.
⑤ 신뢰도가 낮고 타당도가 높은 측정은 없다.
⑥ 타당도는 신뢰도에 대한 충분조건이고 신뢰도는 타당도의 필요조건이다.

01 다음 ( ) 안에 들어갈 말로 옳은 것은?

> 종합복지관 채용시험의 A의 성적은 높았고 B의 성적은 낮았지만 두 사람 모두 같은 복지관에 입사했다. 입사 후에 B가 A보다 업무능력이 뛰어난 것으로 나타난다면 이 복지관에서 사용한 채용시험의 ( )타당도는 낮았다고 할 수 있다.

① 내용 ② 동시
③ 수렴 ④ 판별
⑤ 예측

해설 예측타당도는 미래를 예측하는 타당도로, 채용 시 시험성적과 업무능력을 비교하였으므로 예측타당도가 낮다고 할 수 있다.

02 내용타당도에 대한 내용으로 틀린 것은?

① 측정하고자 하는 내용을 측정 문항들이 포함하고 있는지 보는 것이다.
② 측정도구의 대표성 또는 표본 문항의 적절성을 의미한다.
③ 주관적 판단에 의존하기에 적용하기 쉽고 많은 시간이 소요되지 않는다.
④ 통계적 검증이 어렵지만 객관성을 보장한다.
⑤ 전체 내용을 포함하고 있는지 주관적으로 따져봐야 하기 때문에 번거롭다.

해설 내용타당도는 통계적 검증이 어렵고 객관성을 보장하지 못한다는 단점이 있다.

03 기존에 있던 IQ 검사지로 검사한 IQ 점수와 새로 만든 IQ 검사지로 검사한 IQ 점수의 상관관계가 높다는 것과 관계있는 타당도는?

① 예측적 타당도 ② 이해타당도
③ 내용타당도 ④ 수렴타당도
⑤ 동시적 타당도

해설 두 개의 측정도구로 측정한 결과를 비교했을 때 상관관계가 높게 나오면 동시적 타당도가 높다고 할 수 있다.

04 개념타당도에 대한 내용으로 옳은 것은?

① 기존에 사용하고 있는 설문지와 비교하여 새로 만든 설문지와 상관관계를 알아보는 것이다.
② 측정 문항들이 측정하고자 하는 내용을 포함하고 있는지 보는 것이다.
③ 현재 측정한 타당도가 미래의 사건을 예측할 수 있는 정도를 의미한다.
④ 두 개의 측정도구로 측정한 결과를 비교했을 때 상관관계가 높게 나오는 방법이다.
⑤ 측정해야 할 내용이 포함되었는지 확인하고 그 내용을 경험적으로 검증하는 방법이다.

해설
① 기존에 사용하고 있는 설문지와 비교하여 새로 만든 설문지와 상관관계를 알아보는 타당도는 기준타당도이다.
② 측정하고자 하는 내용을 측정 문항들이 그 내용을 포함하고 있는지 보는 타당도는 내용타당도이다.
③ 현재 측정한 타당도가 미래의 사건을 예측할 수 있는 정도를 의미하는 타당도는 예측적 타당도이다.
④ 두 개의 측정도구로 측정한 결과를 비교했을 때 상관관계가 높게 나오는 타당도는 동시적 타당도이다.

정답 01 ⑤ 02 ④ 03 ⑤ 04 ⑤

05 검사 – 재검사법에 대한 내용으로 틀린 것은?

① 동일한 대상자에게 시간 간격을 두고 2번 검사한 결과를 가지고 비교하는 방법이다.

② 상관관계가 높으면 신뢰도가 높다고 할 수 있다.

③ 첫 번째 검사가 두 번째 검사에 영향을 미치는 검사요인을 배제할 수 없다.

④ 두 번 검사해야 하는 현실적인 어려움이 있다.

⑤ 두 번 검사하는 것이기에 대상자가 어떠한 변화가 있었는지 알 수 있다.

해설 첫 번째 검사를 한 후 시간이 지나 두 번째 검사를 할 때까지는 대상자에게 어떠한 변화가 있었는지 알 수 없다.

06 내적 일관성 신뢰도에 관한 설명으로 옳지 않은 것은? [14회]

① 반분법은 내적 일관성 신뢰도를 평가하는 방법이다.

② 척도 내 문항들 간 상관관계를 분석하여 평가한다.

③ 가장 일반적인 신뢰도 평가방법이다.

④ 크론바 알파(Cronbach's Alpha)를 사용하여 나타낼 수 있다.

⑤ 동등한 것으로 추정되는 2개의 측정도구를 사용하여 평가하는 방법이 최근 추세이다.

해설 동등한 것으로 추정되는 2개의 측정도구를 사용하여 평가하는 방법은 복수양식법으로 최근 추세는 내적 일관성 분석이다.

07 내적 일관성 분석에 대한 설명으로 틀린 것은?

① 크론바 알파값이 0.80 이상이면 신뢰도가 있다고 볼 수 있어 사용 가능하다.

② 신뢰도가 낮을 경우 어떤 문항을 제거해야 할지 알 수 있다.

③ 문항의 수가 증가하면 할수록 신뢰도 계수는 커진다.

④ 반분법의 단점인 개별 문항의 신뢰도를 측정할 수 있는 방법이다.

⑤ 신뢰도를 떨어트리는 문항을 제거함으로써 각 항목의 신뢰도를 높이는 방법이다.

해설 크론바 알파값이 0.60 이상이면 신뢰도가 있다고 볼 수 있어 사용 가능하다.

08 신뢰도를 높이는 방법이 아닌 것은?

① 측정항목의 모호성을 줄이고 구체화해야 한다.

② 측정항목의 수를 줄이고 선택 범위를 좁혀야 한다.

③ 측정자의 측정방식에는 일관성이 있어야 한다.

④ 기존에 신뢰도가 있다고 인정된 측정도구를 사용하는 것이 유리하다.

⑤ 측정하는 동안에 환경적 요인을 통제해야 한다.

해설 측정항목의 수를 늘리고 선택 범위를 넓혀야 한다. 측정항목이 많을수록 신뢰도는 높아진다.

09 타당도와 신뢰도의 관계에 대한 내용으로 틀린 것은?

① 타당도가 높은 측정은 반드시 신뢰도가 낮다.

② 신뢰도가 높은 측정은 타당도가 높을 수도 낮을 수도 있다.

③ 신뢰도가 낮고 타당도가 높은 측정은 없다.

④ 타당도가 낮은 측정은 신뢰도가 높을 수도 낮을 수도 있다.

⑤ 신뢰도가 낮은 측정은 항상 타당도가 낮다.

해설 타당도가 높은 측정은 반드시 신뢰도가 높다.

10 ( ) 안에 들어갈 말로 옳은 것은?

> 우울 척도 A의 측정치가 우울 척도 B의 측정치보다는
> 자아존중감 척도 C의 측정치와 더 일치할 때 우울 척
> 도 A의 (   )는 문제가 된다.

① 내용타당도　　　　② 판별타당도
③ 액면타당도　　　　④ 예측타당도
⑤ 기준관련타당도

해설 다른 개념을 같은 측정방법으로 측정했을 때 측정한 값의 상관
관계가 낮게 나오면 판별타당도가 높다고 할 수 있다. 우울 척
도 A와 우울 척도 B의 측정치는 비슷하지 않고, 우울 척도 A와
자아존중감 척도 C가 비슷하므로 판별타당도가 낮다고 할 수
있다.

1과목

2과목

3과목

4과목

5과목

6과목

7과목

8과목

학습 가이드 🎯

- 표본에 대한 내용은 다수의 문제가 꾸준히 출제되고 있다.
- 표본오차와 표본에 대한 개념을 이해해야 한다.
- 확률표집과 비확률표집의 종류 및 내용 · 장단점을 확실히 구분하여 이해해야 한다.

1 표본의 개념

Tip 👆

표집의 장점으로는 경제성, 신속성, 정확성, 높은 응답률이 있습니다.

모집단의 모든 인원을 서베이하거나 관찰하는 것은 시간과 비용이 많이 들어가기 때문에 현실적으로 불가능한 경우가 많다. 이런 문제를 해결하기 위해 전체의 모집단 중에서 대표할 수 있는 일부를 뽑아 서베이 또는 관찰을 하게 되는데, 이것을 표본이라 하고 이러한 과정을 표본추출 혹은 표집이라고 한다.

2 표집 용어

① 모집단 : 연구대상의 집합체로 전체 대상을 의미한다.
② 모수치 : 모집단의 변수의 값으로 모집단의 특성이다.
③ 표본 : 모집단의 일부이다.
④ 표본추출(표집) : 모집단을 대표하는 표본을 추출하는 과정이다.
⑤ 표집틀 : 표집단위나 분석단위가 될 수 있는 명부로 표집단위의 실제 목록

이다.

⑥ **통계치** : 표본에서 얻어진 변수의 값으로 표본조사에서만 통계치가 나타난다.

⑦ **표집단위** : 표본이 추출되는 단위로 분석단위가 된다. 개인이나 집단, 조직이 될 수도 있다.

3 표본설계 절차

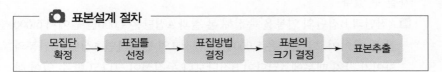

📷 **표본설계 절차**

모집단 확정 → 표집틀 선정 → 표집방법 결정 → 표본의 크기 결정 → 표본추출

① **모집단 확정** : 연구목적에 부합하는 자료를 얻기 위해서는 명확한 모집단의 규정이 필요하다. 이를 위해서는 표본추출의 표집단위 및 크기, 시기 등을 구체적으로 설정해야 한다.

② **표집틀 선정** : 추출될 모집단의 구성요소를 모두 포함하는 기본단위를 표집단위라고 하고 표집단위의 목록표를 표집틀이라고 한다. 모집단 전체의 구성원이 표본추출의 틀이 되는 것이 가장 바람직하고 모집단이 특수성을 지닐 경우 표집틀을 확보하는 것이 어렵다.

③ **표집방법 결정** : 표본방법은 크게 확률표집과 비확률표집으로 나뉘고 하위 목록으로도 나뉜다. 각 표집방법에는 장단점이 있기 때문에 목적, 방법, 도구, 특성 등에 맞는 표집방법을 결정하면 된다.

④ **표본의 크기 결정** : 적절한 표본의 크기는 표집방법, 모집단의 성격, 시간과 비용, 연구자 및 조사원의 능력을 고려하여 결정한다. 동질적인 경우에는 크기가 작아도 상관없지만 이질적인 경우에는 크기가 작으면 신뢰성에 문제가 생긴다.

⑤ **표본추출** : 결정된 방법으로 표본을 수집한다.

4 표집오차와 표본의 크기

1) 표집오차

① 표집 그 자체의 속성과 본질에서 발생하는 오차이다. 즉, 조사대상자가 모집단을 대표하지 못할 때 나타나는 오차이다.

예 동전을 던질 경우 앞이나 뒤가 나올 확률이 반(50%)이 될 것이다. 하지만 동전을 던지는 횟수를 정해 놓고 던진다고 한다면 표본은 모집단을 대표하지 못한다. 즉, 4번을 던진다고 한다면 앞앞, 앞뒤, 뒤앞, 뒤뒤로 나올 가능성이 있다. 하지만 앞앞이나 뒤뒤가 나온다고 한다면 반(50%)인 확률이 100%이므로 표본은 모집단을 대표하지 못하는 것이다.

② 표본이 크면 클수록 표본의 대표성에 대한 확신을 가질 수 있다.

예 표본을 추출할 때 10명보다는 100명이, 100명보다는 1,000명이 대표성이 높아진다.

③ 표본이 추출되는 모집단은 동질성이 클수록 표본의 대표성에 대한 확신을 가질 수 있다.

예 A집단과 B집단의 연봉을 측정해 본 결과 A집단은 4,000만 원에서 6,000만 원 사이이고 B집단은 5,000만 원에서 1억 원이라면 A집단이 연봉의 차이가 작기 때문에 A집단이 B집단보다 동질성이 크다고 할 수 있어 대표성이 클 가능성이 있다.

④ 표본의 비율보다 표본의 크기가 더 중요하다.

예 1,000명에서 100명을 추출하는 것보다 100만 명에서 1,000명을 추출하는 것이 더 중요하다고 할 수 있다.

2) 표준오차

표본평균의 통계치가 모집단의 모수로부터 평균적으로 떨어진 거리로, 표본들의 오차를 의미한다.

3) 표본의 크기

표본이란 모집단을 대표하여 조사하여도 전체를 조사한 것과 같은 효과를 거두고 표집에서 나오는 오차를 최소화하는 것이다.

5 표집방법

🖥 **표집방법**

구분		내용
확률 표집방법	단순무작위표집	표집틀에 근거하여 조사자가 일정한 유형 없이 추출
	계통적(계층적) 표집	매 K번째 요소를 표본으로 추출
	층화표집	하위집단 내 구성은 동질
	집락(군집)표집	하위집단 간 구성은 동질

구분		내용
비확률 표집방법	임의(편의, 우발적)표집	조사자 마음대로
	유의(판단, 의도적)표집	조사자 의도대로
	할당표집	집단별 인원 배정 후 임의로, 층화표집과 비슷
	눈덩이(누적)표집	소수의 대상자로부터 점차 많은 대상자로 확대

1) 확률표집

모든 대상이 뽑힐 확률에 의해 무작위로 표집하는 방법으로, 조사자의 편견이 포함되지 않아 객관성을 유지하고 대표성을 높일 수 있으며 뽑힐 확률이 동일하므로 객관적이다.

Tip 👍

확률표집은 일반화가 가능합니다.

(1) 단순무작위표집

확률표집에서 가장 기본적인 유형으로, 모집단이 뽑힐 확률이 모두 동등하며 번호, 주소 등의 표본으로 뽑힐 가능성이 동등한 상태에서 뽑는 방법이다.

예 조사대상자 모두에게 번호표를 부여한 후 바구니에 번호표를 다 집어넣고 하나씩 번호표를 뽑는 것이다. 제비뽑기, 로또가 여기에 속한다.

(2) 층화표집

① 모집단을 동질적인 층으로 나누고 나눈 층을 무작위로 표본추출에 의하여 표본을 추출하는 방법이다.

② 층별 결과분석으로 각 층별 비교가 가능하고 조사대상의 표본추출관리가 용이하다.

③ 층간은 이질적이고 층 내는 동질적이다.

④ 비례층화표집 : 집단의 크기에 맞게 표본의 크기를 정하는 방법으로 모집단의 크기가 작으면 사용하기 어렵다.

예 총 1만 명의 대학생을 조사한 결과 1학년 2,000명, 2학년 3,000명, 3학년 1,000명, 4학년 4,000명이라고 가정하고 그중 1,000명을 뽑아 반값 등록금에 대한 조사를 한다면 1학년 200명, 2학년 300명, 3학년 100명, 4학년 400명을 비율로 뽑을 수 있다. 각각 10%의 비율을 적용한 것이다.

Tip 👍

• 확률표집의 층화표집 – 무작위할당
• 비확률표집의 할당표집 – 인위적 할당

⑤ 비비례층화표집 : 비례층화표집을 하기에는 집단의 크기가 너무 작아 사용할 수 없는 경우에 비비례층화표집을 사용한다.

예 총 1,000명의 사람을 조사한 결과 남성은 900명, 여성은 100명이라고 가정하면 남성의 수가 여성의 수보다 월등히 많은 것을 알 수 있다. 남성의 수가 너무 많아 여성이 표본에 뽑힐 확률이 적어 뽑힐 확률을 높이기 위해 남성의 비율을 줄이고 여성의 비율을 높이는 방법이다.

Tip 👍

비비례층화표집은 집단의 크기가 작기 때문에 뽑힐 확률이 적어 일정한 인원을 정하여 표집하는 방법입니다.

⑥ 장점

㉠ 어떤 집단도 제외하지 않고 표본에 포함시킬 수 있다.

㉡ 표본의 수가 줄더라도 정확하게 측정할 수 있다.

㉢ 전수조사를 하지 않고 표본조사를 하기 때문에 시간과 비용이 줄어든다.

⑦ 단점

㉠ 모집단에 대한 지식이 필요하다.

㉡ 각 계층의 명부가 필요하다.

층화표집 종류

구분	학생 수	비례층화표집	비비례층화표집
1학년	2,000	200	250
2학년	3,000	300	250
3학년	1,000	100	250
4학년	4,000	400	250
전체	10,000	1,000	1,000

(3) 계통적 표집(체계적, 계층적)

① 모집단 목록에서 일정한 순서에 따라 **매 K번째** 요소를 표본으로 추출하는 방법이다.

② 매 K번째는 무작위 추출을 해야 한다.

③ 목록 자체가 일정한 주기성을 가지지 않아야 한다.

　예 수학시간에 선생님이 5일이니 5번, 15번, 25번, 35번, 45번 나와서 문제를 풀어보라고 하는 것

④ 장점

㉠ 큰 집단도 표본추출이 용이하다.

㉡ 모집단 전체에 걸쳐 보다 공평하게 표본이 추출되므로 모집단을 보다 잘 대표할 수 있다.

㉢ 매 K번째만 단순무작위 표집을 하고 다음 번호부터는 정해진 간격에 따라 추출하다 보니 단순무작위표집보다 시간이 줄어든다.

⑤ 단점 : 일정한 패턴이나 규칙에 영향을 받아 대표성이 떨어질 수 있다.

(4) 집락(군집)표집

① 여러 개의 집단을 구분하여 그중에서 하나의 집단을 선택하고 선택된 집단의 하위 집단에서 하나를 무작위로 선택하는 방법이다.

② 대부분 대규모 조사나 지역을 집락으로 많이 사용한다.

　예 서울시민의 주택인식 조사를 하는데 서울 전체 시민을 대상으로 설문을 하는 것이 쉽지 않아 처음에 구를 선택하고 선택된 구에서 동을 선택하여

선택된 시민을 대상으로 설문을 하는 방법이다.

③ 장점

    ⊙ 단순무작위표집보다 시간과 비용을 절약할 수 있다.

    ⓒ 전체의 목록표를 작성하지 않아도 된다.

④ 단점 : 단순무작위표집보다 집단의 특성이 과대 또는 과소하게 나타날 수 있다.

    📖 A구와 B구의 집값의 차이

2) 비확률표집

모집단에 대한 정보가 없는 경우 또는 추출될 확률을 구할 수 없을 때 사용하는 표집방법이다. 시간과 비용이 많이 드는 경우에도 비확률표집을 사용한다.

Tip 👆
비확률표집은 일반화가 불가능합니다.

(1) 편의표집(임의, 우발적)

① 모집단에 대한 사전정보가 없는 경우나 모집단이 극히 동질적이어서 표집요소들 간에 차이가 없다고 판단되는 경우에 연구자가 쉽게 이용 가능한 대상들을 표본으로 선택하는 방법이다. 시간이 급한 시점에 사용할 수 있다.

    📖 복지관에서 만족도 조사를 해야 하는데, 현재 복지관을 이용하는 이용자가 없어서 조사를 할 수 없는 경우 복지관 밖에서 만나는 사람을 조사하는 방법이다.

② 장점

    ⊙ 시간과 비용이 절약된다.

    ⓒ 표본을 선정하는 것이 어렵지 않다.

③ 단점

    ⊙ 복지관을 이용하지 않는 사람도 조사를 할 수 있기 때문에 일반화를 하는 데 한계가 있다.

    ⓒ 연구자의 주관에 의존을 해야 하기 때문에 많은 편견이 생길 수 있다.

(2) 유의표집(판단, 의도적)

① 조사자가 충분한 사전지식을 가지고 있고 주관적 판단에 따라 목적달성이 가능하도록 구성요소를 의도적으로 선정하는 방법이다.

    📖 사회복지 전담공무원에 관한 조사를 하기 위해 각 구에 있는 전담공무원을 만나 조사를 할 수 있지만 평소에 특성들을 잘 알고 있던 전담공무원들을 만나서 조사하는 방법이다.

② 장점

    ⊙ 평소에 알고 있던 조사대상자를 만나기 때문에 시간과 비용이 줄어들 수 있다.

    ⓒ 조사대상자의 특성을 잘 알기 때문에 내가 원하는 결과를 도출할 수 있다.

ⓒ 조사목적을 충족시키는 요소를 정밀하게 고려할 수 있다. 즉, 내가 원하는 결과가 나올 가능성이 있는 조사대상자를 조사하기 때문이다.

③ 단점

ⓐ 표집을 무작위로 한 것이 아니기 때문에 표본의 대표성을 확인할 수 없다.

ⓑ 조사 목적에 의한 조사자를 인위적으로 조사하는 방법이기 때문에 조사대상자에 대한 사전지식이 필요하다.

(3) 할당표집

① 모집단을 속성에 따라 여러 개의 집단으로 나누고 모집단을 편의대로 할당시켜 표본을 인위적으로 추출하는 방법이다.

② 층화표집법과 같은 방법을 사용하지만 층화표집은 무작위표집을 하고 할당표집은 인위적으로 표집을 한다는 점이 다르다.

예 총 1만 명의 대학생을 조사한 결과 1학년 2,000명, 2학년 3,000명, 3학년 1,000명, 4학년 4,000명이라고 가정하고 그중 1,000명을 뽑아 반값 등록금에 대한 조사를 한다면 1학년 200명, 2학년 300명, 3학년 100명, 4학년 400명을 비율로 뽑을 수 있다. 각각 10%의 비율을 적용한 것이다. 1,000명을 무작위로 뽑는 것이 아니라 인위적으로 뽑는 방법이다.

③ 장점

ⓐ 크기가 같은 무작위표집보다는 적은 비용이 든다.

ⓑ 신속한 결과를 얻을 수 있다.

④ 단점

ⓐ 무작위를 하지 않기 때문에 일반화가 어렵다.

ⓑ 자신이 알고 있는 사람들을 조사할 가능성이 높기 때문에 표집오차가 커질 확률이 크다.

(4) 눈덩이표집(누적)

① 눈덩이는 처음 굴릴 때는 작지만 계속 굴리면 커지는 것처럼 한 명의 대상자로 시작하여 점진적인 방법으로 자료를 모으는 방법이다. 눈덩이 표집은 조사대상자를 찾기 어렵거나 민감한 주제를 조사할 때 사용하는 방법이다.

예 에이즈 환자의 어려움을 조사한다면 처음에는 아는 에이즈 환자나 주위 사람들에게 소개를 받은 에이즈 환자에게 정보를 얻고 그것을 시작으로 다른 에이즈 환자를 소개 받아 계속 정보를 늘리는 방법이다.

② 장점 : 민감한 주제도 조사할 수 있다.

③ 단점

ⓐ 소개를 받아 조사하기 때문에 일반화가 어렵다.

ⓑ 조사대상자의 편견이 개입될 소지가 있다.

합격노트 할당표집과 층화표집을 비교하는 문제들이 시험에 자주 출제됩니다.

OX 퀴즈

• 확률표집에는 단순무작위표집, 층화표집, 계통적표집, 집락표집이 있다. (O)

• 비확률표집에는 편의표집, 유의표집, 할당표집, 눈덩이표집이 있다. (O)

• 할당표집은 무작위표집을 통하여 대상자를 선발한다. (×)

01 비확률표집에 관한 설명으로 옳은 것을 모두 고른 것은? [9회]

> ㄱ. 표집틀이 없는 경우 사용된다.
> ㄴ. 연구자의 편견이 개입될 수 있다.
> ㄷ. 질적 연구에 빈번히 활용되는 방법이다.
> ㄹ. 연구결과를 일반화할 수 있다.

① ㄱ, ㄴ, ㄷ   ② ㄱ, ㄷ
③ ㄴ, ㄹ   ④ ㄷ, ㄹ
⑤ ㄱ, ㄴ, ㄷ, ㄹ

해설 비확률표집은 연구결과를 일반화하기 어렵다. 일반화가 가능한 표집은 확률표집이다.

02 표집의 장점으로 옳은 것을 모두 고른 것은?

> ㄱ. 조사대상자가 적기 때문에 경제적이다.
> ㄴ. 모집단의 대표만 조사를 하는 것이기 때문에 짧은 시간에 조사를 할 수 있다.
> ㄷ. 조사대상이 적기 때문에 더 정확할 수 있다.
> ㄹ. 조사대상자들에게 협조를 받아 응답률이 높다.

① ㄱ, ㄷ   ② ㄴ, ㄹ
③ ㄱ, ㄴ, ㄷ   ④ ㄹ
⑤ ㄱ, ㄴ, ㄷ, ㄹ

해설 표집의 장점으로는 경제성, 신속성, 정확성, 높은 응답률이 있다.

03 1,000명을 번호 순서대로 배열한 모집단에서 4번이 처음 무작위로 선정되고 9번, 14번, 19번, … 등이 차례로 체계(Systematic)표집을 통해 선정되었다. 이 표집에서 표집간격(ㄱ)과 표본 수(ㄴ)가 바르게 짝 지어진 것은? [13회]

① ㄱ : 4, ㄴ : 200   ② ㄱ : 4, ㄴ : 250
③ ㄱ : 5, ㄴ : 200   ④ ㄱ : 5, ㄴ : 250
⑤ ㄱ : 10, ㄴ : 200

해설 9, 14, 19는 5씩 증가하므로 표집간격은 5가 되고, 1,000명의 5분의 1을 선정하므로 표본 수는 200이 된다.

04 다음 ㄱ과 ㄴ에 들어갈 말을 옳게 짝 지은 것은?

> 추출될 모집단의 구성요소를 모두 포함하는 기본단위를 (ㄱ)라 하고 (ㄱ)의 목록표를 (ㄴ)이라고 한다.

① ㄱ-표집단위, ㄴ-표본
② ㄱ-표집단위, ㄴ-표본오차
③ ㄱ-표집단위, ㄴ-표집표
④ ㄱ-표집단위, ㄴ-표본추출
⑤ ㄱ-표집단위, ㄴ-표집틀

해설 추출될 모집단의 구성요소를 모두 포함하는 기본단위를 표집단위라 하고 표집단위의 목록표를 표집틀이라고 한다.

05 표집오차에 대한 설명으로 틀린 것은?

① 표집 그 자체의 속성과 본질에서 발생하는 오차이다.
② 표본이 크면 클수록 표본의 대표성에 대한 확신을 가질 수 있다.
③ 표본이 추출되는 모집단의 동질성이 클수록 표본의 대표성에 대한 확신을 가질 수 있다.
④ 표본의 크기보다 표본의 비율이 더 중요하다.
⑤ 조사대상자가 모집단을 대표하지 못할 때 나타난다.

해설 1,000명에서 100명을 추출하는 것보다 100만 명에서 1,000명을 추출하는 것이 더 중요하다.

06 다음 설명 중 틀린 것은?

① 표집 방법은 조사자의 목적, 방법 등에 의해 달라진다.
② 모집단을 대표할 수 있는 표본을 찾기 어려울 수 있다.
③ 모집단의 크기가 작을 경우에는 큰 의미를 갖기 어렵다.
④ 이질성이 큰 표본이 표본의 대표성을 갖는다.
⑤ 표본설계가 복잡할 경우 시간과 비용이 더 많이 사용될 수 있다.

해설 표본이 추출되는 모집단은 동질성이 클수록 표본의 대표성에 대한 확신을 가질 수 있다.

07 확률표집에 대한 설명으로 틀린 것은?

① 모든 대상이 뽑힐 확률에 의해 무작위로 표집하는 방법이다.
② 조사자의 편견이 포함되지 않는다.
③ 조사자는 모집단의 특성을 잘 알고 있어야 한다.
④ 뽑힐 확률이 동일하므로 객관적이다.
⑤ 단순무작위표집 같은 경우에는 비용이 많이 들어간다.

해설 확률표집 중 단순무작위표집, 계통적 표집, 집락표집은 모집단의 특성을 알 필요가 없으나 층화표집은 모집단에 대한 지식이 필요하다는 단점이 있다.

08 다음에서 설명하는 표집으로 옳은 것은?

> 서울시민의 주택인식 조사를 하는데 서울시민 전체를 대상으로 설문을 하는 것이 쉽지 않아 처음에 구를 선택하고 해당 구 내의 동을 선택하여 추출된 시민을 대상으로 설문을 하는 방법이다.

① 층화표집 ② 집락표집
③ 유의표집 ④ 할당표집
⑤ 눈덩이표집

해설 집락표집은 여러 개의 집단을 구분하여 하나의 집단을 선택하고 선택된 집단의 하위 집단에서 하나를 무작위로 선택하는 방법으로 대규모 조사나 지역을 집락으로 많이 사용한다.

09 비확률표집에 대한 설명으로 틀린 것은?

① 시간과 비용이 많이 드는 경우 비확률표집을 사용한다.
② 작위적 표집으로 인하여 조사자의 편견이 개입된다.
③ 편의·유의·계통·눈덩이 표집이 비확률표집의 종류에 해당된다.
④ 조사대상자의 특성을 잘 알기 때문에 내가 원하는 결과를 도출할 수 있다.
⑤ 민감한 주제도 조사할 수 있는 장점이 있다.

해설 비확률표집의 종류로는 임의표집, 유의표집, 할당표집, 눈덩이표집이 있다.

정답 05 ④ 06 ④ 07 ③ 08 ② 09 ③

10 모집단이 명확하지 않을 때 집단 내 구성원의 네트워크를 활용하여 입에서 입으로 전해지는 자료를 얻는 표집은?

① 편의표집   ② 눈덩이표집

③ 할당표집   ④ 유의표집

⑤ 층화표집

해설 입에서 입으로 전해지는 자료를 수집하는 방법은 눈덩이표집이다. 동성애나 에이즈, 사별 등 민감한 주제에 대한 조사를 할 때 사용한다.

정답 10 ②

단일사례연구

학습 가이드

- 단일사례연구는 조사론뿐 아니라 사회복지 실천기술론에서 꾸준히 출제되고 있다.
- 단일사례연구의 특성과 구조를 이해해야 한다.
- 단일사례연구의 종류는 사례로도 출제되고 있으니 사례도 이해해야 한다.

Tip 👆

단일사례연구의 대상자는 개인, 가족, 집단, 조직체가 될 수 있으나 대상자의 수가 많은 경우에는 실험조사설계를 실시합니다.

1 특성

① 단일사례연구는 조사대상을 조사하는 것을 말하는데, 여기서 대상은 개인, 가족, 집단, 조직체 등이 될 수 있다. 사회복지사의 개입 전과 개입 후 클라이언트의 상태를 비교함으로써 개입의 효과를 증명할 수 있다.

② 하나의 대상 또는 사례를 가지고 시계열적으로 반복적인 관찰을 하여 개입의 효과를 평가한다.

③ 별다른 통계적 지식 없이도 그래프로 나타내기 때문에 이해하고 실행이 가능하다.

④ 클라이언트의 변화를 그래프로 나타내어 한눈에 결과를 알 수 있다.

⑤ 변화를 알 수 있도록 반복적으로 측정하여 일반화가 가능하다.

⑥ 개인과 집단뿐만 아니라 조직이나 지역사회도 연구대상이 될 수 있다.

⑦ 여러 조사대상자들의 개입시기를 다르게 하면 우연한 사건효과를 통제할 수 있다.

⑧ 조사연구 과정과 실천 과정이 통합될 수 있다.

⑨ 개입의 결과가 아닌 과정을 설명할 수 있다.

⑩ 개입 성과를 알아보기 위해 기초선 단계를 다시 보게 되므로 윤리적 딜레마에 빠질 수 있다.

2 단일사례연구설계의 구조

1) 기초선
① 개입 전의 상태로 사례를 관찰하는 기간을 말하며 대부분 A로 표시한다.
② 충분한 관찰(4회 이상)이 이루어질 때 내적 타당도가 향상된다.
③ 기초선의 기간은 클라이언트의 문제를 파악하기 위한 기간이다.

2) 개입국면
① 클라이언트의 변화를 위하여 표적 행동을 관찰한다.
② 관찰을 토대로 개입하는 기간을 말하며 대부분 B로 표시하고 C, D로도 표시한다.

Tip 👍

기초선은 현 상태, 개입국면은 변화 상태를 의미합니다.

Tip 👍

• 시각적 분석은 기초선과 개입단계의 그래프를 보면서 어떤 변화가 있었는지 시각적으로 확인하는 방법입니다.
• 개입 이후에 변화가 나타나는 임상적 분석은 그 변화가 사회복지실천에서 어느 정도의 의미를 갖는 변화인지 임상적으로 확인하는 방법입니다.

3 단일사례연구설계의 종류

1) AB설계(A → B)
① 한 번의 기초선(A)과 한 번의 개입(B)으로 이루어진 가장 기본적인 단일사례연구의 유형이다.
② 기초선에서는 클라이언트가 반복적으로 보이는 문제점을 파악할 수 있다.
③ 개입에서는 기초선을 토대로 개입의 효과를 나타낸다.
   예 직장인 A씨는 스트레스로 인하여 제산제를 먹고 있다. 이 문제를 해결하기 위해 AB설계를 한다. 기초선에서는 A씨가 일주일에 얼마나 제산제를 복용했는지 횟수를 확인하고 상담을 한 후에 개입국면에서 변화된 모습을 볼 수 있다.
④ 장점 : 클라이언트의 어떠한 문제도 대입이 가능하다.
⑤ 단점 : 외생변수를 통제할 수 없어 개입효과의 신뢰도는 낮다. A씨가 제산제를 먹는 횟수가 줄어들었다고 해서 개입으로 인한 효과인 것인지 아니면 A씨의 스트레스 요인이 사라져서인지 알 수 없기에 개입의 효과로 제산제의 복용 횟수가 줄었다고 할 수 없다.

2) ABA설계(A → B → A)

① 처음에 기초선을 본 후에 개입을 하고 다시 제2기초선을 보는 유형이다.

② ABA설계는 AB설계의 단점을 보완하기 위해 만들어진 설계로, AB설계의 낮은 신뢰도를 향상시키기 위한 설계이다.

> 예 개입 후에 A씨의 제산제 복용 횟수가 줄어들었는데, 줄어든 이유가 사회복지사의 개입으로 줄어들었는지 이유를 알기 위해 다시 제2기초선을 보는 것이다. 만약 개입의 영향이 아닌 다른 이유였다고 한다면 제산제의 복용 횟수가 올라갈 것이고 개입의 효과라고 한다면 제2기초선은 올라가지 않을 것이다.

③ 단점

　㉠ 개입의 효과를 알기 위해 제2기초선을 본다는 것은 클라이언트에 대한 윤리적 문제가 발생한다.

　㉡ 제2기초선이 상승하지 않는다고 해서 무조건 개입의 효과라고 할 수는 없다. 처음에 개입했던 문제 외의 다른 문제로 인하여 제2기초선이 상승하지 않을 수 있다.

3) ABAB설계(A → B → A → B)

① 처음에 기초선을 보고 개입을 한 다음 제2기초선을 보고 다시 개입을 하는 유형이다.

② 외생변수를 효과적으로 통제할 수 있기에 두 번의 기초선과 두 번의 개입을 하는 것이다.

> 예 개입 후에 A씨의 제산제 복용 횟수가 줄어들었는데, 줄어든 이유가 사회복지사의 개입으로 줄어들었는지 이유를 알기 위해 다시 제2기초선을 보는 것이다. 이때 A씨의 제산제 복용이 올라가서 다시 개입을 하여 제산제 복용 횟수를 줄어들게 했다면 개입의 효과가 있다고 할 수 있다.

③ 장점

　㉠ 두 번의 기초선을 보고 개입을 하기 때문에 개입의 효과를 신뢰할 수 있다.

　㉡ ABA설계에서 나왔던 외생변수를 통제할 수 있다.

④ 단점 : 개입을 중단하고 기초선을 보고 다시 개입을 한다는 것은 윤리적 문제가 발생한다.

4) BAB설계(B → A → B)

① 처음에 기초선을 설정하지 않고 개입을 한 후에 기초선을 보고 다시 개입을 하는 유형이다.

② 기초선을 보지 않고 개입을 먼저 한다는 것은 기초선을 보지 못할 정도로 시간적 여유가 없는 상황이다.

예 가정폭력으로 상담을 하기 위해 찾아온 경우 바로 개입을 하고 개입의
효과를 보기 위해 기초선을 보고 다시 개입을 하는 경우이다.

③ 클라이언트의 문제가 위급할수록 BAB설계를 사용한다.

④ 장점 : 반복된 개입과 빠른 개입으로 인하여 개입효과를 가져올 수 있다.

⑤ 단점

ㄱ 외생변수의 통제가 어렵다.

ㄴ 개입을 중단하고 기초선을 본 후에 다시 개입을 한다는 것은 윤리적 문
제가 발생한다.

5) ABCD설계(A → B → C → D)

① 기초선을 보고 제1개입 후 개입의 효과가 없을 때 제2개입을 하고 제2개입
도 효과가 없을 경우 제3개입을 하는 방법으로, 다중요소설계라고도 한다.

예 아동의 집중력을 높이기 위해 처음에는 미술치료를 했으나 효과가 없었
고 다음에는 음악치료를 했으나 효과가 없어 운동치료를 했을 때 효과가
있는 것으로 나타나는 경우이다.

② 장점 : 융통성이 있어 개입의 효과가 없을 경우 개입을 변경할 수 있다.

③ 단점

ㄱ 많은 개입으로 인하여 어떤 개입의 영향이 있었는지 알 수가 없다.

ㄴ 마지막 개입이 모든 영향을 준 것이 아니라 이전 개입의 영향이 이월된
것이지 알 수 없다.

ㄷ 많은 개입으로 인하여 시간이 많이 지나 역사요인이 생길 수 있다.

6) 복수기초선 설계

AB조사를 여러 상황, 여러 문제, 여러 사람들에게 적용하는 방법이다.

(1) 상황 간 복수기초선

하나의 개입방법이 같은 대상자의 같은 문제에서 두 가지 이상의 다른 상황 중
어떠한 효과가 있는지 평가하는 것이다.

예 친구들과 매일 싸움을 하는 아이가 있는데 개입 후 학교나, 집, 학원 등과 같
은 곳에서는 어떠한 효과가 있는지 평가하는 것

(2) 문제 간 복수기초선

하나의 개입방법이 같은 상황에서 같은 대상자의 다른 문제해결에 어떠한 효
과가 있는지 평가하는 것이다.

예 친구들과 매일 싸움을 하고 욕을 잘하며 동생도 괴롭히는 아이가 있는데 개
입 후 이런 행동들이 개입의 효과가 있는지 평가하는 것

Tip
기초선을 보고 개입했을 때 개입효과가
있는 경우 ABCD조사까지 가지 않고
ABC조사에서 끝날 수도 있습니다.

1과목
2과목
3과목
4과목
5과목
6과목
7과목
8과목

OX 퀴즈

• AB설계는 단일사례연구의 가장 기본 적인 설계이다. (○)
• ABCD설계는 어떤 개입이 효과가 있 는지 확실하게 찾을 수 있다. (×)

(3) 대상자 간 복수기초선

특정 개입방법이 같은 상황에서 같은 문제를 가진 두 명 이상의 다른 대상에게 적용될 때 개입방법의 효과를 평가하는 것이다.

예 친구들과 매일 싸움을 하는 여러 명의 아이들에게 개입 후 효과가 있는지 평가하는 것

01 단일사례연구설계의 특성으로 틀린 것은?

① 즉각적인 피드백이 가능하여 개입의 효과를 높일 수 있다.
② 어떤 표적행동에 대한 개입의 효과를 관찰하여 분석하는 것이다.
③ 시계열적으로 반복적인 관찰을 한다.
④ 반복 측정하여 프로그램의 효율성을 검증한다.
⑤ 사례는 하나이고 집단 또는 한 가족이 될 수 있다.

해설 단일사례연구는 시계열적으로 반복 측정하여 프로그램의 효과성을 검증한다.

02 단일사례연구에 관한 설명으로 옳지 않은 것은?

[13회]

① 개인과 집단뿐만 아니라 조직이나 지역사회도 연구대상이 될 수 있다.
② 외적 타당도가 높다.
③ 개입효과에 대한 즉각적인 피드백이 가능하다.
④ 조사연구 과정과 실천 과정이 통합될 수 있다.
⑤ 반복측정으로 통제집단 효과를 볼 수 있다.

해설 외적 타당도란 표본에서 얻어진 연구의 결과로 인해 연구조건을 넘어선 다른 환경이나 다른 집단들에게까지 적용할 수 있는 정도 또는 일반화할 수 있는 정도를 말한다. 사례가 하나라는 단일사례연구의 단점으로 인해 일반화가 어려워 외적 타당도가 낮다고 할 수 있다.

03 다음 설명 중 틀린 것은?

① AB설계는 단일사례연구설계의 가장 기초적인 방법으로 어떠한 문제에도 대입이 가능하다.
② ABA설계에서 기초선이 다시 올라가지 않았다면 개입의 효과라고 할 수 있다.
③ ABAB설계는 외생변수를 통제할 수 있는 설계이다.
④ ABCD설계는 많은 개입으로 인해 장점보다는 단점이 더 많다.
⑤ 복수기초선 설계는 AB조사를 여러 상황, 여러 문제, 여러 사람들에게 적용하는 방법이다.

해설 ABA설계는 개입 후 효과를 파악하기 위해 기초선을 다시 보는데, 외부효과 때문에 기초선이 다시 올라가지 않았다고 해도 개입의 효과라고는 할 수 없다. 스트레스 상황에서 스트레스를 유발하는 현상이 사라진다면 개입과 상관없이 기초선은 내려갈 것이다.

04 단일사례연구에 관한 설명으로 옳지 않은 것은?

[9회]

① 단일사례로서 개인, 가족, 단체 등이 분석대상이다.
② 여러 명의 조사대상자들에게 개입시기를 다르게 하면 우연한 사건효과를 통제할 수 있다.
③ 기초선으로 성숙효과를 통제할 수 있다.
④ 측정을 위한 비관여적 관찰도 가능하다.
⑤ 비반응성 연구의 한 유형이다.

해설 관여적(반응성) 연구는 설문조사, 실험 등이며 연구대상자는 자신이 연구에 참여하고 있다는 사실을 알고 있다. 단일사례연구는 클라이언트의 현 상태와 개입 후 변화 상태를 확인하는 연구로 반응성 연구의 한 유형이다.

정답 01 ④ 02 ② 03 ② 04 ⑤

실험조사설계

학습 가이드

- 실험조사설계는 설계 유형뿐 아니라 내적 타당도 저해요인도 중요하다.
- 내적 타당도 저해요인과 외적 타당도 저해요인을 구분할 수 있도록 정확한 이해가 필요하다.
- 실험조사설계의 설계 유형이 많아 유형별 구분이 필요하고 정의뿐 아니라 장단점도 정확히 학습해야 한다.
- 하나의 실험조사설계 유형을 물어보는 문제보다는 전체적인 정의를 물어보는 문제가 자주 출제되고 있다.

1 실험의 개념

실험은 조사 대상에 대한 여러 변수 간의 인과관계를 인위적으로 규정하여 조작된 변수의 효과를 파악하는 방법이다. 외부변수를 통제하고, 독립변수를 조작하여 종속변수를 관찰함으로써 그 인과관계를 파악하는 방법이다.

　실험의 요건

1) 통제집단

① 개입을 하지 않는 집단으로, 실험집단을 비교하여 변화가 있었는지 확인하는 대상이 된다.

② 종속변수의 변화가 독립변수에 미친 영향에 의하여 변화되었는지 확인하기 위해 실험집단과 통제집단으로 분류해 비교를 할 수 있어야 한다.

2) 무작위배정

① 집단을 선정할 때 조사자의 주관적 개입을 방지하기 위해 무작위배정을 해야 한다.

② 모집단은 통제집단이나 실험집단에 배정될 확률이 같아야 하고 두 집단의 속성도 같게 하기 위해 무작위배정을 하는 것이다.

3) 독립변수조작

독립변수조작은 실험집단에 개입하는 것을 의미하고 독립변수조작으로 인하여 종속변수에 미치는 영향을 관찰하는 것이다.

Tip 🖐
실험조사설계에는 통제집단, 무작위배정, 독립변수조작의 3가지가 꼭 필요합니다.

3　실험조사연구의 인과관계

1) 내적 타당도 추론조건

(1) 공변성 : 공동변화의 원칙(조작)

독립변수와 종속변수는 함께 변화해야 한다. 즉, 원인의 변화로 인하여 결과가 변화하는 것이다.

예 밥을 먹으면 배가 부르다.

(2) 시간적 우선성 : 시간적 선행성의 원칙(조작)

공변성과 같이 독립변수의 영향으로 종속변수가 변하는데, 독립변수가 변하기 전에는 종속변수가 변해서는 안 된다. 독립변수가 변함으로 인하여 종속변수가 변해야 하는 것이다.

예 밥을 먹어야만 배가 부르다.

(3) 제3의 변수 통제 : 경쟁가설 배제의 원칙(통제)

공변성과 시간적 우선성이 나타나는데, 이때 제3의 변수를 통제할 수 있어야 한다. 공변성과 시간적 우선성은 독립변수가 변하여 종속변수가 변하는 것을 의미하는 것으로, 종속변수가 변한 원인이 독립변수가 아닌 제3의 변수로 인해서 변하면 인과관계를 증명하지 못하게 된다.
예 밥이 아닌 간식을 먹어서 배가 부르다.

4 내적 타당도 저해요인

1) 내적 타당도 개념
종속변수가 변한 이유가 독립변수가 원인인지 아니면 다른 원인으로 인하여 변한 것인지 알아내는 것이다.

2) 내적 타당도 저해요인

(1) 성장요인(성숙요인)

① 시간의 경과에 따라 참여자의 발달적 변화나 성장의 변화로 인하여 결과에 영향을 미치는 것을 의미한다.
② 프로그램의 영향으로 인한 변화인지 아니면 성장으로 인한 변화인지 알 수가 없다.
  예 아동의 키 크기 운동 프로그램에서 볼 수 있는 것처럼 아동은 키 크기 운동을 해서 키가 큰 것인지 아니면 시간이 흐름에 따라 큰 것인지 알 수 없다.
  예 남자친구와 헤어진 여성은 상담으로 인하여 치유가 된 것인지 아니면 시간이 흐름에 따라 치유가 된 것인지 알 수 없다.

(2) 역사요인(우연한 사건)

조사 기간 중 연구자의 의도와 상관없이 역사적 사건으로 인하여 결과에 영향을 미치는 것을 의미한다.
예 이직을 준비 중에 자격증을 취득한 후 이직을 하려고 했으나 IMF로 인하여 취직이 되지 않는 경우

(3) 선발요인

프로그램을 실시한 후 실험집단과 통제집단의 결과의 차이가 프로그램의 영향이 아닌 집단 선정의 잘못으로 인하여 결과에 영향을 주는 것을 의미한다.

Tip 👆
성장(성숙)요인은 시간의 경과에 따라 발생하는 변화로 아동과 노인에게 많이 발생합니다.

🅔 우울증 프로그램에 우울증 증상이 없는 대상자가 포함된 경우
🅔 금연 프로그램에 흡연을 하지 않는 대상자가 포함된 경우

(4) 상실요인
프로그램 참여자가 상실됨으로써 프로그램 진행에 어려움이 있거나 남은 참여자에게 심리적 영향이 미쳐 결과에 영향을 주는 것을 의미한다.
🅔 초등학교에서 프로그램을 하고 있는 도중에 대상자가 전학을 가는 경우

(5) 검사요인
사전검사가 사후검사에 영향을 미치는 것을 의미한다.
🅔 똑같은 시험지를 시간에 지나 반복 검사한 경우 시험지 내용에 익숙해져 능력과 관계없이 사후검사에 영향을 미치는 경우

(6) 도구요인
두 번 이상의 검사를 할 때 검사 도구(시험지, 평가자의 기준)에 의하여 영향이 미치는 것을 의미한다.
🅔 사전검사와 사후검사를 주관식 시험으로 본 경우 채점자의 평가기준이 다른 경우
🅔 사전검사 때에는 시험 감독관의 자세한 설명으로 시험을 보고 사후검사 때에는 시험 감독관의 설명이 없이 시험을 본 경우

(7) 통계적 회귀
사전검사에서 극단적인 값이 나온 경우 사후검사는 사전검사보다 더 좋거나 나쁠 수가 없는 것을 의미한다.
🅔 사전검사에서 매우 좋다, 매우 싫다를 다 선택한 경우 다음 사후검사에서는 매우 좋다보다 더 좋은 점수가 나올 수 없고 매우 싫다를 선택한 경우 매우 싫다보다 더 나쁜 점수가 나올 수 없다.

(8) 모방
실험집단의 실험 내용이 통제집단에게 전파되어 두 집단 간의 차이가 없는 것을 의미한다.
🅔 A유치원에서는 한글을 가르치고 B유치원에서는 가르치지 않았으나 B유치원 아이들이 A유치원의 아이들을 만나 한글을 학습하는 경우

(9) 선택과의 상호작용
선택의 편의가 있을 때 잘못된 선택으로 인하여 문제가 되는 것을 의미한다.
🅔 남자 아이들과 여자 아이들의 운동능력을 측정할 때 남자 아이들의 실험집단에 여자 아이들을 통제집단으로 설정하고 프로그램 후 사후검사를 했을

Tip 통계적 회귀는 사전검사에서 너무 높거나 낮은 극단적인 점수를 나타냈다면 사후검사에서는 독립변수의 효과와 무관하게 평균값으로 수렴하는 경향을 의미합니다.

합격노트 내적 타당도 저해요인으로 성장요인, 역사요인, 선발요인, 상실요인, 검사요인, 도구요인, 통계적 회귀가 시험에 자주 출제됩니다.

경우 남자 아이들의 운동능력이 향상된 것으로 나타난다면 이는 여자 아이들보다 운동능력이 높은 남자 아이들을 선택한 결과일 수 있다.

⑽ 인과관계 방향의 모호함(인과적 시간순서)

독립변수와 종속변수 두 변수 간에 어떤 것이 원인인지 확실하지 않아 인과관계를 결정하지 못하는 경우를 의미한다.

예 금연 프로그램을 완수한 클라이언트가 금연 프로그램을 중도에 포기한 클라이언트보다 금연을 할 확률이 높게 나왔다. 금연의 확률이 높게 나온 것이 금연 프로그램을 완수해서 높게 나온 것인지 아니면 금연을 했기에 프로그램을 완수했는지 방향이 모호할 수 있다.

5 외적 타당도 저해요인

1) 외적 타당도 개념

표본에서 얻어진 연구의 결과로 인해 연구조건을 넘어선 다른 환경이나 다른 집단들에게까지 적용할 수 있는 정도 또는 일반화할 수 있는 정도를 말한다. 즉, 표본이 모집단을 잘 대표하는지의 정도이다.

2) 외적 타당도 저해요인

(1) 표본의 대표성

① 일반화를 높이려면 연구대상이 모집단을 대표할 수 있어야 한다.

② 표본의 대표성이 떨어지면 외적 타당도가 낮아질 수밖에 없다.

(2) 조사반응성(호손효과)

① 미국 시카고에 있는 호손공장에서 작업시간, 임금, 휴식시간 등이 생산성에 가장 큰 영향력을 줄 거라 생각하고 실험집단에는 조명의 밝기를 조절하고 통제집단에는 조명의 밝기를 일정하게 한 후 비교하였으나 두 집단 모두 성과가 향상되었다. 즉, 작업시간, 임금, 휴식시간 등과 같은 영향이 아니라 타인이 지켜보고 있어 더 열심히 일을 한 결과였다.

② 조사자가 자신을 관찰하고 있다는 것을 의식해서 평소에 하던 행동이 나오지 않고 다른 행동을 보이는 것을 의미한다.

③ 이런 결과들은 일반화를 하는 데 어려움이 있다.

예 야간자율학습시간에 잠을 자던 학생들이 선생님이 지켜볼 때는 공부를 하는 경우

Tip 👆

외적 타당도는 다른 곳에서도 같은 현상이 나타나는지 알아보는 것으로 일반화와 관련이 있습니다.

(3) 플라시보효과(위약효과)

실제로 실험을 하지 않았는데도 그와 유사한 효과를 나타내는 것을 의미한다.

> **예** 관절염이 있는 두 집단에 한 집단에는 관절염 약을, 다른 집단에는 비타민을 주었을 때 두 집단 모두 관절염 약을 먹었다고 생각하여 관절염이 치유되는 경우

6 실험조사설계 유형

독립변수를 조작하여 그 결과가 종속변수에 어떠한 영향을 미치는가를 평가하는 방법으로서 실험설계의 목적은 인과관계를 규명하여 앞으로의 사건을 예측하는 것이다.

1) 기본 특성

(1) 비교

공변성을 입증하기 위해 실험집단과 통제집단을 구분하고 비교한다. 실험집단에는 실험을 하고 통제집단에는 실험을 하지 않은 채 두어 서로 어떠한 변화가 있는지 비교하면 개입의 효과를 알 수 있다.

(2) 조작

독립변수의 시간적 우선성을 입증하기 위하여 독립변수를 조작한다. 여기서 독립변수조작은 실험집단의 개입을 의미한다.

(3) 무작위할당

경쟁가설을 제거하기 위하여 실험집단과 통제집단을 무작위로 할당한다. 두 집단이 동등하게 될 가능성을 높이기 위해 무작위할당을 한다.

> **독립변수가 종속변수에 미치는 영향**
>
> - R : 실험대상자를 두 집단으로 나눌 때 무작위로 할당했다는 의미이다.
> - X : 독립변수를 발생시킨 것을 의미한다.
> - O : 종속변수의 관찰을 의미한다.
>
> O_1는 독립변수 발생 이전의 종속변수값이고 O_2는 독립변수 발생 이후의 종속변수값이다. 따라서 $de(O_2 - O_1)$은 실험집단에서 독립변수가 발생한 전후에 종속변수가 얼마나 변했는가를 의미한다. 그런데 $de(O_2 - O_1)$가 모두 독립변수에 의한 것인가는 불명확하다. 따라서 통제집단을 설정해서 외생변수에 의한 변화량 $dc(O_4 - O_3)$를 계산해서 빼 준다.

2) 순수실험조사

① 순수실험조사는 유형 중 가장 완벽하게 내적 타당도를 저해하는 요인을 통제하여 인과관계를 가장 완벽하게 검증할 수 있는 설계이다.

② 순수실험조사의 종류는 통제집단 전후비교조사, 통제집단 후비교조사, 솔로몬 4집단으로 구분된다.

(1) 통제집단 전후비교조사

① 비교, 조작, 무작위할당 모두가 포함된 비교설계를 의미한다.

② 무작위할당 방식을 통해 실험집단과 통제집단으로 분리하여 통제한다.

③ 실험집단에는 개입을 실시하고 통제집단에는 개입을 실시하지 않는다.

④ 실험집단은 개입 전에 사전검사를 실시하고 개입 후에 사후검사를 실시하여 개입의 효과를 보고 통제집단은 개입을 하지 않을 뿐 실험집단과 같이 사전검사와 사후검사를 비교한다.

⑤ 단점 : 사전검사가 사후검사에 영향을 줄 수 있는 검사요인이 발생한다.

> 예 유치원에서 한글교육의 효과를 측정하기 위해 5세 반 아이들을 무작위로 실험집단과 통제집단으로 구분한 후 사전검사를 하고 실험집단에는 한글교육을 실시하고 통제집단에는 한글교육을 실시를 하지 않고 사후검사를 실시한 효과를 사전검사와 비교하여 실험집단과 통제집단을 비교하는 경우

실험집단	$R \quad O_1 X O_2$
통제집단	$R \quad O_3 \quad O_4$

(2) 통제집단 후비교조사

① 통제집단 전후비교조사의 단점인 검사요인을 제거하기 위해 만들어진 방법이다.

② 무작위할당 방식을 통해 실험집단과 통제집단으로 분리하여 통제한다.

③ 실험집단에는 개입을 실시하고 통제집단에는 개입을 실시하지 않는다.

④ 사전검사를 실시하지 않고 실험집단과 통제집단이 사후검사만 실시한 후 개입의 효과를 비교한다.

⑤ 단점

사전검사를 실시하지 않아 검사요인을 피할 수는 있지만 개입의 효과가 있었다고는 할 수 없다. 개입을 하기 전의 상태를 알지 못하기 때문에 어떠한 변화가 있었는지 알 수 없다.

예 유치원에서 한글교육의 효과를 측정하기 위해 5세 반 아이들을 무작위로 실험집단과 통제집단으로 구분한 후 사전검사를 하지 않고 실험집단에는 한글교육을 실시하고 통제집단에는 한글교육을 실시하지 않은 채 사후검사의 결과를 가지고 실험집단과 통제집단을 비교하는 경우

실험집단	$R \times O_1$
통제집단	$R \quad O_2$

(3) 솔로몬 4집단

① 통제집단 전후비교조사의 통제집단 후비교조사의 단점을 제거하기 위해 만들어진 방법이다.

② 통제집단 전후비교조사의 통제집단 후비교조사를 혼합해 놓은 방법이다.

③ 두 개의 실험집단과 두 개의 통제집단으로 이루어지고 개입의 영향을 보는 방법이다.

④ **장점** : 사전검사가 사후검사에 주는 영향을 배제해 검사요인을 제거할 수 있다.

⑤ **단점**

　㉠ 4개의 집단으로 무작위할당한다는 것이 현실에서는 거의 불가능하여 사회복지현장에서는 거의 사용하지 않는다.

　㉡ 4개의 집단을 관리하기가 어렵고 복잡하며 비용적인 문제가 발생한다.

　예 유치원에서 한글교육의 효과를 측정하기 위해 5세 반 아이들을 무작위로 4개의 집단으로 만들고 O_1 집단에는 사전검사 후 한글교육을 시키고 사후검사를 실시했다. O_3 집단에는 사전검사를 실시하고 한글교육은 시키지 않은 채 사후검사를 실시했다. O_5 집단에는 사전검사를 하지 않고 한글교육을 실시하고 사후검사를 실시했다. O_6 집단은 사전검사를 실시하지 않고 한글교육도 실시하지 않은 채 사후검사를 했다. 4집단의 검사의 효과를 비교하는 경우

실험집단	$R \quad O_1 \times O_2$
통제집단	$R \quad O_3 \quad O_4$
실험집단	$R \quad \times O_5$
통제집단	$R \quad \quad O_6$

Tip 👆

솔로몬 4집단은 내적 타당도 저해요인을 제거할 수 있지만 집단을 구성하기 어려워 현실에서는 거의 사용하지 않습니다.

유사(준)실험조사는 무작위할당, 비교, 조작 중 한두 가지가 제외된 조사입니다.

3) 유사(준)실험조사

① 무작위할당, 비교, 조작 방법에 의해 실험집단과 통제집단을 설정하지 못할 때 사용하는 방법으로, 무작위할당, 비교, 조작 방법 중 한 가지 방법이 제외된 상태에서 실험집단과 비교집단의 결과를 비교하는 방법이다.

② 무작위할당을 할 수 없을 때 사용할 수 있는 대안적인 방법 중 하나이고 실험조사보다는 윤리적 문제가 덜한 유사실험조사가 더 많이 사용된다.

③ 유사실험조사의 종류로는 단순시계열조사, 복수시계열조사, 비동일통제집단전후비교조사가 있다.

(1) 단순시계열조사

① 통제집단을 설정하기 곤란한 경우 실험집단을 선정하고 3번 이상 사전검사와 사후검사를 실시한다.

② 사전검사 후 개입하여 사후검사를 실시하고 사전검사와 사후검사의 합을 비교하여 개입의 효과를 알아내는 방법이다.

③ **장점** : 반복적인 측정을 통해 높은 타당도가 나타난다.

④ **단점**

    ㉠ 반복측정을 하다 보니 사전검사가 사후검사에 영향을 주어 검사요인이 발생한다.

    ㉡ 통제 집단이 없고 측정시간이 길어 실험집단에 나타날 수 있는 역사적 요인을 통제할 수 없다.

        예 유치원에서 한글교육의 효과를 측정하기 위해 5세 반 아이들을 2월, 3월, 6월에 사전검사를 하고 7월에 한글교육을 실시한 후 8월, 10월, 12월에 사후검사를 해 한글공부가 효과가 있는지 비교하는 경우

실험집단	$O_1\ O_2\ O_3\ O_4\ X\ O_5\ O_6\ O_7\ O_8$

(2) 복수시계열조사

① 여러 번 반복하여 사전검사 후 개입을 하고 사후검사를 비교하여 개입의 효과를 알아내는 방법이다.

② 단순시계열조사의 역사적 요인에 의한 단점을 개선하기 위해 만들어진 방법이고 통제집단을 추가했다.

③ **장점** : 실험집단과 통제집단을 사용하여 내적 타당도 저해요인을 통제할 수 있다.

④ 단점
　　㉠ 무작위할당을 하지 않으므로 실험집단과 통제집단이 이질적일 가능성이 있다.
　　㉡ 반복측정을 하다 보니 사전검사가 사후검사에 영향을 주어 검사요인이 발생한다.
　　㉢ 무작위할당을 하지 않아 외적 타당도가 낮아진다.
　　　　예 유치원에서 한글교육의 효과를 측정하기 위해 5세 반 아이들을 실험집단과 통제집단으로 만들고 2월, 3월, 6월에 두 집단 모두 사전검사를 한 다음 7월에 실험집단에만 한글교육을 실시하고 8월, 10월, 12월에 두 집단 모두 사후검사를 해 한글공부가 효과가 있는지 비교하는 경우

실험집단	$O_1 O_2 O_3 O_4$　X　$O_5 O_6 O_7 O_8$
통제집단	$O_9 O_{10} O_{11} O_{12}$　　$O_{13} O_{14} O_{15} O_{16}$

(3) 비동일통제집단 전후비교조사
① 통제집단 전후비교조사와 비슷한 방법이지만 무작위할당을 하지 않는 점이 다르다.
② 임의적인 방법으로 실험집단과 통제집단을 분류하고 사전검사와 사후검사를 통해 개입의 효과를 알아내는 방법이다.
③ **장점** : 실험집단과 통제집단을 사용하여 내적 타당도 저해요인을 통제할 수 있다.
④ 단점
　　㉠ 무작위할당을 하지 않으므로 선택의 편의가 발생한다.
　　㉡ 시간의 흐름에 따라 우연한 사건, 성숙요인, 검사요인이 내적 타당도에 영향을 줄 수 있다.
　　　　예 유치원에서 한글교육의 효과를 측정하기 위해 5세 반 아이들을 실험집단으로, 유치원에 다니지 않는 5세 아이들을 통제집단으로 선정한 후 사전검사를 실시하고 실험집단에 한글교육을 한 후 사후검사를 실시해 한글공부가 효과가 있는지 비교하는 경우

실험집단	O_1 X O_2
통제집단	O_3　O_4

Tip 👆
비동일통제집단 전후비교조사와 통제집단 전후비교조사의 차이점은 무작위할당에 있습니다.

1과목
2과목
3과목
4과목
5과목
6과목
7과목
8과목

4) 전실험조사

① 비교, 조작, 무작위할당 중 무작위할당에 의해 실험집단과 통제집단이 선정되지 않거나 통제집단을 선정하더라도 동질성이 없다.

② 집단의 변화 관찰은 한두 번 정도로 제한되고 외적 · 내적 타당도 저해요인을 거의 통제하지 못한다.

③ 전실험조사의 종류는 단일집단후비교조사, 단일집단전후비교조사, 비동일집단후비교조사가 있다.

(1) 단일집단후비교조사(1회 사례연구)

① 주로 탐색적 연구나 질적 연구에서 많이 활용한다.

② 통제집단도 무작위할당을 하지 않고 오직 한 번의 개입에 의해 결과를 추론하는 방법이다.

③ 단점

　㉠ 사전검사도 없고 한 번의 검사에 개입의 효과를 판단해야 하기에 평가자의 주관적 판단이 중요하다.

　㉡ 비교대상인 통제집단이 없어 개입의 효과를 입증하기 어렵다.

　　📖 한 학급에서 영어선생님의 수업 만족도 설문을 하는데, 만족도가 10점 만점에 7점이 나왔다고 해도 비교할 대상이 없기 때문에 7점이라는 점수가 정말 영어선생님의 수업에 대한 만족인지 아니면 수업이 아닌 다른 점의 만족인지는 판단하기가 어려운 경우

실험집단 X O_1

(2) 단일집단전후비교조사

① 개입 전에 사전검사를 실시하고 개입 후 사후검사를 비교하여 개입의 효과를 알아내는 방법이다.

② 단일사례조사의 AB조사와 유사하다.

③ 사회복지현장에서 가장 많이 활용되고 있다.

④ 단점 : 내적 · 외적 타당도 저해요인이 작용한다.

　📖 한 학급에서 영어선생님의 수업 만족도 설문을 하는데, 3월에 사전검사를 하고 학년이 끝날 때 사후검사를 실시해 선생님의 수업 만족도가 변하였는지 비교하는 경우

실험집단　　　O_1 X O_2

(3) 비동일집단후비교조사(정태적 집단비교)

① 단일집단전후비교조사와 단일집단후비교조사의 단점을 보완한 형태이고 통제집단 사후조사에서 무작위할당이 제외된 조사이다.

② 무작위할당을 하지 않고 사전검사도 하지 않으며 실험집단과 통제집단을 비교하여 개입의 효과를 알아내는 방법이다.

③ 집단 간에 동질성 보장이 어렵고 외부 요인의 설명 가능성을 배제하기 어렵다.

④ 단점

ㄱ 무작위할당이 이루어지지 않아 내적 타당도 저해요인인 선발요인이 작용한다. 즉, 집단 자체가 다를 수 있다.

ㄴ 사전검사를 하지 않아 개입의 효과를 입증하기가 어렵다. 즉, 실험집단에 프로그램을 진행했다고 해도 기존에 있는 능력을 배제하기 어렵다.

예 A반과 B반의 체육성적을 비교하는데, A반에는 체육시간을 배정하고 B반에는 체육시간을 배정하지 않고 시간이 지난 후에 사후검사를 해 체육성적을 비교하는 경우

실험집단	$X\ O_1$
통제집단	O_2

OX 퀴즈

• 외적 타당도 저해요인에는 통계적 회귀가 포함된다. (×)
• 아동과 노인에서 자주 나타나는 내적 타당도 저해요인은 성장요인이다. (○)
• 유사실험조사에서는 통제집단이 필요하다. (×)

01 매우 건강한 90대 남성노인들에게 1년 동안 건강서비스를 제공한 후 건강상태를 측정한 결과, 이들의 상태가 나빠졌고 통제집단인 여성노인들에 비해서도 낮게 나타났다. 이 연구에서 영향을 미칠 수 있는 내적 타당도 저해요인을 모두 고른 것은? [13회]

> ㄱ. 성숙효과
> ㄴ. 선택(Selection)과의 상호작용
> ㄷ. 통계적 회귀
> ㄹ. 위약(Placebo)효과

① ㄱ, ㄴ, ㄷ   ② ㄱ, ㄷ
③ ㄴ, ㄹ   ④ ㄹ
⑤ ㄱ, ㄴ, ㄷ, ㄹ

해설 성숙효과, 선택과의 상호작용, 통계적 회귀는 내적 타당도 저해요인에 해당되고 위약효과(플라시보효과)는 외적 타당도 저해요인에 해당된다.

02 외적 타당도 저해요인이 아닌 것을 모두 고른 것은?

> ㄱ. 개입확산효과   ㄴ. 플라시보효과
> ㄷ. 조사효과   ㄹ. 표본의 대표성

① ㄱ, ㄷ   ② ㄴ, ㄹ
③ ㄱ, ㄴ, ㄷ   ④ ㄹ
⑤ ㄱ, ㄴ, ㄷ, ㄹ

해설 외적 타당도는 표본에서 얻어진 연구의 결과로 인해 연구조건을 넘어선 다른 환경이나 다른 집단들에게까지 적용할 수 있는 정도 또는 일반화할 수 있는 정도를 말한다. 저해요인으로는 표본의 대표성, 조사반응성(호손효과), 플라시보효과(위약효과)가 있다.

03 내적 타당도 저해요인과 그 설명이 잘못 연결된 것은?

① 역사요인 – 조사기관 중에 연구자의 의도와는 관계없이 일어난 통제 불가능한 사건으로 결과변수에 영향을 미칠 수 있는 사건이다.

② 통계적 회귀요인 – 극단적인 측정값을 갖는 사례들을 재측정할 때 평균값으로 회귀하여 처음과 같은 극단적 측정값이 나타날 확률이 줄어드는 현상이다.

③ 검사요인 – 프로그램 집행 전과 후에 측정자의 측정기준이 달라지거나 측정수단이 변화함에 따라 정책 효과가 왜곡되는 현상이다.

④ 상실요인 – 관찰 대상 집단의 일부 탈락 또는 상실로 남아 있는 대상이 처음의 관찰대상 집단과 다른 특성을 갖게 되는 현상이다.

⑤ 선택과의 상호작용 – 선택의 편의가 있을 때 잘못된 선택으로 인하여 문제가 되는 것을 의미한다.

해설 프로그램 집행 전과 후에 측정자의 측정기준이 달라지거나 측정수단이 변화함에 따라 정책 효과가 왜곡되는 현상은 도구요인이다. 검사요인은 사전검사가 사후검사에 영향을 미치는 것을 의미한다.

정답   01 ①   02 ①   03 ③

04 다음을 설명하고 있는 내적 타당도는?

> 분리된 집단들을 비교하여 조사연구에 적절한 통제가 안 되어 실험집단에서 실시되었던 프로그램이나 특정한 자극들에 의해서 실험집단의 사람들이 효과를 얻게 되고 그 효과들이 통제 집단에게 영향을 미치는 것을 의미한다.

① 검사요인　　　　② 선발요인
③ 시간적 우선성　　④ 모방
⑤ 통계적 회귀

해설 내적 타당도의 저해요인 중 모방에 대한 설명이다. 모방이란 실험집단의 실험 내용이 통제집단에게 전파되어 두 집단 간의 차이가 없는 것을 의미한다.

05 유사실험조사에 대한 설명으로 틀린 것은?

① 유사실험조사의 종류로는 단순시계열, 복수시계열, 비동일통제집단 전후비교조사가 있다.
② 실험집단과 유사한 비교집단을 구성하려고 노력하는 설계이다.
③ 무작위할당에 의해서 실험집단과 통제집단의 동등화를 꾀할 수 없을 때 사용하는 조사이다.
④ 실제 연구에서 윤리적 문제가 덜하여 가장 많이 이용된다.
⑤ 무작위할당, 비교, 조작 방법 중 한 가지 방법이 제외된 상태이다.

해설 윤리적 문제에서 자유로운 실험조사는 비실험조사이다. 비실험조사를 제외하고는 윤리적 문제가 대두된다. 유사실험조사가 실험조사보다는 윤리적 문제가 덜하지만 비실험조사에 비해서는 윤리적 문제가 생길 수 있으므로 실제 연구에서 가장 많이 사용되는 조사는 비실험조사이다.

06 실험조사설계에 대한 내용으로 틀린 것은?

① 변수들 간의 인과관계를 밝히기 위하여 변수를 조작하고 외생변수를 통제한다.
② 많은 사람들로부터 양적으로 많은 정보를 얻을 수 있다.
③ 장기간에 걸쳐 수행될 수 있으므로 시계열적인 자료의 획득이 가능하다.
④ 실험실 실험의 경우 현실성이 부족하지만 현지 실험은 현실을 적절히 반영할 수 있다.
⑤ 비교, 조작, 무작위할당 모두가 포함되거나 포함되지 않을 수 있다.

해설 많은 사람들로부터 양적으로 많은 정보를 얻을 수 있다는 것은 서베이조사 내용이다. 실험조사설계는 연구대상자의 수가 적어 양적으로 많은 정보를 얻기는 어려운 대신 질적 정보를 얻을 수 있다.

07 통제집단 전후비교조사에 대한 설명으로 틀린 것은?

① 비교, 조작, 무작위할당 모두가 포함된 비교설계를 의미한다.
② 순수실험조사의 종류 중 하나이다.
③ 실험집단에는 개입을 실시하고 통제집단에는 개입을 실시하지 않는다.
④ 무작위할당 방식을 통해 실험집단과 통제집단으로 분리하여 통제한다.
⑤ 사전검사가 사후검사에 영향을 줄 수 있는 도구요인이 발생한다.

해설 통제집단 전후비교조사는 사전검사를 실시하고 개입 후 사후검사와 비교하는데 사전검사가 사후검사에 영향을 줄 수 있어 검사요인이 발생한다.

08 다음에 해당하는 조사방법은?

> • 무작위할당 방식을 통해 실험집단과 통제집단으로 분리하여 통제한다.
> • 실험집단에는 개입을 실시하고 통제집단에는 개입을 실시하지 않는다.
> • 실험집단에 개입한 후 실험집단과 통제집단에 모두 사후검사만 하여 개입의 효과를 비교한다.

① 통제집단 전후비교조사
② 통제집단 후비교조사
③ 비동일집단 전후비교조사
④ 비동일집단 후비교조사
⑤ 솔로몬 4집단

해설 통제집단 후비교조사의 설명이다. 통제집단 전후비교조사의 단점인 검사요인을 제거하기 위해 만들어진 방법으로 사전검사를 실시하지 않고 실험집단에 개입한 후 실험집단과 통제집단에 모두 사후검사만 하여 개입의 효과를 비교한다.

09 내적 타당도 저해요인의 예로 틀린 것은?

① 성숙요인 – 아동에 대한 운동 프로그램
② 상실요인 – 금연 프로그램의 성공률
③ 도구요인 – 주관식 시험 채점
④ 역사요인 – 직업훈련 실시기간 중 경기침체
⑤ 선발요인 – 동일 시험문제로 반복 측정

해설 동일 시험문제로 반복 측정을 하면 사전검사가 사후검사에 영향을 줄 수 있으므로 검사요인으로 볼 수 있다.

10 단순 시계열(Simple Time – series) 설계에 관한 설명으로 옳은 것은?

① 실험효과를 파악하기 위해 개입 이후에는 1회만 관찰한다.
② 검사(Test)와 개입의 상호작용 효과에 대한 통제가 용이하다.
③ 전실험(Pre – experimental)설계 중 하나이다.
④ 통제집단을 포함하여 비교한다.
⑤ 종속변수의 변화를 추적 · 비교할 수 있다.

해설 유사(준)실험조사조사에는 단순시계열조사, 복수시계열조사, 비동일통제집단 전후비교조사가 있다. 단순시계열조사는 통제집단을 설정하기 곤란한 경우 실험집단을 선정하고 3번 이상 사전검사와 사후검사를 실시하는 방법이다. 사전검사 후 개입하여 사후검사를 실시하고 사전검사와 사후검사의 합을 비교하여 개입의 효과를 알아내는 방법이다. 반복적인 측정을 통해 높은 타당도가 나타난다는 장점이 있다.

11 실험설계에 관한 설명으로 옳지 않은 것은? [15회]

① 통제집단 사후검사설계는 무작위할당으로 통제집단과 실험집단으로 나누고 실험집단에만 개입을 한다.
② 정태적(Static) 집단비교설계는 실험집단과 개입이 주어지지 않는 집단을 사후에 구분해서 종속변수의 값을 비교한다.
③ 비동일통제집단설계는 임의적으로 나눈 실험집단과 통제집단 간의 교류를 통제한다.
④ 솔로몬 4집단 설계는 통제집단 사전–사후검사설계와 통제집단 사후검사설계를 결합한 것이다.
⑤ 복수시계열설계는 실험집단과 통제집단에 대해 개입 전과 개입 후 여러 차례 종속변수를 측정한다.

해설 비동일 통제집단설계는 실험집단과 통제집단 간에 동질성 보장이 어렵고 외부 요인의 설명 가능성을 배제하기 어렵다.

12 실험설계에 관한 설명으로 옳지 않은 것은? [14회]

① 순수실험설계는 무작위할당을 활용해야 한다.
② 순수실험설계가 준(유사)실험설계에 비해 내적 타당도가 높다.
③ 준(유사)실험설계에는 사전 측정이 있어야 한다.
④ 준(유사)실험설계에는 두 개 이상의 집단이 필요하다.
⑤ 단일집단사전사후검사설계는 전실험설계이다.

해설 준(유사)실험설계에는 시계열조사, 복수시계열조사, 비동일 통제집단 전후조사가 있다. 시계열조사는 실험집단을 3번 이상의 조사를 통해 비교하는 방식으로 통제집단이 없고 실험집단으로만 구성된다. 따라서 준(유사)실험설계에는 두 개 이상의 집단이 필요하지 않다.

1과목
2과목
3과목
4과목
5과목
6과목
7과목
8과목

출제경향

목차	22회	21회	20회	19회	18회
1. 자료수집 방법			1	1	1
2. 관찰법	1	1			
3. 면접법		1	1	1	1
4. 설문지법					
5. 전화조사법				1	
6. 전자조사법					1

학습 가이드

• 자료수집방법에서는 전체적인 조사 방법을 물어보는 문항이 출제되고 있고, 특히 설문지법과 관찰법을 비교하는 문제가 자주 출제되고 있다.
• 자료수집방법의 종류에 대해 각각의 정의와 장단점을 학습하여 비교하는 문제에 대처할수 있어야 한다.

---

1 **자료수집방법**

1) 개념

자료수집의 방법은 크게 1차 자료와 2차 자료로 구분된다. 1차 자료는 설문이나 상담, 관찰 등으로 조사자가 직접 자료를 수집하는 방법이고 2차 자료는 조사자가 직접 자료를 수집하는 것이 아니라 기존 자료를 조사하여 수집하는 방법이다.

2) 1차 자료

(1) 장점

조사의 목적에 적합한 정확도와 신뢰도, 타당도를 평가할 수 있고 수집된 자료는 필요한 시기에 사용할 수 있다.

(2) 단점

자료를 수집하는 데 있어 비용, 시간이 많이 든다.

3) 2차 자료

(1) 장점

① 자료를 구하는 데 쉽고 비용이 저렴하다.

② 시계열적 자료 등 지속적인 수집이 가능하다.

③ 정부나 연구소 등의 통계자료를 활용할 수 있다.

④ 기존 데이터를 수정·편집해 분석할 수 있다.

⑤ 비교적 적은 비용으로 대규모사례 분석이 가능하다.

(2) 단점

연구자가 필요한 자료와 일치하지 않거나 없을 수 있다.

---

2 관찰법

1) 개념

주위에서 일어나는 일들에 대한 지식을 얻는 가장 기본적인 방법으로서 시각, 청각과 같은 감각기관을 통하여 현상을 인지하는 기본적인 방법이다. 즉, 연구대상을 통제하지 않고 있는 그대로 일정시간 관찰결과를 기록하는 방법이다.

2) 장점

① 조사대상자의 행동을 현장에서 있는 그대로 포착할 수 있다.

② 지적 장애인이나 어린아이, 동물처럼 자신의 생각을 말로 표현하지 못하는 경우 유용하다.

③ 언어능력이 있더라도 비협조적인 조사대상자에게 유용하다.

④ 설문지법이나 면접법에서 얻을 수 없는 자료도 얻을 수 있고 응답의 오차도 줄어든다.

⑤ 장기간의 종단분석이 가능하기에 질적 연구나 귀납법에 적합하다.

3) 단점

① 겉으로 보이는 정보만 관찰할 수 있고 보이지 않는 정보(특성, 과거사실)는 수집할 수 없다.

② 조사해야 할 행동을 할 때까지 기다려야 한다.

③ 조사대상자에 접근과 해석이 어려울 수도 있다.

Tip
관찰법은 대상자를 직접 관찰하여 자료를 수집하므로 일반화가 불가능합니다.

④ 시간과 비용, 노력이 많이 든다.

⑤ 관찰이 불가능(범죄)한 것들도 있다.

⑥ 관찰을 하고 있다는 것을 알고 평소와 다른 행동을 할 수 있다.

⑦ 큰 규모나 많은 인원을 한번에 관찰하지 못한다.

⑧ 응답자로부터 조사를 승낙받기가 어렵다.

⑨ 관찰 내용의 수량화가 어렵기 때문에 관찰 결과를 일반화시키기가 어렵다.

⑩ 변수의 의미를 구체적으로 정의할 수 없다.

⑪ 자연적 환경에서 외생변수의 통제가 불가능하다.

4) 관찰의 종류

(1) 참여 정도

① **참여관찰**

    ㉠ 참여관찰은 대상자 집단에 들어가서 구성원 일부가 되어 함께 생활하면서 관찰하는 방법이다.

    ㉡ 단순히 집단에 들어가서 관찰하는 것이 아니라 집단의 구성원의 일부가 되어 역할을 수행하면서 관찰하는 방법이다.

        예 운동선수들의 생활을 관찰할 때는 운동선수가 되어 함께 운동하면서 관찰하는 것이다.

    ㉢ 조직폭력배와 같이 참여하면서 관찰하기 어려운 경우에는 적용이 불가능하고 조사대상자와 함께 생활하다 보면 객관성을 잃을 수도 있다.

② **비참여관찰**

    ㉠ 관찰자는 조사대상자 집단에 들어가지 않고 제3자의 입장에서 거리를 유지하여 관찰하는 방법이다.

    ㉡ 조사 목적을 알리고 관찰하는 경우와 조사 목적을 알리지 않고 관찰하는 경우가 있다.

    ㉢ 조사 목적을 알리고 관찰하는 경우 조사대상자의 행동의 변화로 원하는 결과를 얻을 수 없다.

        예 운동선수들의 생활을 다큐멘터리로 촬영한다고 할 때 촬영의 목적을 알리고 촬영하는 경우이다.

③ **준참여관찰**

    참여관찰처럼 조사대상의 생활 전부에 참여하는 것이 아니고 생활의 일부에만 참여하는 관찰방법이다. 주로 관찰대상자들이 관찰을 받고 있다는 사실을 알고 있다.

    예 사회복지 현장실습을 한다고 가정할 때 실습생은 사회복지사를 관찰하고 사회복지사들은 실습생이 관찰한다는 것을 알고 있지만 자신의 업무를 처리하는 데 아무런 문제가 없다.

(2) 구조화 정도

① 구조화된 관찰

 ㉠ 관찰의 대상, 목적, 내용, 절차 등 모든 것을 구조화하고 관찰하는 방법이다.

 ㉡ 구조화된 관찰은 비참여관찰에 많이 활용된다.

 ㉢ 장점 : 체계적인 관찰과 자료를 표준화할 수 있다.

 ㉣ 단점 : 구조화로 인하여 중요한 정보를 놓칠 수 있다.

② 비구조화된 관찰

 ㉠ 관찰하는 데 있어 조사대상자를 있는 그대로 관찰하는 방법이다.

 ㉡ 비구조화된 관찰은 참여관찰에서 많이 활용된다.

 ㉢ 장점 : 구조화로 인하여 중요한 정보를 놓치지 않는다.

 ㉣ 단점 : 체계적인 관찰과 자료를 구조화할 수 없다.

3 면접법

1) 개념

조사자와 조사대상자 간의 상호작용을 통하여 자료를 수집하는 방법이다.

2) 장점

① 면접 환경을 표준화할 수 있다. 같은 환경에서 많은 조사대상자를 조사할 수 있다.

 예 회사에서 면접을 보는데, 한 면접 장소에서 면접을 보는 것

② 제3자의 참여를 방지할 수 있다. 조사자와 조사대상자의 대화를 통해 자료를 수집한다.

 예 조사자와 조사대상자 외 면접장에 들어갈 수 없는 것

③ 면접 도중 상황에 맞게 융통성을 발휘할 수 있다. 처음에 알고 싶었던 내용이 아니더라도 심층 면접을 통해 알 수 있다.

 예 면접을 하다가 알게 된 정보를 자세히 알고 싶은 경우에 더 조사할 수 있는 것

④ 비언어적 행위도 알 수 있다. 대답과 표정이 다른 경우가 있다.

 예 인상을 쓰면서 "네" 라고 대답하는 것

⑤ 이야기를 통해 면접을 하기 때문에 높은 응답률을 나타낸다.

 예 설문지 작성 시 서술 질문에는 대답이 없지만 면접에서는 대답을 하는 것

⑥ 복잡한 질문도 할 수 있다. 설문지는 문항을 이해하지 못하는 경우나 이중 질문은 대답할 수 없다.

Tip
면접법은 대상자를 직접 면접을 통해 자료를 수집하므로 융통성이 있습니다.

예 설문지 문항에 당신은 개와 고양이 중 어느 것을 좋아합니까? 라는 질문에 개와 고양이 중 선택해서 질문에 대해서만 답해야 하지만 면접에서는 좋아하는 종류와 이유까지 설명할 수 있는 것

⑦ 긴 시간에 걸쳐서 대상자를 상세하게 조사할 수 있다.

3) 단점

① 조사자를 교육시켜야 하기 때문에 시간과 비용이 많이 들고 조사원을 사용하는 경우 또한 교육을 시켜야 하기에 시간과 비용이 많이 든다.

② 조사자의 편견이 개입될 수 있다.

예 축구를 싫어하는 사람이 축구선수를 인터뷰하거나 야구를 좋아하는 사람이 야구선수를 인터뷰할 경우

③ 민감한 질문에 대답할 수 없고 모든 대상자를 면접할 수 없다.

예 에이즈 감염자나 동성연애자 등 특수한 계층

④ 표준화된 방법을 사용하더라도 일반화가 어렵다. 면접 내용과 상황에 맞는 대상자를 찾기 어렵다. 즉, 조사대상자들은 성격, 생활양식, 능력 등이 모두 다르다.

⑤ 조사자와 조사대상자의 면담으로 자료를 수집하기 때문에 익명성이 부족하다.

⑥ 조사자의 질문에 조사대상자는 대답할 시간이 부족해 거짓된 정보를 줄 수 있다.

4) 유형

(1) 구조화된 면접

모든 조사대상자들에게 같은 방법과 순서에 맞게 동일한 질문을 하는 방법이다.

① 장점

㉠ 질문 문항이나 질문 순서에서 오는 오류를 줄일 수 있다.

㉡ 모든 대상자들에게 같은 방법을 사용하여 순서를 정할 수 있다.

예 면접시험

㉢ 같은 질문에 대한 같은 대답이 나올 확률이 낮기 때문에 면접 결과에 대한 신뢰도가 높다.

㉣ 질문에 구조화가 되어 있기 때문에 숙달이 되지 않은 면접자를 사용할 수 있다.

② 단점

㉠ 구조화된 방법에 의해 조사하기 때문에 조사자의 융통성이 없다.

㉡ 조사자들을 교육시켜야 하므로 시간과 비용이 많이 소요된다.

㉢ 궁금한 점이 있어도 질문을 하지 못한다.

(2) 비구조화된 면접

구조화된 질문과 방식이 없이 자유롭게 질문하는 방법이다.

① 장점

ㄱ 융통성이 있어 상황에 맞게 질문을 첨가하거나 삭제할 수 있다.

ㄴ 조사자와 조사대상자 간의 라포 형성이 용이하다.

ㄷ 궁금한 점에 대해 질문을 할 수 있어 새로운 사실을 발견할 확률이 높다.

ㄹ 타당도가 높다.

ㅁ 구조화된 면접질문을 만드는 데 유용하다.

② 단점

ㄱ 융통성 때문에 신뢰도에 문제가 생긴다.

ㄴ 대상자에 대한 질문이 다르기 때문에 면접 결과에 대하여 수치화가 어렵다.

ㄷ 조사 목표를 정확하게 숙달되지 못한 조사자는 사용할 수 없다.

(3) 반구조화된 면접

① 구조화된 면접과 비구조화된 면접의 중간단계이다.

② 구조화된 면접과 비구조화된 면접의 단점을 보완한 것이다.

③ 중요한 질문은 구조화된 질문으로 나머지 질문은 비구조화된 질문으로 한다.

Tip 🖑
라포(Rapport) : 클라이언트와 사회복지사 사이에 감정교류를 통한 공감이 형성되어 있는 상태를 말합니다.

---

4 설문지법

1) 개념

질문지를 사용하여 정보를 얻는 방법으로 양적 조사에서 가장 많이 사용된다.

Tip 🖑
설문지법은 한번에 많은 정보를 얻을 수 있어 일반화가 가능합니다.

2) 장점

① 면접법보다 시간과 비용이 적게 든다. 면접법과 같이 조사자를 교육시킬 필요가 없다.

② 표준화된 언어구성, 질문순서, 지시 등으로 상황에 따라 변하지 않는 질문의 일관성을 기할 수 있다. 면접이나 관찰은 조사자의 주관성이 개입될 수 있으나 설문지는 객관성을 기할 수 있다.

③ 익명성을 보장받을 수 있어 자유롭게 자신을 표현할 수 있다.

④ 시간적 여유가 있기 때문에 즉각적으로 대답을 하지 않아도 된다. 면접법은 바로 대답을 해야 하지만 설문지에 있는 문항을 순서대로 체크할 필요는 없다.

⑤ 조사대상자의 과거의 내용도 알 수 있다. 관찰은 현재의 모습만 관찰할 수 있으나 설문지는 현재뿐 아니라 과거의 행동도 알 수 있다.

⑥ 보다 넓은 범위에 걸쳐 보다 쉽게 응답자에게 접근할 수 있다.

⑦ 많은 대상자를 측정할 때 적합하다.

3) 단점

① 설문에 대한 부연 설명을 할 수 없다. 우편조사의 경우 내용이 이해가 되지 않아도 설명을 해줄 수 없다.

② 비언어적 행동을 알 수 없다. 싫으면서도 좋다고 표현하는 경우는 알 수가 없다.

③ 글을 읽고 쓰는 능력이 있는 사람에게만 조사가 가능하다.

④ 무응답처리를 통제할 수 없다. 익명성을 보장받기 때문에 누가 무응답처리를 했는지 알 수 없다.

⑤ 조사대상자가 보고할 의사를 가지고 있고 보고할 수 있는 소재에 대해서만 원만한 성과를 얻을 수 있다.

⑥ 외생변수를 통제하지 못한다. 즉, 우편조사의 경우 누가 설문을 했는지 알 수 없다.

---

5 전화조사법

1) 개념

조사자가 조사대상자에게 전화로 질문내용을 묻고 응답을 기록하는 방법이다.

2) 장점

① 조사가 간편하고 전화로 설문을 하는 것이기 때문에 간편하고 비용도 적게 든다.

② 전화를 가지고 있다면 누구도 조사대상자가 될 수 있기 때문에 조사대상자에게 접근이 용이하다.

③ 전화번호부에 의해 무작위추출이 가능하다.

④ 대통령 선거, 국회의원 선거 등 현재 이슈가 되고 있는 문제의 시의적절한 정보를 수집할 수 있다.

3) 단점

① 짧은 시간에 설문을 하지만 바쁜 사람에게는 설문이 불가능하다. 짧은 응답시간만이 가능하다.

② 응답을 거부하는 경우가 많다. 전화를 받고 바로 끊는 경우가 많다.

③ 자세한 설명이 필요한 경우 설문을 하기 어렵다.

Tip 👆

전화조사법은 수신자보다는 송신자가 설문에 대한 결정권을 가지고 있습니다.

Tip 👆

조사방법 비교

기준	우편 설문지	면접	전화 조사
비용	낮음	높음	낮음
응답률	낮음	높음	높음
접근성	높음	낮음	높음
정확한 정보수집	낮음	높음	높음
자료수집 속도	낮음	높음	높음

④ 짧은 시간으로 인하여 자세한 정보획득이 불가능하고 성의 없는 대답의 경우 타당성에 문제가 생긴다.

⑤ 전화가 없는 조사대상자는 제외된다.

6 전자조사법

1) 개념

① 홈페이지에서 질문을 하고 조사대상자들로 하여금 질문에 응답하게 하거나 조사대상자에게 메일을 보내어 설문을 하고 반송 받는 방법이다.

② 컴퓨터가 많이 보급이 되었지만 모든 조사대상자가 컴퓨터가 있는 것은 아니고 컴퓨터에 대해 조작이 가능해야 하므로 모든 사람을 조사대상자로 선택할 수 없다.

2) 장점

① 다른 조사방법들에 비해 광범위한 지역을 대상으로 조사할 수 있다.

② 적은 운영 금액으로 신속하게 조사할 수 있다. 인쇄료, 운송료, 교육료 등을 줄일 수 있다.

③ 학교, 기업 등 구성원들을 대상으로 조사하는 경우 유용하게 활용할 수 있다.

④ SPSS, SAS 등 통계 프로그램을 이용하면 쉽고 빠르게 조사결과를 분석할 수 있다.

⑤ 시간과 공간상의 제약이 없다.

⑥ 동영상과 같은 보도 자료를 첨부할 수 있다.

3) 단점

① 컴퓨터를 사용하는 조사대상자에게만 조사가 가능하다.

② 운영금액은 적으나 초기에 설문 프로그램을 만드는 데 많은 비용이 들어간다.

③ 읽지 않고 버리거나, 스팸메일로 분류하여 회수율이 낮다.

④ 동일인이 중복하여 응답할 수 있다.

⑤ 조사대상자의 선택의 편의가 발생할 수 있다. 설문을 할 수도 안 할 수도 있다.

Tip
전자조사법에 운영자금은 들어가지 않지만 초기자금이 많이 들어갑니다.

1과목
2과목
3과목
4과목
5과목
6과목
7과목
8과목

1) 개념

① 과거에 발생한 사건에 대하여 자료를 수집할 때 그 시기에 조사되어 있어 남아 있는 자료를 통하여 자료를 수집하는 방법이다.

② 연구 목적에 맞게 만들어진 자료가 아니기 때문에 2차 자료에 포함된다.

③ 빠른 시간 안에 문헌 검토를 통해 실수나 경험을 배울 수 있다.

2) 장점

① 과거의 사건에 접근이 가능하다. 시간이 지난 사건이기 때문에 직접적인 접근이 불가능하지만 문헌조사를 통해 가능하다.

② 조사자에 대한 주관적 편견이 들어갈 확률이 적다.

③ 종단적 분석이 가능하다. 시간이 지난 사건이기 때문에 현재에 어떻게 변했는지 확인할 수 있다.

④ 적은 비용으로 자료수집이 가능하다. 교육료, 운송료, 통화료 등 부수적인 비용이 들어가지 않는다.

3) 단점

① 자료를 확보하는 데 편향성이 있을 수 있다.

② 종료 된 사건이기 때문에 시계열적 조사가 불가능하다.

③ 이용할 수 있는 자료가 한정적이다. 원하는 자료가 없거나 있어도 자료가 많이 없을 수 있다.

내용분석은 비반응적 연구방법입니다.

1) 개념

① 조사자가 새로운 자료를 수집하는 것이 아니라 기존의 자료를 분석하여 자료를 수집하는 방법이다.

② 책, 음악, 잡지, 회의록, 학술논문, 신문, 문서, 일기, 편지 등 기록물을 분석대상으로 한다.

③ 질적 내용을 양적 내용으로 전환할 수 있고, 연구의 목적에 따라 변수를 측정할 수 있도록 객관적이거나 계량적으로 전환하는 연구방법이다.

예 사회복지에 대한 신문사의 태도를 알기 위해 사회복지에 대한 긍정적인
　　　기사의 양과 부정적인 기사의 양을 비교하는 방법
④ 조사 대상자의 반응성의 문제를 피할 수 있는 2차 자료수집 방법이다.

2) 장점

① 시간과 비용이 절약된다. 2차 자료를 분석하기 때문에 조사자의 교육료, 통
　화료, 운송료 등이 필요하지 않고 조사 대상자들을 만나서 자료를 수집하지
　않기 때문에 시간이 절약된다.
② 조사자의 주관적 편견이 줄어든다. 조사자와 조사 대상자가 만나 자료를 수
　집하면 조사자의 생각이 조사 대상자에게 영향을 줄 수 있다.
③ 역사적 문제에 적용이 가능하다. 장기간에 걸쳐 발생한 문제들을 연구할 수
　있다.
　　예 1950～1990년대 대통령의 특성에 관한 연구
④ 2차 자료의 문제점 해결이 가능하다. 1차 자료를 수집할 때는 자료의 한계
　점이 생길 수 있으나 2차 자료는 자료의 한계점을 알고 있어 보완할 수 있다.

3) 단점

① 시간이 많이 지난 자료는 훼손될 가능성이 있다. 화재, 홍수 등의 천재지변
　이나 시간이 지남으로 인하여 자료가 많이 훼손될 수 있다.
② 기록된 자료만 분석이 가능하다. 기록이 되지 않은 내용들은 분석할 수 없다.

4) 부호화

주어진 정보가 어떤 표준적인 형태로 바뀌거나 거꾸로 변환하는 작업이다.
① 문서화된 자료를 분석하는 코딩기법
　㉠ 코딩이란 질적 연구에서 연구자가 관여하는 기본적인 분석 과정이며, 개방
　　코딩(Open Coding), 축 코딩(Axial Coding), 선택코딩(Selective Coding)의
　　세 가지 기본적인 코딩 유형이 있다.
　㉡ 개방 코딩(Open Coding)은 조사로 얻은 개념을 하위범주로 나누고 다시
　　범주로 나누는 방법과 같이 조사로 얻은 개념을 유사성과 차이점으로 분
　　절함으로써 코드화하고 범주를 생성하는 것이다.
　㉢ 축코딩은 개방코딩을 하면서 분절하였던 자료를 하나로 묶는 과정이다.
　　개념을 하위범주들과 연결시켜서 그 상호작용을 통해 얻은 결과로 패러
　　다임을 밝혀낸다.
　㉣ 선택코딩(Selective Coding)은 조사로 얻은 개념을 개방 코딩, 축 코딩의
　　과정을 거쳐 내용들을 기반으로 이론화하는 과정이다. 즉 가장 중요한
　　핵심단어로 선택해서 추출하는 것이다.

OX 퀴즈

• 관찰법은 큰 규모나 많은 인원을 한번
　에 관찰하지 못한다. (O)
• 면접법은 민감한 질문에 대답할 수 없
　고 모든 대상자를 면접할 수 없다. (O)
• 양적 조사에서 가장 많이 사용되는 방
　법은 설문지법이다. (O)

01 1차 자료수집에 장단점으로 틀린 것을 모두 고른 것은?

> ㄱ. 조사의 목적에 적합한 정확도와 신뢰도, 타당도를 평가할 수 있다.
> ㄴ. 수집된 자료는 필요한 시기에 사용할 수 있다.
> ㄷ. 자료를 수집하는 데 있어 비용, 시간이 많이 든다.
> ㄹ. 시계열 자료 등 지속적인 수집이 가능하다.

① ㄱ, ㄷ   ② ㄴ, ㄹ
③ ㄱ, ㄴ, ㄷ   ④ ㄹ
⑤ ㄱ, ㄴ, ㄷ, ㄹ

해설 1차 자료수집은 설문이나 상담, 관찰 등으로 조사자가 직접 자료를 수집하는 방법이고, 2차 자료수집은 조사자가 직접 자료를 수집하는 것이 아니라 기존 자료를 조사하여 수집하는 방법이다. 2차 자료수집은 자료를 구하기 쉽고 비용이 저렴하여 시계열적 자료 등 지속적인 수집이 가능하다는 장점이 있다.

02 관찰법에 대한 내용으로 틀린 것은?

① 무의식적 내용도 알 수 있다.
② 질적 연구와 귀납법에 적합하다.
③ 경제성이 높다.
④ 구두 표현 능력이 부족한 유아에게 적합하다.
⑤ 장기간의 종단분석이 가능하다.

해설 관찰법은 오랜 시간에 걸쳐 대상자를 관찰하기 때문에 시간과 비용이 많이 사용되어 경제성이 낮다.

03 면접조사에 대한 내용이 아닌 것은?

① 편견에 의한 오류가 감소한다.
② 면접에 응할 수 있는 분위기 조성이 가능하다.
③ 비언어적 행위를 직접 관찰할 수 있다.
④ 개별적으로 진행하는 면접환경을 표준화할 수 있다.
⑤ 복잡한 질문지도 사용이 가능하다.

해설 편견에 의한 오류가 감소하는 것은 보지 않고 조사하는 우편조사, 전자조사, 전화조사에서 나타난다. 면접법에서는 조사자의 편견이 개입될 수 있다.

04 질문지법에 대한 내용으로 틀린 것은?

① 필요에 따라 질문의 요지를 설명할 수 없어 융통성이 결여되어 있다.
② 필기에 의한 응답만을 취급하기 때문에 비언어적 행위나 개인적인 특성은 자료로 활용될 수 없다.
③ 읽고 쓸 수 있는 능력이 없는 사람에 대해서는 조사가 불가능하다.
④ 무응답 처리가 많은 것을 통제할 수 있다.
⑤ 응답자가 보고할 수 있는 소지에 대해서만 원만한 성과를 거둘 수 있다.

해설 많은 질문 문항에서 무응답 처리가 많은 것을 확인할 수 없어 통제가 불가능하다.

정답   01 ④   02 ③   03 ①   04 ④

05 집합조사법의 내용으로 틀린 것은?

① 짧은 시간 내에 많은 수의 응답자를 다룰 수 있다.
② 조사가 간편하고 비용이 적게 든다.
③ 조사완성에 필요한 설명이나 지시를 일관성 있게 할 수 있다.
④ 모르는 질문이나 애매한 질문에 대해 보충 설명할 수 있다.
⑤ 보다 넓은 범위에 걸쳐, 보다 쉽게 응답자에게 접근할 수 있다.

해설 보다 넓은 범위에 걸쳐, 보다 쉽게 응답자에게 접근할 수 있는 조사법으로는 우편조사법, 전화조사법, 전자조사법이 있다.

06 전화조사에 대한 내용이 아닌 것은?

① 간편하고 시간과 비용을 절약할 수 있다.
② 간단히 응답자와 대화를 할 수 있다.
③ 전화번호부를 이용하기 때문에 비교적 쉽다.
④ 시간 및 공간상의 제약이 거의 없다.
⑤ 무작위추출이 가능하다.

해설 시간 및 공간상의 제약이 거의 없는 조사는 전자조사법이다. 전화조사법은 새벽이나 일하는 시간에는 조사하기 어렵다.

07 전자조사법의 특징으로 틀린 것은?

① 홈페이지에서 질문을 하고 조사대상자들로 하여금 질문에 응답을 하게 한다.
② 동영상과 같은 보도 자료를 첨부할 수 있다.
③ 운영금액은 많으나 초기에 설문 프로그램을 만드는 데 적은 비용이 들어간다.
④ 동일인이 중복하여 응답할 수 있다.
⑤ 시간과 공간상의 제약이 없다.

해설 전자조사법은 운영금액이 적으나 초기에 설문 프로그램을 만드는 데 많은 비용이 들어간다.

08 서베이에서 우편설문법과 비교한 대인면접법의 특성으로 옳지 않은 것은? [13회]

① 비언어적 행위의 관찰이 가능하다.
② 대리응답의 가능성이 낮다.
③ 질문과정에서의 유연성이 높다.
④ 응답환경을 구조화하기 어렵다.
⑤ 표집조건이 동일하다면 비용이 많이 든다.

해설 직접 만나서 면접을 하기 때문에 응답 환경을 구조화할 수 있다.

1과목
2과목
3과목
4과목
5과목
6과목
7과목
8과목

학습 가이드

- 자료수집은 델파이기법, 명목집단기법, 초점집단기법, 서베이 등 다양한 방법으로 자료를 수집할 수 있다.
- 특히, 델파이기법, 명목집단기법, 초점집단기법, 서베이 등은 지역사회복지론, 사회복지 행정론 등 다른 과목에서도 중복되어 출제되고 있으니 확실히 학습하면 다른 과목에서도 도움이 된다.

1 일반 집단 서베이

① 지역사회주민들로부터 추출된 표본에 대한 설문조사를 실시하여 필요한 자료를 얻어내는 방법이다.
② 지역사회 욕구조사 시 가장 많이 사용되는 방법 중 하나이다.

2 표적 집단 서베이

① 전체 지역사회주민들로부터 표본을 추출하는 것이 아니라 노인, 장애인, 아동 등 서비스를 받은 경험이 있는 대상을 설문조사를 실시하여 필요한 자료를 얻어내는 방법이다.
② 표적 집단 서베이는 일반 집단 서베이보다 그들이 원하는 욕구를 구체적으로 파악할 수 있다.

③ 서비스를 받는 데 제약, 필요한 서비스 등에 대해 직접적인 의견을 들을 수 있다.

④ 표적 집단에서 얻은 자료는 일반화를 하는 데 한계를 가지고 있다.

1과목
2과목
3과목
4과목
5과목
6과목
7과목
8과목

3 주요 정보제공자 서베이

① 해당지역의 사회복지기관 관계자, 전문직 종사자, 지역 유지, 행정 관료, 종교지도자 등 지역사회의 문제점을 잘 알고 있거나 잘 알고 있을 것 같은 사람들로부터 자료를 수집하는 방법이다.

② 장점

　㉠ 지역사회의 문제를 쉽게 파악할 수 있다.

　㉡ 지역사회의 유지나 지도자들이 지지하거나 반대하는 서비스나 프로그램을 알 수 있다.

　㉢ 주민들 중에서 정치적으로 활동적이거나 주장이 강한 집단의 관심사항을 파악할 수 있다.

③ 단점

　㉠ 정치적으로 영향력이 있는 사람들이 중요하다고 생각하는 문제들이나 정치적 민감성에 의해 결정되는 경우가 많다.

　㉡ 주요 정보제공자 선정 시 자의적일 경우 잘못 선정되어 불필요한 정보를 수집하거나 필요한 정보를 골고루 수집하지 못하는 경우가 생긴다.

　㉢ 지역사회 지도자들은 자신과 접촉 가능한 집단만 대변하는 의견을 제시할 수 있어 일부 지역주민의 욕구가 반영되지 않을 수 있다.

Tip 👆
주요 정보제공자 서베이는 소수의 사람들만 모아 정보를 얻는 방법으로 조사대상자들의 편견이 들어갑니다.

4 서비스 제공자 서베이

① 서비스를 제공하는 사람들로부터 지역사회의 욕구나 문제, 기존에 있는 프로그램의 평가나 새로운 프로그램의 개발에 필요한 의견을 수집하는 방법이다.

② 장점

　㉠ 알려져 있지 않은 문제나 사회적으로 받아들이기 어려운 문제에 대해 정보를 얻을 수 있다.

ⓛ 현존하거나 잠재적인 지역사회 또는 기관의 활용할 수 있는 자원에 대해 정확한 정보를 얻을 수 있다.

ⓒ 지역사회나 개인의 전반적인 문제의 배경을 파악하는 데 유용하다.

ⓔ 서비스 제공자들은 전문적인 판단에 근거하여 의견을 제시한다.

③ 단점

ⓐ 접촉을 하고 있는 클라이언트로부터 자료를 얻기 때문에 클라이언트의 의견만 반영된다.

ⓛ 실시할 서비스가 중복되거나 중복될 수 있는 문제에만 관심을 갖는다.

5 지역사회 공청회

① 지역사회에 거주하는 모든 주민들이 참여하여 그 지역의 욕구나 문제에 대해 의견을 발표하여 지역사회 주민의 문제를 파악하는 방법이다.

② 지역사회의 욕구를 누구보다 잘 파악하고 있다는 전제하에 주민들의 의견을 들어 본다.

③ 장점

ⓐ 적은 비용으로 광범위한 계층 및 집단의 의견을 들을 수 있다.

ⓛ 개인, 집단, 기관별 문제에 대한 인식과 관심을 알 수 있다.

ⓒ 지역사회주민의 협조와 다른 기관의 협조를 얻을 수 있다.

ⓔ 자료수집이 비교적 쉽고, 지역사회의 문제를 생각할 수 있는 기회를 마련한다.

④ 단점

ⓐ 참석자 전체가 의견을 제시하는 것이 아니기 때문에 지역주민 전체의 의견보다는 소수의 의견이 강조될 수 있다.

ⓛ 생각했던 것보다 많은 정보를 얻지 못할 수도 있다.

6 델파이기법

① 전문가들에게 우편으로 의견이나 정보를 주고받아 합의점을 도출하는 방법이다.

② 익명성이 보장되고 한곳에 모일 필요가 없으며 만족할 때까지 계속 정보를 주고받는다.

③ 장점

    ㉠ 익명성으로 편견이나 특정인에 대한 영향력을 행사하지 못한다.

    ㉡ 응답자는 자신의 시간에 맞게 의견을 제시할 수 있다.

④ 단점

    ㉠ 반복적인 과정을 거치기 때문에 시간이 오래 걸리고 극단적인 의견은 합의를 얻기 위해 제외될 가능성이 있어 창의성이 손실될 수 있다.

    ㉡ 전문가들의 판단은 주관적이고 설명을 잘못 이해했을 경우 응답이 달라질 수 있다.

7   2차 자료분석

① 지역주민이나 전문가들에게 자료를 얻는 것이 아니라 기존의 기록을 검토하여 클라이언트의 욕구나 문제를 파악하는 방법이다.

② 지역사회에 있는 사회복지기관의 서비스 수혜자와 관련된 기록을 검토하여 욕구를 파악하는 방법이다.

③ 장점

    ㉠ 시간과 비용이 적게 든다.

    ㉡ 자료수집이 용이하다.

④ 단점

    ㉠ 서비스 이용 자료는 전체 주민이 아니라 서비스를 이용한 주민으로 한정되어 있어 전체 주민의 욕구를 파악하기 어려우므로 일반화가 불가능하다.

    ㉡ 비밀보장의 원칙 때문에 자료를 구하기 어렵고 윤리적 문제에 해당할 경우가 있다.

OX 퀴즈

- 델파이기법은 전문가들에게 우편으로 의견이나 정보를 주고받아 합의점을 도출하는 방법이다. (O)
- 2차 자료분석은 지역사회에 있는 사회복지기관의 서비스 클라이언트에 관련된 기록을 검토하여 욕구를 파악하는 방법이다. (O)
- 서비스 제공자 서베이는 서비스를 제공하는 사람들로부터 지역사회의 욕구나 문제, 기존에 있는 프로그램의 평가나 새로운 프로그램의 개발에 필요한 의견을 수집하는 방법이다. (O)

01 서베이 조사에 적절한 주제가 아닌 것은? [14회]

① 신규 프로그램 개발을 위한 주민욕구 측정
② 기초생활보장제도의 대국민 만족도 측정
③ 틱(Tic) 현상을 가진 아동에 대한 단일사례분석
④ 한국 청소년의 약물남용 실태조사
⑤ 노숙자들의 쉼터 이용 거부원인 분석

해설 서베이 조사는 양적 조사이다. 그러나 틱 현상을 가진 아동에 대한 단일사례분석은 질적 조사이므로 서베이 조사의 주제가 될 수 없다.

02 욕구조사에서 지역사회공개토론회의 특징으로 옳은 것을 모두 고른 것은? [9회]

> ㄱ. 모든 지역주민이 동등하게 의견을 제시할 기회를 갖는다.
> ㄴ. 표본의 대표성이 높다.
> ㄷ. 현실적 실행 가능성이 낮다.
> ㄹ. 이익집단의 영향을 배제할 수 없다.

① ㄱ, ㄴ   ② ㄱ, ㄷ
③ ㄴ, ㄹ   ④ ㄹ
⑤ ㄷ, ㄹ

해설 ㄱ. 참여한 지역주민만 가능하다.
ㄴ. 표본의 대표성이 낮다.
ㄷ. 실행 가능성이 높다.

03 2차 자료분석에 관한 설명으로 옳은 것은?

① 비관여적 접근이다.
② 원자료 수집과정이 필요하다.

③ 인간을 대상으로 하는 연구에는 적합하지 않다.
④ 원자료에서 누락된 변수와 결측값을 복구할 수 있다.
⑤ 간접적 자료수집방법이므로 변화의 추이분석은 불가능하다.

해설 지역주민이나 전문가들에게 자료를 얻는 것이 아니라 기존에 기록을 검토하여 클라이언트의 욕구나 문제를 파악하는 방법이다.
② 원자료 수집과정이 필요 없다.
③ 인간 대상 연구에 적합하다.
④ 원자료에서 누락된 변수와 결측값을 복구할 수 없다.
⑤ 변화의 추이분석이 가능하다.

04 욕구조사의 유형에 관한 설명으로 옳지 않은 것은?

① 지역주민 서베이는 수요자 중심의 욕구사정에 적합하다.
② 지역자원재고조사는 지역사회 서비스 자원에 대한 정보획득이 용이하다.
③ 사회지표조사는 지역사회 주민욕구의 장기적 변화를 파악하기 쉽다.
④ 지역사회 포럼은 조사대상자를 상대로 개별적으로 자료를 수집하는 데 유리하다.
⑤ 주요 정보제공자 조사는 정보제공자의 편향성이 나타날 수 있다.

해설 다수의 사람들을 한 자리에 모아 자료를 수집하기 때문에 집단적으로 자료를 수집하는 데 유리하다.

정답   01 ③   02 ④   03 ①   04 ④

05 욕구조사의 자료수집 방법의 설명으로 틀린 것은?

① 주요 정보제공자 조사 – 지역사회 전반적 문제에 대하여 잘 알고 있는 사람들로부터 자료를 수집하는 방법이다.

② 표적집단 서베이 – 지역사회주민들로부터 추출된 표본에 대한 설문조사를 실시하여 필요한 자료를 얻어내는 방법이다.

③ 델파이기법 – 우편조사를 통해 전문가들의 합의점을 찾는 방법이다.

④ 2차적 자료분석 – 지역사회 내의 사회복지 기관의 클라이언트에 관련된 기록을 검토하여 욕구를 파악하는 방법이다.

⑤ 지역사회 공청회 – 그 지역의 욕구나 문제에 대해 의견을 발표하여 지역사회 주민의 문제를 파악하는 방법이다.

해설 일반집단 서베이에 대한 설명이다. 표적집단 서베이는 전체 지역사회주민들로부터 표본을 추출하는 것이 아니라 노인, 장애인, 아동 등 서비스를 받은 경험이 있는 대상을 설문조사를 실시하여 필요한 자료를 얻어내는 방법이다.

06 주요 정보제공자 서베이의 특징으로 틀린 것은?

① 알려져 있지 않은 문제에 대해 정보를 얻을 수 있다.

② 지역사회 지도자들은 자신과 접촉 가능한 집단만 대변하는 의견을 제시할 수 있다.

③ 주요 정보제공자 선정 시 잘못 선정하여 불필요한 정보를 수집할 수 있다.

④ 해당지역의 지역사회의 문제점을 잘 알고 있는 사람으로부터 자료를 수집한다.

⑤ 지역사회의 지도자들이 지지하거나 반대하는 서비스나 프로그램을 알 수 있다.

해설 서비스제공자 서베이는 서비스를 제공함으로서 알려져 있지 않은 문제에 대하여 정보를 얻거나 파악할 수 있는 장점이 있다.

07 델파이기법의 설명으로 틀린 것은?

① 편견이나 특정인에 대한 영향력을 행사할 수 있다.

② 익명성이 보장되고 한 곳에 모일 필요가 없다.

③ 전문가들의 판단은 주관적이고 설명을 잘못 이해했을 경우 응답이 달라질 수 있다.

④ 전문가들에게 우편으로 의견이나 정보를 주고받아 합의점을 도출하는 방법이다.

⑤ 응답자는 자신의 시간에 맞게 의견을 제시할 수 있다.

해설 델파이기법은 익명성이 보장되기 때문에 편견이나 특정인에 대한 영향력을 행사하지 못한다.

1과목

2과목

3과목

4과목

5과목

6과목

7과목

8과목

정답   05 ②   06 ①   07 ①

질적 연구

학습 가이드

- 근거이론, 민속지학, 현상학 등 질적 연구의 종류들이 시험에 잘 출제되고 있다.
- 질적 연구 이론들에 대한 정의를 잘 학습해야 하고 양적 연구와 질적 연구의 비교하는 문제가 출제되고 있으니 대비해야 한다.

1 질적 연구의 개념

대표성이 없는 표본을 대상으로 하며 자연적이고 실제적인 생활에서 진행되는 탐색적 연구방법이다. 연구에는 방법이 정해져 있는 것이 아니라 연구자 자신이 모든 과정을 스스로 정하게 되고 연구자는 연구에 중요한 도구가 된다.

2 질적 연구의 특성

1) 조사자

① 척도나 측정도구를 사용하는 것이 아니라 모든 데이터를 조사자가 자연적인 환경으로부터 직접 자료를 수집하여 연구를 한다. 따라서 조사자 자신이 조사도구가 된다.

② 현장에 직접 들어가 자료를 수집하기 때문에 조사자와 조사대상자의 주관성이 개입될 수 있다.

2) 연구대상자

① 질적 연구는 대규모집단에는 적용하기가 어렵고 대부분 소수집단에 대한 심층 관찰이 주를 이룬다.
② 대상이 많을 경우 모든 상황을 볼 수 없기 때문에 소수집단을 관찰한다.

3) 귀납적 논리

① 경험들을 수집하여 그것을 근거로 삼아 잠정적인 이론에 도달하는 귀납법 원리를 선호한다.
② 연구대상자의 구체적 행동을 관찰하여 자료를 모아 이론으로 개발한다.

4) 일반화의 한계

소수집단을 심층관찰을 하다 보면 관련된 경험들은 그 집단의 독특한 상황이기 때문에 다른 집단까지 일반화하기에는 무리가 있다.

3 질적 연구 종류

1) 근거이론

① 조사과정에서 체계적으로 수집되고 분석된 자료를 비교하여 이론을 도출해 내는 방법이다.
② 귀납적 방법을 통하여 수집된 자료를 근거로 이론이나 가설을 도출해 내는 방법이다.
③ 주제가 알려지지 않았고 예측하기 어려운 경우에 유리하며 개념들의 관계를 형성하는 것이 목적이다.
④ 코딩
　㉠ 코딩이란 질적 연구에서 연구자가 관여하는 기본적인 분석 과정이며, 개방코딩(Open Coding), 축코딩(Axial Coding), 선택코딩(Selective Coding), 역코딩(Reverse Coding) 등의 기본적인 코딩 유형이 있다.
　㉡ 개방코딩(Open Coding)은 조사로 얻은 개념을 하위범주로 나누고 다시 범주로 나누는 방법과 같이 조사로 얻은 개념을 유사성과 차이점으로 분절함으로써 코드화하고 범주를 생성하는 것이다.
　㉢ 축코딩(Axial Coding)은 개방코딩을 하면서 분절하였던 자료를 하나로 묶는 과정이다. 개념을 하위범주들과 연결시켜서 그 상호작용을 통해 얻은 결과로 패러다임을 밝혀낸다.

Tip

Padgett(1988)의 질적 연구방법의 특징
• 잘 알려지지 않은 주제에 대한 탐구적인 접근을 하고자 할 때
• 민감하고 정서적으로 깊이 있는 주제를 연구하고자 할 때
• 살아 있는 경험에 대해 이해를 얻음과 동시에 그들의 삶으로부터 의미를 도출하고자 할 때
• 양적 연구를 통해 발견한 내용을 설명하는 데 있어 난관에 부딪힐 때
• 연구와 적극적 행동을 하나로 묶고자 할 때

Tip

질적 연구의 표집방법
• 기준 표집 : 연구자가 연구목적에 맞게 결정한 기준에 충족되는 사례를 선정하는 표집방법입니다.
• 동질적 표집 : 동질적인 사례를 선정하는 표집방법입니다.
• 결정적 사례 표집 : 구체적인 정보를 제공하는 결정적인 사례를 선정하는 표집방법입니다.
• 극단적 사례 표집 : 주제의 현상이 나타나는 사례와 예외적인 사례를 표집하여 현상을 이해하는 방법입니다.
• 최대변이 표집 : 적은 수의 다양한 속성을 가진 사례의 표본을 확보하기 위한 표집방법입니다.
• 예외사례 표집 : 조사주제나 유형에 맞지 않는 예외적인 사례를 표집하는 방법입니다.

ⓔ 선택코딩(Selective Coding)은 핵심범주를 선택하고 핵심범주와 다른 범주들을 통합시켜 정교화하는 방식으로 현상을 정리하여 이론화하는 과정이다. 가장 중요한 핵심단어로 선택해서 추출하는 것이다.

ⓜ 역코딩(Reverse Coding)은 구성개념을 반대로 측정하는 역문항을 제대로 구성개념을 측정하기 위해서 역문항의 점수를 변환시키는 과정이다.

2) 사례연구

① 특수한 사건, 현상들에 초점을 두고 연구한 자료를 자세히 기술하는 것이다.
② 사회복지, 심리학, 약학 등에서 개입의 효과를 얻고 평가하기 위해 선호된다.
③ 사회현상에 대해 깊이 있는 연구를 할 수 있는 방법으로, 양적 연구와 함께 사용될 수 있다.
④ 개인, 가족, 집단, 지역사회 등 단일사례의 현상을 깊이 있게 분석하여 인간의 행동이나 사회 환경을 이해하는 데 유용하다.

　　예 복지관이 다른 곳으로 이전하기로 할 때 이후에 어떤 예상치 못한 문제가 생기는지, 왜 이전을 할 수밖에 없었는지를 연구하는 것

3) 민속지학

① 오랜 기간 같은 문화에서 생활하면서 조사대상자의 삶을 관찰하는 것에 초점을 두고 있는 연구방법이다.
② 그 문화에 살고 있는 사람의 관점에서 연구를 하고 그 문화에 살고 있는 중요한 정보제공자에 의존한다.
③ 개인이나 집단의 행동에 대한 이해의 목적을 가지고 자연스럽게 관찰이나 심층면접을 통해 자료를 수집한다.

　　예 아동시설의 문화를 기관의 종사자나 시설아동의 관점에서 연구하는 것

4) 현상학

① 인간의 모든 현상의 본질을 탐구하고 이해하는 방법으로, 주로 대화나 인터뷰를 사용한다.
② 현실 세계에 대한 사람의 주관적 경험과 해석을 강조한 것이다.
③ 하나의 개념에 대한 여러 사람의 체험을 의미하며 경험적 체험을 상대성과 주관성이 아닌 모든 사람에 보편화할 수 있는 이치를 밝히는 것이 목표이다.

　　예 생활시설에 실제로 생활하면서 대상자들이 왜 생활시설에서 생활하지 않으려고 하는지를 더 잘 이해할 수 있는 것

Tip 👆
질적 연구의 엄격성을 높이기 위한 전략
• 장기간 관계유지
• 다원화
• 동료집단의 조언 및 지지
• 연구대상을 통한 재확인
• 예외적 사례분석
• 감사자료 남기기

5) 생애사 연구

① 생애사는 한 개인의 전 생애 발달과정에 대한 삶의 역사를 외적인 삶의 상태 및 심리적인 측면과 정신 내적인 측면을 묘사하는 것이다.

② 한 사람의 생애를 연구하여 그 사람이 가진 독특성이 어떠한 시사점을 갖는 지 찾는 연구이다.

6) 내러티브(이야기) 연구

① 내러티브는 어떤 사물이나 사실, 현상에 대하여 일정한 줄거리를 가지고 하는 말이나 글이다.

② 개인의 서사, 경험 등에 대한 연구로 스스로 이야기의 주체가 되어 자신의 이야기를 만들어가는 것이다.

③ 인간의 사고, 지식과 실재, 의식, 정체성을 구성하는 주요수단이다.

7) 참여행동 연구

조사 대상자들에게 조사목적, 절차에 대한 통제권을 부여하여 직접 문제와 해결책을 정의하도록 하고 이 과정을 관찰하는 연구이다.

4 질적 연구의 문제점

1) 윤리적 문제

질적 연구는 대상을 관찰함으로써 새로운 사실을 발견하는데, 대부분 사람을 통해 만들어지고 사람이 대상이므로 윤리적인 문제를 고려해야 한다.

2) 질적 연구의 엄격성

① 질적 연구는 소수의 대상을 관찰하므로 과학적 엄격성을 확보하는 것이 중요하다.

② 엄격성이란 결과나 결과의 해석을 신뢰할 수 있는가를 의미한다.

③ 질적 연구의 신뢰성 저해요인

　ㄱ 조사 대상의 반응성 : 조사대상자가 누군가 나를 관찰하고 있다는 것을 알고 있어 자연스러운 행동이 보이지 않고 왜곡하는 것을 의미한다.

　ㄴ 조사자의 편견 : 조사자의 가치나 편견 때문에 관찰에서 얻어진 결과를 왜곡하는 것을 말하고 이것은 신뢰할 수 있는 결과가 아니다.

　ㄷ 조사대상자의 편견 : 조사대상자들이 바람직하게 보이고 싶어 지나치게 협조적이거나 정보를 감추거나 거짓 설명을 할 수 있다.

Tip

생애사는 삶의 역사(Life History)에 초점에 두고 연구하는 한편 내러티브는 이야기와 담론 등에 의해 구조화된 텍스트(Text)에 초점을 둡니다.

OX 퀴즈

• 조사과정에서 체계적으로 수집되고 분석된 자료를 비교하여 이론을 도출해 내는 방법이다. (×)

• 질적 연구는 일반화가 가능하다. (×)

• 민속지학은 오랜 기간 같은 문화에서 생활하면서 조사 대상자의 삶을 관찰하는 것에 초점을 두고 있는 연구방법이다. (O)

01 질적 연구의 특성으로 틀린 것은?

① 조사자 자신이 조사도구가 된다.

② 주로 작은 규모의 대상자를 관찰한다.

③ 귀납적 원리를 사용한다.

④ 일반화의 한계가 있다.

⑤ 많은 양의 자료를 얻을 수 있다.

해설 질적 연구는 많은 양의 자료를 얻으려고 실시하는 것이 아니라 깊이 있는 자료를 얻기 위해 실시한다.

02 질적 연구를 사용하는 경우가 아닌 것은?

① 잘 알려져 있는 주제에 대한 탐구적인 접근을 하고자 할 때

② 연구와 행동을 하나로 묶고자 할 때

③ 민감하고 정서적으로 깊이 있는 주제를 연구하고자 할 때

④ 살아있는 경험 및 그들의 삶으로부터 의미를 도출하고자 할 때

⑤ 양적 연구를 통해 발견한 내용을 설명하는데 있어 난관에 부딪힐 때

해설 잘 알려져 있는 주제에 대한 탐구적인 접근을 하고자 할 때가 아니라 잘 알려져 있지 않은 주제를 실시할 때 질적 연구를 실시한다. 잘 알려져 있는 주제는 어떤 조사도 하지 않는다.

03 다음에서 설명하는 것은?

- 조사과정에서 체계적으로 수집되고 분석된 자료를 비교하여 이론을 도출해 내는 방법이다.
- 귀납적 방법을 통하여 수집된 자료를 근거로 이론이나 가설을 도출해 내는 방법이다.
- 주제가 알려지지 않았고 예측하기 어려운 경우에 유리하며, 개념들의 관계를 형성하는 것이 목적이다.

① 민속지학 　　　　 ② 사례연구

③ 현상학 　　　　　 ④ 실험조사

⑤ 근거이론

해설 근거이론에 대한 내용이다. 근거이론은 조사과정에서 체계적으로 수집되고 분석된 자료를 비료하여 이론으로 도출해 내는 방법이다.

04 현상학에 대한 내용으로 틀린 것은?

① 현실 세계에 대한 사람의 주관적 경험과 해석을 강조한 것이다.

② 사회현상에 대해 깊이 있는 연구를 할 수 있는 방법으로 양적 연구와 함께 사용될 수 있다.

③ 모든 사람에게 보편화할 수 있는 이치를 밝히는 것이 목표이다.

④ 생활시설에 실제로 생활하면서 대상자들이 왜 생활시설에서 생활하지 않으려고 하는지를 더 잘 이해할 수 있다.

⑤ 인간의 모든 현상의 본질을 탐구하고 이해하는 방법으로 주로 대화나 인터뷰를 사용한다.

해설 사회현상에 대해 깊이 있는 연구를 할 수 있는 방법으로 양적 연구와 함께 사용될 수 있는 조사는 사례연구이다.

정답 01 ⑤ 02 ① 03 ⑤ 04 ②

05 질적 연구방법에 관한 설명으로 옳지 않은 것은?

[15회]

① 근거이론의 목적은 사람, 사건 및 현상에 대한 이론의 생성이다.
② 문화기술지(Ethnography)는 특정 문화를 이해하기 위한 방법, 과정 및 결과이다.
③ 현상학은 개인의 주관적인 경험의 본질과 의미에 초점을 둔다.
④ 자료수집원을 다양화하여 연구의 엄격성을 높일 수 있다.
⑤ 부정적 사례(Negative Case)의 목적은 연구자가 편견에 빠지지 않게 동료집단이 감시기제로서의 역할을 하는 것이다.

해설 동료집단은 연구자가 편견에 빠지지 않게 하는 감시기제로서 역할을 수행하며 연구자로 하여금 연구의 전 과정에서 정직성을 유지할 수 있게 하는 역할을 한다. 질적 연구의 엄격성을 높이기 위한 전략이다.

정답 05 ⑤

사회복지 실천론

3. 과목

Chapter 01

사회복지실천의 정의 및 목적

학습 가이드 자주 출제되는 부분이 아니지만 가장 기본적인 부분으로 사회복지실천에 대한 기본을 알 수 있는 부분이다. 암기를 할 정도는 아니지만 사회복지실천에 대한 내용은 이해하고 있어야 한다. 17회에 다시 출제되었던 만큼 사회복지실천의 정의와 목적을 이해한다.

1 사회복지실천의 정의

① 미국사회복지사협회(NASW) : 사회복지실천은 개인, 집단 또는 지역사회로 하여금 사회적 기능에 대해 그들의 능력을 강화 또는 회복시키고 그들의 목표에 바람직한 사회적 기능을 창출하도록 돕는 전문적 활동이다.

② 리치몬드(Richmond) : 사회복지실천은 개인 대 개인 및 인간과 사회환경 간에 적응하는 능력을 갖도록 성격을 발달시키는 과정이다.

③ 핀커스(Pincus)와 미나한(Minahan) : 사회복지실천을 사람과 자원체계 간의 연결과 상호관계라고 정의하고 생활상 필요한 서비스를 받기 위해 체계에 의존하고 있는 개입을 돕는 일이다.

④ 사회복지실천은 인간의 삶의 질 향상을 위하여 개인, 가족, 집단 또는 지역사회를 대상으로 스스로 자신의 욕구와 문제를 해결할 수 있도록 능력과 사회적 기능을 향상시켜 사회정의를 실현시키는 사회복지사의 전문적 활동이라 할 수 있다.

1) 사회복지실천의 목적

① 개인의 문제해결능력과 대처능력을 향상시킨다.
② 개인과 환경 간 불균형이 발생할 경우 문제가 감소되도록 돕는다.
③ 개인과 환경 간의 상호작용에 초점을 두고 사회정책을 개발한다.
④ 개인과 환경 간의 상호 유익한 관계를 증진시킨다.

2) 핀커스와 미나한(Pincus & Minahan)이 정리한 사회복지실천의 목적

① 개인의 문제해결 및 대처능력을 향상한다.
② 개인을 사회자원과 서비스 및 기회를 제공해주는 체계와 연결한다.
③ 이 체계들을 효과적이고 인도적으로 운영하도록 장려 및 촉진한다.
④ 사회정책의 개발 및 발전에 이바지하는 것이 목적이다.

3) 1981년 미국사회복지사협회가 세분화한 사회복지실천의 기능

① 사람들의 자신감을 높여주고 문제해결과 대처능력을 향상시키도록 돕는다.
② 자원을 취득하도록 돕는다.
③ 조직이 사람에게 반응하도록 한다.
④ 개인과 환경 내의 다른 사람 및 조직과의 상호관계를 촉진시킨다.
⑤ 조직과 제도 간의 상호관계에 영향력을 행사한다.
⑥ 사회정책과 환경정책에 영향을 미친다.

> 사회복지실천의 궁극적 목적은 삶의 질 향상으로 개인, 가족, 집단 또는 지역사회 사이에서 발생하는 불균형적인 문제들을 예방하고 해결 또는 축소하도록 돕는 것이다.

합격 노트
사회복지실천의 목적과 기능은 17회 시험에 출제되었지만 최근에는 출제되고 있지 않습니다. 하지만 전체적인 내용은 파악하고 있어야 합니다.

OX 퀴즈

• 사회복지실천의 정의는 스스로 자신의 욕구와 문제를 해결할 수 있도록 능력과 사회적 기능을 향상시키는 것이다. (O)
• 사회복지실천의 목적은 인간의 삶의 질의 향상이다. (O)

01 사회복지실천의 목적으로 옳지 않은 것은? [10회]

① 개인의 문제해결능력과 대처능력을 향상시킨다.
② 개인과 환경 간 불균형 발생 시 문제를 감소하도록 돕는다.
③ 개인과 환경 간의 상호작용에 초점을 두고 사회정책을 개발한다.
④ 개인의 욕구충족을 위해 전적인 책임을 갖고 지속적으로 지원한다.
⑤ 개인과 환경 간의 상호 유익한 관계를 증진시킨다.

해설 클라이언트의 욕구를 충족시키기 위해 사회복지사가 전적인 책임을 지지는 않는다.

02 전미사회복지사협회(NASW)가 제시한 사회복지실천의 기능으로 옳지 않은 것은? [12회]

① 사회정책과 환경정책에 영향을 미친다.
② 사람들이 자원을 획득하도록 원조한다.
③ 개인이 조직의 요구에 부응하도록 돕는다.
④ 사람들의 역량을 확대하고 대처능력 향상을 돕는다.
⑤ 조직 간의 상호관계에 영향력을 행사한다.

해설 클라이언트가 조직의 요구에 부응하는 것이 아니라 조직이 클라이언트의 욕구에 부응할 수 있어야 한다.

03 사회복지실천의 목표로 옳은 것을 모두 고른 것은? [14회]

> ㄱ. 권위적 관계의 고수
> ㄴ. 사회복지사의 사적 이익 추구
> ㄷ. 이중 관계(Dual Relationship)
> ㄹ. 클라이언트 삶의 질 향상 제고

① ㄱ, ㄴ, ㄷ   ② ㄱ, ㄷ
③ ㄴ, ㄹ   ④ ㄹ
⑤ ㄱ, ㄴ, ㄷ, ㄹ

해설 사회복지실천의 궁극적 목적은 삶의 질 향상으로 개인, 가족, 집단, 또는 지역사회 사이에서 발생하는 불균형적인 문제들을 예방하고 해결 또는 축소하도록 돕는 것이다.

04 사회복지실천의 목적과 기능으로 옳지 않은 것은? [17회]

① 사회정의의 증진
② 클라이언트의 삶의 질 증진
③ 클라이언트의 가능성과 잠재력 개발
④ 개인과 사회 간 상호 유익한 관계 증진
⑤ 개인이 조직에게 효과적으로 순응하도록 원조

해설 미국사회복지사협회(NASW)의 사회복지실천의 기능
• 문제해결과 대처능력을 향상
• 자원을 취득하도록 도움
• 조직이 사람에게 반응
• 사람과 조직과의 상호관계를 촉진
• 조직과 제도 간의 상호관계에 영향력 행사
• 사회정책과 환경정책에 영향을 미침

정답   01 ④   02 ③   03 ④   04 ⑤

핀커스와 미나한의 사회복지실천의 목적

개인이 조직에게 효과적으로 순응하도록 원조하는 것이 아니라 조직이 사람에게 반응하도록 한다.

- 개인의 삶의 질 향상
- 개인의 문제해결 및 대처능력 향상
- 사회자원과 서비스 및 기회 제공
- 사회정책의 개발 및 발전에 이바지하는 것
- 체계들을 효과적이고 인도적으로 운영하도록 장려 및 촉진

05 사회복지실천의 목적과 기능에 대한 내용으로 틀린 것은?

① 개인과 환경 간의 상호작용에 초점을 두고 사회정책을 개발한다.

② 개인과 환경 간 불균형이 발생할 경우 문제가 감소되도록 돕는다.

③ 개인이 조직에게 반응하여 자원을 취득하도록 돕는다.

④ 사람들의 자신감을 높여주고 문제해결과 대처능력을 향상시키도록 돕는다.

⑤ 개인과 환경 내의 다른 사람 및 조직과의 상호관계를 촉진시킨다.

해설 개인이 조직에게 반응하는 것이 아니라 조직이 사람에게 반응하도록 한다.

사회복지실천의 이념 및 철학

학습 가이드

- 사회복지실천의 역사는 꾸준히 많은 비중을 차지하고 있는 부분으로 암기가 필요한 부분이지만 무조건적인 암기보다는 이해 위주의 암기가 필요하다.
- 사회복지실천의 발단단계 순서를 물어보는 문제가 나오기 때문에 연도도 중요한 부분이다.
- 인보관이나 자선조직협회의 특징을 잘 암기하면 지역사회복지론이나 사회복지정책론에서도 많은 도움이 될 것이다.
- 실천 이념보다는 역사적 발달과정이 출제비중이 높아지고 있다. 사회복지실천에 영향을 미친 이념은 어떤 것들이 있는지 자선조직협회와 인보관운동에 영향을 미친 이념은 무엇인지 반드시 암기해야 한다.

1 사회복지실천의 이념

1) 인도주의(박애사상)

사회복지실천의 최초 이념 혹은 사상은 인도주의이며 박애사상일 것이다. 인도주의란 인종 · 종교 · 신분 · 풍습 · 이해관계 등의 차별을 초월하여 모든 사람이 평등함을 기초로 어려움을 함께 나누려는 인간애를 의미하며 인류의 공존을 꾀하여 복지를 실현시키는 사상이다. 자선조직협회 우애방문원들은 타인을 위해 봉사하는 정신을 기본 철학으로 기독교 사상을 실현하려는 상류층 여성들이 빈민들을 대상으로 인도주의적 구호를 제공하였다. 시간이 흐름에 따라 빈민을 위한 무조건적 봉사에서 클라이언트에 대한 봉사로 그 의미가 변화되었다.

2) 이타주의

나보다 타인을 먼저 생각한다는 의미로 타인의 행복과 이익을 위한 행동이며 타인을 위하여 봉사하는 정신을 실천한다.

3) 사회진화론

다윈(Darwin)의 자연과학적 개념이 사회과학에 적용되어 파생된 개념으로 사회가 변화함에 있어 부자는 우월해서 부유층으로 살아남게 되고 빈곤한 사람들은 게으르고 비도덕적인 열등인간이기 때문에 가난하게 살 수밖에 없다는 것이다. 즉, 사람도 동물과 마찬가지로 사회적합계층인 사회 주요 인물은 살아남고 그렇지 못한 사람은 사회부적합계층으로 소멸된다는 뜻이다.

사회진화론은 자선조직협회의 우애방문원 봉사에서 볼 수 있는데, 그들은 가난한 자와 장애인을 방문하여 기독교를 통한 자신의 가치와 윤리를 강조함으로써 가난한 자들의 가치와 윤리를 무시하였다. 그들의 가치관에 따르지 않을 경우 최소한의 도움 수준에 그쳤다.

Tip 👆
인도주의와 사회진화론은 자선조직협회의 기본 이념입니다.

4) 민주주의

민주주의는 사회진화론과 반대로 모든 인간은 평등하다는 것을 인정하기 때문에 합당한 대우를 받을 권리가 있다고 본다. 민주주의의 등장과 함께 클라이언트에 대한 무조건적인 봉사가 약화되고 선택적 봉사철학이 강화되었다. 평등은 인보관운동에서 두드러지는데, 빈곤한 사람들도 자신의 가치관이 있고 그 가치관을 사회에서 인정할 수 있도록 사회개혁으로 이어졌다. 사회진화론은 개인의 빈곤이나 장애를 개인적 책임으로 돌렸다면 민주주의는 개인의 빈곤이나 장애를 개인적 책임이 아닌 사회적 책임으로 돌렸다. 민주주의 개념을 수용한 나라들은 스웨덴, 덴마크, 영국 등이 있다.

5) 개인주의

개인주의는 자유방임주의와 함께 등장하였는데, 경제뿐 아니라 사회복지도 자유방임주의를 선택하였다. 개인주의는 두 가지 형태로 나타나는데, 하나는 개인의 권리와 의무가 강조되고 또 다른 하나는 수혜자격의 축소를 강조하였다. 개인의 권리와 의무가 강조되면서 빈곤의 문제를 개인의 책임으로 전가하였고 빈곤한 자들에게 사회복지서비스를 실시하면서도 최소한의 수혜자격 원칙을 적용하여 저임금 노동자들보다 더 낮은 혜택을 받도록 정책을 펼쳤다. 반면, 사회복지실천에서는 클라이언트의 개인적 특성을 중시하여 개별화에 중점을 두고 있다.

1과목

2과목

3과목

4과목

5과목

6과목

7과목

8과목

6) 다양화

21세기 세계화의 영향으로 다양성에 대한 수용이 높아지면서 사회복지실천에서도 다양한 계층의 클라이언트에 대한 욕구와 문제 및 접근방법에 대하여 수용하고 클라이언트의 독특성을 인정하는 개별화를 동시에 추구해야 한다.

2 사회복지실천의 역사적 발달과정

1) 전문적 사회복지실천 이전기(~19세기 이전)

(1) 역사적 배경

사회복지에 대한 역사는 1601년 영국의 「구빈법」에 그 기원을 두고 있다. 영국 의회의 수장령 통과와 인클로저로 인해 수도원에 있던 빈민들이 거리로 나오게 되었다. 거리의 빈민을 해결하기 위해 「구빈법」이 제정되었으며 교구 중심의 구제 활동이 시작되었다.

(2) 지역사회 중심의 구호

시설 중심의 구호가 비용 대비 효과가 나타나지 않자 정부는 시설 중심 구호에서 지역사회 중심의 구호로 원조의 형태를 바꾸었다. 지역사회 중심의 구호는 가능한 가장 적은 숫자의 빈민들에게 최소 금액으로 짧은 기간 동안 원조한다는 원칙으로 운영되었다. 우애방문자들을 활용한 수혜자격 검사를 통해 최소한의 빈민들을 가려냈으며, 최저임금을 받고 있는 근로자의 임금을 넘지 않는 선에서 원조를 제공하였다.

2) 전문직 사회복지실천의 출현(19세기 말~1900년)

(1) 우애방문원

우애방문원은 자선조직협회의 자원봉사자 또는 나중에 사회사업가가 된 자선조직협회의 고용인을 의미한다. 자선조직협회에 속해 있는 우애방문원들은 대부분 부유층 부인들이었고 스스로 노력한 자수성가형 부자들이었다. 우애방문원들은 빈곤한 자들은 삶이 게으름에 젖어 있고 이러한 가치관 때문에 가난하게 살 수밖에 없음을 강조하면서 부유층 기독교인의 도덕 및 가치관에 입각한 근면성을 배워 빈곤에서 벗어나고 의존성을 줄이도록 교화시키는 것을 큰 목표로 삼았다. 그러나 이 과정에 나타난 빈곤을 빈민들의 탓으로 돌리는 태도나 빈곤한 자들을 차별대우하는 태도 때문에 빈민들의 반감을 사기도 하였다. 정부가 제공하는 원조에 대한 수혜자격을 평가하면서 조사와 등급제를 통하여 빈민을 통제하고자 하였다. 이는 자선조직협회의 사회 통제적 기능이다.

(2) 자선조직협회(COS : Charity Organization Society)

부유층 부인들이 우애방문원이란 이름으로 이웃을 도와주는 것에서 시작되었는데, 그간 빈민에 대한 서비스가 중복과 누락이 되는 등 체계적이지 못한 문제점이 발생하여 1869년 자선조직협회를 설립하고 전문적인 서비스를 시작하였다. 설립 목적은 중복 구호를 방지하기 위함이었다. 빈곤 가정에 직접 찾아가 욕구조사를 실시한 후 필요한 것에 대하여 서비스를 제공하여 개별사회사업의 시초가 되었다. 모든 빈민에게 구호를 실시한 것이 아니라 빈민을 가치 있는 자와 가치 없는 자로 구분하여 구호를 시작하였는데, 가치 있는 자는 도와줄 가치가 있다는 뜻으로 노동능력이 없는(아동, 노인, 장애인 등) 빈민을 의미하고 가치 없는 자는 노동능력이 있는 빈민을 의미한다. 우애방문원들은 빈민들이 가난한 이유를 그들의 게으름에서 찾고 공적 자금(구빈비) 사용에는 반대하였다. 우애방문원들은 무급에서 출발하였지만 시간이 지난 후에는 유급 직원으로 변화되었다.

 자선조직협회와 인보관운동은 사회복지실천론뿐 아니라 사회복지정책론과 지역사회복지론에서도 출제될 수 있으니 꼭 암기하셔야 합니다.

(3) 인보관운동

1884년 바네트(Barnett) 목사에 의하여 최초의 인보관 토인비 홀이 설립되었다. 인보관은 빈민들이 가난한 이유를 개인의 게으름에서 찾지 않고 사회 환경에서 찾았으며, 지역사회를 변화시키려고 노력하였다. 인보관운동은 자선조직협회와 달리 대학생들과 지식인(성직자, 교수)을 중심으로 이루어지고 빈민들과 함께 거주하지 않으면 빈민을 이해할 수 없다고 생각하여 함께 생활하였다. 빈곤은 사회적 문제라고 생각하고 사회계급 간의 불평등을 해결하려 노력하였다. 주택, 공공위생에 신경을 썼으며, 특히 빈곤의 대물림을 방지하기 위해 교육에 신경을 썼다. 또한 빈민들도 도덕성이 있어 부유층 기독교 여성들의 도덕성을 굳이 배우지 않아도 된다고 하였다. 인보관운동은 3R로 요약되는데, Residence(거주), Research(조사), Reform(개혁)이다. 또한 여성 노동자의 권익증진운동을 펼쳤고 빈민자와 소외계층에 대하여 자신의 문제를 스스로 해결할 수 있도록 역량강화를 중요시하였다. 이는 집단사회사업에 시초가 되었고 이후 미국에서 1886년 근린길드, 1889년 시카고 헐 하우스가 설립되었다.

자선조직협회와 인보관운동 비교

구분	자선조직협회	인보관운동
문제의 원인	개인적 원인	환경적 원인
이데올로기	사회진화론, 인도주의	자유주의, 급진주의, 진보주의
참여자	상류층 부인	대학생, 지식인(성직자, 교수)
사회문제접근방법	빈민 개조 및 역기능 개선	빈민과 함께 거주 및 사회 개혁
성격	사회질서 유지 강조	사회 개혁 강조
영향	개별사회사업	집단사회사업

(4) 사회개량운동(1837)

노동자들을 위한 선거권 확대 운동으로 의회정치 민주화를 위해 청원서를 의회에 제출하였지만 실패하였다.

3) 사회복지실천의 전문직 확립기 : 1920년대

(1) 전문직으로 발돋움

우애방문원들의 보수가 무급에서 유급으로 전환되면서 교육 및 훈련을 받게 되었고 전문직으로 발돋움할 기회가 만들어졌다. 하지만 플렉스너(Flexner)는 사회사업은 아직까지 어떤 특수한 전문가적 기능을 담당하기에는 구체적인 기술이 부족하므로 전문직이라고 할 수 없다고 하였다. 이때 두 가지 반응이 일어났는데, 하나는 전문직의 틀을 조성하는 것이고 또 다른 하나는 전문직으로 인정받을 수 있게 기술을 갖추는 것이었다. 리치몬드(Richmond)는 《사회진단(Social Diagnosis) 및 개별사회사업이란 무엇인가?》(1917) 라는 책을 저술하여 사회복지실천을 전문직으로 공헌하였다.

4) 전문적 사회복지실천의 분화기 : 1950년대

미국은 1929년 경제가 무너지면서 대공황이 발생하였다. 대공황 이전에는 빈민들이 개인의 문제로 빈곤에 처해 있다고 생각했었는데, 이후 개인의 문제뿐 아니라 환경적 영향에 의해서도 빈곤에 처할 수 있다는 것을 알게 되었다. 대공황에 대처하기 위해 공공영역에서는 사회복지사를 고용하기 시작하였다. 이 시기 사회사업도 변화하게 되었는데, 1929년 밀포드(Milford)회의에서 개별사회사업의 공통요소를 정리하였다. 이때 진단주의학파와 기능주의학파로 분리되었고 이 두 학파의 논쟁은 1950년대까지 계속되었다.

(1) 진단주의학파

해밀튼(Hamilton)이 대표 학자이며 홀리스(hollis)에 의해 더욱 발전되었다. 진단주의는 프로이트(Freud)의 정신분석적 사고에 많은 영향을 받아 과거에 대한 분석을 통해 진단을 내렸고 조사, 진단을 개념화하고 사회복지사와 클라이언트 간의 치료적 관계를 중요시했다. 무의식, 전이, 저항, 정신결정론과 같은 개념들을 중요하게 생각하였고 자아의 힘을 강화하면 현실 적응력과 사회 환경에 대한 적응이 높아진다고 보았다. 진단주의의 또 다른 이름은 질병의 심리학이라고도 한다.

(2) 기능주의학파

결정론적 성격과 인간을 무의식적, 기계론적으로 보는 접근에 불만이 생기면서 기능주의가 생겨났는데, 대공황을 무의식이나 과거의 문제로 규정하기에

Tip 👆
그린우드(Green Wood)의 전문직의 조건
• 체계적 이론
• 전문적 문화
• 사회적 승인
• 전문가 윤리강령
• 전문적 권위체계

Tip 👆
리치몬드의 《사회진단》
조사, 진단, 치료에 대한 방법의 체계화를 이룩하였고 사회복지실천의 이론과 방법을 최초로 체계화하였습니다.

Tip 👆
진단주의는 의료모델을 의미하고 기능주의는 생활모델을 의미합니다.

는 문제가 있었다. 기능주의는 오토 랭크(Otto Rank)의 이론을 기반으로 하고 있는데, 첫째, 과거를 강조하는 프로이트와 달리 현재 및 미래를 강조하였고, 둘째, 인간 성격을 파악하기 위한 방법으로 보지 않았다. 치료의 책임은 사회복지사가 아닌 클라이언트에게 있음을 강조하고 치료보다는 원조과정이라는 단어를 사용하였다.

진단주의학파와 기능주의학파의 비교

구분	내용
진단주의 (1920년대)	• 프로이트의 영향을 받았으며, 해밀튼, 리치몬드 등이 대표학자 • 클라이언트의 정신분석이론에 근거하여 자아, 전이, 무의식, 결정론적 관점 강조 • 클라이언트의 과거의 경험이 현재에 영향을 미침, 과거 중심 • 사회복지사 중심 • 질병의 심리학
기능주의 (1930년대)	• 오토랭크, 로빈슨, 테프트 등이 대표학자 • 성장의 가능성, 사회 환경 중시 • 클라이언트의 현재 경험과 문제 중심 • 클라이언트 중심, 자기결정권 존중 • 성장의 심리학

5) 사회복지실천의 부분 통합기 : 1970년대

점점 다양해지고 복잡해지는 사회문제와 클라이언트의 욕구를 과거의 방법으로는 해결할 수 없게 되자 사회복지실천방법을 통합하려는 움직임이 일어났고 공통기반과 준거틀을 명확히 하여 사회복지실천의 공통 기반을 완성했다. 통합적 실천이 등장하면서 사회환경에 대한 관심이 높아지고 클라이언트의 문제를 해결하기 위해 다양한 모델이 등장하는데, 4체계모델, 문제해결모델, 생활모델, 단일화모델 등이 있다. 헬렌 펄만(H. Perlman)은 진단주의 입장에서 기능주의를 통합한 문제해결모델을 1957년에 발표하였고, 헨리 압테커(Henry Aptheker)는 기능주의 입장에서 진단주의를 통합하였다.

6) 사회복지실천의 발전기(확대 통합기) : 현재

(1) 집단사회사업

1970년대 생태체계이론의 등장과 함께 클라이언트 관점에서 다양한 실천모델들이 등장하였다. 1960년대 후반부터 1970년대에 사회목표모델, 치료모델, 상호작용모델, 인본주의모델, 사회학습모델, 목표형성모델 등 여섯 가지 모델로 성장하게 되었다.

Tip
• 진단주의는 제1차 세계대전 이후 전쟁 후유증 환자를 대상으로 프로이트의 정신분석이론을 치료에 활용하였습니다.
• 기능주의는 대공황 이후 사회환경적 치료를 통한 클라이언트의 기능회복에 초점을 두었습니다.

Tip
진단주의는 이후 홀리스의 심리사회모델을 발전시켰고 기능주의는 로저스의 클라이언트 중심모델, 펄만의 문제해결모델을 발전시켰습니다.

Tip
대표적인 통합방법론의 모델
• 펄만의 문제해결모델
• 핀커스 & 미나한의 4체계모델
• 콤튼 & 갤러웨이의 문제해결과정 모델
• 골드스타인(Goldstein)의 단일화 모델
• 저메인(Germain) & 기터맨(Gitterman)의 생활모델
• 셀리베이(Seleebey)의 권한부여모델 등

(2) 지역사회조직사업

지역사회조직사업이 지역사회의 참가가 중요하다고 주장하며 사회문제를 해결하기 위하여 사회행동을 강조하였고 클라이언트의 욕구를 해결하기 위해 사회계획이 강조되었다. 로스만(Rothman)은 지역사회개발, 사회계획, 사회행동 세 가지로 분류하였고 이후에는 여덟 가지로 분류하였다.

3 한국의 사회복지실천의 발달 과정

1) 외원기관 활동

한국전쟁 이후 사회적 혼란으로 인하여 국제적인 지원이 시작되었고, 특히 기독교 선교사들의 영향으로 교육과 병원이 발전할 수 있었다. 기독교아동복지재단 · 홀트아동복지회 · 선명회와 같은 외원기관들이 연합하여 1950년대 후반에 KAVA(Korea Association of Voluntary Agencies)를 창설하고 KAVA를 중심으로 개별사회사업 및 시설 중심의 서비스가 시행되었다. 1960년대 후반부터 한국의 경제가 성장하면서 외원기관들은 한국을 떠나기 시작했다.

2) 사회복지교육의 발전

1947년 최초로 이화여자대학교에 기독교 사회사업학과가 개설되고 1953년 강남대학교에 사회사업학과가 개설되었다. 그 후 중앙대학교, 대구대학교 등 많은 학교에서 사회사업학과를 개설하였다. 1980년대 이후로는 사회사업학과가 사회복지학과로 변경되었고 이후에는 사회복지학과가 신설되었다.

3) 사회복지관의 발달

우리나라의 최초 복지관은 태화여자관(현 태화기독교사회복지관)으로 1921년에 설립되었다. 그러나 1970년대까지는 활성화되지 못하다가 1983년 「사회복지사업법」이 개정되고 나서 본격화되었으며 이후에는 각 시 · 도에 사회복지관이 양적으로 팽창하였다.

4) 사회복지전담공무원

1987년 5대 직할시(부산 · 대구 · 인천 · 광주 · 대전)에서 사회복지전문요원을 별정직 7급으로 임용한 것을 시작으로 1988년 서울시에서도 사회복지전문요원을 별정직 7급으로 임용하였다. 1992년 「사회복지사업법」 개정으로 인하여 공공기관에 임용될 법적 근거를 마련하였으나 「국민기초생활 보장법」이 시행된 2000년부터 공개채용이 되었고 사회복지전담공무원을 일반직 9급으로 임용하기 시작하였다.

5) 사회복지사 자격제도

「사회복지사업법」이 1970년에 제정되면서 법적 근거를 마련하였고 이때에는 사회복지사가 아닌 사회복지종사자로 전문 자격증이 없었다. 하지만 1983년 「사회복지사업법」 개정으로 인하여 사회복지종사자에서 사회복지사로 명칭이 변경되었다. 1997년 「사회복지사업법」이 개정되면서 사회복지사 자격제도가 변경되어 3등급으로 나뉘어졌다. 2003년부터 1급은 사회복지학 교육을 받은 4년제 정규대학 또는 대학원을 졸업한 자와 2년제 대학을 졸업해 2급 자격증 취득 후 1년 현장경력을 쌓은 자가 국가 자격시험에 합격한 사람들이다. 2020년 1월부터 필수 과목 10과목, 선택 7과목 총 51학점, 160시간 현장실습을 이수해야 한다.

6) 기타 자격제도

(1) 정신건강사회복지사

1975년 아일랜드의 신부가 광주 성요한병원에 파견되면서 아일랜드의 정신보건모형이 도입되었다. 이후 정신보건센터, 사회복귀시설 등 지역사회로 확대되었다. 1997년 정신보건전문요원에 대한 자격이 법으로 규정되면서 1998년에 1회 정신보건사회복지사 자격시험을 실시하였다. 정신보건사회복지사 자격증은 1회 시험부터 국가자격이 되었다.

(2) 의료사회복지사

1958년 한노병원에서 처음으로 의료사회복지사를 채용한 것을 시작으로 의료사회복지사업이 시작되었다. 1973년 「의료법」 개정으로 종합병원에 사회복지사를 의무적으로 고용해야 하는 법적 근거가 마련되었다. 1973년 대한의료사회사업가협회가 창설되었고 2008년에 1회 의료사회복지사 자격시험을 실시하였다. 2020년부터 의료사회복지사 자격증이 국가자격이 되었다.

(3) 학교사회복지사

1997~1999년까지 교육부 주관으로 시범사업을 실시하였다. 1997년 한국사회복지회를 창설하고 2005년에 1회 학교사회복지사 자격시험을 실시하였다. 2020년부터 학교사회복지사 자격증이 국가자격이 되었다.

Tip

사회복지관련 국가자격증에는 사회복지사, 정신건강사회복지사, 의료사회복지사, 학교사회복지사가 있습니다.

7) 시설평가

1997년 「사회복지사업법」이 개정되고 1998년 「사회복지사업법 시행규칙」 개정으로 3년에 1회 이상 사회복지시설평가가 의무화되었다. 1999년 정신요양시설, 장애인복지관 등이 시설평가를 받게 되었고 2000년에는 아동시설, 노인시설, 여성시설, 정신장애인시설, 사회복지관 등이 시설평가를 받게 되었다.

사회복지실천의 이념 및 철학

01 진단주의와 기능주의에 대한 설명으로 틀린 것은?

① 진단주의는 과거의 심리사회적 문제가 현재의 기능에 영향을 미친다는 관점을 갖는다.

② 기능주의학파에서는 치료라는 말을 거부하는 대신 원조과정이라는 표현을 사용하였다.

③ 진단주의는 시간제한적이고 과제중심적인 단기 개입을 선호한다.

④ 진단주의학파는 클라이언트의 과거 경험은 어떠했는지 생활력을 강조하였다.

⑤ 기능주의는 인간의 성장 가능성과 자유의지를 강조한다.

해설 시간제한적이고 과제중심적인 단기개입을 선호하는 것은 기능주의이다. 진단주의는 프로이트의 정신분석적 사고에 많은 영향을 받아 과거에 대한 분석을 통해 진단을 내렸다.

02 서구의 사회복지실천의 역사에 대한 설명으로 틀린 것은?

① 1929년 밀포드 회의를 통해 개별사회복지실천을 위한 공통요소가 발표되었다.

② 1950년대 전통적인 방법론의 한계로 인하여 통합적 방법론이 등장하였다.

③ 1925년 플렉스너는 이론체계의 부족으로 사회복지직은 전문직이 아니라고 주장하였다.

④ 메리 리치몬드의 《사회진단》으로 사회복지실천의 이론과 방법의 체계화가 시작되었다.

⑤ 19세기 초 미국의 의료분야에서 사회복지사를 채용하기 시작하였다.

해설 20세기 초 미국의 의료분야에서 사회복지사를 채용하기 시작하였다. 19세기 초에는 의료사회복지사에 관심조차 없었다.

03 우리나라의 사회복지실천의 역사에 대한 설명으로 옳은 것은?

① 사회복지 시설평가제도가 법제화된 것은 1998년이다.

② 2000년「사회복지사업법」개정을 통해 사회복지의 날을 매년 4월 9일로 지정하였다.

③ 태화여자관은 우리나라 개별사회복지사업의 시초로 평가되고 있다.

④ 1967년 한국사회복지사협회가 조직되었고, 1985년 한국사회사업가협회로 명칭을 변경하였다.

⑤ 1997년에 정신보건전문요원으로서 정신보건사회복지사 자격이 제정되었다.

해설 ① 사회복지 시설평가제도가 법제화된 것은 1997년이다.
② 2000년「사회복지사업법」개정을 통해 사회복지의 날을 매년 9월 7일로 지정하였다.
③ 태화여자관은 우리나라 지역사회복지사업의 시초로 평가되고 있다.
④ 1967년 한국사회사업가협회가 조직되었고, 1985년 한국사회복지사협회로 명칭을 변경하였다.

정답   01 ③   02 ⑤   03 ⑤

04 사회복지관련 자격제도가 처음 시행된 순서대로 바르게 나열한 것은?

> ㄱ. 학교사회복지사 시험
> ㄴ. 정신건강사회복지사 시험
> ㄷ. 의료사회복지사 시험
> ㄹ. 사회복지사 1급 시험

① ㄴ → ㄱ → ㄹ → ㄷ
② ㄴ → ㄹ → ㄱ → ㄷ
③ ㄹ → ㄴ → ㄷ → ㄱ
④ ㄹ → ㄷ → ㄴ → ㄱ
⑤ ㄷ → ㄱ → ㄹ → ㄴ

해설 정신건강사회복지사 시험은 1998년(ㄴ), 사회복지사 1급 시험은 2003년(ㄹ), 학교사회복지사 시험은 2005년(ㄱ), 의료사회복지사 시험(ㄷ)은 2008년에 처음 실시되었다.

05 우리나라 사회복지실천의 역사적 발달과정에서 가장 최근에 실시한 것은? [9회]

① 「정신보건법」 제정
② 사회복지전문요원 배치
③ 사회복지시설평가 법제화
④ 사회복지사 1급 시험 최초 시행
⑤ 사회복지의 날 제정

해설 ① 「정신보건법」 제정 : 1996년
② 사회복지전문요원 배치 : 1987년
③ 사회복지시설평가 법제화 : 1998년
④ 사회복지사 1급 시험 최초 시행 : 2003년
⑤ 사회복지의 날 제정 : 1999년

06 우리나라 사회복지실천 현장에 관한 설명으로 옳은 것은?

① 지역사회복지관은 1970년대 후반 크게 증가하였다.
② 최초의 사회복지학과가 개설된 곳은 강남대학교 사회사업학과이다.

③ 사회복지윤리강령의 최근 개정은 1990년대 초반에 이루어졌다.
④ 정신건강사회복지사 자격시험제도는 1998년에 1회 시험이 시행되었다.
⑤ 한국전쟁 이후 외원단체들의 지원은 재가중심의 사회복지를 발전시켰다.

해설 정신건강사회복지사 자격시험제도는 1998년에 1회 시험이 시작되었다. 경력 3년 이후 1급 정신건강사회복지사 시험에 응시할 수 있다.
① 지역사회복지관은 1983년 이후 크게 증가하였다.
② 최초의 사회복지학과가 개설된 곳은 이화여자대학교 기독교 사회사업과로, 1947년에 개설되었다.
③ 사회복지윤리강령의 최근 개정은 2023년에 이루어졌다.
⑤ 한국전쟁 이후 외원단체들의 지원은 시설중심의 사회복지를 발전시켰다.

07 사회복지실천의 발달과정을 순서대로 바르게 나열한 것은? [10회]

> ㄱ. 통합적 접근방법 필요성 대두
> ㄴ. 우애방문자 활동에 대한 급여 제공
> ㄷ. 진단주의학파와 기능주의학파의 접근방법 통합
> ㄹ. 개별사회사업, 집단사회사업, 지역사회조직방법론으로 분화 및 발전

① ㄴ → ㄱ → ㄹ → ㄷ
② ㄴ → ㄷ → ㄱ → ㄹ
③ ㄴ → ㄹ → ㄷ → ㄱ
④ ㄹ → ㄴ → ㄷ → ㄱ
⑤ ㄹ → ㄴ → ㄱ → ㄷ

해설 ㄴ. 우애방문자 활동에 대한 급여가 제공된 시기는 1880년대이다.
ㄹ. 개별사회사업, 집단사회사업, 지역사회조직방법론으로 분화 및 발전된 시기는 1920년대이다.
ㄷ. 진단주의학파와 기능주의학파의 접근방법이 통합된 시기는 1950년대이다.
ㄱ. 통합적 접근방법의 필요성이 대두된 시기는 1960년대이다.

정답 04 ② 05 ④ 06 ④ 07 ③

08 병리적 관점의 내용으로 틀린 것은?

① 사회복지사는 클라이언트의 문제를 해결해 주는 전문가이다.
② 클라이언트의 과거는 성인기 병리를 예측하는 중요한 요인이다.
③ 사회복지사의 지식과 기술은 문제해결의 주요 자원이다.
④ 클라이언트는 문제해결능력을 가진 존재이다.
⑤ 클라이언트의 진술은 전문가에 의해 재해석되어 진단에 활용된다.

해설 병리적 관점에는 정신분석적 내용이 포함되며, 사회복지사는 클라이언트가 스스로 문제를 해결하지 못하여 클라이언트를 진단하여 치료하는 역할을 한다.

09 사회복지실천의 이념적 배경으로 옳은 것은?

① 이타주의는 사회통제의 기능을 갖는다.
② 인도주의는 타인을 위하여 봉사하는 정신으로 실천되었다.
③ 사회민주주의는 수혜자격의 축소를 가져왔다.
④ 개인주의는 빈곤이나 장애를 클라이언트의 책임으로 돌렸다.
⑤ 사회진화론은 모든 인간은 평등하다는 것을 인정하기 때문에 합당한 대우를 받을 권리가 있다고 본다.

해설 ① 사회진화론은 사회통제의 기능을 갖는다.
② 이타주의는 타인을 위하여 봉사하는 정신으로 실천되었다.
③ 개인주의는 수혜자격의 축소를 가져왔다.
⑤ 사회민주주의는 모든 인간은 평등하다는 것을 인정하기 때문에 합당한 대우를 받을 권리가 있다고 본다.

10 사회복지 전문직에 관한 설명으로 옳은 것을 모두 고른 것은? [17회]

ㄱ. 전문적인 이론체계를 갖고 있음
ㄴ. 개인의 변화와 사회적 변혁에 관심을 둠
ㄷ. 미시 및 거시적 개입방법을 모두 이해해야 함
ㄹ. 타 분야 전문가와의 협업을 위해 고유한 정체성의 발전은 불필요함

① ㄱ, ㄴ   ② ㄱ, ㄷ
③ ㄴ, ㄷ   ④ ㄱ, ㄴ, ㄷ
⑤ ㄱ, ㄷ, ㄹ

해설 그린우드는 사회복지 전문직 속성으로 체계적인 이론, 전문적인 권위, 사회적 승인, 윤리강령, 전문직 문화를 이야기하였다. 사회복지는 하나의 학문이 아니라 다양한 학문이 합쳐진 학문이므로 타 분야 전문가와 협업을 통해 고유한 정체성을 발전시켜야 한다.

정답   08 ④   09 ④   10 ④

사회복지실천의 가치와 윤리

출제경향

목차	22회	21회	20회	19회	18회
1. 가치		1		1	
2. 윤리	3	1	2	1	3

학습 가이드

- 출제비중이 높다고 할 수는 없지만 꾸준히 나오는 만큼 꼭 이해하고 있어야 하고 가치와 윤리의 개념은 꼭 암기해야 한다.
- 사회복지사 윤리강령에 대한 문제도 출제가 되었던 만큼 윤리강령도 이해하고 있어야 한다.
- 레비의 전문직 가치나 로웬버그의 윤리원칙 등 학자의 내용은 반드시 암기가 필요하고 사례와 연결하는 문제가 출제되고 있어 사회복지사가 현장에서 나타날 수 있는 윤리적 쟁점을 찾아낼 수 있어야 한다.
- 윤리강령에 대한 내용이 중요해지고 있고 한 부분에서 문제가 출제되는 것이 아니라 전체적으로 출제되고 있는 만큼 윤리에 대해 전체적으로 이해하고 있어야 한다.

---

1   가치

1) 가치의 개념

가치는 믿음, 신념과 같은 것으로 좋고 바람직한 것을 판단할 수 있도록 방향을 제시하는 지침이다.

2) 존슨(Johnson)의 가치의 유형

(1) 궁극적 가치

인간의 존엄성, 자유, 정의처럼 가장 추상적이고 변하지 않으며 누구나 동의할 수 있는 가치이다.

(2) 차등적 가치

낙태, 동성애처럼 모든 인간이 일치가 되지 않으며 인간의 가치에 따라 찬성과 반대로 나뉘게 되는 가치이다.

(3) 도구적(수단적) 가치

자기결정권이나 비밀보장이 해당되고 궁극적 가치를 이루기 위한 방법이나 수단이 되는 가치이다.

3) 레비(Levy)의 전문직 가치의 범위

(1) 사람 우선의 가치

전문직이 갖추고 있어야 할 기본적인 가치관으로 사회복지사는 클라이언트의 개별화를 인정해주고 능력과 권한을 인정하는 것이다.

(2) 결과 우선의 가치

클라이언트에게 서비스를 제공한 후 초래되는 결과에 대한 가치관이다. 사회 참여에 대하여 동등한 기회를 제공해야 한다는 사회적 책임에 대한 믿음이다.

(3) 수단 우선의 가치

사회복지사가 클라이언트에게 제공하는 서비스를 수행하는 방법, 수단, 도구에 대한 가치관이다. 모든 결정에는 클라이언트의 자기결정권이 인정되어야 한다.

2 윤리

1) 윤리의 개념

어떤 행동에 대하여 옳고 그름을 판단할 수 있는 기준이 되는 행동지침이다. 가치와의 차이점은 가치는 좋고 나쁜가에 관련이 있고 윤리는 옳고 그름에 관련이 있다.

📖 **가치와 윤리의 차이점**

가치	윤리
• 선택 시 좋고 바람직한 것에 대한 가정 • 선한 것, 바람직한 것으로 지향해야 하는 신념이나 믿음	• 결정 시 옳고 그른 행동에 대한 사회적 태도 • 행동수행에 있어 규범적 기준이나 원칙까지 포함

2) 윤리적 갈등

윤리적 갈등은 사회복지사가 전문가로서 지켜야 하는 윤리적 의무와 책무가 서로 충돌하여 어떤 실천행동을 선택하는 것이 윤리적으로 올바른 것인지 판단하기 어려운 상태를 말한다.

① **상충하는 가치** : 사회복지사가 두 개 또는 그 이상의 경쟁적 가치와 직면했을 때 어떤 것을 선택해야 할지 결정하지 못하는 경우이다.

② **상충하는 의무** : 사회복지사가 지켜야 할 기관의 의무와 클라이언트를 위해 행동해야 할 의무가 상충하는 상황이다.

③ **다수의 클라이언트 체계** : 클라이언트가 여러 명일 경우 누구의 이익을 우선으로 고려해야 할지 판단하기 어려운 경우이다.

④ **결과의 모호성** : 사회복지사가 내린 결정의 결과가 좋지 못할 경우 어떤 결정을 내려야 할지에 대한 갈등이다.

⑤ **힘의 불균형성** : 사회복지사는 서비스를 주는 입장이고 클라이언트는 서비스를 받는 입장으로 사회복지사와 클라이언트의 관계가 평등하지 못해 나타나는 갈등이다.

3) 윤리적 딜레마(현장에서 자주 접하게 되는 상황들)

(1) 클라이언트의 자기결정권

사회복지사는 클라이언트가 어떠한 일을 결정할 때에는 타인에 의한 결정이 아니라 스스로 의사를 결정할 수 있는 권리를 의미한다. 사회복지사는 자신의 경험이나 기술과 생각을 클라이언트에게 이야기할 수는 있으나 강요는 할 수 없고 모든 선택은 자기 자신을 가장 잘 알고 있는 클라이언트가 선택해야 하는 것이다. 다만, 클라이언트가 정신연령이 낮거나 나이가 어려 자신의 결정을 스스로 할 수 없는 경우에는 자기결정권을 제한할 수 있다.

(2) 비밀보장

클라이언트와 사회복지사 사이에 있었던 모든 것들은 철저히 비밀유지가 되어야 한다. 하지만 법적 문제가 발생할 경우에는 예외로 비밀보장이 안 된다. 또한 교육적 목적이나 슈퍼비전을 위한 전문가회의 등 전문적인 이유에서도 사회복지사와 클라이언트 사이에 있었던 내용들이 공개될 수도 있다.

(3) 진실성 고수와 알 권리

진실성 고수와 알 권리는 클라이언트가 자신의 정보에 대해 알 권리를 의미한다. 다른 사람이 클라이언트 몰래 한 말이나 행동을 클라이언트에게 알려줄 것인지, 알려줄 때는 말한 사람도 알려줄 것인지 고민해야 한다. 진실성 고수와

Tip

자기결정권 한계
클라이언트가 정신연령이 낮거나 나이가 어려 자신의 결정을 스스로 할 수 없는 경우에는 자기결정권을 제한할 수 있습니다.

알 권리로만 본다면 알려주는 것이 당연한 것이다. 하지만 클라이언트에게 알려준다고 해서 모든 상황이 바람직하지는 않을 것이다.

⑷ 제한된 자원의 공정한 분배

사회복지사는 자신이 담당하고 있는 클라이언트에게 자원을 공정하게 배분해야 한다. 하지만 사회복지사가 활용할 수 있는 자원은 한정되어 있기 때문에 모든 클라이언트에게 똑같이 제공될 수 없다. 그래서 형평성 있게 분배를 해야 하는데, 형평성의 기준이 모호한 것이 문제이다.

⑸ 상충되는 의무와 기대

사회복지사에게 기대되는 여러 가지 역할이 있는데, 클라이언트, 상사, 기관, 사회 등이 서로 다른 기대를 하게 된다. 사회복지사는 누구의 기대에 맞게 행동해야 하는지 갈등 상황에 빠지게 된다.

⑹ 전문적 관계 유지

클라이언트의 문제에 초점을 두고 관계를 형성하고 유지하는 것을 의미한다. 사회복지사는 클라이언트에게 필요한 도움을 주기 위해서 자신이 가지고 있는 전문적 지식이나 기술을 사용한다. 그러나 클라이언트와의 공적 관계가 아닌 사적 관계처럼 더 많은 것을 요구하는 경우도 있다.

⑺ 클라이언트의 이익과 사회복지사의 이익

사회복지사는 클라이언트에게 도움을 주는 과정에서 자신의 이익을 위해 행동해서는 안 된다. 또한 자신이 위태로운 상황에 처하게 될 때면 자신의 이익을 추구할 것인지 클라이언트의 이익을 추구할 것인지 갈등을 경험하게 된다.

⑻ 전문적 동료관계

사회복지사는 많은 사람들과 함께 일을 하기 때문에 모든 사람을 존중해야 한다. 하지만 동료 사회복지사가 클라이언트에게 권위를 남용한다든지 해를 끼치는 행동을 하는 경우 동료 사회복지사를 존중하지 못할 수도 있다.

⑼ 규칙과 정책 준수

사회복지사는 자신이 일하는 기관의 정책이나 규칙을 준수한다. 하지만 클라이언트의 문제해결을 위해 하는 행동이 기관의 정책이나 규칙에서 벗어난다고 한다면 사회복지사는 갈등상황에 놓이게 된다.

4) 로웬버그(Loewenberg)와 돌고프(Dolgoff)의 윤리적 원칙

사회복지사가 클라이언트의 문제를 해결하기 위해 방향을 제시할 때 한 가지 이상의 윤리원칙이 상충하였을 경우 상위에 있는 윤리원칙을 우선하여 해결한다.

예 15세 P양이 임신한 사실을 부모님께 비밀로 하고 사회복지사에게 도움을 청한 경우에 사회복지사는 윤리원칙에 의거 생명을 보호하기 위하여 부모님과 상의할 수 있다.

윤리원칙

구분		내용
윤리원칙 1	생명보호의 원칙	인간의 생명보호가 다른 모든 것보다 우선한다.
윤리원칙 2	평등 및 불평등의 원칙	동등한 사람은 평등하게 처우되어야 하는 권리를 가진다.
윤리원칙 3	자율과 자유의 원칙	자율성과 독립성, 그리고 자유를 신장시키는 실천적 결정을 해야 한다.
윤리원칙 4	최소 해악의 원칙	선택 가능한 대안이 유해할 때 가장 최소한으로 유해한 것을 선택해야 한다.
윤리원칙 5	삶의 질 원칙	지역사회는 물론이고 개인과 모든 사람의 삶의 질을 좀 더 증진시킬 수 있는 것을 선택해야 한다.
윤리원칙 6	사생활보호와 비밀보장의 원칙	사회복지사가 클라이언트에 대하여 알게 된 사실을 다른 사람에게 공개해서는 안 된다.
윤리원칙 7	성실과 개방의 원칙	클라이언트와 여타의 관련된 당사자에게 오직 진실만을 이야기하며 모든 관련 정보를 완전히 공개해야 한다.

5) 사회복지사 윤리강령

(1) 윤리강령 재정연혁

① 1982년 1월 15일 제정

② 1988년 3월 26일 1차 개정

③ 1992년 10월 22일 2차 개정

④ 2001년 12월 15일 3차 개정

⑤ 2021년 7월 5일 4차 개정

⑥ 2023년 4월 11일 5차 개정

(2) 전문

사회복지사는 인본주의·평등주의 사상에 기초하여, 모든 인간의 존엄성과 가치를 존중하고 천부의 자유권과 생존권의 보장 활동에 헌신한다. 특히, 사회적·경제적 약자들의 편에 서서 사회정의와 평등, 자유와 민주주의 가치를 실현하는 데 앞장선다. 또한 도움을 필요로 하는 사람들의 사회적 지위와 기능을 향상시키기 위해 저들과 함께 일하며, 사회제도 개선과 관련된 제반 활동에 주도적으로 참여한다. 사회복지사는 개인의 주체성과 자기 결정권을 보장하는 데 최선을 다하고, 어떠한 여건에서도 개인이 부당하게 희생되는 일이 없도록 한다. 이러한 사명을 실천하기 위하여 전문적 지식과 기술을 개발하고, 사회적 가치를 실현하는 전문가로서의 능력과 품위를 유지하기 위해 노력한다. 이에 우리는 클라이언트·동료·기관 그리고 지역사회 및 전체 사회와 관련된 사회 복지사의 행위와 활동을 판단·평가하며 인도하는 윤리기준을 다음과 같이 선 언하고 이를 준수할 것을 다짐한다.

[윤리강령의 목적]

한국사회복지사 윤리강령은 사회복지 전문직의 가치와 윤리적 실천을 위한 기 준을 안내하고, 윤리적 이해가 충돌할 때 고려해야 할 사항을 제시하고자 한다. 한국사회복지사 윤리강령의 목적은 다음과 같다.

① 윤리강령은 사회복지 전문직의 사명과 사회복지실천의 기반이 되는 핵심 가치를 제시한다.

② 윤리강령은 사회복지 전문직의 핵심 가치를 실현하기 위한 윤리적 원칙을 제시하고, 사회복지실천의 지침으로 사용될 윤리기준을 제시한다.

③ 윤리강령은 사회복지실천 현장에서 발생하는 윤리적 갈등 상황에서 의사 결정에 필요한 사항을 확인하고 판단하는 데 필요한 윤리 기준을 제시한다.

④ 윤리강령은 사회복지사가 전문가로서 품위와 자질을 유지하고, 자기 관리 를 통해 클라이언트를 보호할 수 있도록 안내한다.

⑤ 윤리강령은 사회복지의 전문성을 확보하고 외부 통제로부터 전문직을 보 호할 수 있는 기준을 제공한다.

⑥ 윤리강령은 시민에게 전문가로서 사회복지사의 역할과 태도를 알리는 수 단으로 작용한다.

[윤리강령의 가치와 원칙]

사회복지사는 인간 존엄성과 사회정의라는 사회복지의 핵심 가치에 기반을 두고 사회복지 전문직의 사명을 다하기 위해 노력해야 한다. 이러한 핵심 가치 와 관련해 사회복지 전문직이 준수해야 할 윤리적 원칙을 제시한다.

① 핵심 가치 1 : 인간 존엄성

★ 윤리적 원칙 : 사회복지사는 인간의 존엄성과 가치를 인정하고 존중 한다.

• 사회복지사는 개인적·사회적·문화적·정치적·종교적 다양성을 고 려하며 개인의 인권을 보호하고 존중한다.

• 사회복지사는 클라이언트의 자율성을 존중하고, 자기 결정을 지원한다.

• 사회복지사는 클라이언트가 역량을 강화하고, 자신과 환경을 변화시킬 수 있도록 지원한다.

• 사회복지사는 사회복지실천과정에서 클라이언트의 개입과 참여를 보장 한다.

② **핵심 가치 2 : 사회정의**

★ 윤리적 원칙 : 사회복지사는 사회정의 실현을 위해 앞장선다.

• 사회복지사는 개인적 · 집단적 · 사회적 · 문화적 · 정치적 · 종교적 차별에 도전하여 사회정의를 촉진한다.

• 사회복지사는 개인, 가족, 집단, 지역사회의 다양성을 존중하는 포용적 지역사회를 만들기 위해 노력한다.

• 사회복지사는 부적절하고 억압적이며 불공정한 사회제도와 관행을 변화시키기 위해 사회의 다양한 구성원들과 협력한다.

• 사회복지사는 포용적이고 책임 있는 사회를 만들어 가기 위해 연대 활동을 한다.

[사회복지사의 윤리기준]

① **기본적 윤리기준**

㉠ 전문가로서의 자세

ⓐ 인간 존엄성 존중

• 사회복지사는 모든 인간의 존엄, 자유, 평등을 위해 헌신해야 하며, 사회적 약자를 옹호하고 대변하는 일을 주도해야 한다.

• 사회복지사는 모든 인간의 고유한 존엄성과 가치를 인정하고 존중하며, 이를 기반으로 사회복지를 실천한다.

• 사회복지사는 클라이언트의 성, 연령, 정신 · 신체적 장애, 경제적 지위, 정치적 신념, 종교, 인종, 국적, 결혼 상태, 임신 또는 출산, 가족 형태 또는 가족 상황, 성적 지향, 젠더 정체성, 기타 개인적 선호 · 특징 · 조건 · 지위 등을 이유로 차별을 하지 않는다.

• 사회복지사는 다양한 문화의 강점을 인식하고 존중하며, 문화적 역량을 바탕으로 사회복지를 실천한다.

• 사회복지사는 문화적으로 민감한 실천을 제공하기 위해, 사회복지실천과정에서 자신의 개인적 · 사회적 · 문화적 · 정치적 · 종교적 가치, 신념과 편견이 클라이언트와 동료사회복지사에게 미칠 수 있는 영향을 고려하여 자기 인식을 증진하기 위해 힘쓴다.

ⓑ 사회정의 실현

• 사회복지사는 사회정의 실현과 클라이언트의 복지 증진에 헌신하며, 이를 위한 국가와 사회의 환경 변화를 위해 노력한다.

• 사회복지사는 사회, 경제, 환경, 정치적 자원에 대한 평등한 접근과 공평한 분배가 이루어지도록 노력한다.

• 사회복지사는 개인적 · 집단적 · 사회적 · 문화적 · 정치적 · 종교적 특성에 근거해 개인이나 집단을 차별 · 억압하는 것을 인식하

고, 이를 해결 또는 예방하기 위해 노력해야 한다.

 ⓛ 전문성 개발을 위한 노력

  ⓐ 직무능력 개발

   • 사회복지사는 클라이언트에게 최상의 서비스를 제공하기 위해, 지식과 기술을 개발하는 데 최선을 다하며 이를 활용하고 공유할 책임이 있다.

   • 사회복지사는 사회적 다양성의 특징(성, 연령, 정신·신체적 장애, 경제적 지위, 정치적 신념, 종교, 인종, 국적, 결혼 상태, 임신 또는 출산, 가족 형태 또는 가족 상황, 성적 지향, 젠더 정체성, 기타 개인적 선호·특징·조건·지위 등), 차별, 억압 등에 대해 교육을 받고 이에 대한 이해를 증진하기 위해 노력한다.

   • 사회복지사는 변화하는 사회복지 관련 쟁점에 대응할 수 있도록 실천 기술을 향상하고, 새로운 실천 기술이나 접근법을 적용하기 위해 적절한 교육, 훈련, 연수, 자문, 슈퍼비전 등을 받도록 노력한다.

   • 사회복지사는 사회복지실천에 필요한 정보통신 관련 지식과 기술을 습득하기 위해 노력하며, 이를 사용하는 과정에서 발생할 수 있는 윤리적 문제를 인식하고 정보통신 관련 지식과 기술을 활용하도록 한다.

  ⓑ 지식기반의 실천 증진

   • 사회복지사는 사회복지실천과정에서 평가와 연구 조사를 함으로써, 사회복지실천의 지식기반 형성에 기여하고, 궁극적으로 사회복지실천의 질적 향상을 위해 노력한다.

   • 사회복지사는 평가나 연구 조사를 할 때, 연구 참여자의 권리를 보장하기 위해, 연구 관련 사항을 충분히 안내하고 자발적인 동의를 얻어야 한다.

   • 사회복지사는 연구 과정에서 얻은 정보를 비밀 보장의 원칙에서 다루며, 비밀 보장의 한계, 비밀 보장을 위한 조치, 조사 자료 폐기 등을 연구 참여자에게 알려야 한다.

   • 사회복지사는 평가나 연구 조사를 할 때, 연구 참여자의 보호와 이익, 존엄성, 자기 결정권, 자발적 동의, 비밀 보장 등을 고려하며, 「생명윤리 및 안전에 관한 법률」 등 관련 법령과 규정에 따라 연구 윤리를 준수한다.

 ⓒ 전문가로서의 실천

  ⓐ 품위와 자질 유지

   • 사회복지사는 전문가로서의 품위와 자질을 유지하고, 자신이 맡고 있는 업무에 대해 책임을 진다.

- 사회복지사는 자신의 이익을 위해 사회복지 전문직의 가치와 권위를 훼손해서는 안 된다.
- 사회복지사는 전문가로서 성실하고 공정하게 업무를 수행한다.
- 사회복지사는 부정직한 행위, 범죄행위, 사기, 기만행위, 차별, 학대, 따돌림, 괴롭힘 등 불법적이고 부당한 일을 행하거나 묵인해서는 안 된다.
- 사회복지사는 자신의 소속, 전문 자격이나 역량 등을 클라이언트에게 정직하고 정확하게 알려야 한다.
- 사회복지사는 클라이언트, 학생, 훈련생, 실습생, 슈퍼바이지, 직장 내 위계적 권력 관계에 있는 동료와 성적 관계를 형성해서는 안 되며, 이들에게 성추행과 성희롱을 포함한 성폭력, 성적 · 인격적 수치심을 주는 행위를 해서는 안 된다.
- 사회복지사는 한국사회복지사협회 등 전문가 단체의 활동에 적극적으로 참여하여, 사회정의 실현과 사회복지사의 권익 옹호를 위해 노력한다.

ⓑ 자기 관리
- 사회복지사는 정신적 · 신체적 건강 문제, 법적 문제 등이 사회복지실천과정에서의 전문적 판단이나 실천에 부정적 영향을 주거나 클라이언트의 이익을 저해하지 않도록, 동료, 기관과 함께 적절한 조치를 하도록 노력한다.
- 사회복지사는 클라이언트에게 최상의 사회복지서비스를 제공하기 위해 사회복지사 자신의 정신적 · 신체적 건강, 안전을 유지 · 보호 · 관리하도록 노력한다.

ⓒ 이해 충돌에 대한 대처
- 사회복지사는 클라이언트의 이익을 우선으로 고려하고, 이해 충돌이 있을 때는 아동, 소수자 등 취약한 자의 이해와 권리를 우선시한다.
- 사회복지사의 개인적 신념과 사회복지사로서 직업적 의무 사이에 이해 충돌이 발생할 때 동료, 슈퍼바이저와 논의하고, 부득이한 경우 클라이언트가 적절한 지원을 받을 수 있도록 클라이언트를 다른 사회복지사에게 의뢰하거나 다른 사회복지서비스로 연결한다.
- 사회복지사는 전문적 가치와 판단에 따라 업무를 수행하는 과정에서, 기관 내외로부터 부당한 간섭이나 압력을 받아서는 안 된다.

ⓓ 경제적 이득에 대한 실천
- 사회복지사는 클라이언트의 지불능력에 상관없이 복지서비스를 제공해야 하며, 이를 이유로 차별해서는 안 된다.

- 사회복지사는 필요한 경우에 제공된 서비스에 대해 공정하고 합리적으로 이용료를 책정할 수 있다.
- 사회복지사는 업무와 관련해 정당하지 않은 방법으로 경제적 이득을 취해서는 안 된다.

② 클라이언트에 대한 윤리기준

　ⓐ 클라이언트의 권익옹호 : 사회복지사는 클라이언트의 이익을 최우선의 가치로 삼고 이를 실천하며, 클라이언트의 권리를 존중하고 옹호한다.

　ⓑ 클라이언트의 자기 결정권 존중
- 사회복지사는 사회복지 실천과정에서 클라이언트의 자기 결정을 존중하고, 클라이언트를 사회복지실천의 주체로 인식하여 클라이언트가 자기 결정권을 최대한 행사할 수 있도록 돕는다.
- 사회복지사는 의사 결정이 어려운 클라이언트에 대해서는 클라이언트의 이익과 권리를 보장하기 위한 적절한 조치를 취해야 한다.

　ⓒ 클라이언트의 사생활 보호 및 비밀 보장 : 사회복지사는 클라이언트의 사생활을 존중하고 보호하며, 전문적 관계에서 얻은 클라이언트 관련 정보에 대해 비밀을 유지한다. 그러나 클라이언트 자신과 타인에게 해를 입히거나 범죄행위와 관련된 경우에는 예외로 할 수 있다.

　ⓓ 정보에 입각한 동의 : 사회복지사는 클라이언트의 알 권리를 인정하고 동의를 얻어야 하며, 클라이언트가 받는 서비스의 목적과 내용, 범위, 합리적 대안, 위험, 서비스의 제한, 동의를 거절 또는 철회할 수 있는 클라이언트의 권리 등에 대해 정확하고 충분한 정보를 제공한다.

　ⓔ 기록 · 정보 관리
- 클라이언트에 대한 사회복지실천 기록은 사회복지사의 윤리적 실천의 근거이자 평가 · 점검의 도구이기 때문에 중립적이고 객관적으로 작성해야 한다.
- 사회복지사는 클라이언트가 자신과 관련된 기록의 공개를 요구하면 정당한 비공개 사유가 없는 한 정보에 접근할 수 있도록 해야 한다.
- 사회복지사는 클라이언트에 대한 문서 정보, 전자 정보, 기타 민감한 개인 정보를 보호해야 한다.
- 사회복지사가 획득한 클라이언트 관련 정보나 기록을 법적 사유 또는 기타 사유로 제3자에게 공개할 때는 클라이언트에게 안내하고 동의를 얻어야 한다.

　ⓕ 직업적 경계 유지
- 사회복지사는 클라이언트와의 전문적 관계를 자신의 개인적 이익을 위해 이용해서는 안 된다.

- 사회복지사는 업무 외의 목적으로 정보통신기술을 사용해 클라이언트와 의사소통을 해서는 안 된다.
- 사회복지사는 어떠한 상황에서도 클라이언트와 사적 금전 거래, 성적 관계 등 부적절한 행동을 해서는 안 된다.
- 동료의 클라이언트를 의뢰받을 때는 기관 및 슈퍼바이저와 논의하는 과정을 거쳐야 하며, 클라이언트에게 설명하고 동의를 얻은 후 서비스를 제공한다.
- 사회복지사는 정보처리기술을 이용하는 것이 클라이언트의 권리를 침해할 위험성이 있다는 사실을 인식하고 직업적 범위 안에서 활용한다.

ⓢ 서비스의 종결
- 사회복지사는 클라이언트에게 제공되는 서비스가 더 이상 클라이언트의 이해나 욕구에 부합하지 않으면 업무상 관계와 서비스를 종결한다.
- 사회복지사는 개인적 또는 직업적 이유로 클라이언트와의 전문적 관계를 중단하거나 종결할 때 사전에 클라이언트에게 충분히 설명하고, 다른 기관 또는 다른 전문가에게 의뢰하는 등 필요한 조치를 취한다.
- 사회복지사는 클라이언트의 고의적 · 악의적 · 상습적 민원 제기에 대해 소속 기관, 슈퍼바이저, 전문가 자문 등의 논의 과정을 거쳐 서비스를 중단하거나 거부권을 행사할 수 있다.

③ 사회복지사의 동료에 대한 윤리기준
㉠ 동료
- 사회복지사는 존중과 신뢰를 기반으로 동료를 대하며, 전문가로서의 지위와 인격을 훼손하는 언행을 하지 않는다.
- 사회복지사는 사회복지 전문직의 권익 증진을 위해 동료와 다른 전문직 동료와도 협력하고 협업한다.
- 사회복지사는 동료의 윤리적이고 전문적인 행위를 촉진해야 하며, 동료가 전문적인 판단과 실천이 미흡하여 문제를 발생시켰을 때 윤리강령과 제반 법령에 따라 대처한다.
- 사회복지사는 다른 전문직의 동료가 행한 비윤리적 행위에 대한 윤리강령과 제반 법령에 따라 대처한다.
- 사회복지사는 동료의 직무 가치와 내용을 인정하고 이해하며, 상호 간에 민주적인 직무관계를 이루도록 노력해야 한다.
- 사회복지사는 동료들에게 정보통신기술을 사용한 비윤리적 행위를 하지 않는다.
- 사회복지사는 동료가 적법하게 업무를 수행하는 과정에서 부당한 조치를 당하면 동료를 변호하고 원조해 주어야 한다.

- 사회복지사는 동료에게 행해지는 어떤 형태의 차별, 학대, 따돌림 또는 괴롭힘과 자신의 전문적 권위를 행사하는 다른 동료와의 부적절한 성적 행동에 가담하거나 이를 용인해서는 안 된다.
- 사회복지사는 슈퍼바이지, 학생, 훈련생, 실습생, 자신의 전문적 권위를 행사하는 다른 동료와의 성적 행위나 성적 접촉과 성적 관계에 관여해서는 안 된다.

ⓛ 슈퍼바이저
- 슈퍼바이저는 슈퍼바이지가 전문적 업무 수행을 할 수 있도록 지원하고, 슈퍼바이지는 슈퍼바이저의 전문적 지도와 조언을 존중해야 한다.
- 슈퍼바이저는 전문적 기준에 따라 슈퍼비전을 수행하며, 공정하게 평가하고 평가 결과를 슈퍼바이지와 공유한다.
- 슈퍼바이저는 개인적인 이익 추구를 위해 자신의 지위를 이용해서는 안 된다.
- 슈퍼바이저는 사회복지사 수련생과 실습생에게 인격적 · 성적으로 수치심을 주는 행위를 해서는 안 된다.

④ 기관에 대한 윤리기준
ⓞ 사회복지사는 기관의 사명과 비전을 확인하고, 정책과 사업 목표를 달성하기 위해 노력해야 한다.
ⓛ 사회복지사는 소속 기관의 활동에 적극적으로 참여함으로써 기관의 성장과 발전을 위해 노력해야 한다.
ⓒ 사회복지사는 기관의 부당한 정책이나 요구에 대해 전문직의 가치와 지식을 근거로 대응하고, 제반 법령과 규정에 따라 해결하도록 노력해야 한다.

⑤ 사회에 대한 윤리기준
ⓞ 사회복지사는 자신이 일하는 지역사회를 이해하고, 클라이언트가 지역사회에서 서로 도우며 함께 살아가도록 지원해야 한다.
ⓛ 사회복지사는 정치적 영역이 클라이언트의 권익과 사회복지실천에 미치는 영향을 인식하여 사회정의 실현을 위한 사회정책의 수립과 법령 제 · 개정을 지원 · 옹호해야 한다.
ⓒ 사회복지사는 사회재난과 국가 위급 상황에서 문제를 해결하기 위해 적극적으로 활동해야 한다.
ⓡ 사회복지사는 지역사회, 국가, 나아가 전 세계와 그 구성원의 복지증진, 삶의 질 향상을 위해 적극적으로 노력해야 한다.
ⓜ 사회복지사는 인간과 자연이 서로 떨어져 살 수 없음을 깨닫고, 인간과 자연환경, 생명 등 생태에 미칠 영향을 생각하며 실천해야 한다.

OX 퀴즈

- 레비의 전문직 가치에는 사람 우선의 가치, 과정 우선의 가치, 수단 우선의 가치가 있다. (×)
- 가장 추상적이고 변하지 않는 가치는 궁극적 가치이다. (○)
- 옳고 그름을 판단할 수 있는 기준이 되는 행동지침은 윤리이다. (○)
- 윤리강령은 사회복지사가 현장에서 윤리적 갈등이 생길 때 지침의 역할을 한다. (○)

01 보호시설 입소를 원하지 않는 클라이언트와 시설 입소가 클라이언트에게 도움이 된다고 여기는 사회복지사 간에 상충되는 가치의 연결로 옳은 것은?

[13회]

① 자기결정 – 사생활보호
② 비밀보장 – 진실성 고수
③ 자기결정 – 온정주의
④ 사생활보호 – 평등주의
⑤ 진실성 고수 – 온정주의

해설 클라이언트는 보호시설에 입소를 하는 데 있어 자신이 결정하고 있으므로 자기결정권을 사용하고 있고, 사회복지사는 보호시설에 입소하는 것이 도움이 된다고 이야기하고 있으므로 온정주의에 입각하여 이야기하고 있다.

02 다음 사례는 사회복지실천에서 어떤 윤리적 갈등을 겪는 경우인가?

노인복지관에 근무하는 사회복지사 A는 복지관 여자 이용자 B씨와 면담 중 우연히 B씨의 몸에서 심한 멍자국과 상처를 발견하게 되었다. B씨는 아들 내외와 동거하고 있는데 아들에게 상습적으로 구타를 당하며 식사마저 제대로 제공받지 못할 때가 많다고 털어놓았다. B씨는 3년 전 사별한 남편과의 사이에 아들이 한 명 있고, 남편과 사별 후 아들 C의 집에서 살고 있다.

① 클라이언트의 이익과 사회복지사의 이익
② 클라이언트의 자기결정권
③ 진실을 말할 의무
④ 클라이언트의 비밀보장
⑤ 규칙과 정책 준수

해설 사회복지사는 클라이언트가 계속 C씨 집에서 살아야 하기 때문에 학대신고에 대한 고민을 할 수밖에 없다.

정답 01 ③ 02 ④

03 사회복지사의 가치갈등이나 윤리적 딜레마에 관한 설명으로 옳지 않은 것은? [17회]

① 윤리기준은 지속적으로 변화된다.

② 가치갈등에 대응하는 첫 단계는 가치갈등의 존재를 인식하는 것이다.

③ 윤리적 결정에 따른 결과의 모호성으로 윤리적 딜레마가 발생할 수 있다.

④ 기관의 목표가 클라이언트 이익에 위배될 때 가치상충으로 윤리적 딜레마가 발생할 수 있다.

⑤ 윤리적 결정을 위해 로웬버그와 돌고프의 일반결정모델을 활용할 수 있다.

해설 윤리적 딜레마에는 클라이언트의 자기결정권, 비밀보장, 진실성 고수와 알 권리, 전문적 관계 유지, 규칙과 정책 준수, 제한된 자원의 공정한 배분, 클라이언트의 이익과 사회복지사의 이익 등이 있다. 기관의 목표가 클라이언트 이익에 위배될 때는 윤리적 딜레마 상황에 포함되지 않으며 기관의 목표가 클라이언트 이익과 상충되는 경우에는 접수를 받지 않는다. 비장애인인 아동이 장애인 복지관에 와서 서비스를 받지 못하는 경우가 이에 해당된다.

04 다음 사례에 해당하는 레비의 전문직 가치로 옳은 것은?

클라이언트 A씨는 실업으로 인하여 힘들어 하고 있다. 사회복지사를 만나 상담을 한 후에 직업을 얻기 위해 직업훈련을 받기로 결정하였다. 그러나 사회복지사가 추천해 준 건축에 관한 직업훈련이 아닌 클라이언트가 원하는 바리스타 직업훈련을 받기로 했다.

① 사람 우선의 가치   ② 수단 우선의 가치

③ 결과 우선의 가치   ④ 차등 우선의 가치

⑤ 과정 우선의 가치

해설 위 내용은 수단 우선의 가치에 대한 내용이다. 수단 우선의 가치는 사회복지사가 클라이언트에게 제공하는 서비스를 수행하는 방법, 수단, 도구에 대한 가치관이며, 자기결정권 존중, 비심판적 태도가 도구에 대한 가치이다. 사람 우선의 가치는 전문직이 갖추고 있어야 할 기본적인 가치관으로 인간의 가치와 존엄성, 개별성에 대한 가치이다. 결과 우선의 가치는 클라이언트에게 서비스를 제공한 후 초래되는 결과에 대한 가치관이며, 사회적 책임에 대한 믿음이다.

05 가치와 윤리에 대한 설명으로 틀린 것은?

① 윤리는 믿음, 신념과 같은 것으로 좋고 바람직한 것을 판단할 수 있는 것이다.

② 궁극적 가치를 이루기 위해 방법이나 수단이 되는 것은 도구적 가치이다.

③ 사회복지사는 기관의 의무와 클라이언트에 대한 의무가 상충할 때 윤리적 갈등을 느낀다.

④ 레비는 전문직 가치로 사람 우선의 가치, 결과 우선의 가치, 수단 우선의 가치를 이야기하였다.

⑤ 한국은 1973년에 윤리강령을 만들었다.

해설 가치는 믿음, 신념과 같은 것으로 좋고 바람직한 것을 판단할 수 있는 것이다.

06 로웬버그와 돌고프의 윤리적 원칙의 우선순위를 옳게 나열한 것은?

> ㄱ. 개방의 원칙
> ㄴ. 평등과 불평등의 원칙
> ㄷ. 비밀보장의 원칙
> ㄹ. 최소 해악의 원칙

① ㄱ → ㄴ → ㄷ → ㄹ

② ㄱ → ㄷ → ㄹ → ㄴ

③ ㄴ → ㄹ → ㄷ → ㄱ

④ ㄴ → ㄷ → ㄱ → ㄹ

⑤ ㄷ → ㄱ → ㄴ → ㄹ

해설 로웬버그와 돌고프의 윤리적 원칙의 순서는 생명보호의 원칙, 평등과 불평등의 원칙, 자율과 자유의 원칙, 최소 해악의 원칙, 삶의 질 원칙, 사생활 보호와 비밀보장의 원칙, 성실과 개방의 원칙(진실성과 정보개방의 원칙)이다.

07 사회복지사 윤리에 관한 설명으로 옳은 것을 모두 고른 것은? [17회]

> ㄱ. 사회복지사는 원조과정에서 자신의 이익을 위해 행동해서는 안 됨
> ㄴ. 로웬버그와 돌고프의 윤리원칙 준거 틀은 생명보호를 최우선으로 함
> ㄷ. 윤리강령은 윤리적 갈등이 생겼을 때 법적 제재의 근거를 제공함
> ㄹ. 사회복지사는 국가자격이므로 사회복지사 윤리강령은 국가가 채택함

① ㄱ, ㄴ ② ㄱ, ㄷ
③ ㄱ, ㄴ, ㄷ ④ ㄱ, ㄴ, ㄹ
⑤ ㄴ, ㄷ, ㄹ

해설 사회복지사 윤리강령은 한국사회복지사협회에서 채택한 것이며 법적효력은 없다.

08 사회복지사의 동료에 대한 윤리기준에 해당하지 않는 것은?

① 사회복지사는 존중과 신뢰를 기반으로 동료를 대하며, 전문가로서의 지위와 인격을 훼손하는 언행을 하지 않는다.
② 사회복지사는 사회복지 전문직의 권익증진을 위해 동료와 다른 전문직 동료와도 협력하고 협업한다.
③ 사회복지사는 동료들에게 정보통신기술을 사용한 윤리적 행위를 하지 않는다.
④ 사회복지사는 다른 전문직의 동료가 행한 비윤리적 행위에 대한 윤리강령과 제반 법령에 따라 대처한다.
⑤ 사회복지사는 동료의 직무 가치와 내용을 인정하고 이해하며, 상호 간에 민주적인 직무관계를 이루도록 노력해야 한다.

해설 **사회복지사의 동료에 대한 윤리기준**
• 사회복지사는 존중과 신뢰를 기반으로 동료를 대하며, 전문가로서의 지위와 인격을 훼손하는 언행을 하지 않는다.
• 사회복지사는 사회복지 전문직의 권익 증진을 위해 동료와 다른 전문직 동료와도 협력하고 협업한다.
• 사회복지사는 동료의 윤리적이고 전문적인 행위를 촉진해야 하며, 동료가 전문적인 판단과 실천이 미흡하여 문제를 발생시켰을 때 윤리강령과 제반 법령에 따라 대처한다.
• 사회복지사는 다른 전문직의 동료가 행한 비윤리적 행위에 대한 윤리강령과 제반 법령에 따라 대처한다.
• 사회복지사는 동료의 직무 가치와 내용을 인정하고 이해하며, 상호 간에 민주적인 직무관계를 이루도록 노력해야 한다.
• 사회복지사는 동료들에게 정보통신기술을 사용한 비윤리적 행위를 하지 않는다.
• 사회복지사는 동료가 적법하게 업무를 수행하는 과정에서 부당한 조치를 당하면 동료를 변호하고 원조해 주어야 한다.
• 사회복지사는 동료에게 행해지는 어떤 형태의 차별, 학대, 따돌림 또는 괴롭힘과 자신의 전문적 권위를 행사하는 다른 동료와의 부적절한 성적 행동에 가담하거나 이를 용인해서는 안 된다.
• 사회복지사는 슈퍼바이지, 학생, 훈련생, 실습생, 자신의 전문적 권위를 행사하는 다른 동료와의 성적 행위나 성적 접촉과 성적 관계에 관여해서는 안 된다.

09 사회복지사가 윤리적 갈등에 빠질 수 있는 상황에 대한 설명으로 옳은 것을 모두 고른 것은?

> ㄱ. 사회복지사와 클라이언트 간에 힘이 불균형할 때
> ㄴ. 클라이언트 체계가 여럿일 때
> ㄷ. 실천 결과가 모호할 때
> ㄹ. 기관에 대한 의무와 클라이언트에 대한 의무가 상충할 때

① ㄱ, ㄴ, ㄷ   ② ㄱ, ㄴ, ㄹ
③ ㄱ, ㄷ, ㄹ   ④ ㄴ, ㄷ, ㄹ
⑤ ㄱ, ㄴ, ㄷ, ㄹ

해설 사회복지사는 상충하는 가치, 상충하는 의무, 다수의 클라이언트 체계, 결과의 모호성, 힘의 불균형성이 생길 때 윤리적 갈등에 빠진다.

10 가치와 윤리에 관한 설명으로 옳지 않은 것은?

[14회]

① 가치는 좋고 바람직한 것에 대한 믿음이다.
② 윤리는 옳고 그름을 판단하는 도덕적 지침이다.
③ 가치와 윤리는 불변의 특징을 지닌다.
④ 가치는 신념과 관련이 있고, 윤리는 행동과 관련이 있다.
⑤ 사회복지사 윤리강령은 법적 구속력을 가지지 않는 특징이 있다.

해설 가치는 불변의 특징을 가지는 데 반해 윤리는 상황에 따라 변화한다.

1과목
2과목
3과목
4과목
5과목
6과목
7과목
8과목

정답   09 ⑤   10 ③

학습 가이드

- 사회복지사의 역할과 사회복지사의 실천 현장에 대한 부분은 출제 빈도가 상당히 높은 편이다.
- 짜깁기 식의 문제가 많이 있기에 사회복지사의 역할이나 실천 현장을 모두 암기하는 것이 제일 좋다.
- 사회복지실천 현장에 대한 문제들이 회를 거듭할수록 난이도가 높아지고 있는 만큼 (이용－생활), (간접－직접), (민간－공공)에 대한 내용을 확실히 암기해야 한다.
- 사례관리자가 수행한 역할에 대해 물어보는 문제들이 자주 출제되고 있으니 사회복지사의 역할을 전체적으로 알고 있어야 한다.

---

1 **사회복지실천 현장의 개념**

「사회복지사업법」에 의하여 사회복지서비스를 제공하는 기관이나 시설을 의미한다. 사회복지실천 현장은 아동복지, 노인복지, 장애인복지, 여성복지, 가족복지, 의료복지 등 많은 부분으로 나눌 수 있다.

2 · 사회복지실천 현장의 분류

1) 목적에 따른 분류

(1) 1차 현장

사회복지사가 주를 이루는 현장으로, 사회복지사가 다른 전문가보다 더 많이 있는 현장이다.

예 복지관, 아동복지시설, 노인복지시설, 장애인복지시설 등

(2) 2차 현장

사회복지사가 객을 이루는 현장으로 사회복지사보다 다른 전문가들이 더 많이 있는 현장이다. 예 학교, 공공기관, 병원, 군, 기업, 보호관찰소 등

2) 서비스 제공에 따른 분류

(1) 생활시설

생활시설은 클라이언트의 주거를 포함한 모든 사회복지서비스를 제공하는 시설이다. 예 보육원, 양로원, 공동생활가정, 청소년 쉼터

(2) 이용시설

이용시설은 지역사회에서 생활하고 있는 클라이언트에게 필요한 사회복지서비스를 제공하는 시설이다.

예 사회복지관, 지역아동센터, 주간보호센터, 쪽방상담소

최근 시험에서는 목적에 따른 분류에 서비스 제공에 따른 분류를 합한 내용으로 출제되고 있습니다.

3 · 사회복지사의 역할

1) 조성자(조력자, Enabler)

클라이언트의 욕구와 문제를 명확히 진단하여 클라이언트가 처할 수 있는 문제에 스스로 대처하도록 능력을 개발하는 역할이다.

2) 중개자(Broker)

클라이언트가 필요한 자원을 찾을 수 있도록 도와주거나 직접적으로 자원과 클라이언트를 연결해주는 역할이다.

예 거동불편 노인에게 밑반찬 서비스 연계

3) 옹호자(대변자, Advocate)

클라이언트 입장에서 정당성을 주장하고 기존 제도나 기관으로부터 클라이언트가 불이익을 받을 때 클라이언트를 위해 정보를 수집하고 요구사항을 분명히 하여 정책이나 제도를 변화시키는 역할이다.

예 미등록 이주노동자 자녀가 교육을 받을 수 있도록 관계법 개정 제안

4) 활동가(Activist)

사회의 불평등, 사회적 박탈과 같은 문제에 관심을 갖고 불합리한 제도를 변화시키며 클라이언트의 욕구를 만족시킬 수 있는 환경을 만들기 위해 지역사회의 욕구를 조사, 분석하고 결과를 통해 지역주민을 조직하는 역할이다.

5) 중재자(Mediator)

서로 다른 입장을 가지고 있는 개인이나 집단 간의 문제에 개입하여 타협, 차이점을 조정하거나 서로 만족할 수 있는 합의점 도출을 할 수 있도록 돕는 역할이다.

예 돌봄 서비스를 받고 있는 노인과 직원 간 갈등 해결

6) 협상가(Negotiator)

갈등상황에 놓인 클라이언트와 기관 사이에서 상호합의를 이끌어 내기 위해 타협하는 역할이다. 양쪽이 모두 잘 되기를 바란다는 점에서 중재자와 비슷하나 협상가는 클라이언트 편에 서서 타협을 이끌어 낸다.

7) 교육자(교사, Educator)

클라이언트에게 정보를 주고 적응기술을 가르치는 역할로, 이 역할을 사회복지사가 수행하기 위해서는 그 기술과 관련된 지식을 가지고 있어야 하며 클라이언트가 이해할 수 있도록 명확히 전달할 수 있는 능력이 있어야 한다.

8) 주창자(Initiator)

이전에 관심을 끌지 못한 사회문제를 다양한 사람들에게 알려 관심을 집중시키는 역할이다.

9) 조정자(통합자, Coordinator)

클라이언트가 받아야 할 서비스가 흩어져 있거나 다양한 기관에서 산발적으로 주어지는 경우 이러한 서비스를 한 곳에서 서비스를 받을 수 있도록 정리하는 역할이다.

10) 촉진자(Facilitator)

촉진자는 집단의 지도자 역할로 성장집단, 교육집단, 치료집단, 자조집단 등 모든 집단의 상호작용을 촉진시키는 역할을 담당한다.

---

1) 직접적 실천

사회복지사가 클라이언트의 욕구나 문제를 해결하기 위하여 직접 클라이언트의 문제를 해결하는 것을 의미하고 사회복지사는 직접실천보다는 간접실천의 역할이 더욱 크다.

예 정보 제공, 가족치료, 상담

2) 간접적 실천

사회복지사가 클라이언트의 욕구나 문제를 해결하기 위하여 직접 해결하는 것이 아니라 지역사회, 자원과 연계하는 것을 의미하고 사회복지사는 직접실천보다는 간접실천의 역할이 더욱 크다.

예 공청회, 홍보 활동, 프로그램 개발, 예산 확보, 캠페인, 옹호, 서비스 조정

OX 퀴즈

• 사회복지사가 주를 이루는 현장이 1차 현장이다. (O)
• 사회복지사가 객을 이루는 현장이 2차 현장이다. (O)
• 클라이언트의 주거를 포함한 모든 서비스를 제공하는 곳은 생활시설이다. (O)
• 지역사회에서 생활하는 클라이언트에게 필요한 모든 서비스를 제공하는 곳은 이용시설이다. (O)
• 갈등상황에 놓인 클라이언트와 기관 사이에서 상호합의를 이끌어 내기 위해 타협하는 역할은 협상가이다. (O)

01 사회복지실천 현장에 관한 설명으로 옳은 것은?

[9회]

① 노인복지관 – 재가노인복지서비스를 제공하는 이용시설

② 사회복지협의회 – 사회복지행정을 담당하는 공공기관

③ 동주민센터 – 국민기초생활보장 업무를 담당하는 사회복지 일차현장

④ 장애인복지관 – 사회복귀 및 요양서비스를 제공하는 생활시설

⑤ 아동보호전문기관 – 학대피해아동의 보호·양육서비스를 제공하는 양육시설

해설
② 사회복지협의회 : 사회복지행정을 담당하는 민간기관이다.
③ 동주민센터 : 국민기초생활보장, 기초연금, 사회복지서비스 업무를 담당하는 2차 현장이다.
④ 장애인복지관 : 사회복지 및 요양서비스를 제공하는 이용시설이다.
⑤ 아동보호전문기관 : 학대피해아동의 예방, 교육 및 일시보호서비스를 제공하는 이용시설이다.

02 직접실천에 해당하지 않는 것은?

[11회]

① 장애인 취업상담

② 독거어르신 재가방문

③ ADHD아동 지원정책 개발

④ 치매어르신 주간보호 제공

⑤ 정신장애인 사회기술훈련 실시

해설 ADHD아동을 위한 지원정책 개발은 간접적 실천으로 사회복지사는 정책을 개발할 수 있는 권한이 없다.

03 사회복지실천 현장 중 1차 현장이면서 동시에 이용시설로만 구성된 것은?

[13회]

① 노인복지관, 아동상담소, 종합병원

② 보호관찰소, 사회복지관, 정신보건센터

③ 학교, 정신보건센터, 사회복지관

④ 부랑인시설, 청소년쉼터, 보건소

⑤ 지역자활센터, 지역아동센터, 장애인복지관

해설
• 1차 현장은 사회복지사가 주를 이루는 현장으로, 사회복지사가 다른 전문가보다 더 많이 있는 현장이다. 지역자활센터, 지역아동센터, 장애인복지관 등이 이에 해당된다.
• 이용시설은 지역사회에서 생활하고 있는 클라이언트에게 필요한 사회복지서비스를 제공하는 시설이다. 사회복지관, 지역아동센터, 주간보호센터 등이 이에 해당된다.

04 사회복지실천 현장 중 생활시설로만 구성된 것은?

[16회]

① 재가노인복지시설, 장애인지역사회재활시설

② 장애인직업재활시설, 아동보호치료시설

③ 노인의료복지시설, 자립지원시설

④ 정신요양시설, 자활지원센터

⑤ 장애인주간보호시설, 성폭력피해자보호시설

해설 생활시설은 클라이언트의 주거를 포함한 모든 사회복지서비스를 제공하는 시설이다. 생활시설로만 구성되어 있는 것은 ③ 노인의료복지시설, 자립지원시설이다.

정답　01 ①　02 ③　03 ⑤　04 ③

05 이용시설 – 간접서비스기관 – 민간기관의 예를 순서대로 바르게 나열한 것은? [17회]

① 지역아동센터 – 사회복지협의회 – 주민센터
② 장애인복지관 – 주민센터 – 지역사회보장협의체
③ 청소년 쉼터 – 사회복지관 – 사회복지공동모금회
④ 사회복지관 – 노인보호전문기관 – 성폭력피해상담소
⑤ 다문화가족지원센터 – 사회복지공동모금회 – 한국사회복지사협회

해설 다문화가족지원센터는 이용시설, 사회복지공동모금회는 간접서비스기관, 한국사회복지사협회는 민간기관이다.
① 지역아동센터(이용시설) – 사회복지협의회(간접서비스기관) – 주민센터(공공기관)
② 장애인복지관(이용시설) – 주민센터(직접서비스기관) – 지역사회보장협의체(민·관협동기관)
③ 청소년 쉼터(생활시설) – 사회복지관(직접서비스기관) – 사회복지공동모금회(민간기관)
④ 사회복지관(이용시설) – 노인보호전문기관(직접서비스기관) – 성폭력피해상담소(민간기관)

06 사회복지사의 역할에 관한 설명으로 옳지 않은 것은? [17회]

① 옹호자 : 클라이언트 권익 변호
② 계획자 : 변화과정 기획
③ 연구자 : 개입효과 평가
④ 교육자 : 지식과 기술 전수
⑤ 중개자 : 조직이나 집단의 갈등 해결

해설 중개자는 서비스가 필요한 클라이언트와 서비스를 주려는 기관을 연결시키는 역할이다. 조직이나 집단의 갈등을 해결하는 역할은 중재자이다.

07 A씨의 문제를 해결하는 사회복지사의 역할은?

> 사회복지사는 자아존중감이 낮은 A씨의 자아존중감을 높이고 남편과의 잘못된 의사소통 패턴을 분석하여 스스로 문제를 해결할 수 있도록 도와주었다.

① 조력자　　　　② 중개자
③ 옹호자　　　　④ 교사
⑤ 협상가

해설 조력자는 클라이언트가 자기 스스로 문제를 해결할 수 있는 능력을 기르고 필요한 자원을 찾아낼 수 있도록 돕는 역할로, 자아존중감이 낮은 A씨의 자아존중감을 높여 스스로 문제를 해결할 수 있도록 도와주었으므로 조력자(조성자)의 역할이다.

08 사회복지사의 역할에 대한 내용으로 틀린 것은?

① 조력자는 클라이언트가 처할 수 있는 다양한 스트레스에 대처하도록 돕는 역할이다.
② 통합자는 옹호나 조정 가능성을 파악하는 일부터 기술적 지원을 하거나 서비스를 연결하고 수행하기 위해 직접 개입하는 일까지 다양한 방법으로 기능하는 역할이다.
③ 옹호자는 사회정의를 지키고 유지하려는 목적으로 개인이나 집단, 지역사회의 입장에서 직접적으로 대변하는 역할이다.
④ 평가자는 클라이언트가 자원이나 서비스를 받을 수 있도록 연계하는 역할이다.
⑤ 중재자는 어느 한 편에 서기보다는 제3자의 입장에서 객관적으로 양자 간의 타협을 도출해 내는 데 초점을 둔다.

해설 클라이언트가 자원이나 서비스를 받을 수 있도록 연계하는 역할은 중개자의 역할이다.

정답 05 ⑤　06 ⑤　07 ①　08 ④

09 다음 중 사회복지현장에 대한 설명으로 틀린 것을 모두 고른 것은?

> ㄱ. 아동양육시설은 2차 현장이며, 영유아보육시설인 어린이집은 1차 현장이다.
> ㄴ. 교정시설 및 행정복지센터, 학교, 병원, 보건시설 등은 1차 현장에 해당한다.
> ㄷ. 노인주간보호센터는 생활시설로 재가노인복지시설 중 주간서비스를 제공하는 시설이다.
> ㄹ. 노인복지관, 장애인복지관 등은 대상에 따라 특화된 복지관일 뿐 모두 2차 현장에 해당한다.

① ㄱ, ㄷ
② ㄴ, ㄹ
③ ㄱ, ㄷ, ㄹ
④ ㄴ, ㄷ, ㄹ
⑤ ㄱ, ㄴ, ㄷ, ㄹ

해설 ㄱ. 아동양육시설은 1차 현장이며, 영유아보육시설인 어린이집은 2차 현장이다.
ㄴ. 교정시설 및 행정복지센터, 학교, 병원, 보건시설 등은 2차 현장에 해당한다.
ㄷ. 노인주간보호센터는 이용시설로 재가노인복지시설 중 주간서비스를 제공하는 시설이다.
ㄹ. 노인복지관, 장애인복지관 등은 대상에 따라 특화된 복지관일 뿐 모두 1차 현장에 해당한다.

10 다음 사회복지시설에 대한 설명으로 옳은 것을 모두 고른 것은?

> ㄱ. 청소년 쉼터, 노인요양시설, 아동양육시설, 부랑인시설은 생활시설이다.
> ㄴ. 보건소, 노인요양시설, 학교, 병원은 1차 현장이다.
> ㄷ. 장애인복지관, 아동양육시설, 노인여가복지시설, 모자가족복지시설은 2차 현장이다.
> ㄹ. 다문화가족지원센터, 지역아동센터, 장애인복지관, 사회복지관은 이용시설이다.

① ㄴ, ㄷ
② ㄱ, ㄹ
③ ㄱ, ㄷ, ㄹ
④ ㄴ, ㄷ, ㄹ
⑤ ㄱ, ㄴ, ㄷ, ㄹ

해설 ㄴ. 보건소, 노인요양시설, 학교, 병원은 사회복지사가 적은 2차 현장이다.

> ㄷ. 장애인복지관, 아동양육시설, 노인여가복지시설, 모자가족복지시설은 사회복지사가 많은 1차 현장이다.

11 사회복지실천 현장에 관한 설명으로 옳지 않은 것은?

[14회]

① 청소년쉼터는 생활시설이다.
② 노인요양시설은 이용시설이다.
③ 지역아동센터는 이용시설이다.
④ 사회복지공동모금회는 민간기관이다.
⑤ 쪽방상담소는 이용시설이다.

해설 노인 요양시설은 생활시설이다.

12 다음 사례에서 사회복지사가 수행한 개입역할로 모두 옳은 것은?

[13회]

> 가족에 의해 강제 입소되었던 장애인이 거주 시설에서 퇴소하기를 요청함에 따라 (ㄱ) 퇴소상담을 실시하였다. 이후 가족들을 설득하여 (ㄴ) 지역사회 내 다양한 주거 관련 정보를 안내하고, (ㄷ) 공동생활가정에 입주할 수 있도록 연계하였다.

① ㄱ : 조력자, ㄴ : 중재자, ㄷ : 교사
② ㄱ : 중재자, ㄴ : 중재자, ㄷ : 계획가
③ ㄱ : 조력자, ㄴ : 교사, ㄷ : 중개자
④ ㄱ : 중재자, ㄴ : 옹호자, ㄷ : 계획가
⑤ ㄱ : 교사, ㄴ : 옹호자, ㄷ : 조력자

해설 • 조력자 : 클라이언트가 처할 수 있는 다양한 문제에 대처할 수 있도록 돕는 역할이다.
• 교사 : 클라이언트에게 정보를 제공하거나 교육을 시키는 역할이다.
• 중개자 : 도움이 필요한 개인이나 집단을 지역사회의 서비스와 연결하는 역할이다.

정답 09 ⑤ 10 ② 11 ② 12 ③

13 사회복지 실천현장의 예와 분류의 연결로 옳은 것은?

[12회]

① 노인전문병원 – 1차 현장이며 생활시설
② 사회복지관 – 2차 현장이며 이용시설
③ 정신보건센터 – 1차 현장이며 생활시설
④ 청소년쉼터 – 2차 현장이며 이용시설
⑤ 노인복지관 – 1차 현장이며 이용시설

해설 1차 현장은 공공기관, 민간기관, 행정기관, 서비스기관, 이용시설, 생활시설, 서비스 대상 인구 집단 등 다양한 분야에서 사회복지서비스를 우선적으로 제공하고, 2차 현장은 병원, 교정시설, 학교, 정신보건시설 등 기관의 주 기능을 수행하면서 필요에 따라 사회복지서비스를 함께 제공한다.

1과목

2과목

3과목

4과목

5과목

6과목

7과목

8과목

정답 13 ⑤

출제경향

목차	22회	21회	20회	19회	18회
1. 통합적 방법의 등장배경					
2. 통합적 방법의 개념	1	1	1	1	1
3. 통합적 방법의 모델	1	1		1	1

학습 가이드

- 통합적 방법에 대한 내용도 중요한 부분으로 매회 2문제 이상 출제되고 있다.
- PIE이론이나 역량강화에 대한 문제가 꾸준히 출제되고 있으므로 많은 부분을 대비해야 할 것이다.
- PIE이론이나 4체계, 6체계 모델은 자주 출제되는 영역이고 체계이론이 사회복지실천에 미치는 영향이 시험에 나온 만큼 통합적 방법에 대한 전체적인 내용을 이해하고 있어야 한다.

1 통합적 방법의 등장배경

사회복지 차원에서 사회문제에 접근하는 방법들이 다양하게 발달하였다. 이러한 방법들은 사회복지 전문직을 정립하는 계기가 되었으나 사회복지 내에 분화된 전문화가 발생하였다. 그래서 사회복지실천에도 공통적으로 적용될 수 있는 방법이 필요하게 되었다.

1) 전통적 방법의 한계 = 통합적 방법의 등장배경

① 전통적 방법은 제한된 특정 문제에만 적용되고 최근 클라이언트의 복잡한 문제에는 적절한 개입이 어려운 경우가 있다.
② 지나친 분화와 전문화로 인하여 서비스 파편화 현상이 나타났고 다양한 욕구를 가진 클라이언트는 기관이나 사회복지사를 찾아다녀야 하는 불편함을 야기한다.

③ 전문화 중심의 교육 훈련은 사회복지사의 이직에 도움을 주지 못했다.
④ 공통 기반을 전제로 하지 않는 분화와 전문화는 개별의 사고와 과정을 보여
주어 사회복지 전문성 확립에 장애가 된다.

통합적 방법의 개념 및 특징

1) 통합적 방법의 개념

통합적 방법이란 사회문제에 적용할 수 있는 공통된 원리나 개념을 제공하는 '방법의 통합화'를 의미한다. 즉, 한 명의 사회복지사가 다양하고 복잡한 문제를 가진 클라이언트에게 개입할 수 있도록 하는 것이다. 이러한 통합적 방법은 결합적 접근방법, 다중적 접근방법, 단일화 접근방법 등 3가지 형태로 나누어진다.

2) 통합적 방법의 특징

① 통합적 방법은 사회복지실천에는 본질적인 개념, 활동, 기술, 과업 등에 공통된 기반이 있음을 전제한다.
② 통합적 방법의 가치는 클라이언트의 잠재성을 인정하고 클라이언트의 잠재성이 개발될 수 있다고 보는 미래지향적인 접근을 강조한다.
③ 사회복지의 지식은 과거의 심리내적인 정신 역동적 측면으로부터 상황 속의 인간을 이해하고자 하는 일반체계이론까지 확대된 개념을 사용한다.
④ 통합적 방법은 인간과 환경의 공유영역, 즉 사회복지사가 사회적 기능수행 영역까지 개입해야 한다고 강조한다.
⑤ 클라이언트의 존엄성을 인정하고 클라이언트의 참여와 자기결정 및 개별화를 극대화할 것을 강조하여 사회복지실천의 계속적인 평가를 주장한다.

Tip
통합적 방법은 사회복지실천 방법의 통합을 의미합니다.

이 모델의 기본 가정은 클라이언트가 가진 근본적인 어려움은 특정문제가 아니라 문제를 해결하는 태도에 있다는 것이다. 이 모델에서는 문제가 개인이나 집단과 그 환경 사이의 상호작용에 문제의 초점을 둠으로써 범위를 확대시키고 있다. 통합적 접근방법의 모델은 핀커스와 미나한의 4체계 모델, 콤튼과 갤러웨이의 문제해결모델, 골드스타인의 단일화 모델, 저메인과 기터만의 생활모델이 있다.

1) 4체계모델 : 핀커스(Pincus)와 미나한(Minahan)

(1) 변화매개체계

사회복지사와 사회복지사를 고용하고 있는 기관 및 조직을 의미하며, 변화매개란 계획적 변화를 목적으로 특수하게 고용된 돕는 사람, 즉 사회복지사와 사회복지사를 고용한 기관을 의미한다.

(2) 클라이언트체계

자신이 처한 문제를 해결하기 위해 서비스나 도움을 필요로 하는 사람들로서, 변화매개인과 계약이 이루어졌을 때 비로소 클라이언트가 된다.

(3) 표적체계

변화매개인이 클라이언트를 변화시키기 위하여 직접적으로 영향을 주거나 변화시킬 필요가 있는 사람들로서 클라이언트 체계와 중복이 되기도 한다.

(4) 행동체계

클라이언트를 변화시키기 위해 상호작용하는 사람들을 의미하며, 이웃, 가족, 전문가들이 이 체계에 해당된다. 변화노력의 과정에서 변화매개인은 단계에 따라 여러 다른 유형의 행동체계와 작업할 수 있다.

2) 문제해결모델(6체계모델) : 콤튼(Compton)과 갤러웨이(Galayway)

(1) 변화매개체계

사회복지사와 사회복지사를 고용하고 있는 기관 및 조직을 의미하며, 변화매개란 계획적 변화를 목적으로 특수하게 고용된 돕는 사람, 즉 사회복지사와 사회복지사를 고용한 기관을 의미한다.

(2) 클라이언트체계

자신이 처한 문제를 해결하기 위해 서비스나 도움을 필요로 하는 사람들로서, 변화매개인과 계약이 이루어졌을 때 비로소 클라이언트가 된다.

(3) 표적체계

변화매개인이 클라이언트를 변화시키기 위하여 직접적으로 영향을 주거나 변화시킬 필요가 있는 사람들로서 클라이언트 체계와 중복이 되기도 한다.

(4) 행동체계

클라이언트를 변화시키기 위해 상호작용하는 사람들을 의미하며, 이웃, 가족, 전문가들이 이 체계에 해당된다. 변화노력의 과정에서 변화매개인은 단계에 따라 여러 다른 유형의 행동체계와 작업할 수 있다.

(5) 전문체계

전문가 단체, 전문가를 육성하는 교육체계, 그리고 전문적 실천의 가치와 사회적 인가 등으로 구성된다. 전문체계의 가치와 문화는 변화매개체계인 사회복지사의 행동에 영향을 미치게 되며, 사회복지사는 기관의 변화, 사회변화의 대변가로서 활동할 때 전문체계를 이용하기도 한다.

(6) 의뢰응답체계

클라이언트가 다른 사람의 요청이나 법원, 경찰 등에 의해 강제로 오게 된 경우, 일반 클라이언트 체계와 구별하기 위해 사용된다. 즉, 서비스를 요청한 사람을 의뢰체계라 하고, 강요에 의해서 오게 된 사람을 응답체계로 부른다.

3) 단일화모델 : 골드스타인(Goldstein)

사회체계모델, 사회학습 또는 문제해결모델, 과정모델을 결합한 모델로 사회학습에 관한 사회복지사의 기능에 관심을 둔다. 또한 사회복지사의 자원 확보 및 폭넓은 활용을 통해 사회변화 가능성을 강조한다.

4) 생활모델 : 저메인(Germain)과 기터만(Gitterman)

인간과 환경의 상호작용에 초점을 두고 개인, 집단, 지역사회에 개입할 수 있는 원칙과 기술을 통합한 것이다. 목표는 치료를 제공하는 것이 아니라 개인의 잠재력을 표현하도록 격려하고 지속시킬 수 있는 환경을 만들며 그 환경에 잘 적응할 수 있도록 변화시키는 것이다. 인생의 전환기, 정신적인 충격과 외상, 역기능적 관계, 환경에서 오는 스트레스 대처에 초점을 맞춘다.

Tip
전문체계는 개인이 아니라 단체와 교육체계를 의미합니다.

Tip
생활모델은 환경에서 오는 스트레스에 대처할 수 있도록 잠재력을 향상시켜 줍니다.

OX 퀴즈

- 사회복지사의 이직에 문제가 생겨 통합적 방법이 등장했다. (O)
- 클라이언트를 변화시키기 위하여 직접적으로 영향을 주거나 변화시킬 필요가 있는 사람은 표적체계이다. (O)
- 생활모델은 생활환경에서 오는 스트레스에 대처하기 위한 모델이다. (O)
- 통합모델에는 6체계모델, 4체계모델, 생활모델, 단일화모델이 있다. (O)

01 통합적 접근방법이 나타난 배경으로 옳은 것을 모두 고른 것은? [9회]

> ㄱ. 서비스 영역별 분화로 전문직 내 상호협력이 어려워졌다.
> ㄴ. 개별이론을 집중적으로 발전시킬 필요성이 대두되었다.
> ㄷ. 클라이언트의 문제와 욕구가 복잡하고 다원화되었다.
> ㄹ. 전문화중심의 훈련으로 사회복지사의 분야 이동이 용이해졌다.

① ㄱ, ㄴ, ㄷ   ② ㄱ, ㄷ
③ ㄴ, ㄹ   ④ ㄹ
⑤ ㄱ, ㄴ, ㄷ, ㄹ

해설 지나친 분화와 전문화로 인하여 서비스 파편화 현상이 나타났고 전문화 중심의 교육 훈련은 사회복지사의 이직에 도움을 주지 못했다.

02 통합적 방법의 등장배경으로 틀린 것은?

① 지나친 전문화로 인하여 서비스 파편화가 나타난다.
② 전문화는 사회복지 전문성 확립에 효과가 높다.
③ 전문화 중심의 교육 훈련은 사회복지사의 이직에 불필요하다.
④ 전문화로 인하여 다양한 문제에 개입하기가 어렵다.
⑤ 공통적으로 적용될 수 있는 방법이 필요했다.

해설 공통된 기반이 없는 분화와 전문화는 개별의 사고와 과정을 보여 주어 사회복지 전문성 확립에 장애가 된다.

03 통합적 모델에 속하지 않는 것은?

① 문제해결모델   ② 생태체계모델
③ 단일화모델   ④ 생활모델
⑤ 4체계모델

해설 통합적 방법모델은 콤튼과 갤러웨이의 문제해결과정모델(6체계모델), 핀커스와 미나한의 4체계모델, 골드스타인의 단일화모델, 저메인과 기터만의 생활모델이다. 생태체계모델은 통합적 모델에 포함되지 않는다.

04 콤튼과 갤러웨이(Compton & Galaway)의 사회복지실천 구성체계 중 다음 사례에서 언급되지 않은 체계는? [14회]

> 정신보건사회복지사 A는 고등학생 아들의 지속적인 음주문제를 도와달라는 어머니 B의 요청으로 그녀의 아들 C와 상담하였다. C는 학생으로서 자신의 음주의 심각성을 인지하고 있지만 함께 어울리는 친구들의 압력을 거부할 수 없다고 하였다. 따라서 A는 학교사회 복지사와 협력하여 C의 친구들을 함께 치료에 참여시키는 방안을 모색하고 있다.

① 행동체계   ② 변화매개체계
③ 클라이언트체계   ④ 표적체계
⑤ 전문체계

해설 정신보건사회복지사 A는 변화매개체계, 어머니 B는 행동체계, 아들 C는 클라이언트체계, C의 친구들은 표적체계이다. 사례에서 전문체계는 언급되지 않았다.

정답   01 ②   02 ②   03 ②   04 ⑤

05 음주상태에서 아내에게 폭력을 가하던 남편이 이웃 주민의 신고로 경찰을 통해 중독관리통합지원센터에 의뢰되었다. 핀커스와 미나한(Pincus & Minahan)의 4체계모델에서의 변화매개체계는? [16회]

① 남편
② 아내
③ 경찰
④ 이웃주민
⑤ 중독치료 전문가

해설 변화매개체계는 변화를 시키는 사람이나 변화를 시키는 사람을 고용한 기관을 의미하므로 중독치료 전문가가 변화매개체계에 해당된다.

06 통합적 방법에 대한 내용으로 틀린 것은?

① 1960~1970년대 서비스 단편성 문제, 탈시설화 경향 등으로 등장하였다.
② 특정 이론적 접근에 얽매이지 않고 다양한 이론과 개입방법을 선택적으로 활용한다.
③ 통합적 접근에서 사회복지사는 다양한 실천모델을 개방적으로 적용한다.
④ 단선적인 문제 상황에 개입하기 위해 통합적 방법이 제기되었다.
⑤ 사회복지실천에는 본질적인 개념, 활동, 기술, 과업 등에 공통된 기반이 있음을 전제한다.

해설 클라이언트의 다양하고 복잡한 문제 상황에 개입하기 위해 통합적 방법이 제기되었고, 사회복지 내에 분화된 전문화가 발생함에 따라 사회복지실천에도 공통적으로 적용될 수 있는 방법이 필요하게 되었다.

07 다음 사례에서 문제해결과정모델의 체계에 포함되지 않는 것은?

> A군은 폭력으로 인하여 문제가 많았다. 걱정이 된 어머니는 아들과 함께 사회복지사를 찾아와 이 문제를 상의하였다. A군은 폭력에 대한 문제점을 알고 있지만 이렇게 하지 않으면 친구들과 어울리지 못해 어쩔수 없다고 한다. 사회복지사는 친구들과 함께할 수 있는 계획을 수립하였다.

① 행동체계
② 변화매개체계
③ 클라이언트체계
④ 전문가체계
⑤ 표적체계

해설 사회복지사는 변화매개체계, 어머니는 행동체계, A군은 클라이언트체계, 친구는 표적체계이다. 사례에서 전문가체계는 없다.

08 핀커스와 미나한(Pincus & Minahan)이 제시한 변화매개체계에 관한 설명으로 옳은 것은?

① 목표달성을 위해 사회복지사와 공동으로 노력하는 모든 체계를 의미한다.
② 목표달성을 위해 변화시킬 필요가 있는 대상을 의미한다.
③ 사회복지사와 사회복지사가 속한 기관을 의미한다.
④ 서비스나 도움을 필요로 하는 사람들을 의미한다.
⑤ 법원, 경찰 등에 의해 강제로 의뢰가 이루어진 사람들을 의미한다.

해설 변화매개체계는 사회복지사나 사회복지사를 채용하고 있는 기관을 의미한다.

관계론

학습 가이드

• 사회복지사의 전문적 관계의 특징이나 학자들의 내용, 사회복지사와 클라이언트의 관계 등에 관한 문제가 출제되고 있는 만큼 기본에 충실해야 한다.
• 관계 7대 원칙의 내용에 대한 문제가 자주 출제되고 있어 7대 원칙에 대한 내용은 필히 암기해야 한다.
• 이론의 개념(불신, 전이, 양가감정 등)은 모두 암기하는 것이 좋다.

1 전문적 관계의 기본 요소

Tip 👆
전문적 관계는 클라이언트의 입장에서 출발합니다.

전문적 관계는 클라이언트의 문제를 해결하거나 적응시키는 분명한 목적을 가지고 제한된 시간 안에서 이루어지는 특수한 관계이다. 클라이언트는 도움을 요청하고 사회복지사는 전문적인 도움을 주는 관계이다.

1) 타인에 대한 관심과 도우려는 열망

Tip 👆
관심은 책임감, 배려, 존중, 타인에 대한 이해 및 클라이언트의 더 나은 삶에 대한 바람을 포함합니다.

사회복지사는 클라이언트에게 일어나는 일에 진심어린 관심을 갖고 이들의 감정과 교류할 수 있어야 한다. 클라이언트에 관한 관심은 책임감, 배려, 존중, 이해를 의미하고 클라이언트의 삶의 질 향상에 대한 바람과 클라이언트의 삶과 욕구에 대하여 조건 없는 긍정적 인정을 의미한다. 누구든지 다른 사람을 도우려고 할 때는 그 사람과 깊은 관계를 맺어야 한다. 전문적 관계에서 타인에 대한 진정한 관심은 사회복지사가 자신의 기술과 지식 그리고 자기 자신을 이용하여 목표를 달성하는 방향으로 나아가는 것을 의미한다. 사회복지사는 항상 도움받는 사람을 주체로서 존중하고, 그들의 이익을 위해 봉사하며, 그들이 가능한 한 자유로울 수 있도록 도와야 한다.

2) 헌신과 의무

전문적 관계에서 관계의 목적을 이루기 위해서는 사회복지사뿐 아니라 클라이언트 역시 헌신과 의무로 맺어져야 한다. 전문적 관계에서 대개 헌신적인 자세는 일정한 '의무'도 함께 요구된다. 클라이언트에게 기대되는 일반적인 의무는 그들이 지닌 문제와 상황, 문제에 대처하는 그들의 태도에 대해 정직하고도 개방적으로 제시할 것과 전문적 관계에서 최소한의 절차상 조건에 따르는 것을 말한다.

3) 권위 및 권한

권위는 클라이언트와 기관에 의해 사회복지사에게 위임된 권한으로 정의된다. 전문적 관계에서의 권위는 두 가지 측면을 갖는다. 하나는 사회복지기관 내에서 사회복지사의 위치와 기능으로부터 나오는 제도적인 측면이다. 다른 하나는 전문가인 사회복지사에게 정보와 조언을 구함으로써 클라이언트가 사회복지사에게 부여하는 심리적인 측면이다.

4) 진실성과 일치성

진실성과 일치성은 사회복지사가 클라이언트와 관계를 맺을 때 일관성 있고 정직한 개방성을 유지하며, 대화의 내용과 행동이 항상 일치하면서도 전문가로서의 자아와 가치체계에 부합하여야 함을 의미한다.

5) 그 밖에 요구되는 전문가의 자질(콤튼과 갤러웨이)

(1) 성숙함

성숙해 가는 인간은 변화와 성장을 위협적인 것이 아니라 흥미 있는 것으로 기꺼이 받아들이려는 자세를 취하는 사람이다.

(2) 창조성

창의적인 사회복지사는 클라이언트의 문제 상황에 대한 해결책에 대해 개방성을 유지한다. 기존에 있는 해결책이 아닌 클라이언트의 문제에 대한 최선의 방법을 찾도록 자신을 열어놓은 것이다.

(3) 자기를 관찰하는 능력

자기를 관찰하는 능력이란 자신의 목표에 관하여 깊이 생각하고 자신을 믿고 존중하며 복잡한 개입활동을 한발 물러서서 관찰할 수 있는 능력을 말한다. 이

Tip
사회복지사의 의무
- 클라이언트와 관계를 맺을 때에는 절차상의 조건을 지켜나가야 합니다.
- 클라이언트와 미리 예약된 시간과 장소를 지켜야 합니다.
- 클라이언트의 문제에 대해 활동의 초점을 유지해야 합니다.
- 클라이언트의 성장과 변화를 가져오는 관계를 제공할 것이 요구됩니다.

Tip
진실성은 클라이언트와의 관계에서 순수해질 수 있는 능력으로 지킬 수 없는 약속을 하지 않으며 최대한 진실하게 대하는 것입니다.

러한 자기관찰능력에는 인정하고 싶지 않은 자신의 모습이 발견되더라도 이를 두려워하거나 왜곡하지 않는 용기가 필요하다.

⑷ 용기

전문적 관계에서 자신뿐 아니라 다른 사람과 관련하여 위험을 받아들이는 것은 커다란 용기를 필요로 한다.

⑸ 민감성

사회복지사는 특정한 단서가 없이도 클라이언트를 느끼고 감지할 수 있는 능력이 필요하다. 이러한 자질은 사회복지사가 새로운 것에 대한 개방성 및 변화에 대한 준비 자세를 갖추고 있는지와 밀접한 관련이 있다.

Tip

민감성에는 선입견과 고정관념의 틀에서 벗어나 클라이언트의 감정과 사고에 사회복지사 자신을 투입시키는 능력이 요구됩니다.

⑹ 인간적 자질

상담을 하는 사람의 인간적인 자질로서, 클라이언트의 고통을 존중하는 마음, 자신의 다른 인생경험, 행동양식, 가치관에 대한 포용성, 장기목표를 가지고 일할 수 있는 끈기, 클라이언트가 스스로 결정하고 행동할 수 있도록 수동적인 자세를 취할 수 있는 것 등을 들고 있다.

⑺ 자기노출

사회복지사가 클라이언트에게 적절하다고 생각되는 자신의 경험을 함께 나눌 수 있는 능력이다. 자기노출의 방법에는 두 가지가 있는데, 하나는 감정을 표현하는 것이고 또 다른 하나는 경험을 표현하는 것이다. 이러한 방법은 클라이언트와 라포(Rapport)가 강화되고 신뢰를 향상시킬 수 있는 방법이다.

2 관계의 기본 원칙[비에스텍(Biestek)]

1) 개별화 : 개별적으로 상황에 맞는 대우를 받고 싶은 욕구

클라이언트들이 처해 있는 상황이 모두 다르기 때문에 개별적으로 상황에 맞는 대우 받기를 원한다는 것이다. 클라이언트들에게는 자신의 감정, 사고, 행동, 독특한 생활양식, 경험 등 각기 존중되어야 할 권리가 있다.

Tip

개별화를 위한 사회복지사의 역할
• 편견을 가져서는 안 됩니다.
• 인간행동과 사회환경에 대한 지식을 보유해야 합니다.
• 경청과 관찰에 대한 능력을 보유해야 합니다.

2) 의도적 감정표현 : 클라이언트가 부정적인 감정까지도 자유롭게 표현하고 싶은 욕구

클라이언트가 자신의 감정, 특히 부정적인 감정을 자유롭게 표현하고자 하는 욕구로 사회복지사는 클라이언트에게 편안한 분위기를 조성하여 클라이언트가 자신의 감정을 표현할 수 있도록 격려한다. 필요한 경우에는 클라이언트가 감정을 자유롭게 표현할 수 있도록 자극하고 격려해 주어야 한다.

3) 통제된 정서적 관여 : 클라이언트가 공감을 얻고 싶은 욕구

클라이언트의 감정에 대하여 민감성을 갖고 그 감정에 대하여 어떠한 의미가 내포되어 있는지 이해하고 적절하게 반응하는 것을 의미한다. 사회복지사가 클라이언트의 감정을 이해하기 위해서는 인간행동과 사회 환경에 대한 지식과 사회복지실천 현장에 대한 경험도 필요하다.

> **사회복지사의 역할**
>
> - 민감성 : 민감성은 클라이언트의 감정을 보고 듣는 것에 초점을 두고 있다. 클라이언트는 언어적 표현이 아닌 비언어적 표현을 하게 된다. 즉, 억양이나 음성의 톤, 얼굴 표정 등으로 표현할 때 잘 관찰해야 한다.
> - 이해 : 사회복지사는 클라이언트의 감정의 의미를 이해할 수 있어야 한다. 클라이언트를 이해하기 위해서는 생각, 생활 등 전반적인 것에 대한 이해가 필요하고 인간행동에 대한 지식도 필요하다.
> - 반응 : 클라이언트의 감정에 대해서 민감성, 이해로 끝나는 것이 아니라 적절한 반응을 보여야 한다.

4) 수용 : 클라이언트가 있는 그대로 인정받고 싶은 욕구

클라이언트를 있는 그대로 받아들이는 것을 의미한다. 즉, 사회복지사가 클라이언트의 강점과 약점, 좋은 성격과 나쁜 성격, 긍정적인 감정과 부정적인 감정 등을 있는 그대로 인정하는 것을 말한다. 수용의 대상은 선한 것이 아니라 참된 것이다.

5) 비심판적 태도 : 클라이언트가 심판받고 싶지 않은 욕구

클라이언트의 문제가 누구의 잘못인지, 클라이언트에게 책임이 있는지 등을 심판하지 않고 클라이언트의 가치나 특성을 비난해서는 안 된다는 원칙이다. 클라이언트는 사회적 낙인에 대한 두려움, 자신감 부족, 거부당하는 것에 대한 두려움이 있기에 비난을 받으면 자기개방을 하지 않을 수 있다. 사회복지사가 비심판적인 태도를 갖는 것은 클라이언트의 태도, 행동, 가치 등에 대하여 올바른 판단을 하는 것으로 이러한 판단은 클라이언트를 비판하기 위한 것이 아니라 이해하기 위한 방법이다.

Tip 통제된 정서적 관여는 사회복지사의 생각을 통제하고 클라이언트를 이해하는 것입니다.

Tip 동의는 클라이언트의 문제행동을 승인하는 것이지만 수용은 클라이언트의 행동을 승인하는 것이 아니라 문제상황을 이해하는 것입니다.

6) 클라이언트의 자기결정 : 클라이언트 자신이 자신의 문제를 결정하고 싶은 욕구

클라이언트는 자신의 삶에 대해 스스로 선택하고 결정할 수 있는 권리와 욕구가 있다는 원칙이다. 클라이언트가 자기 결정을 할 수 있도록 클라이언트의 실수나 한계처럼 부정적인 점보다는 장점과 능력을 강조해야 한다. 클라이언트의 자기결정을 할 때는 사회복지사와 클라이언트는 동반자적 성격을 가지고 함께 해결해 나가는 것이다. 나이가 어리거나 정신적 장애로 인해 클라이언트가 스스로 결정할 능력이 없는 경우에는 자기결정의 기회가 제한될 수 있다.

7) 비밀보장 : 클라이언트 자신의 비밀을 간직하려는 욕구

클라이언트와 사회복지사의 관계에서 개인적인 사실이 다른 사람에게 알려져서는 안 된다는 원칙이다. 비밀보장이 이루어지지 않을 경우 클라이언트는 사회복지사에게 자신의 상황에 대하여 절대로 이야기하지 않기에 비밀보장은 중요한 원칙이다.

3 변화를 방해하는 관계

1) 클라이언트의 불신

클라이언트가 살아오면서 신뢰를 받은 경우보다 불신을 받은 경우가 더 많다면 사회복지사를 신뢰하지 않고 미리 거부하는 태도를 보이게 된다. 이러한 경우에는 사회복지사와 클라이언트는 관계 형성이 어려울 수 있다. 불신이 생기는 경우는 클라이언트가 사회복지사와 라포가 형성이 안 되거나 저항이 생길 때이다. 이러한 불신이 지속될 경우에는 클라이언트에 의한 조기 종결이 될 수도 있다.

2) 비자발성

타인에 의하여 사회복지사를 찾아온 클라이언트에서 나타나는 현상으로 개입 과정에서 불만과 적대감이 표현된다. 또한 자신의 변화에 대하여 거짓으로 진술할 수도 있다. 사회복지사는 비자발적인 클라이언트를 죄인처럼 대하면 안 되고 법원이나 다른 의뢰기관에서 정보요구가 있을 경우 비밀보장이 이루어지지 않는다는 점을 미리 이야기해야 한다.

3) 전이(Transference)

클라이언트가 어린 시절 타인에게 가진 원망, 사랑, 두려움 등의 무의식적인 감정들이 사회복지사에게 다시 보이는 것으로 전이는 좋은 감정과 나쁜 감정이 모두 포함된다.

4) 역전이(Counter – transference)

전이와 반대로 사회복지사의 어린 시절 타인에게 가진 원망, 사랑, 두려움 등의 무의식적인 감정들이 클라이언트에게 다시 보이는 것이다.

5) 저항(Resistance)

저항은 개입목표와 반대되는 클라이언트의 행동으로 사회복지사에 대하여 부정적 감정을 가지고 있을 때 나타난다. 이러한 행동은 클라이언트가 인식하지 못하고 있는 경우가 대부분이며 사회복지사의 눈에만 보이는 경우가 많다. 저항의 유형은 다음과 같다.

(1) 침묵

갑자기 말을 하지 않거나, 할 이야기가 없다고 한다거나, 할 말이 생각나지 않는다고 하거나, 말하고 싶지 않다고 하는 경우이다.

(2) 핵심에서 벗어난 주제 말하기

문제 해결과는 관계없는 이야기만 하고 정작 중요한 이야기를 할 때는 말을 돌리거나 더 중요한 이야기라고 하며 주제와 다른 이야기만 하는 경우이다.

(3) 무력함 표현하기

"잘 될 리가 없지", "해봐야 소용이 없다"와 같이 안 될 거라는 무력함을 나타내는 경우이다.

(4) 문제를 축소하거나 마술적 해법 기대

"시간이 해결해 준다", "심각한 문제가 아니다"와 같이 문제의 심각성을 인식하지 못하여 직면하지 않음으로써 변화를 위한 노력을 하지 않는 경우이다.

(5) 저항의 심리를 행동으로 표현

약속시간에 늦는다거나, 상담시간에 몸을 움직이거나 지루해하는 등의 행동도 변화를 거부하는 것이다.

Tip

전이에는 클라이언트가 사회복지사에게 보이는 긍정적 감정부터 부정적 감정까지 모두 포함됩니다.

4 변화를 방해하는 관계 다루기

1) 저항 다루기

변화에 심각하게 방해를 할 경우에 저항을 다루어야 한다. 저항은 클라이언트의 행동에서 나타나므로 모든 행동에 개입하는 것이 오히려 클라이언트에게 불쾌감을 주어 역효과로 나타날 수 있다. 클라이언트의 저항에 맞는 대처방법을 선택해야 한다. 저항의 원인은 다음과 같다.

(1) 양가감정
사람은 변화를 원해 도움을 청하면서도 동시에 익숙한 것을 버리고 새로운 것을 받아드리는 것에 두려워하며 그 두려움으로 인하여 변화에 대한 저항이 생긴다.

(2) 잘못된 이해
서비스 개입에 대하여 잘못된 이해를 할 경우 저항이 생긴다.

(3) 염려와 두려움
평상시와 다른 상황에서 오는 염려와 두려움 때문에 저항이 생긴다.

2) 긍정적 재해석

클라이언트의 부정적이고 바람직하지 못한 감정에 사회복지사가 긍정적인 의미를 부여하는 것이다. 목적은 클라이언트의 자기 방어를 줄이고 손상되기 쉬운 자존심을 보호하고자 하는 것이다.
예 "남편이 술을 많이 마셔 화가 난다."는 클라이언트의 말에 "남편의 건강을 걱정하는 것을 보니 남편을 정말 사랑하시는 것 같아요."라고 이야기하는 것

3) 문제를 성장의 기회로 재규정

불안하고 두려워하는 클라이언트에게 문제에 대하여 성장할 수 있는 기회로 볼 수 있게 하는 것으로 클라이언트의 상황을 긍정적으로 볼 수 있게 긍정적인 관점을 제공해 주어야 한다.
예 명예 퇴직한 가장에게 가지고 있는 기술을 활용해 창업할 기회라고 이야기하는 것

4) 직면

클라이언트가 자신의 문제원인이 되는 사고, 감정, 행동을 인식하게 하여 변화를 촉진시키는 방법이다. 클라이언트가 자신의 행동, 생각, 감정의 모순을 발견하지 못할 때에는 효과적이지만 클라이언트가 받아들일 준비가 되지 않은 경우에는 역효과가 날 수 있다.

5) 전이와 역전이 다루기

(1) 전이

클라이언트의 반응이 비현실적인 것을 지적하고 사회복지사와 현실적으로 관계를 갖도록 도와주어야 한다.

(2) 역전이

사회복지사가 자신의 감정의 기원에 관심을 갖고 클라이언트와 현실적인 관계를 갖도록 노력해야 한다. 역전이로 인하여 클라이언트와 관계를 형성할 수 없는 경우 다른 사회복지사에게 의뢰해야 한다.

Tip

직면은 사회복지사와 클라이언트 간의 라포형성이 된 이후에 사용해야 합니다.

OX 퀴즈

- 사회복지사는 클라이언트에게 자기노출을 할 필요는 없다. (×)
- 부정적인 감정을 자유롭게 표현하고자 하는 욕구는 통제된 정서적 관여이다. (×)
- 사회복지사는 클라이언트와의 관계에서 자신의 가치가 작용되어야 한다. (×)
- 생명이 위급한 경우에는 비밀보장을 할 필요는 없다. (○)
- 역전이는 클라이언트가 사회복지사에게 보이는 감정표현이다. (×)

01 관계의 기본 원칙과 그 예로 적절하지 않은 것은?

[11회]

① 개별화 – 동성애 집단에 대한 편견과 선입관에서 벗어나야 한다.

② 의도적 감정표현 – 클라이언트가 가지고 있는 죄책감을 표현할 수 있도록 격려한다.

③ 수용 – 클라이언트의 약물중독 태도나 행동을 허용한다.

④ 통제된 정서적 관여 – 학대부모를 비난하는 클라이언트의 감정에 과도하게 반응하지 않는다.

⑤ 비심판적 태도 – 가족과의 동반자살을 시도했다가 실패한 클라이언트를 비난하지 않는다.

해설 수용은 클라이언트가 있는 그대로 인정받고 싶은 욕구이다. 하지만 클라이언트의 잘못된 행동에 대하여 허용하는 것은 수용이 아니라 동의이다.

02 비에스텍의 관계의 7대원칙에 대한 설명으로 옳은 것을 모두 고른 것은?

> ㄱ. 클라이언트의 행동에 대한 잘못을 이야기하지 않았다.
> ㄴ. 클라이언트에게 남편에 대한 싫은 감정을 표출할 수 있게 도와주었다.
> ㄷ. 클라이언트가 문제해결 방법을 결정할 수 있게 하였다.
> ㄹ. 클라이언트가 가지고 있는 가치나 특성을 그대로 인정해 주었다.

① ㄱ, ㄴ, ㄷ   ② ㄱ, ㄷ, ㄹ

③ ㄱ, ㄹ   ④ ㄴ, ㄷ, ㄹ

⑤ ㄱ, ㄴ, ㄷ, ㄹ

해설 비에스텍의 7대원칙은 개별화, 의도된 감정표현, 통제된 정서적 관여, 수용, 비심판적 태도, 자기결정권, 비밀보장이다.

> ㄱ. 클라이언트의 행동에 대한 잘못을 이야기하지 않은 것은 비심판적 태도이다.
> ㄴ. 클라이언트에게 남편에 대한 싫은 감정을 표출할 수 있게 도와준 것은 의도된 감정표현이다.
> ㄷ. 클라이언트가 문제해결 방법을 결정할 수 있게 한 것은 자기결정권이다.
> ㄹ. 클라이언트가 가지고 있는 가치나 특성을 그대로 인정해 준 것은 수용이다.

03 비밀보장의 예외에 해당되는 것을 모두 고른 것은?

[12회]

> ㄱ. 법정으로부터 클라이언트의 정보공개명령을 받았을 때
> ㄴ. 클라이언트의 치료를 위해 전문가 회의를 할 때
> ㄷ. 클라이언트 자신이나 상대방의 생명에 위협이 될 때
> ㄹ. 제3자로부터 클라이언트에 관한 정보를 제공받았을 때

① ㄱ, ㄴ, ㄷ   ② ㄱ, ㄷ

③ ㄴ, ㄹ   ④ ㄹ

⑤ ㄱ, ㄴ, ㄷ, ㄹ

해설 비밀보장의 원리가 유보될 수 있는 상황

- 전문가들의 서비스에 필요한 정보교환을 하는 경우
- 학생이나 실습생 등 지도를 위한 슈퍼바이저에게 보고하는 경우
- 기관에 기록 보관이나 동료들과의 사례회의를 하는 경우
- 클라이언트나 타인의 생명을 위협하는 경우
- 법원으로부터 클라이언트의 정보공개 명령을 받았을 경우

정답 01 ③ 02 ⑤ 03 ①

04 클라이언트가 과거에 타인과의 관계에서 경험하였던 소망이나 두려움 등의 감정을 사회복지사에게 보이는 반응은? [14회]

① 불신　　　　　② 양가감정
③ 비자발성　　　④ 전이
⑤ 망상

해설 전이는 클라이언트가 어린 시절에 타인에게 가진 원망, 사랑, 두려움 등의 무의식적인 감정들이 사회복지사에게 다시 보이는 것으로, 전이에는 좋은 감정과 나쁜 감정이 모두 포함된다.

05 직면(Confrontation) 기법에 관한 설명으로 옳지 않은 것은? [15회]

① 클라이언트의 말과 행동 간에 모순이 있으나 클라이언트가 이를 부인하고 인정하기를 거부하는 경우에 사용될 수 있다.
② 클라이언트가 극심한 정서적 긴장 상태에 있을 때는 사용하지 않는 것이 좋다.
③ 클라이언트에게 방어적 반응을 불러일으킬 수 있다.
④ 클라이언트가 자신의 결정이나 행동이 실제로 합리적임에도 이에 대한 확신을 갖지 못하고 주저할 때 사용된다.
⑤ 클라이언트와의 신뢰관계가 충분히 형성된 뒤에 사용하는 것이 유용하다.

해설 직면은 클라이언트가 자신의 문제원인이 되는 사고, 감정, 행동을 인식하게 하여 변화를 촉진시키는 방법이다. 클라이언트가 자신의 행동, 생각, 감정의 모순을 발견하지 못할 때 효과적으로 사용할 수 있다.

06 전문적 관계의 기본원칙 중 다음 내용 모두에 해당하는 것은? [17회]

- 문제의 해결자가 사회복지사가 아닌 클라이언트임을 강조함
- 법률에 따라 제한되는 경우를 제외하고 최대한 존중되어야 함
- 사회복지사는 문제해결을 위해 다양한 대안을 알고 있어야 함

① 수용　　　　　② 비밀보장
③ 비심판적 태도　④ 통제된 정서적 관여
⑤ 클라이언트의 자기결정권

해설 클라이언트의 자기결정권은 클라이언트 자신이 자신의 문제를 스스로 결정하고 싶은 욕구로, 사회복지사는 클라이언트가 선택을 할 수 있도록 문제에 대한 해결책을 알고 있어야 한다. 클라이언트가 자기결정권을 사용하지 못하는 경우는 나이가 어려 선택을 하지 못하거나 정신질환이 있는 경우이다.

07 저항의 유형으로 틀린 것은?

① 갑자기 말을 하지 않거나, 할 이야기가 없다고 한다거나, 할 말이 생각나지 않는다고 하거나, 말하고 싶지 않다고 하는 경우
② 약속시간에 늦는다거나, 상담시간에 몸을 움직이거나, 지루해 하는 등 행동의 변화를 거부하는 경우
③ "잘 될 리가 없지.", "해봐야 소용 없다."와 같이 안될 거라는 무력함을 나타내는 경우
④ 문제해결과 관계있는 중요한 이야기나 주제에 대한 이야기만 하는 경우
⑤ 문제의 심각성을 인식하지 못하여 직면하지 않음으로써 변화를 위한 노력을 하지 않는 경우

해설 문제해결과는 관계없는 이야기만 하고 정작 중요한 이야기를 할 때는 말을 돌리거나 더 중요한 이야기라고 하며 주제와 맞지 않는 이야기만 하는 경우가 저항이다.

정답　04 ④　05 ④　06 ⑤　07 ④

08 수용에 대한 설명으로 틀린 것은?

① 학교폭력 가해자의 행동에 대해 그 상황과 감정을 이해하는 것이다.

② 클라이언트가 일탈행동을 하더라도 그대로 받아들인다.

③ 좋은 것이 아니라 있는 그대로의 것이다.

④ 클라이언트를 돕는 것이 주목적이다.

⑤ 수용의 대상은 선한 것이 아니라 참된 것이다.

해설 수용은 행동을 표출된 감정을 인정하는 것이지 그 행동을 인정하는 것은 아니다. 클라이언트의 사고와 감정은 허용하고 존중하지만 일탈행동을 해도 된다고 허용하는 것은 수용이 아니다.

09 사회복지사와 클라이언트의 관계형성에 대한 내용으로 옳은 것은?

① 사회복지사의 자기노출은 부정적인 면이 있으므로 사용하지 않는 것이 좋다.

② 헌신과 의무는 사회복지사와 클라이언트의 책임감을 의미하는 것이다.

③ 권력은 클라이언트와 기관에 의해 사회복지사에게 위임된 권한을 말한다.

④ 진실성은 사회복지사가 클라이언트의 속 깊은 감정을 이해했다는 것을 전달하는 것이다.

⑤ 용기는 사회복지사가 특정한 단서 없이도 클라이언트를 느끼고 감지할 수 있는 능력이다.

해설 ① 사회복지사는 자기노출의 긍정적인 면과 부정적인 면을 균형 있게 사용해야 한다.
③ 권위는 클라이언트와 기관에 의해 사회복지사에게 위임된 권한을 말한다.
④ 공감은 사회복지사가 클라이언트의 속 깊은 감정을 이해했다는 것을 전달하는 것이다.
⑤ 민감성은 사회복지사가 특정한 단서 없이도 클라이언트를 느끼고 감지할 수 있는 능력이다.

10 사회복지사와 클라이언트의 관계형성의 장애요인에 대한 사회복지사의 대처로 틀린 것은?

① 클라이언트가 침묵을 보일 때에는 기다리는 배려가 필요하다.

② 클라이언트가 양가감정을 갖는 것은 부자연스러운 현상이다.

③ 클라이언트의 저항, 전이, 양가감정 등은 관계형성을 어렵게 만드는 요소가 되기도 한다.

④ 클라이언트가 저항을 보일 때에는 저항의 원인을 이해하도록 노력해야 한다.

⑤ 클라이언트가 자신의 행동, 생각, 감정의 모순을 발견하지 못할 때에는 직면이 효과적이다.

해설 클라이언트가 양가감정을 갖는 것은 자연스러운 현상이다.

11 비스텍(F. Biestek)이 제시한 관계의 기본원칙과 설명이 옳게 연결된 것은? [13회]

① 개별화 – 편견이나 고정관념 없이 클라이언트 개인의 경험을 존중하는 것이다.

② 비심판적 태도 – 문제의 원인과 상황을 객관적으로 판단하지 않는 것이다.

③ 자기결정 – 클라이언트의 상황에 관계없이 모든 클라이언트의 선택권을 보장하는 것이다.

④ 의도적 감정표현 – 사회복지사 자신의 감정을 적극적으로 드러내는 것이다.

⑤ 통제된 정서적 관여 – 내적 통찰을 위해 클라이언트 자신의 감정 표현을 억제하도록 돕는 것이다.

해설 ② 비심판적 태도 – 클라이언트의 문제가 누구의 잘못인지 심판하지 않고 클라이언트의 가치나 특성을 비난해서는 안 된다는 것이다.
③ 자기결정 – 자기결정이 유보될 수 있는 상황이 아니면 클라이언트의 선택권을 보장한다.
④ 의도적 감정표현 – 클라이언트의 부정적인 감정까지 표현하고 싶은 욕구이다.
⑤ 통제된 정서적 관여 – 내적 통찰을 위해 사회복지사 자신의 감정표현을 억제해야 한다.

12 비스텍(F. Biestek)이 제시한 '의도적인 감정표현'에 관한 설명으로 옳은 것은? [14회]

① 클라이언트의 가치관이나 특성을 심판하거나 비난하지 않는 것이다.
② 클라이언트가 스스로 선택하고 결정하도록 돕는 것이다.
③ 클라이언트의 감정에 민감성과 이해로 반응하는 것이다.
④ 클라이언트가 자신이 비난받게 될지 모르는 감정을 자유롭게 표현하도록 돕는 것이다.
⑤ 클라이언트를 개별적인 욕구를 지닌 존재로 이해하는 것이다.

해설 의도적 감정표현이란 클라이언트의 부정적 감정을 자유롭게 표현하고 싶은 욕구이다.

① 클라이언트의 가치관이나 특성을 심판하거나 비난하지 않는 것은 비심판적 태도이다.
② 클라이언트가 스스로 선택하고 결정하도록 돕는 것은 자기결정권이다.
③ 클라이언트의 감정에 민감성과 이해로 반응하는 것은 통제된 정서적 관여이다.
⑤ 클라이언트를 개별적인 욕구를 지닌 존재로 이해하는 것은 개별화이다.

정답 12 ④

학습 가이드

- 면접 부분에서는 면접의 기술과 면접의 종류에 대한 문제가 자주 출제되고 있으며 그중에서도 면접의 기술은 매회 출제되고 있을 정도로 출제비중이 높은 편이다.
- 질문 기법이나 기술, 면접의 종류가 주로 출제되고 면접의 특성에 관한 문제가 출제된 적이 있다.
- 면접 기술을 사용할 때 주의할 점과 같은 응용문제에도 대비해야 한다.

Tip 👆

면접은 클라이언트의 문제해결이나 정보수집, 과업수행 등의 목적을 수행하는 시간제한적 의사소통입니다.

1 면접의 정의

면접은 사회복지사와 클라이언트 사이의 일련의 의사소통으로 사회복지개입의 주요한 도구이다. 사회복지실천과정에서 면접은 전문적 관계에 바탕을 두고 정보수집, 과업수행, 클라이언트의 문제나 욕구해결 등과 같은 목적을 수행하는 시간제한적 대화이다.

2 면접의 특성[콤튼과 갤러웨이(Compton & Galaway)]

① 맥락이나 세팅을 가지고 있다. 클라이언트에게 서비스를 제공하는 특정한 기관이 있고 면접의 내용은 특정 상황에 한정되어 있다.
② 목적과 방향이 있다. 면접은 우연히 만나 정보를 교환하는 것이 아니라 구체적 목표를 달성하기 위해 수행되는 과정이다.
③ 계약에 의한다. 면접은 클라이언트와 사회복지사가 목적달성을 위한 일련의 과정을 상호 합의한 상태에서 진행한다.
④ 면접에서는 관련자 간의 특별한 역할관계가 있다. 면접자와 피면접자에게 각각 정해진 역할이 있고 그 역할에 따라 상호작용을 한다.
⑤ 면접은 공식적인 활동이다. 대화와 다르게 공식적인 절차로 이루어지는 활동이다.
⑥ 면접의 목적은 단계마다 달라진다. 목적을 설정한 후 각 단계마다 세부 목적을 설정하여 실행한다.

Tip 👆
면접과 대화의 비교

면접	대화
목적을 가지고 있다.	중심 주제가 없다.
면접자와 피면접자의 역할이 구분된다.	역할 구분이 없다.
클라이언트의 이익을 위해 계획된다.	클라이언트의 문제 해결에 도움이 되지 않는다.
공식적 만남이다.	비공식적 만남이다.
불쾌한 사실과 감정을 피할 수 없다.	불쾌한 사실과 감정을 피할 수 있다.
면접자의 개인적 이유로 중단할 수 없다.	중단하기가 쉽다.

3 면접의 종류

1) 정보수집면접

클라이언트의 개인적·사회적 문제에 관련된 성장배경이나 사회적 배경에 관한 정보를 수집하기 위한 면접이다. 클라이언트의 일반적인 상황, 현재 문제, 가족력, 개인력 등에 대한 정보를 알아 문제를 잘 이해할 수 있고 클라이언트가 필요한 서비스를 결정할 수 있다.

2) 사정면접

문제는 무엇인지, 어떤 원인이 있는지, 해결하기 위해서는 어떻게 해야 하는지, 어떤 서비스를 제공할 것인지 등으로 정보수집면접보다 목적 지향적인 특성이 있다. 즉, 어떠한 치료를 할 것인가를 결정하기 위한 면접이다.

3) 치료면접

클라이언트를 도와 변화시키거나 클라이언트의 기능 향상을 위해 환경을 변화시키는 것이 있다. 클라이언트의 자신감, 자기효율성 강화, 기술훈련, 문제해결능력 향상을 목적으로 하고 환경을 바꾸기 위하여 면접을 하기도 한다.

1) 분위기 조성기술

면접을 위하여 클라이언트가 편안한 분위기를 느낄 수 있도록 만드는 기술이다. 존슨(Johnson)은 분위기 조성기술로 공감, 진심, 온화함을 들었다.

(1) 공감(Empathy)

사회복지사가 클라이언트를 수용하고 그에게 관심이 있음을 전달하는 능력으로 클라이언트의 감정을 공개적으로 수용하고 인정하는 것이다.

(2) 진심

클라이언트에게 사회복지사가 믿을 만한 사람임을 전달하는 것이다. 이는 사회복지사의 언어적 표현과 비언어적 표현이 일치함으로써 전달된다.

(3) 온화함

친밀하고자 하는 욕구를 전달하는 것으로 이러한 친밀감 속에서 클라이언트는 긍정적·부정적 감정을 표현할 수 있고 가치 있는 존재로 느낄 수 있게 된다.

2) 관찰기술

클라이언트가 말하고 행동하는 것에 주의를 기울여 그를 이해하는 것이다. 면접 전 대기실에 있을 때부터 시작되고 언어적 표현보다는 비언어적 표현을 적극적으로 활용하여 이루어진다. 그렇기 때문에 면접 중에 언어적 표현뿐 아니라 표정, 손놀림, 눈 맞춤, 침묵 등 비언어적 표현에 더 민감해야 한다.

3) 경청기술

면접에서 가장 중요한 기술로 클라이언트가 무엇을 이야기하는지 면접자에게 어떻게 반응하는지 듣는 것이다. 클라이언트의 어려움을 공감하거나 필요한 반응을 하면서 잘 듣는 것이다. 특히, 비언어적 표현에 대해서도 경청해야 한다.

4) 해석기술

클라이언트의 표현과 행동을 관찰하고 문제의 요인을 발견하여 클라이언트가 깨달을 수 있도록 도와주는 방법이다. 즉, 클라이언트가 말한 것을 명확히 설명하는 것이다.

Tip
- 관찰기술은 클라이언트가 말하고 행동하는 것에 주의를 기울이는 기술입니다.
- 경청기술은 클라이언트가 말하는 것을 적극적으로 들어주는 기술입니다.
- 해석기술은 클라이언트의 행동에서 단서를 발견하고 클라이언트를 깨닫게 해주는 기술입니다.

5) 질문기술

의사소통에 있어 질문은 가장 중요한 요소인 만큼 면접에서도 중심이 되는 기술이다. 클라이언트에 대하여 탐색과 필요한 정보를 얻을 수 있고 도움을 주기 위해 질문을 한다. 개방형 질문을 더 많이 사용하는 것이 바람직하지만 개방형 질문과 폐쇄형 질문을 적절히 혼용하여 사용하는 것이 바람직하다.

(1) 개방형 질문

개방형 질문은 클라이언트가 질문에 대하여 자신의 생각과 감정을 자유롭게 표현할 수 있는 질문이다. "오늘 아침 식사는 무엇을 하셨나요?"라는 질문에 클라이언트는 어떤 음식을 먹었는지 자세히 이야기할 수 있다. 사회복지사는 클라이언트에게 많은 정보를 얻을 수 있는 장점이 있는 반면에 클라이언트는 대답에 대한 압박감을 느낄 수 있다.

(2) 폐쇄형 질문

폐쇄형 질문은 클라이언트가 질문에 대하여 "네, 아니오"와 같이 제한된 대답이 나올 수밖에 없는 질문이다. "오늘 아침 식사는 하셨나요?"라는 질문에는 "네, 아니오"와 같은 대답만 할 수밖에 없다. 사회복지사의 입장에서 말하기 어려운 질문이나, 위기 상황 시 클라이언트에게 사용이 가능하다는 점은 장점이고 클라이언트에게 많은 이야기를 듣지 못해 많은 정보를 얻지 못한다는 점은 단점이다.

(3) 직접질문

직접질문은 "청소를 네가 했니?"처럼 의문문으로 이루어진 질문으로 클라이언트는 질문을 받았다는 느낌을 받는다.

(4) 간접질문

간접질문은 "청소를 누가 했는지 모르겠네."처럼 서술문으로 이루어진 질문으로 클라이언트는 자신이 질문을 받았다는 느낌을 받지 못한다.

(5) 주의해야 할 질문

① **왜 질문** : 클라이언트는 왜라는 질문을 듣게 되면 비난하거나 추궁하는 느낌이 들어 방어적인 태도를 보일 수 있다.

② **이중 질문** : 한 번에 여러 질문을 받으면 어떤 질문에 먼저 대답해야 하는지 혼란스러울 수 있어 한 번에 하나씩 질문해야 한다.

③ **유도하는 질문** : 사회복지사가 자신이 원하는 대답을 이끌어 내기 위한 질문을 할 경우 클라이언트는 자신의 생각을 이야기하는 것이 아니라 사회복지사가 원하는 거짓된 대답을 할 수 있다.

Tip

질문을 할 때는 클라이언트의 응답을 제한하는 폐쇄형 질문보다는 자유로운 응답이 가능한 개방형 질문이 좋습니다. 단, 민감한 주제에는 폐쇄형 질문이 좋습니다.

Tip 👆
- 표현촉진기술은 클라이언트의 정보를 얻기 위해 표현하도록 반응하는 기술입니다.
- 재초점화기술은 주제에 맞게 초점을 유지하는 기술입니다.
- 직면기술은 클라이언트의 말과 행동이 불일치하는 모순점을 지적하는 기술입니다.
- 요약기술은 클라이언트가 이야기한 내용을 간결하게 정리하는 기술입니다.

6) 표현촉진기술

① 사회복지사가 클라이언트의 정보 노출을 촉진시키기 위해 계속 말을 하도록 격려하는 것이다. 클라이언트의 말에 고개를 끄덕이거나 "그래서요.", "그렇군요." 등의 반응이 포함된다.

② 클라이언트가 말한 것을 반복하거나 새로운 단어로 재진술하는 것이다. 클라이언트가 "아들이 말을 듣지 않아 얼마나 제 마음이 아프겠어요."라는 말에 "정말 마음이 아프시겠네요." 또는 "남편 때문에 살아가기 막막해요."라는 말에 "정말 절망적인 것 같네요."라고 표현할 수 있다.

③ 사회복지사는 오해나 실수를 최소화하기 위해 구체적으로 표현하도록 요구해야 한다. 클라이언트의 표현이 애매하거나 모호할 때에는 확실한 단어를 사용하는 것이 좋다. 클라이언트에게 "아들이 공부를 하지 않아 걱정이라는 말씀이죠? 맞습니까?"라고 하는 것이다.

④ 사회복지사의 표현도 구체적이어야 한다. "전보다 잘 참는 것 같아요."보다는 "아들에게 하는 것을 보니 전보다 화를 잘 참는 것 같아요."라고 표현하는 것이다.

7) 재초점화기술

제한된 시간에 최대한 효과를 가져오기 위하여 면접의 주제에서 벗어난 경우 초점을 조정해 주는 것으로 불필요한 방황과 시간 낭비를 막는 효과적인 방법이다. 클라이언트가 바람난 남편 문제로 면접하는 과정에서 남편의 회사 생활에 대해 설명이 길어지는 경우 사회복지사는 "회사 생활도 중요하지만 먼저 남편의 가정생활에 대한 이야기를 한 뒤에 그 이야기를 하는 것이 좋을 것 같아요."라고 남편의 가정생활에 초점을 맞추는 것이다.

8) 직면기술

클라이언트의 자기 인식을 증진시키고 변화를 촉진시키기 위한 기술로 클라이언트의 문제를 지속시키는 감정, 행동, 사고를 직접 지적하는 기술이다. 직면기술은 클라이언트와 충분한 라포형성이 된 후에 사용하는 것이 좋다.

9) 요약기술

한 회기가 지나고 다음 회기로 넘어가기 전에 지난 회기에 논의된 내용을 간단히 요약하여 핵심을 잡아주는 것이다. 또는 한 회기가 끝날 때 그날 회기에서 다루었던 내용을 정리함으로써 그 내용이 다음 회기로 연속될 수 있도록 도와준다.

10) 사적 질문기술

클라이언트는 종종 사회복지사에게 질문을 하기도 하는데, 사회복지사는 클라이언트의 문제해결에 관련이 있는 질문인 경우에 간결하게 대답하고 다시 초점을 클라이언트에게 옮기는 것이 좋다.

11) 명료화기술

사회복지사는 자신이 클라이언트가 한 이야기를 잘 이해하고 있는지 다시 물어보는 방법으로 클라이언트의 메시지가 추상적이거나 혼란스러운 경우 구체적으로 표현하도록 하는 방법이다.

OX 퀴즈

• 어떠한 치료를 할 것인가를 결정하기 위한 면접은 사정면접이다. (○)
• 자신의 생각과 감정을 자유롭게 표현할 수 있는 질문은 폐쇄형 질문이다. (×)
• 정보 노출을 촉진시키기 위해 반복하거나 새로운 단어로 재진술하는 것은 표현촉진기술이다. (○)
• 직면기술이란 클라이언트와 라포가 형성된 후에 클라이언트의 문제를 직접 지적하는 기술이다. (○)

01 면접의 특성으로 옳지 않은 것은?

① 면접의 목적은 단계마다 같다.
② 면접에서는 관련자 간의 특별한 역할관계가 있다.
③ 맥락이나 세팅을 가지고 있다.
④ 목적과 방향이 있다.
⑤ 면접은 공식적인 활동으로 계약에 의한다.

> **해설** 목적을 설정한 후 각 단계마다 세부 목적을 설정하여 실행하므로 면접의 목적은 단계마다 달라진다.

02 다음 사례에서 사회복지사가 진행한 면접의 유형은?

[17회]

> 학대의심 사례를 의뢰받은 노인보호전문기관의 사회복지사는 어르신을 만나 학대의 내용과 정도를 파악하고 어르신의 정서 상태와 욕구를 확인하는 면접을 진행하였다.

① 평가면접   ② 치료면접
③ 정보수집면접   ④ 계획수립면접
⑤ 정서지원면접

> **해설** 면접의 유형은 크게 정보수집면접, 사정면접, 치료면접으로 나뉜다. 정보수집면접은 클라이언트의 성장배경이나 사회적 배경에 관한 정보를 수집하기 위한 면접이고, 사정면접은 어떤 치료를 할 것인가를 결정하기 위한 면접이다. 또 치료면접은 클라이언트를 도와 변화시키거나 클라이언트의 기능향상을 위한 면접이다. 사회복지사는 어르신의 정서상태와 욕구를 확인하는 면접을 진행한 것이므로 정보수집면접에 해당한다.

03 다음의 질문 중 폐쇄형 질문에 해당하는 것은?

[14회]

① "결혼하셨습니까?"
② "무엇이 가장 힘드십니까?"
③ "남편의 성격은 어떤가요?"
④ "지난 일주일은 어떻게 지내셨습니까?"
⑤ "무슨 일로 남편과 다투셨나요?"

> **해설** 폐쇄형 질문은 클라이언트가 질문에 대하여 "네, 아니오"와 같이 제한된 대답이 나올 수밖에 없는 질문으로 "결혼하셨습니까?"라는 질문은 "네, 아니오"로 대답할 수밖에 없다.

04 다음 중 면접의 기술에 대한 설명이 틀린 것은?

① 감정이입은 사회복지사가 클라이언트의 생각, 감정, 행동을 이해하고 있다는 것이다.
② 재보증은 클라이언트가 가지고 있는 능력, 감정, 욕구 등 클라이언트를 지지해주는 기법이다.
③ 초점화는 클라이언트와 사회복지사의 주의를 현재의 작업에 맞추는 것이다.
④ 재명명은 클라이언트가 자신의 문제를 잘 알고 이해할 수 있도록 새로운 틀을 제공하는 것이다.
⑤ 요약은 한 회기가 지나고 다음 회기로 넘어가기 전에 지난 회기에 논의된 내용을 간단히 요약하여 핵심을 잡아주는 것이다.

> **해설** 클라이언트가 자신의 문제를 잘 알고 이해할 수 있도록 새로운 틀을 제공하는 것은 해석이다.

정답   01 ①   02 ③   03 ①   04 ④

05 표현적 의사소통기술 중 다음에서 사회복지사가 사용한 기술은?

> • 클라이언트 : "저는 부부관계를 발전시키기 위해 필요한 것은 무엇이든지 할 의향이 있습니다."
> • 사회복지사 : "○○씨는 아내와의 관계를 긍정적으로 회복시키고 싶어 하셨고 아내와 두 번의 데이트를 하기로 했습니다. 그러나 당신은 아내와 데이트를 하기로 한 그날 밤 늦게까지 일했습니다. 결국 한 번도 지키지 못하였는데 이것이 무엇을 뜻하는 것 같습니까?"

① 직면
② 초점화
③ 명료화
④ 정보공유
⑤ 해석

해설 직면은 클라이언트의 변화를 방해하는 부정적인 감정, 생각, 행동들을 클라이언트가 인식하도록 돕는 직접적인 방법이다.

06 면접 과정에서 바람직한 질문은? [12회]

① 그 친구를 따돌리고 싶은 생각이 애초부터 마음속에서 서서히 일어나고 있었던 거죠?
② 아들이 집 밖으로 나가지 않겠다고 약속했는데도 불구하고, 아들을 방에 가둔 이유가 뭐죠?
③ 지난 세월 동안 남편의 폭력에 어떻게 대처해 오셨죠?
④ 다른 약속이 없었음에도 불구하고, 직업훈련에 빠진 것은 그냥 귀찮았기 때문인가요?
⑤ 의사는 뭐라고 그러던가요? 아들을 왜 때렸으며 그때 누가 같이 있었죠?

해설 ①, ②, ④, ⑤는 문제해결을 위한 질문으로 클라이언트가 쉽게 대답하기 어려운 질문이고, ③은 해당 문제를 어떻게 대처했는지 물어보는 해결중심 단기가족치료의 대처질문이다.

07 개방형 질문의 예시로 옳지 않은 것은? [18회]

① 선생님은 어제 자녀와 대화를 나누셨나요?
② 부모님은 그 상황에서 무엇을 생각하셨을까요?
③ 그 상황에서 선생님의 기분은 어떠하셨나요?
④ 어떤 상황이 되면 문제가 해결되었다고 생각하세요?
⑤ 그러한 행동을 하게 되면 선생님의 가족들은 어떤 반응을 보이시나요?

해설 개방형 질문은 클라이언트가 질문에 대하여 자신의 생각과 감정을 자유롭게 표현할 수 있는 질문으로, "선생님은 어제 자녀와 대화를 나누셨나요?"는 폐쇄형 질문이다. 이 질문이 개방형 질문이 되려면 "선생님은 어제 자녀와 어떠한 대화를 나누셨나요?"라고 질문해야 한다.

08 클라이언트에게 정보를 이끌어낼 수 있는 면접기술과 거리가 먼 것은?

① 클라이언트의 말을 경청하고 계속해서 말할 수 있도록 격려한다.
② 구체적인 정보를 얻기 위해 주로 폐쇄형 질문을 많이 사용한다.
③ 다른 주제로 넘어갈 때 앞선 내용을 정리해서 문제에 대한 명확한 관점을 가질 수 있도록 돕는다.
④ 클라이언트의 말을 새로운 표현으로써 재진술을 한다.
⑤ 클라이언트에게 사회복지사가 믿을 만한 사람임을 전달한다.

해설 구체적인 정보를 얻기 위해서는 폐쇄형 질문보다는 개방형 질문을 많이 사용해야 한다.

정답 05 ① 06 ③ 07 ① 08 ②

Chapter 08 사회복지실천의 과정

출제경향

목차	22회	21회	20회	19회	18회
1. 접수			1	1	1
2. 자료수집 및 사정	2	1	1	1	2
3. 목표설정 및 계약	1		1		
4. 개입	1	3	1	1	2
5. 종결 및 평가			1	1	1

학습 가이드

- 실천과정당 1문제가 나올 정도로 출제 비중이 높은 부분이다.
- 사정에 대한 부분이 자주 출제되고 있다. 따로 학습하는 것이 아니라 연결해서 학습해야 연결문제에도 대비가 된다. 이해를 잘 하는 것도 중요하지만 이론을 암기하는 것이 더욱 효과적이다.
- 예간의 SMART에 대한 문제가 출제되었던 만큼 새로운 문제도 출제될 수 있지만 기존에 출제되었던 내용에 치중하는 것이 중요하다.
- 가계도, 생태도와 같은 사정도구에 대한 설명을 물어보는 문제도 출제되고 있다.
- 문제 형성과 같은 내용이 사례를 통해 출제된 만큼 사례에 대비해야 한다.

사회복지실천과정은 사회복지사가 클라이언트와 클라이언트를 둘러싼 다양한 환경 내의 체계들을 변화시키기 위해 그의 전문적 가치와 지식에 기초하여 개입하는 과정이다. 일반적으로 실천과정은 ① 접수, ② 자료수집 및 사정, ③ 목표설정 및 계약, ④ 개입(개인, 집단, 가족, 지역사회 수준의 개입), ⑤ 평가 및 종결의 단계로 이루어진다.

1 접수

접수(Intake)란 문제를 가진 사람이 전문가의 도움을 받고자 찾아올 경우 사회복지사가 클라이언트의 욕구와 문제를 확인하여 기관의 정책과 서비스에 부합하는지 판단하는 과정이다. 또한 사회복지사가 클라이언트의 욕구를 확인하여 기관에서 욕구를 충족시킬 수 있는 서비스 제공 여부를 결정하는 단계이다.

Tip ✋
스크리닝(Screening)은 클라이언트가 서비스받을 적절한 자격이 있는지, 서비스 이용에 해당하는 적절한 특성을 갖추고 있는지를 파악하는 것으로 기관 프로그램에 대한 일종의 문지기(Gate-keeper)로서 작용합니다.

2 접수단계 과제

1) 문제 확인

접수 시 클라이언트의 문제가 무엇인지 확인하는 과정으로 클라이언트가 호소하는 어려움이나 지적하는 문제에서 출발한다. 사회복지사는 그 문제가 클라이언트에게 얼마나 중요한 것인지, 어떻게 이 문제가 발생한 것인지를 탐색하게 된다. 클라이언트가 찾아온 이유가 호소한 문제와 때로는 다를 수 있고 같은 문제라도 클라이언트 간의 의미가 다를 수가 있으니 사회복지사는 클라이언트의 문제가 무엇인지 정확히 판단해야 한다.

Tip ✋
접수단계에서는 클라이언트의 문제와 욕구가 기관의 정책과 서비스에 부합하는지 확인합니다.

2) 관계 형성

사회복지기관을 찾는 클라이언트들이 일반적으로 보이는 두려움, 양가감정을 해소하기 위해 사회복지사와 상호 긍정적인 친화관계, 즉 라포를 형성해야 한다. 라포를 통해 클라이언트는 사회복지사가 자신을 이해하고 자신의 복지에 진심으로 관심을 가지고 있다고 느끼게 된다. 라포가 형성되면 클라이언트는 사회복지사에게 자신의 문제를 드러내고 개입과정에서 적극성을 보이게 된다.

(1) 감정이입

다른 사람의 경험이나 감정을 인지하는 능력으로 사회복지사는 클라이언트의 입장이 되어 클라이언트 내면의 느낌을 정확하게 인지하고 클라이언트처럼 보고 느끼는 것이다.

(2) 인정

모든 클라이언트는 외모, 행동, 환경에 관계없이 가치 있고 존귀한 존재로 믿기 때문에 클라이언트는 한 인간으로서 내재된 가치를 인정받아야 한다.

(3) 온정

클라이언트는 자신이 사회복지사로 하여금 수용되며, 이해되고 있음을 알 수 있도록 느끼게 해주는 것으로 음성, 자세, 눈높이, 얼굴표정, 몸동작 등으로 전달된다.

(4) 진실성

사회복지사가 클라이언트와의 의사소통에서 있는 그대로 솔직하게 드러내는 태도이다. 이러한 태도는 거짓이 없고, 방어적이지 않으며, 가식적이지 않다.

3) 클라이언트의 동기화

비자발적인 클라이언트인 경우 변화하려는 동기가 없거나 약해 원조관계에 한계점이 있다. 침묵이나 부정적 감정을 보이는 경우 사회복지사는 클라이언트가 자발성을 보일 때까지 인내심을 가지고 기다려야 하고 클라이언트가 가지고 있는 거부감이나 두려움을 인정하여 스스로 말할 수 있도록 한다. 변화를 기대하지 않는 클라이언트는 클라이언트의 고통을 이해하는 동시에 자신이 변화할 수 있는 능력이 있음을 인지시켜 준다.

4) 기관의 서비스에 대한 정보 제공

사회복지사는 클라이언트에게 기관의 정책과 서비스, 자원 등을 설명하여 클라이언트가 서비스를 선택할 수 있도록 해야 한다. 또한 클라이언트가 기관이나 사회복지사에게 비현실적인 기대를 하고 있는 경우 사회복지사는 클라이언트가 현실적으로 이해할 수 있도록 도와주어야 한다.

5) 의뢰

클라이언트의 문제와 욕구를 파악한 결과 기관에서 문제를 해결할 수 없거나 기관의 정책과 부합되지 않는 경우 더 부합하는 기관에 클라이언트를 보내는 것이다. 의뢰를 할 경우 클라이언트와 충분한 상의를 해야 하고 거부감을 갖지 않도록 정서적 지지와 적절한 정보를 제공해야 한다.

6) 원조과정에 대한 안내

클라이언트가 서비스 대상으로 결정된 경우 사회복지사는 클라이언트에게 수혜자격, 원조순서, 원조과정에서의 사회복지사와 클라이언트의 역할에 대해

Tip

접수단계의 사회복지사의 과업
- 클라이언트의 문제확인과 기관이 제공할 수 있는 서비스 공유
- 타 기관의 의뢰 여부
- 클라이언트와 관계형성
- 초기면접지 작성
- 동의서 작성

설명을 해주어야 한다. 또한 정책이나 법, 클라이언트의 자기결정권 및 권리, 비밀보장의 한계에 대해서 설명을 해주어야 한다.

3 접수내용

사회복지사와 클라이언트가 접수단계에서 기록하는 양식을 초기면접지라고 한다. 클라이언트가 직접 작성하기도 하지만 사회복지사가 클라이언트와 접수 면담 후 직접 작성하는 것이 일반적이다.

1) 클라이언트 기본 정보

이름, 성별, 나이, 학력, 결혼관계, 가족관계, 주소, 전화번호, 직업, 수입 등의 내용이 포함되어야 한다.

2) 주요 문제

클라이언트가 기관에 찾아오게 된 주요 원인이 되는 문제이다. 클라이언트가 어떠한 문제를 가지고 있는지 파악하는 것으로 문제 확인, 문제 발생 시기 및 원인, 문제의 지속과정 등이 기록되어야 한다. 사회복지사는 모든 것을 종합하여 클라이언트 문제가 무엇인지 파악해야 한다.

3) 기관을 알게 된 동기

클라이언트가 기관을 어떤 경로를 통해 알게 되었고 어떤 기대를 가지고 왔는지 파악하는 것이다. 클라이언트가 자발적으로 온 것인지, 지인의 소개로 온 것인지, 인터넷이나 홍보물을 보고 온 것인지에 대한 내용이 포함되어야 한다. 또한 타 기관의 의뢰인 경우에는 어떠한 문제로 인하여 의뢰가 되었는지 의뢰 이유를 파악해야 한다.

4) 타 기관의 서비스 경험 유무

클라이언트가 이전에 다른 문제로 인하여 사회복지기관에 방문한 경험이 있는지, 있다면 어떤 서비스를 받았는지 파악해야 한다. 클라이언트가 가지고 있는 사회복지서비스의 긍정적 · 부정적 경험이 문제를 해결하는 데 많은 도움이 되기 때문이다.

OX 퀴즈

- 클라이언트에게 보이는 두려움, 양가 감정을 해소하기 위해서는 라포 형성을 해야 한다. (O)
- 클라이언트와 관계형성을 하기 위해서는 감정이입, 인정, 온정, 진실성 등이 포함되어야 한다. (O)
- 클라이언트가 접수하게 되는 방법은 직접방문, 의뢰, 아웃리치 등이 있다. (O)

1) 자료수집

클라이언트의 문제를 이해, 분석, 해결하기 위해 필요한 자료들을 모으는 것으로 클라이언트의 문제 사정을 위해 매우 중요한 과정이다.

(1) 자료수집 내용

① 접수 시 클라이언트에 대한 기본적인 정보

클라이언트가 기관에 찾아왔을 때 사회복지사는 클라이언트의 욕구나 문제가 기관의 정책과 서비스에 부합하는지 판단하는 과정으로 서비스 제공 여부를 결정하게 하는 데 중요한 자료 수집이다.

② 문제에 대한 정보

클라이언트 문제가 무엇인지 초점을 두고 그 문제에 영향을 미치는 요인에 대하여 개인적·환경적 측면에서 찾아본다.

③ 개인력

영아기, 유아기, 학령기, 청소년기, 성인기, 노년기 등 인간의 생활주기에 따른 인간관계, 생활사건 등 클라이언트의 모든 것이 포함된다.

④ 가족력

가족관계나 가족구성, 가족상황 등 원가족의 모든 것이 포함된다.

⑤ 클라이언트의 자원

클라이언트에게 활용할 수 있는 자원이나, 이용할 수 있는 서비스가 포함된다.

(2) 자료수집 방법

① 클라이언트의 구두보고

클라이언트의 문제와 욕구를 제일 잘 알고 있는 사람은 클라이언트 자기 자신이기 때문에 개별 면담을 통하여 얻는 정보이다. 클라이언트의 문제에 대한 느낌, 문제를 해결하기 위한 노력, 문제의 역사, 문제 원인에 대한 견해 등에 대한 의견도 포함된다. 클라이언트의 이야기는 주관적 편견이나 감정에 왜곡될 수 있고 이익을 얻기 위해 거짓말을 할 수 있음을 명심해야 한다.

② 클라이언트의 비언어적 행동 관찰

초기 단계에서는 구두보고뿐 아니라 비언어적 행동으로도 중요한 정보를 획득할 수 있다. 분노, 당혹감, 두려움, 떨림, 자세, 얼굴표정, 눈 맞춤, 목소리의 높낮이 등으로 클라이언트의 감정과 사고를 정확하게 판단할 수 있기에 사회복지사는 세밀한 관찰이 필요하다.

③ 클라이언트의 자기 모니터링

클라이언트가 자신의 문제를 인지하지 못하는 경우 문제행동의 빈도나 문제발생 시 감정을 스스로 점검하게 하는 것을 의미한다. 클라이언트를 문제해결과정에 적극적으로 참여하도록 유도하는 것이 효과적이다.

④ 부수적 출처 정보

클라이언트 외에 가족, 이웃, 친척, 친구 등으로부터 얻을 수 있는 정보로 클라이언트에게 얻지 못한 정보를 얻을 수 있고 때로는 클라이언트의 진술과 상반될 수 있다. 이러한 정보도 클라이언트에게 동의를 얻어야 하고 동의가 없을 경우에는 정보를 수집해서는 안 된다.

⑤ 심리검사

MBTI, MMPI, 우울척도, 자아존중감 척도 등의 검사법은 객관적이고 과학적인 방법으로 클라이언트에 대한 정보를 얻을 수 있다.

⑥ 사회복지사의 관찰

클라이언트와 그의 삶에 중요한 사람들(가족, 친구, 동료 등)과의 상호작용을 관찰함으로써 많은 정보를 얻을 수 있다.

⑦ 사회복지사의 개인적 경험

클라이언트가 사회복지사에게 수동적이거나 공격적 혹은 의존적인 경우 다른 사람에게도 같은 행동을 할 것이라는 예측을 하게 되고 그러한 상호작용 속에서 느끼는 사회복지사의 감정이 문제 행동에 중요한 정보가 된다.

2) 사정(Assessment)

자료수집이 끝나면 수집된 자료를 통하여 사정하게 된다. 사정은 과거 진단이라고 불렸으며 사회복지실천과정에서는 가장 핵심적인 단계이다.

(1) 사정의 특성(Johnson)

① 사정은 계속적인 과정이다 – 지속성

사정은 돕는 과정 내내 계속되는 과정이다. 물론 초기 사정이 제일 중요하지만 돕는 과정이 진행되는 동안 새로운 정보가 발견되기도 하기 때문에 사정은 항상 계속되는 작업이다.

② 사정은 이중 초점을 가진다 – 이중 초점

초기과정에서 수집된 정보를 바탕으로 상황 속의 클라이언트를 이해하고 계획의 근거를 마련해야 하는 이중 초점을 갖는다.

③ 사정은 클라이언트와 사회복지사의 상호과정이다 – 상호성

사정의 기본이 되는 자료수집이 사회복지사와 클라이언트의 상호과정 속에서 이루어지므로 사정 역시 상호작용 속에서 클라이언트의 반응을 이해하며 진행된다.

Tip

사정은 클라이언트의 욕구에 기초하며 종합적이고 포괄적입니다.

④ 사정에는 사고의 전개과정이 있다 – 전개과정

사정은 지속적으로 필요한 정보를 수집하고 수집된 정보들을 이용하여 클라이언트 상황을 이해하며 부분적인 이해를 모아 전체적인 맥락 속에서 통합하여 사고하는 전개과정이 포함된다.

⑤ 수평적 · 수직적 탐색 모두가 중요하다 – 수평적 · 수직적 탐색

초기 과정에서는 우선 수평적인 정보, 즉 현재의 관계, 능력, 기능 등을 중심으로 클라이언트의 욕구를 발견하고 점차 시간이 지나면서 수직적인 탐색, 즉 과거력, 개인력, 문제의 역사 등에 대한 정보를 수집한다.

⑥ 클라이언트를 이해하는 데는 지식적 근거가 필요하다 – 지식기반

클라이언트의 상황을 이해하는 수단으로 전문적 지식을 이용하여야 한다. 이때 이용되는 지식은 인간행동에 대한 이해와 인간의 다양성, 가족관계, 집단 및 지역사회, 정책, 행정 등이고 사례에 따라 그에 맞는 지식이 필요할 수도 있다.

⑦ 클라이언트의 문제를 규명한다 – 욕구를 발견, 문제를 정의

사정은 욕구를 발견하고 욕구만족을 방해하는 것이 무엇인지 생활상황과 관련지어 명확하게 하기 위한 과정이다.

⑧ 사정은 개별적이다 – 개별성

사정은 각 클라이언트의 독특한 상황과 관련되어 있어 모두 다르고, 인간의 상황은 복잡하여 어느 것도 같은 것은 없다.

⑨ 판단이 중요하다 – 판단성

사정에는 여러 가지 결정이 있어야 한다. 어떤 내용을 어떤 지식에 응용할 것인지, 어떤 부분을 고려하여 클라이언트와 어떻게 연결시킬 것인지 어떻게 문제를 정의할 것인지를 결정해야 한다.

⑩ 클라이언트를 완전히 이해하는 데는 항상 한계가 있다 – 한계성

어떠한 사정도 완벽할 수는 없으며 상황에 대한 완벽한 이해는 불가능하다.

(2) 사정의 목적

① 클라이언트의 강점 확인
② 개입의 목적과 목표 결정
③ 평가를 위한 문제의 기초선 파악
④ 문제에 대한 다각적 측면에서의 파악

(3) 클라이언트 자원에 대한 사정

클라이언트의 문제해결능력, 필요한 자원과 한계, 성격 등의 측면에서 이루어지며, 클라이언트가 보유하고 있는 자원에 대한 사정이다.

⑷ 환경적 측면에 대한 사정

클라이언트의 환경에 대한 긍정적 부분과 부정적 부분에 대한 사정으로 가족관계, 친구, 친척, 이웃 등이 포함된 사회체계에 대한 사정이다.

⑸ 가족 구조에 대한 사정

① 가족체계와 경계선

가족은 하나의 체계이므로 가족구조에 대해 체계이론을 적용하여 사정할 수 있다. 가족을 체계로 접근할 때는 하위체계와 경계를 활용한다.

② 가족의 권력구조

한 구성원이 다른 가족원을 변화시킬 수 있는 능력을 의미하는데, 권력구조가 어떻게 발달되느냐에 따라 영향력의 행사와 참여방식이 결정된다.

③ 가족규칙

가족 내에서 어떤 행동이 적절한 행동으로 받아들이는 것을 구체화한 규칙으로 가족행동에 영향을 미치기 때문에 모든 가족구성원들이 긍정적인 기능을 하도록 허용하는 규범을 수립하는 것이 중요하다.

④ 가족응집력

가족구성원이 서로에게 갖고 있는 정서적인 유대를 말한다. 가족구성원끼리 응집력이 낮은 가족과 응집력이 높은 가족이 있는데, 응집력이 낮은 분리된 가족은 구성원들이 독립적이고 가족에 대한 헌신은 낮은 상태이며 응집력이 높은 밀착된 가족은 높은 의존성과 충성을 보이지만 자율성과 독립성이 보이지 않는다.

⑹ 사정에 유용한 도구

① 가계도(Genogram)

머레이 보웬(Murray Bowen)에 의해 개발된 가계도는 2~3세대에 걸친 가족구성원의 정보와 관계를 간단한 그림으로 표시한 것이다. 가족구조에 대한 체계적인 이해, 가족 내에서 클라이언트의 위치, 가족의 상호작용을 분석하여 클라이언트의 문제를 사정하는 데 유용하다. 현재 제시된 문제의 근원을 찾는 것으로 가족 내에서 반복되는 행동적·정서적 패턴을 확인하고 이해할 수 있으며 항상 사회복지사와 클라이언트가 함께 작성해야 한다. 네모는 남성, 원은 여성, 부부관계는 가로, 자녀는 수직으로 나타낸다. 가계도를 통하여 가족구조에 대하여 체계적으로 이해가 가능하고 가족 내에서 클라이언트의 위치, 가족의 상호작용 유형, 클라이언트의 문제를 발견할 수 있다.

Tip
가계도는 가족구성원 간 반복되는 관계 유형에 대한 통찰력을 제시합니다.

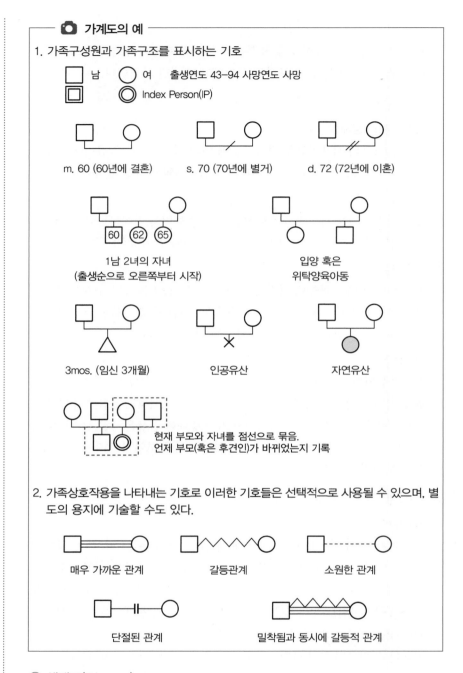

가계도의 예

1. 가족구성원과 가족구조를 표시하는 기호

□ 남   ○ 여   출생연도 43–94 사망연도 사망

⊡   ◎ Index Person(IP)

m. 60 (60년에 결혼)   s. 70 (70년에 별거)   d. 72 (72년에 이혼)

1남 2녀의 자녀
(출생순으로 오른쪽부터 시작)

입양 혹은
위탁양육아동

3mos. (임신 3개월)   인공유산   자연유산

현재 부모와 자녀를 점선으로 묶음.
언제 부모(혹은 후견인)가 바뀌었는지 기록

2. 가족상호작용을 나타내는 기호로 이러한 기호들은 선택적으로 사용될 수 있으며, 별도의 용지에 기술할 수도 있다.

매우 가까운 관계   갈등관계   소원한 관계

단절된 관계   밀착됨과 동시에 갈등적 관계

② 생태도(Ecomap)

하트만(Hartman)이 고안한 사정도구로 클라이언트와 가족들이 환경과 어떠한 관계에 있는지를 그림으로 나타낸 것이다. 클라이언트뿐 아니라 가족이 환경과 어떠한 상호작용을 하는지, 어떠한 에너지의 흐름이 있는지 알 수 있어 문제해결을 위한 개입 계획을 설정하는 데 유용한 도구이다. 생태도는 가계도와 달리 환경체계에 대한 정보를 획득하는 데 많은 도움이 된다. 생태도는 가족의 현재의 환경체계를 확인할 수 있고, 구성원과 자원체계 간의 에너지 흐름이나 관계의 질과 양을 분석할 수 있다.

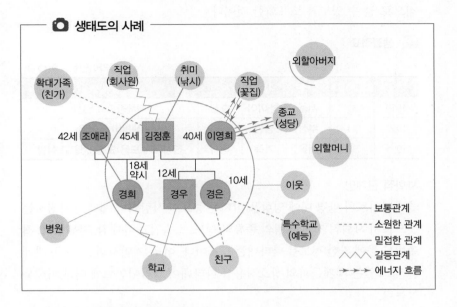

□ 생태도의 사례

③ 사회도(소시오그램, Sociogram)

집단 내 구성원들 간의 상호작용을 그림으로 표현한 것으로 집단 내에서 지위를 나타내고, 구성원들 간의 관계는 호의적, 무관심, 적대적인 관계로 표현된다. 사회도는 집단의 변화과정을 측정할 때 활용되고 상호작용을 파악할 수 있다. 집단 내의 소외자, 하위집단, 연합, 경쟁관계, 구성원 간 결속강도, 배척 여부 등을 파악할 수 있는 유용한 도구이다.

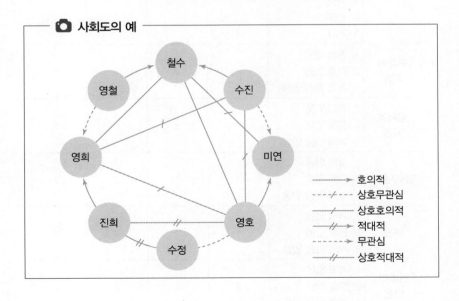

□ 사회도의 예

Tip 👆

소시오매트리는 집단 구성원들이 좋아하는 사람과 좋아하지 않는 사람을 선택하여 사람들을 서열화하고 그 자료를 토대로 사회도를 작성합니다.

④ 생활력표(Life History Grid)

출생부터 개입 시점까지 특정시기의 클라이언트나 가족의 경험을 시계열적으로 알 수 있도록 도표화한 것이다.

📖 생활력표

* 클라이언트 : 이○○

연도	나이	장소	가족	사건	문제
1990	32	서울	첫 아이	출산	저체중으로 입원
1992	34	부산	남편	실직	생활비 줄어듦
1995	37	서울	가족	이사	친정에게 도움 요청, 생활고 심함

⑤ 사회적 관계망

클라이언트의 환경 내에 영향을 미치는 중요한 사람이나 체계를 지칭하는 것으로서 사회적 지지 유형의 종류와 정도, 소속감과 유대감, 자원정보, 접촉빈도 등에 관한 정보를 나타내는 도표이다. 이웃, 지역사회, 직장 등 관계를 맺고 있는 체계들과의 상호작용을 나타내어 클라이언트에 대한 이해를 돕는다.

📖 사회적 관계망

클라이언트 이름 : 김○○		김○○	이○○	김○○	김○○
생활영역	1. 동거가족 2. 다른 가족 3. 직장/학교 4. 조직들 5. 이웃 6. 전문가 7. 기타	1	1	1	1
구체적 지원	1. 거의 없음 2. 간혹 있음 3. 거의 항상 있음	1	2	2	1
정서적 지원	1. 거의 없음 2. 간혹 있음 3. 거의 항상 있음	1	2	2	1
정보/충고	1. 거의 없음 2. 간혹 있음 3. 거의 항상 있음	1	1	2	2
비판	1. 거의 없음 2. 간혹 있음 3. 거의 항상 있음	1	2	2	2
원조의 방향	1. 거의 없음 2. 간혹 있음 3. 거의 항상 있음	2	2	1	1

⑥ 가족 생활주기

가족 생활주기는 가족구성원의 발달단계를 의미하는데, 학자들마다 조금씩 다르다.

📋 **가족생활주기**

단계	가족생활주기	변화
1단계	자녀가 없는 부부	결혼을 하여 새로운 생활과 새로운 역할에 적응하고 출산을 하기 이전의 시기로 대체로 만족도는 상당히 높은 시기이다.
2단계	자녀 임신가족	첫 아이 출생 후부터 36개월까지의 시기로 한 명에서 두 명 정도의 자녀를 출생하고 자녀의 출생으로 인하여 부부의 생활은 크게 변하게 된다.
3단계	취학 전 자녀가족	자녀가 학교에 가기 전 시기로 신체적으로, 지능적으로 상당한 발전을 하는 시기이다. 부모는 자녀에게 집중하게 되고 배우자에 대한 관심은 줄어드는 시기이다.
4단계	학령기 자녀가 있는 가족	자녀가 초등학교에 다니는 시기로 대부분의 시간을 초등학교에서 보내기 때문에 시간상 여유가 생긴다.
5단계	청소년 자녀가족	자녀가 성장을 해 청소년이 되고 부모는 중년기가 되는 시기로 자녀와 부모는 세대 간의 갈등이 발생하는 시기이다.
6단계	성인 초기 자녀를 독립시키는 가족	자녀가 성장하여 사회생활을 하는 시기로 자녀들은 자신의 직업이나 배우자를 찾는 등의 인생에서 가장 중요한 시기이다.
7단계	중년부모	막내 자녀가 집을 떠나고 부모는 직업을 은퇴하는 시기로 이 시기는 자녀들의 결혼연령, 교육기간, 수에 따라 그 기간이 결정된다.
8단계	노인가족구성원	직업의 은퇴와 부부의 죽음에 이르는 시기로 사회생활을 하는 시간보다는 집에서 생활하는 시간이 더욱 많고 건강상태에 따라 자녀들에게 보살핌을 받을 수 있는 시기이다.

OX 퀴즈

- 생활력 도표는 소속감과 유대감, 자원정보, 접촉 빈도 등에 관한 정보를 나타내는 도표이다. (×)
- 클라이언트의 상황에 대하여 완벽한 이해가 가능하다. (×)

5 목표 설정 및 계약

1) 목표 설정

(1) 목표 설정의 의의

목적은 개입의 노력을 통해 얻고자 하는 장기적이고 궁극적인 결과이다. 목적과 목표를 흔히 구별 없이 사용하지만 개념상 목표는 목적을 세분화한 것으로 단기적이며 구체적이라는 점에서 목적과 구별된다. 사회복지실천과정에서 목적은 클라이언트의 복지나 삶의 질 향상이라고 할 수 있고 이러한 목적은 단기적인 개입목표들이 달성됨으로써 이루어질 수 있다. 목표는 문제가 해결된 상태 혹은 개입을 통해 일어나기 바라는 변화를 의미한다.

Tip 🖐
목표는 클라이언트의 자기결정권이 인정되어야 하고 클라이언트가 원하는 결과와 연결되어야 합니다.

(2) 목표 설정의 선정지침

① 목표는 반드시 클라이언트가 원하는 결과와 연결되어야 한다. 목표 속에 클라이언트가 추구하고 바라는 결과가 반영되어야 클라이언트가 동기를 가지고 목표를 달성하고자 하는 노력을 하게 될 것이다.

② 목표는 명시적이며 측정 가능한 형태로 진술되어야 한다. 원조과정이 방향성을 갖기 위해서는 계획된 목표가 구체적으로 정의되어야 하며, 모든 참여자들이 달성해야 할 변화에 대한 분명한 이해가 있어야 한다. 변화하고자 하는 바가 무엇인지 분명할 때에만 그 결과를 객관적 관찰에 의해 평가할 수 있기 때문이다.

③ 목표는 현실적으로 달성 가능한 것이어야 한다. 클라이언트의 목표는 작더라도 달성 가능해야 하며 목표를 방해하는 환경적 요소들은 고려되어야 하고 한정된 기간 동안에 달성하기 어려운 목표 설정은 피해야 한다.

④ 목표는 사회복지사의 지식과 기술에 상응하는 것이어야 한다. 사회복지사는 자신의 능력을 벗어나는 개입은 하지 않아야 한다. 목표는 사회복지사의 기술과 지식 내에서 설정해야 한다.

⑤ 목표는 성장을 강조하는 긍정적 형태이어야 한다. 목표는 클라이언트가 얻게 될 이득이나 혜택을 강조하여 성장에 중점을 두어야 한다.

⑥ 목표가 사회복지사의 권리나 가치에 맞지 않으면 동의하지 않아야 한다. 사회복지사는 자신이나 타인을 유해할 수 있는 목표는 동의하지 않아야 한다.

⑦ 목표는 반드시 기관의 기능과 일치해야 한다. 클라이언트의 욕구와 문제가 기관의 프로그램과 일치해야 하고 일치하지 않을 경우에는 다른 기관에서 서비스를 받을 수 있도록 의뢰하여야 한다.

(3) 목표 설정의 우선순위

① 클라이언트에게 가장 시급한 문제여야만 한다.
② 단기간에 달성할 수 있어 성취감과 만족감을 느낄 수 있어야 한다.
③ 클라이언트에게 다른 목표에 도전할 수 있는 동기를 부여해야 한다.
④ 사회복지사의 능력과 기관의 기능상 무리 없이 달성할 수 있어야 한다.

(4) 목표를 설정할 때 고려해야 할 지침 : SMART형식

① **구체성(Specific)** : 목표를 설정할 때는 구체적으로 설정해야 한다.
② **측정 가능성(Measurable)** : 개입의 효과성, 효율성 평가를 할 수 있어야 한다.
③ **성취 가능성(Achievable)** : 목표를 너무 높게 선정하는 것이 아니라 성취 가능하도록 선정한다.

④ 현실성(Realistic) : 과거에 얽매여 현실에 맞지 않는 목표를 선정해서는 안 된다.

⑤ 시기 적절성(Timely), 시간 제한성(Time limited) : 개입에 대한 시간을 제한하거나 시기가 적절해야 한다.

2) 계약

(1) 계약의 개념

목표를 달성하기 위한 전략, 역할, 개입, 평가방법 등의 구체적인 활동을 기술한 계획에 대해 사회복지사와 클라이언트가 서로 동의하는 것을 계약이라 한다.

(2) 계약 형식

계약은 형식에 따라 서면계약, 구두계약, 암묵적 계약이 있다.

① 서면계약

공식적인 형태로 사회복지사와 클라이언트가 서로 합의하고 분명하게 문서화한 것으로 가장 바람직한 형태이다. 사회복지사와 클라이언트의 역할과 책임을 분명히 하여 오해의 소지를 줄일 수 있고 결정적인 힘이 있으며 개입에 예측이 가능한 장점이 있다. 서면으로 계약을 하는 데 시간이 오래 걸리고 클라이언트가 거짓으로 동의할 수 있다.

② 구두계약

서면계약과 다른 것은 없지만 문서화하지 않고 구두로 계약하는 것이다. 신속하고 쉽다는 장점이 있지만 오해의 가능성과 법적인 힘이 없고, 계약을 잊을 수 있는 단점이 있다.

③ 암묵적 계약

실제로 서면이나 언어화하지 않고 암묵적으로 합의한 계약이다. 서면이나 구두로 확인을 하지 않았기 때문에 오해와 분쟁이 발생할 수 있다.

(3) 계약에 포함될 내용

① 수행해야 할 우선순위가 부여된 목표

② 참여자의 임무나 역할

③ 사용할 개입방법이나 기술

④ 면접주기, 빈도, 시간 등 결정

⑤ 변화 정도 점검의 수단

⑥ 계약 재교섭에 대한 약정

⑦ 세부규정, 시작 날짜, 예약 날짜의 취소 또는 변경에 대한 조항, 최근에 관한 문제 등이 포함되어야 하고 개입이론, 예상되는 결과 등의 내용은 계약에 포함될 필요가 없다.

Tip 👆
계약에는 서면계약, 구두계약, 암묵적 계약이 있으며 서면계약이 가장 좋은 계약입니다.

Tip 👆
계약에 서비스 조정, 서비스 중단에 대한 내용은 포함되어야 하고, 개입이론이나 예상되는 결과까지는 포함되지 않아도 됩니다.

OX 퀴즈

• 목적은 단기적이며 구체적인 것이다. (×)
• 목표는 사회복지사가 원하는 결과와 연결되어야 한다. (×)
• 계약 중 공식적인 형태는 서면계약이다. (○)
• 목표를 설정할 때는 구체적, 측정 가능, 성취 가능, 현실성, 시간 제한성이 포함된다. (○)

1과목 2과목 3과목 4과목 5과목 6과목 7과목 8과목

1) 개입 및 목표

사회복지사와 클라이언트가 합의한 목표를 달성하기 위하여 계획을 실천하는 것을 개입이라고 하고 개입을 수행하는 특정한 상황에서 반드시 염두에 두어야 할 원칙이 있다.

(1) 경제성의 원칙

사회복지사와 클라이언트의 시간과 비용을 최소화할 수 있는 것이어야 한다. 클라이언트가 스스로 할 수 있는 일은 사회복지사가 관여하지 말고 도움이 필요한 일에는 요구되는 정보만 제공하고 클라이언트가 혼자서 할 수 없는 일만 사회복지사가 한다.

(2) 클라이언트의 자기결정 원칙

개입 전 과정을 통해 가능하면 클라이언트가 스스로 의사결정을 할 수 있도록 하고 사회복지사는 정보만 제공하면 된다.

(3) 개별화의 원칙

도움을 필요로 하는 클라이언트의 문제와 욕구에 맞게 개입해야 하고 클라이언트의 능력과 상황에 맞는 접근이 필요하다.

(4) 발달 적합의 원칙

개입의 전체 방향은 클라이언트의 발달적 단계에 적합한 것이어야 한다.

(5) 상호 의존성의 원칙

사회복지사의 활동의 일부는 클라이언트의 활동에 달려 있다. 클라이언트의 활동과 능력을 고려하여 개입을 하고 사회복지사와 클라이언트는 서로 의존하고 있어 상호보완적이어야 한다.

(6) 서비스 목표에 초점의 원칙

사회복지사와 클라이언트의 모든 활동은 어떤 식으로든 두 사람이 합의한 계획의 목표에 부합되어야 한다.

2) 개인 수준의 개입방법

클라이언트의 개인적 · 사회적인 문제를 해결할 수 있도록 상담기술을 사용한다.

(1) 정서에 개입하는 기술

① 재보증(Reassurance)

클라이언트가 자신의 능력이나 상황에 회의를 느끼고 있을 때 사회복지사가 신뢰를 표현함으로써 자신감을 향상시키는 것으로 클라이언트가 이룬 업적이나 변화에 대하여 칭찬하고 지지해 준다. 이 기술은 충분한 라포형성이 된 이후에 사용해야 하고 사회복지사는 재보증을 통하여 클라이언트가 직면하고 있는 문제에 대해서는 부정하더라도 그 문제에 따른 감정은 부정해서는 안 된다.

② 일반화(Universalization)

클라이언트가 사고, 감정, 행동에 대한 자신만의 심각한 문제가 있다고 생각하는 것에 대하여 다른 사람들도 클라이언트의 문제와 같은 경험을 하기 때문에 클라이언트만 겪는 문제가 아니라는 것을 지적하여 다른 사람으로부터 소외시키거나 일탈감이 생기지 않게 하는 기술이다.

③ 환기(Ventilation)

클라이언트의 문제 또는 억압되어 있는 부정적인 감정이 문제가 되거나 문제해결에 있어 방해가 되는 경우 이를 표출시켜 감정의 강도를 없애거나 약화시키는 기술이다.

④ 격려(Encouragement)

사회복지사가 클라이언트의 가능성에 대한 표현과 감정을 인정, 지지하는 표현이다.

(2) 인지에 개입하는 기술

① 초점화(Focusing)

클라이언트의 산만한 이야기나 목표와 맞지 않는 이야기를 주제에 맞게 되돌리는 기술로 짧은 시간에 최대의 효과를 내야 하기에 시간 낭비를 막는 효과가 있다.

② 직면(Confrontation)

클라이언트의 말과 행동이 일치하지 않거나 자신의 문제를 회피 또는 부정하는 것을 지적하는 것으로 사회복지사와 클라이언트 간의 충분한 라포형성이 된 후에 사용해야 한다.

③ 재명명

사회복지사가 클라이언트에게 특정 문제에 있는 부정적 의미, 고정관념, 사고, 가치를 변화시켜 문제를 다른 관점으로 이해하도록 돕는 기법으로 문제의 속성을 변화시키는 것이 아니라 의미를 긍정적으로 볼 수 있도록 가치, 사고, 고정관념을 변화시키는 것이다. 즉, 부정적 의미를 긍정적 의미로 변화시키는 것이다.

합격노트 개입기술에 대한 정의는 사회복지실천기술론의 모델들과 연결이 되므로 확실히 암기해야 합니다.

④ 조언

사회복지사가 클라이언트에게 추천하거나 조언하는 것으로 조언이 적당하면 클라이언트는 사회복지사의 선호를 알아차릴 수 있다. 조언은 클라이언트의 요구가 있을 경우에 사용해야 효과를 얻을 수 있다.

⑤ 정보 제공

사회복지사는 클라이언트에게 특정 문제를 해결할 수 있도록 필요한 정보를 제공해야 한다.

(3) 행동을 변화시키는 기술

① 모델링(Modeling)

반두라(Bandura)의 사회학습이론에서 나온 이론이다. 사람은 다른 사람의 행동을 보면서 자신의 행동을 변화시키는 것으로 비디오나 역할극을 자료로 사용하기도 한다. 모방할 행동을 선택하여 모방하며 모든 행동을 모방하지는 않는다.

② 타임아웃(Time – out)

클라이언트의 문제행동이 특정 상황에 강화되는 경우 문제행동의 주요원인을 제거하여 문제행동을 감소시키거나 제거하는 방법으로 아이들의 나쁜 행동을 수정하거나 변화시킬 때 자주 사용된다.

③ 토큰 강화(Token Reinforce)

사회복지사가 클라이언트의 바람직한 행동과 습관을 구체적으로 미리 정해 놓고 그 행동을 할 때마다 그에 상응하는 토큰(징표, 상징적 물건)을 주어 체계적으로 강화하는 것을 의미한다. 이렇게 모인 토큰은 거기에 상응하는 것으로 교환해주어야 효과가 크다.

④ 행동시연(Behavior Rehearsal)

클라이언트가 문제 상황이 생겼을 경우에 그 문제에 어떻게 대처할 것인지 반복적으로 미리 연습하여 문제에 적절한 대처를 할 수 있도록 준비하는 기법이다.

⑤ 역할극(Role Playing)

다른 사람의 입장에서 상황을 보고 다른 사람의 행동이나 감정을 이해하는데 중요한 기법이다. 개인과 가족치료에 사용되는데, 특히 가족구성원의 입장을 이해하는 데 유용하다.

⑥ 체계적 둔감법(Systematic Desensitization)

공포나 불안을 극복하기 위한 방법으로 클라이언트가 어려워하는 문제에 대하여 조금씩 접근 빈도나 사고 빈도를 높여 부정적인 감정이나 공포의 반응을 줄여 나가는 방법이다.

3) 가족 수준의 개입방법

(1) 기능적 가족과 역기능적 가족

기능적인 가족은 가족구성원들 간에 분명한 경계와 자율성이 보장되고 염려와 서로 신뢰하는 가족이다. 합의된 규칙과 개방으로 인한 유연성도 있다. 역기능적 가족은 가족구성원들 간에 위협적이고 서로에 대한 집착이 강하거나 관심이 없어 가족의 기능을 수행하지 못한다. 가족의 역기능의 종류는 다음과 같다.

① 이중구속 메시지

이중구속(Double-bind)은 한 사람이 다른 사람에게 메시지를 보낼 때 두 개 이상의 상반된 메시지를 동시에 보내 메시지를 받은 사람은 어떤 행동을 하든지 무조건 잘못된 행동을 하게 되는 것을 의미한다.

② 위장

자신의 행동을 통하여 상대방에게 어떤 생각을 하게 만들고 상대방이 그 생각을 이야기하면 자신의 행동을 부인하는 것을 의미한다.

③ 밀착, 유리된 가족

밀착된 가족은 가족들 간에 지나친 상호작용으로 가족구성원의 일에 다른 구성원의 영향력이 큰 가족을 의미한다. 유리된 가족은 지나치게 독립적이어서 가족구성원의 일에 다른 구성원의 영향력이 미치지 못하는 가족을 의미한다.

④ 속죄양

가족 중 한 구성원을 환자로 지적하고 그 구성원은 가족의 균형을 유지하기 위해 모든 병리적 문제를 감당하게 하는 것을 의미한다.

4) 집단 수준의 개입방법

2~3인 이상의 사람들로 이루어지고 공통의 관심사를 가지고 있으며 구성원들의 욕구를 충족시키거나 문제를 해결하기 위하여 모임을 한다.

(1) 집단역동의 영역

① 의사소통과 상호작용

집단구성원들이 언어적, 비언어적으로 의사소통하여 집단 내 상호작용이 일어나게 된다. 상호작용은 집단 중심일 수도 있고 리더 중심일 수도 있다. 리더 중심의 상호작용은 리더를 중심으로 구성원들이 대화하는 것을 의미한다. 이는 구성원 간의 자유로운 상호작용을 방해한다는 점에서 바람직하지 못하다. 반면에 자유롭게 서로 의사소통을 하는 집단 중심의 상호작용은 자유로운 상호작용을 한다는 점에서 집단과정을 촉진시킬 수 있다. 하지만

1과목

2과목

3과목

4과목

5과목

6과목

7과목

8과목

잘못하면 초점 없는 피상적인 이야기들로 인해 오히려 목표달성이 어려워질 수도 있다.

② 집단의 결속력

집단에 대한 결속력은 집단에 대한 매력에서 나오는데, 이는 집단을 통해 얻는 것이 잃는 것보다 많을 때 생기게 된다. 집단의 결속력이 강할수록 구성원들이 서로에게 미치는 영향력 또한 커진다.

③ 사회통제 역할

집단이 질서 있게 기능하기 위해서 구성원들로 하여금 일정한 방식을 따르도록 하는 과정에서 통제력을 사용하게 된다. 사회적 통제에는 규범과 역할, 그리고 지위가 있다. 규범은 집단에서 구성원들 간 합의된 행동이고 역할은 집단 내에서 각 구성원이 수행하는 행동이며 지위는 집단 내의 다른 구성원들과 비교하여 각 구성원이 집단 내에서 어느 위치에 있는지 평가하여 순위를 매긴 것이다.

④ 집단문화

집단문화는 집단구성원들이 공통적으로 가지는 가치, 신념, 관습, 전통을 의미하는데, 문화는 구성원들이 동질적일수록 빠르게 형성되고 이질적일수록 늦게 형성된다.

---

7   종결 및 평가

1) 종결

(1) 종결의 유형

① 클라이언트에 의한 일방적 종결

클라이언트에 의한 일방적 종결은 클라이언트가 갑자기 약속을 지키기 않거나 핑계를 대면서 오지 않는 경우 또는 자신의 문제를 노출시키지 않고 종결을 원할 때 이루어진다. 이러한 경우는 클라이언트가 자신의 문제가 다 해결되었다고 비현실적인 믿음을 갖거나 사회복지사에 대한 불신 또는 저항에 의하여 나타나기도 한다. 사회복지사는 이러한 문제를 해결하기 위해 클라이언트와 함께 토론하고 종결의 중요성도 함께 알려야 한다. 사회복지사는 자신의 의견을 제시하고 클라이언트의 자기결정권을 존중해야 하며 종결을 하더라도 클라이언트가 다시 오면 서비스가 제공된다는 것을 알려야 한다.

② **일정기간만 제공되는 계획된 종결**

일정기간만 제공되는 계획된 종결에는 학기 중에만 서비스를 제공하는 학교 프로그램, 입원기간에만 제공하는 병원서비스, 실습기간에만 사례를 다루는 실습생의 경우가 포함된다. 기간이 정해져 있기 때문에 클라이언트는 종결에 대한 준비를 할 수 있지만 기간 안에 문제가 해결되지 않을 경우에는 서비스가 중단되었다고 생각할 수 있다. 사회복지사는 클라이언트가 종결에 대한 부정적 감정이 남아 있는 경우 문제를 해결하기 위해 다른 기관에 의뢰해야 하는 부담이 생긴다.

③ **시간 제한적 종결**

시간 제한적 종결은 처음부터 사회복지사와 클라이언트가 미리 기간을 정하고 시작하는 것으로 정서적 애착과 의존성을 줄일 수 있다.

④ **시간 제한이 없는 종결**

시간 제한이 없는 종결은 시간 제한이 없기에 언제 종결할 것인지가 매우 중요하다. 보통 클라이언트가 사회복지사에 대하여 의존성이 줄어들 경우 종결할 시기라고 생각한다. 클라이언트가 오랜 기간 사회복지사에게 의존성이 높거나 전문적 관계를 통한 이익이 있을 경우 클라이언트가 강한 정서적 반응을 보일 수 있다.

⑤ **사회복지사의 이동에 의한 종결**

사회복지사의 이동에 의한 종결은 사회복지사의 개인적인 문제나 사직, 퇴직 등이 대부분이며 클라이언트와 사회복지사 모두에게 힘든 것이다. 이전에 중요한 관계에서 거부당한 적이 있는 클라이언트는 특히 상처받기 쉽고 자존심이 약해진다. 사회복지사 또한 떠나는 죄책감을 보상하기 위해 지나치게 잘 대해주거나 재보증을 해주어 클라이언트로 하여금 부정적 감정을 표현하기 어렵게 만든다. 사회복지사는 시간이 허락하는 한 감정표현을 허용하고 다른 사회복지사에게 의뢰하는 것을 수용하도록 도와야 한다.

(2) 종결에 따른 반응

① **긍정적인 종결반응**

클라이언트가 성취한 이득으로 인한 종결일 경우 상실감이 축소되는데, 사회복지사와 클라이언트 모두 성취감을 느끼기 위해 사회복지사는 강점 중심이나 문제해결접근법을 사용할 수 있다.

② **부정적인 종결반응(Levinson)**

㉠ 사회복지사에게 매달리는 반응 : 의존심이 증가하여 전문적 관계에서 얻는 이익을 포기하지 못할 경우 클라이언트는 사회복지사에게 계속 만나줄 것을 요구하며 매달릴 수 있다. 이럴 경우 사회복지사는 클라이언트에게 독립적으로 문제를 해결하는 것이 목표였음을 강조하여야 한다.

Tip 👆

일정기간만 제공되는 계획된 종결은 사회복지사가 일정을 정하고 시간 제한적 종결은 클라이언트와 사회복지사가 함께 일정을 정한다는 차이가 있습니다.

ⓛ 과거의 문제가 재발했음을 보고하는 경우 : 한동안 잘 조절되던 문제가 다시 발생하였음을 보고하는 경우이다. 이럴 경우 사회복지사는 문제에 초점을 두지 말고 종결 이후 삶에 대한 불확실성, 두려움에 초점을 두어 세션을 진행하며 감정보다는 클라이언트가 세션을 통해 획득한 자원과 장점을 강조하여 자기효율성을 높여준다.

ⓒ 새로운 문제를 가지고 오는 경우 : 종결단계에 들어가 새로운 문제가 발생했다고 하거나 어제까지 말하지 않았던 비밀을 밝히는 경우가 있다. 이런 경우 새로운 문제를 가볍게 다루어서는 안 되지만 우선 사회복지사는 그 문제를 다루기 전에 먼저 종결에 따른 감정을 탐색하여야 한다.

ⓔ 사회복지사를 대처할 대상을 찾는 경우 : 사회복지사를 대신하여 그 상실을 보상해줄 수 있는 대상을 찾는 것은 의존심을 지속시키고자 하는 욕구 때문이다. 이런 경우 사회복지사는 클라이언트로 하여금 그 역할을 인식하도록 돕고 그 결과가 어떻게 될지 생각해보도록 한다.

(3) 변화된 결과의 강화 및 유지

개입과정에서 사회복지사의 마지막 활동은 진행되는 동안 달성한 결과를 안정시키고 그것을 클라이언트의 일상생활에 일반화시키는 것이다. 개입의 결과를 안정시키기 위해 사회복지사는 개입의 전 과정을 다시 한 번 클라이언트와 점검하면서 그 과정이 어떻게 진행되었는지를 클라이언트가 되새길 수 있도록 돕는다.

(4) 사후관리(Follow-up Service)

사후관리는 클라이언트와 사회복지사의 공식적 관계가 종료된 후 1~6개월이 지났을 때 클라이언트가 잘 적응하고 있는지 점검하는 과정으로 클라이언트가 종결 시 같은 수준에서 잘 기능하고 있는지 알아보기 위함이다. 클라이언트가 어려움을 겪고 있다면 필요한 도움을 제공하기 위해서 실시되고 종결 시 클라이언트와 함께 계획할 수도 있다. 사후관리는 사회복지사가 관심을 갖고 있다는 것을 보여줘 클라이언트가 종결의 충격에서 벗어날 수 있다는 장점이 있다.

(5) 종결 시 사회복지사의 역할

① 종결 계획하기

개입 초기에 종결을 언제 할 것인지를 계획하고 논의하여 클라이언트가 사회복지사에 대한 의존성을 줄이게 된다.

② 종결에 대한 감정 다루기

사회복지사의 개인적 사정으로 인하여 종결을 할 경우 클라이언트에게 이후에 대비할 수 있도록 계획 수립에 도움을 주고 클라이언트가 가질 수 있는 부정적 감정에 대하여 감정이입이 필요하다.

Tip 👆

종결 시 사회복지사의 업무
• 클라이언트가 개입을 통해 얻는 것을 분명히 합니다.
• 지속적인 개입이 필요한 경우 또 다른 계획을 세웁니다.
• 개입기간에 배운 것을 클라이언트가 일상생활에 어떻게 적용할 것인지 확인합니다.
• 사후 세션을 계획합니다.

③ 성취한 것 정리하기(= 변화 확인하기)

초기 상황과 개입 이후를 비교하여 클라이언트의 변화를 통하여 성취한 것을 확인할 수 있도록 도와야 한다.

④ 변화 안정시키기(= 변화 유지시키기)

클라이언트의 변화가 초기 상황으로 되돌아가지 않도록 변화를 유지시켜야 한다.

2) 평가

평가란 사회복지 개입의 결과를 조사기법을 사용하여 사정하는 것을 의미한다. 여기에는 의도했던 결과가 달성되었는가 하는 평가와 목표달성이 개입의 결과로 인한 것인지 여부에 대한 평가가 포함된다.

(1) 평가의 목적

① 이론 형성에 기여

프로그램 평가 결과를 통해 이론을 형성할 수 있다.

② 책임성 측정

기관이 프로그램 진행 시 사용한 예산을 통해 효율성 및 효과성을 평가하여 프로그램을 진행하는 데 있어 진행자로 하여금 책임성을 발휘하도록 한다.

③ 프로그램 과정상의 환류적 목적

프로그램에 대한 평가결과를 환류시켜서 프로그램을 유지하거나 축소·확대·중단 여부에 객관적인 판단을 하게 할 수 있다.

(2) 평가의 유형

① 평가 주체에 따른 분류

　㉠ 자체평가 : 프로그램 진행자가 프로그램 종료 후 스스로 프로그램을 평가하는 방법이다.

　㉡ 내부평가 : 프로그램을 진행한 진행자를 제외하고 기관에 있는 다른 사람이 프로그램을 평가하는 방법이다.

　㉢ 외부평가 : 프로그램을 진행한 내부 관계자가 아닌 외부에서 프로그램을 평가하는 방법이다.

② 목적에 따른 분류

　㉠ 형성평가 : 개입과정에 대한 평가로 주기적으로 상황을 파악하여 수정·보완하는 것이 목적으로 프로그램 도중 이루어지는 평가이다.

　㉡ 총괄평가 : 프로그램에 대한 효과성과 효율성을 평가하고 프로그램의 지속 여부도 결정하게 되며 프로그램이 끝난 후 이루어지는 평가이다.

　㉢ 통합평가 : 형성평가와 총괄평가를 통합한 평가이다.

Tip 👆

종결보고서에 정리되어야 할 사항에는 종결 사유, 서비스 제공 요약, 대상자 변화 사항, 사례관리자 의견, 사후관리 계획 등이 있습니다.

- 목표달성을 평가하는 것은 효율성 평가이다. (×)
- 평가를 하는 목적은 책임성 때문이다. (○)
- 종결을 한 후에도 클라이언트를 관리하는 것은 사후관리이다. (○)
- 종결에는 클라이언트로 인한 종결만 있다. (×)

③ 평가규범에 따른 분류

㉠ 효율성 평가 : 투입과 산출의 관계를 보는 평가로 최소한의 투입으로 최대의 효과가 있었는지 평가하는 것이다.

㉡ 효과성 평가 : 얼마나 목표달성에 도달했는지 평가하는 것이다.

㉢ 공평성 평가 : 자원이 얼마나 클라이언트에게 공평하게 전달되었는지 평가하는 것이다.

㉣ 메타평가(평가의 평가) : 프로그램의 평가를 다른 사람이 다시 평가하는 것이다.

사회복지실천의 과정

01 접수단계에서 발생할 수 있는 내용으로 틀린 것은?

① 접수단계에서는 클라이언트와 함께 초기면접지, 정보제공동의서 등을 작성한다.

② 접수단계는 문제와 욕구를 확인하여 기관의 정책과 서비스에 부합하는지를 판단하는 과정이다.

③ 접수단계에서는 서비스 제공 여부에 대해 결정하고 기본적인 원조과정에 대해 안내한다.

④ 접수단계에서는 클라이언트가 침묵하는 경우 즉시 질문하여 그 이유를 알아보아야 한다.

⑤ 접수단계에서는 정책이나 법, 클라이언트의 자기결정권 및 권리, 비밀보장의 한계에 대해서 설명을 해주어야 한다.

해설 클라이언트가 침묵하는 경우 즉시 이유를 묻기보다는 잠시 기다려 주거나 짧은 침묵으로 대응하는 것이 좋다.

02 사정의 특징으로 옳지 않은 것은?

① 사정은 계속적인 과정이다.

② 사정은 클라이언트와 사회복지사의 상호과정이다.

③ 사정은 클라이언트를 완전히 이해하는 데 도움이 된다.

④ 사정은 생활 속에서 욕구를 발견하고 문제를 정의하며 그 의미와 유형을 설명한다.

⑤ 사정은 각 클라이언트의 상황에 따라 모두 다르다.

해설 사회복지사는 클라이언트를 완전히 이해할 수 없다. 열길 물속은 알아도 사람 속은 알 수 없듯이 사회복지사가 클라이언트를 완전히 이해하는 데는 한계가 있다.

03 목표 설정의 선정지침으로 틀린 것은?

① 명시적이며 측정 가능한 형태의 목표여야 한다.

② 사회복지사가 원하는 결과와 연관성이 있어야 한다.

③ 사회복지사의 지식과 기술에 적합한 것이어야 한다.

④ 사회복지사는 자신의 가치에 부합되지 않는다면 동의하지 않아야 한다.

⑤ 반드시 기관의 기능과 일치해야 한다.

해설 사회복지사가 원하는 결과와 연관성이 아니라 클라이언트가 원하는 결과와 연관성이 있어야 한다.

04 다음을 설명하는 기법은?

> 불안이나 공포로 인하여 야기되는 부적응적 행동을 수정하는 데 효과적이다. 불안을 일으키는 공포의 반응을 조금씩 줄여 나가는 방법이다.

① 행동시연   ② 행동조성

③ 체계적 둔감법   ④ 토큰 강화

⑤ 모델링

해설 체계적 둔감법은 공포나 불안을 극복하기 위한 방법으로 클라이언트가 어려워하는 문제에 대해 조금씩 접근 빈도나 사고 빈도를 높여 부정적인 감정이나 공포의 반응을 줄여 나가는 방법이다.

정답   01 ④   02 ③   03 ②   04 ③

05 다음에서 설명하고 있는 사정도구는?

> 집단 내 구성원들의 상호작용을 표현한 그림이다. 집단에 개입하는 사회복지사가 집단 내의 소외자, 하위집단, 연합 등을 파악할 수 있는 유용한 도구이다.

① 가계도
② 소시오그램
③ 생태도
④ 생활력도표
⑤ 생활주기표

해설 사회도(소시오그램)는 집단구성원들 간의 상호작용을 그림으로 표현한 것으로 집단 내에서 지위를 나타내고, 구성원들 간의 관계는 호의적, 무관심, 적대적인 관계로 표현된다. 사회도는 집단의 변화과정을 측정할 때 활용되며 집단 내의 소외자, 하위집단, 연합, 경쟁관계, 구성원 간 결속 강도, 배척여부 등을 파악할 수 있는 유용한 도구이다.

06 가계도에 대한 설명으로 옳은 것을 모두 고른 것은?

> ㄱ. 가족 내 역동이나 여러 세대에 걸쳐 발전된 가족 역할, 관계를 알아볼 수 있다.
> ㄴ. 가족의 구성원과 자원체계 간의 에너지 흐름이나 관계의 질과 양을 분석할 수 있다.
> ㄷ. 가족 내에서 반복되는 정서적, 행동적 패턴을 이해할 수 있다.
> ㄹ. 가족과 환경체계의 관계를 파악할 수 있다

① ㄱ, ㄷ
② ㄴ, ㄹ
③ ㄱ, ㄴ, ㄷ
④ ㄱ, ㄷ, ㄹ
⑤ ㄱ, ㄴ, ㄷ, ㄹ

해설 가족의 구성원과 자원체계 간의 에너지 흐름이나 관계의 질과 양을 분석할 수 있고 가족과 환경체계의 관계를 파악할 수 있는 것은 생태도이다.

07 계획수립 과정에 대한 설명으로 틀린 것은?

① 목적은 사회복지실천을 통해 변화되기 원하는 방향의 형태로 진술되어야 한다.
② 개입에 관한 계약이 진행된 이후 계획수립을 공식화한다.

③ 계획수립단계에서 사회복지사와 클라이언트의 합의하에 목표를 수립한다.
④ 표적문제를 선정할 때에는 가능한 많이 선정하는 것보다 2~3가지를 선정하여 집중적으로 다루는 것이 좋다.
⑤ 사회복지사의 능력과 기관의 기능상 무리 없이 달성할 수 있어야 한다.

해설 개입에 관한 계획수립이 진행된 이후 계약을 공식화한다.

08 개입에 대한 기법으로 틀린 것은?

① 정보 제공, 조언은 상황인식 능력을 향상시키는 방법이다.
② 직면기법은 클라이언트에게 방어적 반응을 불러일으킬 수 있다.
③ 재보증은 사회복지사가 신뢰를 표현함으로써 클라이언트의 자신감을 향상시키는 기법이다.
④ 자원 개발, 서비스 조정, 프로그램 개발, 옹호 등은 모두 직접적 개입에 해당한다.
⑤ 지지는 사회복지사가 클라이언트의 가능성에 대한 표현과 감정을 인정, 지지하는 표현이다.

해설 자원 개발, 서비스 조정, 프로그램 개발, 옹호 등은 모두 간접적 개입에 해당한다.

09 종결단계 사회복지사의 행동으로 틀린 것은?

① 클라이언트에게 지속적인 개입이 필요한 경우 다른 계획을 세운다.
② 클라이언트가 개입을 통해 얻은 것을 분명히 알려준다.
③ 클라이언트와 접촉 빈도를 줄여 나간다.
④ 클라이언트의 개입효과를 알아보기 위해 기초선을 작성한다.
⑤ 클라이언트에게 종결 이후에 대비할 수 있도록 계획을 수립에 도움을 준다.

10 종결과정에서 나타날 수 있는 사회복지사의 과업에 대한 내용으로 틀린 것은?

① 클라이언트가 종결에 대한 부정적 감정을 보일 경우 그 감정을 다루는 시간을 갖는다.

② 종결 시 문제가 해결되지 않았다면 종결하지 않고 문제를 해결할 수 있도록 해야 한다.

③ 종결단계에서 사회복지사는 클라이언트와의 접촉빈도를 줄여간다.

④ 종결을 진행할 때에는 의도했던 목표가 얼마나 달성되었는지를 확인하는 것이 필요하다.

⑤ 클라이언트의 변화가 초기상황으로 되돌아가지 않도록 변화를 유지시켜야 한다.

해설 문제가 해결되지 않았다 하더라도 종결이 이루어질 수 있도록 하며 이에 대해 클라이언트에게 설명한다.

사례관리

학습 가이드 🎯

- 2문제 이상 꼭 출제될 정도로 출제비중이 높은 부분이다.
- 사례관리의 등장배경, 특징, 개입원칙, 사회복지사의 역할 등이 자주 출제되고 있다.
- 사례로 물어보는 문제뿐 아니라 사례를 통한 사회복지사의 역할을 물어보는 문제도 출제되었다. 기존에 출제되었던 형태의 문제들에 중점을 두어야 한다.
- 사례관리서비스과정에 대한 문제도 자주 출제되고 있어 사회복지실천과정과 함께 공부하면 공부의 양을 줄일 수 있다.
- 사례관리자의 수행 역할을 물어보는 문제들이 자주 출제되고 있으므로 사회복지사의 역할을 전체적으로 알고 있어야 한다.

---

1 **사례관리(Case Management)의 개념**

Tip 👆
사례관리는 직접적 서비스보다 간접적 서비스에 더 초점을 둡니다.

복합적인 문제를 가진 클라이언트의 욕구를 충족시키기 위하여 공식적·비공식적 자원을 연결해주는 단순한 간접서비스뿐 아니라 직접서비스까지 모두 포함하는 활동이다.

사례관리의 목적

1) 보호의 연속성 보장

클라이언트의 다양한 욕구를 충족시키기 위하여 단일한 서비스가 아닌 다양한 서비스를 제공한다.

2) 서비스의 통합성 확보

클라이언트의 다양한 욕구를 충족시키기 위하여 타 기관의 전문가들과 연합할 수 있고 클라이언트의 서비스 중복과 누락을 예방할 수 있다.

3) 서비스의 접근성 향상

클라이언트가 서비스를 제공받을 수 있도록 조건을 완화하여 접근성을 향상시킨다.

4) 사회적 책임성 보장

클라이언트의 욕구를 충족시키기 위하여 효율성과 효과성을 보장하여야 한다.

5) 역량강화

클라이언트가 자신의 문제를 해결할 수 있도록 역량을 강화해 자신의 삶을 스스로 향상시킬 수 있도록 해야 한다.

3 **등장배경(1960~1970년대)**

1) 탈시설화의 영향

1960년대 초 향정신성의약품 개발이 문제가 되면서 시설에서 제공하던 서비스가 지역사회에서도 가능하게 되었다. 또한 재가복지를 강조하던 추세와 시설의 문제점이 드러나면서 시설에서 생활하던 장애인들이 가정으로 돌아오게 되었다. 하지만 한꺼번에 많은 클라이언트가 지역사회로 나오면서 많은 문제점이 나타났다.

2) 복합적 욕구를 가진 클라이언트의 증가

시설에서 생활하던 클라이언트는 자신들의 욕구충족을 위해 시설에서 서비스

> **Tip** 👆
> 사례관리는 한 가지 이유로 등장한 것이 아니라 다양한 이유로 등장하게 되었습니다.

를 받을 수 있었으나 지역사회의 복합적 욕구를 가진 많은 클라이언트는 만족스러운 서비스를 받지 못함으로써 문제점이 발생했다.

3) 클라이언트와 그 가족에게 부과되는 과도한 책임

클라이언트와 그 가족은 지역사회에서 활용할 수 있는 자원이 시설생활을 할 때보다 부족하여 가족들은 부담을 느끼게 되었다.

4) 복잡하고 분산된 서비스 체계

클라이언트가 받아야 할 서비스들은 각 기관들에 의하여 다양하게 제공되고 있으나 서비스의 파편화 현상으로 인하여 클라이언트의 입장에서는 시설과 다르게 자신에게 맞는 서비스를 받기 위해 일부러 찾아다니는 불편함이 생겼다.

5) 서비스 전달의 지방분권화

서비스 전달체계가 공공(중앙)부문에서 지방자치단체와 민간부문으로 이양되면서 공급 주체가 다양화되자 중복 서비스를 막기 위해서 서비스 간 조정과 연계가 필요하게 되었다.

6) 서비스 비용 억제 효과

서비스 전달의 효과를 향상시키는 것은 자원이 한정된 상황에서 매우 중대한 관심사이다. 많은 비용이 들어가는 시설보다는 비용효과가 높은 재가 서비스에 중점을 두고 지속적인 관리를 통해 클라이언트의 상태를 호전시킴으로써 서비스 비용을 억제하는 효과가 나타난다.

Tip 👆
사례관리가 등장한 배경에는 지방분권화가 된 후 공급 주체가 다양해진 이유도 있습니다.

4 　　**사례관리의 특징**

① 다양한 문제와 복합적인 욕구를 가진 클라이언트를 대상으로 한다.
② 클라이언트의 치료보다는 욕구충족에 더 중점을 둔다.
③ 임상적 욕구를 가진 클라이언트에게는 치료적 상담을 실시한다.
④ 자원체계 간 연결, 조정 등의 활동을 한다.
⑤ 투입과 과정에 대한 평가를 한다.
⑥ 클라이언트 욕구에 초점을 두어 기관 내 서비스로 한정하지 않는다.
⑦ 클라이언트에게 직접적 서비스와 간접적 서비스를 동시에 시행한다.
⑧ 실천과정에서 클라이언트의 자기결정권을 인정한다.
⑨ 클라이언트에게 포괄적 서비스를 제공하고 서비스 조정과 점검을 한다.

1) 서비스의 개별화

클라이언트가 가지고 있는 문제는 같은 문제더라도 서로 다른 욕구와 강점이 있기 때문에 욕구와 강점에 맞는 서비스를 개발하여 제공해야 한다.

2) 클라이언트의 자율성 극대화

클라이언트에게 선택할 자유를 주어 자신이 받아야 할 기관의 서비스를 스스로 결정할 수 있도록 해야 한다.

3) 서비스의 지속성

클라이언트의 욕구에 맞게 제공되는 서비스는 일회성이 아닌 지속적으로 제공되어야 한다.

4) 복잡하고 분리되어 있는 서비스 전달체계 연결

클라이언트에게 서비스의 정보를 제공하고 서로 연결하여 서비스 효과를 높이기 위하여 복잡하고 분리되어 있는 서비스를 연결해야 한다.

5) 클라이언트의 욕구 충족

클라이언트의 다양한 욕구가 충족될 수 있도록 다양한 분야에서 서비스를 제공해야 한다.

6) 서비스 제공의 포괄성

클라이언트의 욕구가 다양하기 때문에 욕구를 충족하기 위하여 포괄적인 서비스를 제공할 수 있어야 한다.

7) 서비스의 접근성

클라이언트에게 좋은 서비스일지라도 접근하는 데 어려움이 있을 경우에는 서비스 효과를 볼 수 없기 때문에 최대한 서비스에 대한 접근성을 높여야 한다.

Tip 👆
클라이언트를 위해 전문가 주도의 구조화된 서비스를 제공하는 것이 아니라 클라이언트의 자율성을 극대화해야 합니다.

사례관리는 일반적으로 초기 접촉(접수) → 사정 → 계획 → 개입 → 점검 → 평가의 단계로 실행된다.

1) 접촉(접수)

클라이언트가 스스로 기관에 찾아오거나 타인(기관, 가족, 조직, 학교, 종교)으로 인하여 의뢰를 받아 오는 경우에 접촉하게 된다. 대부분 의뢰로 클라이언트를 접촉하게 되지만 또 다른 방법으로는 사회복지사가 클라이언트를 찾는 아웃리치 방식으로도 접촉하게 된다.

2) 사정

클라이언트의 강점, 욕구, 능력, 자원, 잠재능력 등 환경을 포함한 모든 상황을 이해하는 과정으로, 특히 강점을 잘 파악해야 한다. 사정을 하는 방법에는 크게 욕구 및 문제에 대한 사정, 자원사정, 장애물에 대한 사정이 있다.

(1) 욕구 및 문제에 대한 사정

문제에 대한 정확한 사정은 사례관리의 목적달성에 매우 중요한 요소이기 때문에 사례관리자는 클라이언트와 함께 욕구 및 문제 목록을 만들고 이 중 우선순위를 정해야 한다.

(2) 자원사정

클라이언트가 문제를 해결하는 데 있어서 꼭 필요한 공식적·비공식적 자원을 클라이언트와 함께 사정해야 한다. 자원 사정은 클라이언트의 환경적인 요소까지도 포괄적인 시각을 보기 위해 생태도를 활용하여 체계적으로 접근해야 하고 생태도를 활용하는 것이다.

(3) 장애물에 대한 사정

클라이언트는 문제를 해결하기 위하여 자신의 자원이 존재하는데도 적극적으로 해결하지 못하는 장애물이 존재한다.

① **외부 장애물**

욕구를 충족시키기 부적합하거나 자원이 없거나 자원이 클라이언트에게는 유용하지 않다거나 유용한 자원이 있으나 접근하기가 어려운 경우에 발생한다.

② 내부 장애물

　클라이언트가 가지고 있는 신념이나 가치, 태도 등으로 인하여 도움을 받거나 받아들이는 행동을 결정짓는다.

③ 선천적인 무능력

　클라이언트가 통제할 수 없는 것으로 사례관리자와의 효과적인 의사소통과 적극적인 참여를 제한시키는 것이다.

3) 계획

계획은 사정에서 수집한 정보를 가지고 클라이언트에게 도움이 되는 행동으로 전환하는 과정이다. 계획은 가설적인 것으로 사례관리과정에서 변화가 가능하다.

4) 개입

개입은 크게 내부자원의 획득을 위한 직접적 서비스 제공과 외부자원 획득을 위한 간접적 서비스 제공으로 나누어진다. 직접적 서비스 제공의 경우 사례관리자는 이행자, 안내자, 교육자, 정보 제공자, 지원자로서의 기능을 한다. 간접적 서비스 제공의 경우에는 중개자, 연결자 및 옹호자로서의 역할을 한다.

5) 점검

서비스와 지원이 잘 이루어지고 있는지 확인하는 것으로 사례관리의 기능 중에서 매우 중요하다. 서비스 계획이 적절하게 이루어지는지, 클라이언트에 관한 서비스와 지원계획의 목표에 대한 성취 여부, 서비스와 사회적 지지의 산출 여부, 클라이언트의 욕구변화를 점검하여 서비스 계획의 변화 여부를 검토한다.

6) 평가

사례관리자에 의해 형성되고 조정되는 서비스계획, 구성요소, 활동 등이 클라이언트에게 어떠한 영향을 주었는지 측정하는 과정이다. 평가에는 클라이언트에 관한 서비스와 개입계획에 관한 평가, 목적달성에 관한 평가, 사례관리 서비스의 전반적인 효과성에 관한 평가, 클라이언트의 만족도에 관한 평가가 있다. 평가의 4접근은 사례관리에서 매우 중요한 것으로 사회복지실천에서 역동적으로 이루어져야 한다.

OX 퀴즈

- 접수 → 사정 → 계획 → 개입 → 점검 → 평가단계로 이루어진다. (O)
- 목적을 수립할 때에는 클라이언트와 함께 해야 한다. (O)
- 복합적인 욕구가 증가면서 사례관리가 필요해졌다. (O)
- 사례관리를 통하여 서비스의 중복과 누락을 예방할 수 있다. (O)

7 사례관리자의 역할

사례관리는 임상적 기능과 자원연결의 조정기능으로 나누어지는데, 임상적 기능으로는 클라이언트에게 개별화된 조언, 상담, 치료서비스를 직접적으로 제공하는 것이고, 자원연결의 조정기능은 클라이언트에게 공적 기관이나 비공식적인 서비스 자원을 연결하는 것을 의미한다. 사례관리자는 클라이언트의 욕구를 파악하여 적절한 서비스와 연결시켜 서비스가 효율적으로 제공될 수 있도록 해야 한다. 사례관리자는 중개자를 포함한 다양한 조정자, 옹호자, 협력자의 역할을 한다. 지역사회의 자원을 발굴하는 역할을 중개자와 사례관리자 모두 할 수 있지만 궁극적으로 클라이언트에게 제공될 서비스를 조정하거나 점검하고 평가하는 책임은 사례관리자에게 있다.

01 사례관리의 원칙으로 옳지 않은 것은? [13회]

① 사례관리자는 클라이언트의 인종, 성별, 계층 등을 이유로 이용자격 및 절차 등에서 어려움을 겪지 않고 서비스를 쉽게 이용할 수 있도록 원조해야 한다.

② 시간의 경과에 따라 변화하는 클라이언트의 욕구에 대해 지속적으로 사정하고 서비스를 제공해야 한다.

③ 클라이언트의 개별적인 욕구와 상황에 맞는 맞춤형 서비스를 제공해야 한다.

④ 클라이언트의 다양한 욕구가 여러 분야에서 충족될 수 있도록 서비스를 제공해야 한다.

⑤ 클라이언트를 위해 전문가 주도의 구조화된 서비스를 제공해야 한다.

해설 사례관리의 개입원칙은 서비스의 개별화, 클라이언트의 자율성 극대화, 서비스의 지속성, 복잡하고 분리되어 있는 서비스 전달체계 연결, 클라이언트의 욕구 충족, 서비스 제공의 포괄성, 서비스의 접근성이다. 즉, 클라이언트를 위해 전문가 주도의 구조화된 서비스를 제공하지 않고 클라이언트의 자율성을 극대화시켜야 한다.

02 사례관리의 등장배경으로 옳지 않은 것은?

① 클라이언트와 가족들이 자원을 개발, 연결할 수 있도록 돕는 서비스가 필요했다.

② 클라이언트의 욕구가 충족되지 못하는 상황이었기 때문에 사례관리가 대두되었다.

③ 서비스의 중복을 막기 위해 조정하고 연계하는 기능이 필요했다.

④ 지역사회에 흩어져 있는 서비스에 접근하기 용이해져 통합적으로 접근한 것이다.

⑤ 클라이언트와 그 가족에게 부과되는 과도한 책임이 생겼다.

해설 사례관리는 지역사회에 흩어져 있는 서비스에 접근하기 어려워지자 통합적으로 접근한 것이다. 사례관리는 탈시설화, 다양한 문제와 욕구를 가진 클라이언트 증가, 사회적 지원체계와 지원망의 중요성에 대한 인식 증가, 클라이언트와 그 가족에게 부과되는 과도한 책임으로 인해 등장하였다.

03 사례관리과정을 순서대로 바르게 나열한 것은? [15회]

① 아웃리치 → 사정 → 점검 → 계획 → 재사정

② 아웃리치 → 사정 → 계획 → 재사정 → 점검

③ 사정 → 아웃리치 → 계획 → 재사정 → 점검

④ 사정 → 아웃리치 → 재사정 → 계획 → 점검

⑤ 아웃리치 → 사정 → 계획 → 점검 → 재사정

해설 접수 → 사정 → 계획 → 개입 → 점검 → 평가 순으로 이루어진다.

정답 01 ⑤ 02 ④ 03 ⑤

04 사례관리의 특징으로 틀린 것은?

① 포괄적 서비스를 제공하고 서비스 조정과 점검을 한다.
② 임상적 욕구를 가진 클라이언트에게 치료적 상담을 실시한다.
③ 클라이언트의 자기결정권을 인정하지 않는다.
④ 다양한 문제와 복합적인 욕구를 가진 클라이언트를 대상으로 한다.
⑤ 클라이언트에게 직접적 서비스와 간접적 서비스를 동시에 시행한다.

해설 사례관리는 클라이언트의 자기결정권을 인정하고 적극 협조한다.

05 사례관리의 점검에 관한 설명으로 옳지 않은 것은?

[17회]

① 서비스의 산출결과를 검토
② 서비스의 최종 효과성을 검토
③ 서비스 계획의 목표달성 정도를 검토
④ 서비스 계획이 적절히 실행되고 있는지를 검토
⑤ 클라이언트의 욕구 변화를 점검하여 서비스 계획의 변경 필요성을 검토

해설 점검은 서비스와 지원이 잘 이루어지고 있는 확인하는 것으로 서비스 계획이 적절하게 이루어지는지, 클라이언트에 관한 서비스와 지원계획의 목표에 대한 성취여부, 서비스와 사회적 지지의 산출여부, 클라이언트의 욕구변화를 점검하여 서비스 계획의 변화여부를 검토한다. 서비스의 최종 효과성 검토는 평가 단계에서 이루어진다.

06 사례관리에 대한 설명으로 옳은 것은?

① 단일한 문제를 가진 클라이언트가 주 대상이다.
② 기관의 서비스와 프로그램의 범위 내에서 서비스를 제공한다.
③ 체계이론, 생태체계이론에 기반을 둔다.
④ 클라이언트에 대해 병리적 관점을 갖는다.

⑤ 실천 과정에서 클라이언트의 자기결정권을 인정하지 않는다.

해설 ① 다양한 문제를 가진 클라이언트가 주 대상이다.
② 기관의 서비스와 프로그램의 범위 외의 서비스도 연계하여 제공한다.
④ 정신분석모델은 클라이언트에 대해 병리적 관점을 갖는다.
⑤ 실천 과정에서 클라이언트의 자기결정권을 인정한다.

07 사례관리의 개입원칙으로 옳은 것을 모두 고른 것은?

ㄱ. 서비스의 개별화
ㄴ. 서비스의 지속성
ㄷ. 서비스의 접근성
ㄹ. 서비스 제공의 포괄성

① ㄱ, ㄷ, ㄹ   ② ㄴ, ㄷ, ㄹ
③ ㄱ, ㄴ, ㄷ   ④ ㄹ
⑤ ㄱ, ㄴ, ㄷ, ㄹ

해설 사례관리의 개입원칙은 서비스의 개별화, 클라이언트의 자율성과 극대화, 서비스의 지속성, 복잡하고 분리되어 있는 서비스 전달체계 연결, 클라이언트의 욕구 충족, 서비스 제공의 포괄성, 서비스의 접근성이다.

08 사례관리에 관한 내용으로 옳지 않은 것은? [9회]

① 필요한 경우 클라이언트의 권리를 옹호하기 위한 역할을 한다.
② 클라이언트가 충분히 지역사회에 적응할 수 있도록 지속적으로 원조한다.
③ 클라이언트에게 필요한 서비스들을 적극적으로 찾아 연결하는 역할을 한다.
④ 클라이언트의 욕구와 상관없이 자원이 있는 한 모든 서비스를 제공한다.
⑤ 클라이언트의 자기결정을 존중하되 지나친 관여를 하지 않도록 노력한다.

해설 클라이언트의 욕구가 다양하기 때문에 욕구를 충족하기 위하여 포괄적인 서비스를 제공할 수 있어야 한다.

정답 04 ③   05 ②   06 ③   07 ⑤   08 ④

09 사례관리에 관한 내용으로 옳은 것은?　　　[14회]

　① 단편적인 문제를 가진 클라이언트의 증가로 등장
　　하였다.
　② 클라이언트의 기능향상을 중요시한다.
　③ 계획－사정－개입－종결의 순으로 진행된다.
　④ 공식적인 자원체계만을 중요시한다.
　⑤ 서비스의 획일적 제공을 중요시한다.

해설 ① 복합적인 문제를 가진 클라이언트의 증가로 등장하였다.
　③ 사정－계획－개입－종결의 순으로 진행된다.
　④ 공식적, 비공식적 자원체계를 중요시한다.
　⑤ 서비스의 다양한 제공을 중요시한다.

1과목

2과목

3과목

4과목

5과목

6과목

7과목

8과목

사회복지실천 기술론

4 과목

사회복지사의 정체성과 실천기술

학습 가이드

- 사회복지 전문직의 가치체계를 물어보는 문제가 나오고 있고 사회복지실천론에서 중요한 부분을 차지하고 있기 때문에 소홀히 다루어서는 안 된다.
- 사회복지실천기술론 부분의 내용, 특히 전문직에 대한 내용은 사회복지실천론에 자주 출제되고 있기 때문에 이해할 정도로 학습을 한다면 사회복지실천론에서도 좋은 결과를 얻을 수 있을 것이다.

---

1   사회복지사의 정체성과 윤리성

1) 사회복지 전문직의 정체성

(1) 플렉스너(Flexner)의 비판

1915년 플렉스너는 〈사회복지는 전문직인가?〉라는 논문을 통하여 사회사업 분야는 과학적 지식을 기반으로 하고 있지 않기에 전문직이라고 할 수 없다고 하면서 다음과 같이 주장하였다.

① 사회복지는 사회과학적 기초가 결여되어 있다.
② 독자적이고 명확한 지식체계 및 전수할 만한 전문기술이 결여되어 있다.
③ 정부의 책임 아래 실시되는 교육 및 전문적 자격제도가 없다.
④ 전문적 조직체가 없다.
⑤ 전문적 실천에 대한 강령이 없다.

이후 전문직으로 인정받기 위해 플렉스너의 비판을 보완하였고 전문직이라고 인정받았다.

(2) 그린우드(Greenwood)의 전문직 속성

1959년에 그린우드는 직업의 전문직을 규정할 수 있는 전문직의 속성을 다섯 가지로 제시하면서 사회복지직은 이미 전문직이라고 규정하였다.

① 체계적인 이론

우월성을 갖춘 기술의 사용 여부가 전문직과 비전문직을 구별하는 하나의 기준이 된다. 효과적 기술 사용 그 자체가 아니라 기술의 근원이 되는 체계적 이론이 존재하는 것은 전문직이 되기 위해 중요한 요소이기 때문이다.

② 전문적인 권위

클라이언트와의 관계에서 사회복지사 혹은 사회복지직에 부여된 전문적 권위와 신뢰가 있어야 한다.

③ 사회적 승인(재가)

공동체나 일반사회의 인가 혹은 승인 여부에 따라 전문직에 부여되는 권한과 특권이 다르다. 보통 전문가를 배출하는 자격이 있는 학교를 결정하여 권한을 주거나 자격시험을 관장하는 등 독립적 권한을 부여한다.

④ 윤리강령

사회적 인가 혹은 승인으로부터 얻어지는 전문직의 특권이 잘못 사용되는 것을 방지하고 규제하기 위해 체계화된 윤리강령이 있어야 한다.

⑤ 전문직 문화

전문직은 자체의 고유한 가치나 규범, 상징을 만들어서 공유하고 이를 보존한다. 전문직은 다른 목적을 위한 수단이 되어서는 안 되며 사명감과 직업의식을 가지고 전문직 활동을 수행해야 한다.

(3) 실천지식의 차원

패러다임 → 관점/시각 → 이론 → 모델 → 실천지혜 순으로 구체화된다.

2) 사회복지 전문직의 윤리성

(1) 가치와 윤리

가치는 믿음이나 신념과 같은 것으로 좋고 바람직한 것과 같이 자신이 선호하는 것에 관련되고 어떠한 문제를 결정하는 데 있어 중요한 역할을 한다. 윤리는 옳고 그름을 판단하는 것으로 신념에 따라 이루어지고 윤리는 가치에서 나오기 때문에 가치와 조화를 이루어야 한다.

(2) 전문가 가치와 윤리강령의 핵심가치

NASW 윤리강령은 사회복지 전문직의 핵심가치를 행동강령으로 구체화하였다. NASW 윤리강령의 핵심가치와 윤리적 원칙은 다음과 같다.

Tip
그린우드의 전문직 속성
• 체계적 이론
• 전문적 문화
• 사회적 승인
• 전문가 윤리강령
• 전문적 권위

Tip
가치는 믿음, 신념과 같은 것으로 좋고 바람직한 것을 판단할 수 있도록 방향을 제시하며, 어떤 행동에 대하여 옳고 그름을 판단할 수 있는 기준이 되는 행동지침입니다.

NASW 윤리강령의 핵심가치와 윤리적 원칙

핵심가치	윤리적 원칙
서비스	사회복지사의 궁극적인 목표는 도움을 필요로 하는 사람들을 돕고 사회적 문제에 대응하는 것이다.
사회정의 증진	사회복지사는 사회적 불의와 대결해야 한다.
인간에 대한 존엄성과 가치존중	사회복지사는 타고난 인간의 존엄성과 가치를 존중해야 한다.
인간관계의 중요성	사회복지사는 인간관계가 가진 중요성을 인식해야 한다.
신뢰성	사회복지사는 신뢰받을 수 있게 행동해야 한다.
능력증진	사회복지사는 자신의 능력범위 내에서 실천 활동을 하여야 하며 자신의 전문적 기술을 개발하고 향상시켜야 한다.

(3) 사회복지사의 의사결정에 있어서 가치의 원천

① 기관이나 프로그램의 목적

사회복지사가 프로그램을 진행하는 것은 기관의 목적을 달성하기 위해서 만들어진 것으로 기관의 성격이나 사회복지사의 결정에 따라 달라진다. 즉, 기관의 목표가 어느 것이냐에 따라 사회복지사의 선택에 영향을 준다. 사회복지사는 기관의 목표에 의해서 일을 하기 때문에 기관의 목표에서 벗어나는 행동은 하지 않기 때문이다.

예 장애인복지관의 사회복지사는 노인과 장애아동에게 서비스를 제공해야 할 경우에 기관 목적에 맞는 장애아동에게 더 적극적인 모습을 보이게 된다.

② 전문가 훈련, 기관 규범, 전문가 역할

사회복지사가 서비스의 목적과 우선순위에 대한 결정을 할 때는 가치가 반영이 되는데, 이러한 가치는 전문가 훈련, 기관의 규범, 전문가 역할뿐 아니라 사회복지사의 선호도 등이 포함된다.

예 한 가정에서 아동학대로 인하여 아동과 부모를 격리시켜야 하는데, 아동이 반대할 경우 아동과 부모를 격리하는 것이 좋은지 아니면 격리하는 것 대신 교육을 시켜 재발을 방지하는 것이 좋은지는 가치에 따라 달라진다.

③ 제한된 자원의 사용

서비스 기관의 자원은 한정되어 있고 다수의 클라이언트에게 자원을 사용해야 하는 경우에는 효율성이나 효과성, 형평성 등 모든 것을 반영하여 적절하게 사용해야 한다.

④ 개인적인 가치 선호도

사회복지사는 현장에서 다양한 경험을 하게 되는데, 사회복지에 관한 지식이나 기술이 실천을 하는 데 있어 상대적으로 부족하기 때문에 특수한 사례가 발생한 경우에는 어떠한 방법을 사례에 적용할 것인지 선택을 할 때 개인적인 가치를 선호하게 된다.

⑷ 사회복지사의 윤리강령

① 윤리강령

사회복지사가 행동하는 데 지침이 되도록 만든 것이 사회복지사 윤리강령이다. 이 윤리강령은 크게 기본적 윤리기준, 클라이언트에 대한 윤리기준, 동료에 대한 윤리기준, 사회에 대한 윤리기준으로 나뉘고 우리나라에서는 1992년 윤리강령을 채택하여 2023년에 개정을 하였다.

Tip 🖐

한국사회복지사협회에서 제정한 윤리강령은 법적효력이 없는 권고사항입니다.

② 윤리적 갈등

윤리적 갈등은 윤리 자체의 문제가 아니라 문제의 윤리적 측면에서 발생하는데, 사회복지사가 전문가로서 지켜야 할 윤리적 의무와 책무가 서로 충돌하여 어떤 결정이 윤리적으로 올바른 것인지 판단하기 힘든 상태를 말한다.

ㄱ. 직접적인 개입활동과 관련된 윤리적 갈등 : 사회복지사는 개인, 가족 혹은 집단을 대상으로 직접적인 실천을 하는 과정에서 다양한 윤리적 갈등에 직면하게 되고 어디까지 보장해야 하는지 갈등이 생긴다. 비밀보장, 클라이언트의 자기결정, 온정주의, 진실의 의무 등이 대표적인 사례이다.

ㄴ. 사회복지정책 및 프로그램 차원의 갈등 : 사회복지정책이나 프로그램을 기획하고 진행하는 과정에서 발생하게 되는데, 간접적인 실천 활동으로 분류된다. 한정되어 있는 자원을 누구에게, 어떻게, 얼마만큼 배분해야 하는지 결정하는 데 기준이 쟁점이 된다.

ㄷ. 사회복지조직체 및 동료 사회복지사와 관련된 윤리적 갈등 : 사회복지조직이나 동료 사이에서 발생하는 갈등으로 기관의 직원, 즉 사회복지사로서 겪을 수 있는 갈등이다.

③ 윤리적 갈등의 해결

사회복지사가 다수의 윤리적 상황에 직면했을 경우 다양한 해결책 중에서 가장 윤리적인 것을 선택하게 된다. 리머(Reamer)의 윤리적 결정 지침과 로웬버그와 돌고프(Loewenberg & Dolgoff)의 윤리적 원칙은 이러한 의사결정을 내리는 데 훌륭한 지침이 된다. 특히, 로웬버그와 돌고프의 윤리적 원칙은 중요도와 우선순위를 제시하고 있기에 활용하기가 좋다.

ㄱ. 리머의 윤리적 결정지침

• 삶, 건강, 복지, 생활필수품에 대한 권리는 부, 교육, 여가와 같은 추가적 재화에 대한 기회 및 비밀에 대한 권리에 우선한다.

• 한 사람의 기본 권리는 타인의 사생활, 자유, 자기결정보다 우선하는 것으로 자녀의 결정이 법에 위배되지 않는 경우에 부모의 결정보다 우선한다.

- 자기결정에 대한 권리는 타인의 복지에 대한 권리에 우선한다. 한 개인이 선택한 결정은 타인의 복지를 위협하지 않는 조건하에 인정될 수 있다.
- 개인의 복지에 대한 권리는 법, 정책, 조직의 질서를 번복할 수도 있다. 어떤 법이나 정책이 개인의 복지에 부정적인 영향을 줄 때 법이나 정책 혹은 절차를 지키지 않는 것이 정당화될 수도 있다.

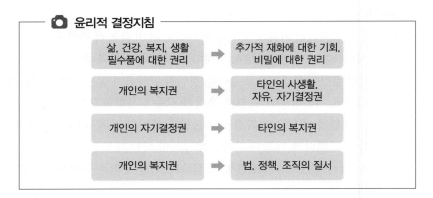

📷 **윤리적 결정지침**

삶, 건강, 복지, 생활 필수품에 대한 권리	➡	추가적 재화에 대한 기회, 비밀에 대한 권리
개인의 복지권	➡	타인의 사생활, 자유, 자기결정권
개인의 자기결정권	➡	타인의 복지권
개인의 복지권	➡	법, 정책, 조직의 질서

ⓒ 로웬버그와 돌고프의 윤리적 원칙 : 사회복지사가 클라이언트의 문제를 해결하기 위해 방향을 제시할 때 한 가지 이상의 윤리원칙이 상충하였을 경우 상위에 있는 윤리원칙을 우선하여 해결한다.

예 15세 P양이 임신한 사실을 부모님께 비밀로 하고 사회복지사에게 도움을 청한 경우에 사회복지사는 윤리원칙에 의거, 생명을 보호하기 위하여 부모님과 상의할 수 있다.

🗄 **윤리원칙**

구분		내용
윤리원칙 1	생명보호의 원칙	인간의 생명보호가 다른 모든 것보다 우선한다.
윤리원칙 2	평등 및 불평등의 원칙	동등한 사람은 평등하게 처우되어야 하는 권리를 가진다.
윤리원칙 3	자율과 자유의 원칙	자율성과 자유를 존중하는 결정을 해야 한다.
윤리원칙 4	최소 해악의 원칙	선택 가능한 대안이 유해할 때 가장 최소한으로 유해한 것을 선택해야 한다.
윤리원칙 5	삶의 질 원칙	지역사회는 물론이고 개인과 모든 사람의 삶의 질을 좀 더 증진시킬 수 있는 것을 선택해야 한다.
윤리원칙 6	사생활보호와 비밀보장의 원칙	사회복지사가 클라이언트에 대하여 알게 된 사실을 다른 사람에게 공개해서는 안 된다.
윤리원칙 7	성실과 개방의 원칙	클라이언트와 여타의 관련된 당사자에게 오직 진실만을 이야기하며 모든 관련 정보를 완전히 공개해야 한다.

Tip 👍
윤리적 딜레마가 생긴 경우 로웬버그와 돌고프의 윤리원칙에 따라 상위 윤리원칙을 지킵니다.

OX 퀴즈

- 그린우드의 전문직 속성은 체계적인 이론, 전문적인 권위, 사회적 승인, 윤리강령, 전문직 문화이다. (O)
- 한 가지 이상의 윤리적 원칙이 상충한 경우에는 상위 윤리원칙을 선택해야 한다. (O)

1) 사회복지사의 전문지식

헵워스(Hepworth), 루니(Rooney), 라슨(Larson)은 사회복지사의 전문지식에 대해 몇 가지 범주를 제시하였다.

(1) 인간행동과 사회환경에 관한 지식

개인이 생활하는 사회체계(가족, 집단, 조직, 지역사회)영역에 있어서 인간의 상태·심리·사회적 발달에 대한 지식은 사회복지사로서 효과적 업무를 수행하기 위해서 필요하다. 사회복지사는 각각의 발달시기에 관련된 욕구와 자원에 대해 알아야 하며, 이러한 욕구는 어떻게 정의되고 다양한 문화와 어떻게 만나는지 알아야 한다.

(2) 사회복지정책과 서비스에 관한 지식

사회·경제적 정의의 원칙 내에서 정책, 정책형성 과정, 사회정책분석에 영향을 미치는 정치적·조직적 과정에 대한 지식이 필요하다. 사회복지사는 전문가로서의 신념과 윤리, 가치뿐만 아니라 전체적 조화 속에서 실천을 위해 개인, 가족, 집단, 지역사회의 사회적 기능을 향상시키는 사회정책의 개발과 활성화에 참여할 책임이 있다.

(3) 사회복지실천방법에 관한 지식

클라이언트의 사회기능을 향상시키도록 지식과 실천 기술이 필요하며 이로써 전문적 신념과 목표를 성취할 수 있다. 실천방법의 지식과 기술은 사회복지사가 관여하는 클라이언트체계 수준에 따라 미시, 중범위, 거시 등으로 구분되는데, 효과적 실천을 위해서는 세 가지 영역에 모두 관여된 지식이 필요하다.

(4) 조사 및 연구에 관한 지식

사회복지실천을 위한 지식의 형성과 실천현장에서의 서비스 전달을 평가하기 위해 과학적·분석적으로 접근하는 데 이해와 설명을 제공한다. 사회복지사는 사회조사연구에서 얻은 정보를 실천에 활용할 수 있어야 하는데, 이를 위해서는 조사 설계 지식과 경험적 자료에 기반을 둔 결론과 검증되지 않은 다른 결론을 구별하는 능력이 필요하다.

2) 사회복지실천의 전문적 기반

(1) 전문적 기반

사회복지실천은 과학성이 결여된 예술성만으로는 효과적인 실천이 이루어질 수 없기에 과학적 요소와 예술적 요소는 조화를 이루어야 한다. 즉, 과학성과 예술성은 상호보완적인 관계이다.

Tip 👆
과학적 기반은 이론에 기초하고 예술적 기반은 직관에 기초합니다.

(2) 과학적 기반

사회복지사는 개인, 가족, 집단, 지역사회 등을 대상으로 하기에 기초과학뿐 아니라 다양한 지식들이 있어야 하고 클라이언트가 환경과 상호작용을 하기에 생태학적 지식도 필요하다. 다음과 같은 방법을 활용할 때 과학적이라고 할 수 있다.

① 사람들의 사회적 기능을 나타내는 자료들을 수집하고, 조직화하며 분석한다.
② 새로운 기법을 만들고, 새로운 실천지침을 형성하며, 새로운 프로그램과 정책을 개발하기 위해 관찰, 경험 그리고 공식적 연구를 활용한다.
③ 사회복지 개입을 안내하는 계획과 개념적 준거틀을 세우기 위해 기초가 되는 자료를 활용한다.
④ 개입이 사람들의 사회적 기능수행에 미치는 영향을 객관적으로 검토한다.
⑤ 전문직에서 다른 사람들이 설명하는 아이디어, 연구 그리고 실천을 교환하고 비평적으로 평가한다.

(3) 예술적 기반

사회복지사는 학습으로 배울 수 없는 기술들이 있어 직관적인 능력이 필요하다. 사회복지사는 클라이언트를 충분히 이해하고 공감하여 원조관계를 유지해야 한다. 또한 클라이언트의 저항이나 양가감정을 다루고 클라이언트의 문제해결에 적극적으로 노력해야 한다.

① 동정
   동정은 다른 사람의 고통을 함께 괴로워하는 것을 의미하는 동시에 괴로움을 겪는 사람들의 고통에 하나가 되어 몰입하려는 의지를 말한다.
② 용기
   용기는 일상적으로 발생하는 인간의 고통과 혼란 그리고 흔히 인간의 부정적이고 파괴적인 행동에 대해서도 직면할 수 있는 능력을 의미한다. 사회복지사는 직접적 혹은 간접적으로 다른 사람들에게 고통을 가하는 사람에게도 건설적으로 반응할 수 있어야 한다.

③ 전문적 관계

사람들이 변화 가능성에 대하여 긍정적이 될 수 있도록 하고 적극적으로 변화과정에 참여하도록 돕는 것이다. 전문적 관계를 형성하기 위해서는 감정이입, 온화함, 진실함 등의 대인관계 기술이 필요하다.

④ 창의성

클라이언트의 상황은 다양하고 변화가 가능하기 때문에 대처할 수 있는 능력이 필요하다. 창의성을 지닌 사회복지사는 다양한 접근방법을 확인하고 문제를 해결할 수 있다.

⑤ 희망

희망은 사람의 기본적인 선함이나 긍정적인 방식으로 변화하려는 능력 그리고 공동선을 위하여 타인과 함께 활동하는 의지에 대한 확고한 믿음과 신념을 말한다.

⑥ 에너지

에너지는 클라이언트가 주저하지 않고 활동할 수 있도록, 실패하더라도 회복할 수 있도록 하는 사회복지사의 능력이다.

⑦ 판단

클라이언트의 독특한 상황에 대해 사정하고 해결책을 제시하며 원조과정을 수행하지만 프로그램이 종료될 때까지 모든 것을 사회복지사가 판단하기는 어렵다. 하지만 사회복지사의 전문적 판단은 실천현장의 경험(분석, 반성 등)과 지식을 통하여 얻을 수 있다.

⑧ 진실성

사회복지사는 클라이언트와 관계를 형성할 때 자연스럽고 개방적이며 정직한 방식으로 관계를 형성해야 한다.

3) 사회복지실천기술

(1) 사회복지실천기술의 개념과 특징

① 사회복지실천기술의 개념

클라이언트의 문제, 욕구, 능력에 대한 사정, 자원개발과 사회구조를 변화시키는 데 있어 숙련성을 의미한다. 즉, 사회복지사가 현장에서 클라이언트에게 서비스를 제공하는 데 필요한 능력이나 방법이다.

② 사회복지실천기술의 특징

사회복지실천은 상황에 따라 다른 기술을 사용하기 때문에 그 상황에 맞는 실천기술을 사용할 수 있는 능력이 필요하다. 이러한 기술은 특정한 이론에 한정되면 안 되고 다양한 이론을 특정상황이나 문제에 맞게 선택하여 사용할 수 있어야 한다. 사회복지사가 가지고 있는 자질에 따라 실천기술은 달라질 수 있지만 지식을 기반으로 하기에 학습이 가능하다.

(2) 사회복지실천기술의 내용

① 공통기술

공통기술로는 정보획득과 계획수립기술, 의사소통기술, 문제 상황, 분석기술, 계약기술, 과정점검 및 평가기술, 다양한 역할수행기술 등이 필요하다.

② 개입 차원에 따른 기술

 개입 차원에 따른 기술에서 미시, 중범위, 거시차원에 어떤 기술이 있는지 파악해야 합니다.

사회복지실천기술은 클라이언트체계 수준에 따라 다양하다. 크게 미시적 차원, 중범위적 차원, 거시적 차원으로 구분되고 효과적인 실천을 하기 위해서는 이 모든 영역을 포괄할 수 있는 지식과 기술이 필요하다.

ⓐ 미시적 차원의 기술 : 미시 수준의 실천은 개인, 가족을 포함하는 클라이언트체계로 사회복지사는 클라이언트와 개별적으로 접촉하면서 직접서비스를 제공한다. 이때 필요한 기술에는 대인관계기술, 면접기술 등이 해당된다.

ⓑ 중범위 차원의 기술 : 중범위 수준의 실천은 가족생활보다 덜 밀접한 대인관계, 자조집단이나 치료집단의 구성원 관계, 학교나 직장, 동료 간의 관계에 개입하게 된다. 중범위 차원에서는 클라이언트에게 직접적으로 영향을 미칠 수 있는 가족, 집단, 학교와 같은 체계를 변화시키는 것이다. 이때 필요한 기술에는 관계형성기술, 의사소통기술 등이 해당된다.

ⓒ 거시적 차원의 기술 : 거시 수준의 실천은 직접서비스를 제공하는 것이 아니라 지역사회조직과정, 사회계획을 포함하여 사회문제를 해결하기 위해 개인, 집단, 조직으로 이루어진 지역사회 행동체계를 원조하는 역할을 한다. 이때 필요한 기술에는 주민조직기술, 행동주도기술, 자원동원기술, 해결협상기술, 클라이언트 옹호기술과 대변기술 등이 해당된다.

ⓓ 전문가집단의 기술 : 전문가 차원의 실천은 이론이나 실천적인 측면에서 전문직을 발전시키는 역할을 한다.

③ 사회복지사의 역할에 따른 기술

사회복지사가 현장에 필요한 기술을 페데리코(Federico)는 다음과 같이 정의하였다.

Tip 🖐
개입 차원에 따른 사회복지사의 역할
- 미시 차원 : 조력자, 중개자, 옹호자, 교사
- 중범위 차원 : 촉진자, 중재자, 훈련가
- 거시 차원 : 계획가, 행동가, 현장 개입가
- 전문가 차원 : 동료, 촉매자, 연구자

🗂 사회복지사가 현장에 필요한 기술

역할	내용
현장활동가	지역사회로 나가서 욕구를 확인하고 서비스 의뢰를 수행한다.
중개자	욕구가 있는 사람에게 적절한 서비스를 연결시켜 준다.
옹호자	특정 서비스에 클라이언트가 거부당할 때 서비스를 확보하고 서비스를 확대할 수 있도록 원조한다.
평가자	욕구와 자원을 평가하고 욕구를 충족시킬 수 있는 대안을 결정한다.
교사	사실과 기술을 가르친다.
자문가	다른 전문가와 일하면서 그들이 더욱 효과적인 서비스를 제공할 수 있도록 원조한다.
지역사회 계획가	지역사회집단이 그 지역의 사회복지욕구를 위하여 효과적으로 계획하도록 돕는다.
보호제공자	자신의 문제를 해결할 수 없거나 욕구를 충족시킬 수 없는 사람에게 지지서비스를 제공한다.
자료관리자	의사결정을 위한 자료를 수집하고 분석한다.
행정가	서비스 프로그램을 계획하고 수행하는 데 필요한 행동을 실행한다.
행동가	클라이언트의 이익이나 권리가 침해당하는 사회적 조건 등을 인식하고 클라이언트의 인권을 보호하기 위한 행동을 한다.
행동변화가	클라이언트의 행동을 변화시킨다.
중재자	서로 다른 입장을 가지고 있는 개인이나 집단 간의 문제에 개입하여 타협, 차이점을 조정하거나 서로 만족할 수 있는 합의점을 도출할 수 있도록 돕는 역할이다.

OX 퀴즈

- 과학적 요소와 예술적 요소는 조화를 이루어야 한다. (○)
- 용기란 다른 사람의 고통을 함께 괴로워하는 것을 의미한다. (×)
- 다른 전문가와 일하면서 그들이 더욱 효과적인 서비스를 제공할 수 있도록 원조하는 역할은 자문가이다. (○)

1과목
2과목
3과목
4과목
5과목
6과목
7과목
8과목

01 다음 사례에서 사례관리자가 수행한 역할로 옳지 않은 것은? [10회]

> 사례관리자는 중도장애를 가진 A가 재활의 동기를 갖도록 면담을 지속하면서 생활기술훈련 프로그램에 참여하도록 지지하였다. 또한 사례회의를 통해 인근 직업재활기관과 일자리지원센터의 취업관련 서비스를 받도록 협의하고 장애인 일자리를 확대하기 위한 지역사회인식개선 캠페인을 기획하였다.

① 중재자   ② 상담가
③ 조력가   ④ 조정자
⑤ 옹호자

해설 중재자는 갈등이나 의견을 조율하는 역할로 위의 사례와는 무관한 역할이다.

02 사회복지 전문직의 가치체계를 모두 고른 것은? [16회]

> ㄱ. 사회적 형평성의 원리
> ㄴ. 개인의 복지에 대한 사회와 개인 공동의 책임
> ㄷ. 개인의 존엄성과 독특성에 대한 존중
> ㄹ. 자기결정의 원리

① ㄱ, ㄴ   ② ㄷ, ㄹ
③ ㄱ, ㄷ, ㄹ   ④ ㄴ, ㄷ, ㄹ
⑤ ㄱ, ㄴ, ㄷ, ㄹ

해설 형평성, 연대성, 자율성, 책임성, 존중성, 자기결정권 등이 사회복지 전문직의 가치체계에 포함된다.

03 사회복지실천의 지식과 기술을 습득하는 방법으로 옳은 것을 모두 고른 것은? [18회]

> ㄱ. 사례회의를 개최하여 통합적 지원방법에 대해 논의한다.
> ㄴ. 가족치료모델을 이해하기 위해 해결중심가족치료 세미나에 참석한다.
> ㄷ. 윤리적 가치갈등의 문제에 대하여 직장동료에게 자문을 구한다.
> ㄹ. 초점집단 면접을 실시하여 이용자 인식을 확인한다.

① ㄱ, ㄷ   ② ㄴ, ㄹ
③ ㄱ, ㄴ, ㄷ   ④ ㄴ, ㄷ, ㄹ
⑤ ㄱ, ㄴ, ㄷ, ㄹ

해설 사회복지실천의 전문지식을 습득하는 방법은 패러다임, 관점(시각), 이론, 모델, 실천지혜 등으로, 제시된 방법들이 모두 포함된다.

04 플렉스너(Flexner)가 주장한 사회복지사의 비판에 대한 내용으로 틀린 것은?

① 사회복지는 사회과학적 기초가 결여되어 있다.
② 독자적이고 명확한 지식체계 및 전수할 만한 전문기술이 결여되어 있다.
③ 정부의 책임 아래 실시되는 교육 및 전문적 자격제도가 없다.
④ 사회적 승인이 없다.
⑤ 전문적 실천에 대한 강령이 없다.

해설 사회적 승인은 그린우드의 전문직 속성에 속한다. 플렉스너는 전문적 조직체가 없다고 주장하였다.

정답   01 ①   02 ⑤   03 ⑤   04 ④

05 사회복지실천의 전문적 기반 중 과학적 기반에 대한 설명을 틀린 것은?

① 사람들의 사회적 기능을 나타내는 자료들을 수집하고, 조직화하고 분석한다.

② 새로운 기법을 만들고, 새로운 실천지침을 형성하며, 새로운 프로그램과 정책을 개발하기 위해 관찰, 경험 그리고 공식적 연구를 활용한다.

③ 사회복지 개입을 안내하는 계획과 개념적 준거 틀을 세우기 위해 기초가 되는 자료를 활용한다.

④ 개입이 사람들의 사회적 기능수행에 미치는 영향을 객관적으로 검토한다.

⑤ 클라이언트의 상황은 다양하고 변화가 가능하기 때문에 대처할 수 있는 능력이 필요하다.

해설 클라이언트의 상황은 다양하고 변화가 가능하기 때문에 대처할 수 있는 능력은 예술적 기반에 속한다.

정답 05 ⑤

사회복지실천모델

출제경향

목차	22회	21회	20회	19회	18회
1. 정신역동모델	1	1		1	1
2. 심리사회모델	1	1	1		1
3. 인지행동모델	1	2	2	1	1
4. 과제중심모델			1	1	
5. 위기개입모델	1	1	2	1	2
6. 임파워먼트 모델				1	
7. 모델 연결	3	1			3

학습 가이드

- 각각의 모델의 특징을 확실히 구별할 수 있어야 고득점이 가능하고 각 모델의 특징을 물어보는 문제와 다수 모델의 특징과 함께 물어보는 문제가 자주 출제되고 있다.
- 정신역동모델은 매회 1문제 정도 출제되는데, 사례에 적용하는 문제로 응용할 수 있어야 풀 수 있는 문제들이 출제되고 있다. 또한 정신역동모델의 다양한 개입기법(꿈의 분석, 전이, 해석, 훈습, 직면 등)을 확실히 암기해야 한다.
- 심리사회모델은 기본 개념과 개입기법을 물어보는 문제가 자주 출제되고 상황 속의 인간 관점으로 인간과 환경 간의 상호작용에 주목해야 한다. 또한 심리사회모델의 특징, 영향을 준 이론, 개입 기법 등은 주요 출제 영역이기에 확실히 암기해야 한다.
- 인지행동모델은 다른 모델보다 출제 비중이 높은 모델이다. 인지모델과 행동주의모델을 물어보는 문제도 자주 출제되고 있어 학자들의 이론 개념과 개입 기법들을 자세히 학습할 필요가 있다.
- 과제중심모델은 과제의 개념과 표적문제를 연결시키는 문제가 출제되고 있어 개념만 학습하는 것이 아니라 개념을 통한 응용문제에 대비해야 한다. 또한 과제의 개념과 특징, 클라이언트의 과제, 표적문제 설정, 과제중심모델의 개입 단계별 사회복지사의 수행과업 등을 집중적으로 공부해야 한다.
- 위기개입모델은 사례로 문제가 출제되고 있는 만큼 개념과 특징을 확실히 학습해야만 문제를 푸는 데 어려움이 없을 것이다. 또한 위기개입모델은 다른 모델과 차이점이 있는데, 위기 이전으로 회복, 증상 경감, 사회복지사의 적극적 대입과 단기개입의 성격을 가진다는 특징은 암기해야 한다. 생애주기에 따른 위기로 시험에 나온 만큼 이해하고 있어야 한다.
- 임파워먼트모델은 개념이 중요한데, 강점관점과 발달단계에 대한 내용을 확실히 학습해야 한다. 특히, 대화-발견-발전 단계의 사회복지사의 과제가 자주 출제되고 있는 만큼 주요 내용은 암기해야 한다.

1) 특징

① 인간의 행동은 과거의 경험에 의해 좌우된다는 결정론적 성격이다.
② 인간의 모든 행동은 우연한 결과가 아닌 무의식적 성격에 의해 일어난다는 무의식으로 가정한다.
③ 개인이나 가족치료에 많은 영향을 미쳤고 정신의학분야에도 적용되고 있다.
④ 의식과 구성요소로서 사고, 소원 혹은 행위와 같은 현재의 정신활동과 과거 경험 사이에 원인적 관계가 있다는 이론적 기초 위에 형성된 심리과학이다.
⑤ 정신역동모델의 관점은 생각하고 느끼거나 행동하는 인간의 모든 것에는 의미와 목적이 있다는 정신결정론이다.
⑥ 프로이트의 이론은 기본가정에 기초하여 인간본성을 이야기하고 있다.
⑦ 사회복지실천에 큰 영향을 미쳤고 사회복지가 전문직으로 발돋움하는 데 큰 역할을 하였다.

합격노트 정신역동모델은 정신분석이론을 기본 토대로 만들어진 모델로 인간행동과 사회환경에서 잘 공부했다면 이해하기 쉽습니다.

2) 개입기법

(1) 자유연상

클라이언트가 마음속에 떠오르는 것 모두를 이야기할 수 있도록 도와주는 기술로 클라이언트의 자발성이 중요하며, 클라이언트의 무의식 속에 있는 생각을 의식 속으로 끌어내는 데 효과적인 방법이다. 무의식적 갈등에 접근할 수 있고 과거의 고통스러운 기억들을 의식화시킬 수 있다. 클라이언트에게 중요하지 않거나 필요하지 않다고 생각되는 이야기도 하는 것이 중요하다는 것을 알게 한다.

(2) 저항

클라이언트가 무의식적 욕구를 표출하여 불안으로부터 자신을 방해하거나 치료 시 자신의 성장을 방어하는 것이다. 클라이언트의 과거의 억압된 기억이 괴롭혀 그 문제를 해결하고 싶지만 한편으로는 그 고통을 회피하고 싶은 양가감정이 나타나 저항이 발생한다.

(3) 꿈의 분석

클라이언트의 꿈을 통하여 무의식적 자료를 얻을 수 있고 꿈이 무엇을 의미하는지 분석해 문제를 해결하는 방법이다. 꿈은 클라이언트가 깨어 있을 때보다 더 많은 무의식적 생각이 포함되어 있으며, 꿈의 의미를 분석하고 해석하여 클라이언트의 문제가 무엇인지 이해할 수 있다.

(4) 전이

클라이언트가 어린 시절에 억눌려 있던 경험 또는 기억들이 사회복지사를 통하여 그 경험과 기억이 되살아나는 것을 의미한다. 클라이언트에게서 전이가 나타나면 사회복지사에게 저항이 나타나게 되어 어려움을 겪을 수 있으므로 전이를 잘 해결해야 한다.

(5) 역전이

사회복지사가 어린 시절에 억눌려 있던 경험 또는 기억들이 클라이언트를 통하여 그 경험과 기억이 되살아나는 것을 의미한다. 사회복지사에게서 역전이가 나타나면 다른 클라이언트에게 영향을 미칠 수 있으므로 다른 사회복지사에게 의뢰해야 한다.

(6) 훈습(전이 → 해석 → 통찰)

저항이나 전이가 왜 나타나는지 분석하여 클라이언트에게 알려주어 저항이나 전이를 극복할 수 있도록 도와주는 것이다. 한 번에 극복할 수 없어 극복할 수 있을 때까지 이 과정을 반복하는 것이다.

(7) 정신결정론

정신분석이론의 기본적 원리로 인간의 행동은 우연히 일어나는 것이 아니라 과거와 연결되고 반드시 원인이 있어 발생한다는 것이다.

(8) 해석

클라이언트의 꿈, 자유연상, 저항, 전이 등을 분석하고 그 의미를 설명하고 때로는 가르치는 것이다. 해석을 할 때에는 클라이언트의 거부반응이 나타나지 않게 하기 위해 적절한 시기에 해야 하고 클라이언트가 받아드릴 수 있는 정도까지만 해야 한다. 마지막으로 해석을 하기 전에 저항과 방어가 어떻게 나타나고 있는지 알려줄 필요가 있다.

2 심리사회모델

1) 특징

① 인간의 문제를 심리적이거나 정서적인 사회문제로 이해하면서 개인적인 문제는 심리적 요인뿐 아니라 환경적인 요인에 영향을 받는다고 본다.
② 사회복지사와 클라이언트와의 관계를 중요하게 여기며 클라이언트와 관계를 형성하기 위하여 수용하고 개별화하여 클라이언트의 현재 상황 속에

Tip 👆
훈습은 단기적 방법이 아니라 장기적 방법으로 여러 번 반복합니다.

OX 퀴즈

• 과거의 무의식적 사고를 통찰을 통한 변화와 무의식으로부터 자유할 수 있도록 성장시키는 것이 목적이다. (O)
• 어린 시절에 억눌려 있던 경험 또는 기억들이 사회복지사를 통하여 그 경험과 기억이 되살아나는 것은 역전이이다. (×)

Tip 👆
심리사회모델은 환경 속의 인간을 중심으로 인간과 인간, 인간과 환경과의 상호작용에 초점을 둡니다.

서 출발하는 실천 원칙을 강조하고 사회적 요소와 개인적 요소 모두를 중요하게 생각한다.

③ 자선조직협회의 활동가 실천현장에서 얻어진 지식들로 '상황 속의 인간'을 강조하는 관점으로 리치몬드(Mary Richmond)의 저서를 통하여 기원을 찾을 수 있다.

④ 심리사회모델은 1930년대 후반에 해밀턴(Gordon Hamilton)에 의해서 심리사회모델로 처음 불리게 되었다.

⑤ 1964년에 홀리스(Florence Hollis)가 집필한 《심리사회적 치료》를 통해 실천이론과 접근방법이 구체화되었다.

⑥ 개인의 심리적 요소뿐 아니라 사회 환경 또는 개인과 사회 환경의 상호작용으로 역기능적 문제를 해결하려고 한다.

⑦ 클라이언트의 심리적 상태와 사회 환경, 개인과 환경의 상호작용에 초점을 맞춘다.

⑧ 대상관계이론, 정신분석이론, 자아심리이론, 역할이론, 의사소통이론, 생태체계이론이 이론적 배경이고, 이 중 정신분석이론과 대상관계이론이 심리사회모델에 큰 영향을 미쳤다.

2) 기본 개념

(1) 수용

클라이언트의 내적 감정뿐 아니라 있는 그대로를 받아들이는 것으로 사회복지사는 자신의 선호도와 상관없이 클라이언트에 대하여 선의의 태도를 보여야 한다. 사회복지사가 클라이언트를 이해하기 위해서는 클라이언트의 경험에 대하여 느낄 수 있어야 하며 이때 관계형성이 가능해진다.

(2) 자기결정

자기결정은 클라이언트의 중요한 권리이기 때문에 자기 스스로 선택할 수 있어야 하고 사회복지사는 다양한 정보를 제공하여 선택을 하는 데 부족하지 않도록 도와줘야 한다. 클라이언트가 선택한 결정에는 사회복지사는 존중해 줘야 한다.

(3) 관계 형성

기관에 찾아온 클라이언트가 원하는 욕구가 무엇인지 알기 위해서는 클라이언트와 관계 형성이 중요하다. 사회복지사는 클라이언트가 자신의 문제나 욕구를 표현할 수 있도록 클라이언트와 긍정적인 관계를 형성해야 한다.

Tip 👆
인간만 환경에 영향을 미치거나 환경만 인간에 영향을 미치는 것이 아니라 인간과 환경이 서로 영향을 미칩니다.

Tip 👆
심리사회모델은 하나의 이론으로 만들어진 모델이 아니라 다양한 이론을 통합하여 만든 모델입니다.

3) 개입기법

(1) 직접적 개입방법

① **지지적 기법(= 받쳐주기)**

클라이언트의 문제행동능력에 대한 확신을 표현하여 클라이언트가 느끼는 불안을 감소시키기 위한 방법으로 개입 초기뿐 아니라 치료 전반에 걸쳐 사용되는 방법이다. 클라이언트의 불안감, 자아존중감의 결핍, 자신감 결핍 등을 감소시키기 위한 방법이다.

② **지시적 기법(직접적 영향 주기)**

사회복지사는 조언이나 제안, 지시 등을 통하여 클라이언트의 행동을 변화시키기 위한 방법으로 판단을 내리기 어렵거나 위기상황에 사용하는 방법이다. 클라이언트가 자기결정권을 사용하는 것도 중요하지만 때론 적절한 결과를 얻을 수 있도록 직접적으로 영향을 주는 것이다. 그러나 직접적 영향을 주는 것이 사회복지사가 원하는 것이 아니라 클라이언트의 욕구에 맞는 조언이어야 한다.

③ **탐색, 기술, 환기법(카타르시스, 정화법)**

클라이언트의 문제가 환경과 어떤 상호작용을 하고 있는지 이해하고 설명할 수 있도록 하고 나아가 감정까지도 밖으로 표출할 수 있도록 도와주는 방법이다. 특히, 클라이언트의 부정적인 감정까지도 표출할 수 있도록 도와주기 때문에 환기를 경험하는 것으로도 문제가 해결될 수 있다.

④ **클라이언트의 환경에 관한 반성적 고찰**

클라이언트가 문제를 확실히 이해하고 행동이 변할 수 있게 클라이언트의 환경과 타인과의 상호작용에 대한 인식, 생각, 감정을 잘 알 수 있도록 도와 잘못되고 있는 모든 것을 알게 하는 기술이다. 개입기법으로는 토론, 설명, 일반화, 역할극, 교육 등이 있다.

클라이언트의 환경에 따른 사회복지사의 역할

구분		내용
외부환경	타인, 건강, 상황에 대한 클라이언트의 생각	인간은 가치, 편견, 두려움 등으로 인하여 자신의 상황과 가족이나 주의 사람들의 감정과 행동을 이해하지 못하고 왜곡되게 생각할 수 있다. 사회복지사는 클라이언트의 상황에 대해 질문을 통하여 스스로 깨닫게 돕기도 하지만 직접적으로 설명하기도 한다.
	클라이언트의 행동이 자신과 다른 사람들에게 미치는 영향	클라이언트는 자신이 한 행동으로 인하여 타인이 어떤 영향을 미치게 되는지 깨닫지 못하거나 그 결과를 간과할 수 있기에 그 결과에 주의를 기울인다.

Tip 👆

탐색, 기술, 환기법은 비에스텍의 관계의 기본원칙 중 의도적 감정표현과 내용이 유사합니다.

구분		내용
내부 상황	클라이언트 행동의 성격	클라이언트의 숨겨진 반응, 사고, 성격 뿐 아니라 자신의 감정까지도 이해할 수 있도록 원조한다.
	클라이언트 행동의 원인	클라이언트가 한 행동의 이유가 무엇인지 스스로 이해하게 한다.
	자기평가	클라이언트의 도덕과 양심, 자기 이미지, 가치 등에 관하여 자기평가를 할 수 있도록 도와준다.

⑤ 유형 – 역동에 관한 반성적 고찰

클라이언트의 성격이나 행동, 성격, 방어기제, 특징 등 심리내적 요소에 대하여 이해할 수 있도록 원조하는 것이다. 인간의 행동은 정신의 영향을 받기 때문에 인간과 환경에 대한 고찰만으로는 클라이언트의 문제를 해결하는 데 부족할 수 있기에 정신적인 힘이 어떻게 작용하는지 고찰해야 한다. 개입기법으로는 명확화, 해석, 통찰의 개발 등이 있다.

⑥ 발달적 요인에 관한 반성적 고찰

클라이언트의 영아기, 유아기, 아동기 등 성인기 이전의 어린 시절의 문제와 현재의 문제행동 간에 어떠한 영향이 있는지 깨닫게 한다. 과거에 어떠한 경험이 현재 클라이언트의 문제에 영향을 주는지 생각해 볼 수 있도록 해석보다는 질문이 더 바람직하다. 개입기법으로는 명확화, 해석, 설명, 일반화, 역할극 교육 등이 있다.

(2) 간접적 개입방법 – 환경 조성하기

클라이언트의 환경에 관련된 문제를 해결하는 것으로 대인관계나 환경의 변화를 추구한다. 클라이언트가 필요로 하는 자원을 발굴하여 제공해주고 옹호나 중개자, 중재자의 역할을 하여 스스로 주변 환경을 변화시킬 수 있도록 도와야 한다.

3 인지행동모델

1) 특징

① 정신분석모델의 거부와 한계점을 극복하기 위해 만들어진 모델로 한 가지 모델이 아닌 다양한 기법(인지치료, 행동치료, 합리정서치료, 현실치료, 인지행동치료)들을 총칭하는 모델이다.

② 인지이론과 행동주의이론을 통합한 모델로 각각의 특성을 갖는다.

Tip
환경 조성하기는 정신역동모델에 없는 기법이며, 심리사회모델은 환경에 개입합니다.

OX 퀴즈

• 심리적 요인뿐 아니라 환경적인 요인에 영향을 받는다. (○)
• 대상관계이론, 정신분석이론, 자아심리이론, 역할이론, 의사소통이론, 생태체계이론이 이론적 배경이다. (○)
• 조언이나 제안, 지시 등을 통하여 클라이언트의 행동을 변화시키기 위한 방법은 지지적 기법이다. (×)

Tip
인지행동모델에서는 인간의 생각을 먼저 바꿔야 인간의 역기능적 행동도 바뀐다고 봅니다.

인지행동모델의 기본전제
• 사고는 행동에 영향을 미칩니다.
• 사고는 관찰되고 수정될 수 있습니다.
• 행동의 변화는 사고를 변화시킴에 따라 획득됩니다.

③ 인지이론은 인간과 환경에 대한 사고, 인식, 해석이 정서와 행동의 결정적인 요인이라고 본다.

④ 행동주의이론은 인간은 모방과 관찰을 통하여 행동이 학습된다고 보고 행동수정을 통하여 변화할 수 있다고 본다.

⑤ 파블로프(Pavlov)의 고전적 조건화 이론은 인지행동 개입의 기초가 되었고 울페(Joseph Wolpe)의 체계적 둔감법 개발에 많은 영향을 주었으며, 체계적 둔감법은 인지행동모델의 주요 기법이 되었다.

⑥ 인지행동모델에 영향을 준 학자로는 벡(Beck), 엘리스(Ellis), 미켄바움(Meichenbaum), 행동주의자 울페 등이 있다.

⑦ 기본가정으로 인지활동은 행동에 영향을 미치므로 모니터가 되어 행동을 변경할 수 있다. 즉, 클라이언트의 바람직한 행동변화는 인지를 통해 이루어진다.

⑧ 클라이언트의 주관적 경험과 책임을 강조하고 생각이 바뀌면 역기능이 해소될 수 있다고 가정한다.

2) 기본 개념

(1) 인지이론

인지는 지각, 기억, 지능, 언어, 상상, 판단, 추리를 포함한 정신과정 전체를 의미한다. 인간의 경험과 사회적 상호작용으로 인하여 인간의 인지적 능력이 향상된다는 이론으로 인간의 행동은 무의식적인 충동이 아니라 인간의 의지에 의한 것이며, 부적응적 행동은 인지적 왜곡으로 인하여 발생한다고 여긴다. 부적응적인 사고유형을 파악하여 변화할 수 있도록 도와줘야 하는데, 이러한 점에서 인지이론의 기본가정은 다음과 같다.

① 인간의 행동은 무의식적인 힘에 의한 것이 아니라 의지에 의해 결정되며, 과거의 경험이 아니라 현재의 상황에 의해 결정된다.

② 인간의 행동은 잘못된 생각으로 인하여 잘못된 행동을 일으킨다.

③ 잘못된 인지나 왜곡된 생각, 비합리적 신념은 개인의 의식수준 밖에서 일어난다. 즉, 잘못된 생각을 학습하고 계속 사용하면 자신도 모르게 잘못된 정서가 형성된다.

④ 인간의 감정은 자신의 상황에 대해 생각하고, 말하고, 가정하고, 믿는 것으로부터 시작된다. 즉, 인간의 감정은 대부분 자신의 생각, 말, 환경에 대한 믿거나 가정하는 것으로부터 직접적으로 발생된 결과이다.

⑤ 인간은 창조적이며 성장의 욕구를 가지고 자신의 능력을 최대한 개발하여 목표달성을 추구하는 기본적인 경향을 가지고 있다.

(2) 행동주의이론

정신분석이론의 한계와 결정론적 관점을 반대하면서 인간의 과거의 경험보다는 외부 환경이나 자극에 의하여 학습된다고 본다. 처음 주장한 왓슨(Watson)을 시작으로 손다이크(Thorndike)의 조작적 실험과 파블로프의 동물의 조건반사 실험이 있다. 행동주의 이론에서 강조하는 있는 개념은 고전적 조건화와 조작적 조건화로 이루어진다. 고전적 조건화는 행동을 유발시키는 힘이 없는 중성자극에 반응유발능력을 넣어 조건자극으로 변화시키는 과정이다. 조작적 조건화는 유기체가 원하는 결과를 얻기 위해 실행하는 자발적인 반응이다.

Tip 👈

행동주의이론은 정신분석이론에 반대하여 만들어진 이론으로 인간은 환경으로부터 영향을 받는다고 가정합니다.

(3) 인지행동이론

인지이론과 행동이론을 통합하여 활용한 것으로, 사회복지사는 인지치료기법을 통해 클라이언트가 상황을 왜곡하여 해석하는 방식과 정서를 변화시킬 수 있도록 도우면서 동시에 새로운 행동기술을 습득하고 실제상황에 적용할 수 있도록 대화를 통해 행동의 변화를 유지시키도록 한다.

Tip 👈

인지학습이론은 반두라의 사회학습이론을 시작으로 엘리스의 합리적 정서치료, 아론 벡의 인지치료, 미켄바움의 인지행동수정 등으로 이어지고 있습니다.

3) 개입목표

클라이언트의 왜곡되고 역기능적인 신념은 행동에 영향을 미친다는 가정하에 신념을 변화시킴으로써 감정이나 행동을 수정하게 된다.

① 클라이언트의 주관적 경험, 문제 및 관련 상황에 대해 느끼는 주관적 의미를 중요시하며, 클라이언트가 경험하고 느끼고 해석하는 방식과 신념체계 등을 존중하고 이해해야 한다.

② 클라이언트와 사회복지사의 협력적 관계로 클라이언트는 자신의 관점을 사회복지사에게 제공하고 사회복지사는 클라이언트의 문제를 해결할 수 있도록 정보를 제공해야 한다.

③ 구조화된 개입으로 일정한 방향성을 가지고 문제해결과정을 수행해야 하며, 책임은 사회복지사에게 있다.

④ 클라이언트는 사회복지사에 의해 치료되는 것이 아니라 스스로 문제해결에 참여해야 한다.

⑤ 개입 초기에 클라이언트가 협조할 수 있도록 충분한 설명과 교육이 필요하다.

⑥ 소크라테스식 문답법은 상대에게 계속 질문하여 진리를 깨달을 수 있도록 도와주는 것으로 계속적인 질문으로 잘못된 생각을 깨닫게 하여 행동의 의미를 재발견하게 한다.

⑦ 클라이언트가 개입에 대하여 이해하게 되면 개입기간은 줄어들게 되고 목표를 지향하고 구조화된 접근방식으로 개입이 단기화될 수 있다.

⑧ 종결 후에도 효과가 계속 유지될 수 있도록 능력을 향상시켜야 한다.

⑨ 문제해결과 원인탐색을 위해 과거의 경험이나 무의식에 집착하는 것이 아니라 현재가 중심이 되고 지금－여기를 강조한다.

4) 개입기법

(1) 엘리스의 합리정서행동치료

인간의 생각과 감정은 연관되어 있고, 부정적 감정과 비합리적 신념에서 비롯된다고 주장하였다. 합리정서행동치료에서는 부정적 감정이 아니라 비합리적 신념에 개입의 초점을 둔다. 비합리적 신념은 부정적 감정의 뿌리가 되기 때문에 비합리적 신념을 규명함으로써 이를 재구조화하는 것이다.

① 비합리적 신념

Tip 👆
인간의 부정적 감정들과 심리적 증상들은 비합리적 신념에서 비롯됩니다.

비합리적 신념에는 반드시, 절대로, 모든, 완전히, 전혀, 파멸적인, 해야만한다 등이 저변에 깔려 있어 합리적인 생각으로 바꿔야 한다.

② 합리정서행동치료의 개입방법

사회복지사는 클라이언트에게 교육을 통하여 비합리적 신념을 합리적 신념으로 바꿀 수 있도록 도와야 한다. 먼저 클라이언트의 비합리적 신념을 찾고 그 이유를 토론하여 합리적 신념과 비합리적 신념을 구분할 수 있도록 해야 한다. 클라이언트에게 비합리적 신념에 대해 질문하고 클라이언트의 답변에 대하여 반복적으로 질문하여 자신의 논리를 비판적으로 검토하도록 도와야 한다.

③ 개입과정(ABCDE 모델)

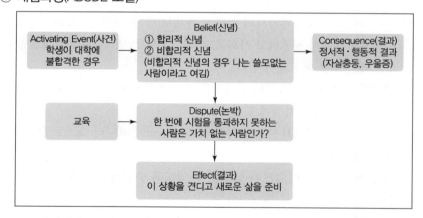

(2) 벡의 인지치료

Tip 👆
인지적 왜곡은 과거에 학습된 것으로 성장과정에서 형성된 도식에 따라 판단됩니다.

인간은 자극에 의하여 상황을 개념화하고 비슷한 상황에 처하게 되면 그 상황과 연관된 도식이 활성화되어 이 도식에 따라 정보를 조직화하고 처리한다. 정서적 문제를 가지고 있는 클라이언트는 잘못된 도식에 의해 정보를 처리하고 결과적으로 현실을 부정적으로 왜곡하게 된다. 클라이언트의 문제를 해결하기 위해서는 인지적 측면의 왜곡을 수정하는 것이 가장 효과적이다. 인지적 오류의 주요 내용을 보면 다음과 같다.

① 임의적 추론

충분한 근거가 없고 반대 증거가 있음에도 불구하고 잘못된 결론을 내리는 것이다.

예 이번 소풍에서 안 좋은 일이 생길 것 같다고 말하는 것이다.

② 선택적 축약

문제의 전체를 보는 것이 아니라 소수의 부분만 보고 결론을 내리든지 많은 장점들 중에서 한 가지 단점에 집착하는 것이다.

예 시험을 잘 본 학생이 최하 점수를 받은 과목을 보고 시험을 망쳤다고 말하는 것이다.

③ 과잉 일반화

한두 가지 사건의 결과를 가지고 관련된 사건이나 관련되지 않은 사건의 모든 결과에 대입하는 것이다.

예 철수가 나를 싫어하니 반 전체가 나를 싫어할 것이라고 생각하는 것이다.

④ 극대화와 극소화

어떠한 사건에 대한 작은 사실을 크게 하거나 큰 사실을 작게 왜곡하는 것이다.

예 우울증 환자들은 부정적인 사건의 의미를 크게 확대하고 긍정적인 의미는 축소한다.

⑤ 개인화

나와 아무런 상관이 없는 일을 나와 상관이 있는 일인 것처럼 이야기하는 것이다.

예 잘못된 외부사건을 자신의 탓으로 돌리는 것이다.

⑥ 이분법적 사고

양극단적인 사고로 융통성이 없으며 어떤 것을 선택하는 데 있어 모 아니면 도, 성공 아니면 실패처럼 극단적으로 이해하려는 경향을 의미한다.

예 1등 아니면 꼴등으로 생각하는 것이다.

5) 인지행동모델의 한계점

① 지적능력이 낮은 클라이언트에게는 효과성이 제한적이다.
② 즉각적인 위기개입을 해야 하는 클라이언트에게는 적용하기 어렵다.
③ 새로운 시도에 대한 의지가 약한 클라이언트에게 적용하기 어렵다.

OX 퀴즈

- 정신분석모델의 거부와 한계점을 극복하기 위해 만들어졌다. (O)
- 인간의 행동은 잘못된 생각으로 인하여 잘못된 행동을 일으킨다. (O)
- 목표를 지향하고 구조화된 접근방식으로 개입이 단기화될 수 있다. (O)
- 비합리적인 신념을 합리적인 생각으로 바꾸어야 한다. (O)
- 소수의 부분만 보고 결론을 내리는 것은 과잉 일반화이다. (×)

Tip 👆

과제중심모델에서 과제는 클라이언트가 인식한 문제 중 사회복지사가 인정한 문제를 말합니다.

Tip 👆

단기개입모델에는 인지행동모델, 과제중심모델, 위기개입모델이 있습니다.

Tip 👆

과제의 유형
• 일반적 과제
• 조작적 과제
• 단일과제
• 복합과제
• 개방과제
• 폐쇄과제

4 과제중심모델

1970년대 리드(Reid)와 엡스타인(Epstein)에 의해 개발된 과제중심모델은 사회복지사가 효율적으로 학습할 수 있고 직접적 실천의 효과성과 효율성을 증진하기 위한 요소로 단기개입, 구조화된 접근, 클라이언트의 자기결정권 존중, 환경에 대한 개입, 개입의 책무성에 대해 강조하였다.

1) 특징

① 시간제한적 단기개입
과제중심모델은 2~3개월 동안 8~12회기 전후로 실행하는 단기적 성격을 가지고 있다. 단기개입은 비용을 절감하는 효과가 있다.

② 클라이언트가 인식한 문제
클라이언트가 기관을 찾아와 계약과 조사를 통하여 클라이언트의 문제를 파악하지만 과제중심모델에서는 클라이언트가 인식한 문제를 사회복지사가 인정한 문제의 과제로 본다. 클라이언트와 사회복지사가 합의한 문제가 과제가 되고 문제를 규명할 때에는 사회복지사의 관점이 아니라 클라이언트의 관점에 우선한다.

③ 이론보다는 경험 중심
클라이언트의 문제를 해결하는 데 이론을 중시하는 것이 아닌 경험적으로 검증된 방법을 선호한다.

④ 클라이언트의 자기결정권 강조
클라이언트가 인식하고 동의한 문제를 표적문제로 삼고 표적문제에 기초하여 해결방법을 모색하기 때문에 클라이언트의 자기결정권을 강조한다.

⑤ 구조화된 체계적 접근
과제중심모델은 실천과정이 5단계로 구조화되어 있고 사회복지사의 역할과 과제가 명확히 규명되어 있으며 과거가 아닌 현재를 강조한다.

⑥ 과제중심
클라이언트의 문제는 과제로 규정되었기 때문에 과제를 중심으로 개입한다.

⑦ 협조적 관계
사회복지사는 클라이언트와 협조적인 관계이다. 클라이언트의 문제에서 해결책은 클라이언트가 가지고 있기 때문이다.

⑧ 클라이언트의 환경에 대한 개입의 강조
클라이언트의 개인에 대한 개입도 중요하지만 환경에 대한 개입을 강조한다.

2) 개입과정

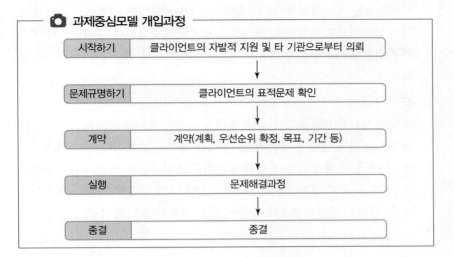

과제중심모델 개입과정

시작하기	클라이언트의 자발적 지원 및 타 기관으로부터 의뢰
문제규명하기	클라이언트의 표적문제 확인
계약	계약(계획, 우선순위 확정, 목표, 기간 등)
실행	문제해결과정
종결	종결

Tip
단기치료의 속성
• 신속하게 개입합니다.
• 과정은 시간제한이 있습니다.
• 문제는 초기에 규명합니다.
• 선택된 초점을 전 과정에 걸쳐 유지합니다.
• 문제해결이 체계적으로 진행됩니다.
• 비교적 목표가 구체적입니다.
• 면접은 초점화되며 현재 중심적입니다.
• 면접방식은 직접적이고 활동적입니다.
• 초기에 빠른 사정을 합니다.
• 실천에는 융통성이 있습니다.
• 감정의 표출이 허용됩니다.
• 긍정적인 치료관계는 치료효과에 영향을 줍니다.

① **시작하기**

클라이언트가 기관에 직접 찾아오는 경우와 타 기관으로부터 의뢰된 경우에 사회복지사를 만나게 된다. 만약 클라이언트가 직접 온 경우에는 바로 문제규명하기 단계로 넘어간다. 클라이언트가 타 기관으로부터 의뢰된 경우에는 클라이언트를 의뢰한 이유가 무엇인지, 달성하고 싶은 목표가 무엇인지 확인해야 한다. 클라이언트와 사회복지사 간 문제와 목표가 일치되지 않으면 사회복지사는 클라이언트와 조정하게 된다.

② **1단계 – 문제규명하기**

사회복지사는 클라이언트가 제시하는 문제를 탐색하는 것에서 출발하여 개입의 초점이 되는 표적문제를 설정한다. 과제중심모델에서 '표적문제'란 클라이언트가 자신의 문제로 인식하고 이를 경감 혹은 해결하기를 원하며 사회복지사도 전문적 판단에 의해 인정한 문제를 의미한다. 표적문제를 구체적으로 규명해야 하고 표적문제는 최대 세 가지로 제한해야 짧은 기간(2~3개월)에 문제를 해결할 수 있다. 사회복지사는 빠른 시간 내에 클라이언트의 문제에 대하여 예비사정을 해야 한다.

Tip
클라이언트 문제 규정원칙
• 클라이언트가 인정하는 문제 : 클라이언트가 자신의 문제로 보는 것에서 개입 시작
• 클라이언트의 노력으로 해결 가능한 문제
• 구체적이고 특정한 문제

Tip
표적문제의 우선순위 결정 기준
• 클라이언트가 인정하는 문제
• 자신의 노력으로 해결 가능한 문제
• 구체적인 문제

③ **2단계 – 계약**

계약은 문제를 해결하기 위해 클라이언트와 사회복지사의 동의로서 서면 혹은 구두로 이루어진다. 문제가 있을 경우 사회복지사와 클라이언트 간 협의를 통해 변경도 가능하다. 보통 표적문제에 하나의 목표만 설정하며, 표적문제와 목표는 클라이언트의 입장에서 구체적으로 서술한다.

과제란 목표를 달성하기 위해 클라이언트와 사회복지사가 해야 하는 활동으로서, 클라이언트와 사회복지사가 함께 계획하고 동의한 후 수행하는 문제해결 활동을 말한다.

④ 3단계 - 실행

실행단계는 개입과정에서 가장 많은 시간을 소요되는 단계로서 문제에 대하여 집중적으로 사정하고, 대안들을 모색하여 결정한다. 문제를 해결하기 위한 결정된 과제들을 수행하고 과제수행의 정도를 점검, 모니터링하는 단계이다.

⑤ 4단계 - 종결

개입을 시작하면서 종결 시점에 대해 논의하기 때문에 사회복지사나 클라이언트는 언제 종결을 하는지 알 수 있는 계획된 종결이다. 사회복지사는 개입과정을 통해 성취한 것에 대해 점검하고 평가를 하고 필요한 경우에는 사후관리를 할 수 있다. 만약 정해진 기간을 넘어 종결할 수 없는 경우 연장할 수 있지만 클라이언트의 승인이 있는 경우에만 연장이 가능하다.

5 위기개입모델

1) 특징

① 제2차 세계대전 이후 전쟁의 후유증과 이별 또는 사별로 인한 심리적 문제에 신속히 대응하기 위해 시작되었다.
② 린더만(Lindermann)의 사별에 따른 슬픔반응에 관한 연구, 캐플란(Caplan)의 지역사회수준에서의 예방정신의학 연구, 긴장이론 등이 1950~60년대에 위기개입이론의 토대를 형성하였다.
③ 클라이언트의 문제는 개인적 측면과 환경적 측면에 의해 발생하기에 심리적 문제뿐 아니라 환경적 문제까지 중요성을 강조하고 있다.
④ 위기상황에 신속하게 대처하여 스트레스가 높은 상황에 있는 클라이언트를 단기적으로 원조하는 모델이다.

2) 위기의 정의[로버츠(Roberts)]

위기란 위협적 혹은 외상적 위험사건을 경험함으로써 여태까지의 대처전략으로는 스트레스나 외상을 대처하거나 경감할 수 없는 불균형의 상태가 되는 것 또는 어떠한 문제를 해결하지 못하여 정서적으로 심각한 혼란을 경험하는 상태를 말한다. 위기는 개인이 사건을 보는 주관적인 성격에 따라 다른데, 같은 상황에 대해 위기로 느끼는 사람이 있는가 하면 위기가 아니라고 느끼는 사람이 있다.

3) 기본 가정[길리랜드와 제임스(Gilliland & James)]

① 인간이 처한 다양한 상황으로부터 초래되는 직접적인 스트레스와 위험한 사건에 직면해서 인간이 극심한 정서적 불균형과 사회적 해체현상을 겪는 것은 정상적이다.

② 위기상황으로 인해 겪는 극심한 고통은 정상적인 삶의 경험이며, 정상적인 상태에서 겪을 수 있는 일시적인 혼란이고 누구나 일생을 통해 언젠가는 겪을 수 있는 현상이다.

③ 정서적인 불균형을 경험하고 있는 사람들은 본능적으로 정서적 균형을 찾으려는 경향이 있다.

④ 사람들이 정서적인 균형을 회복하려고 노력하는 과정에서 일시적이고 격심한 심리적 유약성을 경험할 수 있다.

⑤ 심리적으로 현저히 약해져 있는 경우에 사람들은 심리적인 치료 서비스를 수용하는 태도를 갖게 된다.

⑥ 위기는 부정적인 결과를 가지고 올 수 있지만 반대로 성장과 발전의 기회가 되기도 한다.

4) 위기반응단계[골란(Golan)]

(1) 위험사건

위기는 언제 어디서도 일어날 수 있는데 대개 위험사건에 의해 시작된다. 위험사건은 환경적인 스트레스로 인하여 일어나는 사건일 수도 있고 개인적인 스트레스로 일어나는 사건일 수도 있다. 또한 위험은 하나의 사건일 수도 혹은 여러 개의 문제들이 연속적으로 일어나는 사건일 수도 있다.

예 • 하나의 위험사건 : 배우자의 사망, 이혼, 강간, 이민 등
  • 연속적인 사건 : 시집과의 갈등, 자녀의 성적부진 등

(2) 취약상태

위험사건으로 인하여 균형을 잃게 되면 취약 상태가 된다. 취약상태에서는 이전의 상태로 회복하기 위해 노력하고 만약 이전의 상태로 회복되지 못하면 회복하기 위하여 새로운 방법을 시도하게 된다.

(3) 촉발요인

촉발요인이란 긴장과 불안을 최고로 올려놓음으로써 취약상태를 불균형 상태로 만드는 요인이다.

예 최근 부인이 죽은 남성이 운전 중 접촉사고를 당하자 가까스로 유지하여 오던 평형상태가 깨지면서 실제 위기를 맞는 경우

(4) 실제위기상태

혼돈, 불안, 염려, 절망, 분노와 같은 감정을 동반하는 격심한 정서적 혼란 상태를 의미하고 위기에 처한 개인은 심리적 취약성, 방어기제의 위축, 문제해결 및 대처 능력의 저하를 경험한다.

(5) 재통합

재통합 단계에서는 일어난 문제에 대해 인지적으로 이해하게 되고, 위기관련 감정을 표현하며 변화를 수용함을 동시에 새로운 대처 행동유형을 개발한다. 위기 상황을 극복함으로써 자기효능감 뿐 아니라, 자기존중감의 증진을 경험하게 된다. 또한 새롭게 학습된 능력은 앞으로 있을 수 있는 문제에 대처할 수 있도록 도와준다. 하지만 부정적으로 학습된 경우에는 이전보다 문제를 대처하는 데 부정적일 수 있다.

예 계속된 실패로 "난 할 수 없어."라는 학습된 무기력으로 인하여 위기 상황에 대처능력이 떨어질 수 있다.

5) 위기개입의 목표[라포포트(Rapoport)]

① 위기로 인한 증상을 제거한다.
② 위기 이전의 기능 수준으로 회복시킨다.
③ 불균형 상태를 가지고 온 사건에 대해 이해한다.
④ 현재의 문제와 과거의 경험이나 갈등과 연관성을 인식한다.
⑤ 위기상황 이후에도 사용할 수 있는 대처방법을 개발한다.
⑥ 클라이언트 또는 가족이 사용하거나 지역사회 지원에서 이용할 수 있는 치료기제에 대해 규명한다.

6) 위기개입의 개입원칙

① 개입은 6주 이내에 해결되어야 하는 단기적 성격을 가지고 즉시 이루어져야 한다.
② 클라이언트의 위기 행동에 초점을 두고 과거에 비중을 두지 않고 현재에 집중한다.
③ 위기상황과 직접적으로 관련된 문제에 초점을 두고 간결하게 개입을 해야 한다.
④ 사회복지사는 다른 모델과 다르게 직접적이고 적극적인 역할을 해야 한다.
⑤ 클라이언트에게 필요한 정보를 제공하거나 정서적으로 지지하여 희망을 고취시킨다.

Tip 👆
사회복지사의 목표는 클라이언트의 문제를 치료하는 것이 아니라 기능을 위기 상황 전의 수준으로 회복시키는 것입니다.

Tip 👆
클라이언트는 위기로 인하여 정상적인 생각을 하지 못합니다. 따라서 다른 모델과는 달리 클라이언트의 자기결정권을 인정하지 않으므로 사회복지사의 적극적인 역할이 강조됩니다.

7) 위기의 유형

① **발달적 위기** : 인간이 살아가는 동안의 발달과정에서 발생하는 위기나 발달과정에서 생긴 부적응적인 반응이 나타나는 위기이다.

　　예 사춘기, 결혼, 대학졸업, 출산, 배우자 사망 등

② **상황적 위기** : 사람이 예측하거나 통제할 수 없는 상황이 발생하는 위기이다.

　　예 자동차 사고, 질병, 실직 등

③ **실존적 위기** : 심리적 갈등이나 불안으로 발생하는 위기이다.

　　예 삶의 목표, 존재감 상실, 인생 회고 등

④ **환경적 위기** : 자연재해로 인하여 발생하는 위기이다.

　　예 홍수, 태풍, 지진 등

8) 개입과정

(1) 사정단계

클라이언트의 오게 된 이유, 즉 현 상황의 대한 문제를 이해하고 클라이언트의 문제에 대한 인식하며 클라이언트에게 줄 수 있는 자원은 있는지, 어떤 자원인지, 클라이언트 과거의 경험이 있는지 사정이 이루어진다.

(2) 계획단계

클라이언트의 기능의 손상 정도가 어느 정도인지, 회복의 가능성이 있는지 등을 고려하여 잠재적 대안들을 고려하여 활용계획을 수립한다.

(3) 개입단계

클라이언트에게 다양한 실천기술들을 사용하여 자신의 위기를 이해시키고 자신의 감정을 스스로 표현하도록 돕는다.

(4) 위기대비계획(종결) 단계

미래의 다른 위기에 대처할 수 있도록 돕고 학습한 대처기술을 활용할 수 있도록 조력한다.

OX 퀴즈

- 실존적 위기는 스스로 통제할 수 없는 위기로 자연재해, 인재와 같이 발생한다. (×)
- 위험사건 → 취약상태 → 촉발요인 → 실제위기상태 → 재통합 과정을 거친다. (O)
- 위기 이전의 기능 수준으로 회복시키는 것이 목적이다. (O)
- 사회복지사는 직접적이고 적극적인 역할을 한다. (O)

1) 역량강화모델

인간은 복잡한 존재로 환경과 호혜적인 관계를 가지고 환경 속의 인간이라는 인간관을 갖는다. 1970년대 생태체계적 관점에 근거하여 문제해결중심 접근의 중요성이 대두되었다. 클라이언트를 문제중심으로 보는 것이 아니라 강점중심으로 봄으로써 클라이언트의 잠재력 및 자원을 인정하고 클라이언트가 건강한 삶을 결정할 수 있도록 권한 혹은 힘을 부여하는 것이다. 클라이언트와 사회복지사는 동반자적 성격을 가지고 문제를 해결해 가는 파트너로 협력적인 파트너십을 강조한다.

(1) 역량강화의 특징

① 클라이언트에게 권한을 부여하여 스스로 자신의 문제를 해결할 수 있도록 능력을 향상시켜 주는 것이다.
② 클라이언트가 충분히 자신의 삶을 스스로 통제할 수 있도록 개인적, 대인적, 정치적으로 역량을 강화시켜 주는 것이다.
③ 클라이언트에게 힘을 키워주는 것으로 힘은 개인적 능력뿐 아니라 환경에서 필요한 자원을 얻을 수 있는 능력이다.

(2) 역량강화의 기능

① 자기효능감을 증진시킨다.
② 새로운 기술개발, 무기력함의 원인에 대한 비판적 자각을 발달시킨다.
③ 클라이언트가 자신의 잠재된 역량을 개발하고 힘을 발휘하여 필요한 자원을 획득하도록 원조한다.

(3) 역량강화의 목적

클라이언트가 자신의 잠재되어 있는 역량을 개발하는 데 필요한 자원을 얻을 수 있도록 원조하는 것이다.

(4) 전통적 문제해결과정과 역량강화 과정의 비교

전통적 문제해결	역량강화
문제(욕구, 결함, 증상, 병리) 중심	강점(소망, 재능, 기술, 지식) 중심
문제를 부정적으로 인식	문제를 도전과 기회로 적극적으로 인식
분석적	총체적
전문가적 관점, 질문식 인터뷰	클라이언트 자신의 관점에서 정보수집, 대화적, 목적적
과거와 현재 중심에 초점	지금 여기에 두며 미래 중심에 초점

전통적 문제해결	역량강화
전문가 중심	협력적 동반자 관계중심
클라이언트를 수동적 수혜자로 인식, 전문가에 의해 통제	클라이언트를 적극적 권리 행사자, 소비자, 서비스 이용자로 인식
문제해결이 목적	삶의 질 향상이 목적

2) 강점관점

(1) 특징

① 어려움에 직면했을 때 자신, 타인, 세상에 관해 배운 것을 가지고 외상, 혼란, 억압 등과 투쟁하며 대처해 나가게 한다.

② 사람들이 지니고 있는 특징, 특성, 덕목 등인데 이것은 외상경험이나 파국 속에서 단련되며, 유머, 창조력, 통찰력, 독립심, 영성, 도덕적 상상 및 인내력을 갖게 한다.

③ 교육으로 학습한 세상에 관한 지식을 내포하며 생활경험을 통해 이를 분별하거나 추출한다.

④ 개인의 문화적인 이야기나 전승 등의 풍요로운 자원을 의미한다.

⑤ 의사소통의 힘을 지니게 된다.

⑥ 사람들의 재능도, 고난이나 불행을 뛰어넘은 사람들의 프라이드도 강점이 된다.

(2) 주요 가정

① 인간은 성장과 변화를 위한 능력을 가지고 있어 스스로 회복될 수 있다.

② 클라이언트는 자신의 문제를 정의하는 데 결정적인 해결책을 가지고 있다.

③ 희망과 가능성이 있을 때 긍정적인 변화가 나타난다.

④ 클라이언트와 사회복지사의 협력적 탐색과정에서 강점을 발견할 수 있다.

⑤ 클라이언트를 꾸준히 이끌고 지속시키는 힘은 강점이다.

(3) 강점관점에 따른 중요한 변화

① 문제가 아닌 도전

치료적 관점에서는 클라이언트의 문제를 해결하는 것이 목적이어서 문제에만 관여했으나 강점관점에서는 문제를 해결하는 것도 중요하지만 클라이언트가 그 문제로 갖게 되는 낙인이나 죄책감으로 인하여 문제해결이 더욱 어렵게 된다고 본다. 그래서 클라이언트에게 생긴 문제를 문제 자체로 보는 것이 아니라 문제를 클라이언트의 성장의 기회로 간주하고 도전으로 여겨 클라이언트의 행동과 생각을 변화시킨다고 본다.

1과목

2과목

3과목

4과목

5과목

6과목

7과목

8과목

② 병리가 아닌 강점

클라이언트의 문제를 병리적 관점으로 보게 된다면 사회복지사는 클라이언트의 문제해결을 위해서 환경적 요소보다는 클라이언트의 개인의 부정적 모습만 볼 수밖에 없다. 그러나 강점관점으로 보게 된다면 클라이언트의 문제의 해결책은 본인이 제일 잘 알고 있고 해결에 필요한 자원을 가지고 있기에 클라이언트가 가지고 있는 자원을 활용하여 문제를 해결할 수 있도록 도와주어야 한다.

③ 과거가 아닌 미래

정신분석적 성격을 가지고 있는 의료모델은 과거에 있었던 현상이 클라이언트의 현재의 문제에 어떠한 영향을 미치는지 원인을 찾기 위해 노력한다면, 강점관점은 문제 접근을 과거보다는 미래의 성장에 맞추며 문제를 해결하기 위해 현재를 탐색한다.

3) 개입과정

(1) 대화단계

 개입과정의 단계별 주요 과제를 꼭 암기해야 합니다.

① 대화단계의 의미

사회복지의 성공은 클라이언트와 함께 그들의 현 상황과 목적 및 강점에 대한 지속적인 대화를 요구한다.

② 대화단계의 주요 내용

ㄱ 수용·존중과 신뢰에 바탕을 두고 파트너십을 수립한다.

ㄴ 클라이언트와 사회복지사는 각자의 역할을 규정한다.

ㄷ 클라이언트의 경험과 도전할 수 있는 상황에 대하여 토의한다.

ㄹ 클라이언트와 사회복지사가 서로 협력 작업의 목적을 규정한다.

ㅁ 클라이언트를 변화시키기 위하여 동기를 촉진한다.

ㅂ 위기에 필요한 사항에 역점을 둔다.

③ 대화단계의 주요 과제

ㄱ 현재 상황의 명확화(도전들을 설명) : 사회복지사는 클라이언트를 이해하고 문제를 파악하기 위하여 클라이언트의 말을 적극적으로 경청하고 그 말에 담겨 있는 의미를 파악해야 한다.

ㄴ 방향 설정 : 사회복지사와 클라이언트는 문제를 해결하기 위해 여러 가지 대안을 설정하고 구체화하여 함께 나갈 방향을 정한다.

ㄷ 파트너십 형성(동반자 관계 형성) : 사회복지사와 클라이언트는 상황을 이해하고 클라이언트가 변화할 수 있도록 동업하는 협력자이다.

(2) 발견단계

① 발견단계의 의미

클라이언트와 사회복지사는 문제 해결을 위하여 내부자원과 외부자원을 찾기 위해 계속적인 사정을 한다.

② 발견단계의 주요 내용

㉠ 변화를 위하여 클라이언트의 강점을 탐색한다.

㉡ 클라이언트의 외부 자원에서 관련된 정보를 수집한다.

㉢ 클라이언트에게 사용 가능한 자원체계를 찾아 역량을 사정한다.

㉣ 클라이언트에게서 드러난 문제의 목적과 그 목적에 맞는 세부 목표를 설정한다.

㉤ 변화를 위한 행동계획을 세우고 실행을 위한 계약을 맺는다.

③ 발견단계의 주요 과제

㉠ 강점 확인 : 클라이언트의 강점이 문제를 해결하는 데 있어 가장 중요한 역할을 하기 때문에 초기에는 클라이언트의 강점에 주목해야 한다. 강점을 발견하기 위하여 클라이언트 자신은 물론이고 환경적인 요소까지 탐색해야 한다.

㉡ 자원의 역량 사정 : 사회복지사는 개인, 가족, 집단, 조직, 지역사회, 사회까지도 사정하여 클라이언트와 환경 간 긍정적인 영향의 자원을 발견하게 된다. 사회복지사와 클라이언트가 긍정적 영향을 주는 자원을 통하여 문제를 해결할 수 있는 자원체계가 무엇인지 예측할 수 있게 된다.

㉢ 해결방안 수립 : 사회복지사와 클라이언트는 역량 사정으로 인하여 얻은 정보를 가지고 여러 행동계획을 수립한다. 문제를 해결하기 위해 목표를 정하고 목표에 따른 세부 목적을 해결방안에 포함시킨다.

(3) 발전단계

① 발전단계의 의미

사회복지사와 클라이언트는 대인적 자원과 제도적 자원을 조정하여 활성화한다. 또한 자원 개발을 통해 여러 기회를 확대할 뿐 아니라 클라이언트의 변화를 견고히 한다.

② 발전단계의 주요 내용

㉠ 목적과 목표에 맞게 계획한 행동계획을 시행한다.

㉡ 목표달성에 필요한 자원을 사정한다.

㉢ 계획을 완수하기 위해 클라이언트와 환경 · 조직의 관계를 강화시킨다.

㉣ 새로운 자원을 찾아 선택과 기회를 향상시킨다.

㉤ 진행과정과 결과에 대해 평가한다.

㉥ 사회복지사와 클라이언트의 전문적 관계를 종결한다.

③ 발전단계의 주요 과제

   ⊙ 자원 활성화 : 사회복지사는 클라이언트를 계획에 참여할 수 있도록 동기부여를 하기 위해 선택과 기회를 준다. 클라이언트는 문제해결에 필요한 자원과 연결하여 새로운 상호작용을 실험하고 사회복지사와의 만남에서는 변화된 모습을 보여준다.

   ⓒ 동맹관계 창출 : 동맹은 변화를 발생하기 위한 새로운 자원으로 생각한다. 동맹관계를 창출하면 클라이언트의 노력과 부족한 기능을 강화하게 된다.

   ⓒ 기회의 확대 : 사회복지사는 클라이언트의 문제를 해결하기 위하여 사회적으로 부당한 대우를 개선할 자원을 찾아야 한다. 즉, 기존의 서비스를 개선하거나 새로운 프로그램을 개발할 뿐 아니라, 서비스 전달체계의 변화 가능성까지도 포함된다.

   ⓒ 성공의 확인 : 모든 계획과 목표달성에 따른 평가를 실시하여 사회복지사는 책임성, 효율성, 효과성을 파악한다. 클라이언트는 사회복지사의 역할과 능력을 신뢰하게 되고 성취감을 느끼게 된다. 앞으로 직면하게 될 상황에 대처할 수 있는 능력을 향상하게 된다.

   ⓜ 성과의 집대성 : 사회복지사는 클라이언트가 노력하여 성장하고 변화했다는 것을 강조하고 클라이언트의 성과를 격려하기 위해 지난 개입과정을 검토할 수 있게 도와준다. 이때 클라이언트의 의견이나 느낌을 표현할 수 있게 하고 사후에 비슷한 문제에도 대처할 수 있게 한다.

🖥 역량강화모델의 실천단계와 과정 및 활동내용

단계	과정	활동내용
대화단계	파트너십 형성	• 역량강화의 관계수립 • 클라이언트의 고유능력 인식 • 사회복지사와 클라이언트 각각의 독창성 존중
	현재 상황의 명확화	• 클라이언트가 겪고 있는 도전적 상황 확인 • 여러 교류적 차원 추가 • 목적 탐색
	방향 설정	• 관계형성을 위한 예비 목적 결정 • 클라이언트의 동기 활성화 • 적절한 자원 탐색의 지도
발견단계	강점의 확인	• 클라이언트의 강점 탐색 • 도전적 상황과 문화적 정체성에 대처 • 역경의 극복
	자원의 역량사정	• 클라이언트의 다양한 교류관계(환경, 가족과 사회집단, 조직, 지역사회 제도)의 자원탐색
	해결방안 수립	• 클라이언트와 환경 자원을 활용하고 목적 달성 가능한 행동계획 수립

단계	과정	활동내용
발전단계	자원 활성화	• 자문, 자원 운영과 교육을 통하여 이용 가능한 자원을 가동함으로써 행동계획 이행
	동맹관계창출	• 클라이언트의 본래 원조망과 서비스 전달체계 내부에서 클라이언트 상호 간 역량 강화적 동맹관계 수립
	기회의 확대	• 프로그램 개발과 지역사회 조직, 사회행동을 통한 새로운 기회와 자원 개발
	성공의 확인	• 성취를 확인하고 지속되는 행위를 알리기 위한 변화노력의 성공 평가
	성과의 집대성	• 성공을 축하하고 긍정적 변화를 정착시키는 방식으로 변화 과정 종결

OX 퀴즈

• 클라이언트는 자신의 문제를 정의하는데 있어서 결정적인 해결책을 가지고 있다. (O)
• 발견단계의 과제는 강점 확인, 자원의 역량 사정, 해결 방안 수립이다. (O)
• 과거보다는 미래의 성장에 맞추며 문제를 해결하기 위해 현재를 탐색한다. (O)

01 단기 개입의 설명으로 옳은 것을 모두 고른 것은?

> ㄱ. 단기 개입이기 때문에 종결시점에 문제 규명이 이루어진다.
> ㄴ. 단기개입에서는 긴장완화를 위한 감정표출은 제공되지 않는다.
> ㄷ. 개입이 진행될수록 개입의 초점이 흐려지고 비용이 많이 드는 것이 특징이다.
> ㄹ. 위기개입, 과제중심모델, 인지행동모델은 단기개입의 형태를 띤다.

① ㄱ, ㄷ   ② ㄴ, ㄹ
③ ㄹ   ④ ㄱ, ㄴ, ㄷ
⑤ ㄱ, ㄴ, ㄷ, ㄹ

해설 단기개입모델로는 위기개입모델, 과제중심모델, 인지행동모델, 전략적 가족치료모델, 해결중심가족치료모델 등이 있다.

02 다음 사례에 관한 각 모델별 사정 내용으로 옳지 않은 것은? [9회]

> 지적 장애 3급인 A씨는 4명의 자녀를 혼자 키우며 가정위탁이나 시설입소를 거부하고 있다. 자녀들은 보육시설, 지역아동센터, 방과후 공부방 등의 이용 서비스를 받고 있다.

① 심리사회적 모델 – A씨의 일상생활, 부모역할, 사회적 기능을 종합적으로 사정하며 지역사회 자원의 적절성, 서비스의 통합성 수준을 파악한다.
② 임파워먼트모델 – 개입을 통해 장애가 있지만 가족을 유지, 양육하고자 하는 A씨의 강점이 강화된 정도를 확인한다.

③ 행동주의모델 – 자녀 간 갈등 시 A씨가 개입하는 방법을 관찰한다.
④ 과제중심모델 – 다양한 기관들이 관여된 상황에서 기관 간 관점 차이가 이 가정에 미치는 영향을 탐색한다.
⑤ 문제해결모델 – A씨의 장애가 아닌 자녀양육 시 경험하는 구체적인 문제가 무엇인지 확인한다.

해설 과제중심모델은 사회복지사와 클라이언트 간에 표적문제를 협의하고 그 문제를 과제로 선정하여 클라이언트와 사회복지사가 함께 과제를 해결하기 위한 활동이다.

03 심리사회모델의 특징으로 틀린 것은?

① 인간을 심리적인 측면과 사회적인 측면 그리고 서로 간에 상호작용하는 결과도 고려한다.
② 사회복지사와 클라이언트 간의 관계를 중요시한다.
③ 클라이언트를 수용하고 클라이언트의 자기결정권을 존중한다.
④ 인간의 행동은 무의식적 동기에 의해 크게 좌우된다.
⑤ 클라이언트의 심리적 상태와 사회 환경, 개인과 환경과의 상호작용에 초점을 맞춘다.

해설 무의식적 동기에 크게 좌우된다고 본 모델은 정신분석모델이다.

04 심리사회모델의 설명으로 옳지 않은 것은?

① 정신분석적 기법에 대한 거부로 나타난 모델이다.

② 심리적·사회적인 측면이다.

③ 클라이언트 자신의 사고, 감정, 행동에 대해 이해하고 고찰할 수 있도록 한다.

④ 클라이언트와 관계를 형성하기 위하여 수용하고 개별화한다.

⑤ 개인과 사회 환경의 상호작용으로 역기능적 문제를 해결하려고 한다.

해설 정신분석모델의 거부로 나타난 모델은 인지행동모델이다. 심리사회모델은 정신분석모델에 큰 영향을 받았다.

05 사회복지실천 모델 중 보기를 설명하는 모델은?

> 사회복지사와 클라이언트와의 관계를 중요하게 여기며 클라이언트와 관계를 형성하기 위하여 수용하고 개별화하여 클라이언트의 현재 상황 속에서 출발하는 실천 원칙을 강조하고 사회적 요소와 개인적 요소 모두를 중요하게 생각한다.

① 심리사회모델   ② 인지행동모델

③ 과제중심모델   ④ 역량강화모델

⑤ 위기개입모델

해설 심리사회모델은 사회복지사와 클라이언트와의 관계를 중요하게 여기며 클라이언트와 관계를 형성하기 위하여 수용하고 개별화하여 클라이언트의 현재 상황 속에서 출발하는 실천 원칙을 강조하고 사회적·개인적 요소 모두를 중요하게 생각한다. 인간의 문제를 심리적이거나 정서적인 사회문제로 이해하면서 개인적인 문제는 심리적 요인뿐 아니라 환경적인 요인에 영향을 받는다고 본다.

06 정신역동모델에 관한 설명으로 옳지 않은 것은?

[10회]

① 클라이언트의 무의식적 충동을 강조한다.

② 자기분석이 가능한 클라이언트에게 적합하다.

③ 저항, 방어기제, 전이에 대한 이해가 필요하다.

④ 훈습, 꿈 분석의 기술을 사용한다.

⑤ 사회 구성주의적 관점에 근거한다.

해설 정신역동모델은 사회 구성주의적 관점을 근거하는 것이 아니라 정신결정론 관점에 근거한다.

07 다음 중 과제중심모델의 개입과정으로 옳은 것은?

① 사정 → 계획 → 개입 → 종결

② 시작 → 표적문제 규정 → 계약 → 실행 → 종결

③ 인테이크 → 사정 → 계획 → 계획실행 → 점검 및 재사정 → 평가 및 종결

④ 대화단계 → 발견단계 → 발달단계

⑤ 접수 → 자료수집 → 사정 → 개입 → 종결

해설 ① 사정 → 계획 → 개입 → 종결은 위기개입모델의 개입과정이다.

③ 인테이크 → 사정 → 계획 → 계획실행 → 점검 및 재사정 → 평가 및 종결은 사례관리의 개입과정이다.

④ 대화단계 → 발견단계 → 발달단계는 역량강화의 개입과정이다.

⑤ 과제중심모델의 개입과정은 시작 → 표적문제 규정 → 계약 → 실행 → 종결 순이다.

08 과제중심모델의 설명으로 틀린 것은?

① 경험적 연구에서 지지되고 검증된 방법과 이론들을 선호한다.

② 시간 제한적이며 계획된 단기치료이다.

③ 합의된 표적문제가 개입초점이 된다.

④ 문제를 해결하려면 행동적 측면이 중요하다.

⑤ 구조화된 체계적 접근을 통한 협조적 관계이다.

해설 문제를 해결하려면 행동적 측면이 중요하다고 생각하는 모델은 인지행동모델이다. 행동을 바꾸기 위해서는 생각을 바꿔야 한다.

정답   04 ①   05 ①   06 ⑤   07 ②   08 ④

09 과제중심모델의 내용으로 옳은 것은?

① 이론보다는 경험적 자료를 통해 개입의 기초를 마련하려는 시도를 한다.
② 클라이언트가 느끼는 불안을 감소시키고 자아존 중감을 향상시키는 방법이다.
③ 왜곡되고 역기능적인 신념은 행동에 영향을 미친다고 가정한다.
④ 클라이언트의 문제를 해결할 수 있는 능력을 향상시켜 주는 것이다.
⑤ 지적능력이 낮은 클라이언트에게는 효과성이 제한적이다.

해설 ② 클라이언트가 느끼는 불안을 감소시키고 자아존중감을 향상시키는 방법은 받쳐주기(지지적)기법으로 심리사회모델의 개입기법이다.
③ 왜곡되고 역기능적인 신념이 행동에 영향을 미친다고 가정하는 모델은 인지행동모델이다.
④ 클라이언트의 문제를 해결할 수 있는 능력을 향상시켜 주는 모델은 역량강화모델이다.
⑤ 지적능력이 낮은 클라이언트에게 효과성이 제한적인 모델은 인지행동모델이다.

10 정신역동모델에 관한 설명으로 옳지 않은 것은?

[14회]

① 현재의 문제를 과거의 경험에서 찾는다.
② 자유연상, 훈습, 직면의 기술을 사용한다.
③ 자기분석이 가능한 클라이언트일수록 효과적이다.
④ 클라이언트의 무의식적 충동과 미래의 의지를 강조한다.
⑤ 전이의 분석을 통해 클라이언트의 통찰력을 증진시킨다.

해설 클라이언트의 무의식적 충동과 과거의 행동을 강조한다.

11 위기개입모델에 관한 설명으로 옳지 않은 것은?

[17회]

① 다른 모델에 비해 상대적으로 단기 서비스를 제공한다.
② 위기개입의 표적문제는 구체적이어야 한다.
③ 위기에 대한 반응보다 위기사건 자체 해결에 일차적 목표를 둔다.
④ 절망하고 있는 클라이언트에게 희망을 고취시키는 것이 중요하다.
⑤ 위기에 개입하는 사회복지사는 적극적이고 직접적인 역할을 수행한다.

해설 위기개입모델은 위기로 인한 증상을 제거하여 위기 이전의 기능 수준으로 회복하는 것으로, 위기사건 자체를 해결하는 것이 아니라 위기사건으로 인하여 나타난 기능과 위기에 대한 반응을 해결하는 것이다. 교통사고와 같은 위기사건은 되돌릴 수 없다.

12 과제중심모델의 설명으로 틀린 것은?

① 경험적 연구에서 지지되고 검증된 방법과 이론들을 선호한다.
② 시간 제한적이며 계획된 단기치료이다.
③ 합의된 표적문제가 개입초점이 된다.
④ 문제를 해결하려면 행동적 측면이 중요하다.
⑤ 과제는 클라이언트가 겪고 있는 고통을 줄이기 위하여 해결해야 하는 문제이다.

해설 문제를 해결하려면 행동적 측면이 중요하다고 생각하는 모델은 인지행동모델이다. 행동을 바꾸기 위해서는 생각을 바꿔야 한다.

13 다음을 설명하는 인지적 오류는?

> 면접을 보던 A씨는 질문에 대답할 때 머뭇거리며 대답을 한 후 면접에서 떨어졌다고 결론을 내렸다.

① 임의적 추론
② 선택적 추상화
③ 과도한 일반화
④ 개인화
⑤ 이분법적 사고

해설 인지적 오류의 종류
- 이분법적 사고 : 성공 아니면 실패처럼 극단적으로 이해하려는 경향
- 극대화와 극소화 : 작은 사건을 크게 확대하거나 큰 사건을 작게 축소하는 것
- 과잉 일반화 : 한두 가지 사건의 결과를 다른 사건의 결과에 대입하는 것
- 임의적 추론 : 충분한 근거가 없고 반대 증거가 있어도 잘못된 결과를 내리는 것
- 개인화 : 모든 사건을 나와 관계가 있는 것처럼 이야기하는 것
- 선택적 축약 : 사건 전체를 보는 것이 아니라 소수만 보고 결론을 내리는 것

14 인지행동모델의 내용으로 틀린 것은?

① 배경이론은 정신분석이론, 대상관계이론, 체계이론, 역할이론 등이다.
② 사회복지사와 클라이언트 간 상호 협의와 클라이언트의 적극적인 참여를 강조한다.
③ 단기적이고 시간 제한적인 치료를 목표로 한다.
④ 목표 지향적이고 문제 중심적인 치료이다.
⑤ 즉각적인 위기개입을 해야 하는 클라이언트에게 적용하기 어렵다.

해설 심리사회모델의 이론적 배경은 정신분석이론, 대상관계이론, 자아심리이론, 생태체계이론, 역할이론, 의사소통이론이다.

15 정신역동모델에 관한 설명으로 옳지 않은 것은?

[15회]

① 심리적 결정론에 근거한다.
② 발달단계상의 고착과 퇴행을 고려한다.
③ 성장의지가 높은 클라이언트에게 효과적이다.
④ 통찰보다는 치료적 처방제공에 초점을 둔다.
⑤ 원초아와 초자아 사이에 발생하는 불안과 긴장 해소를 위해 방어기제를 사용한다.

해설 통찰은 과거의 경험으로 인하여 나타나는 무의식적 갈등을 인식하게 하는 방법으로 정신역동모델의 중요한 기법 중 하나이다. 정신역동모델은 현재의 문제를 해결하기 위해 치료적 처방 제공보다는 통찰에 더 초점을 둔다.

16 위기개입모델에 대한 설명으로 옳지 않은 것은?

① 즉각적인 개입이 필요하며 해결 시까지 개입한다.
② 문제파악과 해결에 초점을 두면서 클라이언트가 조종할 수 있을 만큼 현실에 직면하도록 돕는다.
③ 최소한의 목표는 파멸의 예방이며 위기상태 이전으로 돌아가는 것이다.
④ 사회복지사의 역할은 행동기술에 주 초점을 둔다.
⑤ 위기상황 이후에도 사용할 수 있는 대처방법을 개발한다.

해설 위기개입모델은 클라이언트가 갑작스러운 문제에 단기간에 개입하여 위기 이전으로 상태로 돌아가는 것이 특징이다.

17 위기개입모델의 내용으로 틀린 것은?

① 다른 모델들과 비교할 때 상대적으로 단기적 접근이다.
② 목표는 위기 이전의 기능수준으로 회복하도록 원조하는 것이다.
③ 표적은 구체적이고 관찰이 가능한 문제들이다.
④ 클라이언트가 자기결정권을 이용하여 적극적이고 직접적인 역할을 수행한다.

⑤ 클라이언트의 위기 행동에 초점을 두고 과거에 비중을 두지 않고 현재에 집중한다.

> **해설** 클라이언트가 아니라 사회복지사가 적극적이고 직접적인 역할을 수행해야 한다.

18 위기개입모델의 개입원칙으로 틀린 것은?

① 6주 이내에 해결되어야 하는 장기적 성격을 가지며, 개입은 즉시 이루어져야 한다.
② 클라이언트의 위기 행동에 초점을 두고 과거에 비중을 두지 않고 현재에 집중한다.
③ 위기상황과 직접적으로 관련된 문제에 초점을 두고 간결하게 개입을 해야 한다.
④ 사회복지사는 다른 모델과 다르게 직접적이고 적극적인 역할을 해야 한다.
⑤ 클라이언트에게 필요한 정보를 제공하거나 정서적으로 지지하여 희망을 고취시킨다.

> **해설** 위기개입모델은 6주 이내에 해결되어야 하는 단기적 성격을 가지며, 개입은 즉시 이루어져야 한다.

19 역량강화모델의 특징으로 옳은 것을 모두 고른 것은?

| ㄱ. 문제는 도전 | ㄴ. 강점관점 |
| ㄷ. 미래지향적 | ㄹ. 계획의 단기성 |

① ㄱ, ㄷ, ㄹ
② ㄴ, ㄷ, ㄹ
③ ㄱ, ㄴ, ㄷ
④ ㄱ, ㄴ, ㄹ
⑤ ㄱ, ㄴ, ㄷ, ㄹ

> **해설** 역량강화모델은 단기적 성격을 가진 모델이 아니다. 단기적 성격을 가진 모델은 과제중심모델, 인지행동모델, 위기개입모델이다.

20 역량강화모델의 개입 과정 중 발달단계에 해당하는 것은?

① 강점의 확인
② 자원의 역량 사정
③ 자원 활성화
④ 해결방안 수립
⑤ 방향설정

> **해설** • 대화단계 : 파트너십 형성, 상황의 명확화, 방향설정
> • 발견단계 : 강점의 확인, 자원의 역량사정, 해결방안 수립
> • 발달단계 : 자원 활성화, 동맹관계창출, 기회의 확대, 성공의 확인, 성과의 집대성

21 역량강화모델 중 발전단계의 설명으로 옳지 않은 것은?

① 가능한 자원체계의 역량을 사정한다.
② 목표달성에 필수적인 자원을 사정한다.
③ 목표달성된 것을 구체화하고 일반화시킨다.
④ 지속적인 진전과 결과를 평가한다.
⑤ 행동계획을 시행한다.

> **해설** 가능한 자원체계의 역량을 사정하는 단계는 발견단계이다. 발전단계에는 자원 활성화, 동맹관계 창출, 기회의 확대, 성공의 확인, 성과의 집대성 과정이 있고, 발견단계에는 강점의 확인, 자원의 역량사정, 해결방안 수립이 있다.

22 사회복지실천모델의 특성과 해당 모델의 연결이 옳지 않은 것은?   [15회]

① 단기개입을 강조 – 위기개입모델
② 클라이언트의 자기결정권을 강조 – 과제중심모델
③ 환경에 대한 개입을 강조 – 생태체계모델
④ 클라이언트의 강점을 강조 – 인지행동모델
⑤ 클라이언트와의 협력적 관계를 강조 – 클라이언트중심모델

> **해설** 클라이언트의 강점을 강조하는 모델은 임파워먼트(역량강화)모델이다.

23 인지행동모델의 특징으로 옳지 않은 것은?

① 클라이언트 치료 시 이론보다는 검증된 방법을 선호한다.

② 인간의 행동은 무의식적인 힘에 의한 것이 아니라 의지에 의해 결정된다.

③ 부적응적 행동은 인지적 왜곡으로 인하여 발생한다.

④ 잘못된 생각으로 자신도 모르게 잘못된 정서가 형성된다.

⑤ 종결 후에도 효과가 계속 유지될 수 있도록 능력을 향상시켜야 한다.

[해설] 클라이언트 치료 시 이론보다는 검증된 방법을 선호하는 방법은 과제중심모델이다.

24 사회복지실천모델에 관한 설명으로 옳은 것을 모두 고른 것은? [17회]

> ㄱ. 임파워먼트모델에서는 클라이언트를 일방적 수혜자로 인식하지 않는다.
> ㄴ. 과제중심모델은 펄만의 문제해결요소의 영향을 받았다.
> ㄷ. 위기개입모델에서는 클라이언트의 과거를 탐색하는데 우선순위를 두지 않는다.
> ㄹ. 클라이언트 중심모델에서는 사회복지사의 권위적인 역할이 강조된다.

① ㄱ, ㄷ ② ㄴ, ㄹ
③ ㄷ, ㄹ ④ ㄱ, ㄴ, ㄷ
⑤ ㄱ, ㄴ, ㄷ, ㄹ

[해설] 클라이언트 중심모델은 기존의 정신분석학적이고 지시적인 방법에서 사회복지사와 클라이언트 간의 위계적 관계를 수평적인 관계로 전환시킨 모델이다. 사회복지사의 권위적인 역할을 강조하는 모델은 정신분석모델이다.

Chapter 03 가족의 이해

목차	22회	21회	20회	19회	18회
1. 가족	1		1	1	2
2. 가족체계의 주요 개념		2			
3. 가족대상 실천기법		3		2	4
4. 가족 사정도구		1	1	1	
5. 다세대 가족치료	1		1		
6. 구조적 가족치료					
7. 경험적 가족치료	1		2	1	
8. 전략적 가족치료			1		
9. 해결중심 가족치료	1	2	1	2	1
10. 모델 연결	2	2	1	3	2

학습 가이드

- 가족의 사정도구에 대한 문제도 자주 출제되고 있으며, 특히 학자별 실천기법이 가장 중요하다.
- 각 학자들의 문제가 6문제 정도 출제되고 있고 사례로 설명한 후에 기법이나 치료모델을 찾는 문제가 주를 이루고 있다.
- 개인, 집단도 중요하지만 가족이 차지하는 부분이 크고 학습해야 하는 양도 많아 어려움이 있지만 매년 비슷한 유형의 문제가 출제되므로 학습한 만큼의 효과를 볼 수 있다. 또한 실천론과 겹치는 부분이 많은 만큼 함께 학습한다면 고득점이 가능하다.
- 다세대 가족치료는 탈삼각화, 자기분화 등 개념에 대한 문제가 자주 출제되고 있는 만큼 개념을 충실하게 학습해야 한다.
- 구조적 가족치료는 다른 치료보다 출제 빈도가 낮으나 치료기법을 사례에 대입하는 문제가 많이 출제되고 있는 만큼 대비해야 한다.
- 경험적 가족치료는 기법에 대한 문제뿐 아니라 의사소통에 대한 문제가 출제되고 있어 의사소통에 대해서도 암기해야 한다.
- 전략적 가족치료기법 중 증상처방에 대한 사례 문제가 자주 출제되고 있어 사례에 대비해서 학습해야 한다.
- 해결 중심 단기가족치료는 질문기법에 대한 문제가 상당수를 차지하고 있는 만큼 6종류의 질문에 대해 확실히 학습해야 한다.
- 가족치료의 기법들은 하나의 가족치료에서 나오는 것이 아니라 다른 가족치료와 함께 나오기 때문에 각각의 가족치료기법들을 암기해야 한다. 이야기치료는 주요 개념인 문제의 외현화에 대한 정의를 확실히 암기해야 한다.

1 가족

1) 가족의 개념

① 머독(Murdock)은 가족을 공동의 주거, 경제적 협력 그리고 생식이란 특성을 갖는 사회집단이며, 성관계를 허용 받은 최대한의 성인 남녀와 그들에게서 출생한 자녀로 이루어져 있는 집단으로 정의한다.

② 슈트라우스(Strauss)는 가족을 결혼에 의해 시작되고 부부와 자녀 그리고 다른 근친자로 구성되었으며 법적 유대, 경제적, 성적 의무와 권리, 존경 및 애정 등과 같은 다양한 심리적 감정을 공유하는 집단으로 정의한다.

③ 1차적 집단으로 혈연으로 이루어져 서로의 의무를 가지고 의식주를 함께하는 집단이다.

2) 가족의 변화

(1) 다양한 형태의 가족변화

산업화가 실행되면서 나타나게 된 단독가구나 1인 가구가 증가하게 되면서 전통적 가족의 구조가 달라지게 되었다. 노인가족, 한부모가족, 계부모가족, 혼합가족, 위탁가족 등 여러 형태의 가족이 조금씩 늘어가고 있는 추세이다.

가족의 종류와 내용

구분	내용
핵가족	한 쌍의 부부와 미혼의 자녀로 이루어진 가족
확대가족	여러 세대에 걸쳐 양 부모의 원 가족으로 이루어진 가족
수정확대가족	핵가족과 확대가족이 합쳐진 새로운 가족형태로 결혼한 자녀가 부모와 함께 살지 않고 부모 주위에 가정을 이루고 생활하는 가족
노인가족	자녀들의 출가로 인하여 노인만으로 이루어진 가족
한부모가족	부모 중 한 명과 자녀로 이루어진 가족
계부모가족	재혼으로 인하여 서로 다른 가족으로 이루어진 가족
혼합가족	친척이나 인척이 아닌 사람들과 함께 동거하며 이루어진 가족
위탁가족	일정기간 동안 부모가 아닌 다른 사람이 자녀를 양육하는 가족

(2) 가족생활주기의 변화

결혼의 연령이 늦어지면서 출산율 저하 및 출산시기가 늦어지고 고령화로 인하여 노인의 시기가 길어지고 있어 가족생활주기가 변화하고 있다.

Tip
산업화 이후로 단독 가구나 1인 가구뿐 아니라 한부모가족, 혼합가족, 위탁가족 등 다양한 가족이 증가하고 있습니다.

가족의 기본 속성을 체계의 개념과 연관시켜 암기하면 좀 더 쉽게 암기할 수 있습니다.

(3) 가족 기능상의 변화

여성의 지위가 높아지고 여성의 사회진출 증가로 인하여 자녀를 양육하고 부모를 부양하는 기능이 약해짐에 따라 이러한 부분들을 사회복지제도로 대체하게 되었다.

3) 가족의 기본 속성[골든버그(Goldenberg)]

① 가족은 특정한 목적달성을 위해 인위적으로 형성된 일반집단이 아니라 자연스럽게 형성된 사회집단이다. 즉, 가족은 목적을 가지고 형성된 것이 아니라 태어날 때부터 아무런 목적 없이 형성된다.

② 가족은 생활해 가는 가운데 일련의 생활유형 또는 규칙을 발전시키게 된다. 각 가족마다 생활유형이나 규칙이 다르게 이루어져 있다.

③ 가족의 각 구성원에게는 나름대로 할당되고 부여된 역할이 있다. 아버지는 아버지의 역할, 어머니는 어머니의 역할, 자녀는 자녀의 역할이 부여된다.

④ 가족은 나름대로의 권력구조를 가지고 있다. 가족의 특성에 따라 다르지만 대부분 아버지가 권력을 가지고 있다.

⑤ 가족은 공공연하거나 은밀하면서 복잡한 의사소통형태를 갖고 있는데, 가족마다 다르게 나타난다.

⑥ 가족은 나름대로 문제를 해결하고 타협 · 협상하는 방법을 갖고 있는데, 가족마다 다르게 나타난다.

⑦ 가족은 역사, 세상에 대한 관점, 목적의식 등을 공유하고 있다.

⑧ 한 번 구성원은 영원한 구성원으로 남는다.

4) 가족체계의 주요 가설

① 가족구성원 간의 시너지 효과가 일어나 전체로서의 가족은 부분의 합보다 크다.

② 가족은 변화와 안정성의 균형을 맞추려고 노력한다.

③ 가족의 모든 구성원은 한 가족구성원의 변화에 영향을 받는다.

④ 가족구성원의 행동은 순환인과관계로 설명할 수 있다.

⑤ 가족은 큰 사회체계에 속하며 많은 하위체계를 포함한다.

⑥ 가족은 가족의 규칙에 따라 움직인다.

1) 가족 항상성

가족이 구조와 기능에 있어 균형을 유지하기 위해 위기상황에서 기존의 상태로 돌아가려는 속성이다. 균형 상태를 유지하기 위한 체계의 경향성을 의미한다.
예 아이를 출산한 부부가 아이에 적응하려는 속성

2) 가족 규범

가족끼리 지켜야 할 의무나 태도에 대한 권리를 의미하는데 모든 가족은 가족의 특성에 따라서 암묵적인 규칙을 가지고 있고 규칙에 의해 가족구성원은 지배를 받는다. 모든 가족이 동의하지만 말로 표현하지 않고, 모든 가족이 이해하지만 논의하지 않는 반복된 가족상호 교류이다.
예 밤 10시가 통금시간인 가족

Tip 👆
가족 규범은 모든 가족들이 다 가지고 있으며, 모든 가족들은 서로 다른 가족 규범을 가지고 있습니다.

3) 가족 경계선

(1) 외부경계선

가족은 외부체계와 어떠한 관계를 맺느냐에 따라 체계가 달라지는데 폐쇄형 가족체계, 개방형 가족체계, 방임형 가족체계로 나누어진다.

① 폐쇄형 가족체계

가족 외부와의 경계가 지나치게 분명하고 침투력이 없어서 외부와 상호교환을 하지 않는다. 가족 내의 권위자가 가족공간을 이웃과 지역사회와 떨어지게 만든다. 외부와의 상호작용, 사람, 물건, 정보, 생각의 출입을 엄격히 제한한다.

② 개방형 가족체계

가족 외부와의 경계가 분명하면서 침투력이 있다. 가족의 경계가 유동적이며 가족공간은 더 큰 지역사회의 공간으로 확대되는 동시에 외부 문화도 가족공간으로 유입된다. 구성원의 행위를 제한하는 규칙은 집단의 합의과정에서 도출되고 개인은 다른 가족에게 악영향을 주거나 가족규범을 위반하지 않는 범위 내에서 왕래할 수 있다.

③ 방임형 가족체계

가족 외부와의 구분이 거의 없고 가족경계선의 방어를 중요하게 생각하지 않아 외부와의 교류에 제한이 없다. 집안 출입의 권리를 손님이나 제 3자에게 확대하려 한다.

Tip 👆
방임형 가족체계는 누구나 교류하는 데 제한이 없는 가족이고 개방형 가족체계는 정해진 사람과 교류하는 가족입니다.

가족의 하위체계는 경계로 구분되는데, 경계는 체계와 체계를 구분하는 선으로 명확한 경계, 밀착된 경계, 분리된 경계로 나뉜다.

① 명확한 경계

가족의 경계가 명확한 상태로 가족체계 간에 긍정적 영향을 미치고 가장 이상적인 경계이다.

② 밀착된 경계

가족의 경계가 밀착된 상태로 독립심과 자율성이 결여되고 가족구성원끼리의 관계가 너무 가까운 경우로 서로 분리될 수 있도록 해주어야 한다.

③ 분리된 경계

가족의 경계가 분리된 상태로 가족구성원끼리의 관계가 너무 먼 경우로 서로 밀착될 수 있도록 해주어야 한다.

4) 순환적 인과성

가족의 한 구성원의 영향이 가족의 모든 구성원에게 영향을 미치고 다시 그 영향으로 인해 구성원이 영향을 받아 가족 전체에게 영향을 미치는 것을 의미한다. 이러한 악순환의 고리가 계속되기 때문에 고리를 끊어야 한다.

5) 가족 하위체계

가족은 사회라는 하위체계와 부부 하위체계, 부모 · 자녀 하위체계, 형제 · 자매 하위체계로 이루어져 있다.

6) 환류

새로운 행동에 대한 결과를 유지하거나 되돌아가려는 성질로 정적환류와 부적환류로 구분된다.

(1) 정적환류

새로운 행동이나 변화가 생긴 경우 그 변화에 적응하여 유지시키려는 환류이다.

(2) 부적환류

새로운 행동이나 변화가 생긴 경우 그 변화를 멈춘 후 이전의 상태로 돌아가려는 환류이다.

Tip 밀착된 경계는 혼돈된 경계와 같은 의미이고 분리된 경계는 경직된 경계와 같은 의미입니다.

Tip 다중종결성은 유사한 조건이라도 각기 다른 결과를 초래하는 경우를, 동등종결성은 서로 다른 조건이라도 유사한 결과를 초래하는 경우를 의미합니다.

Tip 정적환류는 잘못을 인정하지 않고 계속 전진하는 것이고, 부적환류는 잘못을 인정하고 수정하는 것을 의미합니다.

1) 가계도(Genogram)

머레이 보웬(Murray Bowen)에 의해 개발된 가계도는 2~3세대에 걸친 가족구성원의 정보와 관계를 간단한 그림으로 표시한 것이다. 가족구조에 대한 체계적인 이해, 가족 내에서 클라이언트의 위치, 가족의 상호작용을 분석하여 클라이언트의 문제를 사정하는 데 유용하다. 현재 제시된 문제의 근원을 찾는 것으로 가족 내에서 반복되는 행동적 · 정서적 패턴을 확인하고 이해할 수 있으며 항상 사회복지사와 클라이언트가 함께 작성해야 한다. 사각형은 남성, 원은 여성, 부부관계는 가로, 자녀는 수직으로 나타낸다. 가계도를 통하여 가족구조에 대한 체계적 이해가 가능하고 가족 내에서 클라이언트의 위치, 가족의 상호작용 유형, 인구사회학적 특징, 클라이언트의 문제를 발견할 수 있다.

 합격노트 가계도는 가족구성원들의 상호작용을 분석하는 사정도구로 반복되는 사건과 가족의 특성을 파악할 수 있습니다. 사정도구 중 시험에서 가장 많이 출제되고 있는 부분이라 잘 이해해야 합니다.

📷 **가계도의 예**

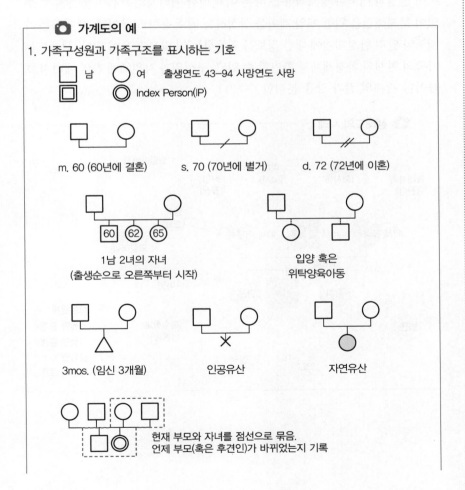

1. 가족구성원과 가족구조를 표시하는 기호

□ 남   ○ 여   출생연도 43–94 사망연도 사망
▣   ◎ Index Person(IP)

m. 60 (60년에 결혼)   s. 70 (70년에 별거)   d. 72 (72년에 이혼)

1남 2녀의 자녀
(출생순으로 오른쪽부터 시작)

입양 혹은
위탁양육아동

3mos. (임신 3개월)   인공유산   자연유산

현재 부모와 자녀를 점선으로 묶음.
언제 부모(혹은 후견인)가 바뀌었는지 기록

2. 가족상호작용을 나타내는 기호로 이러한 기호들은 선택적으로 사용될 수 있으며, 별도의 용지에 기술할 수도 있다.

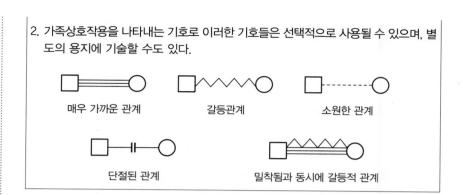

매우 가까운 관계   갈등관계   소원한 관계

단절된 관계   밀착됨과 동시에 갈등적 관계

2) 생태도

앤 하트만(Ann Hartman)이 고안한 사정도구로 클라이언트와 가족들이 환경과 어떠한 관계가 있는지를 그림으로 나타낸 것이다. 클라이언트뿐 아니라 가족이 환경과 어떠한 상호작용을 하는지, 어떠한 에너지의 흐름이 있는지 알 수 있어 문제해결을 위한 개입 계획을 설정하는 데 유용한 도구이다. 생태도는 가계도와 달리 환경체계에 대한 정보를 획득하는 데 많은 도움이 된다. 생태도는 가족의 현재의 환경체계를 확인할 수 있고, 구성원과 자원체계 간의 에너지 흐름이나 관계의 질과 양을 분석할 수 있다.

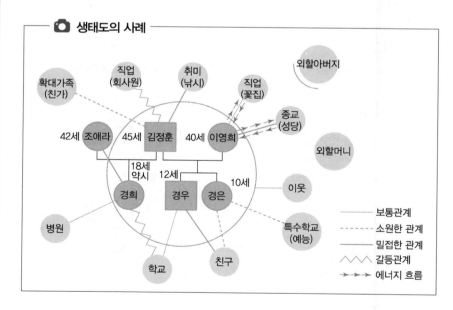

생태도의 사례

Tip

생태도는 환경과의 상호작용을 통한 역동적 관계로 원은 자원의 양, 선은 관계의 정도, 화살표는 에너지 흐름의 나타냅니다.

3) 생활력 도표(Life History Grid)

출생부터 개입시점까지 특정시기의 클라이언트나 가족의 경험을 시계열적으로 알 수 있도록 도표화한 것이다.

📖 생활력 도표

* 클라이언트 : 이○○

연도	나이	장소	가족	사건	문제
1990	32	서울	첫 아이	출산	저체중으로 입원
1992	34	부산	남편	실직	생활비 줄어듦
1995	37	서울	가족	이사	친정에게 도움요청, 생활고 심함

4) 사회적 관계망(Social Network Grid)

클라이언트의 환경 내에 영향을 미치는 중요한 사람이나 체계를 지칭하는 것으로서 소속감과 유대감, 자원정보, 접촉 빈도 등에 관한 정보를 나타내는 도표이다. 클라이언트가 이웃, 지역사회, 직장 등 관계를 맺고 있는 체계들과의 상호작용을 나타내어 클라이언트에 대한 이해를 돕는 도표이다.

📖 사회적 관계망표

클라이언트 이름 : 김○○		김○○	이○○	김○○	김○○
생활영역	1. 동거가족 2. 다른 가족 3. 직장/학교 4. 조직들 5. 이웃 6. 전문가 7. 기타	1	1	1	1
구체적 지원	1. 거의 없음 2. 간혹 있음 3. 거의 항상 있음	1	2	2	1
정서적 지원	1. 거의 없음 2. 간혹 있음 3. 거의 항상 있음	1	2	2	1
정보/충고	1. 거의 없음 2. 간혹 있음 3. 거의 항상 있음	1	1	2	2
비판	1. 거의 없음 2. 간혹 있음 3. 거의 항상 있음	1	2	2	2
원조의 방향	1. 거의 없음 2. 간혹 있음 3. 거의 항상 있음	2	2	1	1

5) 가족 생활주기

가족 생활주기는 가족구성원의 발달단계를 의미하며, 학자들마다 조금씩 다르다.

Duvall의 가족생활주기표

단계	가족생활주기	변화
1단계	자녀가 없는 부부	결혼을 하여 새로운 생활과 역할에 적응하고 출산을 하기 이전의 시기로 대체로 만족도가 상당히 높은 시기이다.
2단계	자녀 임신가족	첫 아이 출생 후부터 36개월까지의 시기로 한 명에서 두 명 정도의 자녀를 출생하고 자녀의 출생으로 인하여 부부의 생활은 크게 변하게 된다.
3단계	취학 전 자녀가족	자녀가 학교에 가기 전 시기로 신체적·지능적으로 상당한 발전을 하는 시기이다. 부모는 자녀에게 집중하게 되고 배우자에 대한 관심은 줄어드는 시기이다.
4단계	학령기 자녀가 있는 가족	자녀가 초등학교에 다니는 시기로 대부분의 시간을 초등학교에서 보내기 때문에 시간상 여유가 생긴다.
5단계	청소년 자녀가족	자녀가 성장해 청소년이 되고 부모는 중년기가 되는 시기로 자녀와 부모의 세대 간 갈등이 발생하는 시기이다.
6단계	성인 초기 자녀를 독립시키는 가족	자녀가 성장하여 사회생활을 하는 시기로 자녀들은 자신의 직업이나 배우자를 찾는 등의 인생에서 가장 중요한 시기를 보낸다.
7단계	중년부모	막내 자녀가 집을 떠나고 부모는 직업을 은퇴하는 시기로 자녀들의 결혼연령, 교육기간, 수에 따라 그 기간이 결정되게 된다.
8단계	노인가족구성원	직업의 은퇴와 부부의 죽음에 이르는 시기로 사회생활을 하는 시간보다는 집에서 생활하는 시간이 더욱 많고 건강상태에 따라 자녀들에게 보살핌을 받을 수 있는 시기이다.

---

4 가족치료모델

1) 보웬의 다세대 가족치료

(1) 특징

학자들의 모델별 특징과 주요 개념 및 주요기법을 파악하여 구분할 수 있어야 합니다.

① 보웬은 가족을 다세대적 현상으로 보고 다세대적 분석을 통해 현재의 문제를 파악하려고 하였다.

② 문제는 원 가족에서 심리적으로 분리되지 못해 발생하게 된다고 보고 원 가족 간의 관계를 분석하여 원 가족 간의 해결되지 못한 정서적 애착 해결을 강조하였다.

③ 해결되지 않은 정서적 애착을 해결하기 위해서는 미분화된 가족 자아 덩어리로부터 벗어날 수 있도록 돕는 것과 불안을 경감시켜 자기분화를 촉진하게 하는 것이다.

(2) 주요 개념

① 자아분화

정신 내적 개념인 동시에 외부 경험적 개념으로 자신과 타인의 사고와 감정을 분리하여 구분할 수 있는 능력을 말한다. 자아분화가 잘 이루어진 사람은 논리적인 사고와 자신의 신념에 따라 결정하고 행동할 수 있으나 미분화된 사람은 자율성이 부족하고 감정에 치우쳐 행동하고 타인에게 복종한다.

Tip
자아분화는 자신과 타인의 감정과 사고를 분리하여 구분할 수 있는 능력입니다.

> **보웬의 자기 분화 범위**
>
> | | | | | |
> |---|---|---|---|---|
> | 0 | 25 | 50 | 75 | 100 |
>
> • 0~25 : 척도의 가장 낮은 수준으로 감정과 사고의 융합이 너무 심해 삶이 온통 감정에 의해 지배된다. 이들은 타인의 인정을 받기 위해 개별성을 희생하며, 스트레스 상황에서 쉽게 역기능적이 된다.
> • 25~50 : 안정에 대한 기본적 욕구가 있으며 갈등을 회피한다. 타인을 기쁘게 하려고 노력하며 의존적이고 자율적인 능력이 부족하다. 독립적으로 결정에 이르거나 문제를 해결하는 능력이 별로 없다.
> • 50~75 : 분명한 신념을 가지고 있음에도 불구하고 타인의 선택에 대해 의식하는 경향이 있다. 의사결정을 내려야 할 때 의미 있는 타인의 인정을 받을 수 있는지 의식하는 편이나 비교적 스트레스 상황에서도 기능을 잃지 않으며 역기능적이 되어도 금방 회복된다.
> • 75~100 : 명확한 가치와 신념을 가지며, 목표 지향적이다. 융통성이 있고 안정적이며 지적이다. 갈등과 스트레스에 대해 인내심이 있으며 강한 자아감을 갖는다.

② 삼각관계

두 사람 사이에 생긴 문제에 제3자가 개입하여 두 사람의 문제를 해결하는 방법이다. 두 사람의 문제가 해결되게 되면 두 사람 사이에 관계는 좋아지게 되고 이때 제3자가 가장 힘든 상태에 놓이게 된다. 가족의 분화정도가 낮을수록 삼각관계를 형성하려고 하고 분화정도가 높을수록 삼각관계를 만들지 않고 문제를 해결할 수 있다.

③ 출생순위

가족 안에서 모두 같은 것을 경험할 것 같지만 출생순위에 따라, 출생전 후의 문제 상황에 따라 다른 환경을 경험하게 되고 가족구성원의 성격은 출생순위에 의해서 결정된다고 하였다.

Tip
출생순위를 주장한 학자로는 보웬뿐 아니라 아들러가 있습니다.

(3) 주요 기법

① 가계도

머레이 보웬(Murray Bowen)에 의해 개발된 가계도는 2~3세대에 걸친 가족구성원의 정보와 관계를 간단한 그림으로 표시한 것이다. 가족구조에 대한 체계적인 이해, 가족 내에서 클라이언트의 위치, 가족의 상호작용을 분석하여 클라이언트의 문제를 사정하는데 유용하다. 현재 제시된 문제의 근원을 찾는 것으로 가족 내에서 반복되는 행동적, 정서적 패턴을 확인하고 이해할 수 있으며 항상 사회복지사와 클라이언트가 함께 작성해야 한다. 가계도를 통하여 가족구조에 대하여 체계적으로 이해가 가능하고 가족 내에서 클라이언트의 위치, 가족의 상호작용 유형, 클라이언트의 문제를 발견할 수 있다. 가족구성원의 성별, 나이, 출생 및 사망, 직업, 결혼관계, 동거, 종교 등 상세 정보를 알 수 있다.

② 탈삼각화

미분화된 가족일수록 가족구성원 간 불안 수준이 높아져 다른 사람을 개입시켜 삼각관계를 형성하려고 한다. 두 사람 사이에 생긴 문제에 해결하기 위해 개입된 제3자를 분리시키는 과정이다.

③ 코칭

사회복지사가 클라이언트의 삼각관계 속으로 들어가지 않고 중립적인 입장에서 객관적인 조언을 통하여 가족 개개인의 역할을 발견하도록 돕는 과정이다.

2) 미누친(Minuchin)의 구조적 가족치료

(1) 특징

① 가족을 재구조화하여 가족이 적절한 수행을 할 수 있도록 돕는 방법이다.
② 가족 내에서 발생되는 일관성이 있고 반복적인 상호작용을 가족구조라 하며 그 패턴을 재조직하거나 새로운 구조와 상호작용 형태로 대체시키는 작업이 가족을 재구조화하는 것이다.
③ 가족의 문제는 역기능적인 가족의 구조에 의해 생긴다고 간주하고 가족의 구조를 변화시키는 것에 초점을 둔다.

(2) 주요 개념

① 가족구조

가족구성원이 다른 구성원과 어떤 관계를 맺고, 상호작용을 하는지 조직화한 것으로 눈에 보이는 것은 아니지만 실제 기능하고 있다.

② 경계(선)

외부나 내부를 구분하거나 구성원들의 위계나 관계를 나타내는 방법으로 밀착된 경계, 유리된 경계, 명확한 경계로 나누어진다. 밀착된 경계는 가족구성원들의 간섭이 지나치고 엄격한 유형이고 유리된 경계는 가족구성원들이 서로 관심이 없어서 지지나 도움을 받을 수 없는 유형이다.

③ 하위체계

다른 체계와 구별되고 가족 기능에 중요한 역할을 하는 것으로 가족체계에서는 부부 하위체계, 부모 · 자녀 하위체계, 형제 · 자매 하위체계 등으로 구분된다.

(3) 주요 기법

① 경계 만들기

밀착된 경계는 가족구성원들이 지나치게 밀착되어 역기능이 발생하기 때문에 어느 정도 거리를 둘 수 있도록 하고 유리된 경계는 가족구성원들이 서로 관심을 가질 수 있도록 개입하는 방법이다.

② 합류하기

사회복지사가 클라이언트 가족에 합류하여 가족의 규칙과 행동을 이해하면 클라이언트 가족은 사회복지사를 받아들여 가족의 문제를 다각적인 측면에서 해결하는 방법이다. 사회복지사가 가족에 합류하기 위해서 적응하는 능력을 갖고 있어야 한다.

③ 실연

가족의 갈등을 구성원들이 어떻게 해결하는지 실제로 재현시켜 역기능적인 상호작용을 수정하고 구조화하는 방법이다.

④ 긴장 고조시키기

가족 내의 긴장을 고조시켜 대안적인 갈등해결방법을 사용하도록 돕는 기법이다. 치료자가 가족체계의 경계선, 제휴, 연합, 권력에 직접 개입함으로써 가족 내의 긴장을 고조시켜 가족구조를 재구조화한다. 즉, 평온상태가 아닌 긴장상태가 되어 가족의 구조를 변화시키기 위해 직접 개입한다.

⑤ 과제부여

가족에게 과제를 부여하고 수행하게 하여 서로 상호작용을 할 수 있도록 하는 방법이다.

⑥ 역기능적 균형 깨트리기

가족의 하위체계 간 역기능적 균형을 깨트리기 위한 방법으로 경계를 만들어 가면서 하위체계 간의 관계를 재조정해 간다. 목표는 하위체계에 있는 구성원들의 관계를 변화시키는 것이다.

OX 퀴즈

- 일관성 있고 반복적인 상호작용을 가족구조라 한다. (○)
- 긴장 고조시키기는 가족 내의 긴장을 고조시켜 대안적인 갈등해결방법을 사용하도록 돕는 기법이다. (○)
- 사회복지사가 가족에 합류하여 가족을 이해하고 문제를 해결하는 방법은 합류하기이다. (○)

1과목
2과목
3과목
4과목
5과목
6과목
7과목
8과목

3) 사티어(Satir)의 경험적 가족치료

(1) 특징

① 가족 안에서 의사소통의 명확화를 강조하고, 의사소통이 모호하며 간접적이고 낮은 자존감에서 가족에 문제가 기인된다고 보았다.

② 가족의 문제를 치료하기 위해 가족의 상호작용만으로는 충분하지 않고 개개인의 경험수준을 증가시켜야 친밀한 가족 상호작용을 할 수 있다고 보았다.

③ 전통적 의료모델이 아닌 성장모델로 잠재 능력을 발휘하지 못하는 능력부족으로 인해 문제가 생긴다고 보았다.

④ 사정과 개입에 있어서 자기존중, 생존유형, 가족규칙을 가장 중요하게 다루고 있다.

⑤ 가족과 개인의 상호작용이나 경험을 변화시켜 성장할 수 있도록 하는 것이 목적이다.

(2) 주요 개념

① **의사소통유형**

㉠ 회유형 : 항상 자신보다는 상대방의 비유를 맞추려고 한다. 자존감이 낮아 어떠한 비판에도 동의하고 상대방의 인정을 얻으려고 노력하는 유형이다.

㉡ 비난형 : 상대방보다 더 우월하다는 것을 보여주거나 상대방에게 강하게 보이기 위해 타인의 결점을 발견하고 비난한다. 낮은 자존심으로 타인의 복종을 통해서 자신의 존재를 느끼려는 유형이다.

㉢ 초이성형 : 자신의 감정보다는 이성적으로 행동하고 나약한 모습을 보여 주지 않기 위해 항상 이성적으로 행동하여 차가운 느낌을 상대방에게 주는 유형이다.

㉣ 혼란형 : 상황을 제대로 파악하지 못하여 상황에 맞지 않는 주제를 꺼내는 것과 같이 현실을 인식하지 못하는 유형으로 의사소통 내용에 초점이 없고 산만하며 상황에 적절한 반응을 보이지 못한다.

㉤ 일치형 : 자신의 생각을 타인에게 정확히 전달하는 유형으로 자신의 감정과 의사소통의 내용이 일치한다.

■ 의사소통의 종류와 개념

기능적 의사소통	일치형	자신	존중	• 자신, 타인 상황 모두 존중한다. • 자신을 감정을 잘 알고 적절하게 표현한다.
		타인		
		상황		
역기능적 의사소통	회유형	자신	무시	• 자신은 무시하고 타인과 상황은 존중한다. • 타인의 말과 행동에 무조건 동의하고 비굴한 자세를 취한다.
		타인	존중	
		상황		
	비난형	자신	존중	• 자신을 제외한 타인과 상황은 무시한다. • 타인의 말과 행동을 비난한다.
		타인	무시	
		상황		
	초이성형	자신	존중	• 자신과 타인은 존중하지만 상황은 무시한다. • 규칙과 옳은 것만 절대시 한다.
		타인		
		상황	무시	
	혼란형	자신	무시	• 자신, 타인 상황 모두 무시한다. • 주제나 상황에 맞지 않는 행동을 한다.
		타인		
		상황		

(3) 주요 기법

① 가족조각

가족관계를 조각으로 표현하여 가족에 대한 구성원들의 인식을 파악하는 기법으로 어느 시점을 선택하여 그 시점에서의 인간관계, 타인에 대한 느낌과 감정을 동작(몸짓, 위치, 자세)과 공간을 사용하여 표현하는 비언어적 기법을 말하며 한 가족구성원이 다른 가족구성원에 대해 느끼는 정서 상태를 동작 및 소도구를 사용하여 공간적으로 나타내는 것이다.

② 역할극(역할연습)

가족의 상황을 역할극으로 표현하게 하는 기법으로 다른 가족의 역할을 수행하게 한다. 다른 구성원의 위치를 경험하게 함으로써 다른 구성원의 상황과 감정의 이해를 높이게 한다.

예 아버지는 아들의 역할을, 아들은 아버지의 역할을 실행하게 한다.

③ 가족그림

가족구성원들이 다른 구성원을 어떻게 생각하는지 그림으로 표현하는 기법으로 그림을 그리게 하여 가족이 전에는 생각하지 못했던 상황을 경험하게 하는 기법이다.

예 가정폭력을 당한 아이가 아버지를 호랑이로 그리는 경우

Tip
가족조각은 가족 성원의 인식을 파악하는 기법으로 시각적으로 볼 수 있도록 표현한 것이고, 가족그림은 그림으로 표현한 것입니다.

④ 접촉

신체적 접촉은 강한 영향을 준다는 믿음을 갖고 클라이언트 및 가족과 악수를 하거나 지나치지 않는 신체적 접촉(어깨 두드림)을 하여 비언어적 지지를 표현하도록 여러 형태의 접촉을 시도한다.

⑤ 유머

긴장을 풀고 친밀감 있는 분위기를 만들기 위해 사용하고 클라이언트와 가족의 문제를 긍정적으로 묘사하여 희망을 주고 문제를 새로운 관점에서 볼 수 있게 한다. 자신을 바라보는 방법을 변화시킬 수 있는 방법이다.

⑥ 은유

주제나 생각을 다른 상황과 연결시켜 표현하는 기법으로 가족의 문제를 밝히기 싫어하거나 언급하기를 원하지 않을 때 사용하는 기술이다. 즉, 직접적인 단어를 사용하는 것이 아니라 비슷한 다른 단어를 사용하는 것이다.

4) 헤일리(Heley)의 전략적 가족치료(밀란, 헤일리, MRI모델)

(1) 특징

① 사이버네틱스와 체계이론을 응용한 방법으로 1970년 중반부터 1980년대 중반까지 영향을 미쳤다.

② 전략적 가족치료는 MRI 상호작용모델, 전략적 구조주의 모델, 밀란 모델이 모여 만들어진 모델이다.

③ 문제가 왜 일어났는지는 관심이 없고 그 문제 행동을 변화시키는 데 관심을 가진다.

④ 문제에 직접적 방법을 사용하기보다는 간접적 방법을 사용하고 역설적이다.

⑤ 사람은 대부분 병리적이지 않고 변화는 갑자기 일어날 수 있으며 치료는 단기적이라고 본다.

⑥ 관찰 가능한 행동, 과거보다 현재, 성장보다는 변화에 관심을 둔다.

⑦ 사회복지사는 클라이언트와 관계를 맺는 방식으로 변화를 시키며 결과에 책임을 진다.

⑧ 문제해결을 위해 단일한 전략을 사용하는 것이 아니라 다양한 전략을 사용한다.

(2) 주요 기법

① 직접적 지시

클라이언트의 문제적 행동을 중지할 수 있도록 직접적으로 지시하는 방법으로 클라이언트에게 지시를 따를 경우에는 목표달성을 할 수 있다는 확실한 동기부여를 해주어야 한다. 이때 사회복지사는 전문가의 권위를 활용한다.

OX 퀴즈

• 가족의 상황을 알기 위해 역할극으로 표현한다. (O)
• 가족과 개인의 상호작용이나 경험을 변화시켜 성장할 수 있도록 하는 것이 목적이다. (O)
• 인간관계, 타인에 대한 느낌과 감정을 동작(몸짓, 위치, 자세)과 공간을 사용하여 표현하는 비언어적 기법은 가족 그림이다. (×)

Tip

전략적 가족치료는 하나의 이론으로 만들어진 것이 아니라 다양한 이론으로 만들어진 모델로 다양한 전략을 사용합니다.

② 역설적 지시

　㉠ 증상처방 : 사회복지사는 클라이언트에게 도움이 되지만 실천하기 다소 어려운 행동을 할 수 있도록 지시하는 방법이다. 즉, 증상보다 동일하거나 더 힘든 시련을 체험하게 하여 그 증상을 포기하게 만드는 것이다. 증상처방이 효과가 있으려면 증상처방을 증상이 없어질 때까지 계속해야만 한다.

　　예 불면증이 있는 사람에게 잠을 자지 않고 청소를 하라고 과제를 주는 것

　㉡ 변화제지(제지기법) : 문제가 재발되는 것을 예측하여 경고하거나 변화의 속도가 지나치게 빠른 것을 지적하여 변화속도를 통제하는 기법이다. 사회복지사는 클라이언트의 증상이 재발할 것이라는 생각을 하고 있어 클라이언트가 증상이 재발하더라도 사회복지사의 통제를 할 수 있게 되고 재발하지 않으면 클라이언트의 증상이 호전되고 있다는 뜻으로 여긴다. 클라이언트의 문제가 호전되고 있는 상황에 사회복지사는 문제가 다시 나빠질 것이라고 이야기하여 클라이언트를 자극하여 클라이언트 스스로 사회복지사의 이야기가 틀렸다는 것을 입증하기 위해 노력하여 문제를 해결하게 된다.

③ 긍정적 의미부여

　사회복지사가 클라이언트의 치료 저항을 줄이기 위해 부정적인 점이 아니라 강점을 찾아 긍정적으로 재해석하는 기법이다.

④ 순환질문

　가족관계나 가족의 상호작용에 대하여 가족들이 돌아가며 이야기하는 대화기법으로 서로에 대해 알지 못했거나 오해하고 있는 것을 파악할 수 있는 기법이다. 문제는 한 사람의 잘못으로 인하여 나타나는 것이 아니라 서로의 영향으로 인하여 나타나기 때문에 문제의 원인을 찾기 위하여 연속적으로 질문을 한다.

⑤ 재정의(재구성, 재명명)

　가족구성원이 다른 구성원들에게 어떤 문제에 있는 부정적 의미, 고정관념, 사고, 가치를 변화하여 문제를 다른 관점으로 이해하도록 돕는 기법으로 문제의 속성을 변화시키는 것이 아니라 의미를 긍정적으로 볼 수 있도록 가치, 사고, 고정관념을 변화시키는 것이다. 부정적 의미를 긍정적 의미로 변화시키는 것이다.

　예 남편이 술을 먹고 늦게 들어와 아내가 잔소리하는 것을 아내가 남편을 많이 사랑하는 거라고 설명하는 것

 순환질문은 해결중심모델에서 사용하는 질문기법이 아니라 전략적 가족치료의 기법이라는 것을 기억해야 합니다.

OX 퀴즈

• 관찰 가능한 행동, 과거보다 현재, 성장보다는 변화에 관심을 둔다. (O)
• 문제행동을 변화시키는 것보다 문제가 왜 일어났는지에 관심을 둔다. (×)
• 변화의 속도가 빠른 것을 지적하는 기법은 직접적 지시이다. (×)

Tip 👆

1차 사이버네틱스는 객관적 입장과 전문가의 입장을 고수하는 반면, 2차 사이버네틱스는 주관적 입장과 사회복지사와 클라이언트의 동등한 입장을 고수합니다.

Tip 👆

해결중심 가족치료는 2차 사이버네틱스의 영향을 받아 문제해결보다는 미래지향적인 성격을 가지고 있습니다.

Tip 👆

해결중심 가족치료는 전략적 가족치료에 영향을 받아 문제의 원인이 아닌 문제해결에 초점을 둡니다.

⑥ 이중구속 메시지

서로 다른 메시지를 보내 상대방이 어떤 메시지에도 반응하지 못하도록 하는 기법이다. 비언어적 의사소통과 언어적 의사소통이 일치되지 않는 역기능적 의사소통이다.

예 어머니가 아들에게 웃으면서 잘못을 지적하는 것

5) 해결중심 단기가족치료

(1) 특징

① 버그(Insoo Kim Berg)와 세이저(Shazer)가 1970년 개발한 단기문제해결모델의 이론과 전략적 가족치료모델을 토대로 성장하였다.
② 병리적이 아닌 강점에 초점을 두고 클라이언트의 강점과 자원을 발견하여 치료에 활용한다. 클라이언트가 원하는 결과를 얻기 위해 클라이언트의 자원, 기술, 지식, 행동, 환경 등을 활용한다.
③ 과거보다는 현재와 미래지향적이다.
④ 문제의 원인보다는 문제해결방법에 초점을 맞춘다.
⑤ 클라이언트는 자신의 문제를 잘 알고 해결할 수 있는 능력이 있다고 보기 때문에 서로 협력하여 문제를 해결한다.
⑥ 10회기 정도로 이루어지는 단기치료이다.
⑦ 단순하고 간단한 방법을 사용한다. 즉, 경제성을 추구한다.
⑧ 탈이론, 비규범적이다.
⑨ 클라이언트와의 협동 작업을 중요시하고 변화를 불가피한 것으로 인식한다.

(2) 질문기법

① **치료 면담 전의 변화에 대한 질문**

변화란 불가피한 것으로 계속 일어난다고 보고 면접 전에 시간 약속을 잡고 오기 전까지 달라진 것이 있는지 질문을 하는 것이다. 문제가 정도가 얼마나 완화가 되었는지 클라이언트가 인식할 수 있도록 질문을 하는 것은 때로 아주 중요한 단서를 제공한다. 면담 전 변화가 있는 경우는 클라이언트가 가지고 있는 문제해결능력을 인정하고 칭찬하여 확대할 수 있도록 격려해야 한다.

예 "상담예약을 하신 후부터 지금까지 시간이 좀 지났는데 그동안 상황이 좀 바뀌었나요? 그렇다면 무엇이 어떻게 달라졌는지 말씀해 주세요."

② 예외질문

클라이언트에게 문제가 일어난 상황이 아닌 문제가 일어나지 않은 상황을 물어보고 그 상황을 강조하여 강화시키는 질문이다. 어떤 문제더라도 예외적인 상황이 있기에 예외를 찾아 중요성을 강조하여 문제를 해결할 수 있도록 강화시켜 준다.

📵 "아드님과의 관계가 지금보다 조금이라도 나았을 때는 언제였나요?"
"두 분이 매일 싸우신다고 말씀하셨는데, 혹시 싸우지 않은 날은 없었나요?"

③ 기적질문

클라이언트에게 문제가 기적적으로 해결된다는 가정을 하게 하여 문제와 다른 해결책을 찾을 수 있도록 하는 질문으로 해결된 후 행동을 실시함으로 클라이언트의 동기부여도 가능하다.

📵 "간밤에 기적이 일어나 걱정하던 문제가 해결되었다고 생각해 보세요. 당신은 주변에 무엇을 보고 기적이 일어난 것을 알 수 있을까요?"

④ 대처질문

클라이언트가 문제에 어떻게 대처를 했는지 물어보는 질문으로 희망이 없다는 클라이언트에게 어려운 상황에 어떻게 대처했는지 물어봐 클라이언트 자신에게 문제를 대처할 수 있는 기술을 가지고 있다는 것을 깨닫게 해주는 방법이다.

📵 "어려운 상황 속에서도 더 나빠지지 않고 견뎌낼 수 있었던 것은 무엇 때문이라고 생각하십니까?"
"이렇게 힘들고 어려운 상황을 포기하지 않고 어떻게 오늘까지 지탱해 왔나요?"

⑤ 척도질문

클라이언트에게 자신의 문제, 우선순위, 성공, 문제해결 가능성, 변화를 위한 동기, 평가 등의 수준을 수치로 표현하도록 하는 질문이다. 클라이언트의 현재와 과거가 어떻게 변화했는지 변화과정을 알 수 있게 하는 방법이다.

📵 "처음 상담에 오셨을 때가 0점이고 개입목표가 달성된 상태를 10점이라고 한다면, 지금 당신의 상태는 몇 점입니까?"

⑥ 관계성질문

클라이언트와 중요한 관계를 갖고 있는 사람들에 대한 질문이다. 사람들은 타인이 자신을 어떻게 보고 있는지 관심을 갖기에 자신을 타인입장에서 보게 하여 전에 보이지 않던 문제의 해결책을 찾을 수 있게 하는 방법이다.

📵 "당신의 어머니는 이 상황에서 당신이 무엇을 해야 문제해결에 도움이 된다고 말씀하실까요?"

 척도질문은 수치로 표현하고 관계성질문은 특별한 관계가 있는 사람들의 생각을 물어보는 형태로 출제됩니다.

⑦ 악몽질문

기적질문과 비슷한 질문으로 기적질문, 예외질문, 대처질문, 척도질문, 관계성질문, 치료 면담 전의 변화에 대한 질문이 효과가 없을 경우 사용하는 질문이다. 현재보다 더 나쁜 상황이 일어나야 현재의 문제를 벗어날 수 있다고 생각될 때 활용한다.

예 "어제 꿈에 문제가 더 악화되는 악몽을 꾸었는데 무엇을 보면 악몽 같은 삶을 살고 있다고 알 수 있나요?"

(3) 치료자의 역할

버그와 세이저는 사회복지사와 클라이언트의 관계에서 사회복지사의 역할은 불평형, 방문형, 고객형의 3가지로 분류하고 설명하였다.

① 불평형

불평형의 관계는 클라이언트가 자신을 위해서가 아닌 타인을 변화시키려고 할 때 나타난다. 사회복지사와 클라이언트는 치료를 위하여 목표를 설정하지만 목표해결을 위한 해결책은 클라이언트에게서 찾지 못하는데 클라이언트는 다른 사람이 변화해야 해결된다고 생각하기 때문이다. 사회복지사는 클라이언트에게 칭찬과 함께 다른 사람을 관찰하게 하고, 이를 통해 자신이 필요한 존재이며 베푸는 역할을 한다고 느끼게 하여 가족관계 속에서 자신의 역할을 되돌아 볼 수 있도록 한다. 또한 사회복지사는 클라이언트가 다른 가족과의 관계 속에서 전과는 다른 방법으로 사용해야 하다는 것을 알려주어야 한다.

② 방문형

방문형의 클라이언트는 자신의 문제는 사회복지사와 관계가 없어 사회복지사의 치료 방법도 관계가 없다고 생각하는 사람이다. 그렇기에 문제해결 동기가 약하고 사회복지사와의 관계도 마무리하려고 한다. 클라이언트는 치료를 받는 것에 대하여 불평하고 다른 사람의 요구나 결정을 따르는 것에 대한 고민을 하게 된다. 사회복지사는 클라이언트의 고민을 해결하기 위해서 이해하고 신뢰하여 클라이언트가 사회복지사에게 이해받고 신뢰받고 있다는 것을 느끼게 해야 문제를 해결할 수 있게 된다.

③ 고객형

고객형의 클라이언트는 문제를 해결하기 위해서 어떤 행동도 할 준비가 되어 있는 사람이다. 그래서 문제도 인정하고 문제해결을 위해 도움을 청하여 변화하기 위해 준비가 되어 있다는 것을 시인한다. 사회복지사는 클라이언트와의 관계가 긍정적이어서 문제해결을 하는 데 다른 유형들보다 쉽다. 사회복지사의 목표는 구체적이어야 하고 클라이언트에게 목표를 분명히 밝혀야 한다.

OX 퀴즈

• 문제를 해결하기 위해서는 어떤 행동도 할 준비가 되어 있는 사람은 방문형이다. (×)
• 현재보다는 과거지향적이다. (×)
• 문제가 일어난 상황이 아닌 다른 상황을 물어보는 질문은 관계성 질문이다. (×)

6) 이야기치료

(1) 발생 배경

① 전통적 가족치료는 1차적 가족치료로 문제의 원인을 찾는 데 관심을 가진다. 다세대 가족치료, 구조적 가족치료, 전략적 가족치료, 경험적 가족치료가 여기에 속한다.

② 포스트모던혁명인 사회구성주의 사상의 영향을 받은 모델로 해결중심가족치료와 이야기치료가 여기에 속한다.

③ 어떤 예상이나 선입관도 없이 사람이 사물 그 자체를 파악하는 것은 어렵다는 사회구성주의자들의 시각과 관련이 있다.

④ 사회구성주의는 단 하나만의 진리가 존재한다는 생각에 도전할 뿐만 아니라 객관적인 사회조사연구가 존재한다는 생각에도 의문을 제기한다.

⑤ 가족의 상호작용 패턴에 초점을 맞추기보다 사람들이 그들의 문제를 바라보는 관점을 탐색하는 것으로 방향을 전환한다.

(2) 특징

① 인간의 경험이 관찰이나 분석 가능한 실체가 아니라는 것의 사회구성주의 사상에 영향을 많이 받은 이론이다.

② 인간의 경험은 단순히 보거나 분석할 수 있는 과정이 아니라 인간의 경험의 요소들을 조직하고, 묶어주고, 의미를 부여하여, 우선순위를 매기는 과정을 통해서만 이해될 수 있다.

③ 인간의 경험은 근본적으로 불확실하다는 것이다.

④ 세상에 대하여 가지고 있는 우리의 지식은 자신의 경험에서 나온 것이다.

⑤ 어떤 것을 안다는 것은 한계가 있어서 그것은 다른 사람의 경험을 자신의 관점에서 나름대로 해석하는 것에 지나지 않는다.

⑥ 실재란 사람들이 세상을 어떻게 지각하느냐에 의해서 만들어지는 것이기 때문에 모든 사람에게 적용할 수 있는 치료의 본질적인 요소는 없다.

⑦ 가족의 상호작용 유형을 확인하고 문제를 외현화한다. 문제의 외현화는 가족의 문제가 가족구성원의 문제가 아니라 가족에게 부정적인 영향을 미치는 별개의 존재로 이야기한다.

⑧ 문제의 외현화는 문제와 사람을 구분하는 것으로 좌절하는 사람에게 좌절감과 사람을 구분하여 문제를 해결한다.

Tip 👆
문제의 외현화는 문제를 문제 자체로만 보는 것으로 사람과 문제를 구분하여 해결합니다.

OX 퀴즈

• 클라이언트의 이야기는 사회복지사가 만들 수 있도록 도와주어야 한다. (×)
• 이야기 구성에 따라 클라이언트 치료 기간은 유동적이다. (○)
• 클라이언트의 문제는 클라이언트 외부가 아닌 내부에 존재한다고 간주한다. (×)

01 가족변화에 대한 설명으로 틀린 것은?

① 다양한 형태의 가족 유형이 등장했다.
② 전통적 가족 기능이 사회로 이전되었다.
③ 이혼율 증가하고 여성의 사회참여가 높아졌다.
④ 빈 둥지 기간이 짧아지고 있다.
⑤ 가족주기에 진입하기 전까지의 기간이 길어지고 있다.

해설 평균수명이 연장되어 자녀들의 결혼 이후의 기간이 길어짐에 따라 노부부만 남는 빈 둥지 기간이 길어지고 있다.

02 전략적 가족치료에 대한 설명으로 틀린 것은?

① 문제해결을 통해 성장보다는 변화에 관심을 둔다.
② 변화는 갑자기 일어날 수 있으며 치료는 단기적이다.
③ 하나의 전략을 사용하지 않고 다양한 전략을 사용하여 문제를 해결한다.
④ 단순하고 간단한 방법을 사용하고 탈이론, 비규범적이다.
⑤ 사회복지사는 클라이언트와 관계를 맺는 방식으로 변화를 시키며 결과에 책임을 진다.

해설 단순하고 간단한 방법을 사용하고 탈이론, 비규범적인 방법을 사용하는 치료는 해결중심 단기가족치료이다.

03 해결중심 단기가족치료에 대한 설명으로 틀린 것은?

① 이론적이고 규범적이다.
② 변화는 불가피하다고 생각한다.
③ 현재에 초점을 맞추고 미래지향적이다.
④ 클라이언트의 자기결정권을 인정한다.
⑤ 클라이언트와 협력이 중요하다.

해설 이론에 얽매이지 않는 탈이론적 성격을 가지며, 클라이언트를 옳고 그름을 판단하지 않는 비규범적 성격을 갖는다.

04 다세대 가족치료에 대한 설명으로 틀린 것은?

① 다세대적 분석을 통해 현재 가족의 문제를 파악한다.
② 가족구성원의 문제는 가족의 정서체계와 관련이 있다.
③ 가족의 분화 수준과 기능이 세대 간 전수된다.
④ 현재 문제를 해결하는 데 초점을 두고 관찰 가능한 행동에 비중을 둔다.
⑤ 문제해결을 위해서는 미분화된 가족 자아 덩어리로부터 벗어날 수 있도록 도와야 한다.

해설 현재 문제를 해결하는 데 초점을 두고 관찰 가능한 행동에 비중을 두는 모델은 전략적 가족치료이다.

정답 01 ④ 02 ④ 03 ① 04 ④

05 구조적 가족치료에 대한 설명으로 틀린 것은?

① 가족의 문제는 역기능적 가족 구조에서 발생한다고 본다.

② 가족의 역기능적인 의사소통에서 문제가 발생한다.

③ 역기능적인 가족체계를 기능적인 구조로 변화시키는 것이다.

④ 가족의 역기능적인 위계질서와 위계구조를 반응하지 못해 문제가 발생한다.

⑤ 잠재력을 발휘할 수 있게 하는 성장모델이 아닌 전통적 의료모델이다.

해설 경험적 가족치료는 가족의 역기능적인 의사소통에서 문제가 발생한다고 본다.

06 미누친의 구조적 가족치료의 기법 중 다음이 설명하는 것은?

> 상담 중에 가족에게 역기능적 가족구성원 간의 상호작용을 실제로 해보게 하는 기법이다.

① 경계 만들기　　② 긴장 고조시키기
③ 실연　　　　　④ 가족조각
⑤ 과제부여

해설 실연은 가족갈등을 치료 상황으로 가져와 가족구성원들이 어떻게 갈등을 처리하는지 보고 그 상호작용을 수정하고 구조화하는 것이다.

① 경계 만들기는 밀착된 경계인 경우 가족구성원들이 지나치게 밀착되어 역기능이 발생하기 때문에 어느 정도 거리를 둘 수 있도록 하고, 유리된 경계인 경우 가족구성원들이 서로 관심을 가질 수 있도록 개입하는 방법이다.
② 긴장 고조시키기는 가족 내의 긴장을 고조시켜 대안적인 갈등해결방법을 사용하도록 돕는 기법이다.
④ 가족조각은 가족관계를 조각으로 표현하여 가족에 대한 구성원들의 인식을 파악하는 기법으로 미누친의 구조적 가족치료의 기법이 아니라 사티어의 경험적 가족치료의 기법이다.
⑤ 과제부여는 가족에게 과제를 부여하고 수행하게 하여 서로 상호작용을 할 수 있도록 하는 방법이다.

07 다음에서 설명하는 의사소통 유형은?

> • 자신과 타인을 무시하고 상황만 중요하게 생각한다.
> • 완고하고 냉담한 자세를 취하며 독재적으로 행동한다.
> • 규칙과 옳은 것만을 절대시한다.

① 일치형　　　　② 비난형
③ 회유형　　　　④ 초이성형
⑤ 산만형

해설 사티어의 경험적 가족치료
• 일치형 : 자신의 생각을 타인에게 정확히 전달하는 유형으로 자신의 감정과 의사소통의 내용이 일치한다.
• 비난형 : 상대방보다 더 우월하다는 것을 보여주거나 상대방에게 강하게 보이기 위해 타인의 결점을 발견하고 비난한다. 낮은 자존심으로 타인의 복종을 통해서 자신의 존재를 느끼려는 유형이다.
• 회유형 : 항상 자신보다는 상대방의 비유를 맞추려는 유형이다.
• 초이성형 : 자신의 감정보다는 이성적으로 행동하고 나약한 모습을 보여 주지 않기 위해 항상 이성적으로 행동하여 차가운 느낌을 상대방에게 주는 유형이다.
• 산만형 : 상황을 제대로 파악하지 못하여 상황에 맞지 않는 주제를 꺼내는 것과 같이 현실을 인식하지 못하는 유형이다.

08 다음 사례에서 나타난 전략적 가족치료의 기법은?

> 부부가 말다툼으로 서로 상처를 받아 부부관계가 악화되었다. 사회복지사는 "일주일 중 화요일과 목요일에는 부부가 싸울 거리를 찾아 부부싸움을 1시간씩 하세요."라고 과제를 내주었다.

① 실연　　　　　② 증상처방
③ 변화제지　　　④ 역할연습
⑤ 가족조각

해설 증상처방은 클라이언트에게 증상행동보다 더 어려운 과제를 통하여 증상을 포기하게 만드는 기법이다.

09 해결중심가족치료기법 중 사회복지사가 사용한 기술은?

> • 사회복지사 : "상담예약을 하신 후부터 지금까지 시간이 좀 지났는데 그동안 상황이 좀 바뀌었나요? 그렇다면 무엇이 어떻게 달라졌는지 말씀해 주세요."
> • 클라이언트 : "잘 모르겠어요…."

① 예외질문
② 척도질문
③ 치료면담 전 변화질문
④ 관계성질문
⑤ 기적질문

해설 치료면담 전 변화질문은 변화란 불가피한 것으로 계속 일어난다고 보고 면접 전에 시간 약속을 잡고 오기 전까지 달라진 것이 있는지 질문을 하는 것이다. 사회복지사는 클라이언트가 예약한 후에 바로 상담을 한 것이 아니라 시간이 지난 후에 상담을 시작하면서 변화된 것을 물어보았으므로 이 방법은 치료면담 전 변화에 대한 질문이다.

10 해결중심 가족치료에 대한 설명으로 틀린 것은?

① 병리적 관점이 아니라 강점에 초점을 두고 치료한다.
② 문제해결방법보다는 문제의 원인에 초점을 맞춘다.
③ 과거보다는 현재와 미래지향적으로 경제성을 추구한다.
④ 경제성을 추구하여 단순하고 간단한 방법을 사용한다.
⑤ 10회기 정도로 이루어지는 단기치료이다.

해설 전략적 가족치료에 영향을 받아 문제의 원인보다는 해결방법에 초점을 맞춘다. 문제의 원인에 초점을 맞추는 모델은 정신분석모델이다.

11 경험적 가족치료에 대한 설명으로 틀린 것은?

① 가족과 개인의 상호작용이나 경험을 변화시켜 성장할 수 있도록 하는 것이 목적이다.
② 가족 안에서 의사소통의 명확화를 강조하고 낮은 자존감에서 가족에 문제가 기인된다고 본다.
③ 개개인의 경험수준을 증가시켜야 친밀한 가족 상호작용을 할 수 있다고 보았다.
④ 문제에 직접적 방법을 사용하기보다는 역설적이고 간접적 방법을 사용한다.
⑤ 전통적 의료모델이 아닌 성장모델로 성장을 위해 잠재능력을 발휘하지 못하는 능력부족으로 인해 문제가 생긴다고 본다.

해설 문제에 직접적 방법을 사용하기보다는 역설적이고 간접적 방법을 사용하는 치료는 전략적 가족치료이다.

12 다음 중 가족치료모델에 대한 내용으로 옳은 것은?

① 다세대 가족치료 : 문제는 잘못된 의사소통과 낮은 자존감에서 발생한다.
② 구조적 가족치료 : 문제는 원 가족에서 심리적으로 분리되지 못해 발생한다.
③ 전략적 가족치료 : 문제가 왜 일어났는지보다 문제해결에 초점을 둔다.
④ 경험적 가족치료 : 문제는 역기능적인 가족의 구조에서 생긴다고 간주한다.
⑤ 해결중심 가족치료 : 문제는 잠재력을 발휘하지 못하는 데 있다고 본다.

해설 ① 다세대 가족치료 : 문제는 원 가족에서 심리적으로 분리되지 못해 발생한다.
② 구조적 가족치료 : 문제는 역기능적인 가족의 구조에서 생긴다고 간주한다.
④ 경험적 가족치료 : 문제는 잘못된 의사소통과 낮은 자존감에서 발생한다.
⑤ 해결중심 가족치료 : 문제의 원인을 규명하기보다는 클라이언트가 가지고 있는 자원을 활용하여 해결한다.

정답　　09 ③　10 ②　11 ④　12 ③

13 다음 중 가족치료모델과 그 주요 기법이 바르게 연결된 것은?

① 구조적 가족치료 : 가족조각, 역할극(역할연습), 가족그림
② 경험적 가족치료 : 탈삼각화, 가계도, 자아분화
③ 전략적 가족치료 : 경계 만들기, 실연, 역기능적 균형 깨트리기
④ 해결중심 가족치료 : 대처질문, 기적질문, 척도질문
⑤ 다세대 가족치료 : 역설적 지시, 증상처방, 재정의

해설 가족치료모델의 주요 기법
- 경험적 가족치료 : 가족조각, 역할극(역할연습), 가족그림, 접촉, 유머, 은유
- 전략적 가족치료 : 역설적 지시, 증상처방, 변화제지, 긍정적 의미부여, 순환질문, 재정의(재구성, 재명명), 시련기법, 이중구속 메시지
- 구조적 가족치료 : 경계 만들기, 합류하기, 실연, 긴장 고조시키기, 과제부여하기, 역기능적 균형 깨트리기
- 해결중심 가족치료 : 치료면담 전의 변화에 대한 질문, 대처질문, 기적질문, 척도질문, 관계성질문, 예외질문
- 다세대 가족치료 : 탈삼각화, 가계도, 자아분화, 다세대 전수과정

14 사회복지사가 사용하고 있는 기법은?

> 클라이언트의 문제가 호전되고 있는 상황에서 사회복지사는 문제가 다시 나빠질 것이라고 이야기 하여 클라이언트를 자극하고, 클라이언트 스스로 사회복지사의 이야기가 틀렸다는 것을 입증하기 위해 노력하여 문제를 해결하게 된다.

① 가족조각　　　　② 재명명
③ 순환질문　　　　④ 변화제지
⑤ 가족그림

해설 변화제지는 문제가 재발되는 것을 예측하여 경고하거나 변화의 속도가 지나치게 빠른 것을 지적하여 변화속도를 통제하는 기법이다. 클라이언트의 문제 변화속도가 빠르면 다시 되돌아갈 확률이 높아지므로 변화속도를 조절해야 한다.

15 다음에서 어머니가 사용하고 있는 기법은?

> 공부를 하지 않고 게임만 하고 있는 아들에게 화가 난 어머니는 아들이 늦은 밤이 되어서야 게임을 그만한다고 하자 아들에게 프로게이머가 되기 위해서는 지금보다 더 열심히 해야 한다며 게임에 집중하라고 이야기했다.

① 증상처방　　　　② 은유
③ 제지기법　　　　④ 재정의
⑤ 순환질문

해설 증상처방은 증상보다 동일하거나 더 힘든 시련을 체험하게 하여 그 증상을 포기하게 만드는 것이다. 공부를 하지 않는 아들에게 더 열심히 게임을 해서 프로게이머가 되어야 한다고 이야기하는 것은 지금보다 힘든 시련을 주어 게임을 그만하게 만들려는 것이므로 증상처방의 기법을 사용했다.

16 다음 중 의사소통의 유형에 대한 설명으로 틀린 것은?

① 일치형은 의사소통의 수신자가 송신자가 보낸 것을 정확하게 듣고 이해하는 유형이다.
② 비난형은 가족구성원들이 다른 구성원을 심하게 비판하고 비난하는 유형이다.
③ 초이성형은 자신을 무능력하게 느껴서 타인의 의지에 완전히 굴복하는 유형이다.
④ 산만형은 의사소통 내용에 초점이 없고 현실을 인식하지 못하는 유형이다.
⑤ 일치형은 자신의 생각을 타인에게 정확히 전달하는 유형이다.

해설 자신을 무능력하게 느껴서 타인의 의지에 완전히 굴복하는 유형은 비난형이다. 초이성형은 자신의 감정보다는 이성적으로 행동하고 나약한 모습을 보여 주지 않기 위해 항상 이성적으로 행동하여 차가운 느낌을 상대방에게 주는 유형이다.
①, ⑤ 일치형은 자신의 생각을 타인에게 정확히 전달하는 유형으로 자신의 감정과 의사소통의 내용이 일치한다.

정답　　13 ④　14 ④　15 ①　16 ③

② 비난형은 상대방보다 더 우월하다는 것을 보여주거나 상대방에게 강하게 보이기 위해 타인의 결점을 발견하고 비난하는 유형이다. 낮은 자존심으로 타인의 복종을 통해서 자신의 존재를 느끼려고 한다.

④ 산만형은 상황을 제대로 파악하지 못하여 상황에 맞지 않는 주제를 꺼내는 것과 같이 현실을 인식하지 못하는 유형으로 의사소통 내용에 초점이 없고 산만하며 상황에 적절한 반응을 보이지 못한다.

17 이야기치료에 대한 설명으로 틀린 것은?

① 가족의 상호작용 유형을 확인하고 문제를 외현화한다.

② 세상에 대하여 가지고 있는 우리의 지식은 자신의 경험에서 나온 것이다.

③ 문제의 외현화는 클라이언트와 문제를 함께 보고 해결하려고 하는 것이다.

④ 인간의 경험이 관찰이나 분석 가능한 실체가 아니라는 사회구성주의 사상에 영향을 받았다.

⑤ 문제의 외현화는 좌절하는 사람에게 좌절감과 사람을 구분하여 문제를 해결한다.

해설 문제의 외현화는 문제와 사람을 구분하는 것으로 좌절하는 사람에게 좌절감과 사람을 구분하여 문제를 해결하려는 것이다.

18 미누친의 구조적 가족치료에 대한 설명으로 틀린 것은?

① 가족이 적절한 수행을 할 수 있도록 재구조화한다.

② 잠재능력을 발휘하지 못하는 능력 부족으로 인하여 문제가 생긴다.

③ 일관성 있고 반복적인 상호작용을 가족구조라고 한다.

④ 가족의 문제를 해결하기 위해서 가족 안에 합류하여 문제를 해결하기도 한다.

⑤ 가족구조를 재구조화하여 가족이 적절한 기능을 수행할 수 있도록 돕는다.

해설 능력부족으로 인하여 잠재능력을 발휘하지 못하기 때문에 문제가 생기는 것은 경험적 가족치료이다.

19 탈삼각화에 대한 설명으로 틀린 것은?

① 보웬의 다세대 가족치료에서 주로 사용한다.

② 구성원 간 분화되어 거리가 멀수록 불안수준이 높다.

③ 불안한 두 구성원은 불안수준을 완화하기 위해 다른 한 구성원을 끌어들인다.

④ 두 구성원의 감정 영역에서 제3의 구성원을 분리시키는 과정이다.

⑤ 미분화된 가족자아를 집합체로부터 벗어나도록 돕는 것이다.

해설 불안한 두 구성원이 불안수준을 완화하기 위해 다른 한 구성원을 끌어들이는 것은 삼각화이다. 탈삼각화는 두 사람 사이에 생긴 문제에 해결하기 위해 개입된 제3자를 분리시키는 과정이다.

20 가족치료에 대한 설명으로 틀린 것은?

① 출생순위에 의해 문제가 생길 수 있다고 생각하는 것은 다세대 가족치료이다.

② 가족구성원들끼리 어떤 관계를 맺고, 상호작용을 하는지 조직화하는 것은 구조적 가족치료이다.

③ 해결중심 단기가족치료에는 예외질문, 관계성질문, 순환질문, 대처질문 등이 있다.

④ 가족의 상황을 역할극으로 표현하는 기법은 경험적 가족치료기법이다.

⑤ 전략적 가족치료는 문제행동을 계속하도록 지시하여 역설적 치료 상황을 조장한다.

해설 순환질문은 헤일리의 전략적 가족치료의 기법이다. 해결중심 단기가족치료의 질문 기법은 치료면담 전의 변화에 대한 질문, 예외질문, 기적질문, 대처질문, 척도질문, 관계성질문이다.

21 현대가족의 변화에 관한 설명으로 옳지 않은 것은?

[12회]

① 조기퇴직이 늘면서 빈 둥지 시기가 빨리 온다.
② 평균수명의 연장으로 가족의 생애주기가 길어진다.
③ 청년실업이 늘면서 자녀가 독립하는 시기가 늦어
　 진다.
④ 초혼연령이 높아지면서 가족을 형성하는 시점이
　 늦어진다.
⑤ 단독가구 및 무자녀가구가 증가하면서 비전통적
　 인 가족 유형이 늘고 있다.

해설 조기퇴직은 늘어나고 있지만 자녀들이 늦게 결혼을 하기 때문
에 빈 둥지 시기는 늦게 온다.

학습 가이드

- 집단도 가족과 개인 모델과 함께 자주 출제되고 있는 부분으로 확실히 학습해야 하는 부분이다.
- 집단의 역할, 유형, 특징, 역동성, 응집력 등 개념을 확실히 학습해야 하며 발달단계, 사정도구에 대한 문제도 자주 출제되고 있다.
- 집단 사회복지사의 역할에 대한 문제와 집단 사정에 대한 문제, 집단사회사업의 장점, 집단사회복지실천 등이 출제된 만큼 대비해야 한다.
- 집단에 대한 개념이 확실히 잡히면 사례 위주의 문제가 자주 출제되고 있기에 사례에도 대비해야 한다.

---

1 집단

1) 집단의 정의

상대방과 유형화된 방식으로 상호작용하고 스스로 집단구성원으로서의 소속감을 느끼며, 타인에 의해 집단구성원으로 간주되는 사람들의 집합이다.

2) 하트포트(Hartfort)의 집단

① 적어도 2명 이상의 개인이 모여야 한다.
② 인지적 · 정서적 · 사회적 상호교환과 같은 공동의 관심사나 목표가 있어야 한다.

③ 서로 인상을 느낄 수 있을 만한 한 번 또는 그 이상의 만남이 있어야 한다.

④ 공동으로 기능하기 위한 규범이 있어야 한다.

⑤ 공동 활동을 위한 목적을 수립하여야 한다.

⑥ 집단구성원 간에 그리고 전체로서의 집단결속력이 있어야 한다.

3) 집단의 요소

① 2인 이상의 집합체로서 일정한 구성원을 가져야 한다.

② 구성원들은 집단에 소속감을 가져야 한다.

③ 구성원들은 공통의 목적이나 관심사를 가져야 한다.

④ 구성원들끼리 상호의존적이며 상호작용이 이루어져야 한다.

⑤ 구성원들을 규제할 수 있는 규범이 있어야 한다.

4) 집단의 장점[얄롬(Yalom)]

(1) 희망의 고취

집단은 클라이언트에게 그들의 문제가 개선될 수 있다는 희망을 심어주고 이러한 희망은 그 자체로 치료적 효과를 갖는다.

(2) 보편성(일반화)

집단을 통해 다른 사람들도 자기와 비슷한 갈등과 생활경험 또는 문제를 가지고 있다는 것을 알고 위로를 얻는다.

(3) 정보전달

클라이언트는 집단사회복지사의 강의를 통해서 자신의 문제에 대해 보다 명확하게 이해할 수 있으며, 또한 집단구성원으로부터도 직·간접적인 제안, 지도, 충고를 얻게 된다.

(4) 이타심

집단구성원들은 위로, 지지, 제안 등을 통하여 서로 도움을 주고받는다.

(5) 1차 가족집단의 교정적 반복발달

클라이언트는 부모형제들과 상호작용하는 방식으로 사회복지사 및 집단구성원들과 상호작용을 재현하는데 그 과정을 통해서 그동안 해결되지 않은 가족갈등에 대해 탐색하고 도전한다.

(6) 사회기술의 발달

집단구성원으로부터의 피드백이나 특정 사회기술에 대한 학습을 통해 대인관계에 필요한 사회기술을 개발한다.

(7) 모방행동

집단 사회복지사와 집단구성원은 새로운 행동을 배우는 데 좋은 모델이 될 수 있다.

(8) 대인관계 학습

클라이언트는 집단구성원 간의 다양한 상호작용 속에서 자신의 대인관계에 대한 통찰을 얻게 되고 자신이 원하는 관계형성에 대한 아이디어를 가질 수 있다.

(9) 집단응집력

집단 내에서 자신이 인정받고, 수용된다는 소속감은 그 자체로서 집단구성원의 긍정적인 변화에 영향을 미친다.

Tip 집단응집력은 소속감이나 구성원들이 함께하려는 마음으로, 집단 응집력을 높이기 위한 사회복지사의 활동으로는 자기노출, 직면하기, 피드백 등이 있습니다.

(10) 정화

집단 내의 비교적 안전한 분위기 속에서 집단구성원은 그동안 억압되어온 감정을 자유롭게 발산할 수 있다.

(11) 실존적 요인들

클라이언트는 집단구성원과의 경험공유를 통하여 자기 자신이 다른 사람에게 아무리 많은 지도와 후원을 받는다 할지라도 자신들의 인생에 대한 궁극적인 책임은 스스로에게 있다는 것을 배운다.

5) 집단의 종류(Toseland & Rivas)

(1) 치료집단

개별구성원의 문제나 욕구를 충족시키는 데 목적을 두고 있는 집단으로 지지, 교육, 성장, 치료, 사회화집단으로 나뉜다.

Tip 집단의 종류
- 치료집단 – 문제해결을 위한 집단
- 지지집단 – 대처능력 향상
- 교육집단 – 지식 · 기술 · 정보제공
- 성장집단 – 잠재력 향상
- 치료집단 – 전문가의 사정에 의해 문제해결
- 사회화집단 – 의사소통기술, 사회기술 향상
- 과업집단 – 과업달성이 목적

① 지지집단

집단구성원이 스트레스를 받게 되는 사건에 대해 잘 대처하거나 적응하고 기존의 대처능력을 회복하거나 향상될 수 있도록 원조하는 것이 목적이다. 사회복지사는 집단구성원의 대처기술을 향상시키고 미래에 대하여 희망을 갖도록 촉진시키는 역할을 한다. 집단구성원들은 비슷한 문제를 가지고 있기에 결속력이 높고 자신을 표출하는 경우가 빈번하다.

예 이혼한 부부의 자녀집단, 편부모집단, 정신장애인 지역사회 적응집단

Tip 자조집단은 지지집단과 유사하지만 사회복지사의 역할에 차이가 있습니다.

② 교육집단

집단구성원들의 지식, 기술을 향상시키기 위해 토론, 강의, 경험을 통한 교육으로 강화시키는 것이 목적이다. 교육집단은 주로 강의를 통하여 교육이 이루어져 집단구성원 간 자기표출은 낮은 편이다.

예 성교육 청소년 집단, 예비 부모교실 집단, 약물 교육집단

③ 성장집단

집단구성원의 잠재력, 인식, 통찰의 발전을 시킬 수 있는 기회를 통해 잠재력을 발휘할 수 있도록 하는 것으로 치료를 목적으로 하는 것이 아니라 잠재력을 향상시키는 것을 목적으로 한다. 집단구성원들은 집단을 자신들의 성장기회로 활용하고 자기표출이 높은 편이다. 또한 동질성을 가진 구성원으로 집단을 구성할 경우 감정이입이나 지지가 증가하기도 한다.

예 부부를 위한 참만남 집단, 여성의식 고양집단, 은퇴 후 노인집단

④ 치료집단

집단구성원은 공통의 문제를 대처하거나 해결하기 위하여 모인 클라이언트로 구성되어 문제를 해결하는 것이 목적이다. 사회복지사는 집단의 공통된 목적 안에서 집단구성원의 목적을 달성할 수 있도록 도와주어야 한다.

예 약물치료집단, 보호관찰집단, 금연집단

⑤ 사회화집단

집단구성원이 사회생활을 할 수 있도록 필요한 의사소통과 사회기술을 향상시키는 데 목적을 둔다. 집단 안에서 프로그램을 통하여 대인관계를 향상시키기 때문에 활동이나 참여를 위한 도구로서 집단을 활용한다. 집단구성원들의 자기표출은 높지도 낮지도 않은 중간정도이다.

(2) 과업집단

과업을 달성하기 위한 목적으로 위원회, 행정집단, 팀 등을 의미한다.

6) 집단의 구성

집단을 구성할 경우에는 동질적인 성격뿐 아니라 이질적인 성격까지 고려해야 한다.

(1) 동질성집단

집단에 참여하게 된 이유, 목적, 동기뿐 아니라 사회학적 특성까지도 비슷한 사람들끼리 집단을 구성했다는 의미이다. 성별, 교육수준, 인종, 문제가 비슷할 경우에 집단구성원들 간의 상호작용이 더욱 활발해진다는 장점이 있다. 하지만 청소년 흡연 문제에 대한 집단이라면 모인 청소년들이 모두 흡연을 하기에 흡연으로 인한 장점만을 이야기한다면 문제해결에 도움이 되지 않을 것이다.

(2) 이질성집단

집단에 참여한 구성원의 특성에 차이가 있는 사람들끼리 집단을 구성했다는 의미이다. 성별, 교육수준, 인종, 문제 대처능력 등이 다를 경우 다른 구성원의 대처능력을 배울 수 있는 장점이 있다. 하지만 자신을 제외하고 모두 여성이던지, 자신을 제외하고 모두 대학을 졸업했던지 한다면 집단을 운영하는 데 어려움이 있다.

(3) 개방집단

집단이 진행되는 동안에 새로운 구성원의 합류가 가능한 집단이다.

① 장점
 ㉠ 구성원의 가입과 탈퇴가 자유롭다.
 ㉡ 매번 새로운 에너지가 유입된다.
 ㉢ 새로운 구성원의 가입은 기존 구성원들에게 자극을 준다.

② 단점
 ㉠ 새로운 구성원의 가입으로 인한 집단의 응집력이 약화된다.
 ㉡ 새로운 구성원은 집단의 소속감이 낮다.
 ㉢ 잦은 탈퇴로 인하여 집단의 안전성 문제가 생긴다.

(4) 폐쇄집단

집단이 진행되는 동안에 새로운 구성원의 합류가 불가능한 집단이다.

① 장점
 ㉠ 구성원이 변하지 않아 응집력이 높다.
 ㉡ 구성원의 행동을 예측할 수 있다.
 ㉢ 구성원의 가입과 탈퇴가 자유롭지 않아 집단이 안정적이다.
 ㉣ 구성원들의 사기가 높다.

② 단점
 ㉠ 구성원이 탈퇴할 경우 집단을 유지하기가 어렵다.
 ㉡ 새로운 에너지가 유입되지 않아 변화하지 않는다.

7) 집단의 구조

(1) 집단의 크기

집단의 크기는 집단의 유형과 목적에 따라 달라지는데, 너무 많으면 집단구성원의 통제가 어려워지고 너무 적으면 집단을 운영하는 데 어려워 성인인 경우 대부분 8~12명 정도가 적당하고 청소년인 경우에는 더 적은 수로 집단을 모집한다.

(2) 지속기간

집단의 종결은 집단이 시작할 때 구성원에게 미리 알려주어야 한다. 그래야 구성원들이 종결에 맞게 계획을 수립할 수 있기 때문이다. 지속기간도 집단의 유형과 목적에 따라 차이가 있고 기간이 너무 짧으면 구성원들의 변화가 되지 않기에 적당한 기간을 정해야 한다.

(3) 모임 빈도와 시간

성인의 경우 일주일에 1회 정도 모임을 갖고 1회에 1시간 반에서 2시간 정도 모임 시간을 갖는다. 청소년의 경우에는 주 2회, 1시간 정도로 성인보다 짧은 시간을 운영하는 것이 좋다.

(4) 집단문화

집단구성원이 공통적으로 가지고 있는 관습, 전통, 가치, 신념 등을 통틀어 집단문화라고 한다. 구성원들에 의해 만들어진 집단문화는 한 번 형성되고 나면 쉽게 바뀌지 않는다. 동질적으로 구성된 집단은 문화가 빨리 형성되지만 이질적으로 구성된 집단은 문화가 느리게 형성된다.

Tip
집단문화도 가족과 같이 집단에 따라 문화가 달라집니다.

(5) 공동지도자

집단의 크기, 목적, 유형에 따라 공동지도자를 참여시킬 것인지 결정한다. 공동지도자는 한 명이 아닌 2명 이상의 지도자를 의미한다.

Tip
공동지도자는 수퍼바이저와 수퍼바이지로 구성됩니다.

① 장점
  ㉠ 과도한 업무로 인한 지도자의 탈진을 예방할 수 있다.
  ㉡ 각 지도자는 서로 다른 업무에 집중하는 식으로 역할분담이 가능하다.
  ㉢ 한 지도자에게 문제가 생긴 경우에 다른 지도자가 문제에 대해 탐색해 볼 수 있다.
  ㉣ 한 지도자가 집단에 참석하지 못할 경우에 다른 지도자가 집단을 지도할 수 있다.
  ㉤ 두 지도자가 집단에 참석해 있어 역전이를 방지할 수 있다.
  ㉥ 가치가 서로 달라 다른 관점에서 상호작용을 보고 피드백을 해줄 수 있다.
  ㉦ 경력이 적은 지도자의 좋은 훈련이 될 수 있다.

② 단점
  ㉠ 두 지도자 간에 가치가 달라 서로 다른 목적을 추구하게 되면 집단에 편이 생긴다.
  ㉡ 두 지도자 사이에 권력, 다툼, 갈등, 경쟁관계 등의 문제가 발생할 수 있다.

ⓒ 두 지도자 간 신뢰나 존경이 없다면 다른 지도자의 무시하고 자신의 입장만을 고수한다.

ⓔ 한 지도자가 구성원들과 함께 다른 지도자에 대항할 수 있다.

ⓜ 두 지도자가 친한 경우 자신들의 개인적인 문제를 해결하기 위하여 집단을 이용할 수 있다.

ⓗ 두 지도자가 있어 비용이 많이 든다.

8) 사정도구

(1) 사회도(소시오그램)

집단 내 구성원들 간의 상호작용을 그림으로 표현한 것으로 집단 내에서 지위를 나타내고, 구성원들 간의 관계는 호의적, 무관심, 적대적인 관계로 표현된다. 사회도는 집단의 변화과정을 측정할 때 활용되고 상호작용을 파악할 수 있고 집단 내의 소외자, 하위집단, 연합, 경쟁관계 등을 파악할 수 있는 유용한 도구이다.

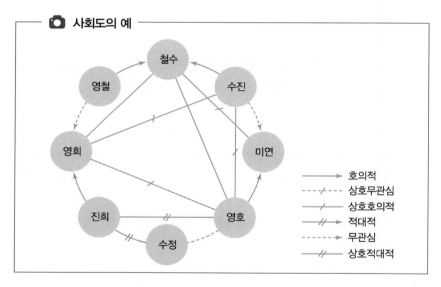

(2) 소시오메트리

집단 구성원들이 서로 간의 관계에 대해 인식하고 있는 정도나 집단 구성원 간의 관심 정도를 사정하는 방법이다. 구성원 간에 호감도를 5점 척도[1점(가장 싫어함)~5점(가장 좋아함)]로 평가한다.

(3) 의의차별척도

어떤 개념을 평가하기 위해 양 끝에 반대되는 형용사(잘생김－못생김)를 배치하여 그 속성을 평가를 내리는 척도이다.

당신의 특성은?									
외향적		✔							내성적
활발함	✔								시무룩함

2 집단사회복지실천 모델

집단사회복지실천 모델은 파펠과 로스만(Papell & Rothman)에 의해 개발되었고 사회적 목표모델, 상호작용모델, 치료모델로 나뉜다. 또한 사회적 목표모델과 상호작용모델은 인보관운동으로부터 성장하기 시작하였다.

1) 사회적 목표모델

① 민주주의 정신에 입각한 민주적 집단 과정을 중요시하는 가장 고전적인 모델이다.
② 사회적 의식과 사회적 책임을 향상시켜 책임성 있는 시민을 양성을 목적으로 한다.
③ 지역주민을 대상으로 개인의 성숙과 민주시민의 역량개발에 초점을 둔다.
④ 사회복지사는 교사, 조력자, 지도자의 역할을 한다.
⑤ 청소년단체, 인보관운동에서 발전하였다.
⑥ 집단의 크기는 3~30명 정도이다.
⑦ 대표학자는 라일랜드(Ryland), 윌슨(Wilson), 코일(Coyle), 위너(Wiener)이다.

2) 치료모델

① 집단은 개인을 치료하기 위한 수단이자 환경이다.
② 구성원의 사회적 역기능을 치료하고 재활한다.
③ 실용주의에 입각한 모델로 과학적인 접근을 통해 문제를 해결한다.
④ 사회복지사는 변화매개자의 역할로 지시적, 계획적, 목표 지향적이다.
⑤ 정신병원, 교정기관, 학교, 사회복지시설 등에서 사용된다.
⑥ 역할이론, 행동수정이론, 자아심리학 등의 지식이 필요하다.
⑦ 집단의 크기는 7~10명 정도이다.
⑧ 대표학자는 빈터(Vinter), 세리(Sarri), 글래서(Glasser), 레들(Redl)이다.

Tip 👆
사회적 목표모델의 특성
• 민주적 집단과정을 중요시
• 책임성 있는 민주시민 양성이 목적
• 민주시민의 역량 개발에 초점

Tip 👆
치료모델의 특성
• 집단은 치료의 수단
• 기능을 치료하고 재활
• 과학적 방법으로 문제 해결

3) 상호작용모델

① 구성원들의 대인관계를 향상시키는 것이 목적이다.
② 구성원 간 상호작용을 할 수 있도록 지지체계를 형성한다.
③ 집단의 목적은 초기에 정하는 것이 아니라 구성원들의 상호작용을 통해 설정된다.
④ 사회복지사는 매개자와 중재자의 역할을 한다.
⑤ 체계이론과 장이론의 지식이 필요하다.
⑥ 집단의 크기는 15명을 넘지 않는다.
⑦ 대표학자는 슈왈츠(Schwartz), 비온(Bion), 레빈(Lewin)이다.

---

3 **집단발달단계**

1) 계획단계

(1) 집단의 목적과 목표 달성

집단의 목적은 구성원들에게 방향을 설정하고 지침을 제공하는 것이므로 목적을 이루기 위해 목표를 설정해야 한다.

(2) 미래 구성원의 정보수집

집단을 구성하기 전 목적과 목표에 적합하여 구성원이 될 수 있는 사람을 확인하고 정보를 수집한다.

(3) 구성원 모집

목적과 목표에 적합한 사람 중에서 결정한다. 모집방법으로는 안내문이나 인쇄물 배포, 라디오, 신문, 방송, 인터넷 등이 있다.

2) 초기단계

(1) 구성원 소개

새로운 구성원들이 모여 서로에 대해 잘 알지 못하기 때문에 서로를 알 수 있는 시간이 필요하다. 서로를 소개할 시간을 부여하여 구성원 간 자기개방을 할 수 있게 한다.

(2) 프로그램 설명

집단이 구성된 목적에 따른 프로그램의 전체적인 진행에 대한 설명을 한다. 긍정적이고 이해하기 쉽게 설명하여 집단의 목적을 명확히 하는 것이 좋다.

(3) 비밀보장 한계 정하기

구성원들에게 어느 정도까지 비밀보장이 되는지 명확히 해야 한다.

(4) 집단 소속감 갖기

구성원들에게는 각자의 목표가 있지만 공통된 목적을 갖게 하여 집단에 소속감을 갖게 한다.

(5) 문제 예측하기

사회복지사는 구성원들의 목표나 목적을 성취할 때 직면할 수 있는 문제를 예측해 보는 것이 좋다.

(6) 오리엔테이션

집단의 목적이 무엇인지, 절차는 어떻게 되는지 설명하며, 적절한 구성원을 선별하기 위한 것이다.

(7) 계약

계약은 계획단계에서 이루어지기도 하고 초기단계에서도 이루어지기도 한다.

3) 사정단계

(1) 구성원의 자기관찰

자기모니터링, 도표, 기록, 일지 등을 통하여 구성원의 집단 사정을 할 수 있다.

(2) 사회복지사의 관찰

사회복지사는 구성원들을 자연스럽게 관찰한 내용이나 역할극, 소시오드라마, 사이코드라마 등을 통하여 집단 사정을 할 수 있다.

(3) 외부전문가 보고

외부의 전문가에 의한 보고서나 정보를 통하여 집단 사정을 할 수 있다.

(4) 표준화된 사정도구

우울증 진단, 자존감 척도, 스트레스 척도 등 표준화된 사정도구를 통하여 집단 사정을 할 수 있다.

4) 중간단계

(1) 중간단계 과업

① 집단모임 준비하기

    ㉠ 구성원들의 회합을 위한 과제와 의제를 준비한다.

    ㉡ 구성원들이 흥미를 가질 수 있는 토론 주제를 준비한다.

ⓒ 시간은 적절하게 배분한다.

ⓔ 구성원들을 위한 프로그램을 개발하여 준비한다.

② 집단 구조화하기

㉠ 각 회기의 시작시간과 끝나는 시간을 구성원에게 전달한다.

ⓛ 각 회기에서 다룰 주제를 명확히 한다.

ⓒ 모든 구성원이 참여할 수 있는 기회를 부여한다.

ⓔ 구성원들이 자원을 활용할 수 있도록 한다.

③ 구성원 참여유도

㉠ 구성원을 집단에 참여할 수 있도록 한다.

ⓛ 자신의 삶에 대해 책임을 질 수 있도록 권한을 부여한다.

ⓒ 사회복지사가 구성원의 강점을 믿고 있다는 것을 보여준다.

④ 구성원의 목표달성 원조

㉠ 구성원은 자기 자신의 목적을 인식한다.

ⓛ 문제를 극복하고 계획을 실행에 옮기려는 의지를 증진시킨다.

ⓒ 구성원의 치료계획을 실행에 옮기도록 원조한다.

⑤ 저항하는 구성원 다루기

㉠ 구성원 간 긍정적으로 생각을 하도록 동기를 촉진시킨다.

ⓛ 합리적인 신념으로 변화시킨다.

ⓒ 외부환경 및 외부자원을 이용한다.

⑥ 집단 진행과정의 점검과 평가

㉠ 각 회기가 끝날 때나 2~3회의 회기가 지나면 평가의 시간을 갖는다.

ⓛ 서면이나 구두보고의 방법으로 전 과정을 점검 및 평가한다.

5) 종결단계

(1) 종결 유형

① 클라이언트에 의한 일방적 종결

클라이언트가 갑자기 약속을 지키기 않거나 핑계를 대면서 오지 않는 경우 또는 자신의 문제를 노출시키지 않고 종결을 원할 때 이루어진다. 이러한 경우는 클라이언트가 자신의 문제가 다 해결되었다고 비현실적인 믿음을 갖거나 사회복지사에 대한 불신 또는 저항에 의해 나타나기도 한다. 사회복지사는 이러한 문제를 해결하기 위해 클라이언트와 함께 토론하고 종결의 중요성도 함께 알려야 한다. 사회복지사는 자신의 의견을 제시하고 클라이언트의 자기결정권을 존중해야 한다. 종결을 하더라도 클라이언트가 다시 오면 서비스가 제공된다는 것을 알려야 한다.

② 일정기간만 제공되는 계획된 종결

학기 중에만 서비스를 제공하는 학교 프로그램, 입원기간에 제공하는 병원 서비스, 실습기간에만 사례를 다루는 실습생의 경우가 포함된다. 기간이 정해져 있기에 클라이언트는 종결에 대한 준비를 할 수 있지만 기간 안에 문제가 해결되지 않을 경우에는 서비스가 중단되었다고 생각할 수 있다. 사회복지사에게 클라이언트가 종결에 대한 부정적 감정을 가질 수 있어 문제를 해결하기 위해 다른 기관에 의뢰해야 하는 부담이 생긴다.

③ 시간제한적 종결

처음부터 사회복지사와 클라이언트가 미리 기간을 정하고 시작하는 것으로 정서적 애착과 의존성을 줄일 수 있다.

④ 시간제한이 없는 종결

시간제한이 없어 언제 종결할 것인지가 정말 중요하기에 클라이언트가 사회복지사에 대하여 의존성이 줄어들 경우 종결한 시기라고 생각한다. 클라이언트가 오랜 기간 사회복지사에게 높은 의존성을 갖거나 전문적 관계를 통한 이익이 있을 경우 클라이언트가 강한 정서적 반응을 보일 수 있다.

⑤ 사회복지사의 이동에 의한 종결

사회복지사의 개인적인 문제나 사직 또는 퇴직 등이 대부분이며 클라이언트와 사회복지사 모두에게 힘든 것이다. 이전에 중요한 관계에서 거부당한 적이 있는 클라이언트는 특히 상처받기 쉽고 자존심이 약해진다. 사회복지사 또한 떠나는 죄책감을 보상하기 위해 지나치게 잘 대해주거나 재보증을 해주어 클라이언트로 하여금 부정적 감정을 표현하기 어렵게 만든다. 사회복지사는 시간이 허락하는 한 감정표현을 허용하고 다른 사회복지사에게 의뢰하는 것을 수용하도록 도와야 한다.

(2) 종결에 대한 반응

① 긍정적인 종결반응

클라이언트가 성취한 이득으로 인한 종결을 할 경우 상실감이 축소되는데, 사회복지사는 사회복지사와 클라이언트 모두 성취감을 느끼기 위해 강점중심이나 문제해결접근법을 사용할 수 있다.

② 사회복지사에게 매달리는 반응

의존심이 증가하여 전문적 관계에서 얻는 이익을 포기하지 못할 경우 클라이언트는 사회복지사에게 계속 만나줄 것을 요구하며 매달릴 수 있다. 이때 사회복지사는 클라이언트에게 독립적으로 문제를 해결하는 것이 목표였음을 강조하여여 한다.

1과목

2과목

3과목

4과목

5과목

6과목

7과목

8과목

③ 과거의 문제가 재발

한동안 잘 조절되던 문제가 다시 발생하였음을 보고하는 경우이다. 이때 사회복지사는 문제에 초점을 두지 말고 종결 이후 삶에 대한 불확실성, 두려움에 초점을 두어 세션을 진행하며, 감정보다는 클라이언트가 세션을 통해 획득한 자원과 장점을 강조하여 자기효율성을 높일 수 있도록 한다.

④ 사회복지사를 대처할 대상을 찾는 경우

사회복지사를 대신하여 그 상실을 보상해줄 수 있는 대상을 찾는 것은 의존심을 지속시키고자 하는 욕구 때문이다. 이런 경우 사회복지사는 클라이언트로 하여금 클라이언트의 강점을 인식하도록 돕고 스스로 할 수 있다는 것을 강조한다.

OX 퀴즈

- 종결에 대한 반응으로 사회복지사에게 매달리기도 한다. (O)
- 종결의 이유에는 사회복지사 때문에 종결하는 경우도 있다. (O)
- 구성원들의 회합을 위한 과제와 의제를 준비하는 단계는 초기단계이다. (×)

01 집단대상 사회복지실천의 장점이 아닌 것은? [11회]

① 일반화　　　　② 모방행동
③ 정보전달　　　　④ 구성원의 순응
⑤ 실존적 요인

해설 집단의 장점에는 희망의 고취, 보편성(일반화), 정보전달, 이타심, 1차 가족집단의 교정적 반복발달, 사회기술의 발달, 모방행동, 대인관계 학습, 집단응집력, 정화, 실존적 요인 등이 있다.

02 개방집단에 대한 내용으로 틀린 것은?

① 모르는 구성원이 가입한 경우 집단의 과업 성취에 방해가 될 수 있다.
② 집단구성원의 자주 교체되어 집단의 안정성에 문제가 생길 수 있다.
③ 소수 구성원의 의견을 무시하여 집단적 사고의 위험이 있다.
④ 집단 전체의 기능상 변화 없이 새로운 구성원을 가입시킬 수 있다.
⑤ 다양한 집단구성원의 참여를 유도할 수 있다.

해설 소수 구성원의 의견을 무시하여 집단적 사고의 위험이 있는 집단은 폐쇄집단이다. 개방집단에서는 의견이 무시되면 탈퇴를 할 수 있으나 폐쇄집단에서는 탈퇴를 하게 되면 집단을 운영할 수 없게 된다.

03 다음에서 설명하는 집단 개입방법은?

> 인보관운동에서 뿌리를 찾을 수 있으며 집단구성원들의 사회의식과 사회목표를 발전시키고 민주주의를 유지시키기 위해 사회적 목표를 강조한다.

① 사회적 목표모델　　② 치료모델
③ 상호작용모델　　　　④ 집단실천모델
⑤ 자조모델

해설 제시문은 사회적 목표모델에 대한 설명이다.

② 치료모델은 개인을 치료하기 위한 수단으로 집단을 활용한다. 치료를 위하여 계획적, 목적지향적, 예방적 성격을 가지고 있다.
③ 상호작용모델은 집단구성원의 문제나 욕구를 해결하는 것으로 개인과 사회의 조화를 이루는 것에 목적을 둔다. 집단구성원들의 상호작용을 통해 서로를 지지하여 문제를 해결할 수 있도록 한다.

04 다음에서 설명하는 집단은?

> 집단구성원의 대처기술을 향상시키고 미래에 대하여 희망을 갖도록 촉진시키는 역할을 한다. 집단구성원들은 비슷한 문제를 가지고 있기 때문에 결속력이 높고 자신을 표출하는 경우가 빈번하다.

① 지지집단　　　　② 성장집단
③ 사회화집단　　　④ 치료집단
⑤ 교육집단

해설 지지집단에 대한 설명이다. 지지집단은 집단구성원이 스트레스를 받게 되는 사건에 대해 잘 대처하거나 적응하고 기존의 대처능력을 회복하거나 향상될 수 있도록 원조하는 것이 목적이다.

② 성장집단은 집단구성원의 잠재력, 인식, 통찰의 발전을 시킬 수 있는 기회를 통해 잠재력을 발휘할 수 있도록 하는 것으로 치료를 목적으로 하는 것이 아니라 잠재력을 향상시키는 것을 목적으로 한다.
③ 사회화집단은 집단구성원이 사회생활을 할 수 있도록 필요한 의사소통과 사회기술을 향상시키는 데 목적을 둔다.

정답　01 ④　02 ③　03 ①　04 ①

④ 치료집단은 집단구성원은 공통의 문제를 대처하거나 해결하기 위하여 모인 클라이언트로 구성되어 문제를 해결하는 것이 목적이다.
⑤ 교육집단은 집단구성원들의 지식, 기술을 향상시키기 위하여 토론, 강의, 경험을 통한 교육으로 강화시키는 것이 목적이다.

05 다음에서 설명하는 사정도구는?

> 구성원들 간의 상호작용을 그림으로 표현한 것으로 집단 내에서 지위를 나타내고, 구성원들 간의 관계는 호의적, 무관심, 적대적인 관계로 표현된다.

① 가계도　　　　② 소시오그램
③ 생활력 도표　　④ 사회적 관계망
⑤ 생태도

해설 소시오그램(사회도)은 집단 내 구성원들 간의 상호작용을 그림으로 표현한 것으로 집단 내에서 지위를 나타내고, 구성원들 간의 관계는 호의적, 무관심, 적대적인 관계로 표현된다. 사회도는 집단의 변화과정을 측정할 때 활용되고 상호작용을 파악할 수 있다. 집단 내의 소외자, 하위집단, 연합, 경쟁관계, 구성원 간 결속 강도, 배척여부 등을 파악할 수 있는 유용한 도구이다.

06 집단훈련프로그램의 과정을 바르게 나열한 것은?

[10회]

> ㄱ. 구성원들의 욕구와 능력 사정
> ㄴ. 구성원들의 변화행동 평가
> ㄷ. 프로그램 진행상황 모니터링
> ㄹ. 구성원들의 참가동기 확인
> ㅁ. 변화를 위한 과업 실행

① ㄱ → ㄷ → ㄹ → ㄴ → ㅁ
② ㄱ → ㅁ → ㄴ → ㄹ → ㄷ
③ ㄹ → ㅁ → ㄱ → ㄷ → ㄴ
④ ㄹ → ㄱ → ㅁ → ㄷ → ㄴ
⑤ ㅁ → ㄹ → ㄱ → ㄴ → ㄷ

해설 접수(ㄹ) → 자료수집 및 사정(ㄱ) → 목표설정 및 계약 → 개입(ㄷ, ㅁ) → 종결 및 평가(ㄴ) 순이다.

07 집단 구성 시 고려할 사항이 아닌 것은?

① 목표달성을 위해 집단모임의 기간을 정한다.
② 집단 연속성을 높이기 위해 개방집단으로 운영한다.
③ 상호작용을 촉진하기 위해 집단의 크기를 고려한다.
④ 공감대 형성을 위해 동질적인 구성원들로 구성한다.
⑤ 집단의 크기는 집단의 유형, 목적에 따라 달라진다.

해설 집단의 연속성을 높이기 위해서는 폐쇄집단으로 운영해야 한다.

08 다음 설명에 해당되는 집단 사정도구는?

[11회]

> • 집단구성원이 동료구성원에 대하여 평가하는 것이다.
> • 5개 혹은 7개의 응답 범주를 갖는다.
> • 두 개의 상반된 입장에서 하나를 선택하도록 요청한다.

① 상호작용차트　　② PIE분류체계
③ 의의차별척도　　④ 소시오그램
⑤ 생활주기표

해설 의의차별척도는 어떤 개념을 평가하기 위해 양 끝에 반대되는 형용사(잘생김 – 못생김)를 배치하여 주관적인 의미를 측정하는 사정도구이다.

09 집단역동의 구성요소가 아닌 것은?

① 대인관계　　　② 긴장과 갈등
③ 집단의 크기　　④ 집단 목적
⑤ 지위와 역할

해설 집단의 크기는 집단역동의 구성요소에 속하지 않는다. 집단역동의 구성요소에는 의사소통 유형, 집단목적, 대인관계, 지위와 역할, 가치와 규범, 긴장과 갈등, 집단응집력, 하위집단 등이 있다.

10 집단 발달단계 순서로 옳은 것은?

> ㄱ. 오리엔테이션　　ㄴ. 집단 소속감 갖기
> ㄷ. 집단 구조화하기　ㄹ. 표준화된 사정도구

정답　05 ②　06 ④　07 ②　08 ③　09 ③　10 ④

① ㄱ→ㄴ→ㄷ→ㄹ　② ㄱ→ㄷ→ㄹ→ㄴ

③ ㄱ→ㄷ→ㄴ→ㄹ　④ ㄱ→ㄴ→ㄹ→ㄷ

⑤ ㄱ→ㄹ→ㄷ→ㄴ

해설 집단 발달단계

- 계획단계 : 집단의 목적과 목표 달성, 미래 구성원의 정보수집, 구성원 모집
- 초기단계 : 구성원 소개, 프로그램 설명, 비밀보장 한계 정하기, 집단 소속감 갖기, 문제 예측하기, 오리엔테이션, 계약
- 사정단계 : 구성원의 자기관찰, 사회복지사의 관찰, 외부전문가 보고, 표준화된 사정도구
- 중간단계 : 집단모임 준비하기, 집단 구조화하기, 구성원 참여유도, 구성원의 목표달성 원조, 저항하는 구성원 다루기, 집단 진행 과정의 점검과 평가
- 종결단계 : 종결 유형, 종결에 대한 반응

11 사회복지사가 다음의 과업을 수행하는 집단 발달단계는?

[13회]

- 집단구성원 간의 공통점과 차이점을 파악한다.
- 집단구성원이 다양한 경험을 할 수 있도록 돕는다.
- 집단의 상호작용, 갈등, 진행상황, 협조체계 등을 파악한다.
- 개별구성원의 태도, 관계, 행동, 동기, 목표 등을 평가한다.

① 계획단계　　　　② 초기단계

③ 사정단계　　　　④ 중간단계

⑤ 종결단계

해설 집단 발달단계에서 중간단계는 집단모임 준비하기, 집단 구조화하기, 구성원 참여유도, 구성원의 목표달성 원조, 저항하는 구성원 다루기, 집단 진행과정의 점검과 평가를 수행한다.

12 집단 초기단계에서 집단구성원의 특성으로 옳은 것을 모두 고른 것은?

- ㄱ. 낯선 사람에 대한 불안 · 분노
- ㄴ. 개별 구성원의 목적 설정
- ㄷ. 사회복지사와의 대화시도
- ㄹ. 자신의 지위 및 역할을 모색

① ㄱ, ㄷ, ㄹ　　　　② ㄴ, ㄷ, ㄹ

③ ㄱ, ㄴ, ㄷ　　　　④ ㄱ, ㄴ, ㄹ

⑤ ㄱ, ㄴ, ㄷ, ㄹ

해설 자신의 지위 및 역할을 모색하는 단계는 초기단계가 아니라 중간단계의 특성이다.

13 집단의 응집력을 향상시키기 위한 사회복지사의 역할로 틀린 것은?

① 집단구성원들의 책임성을 강조하지 않는다.

② 집단구성원 간 협력관계를 형성할 수 있도록 도와준다.

③ 집단에 참여하여 얻을 수 있는 보상을 제시한다.

④ 목표달성에 초점을 두고 목표를 달성할 수 있도록 돕는다.

⑤ 집단에 대해 자부심을 느끼도록 돕는다.

해설 집단의 응집력을 향상시키기 위해서는 집단 구성원의 책임성을 강조한다. 집단 구성원들이 책임성을 얼마나 갖느냐에 따라 응집력이 달라질 수 있다.

14 노튼(Northen)의 집단 발달단계 중 탐색과 시험단계에 나타나는 내용이 아닌 것은?

- ㄱ. 하위집단 형성　　　ㄴ. 강한 자의식
- ㄷ. 목표지행적 리더 출현　ㄹ. 상호 영향력

① ㄱ, ㄷ　　　　　② ㄴ, ㄹ

③ ㄱ, ㄴ, ㄷ　　　④ ㄴ, ㄷ, ㄹ

⑤ ㄱ, ㄴ, ㄷ, ㄹ

해설 강한 자의식은 오리엔테이션 단계, 상호 영향력은 문제해결 단계에서 나타난다.

정답　11 ④　12 ③　13 ①　14 ②

사회복지실천의 기록

출제경향

학습 가이드

- 실천론과 실천기술론에서 모두 출제될 수 있는 확률이 있는 만큼 학습해 두면 좋은 점수를 받을 수 있다.
- 기록의 목적과 기록의 유형에 대한 문제는 언제든지 출제될 수 있는 부분이므로 충분한 학습이 필요하고 사례로 문제가 출제되는 만큼 개념을 충분히 암기하고 사례에 대처해야 한다.

---

1 **기록의 목적**

 사회복지실천 기록의 목적은 기록 유형과 함께 자주 출제되고 있으니 꼭 암기해야 합니다.

1) 책임성

프로그램 진행자는 프로그램을 진행하는 데 있어서 기관과 지역사회 서비스를 제공받는 클라이언트에 대한 책임성을 가지고 있어 프로그램에 대한 기록, 평가를 하는 전문가의 역할을 한다.

2) 정보 제공

프로그램을 실시하기 위해서는 프로그램 홍보를 먼저 실시하는데, 이유는 클라이언트에게 프로그램에 대한 목적 및 목표와 같은 정보를 공유하여 대상자를 선정하고 알권리를 존중해 주기 위해서이다.

3) 서비스 점검(모니터링)

프로그램의 기록을 통해 프로그램에 대한 내용과 과정을 파악할 수 있다. 특히, 기록은 효율성과 효과성을 평가하는 데 중요한 역할을 할 수 있다.

4) 클라이언트에 대한 이해 증진

클라이언트를 이해하는 데 기록이 필요하다. 기록을 통하여 클라이언트의 욕구를 파악하거나 프로그램 개입의 방향을 설정할 수 있다. 클라이언트는 기록을 보고 자신을 이해할 수 있고 기록이라는 구체적 자료로 인해 사회복지사와 클라이언트는 의사소통을 원활하게 할 수 있다.

5) 지도감독(슈퍼비전)

기록을 가지고 학교에서 학생이나 기관에서 현장 실습생을 교육하는 데 중요한 역할을 할 수 있고 초보 사회복지사의 업무를 파악하고 평가나 지도를 할 수 있다.

6) 서비스 지속성 여부

기록은 효과성 평가나 효율성 평가를 하고 그 평가로 인하여 프로그램의 지속 여부를 결정하게 된다.

7) 전문가 간 정보 원활화

클라이언트의 문제를 해결할 때 다른 전문가와 의사소통을 하는 데 있어 매우 유익하고 협력을 원활하게 한다.

8) 근거자료

프로그램을 진행하는 데 정책이나 승인이 필요할 경우 근거자료가 된다. 또한 프로그램에 대한 문제나 효과를 알 수 있고 다른 프로그램을 개발할 때 참고자료로 활용할 수 있다.

2 기록의 용도(Ames, Kagle)

① 클라이언트의 욕구를 파악하고 개입을 위한 기초자료를 얻는다.
② 기관의 서비스수급자격을 입증할 문서로 사용된다.
③ 클라이언트와 서비스에 관한 정보가 필요할 때 이용할 수 있게 보존한다.
④ 전문가들 간에 협조체계를 원활하게 해준다.
⑤ 담당 사회복지사가 부득이하게 바뀌는 경우, 기록을 보고 현재까지의 진행한 서비스 과정을 알 수 있다.

⑥ 사회복지사의 사고(thinking)를 구조화하는 데 도움을 준다.

⑦ 클라이언트와 사회복지사 간의 정보공유로 의사소통을 촉진시킨다.

⑧ 슈퍼비전, 자문, 동료들의 피드백을 받을 수 있는 근거가 된다.

⑨ 교육훈련과 연구조사의 자료로 사용된다.

⑩ 서비스의 효율성과 효과성, 서비스 질을 평가하는 데 사용된다.

⑪ 사회복지사와 사회복지기관이 행정절차상의 규정이나 기준을 준수하는 지 보여준다.

⑫ 실무와 행정상의 결정을 내려야 할 때 정보를 제공한다.

⑬ 서비스 비용을 청구하고 프로그램 실시를 위한 재원확보에 사용된다.

3 기록 내용의 구성요소

1) 기록에 포함되어야 할 내용(Kagle)

(1) 클라이언트의 인구학적인 특성

클라이언트의 인구학적 특성을 토대로 특화된 서비스를 제공할 수 있는데, 특성으로는 성, 연령, 국적, 전화번호, 교육수준, 수입, 결혼상태, 직업, 가족구성 등이 있다.

(2) 서비스를 제공하게 된 사유

클라이언트에게 서비스를 제공하고 있는 도중에 클라이언트가 요구하지 않은 서비스를 제공하게 된다면 서비스를 제공하게 된 이유를 기록해야 한다.

(3) 클라이언트의 현재 및 과거의 문제나 욕구 – 사회력

클라이언트의 현재와 과거문제나 욕구를 파악하는 경우에 사용하는 기술은 사회력이다. 사회력에는 사실적 내용뿐 아니라 정서적 내용도 포함이 되며 서비스가 계속될수록 새로운 정보를 찾아낼 수 있기에 계속적인 과정이다. 그래서 과정인 동시에 결과라 할 수 있고 크기는 크거나 작을 수 있다.

(4) 사회복지사의 사정

사정은 사회복지사는 클라이언트에게 개입하기 전에 계획 수립을 위해 클라이언트의 문제나 욕구를 파악하는 과정으로 사회복지사는 추론적이거나 불분명한 사정을 해서는 안 된다.

(5) 서비스 목적

사회복지사는 클라이언트에게 서비스의 목적을 분명히 해야 한다. 즉, 사회복지사는 클라이언트에게 어떠한 서비스를 실시할 것인지, 그 서비스로 인하여 어떠한 효과가 있는지 알려야 한다.

(6) 서비스 계획

목적을 이루기 위해 프로그램을 어떻게 진행할 것인지 계획을 세워야 한다. 이러한 계획과정은 다양하게 진행되지만 계획에 대한 기록은 단순하다. 계획에 근거하여 기록을 하면 된다.

(7) 제공된 서비스의 특성

클라이언트에게 제공된 서비스를 순서나 특성을 중심으로 기록하게 된다. 클라이언트에 대하여 기록하기 위해 표준화된 양식을 사용하지만 기관마다 조금씩 다를 수 있다.

(8) 서비스 종결방법과 사유

사회복지사는 클라이언트와 서비스를 종결할 경우 종결하게 되는 이유를 기록하게 된다. 종결은 대부분 사회복지사 또는 클라이언트의 이유로 종결하게 되는데 크게 라포 형성이 되지 않아 서비스를 실시하지 못하게 되는 클라이언트에 의한 조기 종결과 사회복지사의 이직에 따른 사회복지사에 의한 종결, 계획한 기간이 다 도래되어 종결하는 기간만료 종결, 기간이 정해져 있지 않은 종결이 있다.

(9) 서비스 활동과 결과에 대한 요약

클라이언트가 서비스를 받고 이루게 된 것들 또는 유의사항을 기록하여 시간이 지난 후 클라이언트가 서비스를 받기 위해 재방문했을 때나 교육적으로 사용할 때 정보를 쉽게 이용할 수 있게 한다.

(10) 사후지도

클라이언트의 현재 상황이나 시간이 지난 후에 생길 수 있는 문제에 대한 정보를 포함하고 간단하게는 클라이언트의 인정사항과 어떤 서비스를 받았는지 정도로 기록할 수도 있다.

2) 좋은 기록을 작성하기 위한 지침(Kagle)

① 서비스의 결정과 행동에 초점을 두어야 한다.
② 사정, 개입, 평가의 기초가 되는 클라이언트와 상황에 관한 정보가 들어 있어야 한다.

③ 각 단계에서 목적, 목표, 계획, 과정과 진행을 포함하여 서비스 전달에 관한 정보가 들어 있어야 한다.

④ 상황묘사와 사회복지견해가 명확하게 분리되어 있어 읽는 사람이 사회복지사의 관찰사항과 해석을 구분하여 이해할 수 있어야 한다.

⑤ 구조화되어 있어서 정보를 효과적으로 문서화할 수 있고 쉽게 색출해 낼 수 있어야 한다.

⑥ 서비스 전달이 잘 묘사되고 모든 문서가 정확하여 유용하다.

⑦ 기록이 간결하고 구체적이며, 타당하고 명확하며, 논리적이고 시기적절하며, 의미 있고 사실에 근거해야 한다.

⑧ 전문가 윤리를 바탕으로 해야 한다.

⑨ 수용된 이론에 기초해 있어야 한다.

⑩ 전문가의 견해를 담으면서도 클라이언트의 관점을 무시하지 않아야 한다.

3) 나쁜 기록의 특징(Kagle)

① 내용이 부정확하고 사실에 근거하고 있지 않다.

② 내용이 너무 길고 복잡하여 이해하기 어렵다.

③ 내용이나 과정상 윤리적 문제가 있다.

④ 기록자의 선입견이나 클라이언트에 대한 편견이 들어 있고 클라이언트에게 낙인을 준다.

⑤ 수동태 문장을 많이 사용하여 행위의 주제를 파악하기 어렵다.

⑥ 지나치게 요약하여 정보로서 가치가 없다.

⑦ 내용이 모호하여 오해하기 쉬운 표현이 많다.

⑧ 철자나 문법 등 잘못된 표현이 많다.

---

4 **기록의 유형**

1) 과정기록

사회복지사와 클라이언트의 원조과정이나 상호작용과정에 있었던 내용을 있는 그대로 기록하는 방법이다. 사회복지실천 현장에서는 거의 사용되지 않는 방법이지만 학생이나 실습생, 경력이 적은 사회복지사를 위하여 교육용 도구로 광범위하게 사용되고 있다. 사회복지사가 클라이언트와 면담의 모든 내용을 인용부호(" ")를 사용하여 대화체로 기록하고 간접인용과 직접인용으로 기록할 수 있다.

Tip 🖑
과정기록은 있는 그대로 구체적이고 대화 형태로 작성합니다. 비언어적 표현까지 기록하므로 교육적 목적이 큽니다.

(1) 장점

사례를 점검하기도 하고 면담 중 일어난 일을 파악할 수 있기에 잘못된 점을 사전에 예방할 수 있어 사회복지실습이나 교육방법으로 유용하게 쓰인다.

(2) 단점

기록하는 데 시간이 많이 소모되고 면접에서 일어난 모든 언어적·비언어적 의사소통을 기억하지 못하기 때문에 다 기록할 수 없다. 또한 사회복지사의 기억에 의존하기 때문에 주관적이다.

(3) 유의사항

기록하는 데 집중하고 면접에 집중하지 못하면 안 된다. 기록은 정직하게 기록하여야 하고 면담이 끝난 후 가능한 한 빠른 시간 안에 기록해야 한다. 교육적 자료로 활용하기 때문에 기관의 공식적 자료가 되어서는 안 된다.

(4) 과정기록의 예

면담일 : 20○○년 ○○월 ○○일	
면담내용	**사회복지사의 코멘트**
사회복지사 : 제가 지난번 전화 통화했던 사회복지사 최윤정입니다.	
클라이언트 : 네…, 어떻게 말을 해야 할지…. 사실은 우리 아이가 말썽을 부려서 학교에서 퇴학을 당하게 되었습니다. 대화를 하려고 해도 저와는 말도 하지 않으려고 해요. 저도 할 만큼 했는데….	클라이언트는 매우 당황하는 것 같다.
사회복지사 : 그러니까 아이가 비행행동을 보이나 보죠? 아이는 몇 학년입니까?	다음 클라이언트와의 면담약속 때문에 마음이 급했고 빨리 결론을 내리려 한 것 같다.
클라이언트 : 비행행동이라기보다는 학교를 잘 가려 하지 않고 잘못된 친구들과 어울려 본드를 하는 것 같습니다. 절도나 폭력행동은 하지 않아요.	클라이언트는 비행행동이라는 단어가 불쾌하였던 것 같다.

2) 요약기록

사회복지사와 클라이언트의 면담에서 있었던 내용 중 중요한 정보만 요약하여 기록하는 방법이다. 사회복지실천 현장에서 제일 많이 사용하는 방법으로 면접 일시, 대상, 장소, 문제탐색, 표적문제에 개입, 계약, 표적문제에 대한 진행상황 등 단계에 따라 요약한다. 또한 클라이언트의 변화에 초점을 두어 기록한다.

Tip 👆
요약기록은 모든 내용을 기록하기보다는 중요한 것이나 변화에 초점을 두고 기록하므로 장기적 사례에 유용하며, 사회복지기관에서 주로 사용합니다.

(1) 장점

오랜 시간 사례가 지속될 경우 유용하게 쓰인다.

(2) 요약기록의 예

2015/11/23

대학병원의 의료사회복지사인 최윤정 선생님이 어제 아이를 출산한 미혼모 ○○○씨를 아동복지기관인 본 기관에 의뢰했다. ○○○씨는 18세로 두 번째 아이를 출산했고, 첫 번째 아이는 출산 직후 사망했다. ○○○씨는 정신지체로 고아원에서 나온 뒤 일정한 거주지가 없이 노숙하고 있는 상태에서 임신하였고 특별한 보호자도 없는 상태이다. 퇴원 후 갈 곳이 없어 다시 노숙할 확률이 높은 상태이므로 ○○○씨는 동의를 얻어 본 기관에 모자를 함께 입소시키고, 아이의 입양문제는 향후 논의하고자 한다.

---

3) 문제중심기록

Tip 👆

문제중심기록은 전문가 집단에서 문제를 중심으로 기록하므로 사회복지기관에서는 사용하지 않습니다.

클라이언트의 현재 문제를 중심으로 구성하고, 문제를 규명하고 사정하여 각 문제에 무엇을 할 것인지 계획을 기록하는 것이다. 의료분야와 같이 다수의 전문가 집단이 모인 곳에서 많이 사용하고 SOAP 방식으로 기록한다.

- S(Subjective) : 주관적 정보로 클라이언트가 인지한 문제나 자신의 상황에 대하여 어떻게 생각하고 있는지 주관적인 정보를 기술한다.
- O(Objective) : 객관적 정보로 사회복지사가 클라이언트를 관찰하여 얻어낸 객관적인 정보를 기술한다.
- A(Assessment) : 사정은 주관적 정보와 객관적 정보에 기초하여 클라이언트의 문제에 대한 사정, 견해, 해설, 분석을 기술한다.
- P(Plan) : 계획은 주관적 정보와 객관적 정보에 의한 사정으로 나타난 클라이언트의 문제에 대한 계획을 기술한다.

(1) 장점

다른 전문직 간에 의사소통을 촉진시키고 추후점검이 가능하기에 책임성이 높다.

(2) 단점

클라이언트의 개인 · 환경 간의 상호작용보다는 개인을 강조하여 문제가 단순화될 수 있고 클라이언트의 욕구 · 자원 · 강점보다는 문제를 강조함으로 사회복지실천을 한정시킬 수 있다.

- 클라이언트 : ○○○(만 30세, 여)
- 의뢰자 : 외과 간호사 김○○
- 면담일시 : 2015년 11월 24일
- 면담장소 : 사회사업과 상담실
- 의료적 상태 : 2015년 11월 15일 교통사고로 전치 10주 진단받고 입원

S : 입원기간 동안 자녀를 돌봐줄 사람이 없어서 매우 걱정함
O : 낮에는 이웃이, 밤에는 남편이 자녀들을 돌봄. 자녀를 이웃에 맡기는 것에 대해 불안해함. ○○○은 2개월 이상 입원을 해야 함
A : 자녀를 돌봐줄 탁아서비스 및 비용문제를 해결할 수 있는 대안을 마련해야 함
P : 자녀를 돌봐줄 지역사회자원 찾아보기, 탁아서비스 비용을 지원해줄 수 있는 자원 찾아보기

4) 이야기체 요약기록

사회복지사와 클라이언트 간 면담에서 있었던 내용 중 사회복지사의 말보다는 클라이언트의 상황, 서비스에 초점을 맞추어 이야기하듯 서술체로 기록하는 방법이다.

(1) 장점

클라이언트의 상황과 서비스에 대한 본질을 개별적 반영할 수 있어 문서화가 용의하다.

(2) 단점

사회복지사의 글쓰기 능력에 많이 좌우하고 시간이 오래 걸린다. 원하는 자료를 찾기 위해서는 많은 양의 기록을 읽어야 한다.

Tip 👍
이야기체기록은 서비스 제공과정에 대해 이야기하듯 서술체로 기술한다. 사회복지사의 글쓰기 능력에 좌우되는 단점이 있습니다.

5) 그 밖의 기록

	녹음 · 녹화 기록	시계열 기록	표준화된 기록
특징	클라이언트의 음성을 녹음하거나 화면을 녹화하여 면접과정을 관찰 · 재조사하는 방법이다.	클라이언트의 표적행동을 반복적으로 3회 이상 그래프로 기록하여 관찰하는 방법이다.	클라이언트의 표적행동의 정보를 체계적으로 기록하는 방법으로 짧은 질문 또는 체크할 수 있는 형식이다.
장점	학생이나 실습생 교육용으로 유용하다.	특별한 지식 없이도 그래프를 보고 분석할 수 있다.	자료를 축적하기가 쉽고 보관이 간편하여 필요한 정보를 쉽게 찾을 수 있다.
단점	클라이언트가 녹음이나 녹화로 인한 거부반응과 자신의 본 보습을 보이지 않는 조사반응성이 나타날 수 있다.	클라이언트의 행동을 중심으로 기록하기에 많은 시간이 소요되고 문제에 적합하지 않을 수 있다.	클라이언트만이 가지고 있는 독특한 성격이나 행동 또는 서비스 방법에 따른 질적인 내용을 포착하기 어렵다.

OX 퀴즈

- 클라이언트를 이해하기 위해 기록한다. (○)
- 기록을 할 경우 클라이언트에게 목적이나 긍정적인 점을 알려야 한다. (○)
- 문서화가 용의하다는 장점과 시간이 오래 걸리는 단점을 가진 기록은 이야기체이다. (○)
- 전문가 집단들이 사용하는 기록은 문제중심기록이다. (○)

01 사회복지실천기록에 관한 설명으로 옳지 않은 것은?

[10회]

① 과정기록은 사회복지실습이나 교육수단으로 유용하다.

② 과정기록은 시간과 비용이 너무 많이 소요되어 비효율적이다.

③ 이야기체기록은 사회복지사의 재량에 의존하기 때문에 추후에 원하는 정보를 찾기 어렵다.

④ 문제중심기록은 기록이 간결하고 통일성이 있어 팀 접근 시 활용이 용이하다.

⑤ 문제중심기록은 사회복지사와 클라이언트의 상호작용을 구체적으로 기록한다.

[해설] 문제중심기록은 클라이언트의 현재 문제를 중심으로 구성하고, 문제를 규명하고 사정하여 각 문제에 무엇을 할 것인지 계획을 기록하는 것으로 의료분야와 같이 다수의 전문가 집단이 모인 곳에서 많이 사용한다. SOAP 방식으로 기록하기 때문에 클라이언트의 상호작용을 구체적으로 기록하지 않는다.

02 사회복지실천기록의 목적에 해당하는 것을 모두 고른 것은?

[16회]

ㄱ. 개인적 보관 및 활용
ㄴ. 지도감독 및 교육 활성화
ㄷ. 책임성의 확보
ㄹ. 정보제공
ㅁ. 클라이언트에 대한 이해 증진

① ㄴ, ㄹ
② ㄱ, ㄷ, ㅁ
③ ㄱ, ㄴ, ㄷ, ㄹ
④ ㄴ, ㄷ, ㄹ, ㅁ
⑤ ㄱ, ㄴ, ㄷ, ㄹ, ㅁ

[해설] 사회복지실천기록의 목적은 책임성, 정보제공, 서비스 점검, 클라이언트에 대한 이해 증진, 지도감독, 서비스 지속성 여부, 전문가 간 정보 원활화, 근거자료이다. 개인적 보관 및 활용을 하기 위해 기록을 하는 것은 아니다.

03 좋은 기록의 특징으로 옳은 것은?

[15회]

① 서비스의 결정과 실행에 초점을 둔다.

② 상황묘사와 사회복지사의 견해를 구분하지 않는다.

③ 비밀보장을 위해 정보를 쉽게 분류할 수 없게 한다.

④ 모든 문제나 상황을 가능한 자세하고 풍부하게 기술한다.

⑤ 클라이언트의 관점은 배제하고 전문적 견해를 강조한다.

[해설] ② 상황묘사와 사회복지사의 견해를 구분해야 한다.
③ 비밀보장도 중요하지만 기록은 구조화되고 정보를 쉽게 찾을 수 있어야 한다.
④ 모든 문제나 상황을 가능한 한 자세하고 풍부하게 기술하는 것이 아니라 필요한 내용만 자세히 기술한다.
⑤ 클라이언트의 관점과 전문적 견해를 강조한다.

04 과정기록에 관한 설명으로 옳은 것은?

[12회]

① 문제를 목록화한다.

② 시간 및 비용 측면에서 효율적이다.

③ 사회복지 실습이나 교육수단으로 유용하다.

④ 클라이언트와의 면담 내용을 요약체로 기록한다.

⑤ 면담에 대하여 클라이언트가 분석한 내용을 기록한다.

정답 01 ⑤ 02 ④ 03 ① 04 ③

해설 과정기록은 사회복지사와 클라이언트의 원조과정이나 상호 작용과정에 있었던 내용을 있는 그대로 기록하는 방법이다. 사회복지실천 현장에서는 거의 사용되지 않는 방법이지만 학생이나 실습생, 경력이 적은 사회복지사를 위하여 교육용 도구로 광범위하게 사용되고 있다. 사회복지사가 클라이언트와 면담한 모든 내용을 인용부호(" ")를 사용하여 대화체로 기록하고 간접인용과 직접인용으로 기록할 수 있다.

① 문제를 목록화 하는 기록은 문제중심기록이다.
② 시간 및 비용 측면에서 효율적인 기록은 요약기록이다.
④ 클라이언트와의 면담 내용을 요약체로 기록하는 기록은 요약기록이다.
⑤ 면담에 대하여 클라이언트가 분석한 내용을 기록하는 기록은 요약기록이다.

05 다음을 문제중심기록의 S−O−A−P 순서대로 배치한 것은? [17회]

> ㄱ. 질문에만 겨우 답하고 눈물을 보이며 시선을 제대로 마주치지 못함
> ㄴ. "저는 이 문제를 해결할 수 없어요. 저를 도와줄 사람도 없고요."
> ㄷ. 우울증 검사와 욕구에 따른 인적, 물적 자원연결이 필요함
> ㄹ. 자기효능감이 저하된 상태로 지지체계가 빈약함

① ㄱ−ㄴ−ㄷ−ㄹ   ② ㄱ−ㄹ−ㄴ−ㄷ
③ ㄴ−ㄱ−ㄷ−ㄹ   ④ ㄴ−ㄱ−ㄹ−ㄷ
⑤ ㄴ−ㄹ−ㄱ−ㄷ

해설 S는 클라이언트가 인지한 주관적인 정보, O는 사회복지사가 클라이언트를 관찰한 객관적인 정보, A는 클라이언트의 문제에 대한 사정, 견해, 해설, 분석이다. 마지막으로 P는 클라이언트의 문제에 대한 계획이다.
클라이언트가 직접 말한 주관적 정보는 ㄴ, 사회복지사가 관찰한 정보는 ㄱ, 주관적 · 객관적 정보를 토대로 사정한 것은 ㄹ, 사정을 통한 계획은 ㄷ이다.

지역사회 복지론

5 과목

Chapter 01 지역사회에 대한 이해

출제경향

목차	22회	21회	20회	19회	18회
1. 지역사회의 개념			1	2	1
2. 지역사회의 기능	1	1	1		

학습 가이드

- 지역사회에 대한 개념이나 기능은 매년 꾸준하게 출제되고 있을 정도로 중요한 부분이기에 개념을 확실하게 이해하고 학습해야 한다.
- 로스, 퇴니스, 던햄 등 많은 학자들의 지역사회에 대한 개념, 지리적 · 기능적 내용을 숙지하고 구분할 수 있어야 한다.
- 길버트와 스펙트의 지역사회 기능은 자주 출제되고 있다.
- 지역사회의 이론에 대한 문제가 또 다시 출제된 만큼 힐러리의 이론도 학습해야 한다.

1 지역사회의 개념

2인 이상 사람들이 집합(마을, 시장 등)하여 일상생활을 보내는 일정한 지역을 의미한다. 지역사회는 기능적 의미와 지리적 의미를 함축하고 있으며 최근에는 교통이나 통신수단이 발달하여 과거와 다르게 전통적인 지리적 지역사회보다는 새로운 의미의 기능적 지역사회가 나타나고 있다.

1) 학자별 지역사회 정의

(1) 맥키버(Maciver)

인간이 일정한 지역에서 출생하여 지역사람들과 일상생활을 영위해 나가는, 지역적 통일을 이루고 있는 사회로 정의하였다.

(2) 젠트너(Zentner)

거주공간에서 주민들이 공통적으로 공유하는 직업과 거주공간에서 유용한 활용과정으로부터 나오는 목표에 대한 통합적인 집단구조로 정의하였다.

(3) 파크와 버제스(Park & Burgess)

한 지역을 구성하는 사람들과 기구들의 지리적 분포라는 점에서 다루어질 수 있는 사회화 사회집단에 해당된다. 그러므로 모든 지역사회는 사회이지만 모든 사회가 지역사회는 아니라고 정의하였다.

(4) 힐러리(Hillery)

지역사회의 본질은 완전히 일치할 수 없고 3가지의 공통점이 있다.
① 공간 단위의 지역사회
② 사회적 상호작용 단위로서의 지역사회
③ 심리적 · 문화적 공통의 유대감이 있는 지역사회

(5) 로스(Ross)

① **지리적인 지역사회** : 한 지역의 지리적 토대를 중심으로 물리적 · 지리적 분포를 강조한 지역집단이다. 시 · 군 · 구, 읍 · 면 · 동과 같은 행정구역이나 학교, 시장, 종교 등과 같이 지리적 공간을 공유하는 집단을 의미한다.

② **기능적인 지역사회** : 공간과 상관없이 공통된 이해와 목적, 기능 등으로 상호작용을 하는 사람들의 집단이다. 종교집단, 회사, 조합, 정당과 같이 이익을 목적으로 모인 집단을 의미한다.

(6) 퇴니에스(Tonnies)

① **공동사회(Gemeinschaft)**
비공식적 · 개인적인 성격을 가지고 자연발생적으로 만들어진 집단이다.

② **이익사회(Gesellschaft)**
공식적 · 계약적 · 선택적인 성격을 가지고 공통의 목적을 이루기 위해 인위적으로 만들진 집단이다.

③ **협동사회(Genssenschaft)**
지배관계를 포함하지 않는 사회관계로 이익사회 중 특히 공동사회적 성격이 강한 집단을 말한다.

2) 지역사회 구분

(1) 던햄(Dunham)

① **인구에 따른 구분** : 대도시, 중소도시, 읍면동과 같은 인구 크기에 따라 분류된 형태의 지역사회이다.
② **경제적 기반에 따른 구분** : 산촌, 어촌, 농촌 등과 같이 문화적 특성을 갖는 지역사회이다.

OX 퀴즈

지리적 지역사회를 한 지역의 지리적 토대를 중심으로 물리적 · 지리적 분포를 강조한 지역집단이라고 강조한 학자는 로스이다. (O)

합격노트

지역사회에 대한 문제는 한 학자의 지역사회 정의를 묻기보다는 다양한 학자들의 지역사회 정의를 묻습니다. 따라서 학자별 지역사회 정의를 구분할 수 있어야 합니다.

③ 행정구역에 따른 구분 : 특별시, 광역시, 시·도, 읍·면·동과 같이 행정구역에 따른 지역사회로 꼭 인구크기에 따라 구분되지 않는다.

④ 인구구성의 특성에 따른 구분 : 경제(신도시), 인종(할렘가)과 같이 사회적 특성을 중심으로 구분되는 지역사회이다.

(2) 기능중심 지역사회

① 사회관계중심 지역사회는 구성원 간의 정체감, 소속감을 강조하며 집단의 공동의 장소, 동질성, 문화 등 공동의 행동에 기초하여 사회적 단위를 형성할 때 나타난다.

　예 종교, 직업, 교육수준 등

② 이해관계중심 지역사회는 경제적 이익을 위해 결속하는 이익집단으로서 지역과 상관없이 형성되고 이해관계를 기반으로 만들어진다.

　예 노동조합, 사회복지사협회, 연합회 등

2　지역사회의 기능

 길버트와 스펙트의 지역사회 기능은 시험에서 꾸준히 출제되고 있는 부분이므로 암기가 필요합니다.

1) 길버트와 스펙트(Gilbert & Specht)

(1) 생산·분배·소비의 기능 → 경제제도

① 지역사회 주민들이 일상생활을 영위하는 데 있어 필요한 서비스를 생산하고 분배하며, 소비하는 과정과 관련된 기능을 말한다.

② 지역사회의 주요 기능인 경제적인 측면으로 가족, 지역사회 전체의 구성원들이 인간다운 삶을 영위하는 데 필요한 재화나 서비스를 이해하는 개념이다.

　예 지역주민이 생산한 채소를 마을 공동 판매장에 진열하여 판매한다.

(2) 사회화(Socialization)의 기능 → 가족제도

① 일반적인 지식, 사회적 가치, 행동양태를 사회구성원에게 전달시키는 과정을 말한다.

② 이러한 과정을 통해 구성원들은 다른 구성원들과 차별화되는 생활양식을 터득하게 된다.

③ 인간의 처음 만나는 사회는 가족으로, 일차적인 기능은 가족이 담당한다.

(3) 사회통제(Social Control)의 기능 → 정치제도

① 지역사회가 구성원들에게 사회적 규범에 순응하게 하는 과정을 말한다.

② 모든 사회는 구성원들이 지켜야 할 법, 도덕, 규칙들이 있는데, 이 규칙들은 강제성을 띠고 있다.

③ 범죄예방이나 처벌로 사회혼란을 방지하여 사회질서를 유지한다.

　　예 지역사회에서 안전한 생활영위를 위하여 법률로 치안을 강제하고, 법과 도덕을 지키게 한다.

(4) 사회통합(Social Intergration)의 기능 → 종교제도

① 사회체계를 구성하는 사회단위조직들 간의 관계와 관련된 기능을 말한다.

② 구성원들 간에 정체성을 유지하고 안정성을 가지도록 작용하는 기능이다.

③ 사회구성원들이 자발적으로 바람직한 행동을 하도록 하는 것이다.

④ 정상적인 기능을 하기 위해서는 결속력과 사기(긍정적 의욕)가 있어야 한다.

　　예 종교단체가 지역주민 어르신을 대상으로 경로잔치를 개최하고 후원물 품을 나누어 준다.

(5) 상부상조(Mutual Support)의 기능 → 사회복지제도

① 스스로의 욕구를 해결할 수 없는 경우 필요한 사회적 기능을 말한다.

② 전통사회에서는 가족, 이웃, 친척들에 의해 이루어졌으나 현대사회에서는 정부, 종교단체, 민간단체 등으로 옮겨지게 되었다.

　　예 수급자인 독거어르신을 위한 주민 일촌 맺기를 실시하여 생계비를 연계 지원한다.

2) 워렌(Warren)의 지역사회의 기능 비교척도

(1) 지역적 자치성

지역사회가 중요한 기능을 수행하는 데 있어 타 지역에 어느 정도 의존하느냐 에 관심을 두는 차원으로, 지역사회가 모든 기능을 수행할 수 없고 지역사회에 서 필요한 물건도 모두 생산할 수 없기에 타 지역에 의존하는 정도를 의미한다.

(2) 서비스 영역의 일치성

학교, 병원, 공공시설이 일정한 지역 내에서 이루어지고 있느냐에 관심을 두는 차원으로, 의료 서비스를 받는 데 있어 한 병원에서 모든 서비스를 받을 수 있느 냐를 의미한다.

(3) 지역에 대한 주민의 심리적 동일시

지역사회에 있는 주민들이 자신이 살고 있는 지역사회를 얼마나 중요한 준거집단으로 생각하고 있으며 어느 정도 소속감을 갖고 있느냐의 차원이다.

(4) 수평적 유형

지역사회 내의 다른 조직들이 구조적, 기능적으로 서로 얼마나 강한 관련성을 가지고 있느냐에 관심을 두는 차원으로, 지역사회에서는 다른 조직과의 상호작용을 통해 강화되기도 하고 약화되기도 한다.

3) 메이요(Mayo)의 지역사회에 대한 이론

(1) 지역사회 상실이론

사회복지 정당화 이론으로, 과거에 전통사회에서 이루어지던 행위들이 산업화로 인하여 가족이나 이웃의 역할이 상실되었다. 전통사회의 역할이 복구할 수 없게 되어 과거의 공동체에 대한 향수가 깔려 있고 전통사회에 대한 향수로 상실된 지역사회의 기능을 대처할 새로운 제도가 필요하다. 산업사회는 1차 집단 해체, 공동체 쇠퇴, 비인간성이 특징이다.

(2) 지역사회 보존이론

지역사회 상실이론에 반대되는 이론으로, 사회복지 축소를 정당화한다. 전통사회가 가지고 있던(가족, 친척, 이웃) 지역사회의 기능들이 산업사회에서도 여전히 이루어지고 있다고 보고 국가의 사회적 기능이 축소되어야 기존의 기능들이 강화된다고 본다.

(3) 지역사회 개방이론

지역사회 상실이론과 지역사회 보존이론이 가지고 있던 지역성에서 벗어난 대안적인 이론으로, 사회적 지지망의 관점에서 비공식적 연계를 강조한다. 지역성에 기초한 지리적 의미와 공통의 이해과 관심에 기초한 기능적 의미를 포괄적으로 함축하고 있다.

4) 지역사회를 보는 관점

(1) 기능주의적 관점

사회는 다양한 사회제도로 이루어져 있는데 각 제도끼리 상호작용을 통하여 지역사회가 균형 상태를 이룬다는 관점이다. 사회변화는 안정적이며 점진적으로 이루어지고 지역사회 구성원들의 공동체를 강조한다.

(2) 갈등주의적 관점

지역사회 구성원 간 불평등한 상태가 발생하여 갈등이 생긴다는 관점이다. 사회구성원들의 합의가 아니라 강압에 의해 이루어지고 이러한 갈등으로 인하여 사회가 변화할 수 있다고 본다. 또한 지역사회에서 갈등은 병리적인 것이 아닌 긍정적인 영향으로 본다.

5) 좋은 지역사회의 특성(Warren)

① 비인간적 기초가 아닌 인간적 기초 위에서 서로 존중해야 한다.
② 지역사회 내의 권력의 광범위한 배분이 이루어져야 한다.
③ 다양한 소득집단, 인종집단, 종교집단, 이익집단을 포용해야 한다.
④ 높은 수준의 지역적 통제가 이루어져야 한다.
⑤ 의사결정과정에서 협력을 극대화하고 갈등을 최소화해야 한다.

Tip
갈등주의 관점은 구성원 간 불평등한 상태가 발생하여 갈등이 생긴다는 관점으로 갈등이론과 유사합니다.

OX 퀴즈
좋은 지역사회는 낮은 수준의 지역적 통제가 이루어져야 한다. (×)

01 지역사회에 관한 설명으로 옳지 않은 것은? [9회]

① 지역사회의 개념에는 지리적 의미와 기능적 의미가 포함되어 있다.
② 산업사회 이후 공동사회가 발전되어 왔다.
③ 정보통신기술의 발달로 가상공동체가 부상하였다.
④ 이익사회에서 개인들 간의 상호작용은 계약에 기초한다.
⑤ 지역사회는 사회적 동질성에 의해 형성될 수 있다.

해설 공동사회는 지리적 의미를 가지고 있는데 산업사회 이후에는 지리적 의미의 지역사회보다는 기능적 의미의 지역사회가 발전되었다.

02 던함의 지역사회 유형으로 틀린 것을 모두 고른 것은?

ㄱ. 대도시, 중소도시와 같이 흔히 볼 수 있는 사회형태는 인구에 따른 구분이다.
ㄴ. 도시, 농촌, 산촌 등 사회적 문화의 특성을 갖는 특성은 행정구역에 따른 구분이다.
ㄷ. 경제, 인종, 특성을 중심으로 구분하는 형태는 인구구성의 특성에 따른 구분이다.
ㄹ. 특별시, 광역시, 시·도 등 인구의 크기가 중요한 형태는 경제적 기반에 따른 구분이다.

① ㄱ, ㄷ
② ㄴ, ㄹ
③ ㄱ, ㄴ, ㄷ
④ ㄷ, ㄹ
⑤ ㄱ, ㄴ, ㄷ, ㄹ

해설 던함의 지역사회의 유형

• 인구에 따른 구분 : 대도시(서울, 부산, 대구, 인천, 등), 중소도시(수원, 춘천, 강릉, 부천 등)와 같은 형태
• 경제적 기반에 따른 구분 : 도시, 농촌, 어촌, 산촌 등으로 사회적이고 문화적인 특성을 갖는 형태
• 행정구역에 따른 구분 : 특별시, 광역시, 시·도, 시·군·구, 읍·면·동 등 일반적으로 인구의 크기가 중요시되는 형태
• 인구구성의 특성에 따른 구분 : 경제(신도시), 인종(차이나타운) 등과 같이 사회적 특성을 중심으로 구분되는 형태

03 다음의 지역사회 구분 중 개념이 다른 것을 모두 고른 것은?

ㄱ. 사회관계중심 지역사회
ㄴ. 이해관계중심 지역사회
ㄷ. 기능중심 지역사회
ㄹ. 공간중심 지역사회

① ㄱ, ㄷ
② ㄴ, ㄹ
③ ㄱ, ㄴ, ㄷ
④ ㄹ
⑤ ㄱ, ㄴ, ㄷ, ㄹ

해설 사회관계중심, 기능중심, 이해관계중심 지역사회는 인위적 목적을 위해 만들어진 지역사회이고, 공간중심 지역사회는 지리적 경계로 인해 만들어진 지역사회이다.

정답 01 ② 02 ② 03 ④

04 지역사회 개념에 관한 설명으로 옳지 않은 것은?

[15회]

① 지리적 지역사회는 일정한 지리적 공간을 공유하는 사람들의 집단을 의미한다.
② 기능적 지역사회는 구성원 공동의 이익과 이해관계를 같이 하는 공동체를 의미한다.
③ 지역사회는 사회적 상호작용과 연대성을 기초로 한다.
④ 지역사회는 이익사회에서 공동사회로 발전한다.
⑤ 가상공동체는 새로운 형태의 지역사회로 등장하고 있다.

해설 지역사회는 산업화로 인하여 지리적 의미인 공동사회에서 기능적 의미인 이익사회로 발전하고 있다.

05 다음 중 학자들의 지역사회 개념으로 틀린 것은?

① 맥키버는 인간이 일정한 지역에서 출생하여 지역 사람들과 일상생활을 영위해 나가는 지역적 통일을 이루고 있는 사회로 정의하였다.
② 젠트너는 거주공간에서 주민들이 공통적으로 공유하는 직업과 거주공간에서 유용한 활용과정으로부터 나오는 집단구조로 정의하였다.
③ 파크와 버제스는 한 지역을 구성하는 사람들과 기구들의 지리적 분포의 사회화 사회집단으로 정의하였다.
④ 힐러리는 지역사회의 본질을 공간단위, 공통의 유대감, 사회적 상호작용으로 구분하였다.
⑤ 로스는 지역사회를 인구에 따른 구분, 경제적 기반에 따른 구분 등으로 구분하였다.

해설 로스는 지역사회를 지리적인 지역사회와 기능적인 지역사회로 구분하였다.

06 길버트와 스펙트의 지역사회 기능에 대한 설명으로 틀린 것은?

① 일상생활을 영위하는 데 있어 필요한 생산과 소비, 분배기능
② 인간의 삶을 영위하는 데 기본적인 기능
③ 사회적 가치나 생활양식에 대한 학습의 기능
④ 사회체계를 구성을 위한 사회구성원 간 상호작용의 기능
⑤ 구성원 간의 안정성을 갖도록 하는 상부상조의 기능

해설 구성원 간의 안정성을 갖도록 작용하는 기능은 상부상조의 기능이 아니라 사회통합의 기능이다. 상부상조의 기능은 스스로의 욕구를 해결할 수 없는 경우 필요로 하는 사회적 기능을 말한다.

07 지역사회 기능의 비교척도로 옳지 않은 것은?

[15회]

① 사회성 : 지역사회의 사회적 분화 정도
② 서비스의 일치성 : 지역사회 내 서비스 영역이 동일지역 내에서 일치하는 정도
③ 심리적 동일시 : 지역주민들이 자기 지역을 중요한 준거집단으로 생각하는 정도
④ 자치성 : 지역사회가 타 지역에 의존하지 않는 정도
⑤ 수평적 유형 : 상이한 조직들의 구조적·기능적 관련 정도

해설 지역사회 기능의 비교척도는 지역적 자치성, 서비스 영역의 일치성, 지역에 대한 주민들의 심리적 동일시, 수평적 유형으로 나누어진다. 사회성은 지역사회 기능의 비교척도에 포함되지 않는다.

정답   04 ④   05 ⑤   06 ⑤   07 ①

지역사회복지의 정의

학습 가이드

- 지역사회 개념과 함께 지역사회복지 부분도 꾸준히 출제되고 있다. 특히, 지역사회의 이념(정상화, 탈시설화 등)과 지역사회복지 실천의 원칙에 대한 문제가 주를 이루며 출제되고 있다.
- 지역사회 이념에 대한 내용과 실천이론의 목적이나 원칙에 대한 내용을 철저히 학습해야 한다.
- 지역사회복지 관련 개념은 자주 출제되는 부분이 아니지만 시설보호나 시설의 사회화와 같은 개념이므로 언제든 출제될 수 있는 부분이다.
- 지역사회복지 관련 개념을 이해하고 있어야 한다. 사례를 해결하기 위한 지역사회복지실천 원칙을 물어보는 문제가 나왔는데, 지금까지 나왔던 문제와 달리 새로운 유형의 문제가 출제된 만큼 대비할 필요가 있다.

---

1 **지역사회복지**

1) 지역사회복지 개념

(1) 협의의 개념

서비스 대상자에게 사회복지서비스를 제공하는 것을 의미하며, 재가복지를 포함한 영국의 지역사회보호의 개념과 같은 의미로 시설보호와는 반대되는 개념이다.

(2) 광의의 개념

지역사회의 복지를 향상시키기 위해 정책이나 제도적 차원으로 지역사회의 문제를 예방하고 해결하기 위해 실시하는 사회적 노력이다.

2) 지역사회복지 개념의 속성

① 지역성과 기능성을 포함하는 일정한 지역 내에서 이루어진다.
② 지역주민의 삶의 질 향상이라는 목표를 가진다.
③ 지역사회의 문제를 해결하고 주민의 복지욕구를 충족시키는 기능을 한다.
④ 정부와 민간의 협력이 강화되는 추세로 발전한다.
⑤ 전문적인 서비스와 방법을 사용한다.

3) 지역사회복지의 등장배경

① 가족과 지역사회의 기능이 약화되었다.
② 서비스 대상자의 화폐적 욕구가 비화폐적 욕구로 변화하였다.
③ 지방자치제도의 실시로 인하여 지역사회의 중요성을 인식하기 시작하였다.
④ 정상화로 인하여 재가복지 서비스가 등장하였다.
⑤ 개인의 결함을 개인의 문제가 아닌 사회의 문제로 보는 시각으로 변화하였다.
⑥ 재가복지 서비스의 등장으로 인하여 시설중심의 서비스에서 재가중심의 서비스로 변화되었다.

4) 지역사회복지의 이념

(1) 정상화

장애인이 비장애인처럼 지역사회에서 인간으로서의 가치를 지니고 정상적인 생활을 유지해야 하는 것으로, 지역사회에서 생활하는 모든 주민이 사회적으로 가치 있는 역할을 수행할 수 있도록 지원하는 것이다. 1951년 덴마크의 뱅크 미켈슨(Bank – Mikkelsen)이 처음 정신지체아 부모회에서 사용했고 생활시설에서 서비스를 받고 있는 지적 장애 자녀에게 비장애 아동과 같은 정상적인 생활을 보장해 주고 싶다는 생각에서 나온 개념이다.

(2) 사회통합

사회의 전반적인 불평등을 감소시키고 계층 간의 격차를 줄여 삶의 질 만족도를 높이고 지역사회와 격리가 아닌 지역사회 안에서 주민들과 함께 생활하는 것을 의미한다. 보호대상자들을 수용시설에서 보호하는 것이 일반적이었으나 지금은 인간의 인권을 중요시해 시설보호에서 재가복지나 지역사회보호로 전환되었다.

Tip
복지국가의 등장과 다양한 이유로 지역사회복지가 등장하였고 복지는 잔여적 모형에서 제도적 모형으로 변화하였습니다.

Tip
1981년 국제 장애인의 해를 계기로 지적 장애인뿐 아니라 모든 클라이언트를 대상으로 확대되었습니다.

Tip
장애인이 비장애인처럼 생활할 수 있게 된 후 장애인이 비장애인과 함께 아무런 편견 없이 지역사회에서 생활하면서 장애인과 비장애인의 차이를 줄여나간다는 것을 의미하며, 먼저 정상화가 된 이후에 사회통합이 가능합니다.

(3) 탈시설화

시설을 떠나 지역사회에서 가족과 함께 생활하거나 독립적인 생활을 영위하는 것을 넘어 기존의 시설을 개선하여 보다 나은 생활조건을 수립하는 영역을 포함하는 복합적이고 다차원적인 측면을 가진 개념이다.

(4) 주민참여

주민의 욕구를 파악하는 것뿐만 아니라 주민이 지역사회의 주체가 되는 것을 의미한다. 사회복지뿐 아니라 정치, 경제, 문화 등 다양한 참여가 있어야 지역사회의 복지 수준을 향상시킬 수 있다.

(5) 네트워크

공급자 중심의 사회복지에서 이용자 중심의 사회복지로의 변화로 다양한 욕구를 지닌 이용자들이 원하는 서비스를 제공받기 위해서 네트워크가 필요하다. 다양한 지역사회 주체들의 자발성을 촉진할 수 있으며 서비스 중복과 누락 문제를 해결하기 위해 사용할 수 있다. 참여 기관들은 평등한 주체로서의 관계가 보장되어야 하며 구성원 사이의 신뢰와 호혜성이 형성되어야 네트워크가 지속될 수 있다.

5) 지역사회복지의 특성

① **예방성** : 사회복지 욕구나 해결되지 못한 생활문제를 주민참여를 통해 조기 발견하여 대응할 수 있도록 해야 한다.

② **통합성** : 서비스 제공기관 간의 연락 · 조정 · 합의 등의 네트워크 구축을 통하여 지역사회 주민들에게 종합적으로 서비스를 제공해야 한다.

③ **포괄성** : 지역사회 주민의 욕구충족과 문제해결을 위해 복지, 보건, 의료, 고용, 교육, 문화, 교통, 안전, 환경 등 주민생활의 전반적인 영역을 포괄하여 다루어야 한다.

④ **연대성** : 해결이 곤란한 생활상의 과제를 주민들이 연대를 형성하고 공동의 행동을 통하여 해결해야 한다.

⑤ **지역성** : 지역주민의 욕구와 지역의 사회문제를 해결하는 것이기에 주민의 생활권역을 기초로 전개되어야 한다.

(1) 지역사회복지실천의 개념

지역사회복지 달성이라는 목적과 지역사회의 변화를 위해 개입기술(조직화, 계획활동, 개발활동)을 사용하는 것이다. 지역사회집단, 조직과 제도, 지역사회 구성원을 위한 실천 기술을 적용하는 것이다.

(2) 지역사회복지실천의 가치

① **다양성 및 문화적 이해** : 인간 및 문화의 다양성을 이해하는 것이 사회기능과 인간행동을 이해하는 데 절대적으로 필요하다.

② **자기결정과 임파워먼트** : 자기결정은 클라이언트가 자신의 선택권을 행사할 수 있는 것이다. 또한 임파워먼트는 클라이언트의 강점을 강조하고 부정적 감정을 억제하여 자신의 삶을 스스로 통제할 수 있는 능력을 개발하는 것이다.

③ **비판의식의 개발** : 불평등한 사회의 구조를 인식하고 클라이언트와 인식을 공유함으로써 클라이언트의 비판의식 수준을 높여야 한다.

④ **상호학습** : 대상 집단의 문화적 배경을 적극적으로 배우고자 해야 한다. 클라이언트의 역할뿐 아니라 파트너로서 역할을 할 수 있도록 동기부여를 해줘야 한다. 사회복지사와 클라이언트는 파트너이다.

⑤ **사회정의와 균등한 자원배분** : 불평등한 사회를 개혁하기 위해 노력해야 한다.

 비판의식 개발은 비판의식 지향과 같은 의미입니다. 시험에서 비판의식 지양으로 출제된 적이 있으므로 단어 실수를 조심해야 합니다.

(3) 지역사회복지실천의 목적

① **지역사회의 참여와 사회통합 강화(Ross)**

지역사회에 있는 모든 집단들이 자신들의 의사를 표현하도록 격려하고 효과적인 상호작용을 통해 자신들의 사회 환경을 개선하는 방안에 대해 합의하도록 한다.

② **문제대처 능력의 향상(Lippit)** – 의사소통과 상호작용 능력의 배양과 강화

환경의 변화에 대처할 수 있는 능력을 갖도록 하기 위해 의사소통과 상호작용의 수단을 향상시키는 데 역점을 둔다.

③ **사회조건과 서비스 향상(Morris & Binstock)** – 특정목표의 달성을 위한 자원동원

지역사회의 욕구와 결함을 찾아내어 사회문제를 해결하거나 예방하기 위한 서비스와 방법을 개발하는 것이 중심목표이며 특정목표의 설정과 달성을 위한 자원의 동원이 포함된다.

④ 불이익 집단의 이익 증대(Grosser) - 사회적 약자에 대한 우선 보호
　　특수집단(하위계층, 소수집단, 도시 슬럼지역 주민)이 받아야 할 물질적 재
　　화와 서비스를 증대시키고 주요결정에 있어서 그들의 이익을 증대시키는
　　것이다.

3　지역사회복지의 관련 개념

(1) 시설보호

노인, 아동, 장애인 등 사회적 보호가 필요한 사람들이 가정에서 충족될 수 없
는 서비스를 전문화된 직원에게 받으며 장기적 또는 단기적으로 거주하는 형
태의 사회적 보호를 의미한다. 폐쇄성으로 인하여 개인의 자유가 제한되고 시
설병으로 인하여 무기력해 질 수 있다.

(2) 시설의 사회화

시설과 지역사회의 상호작용 과정으로 시설은 시설생활자의 생활수준 향상과
민주적인 운영을 위하여 시설의 자원을 지역주민에게 제공하고 지역사회자원
을 활용한다. 시설의 폐쇄성과 시설병을 방지하기 위하여 시설의 서비스를 개
방, 시설의 운영방법 개방, 시설생활자의 지역사회 참여, 지역사회자원을 활용
하는 방법이다.

(3) 지역사회보호

2차 세계대전 이후 아동의 보호에 대해 수용시설보다는 규모가 작은 그룹홈에
서 보호하는 것이 바람직하다고 원칙을 세운 것이 계기가 되었다. 영국의 경우
에는 1920년대 정신장애인 치료와 처우에서 시설 수용방식에 대한 반성, 의약
품의 발전으로 인하여 발전하였고 1970년대 시봄 보고서 이후 활발하게 진행
되었으나 1980년대 예산 삭감으로 인하여 다시 검토되기 시작하였다.
한국의 경우 1992년 재가복지사업이 시행되고 사회복지 실천의 큰 축을 형성
하고 있다. 시설보호의 반대되는 개념으로 시설에서 일상생활을 하는 것이 아
니라 지역사회(집, 이웃 동네)의 일정한 환경에서 서비스를 제공하는 사회적
보호 형태이다.

(4) 재가보호

보호가 필요한 사람들이 자신의 가정에서 보호를 받는다는 개념으로, 공공과
민간의 조직에 의한 공식적 조직과 비공식적 조직에 대한 보호가 포함된다. 내

Tip 👆
시설보호와 시설의 사회화의 차이
클라이언트 시설에서 생활하는 것은
같으나 시설보호에서 나타나는 폐쇄성
은 시설의 사회화에서는 나타나지 않습
니다.

Tip 👆
지역사회보호가 재가보호보다 큰 개념
으로 재가보호는 지역사회보호에 포함
됩니다.

용으로 보면 지역사회보호와 비슷하지만 재가보호에는 지역사회의 보호가 포함되지 않는다는 차이점을 가지고 있다.

(5) 지역사회조직

지역사회 문제해결의 효과성과 효율성을 보다 높이기 위한 민간기관이나 조직을 의미한다. 1960년대 이후에 미국에서 발달하였는데 경제가 좋지 않아 중앙정부에서 지방정부의 개입을 막고 민간복지 지역사회조직이 지역사회복지를 담당할 수 있도록 하였다. 그 이후에 공공복지보다는 민간복지가 발달하게 되었고 지역사회조직의 양적, 질적 팽창이 시작되었다.

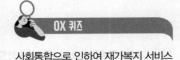

OX 퀴즈

사회통합으로 인하여 재가복지 서비스가 등장하였다. (×)

1과목 2과목 3과목 4과목 5과목 6과목 7과목 8과목

01 지역사회복지의 등장배경으로 틀린 것은?

① 개인의 결함을 개인의 문제가 아닌 사회문제로 보는 시각
② 복지욕구가 비화폐적 욕구에서 화폐적 욕구로 변화
③ 지방자치제도의 실시로 인한 지역사회의 중요성 인지
④ 시설중심의 서비스에서 재가중심의 서비스로 전환
⑤ 가족과 지역사회의 기능의 약화

해설 복지욕구가 화폐적 욕구에서 비화폐적 욕구로 변화한다. 즉, 기존에는 의식주와 같이 화폐를 사용하여 클라이언트를 대하였으나 시간이 지나면서 클라이언트의 욕구가 화폐적 욕구도 중요하지만 보이지 않는 상담과 같은 비화폐적 욕구로 변화하였다.

02 지역사회복지실천에서 정상화의 이념에 관한 설명으로 옳은 것은?　　　　　　　　　　[9회]

① 전통적 복지서비스 이데올로기에 부합하는 개념이다.
② 일탈은 문화적으로 규정되며 절대적인 특성을 갖는다.
③ 시설집중화에 대하여 찬성하는 입장이다.
④ 휴먼서비스 영역에서 계획의 지침이 될 수 있다.
⑤ 1959년 미국의 「정신지체법」에서 출발하였다.

해설 ① 전통적 복지서비스가 아니라 현대적 복지서비스 이데올로기에 부합하는 개념이다.
② 일탈은 문화적으로 규정되며 절대적인 특성 아니라 상대적 특성을 갖는다.
③ 시설집중화가 아닌 탈시설화에 대하여 찬성하는 입장이다.
⑤ 1950년 덴마크의 뱅크 미켈슨이 처음 정신지체아 부모회에서 사용하였다.

03 지역사회복지실천의 목적으로 틀린 것은?

① 지역사회 참여와 통합의 강화
② 문제대처 능력의 향상
③ 사회조건과 서비스의 향상
④ 불이익 집단의 이익 증대
⑤ 지역사회보호 강화

해설 지역사회복지실천의 목적에는 지역사회의 참여와 사회통합 강화, 문제대처 능력의 향상, 사회조건과 서비스 향상, 불이익 집단의 이익증대이다. 지역사회보호 강화는 포함되지 않는다.

04 지역사회복지실천의 가치로 옳지 않은 것은?

① 자기결정　　　　② 클라이언트 이해
③ 상호학습　　　　④ 균등한 자원분배
⑤ 비판의식 개발

해설 지역사회복지실천의 가치는 다양성과 문화적 이해, 자기결정과 임파워먼트, 비판의식 개발, 상호학습, 사회정의와 균등한 자원배분이다.

05 지역사회복지실천의 원칙으로 옳지 않은 것은?
　　　　　　　　　　　　　　　　　　[11회]

① 사회복지기관들이 서로 협력하고 기능을 분담하도록 한다.
② 지역사회복지실천 활동은 지역주민과 그들의 욕구에 관심을 가져야 한다.
③ 일차적인 클라이언트는 지역사회이어야 한다.
④ 사회복지기관의 효과적인 운영을 위해 집중과 분산이 병행되어야 한다.

정답 01 ②　02 ④　03 ⑤　04 ②　05 ⑤

⑤ 사회복지기관의 이익을 우선해야 한다.

해설 지역사회복지실천은 지역주민들의 욕구나 사회문제를 해결하는 행위이기에 사회복지기관의 이익을 우선하는 것이 아니라 지역주민의 욕구가 우선되어야 한다.

06 지역사회복지와 관련된 개념에 관한 설명으로 옳은 것은? [12회]

① 지역사회복지실천은 공식적인 전문가에 의해서만 이루어진다.
② 지역사회 자체는 지역사회복지의 실천수단이 될 수 없다.
③ 지역사회보호는 시설보호의 강점을 유지하기 위해서 등장한 개념이다.
④ 지역사회조직사업은 민간조직이 아닌 공공조직을 통하여 달성되는 영역이다.
⑤ 지역사회개발을 통하여 지역사회 구성원들의 사회적 관계를 향상시킬 수 있다.

해설 ① 지역사회복지실천은 공식적인 전문가, 비공식적 전문가에 의해서만 이루어진다.
② 지역사회 자체는 지역사회복지의 실천수단이 될 수 있다.
③ 지역사회보호는 재가보호의 강점을 유지하기 위해서 등장한 개념이 아니라 시설보호의 단점을 보완하기 위해 등장했다.
④ 지역사회조직사업은 공공조직보다는 민간조직을 통하여 달성되는 영역이다.

07 다음에서 설명하는 것은? [10회]

> 전통적인 전문사회사업 실천의 한 방법이며, 공공과 민간 사회복지기관의 전문사회복지사에 의해 수행된다. 이것은 보다 조직적이고 추구하는 변화에 대해 의도적이며 과학적인 지식과 기술을 사용한다.

① 지역화폐운동   ② 지역사회보호
③ 가상공동체   ④ 시설보호
⑤ 지역사회조직

해설 지역사회조직은 지역사회의 복지를 향상시키기 위해 실시하는 활동으로 공공과 민간 사회복지기관의 전문사회복지사에 의해 보다 조직적, 의도적, 계획적이며 과학적인 지식과 기술을 사용한다.

08 워렌(R. Warren)의 좋은 지역사회에 관한 설명으로 옳지 않은 것은? [11회]

① 구성원 사이에 인격적 관계가 이루어질 수 있어야 한다.
② 권력이 폭넓게 분산되어 있어야 한다.
③ 다양한 소득, 인종, 종교, 이익집단이 포함되어 있어야 한다.
④ 지역주민들의 자율권은 적절히 제한되어야 한다.
⑤ 정책형성과정에서 갈등을 최소화하면서 협력을 최대화해야 한다.

해설 좋은 지역사회의 자율권은 적절히 분배되어야 한다.

09 지역사회복지에 관한 설명으로 옳지 않은 것은? [13회]

① 전문 또는 비전문 인력이 지역사회 수준에서 개입한다.
② 지역성과 기능성을 포함하는 지역사회 내에서 이루어진다.
③ 지역사회 내에 존재하는 각종 제도에 영향을 준다.
④ 공공과 민간의 협력이 강조되고 있는 추세이다.
⑤ 개인 및 가족 등 미시적 수준의 사회체계와 대립적인 위치에 있다.

해설 지역사회복지는 개인, 가정, 집단 등의 낮은 수준의 사회체계의 복지와 대립적인 위치에 있는 것이 아니라 상호보완적인 관계에 있다.

정답   06 ⑤   07 ⑤   08 ④   09 ⑤

학습 가이드

- 매년 출제 빈도가 높으며 사회복지실천론, 사회복지정책론과 중복되는 부분이다.
- 인보관과 자선조직협회에 대한 내용과 최근 우리나라의 사회복지 발달에 대한 내용이 자주 출제되고 있다.
- 우리나라에 대한 내용뿐 아니라 시행 연도까지 알아야 하고 미국이나 영국의 역사적 흐름까지도 학습해야 한다. 또한 지역사회복지론에 한정하지 않고 사회복지실천론, 사회복지정책론의 내용을 함께 학습하는 것이 좋다.
- 한국의 역사가 가장 중요하게 출제되고 있고, 최근 들어 영국의 지역사회보호 중 보고서에 대한 내용이 자주 출제되며 미국의 역사에 대한 내용과 조선시대의 역사 문제가 출제되었기에 특징을 암기해야 한다. 영국 보고서의 연도, 2000년대 이후의 한국의 역사들이 중요하다.

---

1 영국의 지역사회복지 역사

Tip 👆
자선조직협회는 사회진화론과 인도주의에 기반합니다.

1) 지역사회의 기원

(1) 자선조직협회(COS)

① 1869년에 런던에서 창립된 최초의 민간 자선단체이다.

② 빈민들의 중복구제와 누락을 방지하기 위해 자선조직협회를 설립하였다.

③ 부유층의 부인들이 빈민들에게 전문적인 서비스를 시작하였다.

④ 우애방문원이란 이름으로 활동하면서 빈민들을 찾아가 욕구에 맞는 서비스를 제공하였다.

⑤ 빈민을 가치 있는 자와 가치 없는 자로 구분하여 서비스를 제공하였다.

⑥ 가치 있는 자는 노동능력이 없는 자를 의미한다.

⑦ '물고기를 주지 말고 물고기 잡는 방법을 가르쳐 주자'라는 슬로건이 핵심이다.

⑧ 빈곤은 개인책임의 중요성을 강조하여 구빈비 사용을 반대하였다.

⑨ 우애방문원이 직접 찾아가 서비스를 주었기에 개별사회사업의 시초가 되었다.

⑩ 자선조직협회는 간접적 서비스를 우선한다.

⑪ 사회진화론에 기초한다.

(2) 인보관

① 바네트(Barnett) 목사가 토인비 홀(Toynbee Hall)이라는 인보관을 1884년에 설립하였다.

② 빈곤을 개인의 문제가 아니라 사회적 문제로 생각하고 사회계급 간의 불평등을 해결하려고 노력하였다.

③ 교육을 통하여 빈곤의 대물림을 방지하기 위해 노력하였다.

④ 중산층의 대학생과 교수, 성직자들이 주축이 되어 빈민지역에 직접 거주하면서 환경을 변화시키려고 노력했다.

⑤ 자유주의, 급진주의에 기초한다.

⑥ 빈민지역에 직접 거주하면서 환경을 변화시키려고 했기 때문에 집단사회사업의 시초가 되었다.

⑦ 빈곤은 환경적 문제이기 때문에 구빈비 사용에 찬성하였다.

자선조직협회와 인보관 비교

구분	자선조직협회	인보관
사회문제의 원인	개인적 문제	환경적 문제
이데올로기	사회진화론	자유주의, 급진주의
참여자	상류층	중류층, 대학생
활동	빈민개조 및 역기능 수정	빈민과 거주하며 사회질서 비판
문제해결	기관들의 서비스 조정	직접적 서비스
활동내용	우애방문원의 가정방문	각종 서비스와 사회개혁운동

2) 지역사회보호 태동기(1950~1960년대 후반)

① 지역사회복지의 시작은 시설보호에 의한 수용시설의 부정적 평가에서 출발하였다.

② 시설보호의 반대 개념으로 지역사회보호를 표방하면서 지역사회가 실천현장이 된다.

Tip
인보관운동은 성직자 · 교수 · 대학생 등 지식층을 중심으로 교육에 초점을 두었습니다.

1과목
2과목
3과목
4과목
5과목
6과목
7과목
8과목

③ 1959년 정신보건법이 제정된 후 1960년대 이후로 정신병원의 폐쇄가 시작되고 시설보호에서 소규모 주거보호로 이동했다.

3) 지역사회보호 형성기(1960년대 후반~1980년대 후반)

(1) 시봄 보고서(Seebohm Report)

① 지역사회를 사회서비스의 수혜자이면서 서비스 제공자로 인식하였다.

② 사회서비스의 행정적인 재조직에 초점을 두고 서비스 통합의 중요성을 강조하였다.

③ 지역사회복지에 관심을 갖고 비공식적서비스와 지역사회주민의 참여를 강조하였다.

④ 1960년대 후반 사회복지서비스 부문의 정책적 근거가 되었다.

⑤ 주택, 가정원조, 경찰, 교회, 자원봉사조직, 친구, 이웃에 의한 서비스를 모두 포괄하는 것으로 이해하였다.

(2) 하버트 보고서(Harbert Report)

① 《지역사회에 기초한 사회적 보호(Community – Based Social Care)》라는 제목으로 출판되었다.

② 공공서비스로는 클라이언트의 욕구를 모두 충족시킬 수 없기에 공공서비스와 민간서비스 외에 가족체계와 비공식서비스의 중요성을 강조하였다.

(3) 바클레이 보고서(Barclay Report)

① 지역사회보호는 공식적 서비스가 아닌 비공식적 서비스인 지역주민에 의해 제공된다고 보았다.

② 비공식적 서비스와 공식적 서비스는 서로 긴밀한 관계를 유지해야 한다고 하였다.

③ 비공식보호서비스와 공식보호서비스 간의 파트너십 개발 필요성을 제기하였다.

4) 지역사회보호 발전기(1980년대 후반~현재) – 그리피스 보고서 (Griffiths Report)

① 공공부문이나 지방행정당국의 역할보다는 민간부문의 역할이 상대적으로 강조된다.

② 재정을 중앙정부에서 지방정부로 이양할 것을 강조한다.

③ 지방정부는 서비스의 공급자이기보다는 서비스의 구매, 조정자로서 역할이 변화되었다.

④ 경쟁을 통하여 서비스 제공의 다양화를 도모해야 함을 강조한다.

1) 조선시대

(1) 비황제도(사전적 의미)

① **의창** : 평상시 곡식을 저장했다가 비상시에 백성에게 대여하고 추수기에 상환받는 제도이다.

② **사창** : 민간의 의창제도이다.

③ **상평창** : 상시평준의 줄임말로, 물가조절기관의 역할과 빈민에게 곡식을 대여하고 추수기에 상환 받는 구빈사업을 실시하였다.

(2) 구황제도(사후적 의미)

① **진휼** : 이재민이나 빈민에게 금전과 물품을 제공하여 구제하는 제도이다.

② **고조** : 생계가 곤란한 양반에게 혼례나 장례의 비용을 부조하는 제도이다.

③ **견감** : 흉년이나 재해를 당한 백성에게 부역이나 지세를 감면 또는 면제하는 제도이다.

④ **원납** : 구제를 위하여 금전을 받고 관직을 주는 기부제도이다.

(3) 구제기관

① **기로소** : 70세 이상, 정2품 이상의 노인을 입소시켜 구제하는 기관이다.

② **기로직** : 60세 이상의 선비에게만 부여하는 과거제도이다.

③ **활인서** : 서울 성 안에 있는 환자를 구휼하는 기관이다.

④ **혜민국** : 서민의 질병을 치료해 주고 보살펴 주는 기관이다.

⑤ **구황청** : 재해 시 모아 놓은 곡식을 풀어 백성을 구제하는 국가기관으로 이후에 진휼청으로 이름이 변경되었다.

⑥ **오가통** : 5가구를 1통으로 묶어 서로 도울 수 있도록 하는 제도로, 어려움이 있을 때 도와주는 역할과 가족 불화나 질서문란에 대한 신고의무가 있었다.

(4) 자휼전칙

유기아, 부랑아 등 요보호 아동을 구제하거나 입양할 수 있는 법령으로, 민간의 책임보다는 국가의 책임을 강조한 것으로 엘리자베스의 구빈법과 비슷하다.

(5) 민간구제

① **계** : 주민들끼리 회의, 친목, 조합과 같은 여러 기능을 목적으로 조직된 상부상조의 협동조직이다.

② **향약** : 지역사회의 농민들을 떠나지 못하게 하여 사회의 질서를 유지하기 위한 목적으로 조직된 조선시대의 양반들의 자치조직이다.

Tip 👆
창은 창고를 의미합니다. 의창과 상평창은 시간이 지난 후 쌓인 곡식을 빌려주는 구빈사업을 실시하였습니다.

합격노트
기로직과 기로소의 내용은 완전히 다르지만 이름이 비슷하니 주의해야 합니다.

Tip 👆
오가통은 오가작통법의 줄임말로 지금도 오가통의 흔적이 남아 있습니다.

Tip 👆
민간구제와 구제기관을 구분해야 합니다. 특히 오가통은 구제기관으로 국가가 시행한 제도입니다.

③ 두레 : 마을 단위로 농사와 관련된 공동작업을 하기 위한 조직이다.

④ 품앗이 : 주민들끼리 농업뿐 아니라 일상생활 전반에 걸친 노동력을 교환하는 것이다.

⑤ 사창 : 민간의 의창제도이다.

2) 일제강점기의 사회복지 – 조선구호령

1944년에 일본이 조선의 빈민(13세 이하 아동, 65세 이상 노인, 임산부, 장애인)을 돕기 위해 실시한 법으로, 이후에 「생활보호법」과 「국민기초생활 보장법」으로 변경되었다.

3) 광복 이후

(1) 외원기관(광복~70년대)

한국전쟁 이후 사회적 혼란으로 인하여 국제적인 지원이 시작되었고 특히 기독교 선교사들의 영향으로 교육과 병원이 발전할 수 있었다. 기독교아동복지재단, 홀트아동복지회, 선명회와 같은 외원기관들이 연합하여 1950년대 후반에 KAVA(Korea Association of Voluntary Agencies)를 창설하고 KAVA를 중심으로 개별사회사업 및 시설중심의 서비스가 시행되었다. 1960년대 후반부터 한국의 경제가 성장하면서 외원기관들은 한국을 떠나기 시작하였다.

(2) 새마을 운동

1970년에 국가의 주도로 새마을 가꾸기 운동을 시작하였다. 1977년 공장에서 1979년 도시 새마을 운동으로 확대되었다. 한국 경제 발전의 기본 토대를 구축하고 지역사회 지도자를 발굴하였다. 처음에는 농촌생활환경 개선운동으로 시작되었으나 도시민의 의식개선운동으로도 전개되면서 소득증대운동으로 확대되었고 근면·자조·협동을 주요정신으로 하였다.

(3) 지역사회복지관 설립

우리나라 최초의 복지관은 태화여자관(현 태화기독교사회복지관)으로 1921년에 설립되었다. 그러나 1970년대까지는 활성화되지 못하다가 1983년 「사회복지사업법」이 개정되고 나서 본격화되었고, 1980년대 후반 「건축법」의 변경으로 인하여 영구임대아파트 단지 안에 사회복지관 건립이 법제화된 후에 각 시·도에 사회복지관이 양적으로 팽창하였다. 생활시설에서 이용시설로 서비스가 전환되었다.

(4) 사회복지전담요원

1987년 5대 직할시(부산·대구·인천·광주·대전)에서 사회복지전문요원을 별정직 7급으로 임용한 것을 시작으로 1988년 서울시에서도 사회복지전문요원을 별정직 7급으로 임용하였다. 1992년 「사회복지사업법」 개정으로 인하여 공공기관에 임용될 법적 근거를 마련하였으나 「국민기초생활 보장법」이 시행된 2000년부터 공개채용이 되었고 사회복지전담공무원을 일반직 9급으로 임용을 시작했다.

(5) 재가복지서비스

노인에게는 결연, 상담사업, 가정봉사원 파견사업을 실시하고 장애인에게는 가정방문, 진단치료, 교육프로그램을 실시하고 있다. 1992년부터 재가복지봉사센터가 설립·운영되고 있으며 장애인과 노인에 대한 프로그램을 실시하고 있다.

(6) 지역사회복지서비스의 평가 시작

① 1997년 「사회복지사업법」 개정으로 사회복지관에 대한 평가가 실시되었다. 하지만 1998년에 실시하려고 했던 사회복지관 평가는 1년 후로 미뤄지게 되었다.

② 1999년 사회복지관을 제외한 시설들의 평가를 실시하고 2000년 사회복지관에 대한 평가를 실시하였다.

③ 사회복지관의 운영 및 프로그램의 효과를 향상시킬 수 있다.

(7) 최근의 경향

① 1990년대 이후 지역사회복지는 지역 중심성, 전문성을 강화하여 질적인 변화를 가져왔다.

② 자원봉사 활동이 확대되고, 법률의 제정으로 민간의 활동뿐만 아니라 정부 조직도 강화되었다.

③ 1995년에 보건복지사무소 시범사업이 실시되었다.

④ 1997년에 「사회복지사업법」 개정으로 인하여 사회복지시설평가가 실시되었다.

⑤ 2000년 10월에 「국민기초생활 보장법」 시행으로 지역사회 중심의 자활지원 사업을 본격적으로 전개하였다.

⑥ 2004년에 사회복지사무소 시범사업이 실시되었다.

⑦ 2006년에 주민생활지원서비스가 시행되었다.

⑧ 2010년에 사회복지통합관리망이 출범되었다.

⑨ 2012년 5월부터 시·군·구 희망복지지원단의 운영으로 통합사례관리가 시행되었다.

Tip
1997년 「사회복지사업법」의 개정에는 사회복지시설 평가, 사회복지시설 신고제, 사회복지사 1급 시험에 대한 내용이 포함되어 있습니다.

⑩ 2012년에 「협동조합기본법」이 제정되었다.

⑪ 2015년 7월부터 「국민기초생활 보장법」의 급여체계가 맞춤형으로 개편되었다. 이후 최저생계비 대신 기준 중위소득을 사용하게 되었다.

⑫ 2015년 8월부터 시·군·구에서 지역사회보장협의체를 운영하고 있고 지역사회보장계획을 수립하여 지방분권화를 통한 지역사회의 욕구에 맞는 복지서비스를 제공하기 위해 노력하고 있다.

⑬ 2016년 읍·면·동 중심으로 통합서비스 제공을 위해 읍·면·동 복지허브화를 추진하였고 이후 읍·면·동 주민센터를 읍·면·동 행정복지센터로 순차적으로 변경하였다.

⑭ 2019년 사회서비스의 공공성 강화를 위해 사회서비스원을 출범하였고 2022년 전국 시·도로 확대되었다.

⑮ 2019년 6월부터 주거, 보건, 의료, 요양, 돌봄, 일상생활의 지원을 통합하여 지역사회 통합돌봄(커뮤니티케어) 선도사업이 실시되었다.

OX 퀴즈

• 그리피스 보고서는 지역사회보호 형성기에 나왔다. (✕)
• 새마을 운동은 소득증대운동으로 확대되었다. (○)

01 자선조직협회에 대한 설명으로 틀린 것은?

① 중산층 부인들이 먼저 시작하였다.

② 빈곤 가정에 찾아가 필요한 서비스를 제공하였다.

③ 빈곤 가정을 위해 구빈비를 많이 사용해야 한다고 했다.

④ 서비스 중복을 방지하기 위해 협회를 창설한다.

⑤ 가난한 사람들을 가치 있는 자와 가치 없는 자로 구분하여 구호를 시작하였다.

해설 돈을 많이 벌게 된 중산층이 자선을 하게 되면서 시작되었다. 자선조직협회는 잔여적 성격을 가지고 있고 빈민을 도와주는 것은 시혜적으로 생각을 하고 있었다. 그렇기 때문에 구빈비 사용을 반대하고 노동능력에 따라 가치 있는 자와 가치 없는 자로 분류하여 가치 있는 자만 구호를 실시하였다. 구빈비 사용에 찬성한 것은 인보관운동이다.

02 우리나라 새마을 운동에 관한 설명으로 옳지 않은 것은? [14회]

① 지역사회개발사업과 관련이 있다.

② 농촌생활환경 개선운동으로 시작되었으나 소득증대운동으로는 발전하지 못하였다.

③ 근면 · 자조 · 협동을 주요 정신으로 한다.

④ 1970년대 새마을 운동 기록물은 유네스코 세계기록유산에 등재되어 있다.

⑤ 매년 4월 22일은 정부 지정 새마을의 날이다.

해설 1970년대 외원기관들이 철수하게 된 이유는 새마을 운동으로 인한 소득향상 때문이었다. 새마을 운동은 소득증대운동으로 발전하였다.

03 시봄 보고서에 대한 내용으로 옳은 것은?

① 지역사회보호를 위한 권한과 재정을 국가에서 지방정부로 이양할 것을 제안하였다.

② 공공과 민간서비스 외의 비공식서비스(가족체계, 이웃)의 중요성을 강조하였다.

③ 《지역사회에 기초한 사회적 보호》라는 제명으로 출판되었다.

④ 공식적 복지서비스는 비공식적 복지서비스와 긴밀한 관계를 유지, 활동해야 한다고 하였다.

⑤ 지역사회복지에 관심을 두고 비공식적 서비스와 지역사회주민의 참여를 강조하였다.

해설 ① 지역사회보호를 위한 권한과 재정을 국가에서 지방정부로 이양할 것을 제안한 것은 그리피스 보고서이다.
② 공공과 민간서비스 외의 비공식서비스(가족체계, 이웃)의 중요성을 강조한 것은 하버트 보고서이다.
③ 《지역사회에 기초한 사회적 보호》라는 제명으로 출판된 것은 하버트 보고서이다.
④ 공식적 복지서비스는 비공식적 복지서비스와 긴밀한 관계를 유지, 활동해야 한다고 한 것은 바클레이 보고서이다.

04 우리나라 지역사회복지 역사에 관한 설명으로 옳지 않은 것은? [13회]

① 오가통(五家統)은 지역이 자율적으로 주도한 인보제도이다.

② 두레는 촌락단위의 농민 상호협동체이다.

③ 향약은 지역민의 순화, 덕화, 교화를 목적으로 한 자치적 협동조직이다.

④ 계(契)는 조합적 성격을 지닌 자연발생적 조직이다.

정답 01 ③ 02 ② 03 ⑤ 04 ①

⑤ 품앗이는 농민의 노동력을 서로 차용 또는 교환하는 것이다.

해설 오가통은 국가 주도로 이루어진 인보제도로 5가구를 1통으로 묶어 연대책임으로 서로 도울 수 있도록 운영하였다.

05 한국의 민간 지역복지가 아닌 것은?

① 계
② 품앗이
③ 향약
④ 두레
⑤ 오가통

해설 민간의 지역복지로는 두레, 계, 품앗이, 향약, 사창이 있고 국가주도의 지역복지로는 오가통과 상설복지제도(의창, 상평창, 진휼청, 기로소)가 있다.

06 상설복지제도에 대한 설명으로 틀린 것은?

① 의창 – 흉년을 대비해 양곡저장과 보관하는 제도이다.
② 상평창 – 곡식을 대여하고 추수기에 상환의 의무를 갖게 하는 제도이다.
③ 사창 – 흉년을 이겨내기 위해 곡식을 징수해 놓은 창고이다.
④ 기로소 – 70세 이상의 노인을 입소시켜 구제활동을 하는 담당하는 곳이다.
⑤ 진휼청 – 흉년에 구휼업무를 담당하고 이재민과 빈민을 구제하는 국가기관이다.

해설 상설복지제도는 국가 주도의 지역복지이고 사창은 민간 주도의 지역복지이다.

07 광복 이후의 지역사회복지에 대한 설명으로 옳은 것은?

① 사회복지전담요원은 2000년부터 사회복지전담공무원으로 전환되었다.
② 재가서비스는 장애인에게 결연, 상담사업, 가정봉사원 파견사업을 실시하고 있다.
③ 1990년부터 읍 · 면 · 동사무소에 사회복지전담요원을 배치하였다.
④ 지역사회복지관이 설립되어 이용시설에서 수용시설로 서비스가 전환되었다.
⑤ 1980년 국가의 강제적 운동으로 새마을 운동이 시작되었다.

해설 ② 재가서비스는 노인에게 결연, 상담사업, 가정봉사원 파견사업을 실시하고 있다.
③ 1987년부터 읍 · 면 · 동사무소에 사회복지전담요원을 배치하였다.
④ 지역사회복지관이 설립되어 수용시설에서 이용시설로 서비스가 전환되었다.
⑤ 1970년 국가의 강제적 운동으로 새마을 운동이 시작되었다.

08 외원기관에 의해 실시된 사회복지에 대한 설명으로 틀린 것은?

① 전쟁 후 열악한 환경으로 외원기관이 서비스를 전달하는 활동이 주를 이룬다.
② 선명회, 홀트 등 한국과 외국의 민간원조 기관협회(KAVA)를 창설하였다.
③ 교육, 보건, 사회복지, 구호 등이 선명회, 홀트 등 민간단체들에 의해 이루어졌다.
④ 외원기관들은 1980년대 이후 감소하기 시작하였고 그 후에 사회복지관이 많이 설립되었다.
⑤ 「사회복지사업법」이 입법화되면서 사회복지 관련 법들이 무더기로 입법화되었다.

해설 외원기관들은 1980년대 이후가 아니라 1970년대 새마을 운동 시기에 감소하기 시작하였고 그 후에 사회복지관이 많이 설립되었다.

정답 05 ⑤ 06 ③ 07 ① 08 ④

09 우리나라 지역사회복지의 역사적 흐름에 관한 설명으로 옳지 않은 것은? [16회]

① 1950년대 외국원조기관은 구호 및 생활보호 등에 기여하였다.

② 1970년대 사회복지관 국고보조금 지침이 마련되었다.

③ 1980년대 민주화 운동으로 전개된 지역사회 생활권 보장을 위한 활동은 사회행동모델에서 비롯되었다.

④ 1990년대 재가복지서비스의 확대가 이루어졌다.

⑤ 2000년대 도입된 지역사회서비스투자사업의 사회서비스이용권 비용 지급 · 정산은 사회보장정보원이 담당한다.

해설 사회복지관 국고보조금 지침은 1980년대에 마련되었다.

10 인보관에 대한 설명으로 틀린 것은?

① 빈곤은 사회적 문제라고 생각하며 사회계급 간의 불평등을 해결하려고 노력하였다.

② 개별사회사업의 시초가 되었다.

③ 빈민지역에 함께 거주하면서 생활환경을 향상시키려 노력하였다.

④ 빈곤의 대물림을 방지하기 위해 교육에 신경을 썼다.

⑤ 1884년 바네트 목사가 토인비 홀이라는 최초의 인보관을 설립하였다.

해설 인보관은 지금의 지역사회복지관을 의미하고 지역 안에서 빈민들과 함께 생활하면서 생활 전반을 변화시키려고 노력하였으므로 개별사회사업이 아니라 집단사회사업이라고 할 수 있다. 개별사회사업은 자선조직협회에서 개인별로 만나 욕구 조사 후 서비스를 제공하여 우애방문원의 역할 때문에 개별사회사업의 시초가 된다.

정답 09 ② 10 ②

지역사회실천이론

출제경향

목차	22회	21회	20회	19회	18회
1. 사회체계이론					
2. 생태학이론		1			
3. 힘 의존이론		1			1
4. 갈등이론		1			
5. 자원동원이론					
6. 사회교환이론	1		1		
7. 사회구성이론			1		
8. 사회자본이론	1				

학습 가이드

- 실천이론은 매회 지속적으로 출제되고 있을 정도로 중요한 부분이다.
- 이론의 잘못된 부분을 찾는 문제, 박스 안의 설명을 찾는 문제가 자주 출제되었고 하나의 이론을 물어보는 문제보다는 전체적인 이론을 물어보는 문제가 자주 출제되고 있는 만큼 각 이론을 확실히 학습해야 한다.
- 사례를 통해 실천이론을 찾는 문제가 자주 출제되는 만큼 대비해야 한다.

---

1 **사회체계이론**

① 지역사회 안에 있는 다양한 체계들 간의 상호작용을 강조하고 하나의 사회체계로 본다.
② 한 체계의 변화는 다른 체계에 영향을 미친다.
③ 지역사회 하부체계 간의 조화, 협동, 합의를 통해 관계를 유지한다.
④ 내부 구성원들 간에 수평적으로 연결되고 외부 구성원과 수직적으로 연결되어 있다.

Tip 👆
사회체계이론은 보수적인 관점으로 체계들의 상호작용을 강조하고 변화보다는 현상유지에 초점을 둡니다.

Tip 👆
사회체계 필수기능으로는 체제유지, 통합, 목표 달성, 적응이 있습니다.

⑤ 평형상태를 유지해 보수적 이론으로 비판을 받지만 지역사회의 구조와 기능을 설명할 수 있다.

2 생태학이론

① 인간은 환경을 변화시키거나 환경에 적응하려고 끊임없이 노력한다.
② 인간은 환경과 교류하며 적응과 진화를 한다는 견해이다.
③ 인간이 몸담고 있는 생태환경을 보다 체계적으로 구조화하고 이들 환경체계와 개인의 발달 간의 관계를 이해한다.
④ 지역사회의 변환과정을 역동적 진화과정으로 설명할 수 있다.
⑤ 변화에 적응한 지역사회는 살아남는다는 사회 진화론적 성격을 가지고 있다.
⑥ 지역사회는 공간을 점유하는 인간집합체로서 경쟁, 중심화, 분산 및 분리 등의 현상이 존재한다.

Tip 👆
생태학이론은 인간과 환경의 상호작용을 강조하며, 인간은 환경이 변할 때 환경에 적응하기 위해 노력한다고 봅니다.

3 힘(권력) 의존이론

① 사회복지기관들은 생존하기 위해 외부의 지원에 의존할 수 밖에 없다는 이론이다.
② 많은 곳에서 후원을 받는 것은 특정 기관에 대한 의존성과 영향력을 줄이기 위해서이다.
③ 사회복지는 스스로 성장하지 못하고 지역사회에 있는 자원에 의존하여 성장한다.

Tip 👆
사회복지기관은 국가와 지자체로부터 예산을 받아 운영하기 때문에 국가와 지자체에 영향을 받습니다.

4 갈등이론

① 지역사회에서 갈등이 일어나는 것은 일반적인 특징으로 사회적 과정의 본질로 간주한다.
② 갈등은 상반되는 이익에 의해 발생하고 이러한 갈등으로 인하여 지역사회가 변화하고 발전한다.

③ 지역사회 내의 구성원들이 경제적 자원, 권력, 권위 등 불평등한 배분관계에 놓일 때 갈등이 발생한다.

④ 영향력 있는 사람들은 갈등에 많은 영향을 미친다.

⑤ 지역사회의 불평등 관계를 바꾸고자 한다.

⑥ 갈등이 생기는 것은 자원이 한정되어 있기 때문이다.

5 자원동원이론

① 힘 의존이론과 연관되며 사회운동조직들의 역할과 한계를 설명한다.

② 조직의 발전과 승패를 위해서 구성원 모집, 자금 확충, 직원 고용에 힘쓴다.

③ 외부체계와의 종속관계를 약화시키기 위하여 회원의 수를 늘린다.

④ 사회운동을 발전시키기 위하여 회원들을 적극적으로 참여하도록 독려한다.

⑤ 자원에는 돈, 정보, 회원 등이 포함된다.

⑥ 외부자원에 의존하다 보면 자율성이 약해질 수 있다.

6 사회교환이론

① 인간은 타인으로부터 보상이나 이익을 교환하는 과정이다.

② 인간은 대가를 받기 위해 행동하는데, 지위나 학력, 위치에 따라 보상이 달라진다.

③ 지역사회에 있는 주민들은 주민들 사이의 교환현상이 반복된다.

④ 교환자원에는 물질적인 것(기부금, 현물) 과 비물질적인 것(상담, 정보, 의미, 힘)이 포함된다.

⑤ 하드캐슬(Hardcastle)의 교환이론

   ⊙ 경쟁(Competition) : A가 B와 교환을 하는 것보다는 다른 자원을 찾도록 하는 전략이다.

   ⊙ 재평가(Re-evaluation) : A의 변화로 인하여 B가 가지고 있는 자원에 관심이 줄어들어 다시 재평가하는 전략이다.

   ⊙ 호혜성(Reciprocity) : A와 B가 교환을 통하여 동등한 관계로 변화하려는 전략이다.

ⓔ 연합(Coalition) : A가 다른 팀과 연합하여 함께 B에게 대항하는 전략
  이다.
ⓜ 강압(Coercion) : A가 B에게 자신이 원하는 행동을 하도록 힘으로 위협
  하는 전략이다.

⑥ 호만스(Homans)의 교환이론
  ㉠ 모든 사회적 상호작용에는 반드시 교환이 관계되어 있다.
  ㉡ 사람들은 최소의 비용으로 최대의 보상을 얻을 수 있는 길을 선택한다.
  ㉢ 보상이나 이익은 관계에서 도출되는 긍정적인 결과를 가리킨다.
  ㉣ 보상의 획득에는 언제나 비용이 따른다.

7 사회구성이론

① 지식은 인간의 경험세계로부터 주관적으로 구성된다고 주장하는 이론이다.
② 사회현상은 인간의 경험으로 인하여 주관적이다.
③ 포스트모더니즘과 상징적 상호작용의 영향을 받았다.
④ 사회적으로 구성된 지식은 절대적이지 않다.
⑤ 엘리트 중심의 시각에 의해 발달되어 왔다.

Tip 👍
사회구성이론은 사회구성주의의 지식이 어떻게 형성되는지에 관심이 있고 이러한 지식은 기득권층의 영향이 크다는 것에 주목합니다.

8 사회자본이론

① 물리적 자본과 반대되는 개념으로 사회구성원을 묶어주는 사회적 신뢰, 규
  범, 네트워크, 구성원 간 협동심 등의 전체의 양을 뜻한다.
② 사회적 자본이 많을수록 전체 지역사회는 건강해지고, 구성원들의 어려움
  을 극복하는 데 큰 도움을 준다.
③ 사회적 자본이 많을수록 구성원끼리의 신뢰성이 높다고 할 수 있다.
④ 사회적 자본이 적을수록 각자의 이익만 쫓는 개인주의가 만연하다고 할 수
  있다.

OX 퀴즈

• 힘 의존이론과 연관된 이론은 자원동원이론이다. (○)
• 다원주의와 반대되는 이론은 엘리트이론이다. (○)
• 포스트모더니즘에 영향을 받은 이론은 사회구성이론이다. (○)

01 사회체계이론에 대한 설명으로 틀린 것은?

① 지역사회를 하나의 사회체계로 보고 다양한 체계들 간의 상호작용을 강조한다.

② 부분들의 합으로 이루어진 하나의 전체로서 모든 체계는 연결되어 상호작용을 한다.

③ 인간과 환경이 상호작용을 하면서 살아가는 동안 동적인 존재라는 가정에서 출발한다.

④ 수평적으로 내부구성원과 연결되고 수직적으로는 다른 지역사회 구성원들과 연결된다.

⑤ 한 곳이 변화하면 다른 곳도 영향을 받아 변화가 일어난다.

해설 인간과 환경이 상호작용을 하면서 살아가는 동안 동적 존재라는 가정에서 출발은 생태학적이론이다.

02 다음 설명에 해당하는 지역사회복지실천이론은?

[17회]

> A사회복지사는 결혼이주여성들을 지원하는 과정에서 그들의 행동에 영향을 미쳤던 자국의 사회, 경제 및 정치적 구조를 이해하고 그들의 문화적 가치와 규범에 대한 의미를 해석해야 한다.

① 사회연결망이론   ② 사회교환이론

③ 사회구성론   ④ 권력의존이론

⑤ 갈등이론

해설 사회구성론은 인간의 믿음, 가치, 규범, 전통 및 삶의 방식의 교류 속에서 발전하고 개인이 처한 사회나 문화에 따라 현실의 문제를 구성하거나 재구성할 수 있다는 관점으로, 모든 현상에 대한 객관적 진실이 존재한다는 점에 의구심을 던지는 이론이다. A사회복지사는 결혼이주여성들의 행동에 영향을 미쳤던 자국의 사회, 경제 및 정치적 구조를 이해하고 그들의 문화적 가치와 규범에 대한 의미를 해석하고 있으므로 사회구성이론에 해당한다.

03 다음에서 설명하는 이론은?

> • 사회복지기관이 A그룹에서 후원금을 받는 것
> • 사회복지기관이 지방자치단체의 재정 지원을 받는 것

① 갈등이론   ② 자원동원이론

③ 사회구성론   ④ 교환이론

⑤ 힘의존이론

해설 힘의존이론은 사회복지기관들은 외부의 지원에 의존할 수밖에 없다는 전제에서 출발하며, 어떤 관계가 상대적으로 한쪽의 자원이 커서 의지할 수밖에 없는 힘의 교환 과정을 설명한다. 복지기관이 여러 곳에서 지원을 받는 이유는 많은 재원 확보의 목적이 아니라 특정 지원에 의존성을 줄이기 위함이다.

04 갈등이론에 대한 설명으로 틀린 것은?

① 갈등 관계를 통해서 지역사회의 변동이 일어난다.

② 갈등이 일어나는 이유는 자원이 무한하기 때문이다.

③ 영향력 있는 지도자들이 갈등에 많은 영향을 미친다.

④ 두 집단 간 자원의 불평등한 분배에서 갈등이 생긴다.

⑤ 신념과 가치의 갈등으로 인하여 지역사회에 갈등이 생긴다.

해설 갈등이 일어나는 이유는 자원이 한정되어 있기 때문이다.

정답 01 ③ 02 ③ 03 ⑤ 04 ②

05 사회복지사는 '아동보호를 위한 마을 만들기 지원 사업'을 시작하기 위해 지역사회복지 이론에 기초한 실천을 계획하였다. 다음 중 옳은 것을 모두 고른 것은? [13회]

> ㄱ. 사회체계이론의 관점에서 학교나 병원과 같은 아동관련 하위체계를 조사하고 방문할 계획이다.
> ㄴ. 생태학이론의 관점에서 과거부터 지금까지의 아동관련 지역사회 활동을 조사할 계획이다.
> ㄷ. 사회자본이론의 관점에서 '아동이 살기 좋은 마을은 모두에게 안전한 마을'이라는 슬로건하에 지역사회의 호혜성을 강화할 계획이다.
> ㄹ. 갈등이론의 관점에서 학부형의 연대가 중요하므로 비학부형은 참여대상에서 제외할 계획이다.

① ㄱ, ㄴ, ㄷ   ② ㄱ, ㄷ
③ ㄴ, ㄹ   ④ ㄹ
⑤ ㄱ, ㄴ, ㄷ, ㄹ

해설 아동보호를 위한 마을 만들기 지원 사업을 실시하는 데 학부형과 비학부형 간의 갈등이 존재하지 않기에 비학부형을 제외할 필요는 없다.

06 교환이론에 대한 설명으로 틀린 것은?

① 인간의 행동은 타인으로부터의 보상과 이익을 교환하는 과정이다.
② 인간의 행동은 자신의 학력, 지위에 상관없이 보상을 고려하여 상호작용을 한다.
③ 인간의 행동에는 대가가 따르게 마련이다.
④ 인간은 자신에 대한 신분, 보상에 따라 행동이 다르게 나타난다.
⑤ 인간은 최대의 이익을 추구하려는 경향을 가진 합리적인 동물이다.

해설 인간의 행동은 자신의 학력, 지위에 따라 보상을 고려하여 상호작용을 한다.

07 사회자본이 갖는 특성으로 옳지 않은 것은? [12회]

① 사용할수록 총량이 감소한다.
② 동시에 교환되는 것을 전제로 하지 않는다.
③ 한 번 획득되더라도 언제든지 사라질 수 있다.
④ 보상에 대한 믿음이 전재할 수 있다.
⑤ 관계를 맺고 있는 지역사회주민들과 이익이 공유될 수 있다.

해설 사회자본을 사용하면 총량은 감소하지 않고 더 늘어난다.

08 다음 이론의 설명 중 옳은 것은?

① 사회체계이론 – 지역사회의 변화과정을 역동적인 진화과정으로 설명하였다.
② 생태학적 이론 – 인간이 환경에 적응하면서 환경을 변화시키려고 끊임없이 노력하는 존재로 묘사한다.
③ 갈등이론 – 인간은 자신에 대한 신분, 보상에 따라 행동이 다르게 나타난다.
④ 사회구성론 – 집단들이 자신의 이익을 위해 정책에 영향력을 행사할 수 있다고 보는 이론이다.
⑤ 다원주의이론 – 소수의 정치인, 기업인, 경제인들에 의해 권력을 독점하여 지역사회가 지배되고 있다.

해설 ① 지역사회의 변화과정을 역동적인 진화과정으로 설명한 이론은 생태학적 이론이다.
③ 인간은 자신에 대한 신분, 보상에 따라 행동이 다르게 나타난다고 설명한 이론은 교환이론이다.
④ 집단들이 자신의 이익을 위해 정책에 영향력을 행사할 수 있다고 보는 이론은 다원주의이론이다.
⑤ 소수의 정치인, 기업인, 경제인들에 의해 권력을 독점하여 지역사회가 지배되고 있다는 이론은 엘리트이론이다.

정답   05 ①   06 ②   07 ①   08 ②

지역사회복지 실천모델

학습 가이드 🎯

- 11회 시험에서는 6문제가 나올 정도로 출제 빈도가 상당히 높은 부분으로, 학자들의 내용을 확실히 학습해야 한다.
- 로스만의 3모델이 자주 출제되었으나 이제는 로스만뿐만 아니라 웨일과 갬블, 테일러와 로버츠의 모델도 출제 빈도가 높아지고 있다.
- 3모델에서 8모델까지 세분화되어 있고 모델의 특징을 확실히 학습해야만 문제를 푸는 데 어려움이 없을 것이다. 각 모델의 사회복지사의 역할뿐 아니라 사례로 찾는 모델까지 대비해야 한다.

1 지역사회복지실천모델의 유형

1) 로스만의 지역사회모델

(1) 개념

① **지역사회개발모델** : 지역사회의 활동능력과 통합, 자조, 전체적 조화

② **사회계획모델** : 지역사회의 기본적인 문제해결

③ **사회행동모델** : 권력관계와 자원의 변화(재분배), 기본적인 제도 변화, 사회적 약자의 의사결정의 접근성 강화

(2) 예시

① **지역사회개발모델** : 새마을운동

② **사회계획모델** : 도심재개발

③ **사회행동모델** : 학생운동, 민권운동, 복지권 운동, 소비자보호 운동

Tip 👆
지역사회개발은 지역주민들의 자조 정신을 강조하고 스스로 문제를 해결할 수 있는 능력을 강화시키는 데 주력합니다.

Tip 👆
사회계획은 전문가의 기술적 과정을 중시하고 합리적인 계획수립에 초점을 둡니다.

Tip 👆
사회행동은 억압을 받고 있는 지역주민들을 위해 기존 제도를 변화시켜 재분배를 요구합니다.

(3) 활동목표

① **지역사회개발모델** : 과정 목표

② **사회계획모델** : 과업 목표

③ **사회행동모델** : 과업과 과정 목표

(4) 변화전략

① **지역사회개발모델** : 문제 결정 및 해결에 다수의 사람 참여
   예 "함께 모여서 이야기해보자."

② **사회계획모델** : 문제에 관한 자료 수집과 최적의 합리적 행동조치 결정
   예 "진상을 파악해서 논리적인 조치를 강구하자."

③ **사회행동모델** : 문제 구체화와 표적 대상에 대해 조치를 취할 수 있도록 주민 동원 예 "우리들의 억압자를 분쇄하기 위해 규합하자."

(5) 변화전술과 기법

① **지역사회개발모델** : 합의, 의견교환과 토의

② **사회계획모델** : 합의 또는 갈등

③ **사회행동모델** : 갈등·대결, 직접적인 실력행사, 항의, 시위, 보이콧, 피케팅 등

(6) 사회복지사의 역할

① **지역사회개발모델** : 조력자, 격려자, 조정자, 교육자, 능력부여자

② **사회계획모델** : 전문가, 계획자, 사실발견수집가, 분석가, 프로그램기획과 평가자, 촉진자

③ **사회행동모델** : 옹호자, 행동가, 매개자, 중재자, 지지자, 조직가

(7) 변화의 수단(매개체)

① **지역사회개발모델** : 과업지향적인 소집단 활용

② **사회계획모델** : 공식조직과 객관적인 자료 활용

③ **사회행동모델** : 대중 조직과 정치과정 활용

(8) 대상지역사회의 범위 정의

① **지역사회개발모델** : 전체 지역사회

② **사회계획모델** : 전체 지역사회 또는 특수지역 및 일부계층

③ **사회행동모델** : 지역사회 일부

(9) 지역사회의 구성원들 간의 이해관계에 관한 전제

① **지역사회개발모델** : 공통의 이해관계 및 조정 가능한 차이

② **사회계획모델** : 이해관계의 조정 가능, 갈등

③ **사회행동모델** : 쉽게 조정할 수 없는 갈등적 이해관계

⑽ 공공이익의 개념

① **지역사회개발모델** : 합리주의 · 중앙집권적
② **사회계획모델** : 이상주의 · 중앙집권적
③ **사회행동모델** : 현실주의 · 개인주의적

⑾ 클라이언트 집단

① **지역사회개발모델** : 시민(Citizens)
② **사회계획모델** : 소비자(Consumer)
③ **사회행동모델** : 희생자(Victims)

2) 웨일과 갬블의 8모델

(1) 근린지역 지역사회조직모델

① **특징** : 지리적 지역사회에 초점을 두고 지역주민들이 조직에 참여하여 능력개발과 지역사회를 변화시키는 과업을 성취하는 목표를 강조한다.
② **표적체계** : 공공행정기관, 개발계획의 추진기업, 지역주민
③ **관심영역** : 지역주민의 삶의 질 향상
④ **역할** : 조직가, 교사, 촉진자, 코치

(2) 기능적인 지역사회조직모델

① **특징** : 기능에 더 초점을 두는 모델로, 이해관계를 기초로 한 지역사회조직을 의미한다.
② **표적체계** : 일반대중, 정부기관
③ **구성원** : 문제를 공유하거나 뜻을 같이 하는 사람(동호인)
④ **관심영역** : 개인이 택한 특정 이슈의 정책, 행위, 태도의 변화
⑤ **역할** : 촉진자, 조직가, 교사, 정보제공자

(3) 지역사회의 사회 · 경제개발모델

① **특징** : 사회에서 억압받는 저소득층 지역주민의 삶의 질을 제고하고 사회적, 경제적 기회를 증진한다.
② **표적체계** : 은행, 경제조직, 지원재단, 지역주민
③ **구성원** : 저소득집단, 불이익집단
④ **관심영역** : 지역의 사회 · 경제적 개발을 위하여 계획을 개발하고 진행하도록 능력을 강화시키고 투자를 통한 외부적 지원 강화를 위해 자원을 개발, 목록화하는 것에 관심
⑤ **역할** : 스태프

합격 노트 웨일과 갬블의 지역사회조직 모델별 특징과 사회복지사의 역할은 꼭 암기해야 합니다.

Tip 근린지역 지역사회조직모델과 기능적인 지역사회조직모델은 로스만의 지역사회개발모델을 토대로 만들어졌습니다. 근린지역 지역사회조직모델은 지리적 의미를, 기능적인 지역사회조직모델은 기능적 의미를 가진 지역사회입니다.

Tip 지역사회의 사회 · 경제개발모델은 불이익을 받는 지역주민의 삶의 질을 향상시키려는 모델로 지역개발을 통하여 이익을 얻게 합니다.

(4) 사회계획모델

① **특징** : 합리적 의사결정을 통해 문제의 우선순위를 정하고 자원을 분배하며 문제를 해결하는 데 초점을 둔다.

② **표적체계** : 지역사회 지도자의 관점, 인간서비스 지도자의 관점

③ **구성원** : 공무원, 사회복지기관

④ **관심영역** : 서비스의 관계망을 계획·조정하여 사회적 욕구를 공공영역의 지역계획에 통합시키는 일

⑤ **역할** : 연구자, 전달자, 관리자

Tip
사회계획모델은 로스만의 사회계획모델을 토대로 만들어 내용이 비슷하며, 문제해결에 필요한 합리적인 계획수립에 초점을 둡니다.

(5) 프로그램 개발과 지역사회연계모델

① **특징** : 지역사회에서 필요한 서비스를 향상시키거나 새롭게 프로그램을 개발하여 진행한다.

② **표적체계** : 새로운 프로그램의 서비스 이용금액을 지불하는 사람들

③ **구성원** : 프로그램 개발에 참여한 기관위원회나 지역사회대표

④ **관심영역** : 특정 대상이나 지역사회를 위한 서비스 개발

⑤ **역할** : 계획가, 대변자, 중개자, 촉진자, 관리자, 평가자

Tip
프로그램 개발과 지역사회연계모델은 지역사회 서비스의 효과성을 증진시키기 위한 프로그램을 개발하는 데 초점을 둡니다.

(6) 정치·사회행동모델

① **특징** : 지역사회에서 불평등을 극복하거나 지역사회의 욕구를 무시하는 의사결정자에게 대항하고 불공정한 조건을 변화시키려는 기술을 개발하여 사람들의 권한을 부여한다.

② **표적체계** : 잠재적인 참여자, 선거로 선출된 공직자와 행정관료

③ **구성원** : 정치적 권한이 있는 시민

④ **관심영역** : 저소득층 집단에 생기는 불이익을 발생시키는 정부의 조치를 변화시키는 데 초점

⑤ **역할** : 옹호자, 교육자, 조직가, 연구자

Tip
정치·사회행동모델은 소외계층의 의사결정과정에 참여를 확대하여 힘의 균형을 도모하려는 데 초점을 둡니다.

(7) 연합모델

① **특징** : 지역사회를 기반으로 존재하는 각 기관들이 함께 힘을 모아 지역사회가 가진 문제에 대해 변화시킨다.

② **표적체계** : 선거로 선출된 공직자, 자금제공을 고취시키는 재단, 준비가 되지 않은 정부당국

③ **구성원** : 문제에 이해관계를 갖는 조직체, 시민

④ **관심영역** : 개인의 힘으로 해결할 수 없는 지역사회의 문제를 해결할 수 있도록 연대적 접근을 추구

⑤ **역할** : 중재자, 협상가, 대변인, 조직가

Tip
연합모델은 프로그램의 방향 또는 자원을 최대한 끌어낼 수 있는 다조직적인 권력기반을 형성하는 데 초점을 둡니다.

1과목

2과목

3과목

4과목

5과목

6과목

7과목

8과목

(8) 사회운동모델

① **특징** : 지역사회구성원과 다양한 형태의 지역사회 조직체계에게 새로운 패러다임을 제공함으로써 사회정의를 실현한다.

② **표적체계** : 일반대중과 정치제도

③ **구성원** : 새로운 비전과 이미지를 창출할 수 있는 조직과 지도자

④ **관심영역** : 사회정의

⑤ **역할** : 옹호자, 촉진자

3) 테일러와 로버츠(Taylor & Roberts)

로스만(Rothman)의 기본 3가지 모델을 중심으로 프로그램 개발 및 조정 모델, 지역사회연계 모델을 추가하여 5가지 모델을 제시하였다.

① **프로그램 개발 및 조정 모델** : 지역사회를 변화시키거나 문제를 해결하기 위해 가장 효과적이고 효율적으로 프로그램을 개발하고 조정해 나가는 모델로, 후원자의 영향력이 100%인 모델이다.

② **계획모델** : 계획을 수립하는 과정에 있어 합리성과 전문성을 기초로 하는 과업 지향적이다. 로스만의 사회계획 모델보다 인간적인 면을 강조하는 모델로, 후원자의 영향력이 7/8인 후원자 중심모델이다.

③ **지역사회연계모델** : 개인적인 문제와 지역사회문제를 연계하여 지역사회 문제를 해결하려는 모델로, 후원자와 클라이언트의 영향력이 각각 50%씩 있는 모델이다.

④ **지역사회개발모델** : 지역주민의 교육을 통한 적극적인 참여를 강조하여 지역사회 자체적 역량을 강화하고 스스로 문제를 해결할 수 있도록 지원하는 모델로, 클라이언트 영향력이 7/8인 클라이언트 중심모델이다.

⑤ **정치적 행동 및 역량강화 모델** : 사회적으로 배제된 집단의 사회적 참여를 지원하여 스스로의 권리를 찾을 수 있도록 하는 모델로, 클라이언트가 100% 권한을 가진 모델이다.

📖 **테일러와 로버츠의 지역사회 5모형**

모형	권한
프로그램 개발 및 조정 모델	후원자가 100%
계획모델	후원자 영향력이 약 8분의 7
지역사회연계모델	후원자와 클라이언트의 영향력이 50%씩
지역사회개발모델	클라이언트의 영향력이 8분의 7
정치적 행동 및 역량강화 모델	클라이언트가 100%

01 다음에서 설명하는 모델은?

> • 지역사회 변화노력을 위해 지역사회의 관련 집단 간의 합의와 협력을 이끌어 내기가 용이하지 않다.
> • 성, 계층, 인종 등으로 구분되는 지역사회 내의 다양한 집단 사이에서 공통의 이해관계를 찾기가 쉽지 않다.

① 지역사회개발모델   ② 지역사회연계모델
③ 사회행동모델   ④ 사회계획모델
⑤ 연합모델

해설 지역사회개발모델의 특징이다.

02 지역사회복지실천모델 중 테일러와 로버츠 모델에 해당하는 것을 모두 고른 것은? [12회]

> ㄱ. 로스만의 기본 3가지 모델을 분화하여 지역사회복지실천모델을 5가지 유형으로 구분하였다.
> ㄴ. 이 모델의 특징은 후원자의 의사결정 영향정도를 구체적으로 구분하였다는 것이다.
> ㄷ. 정치적 권력강화모델은 로스만의 사회행동모델과 유사하다.
> ㄹ. 지역사회연계모델은 후원자가 클라이언트보다 더 많은 결정권한이 있다.

① ㄱ, ㄴ, ㄷ   ② ㄱ, ㄷ
③ ㄴ, ㄹ   ④ ㄹ
⑤ ㄱ, ㄴ, ㄷ, ㄹ

해설 지역사회연계모델은 후원자와 클라이언트 간의 동등한 영향을 보이는 모델이다.

03 지역사회개발모델에 대한 설명으로 틀린 것은?

① 지역주민들이 변화에 대한 목표를 정하고 실천행동에 참여한다.
② 과정보다는 과업중심의 목표에 역점을 둔다.
③ 사회복지사는 조력자, 조정자의 역할을 할 수 있다.
④ 합의가 목적이므로 의견 교환과 토의를 기법으로 사용한다.
⑤ 전 지역시민이 클라이언트 집단이고 새마을 운동을 예로 들 수 있다.

해설 지역사회개발모델은 결과도 중요하지만 결과보다는 과정을 더 중요하게 생각한다. 따라서 계획을 세우거나 극단적인 행동을 하는 것이 아니라 대화로 문제를 해결하려는 모델이다.

04 로스만의 지역사회개발모델에 관한 설명으로 옳지 않은 것은? [16회]

① 지역사회 주민의 광범위한 참여를 제시한다.
② 조력자, 촉매자, 조정자로서의 사회복지사 역할을 강조한다.
③ 과업의 성취보다는 과정중심목표에 중점을 둔다.
④ 변화의 매개체로 과업지향적인 소집단 활용한다.
⑤ 변화전략은 표적대상에 대한 조치를 취할 수 있도록 주민을 동원하는 것이다.

해설 변화전략은 표적대상에 대한 조치를 취할 수 있도록 주민을 동원하는 것은 지역사회개발모델이 아니라 사회행동모델이다.

정답   01 ①   02 ①   03 ②   04 ⑤

05 사회행동모델에 대한 설명으로 틀린 것은?

① 사회행동의 예로는 학생운동, 민권운동 등이 있다.
② 수혜자는 지역사회 일부로 전문가의 특수한 지원을 요하는 고통 받는 집단이다.
③ 구성 집단 간의 이해관계가 상충되지만 서로 조화를 이룰 수 있다.
④ 사회복지사는 옹호자, 행동가, 매개자의 역할을 수행한다.
⑤ 과업과 과정 모두가 중요하다.

해설 구성 집단 간의 이해관계가 상충되기 때문에 서로 조화를 이룰 수 없다.

06 다음 예시문의 (   ) 안에 들어갈 내용을 옳게 나열한 것은? [17회]

> 지역사회복지실천의 효과성을 높이기 위해 로스만의 모델을 순차적으로 적용해볼 수 있다. 즉, (ㄱ) 모델로 지역사회 내의 자원 배분과 권력 이양을 성취한 후 고도의 복잡한 지역사회문제를 조사ㆍ분석하고 해결방안을 모색하기 위해 (ㄴ) 모델을 적용할 수 있다.

① ㄱ : 사회행동, ㄴ : 사회계획
② ㄱ : 지역사회개발, ㄴ : 계획
③ ㄱ : 사회행동, ㄴ : 근린지역의 지역사회조직
④ ㄱ : 근린지역의 지역사회조직, ㄴ : 계획
⑤ ㄱ : 연합, ㄴ : 사회계획

해설 사회행동은 지역사회의 불우계층, 기존 제도와 현실에 대한 근본적인 변화를 요구하는 것이고, 사회계획은 범죄, 주택, 정신 건강과 같은 사회문제를 해결하고자 하는 기술적 과정을 강조하는 것이다. ㄱ은 지역사회 내의 자원 배분과 권력 이양을 성취하였으므로 사회행동모델에 대한 내용이고, ㄴ은 고도의 복잡한 지역사회문제를 조사ㆍ분석하고 해결방안을 모색하였으므로 사회계획에 대한 내용이다.

07 웨일과 갬블의 유형에 대한 설명으로 틀린 것은?

① 근린지역 지역사회조직모델 – 기능에 더 초점을 두고 이해관계를 기초한 지역사회조직을 의미한다.
② 지역사회의 경제개발모델 – 지역주민의 삶의 질을 제고하고 사회적 기회를 증진시키는 데 있다.
③ 프로그램 개발과 지역사회연계모델 – 지역사회에서 필요한 프로그램을 개발하여 진행하는 것을 목표로 한다.
④ 연합모델 – 각 기관들이 함께 힘을 모아 지역사회가 가진 문제에 대해 변화시키는 모델이다.
⑤ 사회운동모델 – 지역사회 조직체계에게 새로운 패러다임을 제공하여 사회정의를 실현하고자 한다.

해설 근린지역 지역사회조직모델은 지리적 개념의 지역사회를 대상으로 한다. 지역주민의 삶의 질을 향상시키고 스스로 역량을 강화시키기 위해 지역사회구성원의 역량을 개발하는 데 목적이 있으며, 지역주민이 스스로 원하는 변화를 이끌어 낼 수 있도록 지역사회 변화과업을 수행하는 데 초점을 둔다.

08 다음에서 설명하는 모델은?

> • 특징은 합리적 의사결정을 통해 문제의 우선순위를 정하고 자원을 분배하며 문제를 해결하는 데 초점을 둔다.
> • 구성원은 선거로 선출된 공무원 사회복지영역기관이다.
> • 표적체계는 지역사회 지도자의 관점, 인간서비스 지도자의 관점이다.

① 근린지역사회모델
② 연합모델
③ 지역사회의 경제적 개발모델
④ 사회행동모델
⑤ 사회계획모델

해설 사회계획모델에 대한 내용이다.

09 지역사회복지실천모델에 대한 설명으로 틀린 것은?

① 지역사회개발모델에서는 지역사회 내의 모든 집단들이 긍정적 변화를 위한 필수요소들이자 잠재적 파트너로 간주된다.

② 사회행동모델은 세 모델 중 전문가의 역할이 가장 중요하며, 이의제기, 데모 등 대항전략을 많이 사용한다.

③ 기능적 지역사회조직모델에서는 공통의 관심사에 근거한 기능적 지역사회 조직에 중점을 두어 사회적 이슈나 특정집단의 권익보호 및 옹호를 목표로 삼고 있다.

④ 사회계획모델은 클라이언트의 역할이 가장 최소화된 모델이다.

⑤ 테일러와 로버트가 제시한 모델의 주된 특징은 후원자와 클라이언트 간의 의사결정 권한 정도를 구체적으로 구분한 것이다.

해설 사회행동모델은 세 모델 중 이의제기, 데모 등 대항전략을 많이 사용하지만 전문가의 역할이 가장 중요한 모델은 사회계획모델이다.

10 지역사회복지실천모델에 대한 설명으로 가장 옳은 것은?

① 사회행동모델은 자신의 문제결정 및 해결에 다수의 사람이 참여하는 것이다.

② 지역사회개발모델은 전문가가 지역사회복지의 주도자가 된다.

③ 사회계획모델은 주민들의 자조(Self-help)를 강조하는 형태이다.

④ 사회행동모델은 지역사회 내에서 기득권층의 이익을 대표하는 것이다.

⑤ 지역사회개발모델은 권력구조에 있는 구성원을 협력자로 인식한다.

해설
① 자신의 문제결정 및 해결에 다수의 사람이 참여하는 지역사회개발모델이다.
② 전문가가 지역사회조직의 주도자가 되는 모델은 사회계획모델이다.
③ 주민들의 자조를 강조하는 형태의 모델은 지역사회개발모델이다.
④ 사회행동모델은 지역사회 내에서 기득권층의 이익이 아니라 불우계층의 이익을 대표(대변)하는 것이다.

사회행동의 전략과 전술

출제경향 🎯

학습 가이드 🎯
• 최근 들어 출제되지 않지만 꾸준히 한 문제씩 출제되고 있었던 부분이다.
• 사회행동 중에서도 협조, 연합, 동맹에 대한 내용을 묻는 문제가 사례로 출제되고 있고 이 범위를 벗어나는 내용도 출제되는 만큼 개념에 대한 확실한 이해가 필요하다.

1 사회행동의 전략

1) 상대 집단을 이기기 위한 힘의 전략

(1) 정보력

지역사회 현 상태의 정보를 정치인이나 정부에 제공하는 힘으로, 공원에 장애인 화장실을 설치하기 위해 정치인을 통해 목적을 달성하는 것이다.

예 무상급식에 대한 정보를 공개하여 정치인을 통해 목적을 달성하는 경우

(2) 대상 집단에 대한 힘의 행사

결정에 반대하는 상대 조직에 불편이나 피해를 줌으로써 집단의 힘을 과시하는 방법으로, 건설현장에서 시위를 하거나 법원에 중지 요청을 하는 것이다.

예 건설현장의 소음 때문에 구청에 민원을 넣는 경우

(3) 피해를 입힐 수 있는 잠재력

상대 조직에게 직접적인 피해를 입히는 것도 좋은 방법이지만 피해를 입힐 수 있다는 압력을 주어 집단의 목적을 이루는 방법이다.

📧 상대방의 약점을 노출시키는 것보다 노출시킨다는 이야기로 목적을 달성하는 경우

(4) 약점을 이용한 수치심 자극

상대 조직의 약점을 언론에 노출시켜 조직의 목적을 이루는 방법으로, 선거에서 상대 후보의 약점을 노출시켜 낙선시키는 방법이다.

📧 도의에 어긋난 일을 언론에 공개하는 경우 또는 1인 피케팅을 하는 경우

(5) 동원 능력

얼마나 많은 조직원을 동원할 수 있느냐에 따라 승패가 좌우되는데, 사회행동에서 가장 중요한 힘의 원천이 된다.

📧 촛불집회

Tip 👆
상대 집단을 이기기 위한 힘의 전략 중 가장 영향력이 큰 것은 동원 능력입니다.

2) 타 조직과의 협력 전략

(1) 협조(Cooperation)

① 특정한 사건이 있을 때 최소한의 협력을 하는 것을 의미하고 특정한 사건이 끝나기 전에도 어느 한쪽에 의해 관계가 끝날 수 있다.

② 각 조직은 계획대로 운동을 전개하면서 필요에 따라 협력하는 것이다.

📧 A소방서와 B소방서가 인력을 협력하는 것

Tip 👆
조직 간의 협력체계 정도는 협조 → 연합 → 동맹 순으로 갈수록 강화됩니다.

(2) 연합(Coalition)

① 조직적인 협력관계로 공동의 관심사를 협의하기 위해 만든 조직체를 의미한다.

② 문제를 해결하는 데 있어 개별적인 사회운동을 하는 것보다 다른 조직과 연합하여 사회운동을 하는 것이 더 효과가 높다.

📧 사회복지기관들이 모여 협회를 만들어 연합하는 것

(3) 동맹(Alliance)

공동의 목적을 이루기 위해 전문가를 둔 영속적인 가장 바람직한 협력관계이다.

📧 특정 문제를 해결해야 하는 조직끼리 특정 문제를 해결하기 위해 힘을 합쳐 문제를 해결하는 것

3) 전술연결의 전략

(1) 압력전술

상대 조직이 자신의 조직을 따르도록 압박하는 힘으로, 상대의 규칙을 따르지만 상대 조직이 패배를 하도록 노력하는 것이다.

(2) 법적전술

상대 조직의 규칙을 따르지만 규칙을 지키지 않는 상대 조직이 규칙을 지키게 하는 것이다.

(3) 항의전술

기존의 규칙이 잘못되었다는 것을 알고 잘못된 점과 부당한 점을 밝혀 새로운 규칙을 만들어 내는 것이다.

OX 퀴즈

- 상대 집단을 이기기 위한 힘의 전략에 정보력이 포함된다. (O)
- 항의전술은 상대 조직의 규칙을 따르지만 규칙을 지키지 않는 상대 조직이 규칙을 지키게 하는 것이다. (×)

01 상대 집단을 이기기 위한 힘의 전략 중 가장 강력한 것은?

① 정보력
② 대상 집단에 대한 힘의 행사
③ 피해를 입힐 수 있는 잠재력
④ 약점을 이용한 수치심 자극
⑤ 동원 능력

해설 상대 집단을 이기기 위한 힘의 전략에는 정보력, 상대 집단에 대한 힘의 행사, 피해를 입힐 수 있는 잠재력, 약점을 이용한 수치심 자극, 동원 능력이 있는데 이 중 제일 강력한 힘을 갖는 것은 동원 능력이다. 즉, 얼마나 많은 인원을 모을 수 있느냐에 따라 승패가 나뉜다.

02 사회행동모형에서 사용할 수 있는 행동이나 전술 유형이 아닌 것은?   [10회]

① 대중조직 개발   ② 조직적 대항
③ 입법로비활동   ④ 불매운동
⑤ 보건교육활동

해설 사회행동에서 사용할 수 있는 행동이나 전술에는 시위, 피케팅, 교육홍보, 불평, 불매운동, 파업 등이 있다.

03 사회적 대결방법의 설명으로 틀린 것은?

① 시위전술은 많은 사람들을 동원하여 힘을 과시하고 목적을 달성하는 것이 주요 목적이다.
② 정치전술은 정치권에 영향을 주는 것이 목적이다.
③ 교육홍보전술은 상대방을 향해 문제를 드러내고 해결책을 제시한다.

④ 불평전술은 상대방에게 잘못된 점을 아무도 모르게 알리는 방법이다.
⑤ 경제전술은 불만을 표출하기 위해 상대방에게 경제적으로 타격을 주는 행위이다.

해설 사회적 대결은 시위전술, 교육홍보전술, 불평전술, 경제전술로 나뉜다. 사회적 대결에 정치전술은 포함되지 않는다.

04 지역사회 내 조직 간 협력전략에 관한 설명으로 옳은 것은?   [13회]

① 동맹(Alliance)은 조직의 자율성을 중시하면서 힘을 증대시키는 방식이다.
② 협조(Cooperation)는 특정 이슈에 관해 유사 조직들의 일시적 연결방식이다.
③ 연합(Coalition)은 전문가를 둔 영속적 조직구조를 갖고 있다.
④ 동맹, 협조, 연합은 정책결정과 관련하여 개별조직의 승인이 있어야 한다.
⑤ 조직 간의 협력체계 정도는 협조 → 동맹 → 연합 순으로 갈수록 강화된다.

해설 ① 동맹은 공동의 목적을 이루기 위해 전문적인 활동을 하는 협력 관계이다.
③ 연합은 공동의 관심사를 위해 만든 조직체이다.
④ 동맹, 협조, 연합은 정책 결정과 관련하여 개별 조직의 승인이 없어도 상관없다.
⑤ 조직 간의 협력체계 정도는 협조 → 연합 → 동맹 순으로 갈수록 강화된다.

정답   01 ⑤   02 ⑤   03 ②   04 ②

출제경향

목차	22회	21회	20회	19회	18회
1. 지역사회실천과 사회복지사	2	1		1	2
2. 지역사회복지실천의 과정	2	1	2		1
3. 지역사회복지실천 기술	2	2	2	3	1

학습 가이드

- 출제 빈도가 상당히 높은 부분으로, 옹호자나 안내자 등 사회복지사의 역할과 기술들에 대한 확실한 학습이 필요하다.
- 사회복지실천론의 사회복지사 역할과 연계하여 학습한다면 조금은 쉽게 학습이 가능하다.
- 지역사회개발, 사회계획, 사회행동 등 사회복지 실천 모델에 따른 사회복지사의 역할을 구분해야 한다.

> **1** 지역사회복지실천과 사회복지사

지역사회개발모델의 사회복지사 역할은 로스만의 지역사회개발의 사회복지사 역할과 아무런 관련이 없다는 것을 기억해야 합니다.

Tip 👆
안내자는 주민이 스스로 결정할 수 있도록 지도하는 역할입니다.

1) 지역사회개발모델의 사회복지사 역할

지역사회 주민들이 스스로 문제를 해결할 수 있도록 역량을 강화시켜 주는 역할이다.

(1) 안내자

① 문제해결 과정에서 주도적인 역할과 함께 변화를 위한 설득을 한다. 주민들의 여러 상황을 고려해 올바른 방향으로 목표를 설정하도록 도와준다.
② 지역사회에 대한 충분한 지식으로 앞으로 있을 변화를 예측한다.
③ 지역사회를 객관적인 입장에서 지역사회의 조건을 이해한다.
④ 자기역할에 대하여 설명하고 수용하여야 한다.

(2) 전문가

① 지역사회의 문제에 대한 조사에 참여하고 직접적인 조언을 해야 한다.

② 지역사회의 조직, 부정적 세력, 종교 집단 등의 특성을 파악하여 지역사회의 문제를 분석하고 진단한다.

③ 지역사회의 문제에 대한 연구결과, 문제해결에 필요한 정보를 제공한다.

(3) 조력자

① 지역사회의 개인적, 집단적 불만을 집약과 동시에 표출할 수 있도록 지원한다.

② 불만을 해소할 수 있도록 조직을 격려하고 공동목표를 강조해야 한다.

③ 구성원 간 좋은 관계를 유지할 수 있도록 가교역할을 한다.

④ 목표달성을 위해 지역사회의 역량을 개발한다.

(4) 사회치료자

① 지역사회의 노력을 저해하는 행동이나 태도를 분석·진단하여 저해요인을 제거한다.

② 진단을 통한 특성을 주민들에게 알려 주민들의 이해를 돕는다.

2) 사회계획모델의 사회복지사 역할

사회문제를 해결하기 위하여 계획을 수립하는 역할이다.

(1) 분석자

① 사회문제에 영향을 미치는 요인들에 관하여 조사한다.

② 사회변화를 위한 프로그램 과정분석에 초점을 둔다.

③ 계획수립의 과정에 대하여 분석한다.

④ 수행하여 변화된 것을 평가한다.

(2) 계획가

① 계획수립에서 재정적이거나 물질적인 것보다는 인간적인 면을 더욱 중시한다.

② 목표를 설정하여 성과평가에 복지적 목표를 강조한다.

③ 1차적으로 중앙집권적 사업을 수행하는 것보다는 지방분권적 사업을 수행하는 것이 좋다.

Tip 👆
전문가는 지역사회의 문제를 진단하고 분석하는 역할입니다.

Tip 👆
조력자는 지역사회의 불만을 집약해서 불만을 해소하기 위해 조직을 형성하는 역할입니다.

Tip 👆
사회치료자는 지역사회를 진단하고 치료하는 역할입니다.

Tip 👆
분석가는 지역사회의 문제를 분석하고 개선을 위한 접근을 시도하는 역할입니다.

Tip 👆
계획가는 지역사회의 문제를 해결하는 데 기술적인 면도 중요하지만 인간적인 면을 더욱 중시하는 역할입니다.

Tip 👆

조직가는 주민을 모아 조직을 만들고 조직의 틀을 만들어 주는 역할입니다.

Tip 👆

행정가는 사업계획보다 사업실행에 초점을 두는 역할입니다.

Tip 👆

조력자는 지역사회의 불만을 집약해서 불만을 해소하기 위해 조직을 형성하는 역할입니다. 그러나 지역사회개발의 조력자에 비해 사회행동의 조력자는 역할이 제한적입니다.

Tip 👆

중개자는 지역사회와 자원을 연결하는 역할입니다.

Tip 👆

옹호자는 클라이언트 편에 서서 정당성을 주장하는 역할입니다.

Tip 👆

행동가는 적극적인 행동을 수행하는 역할입니다.

(3) 조직가

① 지역사회 주민을 사업의 계획과 실천과정에 참여시킨다.
② 지역사회의 진단, 단체의 역할을 분명히 하여 참여시킨다.
③ 집단과 단체를 참여시킬 때에는 훈련을 시켜 역할을 수행할 수 있도록 한다.
④ 지역주민의 참여의식을 높여 스스로 사업을 추진할 수 있도록 사기를 진작시킨다.

(4) 행정가

① 사업계획 단계보다는 프로그램 규칙, 자원관리 등 사업실행과정에 더 많은 역할을 한다.
② 프로그램 운영과정에서 생길 수 있는 문제(프로그램을 이용하는 주민의 요구)에 대처하기 위해 융통성 있는 모습을 보여야 한다.

3) 사회행동모델의 사회복지사 역할

사회문제를 해결하기 위하여 직접 행동하는 역할이다.

(1) 조력자

클라이언트의 욕구와 문제를 명확히 진단하여 클라이언트가 처할 수 있는 문제에 스스로 대처하도록 능력을 개발하는 역할이다.

(2) 중개자

① 지역주민이 필요한 자원을 찾을 수 있도록 알려 주어 접근할 수 있게 한다.
② 직접적으로 자원과 지역주민을 연결해 준다.
③ 개인에게 영향을 주는 것이 아니라 전 주민에게 영향을 줄 수 있는 행정과 정책의 변화를 추구한다.

(3) 옹호자

클라이언트 입장에서 정당성을 주장하고 기존 제도나 기관으로부터 클라이언트가 불이익을 받을 때 클라이언트를 위해 정보를 수집하고 요구사항을 분명히 하여 정책이나 제도를 변화시키는 역할이다.

(4) 행동가

① 클라이언트의 복지를 가로막는 사회적 조건들을 인식하고 사회행동을 통해 사회변화를 유도하고 유지하는 역할이다.
② 갈등적인 상황에서는 중립적이고 수동적인 자세를 거부하고 불이익을 받는 주민을 위해 불이익을 해소한다.

1) 지역사회복지 욕구파악

지역사회의 충족되지 않은 욕구나 문제를 찾아내는 것으로, 문제를 어떻게 이해하는가에 따라 해결 방법이 달라진다. 문제의 크기, 성격, 범위, 이전 문제와 관계 등도 중요하다.

(1) 욕구조사 시 고려사항

① **정보와 이용 가능한 자원 파악** : 자료는 정확한 것인지, 이용이 가능한 것이지, 수집은 어떻게 할 것이지 등을 고려해야 한다.

② **지역사회 문제를 해결할 수 있는 자원 파악** : 지역사회 문제를 해결할 수 있는 자원이 지역사회에 있는지 파악해야 한다.

③ **공식적인 자료 수집** : 자료를 수집할 때에는 비공식적 자료보다는 공청회, 주민 욕구조사, 서베이 조사, 델파이기법, 초점집단기법 등 공식적인 자료를 수집해야 한다.

④ 욕구조사를 할 때는 조사방법이나, 구성원, 자원, 비용, 시간 등을 고려해야 한다.

(2) 자원 파악

지역사회 문제를 해결하기 위해서는 한 사람의 노력만으로는 불가능하기 때문에 지역사회에 있는 자원을 파악해야 한다.

① **인적 자원** : 지역사회에 영향력을 행사할 수 있는 주요인물이나 자원봉사자, 클라이언트도 인적자원에 포함된다.

② **물적 자원** : 후원을 받을 수 있도록 개인이나 기업, 재단 등을 개발한다.

2) 지역사회복지 계획수립

(1) 목표설정

지역사회의 문제나 욕구는 다양하기 때문에 어떤 문제와 욕구를 다룰 것인가 또는 어떠한 목표를 설정할 것인가를 명확히 해야 한다. 목표를 설정할 때에는 SMART(S : 구체적, M : 측정가능, A : 성취가능, R : 현실적, T : 시간제한) 기법을 사용한다.

(2) 계획 수립 및 프로그램 개발

목표가 설정되면 목표에 맞는 정책을 수립하거나 프로그램을 개발해야 한다.

Tip 👆
지역사회복지실천은 욕구조사 → 계획수립 → 실행 → 자원동원 및 활용 → 평가 순으로 진행됩니다.

3) 지역사회복지계획 실시

조사를 통해 발견된 문제를 해결하기 위하여 계획을 실시하는 것으로, 프로그램을 실시하는 데 중요한 요인인 효율성과 효과성이 확인되어야 한다.

4) 자원동원 및 활용

프로그램을 진행하기 위해서 필요한 인적·물적 자원을 동원할 수 있어야 하며 동원된 자원을 적재적소에 분배하여 활용해야 한다.

5) 지역사회복지계획 평가

① 효율성평가 : 투입에 비해 산출이 얼마나 났는가에 대한 평가이다.
② 효과성평가 : 목표를 어느 정도 달성했는가에 대한 평가이다.
③ 총괄평가 : 프로그램 종료 후 지속·중단·확대할 것인가에 대한 평가이다.
④ 형성평가 : 프로그램 도중에 하는 평가로, 효율성 증진이 목적인 평가이다.
⑤ 통합평가 : 총괄평가와 형성평가를 합한 평가이다.
⑥ 자체평가 : 프로그램을 진행자가 스스로 평가하는 것이다.
⑦ 내부평가 : 기관에서 프로그램을 진행한 담당자를 제외하고 다른 담당자가 하는 평가이다.
⑧ 외부평가 : 외부에서 와서 프로그램을 평가하는 평가이다.
⑨ 메타평가 : 프로그램에 대한 평가를 다시 평가하는 방법으로, 평가의 평가로 불린다.

평가 중에서도 효율성평가, 효과성평가, 총괄평가, 형성평가, 통합평가, 메타평가 등 평가의 개념은 확실히 암기하는 것이 좋습니다. 지역사회복지론뿐 아니라 사회복지정책론, 사회복지행정론에서도 출제됩니다.

3　지역사회복지실천 기술

1) 옹호/대변기술

① 클라이언트가 받아야 할 서비스를 받지 못할 때나 불합리한 대우를 받을 경우 사용하는 기술이다.
② 클라이언트 편에 서서 정당성을 요구하거나 이익을 위해 대변하는 기술이다.
③ 옹호의 종류
　• 자기옹호 : 클라이언트 스스로 자신을 옹호하는 기술이다.
　• 개인옹호 : 개인이나 가족 등 필요한 자원이나 서비스를 확보하기 위한 기술이다.
　• 집단옹호 : 집단을 조직하여 집단의 문제를 해결하기 위한 기술이다.

- 지역사회옹호 : 지역사회 공동의 문제를 해결하기 위해 지역주민을 위한 옹호 기술이다.
- 정책(정치)옹호 : 지역사회의 문제를 해결하기 위해 기존에 없었던 정책을 만들어 해결하는 기술이다.
- 체제변환적 옹호 : 근본적인 제도를 변화시키기 위해 지역주민과 사회체제 전체에 영향을 미치는 기술이다.

Tip 👍
정책옹호는 새로운 법을 만들어 법안을 통과시키는 역할이고 체제변환적 옹호는 사회전체에 영향을 미치는 근본적 제도의 변화시키는 역할이다.

2) 연계기술

① 서비스 중복은 막고 누락은 방지하여 자원을 효과적으로 사용할 수 있도록 한다.
② 주민들이 정보가 부족하거나 이용할 자원이 없는 경우 사용한다.
③ 참여조직들에 대한 업무의 배분과 조정에 초점을 둔다.
④ 개별 조직들 간의 수직적 관계를 통해 조직의 독립성을 유지한다.
⑤ 새로운 인프라 구축을 위한 시간과 비용을 절감할 수 있다.

3) 조직화 기술

① 지역사회가 처한 상황과 해결방향에 따라 목표를 세우고 합당한 주민을 선정하여 모임을 만들며 지역사회의 욕구나 문제를 해결해 나가도록 돕는 기술이다.
② 클라이언트의 문제를 해결하기 위해 필요한 인력이나 서비스를 규합한다.
③ 지역주민의 욕구나 문제를 해결하기 위해 자원 간의 조정을 도모하는 것이다.
④ 지역사회 문제를 해결하기 위해 전체 주민을 대표하는 주민들을 선정하여 모임을 구성한다.

4) 지역사회교육 기술

① 지역주민들에게 교육을 통해 정보를 제공하고 교육과정을 통하여 기술을 가르치는 것이다.
② 지역주민의 욕구에 맞는 프로그램을 개발하고 실행하여 지역주민의 능력을 개발한다.

5) 자원개발 및 동원기술

① 지역사회의 문제를 해결하는 데 있어 부족한 자원을 발굴하고 동원하는 기술로, 인적·물적 자원이 포함된다.
② 기존 집단, 개인의 직접적인 참여, 네트워크 등을 활용한다.

6) 임파워먼트 기술

① 치료보다는 역량을 강조하고 능력향상을 통해 문제를 해결할 수 있다고 본다.

② 클라이언트는 잠재능력이 있어서 자신의 문제를 스스로 해결할 수 있다고 본다.

③ 대화, 강점 확인, 자원 동원 기술 등을 포함한다.

④ 권력 키우기, 의식 고양하기, 공공의제 만들기, 지역사회의 사회자본 확장 등도 임파워먼트 기술에 포함된다.

사회복지사의 역할과 기술

01 다음에 해당하는 사회복지사의 역할은? [9회]

> 지역 내 환경문제를 해결하기 위해 주부들을 모집하여 환경봉사단을 결성하고, 교육·훈련프로그램에 참여하도록 하여 지역사회의 환경문제를 스스로 해결해 나갈 수 있도록 원조하였다.

① 행정가   ② 분석가
③ 조직가   ④ 옹호자
⑤ 계획가

해설 조직가는 주민을 사업의 계획과 실천 과정에 참여시키고 주민을 훈련시켜 역할을 수행할 수 있도록 하는 역할이다.

02 조력자의 역할로 틀린 것은?

① 목표 달성을 위해 지역사회의 역량을 개발한다.
② 불만을 해소할 수 있도록 조직을 격려하고 공동목표를 강조해야 한다.
③ 지역사회에 문제에 대한 조사에 참여하고 직접적인 조언을 해야 한다.
④ 지역사회의 개인적, 집단적 불만을 집약과 동시에 표출할 수 있도록 지원한다.
⑤ 구성원 간 좋은 관계를 유지할 수 있도록 가교역할을 한다.

해설 지역사회에 문제에 대한 조사에 참여하고 직접적인 조언을 하는 것은 조력자가 아니라 전문가의 역할이다.

03 자기옹호(Self-advocacy)에 관한 설명으로 옳은 것은? [11회]

① 희생자 집단을 위한 옹호자의 활동
② 특정 법안의 통과를 저지하는 활동
③ 성평등을 이루기 위한 여성운동
④ 자조집단이 스스로 돕는 것
⑤ 근본적인 제도상의 변화를 추구

해설 ① 희생자 집단을 위한 옹호자의 활동 – 집단 옹호
② 특정 법안의 통과를 저지하는 활동 – 정치적 옹호
③ 성평등을 이루기 위한 여성운동 – 집단 옹호
⑤ 근본적인 제도상의 변화를 추구 – 체제변환적 옹호

04 다음에서 설명하는 역할은?

> • 사회문제에 영향을 미치는 요인들을 관하여 조사한다.
> • 사회변화를 위한 프로그램 과정분석에 초점을 둔다.
> • 수행하여 변화된 것을 평가한다.

① 조직가   ② 계획가
③ 분석가   ④ 중개자
⑤ 행동가

해설 **분석가의 역할**
• 사회문제에 영향을 미치는 요인들을 관하여 조사한다.
• 사회변화를 위한 프로그램 과정분석에 초점을 둔다.
• 계획수립의 과정에 대하여 분석한다.
• 수행하여 변화된 것을 평가한다.

정답   01 ③   02 ③   03 ④   04 ③

05 클라이언트가 불합리한 대우나 서비스를 받지 못할 때 사용되는 기술은?

① 연계기술　　　　② 옹호기술
③ 조직화 기술　　　④ 자원개발기술
⑤ 지역사회교육기술

해설 옹호/대변기술의 특징
• 옹호자는 클라이언트의 이익을 위하여 대변인으로 활동하는 역할이다.
• 클라이언트가 불합리한 대우나 서비스를 받지 못할 때 사용되는 기술이다.
• 지역주민이나 지역사회를 대신하여 일을 진행하거나 대변하는 것이다.

06 다음 중 잘못 연결된 것은?

① 연계기술 – 지역주민들이 자원에 대한 정보가 부족하거나 이용할 능력이 없을 경우 사용하는 기술
② 조직화 기술 – 지역주민을 지역사회의 활동에 참여하게 유도하는 기술
③ 임파워먼트 기술 – 지역사회의 집합적 목표달성을 위해 지역사회의 집단의 능력을 향상시키고자 할 때 사용하는 기술
④ 지역사회교육기술 – 지역주민의 욕구에 맞는 프로그램을 개발하고 실행하여 지역주민의 능력을 개발하는 기술
⑤ 동원기술 – 클라이언트는 스스로 충분한 능력을 가지고 있을 뿐 아니라 강점을 가지고 있다고 보는 기술

해설 임파워먼트 기술은 지역사회의 집합적 목표달성을 위해 지역사회의 집단의 능력을 향상시키고자 할 때 사용하는 기술이다. 지역주민이 처해 있는 어려움을 해결하는 방법은 능력향상을 통해 가능하다고 보고 클라이언트는 스스로 충분한 능력을 가지고 있을 뿐 아니라 강점을 가지고 있다고 본다.

07 자원개발 및 동원기술의 설명으로 틀린 것은?

① 지역사회 문제해결을 위해서 자원이 부족하여 외부의 도움이 필요할 때 사용하는 기술이다.
② 네트워크를 통해 메시지를 전달하고 구성원 상호 간 영향력을 통해 활동한다.
③ 자신이 사회활동을 통해 알고 있는 사람들을 활용하여 참여를 유도한다.
④ 조직체의 구성원이 지도자에게 특정한 문제에 활동 참여를 요청한다.
⑤ 개인과의 접촉을 통하여 필요한 활동에 참여할 수 있도록 설득한다.

해설 조직체의 구성원이 지도자에게 참여를 요청하는 것이 아니라 조직체의 지도자에게 구성원이 특정한 문제를 위해 활동 참여를 요청한다.

08 지역사회복지실천 단계에 관한 설명으로 옳은 것은?

[13회]

① 문제발견 및 분석 단계는 계획을 행동으로 변환시키는 실행 단계 이후에 진행한다.
② 평가 단계에서 총괄평가는 모든 실천과정이 종료된 이후에 실시한다.
③ 자원계획 및 동원 단계는 실행단계 이후에 진행한다.
④ 목적 및 목표 설정 단계는 지역주민 욕구사정 이전에 진행한다.
⑤ 지역사회 포럼은 실행 단계에서 진행한다.

해설 ① 문제발견 및 분석 단계는 계획을 행동으로 변환시키는 실행 단계 이전에 진행한다.
③ 자원계획 및 동원 단계는 실행단계 이전에 진행한다.
④ 목적 및 목표 설정 단계는 지역주민 욕구사정 이후에 진행한다.
⑤ 지역사회 포럼은 평가 단계에서 진행한다.

09 다음 사회복지전담공무원의 핵심 역할은? [16회]

> A씨는 최근 건강이 나빠져서 일을 할 수 없게 되자 주민센터(행정복지센터)를 찾아 갔다. 사회복지전담공무원은 지원 가능한 급여와 서비스 등을 알려주고 A씨는 이를 이용하였다.

① 조직가　　　　② 교육자
③ 옹호자　　　　④ 협상가
⑤ 자원연결자

해설 사회복지전담공무원은 A씨에게 필요한 급여와 서비스를 알려주었으므로 자원연결자의 역할을 한 것이다.

10 지역사회 조직화 과정에서 사회복지사가 지켜야 할 중요한 원칙으로 옳지 않은 것은? [14회]

① 지역사회는 여러 갈등을 갖고 있음을 알아야 한다.
② 지역사회의 외적 능력에 우선 중점을 두어야 한다.
③ 모든 일에 솔직하고 근면하여야 한다.
④ 행사에 참여하여 운영과정을 이해해야 한다.
⑤ 지역사회 관련법, 제도, 규칙 등을 알아야 한다.

해설 지역사회 조직화를 할 때는 지역 안에 있는 지역주민의 능력에 중점을 두어야 한다.

출제경향

목차	22회	21회	20회	19회	18회
1. 지방분권화와 지역사회복지	1	1	1	2	1
2. 사회복지전담공무원					1
3. 지역사회보장협의체		1	1	1	1
4. 지역사회보장계획 수립	1	1	1	1	1

학습 가이드

- 매회 한 문제씩 꼭 출제되고 있는 부분으로, 특히 지방분권화에 대한 내용(긍정적, 부정적 측면)과 지역사회보장계획에 대한 내용은 매회 출제되고 있어 필히 암기가 필요한 부분 이다.
- 지역사회보장협의체와 사회복지협의회의 비교 문제도 충분히 출제될 수 있는 부분이고 사회복지전담공무원에 대한 내용도 다시 출제될 수 있다.
- 지역사회보장협의체의 읍·면·동 지역사회보장협의체에 대한 문제가 나왔으므로 지역 사회보장협의체의 분과까지도 학습해야 한다.

---

1   **지방분권화와 지역사회복지**

1) 지방분권화의 의의

중앙정부의 권한을 받은 지방정부가 스스로 지역의 공공사무를 처리하는 것 으로 지방정부의 자율성을 강화하고 지역 간 균형발전을 도모하는 데 있다.

2) 지역사회복지의 변화

(1)「사회복지사업법」 개정

① 「사회복지사업법」 개정으로 인하여 지역사회복지협의체가 구성되고 지 역사회복지계획 수립이 의무화가 되었다.

② 중앙정부에서 담당하던 사회복지서비스가 지방정부로 이전되었다.

(2) 사회복지전달체계의 변화

① 사회복지사무소가 2004년 7월부터 2006년 6월까지 2년간 서울, 부산, 광주, 울산, 강원, 충북, 충남, 경북 등 9개소에서 시범운영을 하였다.

② 주민생활지원 기능을 강화하기 위해 읍면동사무소를 주민복지문화센터로 개편하였다.

③ 목표로는 주민상담, 정보제공 등 접근성을 향상시키기 위해 노력하였다.

3) 지방분권화의 단점

① 사회복지 행정업무와 재정을 지방에 이양함으로써 중앙정부의 사회적 책임성을 약화시킬 수 있다.

② 지방정부가 사회개발정책에 우선을 두는 경우 지방정부의 복지예산이 감소될 수 있다.

③ 지방정부 간의 재정력 격차로 복지수준의 차이가 나타날 수 있다.

④ 지방자치단체장의 의지에 따라 복지서비스의 지역 간 불균형이 나타날 수 있다.

2 사회복지전담공무원

1) 현황

1992년 「사회복지사업법」의 개정으로 인하여 공공기관에 사회복지사가 임용될 수 있는 법적 근거를 마련하였다. 1999년 「국민기초생활 보장법」의 제정으로 인하여 사회복지서비스에 대한 주도적인 역할을 수행한다.

2) 연혁

1987년 5대 직할시(부산, 인천, 광주, 대전, 대구)에서 사회복지전담요원을 채용하고 1988년 서울시에서 사회복지전담요원을 별정직 7급으로 채용하였다. 이후 2000년부터 일반직 9급으로 사회복지전담공무원으로 채용하고 있다.

Tip 👆
사회복지전담공무원은 IMF로 인하여 「국민기초생활 보장법」이 시행되는 2000년에 일반직 9급으로 공개채용시험을 최초로 실시하였습니다.

사회복지전담공무원의 역할

직무분야	직무내용
서비스 대상자 조사 및 선정	• 기초생활보장대상 및 부양자에 대한 재산·소득조사 • 노인, 장애인, 소년소녀가장 등 서비스대상자 조사 및 선정
급여지급	• 생계·교육·의료 등 국민기초생활보장 급여지급 업무 • 장애수당, 경로연금 등 각종 급여지급업무
서비스 및 행정	• 취약계층의 가정문제 등 고충상담 후 해당기관 연계 • 저소득가구 자활, 직업훈련, 취업훈련, 융자 등 자립 지원 • 장애인, 노인 등에 대한 각종 지원시책 안내 및 제공 • 자원봉사, 결연사업 등 민간복지자원의 발굴·연계

Tip 👆

지역사회보장협의체는 2014년 제정된 「사회보장급여의 이용·제공 및 수급권자 발굴에 관한 법률」에 의해 지역사회복지협의체에서 지역사회보장협의체로 이름이 변경되었습니다.

3 지역사회보장협의체

1) 목적

① 지역사회 내 복지문제를 해결하기 위한 민주적 의사소통 구조를 확립한다.
② 수요자 중심의 통합적 사회보장급여의 제공 기반을 마련한다.
③ 지역사회 내 복지자원 발굴 및 서비스 제공기관 간 연계·협력으로 지역복지자원의 효율적 활용체계를 조성한다.

2) 지역사회보장협의체의 법적 근거

「사회보장급여의 이용·제공 및 수급권자 발굴에 관한 법률」 제41조에 나와 있다.

① 시장·군수·구청장은 지역의 사회보장을 증진하고, 사회보장과 관련된 서비스를 제공하는 관계 기관·법인·단체·시설과 연계·협력을 강화하기 위하여 해당 시·군·구에 지역사회보장협의체를 둔다.
② 지역사회보장협의체의 위원은 다음의 사람 중 시장·군수·구청장이 임명 또는 위촉한다.
  ㉠ 사회보장에 관한 학식과 경험이 풍부한 사람
  ㉡ 지역의 사회보장 활동을 수행하거나 서비스를 제공하는 기관·법인·단체·시설의 대표자
  ㉢ 비영리민간단체에서 추천한 사람
  ㉣ 복지위원의 대표자
  ㉤ 사회보장에 관한 업무를 담당하는 공무원

3) 지역사회보장협의체의 주요 역할

(1) 대표협의체

① 시 · 군 · 구의 지역사회보장계획 수립 · 시행 및 평가에 관한 사항
② 시 · 군 · 구의 지역사회보장조사 및 지역사회보장지표에 관한 사항
③ 시 · 군 · 구의 사회보장급여 제공에 관한 사항
④ 시 · 군 · 구의 사회보장 추진에 관한 사항
⑤ 읍 · 면 · 동 단위 지역사회보장협의체의 구성 및 운영에 관한 사항
⑥ 그 밖에 위원장이 필요하다고 인정하는 사항

(2) 실무협의체

① 대표협의체의 심의 안건에 대한 사전 논의 및 검토
② 시 · 군 · 구의 사회보장관련 시책 개발 협의 및 제안서 마련
③ 실무분과 및 읍 · 면 · 동 지역사회보장협의체 현안 과제에 대한 검토
④ 실무분과 공동 사업 검토
⑤ 실무분과 간의 역할, 조정에 대한 수행

(3) 실무분과

① 분과별 자체사업 계획 · 시행 · 평가
② 지역사회보장(분야별)과 관련된 현안 논의 및 안건 도출
③ 지역사회보장계획의 시행과정(연차별 시행계획) 모니터링

(4) 읍 · 면 · 동 지역사회보장협의체의 역할

① 관할지역의 지역사회보장 대상자 발굴 업무지원
② 사회보장 자원 발굴 및 연계 업무지원
③ 지역사회보호 체계 구축 및 운영 업무지원
④ 그 밖에 관할 지역 주민의 사회보장 증진을 위하여 필요한 업무지원

> **Tip**
> 지역사회보장협의체는 시 · 군 · 구에 실무분과 – 실무협의체 – 대표협의체로 운영되고, 읍 · 면 · 동에서는 읍 · 면 · 동 지역사회보장협의체가 운영되고 있습니다.

---

4 지역사회보장계획 수립

1) 지역사회보장계획의 추진 배경

지역주민의 욕구 · 자원 등 복지환경을 고려하여, 지역사회의 다양한 주체들의 참여를 통해 사회보장사업의 우선순위 등을 결정하는 지역단위의 사회보장계획 수립을 목적으로 한다.

> **Tip**
> 지역사회보장계획은 4년마다 수립하고 매년 연차별 시행계획을 수립합니다.

2) 지역사회보장계획 및 연차별 시행계획 수립

① 사회보장급여의 이용·제공 및 수급권자 발굴에 관한 법률 제35조에 따라 지역주민의 사회보장욕구와 지역 내 복지자원 등을 고려하여 지자체 실정에 부합하도록 지역사회보장에 관한 중장기계획을 4년 단위로 수립한다.
② 사회보장기본계획 및 지역보건의료계획 등과 연계하여 수립하도록 법제화하고 시·군·구 및 시·도는 매년 연차별 시행계획을 수립한다.

3) 계획 수립기간 및 제출시기

① 시·군·구 계획은 시행연도 전년도 9월 30일까지, 시·도 계획은 시행연도 전년도 11월 30일까지 수립하여 시·도 또는 보건복지부장관에게 제출한다.
② 연차별 시행계획의 경우 시·군·구는 전년도 11월 30일까지 시·도지사에게, 시·도는 시행연도 1월 31일까지 보건복지부장관에게 제출한다.

4) 시·군·구 지역사회보장 계획 수립 방법

(1) 지역사회보장조사 실시

① **지역사회보장욕구조사(수요조사)** : 지역 내 사회보장 관련 실태, 지역주민의 사회보장에 관한 인식 등에 관하여 필요한 조사를 실시하여 당면 사회보장 문제, 삶의 질 등을 살펴 사회보장사업에 대한 필요(욕구)를 수렴한다.
② **사회보장자원조사(공급조사)** : 복지관 등 공공복지자원, 자원봉사 등 민간복지 자원을 망라하여 지역 내 인력, 조직, 재정 등 사회보장자원을 조사한다.

(2) 지역사회보장계획안 마련

① 지역사회보장 수요의 측정, 목표 및 추진전략
② 지역사회보장의 목표를 점검할 수 있는 지표의 설정 및 목표
③ 지역사회보장의 분야별 추진전략, 중점 추진사업 및 연계협력 방안
④ 지역사회보장 전달체계의 조직과 운영
⑤ 사회보장급여의 사각지대 발굴 및 지원 방안
⑥ 지역사회보장에 필요한 재원의 규모와 조달 방안
⑦ 지역사회보장에 관련한 통계 수집 및 관리 방안 등

(3) 지역주민 의견 수렴

주요 내용을 20일 이상 공고하여 지역주민의 의견을 수렴하여야 하고 협의체 심의를 통하여 주민참여를 강화하고 공청회 개최 등을 통한 의견을 수렴하여 병행할 수 있다.

Tip 👆
시·군·구 지역사회보장계획은 지역사회보장협의체에서 심의하고, 시·도 지역사회보장계획은 시·도 사회보장위원회에서 심의합니다.

---

(4) 지역사회보장협의체 심의 및 의회보고

시·군·구 복지계획은 지역사회보장협의체가 심의 후 의회에 보고한다.

(5) 시·도지사에 계획 제출

① 시·군·구 복지계획은 시행연도의 전년도 9월 30일까지 시·도지사에게 제출한다.

② 연차별 시행계획은 시행연도의 전년도 11월 30일까지 시·도지사에게 제출한다.

(6) 시행 및 평가

시장·군수·구청장은 지역사회보장계획을 시행하고, 시행 결과를 시행연도 다음해 2월 말까지 시·도지사에게 제출한다. 보건복지부장관이나 시·도지사는 시·도 또는 시·군·구의 지역사회보장계획 시행결과를 평가한다.

5) 시·도 지역사회보장계획 수립 방법

(1) 지역사회보장조사 실시

① **지역사회보장욕구조사(수요조사)** : 지역 내 사회보장 관련 실태, 지역주민의 사회보장에 관한 인식 등에 관하여 필요한 조사를 실시하여 당면 사회보장 문제, 삶의 질 등을 살펴 사회보장사업에 대한 필요(욕구)를 수렴한다.

② **사회보장자원조사(공급조사)** : 복지관 등 공공복지자원, 자원봉사 등 민간 복지자원을 망라하여 지역 내 인력, 조직, 재정 등 사회보장자원 조사한다.

(2) 지역사회보장계획안 마련

① 시·군·구의 사회보장이 균형적이고 효과적으로 추진될 수 있도록 지원하기 위한 목표 및 전략

② 지역사회보장지표의 설정 및 목표

③ 시·군·구에서 사회보장급여가 효과적으로 이용 및 제공될 수 있는 기반 구축 방안

④ 시·군·구 사회보장급여 담당 인력의 양성 및 전문성 제고 방안

⑤ 지역사회보장에 관한 통계자료의 수집 및 관리 방안

⑥ 그 밖에 지역사회보장 추진에 필요한 사항

(3) 시·도 사회보장위원회 심의 및 의회보고

시·도 사회보장계획은 시·도 사회보장위원회가 심의 후 의회에 보고한다.

Tip 👆

시·군·구 지역사회보장계획을 수립한 이후 시·도지사에 제출하고, 시·도 지역사회보장계획을 수립한 후 보건복지부장관에게 제출합니다.

(4) 보건복지부에 계획 제출

① 시·도 복지계획은 시행연도의 전년도 11월 30일까지 보건복지부장관에게 제출한다.

② 연차별 시행계획은 시행연도 1월 31일까지 보건복지부장관에게 제출한다.

(5) 시행 및 평가

시·도지사는 지역사회보장계획을 시행하고, 시행결과를 시행연도 다음해 3월 말까지 보건복지부장관에게 제출한다. 보건복지부장관이나 시·도지사는 시·도 또는 시·군·구의 지역복지계획 시행결과를 평가할 수 있다.

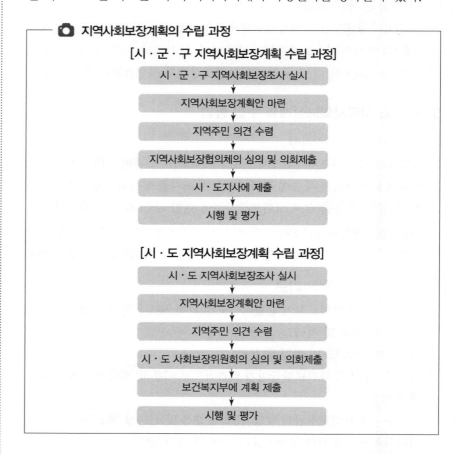

📷 **지역사회보장계획의 수립 과정**

[시·군·구 지역사회보장계획 수립 과정]

시·군·구 지역사회보장조사 실시
↓
지역사회보장계획안 마련
↓
지역주민 의견 수렴
↓
지역사회보장협의체의 심의 및 의회제출
↓
시·도지사에 제출
↓
시행 및 평가

[시·도 지역사회보장계획 수립 과정]

시·도 지역사회보장조사 실시
↓
지역사회보장계획안 마련
↓
지역주민 의견 수렴
↓
시·도 사회보장위원회의 심의 및 의회제출
↓
보건복지부에 계획 제출
↓
시행 및 평가

OX 퀴즈

• 시·군·구 복지계획은 지역사회보장협의체가 심의한다. (○)
• 시·도 복지계획은 시행연도의 전년도 11월 30일까지 보건복지부장관에게 제출한다. (○)
• 지역주민 의견 수렴은 30일 동안 한다. (×)
• 사회복지전담요원은 별정직 7급으로 채용하였다. (○)

01 지역사회보장협의체 회의에서 발생할 수 있는 장면이 아닌 것은?　　　　　　　　　　[9회]

① 보건소장이 약물중독 예방에 관한 예산 증액을 건의한다.

② 사회복지학과 교수가 사회복지관 추가 건립을 주장한다.

③ 도지사가 지역사회복지계획이 가결되었음을 선포한다.

④ 복지관장이 사회복지사 처우 문제를 제기한다.

⑤ 주민생활지원과장이 지역사회복지계획을 설명한다.

해설 지역사회보장계획은 시·도지사가 아니라 지역사회보장협의체에서 가결되었음을 선포한다.

02 지방분권화와 재정분권에 따라 나타날 수 있는 문제점으로 틀린 것은?

① 사회복지 행정업무와 재정을 지방에 이양함으로써 중앙정부의 사회적 책임성을 약화시킬 수 있다.

② 지방정부가 사회개발정책에 우선을 두는 경우 지방정부의 복지예산이 감소될 수 있다.

③ 지방정부 간의 재정력 격차로 복지수준의 차이가 나타날 수 있다.

④ 지방자치단체장의 의지에 따라 복지서비스의 지역 간 불균형이 나타날 수 있다.

⑤ 지역사회의 욕구에 부합하는 복지서비스를 개발한다.

해설 지역사회의 욕구에 부합하는 복지서비스를 개발하는 것은 지방분권화의 장점이다.

03 지역사회보장협의체에 관한 설명으로 옳지 않은 것은?　　　　　　　　　　[16회]

① 사회보장 관련 서비스 제공 기관과의 연계·협력을 강화할 목적으로 운영된다.

② 공공과 민간의 적극적이고 자발적인 참여가 전제되어야 한다.

③ 2015년 지역사회복지협의체가 지역사회보장협의체로 명칭이 변경되었다.

④ 실무협의체는 시·군·구의 사회보장급여 제공에 관한 사항을 심의·자문한다.

⑤ 사회보장 관련 기관·법인·단체·시설 간 연계와 협력 강화를 위해 실무분과를 운영한다.

해설 시·군·구의 사회보장급여 제공에 관한 사항을 심의·자문하는 곳은 실무협의체가 아니라 협의체이다.

04 사회복지전담공무원에 대한 설명으로 틀린 것은?

① 1992년 「사회복지사업법」 개정을 통해 사회복지전문요원의 법적 근거가 마련되었다.

② 1987년 5대 직할시에서 사회복지전문요원을 9급으로 임용하였다.

③ 2000년부터 사회복지전담공무원을 읍·면·동에 배치해 근무하고 있다.

④ 「국민기초생활 보장법」의 도입 및 정책에 주도적 역할을 수행한다.

⑤ 「사회복지사업법」 제14조에 규정에 따라 사회복지자격증 소지자 중 시험을 통해 임용한다.

정답　　01 ③　02 ⑤　03 ④　04 ②

05 지역사회보장협의체에 관한 설명으로 옳지 않은 것을 모두 고른 것은? [13회]

> ㄱ. 공공 간의 연계방식으로 시작해서 공공과 민간의 연계방식으로 전개되었다.
> ㄴ. 지역사회복지자원을 개발하고, 발굴하는 기능을 갖고 있다.
> ㄷ. 시·도에서 전달되는 상위계획은 실무분과에서 심의권을 갖는다.
> ㄹ. 실무협의체에서는 실무분과에서 발의된 쟁점에 대해 논의한다.

① ㄱ, ㄴ, ㄷ   ② ㄱ, ㄷ
③ ㄴ, ㄹ   ④ ㄹ
⑤ ㄱ, ㄴ, ㄷ, ㄹ

해설 ㄱ. 지역사회보장협의체는 처음부터 공공과 민간의 연계방식으로 전개되었다.
ㄷ. 시·도에서 전달되는 상위계획은 대표협의체에서 심의권을 갖는다.

06 지역사회복지협의체 중 실무협의체의 역할로 틀린 것은?

① 관할지역의 지역사회보장 대상자 발굴 업무지원
② 시·군·구 사회보장관련 시책개발 협의 및 제안서 마련
③ 실무분과 및 읍·면·동 지역사회보장협의체 현안 과제에 대한 검토
④ 실무분과 공동사업 검토
⑤ 실무분과 간의 역할, 조정에 대한 수행

해설 관할지역의 지역사회보장 대상자 발굴 업무지원은 읍·면·동 지역사회보장협의체의 역할이다.

07 지역사회보장계획 수립과정의 순서로 옳은 것은?

> ㄱ. 지역주민 의견 수렴
> ㄴ. 지역사회보장협의체의 심의
> ㄷ. 시·도지사에 제출
> ㄹ. 시·군·구 지역사회보장조사 실시

① ㄱ → ㄴ → ㄹ → ㄷ
② ㄴ → ㄱ → ㄹ → ㄷ
③ ㄹ → ㄴ → ㄱ → ㄷ
④ ㄱ → ㄴ → ㄹ → ㄷ
⑤ ㄹ → ㄱ → ㄴ → ㄷ

해설 **지역사회보장계획의 수립 과정**
시·군·구 지역사회보장조사 실시(ㄹ) → 지역사회보장계획안 마련 → 지역주민 의견 수렴(ㄱ) → 지역사회보장협의체의 심의(ㄴ) → 시·도지사에 제출(ㄷ)

08 지방자치가 지역사회복지에 미친 긍정적 영향을 모두 고른 것은? [15회]

> ㄱ. 지역사회복지에 대한 주민의 주체적 참여기회 제공
> ㄴ. 주민욕구 맞춤형 복지 프로그램 제공
> ㄷ. 지방행정부서의 역할 강화
> ㄹ. 비정부조직(NGO)의 자원 활동

① ㄱ, ㄴ   ② ㄴ, ㄷ
③ ㄱ, ㄴ, ㄷ   ④ ㄱ, ㄷ, ㄹ
⑤ ㄱ, ㄴ, ㄷ, ㄹ

해설 지방분권화의 장점은 주민참여 기회로 인하여 욕구에 맞는 프로그램을 제공할 수 있다는 점이다. 지방자치단체의 역할이 강화됨에 따라 중앙정부의 재원뿐만 아니라 민간 자원을 활용할 수 있다.

09 최근 지역사회복지에서 해결해야 할 과제로 옳은 것을 모두 고른 것은?　　　　　　　　　[11회]

> ㄱ. 지역사회복지계획의 실효성 제고
> ㄴ. 복지재정분권화로 인한 지역 간 사회복지재정의 불균형 해소
> ㄷ. 민간복지 전달체계의 네트워크 강화
> ㄹ. 중앙정부 중심의 통합적 서비스체계 구축

① ㄱ, ㄴ, ㄷ　　　　　　② ㄱ, ㄷ
③ ㄴ, ㄹ　　　　　　　　④ ㄹ
⑤ ㄱ, ㄴ, ㄷ, ㄹ

해설 지방분권화가 이루어지면서 지역 간의 자립도에 따른 격차를 줄이기 위해 노력해야 한다.

10 사회복지전담공무원에게 일어날 수 없는 일은?
　　　　　　　　　　　　　　　　　　[9회]

① 장애인복지카드를 발급한다.
② 국민기초생활보장 수급자 현황자료를 작성한다.
③ 관내 복지관에 지도점검을 다녀온다.
④ 6급으로 승진한다.
⑤ 건강보험 보험료 체납자 명단을 정리한다.

해설 건강보험료 체납 명단 정리는 건강보험공단에서 한다.

출제경향

목차	22회	21회	20회	19회	18회
1. 지역사회복지관	2	1	1	1	1
2. 사회복지협의회			1	1	1
3. 사회복지공동모금회	1		1		
4. 자원봉사 및 자원봉사센터		1			
5. 사회적 경제	1	1		2	1
6. 지역자활센터					

학습 가이드

• 사회복지협의회와 사회복지공동모금회 · 사회복지관에 대한 내용은 중요하다. 사회복지공동모금회와 사회복지관에 대한 내용은 광범위할 정도로 전반적인 내용을 학습해야 한다.

• 사회복지협의회에 대한 설명이 자주 출제되고 있으나 지역사회보장협의체와의 비교 문제도 나올 수 있다.

• 사회복지관의 사회복지서비스에 대한 문제가 사례로 나온 만큼 사례에 대한 대비도 필요하다.

• 15회 시험부터 출제되고 있는 사회적 경제에 대한 내용은 계속 나오는 만큼 사회적 경제에 대한 개념을 암기해야 한다.

1 　지역사회복지관

1) 개념

지역사회 내에서 시설과 전문 인력을 갖추고 지역사회복지를 중심으로 지역사회복지 문제를 예방하고 해결하기 위한 종합적인 서비스를 제공하는 시설이다.

> **Tip** 👆
> 사회복지관은 모든 지역주민을 대상으로 종합적인 복지서비스를 제공하는 전달기구입니다.

2) 목표

사회복지관은 사회복지서비스 욕구를 갖고 있는 모든 지역주민을 대상으로 보호서비스의 제공, 자립능력배양을 위한 교육·훈련기회의 제공 등 복지서비스를 제공하고 가정기능 강화 및 주민 상호 간의 연대감 조성을 통하여 지역사회문제를 예방·치료하는 매체로서 주민의 복지증진을 위한 종합복지센터로서의 역할을 수행한다고 규정되어 있다.

3) 지역사회복지관 연혁

① 1906년 : 원산 인보관운동에서 사회복지관사업 태동
② 1921년 : 서울에 최초로 태화여자관 설립
③ 1926년 : 원산에 보혜여자관 설립
④ 1930년 : 서울에 인보관 설치
⑤ 1975년 : 국제사회복지관연합회 회원국 가입
⑥ 1976년 : 한국사회복지관연합회 설립(22개 사회복지관)
⑦ 1983년 : 「사회복지사업법」 개정으로 사회복지관 운영 국고보조
⑧ 1988년 : 사회복지관 운영·국고보조사업지침 수립
⑨ 1989년 : 「주택건설촉진법」 등에 의해 저소득층 영구임대아파트 건립 시 일정규모의 사회복지관 건립을 의무화
⑩ 1989년 : 사회복지법인 한국사회복지관협회 설립

4) 지역사회복지관의 기본원칙

① **지역성의 원칙** : 지역의 욕구 및 문제를 정확하게 파악하여 지역사회의 문제를 해결할 수 있도록 서비스를 제공하여야 한다.

② **전문성의 원칙** : 프로그램 진행 시 전문 인력이 프로그램을 진행하도록 하여야 하고 재교육을 통하여 전문성을 향상시켜야 한다.

③ **책임성의 원칙** : 최고의 서비스를 제공할 수 있도록 최선의 노력을 다해야 한다.

④ **자율성의 원칙** : 자원과 능력, 전문성을 최대한 발휘할 수 있도록 자율적으로 운영하여야 한다.

⑤ **통합성의 원칙** : 사회복지관 간 서로 연계성과 통합성을 강화시켜 지역사회복지체계를 효율적이고 효과적으로 운영하여야 한다.

⑥ **자원동원과 효율적 활용의 원칙** : 주민 욕구에 따른 필요한 자원은 지역사회 내에 있는 자원을 최대한 동원하여 활용하여야 한다.

우리나라의 최초의 복지관(인보관)은 1921년에 설립된 태화여자관입니다. 1906년 설립된 원산의 방열관은 자료가 부족하여 인정받지 못하고 시험에서도 최초의 복지관으로 태화여자관이 출제되었습니다.

사회복지관의 기본원칙을 전달체계 구축의 주요원칙과 구분하여 암기해야 합니다.

⑦ **중립성의 원칙** : 정치, 영리, 종교 활동 등에 이용되지 않고 중립적이어야 한다.

⑧ **투명성의 원칙** : 자원을 효율적으로 이용하고 운영과정상 투명성을 유지해야 한다.

5) 지역사회복지관 이용대상

<Tip>
지역사회복지관의 이용대상은 사회복지서비스 욕구를 가지고 있는 모든 지역주민으로 합니다.

사회복지서비스 욕구를 가지고 있는 모든 지역주민으로 한다. 다만 다음의 주민을 우선적인 사업대상으로 하여야 한다.

① 국민기초생활보장 수급자, 차상위계층 등 저소득 주민
② 장애인, 노인, 모·부자가정 등 취약계층 주민
③ 직업·부업훈련 및 취업알선이 필요한 주민
④ 유아, 아동 또는 청소년의 보호 및 교육이 필요한 주민

6) 지역사회복지관 사업 내용

(1) 사례관리 기능

현재의 파편화되고 분절화된 지역사회복지서비스의 제한점을 극복하고 보다 통합적인 서비스 전달체계로 나아가기 위해 지역사회 내 민·관을 아우르는 서비스 네트워크 구축 및 다양한 지역주민의 복지욕구를 연결시켜 맞춤형 서비스를 제공한다.

사례관리 기능

구분	내용
사례발굴	지역 내 보호가 필요한 대상자 및 위기 개입대상자를 발굴하여 개입계획을 수립한다.
사례개입	지역 내 보호가 필요한 대상자 및 위기 개입대상자의 문제와 욕구에 대한 맞춤형 서비스가 제공될 수 있도록 사례에 개입한다.
서비스연계	사례개입에 필요한 지역 내 민간 및 공공의 가용자원과 서비스에 대한 정보를 제공 및 연계, 의뢰한다.

(2) 서비스 제공 기능

구분	내용
가족기능강화	• 가족관계증진사업 : 가족원 간의 의사소통을 원활히 하고 각자의 역할을 수행함으로써 이상적인 가족관계를 유지함과 동시에 가족의 능력을 개발 · 강화하는 사업이다. 　例 교육 및 훈련 프로그램, 상담 및 검사 등 • 가족기능보완사업 : 사회구조 변화로 부족한 가족기능, 특히 부모의 역할을 보완하기 위하여 주로 아동 · 소년을 대상으로 실시되는 사업이다. 　例 아동 · 청소년 대상 방과 후 보호 및 보육 · 교육, 진로탐색 및 지도, 사회성 향상 집단프로그램, 학교사회사업 등 • 가정문제해결 · 치료사업 : 문제가 발생한 가족에 대한 진단 · 치료 · 사회복귀를 지원하는 사업이다. 　例 신체 및 정신장애인 교육 · 특수치료 · 사회적응 프로그램, 청소년 및 위기가정, 폭력학대가정 개입 등 • 부양가족지원사업 : 보호대상 가족을 돌보는 가족원의 부양부담을 줄여주고 관련 정보를 공유하는 등 부양 가족을 대상으로 지원하는 사업이다. 　例 치매노인 및 장애인, 만성질환자 등 부양가족 지원 등 • 다문화가정, 북한이탈주민 등 지역 내 이용자 특성을 반영한 사업이다.
지역사회보호	• 급식서비스 : 지역사회에 거주하는 요보호 노인이나 결식아동 등을 위한 식사를 제공하는 서비스이다. 　例 식사 및 밑반찬 배달, 경로식당 등의 급식 운영 등 • 보건의료서비스 : 노인, 장애인, 저소득층 등 재가복지사업대상자들을 위한 보건 · 의료와 관련된 서비스이다. 　例 의료, 간병, 각종 치료, 보건교육, 방문간호, 영양 서비스 등 • 경제적 지원 : 경제적으로 어려운 지역사회 주민들을 대상으로 생활에 필요한 현금 및 물품 등을 지원하는 사업이다. 　例 현금 및 후원품 지원 등 • 일상생활 지원 : 독립적인 생활능력이 떨어지는 요보호 대상자들이 시설이 아닌 지역사회에 거주하기 위해서 필요한 기초적인 일상생활을 지원하는 서비스이다. 　例 가사서비스, 목욕 및 이 · 미용, 심부름, 차량지원, 주거환경 개선 등 • 정서서비스 : 지역사회에 거주하는 독거노인이나 소년소녀가장 등 부양가족이 없는 요보호 대상자들을 위한 비물질적 지원 서비스이다. 　例 정서지원 및 멘토링 등 • 일시보호서비스 : 독립적인 생활이 불가능한 노인이나 장애인 또는 일시적인 보호가 필요한 실직자 · 노숙자 등을 보호하는 서비스이다. 　例 주 · 단기보호, 쉼터, 공동생활가정 등 • 재가복지봉사서비스 : 가정에서 보호를 요하는 장애인, 노인, 소년 · 소녀가정, 한부모 가족 등 가족기능이 취약한 저소득 소외계층과 국가유공자, 지역사회 내에서 재가복지봉사서비스를 원하는 사람에게 다양한 서비스를 제공한다. 　例 가사, 간병, 정서, 결연, 의료, 자립지원, 주민교육서비스 등

 지역사회보호에 관한 용어는 '~서비스', '~지원'으로 끝납니다.

Tip

교육문화에는 아동 · 청소년 사회교육, 성인기능교실, 노인 여가 · 문화, 문화 복지사업으로 구성되고 주민교육은 포함되지 않습니다.

구분	내용
교육문화	• 아동 · 청소년 사회교육 : 주거환경이 열악하여 가정에서 학습하기 곤란하거나 경제적 이유 등으로 학원 등 다른 기관의 활용이 어려운 아동 · 청소년에게 필요한 경우 학습 내용 등에 대하여 지도하거나 각종 기능에 대한 교육이다. 🗋 학습지도 및 예 · 체능 등 각종 기능교육 등 • 성인기능교실 : 기능습득을 목적으로 하는 성인사회교육사업이다. 🗋 자격취득 교육 및 기능교육, 교양강좌 등 • 노인 여가 · 문화 : 노인을 대상으로 제공되는 각종 사회교육 및 취미교실을 운영하는 사업이다. 🗋 노인 건강운동교실, 여가 프로그램, 교육교양 프로그램, 경로당 지원사업 등 • 문화복지사업 : 일반주민을 위한 여가 · 오락프로그램, 문화 소외집단을 위한 문화 프로그램, 그 밖의 각종 지역문화 행사사업이다. 🗋 일반주민 여가 프로그램, 주민문화행사, 소외집단 대상 프로그램(문화체험, 캠프 등)
자활지원 등 기타	• 직업기능훈련 : 저소득층의 자립능력배양과 가계소득에 기여할 수 있는 기능훈련을 실시하여 창업 또는 취업을 지원하는 사업이다. 🗋 이 · 미용, 조리, 컴퓨터 등 기능훈련, 창업 교실, 서비스교육 등 • 취업알선 : 직업훈련 이수자 기타 취업희망자들을 대상으로 취업에 관한 정보제공 및 취업을 알선하는 사업이다. 🗋 가사도우미, 간병인, 사무원, 일용직 등 알선, 취업 · 부업 안내센터 및 창업정보센터 운영 등 • 직업능력개발 : 근로의욕 및 동기가 낮은 주민의 취업욕구 증대와 재취업을 위한 심리 · 사회적인 지원 프로그램을 실시하는 사업이다. 🗋 근로의욕 고취 프로그램, 재활프로그램 등 • 그 밖의 특화사업 🗋 지역사회 욕구에 근거하여 특성화 · 차별화된 특화사업 개발 · 운영 등

(3) 지역조직화 기능

지역조직화 기능에서는 복지네트워크 구축, 주민조직화, 자원 개발 및 관리의 예가 중요합니다.

구분	내용
복지네트워크 구축	지역 내 복지기관 · 시설들과 네트워크를 구축함으로써 복지서비스 공급의 효율성을 제고하고, 사회복지관을 지역복지 중심으로서의 역할로 강화하는 사업이다. 🗋 지역사회연계사업, 지역욕구조사, 실습지도 등
주민조직화	주민이 지역사회 문제에 스스로 참여하고 공동체 의식을 갖도록 주민조직의 육성을 지원하며, 이러한 주민협력강화에 필요한 주민의식을 높이기 위한 교육을 실시하는 사업이다. 🗋 주민복지증진사업, 주민조직화사업, 주민교육 등
자원 개발 및 관리	지역주민의 다양한 욕구 충족 및 문제해결을 위해 필요한 인력, 재원 등을 발굴하여 연계 및 지원하는 사업이다. 🗋 자원봉사자 개발 · 관리, 후원자 개발 · 관리 등

1) 정의

지역사회의 여러 기관들이 모여 함께 지역의 사회복지 문제를 해결하려고 협의하고 조정하는 기관으로, 클라이언트에게 직접적인 서비스를 제공하기 보다는 기관이나 조직을 지원하는 성격이 더 강한 기관이다.

2) 법적 근거

「사회복지사업법」 제33조 제1항에 "사회복지에 관한 조사·연구와 각종 복지사업을 조성하기 위하여 전국 단위의 한국사회복지협의회와 시·도 단위의 시·도 사회복지협의회 및 시·군·구 단위의 시·군·구 사회복지협의회를 둔다."라고 명시되어 있다.

Tip 👆
지역사회협의체와 사회복지협의회의 업무 및 특징, 법적 근거 등을 구분할 수 있어야 합니다.

3) 업무

(1) 한국 사회복지협의회

① 사회복지에 관한 조사연구 및 정책건의
② 사회복지에 관한 교육훈련
③ 사회복지에 관한 자료수집 및 간행물 발간
④ 사회복지에 관한 계몽 및 홍보
⑤ 사회복지사업에 관한 기부문화의 조성
⑥ 자원봉사 활동의 진흥
⑦ 사회복지사업에 종사하는 자의 교육훈련과 복지증진
⑧ 사회복지에 관한 학술도입과 국제사회복지단체와의 교류
⑨ 보건복지부장관이 위탁하는 사회복지에 관한 업무(중앙협의회만 해당)
⑩ 시·도지사 및 중앙협의회가 위탁하는 사회복지에 관한 업무(시·도 협의회만 해당)
⑪ 시·도지사, 시장·군수·구청장, 중앙협의회 및 시·도협의회가 위탁하는 사회복지에 관한 업무(시·군·구협의회만 해당)
⑫ 그 밖에 중앙협의회 또는 시·도협의회의 및 시·군·구협의회의 목적달성에 필요하여 정관으로 정하는 사항

4) 지역사회복지협의회 주요 원칙

(1) 지역사회복지협의회

① 주민욕구 중시의 원칙 : 지역주민의 욕구를 파악하여 욕구에 맞는 활동을 수행해야 한다.

② **주민활동 주체의 원칙** : 지역주민이 지역복지에 관심을 높이고 주체가 되어 활동을 수행해야 한다.

③ **민간성의 원칙** : 공공조직이 아닌 민간조직의 장점을 살려 주민의 욕구, 융통성 등을 발휘해 활동을 수행해야 한다.

④ **공사협동의 원칙** : 공공조직과 민간조직은 각자의 역할분담에 따라 활동을 수행해야 한다.

⑤ **전문성의 원칙** : 전문성을 발휘하여 활동을 수행해야 한다.

사회복지공동모금회에 대한 내용은 지역사회복지론과 사회복지법제론에서 출제되는데 어느 특정 부분보다는 전체적인 내용을 물어보는 문제가 출제됩니다.

3 사회복지공동모금회

1) 공동모금회의 장점

① 개별 모금을 하는 것보다 더 많은 금액을 모을 수 있다.
② 기관들의 홍보에 쓰는 노력과 시간, 경비를 절약할 수 있다.
③ 기부자들에게 모금을 통해 계속적인 관심을 유발할 수 있다.
④ 사회복지사는 금액을 받기 위해 프로그램을 작성하여 전문성이 향상될 수 있다.
⑤ 국가가 실행하지 못하는 서비스를 실행할 수 있다.
⑥ 한 기관에서 계속하여 재원을 받을 수 없기에 타 기관에도 기회가 생긴다.

2) 공동모금회의 단점

① 중앙회의 집중화로 인하여 지회의 자유가 상실된다.
② 금전에 치우칠 경우 사회복지 정신과 동기를 상실할 우려가 있다.
③ 사회복지기관에 대한 기부자의 관심이 감소한다.
④ 금전만 원할 경우 기부자의 기부 선택에 자유를 빼앗을 수 있다.
⑤ 목표 금액을 채우지 못할 경우 사회복지기관에 타격이 생길 수 있다.
⑥ 기부자를 적대시할 수 없다.

3) 모금 방법

(1) 개별형
① 일반인을 대상으로 하는 모금으로, 제일 일반적인 모금이다.
② 모든 국민을 대상으로 하기 때문에 모든 대상에게 사회복지에 관한 관심을 갖게 할 수 있는 장점이 있다.

③ 시간과 인력이 많이 소모되고 단기간에 많은 금액을 모금할 수 없는 단점이 있다.

(2) 기업형
① 공장이나 회사 등 사업체를 대상으로 하는 모금이다.
② 적은 시간에 많은 금액을 모금할 수 있는 장점이 있다.
③ 재력이 있는 사업체를 대상으로 하기 때문에 많은 대상이 참여할 수 없어 대상 선정에 문제가 되는 단점이 있다.

(3) 단체형
① 재단, 협회 등을 대상으로 하는 모금이다.
② 짧은 시간에 많은 금액을 모금할 수 있는 장점이 있다.
③ 많은 대상을 참여시킬 수 없는 단점이 있다.

(4) 특별사업형
① 프로그램이나 일시적인 행사(마라톤, 걷기 대회 등)를 통해 모금하는 방법이다.
② 기부자에게 흥미를 유발할 수 있으므로 호응도가 높고 여론을 형성할 수 있어 홍보효과가 큰 장점이 있다.
③ 일시적이어서 안정성에 문제가 있고 흥미 있는 프로그램을 계속 개발하기 어려운 단점이 있다.

Tip 😊
모금 방법 중 특별사업형은 마라톤, 골프 대회, 걷기 대회 등 프로그램을 진행하여 모금하는 방식입니다.

4) 사업 방법

(1) 신청사업
사회복지 증진을 위하여 자유주제 공모형태로 복지사업을 신청 받아 배분하는 사업이다.

(2) 기획사업
모금회가 그 주제를 정하여 배분하는 사업 또는 배분대상자로부터 제안 받은 내용 중에서 선정하여 배분하는 시범적이고 전문적인 사업이다.

(3) 긴급지원사업
재난구호 및 긴급구호, 저소득층응급지원 등 긴급히 지원해야 할 필요가 있는 경우에 배분하는 사업이다.

(4) 지정기탁사업
사회복지 증진을 위하여 기부자가 기부금품의 배분지역·배분대상자 또는 사용용도를 지정한 경우 그 지정취지에 따라 배분하는 사업이다.

5) 모금기간

(1) 집중모금형

① 1년 중 기간을 정해 놓고 모금을 하는 유형이다.

② 기간을 정해 놓기 때문에 주민의 관심을 유발할 수 있는 장점과 그 기간이 지나면 무관심해지는 단점이 있다.

　예 ARS, 방송

(2) 연중모금형

① 기간을 정하지 않고 1년 내내 모금을 하는 유형이다.

② 1년 내내 지속적 관심을 가져올 수 있는 장점과 일상적인 것이 되어 무관심을 받을 수 있는 단점이 있다.

　예 인터넷모금, 직장모금, 계좌이체

6) 배분방법

(1) 기관배분형

① 사회복지시설이나 사회복지기관을 대상으로 모금액을 분배하는 방법이다.

② 어려움이 있는 대상에게 집중적으로 배분이 되어 문제를 해결할 수 있는 장점이 있다.

③ 기관에 골고루 배분이 되는 것이 아니라 한 기관에 집중될 경우 지역별 불균형이 나타나는 단점이 있다.

(2) 문제 및 프로그램배분형

① 특정한 문제를 해결하기 위해서 배분하거나 프로그램을 실행하기 위해 배분하는 방법이다.

② 특정한 문제나 프로그램으로 배분을 하면 문제에 대하여 즉각적인 대처가 가능한 장점이 있다.

③ 특별한 문제가 없는 대상에게는 소홀하기 쉬운 단점이 있다.

(3) 지역배분형

① 지역에 따라 할당량을 배분하는 방법이다.

② 지역 간 균형을 이룰 수 있는 장점이 있다.

③ 지역 간 문제의 크기가 다를 수 있기에 문제에 대처할 능력이 떨어지는 단점이 있다.

7) 공동모금회 분과실행위원회

① 기획분과 실행위원회

② 홍보분과 실행위원회

③ 재정분과 실행위원회
④ 배분분과 실행위원회

1과목
2과목
3과목
4과목
5과목
6과목
7과목
8과목

4 자원봉사 및 자원봉사센터

1) 자원봉사의 개념

복지향상을 위해 휴머니즘과 사회연대의식에 기초하여 자발적으로 공식적 또는 비공식적 자원봉사기관에서 계획되고 의도된 실천 노력이다.

2) 자원봉사의 욕구(프란시스)

① 경험추구의 욕구 : 실제적인 이득 및 자아성장
② 사회적 책임감 표현 욕구 : 이타적 동기
③ 타인기대 부응욕구 : 의미 있는 주위 사람들의 압력이나 영향
④ 사회적인 인정욕구 : 사회의 존경
⑤ 사회적 접촉욕구 : 친교 및 사교경험
⑥ 사회적 교환욕구 : 미래의 보상에 대한 욕구
⑦ 성취욕구 : 개인적 성취

3) 자원봉사센터

(1) 자원봉사센터의 설치 및 운영

① 국가 및 지방자치단체는 자원봉사센터를 설치할 수 있다. 이 경우 자원봉사센터를 법인으로 하여 운영하거나 비영리 법인에 위탁하여 운영하여야 한다.
② 자원봉사활동을 효율적으로 추진하기 위하여 필요하다고 인정할 경우에는 국가기관 및 지방자치단체가 운영할 수 있다.

(2) 자원봉사센터의 기능

① 유치와 연계의 기능 : 자원봉사활동을 하려는 사람과 자원봉사자를 필요로 하는 기관을 연계하는 기능을 한다.
② 지역사회문제의 발굴기능 : 지역사회 안에 있는 문제를 대상으로 프로그램을 개발하여 수행한다.

Tip 👆
자원봉사센터는 보건복지부 소속이 아니라 행정안전부 소속입니다.

③ **교육훈련기능** : 지역사회 내에 있는 기관에서 교육훈련을 시킴으로써 자원봉사 프로그램이 창의적이고 효율적인 프로그램이 되도록 한다.

④ **인정과 보상기능** : 자원봉사가 일회성으로 끝나는 것이 아니라 지속적으로 봉사를 할 수 있게 인정과 보상 프로그램을 제공하는 기능을 의미한다.

⑤ **자료 및 정보제공기능** : 지역 내 자원봉사가 필요한 기관에 대한 정보는 물론 지역 내 자원봉사 관련 각 센터의 조직화를 통한 정보 공유 및 상호교류를 구축·운영하는 기능을 한다.

---

5 사회적 경제

1) 사회적 경제의 개념

사회적 경제는 이윤을 남기려고 하는 시장경제와는 다르게 사람을 우선순위에 두는 사람 중심의 경제활동을 의미한다. 사회적 약자에게 재화와 서비스를 공급하는 제3부문으로, 사회적 재화와 서비스를 공급하는 경제활동을 말한다. 사회적 목적과 민주적 운영 원리를 가진 호혜적 경제활동 조직이다. 1800년대 초에 유럽과 미국에서 협동조합, 사회적 기업, 상호부조조합, 커뮤니티비지니스 등의 형태로 등장하였고 우리나라의 경우 두레나 농민협동조합으로 등장하였다.

2) 사회적 경제의 주체

사회적 경제의 주요 주체는 자활기업, 사회적 기업, 마을기업, 협동조합으로 구분된다.

(1) 자활기업

「국민기초생활 보장법」을 근거로 2인 이상의 수급자 또는 저소득층이 상호협력하여 조합 또는 사업자의 형태로 탈빈곤을 위한 자활사업을 운영하는 기업이다. 조합 또는 「부가가치세법」상의 사업자로 한다.

(2) 사회적기업

「사회적기업 육성법」을 근거로 취약계층에게 사회서비스 또는 일자리를 제공하거나 지역사회에 공헌함으로써 지역주민의 삶의 질을 높이는 사회적 목적을 추구하면서 재화 및 서비스의 생산과 판매 등 영업활동을 하는 기업이다.

Tip
사회적 경제는 독자적인 운영을 통해 사회적 재화와 서비스를 공급하는 경제활동을 의미합니다.

합격노트
사회적 경제는 최근 들어 자주 출제되고 있는 부분이므로 사회적 경제의 주체들의 특징을 잘 파악해야 합니다.

(3) 마을기업

「도시재생 활성화 및 지원에 관한 특별법」을 근거로 지역주민 또는 단체가 해당 지역의 인력, 향토, 문화, 자연, 자원 등 각종 자원을 활용하여 생활환경을 개선하고 지역 공동체를 활성화하여 소득 및 일자리를 창출하기 위하여 운영하는 기업이다. 회원 외에도 지역주민의 의견을 적극 반영한다.

(4) 협동조합

「협동조합 기본법」을 근거로 재화 또는 용역의 구매ㆍ생산ㆍ판매ㆍ제공 등을 협동으로 영위함으로써 조합원의 권익을 향상하고 지역사회에 공헌하고자 하는 사업조직이다. 발기인은 5인 이상의 조합원 자격을 가진 자가 된다.

---

6 지역자활센터

1) 자활사업

2000년 10월부터 시행한 「국민기초생활 보장법」상 근로능력이 있는 저소득층에게 자활할 수 있도록 일자리 제공 및 자활능력을 배양하고자 보건복지부에서 주관하는 사업을 말한다.

Tip 🖐
지역자활센터는 사회복지법인뿐 아니라 사회적 협동조합, 비영리법인 등에 신청을 받아 지역자활센터로 지정합니다.

2) 자활사업 참여자

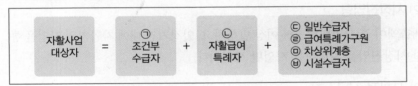

① 의무참여 ㉠, 희망 참여 ㉡~㉥, 수급자 ㉠~㉢, 참여우선 순위 ㉠ → ㉡ → ㉢, ㉣, ㉤, ㉥

② **조건부수급자** : 자활사업 참여를 조건으로 생계급여를 지급받는 수급자이다.

③ **자활급여특례자** : 수급자가 자활근로, 자활기업, 성과관리형 자활사업 등에 참가하여 발생한 소득으로 인하여 소득인정액이 선정기준을 초과한 자이다.

④ **일반수급자** : 참여 희망자(만 65세 이상 등 근로무능력자도 희망 시 참여 가능)

Tip 🖐
조건부수급자는 자활사업의 의무참여자입니다.

⑤ **특례수급가구의 가구원** : 의료급여특례, 교육급여특례가구의 근로능력 있는 가구원 중 자활사업 참여를 희망하는 자이다.

⑥ **차상위자** : 근로능력이 있고, 소득인정액이 기준 중위소득 50% 이하인 비수급자이다.

⑦ **근로능력이 있는 시설수급자** : 일반시설생활자(기초생활보장 비수급) → 차상위자 순으로 참여 절차를 따른다.

3) 자활사업

(1) 자활공동체사업

① **자활기업 설립요건**

ㄱ 2인 이상의 수급자 또는 차상위자로 구성, 1인이 창업한 경우는 자활기업이 아닌, 개인 창업으로 관리한다.

ㄴ 자활기업 구성원 중 기초생활보장 수급자가 1/3 이상이어야 한다.

ㄷ 모든 구성원(자활기업 참여자)에 대해 시장진입형 표준소득액 이상의 수익금 배분이 가능하여야 한다.

② **자활근로사업**

간병 · 집수리 · 청소 · 폐자원재활용 · 음식물재활용사업의 5대 전국표준화사업을 중점사업으로 추진하되, 정부재정사업의 자활사업 연계 활성화 및 영농 · 도시락 · 세차 · 환경정비 등 지역실정에 맞는 특화된 사업을 적극 개발하여 추진한다.

(2) 시장진입형

매출액이 총 사업비의 30% 이상 발생하고, 일정기간 내에 자활기업 창업을 통한 시장진입을 지향하는 사업단 사업이다.

(3) 사회적 서비스형

매출액이 총 사업비의 10% 이상 발생하여야 하고 사회적으로 유용한 일자리 제공으로 참여자의 자활 능력 개발과 의지를 고취하여 향후 시장 진입을 준비하는 사업이다.

(4) 인턴 도우미형

① 지방자치단체, 지역자활센터, 사회복지시설 및 일반 기업체 등에서 자활사업 대상자가 자활인턴사원으로 근로를 하면서 기술 · 경력을 쌓은 후 취업을 통한 자활을 도모하는 취업 유도형 자활근로사업이다.

② 참여대상자는 인턴형, 복지 도우미형, 자활 도우미형, 사회복지시설 도우미형으로 구분된다.

지역사회복지 추진 및 재편

01 우리나라의 자원봉사센터에 관한 설명으로 옳지 않은 것은? [10회]

① 한국자원봉사협의회는 보건복지부장관의 인가를 받아 설립한다.

② 시 · 군 · 구 자원봉사센터는 자원봉사수요기관 및 단체에 자원봉사자 배치사업을 한다.

③ 자원봉사활동을 효율적으로 추진하기 위하여 필요하다고 인정할 때에는 국가기관 및 지방자치단체가 운영할 수 있다.

④ 지방자치단체는 자원봉사센터의 조직 및 운영 등에 관한 사항을 조례로 정한다.

⑤ 자원봉사센터는 자원봉사활동개발 · 장려 · 연계 · 협력 등의 사업을 수행하기 위하여 설치된 기관이다.

해설 자원봉사협의회는 보건복지부장관이 아니라 행정자치부장관의 인가를 받아 설립한다.

02 사회복지관의 운영원칙으로 틀린 것은?

① 지역성 – 지역사회의 특성과 지역주민의 문제나 욕구를 신속하게 파악하여 지역사회의 문제를 해결한다.

② 노력성 – 사업수행에 따른 효과성과 효율성을 입증하고 최선의 노력을 기울여야 한다.

③ 자원활용성 – 지역사회 내의 복지자원을 최대한 동원, 활용해야 한다.

④ 중립성 – 정치활동, 영리활동, 특정 종교 활동 등으로 이용되지 않도록 해야 한다.

⑤ 전문성 – 지역사회 문제를 대처하기 위해 일반적 프로그램과 특정한 문제를 해결할 수 있는 전문적 프로그램이 병행되어야 한다.

해설 책임성은 사업수행에 따른 효과성과 효율성을 입증하고 최선의 노력을 기울여야 한다는 원칙이다.

03 사회복지관의 설치 및 운영 주체에 대한 내용으로 틀린 것은?

① 사회복지관은 지방자치단체, 사회복지법인 및 기타 비영리단체가 설치 · 운영할 수 있다.

② 지방자치단체는 사회복지관을 설치한 후 사업의 전문성을 향상시키기 위해 운영능력이 있는 사회복지법인 등에 위탁하여 운영할 수 있다.

③ 지방자치단체는 공공단체의 시설물을 위탁받아 사회복지관을 설치 · 운영하거나 사회복지법인 등에 위탁하여 운영할 수 있다.

④ 사회복지관을 설치 · 운영하고자 하는 자는 시설의 소재지를 관할하는 시군구청장에게 시설설치 신고를 하여야 한다.

⑤ 사회복지관을 설치하고자 할 때는 저소득층 밀집지역에 우선 설치하되 일부지역에 편중되지 않도록 한다.

해설 사회복지관은 지방자치단체, 사회복지법인 및 기타 비영리법인이 설치 · 운영할 수 있다.

정답 01 ① 02 ② 03 ①

04 사회복지협의회의 사업내용으로 틀린 것은?

① 사회복지에 관한 조사, 연구 및 정책 평가
② 사회복지 관련 기관, 단체 간의 연계, 협력, 조정
③ 사회복지 소외계층 발굴 및 민간사회복지자원과의 연계, 협력
④ 대통령령으로 정하는 사회복지사업의 조성
⑤ 자원봉사활동의 진흥

해설 사회복지에 관한 조사, 연구 및 정책 건의는 할 수 있으나 평가는 하지 못한다. 정책의 평가는 지역사회보장협의체에서 한다.

05 지역사회복지기관에 관한 설명으로 옳지 않은 것은?

[16회]

① 지역자활센터에서는 조건부수급자만을 대상으로 자활의욕 고취를 위한 사업을 추진한다.
② 사회복지관은 경제적 지원, 일상생활 지원 등의 지역사회보호 사업을 수행한다.
③ 자원봉사센터는 자원봉사를 필요로 하는 기관과 단체에 자원봉사자를 공급한다.
④ 자활기업은 저소득층의 탈빈곤을 위한 자활사업을 운영한다.
⑤ 사회복지공동모금회는 취약한 사회복지현장의 역량강화를 위해 주제를 정하여 사업을 배분하기도 한다.

해설 지역자활센터에서는 조건부수급자뿐 아니라 다양한 대상으로 자활의욕 고취를 위한 사업을 추진한다.

06 사회복지협의회에 관한 설명으로 옳지 않은 것은?

① 사회복지시설과 기관이 시행하는 업무를 협의·조정한다.
② 민간과 공공기관이 협의하는 기구이다.
③ 시·군·구에도 둘 수 있다.
④ 사회복지사업법에 설립 근거를 두고 있다.
⑤ 전국 대부분 지역에 조직되어 있다.

해설 민간과 공공기관이 협의하는 기구는 지역사회보장협의체이다.

07 다음 사업을 모두 수행하는 지역사회복지기관은?

[16회]

• 주민복지증진사업, 주민조직화 사업
• 사례 발굴 및 개입
• 아동·청소년 사회교육, 문화 복지사업

① 사회복지관 　　　② 지역사회보장협의체
③ 지역자활센터 　　④ 지역아동센터
⑤ 자원봉사센터

해설 주민복지증진사업, 주민조직화 사업, 사례 발굴 및 개입, 아동·청소년 사회교육, 문화 복지사업의 업무를 수행하는 곳은 사회복지관이다.

08 지역사회복지 영역에서 사회적 경제에 관한 설명으로 옳지 않은 것은?

[16회]

① 사회적 가치 실현을 중요시한다.
② 사회적기업은 사회적 일자리 창출을 목적으로 한다.
③ 사회적기업은 이윤창출이 제한된다.
④ 마을기업은 지역공동체에 기반하여 활동한다.
⑤ 협동조합은 조합원 자격자 5인 이상으로 설립한다.

해설 사회적기업은 사회적 일자리 창출을 목적으로 하므로 사회적기업이 지속되기 위해서는 이윤창출이 중요하다. 사회적기업이 지속적인 성장을 하기 위해서는 이윤이 창출되어야 한다.

09 자원봉사의 원칙으로 틀린 것은?

① 무보수성 　　　② 비자발성
③ 비종파성 　　　④ 비정파성
⑤ 비영리성

해설 자원봉사활동은 무보수성, 자발성, 공익성, 비영리성, 비정파성, 비종파성의 원칙 아래 수행될 수 있도록 해야 한다.

정답 　04 ① 　05 ① 　06 ② 　07 ① 　08 ③ 　09 ②

10 공동모금회 분과실행위원회의 종류로 틀린 것은?

① 기획분과실행위원회
② 홍보분과실행위원회
③ 재정분과실행위원회
④ 배분분과실행위원회
⑤ 모금분과실행위원회

해설 공동모금회 분과실행위원회는 기획분과실행위원회, 홍보분과실행위원회, 재정분과실행위원회, 배분분과실행위원회로 구성되어 있다.

정답   10 ⑤

지역사회복지운동

학습 가이드

- 매회 한 문제씩 출제되고 있는 부분으로, 지역사회 문제에 대한 욕구를 파악하기 위해 주민이 참여하는 방법에 대한 문제와 아른스테인의 주민참여 단계에 대한 문제가 출제되고 있다.
- 최근 들어 자주 출제된 만큼 중요성이 부각되고 있다. 최근 지역사회복지운동에 대한 문제가 자주 출제되고 있어 지역사회복지운동의 전체적인 내용을 학습해야 한다.
- 욕구파악 방법은 사회복지조사론과 중복이 되기에 함께 학습하는 것이 효과를 높이는 방법이다.

---

1 지역사회복지운동

 지역사회복지운동은 최근 들어 출제 빈도가 높아지고 있습니다. 지역사회복지운동의 특징과 의의 등 전체적인 내용을 꼭 기억해야 합니다.

1) 개념

지역주민의 욕구와 문제를 해결하기 위하여 지역사회의 역량을 강화시켜 주민들의 욕구충족과 지역공동체 형성이라는 목적을 달성하려는 조직적인 운동이다.

2) 의의

① 지역사회의 변화를 주도하는 조직운동 : 지역사회의 문제를 해결하기 위해 지역사회의 역량을 강화시키는 데 있다.

② 복지권리의식과 시민의식을 배양하는 사회권확립운동 : 지역사회 주민의 복지권리를 확보하고 시민의식을 고취시켜 지역사회의 통합을 추진하는 데 있다.

③ 주민의 삶의 질 향상 운동 : 지역사회 전반의 삶의 질을 향상시키는 생활 운동이다.

3) 특성

① **목적지향적 조직 활동** : 지역주민의 삶의 질을 향상시킨다는 목적을 가진 조직적인 활동이다.

② **시민운동 활동** : 사회변화와 시민사회의 성장이라는 사회적 관심에 초점을 두는 것이지 정치권 장악의 목적이 아니다.

③ **지역사회 주민 전체를 기반으로 하는 활동** : 노동운동이나 민중운동과 같이 정해진 계층이 있는 것이 아니라 지역사회 주민의 발전에 초점을 두고 있다.

4) 구성요소

① **지역사회 주민들의 주체적 참여** : 지역주민들의 삶의 질 향상을 위해서는 지역사회 주민들의 적극적이고 주체적인 참여가 제일 우선이다.

② **지역사회 주민의 공동체의식 강화** : 개인의 문제를 지역사회의 문제로 보고 공동체 의식을 강화하여 개인의 역량을 높이는 것이 중요하다.

③ **제도적립과 제반 환경 조성** : 지역사회 문제를 해결하는 것뿐 아니라 문제에 영향을 미칠 수 있는 제도를 수정하는 것이 중요하다.

2 주민참여

1) 주민참여의 개념
지역주민들의 욕구를 정책이나 계획에 반영할 수 있도록 정부의 의사결정 과정에 적극적으로 관여하는 것을 말한다.

 지방분권화로 인하여 나타나는 주민참여의 긍정적 · 부정적 효과를 이해해야 합니다.

2) 주민참여의 효과

(1) 긍정적 효과

① 지방정부 의사결정의 효율성을 제고시킨다. 정해져 있는 자원을 꼭 필요한 곳에 효과적으로 사용할 수 있도록 기여한다.

② 지방행정의 불평등을 완화시킬 수 있다. 주민 참여로 인하여 복지 서비스가 취약한 경우 지방정부로 하여금 공평한 분배를 하도록 할 수 있어 불평등이 완화된다.

(2) 부정적 효과

① 행정 비용이 증가한다. 주민들이 참여함으로써 정보를 제공하거나 공청회를 개최하면 추가적인 비용이 발생하게 된다.

② 시간이 많이 소요된다. 전문적인 내용을 주민들에게 모두 이해시킬 수 없고 주민들의 추가요구에 따라 시간이 많이 소요된다.

③ 주민들 간의 갈등을 유발시킬 수 있다. 주민들은 자신이 살고 있는 지역과 지역사회 전체에 대한 이해에 있어 오해의 소지가 있다.

④ 대표성의 문제가 나타난다. 참여한 주민의 생각이 지역주민들 모두를 대표하지 못한다.

합격 노트 아른스테인의 주민참여 8단계의 특징을 구분할 수 있어야 합니다.

3) 아른스테인(Arenstein)의 주민참여 8단계

비참여 상태		형식적 참여			주민권력		
1. 조작	2. 치료	3. 정보제공	4. 상담	5. 회유	6. 협동관계	7. 권한위임	8. 주민통제

(1) 비참여 상태

주민을 의사결정에 참여시키지 않는 상태이다.

① 1단계 조작 : 행정기관과 주민이 서로 간의 관계를 확인하고, 공무원이 일방적으로 교육, 설득시키고 주민은 단순히 참석하는 수준이다.

② 2단계 치료 : 주민의 욕구 불만을 일정한 사업에 분출시켜 치료하는 단계로 일방적인 지도에 그친다.

(2) 형식적 참여

주민은 정보를 제공 받고 상담도 하며 회유를 통해 참여를 하지만 영향력은 약한 상태이다.

① 3단계 정보제공 : 주민에게 일방적으로 정보를 제공하여 환류는 잘 일어나지 않는다.

② 4단계 상담 : 공청회나 집회 등의 방법으로 행정에 참여하기를 유도하고 있으나 형식적인 단계이다.

③ 5단계 회유 : 주민의 참여범위가 확대되지만 최종적인 판단은 행정기관이 한다는 점에서 제한적이다.

(3) 주민권력

주민이 의사결정의 주도권을 갖고 있으며 권력의 재분배가 가능한 상태이다.

① 6단계 협동관계 : 행정기관이 최종결정권을 가지고 있지만 주민들이 필요한 경우 그들의 주장을 협상으로 유도할 수 있다.

② 7단계 권한위임 : 주민들이 우월한 결정권을 행사하고 집행단계에서도 강력한 권한을 행사한다.

③ 8단계 주민통제 : 주민 스스로 입안, 결정에서 집행, 평가까지 모든 것을 통제하는 단계이다.

4) 주민참여 방법

① 전시회 : 주민들이 이해할 수 있고 모든 주민이 볼 수 있는 곳에서 이루어져야 한다. 홍보와 주민의 의견을 파악하는 것이 목적이다.

② 공청회 : 지역주민을 모아 주민의 의사를 파악하는 방법으로, 예비 공청회, 최종 결정 공청회, 최종 공청회로 나뉜다.

③ 설문조사 : 과학적인 분석도구로 지역주민의 욕구를 파악하는 방법이다.

④ 대중매체 : 라디오, TV, 신문을 통해 지역주민의 욕구를 홍보하여 정책에 반영되게 하는 방법이다.

⑤ 델파이기법 : 전문가들이 직접적으로 대면하지 않고 우편을 통하여 합의점을 도출하는 방법이다. 익명성이 보장된다는 장점이 있는 반면, 2회 이상 실시하므로 장기간에 걸쳐 이루어지기 때문에 시간과 비용이 많이 드는 단점이 있다.

⑥ 명목집단기법 : 지역주민을 한자리에 모아 지역에 영향을 미치는 문제나 이슈를 제시하도록 하고 참가자들로 하여금 열거된 문제에 대한 해결책의 우선순위를 종이에 적어 평점이 제일 높은 해결책을 선택하는 방법으로, 욕구조사와 우선순위를 결정할 수 있는 유용한 방법이다.

⑦ 초점집단기법 : 질적 자료수집 방법 중 하나로서 6~10명 정도의 소집단으로 구성되며 여러 명이 동시에 질의와 응답에 참여할 수 있고, 집중적인 토론에 유용한 방법이다.

⑧ 샤레트기법 : 정치가, 정부, 지역주민이 비공식적으로 모여 대화를 통하여 합의점을 도출하는 방법이다.

 주민참여 방법 중 델파이기법, 명목집단기법, 초점집단기법의 특징들을 잘 구분할 수 있어야 합니다. 초점집단기법과 델파이기법은 사회복지정책론에서도 출제되고 있습니다.

 시험에서는 지문을 보고 유추할 수 있는 내용으로도 출제됩니다.

 OX 퀴즈

• 전시회는 홍보와 주민의 의견을 파악하는 것이 목적이다. (O)
• 주민의 참여범위가 확대되지만 최종적인 판단을 행정기관이 하는 단계는 회유단계이다. (O)

01 우리나라 지역사회복지운동에 관한 설명으로 옳지 않은 것은? [9회]

① 1990년대 이후 활성화되고 있다.
② 지역화폐운동은 지역사회복지운동이 아니다.
③ 지역사회복지서비스 이용자도 주체가 될 수 있다.
④ 마을 만들기는 지역사회복지운동의 하나이다.
⑤ 생활운동의 의미를 지니고 있다.

해설 지역화폐운동, 주민조례운동, 마을 만들기는 지역사회복지운동에 포함된다.

02 주민참여의 방법에 관한 설명으로 틀린 것은?

① 대중매체는 대중매체를 통해 각종 정책과 계획에 대해 주민과 대화, 홍보하는 방법이다.
② 델파이기법은 전문가 집단의 지식과 능력을 결합한 것으로, 우편조사를 하여 익명성을 보장하고 통제된 피드백 방식을 활용하는 방식이다.
③ 명목집단기법은 소집단으로 구성되며 여러 명이 동시에 질의와 응답에 참여할 수 있고 집중적인 토론에 매우 유용한 방법이다.
④ 명목집단기법은 정부, 정치가, 지역주민이 비공식 분위기에서 모여 진솔한 대화를 통해 합의점을 도출한다.
⑤ 설문조사는 과학적인 도구로 지역주민의 욕구를 파악하는 데 용이하다.

해설 정치가, 정부, 지역주민이 비공식적으로 모여 대화를 통하여 합의점을 도출하는 방법은 샤레트 기법이고, 문제제기 후 대안을 개별적으로 나열하고 찬반을 물어 다수결로 결정하는 주민참여 방법은 명목집단기법이다.

03 한 자리에 모이지 않은 전문가들이 우편으로 자신의 의견을 제시하여 합의점을 도출하는 방법이다. 익명성이 보장된다는 장점이 있으며 문제 확인, 목표와 우선순위를 결정하고 대안을 평가하는 데 유용하게 사용되는 기법은?

① 명목집단기법   ② 샤레트기법
③ 설문조사   ④ 델파이기법
⑤ 공청회

해설 델파이기법에 대한 설명이다.

04 아른스테인의 주민참여 단계 중 형식적 참여 단계에 속하지 않는 것을 모두 고른 것은?

| ㄱ. 정보제공 | ㄴ. 협동관계 |
| ㄷ. 회유 | ㄹ. 권한위임 |

① ㄱ, ㄷ   ② ㄴ, ㄹ
③ ㄱ, ㄴ, ㄷ   ④ ㄱ, ㄷ, ㄹ
⑤ ㄱ, ㄴ, ㄷ, ㄹ

해설 아른스테인의 주민참여 8단계
비참여 상태는 조작, 치료, 형식적 참여는 정보제공, 상담, 회유, 주민권력 단계는 협동관계, 권한위임, 주민통제로 구성되어 있다.

정답 01 ② 02 ④ 03 ④ 04 ②

05 아른스테인의 주민참여 수준 8단계 중 각종 위원회 등을 통해 주민의 참여 범위는 확대되지만 최종적인 판단은 행정기관이 수행하는 단계는? [14회]

① 주민회유 　　② 협동관계
③ 여론조작 　　④ 주민통제
⑤ 권한위임

해설 주민의 참여 범위가 확대되지만 최종적인 판단은 행정기관이 한다는 점에서 제한적인 단계는 회유단계이다.

06 지역사회복지운동에 관한 설명으로 옳지 않은 것은?
[17회]

① 지역사회복지서비스 제공기관의 주도성을 강화하기 위해 필요하다.
② 지역주민, 지역사회활동가, 사회복지전문가 등이 운동의 주체가 될 수 있다.
③ 지역사회문제를 해결하기 위한 목적지향성을 가진다.
④ 「국민기초생활 보장법」 시행 이후 자활후견기관 (지역자활센터)이 설치·운영되어 자활운동이 공적 전달체계에 편입되었다.
⑤ 지역주민의 삶의 질과 관련된 생활영역을 포함한다.

해설 지역사회복지운동은 지역사회복지라는 용어에 운동을 결합한 것으로 지역사회복지발전을 목표로 하는 사회운동적 노력을 말하며 목표로서의 지역사회복지 발전과 이를 달성하기 위한 수단적 노력으로서의 사회운동의 조합을 의미한다. 사회구성원의 삶을 질을 향상시키기 위한 목적의식적이고 조직적인 활동(③)이며 사회복지대상자 외에도 사회복지실무자 또는 전문가 등 모든 지역주민의 주체적인 참여와 행동(②)으로 사회복지 목표달성을 위해 의도적으로 추진한다. 구성원의 삶의 질 향상을 시키기 위한 조직적인 활동(⑤)이므로 지역사회복지서비스 제공기관의 주도성을 강화하는 것은 관계가 없다.

사회복지정책론

6 과목

Chapter

01

사회복지정책의 개요

출제경향

목차	22회	21회	20회	19회	18회
1. 사회복지정책의 정의					
2. 사회복지정책의 특징				1	
3. 사회복지정책의 영역			1	1	
4. 사회복지정책의 주체와 객체					1
5. 사회복지정책의 목표				1	1
6. 사회복지정책의 기능	2	1	2	1	1

학습 가이드

• 사회복지정책에 대한 기본적인 내용을 잘 파악할 필요가 있다.
• 사회복지정책의 목표와 기능은 매번 시험에 출제될 정도로 출제 빈도가 높은 부분이다.
• 국가복지의 정당성에 나오는 종류와 사회복지 목표의 평등, 효율성, 자유는 꼭 암기할 부분이다.

---

1 사회복지정책의 정의

인간이 살아가는 데 있어 필요한 욕구를 해결하고 동시에 사회문제를 예방하여 삶의 질을 향상시키기 위한 노력으로 정부가 사회복지제도나 프로그램을 만들어 사회적 약자에게 제공하는 것을 의미한다.

2   사회복지정책의 특징

① 국민의 최저수준을 보장하고 삶의 질을 향상시킨다.
② 인간존엄성과 사회연대의식을 기초로 사회통합·정치적 안정 및 질서를 유지한다.
③ 소득재분배, 개인의 자립성 증진 및 정상화 이념을 확대한다.
④ 사회연대의식에 기초하여 사회적 평등을 실현한다.
⑤ 개인의 자립·성장 및 잠재력을 향상시킨다.
⑥ 소득재분배와 최저생활을 확보한다.
⑦ 시장실패를 시정하여 자원배분의 효율화 기능을 수행한다.

3   사회복지정책의 영역

1) 협의의 사회복지 개념

합격노트 시험에 자주 출제되고 있지는 않지만 사회복지정책의 특징을 꼭 이해하고 있어야 합니다.

(1) 교육정책
개인의 잠재력과 역량을 개발하기 위하여 필요한 교육을 받을 기회를 보장하여 국민들의 삶의 질을 향상시키는 것을 의미한다.

(2) 사회복지서비스 보장정책
특수 계층을 대상으로 하는 사회복지 서비스를 의미한다.

(3) 소득보장정책
실업·질병·사망·장애·노령·빈곤·출산·양육 등 사회적 위험으로 인하여 소득이 상실되었을 때 국가가 소득을 일부 보장해 주는 것으로, 사회보험, 공공부조, 사회수당을 들 수 있다.

(4) 건강보장정책
국가의 책임하에 질병의 치료 및 예방을 통하여 국민들의 건강한 삶을 보장하는 것을 의미한다.

(5) 주택보장정책
인간다운 삶을 보장하기 위해 주거권을 보장하는 것을 의미한다.

2) 광의의 사회복지 개념

(1) 노동정책

노동능력이 있는 사람이 노동을 통하여 자신의 생계를 유지할 수 있도록 국가가 지원하는 것을 의미한다.

(2) 조세정책

국가가 국민들에게 조세를 징수하여 경제의 안정 및 성장을 할 수 있도록 하는 것을 의미한다.

📋 사회복지정책의 영역

영역		내용
협의	교육정책	무상교육, 무상급식 등
	사회복지서비스정책	아동복지, 노인복지, 장애인복지, 여성복지 등
	소득정책	사회보험, 공공부조, 사회수당 등
	건강정책	건강보험, 의료보호 등
	주택정책	임대주택, 담보대출, 국민주택 등
광의	노동정책	고용정책, 직업수당, 임금정책 등
	조세정책	소득공제, 조세감면, 근로장려세제, 부의소득세 등

---

4 사회복지정책의 주체와 객체

1) 객체

사회적 욕구나 사회문제를 해결하기 위해 사회복지서비스를 받아야 할 대상을 의미하고 잔여적 의미로는 생활능력이 없는 저소득층을 대상으로 하지만 제도적 의미로는 한 국가의 모든 국민이 대상이 될 수 있다.

2) 주체

사회복지정책 과정을 직접적으로 실행하는 기관으로, 공공기관과 민간기관으로 나눌 수 있으며 공공기관은 국가와 지방자치단체를 의미하고 민간기관은 개인, 가족, 협동조합, 종교조직, 기업, 사회복지법인들이 될 수 있다.

① **정책주체** : 사회복지정책을 확립하고 실천하는 주체로 중앙정부와 지방정부로 구분된다.

② **사업주체** : 사회복지법인, 종교법인 등 사회복지서비스를 실제로 제공하고 있는 주체이다.

Tip 👆

사회복지정책에서 주체는 사회복지서비스 제공자를 의미하고, 객체는 사회복지서비스 대상자를 의미합니다.

③ **실천주체** : 사회복지서비스를 실제로 담당하는 담당자(사회복지사)를 의미한다.

5 사회복지정책의 목표

1) 평등

(1) 수량적 평등(절대적 평등, 결과의 평등)

① 구성원의 기여, 욕구, 능력과 상관없이 사회주의처럼 사회적 자원을 공평하게 배분하는 것을 의미한다.

② 사회적 차별까지 포함하는 사회적 평등을 추구하여 결과의 평등이라고도 불린다.

③ 결과의 평등을 지향하면 사회구성원의 자유를 제한하여 소극적 자유를 침해한다.

④ 평등의 개념 중에서 가장 적극적인 의미로 개인의 능력이나 욕구의 차이와 관계없이 사회적 자원을 똑같이 배분한다.

⑤ 결과가 모두 똑같아 평등의 개념 가운데 가장 적극적인 평등이다.

⑥ 사회복지정책을 통한 결과의 평등 지향은 일부 사회구성원의 소극적 자유를 침해하는 결과를 가져올 수 있다.

(2) 비례적 평등

① 구성원의 기여, 욕구, 능력에 따라 다르게 사회적 자원을 배분하는 것을 의미한다.

② 예를 들면, 개인의 능력과 구단에 대한 기여에 따라 스포츠 선수들의 연봉이 책정되게 된다.

③ 능력에 따라 배분하여 형평 또는 공평이라고도 불리고 자본주의에서 사용된다.

④ 공공부조의 열등처우원칙이나 사회보험의 보험수리원칙이 해당된다.

(3) 기회의 평등

① 가장 소극적인 평등으로 결과상의 평등을 의미하는 것이 아니라 과정상의 평등을 의미하는 것이다.

② 최소한의 국가개입을 주장하는 보수주의자들이 자주 사용하는 개념이다.

③ 장애인의무고용제, 국가유공자의무고용제, 여성고용할당, 드림스타트와 같이 모든 사람을 채용하는 것이 아니라 과정상의 기회를 주는 것이다.

Tip
수량적 평등은 능력과 관계없이 사회적 자원을 배분하므로 공공부조와 관련이 있고, 비례적 평등은 능력에 따라 사회적 자원을 배분하므로 사회보험과 관련이 있습니다. 또, 기회의 평등은 동등한 기회만 제공하고 결과는 보장하지 않으므로 여성고용할당제, 드림스타트 제도와 관련이 있습니다.

Tip 👍

효율성과 효과성은 사회복지정책의 운용과 관리에 연관된 핵심가치로 인정되고 있습니다.

Tip 👍

공공부조는 목표효율성은 높으나 운영효율성이 낮고, 사회수당은 운영효율성은 높으나 목표효율성이 낮습니다.

2) 효율성

특정한 목표를 달성하는 데 있어 최소의 비용으로 최대의 효과를 얻는 것으로 주어진 투입에 비해 가장 큰 산출을 달성하는 것을 의미한다.

(1) 수단적 효율성

① 목표효율성

　㉠ 사용할 수 있는 자원이 대상자에게 얼마나 집중적으로 할당되는지의 여부를 판단하는 기준이다.

　㉡ 자신의 문제를 스스로 해결할 수 없는 사람들에게 자원을 할당하여 공공부조에서 선호하는 효율성이다.

　㉢ 한정된 인원에 집중하여 자원을 사용한다면 자원의 효과를 극대화 할 수 있다.

② 운영효율성

　정책의 목표를 달성하기 위해 얼마나 적은 비용을 사용하여 많은 효과를 볼 수 있는가의 기준을 의미한다.

③ 선별주의와 보편주의의 효율성 비교

　㉠ 선별주의 : 목표 대상자를 선정하기 위해 비용을 사용하여 운영효율성은 낮지만 선정된 대상자에 집중적으로 자원을 사용하여 목표효율성이 높다.

　㉡ 보편주의 : 목표 대상자를 선정하지 않아 운영비용이 들어가지 않아서 운영효율성은 높지만 비용이 목표에 맞게 사용되지 않는 단점이 있어 목표효율성이 낮다.

(2) 배분적 효율성 – 파레토 효율성

하나의 자원배분 상태에서 다른 사람에게 손해가 가지 않고서는 어떤 한 사람에게 이득이 되는 변화를 만들어 내는 것이 불가능한 상태로, 더 이상 어떠한 개선이 불가능한 최적의 자원 배분상태를 의미한다.

3) 자유

(1) 소극적 자유(Negative Freedom)

국가의 구속으로부터 자유 또는 해방을 의미하는 것으로, 개인이 자신의 욕구를 충족하는 데 있어 일정한 유형의 간섭도 없는 것을 의미한다.

(2) 적극적 자유

국가에 대하여 자신이 원하는 것을 말할 수 있는 자유를 의미하는 것으로 개인이 욕구를 충족하는 데 있어 자유를 보장받는 것을 의미한다.

4) 사회적 적절성(충분성)

① 모든 사람들에게 똑같은 결과의 평등이 돌아가지 않지만 가난한 사람도 최소한의 생활수준을 보장해 인간다운 삶을 살 수 있도록 도와준다.

② 급여가 자신의 능력에 따라 결정되는 것이 아니라 기본적인 욕구를 해결할 수 있느냐에 따라 결정되는 것이다.

③ 자산조사나 소득조사를 통한 객관적인 방법을 동원하고 욕구의 객관성을 중시한다.

Tip 👆
사회적 적절성은 사회복지급여 할당의 수준이 신체적 · 정신적인 안녕에 적절한 정도가 되어야 한다는 것입니다.

> **로마니신(Romanyshyn)의 개념**
> • 개인의 변화에서 사회개혁으로
> • 빈민에 대한 복지에서 복지사회의 구현으로
> • 자발적(민간) 자선에서 공공자원으로
> • 자선에서 시민의 권리로
> • 잔여적 개념에서 제도적 개념으로
> • 최저수준에서 적정수준으로
> • 특수성에서 보편성으로

6 사회복지정책의 기능

1) 사회복지정책의 기능

(1) 사회문제 해결과 사회적 욕구 충족

국가는 사회적 분열, 계급 간의 갈등은 물론 질병, 실업, 노령, 산업재해 등 바람직하지 않은 문제들을 해결해야 했는데, 이러한 사회문제 및 경제문제의 해결책으로 사회복지정책을 실시하였다. 처음에는 사회문제가 발생한 이후에 사회문제를 해결하는 사회복지정책을 실시하였으나 시간이 지나면서 사회적 욕구를 해결하기 위한 사회문제가 발생하기 전에 예방하는 사회복지정책으로 변화하였다.

(2) 사회통합과 정치적 안정

사회의 욕구 및 사회문제를 해결하여 사회혼란과 무질서를 방지하여 사회통합에 기여할 수 있고 이러한 사회통합과 안정을 통하여 정치적으로 안정될 수 있다.

(3) 경제성장 안정

사회복지는 경제에 부정적인 효과를 미친다고 하지만 장기적으로 볼 때 긍정적인 효과를 볼 수 있다. 교육, 건강, 보육, 고용 등의 사회복지서비스는 국민의 삶의 질을 향상시키고 이는 노동자의 질적 수준 향상과 연결되어 생산성이 증가하게 되므로 경쟁력을 확보할 수 있다.

(4) 소득재분배

소득재분배의 종류는 다음과 같다.

소득재분배의 종류

기준	구분	내용
시간	단기적 재분배	현재 나타난 사회적 욕구를 충족시키기 위해 현재 자원을 재분배하는 것이다. 예 공공부조
	장기적 재분배	인간의 전 생애에 또는 세대에 걸쳐서 자원을 재분배하는 것이다. 예 국민연금
방향	수직적 재분배	상위계층에서 하위계층으로 자원이 재분배되는 것이다. 예 재산세, 법인세
	수평적 재분배	소득이 있는 사람의 자원이 없는 사람에게 재분배되는 것이다. 예 아동수당, 건강보험, 고용보험
세대	세대 내 재분배	동일 세대 안에서 재분배되는 것이다. 단기적 재분배, 수직적 재분배, 수평적 재분배가 세대 내 재분배에 속한다.
	세대 간 재분배	이전 세대와 현 세대, 현 세대와 미래세대 간에 자원이 재분배되는 것이다. 대부분 연금(공무원, 군인, 사학, 국민)에서 나타난다.

2) 국가복지의 정당성(경제적 효율성)

(1) 공공재적 성격

① 공공재적 성격이란 공동으로 사용하는 재화나 서비스를 의미하는데 한 사람의 필요에 의해 공급되어도 다른 사람에게도 혜택이 돌아갈 수 있는 것이다.

② 시장에 맡길 경우 비용을 지불하지 않고 사용하는 무임승차가 나올 수 있어 누구도 비용을 지불하지 않으려고 한다.

③ 등대나 가로등의 불빛처럼 그 불빛을 이용하기 위해 개인이 설치하더라도 다른 사람들도 혜택을 볼 수 있어 개인이 직접 설치해서 사용하기에는 꺼려질 수 있다.

④ 공동으로 사용해야 하는 것들은 정부에 의해 공급되지 않으면 공급되지 않을 수 있는 단점이 생긴다.

⑤ 공공재적 성격이 있는 것들은 국가가 시행하고 강제적으로 사용료를 지불하게 하는 것이다.

Tip
우리나라의 연금보험은 세대 간 재분배를 실시하고 다른 사회보험은 수평적 재분배를 실시합니다.

Tip
국가복지의 정당성은 시장실패와 같은 뜻입니다.

(2) 규모의 경제

대규모의 물건을 만들 때 단가를 절감할 수 있는 것을 의미하는데 민간에서 사회복지 서비스를 제공하는 단가보다는 국가가 사회복지 서비스를 전체적으로 제공하게 되면 서비스의 비용을 절감할 수 있게 된다.

(3) 외부효과

① 어떤 경제활동을 하면서 다른 사람에게 의도하지 않게 이익이나 손해를 주면서 아무런 대가나 비용을 지불하지 않는 상태를 의미한다.

② 외부효과는 긍정적 효과와 부정적 효과가 있다.

    ㉠ 긍정적 효과는 다른 사람으로 인하여 이익을 보는 것을 의미하는데 지역의 공터에 공원이나 도서관이 생기면 주민들은 쾌적한 환경과 집값 상승의 이익을 볼 수 있다.

    ㉡ 부정적 효과는 다른 사람으로 인하여 손해를 보는 것을 의미하는데 가까운 곳에 있는 공장 때문에 매연과 폐수로 인한 공기 오염과 집값 하락의 손해를 볼 수 있다.

(4) 정보의 비대칭성

① 거래자 간에 정보의 양이 다르기 때문에 발생하는 불균등한 구조를 말하는 것으로, 민간에서는 거래자 간에 서로 가진 정보의 양이 같아야 하고 그렇지 않으면 한쪽이 손해를 볼 수밖에 없다.

② 보험가입자는 자신의 상태에 대한 많은 정보를 가지고 있는 데 비해 보험회사는 보험가입자에 관하여 적은 정보를 가지고 있는 것을 의미하여 보험에 사고 위험이 높은 사람들만 가입하면 보험회사가 손해를 볼 수 있기에 국가는 사회보험을 임의가입이 아닌 강제가입 방법을 선택하고 있다.

③ 도덕적 해이

    보험가입자가 보험에 들기 전에 조심하던 행동들을 보험에 가입하고 나서 하지 않는 것을 의미하거나 대상자가 보험이나 국가의 급여를 염두에 두고 위험에 대한 불감증을 갖게 되는 현상 또는 불필요한 서비스를 과도하게 이용하는 것을 의미한다.

④ 역의 선택

    비대칭적 정보 또는 불완전한 정보로 인하여 보험시장에 불합리한 결과가 발생하는 현상을 의미한다. 보험회사와 보험가입자 간의 모든 정보가 보험가입자에게 있어 보험회사는 질병확률이 높은 가입자의 가입률이 높아져 손해를 보게 된다. 국가는 가입자를 모든 국민을 대상으로 하고 민간은 가입자의 상태에 따라서 보험금을 다르게 책정하거나 직접 확인할 수 있는 방법(뚱뚱하거나, 마르거나)으로 위험가입자를 제한한다.

Tip

정보의 비대칭성은 한쪽만 정보를 가지고 있는 것으로 보험이나 의료, 중고차 판매 등에서 나타날 수 있습니다.

(5) 위험 발생의 상호 의존성

한 사람이 위험에 처할 가능성이 다른 사람과 독립되어야 보험의 재정이 안정될 수 있다. 그런데 한 사람이 위험에 처할 가능성이 다른 사람과 상호 관련이 되어 있을 때에는 민간의 보험회사에서는 제공되기 어렵기에 국가만이 보험상품을 보장할 수 있다. 즉, 전염병, 자연재해 또는 경기침체로 인한 피해는 민간에서 보장할 수 없다.

3) 사회복지정책의 역기능

(1) 국가에 의한 사회복지정책의 한계

국가는 사회복지정책을 실행하는 데 있어 필요한 재원을 국민으로부터 받고 필요한 국민에게 재분배를 하는 과정에 있어 대상자를 선정하고 전달하는 과정에 있어 운영비용이 많이 사용되기 때문에 비용의 비효율성이 나타난다.

(2) 빈곤함정(빈곤의 덫)

국민이 근로를 하지 않을 경우 국가의 보조를 받기 때문에 근로를 하기보다는 국가의 보조를 받으려고 빈곤 상태에 머무르는 현상이다. 빈곤함정은 국가의 보조가 많거나 시장의 임금이 적은 경우에 자주 나타난다.

01 사회복지정책의 가치에 대한 설명으로 틀린 것은?

① 비례적 평등가치를 실현하려면 자원배분 기준이 먼저 정해져야 한다.

② 결과의 평등은 기회의 평등보다 재분배에 적극적이다.

③ 보험수리원칙은 비례적 평등가치 반영을 반영한다.

④ 적극적 자유는 타인의 간섭이나 구속으로부터의 자유를 뜻한다.

⑤ 결과의 평등 추구는 부자들의 소극적 자유를 침해할 가능성이 높다.

해설 자유는 소극적 자유와 적극적 자유로 구분된다. 소극적 자유는 다른 사람의 간섭이나 의지로부터의 자유를 의미하고, 적극적 자유는 국가에 대하여 자신이 원하는 것을 말할 수 있는 자유를 의미하는 것으로 개인이 욕구를 충족하는 데 있어 자유를 보장받는 것을 의미한다.

02 다음에서 설명하는 국가가 사회복지를 실시해야 하는 이유로 옳은 것은?

> 철수는 원하는 물건의 값이 너무나 비싸 사장님과 흥정을 하고 있었다. 흥정이 잘 되지 않자 물건이 비싼 이유를 스스로 생각하면서 고민해봤지만 도무지 알 수 없었다. 결국 물건을 비싸게 살 수밖에 없었다.

① 공공재적 성격   ② 외부효과

③ 불완전한 정보   ④ 규모의 경제

⑤ 역의 선택

해설 불완전한 정보는 거래자 간 정보의 양이 달라 불균등한 구조를 말한다. 민간에서 거래를 할 경우 거래자 간 정보의 양이 같아야 한다. 철수는 물건에 대한 정보가 없어 비싸게 살 수밖에 없었고, 물건에 대한 정보를 많이 알고 있는 사장님은 물건을 비싸게 팔 수 있었다.

03 사회복지의 가치에 대한 설명으로 옳은 것을 모두 고른 것은?

> ㄱ. 비례적 평등 : 어떤 결과를 얻을 수 있게 과정상 기회를 똑같이 제공한다.
> ㄴ. 기회의 평등 : 개인의 기여에 따라 사회적 자원을 똑같이 배분한다.
> ㄷ. 수량적 평등 : 모든 사람을 똑같이 취급하여 똑같이 배분한다.
> ㄹ. 운영효율성 : 정책의 목표를 달성하기 위해 사용한 비용 대비 효과를 의미한다.

① ㄱ, ㄴ   ② ㄷ, ㄹ

③ ㄴ, ㄹ   ④ ㄱ, ㄴ, ㄹ

⑤ ㄱ, ㄴ, ㄷ, ㄹ

해설 ㄱ. 비례적 평등 : 개인의 기여에 따라 사회적 자원을 똑같이 배분한다.
ㄴ. 기회의 평등 : 어떤 결과를 얻을 수 있게 과정상 기회를 똑같이 제공한다.

정답   01 ④   02 ③   03 ②

04 보험을 민간에서 제공할 경우 발생할 수 있는 문제점으로 옳은 것을 모두 고른 것은?

> ㄱ. 위험발생이 상호 의존적이기 때문에 보험료율 계산이 어렵다.
> ㄴ. 가입자의 도덕적 해이가 발생할 가능성이 크다.
> ㄷ. 역의 선택이 나타난다.

① ㄱ, ㄴ 　　　② ㄱ, ㄷ
③ ㄴ, ㄷ 　　　④ ㄷ
⑤ ㄱ, ㄴ, ㄷ

해설 위험발생이 상호 의존적인 것은 민간보험이 아니라 사회보험이다. 국가는 위험에 공동으로 대비하거나 분산시키려고 노력한다. 민간에서는 자신의 위험에 대비하기 위해 보험에 가입하기 때문에 상호 독립적이다.

05 사회복지에 대한 설명으로 옳지 않은 것은?

① 협의의 사회복지는 특수 계층의 욕구를 충족시키려는 서비스이다.
② 광의적 사회복지는 사회정책, 조세정책, 주택정책, 노동정책 등을 포괄한다.
③ 광의의 사회복지는 사회통합의 효과는 낮지만 경제적 효율성은 높다.
④ 협의의 사회복지는 보완적 성격과 선별주의 성격을 가지고 있다.
⑤ 협의의 사회복지는 건강정책, 사회복지정책, 교육정책 등을 포함한다.

해설 협의의 사회복지는 잔여적 · 선별주의 성격을 가지고 있다. 협의의 사회복지 개념에 입각해서 제도와 정책을 실시하는 경우 사회통합의 효과는 낮고 경제적 효율성 효과가 높다. 광의의 사회복지는 제도적 · 보편주의 성격을 가지고 있다. 광의의 사회복지 개념에 입각해서 제도와 정책을 실시하는 경우에는 사회통합의 효과는 높지만 경제적 효율성, 목표효율성, 비용효과성은 낮다.

06 사회복지정책의 기능에 대한 설명으로 틀린 것은?

① 사회적 욕구를 충족시켜 사회문제를 예방하거나 해결할 수 있다.
② 사회문제를 해결하여 사회혼동을 방지하여 사회통합에 기여할 수 있다.
③ 노동자의 삶의 질 향상을 통해 경제성장에 도움이 된다.
④ 수직적 재분배를 통해 사회통합을 이룩할 수 있다.
⑤ 사회복지정책은 사회문제해결과 사회적 욕구를 충족시킨다.

해설 평등을 추구하기 위해서는 수직적 재분배보다는 수평적 재분배를 실시해야 한다. 수직적 재분배를 실시할 경우 상위계층의 재원이 하위계층에게 재분배가 되기 때문에 사회통합이 어렵다.

07 단기적 소득재분배에 대한 설명으로 옳은 것은?

① 현재 나타난 사회적 욕구를 충족시키기 위해 현재의 자원을 재분배하는 것이다.
② 인간의 전 생애 또는 세대에 걸쳐서 자원을 재분배하는 것이다.
③ 동일 세대 안에서 자원을 재분배하는 것이다.
④ 소득이 있는 사람에게서 소득이 없는 사람에게로 자원이 재분배되는 것이다.
⑤ 상위계층에서 하위계층으로 자원이 재분배되는 것이다.

해설 단기적 소득재분배는 현재 나타난 문제를 해결하기 위하여 자원을 재분배하는 것으로 공공부조가 단기적 소득재분배에 속한다.

② 인간의 전 생애 또는 세대에 걸쳐서 자원을 재분배하는 것은 장기적 재분배이다.
③ 동일 세대 안에서 자원을 재분배하는 것은 세대 내 재분배이다.
④ 소득이 있는 사람에게서 소득이 없는 사람에게로 자원이 재분배되는 것은 수평적 재분배이다.
⑤ 상위계층에서 하위계층으로 자원이 재분배되는 것은 수직적 재분배이다.

08 사회복지정책의 특성으로 옳은 것은?

① 최근 우리나라의 사회복지제도 환경변화에 있어 민간 영리조직의 역할이 증대하고 있다.
② 최근 들어 사회복지정책은 고용안정성에 대한 정책적 대응의 필요성이 낮아졌다.
③ 사회복지정책은 국가개입실패에 따른 시장경제를 기반으로 발전하였다.
④ 사회통합, 사회정의 확립, 최저생활의 보장, 사회문제의 해결은 사회복지정책의 기능이다.
⑤ 사회복지정책과 경제정책의 관계에 대해서는 일관된 주장을 한다.

해설 ① 최근 우리나라의 사회복지제도 환경변화에 있어 민간 비영리조직의 역할이 증대하고 있다.
② 최근 들어 사회복지정책은 고용안정성에 대한 정책적 대응의 필요성이 높아졌다.
③ 사회복지정책은 시장실패에 따른 국가개입을 기반으로 발전하였다.
⑤ 사회복지정책과 경제정책의 관계에 대해서는 상반된 주장들이 있다. 사회복지정책은 국민의 평등과 최저생활 확보에 힘쓰는 대신 경제정책은 경제성장에만 관심이 있다.

09 사회복지가 경제성장을 저해한다는 관점으로 옳은 것을 모두 고른 것은?

ㄱ. 사회복지는 근로의욕을 저해시킨다.
ㄴ. 자본축적을 저해시킨다.
ㄷ. 투자 동기를 저하시킨다.
ㄹ. 자발적 실업과 노동생산성이 하락한다.

① ㄱ, ㄴ, ㄷ   ② ㄱ, ㄷ, ㄹ
③ ㄴ, ㄷ, ㄹ   ④ ㄱ, ㄴ, ㄹ
⑤ ㄱ, ㄴ, ㄷ, ㄹ

해설 조지와 윌딩은 사회정책이 경제성장을 저해하는 근거로 경제발전에 사용해야 하는 금액을 사회복지로 인하여 사용하지 못하게 되는 것을 꼽았다. 자신의 가난을 위해서 일을 해야 하는데 오히려 국가의 기금을 받으려고 일을 하지 않아 근로의욕을 저해시키고 근로를 하지 않아 노동생산성이 하락한다는 것이다. 또한 자본을 축적하면 국가의 기금을 받지 못하기 때문에 자본을 축적하지 않고 개인저축을 하지 않아 경제성장을 저해한다고 보았다.

10 사회복지정책의 가치에 대한 설명으로 옳은 것을 모두 고른 것은?

ㄱ. 여성 고용할당제는 여성에게 고용의 기회를 일정 부분 할당하는 것으로 기회의 평등에 해당한다.
ㄴ. 사회적 적절성은 인간다운 생활을 할 수 있도록 적절한 급여가 제공되어야 한다는 것이다.
ㄷ. 빈곤대책의 교육프로그램은 수량적 평등의 가치를 반영한 것이다.
ㄹ. 열등처우원칙은 비례적 평등가치를 반영하고 있다.

① ㄱ, ㄴ, ㄷ   ② ㄱ, ㄴ, ㄹ
③ ㄱ, ㄷ, ㄹ   ④ ㄴ, ㄷ, ㄹ
④ ㄱ, ㄴ, ㄷ, ㄹ

해설 ㄷ. 수량적 평등은 욕구와 능력과 관계없이 모두 똑같이 배분하는 것이다. 빈곤대책의 교육프로그램은 교육을 받아 공평한 출발을 보장하는 것이므로 수량적 평등이 아니라 기회의 평등의 가치를 반영한 것이다.

정답 08 ④ 09 ⑤ 10 ②

02 사회복지정책의 역사

출제경향

목차	22회	21회	20회	19회	18회
1. 영국의 역사	1	1	1	1	1
2. 독일의 역사					
3. 미국의 역사	1				
4. 복지국가 단계		1			1
5. 복지국가 위기단계	1				
6. 복지국가 재편단계	1		1	1	2
7. 한국의 역사				1	

학습 가이드

- 사회복지 역사는 꾸준히 출제되고 있는 부분으로 흐름을 잘 파악해야 한다.
- 최근 들어 미국과 독일의 역사에 대한 문제가 출제되고 있지 않지만 독일 보험의 역사, 미국 사회보장의 역사를 심도 있게 공부해야 한다.
- 영국의 역사에서는 자주 출제되고 있는 법의 내용과 법의 제정 순서를 잘 이해해야 한다.
- 한국의 역사는 여러 유형의 문제로 출제되고 있고 노인, 아동 등의 사회복지정책을 이해하고 있어야 한다.
- 베버리지 보고서 이후 신자유주의로 인해 복지국가가 재편될 때 민영화에 대한 내용들도 학습해야 한다.

1 영국의 역사

Tip
영국의 구빈법은 빈민에 대한 국가책임을 인정하여 공공부조의 효시가 되었습니다.

1) 소극적 국가개입 단계

(1) 엘리자베스의 구빈법(1601년)

① 엘리자베스 구빈법은 이전에 있었던 법을 집대성한 법으로 영국빈민법의 기본 토대이다.

② 국가의 책임으로 빈민을 구제하기 시작하였으나 교구마다 규정이 달라 빈민들은 처우가 좋은 교구로 이동하였다.

③ 친족의 부양책임을 강조하여 친족의 부양범위를 조부모까지 확대하였다.

④ 빈민들은 교구 내에서 결혼을 억제하였는데 결혼을 하여 태어나는 아이는 새로운 부양자가 되기 때문이었다.

⑤ 대상자 선정기준 분류

  ㉠ 노동능력이 있는 빈민 : 작업장에서 노동을 강제하고 거부하면 투옥을 시켰다.

  ㉡ 노동능력이 없는 빈민 : 구빈원에 수용하여 생활을 부양하였다.

  ㉢ 아동 : 24세가 되기 전까지는 장인에게 강제적으로 도제로 보냈다.

⑥ 빈곤아동은 교구의 힘든 노동을 도맡아 하였는데 거의 노예와 같은 비참한 대우를 받았다.

⑦ 지역 차원 치안판사의 총괄하에 각 교구에 구빈감독관을 임명하여 빈민에게는 급여를, 주민들에게는 구빈세(세금)를 징수하였다.

⑧ 빈곤구제에 대한 책임과 주체는 국가가 되어 공공부조의 효시(빈민구제의 정부책임을 최초 인정)가 된다.

Tip 👆
구빈법은 빈민을 노동능력의 유무에 따라 구분하여 차별적으로 구제를 실시하였습니다.

(2) 정주법(거주지 제한법, 1662년)

① 교구마다 구제수준의 차이가 나 빈민은 처우가 좋은 교구를 찾아 유랑하기 시작하였다.

② 도시지역의 구빈비 상승과 농촌지역의 노동력 이주를 막기 위한 봉건적 제도이다.

③ 정주법은 타 지역의 주민이 다른 지역으로 이주할 경우 빈민이 될 확률이 크다면 구빈비가 증가되기 때문에 이전에 살던 교구로 다시 돌려보내는 법이다.

④ 낮은 임금으로 일을 시킬 노동력이 필요한 농업자본가의 이익을 대변한 법으로, 농업노동력의 확보 목적으로 제정되었다.

(3) 작업장 테스트법(1722년)

① 노동능력이 있는 빈민을 수용하여 강제적으로 노동을 시켰던 작업장은 시간이 흘러 노동능력뿐 아니라 국가의 원조를 받는 모든 사람들을 수용하는 시설로 변화하였다.

② 작업장 내의 생활 수준을 낮게 하거나 엄격한 규율을 통해 빈민들이 구제신청을 하지 않게 하여 구빈비를 억제하려는 정책수단이다.

③ 작업장에서는 공동생산으로 인하여 생산량과 생산품의 질이 떨어지면서 적자가 발생되었다.

Tip 👆
작업장 테스트법은 작업장의 빈민들에게 비인간적인 처우를 실시하여 지하감옥으로 불렸습니다.

④ 작업장을 민간업자에게 위탁운영을 하면서 빈민억제와 이윤획득을 위해 활용되었다.

⑤ 국가로부터 부조를 받기 위해서는 반드시 작업장에 입소해야 한다(원내구제).

⑥ 청부제도(작업장 민간운영, 비인도적 처우, 일반혼합 작업장)의 문제점이 있다.

⑦ 직업보도 프로그램의 성격과 근대적 직업고용제도의 효시이다.

(4) 토마스 길버트법(1782년)

① 작업장에서 일하는 빈민의 열악한 생활과 착취를 개선하려는 목적이 있다.

② 노동능력이 있는 자에게는 일자리를 제공하고 취업알선을 통한 원외구호를 실시했다.

③ 노동능력이 없는 자에게는 현금급여를 실시했고 작업장은 노동능력이 없는 자들을 위한 보호시설로 간주하였다.

④ 작업장의 인도주의화를 실시하였고 일괄 청부제도를 폐지하였다.

⑤ 최초의 유급구빈사무원을 채용하였다.

(5) 스핀햄랜드법(1795년)

① 프랑스 전쟁과 흉년에 의한 궁핍, 혁명의 두려움으로 제안되었다.

② 임금수준이 낮아서 자신과 가족의 생계유지를 위한 빵을 구입하지 못할 경우 부족한 만큼 교구에서 구빈비를 통해 지급해 주는 제도이다.

③ 가족수에 따라 저임금 노동자의 임금을 보충해 주고 노인, 장애인에 대한 원외구호를 확대하였다.

④ 가족수당제도, 최저생활보장, 임금보조제도를 실시하였고 인도주의적, 낙인이 없는 현금급여를 실시하여 대가족을 고려하였다.

⑤ 보조금으로 임금을 메우려 하기에 낮은 임금이 보편화되고 구빈비가 증가함에 따라 조세에 대한 저항이 커졌다.

⑥ 지나친 임금보조로 인한 노동자들의 근로의욕 저하를 가져왔다.

(6) 공장법(1833년)

① 아동들이 공장에서 비인간적인 처우를 받으며 일하는 것을 방지하기 위해 만들어진 법으로, 아동의 노동조건이나 근로환경을 변화시키기 위한 것이었다.

② 공장에는 4인의 유급 공장 감독관을 임명하여 법의 이행을 주 업무로 하였다.

(7) 신구빈법(1834년)

① 배 경 : 산업혁명으로 자본주의가 발달하게 되면서 신흥 부르주아가 집권하게 되었고 스핀햄랜드법의 모순으로 인하여 구빈비가 증가하게 되었다.

② 이념 – 개인적 빈곤관

　　㉠ 애덤스미스의 자유방임주의 : 시장은 보이지 않는 손에 의하여 움직이기 때문에 국가는 시장에 대해 개입하지 않아야 한다며 빈민에 대한 구제 축소를 주장하였다.

　　㉡ 맬더스의 인구론 : 국가의 구빈 정책에 의존하여 스스로 생활할 수 없는 사람들이 결혼을 하게 됨으로 인하여 인구가 늘어남에 따라 식량이 부족해져 다른 사람들에게도 영향을 주어 빈민의 수를 증가시킬 뿐 빈민을 감소시킬 수 없다고 주장하였다.

　　㉢ 벤담의 공리주의 : 최대다수의 최대행복을 주장하여 국가의 행복의 합은 국민의 행복을 합한 것이며 그 합이 클수록 국가의 행복도 커진다는 것인데 소수의 빈민의 행복을 높이기 위해 다수의 사람들에게 조세를 부여하여 다수의 행복을 감소시킨다고 주장하였다.

　　㉣ 리카도의 임금기금설 : 임금으로 지급되어야 할 금액, 사회적 기금은 정해져 있는데 자선으로 기금이 지출되면 임금으로 지급되어야 할 금액이 적어지게 되어 모두가 빈곤해진다고 보았다. 빈민에게 쓰는 금액은 아무런 경제활동에 의한 생산물을 만들지 못하기 때문이다. 시장원리의 사회가 유지되어야 건강한 국가를 만들 수 있다고 주장하였다.

③ 왕립위원회

　　㉠ 스핀햄랜드법의 임금보조제도를 철폐한다.

　　㉡ 노동이 가능한 자는 작업장 구호를 적용한다.

　　㉢ 병자 · 노약자 · 아동을 거느린 과부에 한해 원외구호를 제공한다.

　　㉣ 여러 교구의 구호행정을 구빈법 연맹으로 통합한다.

　　㉤ 구호의 수준은 그 지역사회의 최저임금 수준보다 더 낮아야 한다.

　　㉥ 구빈행정을 통제하는 중앙기구를 설립한다.

④ 주요 원칙

　　㉠ 열등처우의 원칙(균일처우의 원칙) : 구호를 받는 자는 최저임금을 받는 노동자보다 사회적 조건이나 처우가 더 열등해야 한다.

　　㉡ 작업장수용의 원칙(원외구제 금지의 원칙) : 노동능력이 있는 자에 대한 구제는 작업장 내에서만 한정시켜 원내구제만 가능하게 하였다.

　　㉢ 전국 통일의 원칙(균일처우의 원칙) : 구빈법의 운영을 보다 효율적으로 하기 위하여 중앙통제기관을 설치한 후 전국적으로 균일하게 통일하여 빈민이 다른 교구로 이주하는 것을 방지하였다.

Tip

신구빈법이 제정될 시기에는 자유주의적 성격이 강하여 빈곤에 대한 책임을 개인에게 돌렸습니다.

Tip 👆

도시에 있는 빈민문제를 해결하기 위해 우애방문원들이 활동하였고 이후 중복 과 누락의 문제로 자선조직협회가 등장 하였습니다.

2) 민간복지운동

(1) 자선조직협회(COS, 1869년)

① 다수의 난립된 자선기관의 조정 및 통합을 통해 중복구호를 방지하고자 하 였다.

② 무급자원봉사자인 우애방문원의 빈곤 가정에 대한 조사를 통하여 필요한 원조를 제공하고 스스로 자립할 수 있도록 지원하였다.

③ 빈민을 가치 있는 자와 가치 없는 자로 구분, 원조 대상을 가치 있는 자로 한정하고 가치 있는 자는 자활의지가 있는, 근검 절약하는, 선량한 성격을 가진 자들이다.

④ 빈곤은 빈민의 성격이나 생활방식에 있다고 생각하여 구빈비 사용을 반대 하였다.

⑤ 빈곤은 개인적 문제이기 때문에 사회개혁이 아니라 빈민의 변화에 핵심이 있다고 주장하였다.

⑥ 게으름이나 음주 등의 무책임한 행동의 결과가 빈곤이다.

⑦ 빈민에게 물고기를 주지 말고 물고기 잡는 방법을 가르쳐 주자는 슬로건을 가지고 있다.

⑧ 우애방문원의 빈곤 가정에 대한 조사는 개별사회사업으로 발전하였다.

⑨ 빈곤에 대한 사회적 기반을 경시하였다는 점에서 보수주의적이라는 비판 을 받고 있다.

⑩ 인도주의적, 사회진화론적 성격이 있다.

(2) 인보관(1884년)

Tip 👆

인보관운동은 1854년 데니슨 목사를 주축으로 옥스퍼드 대학생과 캠브리지 대학생들이 모여 시작되었습니다.

① 자선조직협회의 한계와 기독교 사회주의, 중산층의 죄의식에 의하여 시작 되었다.

② 취약 지역의 문제를 해결하기 위하여 현지에 정착하여 문제를 해결하고자 하는 운동이다.

③ 빈곤의 원인은 사회적 문제이기 때문에 사회개혁에 의해서만 해결이 가능 하다고 보았고 국가의 구빈비 사용에 찬성하였다.

④ 영국 최초의 인보관은 1884년 토인비 홀이고 미국 최초의 인보관은 1886년 근린길드이다. 시카고 헐 하우스는 1889년이다. 한국의 인보관은 1921년 태화여자관이다.

⑤ 빈민들의 빈곤의 대물림을 방지하기 위해서 교육 사업에 치중하였다.

⑥ 지역을 변화시키기 위한 노력은 집단 사회사업으로 발전하였다.

⑦ 인보관운동은 종교적 요소가 강하게 작용하였다.

⑧ 3R은 거주(Residence), 조사(Research), 개혁(Reform)이다.

⑨ 여성 노동자의 권익 증진 운동을 펼쳤다.

자선조직협회와 인보관운동의 비교

구분	자선조직협회(COS)	인보관운동
사회문제의 원인	개인적인 속성	환경적인 요소
이데올로기	사회진화론	자유주의, 급진주의, 기독교사회주의
참여자	중산층(부인)	지식층(대학생, 교수, 성직자)
사회문제 접근방법	빈민 개조, 역기능적인 면 수정	빈민과 함께 거주, 동정, 사회비판
역점분야	기관들의 서비스 조정	서비스 제공(유치원, 오락, 학교 등)
성격	사회질서 유지를 강조	사회개혁적인 면을 강조, 참여민주주의와 교육 강조
예	우애방문원, 조사제, 등록제 등	영국 토인비홀, 미국 헐 하우스

Tip

자선조직협회와 인보관 기원
- 자선조직협회 : 영국 – 1869년 런던, 미국 – 1877년 버팔로
- 인보관 : 영국 – 1884년 토인비 홀, 미국 – 1886년 근린길드, 일본 – 1897년 킹스레이 홀, 한국 – 1921년 태화여자관

(3) 빈민법 보고서(1909년)

① 실업문제가 심각해지자 빈민법을 수정하기 위해 1905년 왕립위원회가 구성되었다.

② 왕립위원회는 보수주의자, 페이비언 사회주의자, 자유주의자 등 20명의 위원으로 구성되어 조사를 통하여 1909년 보고서를 제출하였는데 의견 충돌로 인하여 다수파 보고서와 소수파 보고서를 제출하였다.

③ 다수파 보고서는 빈곤은 나태와 무책임으로 인한 개인적 원인으로, 국가의 민간에 의한 개별적 서비스에 강조점을 두었다.

④ 소수파 보고서는 개인적 원인이 아닌 사회문제로 보고 구빈법의 전면 폐지와 함께 국가 주도의 보험, 의료서비스 등 보편적 서비스 제공을 주장하면서 공공기금의 지출을 주장하였다.

⑤ 추후 다수파 보고서가 채택되었고 제도적 변화를 통하여 사회복지의 국가 책임으로 전환을 맞이하게 되었다.

(4) 사회보험 도입

① **노령연금법(1908년)** : 70세 이상의 노인에 대하여 자산조사와 도덕성 조사를 통한 무갹출 연금을 지급하였다.

② **국민보험법(1911년)** : 영국 최초의 사회보험으로, 의료보험과 실업보험으로 제정되었다.

Tip

영국은 신구빈법으로 인하여 사회보험이 늦게 제정되었습니다.

Tip 👈
사회주의자들은 사회보험이 노동자를 국가의 노예로 만든다는 이유로, 자본가들은 보험료를 전액 부담하는 것을 이유로 재해(산재)보험의 제정을 반대하였습니다.

① 비스마르크는 1867년 노동자 계급에 선거권을 부여함으로써 노동자 세력을 보호한다는 명목으로 노동자의 국가에 대한 충성심을 확보하고 자본가 계급을 견제하는 목적으로 사회보험을 만들었다.

② 1871년 독일제국 결성 후 산업력 강화가 주 목적이었다.

③ 1875년 독일 사회주의 노동당이 결성되자 사회주의 확산을 저지할 목적으로 1878년 사회주의탄압법(채찍)을 만들었다.

④ 사회적 평화를 유지하고 노동자의 생활을 책임지는 대가로 국가는 노동자들로부터 충성을 기대하여 1883년부터 사회보험(당근)을 도입하였다.

⑤ 건강(질병)보험(1883년), 재해(산재)보험(1884년), 노령 및 폐질(연금)보험(1889년) 순으로 제정된다.

⑥ 독일에서의 사회보험 도입은 성숙된 자본주의가 아니라 산업화 과정에서 등장한 것이다.

> 📖 사회보험 3법
>
> ① 질병보험법은 노동자가 2/3, 고용주가 1/3씩 보험료를 부담하고 운영은 질병금고인 건강보험조합이 운영한다.
> ② 산재보험법은 사업주가 보험료를 전액 부담하고 자본가가 운영한다.
> ③ 노령폐질연금법은 노동자와 고용주가 1/2씩 보험료를 부담하고 노사위원회에서 운영한다.

3 **미국의 역사**

1) 대공황 시기

① 1929년 미국에서 경제 대공황이 발생하여 30%의 실업률이 발생하자 루스벨트(Franklin Roosevelt) 대통령은 케인스(John Maynard Keynes)의 유효수요이론을 수용한 뉴딜정책을 발표하였다.

② 뉴딜정책의 목적은 Relief(구제), Recovery(부흥), Reform(개혁)이다.

③ 자유방임주의 사상의 퇴색과 빈곤에 대한 개인의 책임사상이 변화하였다.

④ 연방정부의 적극적인 사회복지 참여로 1935년 사회보장법을 제정하였다.

2) 사회보장법

사회보장법은 사회보험, 공공부조, 보건 및 복지서비스 프로그램으로 이루어져 있다.

① **사회보험** : 연방노령보험(연방정부 직접 운영), 실업보상(주정부 운영과 연방보조)
② **공공부조** : 노령부조, 맹인원조, 부양아동원조, 폐질원조에 대한 연방정부의 기본 원조
③ **보건 및 복지서비스** : 모성 및 아동보건 서비스, 장애아동서비스, 직업재활 및 공중보건서비스(의료 제외)

3) 빈곤과의 전쟁

1964년에 「경제기회법」을 통하여 존슨(Johnson) 대통령이 빈곤과의 전쟁을 선포하였다. 빈곤과의 전쟁은 헤드스타트(Head Start) 프로그램, 메디케이드(Medicaid), 메디케어(Medicare), 요보호아동가족부조(AFDC)로 이루어져 있다.

① **헤드스타트 프로그램** : 빈곤아동 조기교육 프로그램
② **메디케이드** : 저소득층을 대상으로 한 의료보장 프로그램
③ **메디케어** : 65세 고령자 및 장애인을 대상으로 한 의료보장 프로그램
④ **요보호아동가족부조(AFDC)** : 아동을 보호하기 위해 동거하고 있는 부모에게 경제적 지원을 하는 프로그램

4) 레이거노믹스(Reaganomics) – 신자유주의

① 레이건 대통령은 신자유주의의 영향으로 정부의 복지비용을 최소화하고 연방정부의 역할을 최소화하였다.
② 수급자에게 단기간의 복지혜택을 주기로 결정하여 요보호아동가족부조(AFDC)를 폐지하고 1997년 빈곤가족을 위한 한시부조 프로그램(TANF)으로 대체하였다.
③ 한시부조 프로그램(TANF)은 수혜를 받은 2년 후부터는 자활 프로그램에의 참여를 의무화하고 수혜기간을 최대 5년으로 축소시켰다.

Tip
미국의 사회보장법에는 건강보험이 포함되지 않습니다.

Tip
경제사회적 위기 속에서 경쟁적 개인주의는 지탱될 수 없었고, 대량실업에 의한 빈곤문제는 민간이나 지방정부에 의해서는 해결할 수 없었던 이유로 사회보장법이 제정되었습니다.

Tip 🔥
제2차 세계대전 도중에 베버리지를 중심으로 사회보장정책이 수립되었는데 '요람에서 무덤까지'가 바로 베버리지 보고서의 구호입니다.

베버리지 보고서의 이념은 보편주의와 국민최저선이다. 빈민에 대하여 자산조사를 통한 낙인을 방지하고자 보편주의를 선택하였다. 국가에 의한 사회보험을 중심으로 국민의 기본적인 소득을 보장하지만 최저선만 보장하고 그 이상은 개인의 노력에 따라 달라진다.

(1) 5대 악과 제도

① 결핍 – 소득보장

② 질병 – 의료보장

③ 불결 – 주택정책 또는 공중위생

④ 무지 – 교육정책

⑤ 나태 – 정신교육 또는 고용정책

(2) 5대 프로그램

① 사회보험

② 공공부조

③ 아동수당

④ 포괄적 건강재활 서비스

⑤ 완전고용

(3) 소득보장을 위한 전제조건

① **아동(가족)수당** : 가족의 크기와 소득에 의해 수당이 결정되고 아동은 15세까지 수당이 지급된다.

② **포괄적 건강재활 서비스** : 치료뿐 아니라 예방까지 책임진다.

③ **완전고용** : 실업수당의 비용은 낭비이기에 가장 중요한 전제조건이다.

(4) 사회보험 6원칙

 사회보험 6원칙은 균일한 기여의 원칙이 상이한 기여의 원칙 또는 차등 기여의 원칙으로 출제되었습니다.

① **정액급여의 원칙** : 소득의 중단이유에 상관없이 똑같은 보험금을 지급한다는 원칙으로 기본적 욕구를 만족시키는 최저생활을 보장한다.

② **균일한 기여의 원칙** : 소득과 상관없이 국민 누구나 똑같은 갹출금을 납부해야 한다.

③ **행정책임의 통일화 원칙** : 사회보장성 신설, 모든 기능을 하나로 흡수하여 운영, 행정운영비 낭비를 최소화한다.

④ **급여수준의 적정화 원칙** : 급여수준은 일상생활을 영위하는 데 충분한 정도가 되어야 한다.

⑤ 적용범위의 포괄성 원칙 : 포괄성이란 공공부조나 민간보험은 물론 사회보
   험을 포함한 각종 방법으로 기본적이고도 예측 가능한 모든 욕구를 해결해
   야 한다.
⑥ 적용대상의 계층화 원칙 : 피용자, 자영업자, 실업자, 전업주부, 아동, 노인
   등 6계층으로 분류하고 모든 계층의 욕구를 보장한다.

(5) 관련 복지 법령
① 가족수당법(1945년)
② 국민보험법, 산재보험법, 국민보건서비스법(1946년)
③ 국민부조법(1948년)
④ 입양법(1950년)

5 복지국가 위기단계

1) 복지국가 위기의 배경

① 영국은 대처(Thatcher)의 보수당 집권으로 대처리즘, 미국은 레이건의 공
   화당 집권으로 레이거노믹스가 출범하였다.
② 1973년과 1979년 두 차례에 걸친 오일쇼크(석유파동)로 인하여 경제성장
   하락, 물가 상승 등으로 경기침체(스태그플레이션)가 발생하여 복지비용
   을 줄이기 시작하였다.
③ 복지국가의 큰 수혜자였던 고소득, 숙련기술 노동자가 복지국가에 대한 지
   지를 철회하기 시작하면서 복지국가는 체계적으로 침식당하기 시작하였다.

> **Tip**
> 1970년대 석유파동(1973년, 1979년)
> 와 함께 생긴 복지국가의 위기는 노동
> 자들의 복지국가에 대한 지지 철회로
> 인해 새로운 재편과 변화의 시기로 전
> 환하게 되었습니다.

2) 복지국가 위기의 원인

① 경기침체와 국가재정 위기
② 관료 및 행정 기구의 팽창과 비효율성
③ 독점자본주의의 축적과 정당화 간의 모순
④ 포디즘적 생산방식의 비효율성

3) 복지국가에 대한 관점

(1) 신보수주의 관점

국가의 사회복지정책 실시로 국가의 기금이 과다 지출되어 위기가 발생하기
에 국가의 지출을 줄이고 시장의 자유경쟁 체제로 돌아가야 한다는 관점이다.
국가의 간섭주의를 지양하고 경쟁, 개인주의, 소극적 자유를 강조한다.

(2) 마르크스주의 관점

자본축적과 정당화의 두 가지 모순적인 기능으로 인하여 발생하는 결과로 국가재정 파탄의 위기가 발생하기에 진정한 사회복지를 위해서 사회주의 체제로 돌아가야 한다는 관점이다.

(3) 실용주의적 관점

복지국가가 발전하는 과정에서 나타나는 시행착오와 위기는 일시적인 것으로 보고 경제상황이 호전되거나 사회복지를 국가와 시장의 민영화 방법을 통하여 운영하면 위기를 해결할 수 있다는 관점이다.

6 복지국가 재편단계

이 시기에 등장한 것은 신자유주의로 신자유주의 지배 속에서 노동과 복지를 연계한 제3의 길이 등장하였다. 노동담보복지는 영국의 토니 블레어 정부, 독일의 슈뢰더 정부, 미국의 클린턴 정부 때 등장하였다.

1) 복지국가 재편의 다양한 방식

① 스칸디나비아(스칸디나비아 국가) : 소득유지 프로그램을 기반으로 노동시장 정책과 사회서비스를 확대한다.
② 신자유주의(영국, 미국) : 국가 복지를 축소하고 시장을 강조한다.
③ 노동 감축(독일, 프랑스) : 사회보장을 유지하여 노동자의 노동시간 축소를 유도한다.

2) 제3의 길

① 신자유주의가 강세를 보이고 있는 상황에서 영국의 토니 블레어 노동당 정부와 독일의 슈뢰더 사민당 정부의 새로운 사회경제 정책노선이다.
② 고복지 – 고부담 – 저효율로 요약되는 사회민주주의(1노선)와 고효율 – 저부담 – 불평등으로 정리되는 신자유주의(2노선)를 동시에 추구하는 새로운 정책노선이다.
③ 정부 중심의 복지공급을 지양하고 비영리, 기업, 지방정부도 새로운 주체로 삼으며 사회투자국가 건설이 목적이다.
④ 소극적인 복지 대신 적극적인 복지를 선택하고 복지다원주의, 사회투자국가를 추구한다.

⑤ 직접 급여의 제공보다는 인적 자원에 투자하고 국가에 대한 경제적 의존을 줄여 위험은 공동 부담하는 의식의 전환을 강조한다.

3) 복지다원주의

복지다원주의는 사회복지 공급 주체를 국가 외에 지방정부, 비영리부분(제3섹터), 기업 등으로 다원화하는 것이다.

4) 사회투자국가

① 사회투자국가는 기회, 안전, 성장, 생산성을 결합한 전략으로, 적극적 노동시장정책이나 근로연계복지로도 해석된다.
② 「국민기초생활 보장법」의 자활 프로그램과 같이 인적 자원이나 사회적 자본에 투자하는 것이다.

5) 사회투자전략

① 아동 세대에게 교육기회를 제공하여 미래의 근로능력을 향상시킨다.
② 사회정책과 경제정책을 통합적으로 실시하여 사회적 목표를 추구한다.
③ 인적 자본의 근본적 육성을 통해 사회참여 촉진을 목표로 한다.

---

7 신사회적 위험

① 인구 노령화로 인하여 노인케어에 대한 부담이 증가하고 노인복지비용과 경제활동 포기로 인한 소득 감소로 빈곤의 가능성이 높아진다.
② 여성의 경제활동참여가 증가하여 여성의 일 · 가정 양립의 문제로 어려움이 발생한다.
③ 미숙련 생산직의 비중 하락을 가져온 생산기술의 변동으로 인한 저학력자들이 사회적으로 배제되거나 비정규직을 증가시켰다.
④ 국가 보험이 아닌 민영보험을 잘못 선택하거나 민영보험에 대한 잘못된 규제가 있는 경우 위험이 발생할 수 있다.
⑤ 복지재정의 부족현상으로 인하여 선별주의 접근방식으로 전환되고 있다.
⑥ 국가 간 노동인구 이동으로 인하여 인권침해와 불법체류가 증가하고 있다.
⑦ 소득양극화로 인하여 소득집단 내 차이는 작아지고 있지만 고소득층과 저소득층의 소득집단 차이는 커지고 있다.
⑧ 고령화, 출산율 감소, 가족구조의 변화로 인하여 기존의 복지제도를 지속하는 데 어려움이 있다.

Tip
사회적 배제는 클라이언트의 상황을 결과로만 보는 것이 아니라 원인과 과정까지 이르는 종합적인 관점입니다.

① 사회 · 경제적 · 심리적 문제를 포함하여 빈곤의 결과뿐 아니라 원인과 과정에 이르는 종합적인 관점이다.
② 사회 구조적으로 다양한 영역에서의 박탈과 결핍, 불이익을 당해 사회 · 경제 · 정치 활동에 제대로 참여할 수 없게 됨으로써 인간으로서의 최소한의 기본권마저 침해당하는 상황을 의미한다.

9 **최근 사회복지정책의 흐름**

합격노트
최근 들어 우리나라의 사회복지정책들이 변화하고 있으므로 변화된 내용들을 숙지하고 있어야 합니다.

1) 우리나라 사회복지정책의 환경변화

① 전 인구 중 노인의 비율이 높아졌다.
② 고용 안정성에 대한 정책적 대응의 필요성이 높아졌다.
③ 다양한 문화적 배경의 사회구성원이 증가하였다.
④ 저출산 현상이 주요 사회문제로 등장하게 되었다.
⑤ 낮은 수준의 경제성장이 지속되어 복지에 사용해야 하는 재원을 마련하기 어려워지고 있다.

2) 우리나라 사회복지정책의 변화

① 고용 불안정의 심화로 인하여 사회보험제도의 기반이 약해지고 있다.
② 저출산 · 고령화로 인하여 사회복지정책의 총지출은 증가하고 있는 추세에 있다.
③ 근로장려세제의 대상 확대로 인하여 근로빈곤층 지원제도가 강화되고 있다.
④ 지방자치단체의 자체적인 복지사업이 증가하는 추세에 있다.
⑤ 복지정책 대상의 초점이 극빈층에서 중산층으로 변화하고 있다.

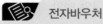
전자바우처
• 전자바우처 방식의 사회서비스는 2007년에 최초로 도입되었다.
• 사회서비스 전자바우처 도입으로 인해 공급자 지원방식에서 수요자 직접지원방식으로 전환이 가능해졌다.
• 2012년 4개의 사회서비스 전자바우처 사업이 지정제에서 등록제로 전환되었다.
• 임신 · 출산 진료비지원사업은 전자바우처 사회서비스 사업 중 하나이다.
• 전자바우처 도입에 의한 지불 · 정산업무 전산화로 지방자치단체의 사회서비스 행정 부담이 대폭 줄어들었다.

1) 1990년대

① 1992년 「사회복지사업법」 개정으로 사회복지전담공무원과 복지사무전담
기구의 설치를 위한 법적 근거를 마련하였다.

② 1992년 재가복지봉사센터의 설치·운영지침이 제정되었다.

③ 1995년 지방자치단체장 선거를 통해 지방자치시대가 열렸다.

④ 1995년 7월 보건복지사무소가 시범사업을 4년 6개월간 실시하고 1999년
12월에 종료되었다.

⑤ 1997년 「사회복지사업법」이 개정되어 사회복지시설의 설치·운영이 허
가제에서 신고제로 변경되고, 사회복지시설에 대한 평가제(3년) 도입, 사
회복지 1급 시험에 대한 규정이 생겼다.

2) 2000년 이후

① 2000년 10월부터 국민기초생활보장제도가 전국적으로 시행되었다.

② 2004년 6월 건강가정지원센터 시범사업이 실시되었다.

③ 2005년 7월 31일부터 시·도 및 시·군·구 지역사회복지계획을 4년마다
수립·시행하도록 의무화하였다.

④ 2004년 7월 사회복지사무소 시범사업이 2년간 실시된 후 2006년 6월에 종
료되었다.

⑤ 2005년부터 2009년까지 한시적 분권교부세를 운영하기로 하였고 한 번 연
장하여 이를 2014년까지 연장 운영하였으며, 2015년부터는 보통교부세로
통합되었다.

⑥ 시·군·구 또는 읍·면·동사무소에 방문하여 관련 서비스를 종합적으로
제공받을 수 있는 주민생활지원서비스가 실시되었다.

⑦ 2007년 지역사회서비스 투자사업이 도입되었고 지역사회서비스 투자사
업으로부터 사회서비스 이용권(바우처)사업이 시작되었다.

⑧ 2010년 사회복지통합관리망 '행복e음'이 구축되어 2013년 사회보장정보시
스템으로 확대되었다.

⑨ 2012년 희망복지지원단을 공식적으로 운영하였다.

⑩ 2012년 8월부터 사회복지법인의 사회복지시설정보시스템(www.w4c.go.
kr)을 의무화하였다.

⑪ 2012년 「협동조합기본법」이 시행되어 협동조합이 결성되었다.

 우리나라 사회복지정책들의 시행 연도에 대한 문제가 사회복지행정론, 사회복지법제론에서도 출제되고 있으므로 꼭 암기해야 합니다.

 사회복지사무소(2004), 사회복지통합관리망(행복e음, 2010), 희망복지지원단(2012) 등은 시험에서 자주 출제되고 있는 지문들입니다.

⑫ 2013년 '지방재정 건전화를 위한 재원조정 방안'에 따라 노인양로시설, 장애인거주시설, 정신요양시설 사업이 2015년부터 중앙정부로의 환원이 이루어졌다(아동복지시설 사업은 제외).

⑬ 2015년 「사회보장급여의 이용·제공 및 수급권자 발굴에 관한 법률」에 따라 지역사회복지계획이 지역사회보장계획으로 변경되었다.

⑭ 2015년부터 국민기초생활보장제도가 맞춤형 급여체계로 개편되어 소득에 따라 수급자 선정기준이 변화되었다. 수급자 선정기준으로 기존의 최저생계비 대신 기준 중위소득을 사용한다.

⑮ 2016년 '복지행복 체감 프로젝트'의 일환으로서 복지 관련 공공 및 민간기관·법인·단체·시설 등과의 지역 네트워크를 기반으로 읍·면·동 중심의 통합서비스 제공을 위한 '읍·면·동 복지허브화'를 추진하였다.
이를 위해 2016년 3월 자치단체의 조례 개정을 권고하여 기존의 '읍·면사무소 및 동 주민센터'를 '읍·면·동 행정복지센터'로 순차적으로 변경하도록 하였다.

⑯ 2019년 3월 사회서비스의 공공성 강화를 위한 사회서비스원이 서울을 시작으로 시범적으로 운영되어 전국 17개 시·도로 확대되었다.

⑰ 2019년 6월부터 주거, 보건의료, 요양, 돌봄, 일상생활의 지원 등을 통합적으로 확보하는 지역주도형 정책으로 지역사회 통합돌봄(커뮤니티케어) 선도사업이 실시되었다.

01 영국의 역사에 대한 설명으로 틀린 것은?

① 공공부조의 효시가 된 법은 구빈법이다.

② 길버트법은 노동능력이 있는 빈민과 실업자에 대해서는 일자리 또는 구제가 제공되었다.

③ 소수파 보고서는 빈곤의 원인이 빈민의 나태와 무책임에서 보았다.

④ 베버리지는 국가재건을 위해 5대 악의 제거와 기본적인 소득수준의 보장이 필요하다고 하였다.

⑤ 공장법은 아동의 노동조건과 작업환경을 개선하기 위한 목적을 갖는다.

해설 빈민법 보고서는 다수파 보고서와 소수파 보고서로 구분된다. 다수파 보고서는 나태와 무책임을, 소수파 보고서는 불합리와 불건전한 사회질서를 빈곤의 원인으로 보았다.

02 영국의 사회복지정책 중 구빈법에 대한 내용으로 틀린 것은?

① 구빈에 대한 최초의 국가책임 인정으로 공공부조의 효시이다.

② 구빈 행정을 담당하는 행정기관과 구빈감독관을 파견하였다.

③ 빈민구제는 1촌 가족의 책임을 강조했다.

④ 빈민의 범주화에 따른 대상별 처우를 실시하였다.

⑤ 빈민의 노동력을 국가의 부를 창출하는 데 사용하였다.

해설 구빈법은 빈민구제에 대한 가족의 책임을 강조하였지만 1촌이 아니라 2촌으로 조부모의 책임을 강조하였다.

03 스핀햄랜드법에 대한 내용으로 틀린 것은?

① 최저생활기준에 미달되는 임금의 부족분을 구빈세로 보조하였다.

② 오늘날의 가족수당이나 최저생활보장의 기반이 되었다.

③ 빈민에게 주는 구제금액을 빵의 가격과 가족의 크기에 비례해서 결정하였다.

④ 구빈세 부담 증가, 고임금 합리화, 노동의욕 저하, 계층분화 촉진의 문제점이 발생하였다.

⑤ 프랑스의 대혁명과 빈민의 폭동을 대비해 제정되었다.

해설 스핀햄랜드법은 임금수준이 낮아 자신과 가족의 생계유지를 위한 빵을 구입하지 못할 경우 부족한 만큼 교구에서 구빈비를 통해 지급해 주는 제도로 가족수당제도, 최저생활보장, 임금보조제도, 현금급여를 실시하였다. 보조금으로 임금을 메우게 되면서 낮은 임금이 보편화되었고 구빈비가 증가함에 따라 조세에 대한 저항이 커졌으며, 지나친 임금보조로 인해 노동자들의 근로의욕 저하를 가져왔다.

정답 01 ③   02 ③   03 ④

04 자선조직협회의 설명으로 틀린 것은?

① 빈곤가정을 방문하여 가정생활, 아동에 대한 교육, 가계경제에 대한 조언 등 적절한 지원을 했다.

② 자원봉사로 시작한 자선조직협회는 시 당국의 구조기금을 집행하게 되면서 전문 인력의 배치가 필요했다.

③ 자선조직협회는 개인변화를 주장하여 개별사회사업에 영향을 미쳤다.

④ 게으름이나 음주 등 무책임한 행동의 결과를 빈곤으로 보았다.

⑤ 원조의 대상을 가치 없는 자에 한정하고 도덕적 · 종교적 교화를 통해 빈곤의 문제에 대처하고자 했다.

해설 원조 대상을 가치 있는 자로 한정하고, 가치 있는 자는 자활의지가 있거나 근검절약하는 선량한 성격을 가진 자들이라고 하였다.

05 미국의 사회복지 역사에 대한 설명으로 옳은 것은?

① 뉴딜정책은 적극적인 국가개입보다 자유방임주의를 주장하였다.

② 사회보장법은 대규모 공공사업을 통하여 일자리를 확충하고 실업을 줄이기 위해 노력하였다.

③ 구제, 조사, 개혁(3R)을 목적으로 하는 뉴딜정책을 발표하였다.

④ 공공부조 프로그램은 노령부조, 요보호맹인부조, 건강부조 등을 포함한다.

⑤ 사회보장법 제정 당시 도입된 사회보험은 노령연금과 실업보험, 건강보험이다.

해설 ① 뉴딜정책은 대공황시기에 자유방임주의를 포기하고 적극적인 국가개입을 주장하였다.
③ 구제, 부흥, 개혁의 과업(3R)을 목적으로 하는 뉴딜정책을 발표하였다.
④ 공공부조 프로그램은 노령부조, 요보호맹인부조, 요보호아동부조 등을 포함한다.
⑤ 사회보장법 제정 당시 도입된 사회보험은 노령연금과 실업보험이었고 건강보험은 포함되지 않는다.

06 독일의 사회복지 역사에 대한 설명으로 옳은 것은?

① 산재보험은 사용자가 보험료를 내지 않고, 노동자만 보험료를 부담하여 운영하였다.

② 1883년 제정된 산재보험은 세계 최초의 사회보험이다.

③ 질병(건강)보험은 다양한 공제조합이 토대가 되었다.

④ 노령폐질연금은 사용자가 보험료를 지불하였다.

⑤ 독일에서의 사회보험은 성숙된 자본주의에서 도입되었다.

해설 ① 1884년 재정된 산재보험은 노동자가 보험료를 내지 않고, 사용자만 보험료를 부담하여 운영하였다.
② 1883년 제정된 질병(건강)보험은 세계 최초의 사회보험이다.
④ 1889년 노령폐질연금은 노동자와 사용자가 동일하게 보험료를 지불하였다.
⑤ 독일의 사회보험은 성숙된 자본주의가 아니라 산업화 과정에서 등장한 것이다.

07 다음 법을 순서대로 나열한 것은?

ㄱ. 「최저임금법」	ㄴ. 「아동복리법」
ㄷ. 「청소년보호법」	ㄹ. 「사회보장기본법」

① ㄱ - ㄴ - ㄷ - ㄹ
② ㄴ - ㄱ - ㄹ - ㄷ
③ ㄱ - ㄷ - ㄴ - ㄹ
④ ㄴ - ㄱ - ㄷ - ㄹ
⑤ ㄱ - ㄹ - ㄷ - ㄴ

해설 「아동복리법」은 1961년, 「최저임금법」은 1986년, 「사회보장기본법」은 1995년, 「청소년보호법」은 1997년에 제정되었다.

08 복지국가에 대한 설명으로 틀린 것은?

① 제2차 세계대전 이후 진보적 정치집단의 집권 및 산업화가 발전하였다.
② 시혜가 아닌 시민적 권리로서의 복지를 인정하였다.
③ 완전고용과 높은 수준의 사회복지 서비스를 실시하였다.
④ 신자유주의의 정치경제 이념이 발달하였다.
⑤ 베버리지 보고서의 실행으로 복지에 대한 국가의 역할이 강조되었다.

[해설] 제2차 세계대전 후에 신자유주의 정치경제 이념이 발달한 것이 아니라 사회민주주의 이념이 발달하였다. 신자유주의는 1980년대 오일쇼크로 인해 시장경제를 강조하면서 발달하였다.

09 제3의 길과 관련된 내용으로 관계없는 것은?

① 적극적 복지를 주장하고 사회투자국가를 추구한다.
② 인적자원이나 사회적 자본에 투자하는 국가를 의미한다.
③ 국가의 비율을 줄이고 비영리부문 · 기업 · 지방정부를 새로운 주체로 삼는다.
④ 신자유주의적 성격을 가진 시장경제복지정책을 택한 노선이다.
⑤ 바우처 방식을 이용한 보육서비스를 제공한다.

[해설] 신자유주의적 성격을 가진 시장경제복지정책을 택한 노선은 고효율 – 저부담 – 불평등으로 정리되는 신자유주의(2노선)이다. 제3의 길은 고복지 – 고부담 – 저효율로 요약되는 사회민주주의(1노선)와 고효율 – 저부담 – 불평등으로 정리되는 신자유주의(2노선)를 동시에 추구하는 새로운 정책노선이다.

10 복지혼합에 대한 설명으로 틀린 것은?

① 복지혼합은 민간보다는 국가의 사회복지 지출이 더 많다.
② 복지공급주체의 다양화를 표방하고 복지다원주의를 주장한다.
③ 복지공급주체 간 기능적 재분배를 강조한다.
④ 정부와 민간의 협력으로 운영하는 혼합체계가 강조되고 있다.
⑤ 법인, 비영리단체뿐 아니라 영리단체도 사회복지 공급주체가 될 수 있다.

[해설] 복지혼합은 복지국가의 위기가 생긴 후 복지공급주체의 다양화를 표방하는 복지다원주의를 주장한다. 국가만 복지의 공급주체가 되는 것이 아니라 다양한 공급주체가 참여하여 공급주체 간 기능적 재분배를 강조한다. 법인, 비영리단체뿐 아니라 영리단체도 사회복지 공급주체가 될 수 있다. 복지혼합에서는 국가가 사회복지 지출에서 차지하는 비중이 극히 적고 민간의 지출이 더 많다.

11 레이거노믹스의 내용으로 틀린 것은?

① 정부의 복지비용을 최소화하려고 노력했다.
② 한시부조 프로그램을 실행하여 2년 이후로는 자활 프로그램에 참여해야 한다.
③ 선별주의에 입각한 급여를 제공하고 단기간 제공했다.
④ 석유파동으로 인하여 신자유주의 영향을 받았다.
⑤ 주정부가 가지고 있던 권한을 연방정부로 이양했다.

[해설] 레이건 대통령은 신자유주의의 영향으로 정부의 복지비용과 연방정부의 역할을 최소화하였다. 절실한 욕구수급자에게 단기간의 복지혜택를 주었고, 그 이후 요보호아동가족부조(AFDC)를 폐지하고 1997년 빈곤가족을 위한 한시부조 프로그램(TANF)으로 대체하였다. 한시부조 프로그램의 큰 특징은 수혜기간을 5년으로 단축시키고 2년 후부터는 자활 프로그램에 참여를 의무화하는 것이다. 주정부의 권한을 연방정부로 이양한 것이 아니라 연방정부에서 주정부로 권한을 이양한 것이다.

정답   08 ④   09 ④   10 ①   11 ⑤

12 베버리지 보고서에 대한 설명으로 옳은 것은?

① 정액기여 원칙, 행정책임 및 행정통합의 원칙을 제시하였다.

② 민주적인 사회보험을 국민최저선 달성을 위한 가장 중요한 제도로 보았다.

③ 사회보장체계는 모든 사람이 다른 액수의 보험료를 부담한다.

④ 베버리지가 언급한 5대 사회악은 결핍(빈곤), 질병, 무지, 불결, 나태이다.

⑤ 프로그램에는 노인들을 위한 노인수당(노령연금) 실시하였다.

해설 ① 정액급여 원칙, 행정책임 및 행정통합의 원칙을 제시하였다.
② 강제적인 사회보험을 국민최저선 달성을 위한 가장 중요한 제도로 보았다.
③ 사회보장체계는 모든 사람이 동일한 액수의 보험료를 부담한다.
⑤ 5대 프로그램은 사회보험, 공공부조, 가족(아동)수당, 포괄적 건강재활서비스, 완전고용이다. 노인수당이 아니라 가족(아동)수당을 실시했다.

13 먼저 일어난 순서대로 바르게 나열된 것은?

> ㄱ. 영세교구들이 연합한 빈민공장 설립이 허용되고 원외구호가 조장되었다.
> ㄴ. 빈민의 구제수준이 노동자의 임금수준보다 낮아야한다는 원칙이 제시되었다.
> ㄷ. 수당으로 저임금 노동자의 임금을 보충해 주는 제도가 제정되었다.

① ㄱ → ㄴ → ㄷ   ② ㄱ → ㄷ → ㄴ
③ ㄴ → ㄷ → ㄱ   ④ ㄷ → ㄱ → ㄴ
⑤ ㄴ → ㄱ → ㄷ

해설 ㄱ. 영세교구들이 연합한 빈민공장 설립이 허용되고 원외구호가 조장된 법은 길버트법(1782)이다.
ㄷ. 수당으로 저임금 노동자의 임금을 보충해 주는 제도가 제정된 법은 스핀햄랜드법(1795)이다.
ㄴ. 빈민의 구제수준이 노동자의 임금수준보다 낮아야한다는 원칙이 제시된 법은 신구빈법(1834)이다.

14 사회투자국가에 대한 설명으로 옳은 것을 모두 고른 것은?

> ㄱ. 경제성장과 사회통합 추구
> ㄴ. 경제활동의 기회를 확대
> ㄷ. 사회적 배제 감소에 중요성 부여
> ㄹ. 사회적 자본에 투자를 강조

① ㄱ, ㄴ, ㄷ
② ㄱ, ㄴ, ㄹ
③ ㄱ, ㄷ, ㄹ
④ ㄴ, ㄷ, ㄹ
⑤ ㄱ, ㄴ, ㄷ, ㄹ

해설 사회투자국가는 기회, 안전, 성장, 생산성을 결합한 전략으로 적극적 노동시장정책이나 근로연계복지로도 해석되며, 인적자원이나 사회적 자본에 투자한다. ㄱ~ㄹ 모두 사회투자국가에 대한 내용이다.

15 1997년 외환위기 이후의 한국 사회복지제도 변화에 해당하지 않는 것은?   [9회]

① 「국민기초생활 보장법」 제정
② 노인장기요양보험제도 시행
③ 「국민건강보험법」 제정
④ 기초노령연금제도 시행
⑤ 「고용보험법」 제정

해설 「고용보험법」은 1993년에 제정되었다.
「국민건강보험법」은 1999년, 「국민기초생활 보장법」은 1999년, 「기초노령연금법」은 2007년, 「노인장기요양보험법」은 2007년에 제정되었다.

정답   12 ④   13 ②   14 ⑤   15 ⑤

16 복지국가 위기의 원인으로 옳지 않은 것은? [13회]

① 경기침체와 국가재정 위기
② 관료 및 행정기구의 팽창과 비효율성
③ 포디즘적 생산방식의 비효율성
④ 독점 자본주의의 축적과 정당화 간의 모순
⑤ 복지혼합(Welfare)을 통한 정부와 민간의 역할 조정

해설 복지혼합은 복지국가 위기 이후에 나타난 현상이다.

사회복지정책 관련 이론 및 사상

학습 가이드

- 사회복지정책 발달이론에는 산업화이론, 양심이론, 통제이론 등 많은 종류가 있는데, 계속 출제되고 있으니 정의와 한계점을 학습해야 한다.
- 사회복지정책 결정모형에 합리모형, 점증모형, 혼합모형 등 다양한 모형의 특징을 잘 파악해야 한다.
- 사회복지정책모형의 학자는 윌렌스키와 르보, 에스핑 – 안데르센, 조지와 윌딩 등 다양한 학자들이 있는데, 특히 윌렌스키와 르보, 에스핑 – 안데르센은 꾸준히 출제되고 있어 꼭 암기해야 하는 학자이다. 윌렌스키와 르보의 잔여적 – 제도적 모형을 우선 암기하고 다른 학자들의 내용을 추가하여 암기하는 것이 좋다.

---

1 사회복지정책 발달이론

1) 사회양심이론

① 인간이 지니고 있는 양심이 성장하여 타인을 위한 사랑이 국가의 사회복지를 통해 표현된다는 이론이다.
② 사회복지 혜택은 시혜적이며 다수의 사람들에게 이익을 보장하는 순기능을 가진다.
③ 개선된 정책은 이전으로 회귀할 수 없으며 현 시대에서 가장 좋은 서비스를 제공한다.
④ 정책수립에서 발생하는 정치적인 역할은 이해할 수 없다.

⑤ 한계점 : 사회정책수립을 둘러싸고 벌어지는 이익집단들 간의 갈등을 설명할 수 없으며, 사회정책은 항상 좋은 방향으로만 발전하지는 않고, 사회복지가 축소되는 경우도 있다.

2) 사회통제이론(음모이론)

① 사회양심이론과 반대되는 이론으로, 사회안정과 질서유지 · 사회통제 · 노동규범 등을 억압하기 위하여 사회복지가 발전한다는 이론이다.

② 대량실업과 같은 사회문제 발생 시 문제 해결을 위해 사회복지가 발전되지만 정치적으로 안정되면 사회복지는 축소나 폐지된다.

③ 노동자의 복지를 위해 쟁취한 것이 아니라 자본가들이 자신을 보호하기 위해 도입한 것이다.

④ 한계점 : 정책결정자의 의도보다는 사회복지정책의 결과로 발전되어 정책의 기원에 대한 대답을 정책의 결과에서 구할 수 없다.

3) 산업화이론(수렴이론)

① 기술발전과 산업화로 인하여 발생한 사회문제를 해결하기 위하여 새로운 복지 프로그램이 개발되면서 사회복지가 발전한다는 이론이다.

② 산업화로 인한 사회문제를 해결하기 위해 비슷한 형태로 수렴된다고 하여 수렴이론이라고도 한다.

③ 산업화가 가족구조의 변화를 초래하여 복지에 대한 국가의 역할을 증대시킨다.

④ 한계점
  ㉠ 산업화를 이룬 나라들의 사회복지 수준이 다른 점을 설명하지 못한다.
  ㉡ 기본적인 제도, 대상자 확대 과정, 복지비 증대 추세 등에서의 수렴 현상만을 다루고 있고, 각 복지 프로그램의 세부적인 내용에서의 수렴은 제대로 규명하지 못했다.
  ㉢ 사회구성원 사이의 가치 차이를 무시하고 모두가 사회복지의 확대를 원한다고 단순화하였다.

4) 다원주의이론(이익집단이론)

① 여러 이익집단 간의 민주적 타협의 결과로 사회복지가 발전한다는 이론이다.

② 노동자 계급이나 이익집단의 정치적인 힘이 결합할 때 복지국가로 발전한다.

Tip 👆
서로 다른 정치 이념과 문화를 가진 국가도 유사한 수준의 산업화만 이루게 되면 복지국가로 발전되어 유사한 사회복지체제를 갖게 된다고 하여 수렴이론이라고 합니다.

Tip 👆
다원주의와 사회민주주의는 정치에 직접 참여하는지에 차이가 있습니다. 정치에 직접 참여하는 사회민주주의와 달리 다원주의는 정치에 참여하지 않습니다.

③ 다양한 집단 간의 경쟁 과정에서 희소한 사회적 자원의 배분을 둘러싼 갈등
이 발생하면 그것을 국가가 중재하게 되는데, 그 결과로 복지국가가 발전한
다는 견해이다.

④ 복지국가의 발전원인을 국가의 정치적 역할에서 찾아 정부의 역할이 중요
하다.

⑤ 다양한 집단들과 이익단체들이 권력을 갖기 위해 경쟁하고 정책결정에 영
향을 주려고 한다.

5) 엘리트이론

① 권력을 가진 소수의 엘리트에 의해 사회복지가 발전한다는 이론이다.

② 정책 집행은 엘리트에서 일반 대중으로 일방적, 하향적으로 전달되고 집행
되며 대중들의 요구와 비판은 수용되지 않는다.

③ 사람들이 정책에 무관심하고 올바른 정보를 가지고 있지 않기에 엘리트들
이 정책문제에 대한 여론을 형성한다.

④ 엘리트들의 가치와 이해가 반영된 것으로, 현재의 체제를 유지하기 위해 정
책의 변화는 점진적이다.

6) 시민권론

① 공민권(18세기) → 정치권(참정권, 19세기) → 사회권(복지권, 20세기) 순
으로 발전하였다.

② 공민권은 법 앞에서의 평등, 신체의 자유, 언론의 자유 등과 같은 권리를 의
미한다.

③ 정치권(참정권)은 유권자로서 정치권력을 행사하여 참여할 수 있는 권리
를 의미한다.

④ 사회권(복지권)은 최소한의 경제적 복지와 보장에 대한 권리를 의미한다.

⑤ 사회권을 보장하기 위한 대표적인 장치로 교육과 사회복지제도를 제시하
였고 선별적인 복지에서 제도적인 복지로 변화하는 근거가 되었다.

⑥ 한계점 : 서구 민주주의사회에서는 적용 가능하나 공산주의사회나 개발도
상국에서는 적용하는 데 어려움이 있고 사회권의 개념 자체가 추상적이다.

7) 종속이론

① 선진국들은 개발도상국의 주변에 종속하고 수탈함으로써 발전하는 대신
개발도상국은 빈곤이 축적된다는 이론이다.

② 제3세계의 저발전과 빈곤은 국가 내부의 문제라기보다는 중심부 국가들과
의 불균등 교환이나 착취 관계에 기인한 것으로 보고 종속관계의 단절을 주
장한다.

8) 확산이론(전파이론)

① 한 나라의 정책이 다른 나라의 정책에 영향을 준다는 이론이다.

② 국가 간의 교류나 영향으로 인하여 사회복지 정책을 모방과정의 결과로 인식한다.

③ 위계적 확산은 기술이나 새로운 제도가 선진국에서 후진국으로 확산되는 경우이다.

④ 공간적 확산은 기술이나 제도가 인접 국가를 중심으로 확산되는 경우이다.

⑤ 독일의 수발보험(1995) → 일본의 개호보험(2000) → 한국의 노인장기요양보험(2007)

⑥ 한계점 : 위계적 확산의 경우 선진국에서 후진국으로 확산된다고 하지만 사회보험이 제정될 당시 영국이 독일보다 선진국인 경우와 같이 후진국으로부터의 역확산이 존재한다.

9) 사회민주주의이론(권력자원이론)

① 계급갈등의 정치적 과정을 중요하게 생각하고 갈등과 정치화 과정을 통해 복지국가가 발전한다는 이론이다.

② 노동자들의 정치적 참여의 결과로 정치적인 면을 중요하게 생각한다.

③ 노동자계급을 대변하는 정치적 집단의 정치적 세력이 커질수록 복지국가가 발전한다.

④ 복지국가를 자본과 노동의 계급투쟁에서 노동이 획득한 승리의 전리품으로 본다.

⑤ 사회복지의 확대에 있어 좌파정당과 노동조합의 영향력을 강조한다.

Tip 👆
사회민주주의이론에서는 복지국가의 발전을 사회민주세력인 노동자 계급의 정치적 힘이 커짐에 따라 투쟁에서 승리하여 얻은 전리품으로 봅니다.

10) 독점자본이론(신마르크스주의)

① 거대자본과 국가가 융합하여 자본주의 체제의 영속화를 도모하는 과정에서 국가가 임금문제나 실업문제에 개입하면서 복지국가가 등장하게 되었다는 이론이다.

② 복지정책은 자본 축적의 위기나 정치적 도전을 수정하기 위한 수단이라고 본다.

③ 마르크스주의에 이론적 뿌리를 두고 있다.

11) 국가중심이론

① 중앙집권적이거나 조합주의적인 국가구조의 형태와 정치인의 개혁성이 사회복지의 수요를 증대시켜서 복지국가가 발전하게 되었다는 이론이다.
② 사회적인 이유를 강조하기보다는 적극적인 행위자로서의 국가를 강조하여 복지국가를 설명한다.
③ 국가의 자율성을 강조한 관점으로, 국가 자체가 가지고 있는 독특한 내적 논리나 구조에 초점을 둔다.

12) 공공선택이론

인간은 자신의 효용을 극대화하려는 이기적이고 합리적인 존재라는 전제하에 자신의 이익을 최대로 늘리려고 노력하는 가운데 하나를 선택하면서 복지가 발달하게 된다.

Tip 👆
유효수요이론은 미국의 사회복지에 큰 역할을 한 이론으로 사회보장법과 연관이 있습니다.

13) 케인스주의(유효수요이론)

① 1929년 대공황으로 인한 시장실패에 대해 국가가 적절히 개입해야 한다는 것이다.
② 국가가 시장에 개입하고 공적자금을 투입하여 국가 경기를 활성화함으로써 소비와 투자를 늘려 유효수요를 증대시키고자 한 것이다.
③ 고용이 증가하면 소득이 증가하고, 소득이 증가하면 유효수요가 증가하여 경기가 좋아진다.
④ 유효수요가 감소하면 소득이 감소하여 경기불황이 오고, 경기불황으로 소득이 감소하면 실업이 증가하게 된다.

Tip 👆
의회민주주의이며 '노동자, 자본가, 국가' 3자의 협력에 따라 국가의 사회 · 경제적 정책결정 체계를 이루는 이론은 조합주의입니다.

14) 신자유주의이론

① 신자유주의는 케인스주의가 서구경제의 지속적인 성장 및 복지국가의 발전을 이끌어 내지 못한 채 오히려 재정위기를 초래했다고 비판한다.
② 복지지출의 확대는 생산부문의 투자를 축소해 경제성장을 저해하고 수급자 개인의 저축 및 투자동기를 약화시키며 근로동기도 감소된다.
③ 신자유주의는 경제위기를 극복하기 위해 국가개입을 축소시키고 자유주의 시장경제로 되돌아가고자 한다.
④ 최소한의 복지를 추구하는 '작은 정부(Small Government)'를 주장한다.

1) 합리모형 – 고도의 합리성

① 정책결정자가 높은 이성과 합리성을 가지고 주어진 상황에서 최선의 정책 대안을 찾아낼 수 있다는 모형이다.

② 주어진 조건하에서 최선의 정책대안을 만들어 낼 수 있는 인간의 능력을 암 묵적으로 전제하고 있다.

③ 각 정책대안들을 비교·평가하는 데 필요한 판단기준이 명백하게 존재하 고, 각각의 정책대안이 가져올 결과에 대해서도 완전하게 알 수 있다는 점 을 가정한다.

④ 합리적인 정책결정자에 의하여 문제해결에 필요한 최선의 정책대안을 찾 아냄으로써 정책결정이 이루어진다고 본다.

⑤ 한계점

　㉠ 인간이 항상 이성적이고 합리적이지는 않기 때문에 최선의 정책대안을 선택하는 정책결정만 존재하는 것은 아니다.

　㉡ 인간의 지적 능력이나 인식능력, 판단능력 등은 한계를 띠기 때문에 충 분한 정보가 주어진다고 하더라도 각각의 정책대안들이 가져올 결과에 대하여 충분히 파악하지 못한다.

　㉢ 정책문제에 대한 정보나 정책문제의 해결에 대한 정보가 항상 충분한 것은 아니다.

2) 점증모형 – 정치적 합리성

① 과거의 정책결정을 기초로 하여 약간의 변화를 추구하면서 새로운 정책대 안을 검토하고 점증적으로 수정하는 과정을 거친다고 보는 모형이다.

② 기존의 정책에 기반한 약간의 정책 개선이나 수정을 강조하는 정책결정모 형으로, 이상적·경제적 합리성보다는 시민의 지지를 얻을 수 있는 정치적 합리성을 더 추구한다.

③ 정책결정은 부분적·순차적으로 이루어지고 기존 정책이 잘못된 경우 축 소하거나 종결하기 어렵다.

④ 정책대안의 선택에는 기술적 고려뿐만 아니라 다른 조직과의 상호작용 등 정치적인 배려가 포함되어 있어 다원주의적 사회의 정책결정행태를 잘 설 명해 준다.

⑤ 새로운 혁신적인 정책결정이란 거의 나타나지 않는다.

⑥ 한계점

　㉠ 정책결정의 계획성이 결여되어 그 평가 기준이 뚜렷하지 않다.

Tip 👍
합리모형은 문제를 해결할 때 자신이 선택할 수 있는 것 중에서 가장 좋은 것 을 선택하는 이론입니다.

Tip 👍
점증모형은 문제를 해결할 때 기존의 정책을 수정하고 해결하여 정치권에서 선호합니다.

ⓛ 권력적 영향력이 강한 집단이나 강자에게 유리하고 약자에게는 불리하게 작용하며, 그 결과 소득재분배 정책의 경우에 적용하기에는 바람직하지 못하다.

ⓒ 주로 단기 정책에만 관심을 가지게 되고, 장기적 안목이나 장기적인 정책을 등한시하게 된다.

3) 만족모형 – 제한된 합리성

① 제한된 합리성을 바탕으로 접근이 용이한 일부 대안에 대해 만족할 만한 수준을 추구하는 모형이다.

② 정책결정 과정에서 모든 정책대안이 다 고려되지 않고 고려될 수도 없다고 본다.

③ 최고로 좋은 정책대안을 선택하는 것이 아니라 만족스러운 정도의 정책대안을 선택한다.

④ 한계점
ⓐ 어느 정도의 수준이 만족할 만한 수준인지에 대한 객관적인 판단기준이 없다.

ⓑ 합리모형보다는 현실적이지만 만족모형을 적용할 수 없는 예외적인 경우도 많이 존재한다.

ⓒ 만족할 만한 정책대안이 나타나는 경우 더 이상의 대안에 대한 탐색이 중단되어 보수적인 성향을 나타낼 수밖에 없다.

4) 최적모형 – 초합리성

① 합리적 요소와 함께 직관, 판단, 통찰력과 같은 초합리적 요소를 바탕으로 정책결정을 하는 모형이다.

② 정책결정에 드는 비용보다 효과가 더 높아야 한다는 전제로 경제적 합리성을 추구한다.

③ 경제적 합리성과 초합리성을 바탕으로 하는 질적 모형이다.

④ 한계점 : 초합리성의 달성방법이 명확하지 않으며 이러한 요소를 강조하게 되면 신비주의에 빠질 가능성이 있고 주먹구구식 정책결정에 대한 변명거리로 사용될 수 있다.

5) 혼합모형 – 합리 · 점증모형의 절충

① 합리모형과 점증모형의 절충적인 형태의 모형이다.

② 중요한 문제의 경우에는 합리모형과 같이 포괄적 관찰을 통해 기본적인 정책결정을 하고, 이후 기본적인 결정을 수정 · 보완하면서 세부적인 사안을 점증적으로 결정한다는 모형이다.

③ 합리모형이 개발도상국가의 계획지향적인 정책결정에 적합하고, 점증모형이 다원주의 사회의 정책결정에 적합하며, 혼합모형은 능동적 사회에 적합한 결정모형이라고 주장한다.

④ 한계점 : 합리모형과 점증모형을 혼합하고 절충한 것에 지나지 않으며 현실적으로 적용하기 어렵다.

6) 쓰레기통모형

① 코헨(Cohen), 마치(March), 올슨(Olson)은 조직화된 무정부상태 속에서 선택기회, 문제, 해결방안, 참여자 등 네 가지 흐름에 의해 우연히 쓰레기통 속에서 만나게 되면 정책 결정이 이루어진다고 주장하였다.

② 킹돈(Kingdon)은 정치의 흐름, 문제의 흐름, 정책의 흐름 등 세 가지 흐름이 각각 존재하다가 우연히 만날 때 정책의 창문이 열리고 그때 정책 결정을 하면 문제가 해결된다.

③ 한계점 : 일부분의 조직에서 일시적으로 나타나는 의사결정 형태를 설명하는 데 적합한 것이라는 비판을 받는다.

 합격노트 코헨, 마치, 올슨과 킹돈이 주장한 쓰레기통모형의 정의와 유형을 각각 구분할 수 있어야 합니다.

3 사회복지정책 모형

1) 윌렌스키와 르보

(1) 보완적(잔여적) 모형

① 개인의 욕구가 가족이나 시장을 통하여 충족되지 않아 위기상황일 때에 일시적 혹은 보충적으로 국가가 사회복지 기능을 수행하는 것을 의미한다.

② 빈곤을 개인의 책임으로 보고 관련된 기준을 충족시켜야 하며 빈곤은 선택주의와 같은 의미이다.

③ 최저수준의 사회복지 혜택을 받고 개인의 기능이 다시 회복될 경우에는 사회복지 기능을 축소한다.

④ 최초의 사회복지법인 구빈법, 우리나라의 공공부조를 예로 들 수 있다.

⑤ 절대적 빈곤의 개념에 따라 빈곤수준을 낮게 책정한다.

⑥ 스펜서(Spencer), 하이에크(Hayek), 프리드먼(Friedman) 등 자유주의자들이 지지하는 개념이다.

⑦ 사회복지 제공에 있어 정부의 역할은 최소화한다.

⑧ 보충적·임시적·대체적인 특성을 가지며 시혜나 자선과 같은 오명을 수반한다.

 합격노트 윌렌스키와 르보의 보완적·제도적 모형은 시험에서 매번 출제되는 부분이므로 차이점을 구분할 수 있어야 합니다.

Tip 👆
보완적 모형은 보충적·협의의 개념으로서 어떠한 일이 발생한 이후 그 일이 가족이나 시장이 해결하기 어렵다고 판단되는 경우에 국가가 제한적으로 개입합니다.

Tip 👆

제도적 모형은 제도적·광의의 개념이며, 어떠한 일이 발생하기 전 예방적 차원으로 전 국민을 대상으로 서비스를 제공하여 국가가 최대한으로 개입하는 것입니다.

Tip 👆

보완적 모형은 빈곤을 개인의 책임으로 보고, 제도적 모형은 빈곤을 사회의 책임으로 봅니다.

Tip 👆

미쉬라의 복지국가 모형
분화된 복지국가는 보완적 모형, 통합된 복지국가는 제도적 모형과 유사합니다.

(2) 제도적 모형

① 개인의 욕구가 충족되지 않아 어려움을 겪기 전에 국가가 사회복지 기능을 수행하여 어려움을 겪지 않게 예방한다.

② 빈곤은 개인의 책임이 아니라 환경의 영향으로 본다.

③ 사회구성원 간의 상부상조를 주요 기능으로 하고, 다른 사회제도의 기능과 구별되어 독립적으로 수행되는 제도이다.

④ 빈곤으로부터의 자유, 우애를 기본적인 가치로 한다.

⑤ 우리나라의 사회수당을 예로 들 수 있다.

⑥ 국가의 역할을 극대화하며 하나의 사회권으로 보편적 급여를 제공한다.

⑦ 오명이나 응급조치적 요소나 비정상성을 수반하지 않는다.

⑧ 사회복지가 그 사회의 필수적이고 정상적인 제일선의 기능을 수행하는 것으로 이해한다.

⑨ 시장의 불완전한 분배는 불가피하므로 사회복지는 사회 유지에 있어서 필수적이다.

📑 보완적 개념과 제도적 모형의 개념

구분	보완적(잔여적) 모형	제도적 모형
개념	가족이나 시장경제와 같은 정상적인 공급구조가 제 기능을 발휘하지 못해 개인의 욕구가 충족되지 않을 때 보충적으로 개입하여 응급조치 기능을 수행하는 것	사회복지정책을 사회의 기본적인 기능을 수행하는 하나의 제도로 인정하고 각 개인의 욕구를 충족시키며, 사회를 유지하고 발전시켜 나가는 최전선의 기능을 수행하는 것
기본가치	간섭받지 않는 자유	평등의 구현
대상	사회적 취약계층	전체 사회구성원
빈곤책임	무능력한 개인의 책임으로 인식	사회구조적 책임으로 인식
복지수준	절대적 빈곤의 개념에 따라 빈곤수준을 낮게 책정	상대적 빈곤의 개념에 따라 최적수준으로 책정
국가책임	국가책임의 최소화	국가책임의 점차 확대
복지욕구 충족기제	가정이나 시장우선	국가의 사회복지제도
이념	선별주의(자산조사 등에 의거)	보편주의
수혜자를 바라보는 관점	일반인들보다 비정상적이고 약하며 적응을 잘 못하는 병리적인 사람으로 간주	사회복지의 수혜자는 지극히 정상적인 사회구성원들로 간주
수혜성격	자선적 개념	시민권의 개념
대표적 예	공공부조정책	사회보험정책

2) 티트머스(Richard Morris Titmuss)

(1) 보완적 모형

① 윌렌스키와 르보(Wilensky & Lebeaux)의 잔여적 개념과 동일하다.

② 저소득층의 사회복지제도를 활용하여 공공부조 프로그램을 강조한다.

(2) 산업적 성취수행 모형

① 사회복지 프로그램이 시장에서의 업적과 밀접한 관계가 있음을 강조한다.

② 사회복지를 경제를 성장시키는 데 있어 수단으로 활용한다.

③ 사회보험 프로그램을 강조한다.

(3) 제도적 재분배 모형

① 윌렌스키와 르보의 제도적 개념과 동일하다.

② 평등과 재분배 정책이 강조되고 분배 정책은 개인의 능력이 아니라 욕구에 따라 보편적으로 이루어진다.

③ 보편적 프로그램을 강조한다.

Tip

티트머스는 윌렌스키와 르보의 2분 모형에 산업적 성취 수행모형을 포함하여 3모형으로 구분하였습니다. 보완적 모형과 제도적 재분배 모형은 윌렌스키와 르보의 보완적 모형과 제도적 모형의 내용과 동일합니다.

티트머스의 사회복지 3분화

- 사회복지 : 전통적인 광의의 사회복지 서비스
  예 건강, 소득, 교육, 사회복지 서비스 등
- 재정복지 : 국가의 조세정책에 의한 간접적인 복지
  예 조세감면, 소득공제 등
- 직업복지 : 개인이 속한 기업에서 제공하는 사회복지 급여
  예 기업연금, 의료보험 등

티트머스의 3분 모형

구분	보완적 모형	산업적 성취수행 모형	제도적 재분배 모형
사회복지 정책의 관점	가정과 시장이 기능을 하지 못할 때에만 관여하는 응급조치로 인식	사회적 욕구는 생산성과 직업상의 업적에 따라서 충족되어야 한다는 경제적 부속물로서 인식	보편적인 서비스를 제공하는 사회의 주요한 통합된 사회제도로 인식
특징	• 빈곤의 책임은 개인에게 있음 • 잠정적 최소한의 생활의 보장 • 선별주의	• 개인의 자유를 강조하면서 시장을 통한 분배정책을 강조함 • 사회복지정책을 경제성장의 수단으로 보고 있어 '시녀적 모형'이라고도 불림 • 빈곤은 상대적 개념이므로 정부가 담당해야 된다고 주장	• 분배정책은 개인의 능력이 아니라 욕구에 따라 이루어져야 함 • 시장경제 메커니즘 외부에서 보편적 급여를 제공하는 평등추구 입장의 모형 • 빈곤을 완전히 퇴치할 수 있다고 주장
예	공공부조 프로그램	사회보험	보편적 프로그램

Tip 👆
에스핑 – 안데르센은 탈상품화의 정도로 복지국가를 구분하였다.

Tip 👆
윌렌스키와 르보의 보완적 모형과 에스핑 – 안데르센의 자유주의적 복지국가, 윌렌스키와 르보의 제도적 모형과 에스핑 – 안데르센의 사회민주주의적 복지국가의 내용은 유사합니다.

 각 복지국가 유형에 해당하는 대표 나라를 숙지해야 합니다.

3) 에스핑 – 안데르센(Esping – Andersen)

탈상품화는 사람들이 시장 질서에 의존하지 않고 생계를 유지할 수 있는 정도를 말한다.

(1) 자유주의적 복지국가

① 본인 스스로 문제를 해결하는 시장경제를 강조하여 탈상품화 효과가 가장 낮다.
② 소득과 재산조사에 의한 공공부조를 실행한다.
③ 시장의 규제완화와 복지축소를 통해 복지국가의 위기 타개를 모색하고 있다.
④ 시장의 효율성과 근로의욕 고취를 강조하고 엄격한 과정으로 인하여 낙인이 생긴다.
⑤ 사회권의 영역은 제한되며 다차원의 사회계층체제를 발생시킨다.
⑥ 미국, 캐나다, 오스트레일리아가 해당된다.

(2) 조합주의적 복지국가

① 사회계층의 유지에 목적을 두고 있어 탈상품화 효과가 높다.
② 재분배 효과가 거의 없고 보험원칙을 강조하여 사회보험에 의존한다.
③ 국가가 주된 사회복지 제공자의 역할을 하여 자유주의적 복지국가와 달리 민간보험이나 기업복지의 역할이 상대적으로 덜 강조된다.
④ 오스트리아, 프랑스, 독일, 이탈리아가 해당된다.

(3) 사회민주주의적 복지국가

① 보편주의 원칙과 사회권을 통하여 탈상품화 효과가 가장 높다.
② 복지와 일을 적절히 배합하여 완전고용정책과 직접적인 관련이 있다.
③ 공공부문의 고용확대로 복지국가의 위기 타개를 모색하고 있다.
④ 시민권에 기초한 보편적이고 포괄적인 복지체계를 특징으로 한다.
⑤ 스웨덴을 비롯한 스칸디나비아 국가가 해당된다.

💾 **에스핑 – 안데르센의 복지국가 유형**

구분	자유주의적 복지국가	조합주의적 복지국가	사회민주주의적 복지국가
시장의 역할	중심적	주변적	주변적
국가의 역할	주변적	보조적	중심적
연대의 양식	개인주의적	친족중심적 조합주의	보편주의적
연대의 근거	시장	가족, 교회, 직장	국가
탈상품화의 정도	매우 낮음	높음	매우 높음
주요정책	공공부조 프로그램	사회보험 프로그램	완전고용정책
주요대상	취약계층	근로자	전 국민
대표적 국가	미국	독일	스웨덴

4) 퍼니스와 틸튼(Furniss & Tilton)

(1) 적극적 국가

① 시장에서의 문제와 재분배를 요구하는 세력으로부터 적극적으로 자본가들을 보호하는 것이 목표이다.

② 경제성장을 위한 정부와 시장경제 사이의 협력을 강조한다.

③ 사회보험에 크게 의존하고 대표적인 나라는 미국이다.

(2) 사회보장국가

① 국민들의 최저생활보장을 목표로 한다.

② 정부와 기업의 협동에 의한 정책결정을 강조한다.

③ 지방분권의 전통하에서 국민최저수준을 보장하는 국가를 의미한다.

④ 사회보험에 크게 의존하지 않고, 대표적인 나라는 영국이다.

(3) 사회복지국가

① 사회보험을 넘어 일반예산에 의한 복지서비스 제공으로 전반적인 삶의 질의 평등을 추구한다.

② 정부와 노동조합의 협력을 강조하였으며 정책결정권을 피고용자와 일반시민이 갖는 것을 목표로 한다.

③ 유럽의 강력한 중앙집권의 전통을 유지하면서 소득, 재산 및 권력의 불평등을 제거하기 위해 정부가 적극적으로 나서는 국가를 의미한다.

④ 대표적인 나라는 스웨덴이다.

5) 조지와 윌딩(George & Wilding)

 조지와 윌딩은 다른 학자들과 다르게 사회주의까지 포함하여 4모형으로 구분하였습니다. 모형별 대표 인물까지도 숙지해야 합니다.

(1) 반집합주의

① 불평등과 소극적 자유, 개인주의가 3대 가치이다.

② 시장에 대한 정부 개입을 부정적으로 보고 복지국가를 반대한다.

③ 사회복지는 국가의 정치적 안정을 위하여 최소한으로 주어진다.

④ 평등보다는 자유를 우선시하기에 불평등을 옹호한다.

⑤ 정부의 역할은 축소되고 시장이 더 많은 역할을 수행해야 한다고 주장한다.

⑥ 빈곤은 국가보다는 자선과 이웃이 해결해야 한다.

⑦ 하이에크(Hayek)와 프리드먼(Friedman)이 대표적인 인물이다.

(2) 소극적 집합주의

① 불평등을 인정하지만 불평등을 완화시키기 위해 노력한다.

② 인도주의를 강조하고 시장실패를 보충하기 위해 복지국가를 조건부로 인정한다.

③ 자본주의가 효율적이고 공정하게 기능하기 위해서는 규제와 통제가 필요하다는 것을 인정한다.

④ 국민의 최저생활을 정부의 책임으로 인정한다.

⑤ 베버리지(Beveridge)와 케인스(Keynes)가 대표적인 인물이다.

(3) 페이비언주의

① 평등과 적극적인 자유를 강조하여 국가의 적극적인 개입을 인정한다.

② 복지국가에 의한 자원의 재분배를 통하여 사회통합이 가능하다.

③ 점진적 사회주의로 가는 한 수단으로 복지국가를 생각한다.

④ 자본주의가 효율적이고 공정하게 기능하기 위해서는 국가에 의한 규제와 통제가 필요하다고 본다.

⑤ 자유시장체제는 필연적으로 실패할 수 밖에 없고 수정하기 위해서는 정부의 적극적인 개입이 필요하다고 본다.

⑥ 자유시장체제를 수정 · 보완해야 한다고 주장한다.

⑦ 토니(Tawney)와 티트머스(Titmuss)가 대표적인 인물이다.

(4) 마르크스주의

① 국유화된 생산수단은 경제적 평등을 실현시키며 생산수단의 국유화는 국가의 급진적 사회주의로 자본주의를 거부한다.

② 자본주의 자체를 부정하며 복지국가를 통해서도 자본주의 자체의 모순을 극복할 수는 없다고 본다.

③ 경제적 평등과 적극적 자유의 가치를 강조하지만 복지국가를 적극 반대한다.

④ 적극적 자유를 중심 가치로 추구하며 복지국가에 대해 반대하는 입장이다.

⑤ 복지국가는 자본계급과 노동계급 간의 갈등의 결과이다.

⑥ 밀리반드(Miliband)가 대표적인 인물이다.

조지와 윌딩의 6분법

이데올로기	복지국가에 대한 입장	복지국가란
반집합주의(신우파)	반대	자유시장의 걸림돌
소극적 집합주의(중도파, 중도노선)	찬성	사회 안정과 질서유지
페이비언주의(사회민주주의)	적극적 찬성	평등사회 실현
마르크스주의	반대	자본주의 강화
페미니즘	찬성	양성평등 보장
녹색주의	반대	환경문제 발생

조지와 윌딩의 4모형은 이후 6모형으로 변경되었고 변경된 모형의 이름을 암기해야 합니다.

OX 퀴즈

- 수렴이론은 기술발전과 산업화로 인하여 발생한 사회문제를 해결하기 위하여 새로운 복지프로그램이 개발되면서 사회복지가 발전한다는 이론이다. (O)
- 독점자본이론은 중앙집권적이거나 조합주의적인 국가구조의 형태와 정치인의 개혁성이 사회복지의 수요를 증대시켜서 복지국가가 발전하게 되었다는 이론이다. (×)
- 잔여적 개념은 일시적이고 보충적이며 사후적 성격을 가지고 있다. 최저기준을 가지고 선별하며 공공부조가 대표적인 예이다. (O)
- 에스핑–안데르센은 탈상품화를 중요시하며 사회복지 유형으로는 자유주의적 복지국가, 적극적 복지국가, 사회민주주의적 복지국가로 구분한다. 적극적 복지국가는 재분배 효과는 없고 보험원칙을 강조하여 사회보험에 의존하는 국가이다. (×)
- 조지와 윌딩의 복지국가는 반집합주의(신우파), 소극적집합주의(중도우파), 페이비언(사회민주주의), 마르크스주의로 구분된다. 이후 녹색주의, 페미니즘이 추가되었다. 페이비언주의는 사회민주주의로 평등과 적극적인 자유를 강조하여 국가의 적극적인 개입을 인정한다. (O)

01 사회복지정책 발달이론으로 틀린 것은?

① 사회양심이론은 타인에 대한 사랑, 사회적 의무감, 국가의 자선활동으로 발전했다.

② 수렴이론은 산업화된 국가에서 적용이 가능하다.

③ 엘리트이론에서 정책집행은 대중에게 일방적·하향적 전달되고, 지배 엘리트들의 선호나 가치에 따라 결정된다.

④ 사회통제이론은 한나라의 사회정책이 다른 나라에 영향을 미친다는 이론이다.

⑤ 음모이론 중 빈곤정책은 무질서, 혼란을 해결하고 노동규율을 유지하기 위한 억압책이다.

해설 사회통제이론은 사회안정과 질서유지를 위하여 사회복지가 발전한다는 이론이다. 한 나라의 사회정책이 다른 나라에 영향을 미친다는 이론은 확산이론이다.

02 사회복지정책 발달이론의 설명 중 틀린 것은?

① 권력자본이론은 노동자계급을 대변하는 집단의 정치적 세력이 커질수록 복지국가가 발전한다고 본다.

② 공공선택이론은 인간은 자신의 효용을 극대화 하려는 이기적이고 합리적인 존재라고 전제한다고 본다.

③ 시민권이론은 정치권, 공민권, 사회권 순으로 발전하였다.

④ 국가중심이론은 적극적인 행위자로서의 국가를 강조하면서 복지국가를 설명한다.

⑤ 독점자본이론은 거대자본과 국가가 융합하여 자본주의체제의 영속화를 도모하는 과정에서 나타난다고 본다.

해설 시민권은 공민권(18c) → 정치권(참정권, 19c) → 사회권(복지권, 20c) 순으로 발전하였다.

03 산업화이론에 대한 내용으로 틀린 것을 모두 고른 것은?

> ㄱ. 유형이 다른 복지국가라도 시간이 지날수록 유사한 유형으로 수렴된다.
> ㄴ. 산업화의 발전으로 재정적 능력이 향상되어 복지국가가 가능해졌다.
> ㄷ. 사회복지정책의 확대 과정은 국제적인 모방의 과정이다.
> ㄹ. 산업화이론의 대표적인 학자로는 마샬이 있다.

① ㄱ, ㄴ   ② ㄷ, ㄹ

③ ㄱ, ㄷ, ㄹ   ④ ㄱ, ㄴ, ㄷ

⑤ ㄱ, ㄴ, ㄷ, ㄹ

해설 ㄷ. 사회복지정책의 확대 과정을 국제적인 모방의 과정으로 보는 이론은 확산이론이다.

ㄹ. 산업화 이론의 대표적인 학자로는 윌렌스키가 있다. 마샬은 시민권이론을 설명한 학자이다.

04 사회복지정책 모형들과 그 내용이 바르게 연결된 것은?

① 합리모형 – 과거의 정책결정을 기초로 하여 점증적으로 정책대안을 검토하고 과거의 정책을 약간 수정하는 모형이다.

② 만족모형 – 주어진 상황에서 목표의 달성을 극대화할 수 있는 최선의 정책대안을 찾아낼 수 있다고 하는 모형이다.

③ 쓰레기통모형 – 최선의 대안을 찾는 것보다 만족할만한 대안을 선택하는 모형이다.

④ 혼합모형 – 합리모형과 점증모형의 단점을 제거하고 장점만을 취한 변증법적인 통합모델이다.

⑤ 점증모형 – 사회복지정책 과정에서 정치적 흐름, 문제의 흐름, 정책의 흐름이 결합되어 정책의제가 형성되는 모델이다.

해설 ① 과거의 정책결정을 기초로 하여 점증적으로 정책대안을 검토하고 과거의 정책을 약간 수정하는 모형은 점증모형이다.
② 주어진 상황에서 주어진 목표의 달성을 극대화할 수 있는 최선의 정책대안을 찾아낼 수 있다고 하는 모형은 합리모형이다.
③ 최선의 대안을 찾는 것보다 만족할만한 대안을 선택하는 모형은 만족모형이다.
⑤ 사회복지정책 과정에서 정치적 흐름, 문제의 흐름, 정책의 흐름이 결합되어 정책 의제가 형성되는 모델은 쓰레기통모형이다.

05 윌렌스키와 르보의 잔여적 모형과 관계가 있는 것을 모두 고른 것은?

ㄱ. 의료급여	ㄴ. 시설보호
ㄷ. 공공부조	ㄹ. 사회수당

① ㄱ, ㄷ   ② ㄴ, ㄹ
③ ㄱ, ㄴ, ㄷ   ④ ㄴ, ㄷ, ㄹ
⑤ ㄱ, ㄴ, ㄷ, ㄹ

해설 윌렌스키와 르보는 잔여적, 제도적 모형 등 2분법으로 구분하였다. 잔여적 모형은 개인의 욕구를 가족이나 시장을 통하여

충족되지 않아 위기상황일 때 일시적 혹은 보충적으로 국가가 사회복지 기능을 수행하는 것을 의미한다. 제도형 모형은 개인의 욕구가 충족되지 않아 어려움을 당하기 전에 국가가 사회복지 기능을 수행하여 어려움을 당하지 않게 예방하는 것을 의미한다. 사회복지가 필요한 사람을 선별하는 의료급여, 시설보호, 공공부조는 잔여적 모형과 관계가 있고 사회수당은 모든 사람에게 평등하게 주므로 제도적 모형에 해당된다.

06 티트머스의 3모형에 대한 설명으로 틀린 것은?

① 사회복지를 기능주의 입장에서 경제성장의 수단으로 활용하는 모형은 산업적 성취수행 모형이다.

② 시장경제 매커니즘으로 외부에서 욕구에 따른 서비스를 제공하는 모형은 제도적 재분배 모형이다.

③ 개인주의, 불평등, 소극적 자유, 정부개입 불인정하는 모형은 산업 성취수행 모형이다.

④ 저소득층 대상으로 사회복지제도를 활용하는 모형은 보완적 모형이다.

⑤ 개인 능력이 아니라 욕구에 따라 보편적으로 이루어지는 모형은 제도적 재분배 모형이다.

해설 개인주의, 불평등, 소극적 자유, 정부개입 불인정하는 모형은 조지와 윌딩의 반집합주의이다. 티트머스의 산업적 성취수행 모형은 시장에서의 업적과 밀접한 관계가 있음을 강조하고 사회복지는 경제를 성장하는 데 있어 수단으로 활용한다.

07 에스핑 – 안데르센의 복지국가 유형에 대한 설명으로 틀린 것은?

① 자유주의 복지국가는 시장의 효율성을 중시한다.

② 조합주의 복지국가는 산업별로 분절된 사회보험제도를 가지고 있다.

③ 사회민주주의 복지체계의 대표적인 국가는 스웨덴, 덴마크, 노르웨이 등이다.

④ 보수주의는 개인책임과 자조의 원리를 강조한다.

⑤ 자유주의 복지국가는 소득과 자산조사를 통한 공공부조를 강조한다.

해설 개인의 책임과 자조의 원리를 강조하는 국가는 자유주의국가이다.

08 조지와 윌딩의 대한 설명으로 틀린 것은?

① 마르크스주의는 불평등의 해소는 복지국가 확대를 통해 이루어질 수 없다고 본다.
② 페미니즘은 여성 평등을 보장하여 사회복지를 찬성한다.
③ 페이비언주의는 점진적이고 지속적인 불평등 완화에 대한 국가 책임을 강조한다.
④ 반집합주의는 사회복지는 개인의 자유와 선택을 제한한다.
⑤ 소극적 집합주의는 개인의 자유, 시장의 자유, 개인의 선택의 확대를 강조하는 입장이다.

해설 개인의 자유, 시장의 자유, 개인의 선택의 확대를 강조하는 입장은 반집합주의이다.

09 사회복지정책 발달이론에 대한 내용으로 틀린 것은?

① 노동조합의 영향력을 강조한 이론은 권력자원이론이다.
② 사회복지는 이타주의가 제도화된 것이라고 강조하는 이론은 양심이론이다.
③ 정책결정은 소수의 권력가에 의해 이뤄진다고 보는 이론은 엘리트이론이다.
④ 개인의 저축동기와 근로동기가 감소되는 이론은 신자유주의이론이다.
⑤ 이데올로기나 정치적 변수의 역할이 중요한 이론은 수렴이론이다.

해설 수렴이론에서 이데올로기나 정치적 변수의 역할은 중요하지 않다. 수렴이론은 산업의 발전으로 인하여 사회복지가 발전한다는 산업화이론의 동의어이다.

10 다음에서 설명하고 있는 것은?

> • 보편주의와 사회권을 통한 탈상품화 효과가 가장 높다.
> • 복지급여 대상이 새로운 중산층까지 확대된다.
> • 복지와 일을 적절히 배합하여 완전고용정책과 직접적인 관련이 있다.

① 자유주의   ② 조합주의
③ 사회민주주의   ④ 사회주의
⑤ 사회보장주의

해설 사회민주주의적 복지국가는 보편주의 원칙과 사회권을 통한 탈상품화가 가장 높다. 완전고용정책과 직접적인 관련이 있고 공공부문의 고용확대로 복지국가의 위기를 극복하려고 한다.

출제경향

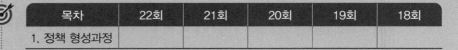

목차	22회	21회	20회	19회	18회
1. 정책 형성과정					

학습 가이드

사회복지정책 평가, 평가의 기준, 정책형성기법, 정책대안 비교분석 방법 등이 출제되고 있으며 자주 출제되고 있는 부분은 아니지만 그래도 델파이 기법, 평가의 기준, 평가의 유형은 사회복지정책론 외에도 지역사회복지론, 사회복지행정론에서도 출제되고 있으니 연결해서 공부하는 것도 좋다.

1 정책 형성과정

1) 주요 개념

① 조건 : 어떠한 사상이나 현상이 문제로 발전할 수 있는 객관적인 사실이다.

② 문제 : 많은 사람들이 어떠한 사건으로 인하여 고통을 받아 불만스러운 상태로 해결해야 하는 사건을 의미한다.

③ 요구 : 문제를 해결하기 위한 구체적인 행동이다.

④ 이슈 : 여러 가지 공공문제들 중 논쟁의 대상이 되는 문제이다.

⑤ 어젠다 : 수많은 문제 중에서 정부가 해결하겠다고 공식적으로 채택한 의제이다.

⑥ 대안 : 어젠다를 해결하기 위해 해결책이 논의되는 과정에서 나타나는 여러 가지 해결방안이다.

⑦ 정책 : 여러 가지 해결방안 중에서 선택된 대안이다.

⑧ 공공 어젠다 : 공공의 관심을 끌고 현재의 정부가 합법적으로 다룰 수 있는 문제라고 다수의 구성원들이 공통적으로 인지하고 있는 이슈를 말한다.

⑨ 정책 어젠다 : 공공 어젠다가 형성된 문제를 정부에서 해결하기로 공식적으로 밝힌 문제를 말한다.

2) 정책 과정

문제 형성 → 이슈화 → 공공 어젠다 형성 → 정책 어젠다 형성 → 정책대안 형성 → 정책 결정 → 정책 실행 → 정책 평가

3) 정책형성기법

(1) 브레인스토밍

비판하지 않는 상황에서 많은 아이디어와 전략을 창출하는 방법이다.

(2) 델파이기법

전문가들에게 우편으로 의견이나 정보를 수집한 후, 분석한 결과를 다시 응답자들에게 보내 의견을 묻는 방식이다. 전문가가 자유로운 시간에 의견을 제시할 수 있는 장점이 있지만, 시간이 많이 걸리고 반복하는 동안 응답자의 수가 줄어드는 문제가 있다.

(3) 유추

새로운 문제의 해결에 선례를 적용하는 경우처럼, 유추란 비슷한 구조를 통해서 미래의 상황이나 문제를 추정하는 방법을 말한다.

(4) 경향성 분석

경향성 분석이란 과거의 경향이나 추세를 미래에 연장시켜 추측하는 방법을 통하여 미래를 예측하는 방법이다.

(5) 마르코프 모형

과거에 있었던 변화를 토대로 하여 앞으로 나타날 변화를 연속적으로 예측하는 데 사용되는 모형이다. 어떤 상황이 시간의 흐름에 따라 일정한 확률로 변해가는 경우에, 최종적 상태를 예측하여 정책결정에 도움을 줄 수 있는 확률적 정보를 제공해 준다.

(6) 회귀분석

변수들 사이의 인과관계를 전제로 하여 만들어 낸 회귀방정식을 통하여 미래를 예측하는 방법이다. 사회복지정책의 결정요인이나 영향을 이 방법을 통하여 분석하고 미래를 예측할 수 있다.

(7) 모의실험

사회복지문제나 욕구가 어떻게 변화될 것인가를 앞으로 나타날 것으로 예상되는 비슷한 상황 속에서 분석함으로써 미래를 예측할 수 있다.

Tip

브레인스토밍은 다양한 아이디어 중에서 가장 좋은 아이디어를 선택하는 것으로 즐거운 분위기 속에서 다양한 아이디어가 나온다고 봅니다.

Tip

사회복지정책 개발 시 사용 가능한 방법
- 과거의 정책을 검토합니다.
- 해외 정책사례를 검토합니다.
- 사회과학적 지식을 활용합니다.
- 직관적 방법을 활용합니다.

4) 정책대안 비교분석 방법

(1) 비용편익분석(효율성)

프로그램의 결과가 동일하지 않기 때문에 결과를 비교하기 쉽게 금액으로 표현하는 방법으로, 이익이나 손실에 대하여 설명할 수 있다. 비용과 성과를 모두 화폐적 단위로 나타내 산술적 비율을 구하고자 한다. 투입된 비용과 결과를 금액으로 측정할 수 있다.

(2) 비용효과분석(효과성)

프로그램을 분석할 때 비용과 효과를 동시에 비교하여 고려하는 방법으로, 같은 효과가 나올 경우 비용이 저렴한 프로그램을 선택한다. 비용측면만을 금전적 가치로 분석하는 방법이기에 성과에 대하여 화폐단위로 환산하지 않는다. 투입된 비용과 결과를 금액으로 측정할 수 없다.

(3) 줄서기 기법

최대한 빠른 시간에 질적인 서비스를 제공하는 데 좋은 방법으로, 도착한 순서대로 서비스를 제공한다.

(4) 의사결정 나무분석 기법

정책대안의 결과를 예측하기 위하여 나타날 수 있는 확률적 사건을 나뭇가지처럼 그려 놓고 분석하는 방법이다. 이때 그려진 그림을 결정나무 그림이라고 하는데, 이 그림은 결정짓기에서 논리적 구조를 나타낸다.

5) 사회복지 정책평가

(1) 정책평가의 필요성

① 정책이 처음 의도한 대로 집행되었는지 파악
② 이해관계자를 설득하기 위한 체계적인 분석자료의 필요성
③ 경제적 합리성 파악 및 정부의 정책 활동에 대한 책임성 확보
④ 자료나 연구의 기초 마련

(2) 정책평가의 기준

① **노력성** : 프로그램을 통해 발생한 활동의 양과 서비스의 결과를 측정한다.
② **효과성** : 프로그램의 목표달성 여부를 측정한다.
③ **효율성** : 투입에 비해 산출이 얼마가 나왔는지를 측정한다.
④ **영향** : 프로그램으로 인하여 지역사회에 어떠한 영향을 주었는지를 측정한다.
⑤ **품질** : 프로그램 담당자의 전문성을 통하여 클라이언트의 변화를 측정한다.
⑥ **과정** : 효과가 어떻게 나오게 되었는지 인과관계를 측정한다.

⑦ **형평성** : 프로그램이 클라이언트에게 얼마나 공평하게 잘 배분되었는지를 측정한다.

(3) 평가의 유형

① **형성평가** : 프로그램 운영 도중에 실시하는 평가로, 서비스의 전달체계를 향상 또는 효과성을 증진시키기 위해 실시하는 평가이다.

② **총괄평가** : 프로그램이 목적을 달성했는지, 프로그램을 지속할지, 중단할 지를 프로그램의 종료 후에 실시하는 평가이다.

③ **효과성평가** : 프로그램의 목표를 얼마나 달성했는가를 평가하는 것이다.

④ **효율성평가** : 프로그램 수행에 있어 비용의 적절성을 평가하는 것이다.

⑤ **메타평가** : 평가의 평가로, 프로그램을 평가하고 나중에 평가서를 다시 평 가하는 평가이다.

Tip 👍

통합평가는 형성평가와 총괄평가를 합한 평가입니다.

OX 퀴즈

• 비용효과분석은 프로그램의 결과가 동일하지 않기 때문에 결과를 비교하기 쉽게 금액으로 표현하는 방법으로 이익이나 손실에 대하여 설명할 수 있다. 비용과 성과를 모두 화폐적 단위로 나타내 산술적 비율을 구하고자 하며, 투입된 비용과 결과를 금액으로 측정할 수 있다. (×)

• 사회복지정책 평가의 기준 중에서 영향은 프로그램 담당자의 전문성을 통하여 클라이언트의 변화를 측정한다. (×)

• 델파이기법은 자유로운 분위기와 비판하지 않는 상황에서 많은 아이디어와 전략을 창출하는 방법이다. (×)

01 정책을 형성하기 위하여 대안을 선택했을 경우와 선택하지 않을 경우에 나타날 수 있는 확률적 사건을 나뭇가지처럼 그려 놓고 분석하는 방법은?

① 브레인스토밍
② 의사결정나무분석
③ 비용편익분석
④ 줄서기분석기법
⑤ 모의실험

해설 의사결정나무분석기법은 정책대안의 결과를 예측하기 위하여 나타날 수 있는 확률적 사건을 나뭇가지처럼 그려 놓고 분석하는 방법이다.

① 브레인스토밍은 자유로운 분위기와 비판하지 않는 상황에서 많은 아이디어와 전략을 창출하는 방법이다.
③ 비용편익분석(효율성)은 프로그램의 결과가 동일하지 않기 때문에 결과를 비교하기 쉽게 금액으로 표현하는 방법이다.
④ 줄서기기법은 최대한 빠른 시간에 질적인 서비스를 제공하는데 좋은 방법이다.
⑤ 모의실험은 사회복지문제나 욕구가 어떻게 변화될 것인가를 앞으로 나타날 것으로 예상되는 비슷한 상황 속에서 분석하는 방법이다.

02 다음에서 설명하는 분석기법은?

- 동등한 가치를 기준으로 비교하는 방법이다.
- 사용될 비용과 예상한 이익을 비교한다.
- 투입된 비용과 결과를 금액으로 측정할 수 있다.

① 비용편익분석 ② 비용효과분석
③ 델파이기법 ④ 점진적 방법
⑤ 줄서기기법

해설 비용편익분석(효율성)은 프로그램의 결과가 동일하지 않기 때문에 결과를 비교하기 쉽게 금액으로 표현하는 방법이다.
② 비용효과분석(효과성)은 프로그램을 분석할 때 비용과 효과를 동시에 비교하여 고려하는 방법이다.
③ 델파이기법은 전문가들에게 우편으로 의견이나 정보를 수집한 후, 분석한 결과를 다시 응답자들에게 보내 의견을 묻는 방법이다.
④ 점진적 방법은 기존의 해결방식을 약간의 수정을 하여 해결책으로 사용하는 방법이다.
⑤ 줄서기기법은 최대한 빠른 시간에 질적인 서비스를 제공하기 좋은 방법이다.

03 비난하지 않는 조건에서 자유로운 회의를 통해 해결책을 결정하려는 방법으로, 질적인 면보다 양적인 면을 중요시하는 방법은?

① 유추
② 줄서기기법
③ 의사결정나무분석기법
④ 브레인스토밍
⑤ 델파이기법

해설 브레인스토밍은 자유로운 분위기와 비판하지 않는 상황에서 많은 아이디어와 전략을 창출하는 방법이다.

① 유추는 비슷한 구조를 통해서 미래의 상황이나 문제를 추정하는 방법이다.
② 줄서기기법은 최대한 빠른 시간에 질적인 서비스를 제공하는데 좋은 방법으로 도착한 순서대로 서비스를 제공한다.
③ 의사결정나무분석기법은 정책대안의 결과를 예측하기 위하여 나타날 수 있는 확률적 사건을 나뭇가지처럼 그려 놓고 분석하는 방법이다.
⑤ 델파이기법은 전문가들에게 우편으로 의견이나 정보를 수집한 후, 분석한 결과를 다시 응답자들에게 보내 의견을 묻는 방법이다.

정답 01 ② 02 ① 03 ④

04 정책을 평가하는 기준 중 다음 설명에 해당하지 않는 것은?

> - 프로그램을 통해 발생한 활동의 양과 서비스의 결과를 측정한다.
> - 프로그램 담당자의 전문성을 통하여 클라이언트의 변화를 측정한다.
> - 효과가 어떻게 나오게 되었는지 인과관계를 측정한다.
> - 프로그램의 목표달성 여부를 측정한다.

① 노력성   ② 품질
③ 과정   ④ 형평성
⑤ 효과성

해설 형평성은 프로그램이 클라이언트에게 얼마나 공평하게 잘 배분되었는지를 측정하는 것으로 주어진 설명에는 들어 있지 않다.

① 프로그램을 통해 발생한 활동의 양과 서비스의 결과를 측정하는 것은 노력성이다.
② 프로그램 담당자의 전문성을 통하여 클라이언트의 변화를 측정하는 것은 품질이다.
③ 효과가 어떻게 나오게 되었는지 인과관계를 측정하는 것은 과정이다.
⑤ 효과성은 프로그램의 목표달성 여부를 측정하는 것이다.

05 정책평가에 대한 내용으로 틀린 것은?

① 정책평가의 기준으로는 효율성, 효과성, 형평성, 적정성 등이 있다.
② 효율성평가는 정책목표 달성을 위한 비용 대비 편익을 비교하는 것이다.
③ 정책평가의 목표와 대상에 따라 평가의 기준과 평가유형을 결정할 수 있다.
④ 형평성은 문제의 해결 정도, 문제를 일으킨 욕구, 가치, 기회를 만족시키는 효과성의 수준 정도를 의미한다.
⑤ 정책이 처음 의도한 대로 집행되었는지 파악하기 위해 평가한다.

해설 문제의 해결 정도, 문제를 일으킨 욕구, 가치, 기회를 만족시키는 효과성의 수준 정도를 의미하는 것은 적정성이다.

Chapter 05 사회복지정책의 분석틀

학습 가이드 🎯

• 사회복지정책의 분석틀은 꾸준히 출제되고 있는 부분이다.
• 과정분석, 산출분석, 성과분석에 대한 정의도 중요하고 예시로 물어보는 문제도 출제되어 예시문제에도 대비해야 한다.
• 급여체계의 현금, 현물, 증서에 대한 내용은 비교문제가 자주 출제되고 있어 잘 구분할 수 있어야 한다.
• 할당체계의 급여자격 조건에 따른 대상자를 구분하는 내용은 꼭 기억해야 한다.

---

1 사회복지정책 분석의 유형

Tip 👆
과정분석은 프로그램의 과정을 분석하는 것이 아니라 프로그램의 형성, 수정, 폐지 등의 과정을 분석하는 방법입니다.

1) 과정분석

① 다양한 변수들의 영향력과 관계를 알아보는 작업으로, 전체 또는 부분적인 과정과 연관한 분석이다.
② 정책의 형성이나 결정과정에 관해 분석하는 방법이다.
③ 정책형성에 영향을 미치는 사회정치적 · 기술적 · 방법적 변수를 중심으로 분석하는 접근방법이다.
   예 「기초연금법」이 만들어진 이유를 분석

2) 산출(산물)분석

① 선택한 정책과 연관된 다양한 쟁점에 대한 분석으로, 정책의 내용이나 구체적인 프로그램의 내용에 관해 분석하는 방법이다.
② 정책선택에 관련된 여러 가지 쟁점을 분석하는 접근방법이다.
③ 할당, 급여, 전달체계, 재정 차원으로 구분하여 분석한다.
　예 「기초연금법」의 내용을 분석

3) 성과분석

① 선택한 정책의 결과에 대한 분석으로, 정책을 집행한 결과가 정책 목표와 비교하여 그 효과성이나 효율성을 비교하는 방법이다.
② 실행된 정책이 낳은 결과를 기술하고 분석하는 접근방법이다.
　예 「기초연금법」의 시행으로 인한 영향을 분석

Tip 🖐
산출(산물)분석은 프로그램의 전체적인 내용을 분석하는 방법입니다.

Tip 🖐
성과분석은 프로그램의 진행으로 인한 영향을 분석하는 방법입니다.

---

2 길버트(Gilbert)와 스펙트(Specht)의 분석

① 할당체계 : 누구에게 급여를 제공할 것인가?
② 급여체계 : 무엇을 급여로 제공할 것인가?
③ 재정체계 : 어떻게 재정을 충당할 것인가?
④ 전달체계 : 어떻게 급여를 제공할 것인가?

길버트와 스펙트의 분석표

선택의 차원	의미	선택의 대안
할당 (Allocation)	수급자격	• 귀속적 욕구 • 사회적 공헌/사회적으로 부당하게 당한 손실에 대한 보상 • 전문가 판단에 의한 진단적 차별 • 개인 또는 가족의 자산조사
급여 (Benefits)	급여종류	현금, 물품, 이용권(증서), 기회, 권력 등
재정 (Finance)	재정마련방법	공공재원(사회보험, 과세), 민간재원(사용자 부담, 민간모금), 공공과 민간재원의 혼합
전달 (Delivery)	전달방법	공공부문(중앙정부, 지방정부), 민간부문, 혼합형태 등

1) 개념

사회복지정책의 대상을 어떤 집단으로 할 것인지를 결정하는 것이다.

2) 할당의 기본원칙으로서 선별주의와 보편주의

선별주의와 보완적 모형, 보편주의와 제도적 모형은 같은 의미입니다. 따로 암기하는 것보다 같은 의미로 이해하는 것이 이해하기 쉽습니다.

(1) 선별주의

① 자산조사를 통해 원조의 필요가 있다고 인정된 사람들만을 복지서비스의 대상으로 한다.

② 모든 대상자에게 사회복지급여를 제공하는 것이 아니라 빈민에게만 사회복지 급여를 제공하는 것으로 잔여적 성격을 가지고 있다.

③ 서비스를 도움이 필요한 사람에게 집중시킬 수 있고, 자원의 낭비가 없으며, 비용이 적게 드는 장점이 있다.

④ 생계급여, 의료급여, 주거급여, 자활사업, 기초연금, 장애인연금 등이 있다.

(2) 보편주의

① 전 국민을 사회복지의 대상자로 삼는 것으로 사회복지급여를 받는 것을 사회적 권리로 본다.

② 복지수혜 자격과 기준을 균등화하여 복지서비스의 수급자들에게 낙인감, 열등감, 굴욕감도 갖지 않게 한다.

③ 실업급여, 누리과정, 부모급여, 아동수당 등이 있다.

📋 선별주의와 보편주의의 비교

구분	선별주의	보편주의
가치	효율	평등
주요내용	• 사회복지 대상자들을 사회적 · 신체적 · 교육적 기준에 따라 요건을 매우 엄격히 제한하여 구분한 다음 복지서비스를 제공하는 것 • 자산조사가 필요함	• 사회의 모든 구성원들에게 정부가 서비스나 재정적인 원조를 제공하는 것 • 자산조사가 필요하지 않음
장점	• 서비스의 집중화 가능 • 자원의 낭비가 없음 • 비용이 적게 소요됨	• 최저소득 보장 및 빈곤예방 • 수혜자는 심리적 · 사회적 낙인이 없음 • 행정절차가 용이 • 시혜의 균일성을 유지할 수 있음
단점	수혜자에게 심리적 · 사회적 낙인 부여	• 비용이 많이 소요됨 • 한정된 자원의 효과적 사용을 방해함
복지이념	잔여적 모형	제도적 모형

구분	선별주의	보편주의
예	생계급여, 의료급여, 주거급여, 자활사업, 기초연금, 장애인연금	실업급여, 누리과정, 부모급여, 아동수당

소득보장의 3층 체계

- 3층 보장체계 : 개인에 의한 보장과 개인책임(저축, 개인연금, 생명보험 등)
- 2층 보장체계 : 기업에 의한 보장과 사회적 책임(기업연금, 퇴직금, 단체보험 등)
- 1층 보장체계 : 국가에 의한 사회보장(공공부조, 공적연금, 사회수당 등)

3) 할당의 원칙

Tip

할당은 사회복지서비스 대상자를 어떤 방법으로 구분할 것인지에 대한 조건을 의미합니다.

(1) 귀속적 욕구

① 사회문제로 인하여 공통의 욕구를 가진 사람들의 집단에 속하느냐가 중요한 요건으로, 인구학적 조건이나 국적 여부가 중요하고 이 조건은 욕구의 규범적 준거에 기반을 둔 범주적 할당에 기초한다.

② 경로우대제도나 무상교육, 누리과정 등이 해당한다.

(2) 보상

① 얼마나 기여를 했는가와 기여를 한 집단에 속하느냐가 중요한 요건으로, 형평을 회복하기 위한 규범적 준거에 기반을 둔 범주적 할당에 기초한다.

② 사회보험 가입자, 국가유공자, 이주자 보상 등이 해당된다.

(3) 진단

① 전문가의 판단에 의한 기술적 진단이 중요한 요건으로, 욕구의 기술적 진단 기준에 기반을 둔 개인적 할당에 기초한다.

② 노인장기요양보험의 혜택을 받는 치매 어르신, 「장애인복지법」의 혜택을 받는 장애인 등이 해당된다.

(4) 자산조사

① 필요한 제화를 구매할 능력이 없음을 나타내는 증거로, 경제적 기준이 가장 중요한 요건이며 경제적 기준에 근거를 둔 개인적 할당에 기초한다.

② 「국민기초생활 보장법」의 혜택을 받는 수급자, 기로연금의 혜택을 받는 어르신 등이 해당한다.

대상자 선정기준

구분	내용	대상자	욕구판단 기준	예
귀속적 욕구	특정한 집단 구성원으로서의 조건을 갖춘 사람. 인구학적 조건이나 국적의 여부 등	집단	규범적 판단	아동수당
보상	일정 요건을 갖추고 기여를 한 사람 또는 사회적 공헌, 희생을 한 사람	집단	형평성에 입각한 규범적 판단	사회보험 가입자
진단적 차별 (등급분류)	특정한 재화와 서비스가 필요한 개인에 대한 분류	개인	전문적 등급 분류	장애인 진단
자산조사	소득과 재산에 대한 조사	개인	경제적 기준	수급자 선정

연금이나 수당의 급여자격 조건에 따른 대상자를 어떻게 구분하는지 파악해야 합니다.

4) 급여자격 조건에 따른 대상자 기준

구분	내용
아동수당	만 8세 미만(인구학적 기준)의 아동이 대상이다.
장애수당	만 18세 이상(인구학적 기준)의 경증장애인(진단적 구분) 중 소득인정액(자산조사)이 선정기준액 이하인 장애인에게 주는 수당이다.
장애인연금	만 18세 이상(인구학적 기준)의 중증장애인(진단적 구분) 중 소득인정액(자산조사)이 선정기준액 이하인 장애인에게 주는 연금이다.
국민연금	18세 이상 60세 미만(인구학적 기준)의 국민을 대상으로 10년 이상 보험료(기여)를 납부한 가입자가 60세가 되었을 때 받는 연금이다. 그리고 장애연금(진단적 구분)도 있다.
노인장기 요양보험	65세 이상 또는 65세 이하(인구학적 기준)의 자 중 노인성 질병(진단적 기준)을 가진 자를 대상으로 하며 보험료(기여)를 납부하고 노인성 질병이 생기면 보험료를 받는다.
국민기초 생활보장	소득인정액(자산조사)과 부양의무자 유무를 통해 수급자를 선정한다.
기초연금	65세(인구학적 기준) 이상의 노인 중 하위소득 70%(자산조사)를 기준으로 수급자를 선정한다.

4 급여체계 – 무엇을 급여로 제공할 것인가?

현금과 현물을 비교하는 문제가 자주 출제되며 현금의 장점은 현물의 단점이 되고, 현물의 장점은 현금의 단점이 됩니다.

1) 현금

① 수급자 자신이 필요한 것을 선택할 수 있도록 화폐로 받는 급여를 의미한다.

② 수급자의 선택에 자유와 효용, 자기결정을 극대화시킨다.

③ 인간의 존엄성을 높이고 운영효율성이 높다.

④ 낙인 효과는 없지만 목표효율성이 낮고 오남용 문제가 발생한다.

2) 현물

① 수급자가 필요한 물품과 서비스를 받는 급여를 의미한다.
② 수급자에게 필요한 물건을 직접 제공하여 목표효율성이 높다.
③ 효과가 확실하여 정치권에서 선호한다.
④ 현금보다 효용이 낮아 낙인이 발생하고 오남용의 문제가 크지 않다.
⑤ 대량생산과 소비로 인한 규모의 경제가 크다.
⑥ 현물을 보관하고 유통과정에서 비용이 발생해 운영효율성이 낮다.

현금과 현물의 비교

구분	현금급여	현물급여
급여의 종류	현금	물품과 서비스
가치	• 교환가치 • 개인선택의 자유를 강조	• 사용가치 • 소비행위에 대한 사회적 통제 강조
장점	• 수급자의 효용 극대화 • 수급자의 자유의지를 존중 • 자기결정권리와 소비자주권을 증진 • 사용하기에 편리 • 관리나 행정적 처리가 수월	• 정책의 목표효율성을 높임 • 규모의 경제효과 • 현금급여에 비하여 정치적인 측면에서 선호
단점	• 욕구충족에 효과적으로 사용되었는지 아닌지를 확인하기 어려운 약점 • 용도 외 사용이 가능함	• 소비행위에 대한 사회적 통제 • 현물관리에 비용이 많이 소요 • 수급자의 개인선택의 자유 제한
예	국민연금(노령연금, 장애연금, 유족연금), 건강보험(요양비)	건강보험(요양급여, 건강검진)

3) 증서(바우처)

① 현금(운영효율성)과 현물(목표효율성)의 장점을 합한 제3의 급여형태이다.
② 수급자는 정해진 용도 안에서 자기 결정을 극대화할 수 있다.
③ 공급자들의 경쟁을 유발시켜 서비스의 질을 향상시킬 수 있다.
④ 현물급여에 비해 오남용 문제가 생기고 현금급여에 비해 오남용 문제를 막을 수 있다.
⑤ 서비스 사용 용도를 명시하고 있어 현금급여에 비해 정책 목표를 달성하는 데 용이하다.
⑥ 증서(바우처)의 특징
　　㉠ 보편성 : 사회서비스 전자바우처는 보편적 사회복지를 지향하면서 사회서비스 확충에 일차적인 초점을 두고 있다.
　　㉡ 투명성 : 사회서비스 전자바우처는 이용자의 도덕적 해이 문제를 사전에 예방하여 사회서비스 재정의 투명성을 확보하기 위하여 바우처를 전산으로 관리하는 전자바우처 방식이다.

Tip 바우처(증서)는 현물보조로, 일정한 자격을 갖춘 특정한 계층에 대해 정부가 지불을 보증하는 증표입니다.

ⓒ 효율성 : 사회서비스 재정지출의 효율성을 확보하고, 수요자가 적극적으로 사회서비스를 소비할 수 있도록 시장과 소비자 중심의 바우처 수단을 도입하였다.

ⓔ 책임성 : 시장과 소비자 중심의 전자바우처 제도를 통하여 높은 품질의 다양한 서비스가 개발되고 책임 있는 다수의 사회서비스 제공기관들의 참여와 육성이 이루어지고 있다.

> **현물, 현금, 증서의 비교**
> - 목표효율성 : 현물 > 증서 > 현금
> - 운영효율성 : 현금 > 증서 > 현물
> - 자기결정권 : 현금 > 증서 > 현물
> - 소비통제 : 현물 > 증서 > 현금
> - 오남용 : 현금 > 증서 > 현물
> - 인플레이션 : 현물 > 현금 = 증서
> - 정치선호도 : 현물 > 증서 > 현금

4) 기회

① 사회적으로 취약한 위치에 있는 집단이 접근하지 못했던 부분에 접근이 가능하도록 기회를 제공하여 시장의 경쟁에서 평등한 기회를 주는 것이다.

② 장애인 의무고용률, 장애인 특례입학, 양성고용평등제 등이 있다.

5) 권력

① 수급자에게 정책결정에 대한 권력을 주어 그들에게 유리한 정책을 할 수 있도록 하는 것이다.

② 현실적으로 참여율이 낮고 참여한다 해도 정책에 대한 이해부족으로 인해 실질적인 영향을 줄 수 없다.

---

5 **재정체계 – 어떻게 재정을 충당할 것인가?**

1) 공공재원

(1) 일반예산

① 조세수입을 주요 세입으로 하여 국가의 일반적인 세출에 충당하기 위해 설치한다.

② 다른 예산에 비해 평등이나 사회적 적절성을 이루기가 쉽다.

Tip 👆
재정체계는 사회복지정책을 실행하는 데 사용되는 비용으로, 재원을 어떻게 조달하느냐와 어떤 방법으로 분배하느냐에 따라 국민들의 관심이 달라집니다.

③ 급여 내용의 보편성을 이룰 수 있고 급여를 실시하는 데 걸림돌이 적다.

④ 정책에 따라 예산증감이 용이하고 안정성과 지속성이 높다.

(2) 직접세

① 국민에게 직접 세금을 징수하는 것으로 소득세와 법인세 등이 있다.

② **소득세**

　㉠ 누진세율을 적용하여 누진적인 성격이 있고 일정소득 이하에는 조세를 면제하거나 감면하여 소득재분배 효과가 가장 크다.

　㉡ 일반예산을 구성하는 조세 중 가장 크다.

③ **법인세** : 법인에 부과되는 세금으로 주변에서 가장 흔히 볼 수 있는 주식회사가 내는 세금이다.

(3) 간접세

국민이 세금을 납부하고 있다는 것을 느끼지 못하는 상황에서 조세를 징수하는 것이다.

① **소비세** : 부담능력을 고려하지 않고 상품을 소비할 때 부과되기 때문에 개인소득세에 비해 고소득층의 부담률이 저소득층보다 상대적으로 적다.

② **일반소비세** : 모든 상품에 단일세율을 부과하는 것으로 소비세 중 가장 역진적이다.

③ **특별소비세** : 상품마다 부과세율이 달라서 어떤 상품에 세율을 높이 부과하느냐에 따라 소득재분배 효과가 다르다.

(4) 부세

일반예산에서 가장 적은 비중을 차지한다.

① **재산세** : 소유재산에 부과되는 세금으로 지방정부의 주요 재원이다.

② **상속세와 증여세** : 누진적인 세율을 적용하나 실제로 납부하는 사람의 수나 금액은 적어 전체 일반예산에서 차지하는 비중은 낮다.

(5) 사회보장성 조세

① 사회보장과 같은 목적을 가지고 사용되는 목적세로, 사용자와 고용자에게 강제로 부과하여 세금과 같은 기능을 한다.

② 국민연금, 산재보험, 건강보험, 고용보험, 장기요양보험 등으로 소득과 관계없이 같은 세율이 적용되고 상한선이 설정되어 있다.

③ 일반조세와 달리 특정한 목적에 사용되는 조세에 대한 거부감이 적다.

④ 일반예산에 비해 소득재분배 효과가 크지 않고 역진적인 성격이 크다.

> **Tip** ✋
> 특별소비세의 경우 고소득자가 주로 소비하는 품목에만 세금을 부과합니다. 이러한 품목은 없어도 살아가는 데 지장이 없는 품목이며 명품 같은 것들입니다.

⑤ 모든 소득계층의 근로소득에 동일한 비율로 부과되는데 고소득층은 자산소득이 많아 상대적으로 저소득층의 부담률이 높다.

(6) 조세비용

① 직접 조세를 거둬들이지 않고 조세를 내야 하는 사람들에게 조세를 감액하거나 면제시켜 주는 비용이다.

② 가족에 대한 인적공제, 보험료, 교육비, 의료비 등의 지출액에 대한 세금을 줄여 주는 소득공제, 납부해야 하는 세금을 줄여 주는 세액공제 등으로 국가 입장에서는 지출이 늘어난다.

③ 조세비용은 납세자의 구매력을 실질적으로 증가시키는 효과가 있다.

④ 저소득자들은 과세 대상에서 제외되기 때문에 고소득자들에게 유리하여 역진적인 성격이 크다.

> **누진적 성격과 역진적 성격**
>
> • 누진적 성격 : 소득이 많을수록 많은 세금을 납부한다. 소득이 높을수록 조세부담률이 높아져 많은 세금을 납부해야 한다.
> • 역진적 성격 : 소득이 많아도 세금은 적게 납부한다. 세금은 상한선이 정해져 있고 그 이상은 납부하지 않는다.

2) 민간재원

(1) 사용자 부담

사회복지 서비스를 받는 이용자가 부담하는 금액을 의미한다.

① 장점 : 무료에서 오는 오남용을 억제하고, 사용자의 권리와 자기존중감을 높일 수 있다. 또한 사회복지재정의 부담을 완화한다.

② 단점 : 소득과 상관없이 같은 이용료를 납부하기 때문에 역진적인 성격이 크다.

(2) 자발적 기여

법인, 재단 등에 내는 후원금으로 세금감면의 혜택을 받을 수 있어 역진적인 성격이 크다.

(3) 기업복지

사업주가 직접적인 임금 대신 기업복지의 형태로 제공하는 것으로, 사업주에게 세제혜택이 주어진다.

(4) 비공식 재원

가족(부모님 용돈) 간 혹은 이웃 간 이전을 의미한다.

Tip
사용자 부담은 역진적인 성격을 가지고 있으며 저소득층의 부담이 고소득층에 비해 상대적으로 커서 소득재분배 효과가 없습니다.

사회복지정책을 통하여 제공되는 다양한 재화나 서비스를 수급자에게 지급하는 방법이다.

1) 전달체계의 문제점

① 단편성 : 서비스가 한곳에서 이루어지지 않고 기관들이 함께하려는 활동을 하지 않는 것이 문제이다.
② 비접근성 : 클라이언트의 소득, 연령, 종교, 이용료, 인종, 위치 등에 따라 서비스 이용에 제한을 두는 문제이다.
③ 비연속성 : 클라이언트가 서비스를 이용하는 데 있어 불편한 문제이다.
④ 무책임성 : 사회복지사가 클라이언트의 욕구와 이익에 책임을 지지 않는 문제이다.

2) 전달체계의 기준

(1) 공공전달체계
① 중앙정부의 필요성
　　㉠ 교육, 의료 등과 같이 공공재적 성격이 있다.
　　㉡ 전 국민을 대상으로 하는 규모의 경제와 보편적 서비스가 가능하다.
　　㉢ 소득재분배를 통한 사회통합이나 평등실현이 가능하다.
　　㉣ 지속적이고 안정적인 서비스가 가능하다.
　　㉤ 정보의 비대칭성과 역선택의 문제를 해결할 수 있다.

② 중앙정부의 문제점
　　㉠ 자원의 비효율적인 배분이 나타난다.
　　㉡ 소비자의 다양한 욕구나 지역적 특성을 반영하지 못한다.
　　㉢ 독과점에서 나타나는 높은 가격과 서비스의 질이 하락될 수 있다.
　　㉣ 전문적인 인력이 부족하다.
　　㉤ 부서별 분리로 인하여 통합성이 결여된다.
　　㉥ 업무의 중복으로 인하여 책임소재가 불명확하다.

③ 지방정부의 필요성
　　㉠ 중앙정부에 비해 지역 주민의 욕구에 신속하게 대응할 수 있다.
　　㉡ 지방정부들 간의 경쟁으로 서비스와 가격 측면에서 유리하다.
　　㉢ 중앙정부에 비해 창의적이고 실험적인 서비스 개발이 용이하다.

④ 지방정부의 문제점
　　㉠ 지역 간 불평등으로 인해 사회통합을 저해할 수 있다.

Tip
사회복지전달체계 재구조화 전략
• 정책결정권한 · 통제력 재조직
• 업무배분 재조직
• 전달체계 조직구성 변화

합격노트 중앙정부와 지방정부의 비교 또는 공공전달체계와 민간전달체계의 비교 문제가 출제되므로 정의를 잘 파악하고 있어야 합니다.

ⓛ 중앙정부에 비해 예산이 적어 프로그램의 안정성과 지속성 측면에서 불리하다.

(2) 민간전달체계

① 필요성
ⓐ 정부에서 제공하는 서비스를 받지 못하는 대상자들에게 서비스 제공이 가능하다.
ⓑ 정부가 제공하지 않는 서비스를 제공할 수 있다.
ⓒ 다양한 서비스와 주체로 인하여 대상자들에게 선택기회를 제공할 수 있다.
ⓓ 대상자가 프로그램 개발에 참여하여 욕구수렴이 가능하다.
ⓔ 대상자의 욕구에 대해 적극적인 대처가 가능하다.
ⓕ 서비스 제공으로 국가의 사회복지비용을 절약할 수 있다.
ⓖ 정부의 사회복지 활동에 압력단체 역할이 가능하다.

② 문제점
ⓐ 대상자가 많지 않기에 공공재를 제공하기가 어렵다.
ⓑ 대상자가 많지 않기에 규모의 경제 실현이 어렵다.
ⓒ 재정이 불안정하여 지속성 문제가 발생한다.

공공전달체계와 민간전달체계의 비교

구분	공공전달체계	민간전달체계
필요성	• 사회복지서비스나 재화가 공공재적 성격 • 사회복지를 통한 긍정적 외부효과 • 서비스제공자나 소비자의 불완전한 정보문제 해결 • 역의 선택의 문제 • 도덕적 해이 현상 • 위험발생의 상호의존성 • 규모의 경제	• 정부제공 서비스의 비해당자에 대한 서비스 제공 • 정부가 제공할 수 없는 다양하고 개별적인 서비스 제공 • 서비스에 대한 선택기회를 제공 • 사회복지서비스의 선도적 개발 및 보급 • 민간의 사회복지 참여욕구 수렴 • 정부의 복지활동에 대한 압력단체 수행 • 국가의 사회복지 비용절약
장점	• 포괄적 서비스 제공 • 지속적이고 안정적 • 소득재분배의 효과 극대화로 평등의 가치구현 • 재정이 안정적	• 개별적인 다양한 서비스 제공 • 클라이언트의 욕구변화에 빠르게 대응 • 서비스의 다양성과 전문성 • 융통성과 접근성이 좋음
단점	• 서비스의 경직성 • 관료제적 구조에 따른 접근성의 한계 • 특수한 문제에 대한 대응부족	• 공공재 제공의 어려움 • 규모의 경제 실현의 어려움 • 재정의 불안정
예	사회보험, 공공부조	사회복지서비스

3) 전달체계 구축의 주요 원칙

① **포괄성의 원칙** : 대상자의 욕구는 다양하기 때문에 욕구를 해결하기 위해 다양한 서비스가 제공되어야 한다.

② **평등성의 원칙** : 성별, 연령, 소득, 종교, 정치, 지위 등과 관계없이 모든 대상자에게 차별 없이 제공되어야 한다.

③ **통합성의 원칙** : 대상자의 문제는 복잡하고 연관되어 있기에 필요한 서비스도 서로 연관되어 제공되어야 한다.

④ **전문성의 원칙** : 서비스는 전문가가 직접 제공해야 한다.

⑤ **접근성의 원칙** : 거리와 비용은 대상자가 쉽게 접근할 수 있어야 한다.

⑥ **지속성의 원칙** : 대상자가 지역사회 내에서 서비스를 계속적으로 받을 수 있어야 한다.

⑦ **적절성의 원칙** : 대상자에게 제공되는 서비스의 양과 질, 제공기간은 목표를 달성할 수 있도록 충분해야 한다.

⑧ **책임성의 원칙** : 대상자에게 제공되는 서비스 전달은 최선의 노력을 다해야 한다.

OX 퀴즈

- 사회복지정책 분석의 유형은 과정분석, 산출(산물)분석, 성과분석으로 나뉜다. 과정분석은 선택한 정책과 연관된 다양한 쟁점에 대한 분석으로 정책의 내용이나 구체적인 프로그램의 내용에 관해 분석하는 방법이다. (×)
- 길버트와 스펙트의 분석틀 중 할당체계는 귀속적 욕구, 보상, 진단, 자산조사로 구분된다. 자산조사에서 귀속적 욕구로 갈수록 제도적 성격을 가지고 있다. (O)
- 소비세, 부가가치세, 사회보장성 조세, 조세비용은 역진적 성격이 크고 소득세, 법인세는 누진적 성격이 크다. (O)
- 공공전달체계는 전 국민을 대상으로 하는 규모의 경제와 보편적 서비스가 가능하고 대상자의 욕구에 대해 적극적인 대처가 가능하다. (×)
- 전달체계 구축의 주요 원칙은 포괄성의 원칙, 평등성의 원칙, 통합성의 원칙, 전문성의 원칙, 접근성의 원칙, 지속성의 원칙, 적절성의 원칙, 책임성의 원칙이다. (O)

01 사회복지정책 분석의 유형에 대한 설명으로 틀린 것을 모두 고른 것은?

> ㄱ. 과정분석은 프로그램의 진행 과정에 대한 분석으로 목적에 맞게 진행되고 있는지 확인한다.
> ㄴ. 산물분석은 정책의 내용이나 구체적인 프로그램의 내용에 관해 분석한다.
> ㄷ. 성과분석은 정책을 집행한 결과가 정책 목표와 비교하여 그 효과성이나 효율성을 비교한다.

① ㄱ
② ㄱ, ㄷ
③ ㄴ, ㄷ
④ ㄱ, ㄴ
⑤ ㄱ, ㄴ, ㄷ

해설 ㄱ. 과정분석은 다양한 변수들의 영향력과 관계를 알아보는 작업으로 전체 또는 부분적인 과정과 연관한 분석이다. 정책의 형성이나 결정과정에 관한 분석하는 방법이다.

02 사회복지정책 분석의 유형에 대한 설명으로 틀린 것은?

① 산물분석은 정책 선택의 형태와 내용을 분석한다.
② 정책분석틀을 할당, 급여, 재정, 전달체계로 구분하는 것은 산물분석에 적합하다.
③ 과정분석은 정책의 형성이나 결정과정에 관해 분석하는 방법이다.
④ 성과분석은 정책프로그램이 실행된 결과나 영향을 평가하는 것이다.
⑤ 근로장려세제(EITC)의 저소득층 근로유인효과를 분석하는 것은 산물분석이다.

해설 근로장려세제(EITC)의 저소득층 근로유인효과를 분석하는 것은 성과분석이다. 성과분석은 정책결과와 효과를 평가하며, 산물(산출)분석은 프로그램의 내용을 분석한다.

03 길버트와 스펙트의 분석틀에 대한 설명으로 옳은 것을 모두 고른 것은?

> ㄱ. 할당체계는 누구에게 급여를 제공할 것인가로 귀속적 욕구, 보상, 진단, 자산조사가 있다.
> ㄴ. 급여체계는 어떻게 급여를 제공할 것인가로 중앙정부와 지방정부, 민간이 있다.
> ㄷ. 재정체계는 어떻게 재정을 충당할 것인가로 공공재원(세금)과 민간재원이 있다.
> ㄹ. 전달체계는 무엇을 급여로 제공할 것인가로 현금, 현물, 바우처(증서), 기회, 권력이 있다.

① ㄱ, ㄷ
② ㄴ, ㄹ
③ ㄱ, ㄴ, ㄷ
④ ㄱ, ㄴ, ㄹ
⑤ ㄱ, ㄴ, ㄷ, ㄹ

해설 ㄱ. 할당체계는 누구에게 급여를 제공할 것인가로 귀속적 욕구, 보상, 진단, 자산조사가 있다.
ㄴ. 급여체계는 무엇을 급여로 제공할 것인가로 현금, 현물, 바우처(증서), 기회, 권력이 있다.
ㄷ. 재정체계는 어떻게 재정을 충당할 것인가로 공공재원(세금)과 민간재원이 있다.
ㄹ. 전달체계는 어떻게 급여를 제공할 것인가로 중앙정부와 지방정부, 민간이 있다.

정답 01 ③ 02 ⑤ 03 ①

04 사회복지정책 분석의 유형에 대한 설명으로 틀린 것은?

① 기초연금과 국민연금의 대상자를 선정하는 기준을 분석하는 것은 과정분석이다.

② 정책의 운영과 관련된 문제들을 다루는 것은 산출분석이다.

③ 과정분석을 통하여 사회복지정책 형성에 영향을 주는 사회적인 배경요인을 파악할 수 있다.

④ 산물분석은 프로그램에 대한 여러 쟁점을 분석한다.

⑤ 아동수당은 인구학적 기준을 적용한 제도이다.

해설 기초연금과 국민연금의 대상자 선정기준 분석은 산물분석이다. 산물(산출)분석은 선택한 정책과 연관된 다양한 쟁점에 대한 분석으로 정책의 내용이나 구체적인 프로그램의 내용에 관해 분석하는 방법이다.

05 길버트와 스펙트의 할당체계에 대한 설명으로 옳은 것을 모두 고른 것은?

> ㄱ. 귀속적 욕구 – 규범적 준거에 기반을 둔 규범적 할당
> ㄴ. 보상 – 형평에 입각한 규범적 할당
> ㄷ. 진단 – 전문가의 판단에 의존하고 기술적 진단기준에 기반을 둔 개인적 할당
> ㄹ. 자산조사 – 경제적 기준에 근거를 둔 사회적 할당

① ㄱ, ㄷ   ② ㄴ, ㄹ

③ ㄱ, ㄴ, ㄷ   ④ ㄱ, ㄴ, ㄹ

⑤ ㄱ, ㄴ, ㄷ, ㄹ

해설 ㄹ. 자산조사는 소득과 재산에 대한 조사로 개인의 경제적 기준에 근거를 둔 개인적 할당이다.

06 사회복지정책 분석틀 중 할당체계에 대한 설명으로 옳은 것은?

① 유족연금은 인구학적 기준과 자산조사를 통해 대상을 선정한다.

② 기초연금의 대상선정 기준에는 부양의무자 유무는 포함된다.

③ 진단적 차등은 전문가의 분류나 판단에 근거하여 급여를 제공하는 것이다.

④ 실업급여는 고용보험의 급여로서 선별주의 범주에 해당된다.

⑤ 사회보험 대상자는 공공부조 대상자보다 낙인을 받을 가능성이 높다.

해설 ① 기초연금은 인구학적 기준과 자산조사를 통해 대상을 선정한다. 유족연금은 자산조사를 하지 않는다.

② 기초연금의 대상선정 기준에는 부양의무자 유무는 포함되지 않고 인구학적 기준과 자산조사를 통해 대상자를 선정한다.

④ 실업급여는 실업한 사람 누구나 받을 수 있으므로 보편주의 범주에 해당된다.

⑤ 보험료를 납부하기 때문에 사회보험 대상자는 공공부조 대상자보다 낙인을 받을 가능성이 낮다.

07 사회복지 급여의 형태에 대한 설명으로 틀린 것은?

① 증서는 원하는 재화나 서비스를 자유롭게 선택 가능하여 제3의 급여형태이다.

② 현물은 필요한 물품과 서비스를 직접 급여하고 정책목표의 효율적 달성을 한다.

③ 권력은 정책결정 과정에 권력을 부여하는 방법으로 사회보장위원회 참여가 있다.

④ 기회는 고용과 교육에서의 기회, 장애인 특례입학 등 긍정적 차별로 불린다.

⑤ 현금은 수급자 효용을 극대화시키지만 프로그램 운영비가 증가한다.

해설 현금은 수급자 효용을 극대화시키고 프로그램 운영비가 절약되어 운영효율성이 높다.

08 사회복지의 전달체계 중 공공부문과 비교하여 민간부문의 장점에 대한 설명으로 옳은 것을 모두 고른 것은?

> ㄱ. 개별적인 다양한 서비스 제공
> ㄴ. 클라이언트의 욕구변화에 빠르게 대응
> ㄷ. 서비스의 다양성과 전문성
> ㄹ. 안정성과 지속성 측면에서 유리

① ㄱ, ㄷ, ㄹ   ② ㄱ, ㄴ, ㄹ
③ ㄱ, ㄴ, ㄷ   ④ ㄴ, ㄷ, ㄹ
⑤ ㄱ, ㄴ, ㄷ, ㄹ

해설 공공전달체계는 국가의 세금을 사용하여 예산이 많아 민간전달체계에 비해 안정성과 지속성 측면에서 유리하다.

09 사회복지서비스 전달체계 구축의 원칙 내용으로 옳지 않은 것은?

① 통합성은 사회복지서비스는 기본적으로 성별, 연령, 소득, 지역, 종교, 지위 등에 관계없이 모든 국민에게 차별 없이 제공되어야 한다는 원칙이다.
② 포괄성은 다양하고 복잡한 문제들을 동시에 또는 순차적으로 해결하기 위하여 다각적인 서비스를 필요로 한다는 원칙이다.
③ 적절성은 사회복지서비스는 그 양과 질, 제공하는 기간이 클라이언트나 소비자의 욕구 충족과 서비스의 목표달성에 충분해야 한다는 원칙이다.
④ 책임성은 사회복지서비스의 전달에 대하여 최선의 노력을 다해야 한다는 원칙이다.
⑤ 평등성은 성별, 연령, 소득, 종교, 정치, 지위 등과 관계없이 모든 대상자에게 차별 없이 제공되어야 한다는 원칙이다.

해설 평등성은 사회복지서비스는 기본적으로 성별, 연령, 소득, 지역, 종교, 지위 등에 관계없이 모든 국민에게 차별 없이 제공되어야 한다는 원칙이다. 통합성은 대상자의 문제는 복잡하고 연관되어 있으므로 필요한 서비스도 서로 연관되어 제공되어야 한다는 원칙이다.

10 사회복지급여의 한 형태인 증서에 대한 설명으로 적절하지 못한 것은?

① 대상자의 선택권리 보장과 급여 통제가 동시에 가능하다.
② 미국의 푸드스탬프(Food Stamp)가 대표적 사례이다.
③ 자원의 배분에 대한 통제권을 제공한다.
④ 현금급여와 현물급여의 중간 성격이다.
⑤ 서비스 용도가 명시되어 있어 정책 목표를 달성하는 데 용이하다.

해설 증서(바우처)는 현금의 장점(운영효율성)과 현물의 장점(목표효율성)을 합한 제3의 급여형태로 수급자는 정해진 용도 안에서 자기 결정을 극대화할 수 있고 공급자들의 경쟁을 유발시켜 서비스의 질을 향상시킬 수 있다. 자원의 배분에 대한 통제권을 제공하는 것은 권력이다.

11 국민기초생활보장제도에서 사회적 할당(Social Allocation)의 핵심 기준은? [13회]

① 귀속적 욕구
② 진단적 차등
③ 경제적 기여
④ 소득과 재산
⑤ 보상적 욕구

해설 수급자들은 자산조사를 하기 때문에 소득과 재산이 핵심 기준이다.

12 할당의 원칙으로서 선별주의와 보편주의에 관한 설명으로 옳은 것을 모두 고른 것은? [9회]

> ㄱ. 선별주의는 목표효율성을 강조한다.
> ㄴ. 선별주의는 욕구를 스스로의 능력으로 해결할 수 없는 사람으로 정책대상을 제한한다.
> ㄷ. 일반적으로 선별주의 자격 기준에 비해 보편주의 자격 기준의 설정이 용이하다.
> ㄹ. 보편주의는 재분배 기능을 중요하게 고려하지만 효과성은 고려하지 않는다.

① ㄱ, ㄴ, ㄷ   ② ㄱ, ㄷ
③ ㄴ, ㄹ   ④ ㄱ, ㄹ
⑤ ㄱ, ㄴ, ㄷ, ㄹ

해설 ㄹ. 선별주의가 재분배 기능을 강조하고, 보편주의도 효과성을 고려한다.

13 정책분석의 3P(과정분석, 산물분석, 성과분석) 중 과정분석의 사례에 해당하는 것은? [14회]

① 근로장려세제(EITC)의 근로유인효과 분석
② 자활사업 참여자의 공공부조 탈 수급효과 분석
③ 「노인장기요양보험법」 제정에서 이익집단의 영향 분석
④ 노숙인에 대한 공공임대주택정책의 탈 노숙효과 분석
⑤ 보육 서비스 정책이 출산율 증가에 미치는 영향 분석

해설 과정분석은 정책의 형성과정을 분석하는 것으로 정책의 계획과 관련 있다. 「노인장기요양보험법」 제정 과정에서 이익집단의 영향 분석을 하였으므로 과정분석에 해당된다.

출제경향

목차	22회	21회	20회	19회	18회
1. 빈곤 측정방법	1	1	1	1	1
2. 불평등 지수			1		1
3. 공공부조					

학습 가이드

• 빈곤을 측정하는 방법의 종류를 심도 있게 공부하여 특징을 구별할 수 있어야 한다.
• 불평등을 알 수 있는 불평등 지수의 특징을 파악하여 변경 문제에 대처할 수 있어야 한다.

---

1 빈곤 측정방법

Tip

절대적 빈곤이라는 개념을 처음으로 사용한 사람은 찰스부스이고, 빈곤선 개념을 발전시키고 빈곤을 1차 빈곤과 2차 빈곤으로 구분한 사람은 라운트리 입니다.

1) 절대적 빈곤

물질적 궁핍으로 인해 살아가는 데 있어 기본욕구를 충족하지 못한 상태이다.

(1) 전물량 방식 – 라운트리(Rowntree), 마켓바스켓 방식

한 사람의 1일 평균 필요한 영양을 추정하고 필요량 한 영양을 구입하기 위해 물품의 목록과 양을 결정한다. 시장가격을 환산한 후 가족의 수를 고려하여 최저한의 피복비 · 연료비 · 잡비 등을 가산하는 방법이다.

(2) 반물량 방식 – 오샨스키(Orshansky), 엥겔방식

모든 품목이 아닌 식비만을 측정한 것으로, 과정을 단순화하여 식비가 소득 가운데에서 차지하는 비율을 파악하는 방법이다. 최저식료품비를 구하여 엥겔계수(식료품비/총소득)의 역수를 곱한 금액이 최저생계비이다.

> 최저식료품비가 100만 원이고 엥겔계수가 1/2이라면 최저생계비는 100만 원×2 = 200만 원이다.

2) 상대적 빈곤 – 타운센드(Townsend) 방식

한 사회의 평균적인 생활수준과 비교하여 평균적인 생활수준 이하의 상태로, 다른 사람과 비교하여 빈곤을 측정한다. 타운센드는 중위소득의 40%, 50%, 60% 지점을 빈곤선으로 지정하는 방식이다.

3) 주관적 방식 – 라이덴(Leyden) 방식

개인이 주관적으로 자신의 소득을 생각할 때 충분히 가지고 있지 않다고 느끼는 것으로, 적절한 생활수준을 유지하는 데 필요한 소득수준에 대한 개인들의 평가에 근거하여 결정된다.

합격노트

우리나라는 절대적 빈곤 개념을 사용하다가 2015년 「국민기초생활 보장법」의 개정으로 상대적 빈곤 개념을 사용하기 시작하였습니다.

Tip

신빈곤은 「국민기초생활 보장법」에 의해 수급자가 되지 못하여 사회복지 혜택을 받을 수 없는 수준인 차상위 계층을 말합니다.

2 불평등 지수

1) 로렌츠 곡선(Lorenz Curve)

① 전체적인 소득불평등 상태를 알아보는 데 유용하다.
② 가로축에 소득액순으로 소득인원수의 누적백분비를 나타내고, 세로축에 소득금액의 누적백분비를 나타냄으로써 얻어지는 곡선이다.
③ 한 사회의 구성원을 소득이 가장 낮은 사람에서부터 높아지는 순서에 따라 차례로 배열한다고 할 때, 일정비율의 사람들이 차지하는 전체소득 중의 비율을 나타내는 점들을 모아 놓은 곡선으로 대각선은 완전평등을, 수평축과 수직축은 완전불평등을 나타낸다.

Tip

한 나라 국민들의 소득분배 정도를 파악하기 위해 창안한 것이 로렌츠 곡선입니다.

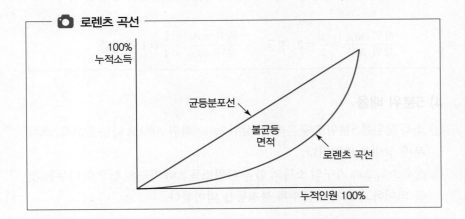

📷 **로렌츠 곡선**

2) 지니계수

① 로렌츠 곡선에 수치를 부여함으로써 분배 상태에 대한 비교를 가능하게 하는 곡선으로, 얼마나 균등하게 분배되어 있는가를 나타낸다.

② 0에 가까울수록 평등에 가깝고 1에 가까울수록 불평등에 가깝다.

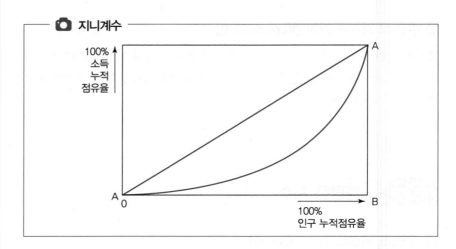

$$\frac{\cap \text{OA면적}}{\triangle \text{OAB면적}} = \frac{n}{n} = 1 \quad \text{불평등} \qquad \frac{\cap \text{OA면적}}{\triangle \text{OAB면적}} = \frac{0}{n} = 0 \quad \text{평등} \qquad 0 < G < 1$$

3) 10분위 분배율

① 소득 분위를 10분위로 구분하여 (하위 40% / 상위 20%)로 나눈 값으로, 소득 분배 상태를 파악한다.

② 2에 가까울수록 평등에 가깝고 0에 가까울수록 불평등에 가깝다.

$$\frac{\text{하위 } 40\%}{\text{상위 } 20\%} = \frac{4}{2} = 2 \quad \text{평등} \qquad \frac{\text{하위 } 40\%}{\text{상위 } 40\%} = \frac{4}{4} = 1 \quad \text{불평등}$$

4) 5분위 배율

① 소득 분위를 5분위로 구분하여 (상위 20% / 하위 20%)로 나눈 값으로, 소득 분배 상태를 파악한다.

② 상위소득 20% 가구의 소득의 합을 하위소득 20% 가구의 합으로 나누는 것을 의미하고 크기가 클수록 불평등을 의미한다.

$$\frac{\text{상위 } 20\% \text{ 가구소득의 합}}{\text{하위 } 20\% \text{ 가구소득의 합}}$$

Tip 👆
5분위 배율은 1에 가까울수록 평등하고 1에서 멀수록 불평등합니다.

5) 센지수

① 빈곤율과 빈곤갭의 단점을 보완하고자 고안한 것으로, 빈곤집단 내의 불평등 정도를 반영한다.
② 빈곤율, 소득갭, 지니계수를 고려하여 불평등 정도를 측정하는 것으로, 센지수는 값이 클수록 불평등한 분배를 의미한다.

6) 빈곤율

① 빈곤선 이하에 있는 빈곤한 사람의 규모로 빈곤인구가 전체인구에서 차지하는 비율이다.
② 빈곤율은 개인의 소득차이는 반영하지 않아 빈곤의 수준을 명확히 파악할 수는 없다.

7) 빈곤갭

① 빈곤의 심도를 나타내는 것으로, 빈곤선 이하에 소득을 받는 사람들의 소득을 빈곤선 위로 끌어올리기 위해 필요한 총소득을 의미한다.
② 빈곤선 위로 끌어올리기 위해 필요한 총소득을 의미하기에 빈곤한 사람들 간의 소득 차이를 알 수 없다.

3 공공부조

1) 공공부조의 목적

국가와 지방자치단체의 책임하에 생활 유지 능력이 없거나 생활이 어려운 국민의 최저생활을 보장하고 자립을 지원하는 제도이다. 최후의 사회안전망으로 일정소득 이하의 사람에게 최저생활을 할 수 있도록 최저수준의 급여를 제공하는 것이다.

2) 공공부조의 원리

① 최저생활보장 : 자신의 노력으로도 빈곤할 경우 국가는 최소한의 생활을 할 수 있도록 하는 것이다.
② 국가 책임 : 자신의 노력으로도 생활이 어려운 국민은 국가가 책임져야 한다.
③ 생존권 보장 : 인간다운 생활을 할 수 있도록 어려운 가정에 대해 최저생활 보장을 통하여 생존권을 보장하는 것이다.

 공공부조법에서는 「국민기초생활 보장법」, 「의료급여법」, 「긴급복지지원법」, 「기초연금법」 등이 시험에 출제되고 있습니다.

④ **보충성** : 최저생활을 유지할 수 없을 경우에 비로소 국가가 그 부족한 부분을 보충해 주는 것이다.

⑤ **자립조장** : 최저생활을 보장하여 스스로의 삶을 영위할 수 있도록 도와주는 것이다.

⑥ **무차별평등** : 신분, 인종, 성별을 불문하고 평등하게 보장받을 권리이다.

3) 공공부조의 특징

(1) 공공부조의 특징

① 사후적 대응이 가능하다.

② 급여의 양을 예상할 수 없다.

③ 재산과 소득조사를 통해 수혜자를 선별한다.

④ 일반 조사를 통하여 재원을 조달한다.

⑤ 권리성이 추상적이다.

⑥ 수직적 재분배 기능만 있다.

⑦ 신청하여 선정되는 사람만이 수혜자가 된다.

(2) 장점

① 저소득층만 국가의 혜택을 받을 수 있기 때문에 수직적 재분배가 강하다.

② 한정된 예산을 꼭 필요한 저소득층에게 집중적으로 사용하기 때문에 목표 효율성이 높다.

(3) 단점

① 세금을 납부하는 대상과 받는 대상이 다르기 때문에 조세저항이 나타날 수 있다.

② 자산조사를 통해 대상자를 선택하기에 수치심과 낙인이 생길 수 있다.

③ 소득이 적을수록 혜택을 받기에 근로의욕을 저하시킨다.

공공부조의 특징과 사회보험의 특징을 잘 구별할 수 있도록 대비해야 합니다.

OX 퀴즈

• 전물량 방식인 라운트리 방식은 식비만으로 측정하여 과정을 단순화하여 식비가 소득 가운데에서 차지하는 비율을 파악하는 방법이다. (×)

• 빈곤갭은 빈곤선 이하에 소득을 받는 사람들의 소득을 빈곤선 위로 끌어올리기 위해 필요한 총소득을 의미하고, 빈곤율은 빈곤개인이 전체인구에서 차지하는 비율을 의미한다. (○)

• 공공부조는 사후적 대응이 가능하며 재산과 소득조사를 통해 수혜자를 선별한다. 또한 일반 조세를 통하여 재원을 조달하여 수평적 재분배 기능을 한다. (×)

• 공공부조는 국가와 지방자치단체의 책임하에 생활 유지 능력이 없거나 생활이 어려운 국민의 최저생활을 보장하고 자립을 지원하는 제도이다. 최후의 사회안전망으로 일정소득 이하의 사람에게 최저생활을 할 수 있도록 최저수준의 급여를 제공하는 것이다. (○)

• 공공부조의 원리는 최저생활보장, 국가 책임, 생존권보장, 보충성, 자립조장, 무차별평등의 원칙이다. (○)

01 저소득자의 소득을 빈곤선 수준으로 끌어올리기 위한 총소득, 즉 빈곤선 이하에 있는 사람들의 소득을 모두 빈곤선 수준까지 끌어올리기 위해서는 GNP의 몇 퍼센트의 소득이 필요한가를 보여주는 지표는?

① 5분위 배수   ② 빈곤갭

③ 앳킨슨 지수   ④ 지니계수

⑤ 빈곤율

해설 빈곤갭은 빈곤선 이하에 소득을 받는 사람들의 소득을 빈곤선 위로 끌어올리기 위해 필요한 총소득을 의미한다.

① 5분위 배수는 소득 분위를 5분위로 구분하여 (상위 20%/ 하위 20%)로 나눈 값으로 소득 분배 상태를 파악한다.

③ 앳킨슨 지수는 1 − {(균등분배대등소득)/(1인당 평균소득)}의 공식으로 0에 가까울수록 평등에 가깝고 1에 가까울수록 불평등에 가깝다.

④ 지니계수는 로렌츠 곡선에 수치를 부여함으로써 분배 상태에 대한 비교를 가능하게 하는 곡선으로 얼마나 균등하게 분배되어 있는가를 나타낸다.

⑤ 빈곤율은 빈곤선 이하에 있는 빈곤한 사람의 규모로 빈곤 인구가 전체 인구에서 차지하는 비율이다.

02 빈곤에 대한 설명으로 틀린 것은?

① 5분위 분배율은 상위 20% 가구의 소득 합을 하위 20% 가구의 소득 합으로 나눈 것이다.

② 10분위 분배율은 비율이 높을수록 소득 격차가 높은 것이다.

③ OECD에서는 국가 간 비교를 위해 주로 상대적 빈곤 개념을 사용한다.

④ 소득불평등을 측정하는 지니계수는 로렌츠 곡선에서 도출된다.

⑤ 로렌스 곡선이 45° 선과 일치하면 완전 평등사회이다.

해설 10분위 분배율은 비율이 높을수록 소득 격차가 작은 것이다. 상위 20%를 하위 40%로 나눈 값으로 2에 가까울수록 평등에 가깝다.

03 공공부조의 기본원리가 아닌 것은?

① 최저생활의 원리

② 보충성의 원리

③ 자립조장의 원리

④ 개별성의 원리

⑤ 무차별평등

해설 공공부조 원리는 "최국아 생무를 보자"로 암기하도록 한다. 개별성의 원리는 포함되지 않는다.

• 최저생활보장은 자신의 노력으로도 빈곤할 경우 국가는 최소한의 생활을 할 수 있도록 도와주어야 한다는 것이다.

• 국가 책임은 자신의 노력으로도 생활이 어려운 국민을 국가가 책임져야 한다는 것이다.

• 생존권 보장은 인간다운 생활을 할 수 있도록 어려운 가정에 대해 최저생활을 보장을 통하여 생존권을 보장하는 것이다.

• 무차별평등은 신분, 인종, 성별을 불문하고 평등하게 보장받을 권리이다.

• 보충성은 최저생활을 유지할 수 없을 경우에 비로소 국가가 그 부족한 부분을 보충해 주는 것이다.

• 자립조장은 최저생활을 보장하여 스스로의 삶을 영위할 수 있도록 도와주는 것이다.

정답   01 ②   02 ②   03 ④

04 공공부조에 대한 설명으로 틀린 것은?

① 공공부조는 자산조사를 거쳐 대상을 선정한다.
② 타급여 우선의 원칙, 보충급여의 원칙 등을 기본 원리로 한다.
③ 다른 제도에 비해 상대적으로 수평적 재분배 효과가 크게 나타난다.
④ 수급자 요건을 파악하기 위해 자산조사, 전문가의 의견을 기준으로 삼는다.
⑤ 과거 기여금을 돌려받는 것이 아니기 때문에 권리라는 측면은 취약하다.

해설 공공부조는 다른 제도에 비해 상대적으로 수직적 재분배 효과가 크게 나타난다. 수평적 재분배 효과는 사회보험에서 크게 나타난다.

05 공공부조에 대한 설명으로 틀린 것은?

① 「국민기초생활 보장법」의 급여는 다른 법령에 의한 보호가 먼저 행해져야 한다.
② 수직적 재분배 효과가 크게 나타나고 사후적 대응이 가능하다.
③ 사회보험에 비해 높은 비용효과성을 갖는다.
④ 권리성이 추상적이고 자산조사를 통해 대상자를 선별한다.
⑤ 세금을 납부하는 대상과 받는 대상이 다르기에 조세저항이 나타날 수 있다.

해설 중복급여 시 국민기초생활보장 급여에 우선하여 다른 법령에 의한 보호가 먼저 행해져야 한다. 「한부모가족지원법」으로 지원을 받을 경우 「한부모가족지원법」에 의한 보호가 먼저 행해지고 부족분에 한해 「국민기초생활 보장법」에 의해 혜택을 받는다.

06 불평등 지수에 대한 내용으로 틀린 것은?

① 5분위 배수는 상위 20%를 하위 40%로 나눈 값으로 소득분배 상태를 파악한다.

② 빈곤율은 빈곤 개인이 전체 인구에서 차지하는 비율이다.
③ 에킨슨 지수는 0에 가까울수록 평등에 가깝다.
④ 지니계수는 로렌츠 곡선이 얼마나 균등하게 분배되어 있는가를 나타낸다.
⑤ 센지수는 빈곤율, 소득갭, 지니계수를 고려하여 불평등 정도를 측정한 것이다.

해설 5분위 배수는 소득 분위를 5분위로 구분하여 (상위 20% / 하위 20%)로 나눈 값으로 소득분배 상태를 파악한다. 상위소득 20% 사람이 하위소득 20% 사람보다 얼마나 더 버는가를 의미하며 크기가 클수록 불평등을 나타낸다. 상위 20%를 하위 40%로 나눈 값은 10분위 배수이다.

07 다음 중 사회 불평등을 측정할 때 사용하는 기법이 아닌 것은?

① 엥겔지수
② 로렌츠 곡선
③ 엣킨슨 지수
④ 지니계수
⑤ 5분위 배율

해설 엥겔지수는 불평등을 측정할 때 사용하는 기법이 아니다. 엥겔지수는 저소득층일수록 지출하는 전체 금액 중에서 식료품비의 비율이 높고, 고소득층일수록 전체 지출에서 식료품비의 비율이 낮다는 것을 의미한다. 가계 전체 소비지출에서 식료품비가 차지하는 비중을 엥겔지수라고 부른다.

08 공공부조에 관한 설명으로 틀린 것은?

① 주로 빈곤층을 대상으로 한다.
② 조세가 중요한 재원이다.
③ 수평적 재분배기능이 크다.
④ 최종 사회안전망의 기능을 수행한다.
⑤ 신청하여 선정된 사람만이 수혜자가 된다.

해설 공공부조는 수평적 재분배 기능은 작고 수직적 재분배 기능이 크다. 수평적 재분배 기능이 큰 것은 사회보험이다.

정답   04 ③   05 ①   06 ①   07 ①   08 ③

09 빈곤에 대한 설명으로 틀린 것은?

① 라운트리는 전문량 방식으로 빈곤을 측정한다.

② 센(Sen) 지표는 빈곤집단 내의 불평등 정도를 반영한다.

③ 로렌츠 곡선이 아래로 더 볼록해질수록 불평등 정도가 낮아진다.

④ 지니계수는 0과 1사이의 값을 가지며, 그 값이 1에 가까울수록 불평등도가 높다.

⑤ 절대적 빈곤은 최저생계비를 계측하여 빈곤선을 설정하는 방식을 적용한 것이다.

해설 빈곤율, 빈곤갭, 상대적 불평등의 세 가지 측면을 모두 고려하여 빈곤 정도를 측정하기 위해 개발한 빈곤지표를 센(Sen) 지표라 한다. 로렌츠 곡선이 아래로 더 볼록해질수록 불평등도가 높아진다. 로렌츠 곡선은 0에 가까울수록 평등하고 1에 가까울수록 불평등하다.

출제경향

목차	22회	21회	20회	19회	18회
1. 사회보장의 개념					
2. 사회보장의 기본이념					
3. 사회보장의 운영원칙					
4. 사회보장 프로그램 형태					
5. 사회보험 일반론	2	2	1	2	1
6. 공적 연금의 운영방식					

 학습 가이드

• 사회보장은 사회복지법제론과 겹치는 부분으로, 사회복지정책론에서는 사회보장에 따른 정책의 특징이 출제되고 사회복지법제론에서는 법에 대한 내용이 출제된다.
• 사회보험과 민간보험의 비교, 사회보험과 공공부조의 비교문제가 많이 출제되고 있으므로 사회보험, 공공부조를 심도 있게 공부해야 한다.

1 사회보장의 개념

Tip

사회보장이라는 용어는 1935년 미국의 루즈벨트 대통령이 제정한 사회보장법 이후에 사용되었습니다.

① 사회보장이란 출산, 양육, 실업, 노령, 장애, 질병, 빈곤 및 사망 등의 사회적 위험으로부터 모든 국민을 보호하고 국민 삶의 질을 향상시키는 데 필요한 소득·서비스를 보장하는 사회보험, 공공부조, 사회서비스를 말한다.
② 사회보험이란 국민에게 발생하는 사회적 위험을 보험의 방식으로 대처함으로써 국민의 건강과 소득을 보장하는 제도를 말한다.
③ 공공부조란 국가와 지방자치단체의 책임하에 생활 유지 능력이 없거나 생활이 어려운 국민의 최저생활을 보장하고 자립을 지원하는 제도를 말한다.

④ 사회서비스란 국가·지방자치단체 및 민간부문의 도움이 필요한 모든 국민에게 복지, 보건의료, 교육, 고용, 주거, 문화, 환경 등의 분야에서 인간다운 생활을 보장하고 상담, 재활, 돌봄, 정보의 제공, 관련 시설의 이용, 역량개발, 사회참여 지원 등을 통하여 국민의 삶의 질이 향상되도록 지원하는 제도를 말한다.

⑤ 평생사회안전망이란 생애주기에 걸쳐 보편적으로 충족되어야 하는 기본욕구와 특정한 사회위험에 의하여 발생하는 특수욕구를 동시에 고려하여 소득·서비스를 보장하는 맞춤형 사회보장제도를 말한다.

⑥ 사회보장 행정데이터란 국가, 지방자치단체, 공공기관 및 법인이 법령에 따라 생성 또는 취득하여 관리하고 있는 자료 또는 정보로서 사회보장 정책 수행에 필요한 자료 또는 정보를 말한다.

Tip
사회보장의 순기능은 사회적 위험으로 인한 소득의 급격한 감소를 완화시켜 생활안정을 유지시켜 생존권을 보장하는 데 있습니다.

📝 사회안전망

- 신자유주의 경제학자들이 서구 복지국가의 사회보장을 고비용-비효율-관료주의적이며, 정부의 과도한 재정지출이 시장경제를 해치고, 삶에 대한 개인의 책임을 약화시키는 주범이라고 생각하여 새로이 사용한 용어이다.
- 구조조정을 위한 경제개혁조치가 사회적 취약계층에게 미치는 역효과를 최소화하기 위한 조치(주로 단기적 사회복지정책)를 말한다.
- 가장 큰 목적은 빈곤의 예방과 제거에 있다.

📑 사회보장제도 비교

구분	사회보험	공공부조	사회서비스
주체	국가(중앙정부)	국가 및 지방자치단체	국가·지방자치단체 및 민간단체
대상	모든 국민	저소득층	요보호자
성격	보편주의	선별주의	보편주의 + 선별주의 (상호보완)
재원	근로자의 기여금 및 사용자의 부담금, 정부지원금	조세	국가보조금, 공동모금
종류	국민연금, 건강보험, 산재보험, 고용보험, 장기요양보험	국민기초생활보장제도, 긴급복지지원제도 등	아동복지, 장애인복지, 노인복지, 가족복지 등

2 기본 이념

사회보장은 모든 국민이 다양한 사회적 위험으로부터 벗어나 행복하고 인간다운 생활을 향유할 수 있도록 자립을 지원하며, 사회참여·자아실현에 필요한 제도와 여건을 조성하여 사회통합과 행복한 복지사회를 실현하는 것을 기본 이념으로 한다.

3 사회보장의 운영원칙

① 국가와 지방자치단체가 사회보장제도를 운영할 때에는 이 제도를 필요로 하는 모든 국민에게 적용하여야 한다.
② 국가와 지방자치단체는 사회보장제도의 급여 수준과 비용 부담 등에서 형평성을 유지하여야 한다.
③ 국가와 지방자치단체는 사회보장제도의 정책 결정 및 시행 과정에 공익의 대표자 및 이해관계인 등을 참여시켜 이를 민주적으로 결정하고 시행하여야 한다.
④ 국가와 지방자치단체가 사회보장제도를 운영할 때에는 국민의 다양한 복지 욕구를 효율적으로 충족시키기 위하여 연계성과 전문성을 높여야 한다.
⑤ 사회보험은 국가의 책임으로 시행하고, 공공부조와 사회서비스는 국가와 지방자치단체의 책임으로 시행하는 것을 원칙으로 한다. 다만, 국가와 지방자치단체의 재정 형편 등을 고려하여 이를 협의·조정할 수 있다.

4 사회보장 프로그램 형태

1) 비기여·비자산조사 프로그램

가장 보편적인 프로그램 유형으로 국적이나 인구학적 조건만 충족시키면 기여와 자산조사 없이도 급여를 지급하는 프로그램이다. 사회수당 또는 데모그란트라 하고 아동수당이 해당된다.

Tip 👆
비기여·비자산조사 프로그램은 사회수당을 의미합니다.

2) 비기여 · 자산조사 프로그램

기여를 하지 않고 소득과 재산을 기준으로 기준 이하의 가정이나 개인에게 급여를 제공하여 최저생활을 보장하는 프로그램이다. 「국민기초생활 보장법」이나 「긴급복지지원법」 등이 해당된다.

Tip 👆
비기여 · 자산조사 프로그램은 공공부조를 의미합니다.

3) 기여 · 비자산조사 프로그램

위험에 미리 대비하여 보험료를 납부하고 위험이 발생했을 때 급여를 제공받는 프로그램이다. 사회보험(산재보험, 연금보험, 고용보험, 건강보험, 노인장기요양보험)이 해당된다.

Tip 👆
기여 · 비자산조사 프로그램은 사회보험을 의미합니다.

---

5 사회보험 일반론

합격노트 사회보험과 공공부조의 특징을 파악해야 사회보험과 공공부조의 비교문제에 대처할 수 있습니다.

1) 사회보험의 특징

① 사전적 대응이 가능하다.
② 보험 기여금을 통해 급여의 양을 예상할 수 있다.
③ 재산과 소득조사가 필요 없다.
④ 보험 기여금과 지정된 세금을 통해 재원을 조달한다.
⑤ 권리성이 강하다.
⑥ 수평적 재분배 기능이 크지만 수직적 재분배 기능도 한다.
⑦ 소득이 있는 사람만이 가입자가 되고 가입자만이 수혜자가 된다.

2) 사회보험과 일반보험의 비교

(1) 공통점

① 가입자들끼리 위험의 광범위한 공동부담을 원칙으로 한다.
② 사전에 결정된 급여를 받는다.
③ 가입자가 전 국민이기에 경제적으로 안정적이다.
④ 보험료를 받기 위해선 충분한 기여금이 필요하다.

(2) 차이점

사회보험	민간보험
강제적	자발적
최저소득의 보장	개인의 의사와 지불능력에 따라 고액 보장 가능
사회적 충분성 강조(복지 요소)	개인적 공평성 강조
급여는 법에 의해 규정(법적 권리)	법적 계약에 의거(계약적 권리)
정부 독점	자유 경쟁
비용 예측 곤란	비용 예측 전제
완전 적립 불필요	완전 적립
보험계약 불필요	개인적 또는 집단적 보험계약
목적과 결과를 감안, 다양한 옵션 부여	목적과 결과를 감안, 단일 옵션 부여
중앙정부의 통제하에 투자	사적 경로를 통한 투자
인플레이션 대응을 위해 조세제도 이용 가능	인플레이션에 취약

6 공적 연금의 운영방식

1) 유형

① **사회보험식** : 보험료를 납부하여 가입자가 위험에 대비하는 방법이다.
② **사회부조식** : 보험료를 납부하지 않고 선별된 사람이 위험에 대비하는 방법이다.
③ **사회수당식** : 보험료를 납부하지 않고 모든 사람이 위험에 대비하는 방법이다.

2) 운영방식

(1) 적립방식

가입자들이 보험료를 납부하고 적립하여 이를 급여재원으로 사용하는 것으로 가입자 각각의 보험료가 적립이 된다.

① 장점
  ㉠ 보험료가 계속 적립되어 납부한 금액보다 더 많은 연금액을 받을 수 있다.
  ㉡ 가입기간이 길수록 납입 보험료가 절약된다.
  ㉢ 인구변동에 따른 문제점을 예방할 수 있다.

ⓔ 적립된 보험료 투자를 통해 경제발전에 기여할 수 있다.

ⓜ 보험료가 적립되어 있어 재정이 안정될 수 있다.

② 단점

ⓖ 초기에 정해진 금액을 받기에는 인플레이션에 취약하다.

ⓛ 투자한 보험료는 위험이 존재한다.

ⓔ 긴 가입기간이 요구된다.

(2) 부과방식

이전세대의 보험료를 현 세대의 기여금으로 부담하는 방식이다.

① 장점

ⓖ 가입기간이 필요 없이 바로 시행할 수 있어 부담이 적다.

ⓛ 인플레이션에 영향을 받지 않는다.

ⓔ 시행 초기에 재정적 부담이 적다.

ⓔ 연금의 장기적 수리체계가 불필요하다.

② 단점

ⓖ 인구의 변화의 영향이 미래세대 부담에 가중된다.

ⓛ 시간이 지날수록 재정 운영이 불안정하다.

(3) 수정적립방식

적립방식과 부과방식을 합한 방식으로, 국민연금제도가 수정적립방식을 채택하고 있다.

 5대 보험 재정순서

산업재해보상보험(1963년) – 국민연금(1986년) – 고용보험(1993년) – 건강보험(1999년) – 노인장기요양보험(2007년)

 OX 퀴즈

• 사회안전망은 신자유주의 경제학자들이 서구 복지국가의 사회보장을 고비용－비효율－관료주의적이며, 정부의 과도한 재정지출이 시장경제를 해치고 삶에 대한 개인의 책임을 약화시키는 주범이라고 생각하여 새로이 사용한 용어이다. (○)

• 비기여·자산조사 프로그램은 가장 보편적인 프로그램 유형으로 국적이나 인구학적 조건만 충족시키면 기여와 자산조사 없이도 급여를 지급하는 프로그램이다. 사회수당 또는 데모그란트라 하고 아동수당이 이에 해당된다. (×)

• 사회부조식은 보험료를 납부하지 않고 자산조사와 소득조사를 통하여 선별된 사람에게 지급된다. 재원은 일반조세에서 충당하며 장애인연금, 기초연금이 이에 해당된다. (○)

01 공적연금에 대한 설명으로 틀린 것은?

① 적립방식에 비해 부과방식이 인구구성의 변동에 더 취약하다.
② 부과방식은 현재의 근로세대가 은퇴세대의 연금급여에 필요한 재원을 부담한다.
③ 부과방식은 적립한 기여금과 기여금의 투자수익에 의해서 결정된다.
④ 소득과 가입기간에 따라 연금액이 결정된다.
⑤ 적립방식은 투자보험료는 위험이 존재한다.

해설 적립한 기여금과 기여금의 투자수익에 의해서 결정되는 방식은 적립방식이다. 부과방식은 이전세대의 보험료를 현 세대의 기여금으로 부담하는 방식으로 세대 간 재분배효과가 크다.

02 다음 중 민간보험과 비교하여 사회보험의 특징으로 옳지 않은 것은?

① 영리를 목적으로 하지 않고 최저소득을 보장한다.
② 강제적이며, 법적인 관계이고, 사회적 적합성과 보장성을 강조한다.
③ 사회적 위험을 대상으로 하는 동시에 시장실패의 보정과 소득재분배를 지향한다.
④ 권리성이 강하며 사회적 적합성의 원리에 기초한다.
⑤ 사회보험은 완전적립이 가능하고 비용 예측이 가능하다.

해설 사회보험은 완전적립이 불가능하고 비용예측이 곤란하다. 완전적립과 비용예측이 가능한 것은 민간보험이다.

03 적립방식의 장점에 대한 설명으로 올바른 것을 모두 고른 것은?

ㄱ. 가입기간이 길수록 납입 보험료가 절약되지만 투자 위험이 있다.
ㄴ. 적립된 기금이 잘 활용되는 경우 경제발전에 기여할 수 있다.
ㄷ. 보험료가 적립되어 있어 재정의 안정화를 기할 수 있다.
ㄹ. 납입한 금액보다 더 많은 금액을 받지만 인구구조의 현황에 영향을 받는다.

① ㄱ, ㄷ, ㄹ   ② ㄱ, ㄴ, ㄹ
③ ㄱ, ㄴ, ㄷ   ④ ㄴ, ㄷ, ㄹ
⑤ ㄱ, ㄴ, ㄷ, ㄹ

해설 적립방식은 가입자들이 보험료를 납부하고 적립하여 이를 급여재원으로 사용하는 것으로 가입자 각각의 보험료가 적립이 된다. 가입자마다 보험료가 적립되어 세대 내 재분배효과가 있다. 보험료가 계속 적립되어 납부한 금액보다 더 많은 연금액을 받을 수 있고 가입기간이 길수록 납입 보험료가 절약된다. 또한 인구변동에 따른 문제점을 예방할 수 있고 적립된 보험료 투자를 통해 경제발전에 기여할 수 있다는 장점이 있다. 인구구조의 현황에 영향을 받는 것은 부과방식의 단점이다.

04 공적연금에 대한 설명으로 틀린 것은?

① 연금유형은 크게 사회보험식, 사회부조식, 사회수당식으로 나눌 수 있다.
② 국민연금제도는 수정적립방식을 채택하고 있다.
③ 적립방식은 세대 간 계약에 기반을 두고 있다.
④ 적립방식의 경우 상대적으로 부과방식보다 장기적 재정추계의 필요성이 강하다.
⑤ 부과방식은 적립방식에 비해 상대적으로 재정운영의 불안정성이 존재한다.

해설 부과방식은 세대 간 계약에 기반을 두고 있다. 적립방식은 가입자가 각자의 보험료를 적립하여 세대 내 재분배 효과가 있다.

05 다음 중 사회보장에 관한 설명으로 옳은 것을 모두 고른 것은?

ㄱ. 사회보험보다 공공부조제도가 더 선별적이다.
ㄴ. 공공부조는 일반예산을 재원으로 한다.
ㄷ. 사회보험제도는 수직적 재분배 효과가 미약하다.
ㄹ. 사회수당은 급여의 적절성이라는 가치를 실현하기에 한계가 있다.

① ㄱ, ㄷ, ㄹ　　　　② ㄴ, ㄷ, ㄹ
③ ㄱ, ㄴ, ㄷ　　　　④ ㄱ, ㄴ, ㄹ
⑤ ㄱ, ㄴ, ㄷ, ㄹ

해설 ㄱ～ㄹ은 모두 사회보장에 관한 옳은 설명이다. 공공부조는 어려운 사람을 도와주므로 선별적인 성격이 크고 일반 예산을 재원으로 한다. 사회보험은 수직적 재분배 보다는 수평적 재분배 효과가 더 크고 사회수당은 제도적인 성격이 크므로 적절성과는 거리가 멀다.

Chapter 08

기타 복지제도

출제경향

목차	22회	21회	20회	19회	18회
1. 드림스타트					
2. 희망복지지원단					
3. 근로장려세제	1	1			1

학습 가이드

사회복지정책에 대한 내용이 출제되고 있는데 문제가 단독으로 나오지 않고 한국의 복지정책에 대해 광범위하게 출제되므로 복지정책을 폭넓게 학습하여 시험에 대비해야 한다.

1　드림스타트

1) 목적

취약계층 아동에게 맞춤형 통합서비스를 제공하여 아동의 건강한 성장과 발달을 도모하고 공평한 출발기회를 보장함으로써 건강하고 행복한 사회구성원으로 성장할 수 있도록 지원하는 사업이다.

2) 지원대상

① 0세(임산부)~만 12세(초등학생 이하)로 아동 및 가족이다.

② 만 12세 이상 아동 중 초등학교 재학 아동도 포함한다.

③ 국민기초수급 및 차상위 계층 가정, 법정 한부모가정(조손 가정 포함), 학대 및 성폭력 피해아동 등에 대한 우선 지원을 원칙으로 한다.

> **Tip** 👆
> 드림스타트는 미국의 헤드스타트를 모방하여 만든 교육정책으로 공평한 출발기회를 보장하려는 정책입니다.

3) 추진방향

① 아동과 가족을 대상으로 맞춤형 통합서비스를 제공하고 아동에 대한 사회 투자의 중요성을 강조한다.
② 다양한 접근을 통한 예방적 서비스를 제공한다.

2 희망복지지원단

1) 개념

복합적 욕구를 가진 대상자에게 통합사례관리를 제공하고, 지역 내 자원 및 방문형 서비스 사업 등을 총괄 관리함으로써 지역단위의 통합서비스 제공의 중추적 역할을 수행하는 전담조직이다.

2) 목표

민관협력을 통한 지역단위의 통합적 서비스 제공체계를 구축·운영함으로써 맞춤형 서비스 제공 및 지역주민의 복지체감도를 향상시킨다.

3) 업무

(1) 대상자 발굴

읍·면·동 주민센터와 시군구 각 부서, 지역주민 및 관련 기관에서 발굴된 대상자에 대해 읍·면·동 주민센터에서 초기상담 실시 후 사례관리대상자를 의뢰한다.

(2) 통합사례관리 실시

희망복지지원단을 중심으로 읍·면·동 주민센터, 지역사회복지협의체, 지역 내 서비스제공기관과의 연계 및 협력을 통해 대상자의 다양한 욕구를 충족시키는 맞춤형 서비스를 제공하며 대상자별 서비스제공계획을 수립하여 통합적 서비스를 제공하고, 점검 및 사후관리를 실시한다.

(3) 자원관리

희망복지지원단이 중심적으로 수행하되, 읍·면·동 주민센터, 지역사회복지협의체, 지역 내 관련 기관과 연계 및 협력하여 적극적으로 추진한다.

Tip

시·군·구에 있는 희망복지지원단은 다양한 욕구를 가진 클라이언트에게 통합사례관리를 실시합니다.

① 일을 하고 있지만, 그 금액이 적어서 생활이 어려운 근로자 가구에게 부양가족 대비 총연간급여액을 산정하여 금전적인 지원을 통해 실질소득을 지원하기 위한 환급형 세액제도이다.

② 2008년 소득을 기준으로 2009년에 처음 근로장려금을 지급하였고 수급대상은 저소득임금근로자와 영세자영업자이다.

③ 근로 빈곤층이 근로를 계속할 수 있게 하여 극빈층이 되는 것을 예방할 수 있다.

④ 저소득임금근로자나 영세자영업자에게 혜택을 주어 소득재분배(수직) 효과를 기대할 수 있다.

⑤ 「조세특례제한법」에 근거하고 관할 세무서에서 관리한다.

⑥ 수급자의 근로유인을 강화하고 근로의욕을 고취시키려는 목적이다.

⑦ 우리나라의 근로장려세제는 미국의 EITC제도를 모델로 하였다.

⑧ 가족구성원(단독가구, 홑벌이 가구, 맞벌이 가구)에 따라 총소득기준금액을 차등하여 적용한다.

 부의 소득세(Negative Income Tax)

조세제도를 활용하여 빈곤계층 중 취업하고 있거나 근로능력자들을 대상으로 소득을 보장해 주는 것이다. 특정 가구의 최소소득보장수준에 미달할 때 그 차액의 일정 비율만큼 조세를 환급하는 제도이다. 소득이 적을수록 혜택은 커진다. 부의 소득세 개념은 밀턴 프리드먼(Milton Friedman), 로버트 램프만(Robert Lampman)에 의해 제안되었다.

01 근로장려세제(EITC)에 대한 설명으로 옳은 것을 모두 고른 것은?

> ㄱ. 조세제도를 활용한 소득보장제도이다.
> ㄴ. 근로복지공단에서 담당하게 된다.
> ㄷ. 일을 통한 빈곤 탈출 정책의 일환이다.
> ㄹ. 근로능력이 있는 사람은 모두 급여를 받는다.

① ㄱ, ㄷ ② ㄴ, ㄹ
③ ㄱ, ㄴ, ㄷ ④ ㄱ, ㄷ, ㄹ
⑤ ㄱ, ㄴ, ㄷ, ㄹ

해설 근로장려세제는 일을 하고 있지만, 그 금액이 적어서 생활이 어려운 근로자 가구에게 부양가족대비 총 연간급여액을 산정하여 금전적인 지원을 통해 실질소득을 지원하기 위한 환급형 세액제도이다. 「조세특례제한법」에 근거하고 국세청에서 관리하며, 주 수급대상은 저소득임금근로자와 영세자영업자이다.

02 드림스타트에 대한 설명으로 틀린 것은?

① 취약계층아동에게 맞춤형 통합서비스를 제공한다.
② 만 12세 이상의 초등학교를 재학하는 아동은 포함되지 않는다.
③ 0세(임산부)~12세(초등학생 이하)의 아동 및 가족을 지원대상으로 한다.
④ 아동의 건장한 성장과 발달을 도모하고 공평한 출발기회를 보장한다.
⑤ 학대 및 성폭력 피해아동 등에 대한 우선 지원을 원칙으로 한다.

해설 만 12세 이상 아동 중 초등학교에 재학하고 있는 아동도 포함된다. 나이보다는 학력을 기준으로 한다.

03 희망복지지원단에 대한 설명으로 틀린 것은?

① 단편적인 욕구를 가진 대상자를 중심으로 통합사례관리를 실시한다.
② 민관협력을 통한 지역단위의 통합적 서비스 제공체계를 구축하고 운영한다.
③ 읍·면·동 행정복지센터, 지역사회보장협의체, 주민자치회 등 지역 내 서비스 기관과 연계 및 협력을 통해 욕구를 충족시킨다.
④ 대상자별 서비스 제공계획을 수립하고 통합적 서비스를 제공한 후 점검 및 사후관리를 실시한다.
⑤ 지역 내 자원 및 방문형 서비스 사업 등을 총괄 관리하여 지역단위 서비스를 제공한다.

해설 희망복지지원단은 복합적인 욕구를 가진 대상자를 중심으로 통합사례관리를 실시한다.

정답 01 ① 02 ② 03 ①

3교시 | 사회복지정책과 제도

사회복지
행정론

7
과목

학습 가이드
- 사회복지행정이 가지고 있는 여러 특성들이 매년 출제되고 있어 심도 있는 학습이 필요하다.
- 사회복지행정의 과정에 대한 내용을 구분할 수 있어야 한다.
- 사회복지행정과 일반행정의 비교에 대한 내용이 자주 출제되고 있어 구분이 필요하고 하젠필트가 주장한 사회복지행정 조직의 특성도 중요하다.

1 사회복지행정의 개념

 일반행정과 사회복지행정을 비교하는 문제가 자주 출제되고 있으니 사회복지행정의 특징만 파악하면 됩니다.

① 관리자가 조직목표를 달성하기 위해서 수행하는 과정, 기능 그리고 활동이다.

② 사회복지 과업수행을 위해서 인적 · 물적 자원을 체계적으로 결합 · 운영하는 합리적 행동이다.

③ 사회복지제도와 정책을 서비스 급여, 프로그램으로 전환시키기 위한 전달체계이다.

④ 사회복지정책을 개별적이고 구체적인 서비스로 전환시키는 과정이다.

⑤ 협의의 개념으로는 지역사회가 필요로 하는 서비스를 제공하기 위해 이용 가능한 모든 자원을 주민들이 사용할 수 있도록 조직구성원들이 역량을 발휘하게 하고 주민들과 함께 일하는 과정이다.

광의의 개념으로는 모든 국민을 대상으로 사회의 전반적인 문제를 다루는 사회복지정책을 포함하고 일반적인 사회복지정책을 사회복지서비스로 전환시키는 데 필요한 사회복지조직에서의 총체적인 활동을 의미한다.

🔖 사회복지행정의 협의의 개념과 광의의 개념 비교

구분	사회복지행정	주체	대상	실현범위
협의의 개념	사회사업기관행정	민간복지기관	요보호대상자	설립목적으로 운영
광의의 개념	공공복지기관행정	중앙, 지방자치단체	전 국민	사회복지정책 실현

Tip 👆
사회복지행정의 지향점
- 효율적 · 효과적 운영
- 지역사회의 참여 강조
- 클라이언트의 욕구 반영
- 시민참여의 확대
- 민간 · 공공의 협조

2 사회복지행정의 이념

① **접근성** : 클라이언트가 사회적 서비스를 이용하는 데 있어 얼마나 쉽게 이용할 수 있는가를 의미한다. 비용이 높거나 거리가 멀면 접근성이 떨어진다.

② **효율성** : 최소의 투입으로 최대의 산출을 달성하는 것으로 최소한의 비용으로 최대의 산출 효과를 나타낸다.

③ **효과성** : 목표의 달성 정도를 의미한다. 목표를 달성하기 위해서 서비스가 욕구를 충족하는지, 문제를 해결하는 데 어느 정도 유효한지를 의미한다.

④ **공평성** : 동일한 욕구를 가진 클라이언트는 동일한 혜택을 받을 수 있어야 한다는 것이다. 클라이언트는 서비스를 받을 기회, 비용, 내용 등을 모두 포함한다.

⑤ **책임성** : 사회복지행정업무를 수행할 때 최선의 노력을 다해야 하고 서비스 전달에 책임을 져야 한다.

Tip 👆
사회서비스는 혼합재로 사유재와 공공재의 성격을 동시에 내포합니다.

3 사회복지행정의 과정

1) P(Planning, 기획)

① 목표의 설정과 목표를 달성하기 위한 과업 및 활동, 과업을 수행하기 위해 사용되는 방법을 결정하는 단계이다.

② 과업을 달성하기 위한 방법은 변화하는 목표에 따라 달라질 수 있으므로, 사회복지행정가는 변화하는 목표에 맞추어 과업을 계획하고 방법과 기술을 결정해야 한다.

2) O(Organizing, 조직)

① 조직구조를 설정하는 과정으로 과업이 할당, 조정된다.
② 조직구성에 있어서 구성원들의 역할과 책임이 분명히 할당되지 않으면 구성원 간의 갈등이 초래되고, 비효율적이며 비효과적인 조직이 된다.

3) S(Staffing, 인사)

① 직원의 채용과 해고, 직원의 훈련, 우호적인 근무조건의 유지 등이 포함되는 활동이다.
② 사회복지행정에서 책임자는 직원의 임면뿐만 아니라 훈련, 교육, 직원의 근무환경의 유지에 대해서도 책임을 진다.

4) D(Directing, 지시)

① 행정책임자가 기관을 효과적으로 운영하기 위해 하위구성원에게 업무를 부과하는 기능이다.
② 기관의 효과적인 목표 달성을 위한 행정책임자의 관리 · 감독의 과정으로 행정책임자는 합리적인 결정, 능동적인 관심, 헌신적인 태도로 직원의 공헌을 칭찬하고 책임과 권한을 효과적으로 위임하며 개인과 집단의 창의성을 고려하고 지시하는 지도자가 되어야 한다.

5) Co(Coordinating, 조정)

① 사회복지기관의 활동에 있어 다양한 부분들을 상호 연결시키는 중요한 기능이다.
② 사회복지행정가는 부서 간, 직원들 간의 효과적인 의사소통망을 만들어 유지하고 조정해야 한다.

6) R(Reporting, 보고)

① 사회복지행정가가 직원, 이사회, 지역사회, 행정기관, 후원자 등에게 조직에서 일어나는 상황을 알리는 것이다.
② 주요 활동으로는 기록, 정기적인 감사, 조사연구가 있다.

7) B(Budgeting, 재정)

① 조직의 행정가는 현재를 포함하여 중·장기적인 재정계획을 수립해야 하고 재정운영에 대한 책임을 갖는다.
② 사회복지기관의 예산정책으로는 급여의 스케줄, 수입확보의 방법, 지출통제의 방법 등이 있다.

8) E(Evaluating, 평가)

① 사회복지기관의 목표에 따라 전반적인 활동결과를 사정하는 과정을 말한다.
② 크게 클라이언트의 욕구나 문제의 해결에 적절했는지에 대한 서비스의 효과성 평가와 자원의 투입 및 산출에 관련된 효율성 평가의 두 가지 척도를 적용할 수 있다.

---

4 사회복지조직의 특성

① 사회복지조직은 클라이언트와 직접 접촉하고 활동한다.
② 사회복지조직의 목표는 인간을 대상으로 하여 모호하고 애매하며 문제점이 있다.
③ 사회복지조직의 원료는 사회적·도덕적 정체성을 지닌 인간이다.
④ 사회복지조직은 복잡한 인간이 대상이므로 사용되는 기술이 복잡하고 불확실하다.
⑤ 사회복지조직의 핵심활동은 직원과 클라이언트와의 관계이다.
⑥ 목표가 모호하고 애매하여 효과성과 효율성 표준척도가 없다.
⑦ 공공의 이익을 위해서 사회로부터 후원을 받는다.
⑧ 사회복지조직은 외부 환경과 관계에서 가치와 이해관계에 갈등을 있어 어려움을 겪는다.
⑨ 지역사회 욕구를 충족시키기 위한 조직관리 기술을 필요로 한다.
⑩ 모든 구성원들이 조직운영 과정에 참여하여 일정 부분 영향을 미친다.
⑪ 사회복지조직의 관리자는 조직의 운영을 지역사회와 연관시킬 책임이 있다.

 합격노트 사회복지조직의 특성에 대한 내용이 자주 출제됩니다. 사회복지조직은 인간을 대상으로 서비스를 제공한다는 것을 꼭 기억해야 합니다.

 OX 퀴즈

• 사회복지행정은 인간을 대상으로 하여 목표가 모호하고 애매하며 효율성과 효과성의 표준척도가 없다. 또한 복잡한 기술을 사용하고 불확실하다. (○)
• 사회복지행정의 과정은 기획, 조직, 인사, 지시, 조정, 보고, 재정, 평가로 이루어진다. 행정책임자가 기관을 효과적으로 운영하기 위해 하위구성원에게 업무를 부과하는 기능은 인사이다. (×)

01 사회복지행정의 과정 및 기능에 대한 설명으로 틀린 것은?

① 조직은 조직의 부서를 어떻게 나눌 것인지 등 구조를 만들어가는 과정이다.

② 보고는 이사회에게 조직의 활동 및 상황에 대한 보고를 진행한다.

③ 재정은 조직 재정활동의 투명성을 확보하고, 중장기 계획에 대비할 수 있도록 해야 한다.

④ 기획은 직원의 채용 및 교육, 훈련 등에 관한 사항이다.

⑤ 지시는 행정책임자가 기관을 효과적으로 운영하기 위해 하위구성원에게 업무를 부과하는 기능이다.

해설 직원의 채용 및 교육, 훈련 등에 관한 사항은 인사이다. 기획은 목표를 달성하기 위한 과업 및 활동, 과업을 수행하기 위한 방법을 의미한다.

02 사회복지행정에 대한 설명으로 틀린 것은?

① 사회복지행정에서는 성과를 객관적으로 증명하기가 쉽다.

② 사회복지행정은 조직의 목적과 목표를 달성하기 위해 인적·물적 자원을 활용한다.

③ 사회복지행정은 인간을 원료로 하고 지역사회와 밀접한 관계를 맺고 있다.

④ 사회복지행정은 클라이언트를 직접 대면하는 사회복지사에 대한 의존도가 높다.

⑤ 사회복지행정은 공공의 이익을 위해서 사회로부터 후원을 받는다.

해설 사회복지조직에서는 성과를 객관적으로 증명하기가 쉽지 않다. 클라이언트의 욕구가 모두 다르기 때문에 목표를 구체화하기 어려워 효율성이나 효과성에 대한 평가가 쉽지 않다.

03 다음 내용에 들어 있지 않는 사회복지행정의 과정은?

- 사회복지기관의 활동에 있어 다양한 부분들을 상호 연결시키는 중요한 기능
- 직원의 채용과 해고, 직원의 훈련, 우호적인 근무조건의 유지 등이 포함되는 활동
- 행정책임자가 기관을 효과적으로 운영하기 위해 하위구성원에게 업무를 부과하는 기능
- 사회복지기관의 목표에 따라 전반적인 활동결과를 사정하는 과정

① 인사   ② 조정
③ 보고   ④ 지시
⑤ 평가

해설 보고는 사회복지행정가가 직원, 이사회, 지역사회, 행정기관, 후원자 등에게 조직에서 일어나는 상황을 알리는 것이다.

① 직원의 채용과 해고, 직원의 훈련, 우호적인 근무조건의 유지 등이 포함되는 활동은 인사이다.

② 사회복지기관의 활동에 있어 다양한 부분들을 상호 연결시키는 중요한 기능은 조정이다.

④ 행정책임자가 기관을 효과적으로 운영하기 위해 하위구성원에게 업무를 부과하는 기능은 지시이다.

⑤ 평가는 사회복지기관의 목표에 따라 전반적인 활동결과를 사정하는 과정이다.

정답   01 ④   02 ①   03 ③

04 사회복지행정에 관한 설명으로 옳지 않은 것은?

[9회]

① 사회사업적 지식, 기술, 가치 등을 의도적으로 적용한다.
② 사회복지정책과 사회복지실천보다 상위의 개념이다.
③ 사회복지정책을 서비스로 전환시키는 과정이다.
④ 목표달성을 위한 내부적 조정과 협력과정이다.
⑤ 클라이언트와 조직에 대한 변화를 초래한다.

해설 사회복지정책과 사회복지실천은 상하의 개념이 아니다. 사회복지행정은 사회복지정책을 실천으로 옮기는 과정이다.

05 사회복지행정의 특징으로 틀린 것은?

① 사회복지기관의 목표에 따라 전반적인 활동결과를 사정하는 과정은 평가이다.
② 재정은 사회복지기관의 급여의 스케줄, 수입확보의 방법, 지출통제의 방법 등을 의미한다.
③ 과업 및 활동, 과업을 수행하기 위해 사용되는 방법을 결정하는 단계는 기획이다.
④ 조직은 직원의 임명, 훈련, 교육, 직원의 근무환경의 유지에 대해서도 책임을 진다.
⑤ 보고는 사회복지행정가가 직원, 이사회, 지역사회, 행정기관, 후원자 등에게 조직에서 일어나는 상황을 알리는 것이다.

해설 조직은 조직구조를 설정하는 과정으로 과업의 할당과 조정이 해당된다. 인사는 직원의 임명, 훈련, 교육, 직원의 근무환경의 유지에 대해서도 책임을 진다.

06 일반행정과 비교하여 사회복지행정의 특징이 아닌 것은?

[9회]

① 클라이언트의 욕구충족을 기본으로 한다.
② 인간의 가치와 관계성을 기반으로 한다.
③ 자원의 외부의존도가 높다.

④ 전문인력인 사회복지사에 대한 의존도가 높다.
⑤ 실천표준기술의 확립으로 효과성 측정이 용이하다.

해설 사회복지서비스의 활동효과를 타당하게 측정할 수 있는 표준척도가 없다.

07 사회복지조직의 특징으로 옳은 것은?

[14회]

① 도덕적 정당성에 민감하다.
② 이해관계 집단의 구성이 단순하다.
③ 성과에 대한 평가가 용이하다.
④ 일선전문가의 재량을 인정하지 않는다.
⑤ 주된 기술이 단순하고 확실하다.

해설 인간을 대상으로 하는 사회복지조직은 도덕적 정당성에 민감하다.

② 이해관계 집단의 구성이 단순하지 않고 복잡하다.
③ 성과에 대한 평가는 용이하지 않다.
④ 일선전문가의 재량을 인정한다.
⑤ 주된 기술은 복잡하고 불확실하다.

08 사회복지행정과 일반행정의 공통적인 특성으로 옳은 것은?

① 사회복지행정을 통해 서비스의 효과성을 높이고 일관성을 확보한다.
② 목표를 설정하고 목표달성을 위해서 인적·물적 자원을 동원한다.
③ 일선 사회복지사는 클라이언트에게 재량권을 행사할 수 있다.
④ 사회복지조직이 정해진 목표를 달성하기 위해 정책 목표들을 실천적인 서비스로 전환시키는 것이다.
⑤ 클라이언트마다 겪는 문제나 욕구가 다르기 때문에 그 문제를 정형화하거나 유형화하기 어렵다.

해설 목표를 설정하고 목표달성을 위해서 인적·물적 자원을 동원하는 것은 사회복지행정과 일반행정의 공통점이다. 나머지는 사회복지행정만이 가지고 있는 특징이다.

정답 04 ② 05 ④ 06 ⑤ 07 ① 08 ②

학습 가이드 최근 한국의 사회복지 정책들의 제정 연도에 따른 순서와 변화에 대한 문제들이 자주 출제
되고 있으므로 각 정책들과 제정 연도를 확실히 암기해 두는 것이 좋다.

1 한국의 역사

> **합격노트**
> 사회복지의 역사는 지역사회
> 복지론, 사회복지정책론, 사
> 회복지실천론, 사회복지법제
> 론 등 다른 과목에서도 출제되
> 고 있으니 함께 학습하는 것이
> 좋습니다.

1) 미인식단계(1950년대 및 이전)

① 민간 사회복지기관이 설립된 것은 한국전쟁을 계기로 외국의 민간 원조기
관들이 설립된 후이다.

② 사회사업행정의 중요성에 대한 인식은 거의 없거나 미약했다.

③ 외원기관의 활동은 전쟁으로 인한 긴급구조로 인해 조직적인 원조활동과
전문적인 사회복지활동을 수행할 수 없는 상태였다.

④ 1947년에 이화여자대학교 기독교 사회사업학과가 설치되면서 전문적 사
회사업교육이 출발하였다.

2) 명목상 인정단계(1960~1970년대)

① 1970년대에도 사회복지프로그램은 단순한 저소득층 중심과 시설보호 위
주의 구호행정에서 벗어나지 못하였다.

② 외원기관에서는 전문적이고 행정적인 지식과 기술을 사용하지 않아 효율
성과 효과성이 무시된 사회복지프로그램을 개발하였다.

③ 실무현장에서는 사회사업행정의 필요성과 중요성을 인식하지 못하였고
학계나 교육분야에만 중요성을 인식하고 있었다.

3) 실질적 중요성 인식단계(1980~1990년대)

① 1980년대 이후 산업화로 인해 다양한 사회문제가 나타나기 시작하였고 사회문제를 해결하기 위해 여러 가지의 사회복지제도가 제정되기 시작하였다.

② 1981년 한국사회사업가협회가 사회복지사 윤리강령을 채택하여 사회복지사의 전문직으로서의 기본 요소를 갖추고, 사회복지 영역에서 전문가의 책임과 역할을 크게 인식하기 시작하였다.

③ 1987년 공공부문에서 사회복지전문요원이 채용되었고 사회복지관을 중심으로 각종 민간 사회복지조직들이 증가하면서 사회복지행정에 대한 관심을 갖게 되었다.

④ 1991년 「사회복지사업법」 개정을 통해 사회복지전담공무원과 복지사무전담기구(사회복지사무소)를 설치할 수 있는 법적 근거가 마련되었다.

⑤ 1995년 전국 5개 지역에서 보건소에 사회복지기능을 통합한 보건복지사무소를 시범운영하였다.

⑥ 1998년부터 「사회복지공동모금법」에 의한 공동모금제도의 도입이 이루어져 민간 사회복지조직과 재정의 자율성이 강화되는 방향으로 발전하였다.

⑦ 1999년 「국민기초생활 보장법」이 제정됨으로써 국가의 도움이 필요한 빈곤한 모든 국민들에게 기본적인 생활을 제도적으로 보장하게 되었다.

4) 도전의 단계(2000년 이후~)

① 2003년 제1회 사회복지사 1급 자격 국가시험이 시행되었다.

② 2004년 사회복지사무소 시범사업이 실시되었다.

③ 2005년 시·군·구에서 지역사회복지협의체 운영이 시작되었다.

④ 2006년 주민생활지원서비스 전달체계가 실시(주민생활지원국 설치)되었다.

⑤ 2007년 주민생활지원서비스 전달체계 3단계를 실시(도·농 복합시·군·구 중심)하였고, 동사무소를 동주민센터로 명칭을 변경(50개 군)하였다.

⑥ 2007년 사회서비스 이용권(바우처) 사업이 시작되었다.

⑦ 2008년 드림스타트 사업이 시작되었다.

⑧ 2010년 사회복지 통합관리망(행복e음)이 구축되었다.

⑨ 2012년 희망복지지원단이 실시되었다.

⑩ 2016년 읍·면·동 복지허브화 전략으로 복지사각지대 발굴, 통합사례관리, 지역자원 발굴 및 지원 등의 서비스를 제공하고 있다.

⑪ 2019년 사회서비스원을 설립 운영하였고 지역사회통합돌봄(커뮤니티케어) 선도사업을 추진하였다.

 2000년대 이후 정책이 시행된 연도를 꼭 암기를 해야 합니다.

⑫ 한국 사회복지행정의 과제

ㄱ 지방정부는 지역의 특성에 맞는 사회보장계획을 수립하여 시행할 수 있는 자치능력을 키워나가야 한다.

ㄴ 사회복지서비스 전달체계의 적정관리와 민관 파트너십이 요청된다.

ㄷ 사회복지조직의 책임성 요구와 기대에 따른 행정지식과 기술이 요청된다.

ㄹ 통합적 사례관리체계의 구축이 요구된다.

01 우리나라 사회복지행정의 변화에 관한 설명으로 옳지 않은 것은?

① 1987년부터 사회복지전문요원이 배치되기 시작
② 1995년 분권교부세를 도입, 재정분권이 본격화
③ 1997년 사회복지시설의 설치가 허가제에서 신고제로 변경 결정
④ 2000년대 사회서비스 이용권(바우처) 사업이 등장
⑤ 2000년대 중반 이후 지역사회복지계획 수립

> **해설** 분권교부세는 1995년이 아니라 2005년부터 도입되었다.

02 1997년 「사회복지사업법」 개정에서 사회복지시설 평가제도와 함께 도입된 제도는? [9회]

① 사회복지전문요원 제도
② 분권교부세
③ 전자바우처 방식의 사회서비스
④ 사회복지시설 설치 신고제
⑤ 지역사회복지계획 수립

> **해설** ① 사회복지전문요원 제도는 1987년에 시행되었다.
> ② 분권교부세는 2005년에 시행되었다.
> ③ 전자바우처 방식의 사회서비스는 2011년에 시행되었다.
> ④ 사회복지시설 설치 신고제는 1997년에 시행되었다.
> ⑤ 지역사회복지계획은 2003년에 수립되었다.

03 사회복지행정의 역사에 대한 설명으로 틀린 것은?

① 「국민기초생활 보장법」상 생계급여의 집행체계는 읍·면·동이다.
② '읍·면·동 복지허브화' 전략은 맞춤형 통합서비스를 제공하기 위한 민·관 협력을 기반으로 한다.
③ 사회복지 시설평가 제도는 5년마다 모든 시설에 실시된다.
④ 최근 우리나라 사회복지행정은 민간부문과 공공부문의 협력이 강조되고 있다.
⑤ 사회복지조직의 대규모 양적 팽창은 1980년대 후반 이후부터 본격적으로 이루어졌다.

> **해설** 사회복지 시설평가 제도는 3년마다 모든 시설에 실시된다.
>
> ① 「국민기초생활 보장법」상 생계급여는 읍·면·동 단위의 주민센터를 통해 서비스를 신청하면 시·군·구 단위에서 사실조사 및 심사를 거쳐 급여제공 여부를 결정하게 된다. 따라서 읍·면·동이 생계급여의 집행체계라고 볼 수 있다.

04 2000년 이후에 일어난 변화에 대한 설명으로 틀린 것을 모두 고른 것은?

> ㄱ. 주민생활지원서비스로의 개편
> ㄴ. 사회복지통합관리망의 구축
> ㄷ. 사회보장정보시스템의 구축
> ㄹ. 보건복지사무소 시범사업

① ㄱ, ㄴ, ㄹ   ② ㄱ, ㄷ, ㄹ
③ ㄴ, ㄷ, ㄹ   ④ ㄴ, ㄹ
⑤ ㄹ

> **해설** 보건복지사무소 시범사업은 1995년에 실시되었다. 주민생활지원서비스로의 개편, 사회복지통합관리망의 구축, 사회보장정보시스템의 구축 등 공적 사회복지 전달체계는 2000년대 들어서면서 변화가 일어났다.

정답 01 ② 02 ④ 03 ③ 04 ⑤

출제경향

목차	22회	21회	20회	19회	18회
1. 폐쇄체계이론	3	3	1	1	1
2. 개방체계이론					
3. 구조주의이론					
4. 현대조직이론	1	2	3	1	3

학습 가이드

- 폐쇄체계이론인 관료제이론, 과학적 관리론, 인간관계론이 시험에 자주 출제되고 있어 특성을 확실히 암기해야 한다.
- 현대조직이론 중 목표관리제의 내용과 총체적 품질관리의 내용이 비슷하여 차이점을 찾아낼 수 있어야 한다.
- 최근 SERVQUAL(서브퀄) 모형에 대한 문제가 자주 출제되고 있어 SERVQUAL(서브퀄)의 정의를 확실히 공부해야 한다.

Tip 👍
폐쇄체계이론들의 공통점은 생산성 향상입니다. 관료제이론은 규정과 규칙, 과학적 관리론은 1인 업무량과 성과금 제시, 인간관계론은 인간관계를 통한 생상성 향상을 우선으로 합니다.

1 폐쇄체계이론

1) 베버(Weber) – 관료제이론

(1) 특징

① 합리적인 규칙과 효율성을 강조하여 정해져 있는 규칙을 따라야 한다.

② 공적인 지위에 따른 위계적인 권위구조를 가진다.

③ 고도의 전문성이 요구된다.

④ 구성원보다는 규칙이나 규정을 우선시한다.

⑤ 권한의 양식이 합법적이고 합리성을 띠고 있다.

⑥ 정당한 권한에 의하여 내려지는 명령에 순응하기 위하여 합리적 수단을 사용한다.

(2) 단점

① 항상 틀에 박힌 일정한 방식이나 태도를 취하는 매너리즘에 빠져 독창성을 잃는다.

② 전문화로 인하여 자신의 업무 외에는 할 수 없다.

③ 구성원이 현상만 유지하면 된다는 식의 무사안일주의에 빠진다.

④ 사람보다는 규칙과 규정을 중요하게 생각하여 목적과 수단이 바뀌게 되는 목적전치에 빠진다. 목적을 달성하기 위한 규칙이 목적 자체가 된다.

⑤ 레드테이프(Red Tape)는 문서처리에 지나친 형식을 강조한다.

⑥ 사적 관계를 배제하여 몰인간성을 강조한다.

⑦ 크리밍 현상이 나타날 수 있다.

⑧ 관료제적 병폐

　　㉠ 할거주의 : 자신이 속한 파벌이나 지역의 형편 또는 처지만 앞세우는 배타적인 경향을 말한다.

　　㉡ 매너리즘 : 담당자들이 단순한 행동을 반복하여 창의적인 행동을 하지 않고 고정된 일처리를 하는 현상을 말한다.

　　㉢ 레드테이프 : 지나친 형식주의로 업무의 절차를 복잡하게 하여 업무를 지연시킴으로써 효율성을 저해시키는 현상이다.

　　㉣ 크리밍(Creaming) : 사회복지조직들이 프로그램의 성공 가능성이 높은 클라이언트만 선발하고, 비협조적이거나 어려울 것 같은 클라이언트를 선발하지 않는 것을 말한다.

　　㉤ 스태핑(Staffing) : 전담직원을 신규 채용해서 맞춤형 프로그램 기회를 담당하게 하는 것이다.

2) 테일러(Taylor) - 과학적 관리론

(1) 특징

① 업무에 필요한 동작에 대한 소요시간을 표준화하여 적정한 1일 업무를 분업한다.

② 표준화된 분업을 확립하고 성과와 임금을 연계하여 성과에 따른 임금을 제시한다.

③ 객관화, 분업화를 통하여 업무의 능률성을 강조한다.

④ 생산성을 강조하여 구성원의 신체적 능력을 중요하게 강조한다.

(2) 단점

① 과정은 무시하고 성과만 강조한다.

② 상부에서 정한 목적이 일치되지 않을 경우 문제가 발생한다.

③ 구성원이 임금에만 반응할 것이라고 간주한다.

합격
노트

관료제적 병폐는 단독으로 시험에 출제되고 있으니 용어에 대한 개념을 잘 파악하고 있어야 합니다.

Tip 👆

서비스 과활용은 서비스가 필요하지 않은 클라이언트에게 서비스를 제공하거나 서비스를 너무 많이 주는 것을 의미합니다.

합격
노트

관료제이론과 과학적 관리론을 비교하는 문제가 많이 출제되고 있고 내용이 유사하므로 두 이론을 확실히 구분할 수 있어야 합니다.

④ 구성원들의 비인간화로 인해 소외현상이 발생하고 조직에 미치는 영향을 무시한다.

⑤ 비공식집단과 구성원들의 커뮤니케이션의 중요성을 간과하였다.

⑥ 폐쇄적 환경을 강조하여 환경적 요인이 조직의 목적과 구조에 미치는 영향을 등한시한다.

⑦ 조직구성원들 사이의 권력배분에 영향을 미치는 내적·외적·정치적 과정을 무시하고 조직을 갈등과 불화가 없는 협동체계로 간주한다.

3) 공공행정학파

① 분업과 통제의 범위를 통한 목표달성을 강조한다.

② 전문성을 높이기 위해 업무를 고도로 세분화하는 분업이 중요하다.

③ 분업과 가장 단순한 형태로의 과업 분류를 강조하고 통제의 통일을 강조한다.

④ 통제의 통일은 한 명의 슈퍼바이저에 의해 지도와 감독이 되는 슈퍼바이지 수의 제한을 가지고 있는데 이를 통제의 범위라 한다.

⑤ 통제의 범위는 슈퍼바이저에 의해 지도되는 슈퍼바이지 수의 제한을 의미한다.

Tip 👉
인간관계론에서 주장하는 인간관계는 비공식적 관계에서 나타나는 인간관계입니다.

4) 메이요(Mayo) – 인간관계론

(1) 특징

① 메이요는 구성원의 만족을 주는 요인을 실험하여 금전이나 작업환경이 생산성을 향상시키지 못한다는 것을 발견하였다.

② 인간을 비합리적이며 비물질적 보상에 더 민감하게 반응하는 정서적인 인간으로 가정한다.

③ 구성원의 경제적인 욕구나 동기에 따른 행동보다도 비경제적 요인인 사회적·심리적 욕구나 동기가 행동에 영향을 미친다.

④ 구성원의 작업능률은 다른 구성원과의 인간관계에 크게 좌우된다.

⑤ 조직의 비공식적 집단이 생산성과 업무 태도에 영향을 미친다.

⑥ 사회복지조직에 기본적으로 많이 적용된다.

(2) 단점

① 임금, 환경, 목적 등을 무시하고 오로지 인간관계에만 치우쳤다.

② 조직 안에서 발생할 수 있는 정치적·경제적 과정을 무시했다.

③ 인간의 비합리적이고 정서적인 측면만 강조하였다.

④ 인간관계론 중심 및 강조는 조직문제와 실제요인을 오판하게 하거나 잘못 해석하게 할 수도 있다.

5) 맥그리거(McGregor) - X, Y이론

① X이론
- ㉠ 인간은 원래 일을 싫어하기 때문에 지시와 통제가 필요하다고 전제한다.
- ㉡ 사람은 스스로 행동하기보다는 지시받기를 좋아하고 책임을 지기보다는 안정을 원한다.

② Y이론
- ㉠ 인간은 일을 스스로 할 능력과 창의성이 있으므로 적절한 자기책임을 부여한다면 통제와 지시가 필요 없다고 전제한다.
- ㉡ 인간 스스로 문제를 해결할 수 있는 높은 수준의 창의력과 상상력을 발휘할 수 있다.
- ㉢ 목표에 대한 헌신과 자아실현의 욕구는 중요한 보상이 될 수 있다.
- ㉣ 조직의 구조가 구성원의 자아실현을 할 수 있을 때 조직의 생산성은 극대화될 수 있다.

6) 린드스테드(Lindstedt) - Z이론
① 2분법적인 XY이론의 단점을 보완하기 위해 Z이론을 주장했다.
② 과학자나 연구자와 같은 사람들은 관리하지 않아도 자유의지에 따라 자율적인 업무를 수행하기에 분위기만 조성하면 되고, 통제하거나 지시해서는 안 된다고 본다.

Tip 👆

맥그리거의 X, Y이론은 동기부여이론에서도 출제되는 부분입니다.

---

2 개방체계이론

조직을 다양한 역동성과 메커니즘에 기초를 둔 구체적 기능을 수행하는 많은 하위체계로 구성된 복합체로 보고 있다.

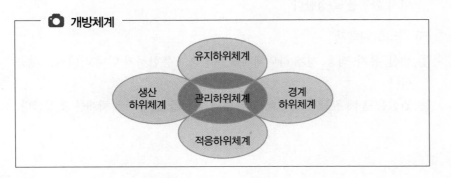

📷 개방체계

유지하위체계 / 생산하위체계 / 관리하위체계 / 경계하위체계 / 적응하위체계

Tip

생산하위체계에서 주장하는 전문화는
사회복지실천론에서 출제되는 문제해
결모델 중 펄만의 4P와 동일합니다.

(1) 생산하위체계

① 사회복지조직에서 생산하위체계의 기능은 클라이언트에게 서비스를 제공하는 것이다.

② 클라이언트의 욕구를 반영한 서비스를 개발·제공하는 사회복지사의 전문성이 중요하다.

③ 조직의 역할과 과업을 설계하는 데 숙련성과 합리성이 중요하다.

④ 전문화는 목적(Purpose), 과정(Process), 사람(Person), 장소(Place) 등 4가지 영역에서 조직화될 수 있다.

(2) 유지하위체계

① 직원을 선발하고 훈련시킨 후 적절한 보상을 제공하여 조직의 안정성을 추구한다.

② 조직의 계속성을 확보하기 위해 직원들의 목표를 조직의 목표에 통합해야 한다.

③ 절차를 공식화·표준화하여 직원의 보상제도를 확립한다.

(3) 적응하위체계

① 환경의 변화에 반응하여 조직을 변화시킬 필요성을 인식하고 조직변화를 위한 최적의 대안을 찾기 위해 연구하고 평가한다.

② 프로그램의 조사, 연구, 기획, 평가를 실시하여 클라이언트의 변화에 따른 조직의 변화방향을 제시한다.

③ 연구와 계획에 관련되어 있으며 조직의 지적인 부분에 해당한다.

(4) 경계하위체계

① 환경에 영향을 미치기 위한 장치를 확립할 필요성에 강조를 두고 있다.

② 조직의 외부환경에 영향을 미치는 다른 조직과 협력하고 연계하여 조직을 홍보한다.

③ 지역사회에 홍보를 할 필요가 있으며 다양한 조직과 후원자들에게 영향을 미쳐 환경을 조정한다.

(5) 관리하위체계

① 생산, 유지, 적응, 경계 하위체계를 조정하고 통합하기 위해 리더십을 제공한다.

② 권한을 통해 갈등을 해소하고 타협과 심의를 통해 하위체계를 조정한다.

3 구조주의이론

① 조직은 환경과 상호작용하는 실체로 크고 복잡한 사회적 단위로 본다.
② 조직이 살아남기 위해서는 급변하는 환경적 특성에 순응해야 한다.
③ 조직의 갈등을 역기능으로 보기보다는 순기능으로 보고 갈등의 문제를 노출시켜 문제를 해결할 수 있다고 본다.
④ 개인과 조직의 목표는 일치한다고 생각하지 않고 오히려 조직에서는 갈등이 불가피하다고 생각한다.
⑤ 인간관계론자들은 인간적 요소를 충분히 고려하지 않았다고 비판한다.

4 현대조직이론

1) 목표관리제(MBO, Management By Objectives)

(1) 특징
① 모든 구성원이 참여하여 조직의 공통목표를 명확히 한다.
② 결과지향적 방법으로 전 구성원의 협조를 강조한다.
③ 구성원에게 책임을 부여하여 생산성을 높이려고 한다.
④ 구성원이 의사결정에 참여하여 사기를 높여준다.
⑤ 장기 · 질적 목표보다는 단기 · 양적 목표에 치중한다.
⑥ 목표는 성과 지향적 · 현실적 · 긍정적이며 측정이 가능하다.

(2) 단점
① 목표와 성과를 측정하기가 어렵다.
② 단기목표와 같은 쉬운 업무에만 치중하는 경향을 가져온다.
③ 관리상황은 환경에 따라 달라져 성과를 거두기 어렵다.
④ 목표관리를 도입하는 데 운영절차가 복잡하여 시간이 많이 걸린다.

2) 총체적 품질관리(TQM, Total Quality Management)

① 고객 만족을 위하여 모든 조직구성원이 협력하여 품질의 개선과 향상을 위해 노력한다.
② 개인의 노력보다는 구성원 전원의 다양한 협력활동이며, 이것이 품질로 나타난다.
③ 투입과 과정에 대한 지속적인 개선을 하고 품질의 질은 고객이 평가한다.

합격노트 현대조직이론 중 목표관리제와 총체적 품질관리의 비교 문제가 자주 출제되고 있으니 내용을 구분할 수 있어야 합니다.

④ 품질의 변이를 미리 예측하여 사전에 방지한다.

⑤ 품질에 중점을 둔 관리기법으로 고객중심적인 관리체계이다.

⑥ 서비스의 품질은 초기단계에서부터 고려된다.

⑦ 고객의 욕구를 조사하며, 의사결정은 욕구조사 분석에 기반한다.

⑧ 고객만족을 우선적 가치로 하며 서비스의 질을 강조한다.

⑨ 조직의 문제점을 발견하고 시정함에 있어 지속적인 학습과정을 강조한다.

⑩ 초기 과정에서 조직리더의 주도성이 중요하다.

3) 조직군생태이론

① 환경결정론적 관점으로 환경적 요인에 가장 적합한 조직이 생존한다.

② 외부 환경요인이 환경에 가장 적합한 조직을 선택한다.

③ 변이 – 선택 – 보전의 조직변동 과정을 장기적인 관점에서 파악한다.

④ 변이는 환경에 따라 조직형태가 다양해지는 단계이다.

⑤ 선택은 환경에 의해 조직이 선택되는 단계이다.

⑥ 보전은 환경에 적합한 조직만이 유지·보존되는 단계이다.

 조직군생태이론과 제도이론은 내용이 유사하므로 이론들의 내용들을 구분할 수 있어야 합니다.

4) (신)제도이론

① 조직이 생존을 위해 조직 내외의 조건에 적응하는 과정에서 하나의 특징이 구조를 형성한다고 주장하면서 제도화로 설명한다.

② 조직이 생존을 위해 사회적 정당성과 결부시키고 사회로부터 정당성을 인정받은 경우 생존 가능성이 증가한다.

5) 정치경제이론(자원의존이론)

① 업무 환경의 중요성을 강조하고 조직운영에서 정치적 요인과 경제적 요인을 중시하는 이론이다.

② 업무 환경은 조직이 필요로 하는 중요한 자원을 통제하고 조직을 통해 해당 조직적 목표를 달성한다.

③ 조직 내·외부의 역학관계가 전달체계에 어떤 영향을 미치는지 분석하는 데 초점을 둔다.

④ 자원을 소유하고 있는 이해관계 집단이 조직에 영향력을 발휘한다.

⑤ 조직환경에서 재원을 둘러싼 권력관계를 부각시킨다.

⑥ 외부환경에 의존하는 사회복지조직의 현실을 설명할 수 있다.

6) SERVQUAL(서브퀄) 모형

SERVQUAL(서브퀄)은 Service와 Quality의 합성어로 서비스 행위에 대한 고객의 기대와 실제로 고객이 경험한 서비스에 대한 인식을 비교하여 일치하는 정도와 방향을 측정하는 서비스 품질을 관리하는 기법이다.

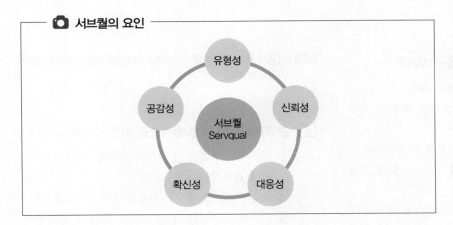

📷 서브퀄의 요인

① **유형성** : 클라이언트 눈에 보이는 사회복지기관의 시설에 대한 부분으로 사회복지기관이 사용하는 장비나 시설의 외형을 의미한다.
📖 건물, 장비, 간판, 인테리어 등

② **신뢰성** : 사회복지기관이 클라이언트에게 약속한 서비스를 잘 지고 있는지, 사회복지기관이 클라이언트에게 약속한 서비스를 믿을 수 있는지를 의미하고 지속성과 예측성과 연관된다.
📖 클라이언트와 한 약속한 시간을 지킴

③ **반응성** : 사회복지기관이 클라이언트에 대한 서비스를 얼마나 즉각적인 서비스가 실행되고 있는지를 의미한다.
📖 서비스가 클라이언트에 신속하게 이루어짐

④ **확신성** : 사회복지기관에서 일을 하는 사회복지사의 능력이나 사회복지기관의 자원을 의미한다.
📖 사회복지사가 전문지식이나 기술, 전문자격을 갖추고 있음

⑤ **공감성** : 클라이언트에 대한 배려와 개별적 관심, 클라이언트의 이익을 고려한 맞춤형 서비스를 제공할 수 있는지를 의미한다.
📖 클라이언트에 맞춤형 서비스를 제공함

Tip 👆

• 유형성은 현대적인 장비를 갖추고 있는지, 직원들이 잘 준비되어 있는지, 시설이나 자료들이 시각적으로 도움을 주는지 등으로 판단합니다.
• 신뢰성은 시간을 잘 지키는지, 문제를 잘 해결하는지, 올바른 서비스를 제공하는지 등으로 판단합니다.
• 반응성은 사회복지사가 도와줄 용의가 있는지, 신속한 서비스를 제공하는지 등으로 판단합니다.
• 확신성은 사회복지사가 클라이언트에게 신뢰감을 주는지, 지속적으로 친절을 베푸는지, 질문에 답변할 능력이 있는지 등으로 판단합니다.
• 공감성은 사회복지사가 개별적인 관심을 주는지, 클라이언트의 특별한 요구를 이해하는지 등으로 판단합니다.

OX 퀴즈

• 과학적 관리론은 지나치게 문서처리를 강조하고 현상이 나타나며 목적을 달성하기 위해 규칙이 목적 자체가 된다. 사람보다 규칙을 더 우선시하여 몰인간성을 강조한다. 합리적인 규칙과 효율성을 강조하여 정해진 규칙을 따라야 생산성이 높다. (×)
• 조직군생태이론은 품질의 변이를 미리 예측하여 문제를 해결하기 위해 전 구성원이 노력하고 품질의 개선과 향상을 위해 노력한다는 이론이다. (×)
• 목표관리제는 고객 만족을 위하여 모든 구성원이 협력하여 품질의 개선을 위해 노력하며, 개인의 노력보다는 구성원 전원의 다양한 협력활동이 고품질로 나타난다. 품질의 질은 고객이 평가하기에 품질의 변이를 미리 예측하여 사전에 방지해야 한다는 이론이다. (×)
• 개방체계이론은 생산하위체계, 적응하위체계, 경계하위체계, 관리하위체계로만 이루어져 있고, 생산하위체계는 클라이언트에게 서비스를 제공하는 것으로 클라이언트의 욕구를 반영한 서비스를 개발·제공하는 사회복지사의 전문성이 중요하다. (×)

01 목표관리제에 대한 설명으로 옳은 것은?

① 목표설정을 토대로 한 관리체계이다.
② 위계적 직무수행의 절차와 방법을 엄격히 규정한다.
③ 사회복지조직의 생존과 소멸 현상을 설명한다.
④ 조직의 유효성을 높이기 위해 구조적 변화보다는 인적 자원의 변화를 중시한다.
⑤ 서비스 생산 과정과 절차를 지속적으로 개선해 나가는 데 관심을 둔다.

해설 ② 위계적 직무수행의 절차와 방법을 엄격히 규정하는 이론은 관료제이론이다.
③ 사회복지조직의 생존과 소멸 현상을 설명하는 이론은 조직군생태이론이다.
④ 조직의 유효성을 높이기 위해 구조적 변화보다는 인적 자원의 변화를 중시하는 이론은 학습조직이론이다.
⑤ 서비스 생산 과정과 절차를 지속적으로 개선해 나가는 데 관심을 두는 이론은 총체적 품질관리이다.

02 총체적 품질관리에 대한 설명으로 틀린 것은?

① 서비스 이용자를 대상으로 욕구조사를 실시한다.
② 클라이언트의 자기결정권을 존중하기 위한 기법이다.
③ 서비스의 변이 가능성을 예방하는 노력을 포함한다.
④ 사용자 중심의 관점을 중요시하기 때문에 품질결정자는 클라이언트가 된다.
⑤ 장기적 관점으로 전 과정에서의 품질 확보를 강조하며, 예방적 통제를 추구한다.

해설 이용자 중심의 관점을 중요시하기 때문에 품질결정자는 클라이언트가 된다.

03 관료제이론에 대한 설명으로 틀린 것은?

① 조직이 수행해야 할 과업이 일상적·일률적인 경우에 효율적이다.
② 조직관리는 조직의 상황에 따라 달라진다고 본다.
③ 인간의 합리성을 강조하고 조직구조에 경직성이 나타난다.
④ 엄격한 규칙과 업무 분장에 따른 관리를 강조하였다.
⑤ 외부환경에 대해 고려하지 않는 폐쇄체계적 관점의 이론이다.

해설 조직관리가 조직의 상황에 따라 달라진다고 보는 이론은 상황이론이다.

04 다음 내용에 들어 있지 않은 이론은?

- '변이 → 선택 → 보전'의 과정을 거쳐 조직변동이 일어난다고 설명한다.
- 조직은 환경에서 정치적 자원과 경제적 자원을 획득함으로써 유지된다.
- 고객의 욕구와 만족을 중심으로 한 관리체계이다.
- 위계적 직무수행의 절차와 방법을 엄격히 규정한다.

① 정치경제이론   ② 총체적 품질관리
③ 관료제이론   ④ 과학적 관리론
⑤ 조직군생태이론

정답 01 ① 02 ④ 03 ② 04 ④

• '변이 → 선택 → 보전'의 과정을 거쳐 조직변동이 일어난다고 설명하는 이론은 조직군생태이론이다.
• 조직이 환경에서 정치적 자원과 경제적 자원을 획득함으로써 유지된다고 보는 이론은 정치경제이론이다.
• 고객의 욕구와 만족을 중심으로 한 관리체계는 총체적 품질관리이다.
• 위계적 직무수행의 절차와 방법을 엄격히 규정하는 이론은 관료제이론이다.

05 제도이론에 대한 설명으로 옳은 것을 모두 고른 것은?

> ㄱ. 사회복지조직과 관련된 법적 규범이나 가치 체계를 주요 설명요인으로 다룬다.
> ㄴ. 조직은 법률, 규칙, 사회적 여론 등의 영향을 받는다.
> ㄷ. 유사 조직 간의 동형화 현상을 모범사례에 대한 모방과 전이 행동으로 설명한다.
> ㄹ. 조직과 환경과의 관계에서 환경의 조직선택이라는 환경결정론적 시각을 갖는다.

① ㄱ, ㄴ, ㄷ
② ㄱ, ㄴ, ㄹ
③ ㄱ, ㄷ, ㄹ
④ ㄴ, ㄷ, ㄹ
⑤ ㄱ, ㄴ, ㄷ, ㄹ

조직과 환경과의 관계에서 환경의 조직선택이라는 환경결정론적 시각을 갖는 이론은 조직군생태이론이다.

06 체계이론에 대한 내용으로 틀린 것은?

① 주체들 간의 상호 의존성에 대한 이해를 증진시킨다.
② 유지하위체계는 직원을 선발하여 훈련시키며 보상하는 제도를 확립한다.
③ 생산하위체계는 기관의 홍보를 담당하는 부문이다.
④ 관리하위체계는 다른 하위체계들을 조정하고 통합한다.
⑤ 경계하위체계는 조직을 둘러싼 환경에 대한 대응과 관련이 있다.

생산하위체계는 클라이언트에게 서비스를 제공하는 것으로 클라이언트의 욕구를 반영한 서비스를 개발·제공하는 사회복지사의 전문성이 중요하며 생산과 관련된 과업을 수행한다.

07 인간관계론에 대한 설명으로 틀린 것은?

① 정서적 만족감이 충족될 경우 생산성이 향상된다고 보았다.
② 인간적인 요소와 감정의 중요성에 주목하였다.
③ 생산과 관리에 있어 인간적인 요소와 감정의 중요성에 주목하였다.
④ 조직이 처한 상황에 따라 적합한 조직구조도 달라진다.
⑤ 비공식적 과정의 중요성에 대한 이해를 증진시킨다.

조직이 처한 상황에 따라 적합한 조직구조도 달라지는 이론은 상황이론이다.

08 관료제이론과 과학적 관리론의 공통점으로 옳은 것을 모두 고른 것은?

> ㄱ. 규칙, 분업, 합리성, 효율성 등에 초점을 두었다
> ㄴ. 조직구성원의 심리사회적 욕구를 중요하게 인식하였다.
> ㄷ. 업무분석, 분업, 규칙과 통제, 물질적 보상 등을 기반으로 이론을 전개하였다.
> ㄹ. 비공식 집단의 필요성을 인식하지 못하였다.

① ㄱ, ㄴ, ㄷ
② ㄱ, ㄴ, ㄹ
③ ㄱ, ㄷ, ㄹ
④ ㄴ, ㄷ, ㄹ
⑤ ㄱ, ㄴ, ㄷ, ㄹ

조직구성원의 심리사회적 욕구를 중요하게 인식한 이론은 인간관계론이다.

사회복지서비스 전달체계

학습 가이드 🎯

· 사회복지서비스 전달체계는 사회복지정책론에서도 출제되고 있는 만큼 꼭 암기해야 하는 부분이다.
· 서비스 전달체계의 운영주체는 공공과 민간에 대한 내용이 사회복지정책론에서도 출제되는 부분이다.
· 공공과 민간의 역할분담의 내용은 사회복지정책론의 국가복지의 정당성과 중복되는 부분이다.

---

1 사회복지서비스 전달체계

사회복지서비스 전달체계 구축요인은 사회복지정책론의 내용과 중복되며, 사회복지행정론에서도 꾸준히 출제되고 있는 만큼 암기가 필요합니다.

1) 개념

사회복지서비스 전달체계란 지역사회체계 속에서 사회복지서비스의 공급자 간 또는 공급자와 소비자(클라이언트, 고객 또는 수혜자) 간을 연결시키기 위한 조직적 장치라고 할 수 있다.

2) 전달체계 구축의 주요 원칙

① 포괄성의 원칙 : 대상자의 욕구는 다양하기 때문에 욕구를 해결하기 위해 다양한 서비스가 제공되어야 한다.
② 평등성의 원칙 : 성별, 연령, 소득, 종교, 정치, 지위 등과 관계없이 모든 대상자에게 차별 없이 제공되어야 한다.

③ **통합성의 원칙** : 대상자의 문제는 복잡하고 연관되어 있기에 필요한 서비스도 서로 연관되어 제공되어야 한다.

④ **전문성의 원칙** : 서비스는 전문가가 직접 제공해야 한다.

⑤ **접근성의 원칙** : 거리와 비용은 대상자가 쉽게 접근할 수 있어야 한다.

⑥ **지속성의 원칙** : 대상자가 지역사회 내에서 서비스를 계속적으로 받을 수 있어야 한다.

⑦ **적절성의 원칙** : 대상자에게 제공되는 서비스의 양과 질, 제공기간은 목표를 달성할 수 있도록 충분해야 한다.

⑧ **책임성의 원칙** : 대상자에게 제공되는 서비스 전달을 위해 최선의 노력을 다해야 한다.

2 서비스 전달체계의 운영주체

분류	담당	적용	내용
공공전달체계	정부나 공공 기관이 관리	보건복지부 → 특별시·광역시·도 → 시·군·구 → 읍·면·동 → 대상자	• 재정 안정 • 관료적, 복잡성 • 외적 요인에 다소 둔감
민간전달체계	민간(단체)이 관리	복지 재단, 자원봉사 단체, 사회복지시설, 개인 등	• 재정 취약 • 융통성, 창의성, 유연성 • 사회 변화와 요구에 민감

3 공공과 민간의 역할분담

① 공익, 사회적 필요성, 다수의 수혜자가 혜택을 보는 경우에는 중앙정부가 제공해야 한다.

② 서비스가 필요한 만큼 제공되지 않거나 더욱 많은 부담을 유발하는 부정적인 외부효과 또는 긍정적인 외부효과가 나타나면 중앙정부가 제공해야 한다.

③ 서비스에 대한 국민의 정보가 적거나 정보 공유에 많은 비용이 소요되는 경우에는 중앙정부가 제공해야 한다.

④ 서비스를 대규모 또는 강제적으로 제공하는 것이 바람직한 경우에는 중앙정부가 제공해야 한다.

 공공의 역할분담은 사회복지정책론에서 배운 국가복지의 정당성에 대한 내용과 중복되는 부분이 있어 암기하는 데 수월합니다.

⑤ 서비스가 추구하는 중요한 가치가 평등이나 공평성인 경우에는 중앙정부가 제공해야 한다.

⑥ 서비스를 안정적·지속적으로 제공할 필요가 있는 경우에는 중앙정부가 제공해야 한다.

⑦ 서비스를 포괄·조정하여 표준화하는 것이 용이한 경우에는 중앙정부가 제공해야 한다.

⑧ 정부서비스와 민간서비스가 서로 보완적 관계인 경우에는 중앙정부와 민간이 함께 제공해야 한다.

⑨ 개별화가 강한 서비스를 대상자의 특성에 따라 제공할 필요가 있는 경우에는 민간이 제공해야 한다.

4 사회복지 역할분담 유형(Kramer)

Tip 👆
사회복지 분담유형은 국가와 민간이 사회복지를 실행하는 데 역할에 대한 비중으로 구분합니다.

1) 국유화 모형

① 정부가 최대의 서비스 제공자로 민간부문의 역할은 최소한으로 축소된다.
② 국가가 대부분 서비스를 제공하는 경우(9 : 1)

2) 정부주도 모형

① 정부만이 보편적인 모든 서비스를 제공할 수 있다고 가정한다.
② 국가가 대부분의 서비스를 제공하면서 민간이 정부의 역할을 보충하는 경우(7 : 3)

3) 실용적 동반자 모형

① 정부가 기본적인 서비스를 제공하지만 서비스 제공과정에서 비영리 민간부문에게 위탁하여 관료화를 방지한다.
② 국가가 재정을 제공하고 민간이 서비스를 제공하는 경우(5 : 5)

4) 민간강화 모형

① 비영리 민간부문의 믿음에서 출발하고 비영리 민간부문이 사회복지서비스를 제공하여 민간의 역할을 강조한다.
② 비영리 민간부문의 복지를 활용하는 경우(7 : 3)

5) 민영화 모형

① 정부의 사회복지 재정을 줄이고 영리 민간부문에서 가장 합리적인 가격으로 양질의 서비스를 전달하는 시장경제를 의미한다.
② 영리 민간부문에서 양질의 서비스를 제공하며 시장경제의 경쟁을 강조하는 경우(9 : 1)

01 전달체계 구축원칙에 대한 설명으로 옳은 것은?

① 정보 부족으로 인해 서비스를 이용할 수 없다면 포괄성이 결여된 것이다.

② 다양한 욕구해결을 위해 필요한 서비스를 종합적으로 제공하는 것은 접근성을 의미한다.

③ 전달체계 자체의 효과성이나 효율성과 관련된 것은 책임성이다.

④ 서비스가 중복되거나 누락되지 않도록 해야 한다는 것은 적절성이다.

⑤ 필요한 서비스의 양과 질이 부족하다면 통합성이 결여된 것이다.

해설 ① 정보 부족으로 인해 서비스를 이용할 수 없다면 접근성이 결여된 것이다.
② 다양한 욕구해결을 위해 필요한 서비스를 종합적으로 제공하는 것은 포괄성을 의미한다.
④ 서비스가 중복되거나 누락되지 않도록 해야 한다는 것은 통합성이다.
⑤ 필요한 서비스의 양과 질이 부족하다면 적절성이 결여된 것이다.

02 민간전달체계에 대한 설명으로 옳은 것은?

① 민간은 공공부문에 비해 서비스의 안정성이 유리하다.

② 민간은 경쟁에 따른 서비스 질을 높일 수 있다.

③ 민간은 다양한 서비스 제공 및 새로운 서비스의 선도적 개발·보급에 불리하다.

④ 민간은 환경변화에 따른 서비스 개발과 보급에 불리하다.

⑤ 민간은 국가 사회복지 재정을 절약하는 데 도움이 되지 않는다.

해설 ① 민간은 공공부문에 비해 서비스의 안정성이 취약하다.
③ 민간은 다양한 서비스 제공 및 새로운 서비스의 선도적 개발·보급에 유리하다.
④ 민간은 선도적인 서비스 개발과 보급에 유리하다.
⑤ 민간은 국가 사회복지 재정을 절약하는 데 도움이 된다.

03 전달체계 구축원칙에 대한 설명으로 틀린 것은?

① 접근성은 서비스를 필요로 하는 사람은 누구나 쉽게 받을 수 있어야 한다는 것이다.

② 적절성은 클라이언트의 다양한 욕구를 충족시킬 수 있도록 해야 함을 강조한다.

③ 전문성은 전문적인 자격을 갖춘 사람에 의해 전문적인 서비스가 제공되어야 함을 의미한다.

④ 책임성은 사회복지조직은 서비스 전달에 있어 책임을 져야 한다는 것이다.

⑤ 지속성은 필요한 여러 서비스를 중단 없이 제공한다는 것이다.

해설 클라이언트의 다양한 욕구를 충족시킬 수 있도록 해야 함을 강조하는 것은 통합성이다. 적절성은 서비스의 양과 질이 목표달성에 충분해야 한다는 것을 의미한다.

04 전달체계에 대한 설명으로 틀린 것은?

① 중앙정부는 지역주민 욕구에 대한 신속한 대응 및 시민참여에 용이하다.

② 표준화가 용이한 서비스는 공공전달체계를 통해 제공되는 것이 바람직하다.

③ 공공전달체계는 지속적이고 안정적인 서비스 보급에 유리하다.

④ 환경변화에 민감한 새로운 서비스의 개발은 민간 영역에서 더 유리하다.

⑤ 중앙정부는 평등과 사회적 적절성 달성에 유리하다.

해설 지역주민 욕구에 대한 신속한 대응 및 시민참여는 중앙정부보다는 민간이 더 용이하다.

05 다음에서 설명하는 사회복지 역할분담 모형은?

> 국가가 대부분의 서비스를 제공하면서 민간이 정부의 역할을 보충하는 경우로 정부만이 보편적인 모든 서비스를 제공할 수 있다고 가정한다.

① 국유화 모형　　② 동반자 모형

③ 민간강화 모형　　④ 민영화 모형

⑤ 정부주도 모형

해설 정부주도 모형에 대한 설명이다.

① 국유화 모형 : 국가가 대부분의 서비스를 제공하는 경우

② 동반자 모형 : 국가가 재정을 제공하고 민간이 서비스를 제공하는 경우

③ 민간강화 모형 : 비영리 민간부문의 복지를 활용하는 경우

④ 민영화 모형 : 영리 민간부문에서 양질의 서비스를 제공하며 시장경제의 경쟁을 강조하는 경우

정답　04 ① 　05 ⑤

출제경향

목차	22회	21회	20회	19회	18회
1. 조직	1	2	1	1	2
2. 사회복지조직 – 부문화(부서화)의 원리					
3. 사회복지조직의 환경관리 전략					1
4. 조직문화	1				1

학습 가이드

- 조직의 종류에 대한 특성과 장·단점을 정확히 파악하여 조직의 차이점을 찾을 수 있도록 학습해야 한다.
- 사회복지 조직의 환경관리 전략의 특성들을 파악하여 대처할 수 있어야 한다.

Tip 👆
공식조직은 조직의 조직표에 나타나는 조직이고, 비공식조직은 조직의 조직표에 나타나지 않는 조직입니다.

1   조직

주어진 목적이나 목표를 달성하기 위해 자원과 기술을 사용하여 조정하는 사람들의 공식적인 집단이다.

1) 공식조직(이사회, 위원회)

조직의 정관이나 운영규정에 의하여 임명되고 선출된 이사회, 행정책임자, 직원 및 위원회 등의 배열이고, 가시적으로 조직의 기구도표에 배열된 지위와 관계를 의미한다.

2) 비공식조직(동호회)

조직 안에서 친한 구성원들끼리 인간관계를 맺기 위해 자연스럽게 발생한 비합리적인 집단이다.

(1) 장점

① 의사소통의 통로가 된다.

② 구성원들의 응집력을 유지시켜 준다.

③ 구성원들의 스트레스를 배출시켜 준다.

(2) 단점

① 조직의 목적이 전치될 수 있어 조직의 분열을 초래한다.

② 비공식적인 방법으로 비합리적인 의사결정을 할 수 있다.

3) 수직조직(계선조직)

상하 명령복종 관계의 계층적이고 목표달성 중심의 구조를 가진 조직이다. 조직의 목표달성에 직접적으로 기여하고 결정권과 집행권을 가진다. 운영비용이 적게 드는 소규모 조직에 적합하다.

(1) 장점

① 권한과 책임이 분명하여 신속한 결정이 가능하다.

② 업무수행이 효율적이고 조직의 안정성을 확보할 수 있다.

③ 업무에 대한 책임의 한계가 명백하고 통제력을 발휘할 수 있다.

(2) 단점

① 독단적이고 주관적인 의사결정으로 인하여 어려움이 생긴다.

② 대규모 조직의 경우 조직의 장의 업무가 과중된다.

③ 인재를 잃으면 업무는 마비된다.

4) 수평조직(막료조직, 참모조직)

조직이 목표달성을 위한 원활한 기능을 하기 위해 지원, 조정, 자문, 권고, 기획, 통제 등의 기능을 수행하는 조직이다.

(1) 장점

① 전문가의 전문지식과 기술을 활용하여 합리적인 지시가 가능하다.

② 조직의 장의 과중된 업무에 도움을 줄 수 있어 대규모 조직에 유리하다.

③ 통솔범위가 확대되어 객관적인 의사결정이 가능하다.

④ 자문위원회, 운영위원회, 기획관리실 등이 속한다.

(2) 단점

① 책임을 다른 사람에게 전가시킬 수 있다.

② 행정이 지연되어 급한 문제에 결정하는 데 어려움이 있다.

③ 알력과 불화가 생기고 행정비용이 증가한다.

Tip 👆
수평조직은 외부인사로 구성되어 전문가의 지식을 얻을 수 있으나 정식 직원이 아니라 책임소재에서 자유롭습니다.

Tip 👆

매트릭스 조직은 특별한 사업을 해결하기 위해 전문가들을 모아 만든 조직으로 사업이 종료되면 조직도 없어집니다.

5) 매트릭스(행렬) 조직

업무의 효율성을 높이기 위해 구성원이 부서에 소속되어 있으나 특정한 업무를 위해 프로젝트 팀에 편입되는 조직이다. 한 사람이 두 개의 라인을 통해 업무를 수행하고 프로젝트가 끝나면 원래 조직의 업무만 수행한다.

(1) 장점
① 구성원이 환경변화에 신속한 대응이 가능하다.
② 전문가에 의해 업무가 진행되므로 권력이 분산될 수 있다.
③ 효율적인 업무로 인하여 직무만족도가 높다.

Tip 👆

• 집권형 조직 : 상부에서 의사결정의 권한을 가지고 있는 조직입니다.
• 분권형 조직 : 의사결정의 권한을 상부에서 하부에게 위임한 조직입니다.

(2) 단점
① 두 개의 라인으로 인해 권한과 책임의 소지가 생긴다.
② 이중 업무로 인하여 스트레스와 역할에 대한 갈등이 생긴다.
③ 행렬조직을 운영하기 위해서는 많은 인원이 필요해 작은 규모의 조직은 운영하기 어렵다.
④ 역할과 권한이 명료하지 않아 불협화음이 발생할 수 있다.

---

2 **사회복지조직 – 부문화(부서화)의 원리**

Tip 👆

부문화 원리는 조직을 구성할 때 구성원을 어떤 방식으로 구분할 것인지를 정하는 원리입니다.

부문화는 분업화의 결과로 나타나는 전문가들을 업무의 유사성에 따라 구분하는 것이다.

① 수(數) 기준 부문화 : 같은 역할을 하는 사람들을 한 명의 슈퍼바이저 밑에 소속시키는 방법으로 수에 의해 업무를 부문화한다. 그러나 다른 개인의 능력을 고려하지 못한다.

② 시간 기준 부문화 : 업무시간을 2교대 또는 3교대, 주간과 야간으로 하여 업무를 부문화하는 방법이다. 그러나 야간이나 주말 근무를 원하는 경우 능력 있는 직원을 채용할 수 없다.
예 사회복지 생활시설이나 요양원, 의료 및 보건서비스 조직 등

③ 기능 기준 부문화 : 조직요원의 능력, 선호도, 관심 등에 근거하여 직무상 적성에 맞는 분야에 사람을 배치하는 방법이다. 그러나 업무 단위 간 경쟁심이 강하면 업무에 협조하기 어렵다.
예 모금, 홍보, 기획 등

④ **지리적 영역 기준 부문화** : 클라이언트의 거주 지역과 같이 클라이언트에 따라 업무를 부문화하는 방법이다. 그러나 지리적 구분의 엄격성으로 인근지역이면서도 다른 업무를 담당할 경우 비효율성이 생긴다.

　📖 집과 가까운 지점에서 근무

⑤ **서비스 기준 부문화** : 개별사회사업, 집단사회사업, 지역사회조직사업 등 사회사업 실천방법에 따라 부문화하는 방법이다. 클라이언트의 욕구가 다양한 경우 서비스를 통합적으로 할 수 없다.

　📖 클라이언트의 욕구가 다양한 경우 사회복지사 한 명이 모든 욕구를 충족시킬 수 없음

⑥ **고객 기준 부문화** : 클라이언트에 문제와 특성에 따라 부문화하는 방법으로서 아동복지, 청소년복지, 노인복지 등으로 업무를 부문화하는 방법이다.

　📖 제한된 지식과 기술로 모든 문제를 해결할 수 없음

⑦ **서비스 접근통로 기준 부문화** : 클라이언트가 서비스에 접근할 수 있는 통로별로 업무를 부문화하는 방법이다.

　📖 온라인, 오프라인

---

3 사회복지조직의 환경관리 전략

1) 권위주의 전략

① 조직이 정확한 행동을 하도록 권력을 사용하고 이들의 행동을 권장하거나 보상을 하지 않는다는 의미에서 권위주의적이다.

② 세력이 큰 조직이 작은 조직의 행동을 하도록 명령을 내리는 전략이다.

2) 경쟁적 전략

① 서비스의 질과 절차 및 관련된 행정절차 등을 더욱 바람직하고 매력적으로 하기 위하여 다른 사회복지조직들과 경쟁을 하여 세력을 증가시키는 것을 말한다.

② 상대 조직과의 경쟁이 바람직한 현상이지만 상대 조직과의 경쟁으로 인하여 기관에게 유리한 대상자를 선정하는 크리밍 현상이 나타날 수 있다.

Tip 👆
권위주의 전략은 사회복지조직에서 나타나는 전략으로, 사회복지조직이 국가와 지자체의 지원금을 받기 때문에 국가와 지자체는 사회복지조직에 권위주의 전략을 사용합니다.

3) 협동적 전략

① **계약** : 두 조직이 서비스를 제공하거나 프로그램을 개발하기 위해 협상 된 공식적 · 비공식적 합의로 두 조직이 서로 필요에 의해 서비스를 교환하여 한 조직의 의존성을 줄일 수 있다.

② **연합** : 여러 조직들이 공동의 목적을 달성하기 위하여 결합하는 전략으로 여러 조직이 모여 협상을 할 때 유리하지만 갈등이 발생할 수 있다.

③ **흡수** : 조직의 안정이나 존속을 위하여 다른 조직의 대표를 조직의 임원으로 흡수시키는 전략으로 조직의 위협을 피하여 안정성을 높이는 것을 말한다.

4) 방해 전략

① 경쟁적 위치에 있는 다른 조직의 전략을 사용하지 못하도록 방해하는 전략으로 최후의 방법으로 사용해야 한다.

② 권력이 없는 사람들을 대신하여 다른 조직으로부터 양보를 얻어낼 수 있다.

Tip

구성원이 적으면 방해 전략의 효과가 반감되므로 구성원이 많을수록 유리합니다.

OX 퀴즈

• 참모조직은 업무의 효율성을 높이기 위해 구성원이 부서에 소속되어 있으나 특정한 업무를 위해 프로젝트 팀에 편입되는 조직이다. 한 사람이 두 개의 라인을 통해 업무를 수행하고 프로젝트가 끝나면 원래 조직의 업무만 수행한다. (×)

• 권위주의 전략은 세력이 큰 조직이 작은 조직의 행동을 하도록 명령을 내리는 전략으로 크리밍 현상이 나타난다. (×)

---

4 조직문화

① 조직문화는 사회복지서비스 체계의 규범과 전통, 가치와 신념으로서 종합적인 역할을 한다.

② 조직문화는 사회복지서비스 제공자의 상황인식에 중요한 역할을 한다.

③ 조직문화는 조직구성원의 형태와 인식 그리고 태도를 통해서 조직효과성과 연결하는 역할을 한다.

사회복지조직의 구조

01 하센필드의 조직 환경대응 전략에 대한 내용으로 틀린 것은?

① 조직 환경대응 전략에는 권위주의 전략, 경쟁 전략, 협동 전략, 방해 전략 등이 있다.

② 권위주의적 전략은 정부조직이 민간조직에게 사용하여 정부조직에게 유리하다.

③ 계약 전략은 두 조직 간에 지원이나 서비스의 교환을 통해 이루어지는 전략이다.

④ 연합 전략은 여러 조직들이 사업의 진행을 위해 자원을 합하는 전략이다.

⑤ 방해 전략은 크리밍 현상이나 서비스의 중복 및 누락을 발생시킬 수 있다.

해설 경쟁적 전략은 크리밍 현상이나 서비스의 중복 및 누락을 발생시킬 수 있다.

02 공식조직에 대한 설명으로 옳은 것은?

① 조직 내 구성원들 사이에 나타나는 동호회 성격의 소규모 모임을 말한다.

② 정확한 정보보다 잘못된 정보가 공유될 가능성이 더 높다.

③ 조직 활동의 효율성과 예측성을 높여준다.

④ 구성원들 간 친밀도를 증가시킬 수 있다.

⑤ 긴장감을 덜어주고 구성원 간 사적인 관계를 통해 응집력이 향상되는 순기능이 있다.

해설 ①, ②, ④, ⑤는 비공식조직에 대한 설명이다.

03 행렬조직에 대한 설명으로 옳은 것은?

① 프로젝트가 종료된 후에도 해산되지 않는다.

② 기존의 기능조직이 유지되기 때문에 조직의 안정성을 훼손된다.

③ 직무 배치가 위계와 부서별 구분에 따라 이루어진다.

④ 외부환경 변화에 대응하여 조직을 유연하게 변화시킬 수 있다.

⑤ 현실에서는 사용할 수 없는 가상적인 조직이다.

해설 ① 행렬조직은 프로젝트가 종료된 후 해산을 전제로 한다.
② 행렬조직은 기존의 기능조직이 유지되기 때문에 조직의 안정성을 훼손하지 않으면서도 환경변화에 대응할 수 있다.
③ 직무 배치가 위계와 부서별 구분에 따라 이루어지는 조직은 공식조직이다.
⑤ 행렬조직은 현실에서 사용할 수 있는 조직이다.

04 다음에서 설명하는 조직은?

> A복지관은 새터민지원사업을 하려고 한다. A복지관장은 일부 직원을 기존 부서에 속해 있는 상태를 유지하면서 별도의 새터민사업팀 업무도 병행하도록 하여 이 사업을 운영하고자 한다.

① 행렬조직　　　　② 수직조직
③ 수평조직　　　　④ 공식조직
⑤ 비공식조직

해설 행렬조직은 구성원들이 기존의 업무와 동시에 프로젝트 업무를 수행하는 구조이다. 기존의 일부 직원에게 새터민사업팀 업무를 병행하게 할 예정이므로 행렬조직에 대한 설명이다.

정답 01 ⑤　02 ③　03 ④　04 ①

05 다음에서 설명하고 있는 전략은?

> 조직이 보유한 자원을 토대로 다른 조직과의 관계에서 우위를 점해 명령을 내리는 방식이다. 이로 인해 정부조직과 같은 충분한 자원과 권위를 가진 조직에서 활용할 수 있다.

① 방해 전략
② 협동적 전략
③ 경쟁적 전략
④ 권위주의 전략
⑤ 계약 전략

해설 한쪽이 우위를 점해 명령을 내리는 방식은 권위주의 전략이다. 정부조직이 민간조직에게 사용하거나 두 조직 중 한 조직이 우위에 있는 경우 사용할 수 있다.

06 비공식조직에 대한 설명으로 틀린 것은?

① 조직 활동의 효율성과 예측성을 높여준다.
② 변화를 위한 프로그램이나 계획에 기여하기도 한다.
③ 정확한 정보보다 잘못된 정보가 공유될 가능성이 더 높다.
④ 구성원들이 업무에서 받은 스트레스를 푸는 창구가 되기도 한다.
⑤ 조직의 응집력을 높일 수 있다는 순기능이 있다.

해설 조직 활동의 효율성과 예측성을 높여주는 조직은 공식조직이다.

07 행렬조직에 대한 설명으로 틀린 것은?

① 다른 조직에서 차출된 구성원으로 보다 합리적인 정책결정에 기여한다.
② 어느 업무를 먼저 수행해야 할 것인가와 관련한 갈등을 겪을 수 있다.

③ 프로젝트를 수행하기 위한 방식 중 하나로서 공식적으로 구성된다.
④ 조직의 필요에 따라 조직을 유연하게 구성할 수 있다.
⑤ 현실적으로도 활용되는 조직구조이다.

해설 다양한 기능을 가진 구성원으로 구성되어 있으며 모두 다른 조직에서 차출된 인력이다. 합리적인 정책결정에 기여하는 조직은 수평조직이다.

08 다음을 설명하는 조직은?

> 조직요원의 능력, 선호도, 관심 등에 근거하여 직무상 적성에 맞는 분야에 사람을 배치하는 방법이다. 그러나 업무 단위 간 경쟁심이 강하면 업무에 협조하기 어렵다.

① 수기준 부문화
② 시간기준 부문화
③ 서비스기준 부문화
④ 기능기준 부문화
⑤ 서비스 접근통로기준 부문화

해설 ① 수(數)기준 부문화는 같은 역할을 하는 사람들을 한 명의 슈퍼바이저 밑에 소속시키는 방법으로 수에 의해 업무를 부문화하는 방법이다.
② 시간기준 부문화는 업무 시간을 2교대 또는 3교대, 주간과 야간으로 하여 업무를 부문화하는 방법이다.
③ 서비스기준 부문화는 개별사회사업, 집단사회사업, 지역사회조직사업 등 사회사업 실천방법에 따라 부문화하는 방법이다.
⑤ 서비스 접근통로기준 부문화 : 클라이언트가 서비스에 접근할 수 있는 통로별로 업무를 부문화하는 방법이다.

09 수직조직에 대한 설명으로 옳은 것은?

① 조직의 목적이 전치될 수 있어 조직의 분열을 초래한다.

② 가시적으로 조직의 기구도표에 배열된 지위와 관계를 의미한다.

③ 전문가의 전문지식과 기술을 활용하여 합리적인 지시가 가능하다.

④ 전문가에 의해 업무가 진행되므로 권력이 분산될 수 있다.

⑤ 업무에 대한 책임의 한계가 명백하고 통제력을 발휘할 수 있다.

해설 ① 조직의 목적이 전치될 수 있어 조직의 분열을 초래하는 조직은 비공식조직이다.

② 가시적으로 조직의 기구도표에 배열된 지위와 관계를 의미하는 조직은 공식조직이다.

③ 전문가의 전문지식과 기술을 활용하여 합리적인 지시가 가능한 조직은 수평조직이다.

④ 전문가에 의해 업무가 진행되므로 권력이 분산될 수 있는 조직은 매트릭스조직이다.

리더십

학습 가이드 드 리더십 이론에 대한 내용을 정확히 학습할 필요가 있다. 대부분의 문제는 리더십 이론에서 출제되고 있고 기존의 있던 이론뿐 아니라 새로운 이론인 서번트 리더십의 특성을 학습해야 한다.

1   리더십

리더십이란 조직의 목표달성에 있어서 조직의 구성원들이 조직과 관련된 행동에 자발적으로 종사할 수 있게끔 어떤 주어진 상황에서 공식적 직위에 있는 사람이 영향력을 행사하는 과정이다.

2   리더십 이론

1) 특성이론(1940년대)

(1) 개념

① 리더가 될 수 있는 사람은 다른 사람과 다른 타고난 특성과 자질을 가지고 있다고 보는 이론이다.

Tip 👆
특성이론은 이순신 장군과 같이 다른 사람들보다 뛰어난 개인이 발휘하는 리더십입니다.

② 리더의 타고난 특성을 강조하며 자질이론, 성향이론이라고도 한다.

③ 성격, 자신감, 신체적 특성, 사회성, 지능 등을 리더의 특성으로 보았다.

④ 1990년대에 보다 과학적인 변혁적 리더십으로 변화하였다.

(2) 문제점

① 업무에 대하는 리더의 일관성이 부족하였다.

② 모든 리더만이 가지고 있는 보편적 특성을 발견하지 못하였다.

③ 과업환경과 같은 상황요소를 고려하지 못하였다.

④ 부하직원의 욕구와 특성을 무시하였다.

2) 행동이론(1950년대)

- 리더의 자질과 특성보다는 리더가 어떤 행동을 하는가에 초점을 두는 이론으로 훈련과 교육을 통해 훌륭한 리더를 육성할 수 있다고 본다.
- 행동이론에는 오하이오 연구, 미시간 연구, 관리격자이론이 있다.

(1) 오하이오 연구

① 리더의 행동을 구조주도행동과 배려행동이라는 두 가지 차원으로 구분하였다.

② 구조주도행동은 리더가 목표달성을 위하여 업무를 할당하고 의사소통을 확립하며 업무성과를 평가하는 것이다.

③ 배려행동은 부하직원에 대한 관심, 신뢰, 상호존경 등 구성원의 복지에 관심을 나타내는 행동이다.

④ 구조주도행동과 배려행동이 높을 때 이직률이 낮고 높은 생산성을 나타났다.

(2) 미시간 연구

① 직무중심의 리더십과 구성원 중심의 리더십의 두 가지로 구분하였다.

② 직무중심의 리더십은 합법적이고 강제적인 권력을 활용하며, 업무계획표에 따라 업무성과를 평가하는 리더십으로 구성원의 만족이나 업무성과가 낮게 나타났다.

③ 구성원중심의 리더십은 인간지향적이며 권한과 책임의 위임과 구성원의 복지를 강조하는 리더십으로 구성원의 만족과 업무성과가 높게 나타났다.

Tip 🖐️

행동이론은 히딩크 감독과 같이 리더의 행동이 조직을 어떻게 변화시킬 수 있는지 보여주는 리더십입니다.

(3) 관리격자이론 – 블레이크와 머튼(Blake & Mouton, 1960년대)

① 인간에 대한 관심과 생상에 대한 관심으로 오하이오 연구를 발전시킨 것이다.

② 무기력형(1, 1) : 최소한의 노력만 하고 조직의 구성원으로 남으려는 유형으로 생산에 대한 관심과 인간에 대한 관심이 모두 낮은 유형이다.

③ 컨트리클럽형(1, 9) : 인간관계에 초점을 구고 구성원의 욕구에만 관심을 두는 유형으로 생산에 대한 관심은 낮지만 인간에 대한 관심은 높은 유형이다.

④ 중도형(5, 5) : 모두 구성원의 사기를 유지하는 것과 작업수행 사이의 균형을 유지하는 유형으로 생산과 인간에 대한 관심은 중간수준의 유형이다.

⑤ 과업형(9, 1) : 인간을 희생하여 생산성을 최대로 하는 유형으로 생산에 대한 관심은 높지만 인간에 대한 관심은 낮은 유형이다.

⑥ 팀형(9, 9) : 생산과 구성원에 최대 관심을 두는 유형으로 생산에 대한 관심과 인간에 대한 관심이 높은 유형이다.

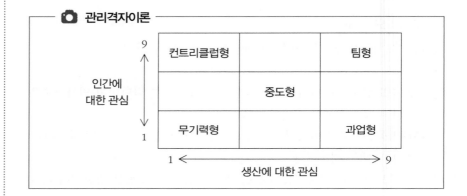

■ 관리격자이론

(4) 아이오와 연구

① 권위적 리더, 민주적 리더, 자유방임적 리더로 구분하였다.

② 권위적 리더 : 계획을 수립할 때 구성원의 의견을 수렴하기보다는 지도자가 단독으로 결정한다. 구성원의 불만이 높고 사기는 낮다.

③ 민주적 리더 : 계획을 수립할 때 구성원들의 의견을 수렴하여 결정한다. 구성원의 생산성과 사기가 높다.

④ 자유방임적 리더 : 계획을 수립할 때 구성원들에게 모든 권한을 위임하고 결정에 참여하지 않는다. 구성원들은 리더에 대한 반감이나 악의는 없으나 방관자가 된다.

3) 상황이론(1970년대)

(1) 개념
① 리더의 유형과 상황적 조건을 결합시킨 이론으로 상황에 따라 리더십이 달라진다고 전제한다.
② 상황에 따라 어떤 조직에는 효과적일 수도 있고 효과적이지 않을 수도 있다.
③ 현 상태의 상황이 지도자의 행동이나 특성을 결정하는 요인이다.

(2) 문제점
① 상황에 의존하여 상황에 따라 리더십이 달라져 막연하고 추상적이다.
② 상황의 변수가 복잡하여 측정하기가 어렵다.
③ 부하직원의 특성에 대한 관심을 갖지 않는다.

(3) 피들러(Fiedler)의 상황적합이론
① 리더의 유형과 상황적 조건을 결합시킨 이론으로 과업지향적 리더십과 관계지향적 리더십으로 구분하였다.
② 과업지향적 리더십은 리더십 상황이 리더에게 유리하거나 불리한 경우에 효과적이다.
③ 관계지향적 리더십은 리더십 상황이 리더에게 유리하지도 불리하지도 않은 경우에 효과적이다.

(4) 허시와 블랜차드(Hersey & Blanchard)의 상황적 리더십이론
① 과업지향적 행동과 관계지향적 행동으로 구분하였다.
② 구성원의 성숙도가 낮은 경우 지시형 리더십, 성숙도가 높은 경우 위임형 리더십이 유리하다.
③ 구성원의 성숙도가 낮은 경우 과업지향적 행동이 효과적이고 성숙도가 높은 경우 관계지향적 행동이 효과적이다.

4) 거래 – 변혁적 리더십

(1) 거래적 리더십
① 구성원은 이기적이기에 개인적인 관심에 초점을 둔다.
② 리더는 보수나 지위로 거래를 통해 구성원의 동기를 높여 생산성을 높인다.
③ 구성원은 리더와의 복종을 통해 보상을 받는다.

(2) 변혁적 리더십
① 리더는 구성원의 높은 도덕적 가치와 이상에 호소하여 의식을 변화시킨다.
② 구성원들에게 권한을 부여하고 비전을 제시하여 생산성을 높인다.

Tip
상황이론은 정주영 회장과 같이 변화하는 상황이나 처해진 상황에 맞게 발휘하는 리더십입니다.

Tip
변혁적 리더십은 조직구성원이 목표달성을 위해 스스로 변화할 수 있도록 자율적이고 혁신적인 리더십입니다.

거래적 리더십과 변혁적 리더십의 비교

특성	거래적 리더십	변혁적 리더십
목적	현상 유지	변화
활동	규정과 규칙에 의거	규정과 규칙의 변화
보상	개인적	비개인적
리더 – 추종자의 관계	상호 의존적	상호 독립적
과업	일상적	비일상적

5) 서번트 리더십(Servant Leadership)

① 리더는 권위주의자가 아닌 봉사하는 하인으로 구성원을 섬김의 대상으로 본다.

② 리더의 헌신으로 인하여 구성원과 함께 조직의 목표를 달성한다.

③ 인간존중을 바탕으로 리더가 구성원에게 봉사하여 구성원의 잠재력을 발휘할 수 있게 도와준다.

④ 리더와 구성원은 수직적 관계가 아니라 수평적 관계에 가까워 책임을 위임하고 구성원을 지원한다.

Tip

최근에는 구성원을 섬기는 서번트 리더십, 스스로 자신을 리드하여 자신이 리더가 되는 셀프 리더십, 구성원의 개인차를 인정하는 윤리적 리더십, 구성원의 감정과 욕구를 이해하여 배려하는 감성 리더십 등이 뜨고 있습니다.

Tip

• 셀프 리더십 : 조직의 구성원이 스스로 목표를 세우고 이를 달성하는 데 필요한 능력을 갖추도록 노력하는 리더십입니다.
• 윤리적 리더십 : 도덕성을 가지고 기업의 사회적 책임을 완수하는 리더십입니다.

3 리더십 수준

1) 최고관리자

① 조직의 목표를 설정하고 정책을 결정한다.

② 문제해결을 위한 우선순위를 설정한다.

③ 조직이 환경에 적응할 수 있도록 관리한다.

④ 조직에 대한 전반적인 지도와 지시를 한다.

2) 중간관리자

① 최고관리자의 지시를 프로그램으로 전환하여 책임을 지고 운영한다.

② 최고관리자와 하위관리자 사이에 중간에서 조정자의 역할을 한다.

③ 프로그램 진행 시 필요한 인적·물적 자원을 확보한다.

3) 하위관리자

① 전문적인 기술이 필요하고 부하직원의 업무를 평가한다.

② 중간관리자와 담당자 사이에서 조정자의 역할을 한다.

③ 담당자들의 업무를 위임하거나 분담시킨다.

1) 지시적 리더십

① 모든 의사결정을 지도자가 독단적으로 결정하고 구성원에게 명령과 복종 만 요구한다.

② 신속한 결정이 가능하여 위기 상황에 적합하다.

③ 구성원의 참여는 불가능하고 모든 결정은 리더가 결정한다.

④ 리더의 독단적 결정이 가능하여 구성원 사기가 저하된다.

2) 참여적(민주적) 리더십

① 모든 의사결정에 구성원의 참여시켜 함께 검토하여 해결한다.

② 구성원의 자유와 욕구를 인정하여 동기를 부여하고 지식과 기술을 활용 한다.

③ 구성원의 참여가 가능하여 구성원의 사기가 높다.

④ 신속한 결정을 하지 못해 위기상황에 사용하지 못하고 지연 가능성이 있다.

3) 자율적(위임적) 리더십

① 모든 의사결정 권한을 구성원에게 위임하여 구성원이 문제를 해결한다.

② 고도의 전문화된 전문가 중심의 조직에 적합하다.

③ 구성원 간 정보제공이 어렵고 위계질서가 무너지기 쉽다.

④ 내부 갈등에 개입이 어려워 혼란이 발생한다.

OX 퀴즈

- 행동이론은 리더의 자질과 특성보다는 리더의 행동에 초점을 두는 이론으로 오하이오 연구, 미시간 연구, 관리격자이론이 있다. 오하이오 연구는 구조주도행동과 배려행동, 미시간 연구는 직무중심 리더십과 구성원중심 리더십, 관리격자이론은 무기력형, 컨트리클럽형, 중도형, 과업형, 팀형으로 나뉘며, 상황적합이론은 관계지향적, 과업지향적으로 구분된다. (×)

- 신속한 결정을 하지 못해 위기상황에 사용하지 못하고 지연 가능성이 있으며, 기술수준이 높고 동기부여된 직원들이 있을 때 효과적인 리더십은 자율적 리더십이다. (×)

- 관리격자이론에서는 일과 사람에 대한 관심을 무기력형, 컨트리클럽형, 중도형, 과업형, 팀형으로 구분하였고, 과업형을 일과 사람에 대한 관심이 높은 유형이라고 하였다. (×)

01 리더십 유형에 대한 설명으로 틀린 것은?

① 지시적 리더십에서는 참여적 리더십에서보다 구성원들 간 정보교환이 활발하게 일어난다.

② 지시적 리더십은 명령과 복종을 강조하므로 통제와 조정이 쉽다.

③ 자율적 리더십에서는 내부갈등에 개입이 어려워 혼란을 야기할 수 있다.

④ 위임적 리더십에서는 하급자들이 의사결정을 적극적으로 주도한다.

⑤ 참여적 리더십은 직원들을 의사결정에 참여시켜 일에 대한 적극적 동기부여가 가능하다.

해설 참여적 리더십에서는 지시적 리더십에서보다 구성원들 간 정보교환이 활발하게 일어난다.

02 관리격자이론에 대한 설명으로 옳은 것을 모두 고른 것은?

> ㄱ. 리더십 유형을 분류하는 2가지 차원은 생산과 인간이다.
> ㄴ. 팀형(9-9형)이 가장 이상적인 리더이다.
> ㄷ. 행동이론의 한 종류이다.
> ㄹ. 도덕적 가치와 이상에 호소하여 개인의 관심을 바꾸려고 한다.

① ㄱ, ㄴ   ② ㄷ, ㄹ

③ ㄱ, ㄴ, ㄷ   ④ ㄴ, ㄷ, ㄹ

⑤ ㄱ, ㄴ, ㄷ, ㄹ

해설 ㄹ. 도덕적 가치와 이상에 호소하여 개인의 관심을 바꾸려고 하는 리더십은 변혁적 리더십이다.

03 리더십 유형에 대한 설명으로 옳은 것은?

① 위임적 리더십에서는 집단지식과 기술 활용이 용이하다.

② 지시적 리더십에서는 리더가 직원들에게 제공하는 정보가 거의 없거나 제한적이다.

③ 참여적 리더십은 시간이 소요되는 만큼 긴급을 요하는 사안에는 불리한 점도 있다.

④ 지시적 리더십에서는 일의 처리에 대한 정보제공이 부족하다.

⑤ 자율적 리더십은 명령과 복종을 강조하므로 통제와 조정이 쉽다.

해설 ① 참여적 리더십에서는 집단지식과 기술 활용이 용이하다.
② 자율적 리더십에서는 리더가 직원들에게 제공하는 정보는 거의 없거나 제한적이다.
④ 자율적 리더십에서는 일의 처리에 대한 정보제공이 부족하다.
⑤ 지시적 리더십은 명령과 복종을 강조하므로 통제와 조정이 쉽다.

04 리더십이론에 대한 설명으로 옳은 것은?

① 상황적 리더십이론은 구성원의 성숙도를 중요하게 생각한다.

② 행동이론의 비판적 대안으로 특성이론이 등장하였다.

③ 상황이론에서는 한 조직에서 성공한 리더가 타 조직에서도 반드시 성공한다.

④ 미시간 연구에서는 배려행동과 구조주도행동으로 구분하였다.

정답   01 ①   02 ③   03 ③   04 ①

⑤ 행동이론에는 오하이오 연구, 미시간 연구, 변혁 이론 등이 있다.

해설 허시와 블랜차드의 상황적 리더십이론은 구성원의 성숙도가 낮은 경우 지시형 리더십, 성숙도가 높은 경우 위임형 리더십이 유리하다고 하면서 구성원의 성숙도를 중요하게 보았다.
② 특성이론의 비판적 대안으로 행동이론이 등장하였다.
③ 상황이론에서는 한 조직에서 성공한 리더가 타 조직에서도 반드시 성공하는 것은 아니라고 본다.
④ 미시간 연구에서는 구성원중심적 리더십과 직무위주 리더십으로 구분하였다. 구조주도행동과 배려행동으로 구분한 것은 오하이오 연구이다.
⑤ 행동이론에는 오하이오 연구, 미시간 연구, 관리격자모형 등이 있다. 변혁이론은 특성이론을 토대로 만들어졌다.

05 ( )에 들어갈 리더십에 대한 접근 방식과 그 설명의 연결이 옳은 것은? [12회]

> (ㄱ)－바람직한 리더십 행동은 훈련을 통해서 개발된다.
> (ㄴ)－업무의 환경 특성에 따라서 필요한 리더십이 달라진다.
> (ㄷ)－리더십은 타고나야 한다.
> (ㄹ)－리더십은 지도자와 추종자가 협력하는 과정에서 형성된다.

① ㄱ : 행동이론, ㄴ : 상황이론, ㄷ : 특성이론,
　ㄹ : 변혁이론
② ㄱ : 상황이론, ㄴ : 행동이론, ㄷ : 특성이론,
　ㄹ : 경쟁가치이론
③ ㄱ : 행동이론, ㄴ : 상황이론, ㄷ : 경쟁가치이론,
　ㄹ : 변혁이론
④ ㄱ : 경쟁가치이론, ㄴ : 행동이론, ㄷ : 상황이론,
　ㄹ : 특성이론
⑤ ㄱ : 행동이론, ㄴ : 상황이론, ㄷ : 변혁이론,
　ㄹ : 경쟁가치이론

해설 • 행동이론은 바람직한 리더십 행동은 훈련을 통해서 개발된다.
• 상황이론은 업무의 환경 특성에 따라서 필요한 리더십이 달라진다.
• 특성이론은 리더십은 타고나야 한다.

• 변혁이론은 리더십은 지도자와 추종자가 협력하는 과정에서 형성된다.

06 리더십에 대한 설명으로 옳은 것을 모두 고른 것은?

> ㄱ. 중간관리자는 전문적인 기술이 필요하고 부하직원의 업무를 평가한다.
> ㄴ. 하위관리자는 담당자들의 업무를 위임하거나 분담시킨다.
> ㄷ. 최고관리자는 문제해결을 위한 우선순위를 설정한다.
> ㄹ. 중간관리자는 최고관리자의 지시를 프로그램으로 전환하여 책임을 지고 운영한다.

① ㄱ, ㄴ, ㄷ　　　② ㄱ, ㄷ, ㄹ
③ ㄴ, ㄷ, ㄹ　　　④ ㄱ, ㄴ, ㄹ
⑤ ㄱ, ㄴ, ㄷ, ㄹ

해설 전문적인 기술이 필요하고 부하직원의 업무를 평가하는 관리자는 하위관리자이다.

07 행동이론에 대한 설명으로 옳은 것은?

① 미시간 연구는 구조주도행동과 배려행동이라는 두 가지 차원으로 구분하였다.
② 오하이오 연구는 직무중심의 리더십과 구성원중심의 리더십이라는 두 가지로 구분하였다.
③ 구조주도행동과 배려행동이 높을 때 이직률이 낮고 높은 생산성을 나타낸다.
④ 관리격자이론의 과업형이 생산과 인간에 대한 관심이 높다.
⑤ 업무에 대하는 리더의 일관성이 부족하고 부하직원의 욕구를 무시한다.

해설 ① 오하이오 연구는 구조주도행동과 배려행동이라는 두 가지 차원으로 구분하였다.
② 미시간 연구는 직무중심의 리더십과 구성원중심의 리더십이라는 두 가지로 구분하였다.
④ 생산과 인간에 대한 관심이 높은 유형은 팀형이다. 과업형은 생산에 대한 관심은 높고 인간에 대한 관심은 없다.
⑤ 업무에 대하는 리더의 일관성이 부족하고 부하직원의 욕구를 무시하는 이론은 특성이론이다.

정답 05 ① 06 ③ 07 ③

출제경향

목차	22회	21회	20회	19회	18회
1. 인적자원관리	3	2	1	3	1
2. 슈퍼비전		1			
3. 직무만족과 소진					1
4. 동기부여	1		1		1

학습 가이드

- 인적자원관리에 대한 전체적인 내용을 파악하여야 하며 인적자원관리 방식인 직무분석, 직무기술서, 직무명세서를 구분할 수 있어야 한다.
- 동기부여 학자들의 이론을 잘 구별할 수 있도록 확실하게 암기해야 한다. 특히 매슬로우와 같이 한 명의 학자의 내용이 아닌 전체 학자들의 내용을 구분할 수 있어야 한다.

1 인적자원관리

1) 인적자원관리의 개념

인사관리라고도 불리며, 조직의 유지를 위해 조직이 필요로 하는 인사를 채용, 개발, 유지, 활용하는 일련의 관리활동체계를 말한다.

2) 인적자원관리의 방식

(1) 직무분석

① 직무에 대한 업무내용과 책임을 종합적으로 분류하는 것으로, 직무를 구성하고 있는 일과 해당 직무의 내용 및 직무의 수행을 위한 직무조건을 조직적으로 밝히는 절차이다.

② 직무를 수행하는 직원에게 요구되는 기술로 직원의 지식, 기술, 능력 등을 결정하는 과정이다.

③ 직무명세서와 직무기술서는 직무분석이 이루어진 후에 작성하게 된다.

Tip

직무분석을 통해 직무명세서와 직무기술서가 작성됩니다.

(2) 직무기술서(직위기술서, 직무해설서)

① 직무 자체에 대한 기술로 직무분석의 결과에 의거하여 직무수행과 관련된 과업 및 직무행동을 일정한 양식에 따라 기술한 문서이다.
② 작업조건을 파악하여 작성하고 직무수행을 위한 책임과 행동을 명시한다.
③ 직무의 성격, 내용, 수행방법 등을 정리한 문서이다.

(3) 직무명세서

① 직무요건이나 자격요건만을 분리하여 구체적으로 작성한 문서이다.
② 직무를 수행할 수 있도록 필요한 인적요건을 중심으로 기술한 것이다.
③ 직무명세서는 직무기술서가 작성되면 직무기술서에 기초하여 작성된다.

(4) 직무평가

직무명세서에 따른 직무를 실행한 후에 직무가 지니는 노력이나 책임, 복합성 등을 비교하여 상대적 서열을 결정하는 것으로 객관적인 직무 자체에 대한 가치판단이다.

(5) 직무수행평가

구성원이 직무를 얼마나 잘 수행했는지를 평가하고 다시 구성원에게 피드백을 하는 과정이다.

(6) OJT와 Off-JT

① OJT : On the Job Training의 약자로 직장 상사에게 직접 직무교육을 받는 방식으로 직장 내 교육훈련을 의미한다.
② Off-JT : Off the Job Training의 약자로 업무를 멈추고 다른 전문교육기관에서 교육을 받는 방식으로 직장 외 교육훈련을 의미한다.

(7) 직원개발방법

① **강의** : 직원개발을 위한 가장 공통적인 도구로서 일정한 장소에 직원들을 모아놓고 사회복지에 관한 전문적 지식과 기술 및 태도를 전달하는 방법이다.
② **회의** : 어떤 주제에 관한 논의나 토의가 이루어지는 공식적 모임이다.
③ **토의** : 한 주제에 대하여 소수의 사람이 먼저 주제발표를 한 다음 여러 사람이 토론을 벌이는 방법을 말한다.
④ **계속교육** : 학교교육이 끝난 사회복지조직의 직원들을 대상으로 그들의 전문성을 유지하고 향상시키기 위해 계속적으로 필요에 맞게 교육하는 것을 의미한다.
⑤ **슈퍼비전** : 슈퍼비전은 직원이 실제 직위에 앉아 일을 하면서 윗사람으로부터 직무에 관하여 지도·감독을 받는 것을 말한다.

Tip 👍
채용공고문에는 직무기술서와 직무명세서가 모두 포함되어 있어 직무가 무엇인지, 직무에 필요한 자격은 어떠한지 알 수 있습니다.

Tip 👍
인적자원관리의 구성요소는 노사관계관리, 인적자원 유지, 보상관리, 직무관리, 고용관리, 인적자원의 개발입니다.

⑥ 사례발표 : 직원개발의 공통적인 방법으로, 직원들의 이해와 능력의 개선을 돕는 것 외에 사례를 계획하고 개입기법을 배우는 데 도움을 준다.

⑦ 신디케이트 : 10명 내외의 소집단으로 나눈 후 각 집단별로 동일한 문제를 토의하여 해결방안을 작성하고, 다시 전체가 모인자리에서 각 집단별로 문제 해결방안을 발표하고 토론하여 하나의 합리적인 문제해결방안을 모색하는 방법이다.

⑧ 순환보직 : 일정한 훈련계획하에서 순차적으로 직무를 바꾸어서 담당케 함으로써 지식과 경험을 쌓게 하는 방법이다.

2 슈퍼비전

1) 슈퍼비전 개념

종사자가 업무를 효과적이고 효율적으로 수행하기 위해 지식과 기술을 잘 사용할 수 있도록 도와주는 활동을 말한다.

2) 슈퍼비전의 기능

(1) 행정적 슈퍼비전

부하직원에게 직무를 위임하고 업무계획을 이해시켜 행정적 업무를 돕는 역할이다.

예 업무위임, 업무협조, 업무계획 등

(2) 교육적 슈퍼비전

교육과 정보제공을 통하여 부하직원의 전문적 지식과 기술을 증진시키는 역할이다.

예 학습, 훈련, 정보제공, 조언 등

(3) 지지적 슈퍼비전

부하직원의 동기와 사기를 진작시켜 스스로 업무를 수행할 수 있도록 용기를 주고 지지해주는 역할이다.

예 스트레스 발생 방지, 신뢰형성 등

Tip 👆
행정적 슈퍼비전은 업무에 대한 역할, 교육적 슈퍼비전은 지식과 기술에 관한 역할, 지지적 슈퍼비전은 정서에 관한 역할을 수행합니다.

3) 슈퍼비전의 모형

(1) 직렬 슈퍼비전

발달된 동료집단 슈퍼비전으로 두 명의 사회복지사가 동등한 자격으로 슈퍼
비전을 제공하는 모형이다.

(2) 개인교습 슈퍼비전

슈퍼바이저와 슈퍼바이지가 일대일 관계로 슈퍼비전을 제공하는 모형이다.

(3) 집단 슈퍼비전

한 명의 슈퍼바이저와 다수의 슈퍼바이지로 구성된 모형이다.

(4) 팀 슈퍼비전

다양한 구성원들로 구성되고 동등한 입장에서 서로 슈퍼비전을 제공하는 모
형이다.

(5) 동료집단 슈퍼비전

슈퍼바이저가 없는 상태에서 다수의 슈퍼바이지로만 구성된 모형이다.

---

3 직무만족과 소진

1) 직무만족

직무를 수행하는 과정에서 직무수행의 결과로 얻게 되는 성취감과 만족감을
의미한다.

2) 소진

평소 업무에 헌신적이었던 직원이 스트레스를 경험하여 직무에서 멀어져 가
는 것을 의미한다. 그 결과로 클라이언트에 대한 비인간적 태도, 근무태만, 서
비스의 질 하락 등이 나타난다. 소진의 단계는 다음과 같다.

① **열성단계** : 희망과 정열을 다하여 시간과 노력을 들이는 단계이다.
② **침체단계** : 보수와 근무시간과 같은 환경에 더 많은 관심을 가지고 개인적
   인 욕구에 초점을 두는 단계이다.
③ **좌절단계** : 직무에 대한 회의가 생겨 클라이언트를 기피하고 피로와 통증
   을 호소하는 단계이다.
④ **무관심단계** : 신체적·정신적으로 에너지가 고갈되어 클라이언트에 대해
   관심이 없어지고 직업을 떠나는 단계이다.

4 동기부여

동기부여란 개인의 자발적 · 적극적 행위를 유도함으로써 개인의 목표와 조직 의 목표가 합치되는 상황을 조성하는 과정을 말한다.

1) 매슬로우(Maslow)의 욕구단계이론

(1) 생리적 욕구

① 음식 · 물과 같은 식욕, 성욕, 수면욕, 더위나 추위에서의 보호, 배설 등과 같은 인간의 기본적이고 강한 욕구이다.

② 생존과 관련이 있기 때문에 가장 강력한 욕구라고 할 수 있다.

③ 음식, 안전, 사랑, 존경이 결핍된 사람의 선택은 음식이다.

④ 인간이 생리적 욕구에 머물러 있다면 동물과 다른 것이 없다.

⑤ 생리적 욕구가 충족되지 않으면 다음 단계인 안전의 욕구에 넘어가지 못 한다.

예 노인이 거주하고자 하는 주택문제

(2) 안전의 욕구

① 생리적 욕구가 충족된 후에는 안전의 욕구의 열망이 강해진다.

② 환경 내의 불안, 공포, 고통, 환경 등에서 보호를 받으려고 하는 욕구이다.

③ 안전의 욕구에는 신체적 안전과 심리적 안전의 욕구가 있다.

④ 어린 시절에는 보호자에 의존한 신체적 안전에 관한 욕구가 강하지만 성인 이 된 후에는 재정적 안전의 욕구가 강해진다.

예 노인학대로부터 노인의 신변을 보호받고 싶어 하는 문제

(3) 소속과 사랑의 욕구

① 안전의 욕구가 충족된 후에 소속과 사랑의 욕구의 열망이 강해진다.

② 다른 사람들과 우정 · 사랑을 나누고 어울려 생활하고 싶은 욕구이다.

③ 이성 간의 사랑, 부모 · 자녀 간의 사랑도 포함되고, 받는 사랑뿐 아니라 주 는 사랑도 포함된다.

④ 소속과 사랑의 욕구가 결핍되었을 경우 자살, 따돌림, 우울증 등을 초래하 고 있다.

예 노인이 동년배들과 함께 어울리고자 하는 문제

(4) 자존감의 욕구

① 소속과 사랑의 욕구가 충족된 후에는 자존감의 욕구의 열망이 강해진다.

② 자기 자신과 다른 사람들로부터 존경받고 싶은 욕구이다.

③ 스스로 만족하는 자신으로부터의 존중의 욕구와 남에게 인정받는 타인으로부터 존중의 욕구가 있다.

예 노인이 다른 사람에게 존경을 받고자 하는 문제

(5) 자아실현의 욕구

① 자존감의 욕구가 충족된 후에는 자아실현의 욕구의 열망이 강해진다.

② 자신의 꿈을 이루는 사람으로 자기 스스로 할 수 있는 모든 것을 한 사람, 자신이 원하는 사람이 되고자 하는 욕구이다.

③ 이 단계까지 도달할 수 있는 사람은 극소수에 불과하다.

예 노인의 발달단계에 따라 자아를 통합하려는 문제

📷 매슬로우의 욕구위계체계

자아실현의 욕구
자존감의 욕구
소속과 사랑의 욕구
안전의 욕구
생리적 욕구

2) 브래드쇼(Bradshaw)의 욕구 유형

(1) 규범적 욕구

① 전문가들이 정해준 기준에 의해 알게 된 욕구이다.

② 전문가가 기준을 설정하면 그 기준과 자신의 현 상태를 비교하여 욕구를 파악하게 된다.

③ 기준을 정함으로써 욕구를 가진 집단의 규모를 파악할 수 있는 장점이 있다.

④ 전문가에 의해 기준이 설정되기 때문에 혜택을 받는 사람들의 욕구가 반영되지 않을 수 있다.

예 최저생계비 계측

(2) 느껴진(인지적) 욕구

① 자신의 느낌(인지)으로 알게 된 욕구이다.

② 자신의 욕구는 자신이 제일 잘 알고 있기에 알 수 있는 욕구이다.

③ 욕구상태에 있는 사람이 느끼게 된 욕구이다.

④ 당사자의 욕구를 파악할 수 있는 장점이 있다.

⑤ 느낌으로 알게 된 욕구이기 때문에 인지하지 못하는 경우 실제 욕구를 알 수 없고 사람의 기준에 따라 달라질 수 있는 단점이 있다.

예 서베이 조사

(3) 표현된 욕구

① 느껴진 욕구가 행동으로 표현된 욕구이다.

② 자신의 상태와 문제를 자신이 직접 진단한다.

③ 서비스를 받기 위해 신청한 사람들이나 대기자 명단을 통해 알 수 있다.

④ 욕구를 표현한 사람들의 수를 알 수 있고, 욕구파악이 가능해 서비스를 크기를 결정할 수 있다.

⑤ 서비스를 실시하면 욕구를 인지하고 있는 사람만 참여할 수 있고 욕구를 표현하지 않는 사람은 서비스에 참여할 수 없다. 욕구를 표현했다 하더라도 모두 서비스를 원하는 것이 아니라는 단점이 있다.

예 서비스 대기자 명단

(4) 비교적(상대적) 욕구

① 다른 사람들과 비교하여 알게 된 욕구이다.

② 주관적인 욕구로 비교 상대가 어떤 집단인지에 따라 달라진다.

③ 욕구의 규모와 내용을 파악할 수 있는 장점이 있다.

④ 주관적으로 비교 집단을 선정하는 데 단점이 있다.

예 대기업과 소기업의 급여 비교

3) 알더퍼(Alderfer)의 ERG이론

(1) 존재 욕구

① 인간이 자신의 존재를 확보하는 데 필요한 욕구이다.

② 매슬로우의 욕구 중 생리적 욕구와 안전의 욕구, 존재의 욕구와 유사하다.

③ 음식 · 물과 같은 식욕, 성욕, 수면욕, 더위와 같은 생리적 욕구가 해당된다.

④ 임금, 작업환경과 같은 물리적 욕구는 인간의 기본적인 욕구에 해당된다.

(2) 관계 욕구

① 인간이 타인과 관계를 맺고 유지하려는 욕구이다.

② 매슬로우의 욕구 중 소속과 사랑의 욕구, 자존감의 욕구와 유사하다.

Tip
알더퍼는 세 수준의 욕구가 동시에 작용할 수 있다고 보았습니다.

③ 가족, 동료, 이웃 등을 포함한 타인과의 우정 · 사랑 같이 가족이나 타인과 관련된 욕구이다.

(3) 성장 욕구

① 매슬로우의 욕구 중 자아존중의 욕구와 자아실현의 욕구와 유사하다.
② 개인의 성장뿐 아니라 사회적 성장도 포함된다.
③ 자신의 능력을 개발하여 발휘하는 것으로 욕구가 충족된다.
④ 타인과 비교하여 얻는 자존감이 아니라 스스로 얻게 되는 자존감의 욕구이다.

4) 맥클리랜드(McClelland)의 성취동기이론

(1) 성취 욕구

목표를 달성하고 어려운 일을 이루기 위해 노력하는 욕구로 자신의 능력으로 성공하여 자긍심을 높이려고 한다.

(2) 권력 욕구

다른 사람을 통제하거나 지시하려는 욕구로 조직에서 자신의 영향력을 행사하려고 한다.

(3) 친교 욕구

다른 사람들과 친근하고 밀접한 관계를 맺으려는 욕구로 좋은 관계를 유지하려고 노력한다.

5) 허즈버그(Herzberg)의 동기 – 위생이론

(1) 동기요인

① 동기요인은 만족 요인으로 심리적 성장과 만족을 성취하려는 욕구이다.
② 동기요인이 충족되지 않아도 불만이 없지만 충족되면 만족되어 직무 성과는 올라간다.
예 승진, 인정, 책임, 성장 등

(2) 위생요인

① 위생요인은 불만족 요인으로 불만은 고통에 의해 생겨나고 고통은 환경적인 문제들이 원인이 된다.
② 위생요인은 일과 관련된 환경요인으로 급여, 작업환경, 동료관계 등을 의미한다.
③ 위생요인이 좋으면 불만족을 감소시킬 수 있으나 만족감을 높이지는 못한다.
예 감독, 보수, 대인관계 등

Tip

허즈버그는 인간의 만족과 불만족이 별개의 차원에서 야기된다는 것을 발견하고 욕구충족지원설을 주장했습니다.

6) 아지리스(Argyris)의 성숙 · 미성숙 이론

① 인간은 성숙한 사람과 미성숙한 사람으로 구분되고 미성숙 상태에서 성숙 상태로 발전된다.
② 조직의 목표를 달성하기 위해서는 구성원들이 성숙한 인간이어야 한다.
③ 구성원을 조직할 때에는 최대한 성숙한 상태를 실현할 수 있는 방법이 모색되어야 동기부여가 된다.

7) 브룸(Vroom)의 기대이론

① 직무수행을 통해 좋은 결과를 얻을 수 있다고 하는 기대와 결과의 유의성 정도에 따라 행동한다.
② 수단성은 행동에 대한 보상이 주어질 것이라는 믿음이다.
③ 유의성은 행동의 결과로 얻는 것의 가치를 의미한다.
④ 기대는 특정한 노력에 대한 결과가 일어난 확률이다.

8) 아담스(Adams)의 공평성이론

① 구성원에게 공평성을 실천하여 구성원들의 동기를 부여할 수 있다고 본다.
② 배분적 공평성은 조직의 자원을 구성원들 사이에 공평하게 분배했는가를 본다.
③ 과정적 공평성은 조직의 의사결정과정에서 공정했는가를 본다.
④ 상호적 공평성은 인간관계에서 인간적인 대우를 포함한 질적인 보상이 공평했는가를 본다.

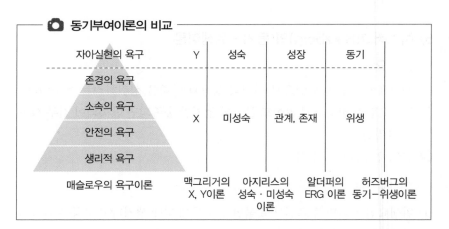

📷 **동기부여이론의 비교**

자아실현의 욕구	Y	성숙	성장	동기
존경의 욕구				
소속의 욕구			관계, 존재	위생
안전의 욕구	X	미성숙		
생리적 욕구				
매슬로우의 욕구이론	맥그리거의 X, Y이론	아지리스의 성숙 · 미성숙 이론	알더퍼의 ERG 이론	허즈버그의 동기-위생이론

 목표설정이론(Goal Setting Theory)

로크(E.A. Locke)에 의해 시작된 동기이론으로, 인간이 합리적으로 행동한다는 기본적인 가정에 기초하여, 개인이 의식적으로 얻으려고 설정한 목표가 동기와 행동에 영향을 미친다는 이론입니다. 목표가 실제 행위나 성과를 결정하는 요인이 됩니다.

사회복지조직의 인적자원관리

01 슈퍼바이저에 대한 설명으로 틀린 것은?

① 일선 사회복지사에게 새로운 이론과 모델에 대해 알려주는 것은 교육적 기능에 해당한다.

② 인적 자원의 개발에 관심을 두는 행정행위의 일종으로, 리더십과 연결성을 갖는다.

③ 책임을 공유하고 전적으로 책임을 지지만 결정이나 업무를 대신하는 것은 아니다.

④ 일선 사회복지사의 지식과 기술 향상뿐만 아니라 동기부여 및 사기진작의 역할을 맡는다.

⑤ 일선 사회복지사가 제공하는 서비스를 감독하며, 업무를 조정한다.

해설 책임을 공유하지만 전적으로 책임을 지는 것은 아니며, 결정이나 업무를 대신하는 것은 아니다.

02 다음에서 설명하는 욕구는 성취동기이론 중 어떤 욕구인가?

- 어려운 일을 달성하려는 욕구
- 장애를 극복하여 높은 목표를 이루려는 욕구
- 다른 사람들과 경쟁하여 이기고 싶은 욕구
- 자신의 능력을 최대한 발휘하고자 하는 욕구

① 존재욕구   ② 성취욕구

③ 친화욕구   ④ 성장욕구

⑤ 권력욕구

해설 성취동기이론에는 성취욕구, 권력욕구, 친화욕구가 있다. 성취욕구는 무엇인가를 이루거나 얻으려는 욕구이며, 권력욕구는 구성원들에게 통제력을 행사하거나 행동에 영향을 미치려는 욕구이다. 친화욕구는 다른 사람과 친근하고 밀접한 관계를 맺으려는 욕구이다. 주어진 내용은 성취욕구에 대한 내용이며, 존재욕구와 성장욕구는 알더퍼의 ERG이론의 욕구이다.

03 인적자원관리에 대한 설명으로 틀린 것은?

① 직무분석은 직무에 대한 업무내용과 책임을 종합적으로 분류한다.

② 인적자원 확보와 조직구성원에 대한 훈련, 교육, 보상관리 등을 의미한다.

③ 직무기술서는 직무명칭과 개요 등 직무 자체에 관한 내용이다.

④ 직무기술서 결과를 바탕으로 직무분석을 한다.

⑤ 인사관리는 성과관리, 개발관리, 보상관리 등을 포함한다.

해설 직무분석의 결과를 바탕으로 직무명세서를 작성한다.
- 직무기술서는 직무 자체에 대한 기술로 직무분석의 결과에 의거하여 직무수행과 관련된 과업 및 직무행동을 일정한 양식에 따라 기술한 문서이다.
- 직무명세서는 직무수행자의 인적요건에 대한 기술로 직무수행에 필요한 직원의 지식, 기술, 능력 등을 일정한 양식에 따라 기술한 문서이다.

정답   01 ③   02 ②   03 ④

04 다음에서 설명하는 인적자원관리 방식은?

> 조직몰입에 긍정적인 영향을 미친다. 조직몰입은 구성원 개인이 조직에 대해 갖는 애착 정도라고 말할 수 있다. 대체로 직무에 대한 만족이 높을수록 조직몰입도 높게 나타난다.

① OJT   ② 순환보직
③ 소진   ④ 직무만족
⑤ 직무기술서

해설 직무만족에 대한 설명이다. OJT는 직무를 수행하는 과정에서 선임자가 피훈련자에게 업무수행의 지식, 기술을 학습하게 하는 직무수행능력 개발방법이다.

05 다음에서 설명하는 이론은?

> 사람은 행동에 앞서서 행동의 결과에 대해 생각하고, 어떤 결과가 이루어질 확률(가능성)을 고려해서 행동하며, 그 선택은 결과를 초래하는 인지된 매력에 의해 영향을 받는다고 가정한다.

① 성취동기이론   ② 기대이론
③ 형평성이론   ④ 욕구위계이론
⑤ 동기위생이론

해설 기대이론에 대한 내용이다. 기대이론은 인간의 행동이 어떤 성과로 이어진다는 기대(E)의 강도와 실제로 이어진 결과(I)에 대해 느끼는 매력(V)에 달려 있다고 본다.

06 브래드쇼의 욕구에 대한 설명으로 틀린 것을 모두 고른 것은?

> ㄱ. 규범적 욕구는 집단 간 상대적 수준의 차이를 고려한다.
> ㄴ. 표현된 욕구는 대기자 명단 등에 나타난 사람들의 욕구 행위를 근거로 한다.
> ㄷ. 비교적 욕구는 정부나 전문가 등에 의해 정의된 욕구이다.
> ㄹ. 느껴진(감촉적) 욕구는 잠재적 대상자들이 스스로 인지하는 것을 기준으로 한다.

① ㄱ, ㄷ   ② ㄴ, ㄹ
③ ㄱ, ㄴ, ㄷ   ④ ㄹ
⑤ ㄱ, ㄴ, ㄷ, ㄹ

해설 ㄱ. 규범적 욕구는 정부나 전문가 등에 의해 정의된 욕구이다.
ㄷ. 비교적 욕구는 집단 간 상대적 수준의 차이를 고려한다.

07 다음의 내용에 포함되지 않는 것은?

> • 조직에서 업무 단계를 돌아가면서 맡도록 하는 방법의 업무의 순환을 돕는 형태의 방법이다.
> • 사정·연계·옹호 등을 통해 클라이언트 문제를 통합적으로 해결하는 방법이다.
> • 직원의 지위와 역할, 이에 따른 구체적 임무와 책임 등을 정해 놓은 것이다.
> • 개별 업무자가 담당하는 과업의 종류나 수를 확대하는 방법이다.

① 직무순환   ② 사례관리
③ 직무설계   ④ 직무확대
⑤ 업무세분화

해설 업무세분화는 업무단위를 잘게 쪼개는 것이다.

① 직무순환은 조직에서 업무 단계를 돌아가면서 맡도록 하는 방법의 업무의 순환을 돕는 형태의 방법이다.
② 사례관리는 사정·연계·옹호 등을 통해 클라이언트 문제를 통합적으로 해결하는 방법이다.
③ 직무설계는 직원의 지위와 역할, 이에 따른 구체적 임무와 책임 등을 정해 놓은 것이다.
④ 직무확대는 개별 업무자가 담당하는 과업의 종류나 수를 확대하는 방법이다.

08 소진에 대한 설명으로 옳은 것을 모두 고른 것은?

> ㄱ. 직무에서 비롯되는 스트레스에 대한 반응이다.
> ㄴ. 목적의식이나 관심을 점차적으로 상실하는 과정이다.
> ㄷ. 감정이입이 업무의 주요 기술인 직무현장에서 발생하는 현상이다.
> ㄹ. 일반적으로 열성 – 침체 – 좌절 – 무관심의 단계로 진행된다.

① ㄱ, ㄴ   ② ㄱ, ㄷ
③ ㄱ, ㄴ, ㄷ   ④ ㄴ, ㄷ, ㄹ
⑤ ㄱ, ㄴ, ㄷ, ㄹ

해설 소진이란 평소 업무에 헌신적이었던 지원이 스트레스를 경험하여 직무에서 멀어져가는 것을 의미한다. 그 결과로 클라이언트에 대한 비인간적 태도, 근무태만, 서비스의 질 하락 등이 나타난다.

09 동기부여이론에 대한 설명으로 틀린 것은?

① 매슬로우의 욕구이론에서는 상위욕구가 충족되어야 하위욕구가 나타난다고 보았다.
② 알더퍼의 ERG이론에서 존재 욕구, 관계 욕구, 성장 욕구는 동시에 추구될 수 있다.
③ 동기위생이론은 불만족을 주는 위생요인과 만족을 주는 동기요인으로 구분하였다.
④ 맥클리랜드는 성취 욕구, 권력 욕구, 친화 욕구 등에 대해 제시하였다.
⑤ X, Y이론에 바탕을 두고 있는 이론은 매슬로우의 욕구단계이론이다.

해설 매슬로우의 욕구이론에서는 하위욕구가 충족되어야 상위욕구가 나타난다. 하위욕구가 충족되지 않으면 상위욕구가 나타나지 않는다.

10 슈퍼비전에 대한 설명으로 가장 옳지 않은 것은?

① 슈퍼비전은 사회복지사의 관리 및 통제의 수단으로도 활용되기도 한다.
② 카두신은 슈퍼비전을 행정적, 지지적, 교육적 기능으로 설명하였다.
③ 슈퍼비전에는 객관적인 평가와 그에 따른 책임성이 요구된다.
④ 슈퍼비전의 질은 슈퍼바이저의 역량에 좌우된다.
⑤ 슈퍼비전은 1 : 1의 관계로만 이루어진다.

해설 슈퍼비전은 1 : 1의 관계가 아니더라도 다양한 형태로 이루어질 수 있다.

정답   09 ①   10 ⑤

학습 가이드

- 기획의 특징과 필요성, 유형 등에 대한 전체적인 내용을 파악하고 있어야 한다.
- 시간별 활동 계획도표와 프로그램 평가 검토기법에 대한 정의를 정확히 구분할 수 있도록 개념을 잘 정리할 수 있어야 한다.

---

1 기획

기획은 조직의 목표를 달성하고자 미래에 취할 행동을 위해 결정을 준비하는 체계적인 방법이며 과정이다.

1) 기획의 특징

① 미래지향적이고 계속적인 과정이다.
② 목표 달성을 위한 수단적 과정이다
③ 목표지향적인 동시에 과정지향적이다.
④ 연속적이며 동태적인 과업이다.

2) 기획의 필요성

① 기획은 불확실성을 감소시키기 위해 필요하다.
② 기획은 합리성을 증진시키기 위해 필요하다.
③ 기획은 효율성을 증진시키기 위해 필요하다.

Tip
기획은 동태적이고 계획은 정태적입니다. 기획은 수정이 가능합니다.

Tip
스키드모어(R. Skidmore)의 7단계 기획과정
목표설정 – 자원 고려 – 대안 모색 – 결과 예측 – 계획 결정 – 구체적 프로그램 수립 – 개방성 유지

④ 기획은 효과성을 증진시키기 위해 필요하다.

⑤ 기획은 책임성을 증진시키기 위해 필요하다.

⑥ 기획은 사회복지조직 구성원의 사기진작을 위해 필요하다.

3) 기획의 유형

(1) 조직의 위계 수준에 따른 기획

위계수준	기획의 유형
최고관리층	장기적 기획, 전략적 기획, 조직 전체 영역
중간관리층	부서별 기획, 운영기획, 할당기획
감독관리층	단기목표, 구체적 프로그램 기획, 운영기획
관리실무자	일상적 업무, 사소한 절차에 국한

(2) 시간차원에 따른 기획

① 장기기획

ㄱ 1년 이상, 5년, 10년 이상의 기획이다.

ㄴ 외부환경의 영향을 중시하고 주기적으로 조직의 목표를 재설정한다.

ㄷ 창의성과 미래에 대한 비전을 가지게 한다.

② 단기기획

ㄱ 1년 미만의 기간에 걸친 프로그램 기획이다.

ㄴ 보다 구체적이고, 상세하고, 행동 지향적이고, 실행방법에 관한 것이다.

(3) 대상에 따른 기획

① 전략적 기획

ㄱ 목표설정, 우선순위설정, 자원획득 및 분배에 관한 기획과정이다.

ㄴ 조직의 구체적 목표의 설정 및 변경, 구체적 목표달성을 위한 자원 및 그 자원의 획득, 사용, 분배를 위한 정책을 결정하는 과정이다.

② 운영 기획

ㄱ 자원의 관리에 관한 기획과정이다.

ㄴ 획득된 자원이 조직의 목표를 효과적이고 효율적으로 달성하도록 사용하는 과정에 대한 것이다.

1) 의의

프로그램의 목표설정부터 실행, 평가까지 목표를 달성하기 위해 실시해야 하는 행동계획을 구체화한 것이다.

2) 사회복지 프로그램 대상

Tip

사회복지 프로그램의 대상은 일반인구 → 위험인구 → 표적인구 → 클라이언트인구 순으로 구체화됩니다.

① 일반인구 : 서비스를 받아야 할 지역에 있는 전체 인구를 의미한다.
② 위험인구 : 일반인구 중에서 사회문제에 노출되어 프로그램을 통하여 문제를 해결하려는 사람들을 의미한다.
③ 표적인구 : 위험인구 중에서 프로그램에 참여할 자격을 갖춘 사람들을 의미한다.
④ 클라이언트인구 : 표적인구 중에서 실제로 프로그램에 참여하는 사람들을 의미한다.

1) 시간별 활동 계획도표 – 간트차트(Gantt Chart)

① 사업시작부터 완료까지 기간을 막대 모양으로 표시한 도표로, 세로축에는 세부목표와 활동, 프로그램을 기입하고 가로축에는 일별 또는 월별 기간을 기입하는 기법이다.
② 단순하게 한 사업에 유용하고 계획대로 진행되는지 확인이 쉬운 장점이 있다.
③ 활동 간의 상호관계를 도표로 나타낼 수 없어 활동 간 상관관계를 파악하기 어려운 단점이 있다.

간트차트

과업	진행							
	3월	4월	5월	6월	7월	8월	9월	10월
계획	→							
대상자 선정		→						
프로그램 실행			→				→	
평가								→

2) 프로그램 평가 검토기법(PERT)

 프로그램 평가 검토기법의 임계경로(임계통로)는 시험에서 자주 출제되고 있어 정의와 계산법을 잘 파악하고 있어야 합니다.

① 최종목표를 달성하는 데 필요한 최단 기간을 제시할 수 있는 기법이다.

② 세부목표 또는 활동의 상호관계와 시간계획을 연결시켜 나타낸다.

③ 전체 프로젝트를 완수하는 데 걸리는 시간을 추정할 수 있다.

④ 개별활동들을 앞당기거나 늦추는 것이 전체 프로그램에 미칠 영향력을 파악할 수 있다.

⑤ 필요한 과업의 선후 병행관계 및 소요시간 등을 도표로 나타내어 전체과정을 쉽게 파악할 수 있다.

⑥ 완성된 그림이 복잡할 경우 작성에 많은 시간이 소요되고 이해가 어렵다.

⑦ 대규모 사업에 유리하고 원과 화살표로 구성한다.

⑧ 임계경로는 가장 긴 시간이면서 가장 짧은 시간으로 작업수행을 위해 최소한으로 확보해야 할 시간을 의미한다.

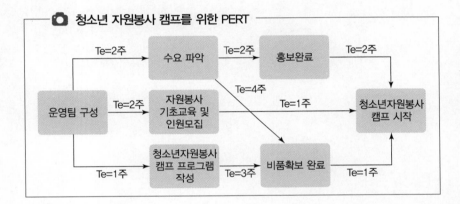

📷 청소년 자원봉사 캠프를 위한 PERT

3) 월별활동카드(Shed – U graph)

① 특정 활동이나 업무를 카드에 기입하여 월별 아래 공간에 삽입하거나 붙이는 기법이다.

② 업무시간에 따라 변경이 가능하고 이동하기 쉬운 장점이 있다.

③ 업무 간의 상관관계를 알 수 없는 단점이 있다.

📇 월별활동카드

4월	5월	6월	7월
간담회	소풍	생일잔치	물놀이

4) 방침관리기법

① 공통의 목표를 달성하기 위해 조직의 자원을 집결하는 데 초점을 두고 조직 구성원 전체의 노력을 적절하게 조정하기 위한 기법이다.

② 계획 – 실행 – 확인 – 조정하는 절차를 하나의 프로그램 기획관리 과정으로 본다.

01 프로그램 평가 검토기법(PERT)에 대한 설명으로 틀린 것은?

① 최종 목표를 달성하는 데 있어 필요한 최단 기간을 제시할 수 있는 기법이다.

② 계획을 수립한 후 실행에 옮기며 발생하는 문제에 대해 수정하며 보완해 나간다.

③ 목표달성을 위한 설정된 주요활동과 시간계획을 연결시켜 도표로 나타낸 것이다.

④ 가장 긴 시간이 걸리는 통로를 임계통로라 한다.

⑤ 과업별 소요시간을 계산하며, 전체 과업들 간 최적의 시간경로를 파악한다.

해설 방침관리기법은 계획을 수립한 후 결과에 대한 예측 없이 바로 실행에 옮기며, 발생하는 문제에 대해 수정하며 보완해 나가는 방식이다.

02 간트차트에 대한 설명으로 옳은 것은?

① 단순 명료하다는 장점이 있지만, 세부목표 간 상호연관성은 알 수 없다.

② 활동을 수행하고 결과를 피드백하는 관리체계이다.

③ 장기계획을 수립하기 위한 방법으로 미 해군 핵잠수함 건축과정에서 고안되었다.

④ 각 달마다 수행되어야 할 과업을 적은 카드를 꽂아 두는 방식이다.

⑤ 계획을 바로 실행에 옮긴 후 문제 상황이 발생할 때마다 수정해 나가는 방식으로 진행된다.

해설 ② 활동을 수행하고 결과를 피드백하는 관리체계는 목표관리이론이다.

③ 장기계획을 수립하기 위한 방법으로 미 해군 핵잠수함 건축과정에서 고안된 이론은 프로그램 평가 검토기법이다.

④ 각 달마다 수행되어야 할 과업을 적은 카드를 꽂아 두는 방식은 월별활동카드이다.

⑤ 방침관리기법은 계획을 바로 실행에 옮긴 후 문제 상황이 발생할 때마다 수정해 나가는 방식으로 진행된다.

03 기획의 특징에 대한 설명으로 옳은 것은?

① 미래에 일어날 일을 예측하지만 과거 오류의 재발을 방지할 수 없다.

② 사회복지조직의 불확실성을 감소시킬 수 있다.

③ 연속적이며 정태적인 과업으로 효율성 및 효과성 모두 관련이 있다.

④ 외부환경의 영향력을 고려할 필요가 없다.

⑤ 상황에 따라 융통성 있게 수정될 수 없다.

해설 ① 미래에 일어날 일을 예측하며 과거 오류의 재발을 방지한다.

③ 연속적이며 동태적인 과업으로 효율성 및 효과성 모두 관련이 있다.

④ 외부환경의 영향력을 고려하는 것이 필요하다.

⑤ 상황에 따라 융통성 있게 수정될 수 있다.

정답 01 ② 02 ① 03 ②

04 프로그램 설계과정에 대한 설명으로 틀린 것은?

① 프로그램 설계과정은 문제 확인 → 목적 설정 → 프로그래밍 → 실행 → 평가 순이다.

② 예산으로 인해 표적인구보다 클라이언트인구는 적어지게 된다.

③ 표적집단과 클라이언트집단의 수는 달라야 한다.

④ 대상집단의 크기는 일반집단 → 위기(위험)집단 → 표적집단 → 클라이언트집단 순으로 작아진다.

⑤ 대상인구 규정에서 클라이언트인구란 프로그램에 실제 참여하는 사람을 말한다.

해설 표적집단의 인구가 모두 프로그램에 참여할 수 있으므로 클라이언트 집단의 수가 꼭 다를 필요는 없다.

05 기획의 특징에 대한 설명으로 틀린 것은?

① 연속적이며 정적인 과정이다.

② 효과성 및 효율성 향상에 도움이 된다.

③ 목적적이고 미래지향적이며, 의사소통과 관련이 있다.

④ 미래에 대한 불확실성을 감소시키고 조직의 책임성을 증진시킬 수 있다.

⑤ 프로그램의 효율성, 효과성 및 합리성을 증진시킨다.

해설 기획은 연속적이며 동적인 과정이다. 정적인 과정은 계획이다.

06 간트차트에 대한 설명으로 틀린 것은?

① 과업수행시간을 관리하는 데 사용하는 기법이다.

② 프로그램기획에서 세부목표와 활동 및 프로그램을 기입한다.

③ 전체 구성원의 참여를 바탕으로 생산 활동의 단기적 목표를 분명히 설정한다.

④ 활동과 활동 사이의 상관관계를 파악하기 어렵다는 단점이 있다.

⑤ 상대적으로 복잡하지 않은 사업을 계획할 때 주로 사용한다.

해설 전체 구성원의 참여를 바탕으로 생산 활동의 단기적 목표를 분명히 설정하는 이론은 목표관리이론이다.

07 프로그램 평가 검토기법(PERT)에 대한 설명으로 옳은 것은?

① 목표달성의 기한을 정해 놓고 진행하며, 과업별 소요시간을 계산하여 추정한다.

② 세부 활동이 지나치게 많은 경우에도 아무 문제없이 세부 활동을 이해할 수 있다.

③ 임계경로에 따른 시간은 반드시 확보되어야 하는 최대한의 시간이다.

④ 월별 및 일별 세부계획을 도표식으로 나타내는 방법이다.

⑤ 목표를 중심으로 수립하는 예산관리기법, 기획기법으로 활용한다.

해설 ② 세부 활동이 지나치게 많은 경우에는 도식이 복잡해진다는 단점도 있다.

③ 임계경로에 따른 시간은 반드시 확보되어야 하는 최소한의 시간이다.

④ 간트도표는 월별 및 일별 세부계획을 도표식으로 나타내는 방법이다.

⑤ 목표관리이론은 목표를 중심으로 수립하는 예산관리기법, 기획기법으로 활용한다.

08 기획기법에 대한 설명으로 틀린 것은?

① 간트차트는 상대적으로 복잡한 사업을 계획할 때 주로 사용된다.

② 프로그램 평가 검토기법(PERT)은 목표달성의 기한을 정해 놓고 진행한다.

③ 간트차트는 활동과 활동 사이의 상관관계를 파악하기 어렵다는 단점이 있다.

④ 간트차트는 월별 및 일별 세부계획을 도표식으로 나타내는 방법이다.

⑤ 월별활동계획카드는 각 월 아래에 진행될 과업을 카드로 적어 꽂아 두는 방식이다.

해설 간트차트는 상대적으로 복잡하지 않은 사업을 계획할 때 주로 사용하며, 단순 명료하다는 장점이 있지만 세부목표 간 상호 연관성은 알 수 없다.

09 다음에서 설명하는 기획기법은?

> • 공통의 목표를 달성하기 위해 조직의 자원을 집결하는 데 초점을 두고 조직 구성원 전체의 노력을 적절하게 조정하기 위한 기법이다.
> • 계획 – 실행 – 확인 – 조정하는 절차를 하나의 프로그램 기획관리 과정으로 본다.

① 월별활동카드
② 프로그램 평가 검토기법
③ 시간별 활동계획도표
④ 간트차트
⑤ 방침관리기법

해설 방침관리기법에 대한 설명이다.

① 월별활동카드는 특정 활동이나 업무를 카드에 기입하여 월별 아래 공간에 삽입하거나 붙이는 기법이다.
② 프로그램 평가 검토기법은 최종목표를 달성하는 데 필요한 최단 기간을 제시할 수 있는 기법이다.
③, ④ 시간별 활동계획도표(간트차트)는 사업시작부터 완료까지 기간을 막대 모양으로 표시한 도표이다.

학습 가이드 예산의 특징과 예산의 모형에 대한 꾸준한 학습이 필요하며, 예산에 대한 4가지 모형의 특성이 출제되고 있어 모형별로 구분할 수 있어야 한다.

1 예산

1) 개념

예산은 일정기간 동안의 계획된 지출과 그 지출을 위한 자금조달 계획으로 1년간의 조직의 목표를 금전적으로 표시한 것이다.

2) 예산통제의 원칙

① **개별화의 원칙** : 개별기관과 그 자체의 제약조건, 요구사항, 기대상황 등에 맞게 고안되어야 한다.

② **강제의 원칙** : 강제성을 띠는 어떤 명시적인 규정이 있어야 한다.

③ **예외의 원칙** : 규칙에는 반드시 예외사항을 고려해야 한다.

④ **보고의 원칙** : 통제체계에는 보고의 규정을 두어야 한다.

⑤ **개정의 원칙** : 예산을 적용할 때 일정한 기간 동안만 적용되도록 제한하거나 부작용이 나타날 것을 대비하여 규칙을 수정할 수 있어야 한다.

⑥ **효율성의 원칙** : 예산통제에는 시간과 비용이 많이 드는 경우가 있기 때문에 비용과 노력을 최소화하는 정도에서 이루어져야 한다.

⑦ **의미의 원칙** : 효과적인 통제가 되기 위해서는 규칙, 기준, 의사소통 및 계약 등의 관계되는 모든 사람들이 명확하게 사용해야 한다. 통제자료를 쉽게 얻을 수 있어야 하고 절차의 분류와 해석을 위한 것도 명확하게 해야 한다.

⑧ **피드백의 원칙** : 예산통제의 체계에 관한 규칙, 기준, 의사소통 등을 적용할 때 여러 가지 부작용이 발생할 수 있으니 문제점을 파악하여 개정과 개선의 기초를 수립해야 한다.

⑨ **생산성의 원칙** : 재정통제는 서비스가 효과적이고 효율적으로 전달되도록 하기 위한 하나의 수단이라는 사실을 인식해야 한다.

---

2 예산 모형

1) 품목별(항목별) 예산

예산의 통제기능을 충족시키기 위해 구입하고자 하는 품목별로 편성하는 예산이다.

Tip 품목별 예산방법은 지출 예정인 품목이나 서비스별로 예산을 책정하는 방식입니다.

📖 **품목별 예산의 예**

지출항목	2020 예산	2021 예산	
		제출	승인
급여	1,000,000,000	1,200,000,000	1,100,000,000
프로그램 운영비	50,000,000	60,000,000	55,000,000
소모품비	10,000,000	12,000,000	12,000,000
총계	1,060,000,000	1,272,000,000	1,167,000,000

(1) 특징

① 전년도 예산을 근거로 하여 일정한 양만큼 증가시켜 나가는 점진주의적 특성을 가지고 있다.

② 품목별로 비용을 처리하기에 회계자에게 유리하여 사회복지기관에서 가장 많이 사용된다.

(2) 장점

① 지출 근거를 검토할 수 있어 불필요한 예산통제에 효과적이다.

② 규모가 크지 않거나 예산통제에 목적이 있는 프로그램에 사용된다.

① 프로그램에 대한 내용을 알 수 없어 중복되는 활동으로 효율성이 떨어진다.
② 작년과 비교하여(점진적인 방법) 예산을 증감하므로 신축성이 떨어진다.
③ 예산의 증감에 대한 정보가 불충분하다.

2) 성과주의(기능주의) 예산

조직의 활동을 기능별 또는 프로그램별로 나눈 후 다시 세부 프로그램으로 나누고 각 세부 프로그램의 원가를 업무량을 계산하여 편성하는 관리지향 예산이다.

성과주의 예산의 예

예산항목		예산
물놀이 프로그램 입장료	10,000×30 = 300,000	300,000
물놀이 프로그램 점심	8,000×30 = 240,000	240,000

(1) 특징

① 효율성을 중시하고 장기적인 계획은 고려하지 않는다.
② 과정중심 예산으로 관리자에게 유리하고 '단위원가×업무량＝예산'으로 계산한다.

(2) 장점

① 프로그램을 파악할 수 있어 예산분배를 합리적으로 할 수 있다.
② 프로그램 통제가 가능해 프로그램의 효율성을 높일 수 있다.
③ 사업별 예산통제가 가능해 실적의 평가가 용이하다.

(3) 단점

단위원가를 책정하는 것이 어렵고 효율성에 치중하여 프로그램 효과성을 무시한다.

3) 계획(기획) 예산

목표를 달성하기 위해 장기적인 계획을 세우고 매년 기본계획을 실행하기 위해 프로그램별로 예산을 편성하는 예산이다.

계획 예산의 예

목표	노인 사회문제 예방		
1년차 노인빈곤 예방	사업	직업능력향상	직업 체험
	예산	100,000,000	50,000,000
2년차 노인치매 예방	사업	치매예방	잔존능력향상
	예산	100,000,000	50,000,000

(1) 특징

① 목표를 먼저 설정하고 정해진 목표를 달성하기 위해 계획을 수립하여 계획에 맞게 예산을 배정한다.

② 구체적이고 장기적인 계획을 수립하고 계획을 통하여 예산을 편성한다.

(2) 장점

① 현실성 있는 장기계획을 작성하여 신뢰성이 확보된다.

② 목표와 프로그램을 분명히 이해할 수 있어 프로그램의 효과성을 높일 수 있다.

③ 자금분배를 합리적으로 할 수 있다.

(3) 단점

① 사업에 대한 모든 정보를 가지고 있어야 한다는 점에서 현실적으로 어렵고 모든 권한이 중앙집권화된다.

② 3년 이상의 장기계획과 1년 예산을 연결하여 변화에 대응하기 어렵다.

③ 결과에만 치우쳐 과정은 상대적으로 무시된다.

4) 영기준 예산

전년도 예산과는 무관하게 프로그램의 효율성을 평가하여 우선순위를 정하고 우선순위가 높은 프로그램에 먼저 예산을 편성하는 예산이다.

(1) 특징

① 프로그램의 목표와 수행능력을 매년 새로 고려한다.

② 별다른 조치 없이 사업기간이 지나면 사업이 폐지된다.

③ 사업 간의 비교를 통해 우선순위를 설정하고 프로그램에 예산을 투입한다.

④ 의사결정이 강하고 다양한 프로그램을 고려한다.

(2) 장점

① 효율성이 떨어지는 사업에는 예산을 집행하지 않아 예산낭비를 방지한다.

② 예산을 절약하여 자금 배분에 탄력성을 기할 수 있다.

③ 프로그램의 효과성과 효율성을 기할 수 있다.

(3) 단점

① 장기적인 계획에 의한 프로그램은 수행하는 것이 어렵다.

② 합리성만 강조하여 정치적·심리적 요인은 무시된다.

③ 시간과 비용이 많이 들고 우선순위를 정하기가 어렵다.

Tip

영기준 예산방법은 예산 신청기관에서 각각 3가지 이상의 예산 요청안을 제출하면 그중 가장 합리적인 예산안을 선택하는 방법으로 사회복지공동모금회에서 사용하는 분배방법입니다.

OX 퀴즈

• 예산 모형에는 품목별 예산, 성과주의 예산, 계획 예산, 영기준 예산이 있다. 품목별 예산은 목표를 먼저 설정하고 정해진 목표를 달성하기 위해 계획을 수립하여 계획에 맞게 예산을 배정하며, 구체적이고 장기적인 계획의 수립을 통하여 예산을 편성한다. (×)

• 품목별 예산방법은 회계작성이 용이하며 지출 근거를 검토할 수 있어 불필요한 예산통제에 효과적이다. (○)

• 기획 예산은 관리자에게 유리하며, '단위원가×업무량 = 예산'으로 계산하고 프로그램을 파악할 수 있어 예산분배를 합리적으로 할 수 있다. (×)

01 영기준 예산방식에 대한 내용으로 틀린 것은?

① 매년 프로그램 우선순위에 따라 합리적으로 예산을 편성한다.

② 점증적 방식의 단점을 보완하기 때문에 전년도의 예산방식을 전혀 고려하지 않는다.

③ 프로그램의 예산결정 단위별로 우선순위를 결정하기 쉽다.

④ 현재의 시점에서 합리적으로 예산을 수립함에 따라 예산을 절약하는 효과를 가져 온다.

⑤ 매년 예산을 편성하므로 몇 년에 걸쳐 진행되는 장기적 계획수립에는 불리하다.

해설 영기준 예산방식은 프로그램의 예산결정 단위별로 우선순위를 결정하기 어렵다.

02 성과주의 예산방법에 대한 설명으로 틀린 것은?

① 단기적으로 목표를 달성하는 사업에 더 적합한 측면이 있다.

② 목표수행에 중점을 두는 관리지향 예산제도이다.

③ 목표개발부터 시작되고 조직의 통합적 운영이 편리하다.

④ 기관의 사업과 목표를 이해하는 데 도움을 주며, 예산집행에 신축성을 부여한다.

⑤ 각 세부사업을 '단위원가 × 업무량 = 예산액'으로 표시하여 편성을 한다.

해설 목표개발부터 시작되고 조직의 통합적 운영이 편리한 예산방법은 기획예산방법이다. 장기적인 예산을 설정하여 목표개발부터 시작되고 중앙집권적이다.

03 품목별 예산방법에 대한 내용으로 틀린 것은?

① 예산의 남용을 방지할 수 있고 회계책임을 명백히 할 수 있다.

② 간편성으로 인해 가장 오랫동안 사용해 온 예산방식이다.

③ 다른 예산모형과 결합하여 사회복지조직에서 널리 활용되고 있다.

④ 지출 항목에 따라 작성되기 때문에 목표나 내용 등이 잘 나타난다.

⑤ 통제효과가 크며 점증주의적 특징이 강하게 나타난다.

해설 품목별 예산방법은 지출 항목에 따라 작성되기 때문에 지출근거는 명확하지만 목표나 내용 등이 나타나지는 않는다.

04 우선순위가 높은 사업과 활동을 선택하여 예산을 결정하고 예산의 감축기능을 중시하는 예산방법은?

① 성과주의 예산 ② 품목별 예산

③ 기획 예산 ④ 영기준 예산

⑤ 기능주의 예산

해설 영기준 예산은 과거의 예산이나 사업을 기준으로 예산을 편성하는 것이 아니라 매해 새로운 사업에 중요성을 평가하여 우선순위가 높은 프로그램에 먼저 예산을 편성하는 예산방법이다. 우선순위에 따라 예산을 편성하기 때문에 감축기능이 있다.

정답 01 ③ 02 ③ 03 ④ 04 ④

05 예산통제의 원칙에 포함되지 않는 것은?

① 개별화의 원칙
② 보고의 원칙
③ 의미의 원칙
④ 생산성의 원칙
⑤ 효과성의 원칙

해설 예산통제의 원칙에는 개별화의 원칙, 강제의 원칙, 예외의 원칙, 보고의 원칙, 개정의 원칙, 효율성의 원칙, 의미의 원칙, 피드백의 원칙, 생산성의 원칙이 있다. 효과성의 원칙은 예산통제의 원칙에 포함되지 않는다.

학습 가이드

마케팅에 대한 내용은 매회 출제되고 있는 만큼 전체적인 내용을 파악하고 있는 것이 중요하다. 마케팅 4믹스, 마케팅 설정 방법이 시험에서 자주 출제된다.

1 마케팅

1) 개념

개인과 조직의 목표를 달성하기 위하여 교환하고자 하는 재화와 용역 및 아이디어의 개념, 가격 결정, 홍보, 분배 등을 기획하고 실행하는 과정이다.

2) 마케팅 4믹스

(1) 상품(제품, Product) : 고객맞춤서비스

클라이언트에게 필요한 서비스를 제공하기 위해 욕구를 파악하는 것이 중요하다. 파악된 욕구에 맞는 서비스를 개발해야 한다.

(2) 장소(유통, Place) : 접근 용이성

클라이언트가 서비스를 받기 위해 쉽게 기관을 이용할 수 있도록 하는 것이 중요하다. 때로는 아웃리치를 실시하거나 쉽게 접근할 수 있는 방법을 개발해야 한다.

Tip

사회복지조직은 재정확보, 비영리기관들의 확대와 경쟁, 서비스 개발과 수행성과 등에 대한 책임성 때문에 마케팅이 필요합니다.

Tip

사회복지조직의 마케팅은 생산과 동시에 소비되고 소멸되어 다시 사용할 수 없습니다.

(3) 촉진(Promotion) : 홍보

클라이언트에게 필요한 서비스를 개발하더라도 홍보가 되지 않으면 서비스를 제공할 수 없다. 기관은 클라이언트가 알 수 있도록 서비스에 대한 홍보를 해야 한다.

(4) 가격(Price) : 서비스 비용, 후원금

클라이언트가 서비스를 받기 위해 지불해야 하는 비용과 후원금을 의미한다. 너무 비싸지 않은 적당한 금액이어야 한다.

3) 마케팅 과정

기관환경 분석 → 시장조사 → 마케팅 목표설정 → 시장분석 → 마케팅 설정 → 마케팅 실행 → 마케팅 평가의 순으로 이루어진다.

(1) 기관환경 분석

기관이 처해 있는 상황을 분석하는 것으로 환경적 요인을 분석하기 위해서는 SWOT(Strength강점, Weakness약점, Opportunity기회, Threat위험) 분석을 통해 체계적으로 파악하여 가장 적합한 목표와 전략을 추구한다.

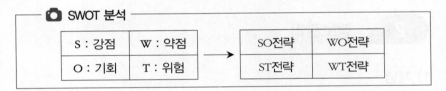

📷 SWOT 분석

S : 강점	W : 약점	→	SO전략	WO전략
O : 기회	T : 위험		ST전략	WT전략

(2) 시장조사

잠재적 후원자와 클라이언트의 욕구를 찾는 과정으로 초기단계에서 이루어진다.

(3) 마케팅 목표설정

① 기관의 목적에 부합하는 마케팅의 목표를 수립해야 한다. 목표를 설정할 때에는 SMART 원칙을 사용한다.
② SMART 원칙 : 구체적(Specific), 측정 가능(Measurable), 달성 가능(Achievable), 결과지향(Realistic), 시간제한(Timely)적이어야 한다.

(4) 시장 분석

① 시장 세분화 : 모든 집단을 대상으로 마케팅을 할 수 없어 후원을 할 것 같은 집단을 분류하는 작업이다.
② 시장 포지셔닝 : 기관에서 제공하는 서비스로 고객의 마음을 사로잡는 전략으로 분류한 집단에게 적합한 마케팅을 통하여 후원을 하겠다고 생각이 들게 하는 것이다.

Tip ✋

STP 전략 설계
STP는 세분화(Segmentation), 목표시장 선정(Target), 포지셔닝(Positioning)의 각 단계별 활동의 줄임말로 전체시장을 일정한 기준에 따라 나누고(Segmentation), 기업과 제품에 적합한 시장을 선정하고(Targeting), 소비자의 마음속에 어떠한 위치를 선점하여(positioning) 설정된 이들에게 다가가는 과정을 의미합니다.

(5) 마케팅 설정

① **다이렉트 마케팅** : 잠재적 후원자에게 기관의 소식지나 후원자료, 서비스에 대한 정보를 우편으로 발송하여 후원자를 개발하는 기법이다.

② **고객관계관리 마케팅** : 고객에 대한 정보를 수집 · 분석하고 고객의 특성에 맞는 맞춤서비스를 제공하여 후원자를 개발하는 기법이다.

③ **기업연계 마케팅** : 기관은 후원을 받고 기업은 세제혜택과 이미지 개선의 측면을 강조한 전략으로 기업과 기관이 서로 Win – Win하는 기법이다.

④ **데이터베이스 마케팅** : 고객(클라이언트, 후원자, 자원봉사자)의 나이, 주소, 성별, 선호도 등 정보를 데이터베이스화하여 관리하고 후원자를 개발하는 기법이다.

⑤ **인터넷 마케팅** : 이메일이나 배너를 통해 정보를 전달하거나 기관을 홍보하여 후원자를 개발하는 기법이다.

⑥ **사회 마케팅** : 공익을 실현하기 위해 사회문제 해결을 위한 실천에 관심을 갖는 기법이다.

2 정보관리

1) 개념

조직의 합리적인 행정과 경영관리를 위해 공식적인 전산프로그램을 통해 정보를 취합하고 분석하여 결정하도록 지원해 주는 체계를 말한다.

2) 사회복지기관에서 정보관리시스템이 중요해진 배경

① 다양한 복지사업에 예산이 집행되고 평가의 필요성이 증대되었다.

② 상시적인 평가와 환류를 통해 서비스의 질을 확보한다.

③ 유관기관 간 서비스 연계를 통해 클라이언트의 욕구를 충족시킨다.

④ 서비스 이용 가능성과 다양성에 대한 홍보가 증대되었다.

⑤ 정보가 중요해짐에 따라 특정한 권력으로 기능하기 시작하였다.

01 마케팅 4믹스에 대한 설명으로 틀린 것을 모두 고른 것은?

> ㄱ. 상품(Product) 전략 : 어떤 상품을 제공할 것인가?
> ㄴ. 가격(Price) 전략 : 서비스의 가격을 어떻게 결정할 것인가?
> ㄷ. 촉진(Promotion) 전략 : 서비스를 어떻게 전달할 것인가?
> ㄹ. 유통(Place) 전략 : 홍보, 후원금 확보 등을 위해 어떤 방법을 활용할 것인가?

① ㄱ, ㄴ
② ㄷ, ㄹ
③ ㄱ, ㄴ, ㄷ
④ ㄴ, ㄷ, ㄹ
⑤ ㄱ, ㄴ, ㄷ, ㄹ

해설 ㄷ. 촉진(Promotion) 전략 : 홍보, 후원금 확보 등을 위해 어떤 방법을 활용할 것인가?
ㄹ. 유통(Place) 전략 : 서비스를 어떻게 전달할 것인가?

02 최근의 사회복지분야의 마케팅에 대한 설명으로 틀린 것은?

① 사회복지마케팅은 소비자 만족, 품질관리, 비영리조직의 사명을 중요하게 고려한다.
② 사회복지서비스는 사람을 대상으로 하기 때문에 표준화와 대량생산이 어렵다.
③ 사회복지마케팅의 성격으로는 서비스의 유형성, 서비스의 다양성, 서비스의 소멸성 등이 있다.
④ 후원자와의 지속적 관계 유지를 위한 마케팅이 강조되고 있다.
⑤ 사회복지서비스는 생산과 소비가 동시에 발생한다.

해설 사회복지 마케팅의 성격으로는 서비스의 무형성, 서비스의 다양성, 서비스의 소멸성 등이 있다.

03 정보관리체계에 대한 내용으로 틀린 것은?

① 정보관리체계를 통해 서비스의 질에 대한 모니터링이 수월해질 수 있다.
② 전산화를 통해 업무의 효율성을 기할 수 있지만 반드시 전산화를 해야 정보관리가 되는 것은 아니다.
③ 사회복지 정보관리체계의 구축으로 사회복지기관의 효과성이 더욱 증대되었다.
④ 서비스 이용자의 실적을 월별·분기별·사업현황별로 정기적 점검이 가능하다.
⑤ 정보관리체계의 도입으로 인해 클라이언트의 비밀보장이 된다.

해설 많은 정보가 전산화되어 행정업무를 용이하게 하는 측면이 있지만, 개인정보 유출 등의 문제를 방지하기 위해 정보를 전산화하지 않는 경우도 있다.

04 마케팅 방법에 대한 설명으로 옳은 것은?

① 다이렉트 마케팅은 사회복지관에서 우편으로 잠재적 후원자에게 기관의 현황이나 정보 등을 제공하여 후원자를 개발하는 마케팅 방법이다.
② 클라우드 펀딩을 통해 참여 기업과 사회복지조직 모두 혜택을 얻을 수 있다.
③ 고객관계관리 마케팅은 이용자들의 명단, 주소, 프로그램 이용현황 등의 정보를 수집하여 마케팅에 활용한다.

정답 01 ② 02 ③ 03 ⑤ 04 ①

④ 공익연계 마케팅은 자금을 필요로 하는 수요자가 온라인 플랫폼 등을 통해 불특정 다수 대중에게 자금을 모으는 방식이다.

⑤ 데이터베이스 마케팅은 기관의 내·외부 자료를 분석하여 클라이언트의 욕구에 따라 맞춤서비스를 제공하는 마케팅 기법이다.

해설 ② 공익연계 마케팅을 통해 참여 기업과 사회복지조직 모두 혜택을 얻을 수 있다.

③ 데이터베이스 마케팅은 이용자들의 명단, 주소, 프로그램 이용현황 등의 정보를 수집하여 마케팅에 활용한다.

④ 클라우드 펀딩은 자금을 필요로 하는 수요자가 온라인 플랫폼 등을 통해 불특정 다수 대중에게 자금을 모으는 방식이다.

⑤ 고객관계관리 마케팅은 기관의 내·외부 자료를 분석하여 클라이언트의 욕구에 따라 맞춤서비스를 제공하는 마케팅 기법이다.

05 사회복지마케팅에서 고려해야 할 서비스 특성으로 틀린 것을 모두 고른 것은?

> ㄱ. 표준화된 서비스로 대량생산을 할 수 있다.
> ㄴ. 대체로 목표달성에 대한 측정이 가능하다.
> ㄷ. 일반적으로 소비자가 서비스를 이용한 후에 평가한다.
> ㄹ. 제공된 서비스를 반환하거나 되팔기 어렵다.

① ㄱ, ㄴ   ② ㄱ, ㄷ
③ ㄱ, ㄹ   ④ ㄴ, ㄷ
⑤ ㄷ, ㄹ

해설 사회복지마케팅의 특성은 서비스의 무형성, 다양성, 소멸성, 생산과 소비의 동시발생이다. 클라이언트에 맞는 서비스를 생산하므로 대량생산이 불가능하고 효율성과 효과성 측정이 불가능하다.

06 마케팅 목표 설정의 원칙인 SMART 원칙에 속하지 않는 것은?

① 구체적
② 측정 가능
③ 달성 가능
④ 과정지향
⑤ 시간제한적

해설 SMART 원칙은 구체적(Specific), 측정 가능(Measurable), 달성 가능(Achievable), 결과지향(Realistic), 시간제한적(Timely)이어야 한다. 과정지향은 SMART 원칙에 포함되지 않는다.

07 마케팅 과정의 순서로 옳은 것은?

① 기관환경 분석 → 마케팅 설정 → 시장조사 → 마케팅 실행 → 마케팅 평가
② 기관환경 분석 → 마케팅 목표설정 → 마케팅 설정 → 시장분석 → 마케팅 실행
③ 기관환경 분석 → 시장분석 → 마케팅 목표설정 → 마케팅 설정 → 마케팅 실행 → 마케팅 평가
④ 기관환경 분석 → 시장조사 → 시장분석 → 마케팅 설정 → 마케팅 목표설정 → 마케팅 평가
⑤ 기관환경 분석 → 마케팅 목표설정 → 시장분석 → 마케팅 설정 → 마케팅 평가

해설 기관환경 분석 → 시장조사 → 마케팅 목표설정 → 시장분석 → 마케팅 설정 → 마케팅 실행 → 마케팅 평가 순으로 이루어진다.

08 사회복지기관에서 정보관리시스템이 중요해진 배경이 아닌 것은?

① 다양한 복지사업에 예산이 집행되고 평가의 필요성이 증대되었다.
② 상시적인 평가와 환류를 통해 서비스의 질을 확보한다.
③ 유관기관 간 서비스 경쟁을 통해 클라이언트의 욕구를 충족시킨다.
④ 서비스 이용가능성과 다양성에 대한 홍보가 증대되었다.
⑤ 정보가 중요해져 특정한 권력으로 기능하기 시작하였다.

해설 유관기관 간 서비스 경쟁이 아니라 연계를 통해 클라이언트의 욕구를 충족시킨다.

학습 가이드   프로그램 평가 기준은 사회복지정책론과 사회복지조사론에서도 출제되고 있는 부분으로 프로그램 평가 기준과 논리모델의 개념을 잘 정리한다면 다른 과목에서도 좋은 결과를 얻을 수 있다.

1　프로그램 평가 기준

 프로그램 평가 기준은 자주 출제되는 부분으로 다른 과목에서도 출제되고 있는 만큼 꼭 암기해야 합니다.

① **노력성** : 프로그램을 위해 동원된 자원 정도를 의미하고 사회복지사의 참여시간, 인적 · 물적자원 등을 평가한다.

② **효과성** : 서비스의 목표를 얼마나 달성했는지를 평가한다.

③ **효율성** : 투입에 비해 산출이 얼마나 높은지를 평가한다. 이때 비용 – 효과분석과 비용 – 편익분석을 실시한다.

④ **서비스의 질** : 클라이언트의 욕구수준에 맞는 서비스를 제공했는지를 평가한다.

⑤ **공평성(형평성)** : 클라이언트에게 동일한 기회와 제공 여부를 평가한다.

⑥ **영향성** : 프로그램이 클라이언트의 문제를 해결하는 데 미치는 영향을 평가한다.

⑦ **과정** : 미리 정해진 절차나 규정에 맞게 서비스가 제공되는지를 평가한다.

2 프로그램 평가의 논리모델

① **투입** : 프로그램에 투입되는 인적 · 물적 자원을 의미한다.
  예 이용자, 봉사자, 예산, 장비 등
② **전환 또는 활동** : 프로그램을 실행하면서 사회복지사의 활동을 의미한다.
  예 상담, 치료, 훈련 등
③ **산출** : 프로그램에 참여한 실적을 의미한다.
  예 프로그램 참가자 수, 프로그램 참여 횟수 등
④ **성과 또는 결과** : 프로그램에 참여한 클라이언트가 프로그램을 통하여 얻는 이익을 의미한다.
  예 능력향상, 변화행동, 행동수정 등
⑤ **영향** : 프로그램 활동으로 인하여 원하던 혹은 원하지 않던 변화가 나타났는지를 의미한다.
  예 관심분야 변화

논리모델은 시험에서 산출의 개념과 성과의 개념을 바꿔 출제되는 비중이 높아졌습니다. 따라서 논리모델의 개념을 잘 이해해야 합니다.

OX 퀴즈

• 산출은 프로그램에 참여한 클라이언트가 프로그램을 통하여 얻는 이익을 의미하고, 영향은 프로그램 활동으로 인하여 원하던 혹은 원하지 않던 변화가 나타났는지를 의미한다. (×)
• 프로그램 평가 기준 중 서비스의 질은 프로그램이 클라이언트의 문제를 해결하는 데 미치는 영향을 평가한다.
(×)

01 사회복지평가에 대한 설명으로 옳은 것을 모두 고른 것은?

> ㄱ. 영향은 의도했던 사회문제의 해결에 어느 정도의 영향을 미쳤는지를 평가한다.
> ㄴ. 모니터링은 프로그램 전 과정에 걸쳐 이루어지며 프로그램 개선에 목적이 있다.
> ㄷ. 노력성은 프로그램을 위해 동원된 자원 정도를 의미한다.
> ㄹ. 효과성은 프로그램 참여자의 행동변화에 초점을 두고 살펴본다.

① ㄱ, ㄴ, ㄷ
② ㄱ, ㄷ, ㄹ
③ ㄴ, ㄷ, ㄹ
④ ㄱ, ㄴ, ㄹ
⑤ ㄱ, ㄴ, ㄷ, ㄹ

해설 ㄱ~ㄹ. 모두 옳은 설명이다.

02 사회복지평가에 대한 설명으로 틀린 것은?

① 형성평가는 진행 과정에서 피드백이 필요한 정보를 수집하기 위해 실시하는 것이기 때문에 과정지향적 평가이다.
② 과정평가는 프로그램이 종료된 후 그 과정상에 문제는 없었는지를 되짚어 보며 프로그램의 성공 혹은 실패의 이유를 탐색해 보는 평가이다.
③ 총괄평가는 프로그램이 모두 종료된 후 실시하지만 어떻게 실시할지와 관련해서는 그 이전에 계획해야 한다.

④ 평가 기준 중 사회문제해결에 어느 정도 기여했는지 파악하는 것은 영향평가이다.
⑤ 효율성은 의도하거나 목표한 바를 달성했는지에 초점을 두며, 효과성은 투입한 자원과 산출을 대비하여 살펴본다.

해설 효과성은 목표에 초점을 두고, 효율성은 투입한 자원과 산출에 초점을 둔다.

03 논리모델에 대한 설명으로 틀린 것은?

① 산출은 프로그램 활동 후 얻은 양적인 최종 실적을 의미한다.
② 자원을 어떻게 활용하여 어떤 서비스를 제공하는가는 활동이다.
③ 성과는 태도, 지식, 기술 등 프로그램 종료 후 구체적으로 나타나는 참여자의 내적인 변화를 의미한다.
④ 투입은 비용뿐 아니라 인적, 물적 자원을 모두 포함한다.
⑤ 논리모델의 흐름은 투입 → 전환 → 성과 → 산출 순이다.

해설 논리모델의 흐름은 목표 → 투입 → 전환 → 산출 → 성과 순이다.

정답　01 ⑤　02 ⑤　03 ⑤

04 형성평가에 관한 설명으로 옳은 것은?　　　[12회]

① 성과와 비용에 관심을 둔다.
② 과정 중 프로그램 개선을 위한 정보수집이 강조
된다.
③ 목표지향적이다.
④ 전문적인 외부 평가가 우선된다.
⑤ 평가를 위하여 고정화된 틀이 필요하다.

해설 ① 성과와 비용에 관심을 두는 평가는 총괄평가이다.
③ 목표지향적 평가는 총괄평가이다.
④ 전문적인 외부 평가가 우선되는 평가는 외부평가이다.
⑤ 평가를 위하여 고정화된 틀이 필요하지는 않다.

05 학교폭력예방 교육프로그램을 논리모델로 구성하
였을 때 연결이 옳은 것은?　　　[12회]

> ㄱ. 자원봉사자 ○○명 및 외부강사 ○명
> ㄴ. 학교 내 안전감 증가
> ㄷ. 학생참여율

① ㄱ-투입, ㄴ-영향, ㄷ-산출
② ㄱ-투입, ㄴ-활동, ㄷ-산출
③ ㄱ-활동, ㄴ-성과, ㄷ-영향
④ ㄱ-산출, ㄴ-성과, ㄷ-영향
⑤ ㄱ-성과, ㄴ-영향, ㄷ-투입

해설 논리모델은 투입, 활동, 산출, 성과 간의 관계를 논리적으로 설
명하는 도식을 활용하여 프로그램 성과를 체계적으로 평가하
는 모형이다. 자원봉사자 ○○명 및 외부강사 ○명은 프로그
램에 투입된 진행인원이고 학교 내 안전감 증가는 프로그램
실시로 나타난 성과(영향)이며 학생 참여율은 프로그램에 참
여한 학생의 수를 나타내므로 산출이다.

사회복지법인 및 사회복지시설 재무·회계 규칙

출제경향

목차	22회	21회	20회	19회	18회
1. 사회복지법인 및 사회복지 시설 재무 · 회계 규칙	1		1		1

학습 가이드

최근 들어 사회복지법인 및 사회복지시설 재무 · 회계 규칙에 대한 문제가 자주 출제되고 있으므로 예산과 결산 등에 대한 내용을 잘 파악해야 합니다.

1 예산

Tip 👆

예산의 종류
- 본예산은 회계연도 개시 전에 정상적인 절차에 따라 편성된 예산입니다.
- 특별예산은 일반회계와 구분 경리할 필요가 있을 때 특수한 목적을 수행하기 위해 설치된 예산입니다.
- 추가경정예산은 예산이 국회(의회)를 통과하여 성립한 후 사유로 인하여 이미 성립된 예산에 변경을 가할 필요가 있을 때 사용하고 본예산과 통산하여 전체로서 집행하는 예산입니다.

① 예산에 첨부하여야 할 서류
　㉠ 예산총칙
　㉡ 세입 · 세출명세서
　㉢ 추정재무상태표
　㉣ 추정수지계산서
　㉤ 임직원 보수 일람표
　㉥ 예산을 의결한 이사회 회의록 또는 예산을 보고받은 시설운영위원회 회의록 사본

② 준예산
　회계연도 개시 전까지 법인 및 시설의 예산이 성립되지 아니한 때에는 법인의 대표이사 및 시설의 장은 시장 · 군수 · 구청장에게 그 사유를 보고하고 예산이 성립될 때까지 다음의 경비를 전년도 예산에 준하여 집행할 수 있다.
　㉠ 임 · 직원의 보수
　㉡ 법인 및 시설운영에 직접 사용되는 필수적인 경비
　㉢ 법령상 지급의무가 있는 경비

③ 예산의 목적 외 사용금지

　법인회계 및 시설회계의 예산은 세출예산이 정한 목적 외에 이를 사용하지 못한다.

2 결산

① **결산서의 작성 제출** : 법인의 대표이사 및 시설의 장은 법인회계와 시설회계의 세입 · 세출 결산보고서를 작성하여 각각 이사회의 의결 및 시설운영위원회에의 보고를 거친 후 다음 연도 3월 31일까지 시장 · 군수 · 구청장에게 제출하여야 한다. 다만, 법인이 설치 · 운영하는 시설인 경우에는 시설운영위원회에 보고한 후 법인 이사회의 의결을 거쳐 제출하여야 한다.

② **결산보고서에 첨부해야 할 서류**

　ⓐ 세입 · 세출결산서

　ⓑ 과목 전용조서

　ⓒ 예비비 사용조서

　ⓓ 재무상태표

　ⓔ 수지계산서

　ⓕ 현금 및 예금명세서

　ⓖ 유가증권명세서

　ⓗ 미수금명세서

　ⓘ 재고자산명세서

　ⓙ 그 밖의 유동자산명세서

　ⓚ 고정자산(토지 · 건물 · 차량운반구 · 비품 · 전화가입권)명세서

　ⓛ 부채명세서(차입금 · 미지급금 포함)

　ⓜ 각종 충당금 명세서

　ⓝ 기본재산 수입명세서(법인만 해당)

　ⓞ 사업수입명세서

　ⓟ 정부보조금명세서

　ⓠ 후원금수입 및 사용결과보고서(전산파일 포함)

　ⓡ 후원금 전용계좌의 입출금내역

　ⓢ 인건비명세서

　ⓣ 사업비명세서

　ⓤ 그 밖의 비용명세서(인건비 및 사업비를 제외한 비용)

　ⓥ 감사보고서

　ⓦ 법인세 신고서(수익사업이 있는 경우만 해당)

3 회계

① 수입 및 지출사무의 관리
  ㉠ 법인의 대표이사와 시설의 장은 법인과 시설의 수입 및 지출에 관한 사무를 관리한다.
  ㉡ 법인의 대표이사와 시설의 장은 수입 및 지출원인행위에 관한 사무를 각각 소속직원에게 위임할 수 있다.
② 회계의 방법 : 회계는 단식부기에 의한다. 다만, 법인회계와 수익사업회계에 있어서 복식부기의 필요가 있는 경우에는 복식부기에 의한다.
③ 장부의 종류
  ㉠ 현금출납부　　　　　　　　㉡ 총계정원장
  ㉢ 재산대장　　　　　　　　　㉣ 비품관리대장

4 후원금

① 후원금의 범위 : 법인의 대표이사와 시설의 장은 후원금의 수입·지출 내용과 관리에 명확성이 확보되도록 하여야 한다. 시설거주자가 받은 개인결연 후원금을 당해인이 정신질환 기타 이에 준하는 사유로 관리능력이 없어 시설의 장이 이를 관리하게 되는 경우에도 또한 같다.
② 후원금의 영수증 발급
  ㉠ 법인의 대표이사와 시설의 장은 후원금을 받은 때에는 소득세법 시행규칙에 따른 기부금영수증 서식 또는 법인세법 시행규칙에 따른 기부금영수증 서식에 따라 후원금 영수증을 발급하여야 하며, 영수증 발급목록을 별도의 장부로 작성·비치하여야 한다.
  ㉡ 법인의 대표이사와 시설의 장은 금융기관 또는 체신관서의 계좌입금을 통하여 후원금을 받은 때에는 법인명의의 후원금전용계좌나 시설의 명칭이 부기된 시설장 명의의 계좌를 사용하여야 한다. 이 경우 후원자가 영수증 발급을 원하는 경우를 제외하고는 영수증의 발급을 생략할 수 있다.
  ㉢ 법인의 대표이사 및 시설의 장은 후원금을 받을 때에는 각각의 법인 및 시설별로 후원금 전용계좌 등을 구분하여 사용하여야 하며, 미리 후원자에게 후원금 전용계좌 등의 구분에 관한 사항을 안내하여야 한다.
  ㉣ 모든 후원금의 수입 및 지출은 후원금 전용계좌 등을 통하여 처리하여야 한다. 다만, 물품 형태의 후원금은 그러하지 아니하다.

③ **후원금의 수입 및 사용내용 통보** : 법인의 대표이사와 시설의 장은 연 1회 이상 해당 후원금의 수입 및 사용내용을 후원금을 낸 법인·단체 또는 개인에게 통보하여야 한다. 이 경우 법인이 발행하는 정기간행물 또는 홍보지 등을 이용하여 일괄 통보할 수 있다.

④ **후원금의 수입·사용결과 보고 및 공개**

　㉠ 법인의 대표이사와 시설의 장은 결산보고서를 제출할 때에 후원금 수입 및 사용결과보고서(전산파일을 포함)를 관할 시장·군수·구청장에게 제출에 따른 정보시스템을 활용한 제출하여야 한다.

　㉡ 시장·군수·구청장은 제출받은 후원금 수입 및 사용결과보고서를 제출받은 날부터 20일 이내에 인터넷 등을 통하여 3개월 동안 공개하여야 하며, 법인의 대표이사 및 시설의 장은 해당 법인 및 시설의 게시판과 인터넷 홈페이지에 같은 기간 동안 공개하여야 한다. 다만, 후원자의 성명(법인 등의 경우는 그 명칭)은 공개하지 아니한다.

⑤ **후원금의 용도 외 사용금지**

　㉠ 법인의 대표이사와 시설의 장은 후원금을 후원자가 지정한 사용용도외의 용도로 사용하지 못한다.

　㉡ 보건복지부장관은 후원자가 사용용도를 지정하지 아니한 후원금에 대하여 그 사용기준을 정할 수 있다.

　㉢ 후원금의 수입 및 지출은 예산의 편성 및 확정절차에 따라 세입·세출예산에 편성하여 사용하여야 한다.

5 감사

① 법인의 감사는 당해 법인과 시설에 대하여 매년 1회 이상 감사를 실시하여야 한다.

② 법인의 대표이사는 시설의 장과 수입원 및 지출원이 사망하거나 경질된 때에는 그 관장에 속하는 수입, 지출, 재산, 물품 및 현금 등의 관리상황을 감사로 하여금 감사하게 하여야 한다.

③ 감사를 실시할 때에는 전임자가 참관해야 하며, 전임자가 참관할 수 없으면 관계 직원 중에서 전임자의 전임자나 법인의 대표이사가 지정한 사람이 참관해야 한다.

④ 감사는 감사를 한 때는 감사보고서를 작성하여 당해 법인의 이사회에 보고하여야 하며, 재산상황 또는 업무집행에 관하여 부정 또는 불비한 점이 발견된 때에는 시장·군수·구청장에게 보고하여야 한다.

⑤ 감사보고서에는 감사가 서명 또는 날인하여야 한다.

Tip 👆
회계연도는 1년으로 보통 1월 1일~12월 31일로 되어 있으나 어린이집의 회계연도는 3월 1일~다음 해 2월 말일입니다.

Tip 👆
세입은 회계연도의 모든 수입에, 세출은 모든 지출과 모든 예산에 포함되어야 합니다.

01 사회복지법인의 예산과 재정관리에 관한 설명으로 옳은 것은? [9회]

① 예산안을 회계연도 개시 5일 전까지 보건복지부 장관에게 제출해야 한다.
② 동일 관내의 항 간의 전용은 시·군수·구청장의 승인을 얻어야 한다.
③ 법인회계, 시설회계, 수익사업회계는 통합하여 예산을 편성한다.
④ 법인의 회계연도는 정부의 회계연도와 다르게 할 수 있다.
⑤ 후원금은 후원자가 지정한 용도 외에는 사용하지 못한다.

해설 ① 예산안을 회계연도 개시 5일 전까지 시장·군수·구청장에게 제출해야 한다.
② 이사회의 의결하거나 시설 운영위원회에 보고를 하여야 한다.
③ 법인회계, 시설회계, 수익사업회계는 분리하여 예산을 편성한다.
④ 법인의 회계연도는 정부의 회계연도와 동일해야 한다.

02 사회복지조직의 결산에 관한 설명으로 옳지 않은 것은? [10회]

① 법인의 대표이사는 법인회계와 시설회계의 세입·세출 결산보고서를 작성해야 한다.
② 지방자치단체에 결산보고서를 제출한 후 이사회의 의결을 거쳐야 한다.
③ 결산은 예산집행의 경제성, 효율성, 효과성과 같은 평가내용까지 포함한다.

④ 결산심사 결과는 다음 연도 예산편성 및 심의에 반영된다.
⑤ 결산은 회계연도 기간 동안의 재정보고서를 작성하기 위한 과정이다.

해설 이사회의 의결이 끝난 후에 지방자치단체에 결산보고서를 제출하여야 한다.

03 예산집행의 결과에 대한 감사(Audit)의 유형으로, 다음에 해당하는 것은? [11회]

- 재정감사에 가깝다.
- 전형적인 품목예산 방식과 잘 맞는다.
- 프로그램의 목표달성 여부나 효율성 문제를 다루기 어렵다.

① 복식부기 감사
② 운영 감사(Operational Audit)
③ 발생주의 감사(Accrual Audit)
④ 성과 감사
⑤ 규정순응 감사(Compliance Audit)

해설 규정순응 감사는 품목별 예산과 비슷하고 주어진 비용을 규정된 항목에 맞게 사용하였는지에 초점을 맞추어 효율성과 효과성에는 관심을 두지 않는다.

정답 01 ⑤ 02 ② 03 ⑤

04 사회복지법인 및 사회복지시설 재무 · 회계 규칙상 다음에서 설명하는 예산은? [16회]

> 회계연도 개시 전까지 법인 예산이 성립되지 아니한 때는 시장 · 군수 · 구청장에게 그 사유를 보고하고 예산 성립 전까지 임 · 직원의 보수, 법인 및 시설운영에 직접 사용되는 필수경비, 법령상 지급의무가 있는 경비는 전년도 예산에 준하여 집행할 수 있다.

① 계획예산　　　　② 본예산
③ 특별예산　　　　④ 준예산
⑤ 추가경정예산

해설 ④ 준예산은 예산이 통과되지 못했을 때, 전년도 예산에 준하여 집행하는 예산이다.
② 본예산은 회계연도 개시 전에 정상적인 절차에 따라 편성된 예산이다.
③ 특별예산은 일반회계와 구분 경리할 필요가 있을 때 특수한 목적을 수행하기 위해 설치된 예산이다.
⑤ 추가경정예산은 예산이 국회(의회)를 통과하여 성립한 후 사유로 인하여 이미 성립된 예산에 변경을 가할 필요가 있을 때 사용하고 본예산과 통산하여 전체로서 집행하는 예산이다.

사회복지 법제론

8 과목

사회복지법의 개요

학습 가이드

• 사회복지법의 근원이 되는 「헌법」 제34조에 나오는 사회복지 대상은 꼭 암기해야 한다.
• 법원의 성문법과 불문법에 대한 특징은 계속 출제되고 있으니 종류의 내용을 구분할 수 있어야 한다.
• 각각의 사회복지법 제정 연도를 암기하여 사회복지 연혁에 대비해야 한다.

---

1 **사회복지법 – 「헌법」 제34조**

Tip 🖐
「헌법」 제34조는 사회보장에 관한 법률들이 제정될 수 있는 근거가 됩니다.

① 모든 국민은 인간다운 생활을 할 권리를 가진다.
② 국가는 사회보장 · 사회복지의 증진에 노력할 의무를 가진다.
③ 국가는 여자의 복지와 권익의 향상을 위하여 노력하여야 한다.
④ 국가는 노인과 청소년의 복지향상을 위한 정책을 실시할 의무를 진다.
⑤ 신체장애자 및 질병 · 노령 기타의 사유로 생활능력이 없는 국민은 법률이 정하는 바에 의하여 국가의 보호를 받는다.
⑥ 국가는 재해를 예방하고 그 위험으로부터 국민을 보호하기 위하여 노력하여야 한다.

1) 성문법

(1) 헌법

① 국가의 통치구조의 원리를 규정하고 국민의 기본권을 보장하는 국가의 근본 규범이다.

② 행복추구권(제10조), 교육받을 권리(제31조), 근로의 권리(제32조), 노동기본3권(제33조), 인간다운 생활을 할 권리(제34조), 쾌적한 환경에서 생활할 권리(제35조), 혼인과 가정생활, 모성보호 및 조건 등(제36조)을 규정하고 있다.

Tip 👆
성문법은 종이에 적혀 있는 법으로 눈으로 확인이 가능합니다.

(2) 법률

① 국회에서 제정되어 대통령이 공포한 법을 의미한다.

② 사회복지의 구체적 서비스와 내용을 규정하고 있는 법률로 「사회보장기본법」, 「사회보험법」, 「공공부조법」, 「사회복지서비스법」 등이 있다.

Tip 👆
법률은 국회에서 제정된 법, 명령은 대통령령, 규칙은 총리령과 부령을 의미합니다.

> 📖 헌법 제53조
>
> ① 국회에서 의결된 법률안은 정부에 이송되어 15일 이내에 대통령이 공포한다.
> ② 법률안에 이의가 있을 때에는 대통령은 기간 내에 이의서를 붙여 국회로 환부하고, 그 재의를 요구할 수 있다. 국회의 폐회 중에도 또한 같다.
> ③ 대통령은 법률안의 일부에 대하여 또는 법률안을 수정하여 재의를 요구할 수 없다.
> ④ 재의의 요구가 있을 때에는 국회는 재의에 붙이고, 재적의원 과반수의 출석과 출석의원 3분의 2 이상의 찬성으로 전과 같은 의결을 하면 그 법률안은 법률로서 확정된다.
> ⑤ 대통령이 기간 내에 공포나 재의의 요구를 하지 아니한 때에도 그 법률안은 법률로서 확정된다.
> ⑥ 법률은 특별한 규정이 없는 한 공포한 날로부터 20일을 경과함으로써 효력을 발생한다.

Tip 👆
우리나라의 법에는 상위법 우선의 법칙, 신법 우선의 법칙, 특별법 우선의 법칙이 있습니다.

(3) 명령(시행령) · 규칙(시행규칙)

① 국회의 의결을 거치지 않고 행정기관에 의하여 제정된 법을 의미한다.

② 시행령 : 대통령의 명령을 의미하는 것으로 기본법에 규정이 있어야만 가능하다(위임명령, 집행명령).

> 📖 헌법 제75조
>
> 대통령은 법률에서 구체적으로 범위를 정하여 위임받은 사항과 법률을 집행하기 위하여 필요한 사항에 관하여 대통령령을 발할 수 있다.

③ **시행규칙** : 총리령 또는 부령으로 보통 총리나 장관의 명령을 의미하며 기본법에 규정이 있어야 한다.

 헌법 제95조

국무총리 또는 행정각부의 장은 소관사무에 관하여 법률이나 대통령령의 위임 또는 직권으로 총리령 또는 부령을 발할 수 있다.

(4) 자치법규(조례, 규칙)

① 지방자치단체의 지역 안에서만 효력을 가진다.

② **조례** : 지방자치단체의 의회가 법령에 반하지 않는 범위 내에서 그 권한에 속하는 사항에 대하여 의결로서 제정한 것이다.

 지방자치법 제28조

지방자치단체는 법령의 범위에서 그 사무에 관하여 조례를 제정할 수 있다.

③ **규칙** : 지방자치단체의 장이 법령과 조례에 반하지 않는 범위 내에서 그 권한에 속하는 사항에 대하여 제정한 것이다.

지방자치법 제29조

지방자치단체의 장은 법령 또는 조례의 범위에서 그 권한에 속하는 사무에 관하여 규칙을 제정할 수 있다.

(5) 국제조약 및 국제법규

① **국제조약** : 국제적 권리의무의 발생을 목적으로 국제법상의 주체인 국가 간에 맺은 문서에 의한 합의로 「헌법」에 의해 체결 · 공포된 조약과 일반적으로 승인된 국제법규는 국내법과 같은 효력을 발생한다.

② **국제법규** : 국제관습과 우리나라가 체결 당사자가 아닌 조약으로서 국제사회에 의하여 그 규범성이 일반적으로 승인된 것이다.

2) 불문법

① 성문법과 같이 입법기관에 의하여 문서로서 제정 · 공포되지 아니한 법을 말하는 것으로, 인간생활에 필요한 규율을 규범화하기 위하여 전부를 성문화한다는 것은 불가능하므로 불문법이 필요하다고 본다.

② **관습법** : 장기간에 걸쳐 사회적 관행으로 준수되어 온 사회생활의 규범이 불문의 형태로서 국가에 의해 승인되어 강행되는 법으로, 「민법」 제1조 및 「상법」 제1조에서는 법원(法源)으로 인정하고 있다.

Tip
자치법규는 해당 지방자치단체에서만 효력이 있고 다른 지방자치단체에서는 아무런 효력이 없습니다.

Tip
성문법에 처벌규정이 없는 경우에 한하여 불문법으로 처벌이 가능합니다.

③ 판례법 : 법원(法院)의 판결을 의미하며 유사한 사건에 동일 취지의 판결이 반복되므로 일정한 법적 규범을 가지게 되며 대법원의 판결에 의하여 형성된다.

④ 조리 : 건전한 상식으로 판단할 수 있는 사물의 이치, 도리, 합리적 원리를 말하며, 일반 사회인이 보통 인정한다고 생각되는 객관적 원리 또는 법칙이다.

 법 제정 연도는 시험에 자주 출제되고 있으니 꼭 암기해야 합니다.

3 현대 사회복지 연혁

시기	공공부조	사회보험	사회서비스
1960년대	생활보호법(1961)	공무원연금법(1960)	윤락행위등방지법(1961)
	재해구호법(1962)	군인연금법(1963)	아동복리법(1961)
	자활지도사업에 관한 임시조치법 (1968)	산업재해보상보험법 (1963. 11)	사회보장에관한법률(1963)
		의료보험법(1963. 12)	
1970년대	의료보호법 (1977)	국민복지연금법(1973)	사회복지사업법(1970)
		사립학교교원연금법 (1973)	
		공무원및사립학교교직원 의료보험법(1977)	
1980년대		국민연금법(1986)	사회복지사업기금법(1980)
			아동복지법(1981)
			심신장애자복지법(1981)
			노인복지법(1981)
			최저임금법(1986)
			남녀고용평등법(1987)
			모자복지법(1989)
			장애인복지법(1989)
1990년대	의사상자보호법 (1990)	고용보험법(1993)	장애인고용촉진 등에 관한 법률(1990)
			영유아보육법(1991)
		국민의료보험법 (1997)	성폭력범죄의처벌및피해자 보호등에관한법률(1994)
			정신보건법(1995)
		국민건강보험법 (1999)	사회보장기본법(1995)
			입양촉진및절차에 관한특례법 (1995)

시기	공공부조	사회보험	사회서비스
1990년대	국민기초생활 보장법 (1999)		사회복지공동모금법(1997)
			장애인 · 노인 · 임산부등의 편의증진보장에관한법률 (1997)
			가정폭력방지및피해자보호 등에관한법률(1997)
			청소년보호법(1997)
			사회복지공동모금회법(1999)
2000년대	의료급여법 (2001)	노인장기요양보험법 (2007)	모 · 부자복지법(2002)
			성매매방지및피해자보호등에 관한법률(2004)
			건강가정기본법(2004)
	긴급복지지원법 (2005)		청소년복지지원법(2004)
		국민연금과 직역연금의 연계에 관한 법률(2009)	자원봉사활동 기본법(2005)
	기초노령연금법 (2007)		한부모가족지원법(2007)
			장애인차별금지 및 권리구제 등에 관한 법률(2007)
			다문화가족지원법(2008)
2010년~	장애인연금법 (2010)		사회복지사 등의 처우 및 지위 향상을 위한 법률(2011)
			장애인활동 지원에 관한 법률(2011)
			입양특례법(2011)
			사회서비스 이용 및 이용권 관리에 관한 법률(2011)
			아동학대범죄의 처벌 등에 관한 특례법(2014)
	기초연금법 (2014)		학교 밖 청소년 지원에 관한 법률(2014)
			사회보장급여의 이용 · 제공 및 수급권자 발굴에 관한 법률 (2014)
			정신건강증진 및 정신질환자 복지서비스 지원에 관한 법률(2016)
			아동수당법(2018)
			사회서비스 지원 및 사회서비스원 설립 · 운영에 관한 법률(2021)

4 법의 변천

① 조선구호령(1944) → 생활보호법(1961) → 국민기초생활 보장법(1999)

② 의료보호법(1977) → 의료급여법(2001)

③ 기초노령연금법(2007) → 기초연금법(2014)

④ 국민복지연금법(1973) → 국민연금법(1986)

⑤ 의료보험법(1963. 12) → 국민의료보험법(1997) → 국민건강보험법(1999)

⑥ 아동복리법(1961) → 아동복지법(1981)

⑦ 심신장애자복지법(1981) → 장애인복지법(1989)

⑧ 모자복지법(1989) → 모·부자복지법(2002) → 한부모가족지원법(2007)

⑨ 입양촉진및절차에관한특례법(1995) → 입양특례법(2011)

⑩ 정신보건법(1995) → 정신건강증진 및 정신질환자 복지서비스 지원에 관한 법률(2017)

 OX 퀴즈

- 「헌법」 제34조에는 국가는 여자의 복지와 권익의 향상을 위하여 노력하고 사회보장과 사회복지증진에 노력할 의무, 재해를 예방하고 그 위험으로부터 국민을 보호하기 위해 노력하여야 한다는 조항이 포함되어 있다. (○)
- 국무총리 또는 행정각부의 장은 소관 사무에 관하여 법률이나 대통령령의 위임 또는 직권으로 총리령 또는 부령을 발할 수 있다. (○)
- 「헌법」에 의해 체결·공포된 조약과 대통령령은 사회복지법의 성문법이 될 수 있다. (○)
- 판례법은 법원이 내리는 판결을 법으로 보는 경우이며 모든 법원의 판례에 의해 형성된다. (×)

01 성문법에 대한 설명으로 틀린 것은?

① 법률안은 국회의원과 정부가 국회에 제출할 수 있다.

② 법체계는 헌법 – 법률 – 시행규칙 – 시행령 – 자치법규의 순서로 위계를 갖고 있다.

③ 「헌법」에는 법률을 제·개정하는 '입법권'은 국회의 권한으로 규정되어 있다.

④ 법령에 위반한 조례는 효력이 없다.

⑤ 대통령은 이송된 법률안에 이의가 있을 경우 거부권을 행사할 수 있다.

해설 우리나라의 법체계는 헌법 – 법률 – 시행령 – 시행규칙 – 자치법규의 순서로 위계를 갖고 있다.

02 성문법에 대한 설명으로 옳은 것은?

① 국무총리는 사회복지에 관하여 총리령을 직권으로 제정할 수 없다.

② 시행규칙은 대통령이 제정하며, 부처 장관은 시행령을 제정한다.

③ 법률은 모든 법령에 우선하는 상위법이다.

④ 명령은 국회의 의결을 거치고 대통령 이하의 행정기관이 제정한 법규를 의미한다.

⑤ 법률은 특별한 규정이 없는 한 공포한 날로부터 20일을 경과함으로써 효력이 발생한다.

해설 ① 국무총리는 사회복지에 관하여 총리령을 직권으로 제정할 수 있다.
② 시행령은 대통령이 제정하며, 부처 장관은 시행규칙을 제정한다.
③ 「헌법」은 모든 법령에 우선하는 상위법이다.

④ 명령은 국회의 의결을 거치지 않고 대통령 이하의 행정기관이 제정한 법규를 의미한다.

03 불문법에 대한 설명으로 틀린 것은?

① 판례법은 법원이 내리는 판결을 법으로 보는 경우이며 대법원의 판례에 의해 형성된다.

② 우리나라에서는 관습법을 사실상 인정하고 있다.

③ 사물의 도리, 합리성, 본질적 법칙을 의미하는 것은 관습법에 해당한다.

④ 관습법은 장기간에 걸쳐 사회적 관행으로 준수되어 온 사회생활의 규범이다.

⑤ 관습법과 조리는 사회복지법의 불문법에 속한다.

해설 사물의 도리, 합리성, 본질적 법칙을 의미하는 것은 조리에 해당한다.

04 「헌법」 제34조에 대한 설명으로 틀린 것은?

① 국가는 노인과 청소년의 복지향상을 위한 정책을 실시할 의무를 진다.

② 국가는 사회보장, 사회복지의 증진에 노력할 의무를 진다.

③ 국가는 여자의 복지와 권익의 향상을 위하여 노력하여야 한다.

④ 모든 국민은 능력에 따라 균등하게 교육을 받을 권리를 가진다.

⑤ 모든 국민은 인간다운 생활을 할 권리를 가진다.

해설 모든 국민은 능력에 따라 균등하게 교육을 받을 권리를 가진다는 내용은 「헌법」 제31조 제1항의 내용이다.

정답 01 ② 02 ⑤ 03 ③ 04 ④

05 다음 중 제정 연도가 같은 법끼리 묶은 것은?

> ㄱ. 「국민기초생활 보장법」
> ㄴ. 「사회복지공동모금회법」
> ㄷ. 「국민건강보험법」
> ㄹ. 「청소년 보호법」

① ㄱ, ㄴ, ㄹ   ② ㄱ, ㄷ, ㄹ

③ ㄴ, ㄷ, ㄹ   ④ ㄱ, ㄴ, ㄷ

⑤ ㄱ, ㄴ, ㄷ, ㄹ

해설 「국민기초생활 보장법」, 「사회복지공동모금회법」, 「국민건강
보험법」은 1999년에 제정되었고 「청소년 보호법」은 1997년
에 제정되었다.

학습 가이드
- 「사회보장기본법」은 다수의 문항이 계속 출제되고 있으니 정의, 수급권, 사회보장위원회 등의 내용을 숙지해야 한다.
- 「사회보장급여의 이용·제공 및 수급권자 발굴에 관한 법률」은 지역사회복지론에서 중복이 되는 부분으로, 사회보장계획과 사회보장협의체의 내용을 이해해야 한다.

1 　사회보장기본법

＊연혁 : 1963년 11월 5일 사회보장에 관한 법률 제정
　　　　1995년 12월 30일 사회보장기본법 제정, 1996년 7월 1일 시행

1) 목적

사회보장에 관한 국민의 권리와 국가 및 지방자치단체의 책임을 정하고 사회보장정책의 수립·추진과 관련 제도에 관한 기본적인 사항을 규정함으로써 국민의 복지증진에 이바지하는 것을 목적으로 한다.

2) 기본 이념

사회보장은 모든 국민이 다양한 사회적 위험으로부터 벗어나 행복하고 인간다운 생활을 향유할 수 있도록 자립을 지원하며, 사회참여·자아실현에 필요한 제도와 여건을 조성하여 사회통합과 행복한 복지사회를 실현하는 것을 기본 이념으로 한다.

3) 정의

① **사회보장** : 출산, 양육, 실업, 노령, 장애, 질병, 빈곤 및 사망 등의 사회적 위험으로부터 모든 국민을 보호하고 국민 삶의 질을 향상시키는 데 필요한 소득·서비스를 보장하는 사회보험, 공공부조, 사회서비스를 말한다.

② **사회보험** : 국민에게 발생하는 사회적 위험을 보험의 방식으로 대처함으로써 국민의 건강과 소득을 보장하는 제도를 말한다.

③ **공공부조** : 국가와 지방자치단체의 책임하에 생활 유지 능력이 없거나 생활이 어려운 국민의 최저생활을 보장하고 자립을 지원하는 제도를 말한다.

④ **사회서비스** : 국가·지방자치단체 및 민간부문의 도움이 필요한 모든 국민에게 복지, 보건의료, 교육, 고용, 주거, 문화, 환경 등의 분야에서 인간다운 생활을 보장하고 상담, 재활, 돌봄, 정보의 제공, 관련 시설의 이용, 역량 개발, 사회참여 지원 등을 통하여 국민의 삶의 질이 향상되도록 지원하는 제도를 말한다.

⑤ **평생사회안전망** : 생애주기에 걸쳐 보편적으로 충족되어야 하는 기본욕구와 특정한 사회위험에 의하여 발생하는 특수욕구를 동시에 고려하여 소득·서비스를 보장하는 맞춤형 사회보장제도를 말한다.

⑥ **사회보장 행정데이터** : 국가, 지방자치단체, 공공기관 및 법인이 법령에 따라 생성 또는 취득하여 관리하고 있는 자료 또는 정보로서 사회보장 정책 수행에 필요한 자료 또는 정보를 말한다.

4) 국가와 지방자치단체의 책임

① 국가와 지방자치단체는 모든 국민의 인간다운 생활을 유지·증진하는 책임을 가진다.

② 국가와 지방자치단체는 사회보장에 관한 책임과 역할을 합리적으로 분담하여야 한다.

③ 국가와 지방자치단체는 국가 발전수준에 부응하고 사회환경의 변화에 선제적으로 대응하며 지속 가능한 사회보장제도를 확립하고 매년 이에 필요한 재원을 조달하여야 한다.

④ 국가는 사회보장제도의 안정적인 운영을 위하여 중장기 사회보장 재정추계를 격년으로 실시하고 이를 공표하여야 한다.

5) 국민의 책임

① 모든 국민은 자신의 능력을 최대한 발휘하여 자립·자활할 수 있도록 노력하여야 한다.

합격노트 사회보장법의 정의는 시험에 나올 확률이 높으니 정의에 대한 특징을 잘 파악해야 합니다.

Tip 👆
사회복지법은 사회법으로 무과실 책임의 원칙에 기초하고 있습니다.

② 모든 국민은 경제적 · 사회적 · 문화적 · 정신적 · 신체적으로 보호가 필요하다고 인정되는 사람에게 지속적인 관심을 가지고 이들이 보다 나은 삶을 누릴 수 있는 사회환경 조성에 서로 협력하고 노력하여야 한다.

③ 모든 국민은 관계 법령에서 정하는 바에 따라 사회보장급여에 필요한 비용의 부담, 정보의 제공 등 국가의 사회보장정책에 협력하여야 한다.

6) 사회보장급여의 수준

① 국가와 지방자치단체는 모든 국민이 건강하고 문화적인 생활을 유지할 수 있도록 사회보장급여의 수준 향상을 위하여 노력하여야 한다.

② 국가는 관계 법령에서 정하는 바에 따라 최저보장수준과 최저임금을 매년 공표하여야 한다.

③ 국가와 지방자치단체는 최저보장수준과 최저임금 등을 고려하여 사회보장급여의 수준을 결정하여야 한다.

7) 사회보장급여의 신청

① 사회보장급여를 받으려는 사람은 관계 법령에서 정하는 바에 따라 국가나 지방자치단체에 신청하여야 한다. 다만, 관계 법령에서 따로 정하는 경우에는 국가나 지방자치단체가 신청을 대신할 수 있다.

② 사회보장급여를 신청하는 사람이 다른 기관에 신청한 경우에는 그 기관은 지체 없이 이를 정당한 권한이 있는 기관에 이송하여야 한다. 이 경우 정당한 권한이 있는 기관에 이송된 날을 사회보장급여의 신청일로 본다.

8) 사회보장수급권의 보호

사회보장수급권은 관계 법령에서 정하는 바에 따라 다른 사람에게 양도하거나 담보로 제공할 수 없으며, 이를 압류할 수 없다.

9) 사회보장수급권의 제한

① 사회보장수급권은 제한되거나 정지될 수 없다. 다만, 관계 법령에서 따로 정하고 있는 경우에는 그러하지 아니하다.

② 사회보장수급권이 제한되거나 정지되는 경우에는 제한 또는 정지하는 목적에 필요한 최소한의 범위에 그쳐야 한다.

10) 사회보장수급권의 포기

① 사회보장수급권은 정당한 권한이 있는 기관에 서면으로 통지하여 포기할 수 있다.

② 사회보장수급권의 포기는 취소할 수 있다.

Tip 👆
사회보장서비스를 받기 위해서는 신청과 함께 금융정보, 신용정보, 보험정보를 제출해야 합니다.

Tip 👆
사회보장수급권은 「사회보장기본법」에서 정하는 개별 법률의 규정에 따라 받을 수 있는 급여에 대한 권리를 말합니다.

③ 사회보장수급권을 포기하는 것이 다른 사람에게 피해를 주거나 사회보장에 관한 관계 법령에 위반되는 경우에는 사회보장수급권을 포기할 수 없다.

11) 사회보장 기본계획의 수립

① 보건복지부장관은 관계 중앙행정기관의 장과 협의하여 사회보장 증진을 위하여 사회보장에 관한 기본계획을 5년마다 수립하여야 한다.
② 기본계획에는 다음의 사항이 포함되어야 한다.
　㉠ 국내외 사회보장환경의 변화와 전망
　㉡ 사회보장의 기본목표 및 중장기 추진방향
　㉢ 주요 추진과제 및 추진방법
　㉣ 필요한 재원의 규모와 조달방안
　㉤ 사회보장 관련 기금 운용방안
　㉥ 사회보장 전달체계
　㉦ 그 밖에 사회보장정책의 추진에 필요한 사항
③ 기본계획은 사회보장위원회와 국무회의의 심의를 거쳐 확정한다. 기본계획 중 대통령령으로 정하는 중요한 사항을 변경하려는 경우에도 같다.

12) 사회보장위원회

① 사회보장에 관한 주요 시책을 심의·조정하기 위하여 국무총리 소속으로 사회보장위원회를 둔다.
② 위원회는 다음의 사항을 심의·조정한다.
　㉠ 사회보장 증진을 위한 기본계획
　㉡ 사회보장 관련 주요 계획
　㉢ 사회보장제도의 평가 및 개선
　㉣ 사회보장제도의 신설 또는 변경에 따른 우선순위
　㉤ 둘 이상의 중앙행정기관이 관련된 주요 사회보장정책
　㉥ 사회보장급여 및 비용 부담
　㉦ 국가와 지방자치단체의 역할 및 비용 분담
　㉧ 사회보장의 재정추계 및 재원조달 방안
　㉨ 사회보장 전달체계 운영 및 개선
　㉩ 사회보장통계
　㉪ 사회보장정보의 보호 및 관리
　㉫ 그 밖에 위원장이 심의에 부치는 사항

Tip 👆
국가(중앙정부)에서 시행하는 법률상 각 장관들이 수립하는 기본계획이나 종합계획은 5년마다 수립하고, 지방정부에서 시행하는 지역사회보장계획은 4년마다 수립합니다.

Tip 👆
국가에서 운영하는 위원회는 국무총리 소속으로 합니다.

13) 위원회의 구성

① 위원회는 위원장 1명, 부위원장 3명과 행정안전부장관, 고용노동부장관, 여성가족부장관, 국토교통부장관을 포함한 30명 이내의 위원으로 구성한다.

② 위원장은 국무총리가 되고 부위원장은 기획재정부장관, 교육부장관 및 보건복지부장관이 된다.

③ 위원회의 위원은 다음의 어느 하나에 해당하는 사람으로 한다.
    ㉠ 대통령령으로 정하는 관계 중앙행정기관의 장
    ㉡ 근로자를 대표하는 사람
    ㉢ 사용자를 대표하는 사람
    ㉣ 사회보장에 관한 학식과 경험이 풍부한 사람
    ㉤ 변호사 자격이 있는 사람

④ 위원의 임기는 2년으로 한다. 다만, 공무원인 위원의 임기는 그 재임 기간으로 하고, 위원이 기관·단체의 대표자 자격으로 위촉된 경우에는 그 임기는 대표의 지위를 유지하는 기간으로 한다.

⑤ 보궐위원의 임기는 전임자 임기의 남은 기간으로 한다.

⑥ 위원회를 효율적으로 운영하고 위원회의 심의·조정 사항을 전문적으로 검토하기 위하여 위원회에 실무위원회를 두며, 실무위원회에 분야별 전문위원회를 둘 수 있다.

14) 운영원칙

① 국가와 지방자치단체가 사회보장제도를 운영할 때에는 이 제도를 필요로 하는 모든 국민에게 적용하여야 한다.

② 국가와 지방자치단체는 사회보장제도의 급여 수준과 비용 부담 등에서 형평성을 유지하여야 한다.

③ 국가와 지방자치단체는 사회보장제도의 정책 결정 및 시행 과정에 공익의 대표자 및 이해관계인 등을 참여시켜 이를 민주적으로 결정하고 시행하여야 한다.

④ 국가와 지방자치단체가 사회보장제도를 운영할 때에는 국민의 다양한 복지 욕구를 효율적으로 충족시키기 위하여 연계성과 전문성을 높여야 한다.

⑤ 사회보험은 국가의 책임으로 시행하고, 공공부조와 사회서비스는 국가와 지방자치단체의 책임으로 시행하는 것을 원칙으로 한다. 다만 국가와 지방자치단체의 재정 형편 등을 고려하여 이를 협의·조정할 수 있다.

15) 비용의 부담

① 사회보장비용의 부담은 각각의 사회보장제도의 목적에 따라 국가, 지방자치단체 및 민간부문 간에 합리적으로 조정되어야 한다.

---

② 사회보험에 드는 비용은 사용자, 피용자 및 자영업자가 부담하는 것을 원칙으로 하되, 관계 법령에서 정하는 바에 따라 국가가 그 비용의 일부를 부담할 수 있다.

③ 공공부조 및 관계 법령에서 정하는 일정 소득 수준 이하의 국민에 대한 사회서비스에 드는 비용의 전부 또는 일부는 국가와 지방자치단체가 부담한다.

④ 부담 능력이 있는 국민에 대한 사회서비스에 드는 비용은 그 수익자가 부담함을 원칙으로 하되, 관계 법령에서 정하는 바에 따라 국가와 지방자치단체가 그 비용의 일부를 부담할 수 있다.

2 **사회보장급여의 이용 · 제공 및 수급권자 발굴에 관한 법률**

* 연혁 : 2014년 12월 30일 제정, 2015년 7월 1일 시행

1) 목적

「사회보장기본법」에 따른 사회보장급여의 이용 및 제공에 관한 기준과 절차 등 기본적 사항을 규정하고 지원을 받지 못하는 지원대상자를 발굴하여 지원함으로써 사회보장급여를 필요로 하는 사람의 인간다운 생활을 할 권리를 최대한 보장하고, 사회보장급여가 공정하고 효과적으로 제공되도록 하며, 사회보장제도가 지역사회에서 통합적으로 시행될 수 있도록 그 기반을 구축하는 것을 목적으로 한다.

2) 정의

① **사회보장급여** : 보장기관이 「사회보장기본법」에 따라 제공하는 현금, 현물, 서비스 및 그 이용권을 말한다.

② **수급권자** : 「사회보장기본법」에 따른 사회보장급여를 제공받을 권리를 가진 사람을 말한다.

③ **수급자** : 사회보장급여를 받고 있는 사람을 말한다.

④ **지원대상자** : 사회보장급여를 필요로 하는 사람을 말한다.

⑤ **보장기관** : 관계 법령 등에 따라 사회보장급여를 제공하는 국가기관과 지방자치단체를 말한다.

3) 다른 법률과의 관계

사회보장급여의 이용 및 제공에 필요한 기준, 방법, 절차와 지원대상자의 발굴 및 지원 등에 관하여는 다른 법률에 특별한 규정이 있는 경우를 제외하고는 이 법에 따른다.

Tip ✋
수급을 받을 권리가 있는 자는 수급권자이고 수급을 받는 자는 수급자입니다.

4) 기본 원칙

① 사회보장급여가 필요한 사람은 누구든지 자신의 의사에 따라 사회보장급여를 신청할 수 있으며, 보장기관은 이에 필요한 안내와 상담 등의 지원을 충분히 제공하여야 한다.

② 보장기관은 지원이 필요한 국민이 급여대상에서 누락되지 아니하도록 지원대상자를 적극 발굴하여 이들이 필요로 하는 사회보장급여를 적절하게 제공받을 수 있도록 노력하여야 한다.

③ 보장기관은 국민의 다양한 복지욕구를 충족시키고 생애주기별 필요에 맞는 사회보장급여가 공정·투명·적정하게 제공될 수 있도록 노력하여야 한다.

④ 보장기관은 사회보장급여와 사회복지법인, 사회복지시설 등 사회보장 관련 민간 법인·단체·시설이 제공하는 복지혜택 또는 서비스를 효과적으로 연계하여 제공할 수 있도록 노력하여야 한다.

⑤ 보장기관은 국민이 사회보장급여를 편리하게 이용할 수 있도록 사회보장 정책 및 관련 제도를 수립·시행하기 위하여 노력하여야 한다.

⑥ 보장기관은 지역의 사회보장 수준이 균등하게 실현될 수 있도록 노력하여야 한다.

5) 사회보장급여의 신청

① 지원대상자와 그 친족, 후견인, 청소년상담사·청소년지도사, 지원대상자를 사실상 보호하고 있는 자는 지원대상자의 주소지 관할 보장기관에 사회보장급여를 신청할 수 있다.

② 보장기관의 업무담당자는 지원대상자가 누락되지 아니하도록 하기 위하여 관할 지역에 거주하는 지원대상자에 대한 사회보장급여의 제공을 직권으로 신청할 수 있다. 이 경우 지원대상자의 동의를 받아야 하며, 동의를 받은 경우에는 지원대상자가 신청한 것으로 본다.

③ 보장기관의 업무담당자는 지원대상자가 심신미약 또는 심신상실 등 대통령령으로 정하는 경우에 해당하면 지원대상자의 동의 없이 직권으로 사회보장급여의 제공을 신청할 수 있다. 이 경우 보장기관의 업무담당자는 직권신청한 사실을 보장기관의 장에게 지체 없이 보고하여야 한다.

④ 보장기관의 장이 지정한 법인·단체·시설·기관 등은 사회보장급여 신청권자의 요청에 따라 신청을 지원할 수 있다.

Tip
우리나라의 사회보장은 급여를 받기 위해 신청을 해야 하는 신청주의입니다. 그러나 「국민기초생활 보장법」, 「긴급복지지원법」, 「장애인연금법」, 「사회보장급여의 이용·제공 및 수급권자 발굴에 관한 법률」은 신청주의와 직권주의를 병행합니다.

6) 수급자격의 조사

보장기관의 장은 사회보장급여의 신청을 받으면 지원대상자와 그 부양의무자(배우자와 1촌의 직계혈족 및 그 배우자)에 대하여 사회보장급여의 수급자격 확인을 위하여 해당하는 자료 또는 정보를 제공받아 조사하고 처리할 수 있다.

7) 금융정보 등의 제공

중앙행정기관의 장 또는 지방자치단체의 장은 지원대상자와 그 부양의무자에 대하여 금융정보 등에 대한 조사가 필요한 경우 금융정보, 신용정보, 보험정보의 자료 또는 정보의 제공에 대하여 동의한다는 서면을 받아야 한다.

8) 사회보장급여 제공의 결정

① 보장기관의 장이 조사를 실시한 경우에는 사회보장급여의 제공 여부 및 제공 유형을 결정하되, 제공하고자 하는 사회보장급여는 지원대상자가 현재 제공받고 있는 사회보장급여와 보장내용이 중복되도록 하여서는 아니 된다.
② 보장기관의 장은 사회보장급여의 제공 결정에 필요한 경우 지원대상자와 그 친족, 그 밖에 관계인의 의견을 들을 수 있다.
③ 보장기관의 장은 결정된 사회보장급여의 제공 여부와 그 유형 및 변경사항 신고의무 등을 서면으로 신청인에게 통지하여야 하며, 필요한 경우 구두 등의 방법을 병행할 수 있다.

9) 발굴조사의 실시 및 실태점검

① 보장기관의 장은 지원대상자에 대한 발굴조사를 분기마다 정기적으로 실시하여야 한다. 다만, 긴급복지지원법에 따라 발굴조사를 실시한 경우에는 그러하지 아니하다.
② 보건복지부장관은 지원대상자 발굴체계의 운영 실태를 매년 정기적으로 점검하고 개선방안을 마련하여야 한다.

10) 지원대상자 발견 시 신고의무

① 누구든지 출산, 양육, 실업, 노령, 장애, 질병, 빈곤 및 사망 등의 사회적 위험으로 인하여 사회보장급여를 필요로 하는 지원대상자를 발견하였을 때에는 보장기관에 알려야 한다.
② 사회적 위험으로 인하여 사망 또는 중대한 정신적·신체적 장애를 입을 위기에 처한 지원대상자를 발견한 경우 지체 없이 보장기관에 알리고, 지원대상자가 신속하게 지원을 받을 수 있도록 노력하여야 한다.

11) 지원계획의 수립 및 시행

보장기관의 장은 사회보장급여의 제공을 결정한 때에는 필요한 경우 수급권자별 사회보장급여 제공계획을 수립하여야 한다. 이 경우 수급권자 또는 그 친족이나 그 밖의 관계인의 의견을 고려하여야 한다.

12) 이의신청

Tip
우리나라 법에 대한 이의신청은 대부분 90일 이내입니다. 그러나 「긴급복지지원법」의 이의신청은 30일 이내입니다.

처분에 이의가 있는 수급권자등은 그 처분을 받은 날로부터 90일 이내에 처분을 결정한 보장기관의 장에게 이의신청을 할 수 있다. 다만, 정당한 사유로 인하여 그 기간 내에 이의신청을 할 수 없음을 증명한 때에는 그 사유가 소멸한 때부터 60일 이내에 이의신청을 할 수 있다.

13) 지역사회보장에 관한 계획의 수립

Tip
지역사회보장계획 수립은 시 · 군 · 구 → 시 · 도 → 보건복지부 순으로 올라갑니다.

① 특별시장 · 광역시장 · 특별자치시장 · 도지사 · 특별자치도지사 및 시장 · 군수 · 구청장은 지역사회보장에 관한 계획을 4년마다 수립하고, 매년 지역사회보장계획에 따라 연차별 시행계획을 수립하여야 한다.

② 시장 · 군수 · 구청장은 해당 시 · 군 · 구의 지역사회보장계획을 지역주민 등 이해관계인의 의견을 들은 후 수립하고, 지역사회보장협의체의 심의와 해당 시 · 군 · 구 의회의 보고를 거쳐 시 · 도지사에게 제출하여야 한다.

③ 시 · 도지사는 제출받은 시 · 군 · 구의 지역사회보장계획을 지원하는 내용 등을 포함한 해당 특별시 · 광역시 · 도 · 특별자치도의 지역사회보장계획을 수립하여야 한다.

④ 특별자치시장은 지역주민 등 이해관계인의 의견을 들어 지역사회보장계획을 수립하여야 한다.

⑤ 시 · 도지사는 지역사회보장계획을 시 · 도사회보장위원회의 심의와 해당 시 · 도 의회의 보고를 거쳐 보건복지부장관에게 제출하여야 한다. 이 경우 보건복지부장관은 제출된 계획을 사회보장위원회에 보고하여야 한다.

⑥ 시 · 도지사 또는 시장 · 군수 · 구청장은 지역사회보장계획을 수립할 때 필요하다고 인정하는 경우에는 사회보장 관련 기관 · 법인 · 단체 · 시설에 자료 또는 정보의 제공과 협력을 요청할 수 있다.

⑦ 보장기관의 장은 지역사회보장계획의 수립 및 지원 등을 위하여 지역 내 사회보장 관련 실태와 지역주민의 사회보장에 관한 인식 등에 관하여 필요한 조사를 실시할 수 있으며, 시 · 도지사 및 시장 · 군수 · 구청장은 지역사회보장계획 수립 시 지역사회보장조사 결과를 반영할 수 있다.

⑧ 보건복지부장관 또는 시·도지사는 지역사회보장계획의 내용이 대통령령으로 정하는 사유에 해당하는 경우에는 시·도지사 또는 시장·군수·구청장에게 그 조정을 권고할 수 있다. 이 경우 보건복지부장관은 관계 중앙행정기관의 장의 의견을 들을 수 있다.

⑨ 지역사회보장계획의 수립 및 지역사회보장조사의 시기·방법 등에 필요한 사항은 대통령령으로 정한다.

14) 지역사회보장계획의 내용

① 시·군·구 지역사회보장계획은 다음의 사항을 포함하여야 한다.

　㉠ 지역사회보장 수요의 측정, 목표 및 추진전략

　㉡ 지역사회보장의 목표를 점검할 수 있는 지표의 설정 및 목표

　㉢ 지역사회보장의 분야별 추진전략, 중점 추진사업 및 연계협력 방안

　㉣ 지역사회보장 전달체계의 조직과 운영

　㉤ 사회보장급여의 사각지대 발굴 및 지원 방안

　㉥ 지역사회보장에 필요한 재원의 규모와 조달 방안

　㉦ 지역사회보장에 관련한 통계 수집 및 관리 방안

　㉧ 지역 내 부정수급 발생 현황 및 방지대책

② 특별시·광역시·도·특별자치도 지역사회보장계획은 다음의 사항을 포함하여야 한다.

　㉠ 시·군·구의 사회보장이 균형적이고 효과적으로 추진될 수 있도록 지원하기 위한 목표 및 전략

　㉡ 지역사회보장지표의 설정 및 목표

　㉢ 시·군·구에서 사회보장급여가 효과적으로 이용 및 제공될 수 있는 기반 구축 방안

　㉣ 시·군·구 사회보장급여 담당 인력의 양성 및 전문성 제고 방안

　㉤ 지역사회보장에 관한 통계자료의 수집 및 관리 방안

　㉥ 시·군·구의 부정수급 방지대책을 지원하기 위한 방안

15) 시·도사회보장위원회

① 시·도지사는 시·도의 사회보장 증진을 위하여 시·도사회보장위원회를 둔다.

② 시·도사회보장위원회는 다음의 업무를 심의·자문한다.

　㉠ 시·도의 지역사회보장계획 수립·시행 및 평가에 관한 사항

　㉡ 시·도의 지역사회보장조사 및 지역사회보장지표에 관한 사항

　㉢ 시·도의 사회보장급여 제공에 관한 사항

② 시 · 도의 사회보장 추진과 관련한 중요 사항

⑩ 읍 · 면 · 동 단위 지역사회보장협의체의 구성 및 운영에 관한 사항

⑪ 사회보장과 관련된 서비스를 제공하는 관계 기관 · 법인 · 단체 · 시설 과의 연계 · 협력 강화에 관한 사항

16) 지역사회보장협의체

① 시장 · 군수 · 구청장은 지역의 사회보장을 증진하고, 사회보장과 관련된 서비스를 제공하는 관계 기관 · 법인 · 단체 · 시설과 연계 · 협력을 강화하 기 위하여 해당 시 · 군 · 구에 지역사회보장협의체를 둔다.

② 지역사회보장협의체는 다음의 업무를 심의 · 자문한다.

⑤ 시 · 군 · 구의 지역사회보장계획 수립 · 시행 및 평가에 관한 사항

⑥ 시 · 군 · 구의 지역사회보장조사 및 지역사회보장지표에 관한 사항

⑦ 시 · 군 · 구의 사회보장급여 제공에 관한 사항

⑧ 시 · 군 · 구의 사회보장 추진에 관한 사항

⑨ 읍 · 면 · 동 단위 지역사회보장협의체의 구성 및 운영에 관한 사항

17) 사회복지전담공무원

① 사회복지사업에 관한 업무를 담당하게 하기 위하여 시 · 도, 시 · 군 · 구, 읍 · 면 · 동 또는 사회보장사무 전담기구에 사회복지전담공무원을 둘 수 있다.

② 사회복지전담공무원은 사회복지사의 자격을 가진 사람으로 하며, 그 임용 등에 필요한 사항은 대통령령으로 정한다.

③ 사회복지전담공무원은 사회보장급여에 관한 업무 중 취약계층에 대한 상 담과 지도, 생활실태의 조사 등 보건복지부령으로 정하는 사회복지에 관한 전문적 업무를 담당한다.

④ 국가는 사회복지전담공무원의 보수 등에 드는 비용의 전부 또는 일부를 보 조할 수 있다.

⑤ 시 · 도지사 및 시장 · 군수 · 구청장은 사회복지전담공무원의 교육훈련에 필요한 시책을 수립 · 시행하여야 한다.

OX 퀴즈

- 사회보장수급권은 관계 법령에서 정 하는 바에 따라 다른 사람에게 양도하 거나 담보로 제공할 수 없으며, 이를 압류할 수 없다. (O)
- 사회보장위원회는 국무총리를 위원 장으로 하고 기획재정부장관, 교육부 장관, 보건복지부장관을 부위원장으 로 한다. 또한 사용자의 대표, 변호사 자격이 있는 사람, 사회보장에 관한 학식과 경험이 풍부한 사람, 근로자 의 대표, 중앙행정기관의 장이 위원 이 된다. (O)
- 「사회보장기본법」에 따르면 국가와 지방자치단체는 사회보장제도를 모 든 국민에게 적용해야 한다. 형평성 을 유지하고 민주적으로 결정하며 연 계성과 전문성을 높여야 한다는 운영 원칙을 가진다. (O)
- 「사회보장급여의 이용 · 제공 및 수 급권자 발굴에 관한 법률」에 따라 지 원을 받기 위해서는 금융정보와 신용 정보, 보험정보를 제공에 대하여 동 의한다고 구두로 이야기해야 한다. (×)

01 「사회보장기본법」에 대한 내용으로 틀린 것은?

① 모든 국민은 사회보장 관계 법령에서 정하는 바에 따라 사회보장급여를 받을 권리를 가진다.
② 모든 사회보장수급권은 직권주의와 신청주의를 통해 행사할 수 있다.
③ 부담능력이 있는 국민에 대한 사회복지서비스에 드는 비용은 그 수익자가 부담하는 것을 원칙으로 한다.
④ 사회보장급여를 신청하는 사람이 다른 기관에 신청한 경우에는 그 기관은 지체 없이 이를 정당한 권한이 있는 기관에 이송하여야 한다,
⑤ 사회보장에 관한 다른 법률을 제정하거나 개정하는 경우에는 「사회보장기본법」에 부합되도록 하여야 한다.

해설 사회보장수급권은 신청을 통해서만 행사할 수 있다. 직권 신청은 해당 법령에 명시되어 있다.

02 「사회보장기본법」에 대한 내용으로 틀린 것은?

① 모든 국민은 자신의 능력을 최대한 발휘하여 자립·자활할 수 있도록 노력하여야 한다.
② 「사회보장기본법」에 명시되어 있는 사회적 위험에는 질병, 장애, 노령 등이 있다.
③ 외국인은 사회보장에 대한 혜택을 받을 수 없다.
④ 사회보험은 국가의 책임으로 시행하고, 공공부조와 사회서비스는 국가와 지방자치단체의 책임으로 시행하는 것을 원칙으로 한다.
⑤ 국가와 지방자체단체는 사회보장제도의 급여 수준과 비용 부담 등에서 형평성을 유지하여야 한다.

해설 외국인의 사회보장에 대한 기본 원칙은 상호주의 원칙으로 외국인도 사회보장에 대한 혜택을 받을 수 있다.

03 「사회보장기본법」 중 수급권에 대한 내용으로 틀린 것은?

① 사회보장수급권은 관계 법령에서 따로 정하고 있는 경우 제한될 수 있다.
② 사회보장수급권은 포기할 수 있다.
③ 사회보장수급권은 관계 법령이 정하는 바에 따라 양도할 수 있다.
④ 사회보장수급권은 정당한 권한이 있는 기관에 서면으로 통지하여 포기할 수 있다.
⑤ 사회보장수급권을 포기하는 것이 다른 사람에게 피해를 주거나 사회보장에 관한 관계 법령에 위반되는 경우에는 사회보장수급권을 포기할 수 없다.

해설 사회보장수급권은 관계 법령이 정하는 바에 따라 양도, 압류, 담보할 수 없다.

04 사회보장위원회에 대한 내용으로 틀린 것은?

① 위원장은 1명, 부위원장은 3명이다.
② 위원장은 국무총리가 되고 부위원장은 기획재정부장관, 교육부장관 및 보건복지부장관이 된다.
③ 보궐위원의 임기는 2년으로 한다.
④ 사회보장에 관한 주요 시책을 심의·조정하기 위하여 국무총리 소속으로 사회보장위원회를 둔다.
⑤ 위원의 임기는 2년으로 하며, 공무원인 위원의 임기는 그 재임 기간으로 한다.

해설 보궐위원의 임기는 전임자의 임기의 남은 기간으로 한다.

정답 01 ② 02 ③ 03 ③ 04 ③

05 「사회보장급여의 이용·제공 및 수급권자 발굴에 관한 법률」에 관한 내용으로 틀린 것은?

① 통합사례관리를 실시하기 위하여 필요한 경우에는 특별자치시 및 시·군·구에 통합사례관리사를 두어야 한다.

② 시·도지사는 시·도의 사회보장 증진을 위하여 시·도사회보장위원회를 둔다.

③ 수급권자란 「사회보장기본법」에 따른 사회보장급여를 제공받을 권리를 가진 사람을 말한다.

④ 보장기관이란 관계 법령 등에 따라 사회보장급여를 제공하는 국가기관과 지방자치단체를 말한다.

⑤ 시·도지사 또는 시장·군수·구청장은 지역사회보장계획을 시행하여야 한다.

해설 통합사례관리를 실시하기 위하여 필요한 경우에는 특별자치시 및 시·군·구에 통합사례관리사를 둘 수 있다(임의 규정).

06 「사회보장기본법」에 대한 설명으로 틀린 것은?

① 보건복지부장관은 관계 중앙행정기관의 장과 협의하여 사회보장 증진을 위하여 사회보장에 관한 기본계획을 5년마다 수립하여야 한다.

② 국가는 사회보장제도의 안정적인 운영을 위하여 중장기 사회보장 재정추계를 격년으로 실시하고 이를 공표하여야 한다.

③ 사회보장에 관한 기본계획은 다른 법령에 따라 수립되는 사회보장에 관한 계획에 우선하며 그 계획의 기본이 된다.

④ 국무총리는 사회보장정보시스템의 구축·운영을 총괄한다.

⑤ 국가는 관계 법령에서 정하는 바에 따라 최저보장수준과 최저임금을 매년 공표하여야 한다.

해설 사회보장정보시스템 구축·운영의 총괄은 보건복지부장관이 한다.

07 「사회보장기본법」의 기본 이념으로 옳은 것을 모두 고른 것은?

> ㄱ. 사회적 위험으로부터 벗어나 행복하고 인간다운 생활을 향유할 수 있도록 자립을 지원한다.
> ㄴ. 사회참여, 자아실현에 필요한 제도와 여건을 조성한다.
> ㄷ. 사회통합과 행복한 복지사회를 실현한다.
> ㄹ. 인간의 존엄성과 인간다운 생활을 할 권리를 보장한다.

① ㄱ, ㄴ, ㄷ   ② ㄱ, ㄴ, ㄹ

③ ㄱ, ㄷ, ㄹ   ④ ㄴ, ㄷ, ㄹ

⑤ ㄱ, ㄴ, ㄷ, ㄹ

해설 사회보장은 모든 국민이 다양한 사회적 위험으로부터 벗어나 행복하고 인간다운 생활을 향유할 수 있도록 자립을 지원하며, 사회참여·자아실현에 필요한 제도와 여건을 조성하여 사회통합과 행복한 복지사회를 실현하는 것을 기본 이념으로 한다.

ㄹ. 인간의 존엄성과 인간다운 생활을 할 권리를 보장하는 것은 「사회복지사업법」의 목적이다.

08 「사회보장기본법」 제3조의 내용으로 (   )에 들어갈 말을 나열한 것으로 옳은 것은?

> 사회보장이라 함은 (   ), (   ), (   ), 실업, 사망, 빈곤, 출산, 양육 등의 사회적 위험으로부터 모든 국민을 보호하고 빈곤을 해소하여 국민생활의 질을 향상시키기 위하여 제공되는 사회보험, 공공부조, 사회복지서비스 및 관련 복지제도를 말한다.

① 질병, 아동, 노령

② 아동, 노령, 장애

③ 장애, 아동, 질병

④ 질병, 장애, 노령

⑤ 아동, 장애, 노령

해설 사회보장은 출산, 양육, 실업, 노령, 장애, 질병, 빈곤 및 사망 등의 사회적 위험으로부터 모든 국민을 보호하고 국민 삶의 질을 향상시키는 데 필요한 소득·서비스를 보장하는 사회보험, 공공부조, 사회서비스를 말한다. 사회적 위험을 '실질사장은 노빈출양으로 암기해 두면 편하다.

09 사회보장의 운영원칙에 설명으로 틀린 것은?

① 국가와 지방자치단체가 사회보장제도를 운영할
때에는 이 제도를 필요로 하는 모든 국민에게 적
용하여야 한다.

② 국가와 지방자치단체는 사회보장제도의 급여 수
준과 비용 부담 등에서 형평성을 유지하여야 한다.

③ 국가와 지방자치단체가 사회보장제도를 운영할 때
에는 국민의 다양한 복지 욕구를 효율적으로 충족
시키기 위하여 책임성과 전문성을 높여야 한다.

④ 사회보험은 국가의 책임으로 시행하고, 공공부조
와 사회서비스는 국가와 지방자치단체의 책임으
로 시행하는 것을 원칙으로 한다.

⑤ 국가와 지방자치단체는 사회보장제도의 정책 결
정 및 시행 과정에 공익의 대표자 및 이해관계인
등을 참여시켜 이를 민주적으로 결정하고 시행하
여야 한다.

해설 국가와 지방자치단체가 사회보장제도를 운영할 때에는 국민
의 다양한 복지 욕구를 효율적으로 충족시키기 위하여 연계성
과 전문성을 높여야 한다. 운영원칙은 '전형민은 모든 국민의
연계를 책임져라'로 암기해 두자.

10 「사회보장기본법」에 따라 국가와 지방자치단체가
사회보장급여의 수준을 결정할 때 생각해야 할 요
소를 모두 고른 것은?

ㄱ. 국민소득	ㄴ. 최저임금
ㄷ. 최저생계비	ㄹ. 최저보장수준

① ㄱ, ㄷ   ② ㄴ, ㄹ
③ ㄱ, ㄴ, ㄷ   ④ ㄴ, ㄷ, ㄹ
⑤ ㄱ, ㄴ, ㄷ, ㄹ

해설 국가와 지방자치단체는 최저보장수준과 최저임금 등을 고려
하여 사회보장급여의 수준을 결정해야 한다.

정답   09 ③   10 ②

사회복지사업법

학습 가이드

「사회복지사업법」은 가장 많은 문항이 출제되는 부분으로 법인, 시설, 사회복지협의회, 사회복지관에 대한 내용을 이해하고 있어야 한다. 사회복지협의회, 사회복지관의 내용은 지역사회복지론과 중복이 되는 부분이다.

---

1 **사회복지사업법**

* 연혁 : 1970년 1월 1일 제정
　　　　1970년 4월 2일 시행

1) 목적

사회복지사업에 관한 기본적 사항을 규정하여 사회복지를 필요로 하는 사람에 대하여 인간의 존엄성과 인간다운 생활을 할 권리를 보장하고 사회복지의 전문성을 높이며, 사회복지사업의 공정·투명·적정을 도모하고, 지역사회복지의 체계를 구축하고 사회복지서비스의 질을 높여 사회복지의 증진에 이바지함을 목적으로 한다.

2) 기본 이념

① 사회복지를 필요로 하는 사람은 누구든지 자신의 의사에 따라 서비스를 신청하고 제공받을 수 있다.
② 사회복지법인 및 사회복지시설은 공공성을 가지며 사회복지사업을 시행하는 데 있어서 공공성을 확보하여야 한다.

③ 사회복지사업을 시행하는 데 있어서 사회복지를 제공하는 자는 사회복지를 필요로 하는 사람의 인권을 보장하여야 한다.

④ 사회복지서비스를 제공하는 자는 필요한 정보를 제공하는 등 사회복지서비스를 이용하는 사람의 선택권을 보장하여야 한다.

3) 정의

(1) 사회복지사업

다음의 법률에 따른 보호·선도 또는 복지에 관한 사업과 사회복지상담, 직업지원, 무료 숙박, 지역사회복지, 의료복지, 재가복지, 사회복지관 운영, 정신질환자 및 한센병력자의 사회복귀에 관한 사업 등 각종 복지사업과 이와 관련된 자원봉사활동 및 복지시설의 운영 또는 지원을 목적으로 하는 사업을 말한다.

① 국민기초생활 보장법
② 아동복지법
③ 노인복지법
④ 장애인복지법
⑤ 한부모가족지원법
⑥ 영유아보육법
⑦ 성매매방지 및 피해자보호 등에 관한 법률
⑧ 정신건강증진 및 정신질환자 복지서비스 지원에 관한 법률
⑨ 성폭력방지 및 피해자보호 등에 관한 법률
⑩ 입양특례법
⑪ 일제하 일본군위안부 피해자에 대한 생활안정지원 및 기념사업 등에 관한 법률
⑫ 사회복지공동모금회법
⑬ 장애인·노인·임산부 등의 편의증진 보장에 관한 법률
⑭ 가정폭력방지 및 피해자보호 등에 관한 법률
⑮ 농어촌주민의 보건복지증진을 위한 특별법
⑯ 식품 등 기부 활성화에 관한 법률
⑰ 의료급여법
⑱ 기초연금법
⑲ 긴급복지지원법
⑳ 다문화가족지원법
㉑ 장애인연금법
㉒ 장애인활동 지원에 관한 법률
㉓ 노숙인 등의 복지 및 자립지원에 관한 법률

Tip 👆
사회보험법, 고용촉진, 처벌의 용어가 포함된 법률은 「사회복지사업법」과 관계가 없습니다.

㉔ 보호관찰 등에 관한 법률
㉕ 장애아동 복지지원법
㉖ 발달장애인 권리보장 및 지원에 관한 법률
㉗ 청소년복지 지원법
㉘ 건강가정기본법
㉙ 북한이탈주민의 보호 및 정착지원에 관한 법률
㉚ 자살예방 및 생명존중문화 조성을 위한 법률
㉛ 장애인 · 노인 등을 위한 보조기기 지원 및 활용촉진에 관한 법률

(2) 지역사회복지

주민의 복지증진과 삶의 질 향상을 위하여 지역사회 차원에서 전개하는 사회복지를 말한다.

(3) 사회복지법인

사회복지사업을 할 목적으로 설립된 법인을 말한다.

(4) 사회복지시설

사회복지사업을 할 목적으로 설치된 시설을 말한다.

(5) 사회복지관

지역사회를 기반으로 일정한 시설과 전문인력을 갖추고 지역주민의 참여와 협력을 통하여 지역사회의 복지문제를 예방하고 해결하기 위하여 종합적인 복지서비스를 제공하는 시설을 말한다.

(6) 사회복지서비스

국가 · 지방자치단체 및 민간부문의 도움을 필요로 하는 모든 국민에게 사회보장기본법에 따른 사회서비스 중 사회복지사업을 통한 서비스를 제공하여 삶의 질이 향상되도록 제도적으로 지원하는 것을 말한다.

(7) 보건의료서비스

국민의 건강을 보호 · 증진하기 위하여 보건의료인이 하는 모든 활동을 말한다.

4) 복지와 인권증진의 책임

① 국가와 지방자치단체는 사회복지서비스를 증진하고, 서비스를 이용하는 사람에 대하여 인권침해를 예방하고 차별을 금지하며 인권을 옹호할 책임을 진다.
② 국가와 지방자치단체는 사회복지서비스와 보건의료서비스를 함께 필요로 하는 사람에게 이들 서비스가 연계되어 제공되도록 노력하여야 한다.

③ 국가와 지방자치단체는 도움을 필요로 하는 국민이 본인의 선호와 필요에 따라 적절한 사회복지서비스를 제공받을 수 있도록 사회복지서비스 수요자 등을 고려하여 사회복지시설이 균형 있게 설치되도록 노력하여야 한다.

④ 국가와 지방자치단체는 민간부문의 사회복지 증진활동이 활성화되고 국가 및 지방자치단체의 사회복지사업과 민간부문의 사회복지 증진활동이 원활하게 연계될 수 있도록 노력하여야 한다.

⑤ 국가와 지방자치단체는 사회복지를 필요로 하는 사람의 인권이 충분히 존중되는 방식으로 사회복지서비스를 제공하고 사회복지와 관련된 인권교육을 강화하여야 한다.

⑥ 국가와 지방자치단체는 시설 거주자의 희망을 반영하여 지역사회보호체계에서 서비스가 제공될 수 있도록 노력하여야 한다.

⑦ 국가와 지방자치단체는 사회복지서비스를 필요로 하는 사람들에게 사회복지서비스의 실시에 대한 정보를 제공하여야 한다.

⑧ 국가와 지방자치단체는 사회복지서비스를 제공하는 자로부터 위법 또는 부당한 처분을 받아 권리나 이익을 침해당한 사람을 위하여 간이하고 신속한 구제조치를 마련하여야 한다.

5) 사회복지사 자격증의 발급

① 보건복지부장관은 사회복지에 관한 전문지식과 기술을 가진 사람에게 사회복지사 자격증을 발급할 수 있다.

② 사회복지사의 등급은 1급 · 2급으로 하되, 정신건강 · 의료 · 학교 영역에 대해서는 영역별로 정신건강사회복지사 · 의료사회복지사 · 학교사회복지사의 자격을 부여할 수 있다.

③ 사회복지사 1급 자격은 국가시험에 합격한 사람에게 부여하고, 정신건강사회복지사 · 의료사회복지사 · 학교사회복지사의 자격은 1급 사회복지사의 자격이 있는 사람 중에서 보건복지부령으로 정하는 수련기관에서 수련을 받은 사람에게 부여한다.

④ 보건복지부장관은 사회복지사 자격증을 발급받거나 재발급받으려는 사람에게 보건복지부령으로 정하는 바에 따라 수수료를 내게 할 수 있다.

⑤ 사회복지사 자격증을 발급받은 사람은 다른 사람에게 그 자격증을 빌려주어서는 아니 되고, 누구든지 그 자격증을 빌려서는 아니 된다.

6) 사회복지사의 결격사유

① 피성년후견인

② 금고 이상의 형을 선고받고 그 집행이 끝나지 아니하였거나 그 집행을 받지 아니하기로 확정되지 아니한 사람

Tip 👆
2020년에 사회복지사 3급 자격증은 폐지되었고 학교사회복지사, 의료사회복지사 자격증이 국가자격증으로 변경되어 시행되었습니다.

③ 법원의 판결에 따라 자격이 상실되거나 정지된 사람
④ 마약 · 대마 또는 향정신성의약품의 중독자
⑤ 「정신건강증진 및 정신질환자 복지서비스 지원에 관한 법률」에 따른 정신
   질환자. 다만, 전문의가 사회복지사로서 적합하다고 인정하는 사람은 그러
   하지 아니한다.

7) 사회복지사의 채용 및 교육

① 사회복지법인 및 사회복지시설을 설치 · 운영하는 자는 사회복지사를 그
   종사자로 채용하고, 보고방법 · 보고주기 등 보건복지부령으로 정하는 바
   에 따라 특별시장 · 광역시장 · 특별자치시장 · 도지사 · 특별자치도지사
   또는 시장 · 군수 · 구청장에게 사회복지사의 임면에 관한 사항을 보고하
   여야 한다.
② 보건복지부장관은 사회복지사의 자질 향상을 위하여 필요하다고 인정하
   면 사회복지사에게 교육을 받도록 명할 수 있다. 다만, 사회복지법인 또는
   사회복지시설에 종사하는 사회복지사는 정기적으로 인권에 관한 내용이
   포함된 보수교육을 받아야 한다.
③ 사회복지법인 또는 사회복지시설을 운영하는 자는 그 법인 또는 시설에 종
   사하는 사회복지사에 대하여 교육을 이유로 불리한 처분을 하여서는 아니
   된다.
④ 보건복지부장관은 교육을 보건복지부령으로 정하는 기관 또는 단체에 위
   탁할 수 있다.

Tip 👆
사회복지기관에서 사회복지사를 채용
하는 경우 시 · 군 · 구청장에게 신고하
는 것이 아니라 임면을 보고해야 합니다.

> 📖 **사회복지사업법 시행령 제6조(사회복지사의 채용)**
>
> 1. 사회복지법인 또는 사회복지시설을 설치 · 운영하는 자는 해당 법인 또는 시설에
>   서 다음에 해당하는 업무에 종사하는 자를 사회복지사로 채용하여야 한다.
>   ① 사회복지프로그램의 개발 및 운영업무
>   ② 시설거주자의 생활지도업무
>   ③ 사회복지를 필요로 하는 사람에 대한 상담업무
>
> 2. 사회복지사를 채용하지 않아도 되는 사회복지시설이란 다음의 시설을 말한다.
>   ① 노인복지법에 따른 노인여가복지시설(노인복지관은 제외한다)
>   ② 장애인복지법에 따른 장애인 지역사회재활시설 중 수화통역센터, 점자도서관,
>   점자도서 및 녹음서 출판시설
>   ③ 영유아보육법에 따른 어린이집
>   ④ 성매매방지 및 피해자보호 등에 관한 법률에 따른 성매매피해자등을 위한 지
>   원시설 및 같은 법에 따른 성매매피해상담소
>   ⑤ 정신건강증진 및 정신질환자 복지서비스 지원에 관한 법률에 따른 정신요양시
>   설 및 정신재활시설
>   ⑥ 성폭력방지 및 피해자보호 등에 관한 법률에 따른 성폭력피해상담소

8) 사회복지의 날

국가는 국민의 사회복지에 대한 이해를 증진하고 사회복지사업 종사자의 활동을 장려하기 위하여 매년 9월 7일을 사회복지의 날로 하고, 사회복지의 날부터 1주간을 사회복지주간으로 한다.

9) 사회복지법인

(1) 법인의 설립허가
사회복지법인을 설립하려는 자는 대통령령으로 정하는 바에 따라 시·도지사의 허가를 받아야 한다.

Tip 👆
사회복지법인의 설립은 시·도지사의 허가를 받아야 합니다. 입양시설과 정신요양시설도 허가사항입니다.

(2) 정관
① 법인의 정관에는 다음의 사항이 포함되어야 한다.
목적, 명칭, 주된 사무소의 소재지, 사업의 종류, 자산 및 회계에 관한 사항, 임원의 임면 등에 관한 사항, 회의에 관한 사항, 수익을 목적으로 하는 사업이 있는 경우 그에 관한 사항, 정관의 변경에 관한 사항, 존립시기와 해산사유를 정한 경우에는 그 시기와 사유 및 남은 재산의 처리방법, 공고 및 공고방법에 관한 사항
② 법인이 정관을 변경하려는 경우에는 시·도지사의 인가를 받아야 한다.

(3) 임원
① 법인은 대표이사를 포함한 이사 7명 이상과 감사 2명 이상을 두어야 한다.
② 법인은 이사 정수의 3분의 1 이상을 다음에 해당하는 기관이 3배수로 추천한 사람 중에서 선임하여야 한다.
　㉠ 시·도사회보장위원회
　㉡ 지역사회보장협의체
③ 이사회의 구성에 있어서 대통령령으로 정하는 특별한 관계에 있는 사람이 이사 현원의 5분의 1을 초과할 수 없다.
④ 이사의 임기는 3년으로 하고 감사의 임기는 2년으로 하며, 각각 연임할 수 있다.
⑤ 외국인인 이사는 이사 현원의 2분의 1 미만이어야 한다.
⑥ 법인은 임원을 임면하는 경우에는 보건복지부령으로 정하는 바에 따라 지체 없이 시·도지사에게 보고하여야 한다.
⑦ 감사는 이사와 특별한 관계에 있는 사람이 아니어야 하며, 감사 중 1명은 법률 또는 회계에 관한 지식이 있는 사람 중에서 선임하여야 한다.

Tip 👆
대표이사를 포함한 이사 7명에는 2명 이상의 사외이사가 포함되어야 합니다.

사회복지사업법 시행령 제9조(특별한 관계에 있는 자의 범위)

1. 대통령령으로 정하는 "특별한 관계에 있는 사람"이란 다음의 사람을 말한다.
   ① 출연자
   ② 출연자 또는 이사와의 관계가 다음의 어느 하나에 해당하는 사람
      ㉠ 6촌 이내의 혈족
      ㉡ 4촌 이내의 인척
      ㉢ 배우자(사실상 혼인관계에 있는 사람을 포함한다)
      ㉣ 친생자로서 다른 사람에게 친양자로 입양된 사람 및 그 배우자와 직계비속
   ③ 출연자 또는 이사의 사용인 그 밖에 고용관계에 있는 자(출연자 또는 이사가 출자에 의하여 사실상 지배하고 있는 법인의 사용인 그 밖에 고용관계에 있는 자를 포함한다)
   ④ 출연자 또는 이사의 금전 그 밖의 재산에 의하여 생계를 유지하는 자 및 그와 생계를 함께하는 자
   ⑤ 출연자 또는 이사가 재산을 출연한 다른 법인의 이사

Tip

임원의 결원이 생겼을 때 2개월 이내에 보충하지 못할 경우 사외이사로 임명해야 합니다.

(4) 임원의 보충

이사 또는 감사 중에 결원이 생겼을 때에는 2개월 이내에 보충하여야 한다.

(5) 임원의 겸직 금지

① 이사는 법인이 설치한 사회복지시설의 장을 제외한 그 시설의 직원을 겸할 수 없다.
② 감사는 법인의 이사, 법인이 설치한 사회복지시설의 장 또는 그 직원을 겸할 수 없다.

(6) 재산

① 법인은 사회복지사업의 운영에 필요한 재산을 소유하여야 한다.
② 법인의 재산은 보건복지부령으로 정하는 바에 따라 기본재산과 보통재산으로 구분하며, 기본재산은 그 목록과 가액을 정관에 적어야 한다.

(7) 설립허가 취소

시·도지사는 법인이 다음의 어느 하나에 해당할 때에는 기간을 정하여 시정명령을 하거나 설립허가를 취소할 수 있다. 다만, 아래의 ①, ⑦에 해당하는 부정한 방법으로 설립허가를 받을 때에는 설립허가를 취소하여야 한다.

① 거짓이나 그 밖의 부정한 방법으로 설립허가를 받았을 때
② 설립허가 조건을 위반하였을 때
③ 목적 달성이 불가능하게 되었을 때
④ 목적사업 외의 사업을 하였을 때
⑤ 정당한 사유 없이 설립허가를 받은 날부터 6개월 이내에 목적사업을 시작하지 아니하거나 1년 이상 사업실적이 없을 때

⑥ 법인이 운영하는 시설에서 반복적 또는 집단적 성폭력범죄 및 학대관련범죄가 발생한 때

⑥의2. 법인이 운영하는 시설에서 중대하고 반복적인 회계부정이나 불법행위가 발생한 때

⑦ 법인 설립 후 기본재산을 출연하지 아니한 때

⑧ 임원정수를 위반한 때

⑨ 그 밖에 이 법 또는 이 법에 따른 명령이나 정관을 위반하였을 때

(8) 남은 재산의 처리

해산한 법인의 남은 재산은 정관으로 정하는 바에 따라 국가 또는 지방자치단체에 귀속된다.

(9) 합병

① 법인은 시 · 도지사의 허가를 받아 이 법에 따른 다른 법인과 합병할 수 있다. 다만, 주된 사무소가 서로 다른 시 · 도에 소재한 법인 간의 합병의 경우에는 보건복지부장관의 허가를 받아야 한다.

② 법인이 합병하는 경우 합병 후 존속하는 법인이나 합병으로 설립된 법인은 합병으로 소멸된 법인의 지위를 승계한다.

10) 사회복지협의회

① 사회복지에 관한 다음의 업무를 수행하기 위하여 전국 단위의 한국사회복지협의회, 시 · 도 단위의 시 · 도 사회복지협의회 및 시 · 군 · 구 단위의 시 · 군 · 구 사회복지협의회를 둔다.

　㉠ 사회복지에 관한 조사 · 연구 및 정책 건의

　㉡ 사회복지 관련 기관 · 단체 간의 연계 · 협력 · 조정

　㉢ 사회복지 소외계층 발굴 및 민간사회복지자원과의 연계 · 협력

　㉣ 대통령령으로 정하는 사회복지사업의 조성 등

② 중앙협의회, 시 · 도협의회 및 시 · 군 · 구협의회는 이 법에 따른 사회복지법인으로 하되, 사회복지사업의 운영에 필요한 재산을 소유하지 않아도 된다.

> 📋 **사회복지사업법 시행령 제12조(한국사회복지협의회 등의 업무)**
>
> 1. "대통령령으로 정하는 사회복지사업"이란 다음의 사업 및 업무를 말한다.
>   ① 사회복지에 관한 교육훈련
>   ② 사회복지에 관한 자료수집 및 간행물 발간
>   ③ 사회복지에 관한 계몽 및 홍보
>   ④ 자원봉사활동의 진흥
>   ⑤ 사회복지사업에 관한 기부문화의 조성
>   ⑥ 사회복지사업에 종사하는 사람의 교육훈련과 복지증진
>   ⑦ 사회복지에 관한 학술 도입과 국제사회복지단체와의 교류

Tip 👆
민간기관들의 연합은 사회복지협의회이고 민간과 공공의 연합은 지역사회보장협의체입니다.

Tip 👆
사회복지법인 중 재산을 소유하지 않아도 되는 법인에는 사회복지협의회, 사회복지사협회, 사회복지공동모금회가 있습니다.

⑧ 보건복지부장관이 위탁하는 사회복지에 관한 업무[중앙협의회만 해당한다]

⑨ 시·도지사 및 중앙협의회가 위탁하는 사회복지에 관한 업무[시·도협의회만 해당한다]

⑩ 시·도지사, 시장·군수·구청장, 중앙협의회 및 시·도협의회가 위탁하는 사회복지에 관한 업무[시·군·구협의회만 해당한다]

⑪ 그 밖에 중앙협의회, 시·도협의회, 시·군·구협의회의 목적 달성에 필요하여 각각의 정관에서 정하는 사항

11) 사회복지시설

(1) 사회복지시설의 설치

① 국가나 지방자치단체는 사회복지시설을 설치·운영할 수 있다.

② 국가 또는 지방자치단체 외의 자가 시설을 설치·운영하려는 경우에는 보건복지부령으로 정하는 바에 따라 시장·군수·구청장에게 신고하여야 한다. 다만, 폐쇄명령을 받고 3년이 지나지 아니한 자는 시설의 설치·운영 신고를 할 수 없다.

③ 시설을 설치·운영하는 자는 보건복지부령으로 정하는 재무·회계에 관한 기준에 따라 시설을 투명하게 운영하여야 한다.

④ 국가나 지방자치단체가 설치한 시설은 필요한 경우 사회복지법인이나 비영리법인에 위탁하여 운영하게 할 수 있다.

(2) 보험가입 의무

① 시설의 운영자는 다음의 손해배상책임을 이행하기 위하여 손해보험회사의 책임보험에 가입하거나 「사회복지사 등의 처우 및 지위 향상을 위한 법률」에 따른 한국사회복지공제회의 책임공제에 가입하여야 한다.

㉠ 화재로 인한 손해배상책임

㉡ 화재 외의 안전사고로 인하여 생명·신체에 피해를 입은 보호대상자에 대한 손해배상책임

② 국가나 지방자치단체는 예산의 범위에서 책임보험 또는 책임공제의 가입에 드는 비용의 전부 또는 일부를 보조할 수 있다.

(3) 사회복지관의 설치

① 사회복지관은 지역사회의 특성과 지역주민의 복지욕구를 고려한 서비스 제공 등 지역복지증진을 위한 사업을 실시할 수 있다.

② 사회복지관은 모든 지역주민을 대상으로 사회복지서비스를 실시하되, 다음의 지역주민에게 우선 제공하여야 한다.

㉠ 「국민기초생활 보장법」에 따른 수급자 및 차상위계층

㉡ 장애인, 노인, 한부모가족 및 다문화가족

Tip
사회복지관은 모든 지역주민에게 서비스를 제공할 수 있지만 우선순위 주민들에게 먼저 서비스를 제공해야 합니다.

ⓒ 직업 및 취업 알선이 필요한 사람

ⓔ 보호와 교육이 필요한 유아 · 아동 및 청소년

ⓜ 그 밖에 사회복지관의 사회복지서비스를 우선 제공할 필요가 있다고 인정되는 사람

(4) 시설의 장

① 시설의 장은 상근하여야 한다.

② 다음에 해당하는 사람은 시설의 장이 될 수 없다.

　ⓐ 미성년자

　ⓑ 피성년후견인 또는 피한정후견인

　ⓒ 파산선고를 받고 복권되지 아니한 사람

　ⓓ 법원의 판결에 따라 자격이 상실되거나 정지된 사람

　ⓔ 금고 이상의 실형을 선고받고 그 집행이 끝나거나 집행이 면제된 날부터 3년이 지나지 아니한 사람

　ⓕ 금고 이상의 형의 집행유예를 선고받고 그 유예기간 중에 있는 사람

　ⓖ 성폭력범죄 또는 아동 · 청소년대상 성범죄를 저지른 사람으로서 형 또는 치료감호를 선고받고 확정된 후 그 형 또는 치료감호의 전부 또는 일부의 집행이 끝나거나 집행이 유예 · 면제된 날부터 10년이 지나지 아니한 사람

　ⓗ 해임명령에 따라 해임된 날부터 5년이 지나지 아니한 사람

　ⓘ 사회복지분야의 6급 이상 공무원으로 재직하다 퇴직한 지 3년이 경과하지 아니한 사람 중에서 퇴직 전 5년 동안 소속하였던 기초자치단체가 관할하는 시설의 장이 되고자 하는 사람

(5) 종사자

① 사회복지법인과 사회복지시설을 설치 · 운영하는 자는 시설에 근무할 종사자를 채용할 수 있다.

② 다음의 어느 하나에 해당하는 사람은 사회복지법인 또는 사회복지시설의 종사자가 될 수 없다.

　ⓐ 사회복지사업 또는 그 직무와 관련하여 죄를 범하거나 법을 위반한 사람

　ⓑ 100만 원 이상의 벌금형을 선고받고 그 형이 확정된 후 5년이 지나지 아니한 사람

　ⓒ 형의 집행유예를 선고받고 그 형이 확정된 후 7년이 지나지 아니한 사람

　ⓓ 징역형을 선고받고 그 집행이 끝나거나(집행이 끝난 것으로 보는 경우를 포함한다) 집행이 면제된 날부터 7년이 지나지 아니한 사람

　ⓔ 성폭력범죄 또는 아동 · 청소년대상 성범죄를 저지른 사람으로서 형 또는 치료감호를 선고받고 확정된 후 그 형 또는 치료감호의 전부 또는 일

부의 집행이 끝나거나 집행이 유예·면제된 날부터 10년이 지나지 아니한 사람

ⓑ 종사자로 재직하는 동안 시설이용자를 대상으로 성폭력범죄 및 아동·청소년대상 성범죄를 저질러 금고 이상의 형 또는 치료감호를 선고받고 그 형이 확정된 사람

⑹ 시설 수용인원의 제한

각 시설의 수용인원은 300명을 초과할 수 없다. 다만, 대통령령으로 정하는 경우에는 그러하지 아니한다.

 사회복지사업법 시행령 제19조(수용인원 300명 초과시설)

수용인원 300명을 초과할 수 있는 사회복지시설은 다음의 어느 하나에 해당하는 시설로 한다.
① 「노인복지법」에 따른 노인주거복지시설 중 양로시설과 노인복지주택
② 「노인복지법」에 따른 노인의료복지시설 중 노인요양시설
③ 보건복지부장관이 사회복지시설의 종류, 지역별 사회복지시설의 수, 지역별·종류별 사회복지서비스 수요 및 사회복지사업 관련 종사자의 수 등을 고려하여 정하여 고시하는 기준에 적합하다고 시장·군수·구청장이 인정하는 사회복지시설

⑺ 시설의 서비스 최저기준

① 보건복지부장관은 시설에서 제공하는 서비스의 최저기준을 마련하여야 한다.
② 시설 운영자는 서비스 최저기준 이상으로 서비스 수준을 유지하여야 한다.

 사회복지사업법 시행규칙 제27조(시설의 서비스 최저기준)

1. 서비스 최저기준에는 다음의 사항이 포함되어야 한다.
   ① 시설 이용자의 인권
   ② 시설의 환경
   ③ 시설의 운영
   ④ 시설의 안전관리
   ⑤ 시설의 인력관리
   ⑥ 지역사회 연계
   ⑦ 서비스의 과정 및 결과
   ⑧ 그 밖에 서비스 최저기준 유지에 필요한 사항

2. 서비스 최저기준 대상시설의 범위는 다음과 같다. 다만, 시설의 규모, 제공하는 서비스의 특성, 이용자 수 등을 고려하여 보건복지부장관이 정하는 시설은 제외한다.
   ① 사회복지법에 따른 사회복지시설
   ② 사회복지관

Tip
시설에서 제공하는 서비스의 최저기준은 사회복지시설의 평가기준과 같습니다.

(8) 시설의 평가

보건복지부장관과 시·도지사는 보건복지부령으로 정하는 바에 따라 시설을 정기적으로 평가하고, 그 결과를 공표하거나 시설의 감독·지원 등에 반영할 수 있으며 시설 거주자를 다른 시설로 보내는 등의 조치를 할 수 있다.

 사회복지사업법 시행규칙 제27조의2(시설평가)

① 보건복지부장관 및 시·도지사는 법에 따라 3년마다 시설에 대한 평가를 실시하여야 한다.
② 시설의 평가기준은 「사회복지사업법」에 따른 서비스 최저기준을 고려하여 보건복지부장관이 정한다.
③ 보건복지부장관과 시·도지사는 평가의 결과를 해당 기관의 홈페이지 등에 게시하여야 한다.

12) 재가복지서비스

국가나 지방자치단체는 보호대상자가 다음의 어느 하나에 해당하는 재가복지서비스를 제공받도록 할 수 있다.

① **가정봉사서비스** : 가사 및 개인활동을 지원하거나 정서활동을 지원하는 서비스
② **주간·단기 보호서비스** : 주간·단기 보호시설에서 급식 및 치료 등 일상생활의 편의를 낮 동안 또는 단기간 동안 제공하거나 가족에 대한 교육 및 상담을 지원하는 서비스

13) 한국사회복지사협회

① 사회복지사는 사회복지에 관한 전문지식과 기술을 개발·보급하고, 사회복지사의 자질 향상을 위한 교육훈련을 실시하며, 사회복지사의 복지증진을 도모하기 위하여 한국사회복지사협회를 설립한다.
② 협회는 법인으로 한다.

 사회복지사업법 시행령 제22조(한국사회복지사협회의 업무)

협회는 다음의 업무를 행한다.
1. 사회복지사에 대한 전문지식 및 기술의 개발·보급
2. 사회복지사의 전문성 향상을 위한 교육훈련
3. 사회복지사제도에 대한 조사연구·학술대회개최 및 홍보·출판사업
4. 국제사회복지사단체와의 교류·협력
5. 보건복지부장관이 위탁하는 사회복지사업에 관한 업무
6. 기타 협회의 목적달성에 필요한 사항

Tip 👍
사회복지사협회는 클라이언트가 아니라 사회복지사들의 권리증진을 위한 협회입니다.

 OX 퀴즈

• 사회복지사의 등급은 1급·2급·3급으로 하되, 정신건강·의료·학교 영역에 대해서는 영역별로 정신건강사회복지사·의료사회복지사·학교사회복지사의 자격을 부여할 수 있다. (×)
• 사회복지법인의 설립은 시·도지사의 허가를 받아야 하며 법인이 정관을 변경하려는 경우에도 시·도지사의 허가를 받아야 한다. 대표이사를 포함한 이사 7명, 감사 2명 이상을 임원으로 두어야 한다. (×)
• 사회복지시설의 수용인원은 300명을 초과할 수 없다. 다만 수용인원 300명을 초과할 수 있는 사회복지시설은 「노인복지법」에 따른 노인주거복지시설 중 양로시설과 노인복지주택, 노인의료복지시설 중 노인요양시설이다. (○)
• 시설의 평가는 3년마다 실시하며 시설의 환경, 시설의 운영, 시설의 안전관리, 시설의 인력관리, 시설 이용자의 인권 등 시설의 서비스 최저기준을 평가한다. (○)

01 「사회복지사업법」에 대한 내용 중 법인에 대한 내용으로 틀린 것은?

① 법인은 대표이사를 포함한 이사 7명 이상과 감사 2명 이상을 두어야 한다.

② 법인이 정관을 변경하고자 할 때에는 시·도지사의 허가를 받아야 한다.

③ 법인은 목적사업의 경비를 충당하기 위하여 필요한 때에는 법인의 설립 목적 수행에 지장이 없는 범위에서 수익사업을 할 수 있다.

④ 법인의 이사는 해당 법인이 설치한 사회복지시설의 장을 제외한 그 시설의 직원을 겸할 수 없다.

⑤ 법인은 시·도지사의 허가를 받아 이 법에 따른 다른 법인과 합병할 수 있다.

해설 법인이 정관을 변경하고자 할 때에는 시·도지사의 인가를 받아야 한다. 법인을 설립할 때에는 시·도지사의 허가를 받아야 한다.

02 「사회복지사업법」에 대한 내용 중 법인에 대한 내용으로 옳은 것은?

① 이사회의 구성에 있어서 대통령령으로 정하는 특별한 관계에 있는 사람이 이사 현원의 5분의 1을 초과할 수 없다.

② 사회복지법인은 사회복지사업의 운영에 필요한 재산을 소유하지 않아도 한다.

③ 이사 또는 감사 중에 결원이 생겼을 때에는 1개월 이내에 보충하여야 한다.

④ 이사의 임기는 2년으로 하고 감사의 임기는 3년으로 하며, 각각 연임할 수 있다.

⑤ 해산한 법인의 남은 재산은 정관으로 정하는 바에 따라 해산한 법인에 귀속된다.

해설
② 사회복지법인은 사회복지사업의 운영에 필요한 재산을 소유하여야 한다.
③ 이사 또는 감사 중에 결원이 생겼을 때에는 2개월 이내에 보충하여야 한다.
④ 이사의 임기는 3년으로 하고 감사의 임기는 2년으로 하며, 각각 연임할 수 있다.
⑤ 해산한 법인의 남은 재산은 정관으로 정하는 바에 따라 국가 또는 지방자치단체에 귀속된다.

03 「사회복지사업법」에 대한 내용 중 시설에 대한 내용으로 틀린 것은?

① 사회복지시설의 운영위원회는 시설종사자의 근무환경 개선에 관한 사항을 다룬다.

② 국가 또는 지방자치단체 외의 자가 사회복지시설을 설치·운영하려는 경우에는 시장·군수·구청장에게 신고하여야 한다.

③ 사회복지시설에 종사하는 사회복지사는 정기적으로 인권에 관한 내용이 포함된 보수교육을 받아야 한다.

④ 사회복지시설 거주자의 보호자 대표는 운영위원이 될 수 없다.

⑤ 사회복지시설의 장은 상근하여야 한다.

해설 사회복지시설 거주자의 보호자 대표는 운영위원이 될 수 있다.

정답 01 ② 02 ① 03 ④

04 「사회복지사업법」에 대한 내용 중 시설에 대한 내용으로 옳은 것은?

① 금고 이상의 형을 선고받고 그 집행이 끝나지 아니하였거나 그 집행을 받지 아니하기로 확정되지 아니한 사람도 사회복지사가 될 수 있다.

② 국가 또는 지방자치단체 외의 자가 시설을 설치·운영하려는 경우에는 시·도지사에게 신고하여야 한다.

③ 정당한 이유 없이 사회복지시설의 설치를 방해하는 경우 1년 이하의 징역 또는 1천만 원 이하의 벌금에 처한다.

④ 사회복지시설 운영위원회는 시설운영계획의 수립·평가에 관한 사항을 건의한다.

⑤ 사회복지시설의 수용인원은 300인을 초과할 수 있다.

해설 ① 금고 이상의 형을 선고받고 그 집행이 끝나지 아니하였거나 그 집행을 받지 아니하기로 확정되지 아니한 사람은 사회복지사가 될 수 없다.
② 국가 또는 지방자치단체 외의 자가 시설을 설치·운영하려는 경우에는 보건복지부령으로 정하는 바에 따라 시장·군수·구청장에게 신고하여야 한다.
④ 사회복지시설 운영위원회는 시설운영계획의 수립·평가에 관한 사항을 심의한다.
⑤ 사회복지시설의 수용인원은 대통령령에서 규정한 예외 시설을 제외하고는 300인을 초과할 수 없다.

05 「사회복지사업법」에 대한 내용으로 틀린 것은?

① 사회복지사의 등급은 1급·2급으로 하고 등급별 자격기준 및 자격증의 발급절차 등은 대통령령으로 정한다.

② 「사회복지사업법」에 따른 사회복지사 의무채용 제외시설에는 노인여가시설이 포함된다.

③ 시설의 장은 시설에 대하여 정기 및 수시 안전점검을 실시하여야 한다.

④ 한국사회복지사협회는 사회복지사에 대한 전문지식 및 기술을 개발·보급한다.

⑤ 사회복지를 필요로 하는 사람은 누구든지 자신의 의사에 따라 서비스를 신청하고 제공받을 수 있다.

해설 노인여가시설 중 노인복지관은 사회복지사 의무채용 제외시설에서 제외되므로 노인복지관 제외라는 내용이 없으면 틀린 지문이다. 「사회복지사업법」에 따른 사회복지사 의무채용 제외시설에는 「노인복지법」에 따른 노인여가시설(노인복지관은 제외), 「장애인복지법」에 따른 장애인 지역사회재활시설 중 수화통역센터·점자도서관·점자도서 및 녹음서 출판시설, 「영유아보육법」에 따른 어린이집, 「성매매방지 및 피해자보호 등에 관한 법률」에 따른 성매매피해자 등을 위한 지원시설 및 성매매피해상담소, 「정신건강증진 및 정신질환자 복지서비스 지원에 관한 법률」에 따른 정신요양시설 및 정신재활시설, 「성폭력방지 및 피해자보호 등에 관한 법률」에 따른 성폭력피해상담소가 있다.

06 「사회복지사업법」에 대한 내용으로 옳은 것은?

① 「사회복지사업법」상 사회복지의 날은 10월 7일이다.

② 「국민연금법」은 「사회복지사업법」상 사회복지사업의 근거가 되는 법에 포함된다.

③ 사회복지시설에 종사하는 사회복지사는 연간 8시간 이상의 보수교육을 받아야 한다.

④ 「영유아보육법」에 따른 어린이집은 사회복지사 의무채용 예외시설에 해당되지 않는다.

⑤ 사회복지서비스를 필요로 하는 사람에 대한 사회복지서비스 제공은 현금으로 제공하는 것을 원칙으로 한다.

해설 ① 「사회복지사업법」상 사회복지의 날은 9월 7일이다.
② 「국민연금법」은 「사회복지사업법」상 사회복지사업의 근거가 되는 법에 포함되지 않는다.
④ 「영유아보육법」에 따른 어린이집은 사회복지사 의무채용 예외시설에 해당한다. 영유아보육어린이집 외에도 「노인복지법」에 따른 노인여가시설(노인복지관은 제외), 「장애인복지법」에 따른 장애인 지역사회재활시설 중 수화통역센터·점자도서관·점자도서 및 녹음서 출판시설, 「성매매방지 및 피해자보호 등에 관한 법률」에 따른 성매매피해자 등을 위한 지원시설 및 성매매피해상담소, 「정신건강증진 및 정신질환자 복지서비스 지원에 관한 법률」에 따른

정신요양시설 및 정신재활시설, 「성폭력방지 및 피해자보호 등에 관한 법률」에 따른 성폭력피해상담소가 있다.
⑤ 사회복지서비스를 필요로 하는 사람에 대한 사회복지서비스 제공은 현물로 제공하는 것을 원칙으로 한다.

07 사회복지법인에 대한 내용으로 틀린 것은?

① 법인은 사회복지사업의 운영에 필요한 재산을 소유하여야 한다.
② 법인의 이사 또는 감사 중에 결원이 생겼을 때에는 2개월 이내에 보충하여야 한다.
③ 법인이 정관을 변경하려는 경우에는 시·도지사의 인가를 받아야 한다.
④ 해산한 법인의 남은 재산은 정관으로 정하는 바에 따라 국가 또는 지방자치단체에 귀속된다.
⑤ 모든 법인은 시·도지사의 허가를 받아 이 법에 따른 다른 법인과 합병할 수 있다.

해설 같은 시도의 경우 시·도지사, 다른 시도의 경우 보건복지부장관의 허가를 받아야 한다.

08 「사회복지사업법」의 이념으로 틀린 것은?

① 사회복지를 필요로 하는 사람은 누구든지 자신의 의사에 따라 서비스를 신청하고 제공받을 수 있다.
② 사회복지법인 및 사회복지시설은 공공성을 가지며 사회복지사업을 시행하는 데 있어서 공공성을 확보하여야 한다.
③ 사회복지사업을 시행하는 데 있어서 사회복지를 제공하는 자는 사회복지를 필요로 하는 사람의 인권을 보장하여야 한다.
④ 사회복지서비스를 제공하는 자는 필요한 정보를 제공하는 등 사회복지서비스를 이용하는 사람의 선택권을 보장하여야 한다.

⑤ 모든 국민이 다양한 사회적 위험으로부터 벗어나 행복하고 인간다운 생활을 향유할 수 있도록 자립을 지원하여야 한다.

해설 모든 국민이 다양한 사회적 위험으로부터 벗어나 행복하고 인간다운 생활을 향유할 수 있도록 자립을 지원해야 한다는 내용은 「사회보장기본법」의 기본 이념이다. 「사회복지사업법」의 이념은 신청주의, 공공성 확보, 인권보장, 선택권 보장이다.

09 사회복지협의회에 관한 설명으로 옳은 것을 모두 고른 것은?

ㄱ. 운영에 필요한 재산을 소유하여야 한다.
ㄴ. 사회복지법인이다.
ㄷ. 중앙협의회와 시도협의회만 둔다.
ㄹ. 사회복지에 관한 조사, 연구 및 각종 복지사업을 조성한다.

① ㄱ, ㄷ
② ㄴ, ㄹ
③ ㄱ, ㄴ, ㄷ
④ ㄴ, ㄷ, ㄹ
⑤ ㄱ, ㄴ, ㄷ, ㄹ

해설 ㄱ. 사회복지법인은 재산을 소유해야 하지만 '사회복지협의회는 법인이 재산을 소유하여야 한다'는 규정에 적용되지 않는다.
ㄷ. 사회복지에 관한 업무를 수행하기 위하여 전국 단위의 한국사회복지협의회, 시·도 단위의 시·도 사회복지협의회 및 시·군·구 단위의 시·군·구 사회복지협의회를 둔다.

10 사회복지시설의 평가 내용으로 틀린 것은?

① 시설평가의 법률 개정은 1997년, 시행은 1998년
   에 되었으나 실제적으로 실시한 것은 1999년이다.
② 보건복지부장관 및 시 · 도지사는 시설을 정기적
   으로 평가하며, 이를 시설의 감독, 지원 등에 반영
   할 수 있다.
③ 보건복지부장관 및 시 · 도지사는 3년마다 1회 이
   상 시설에 대한 평가를 실시해야 한다.
④ 시설의 평가기준은 법에 따른 서비스 최저기준을
   고려하여 보건복지부장관이 정한다.
⑤ 시설의 평가기준에는 시설의 운영, 시설의 환경,
   시설 종사자의 인권, 시설의 안전관리 등이 있다.

해설 시설의 평가기준에는 시설의 운영, 시설의 환경, 시설의 안전
관리, 시설 이용자의 인권 등이 있다. 시설 종사자의 인권이
아니라 시설 이용자의 인권이다.

아동복지

학습 가이드

- 「아동복지법」은 어느 부분이 출제되기보다는 전체의 내용을 이해하고 있는지 물어보는 문항들이 출제되고 있어 전체적인 내용을 파악하는 것이 중요하다. 또한 최근에 법이 개정되는 부분을 학습해야 한다.
- 「아동학대법」과 「영유아보육법」의 경우 최근에는 잘 출제되고 있지 않지만 기존에 출제 되었던 만큼 기본 내용은 파악하고 있어야 한다.

---

1 아동복지법

Tip 👆
우리나라의 사회복지는 아동복지에서 출발합니다. 최초의 사회복지서비스법은 1961년 제정된 「아동복리법」 입니다.

* 연혁 : 1961년 12월 30일 아동복리법 제정
1981년 4월 13일 아동복지법으로 개정 · 시행

1) 목적

아동이 건강하게 출생하여 행복하고 안전하게 자랄 수 있도록 아동의 복지를 보장하는 것을 목적으로 한다.

2) 기본 이념

① 아동은 자신 또는 부모의 성별, 연령, 종교, 사회적 신분, 재산, 장애유무, 출생지역, 인종 등에 따른 어떠한 종류의 차별도 받지 아니하고 자라나야 한다.

② 아동은 완전하고 조화로운 인격발달을 위하여 안정된 가정환경에서 행복 하게 자라나야 한다.

③ 아동에 관한 모든 활동에 있어서 아동의 이익이 최우선적으로 고려되어야 한다.

④ 아동은 아동의 권리보장과 복지증진을 위하여 이 법에 따른 보호와 지원을 받을 권리를 가진다.

 「아동복지법」뿐 아니라 각 법의 정의를 꼭 암기해야 합니다.

3) 정의

① **아동** : 18세 미만인 사람을 말한다.

② **아동복지** : 아동이 행복한 삶을 누릴 수 있는 기본적인 여건을 조성하고 조화롭게 성장·발달할 수 있도록 하기 위한 경제적·사회적·정서적 지원을 말한다.

③ **보호자** : 친권자, 후견인, 아동을 보호·양육·교육하거나 그러한 의무가 있는 자 또는 업무·고용 등의 관계로 사실상 아동을 보호·감독하는 자를 말한다.

④ **보호대상아동** : 보호자가 없거나 보호자로부터 이탈된 아동 또는 보호자가 아동을 학대하는 경우 등 그 보호자가 아동을 양육하기에 적당하지 아니하거나 양육할 능력이 없는 경우의 아동을 말한다.

⑤ **지원대상아동** : 아동이 조화롭고 건강하게 성장하는 데에 필요한 기초적인 조건이 갖추어지지 아니하여 사회적·경제적·정서적 지원이 필요한 아동을 말한다.

⑥ **가정위탁** : 보호대상아동의 보호를 위하여 성범죄, 가정폭력, 아동학대, 정신질환 등의 전력이 없는 보건복지부령으로 정하는 기준에 적합한 가정에 보호대상아동을 일정 기간 위탁하는 것을 말한다.

⑦ **아동학대** : 보호자를 포함한 성인이 아동의 건강 또는 복지를 해치거나 정상적 발달을 저해할 수 있는 신체적·정신적·성적 폭력이나 가혹행위를 하는 것과 아동의 보호자가 아동을 유기하거나 방임하는 것을 말한다.

⑧ 아동학대 관련 범죄란 다음의 어느 하나에 해당하는 죄를 말한다.
   ㉠ 「아동학대범죄의 처벌 등에 관한 특례법」에 따른 아동학대범죄
   ㉡ 아동에 대한 「형법」의 살인의 죄

⑨ **피해아동** : 아동학대로 인하여 피해를 입은 아동을 말한다.

⑩ **아동복지시설** : 법에 따라 설치된 시설을 말한다.

⑪ **아동복지시설 종사자** : 아동복지시설에서 아동의 상담·지도·치료·양육, 그 밖에 아동의 복지에 관한 업무를 담당하는 사람을 말한다.

4) 국가와 지방자치단체의 책무

① 국가와 지방자치단체는 아동의 안전·건강 및 복지 증진을 위하여 아동과 그 보호자 및 가정을 지원하기 위한 정책을 수립·시행하여야 한다.

② 국가와 지방자치단체는 보호대상아동 및 지원대상아동의 권익을 증진하기 위한 정책을 수립·시행하여야 한다.

③ 국가와 지방자치단체는 아동이 태어난 가정에서 성장할 수 있도록 지원하고, 아동이 태어난 가정에서 성장할 수 없을 때에는 가정과 유사한 환경에서 성장할 수 있도록 조치하며, 아동을 가정에서 분리하여 보호할 경우에는 신속히 가정으로 복귀할 수 있도록 지원하여야 한다.

④ 국가와 지방자치단체는 장애아동의 권익을 보호하기 위하여 필요한 시책을 강구하여야 한다.

⑤ 국가와 지방자치단체는 아동이 자신 또는 부모의 성별, 연령, 종교, 사회적 신분, 재산, 장애유무, 출생지역 또는 인종 등에 따른 어떠한 종류의 차별도 받지 아니하도록 필요한 시책을 강구하여야 한다.

⑥ 국가와 지방자치단체는 「아동의 권리에 관한 협약」에서 규정한 아동의 권리 및 복지 증진 등을 위하여 필요한 시책을 수립·시행하고, 이에 필요한 교육과 홍보를 하여야 한다.

⑦ 국가와 지방자치단체는 아동의 보호자가 아동을 행복하고 안전하게 양육하기 위하여 필요한 교육을 지원하여야 한다.

5) 보호자 등의 책무

① 아동의 보호자는 아동을 가정에서 그의 성장시기에 맞추어 건강하고 안전하게 양육하여야 한다.

② 아동의 보호자는 아동에게 신체적 고통이나 폭언 등의 정신적 고통을 가하여서는 아니 된다.

③ 모든 국민은 아동의 권익과 안전을 존중하여야 하며, 아동을 건강하게 양육하여야 한다.

6) 어린이날 및 어린이주간

어린이에 대한 사랑과 보호의 정신을 높임으로써 이들을 옳고 아름답고 슬기로우며 씩씩하게 자라나도록 하기 위하여 매년 5월 5일을 어린이날로 하며, 5월 1일부터 5월 7일까지를 어린이주간으로 한다.

7) 아동정책기본계획의 수립

① 보건복지부장관은 아동정책의 효율적인 추진을 위하여 5년마다 아동정책기본계획을 수립하여야 한다.

② 보건복지부장관은 기본계획을 수립할 때에는 미리 관계 중앙행정기관의 장과 협의하여야 한다.

③ 기본계획은 아동정책조정위원회의 심의를 거쳐 확정한다.

8) 아동정책조정위원회

아동의 권리증진과 건강한 출생 및 성장을 위하여 종합적인 아동정책을 수립하고 관계 부처의 의견을 조정하며 그 정책의 이행을 감독하고 평가하기 위하여 국무총리 소속으로 아동정책조정위원회를 둔다.

9) 아동종합실태조사

보건복지부장관은 3년마다 아동의 양육 및 생활환경, 언어 및 인지 발달, 정서적·신체적 건강, 아동안전, 아동학대 등 아동의 종합실태를 조사하여 그 결과를 공표하고, 이를 기본계획과 시행계획에 반영하여야 한다. 다만, 보건복지부장관은 필요한 경우 보건복지부령으로 정하는 바에 따라 분야별 실태조사를 할 수 있다.

10) 아동위원

① 시·군·구에 아동위원을 둔다.

② 아동위원은 그 관할 구역의 아동에 대하여 항상 그 생활상태 및 가정환경을 상세히 파악하고 아동복지에 필요한 원조와 지도를 행하며 전담공무원, 민간전문인력 및 관계 행정기관과 협력하여야 한다.

③ 아동위원은 그 업무의 원활한 수행을 위하여 적절한 교육을 받을 수 있다.

④ 아동위원은 명예직으로 하되, 아동위원에 대하여는 수당을 지급할 수 있다.

⑤ 그 밖에 아동위원에 관한 사항은 해당 시·군·구의 조례로 정한다.

11) 아동보호서비스

(1) 보호조치

시·도지사 또는 시장·군수·구청장은 그 관할 구역에서 보호대상아동을 발견하거나 보호자의 의뢰를 받은 때에는 아동의 최상의 이익을 위하여 보호조치를 하여야 한다.

(2) 보호대상 아동의 퇴소조치

① 보호조치 중인 보호대상아동의 연령이 18세에 달하였거나, 보호 목적이 달성되었다고 인정되면 해당 시·도지사, 시장·군수·구청장은 그 보호 중인 아동의 보호조치를 종료하거나 해당 시설에서 퇴소시켜야 한다.

Tip 👆
아동정책조정위원회는 국무총리 소속이며, 정책조정위원회에는 아동정책조정위원회 외에도 장애인정책조정위원회, 다문화정책조정위원회가 있습니다.

Tip 👆
각 법들의 실태조사는 대부분 3년 또는 5년마다 실시합니다.

② 보호조치 중인 아동이 다음에 해당하면 시·도지사 또는 시장·군수·구청장은 해당 아동의 보호기간을 연장할 수 있다.

　㉠ 「고등교육법」에 따른 대학 이하의 학교(대학원은 제외한다)에 재학 중인 경우

　㉡ 아동양육시설 또는 「국민 평생 직업능력 개발법」에 따른 직업능력개발 훈련시설에서 직업 관련 교육·훈련을 받고 있는 경우

　㉢ 그 밖에 위탁가정 및 각종 아동복지시설에서 해당 아동을 계속하여 보호·양육할 필요가 있다고 대통령령으로 정하는 경우

12) 친권상실 선고의 청구

① 시·도지사, 시장·군수·구청장 또는 검사는 아동의 친권자가 그 친권을 남용하거나 현저한 비행이나 아동학대, 그 밖에 친권을 행사할 수 없는 중대한 사유가 있는 것을 발견한 경우 아동의 복지를 위하여 필요하다고 인정할 때에는 법원에 친권행사의 제한 또는 친권상실의 선고를 청구하여야 한다.

② 아동복지시설의 장 및 「초·중등교육법」에 따른 학교의 장은 시·도지사, 시장·군수·구청장 또는 검사에게 법원에 친권행사의 제한 또는 친권상실의 선고를 청구하도록 요청할 수 있다.

③ 시·도지사, 시장·군수·구청장 또는 검사는 친권행사의 제한 또는 친권상실의 선고 청구를 할 경우 보장원 또는 아동보호전문기관 등 아동복지시설의 장, 아동을 상담·치료한 의사 및 해당 아동의 의견을 존중하여야 한다.

13) 아동의 후견인의 선임 청구

① 시·도지사, 시장·군수·구청장, 아동복지시설의 장 및 학교의 장은 친권자 또는 후견인이 없는 아동을 발견한 경우 그 복지를 위하여 필요하다고 인정할 때에는 법원에 후견인의 선임을 청구하여야 한다.

② 시·도지사, 시장·군수·구청장, 아동복지시설의 장, 학교의 장 또는 검사는 후견인이 해당 아동을 학대하는 등 현저한 비행을 저지른 경우에는 후견인 변경을 법원에 청구하여야 한다.

③ 후견인의 선임 및 후견인의 변경 청구를 할 때에는 해당 아동의 의견을 존중하여야 한다.

14) 아동학대예방의 날

아동의 건강한 성장을 도모하고, 범국민적으로 아동학대의 예방과 방지에 관한 관심을 높이기 위하여 매년 11월 19일을 아동학대예방의 날로 지정하고, 아동학대예방의 날부터 1주일을 아동학대예방주간으로 한다.

15) 아동의 안전에 대한 교육

① 아동복지시설의 장, 「영유아보육법」에 따른 어린이집의 원장, 「유아교육법」에 따른 유치원의 원장 및 「초·중등교육법」에 따른 학교의 장은 교육대상 아동의 연령을 고려하여 교육계획을 수립하여 교육을 실시하여야 한다.
  ㉠ 성폭력 및 아동학대 예방
  ㉡ 실종·유괴의 예방과 방지
  ㉢ 감염병 및 약물의 오남용 예방 등 보건위생관리
  ㉣ 재난대비 안전
  ㉤ 교통안전
② 아동복지시설의 장, 「영유아보육법」에 따른 어린이집의 원장은 교육계획 및 교육실시 결과를 관할 시장·군수·구청장에게 매년 1회 보고하여야 한다.
③ 「유아교육법」에 따른 유치원의 원장 및 「초·중등교육법」에 따른 학교의 장은 교육계획 및 교육실시 결과를 대통령령으로 정하는 바에 따라 관할 교육감에게 매년 1회 보고하여야 한다.

16) 아동보호구역에서의 고정형 영상정보처리기기 설치

국가와 지방자치단체는 유괴 등 범죄의 위험으로부터 아동을 보호하기 위하여 필요하다고 인정하는 경우에는 다음의 어느 하나에 해당되는 시설의 주변구역을 아동보호구역으로 지정하여 범죄의 예방을 위한 순찰 및 아동지도 업무 등 필요한 조치를 할 수 있다.

① 「도시공원 및 녹지 등에 관한 법률」에 따른 도시공원
② 「영유아보육법」에 따른 어린이집, 육아종합지원센터, 시간제보육서비스 지정기관
③ 「초·중등교육법」에 따른 초등학교 및 특수학교
④ 「유아교육법」에 따른 유치원

17) 자립지원계획의 수립

보장원의 장, 가정위탁지원센터의 장 및 아동복지시설의 장은 보호하고 있는 15세 이상의 아동을 대상으로 매년 개별 아동에 대한 자립지원계획을 수립하고, 그 계획을 수행하는 종사자를 대상으로 자립지원에 관한 교육을 실시하여야 한다.

18) 아동보호전문기관

(1) 아동보호전문기관의 설치

지방자치단체는 학대받은 아동의 치료, 아동학대의 재발 방지 등 사례관리 및 아동학대예방을 담당하는 아동보호전문기관을 시·도 및 시·군·구에 1개소 이상 두어야 한다. 다만, 시·도지사는 관할 구역의 아동 수 및 지리적 요건을 고려하여 조례로 정하는 바에 따라 둘 이상의 시·군·구를 통합하여 하나의 지역아동보호전문기관을 설치·운영할 수 있다.

(2) 아동보호전문기관의 업무

① 피해아동, 피해아동의 가족 및 아동학대행위자를 위한 상담·치료 및 교육
② 아동학대예방 교육 및 홍보
③ 피해아동 가정의 사후관리

(3) 아동보호전문기관의 성과평가

보건복지부장관은 아동보호전문기관의 업무 실적에 대하여 3년마다 성과평가를 실시하여야 한다.

19) 가정위탁지원센터의 설치

지방자치단체는 보호대상아동에 대한 가정위탁사업을 활성화하기 위하여 시·도 및 시·군·구에 가정위탁지원센터를 둔다. 다만, 시·도지사는 조례로 정하는 바에 따라 둘 이상의 시·군·구를 통합하여 하나의 가정위탁지원센터를 설치·운영할 수 있다.

20) 아동복지시설

(1) 아동복지시설의 설치

① 국가 또는 지방자치단체는 아동복지시설을 설치할 수 있다.
② 국가 또는 지방자치단체 외의 자는 관할 시장·군수·구청장에게 신고하고 아동복지시설을 설치할 수 있다.

(2) 아동복지시설의 종류

① **아동양육시설** : 보호대상아동을 입소시켜 보호, 양육 및 취업훈련, 자립지원 서비스 등을 제공하는 것을 목적으로 하는 시설
② **아동일시보호시설** : 보호대상아동을 일시보호하고 아동에 대한 향후의 양육대책수립 및 보호조치를 행하는 것을 목적으로 하는 시설
③ **아동보호치료시설** : 아동에게 보호 및 치료 서비스를 제공하는 다음의 시설

1과목

2과목

3과목

4과목

5과목

6과목

7과목

8과목

       ⊙ 불량행위를 하거나 불량행위를 할 우려가 있는 아동으로서 보호자가 없거나 친권자나 후견인이 입소를 신청한 아동 또는 가정법원, 지방법원 소년부지원에서 보호위탁된 19세 미만인 사람을 입소시켜 치료와 선도를 통하여 건전한 사회인으로 육성하는 것을 목적으로 하는 시설

       ⊙ 정서적 · 행동적 장애로 인하여 어려움을 겪고 있는 아동 또는 학대로 인하여 부모로부터 일시 격리되어 치료받을 필요가 있는 아동을 보호 · 치료하는 시설

  ④ **공동생활가정** : 보호대상아동에게 가정과 같은 주거여건과 보호, 양육, 자립지원 서비스를 제공하는 것을 목적으로 하는 시설

  ⑤ **자립지원시설** : 아동복지시설에서 퇴소한 사람에게 취업준비기간 또는 취업 후 일정 기간 동안 보호함으로써 자립을 지원하는 것을 목적으로 하는 시설

  ⑥ **아동상담소** : 아동과 그 가족의 문제에 관한 상담, 치료, 예방 및 연구 등을 목적으로 하는 시설

  ⑦ **아동전용시설** : 어린이공원, 어린이놀이터, 아동회관, 체육 · 연극 · 영화 · 과학실험전시시설, 아동휴게숙박시설, 야영장 등 아동에게 건전한 놀이 · 오락, 그 밖의 각종 편의를 제공하여 심신의 건강유지와 복지증진에 필요한 서비스를 제공하는 것을 목적으로 하는 시설

  ⑧ **지역아동센터** : 지역사회 아동의 보호 · 교육, 건전한 놀이와 오락의 제공, 보호자와 지역사회의 연계 등 아동의 건전육성을 위하여 종합적인 아동복지서비스를 제공하는 시설

  ⑨ 아동보호전문기관

  ⑩ 가정위탁지원센터

  ⑪ 보장원

  ⑫ 자립지원전담기관

---

2   **아동학대범죄의 처벌 등에 관한 특례법**

* 연혁 : 2014년 1월 28일 제정
         2014년 9월 29일 시행

1) 목적

아동학대범죄의 처벌 및 그 절차에 관한 특례와 피해아동에 대한 보호절차 및 아동학대행위자에 대한 보호처분을 규정함으로써 아동을 보호하여 아동이 건강한 사회 구성원으로 성장하도록 함을 목적으로 한다.

> **Tip** 👆
> 「아동학대범죄의 처벌 등에 관한 특례법」은 다른 법들과 달리 2014년 제정되어 당 해에 바로 시행되었습니다.

2) 아동학대범죄 신고의무와 절차

(1) 누구든지 아동학대범죄를 알게 된 경우나 그 의심이 있는 경우에는 특별 시·광역시·특별자치시·도·특별자치도, 시·군·구 또는 수사기관에 신고할 수 있다.

(2) 다음에 해당하는 사람이 직무를 수행하면서 아동학대범죄를 알게 된 경우나 그 의심이 있는 경우에는 시·도, 시·군·구 또는 수사기관에 즉시 신고하여야 한다.

① 「아동복지법」에 따른 아동권리보장원 및 가정위탁지원센터의 장과 그 종사자

② 아동복지시설의 장과 그 종사자

③ 「아동복지법」에 따른 아동복지전담공무원

④ 「가정폭력방지 및 피해자보호 등에 관한 법률」에 따른 가정폭력 관련 상담소 및 가정폭력피해자 보호시설의 장과 그 종사자

⑤ 「건강가정기본법」에 따른 건강가정지원센터의 장과 그 종사자

⑥ 「다문화가족지원법」에 따른 다문화가족지원센터의 장과 그 종사자

⑦ 「사회보장급여의 이용·제공 및 수급권자 발굴에 관한 법률」에 따른 사회복지전담공무원 및 「사회복지사업법」에 따른 사회복지시설의 장과 그 종사자

⑧ 「성매매방지 및 피해자보호 등에 관한 법률」에 따른 지원시설 및 성매매피해상담소의 장과 그 종사자

⑨ 「성폭력방지 및 피해자보호 등에 관한 법률」에 따른 성폭력피해상담소, 성폭력피해자보호시설의 장과 그 종사자 및 성폭력피해자통합지원센터의 장과 그 종사자

⑩ 「119구조·구급에 관한 법률」에 따른 119구급대의 대원

⑪ 「응급의료에 관한 법률」에 따른 응급의료기관 등에 종사하는 응급구조사

⑫ 「영유아보육법」에 따른 육아종합지원센터의 장과 그 종사자 및 어린이집의 원장 등 보육교직원

⑬ 「유아교육법」에 따른 유치원의 장과 그 종사자

⑭ 아동보호전문기관의 장과 그 종사자

⑮ 「의료법」에 따른 의료기관의 장과 그 의료기관에 종사하는 의료인 및 의료기사

⑯ 「장애인복지법」에 따른 장애인복지시설의 장과 그 종사자로서 시설에서 장애아동에 대한 상담·치료·훈련 또는 요양 업무를 수행하는 사람

⑰ 「정신건강증진 및 정신질환자 복지서비스 지원에 관한 법률」에 따른 정신건강복지센터, 정신의료기관, 정신요양시설 및 정신재활시설의 장과 그 종사자
⑱ 「청소년 기본법」에 따른 청소년시설 및 청소년단체의 장과 그 종사자
⑲ 「청소년 보호법」에 따른 청소년 보호·재활센터의 장과 그 종사자
⑳ 「초·중등교육법」에 따른 학교의 장과 그 종사자
㉑ 「한부모가족지원법」에 따른 한부모가족복지시설의 장과 그 종사자
㉒ 「학원의 설립·운영 및 과외교습에 관한 법률」에 따른 학원의 운영자·강사·직원 및 교습소의 교습자·직원
㉓ 「아이돌봄 지원법」에 따른 아이돌보미
㉔ 「아동복지법」에 따른 취약계층 아동에 대한 통합서비스지원 수행인력
㉕ 「입양특례법」에 따른 입양기관의 장과 그 종사자
㉖ 「영유아보육법」에 따른 한국보육진흥원의 장과 그 종사자로서 어린이집 평가 업무를 수행하는 사람

3) 현장출동

① 아동학대범죄 신고를 접수한 사법경찰관리나 「아동복지법」에 따른 아동학대전담공무원은 지체 없이 아동학대범죄의 현장에 출동하여야 한다.
② 아동학대범죄 신고를 접수한 사법경찰관리나 아동학대전담공무원은 아동학대범죄가 행하여지고 있는 것으로 신고된 현장 또는 피해아동을 보호하기 위하여 필요한 현장에 출입하여 아동 또는 아동학대행위자 등 관계인에 대하여 조사를 하거나 질문을 할 수 있다.

3 영유아보육법

* 연혁 : 1991년 1월 14일 제정, 시행

1) 목적

영유아의 심신을 보호하고 건전하게 교육하여 건강한 사회 구성원으로 육성함과 아울러 보호자의 경제적·사회적 활동이 원활하게 이루어지도록 함으로써 영유아 및 가정의 복지 증진에 이바지함을 목적으로 한다.

2) 정의

① **영유아** : 7세 이하의 취학 전 아동을 말한다.

② **보육** : 영유아를 건강하고 안전하게 보호 · 양육하고 영유아의 발달 특성에 맞는 교육을 제공하는 어린이집 및 가정양육 지원에 관한 사회복지서비스를 말한다.

③ **어린이집** : 보호자의 위탁을 받아 영유아를 보육하는 기관을 말한다.

④ **보호자** : 친권자 · 후견인, 그 밖의 자로서 영유아를 사실상 보호하고 있는 자를 말한다.

⑤ **보육교직원** : 어린이집 영유아의 보육, 건강관리 및 보호자와의 상담, 그 밖에 어린이집의 관리 · 운영 등의 업무를 담당하는 자로서 어린이집의 원장 및 보육교사와 그 밖의 직원을 말한다.

3) 보육 이념

① 보육은 영유아의 이익을 최우선적으로 고려하여 제공되어야 한다.

② 보육은 영유아가 안전하고 쾌적한 환경에서 건강하게 성장할 수 있도록 하여야 한다.

③ 영유아는 자신이나 보호자의 성, 연령, 종교, 사회적 신분, 재산, 장애, 인종 및 출생지역 등에 따른 어떠한 종류의 차별도 받지 아니하고 보육되어야 한다.

4) 보육정책위원회

보육에 관한 각종 정책 · 사업 · 보육지도 및 어린이집 평가에 관한 사항 등을 심의하기 위하여 교육부에 중앙보육정책위원회를, 특별시 · 광역시 · 특별자치시 · 도 · 특별자치도 및 시 · 군 · 구에 지방보육정책위원회를 둔다. 다만, 지방보육정책위원회는 그 기능을 담당하기에 적합한 다른 위원회가 있고 그 위원회의 위원이 자격을 갖춘 경우에는 시 · 도 또는 시 · 군 · 구의 조례로 정하는 바에 따라 그 위원회가 지방보육정책위원회의 기능을 대신할 수 있다.

5) 육아종합지원센터

영유아에게 시간제보육 서비스를 제공하거나 보육에 관한 정보의 수집 · 제공 및 상담을 위하여 교육부장관은 중앙육아종합지원센터를, 특별시장 · 광역시장 · 특별자치시장 · 도지사 · 특별자치도지사 및 시장 · 군수 · 구청장은 지방육아종합지원센터를 설치 · 운영하여야 한다. 이 경우 필요하다고 인정하는 경우에는 영아 · 장애아 보육 등에 관한 육아종합지원센터를 별도로 설치 · 운영할 수 있다.

6) 보육 실태 조사

교육부장관은 이 법의 적절한 시행을 위하여 보육 실태 조사를 3년마다 하고 그 결과를 공표하여야 한다.

7) 어린이집의 설치

(1) 어린이집의 종류

① **국공립어린이집** : 국가나 지방자치단체가 설치 · 운영하는 어린이집

② **사회복지법인어린이집** : 「사회복지사업법」에 따른 사회복지법인이 설치 · 운영하는 어린이집

③ **법인 · 단체등어린이집** : 각종 법인이나 단체 등이 설치 · 운영하는 어린이집으로서 대통령령으로 정하는 어린이집

④ **직장어린이집** : 사업주가 사업장의 근로자를 위하여 설치 · 운영하는 어린이집

⑤ **가정어린이집** : 개인이 가정이나 그에 준하는 곳에 설치 · 운영하는 어린이집

⑥ **협동어린이집** : 보호자 또는 보호자와 보육교직원이 조합을 결성하여 설치 · 운영하는 어린이집

⑦ **민간어린이집** : 위의 규정에 해당하지 아니하는 어린이집

(2) 국공립어린이집의 설치

국가나 지방자치단체는 국공립어린이집을 설치 · 운영하여야 한다. 이 경우 국공립어린이집은 「영유아보육법」의 보육계획에 따라 다음의 지역에 우선적으로 설치하여야 한다.

① 도시 저소득주민 밀집 주거지역 및 농어촌지역 등 취약지역

② 「산업입지 및 개발에 관한 법률」에 따른 산업단지 지역

(3) 국공립어린이집 외의 어린이집의 설치

① 국공립어린이집 외의 어린이집을 설치 · 운영하려는 자는 특별자치시장 · 특별자치도지사 · 시장 · 군수 · 구청장의 인가를 받아야 한다.

② 어린이집의 설치인가를 받은 자는 어린이집 방문자 등이 볼 수 있는 곳에 어린이집 인가증을 게시하여야 한다.

(4) 직장어린이집의 설치

① 일정 규모 이상의 사업장의 사업주는 직장어린이집을 설치하여야 한다. 다만, 사업장의 사업주가 직장어린이집을 단독으로 설치할 수 없을 때에는 사업주 공동으로 직장어린이집을 설치 · 운영하거나, 지역의 어린이집과 위탁계약을 맺어 근로자 자녀의 보육을 지원하여야 한다.

Tip 👍
어린이집은 사회복지시설과 달리 신고시설이 아니라 인가시설입니다.

② 사업장의 사업주가 위탁보육을 하는 경우에는 사업장 내 보육대상이 되는 근로자 자녀 중에서 위탁보육을 받는 근로자 자녀가 교육부령으로 정하는 일정 비율 이상이 되도록 하여야 한다.

> **영유아복지법 시행령 제20조(직장어린이집의 설치)**
> ① 사업주가 직장어린이집을 설치하여야 하는 사업장은 상시 여성근로자 300명 이상 또는 상시근로자 500명 이상을 고용하고 있는 사업장으로 한다.
> ② 둘 이상의 국가행정기관이 청사를 공동으로 사용하면 이를 하나의 사업장으로 본다.
> ③ 설치되는 직장어린이집의 운영에 필요한 비용은 그 어린이집을 이용하는 영유아의 수에 비례하여 각 기관이 부담한다.
> ④ 사업장 외의 사업주는 필요한 경우에는 사업장 근로자의 자녀를 보육하기 위한 직장어린이집을 설치할 수 있다.

8) 보육교직원의 배치

① 어린이집에는 보육교직원을 두어야 한다.
② 보육시간을 구분하여 운영하는 어린이집은 보육시간별로 보육교사를 배치할 수 있다.
③ 어린이집에는 보육교사의 업무 부담을 경감할 수 있도록 보조교사 등을 둔다.
④ 휴가 또는 보수교육 등으로 보육교사의 업무에 공백이 생기는 경우에는 이를 대체할 수 있는 대체교사를 배치한다.

9) 취약보육의 우선 실시

국가나 지방자치단체, 사회복지법인, 그 밖의 비영리법인이 설치한 어린이집과 어린이집의 원장은 영아 · 장애아 · 「다문화가족지원법」에 따른 다문화가족의 아동 등에 대한 보육을 우선적으로 실시하여야 한다.

10) 보육의 우선 제공

국가나 지방자치단체, 사회복지법인, 그 밖의 비영리법인이 설치한 어린이집과 어린이집의 원장은 다음의 어느 하나에 해당하는 자가 우선적으로 어린이집을 이용할 수 있도록 하여야 한다.

① 「국민기초생활 보장법」에 따른 수급자
② 「한부모가족지원법」에 따른 보호대상자의 자녀
③ 「국민기초생활 보장법」에 따른 차상위계층의 자녀
④ 「장애인복지법」에 따른 장애인 중 보건복지부령으로 정하는 장애 정도에 해당하는 자의 자녀 및 그 해당하는 자가 형제자매인 영유아

⑤ 「다문화가족지원법」에 따른 다문화가족의 자녀
⑥ 「국가유공자 등 예우 및 지원에 관한 법률」에 따른 국가유공자 중 전몰군경, 상이자로서 교육부령으로 정하는 자, 순직자의 자녀
⑦ 제1형 당뇨를 가진 경우로서 의학적 조치가 용이하고 일상생활이 가능하여 보육에 지장이 없는 영유아

11) 어린이집 평가

① 교육부장관은 영유아의 안전과 보육서비스의 질 향상을 위하여 어린이집의 보육환경, 보육과정 운영, 보육인력의 전문성 및 이용자 만족도 등에 대하여 정기적으로 평가를 실시하여야 한다.
② 교육부장관은 평가 결과에 따라 어린이집 보육서비스의 관리, 보육사업에 대한 재정적·행정적 지원 등 필요한 조치를 할 수 있다.
③ 교육부장관은 어린이집 평가등급 등 평가 결과를 공표하여야 한다.

OX 퀴즈

• 교육부장관은 아동정책의 효율적인 추진을 위하여 4년마다 아동정책기본계획을 수립하여야 하며 기본계획을 수립할 때에는 미리 관계 중앙행정기관의 장과 협의하여야 한다. 협의 후 만들어진 기본계획은 아동정책조정위원회의 심의를 거쳐 확정한다. (×)

• 상시 500인, 여성 300인 이상의 사업장의 사업주는 직장어린이집을 설치하여야 한다. (○)

• 누구든지 아동학대범죄를 알게 된 경우나 그 의심이 있는 경우에는 특별시·광역시·특별자치시·도·특별자치도, 시·군·구 또는 수사기관에 신고할 수 있다. (○)

01 「아동복지법」에 대한 설명으로 틀린 것은?

① 시 · 도지사, 시장 · 군수 · 구청장 소속으로 아동 복지심의위원회를 둔다.

② 교육부장관은 아동정책의 효율적인 추진을 위하여 3년마다 아동정책기본계획을 수립하여야 한다.

③ 아동위원은 명예직으로 하되, 아동위원에 대하여는 수당을 지급할 수 있다.

④ 아동의 권리증진과 건강한 출생 및 성장을 위하여 종합적인 아동정책을 수립한다.

⑤ 교육부장관은 3년마다 아동의 양육 및 생활환경, 언어 및 인지 발달, 정서적 · 신체적 건강, 아동안전 등 아동의 종합실태를 조사하여 그 결과를 공표하여야 한다.

해설 교육부장관은 아동정책의 효율적인 추진을 위하여 5년마다 아동정책기본계획을 수립하여야 한다.

02 「영유아보육법」에 대한 설명으로 틀린 것은?

① 교육부장관 및 조사기관의 장은 직장어린이집 설치 등 의무 이행에 관한 실태 조사를 매년 실시하여야 한다.

② 어린이집의 이용대상은 보육이 필요한 영유아를 원칙으로 하며, 필요한 경우 어린이집의 원장은 만 12세까지 연장하여 보육할 수 있다.

③ 어린이집 우선 이용자 중 「국민기초생활 보장법」에 따른 수급자가 최우선이다.

④ 국공립어린이집 외의 어린이집을 설치 · 운영하려는 자는 특별자치도지사 · 시장 · 군수 · 구청장에게 신고를 하여야 한다.

⑤ 「한부모가족지원법」에 따른 보호대상자의 자녀는 어린이집을 우선적으로 이용할 수 있다.

해설 국공립어린이집 외의 어린이집을 설치 · 운영하려는 자는 특별자치도지사 · 시장 · 군수 · 구청장의 인가를 받아야 한다.

03 어린이집에 대한 설명으로 옳은 것은?

① 상시 여성근로자 500명 이상 또는 상시근로자 300명 이상을 고용하고 있는 사업장의 사업주는 직장어린이집을 설치하여야 한다.

② 제2형 당뇨를 가진 경우로서 의학적 조치가 용이하고 일상생활이 가능하여 보육에 지장이 없는 영유아도 어린이집 우선 이용자이다.

③ 아동학대 방지 등 영유아의 안전과 어린이집의 보안을 위하여 폐쇄회로 텔레비전을 설치 · 관리하여야 한다.

④ 아동학대관련범죄로 벌금형이 확정된 날부터 5년이 지나지 아니한 사람은 어린이집을 설치 · 운영할 수 없다.

⑤ 보호자 또는 보호자와 보육교직원이 조합을 결성하여 설치 · 운영하는 어린이집은 부모협동어린이집이다.

해설 ① 상시 여성근로자 300명 이상 또는 상시근로자 500명 이상을 고용하고 있는 사업장의 사업주는 직장어린이집을 설치하여야 한다.

정답 01 ② 02 ④ 03 ③

② 제1형 당뇨를 가진 경우로서 의학적 조치가 용이하고 일상 생활이 가능하여 보육에 지장이 없는 영유아도 어린이집 우선 이용자이다.

④ 아동학대관련범죄로 벌금형이 확정된 날부터 10년이 지나지 아니한 사람은 어린이집을 설치·운영할 수 없다.

⑤ 보호자 또는 보호자와 보육교직원이 조합을 결성하여 설치·운영하는 어린이집은 협동어린이집이다.

04 아동학대에 대한 내용으로 틀린 것은?

① 아동학대에는 신체적 학대, 성적 학대, 정서적 학대, 유기, 방임, 가혹행위가 있다.

② 지방자치단체는 아동학대를 예방하고 수시로 신고를 받을 수 있도록 긴급전화를 설치하여야 한다.

③ 지방자치단체는 아동학대예방을 담당하는 아동보호전문기관을 시·도 및 시·군·구에 1개소 이상 두어야 한다.

④ 아동보호전문기관의 상담원은 학대아동사건의 심리에 있어서 법원의 허가를 받아 보조인이 될 수 있다.

⑤ 교육부장관은 아동학대를 예방하기 위하여 국가아동학대정보시스템을 구축·운영하여야 한다.

해설 아동학대란 보호자를 포함한 성인에 의하여 아동의 건강·복지를 해치거나 정상적 발달을 저해할 수 있는 신체적·정신적·성적 폭력 또는 가혹행위 및 아동의 보호자가 아동을 유기하거나 방임하는 것을 말한다.

05 「아동복지법」에 대한 내용으로 틀린 것은?

① 아동복지전담공무원은 사회복지전담공무원이 겸임할 수 있다.

② 교육부장관은 아동정책의 효율적인 추진을 위하여 5년마다 아동정책기본계획을 수립하여야 한다.

③ 교육부장관은 아동보호전문기관의 업무 실적에 대하여 5년마다 성과평가를 실시하여야 한다.

④ 15세 이상의 아동을 대상으로 매년 개별 아동에 대한 자립지원계획을 수립하여야 한다.

⑤ 국가와 지방자치단체는 장애아동의 권익을 보호하기 위하여 필요한 시책을 강구하여야 한다.

해설 아동보호전문기관의 업무 실적에 대한 성과평가는 5년이 아니라 3년마다 실시하여야 한다.

06 ( ) 안에 들어갈 숫자로 옳은 것은?

> 아동복지시설에 입소해 보호를 필요로 하는 아동의 연령이 ( )세에 달하였거나, 보호의 목적을 달성하였다고 인정될 때에는 당해 시설의 장은 그 보호 중인 아동을 퇴소시켜야 한다.

① 16　　　　　② 17
③ 18　　　　　④ 19
⑤ 20

해설 보호조치 중인 보호대상아동의 연령이 18세에 달하였거나, 보호 목적이 달성되었다고 인정되면 해당 시·도지사, 시장·군수·구청장 또는 아동복지시설의 장은 그 보호 중인 아동의 보호조치를 종료하거나 해당 시설에서 퇴소시켜야 한다.

07 아동의 안전에 대한 교육에 포함되지 않는 것은?

① 성폭력 및 아동학대 예방
② 실종·유괴의 예방과 방지
③ 장애인 인식
④ 교통안전
⑤ 재난대비 안전

해설 아동의 안전에 대한 교육은 성폭력 및 아동학대 예방, 실종·유괴의 예방과 방지, 감염병 및 약물의 오남용 예방 등 보건위생관리, 재난대비 안전, 교통안전이며, 장애인 인식교육은 포함되지 않는다.

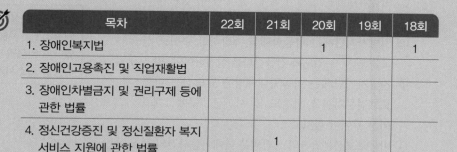

학습 가이드 「장애인복지법」은 어느 부분이 출제되기보다는 전체의 내용을 이해하고 있는지 물어보는 문항들이 출제되고 있어 전체적인 내용을 파악하는 것이 중요하다.

---

1 장애인복지법

* 연혁 : 1981년 6월 5일 심신장애자복지법 제정
         1989년 12월 30일 장애인복지법으로 개정 · 시행

1) 목적

장애인의 인간다운 삶과 권리보장을 위한 국가와 지방자치단체 등의 책임을 명백히 하고, 장애발생 예방과 장애인의 의료 · 교육 · 직업재활 · 생활환경개선 등에 관한 사업을 정하여 장애인복지대책을 종합적으로 추진하며, 장애인의 자립생활 · 보호 및 수당지급 등에 관하여 필요한 사항을 정하여 장애인의 생활안정에 기여하는 등 장애인의 복지와 사회활동 참여증진을 통하여 사회통합에 이바지함을 목적으로 한다.

2) 장애인의 정의

① 장애인 : 신체적 · 정신적 장애로 오랫동안 일상생활이나 사회생활에서 상당한 제약을 받는 자를 말한다.

　㉠ 신체적 장애 : 주요 외부 신체 기능의 장애, 내부기관의 장애 등을 말한다.

　㉡ 정신적 장애 : 발달장애 또는 정신 질환으로 발생하는 장애를 말한다.

② 장애인학대 : 장애인에 대하여 신체적 · 정신적 · 정서적 · 언어적 · 성적 폭력이나 가혹행위, 경제적 착취, 유기 또는 방임을 하는 것을 말한다.

Tip

장애인학대에는 아동학대에 비해 정서적 학대와 언어적 학대, 경제적 착취가 포함됩니다.

📖 장애의 종류

대분류	중분류	소분류	세분류
신체적 장애	외부 신체 기능 장애	지체장애	절단장애, 관절장애, 지체기능장애, 변형 등의 장애
		뇌병변장애	중추신경손상으로 인한 복합적인 장애
		시각장애	시력장애, 시야결손장애
		청각장애	청력장애, 평형기능장애
		언어장애	언어장애, 음성장애, 구어장애
		안면장애	안면부의 추상, 함몰, 비후 등 변형으로 인한 장애
	내부 기관 장애	신장장애	투석치료중이거나 신장을 이식받은 경우
		심장장애	일상생활이 현저히 제한되는 심장기능 이상
		간장애	일상생활이 현저히 제한되는 만성 · 중증의 간기능 이상
		호흡기장애	일상생활이 현저히 제한되는 만성 · 중증의 호흡기 기능 이상
		장루요루장애	일상생활이 현저히 제한되는 장루 · 요루
		뇌전증장애	일상생활이 현저히 제한되는 만성 · 중증의 간질
정신적 장애	지적장애		지능지수가 70 이하인 경우
	정신장애		정신분열병, 분열형 정동장애, 양극성 정동장애, 반복성 우울장애
	발달장애(자폐증)		소아자폐 등 자폐성 장애

Tip

뇌병변 장애는 중추신경 손상으로 인해 생기는 장애로 내부장애로 생각하기 쉬우나 외부장애입니다.

Tip

내부기관장애 중 하나인 뇌전증은 기존 간질에서 이름이 변경된 것입니다.

3) 기본 이념

장애인복지의 기본 이념은 장애인의 완전한 사회 참여와 평등을 통하여 사회통합을 이루는 데 있다.

4) 장애인의 권리

① 장애인은 인간으로서 존엄과 가치를 존중받으며, 그에 걸맞은 대우를 받는다.

② 장애인은 국가·사회의 구성원으로서 정치·경제·사회·문화, 그 밖의 모든 분야의 활동에 참여할 권리를 가진다.

③ 장애인은 장애인 관련 정책결정과정에 우선적으로 참여할 권리가 있다.

5) 차별금지

① 누구든지 장애를 이유로 정치·경제·사회·문화 생활의 모든 영역에서 차별을 받지 아니하고, 누구든지 장애를 이유로 정치·경제·사회·문화 생활의 모든 영역에서 장애인을 차별하여서는 아니 된다.

② 누구든지 장애인을 비하·모욕하거나 장애인을 이용하여 부당한 영리행위를 하여서는 아니 되며, 장애인의 장애를 이해하기 위하여 노력하여야 한다.

6) 장애인정책조정위원회

장애인 종합정책을 수립하고 관계 부처 간의 의견을 조정하며 그 정책의 이행을 감독·평가하기 위하여 국무총리 소속하에 장애인정책조정위원회를 둔다.

7) 장애인의 날

장애인에 대한 국민의 이해를 깊게 하고 장애인의 재활의욕을 높이기 위하여 매년 4월 20일을 장애인의 날로 하며, 장애인의 날부터 1주간을 장애인 주간으로 한다.

8) 실태조사

보건복지부장관은 장애인 복지정책의 수립에 필요한 기초 자료로 활용하기 위하여 3년마다 장애실태조사를 실시하여야 한다.

9) 장애인 등록

① 장애인, 그 법정대리인 또는 대통령령이 정하는 보호자는 장애 상태와 그 밖에 보건복지부령이 정하는 사항을 특별자치시장·특별자치도지사·시장·군수 또는 구청장에게 등록하여야 하며, 특별자치시장·특별자치도지사·시장·군수·구청장은 등록을 신청한 장애인이 기준에 맞으면 장애인등록증을 내주어야 한다.

② 특별자치시장·특별자치도지사·시장·군수·구청장은 등록증을 받은 장애인의 장애 상태의 변화에 따른 장애 정도 조정을 위하여 장애 진단을 받게 하는 등 장애인이나 법정대리인 등에게 필요한 조치를 할 수 있다.

③ 등록증은 양도하거나 대여하지 못하며, 등록증과 비슷한 명칭이나 표시를 사용하여서는 아니 된다.

④ 특별자치시장·특별자치도지사·시장·군수·구청장은 장애인 등록 및 장애 상태의 변화에 따른 장애 정도를 조정함에 있어 장애인의 장애 인정과 장애 정도 사정이 적정한지를 확인하기 위하여 필요한 경우 대통령령으로 정하는 「공공기관의 운영에 관한 법률」에 따른 공공기관에 장애 정도에 관한 정밀심사를 의뢰할 수 있다.

⑤ 재외동포 및 외국인의 장애인 등록
  ㉠ 「재외동포의 출입국과 법적 지위에 관한 법률」에 따라 국내거소신고를 한 사람
  ㉡ 「주민등록법」에 따라 재외국민으로 주민등록을 한 사람
  ㉢ 「출입국관리법」에 따라 외국인등록을 한 사람으로서 같은 법에 따른 체류자격 중 대한민국에 영주할 수 있는 체류자격을 가진 사람
  ㉣ 「재한외국인 처우 기본법」에 따른 결혼이민자
  ㉤ 「난민법」에 따른 난민인정자

10) 장애인복지상담원

① 장애인 복지 향상을 위한 상담 및 지원 업무를 맡기기 위하여 시·군·구에 장애인복지상담원을 둔다.

② 장애인복지상담원은 그 업무를 할 때 개인의 인격을 존중하여야 한다.

11) 생업 지원

① 국가와 지방자치단체, 그 밖의 공공단체는 소관 공공시설 안에 식료품·사무용품·신문 등 일상생활용품을 판매하는 매점이나 자동판매기의 설치를 허가하거나 위탁할 때에는 장애인이 신청하면 우선적으로 반영하도록 노력하여야 한다.

② 시장·군수 또는 구청장은 장애인이 「담배사업법」에 따라 담배소매인으로 지정받기 위하여 신청하면 그 장애인을 우선적으로 지정하도록 노력하여야 한다.

③ 장애인이 우편법령에 따라 국내 우표류 판매업 계약 신청을 하면 우편관서는 그 장애인이 우선적으로 계약할 수 있도록 노력하여야 한다.

12) 고용 촉진

국가와 지방자치단체는 직접 경영하는 사업에 능력과 적성이 맞는 장애인을 고용하도록 노력하여야 하며, 장애인에게 적합한 사업을 경영하는 자에게 장애인의 능력과 적성에 따라 장애인을 고용하도록 권유할 수 있다.

Tip
장애 정도에 관한 정밀심사를 실시하는 공공기관은 국민연금공단입니다.

Tip
장애인복지상담원, 노인복지상담원, 아동위원은 시·군·구에 소속됩니다.

Tip

장애수당, 장애아동수당, 보호수당은 「장애인복지법」상의 급여이고, 장애인연금은 「장애인연금법」상의 급여입니다.

13) 장애수당

① 국가와 지방자치단체는 장애인의 장애 정도와 경제적 수준을 고려하여 장애로 인한 추가적 비용을 보전하게 하기 위하여 장애수당을 지급할 수 있다. 다만, 「국민기초생활 보장법」에 따른 생계급여 또는 의료급여를 받는 장애인에게는 장애수당을 반드시 지급하여야 한다.

② 「장애인연금법」에 따른 중증장애인에게는 장애수당을 지급하지 아니한다.

14) 장애아동수당과 보호수당

① 국가와 지방자치단체는 장애아동에게 보호자의 경제적 생활수준 및 장애아동의 장애 정도를 고려하여 장애로 인한 추가적 비용을 보전하게 하기 위하여 장애아동수당을 지급할 수 있다.

② 국가와 지방자치단체는 장애인을 보호하는 보호자에게 그의 경제적 수준과 장애인의 장애 정도를 고려하여 장애로 인한 추가적 비용을 보전하게 하기 위하여 보호수당을 지급할 수 있다.

 장애인복지법 시행령 제30조(장애수당 등의 지급대상자)

1. 장애수당을 지급받을 수 있는 사람은 18세 이상으로서 장애인으로 등록한 사람 중 「국민기초생활 보장법」에 따른 수급자 또는 차상위계층으로서 장애로 인한 추가적 비용 보전이 필요한 사람으로 한다. 다만, 장애아동수당을 지급받는 사람은 제외한다.
2. 장애아동수당을 지급받을 수 있는 사람은 다음의 요건을 모두 갖춘 사람으로 한다.
   ① 18세 미만(해당 장애아동이 「초ㆍ중등교육법」에 학교에 재학 중인 사람으로서 「장애인연금법」에 따른 수급자가 아닌 경우에는 20세 이하의 경우를 포함한다)일 것
   ② 장애인으로 등록하였을 것
   ③ 「국민기초생활 보장법」에 따른 수급자 또는 차상위계층으로서 장애로 인한 추가적 비용 보전이 필요할 것
3. 보호수당을 지급받을 수 있는 사람은 다음의 요건을 모두 갖춘 사람으로 한다.
   ① 「국민기초생활 보장법」에 따른 수급자일 것
   ② 중증 장애로 다른 사람의 도움이 없이는 일상생활을 영위하기 어려운 18세 이상(해당 장애인이 20세 이하로서 「초ㆍ중등교육법」에 따른 고등학교와 이에 준하는 특수학교 또는 각종학교에 재학 중인 경우는 제외한다)의 장애인을 보호하거나 부양할 것

15) 장애인복지시설

① 장애인 거주시설 : 거주공간을 활용하여 일반가정에서 생활하기 어려운 장애인에게 일정기간 동안 거주 · 요양 · 지원 등의 서비스를 제공하는 동시에 지역사회생활을 지원하는 시설

Tip 👆

장애인시설의 경우 타 복지시설과 달리 장애유형, 등급 등으로 구분되어 설치됩니다.

📖 장애인 거주시설의 종류

1. 장애유형별 거주시설 : 장애유형이 같거나 또는 유사한 장애를 가진 사람들에게 주거 · 일상생활 · 지역사회생활 등의 서비스를 제공하는 시설

   ※ 유형별 거주시설
   ① 지체 · 뇌병변 장애인 거주시설
   ② 시각장애인 거주시설
   ③ 청각 · 언어 장애인 거주시설
   ④ 지적 · 자폐성 장애인 거주시설

2. 중증장애인 거주시설 : 장애의 정도가 심하여 항상 도움이 필요한 중증장애인에게 주거 지원 · 요양서비스 · 일상생활지원 등의 서비스를 제공하는 시설
3. 장애영유아 거주시설 : 6세 미만의 장애영유아를 보호하고 재활에 필요한 주거 · 일상생활 · 지역사회생활 · 요양 등의 서비스를 제공하는 시설
4. 장애인 단기거주시설 : 보호자의 일시적 부재 등으로 도움이 필요한 장애인에게 단기간 주거서비스, 일상생활지원서비스, 지역사회생활서비스를 제공하는 시설
5. 장애인 공동생활가정 : 장애인들이 스스로 사회에 적응하기 위하여 전문인력의 지도를 받으며 공동으로 생활하는 지역사회 내의 소규모 주거시설

② 장애인 지역사회재활시설 : 장애인을 전문적으로 상담 · 치료 · 훈련하거나 장애인의 일상생활, 여가활동 및 사회참여활동 등을 지원하는 시설

📖 장애인 지역사회재활시설의 종류

1. 장애인복지관 : 장애인에 대한 각종 상담 및 사회심리 · 교육 · 직업 · 의료재활 장애인의 지역사회 생활에 필요한 종합적인 서비스를 제공하고 장애에 대한 사회적 인식개선 작업을 수행하는 시설
2. 장애인주간보호시설 : 장애인을 주간에 일시 보호하여 필요한 재활서비스를 제공하는 시설
3. 장애인체육시설 : 장애인의 체력증진 및 신체기능회복 활동을 지원하고 이와 관련된 편의를 제공하는 시설
4. 장애인수련시설 : 장애인의 문화 · 취미 · 오락활동을 통한 심신수련을 조장 · 지원하고 이와 관련된 편의를 제공하는 시설
5. 장애인심부름센터 : 이동에 상당한 제약이 있는 장애인에게 차량을 통한 직장 출 · 퇴근 및 외출보조 기타 이동서비스를 제공하는 시설
6. 수화통역센터 : 의사소통에 지장이 있는 청각 · 언어 장애인에게 수화통역 및 상담서비스를 제공하는 시설

7. 점자도서관 : 시각장애인에게 점자간행물 및 녹음서를 열람하게 하는 시설
8. 점서 및 녹음서 출판시설 : 시각장애인을 위한 점자간행물 및 녹음서를 출판하는 시설

② 의2. 장애인 자립생활지원시설 : 장애인의 자립생활 역량을 강화하기 위하여 동료상담, 지역사회의 물리적 · 사회적 환경개선 사업, 장애인의 권익 옹호 · 증진, 장애인 적합 서비스 등을 제공하는 시설
③ 장애인 직업재활시설 : 일반 작업환경에서는 일하기 어려운 장애인이 특별히 준비된 작업환경에서 직업훈련을 받거나 직업 생활을 할 수 있도록 하는 시설

장애인 직업재활시설의 종류

1. 장애인 보호작업장 : 작업능력이 낮은 장애인에게 직업적응능력과 직무기능 향상 등을 실시하고 장애인 보호조건에서 근로기회 제공으로 임금을 지급하고, 장애인 근로사업장이나 고용시장으로 옮겨 갈 수 있도록 돕는 시설
2. 장애인 근로사업장 : 작업능력이 있으나 이동 및 접근성 등의 사회적 제약에 의해 취업이 어려운 장애인에게 근로기회 제공, 최저임금 이상의 임금을 지급하여 고용시장으로 옮길 수 있도록 돕는 시설
3. 장애인 작업 활동시설 : 작업능력이 극히 낮은 장애인에게 작업활동, 일상생활훈련 등을 제공하여 기초 작업능력을 습득시키고, 작업능력평가 및 사회 적응훈련 등을 실시하는 시설
4. 장애인 직업 훈련시설 : 직업훈련을 받고자 하는 장애인에게 직업능력평가, 사회 적응훈련 및 직업훈련 등을 일정기간 실시하여 직업능력을 향상시키고, 직업 알선 및 사후 지도 등을 실시하는 시설

④ 장애인 의료재활시설 : 장애인을 입원 또는 통원하게 하여 상담, 진단 · 판정, 치료 등 의료재활서비스를 제공하는 시설
⑤ 그 밖에 대통령령으로 정하는 시설

그 밖의 시설

1. 장애인생산품 판매시설 : 장애인생산품의 판매활동을 대행하고, 장애인생산품에 관한 상담, 홍보, 판로개척 및 정보제공 등을 실시하는 시설

16) 장애인복지시설 설치

 우리나라의 사회복지시설은 대부분 시 · 군 · 구청장에게 신고해야 합니다. 그러나 허가시설, 인가시설, 지정시설들로 나누어져 있으므로 잘 구분할 수 있어야 합니다.

① 국가와 지방자치단체는 장애인복지시설을 설치할 수 있다.
② 규정된 자 외의 자가 장애인복지시설을 설치 · 운영하려면 해당 시설 소재지 관할 시장 · 군수 · 구청장에게 신고하여야 하며, 신고한 사항 중 보건복지부령으로 정하는 중요한 사항을 변경할 때에도 신고하여야 한다.
③ 장애인 거주시설의 정원은 30명을 초과할 수 없다.
④ 의료재활시설의 설치는 「의료법」에 따른다.

17) 장애인학대 및 장애인 대상 성범죄 신고의무와 절차

(1) 누구든지 장애인학대 및 장애인 대상 성범죄를 알게 된 때에는 중앙장애인
권익옹호기관 또는 지역장애인권익옹호기관이나 수사기관에 신고할 수
있다.

(2) 다음에 해당하는 사람은 그 직무상 장애인학대 및 장애인 대상 성범죄를 알
게 된 경우에는 지체 없이 장애인권익옹호기관 또는 수사기관에 신고하여
야 한다.

① 「사회보장급여의 이용·제공 및 수급권자 발굴에 관한 법률」에 따른 사
회복지전담공무원 및 「사회복지사업법」에 따른 사회복지시설의 장과
그 종사자

② 「장애인복지법」에 따라 지원 종합조사를 하는 자와 「장애인활동 지원
에 관한 법률」의 활동지원인력 및 활동지원기관의 장과 그 종사자

③ 「의료법」의 의료인 및 의료기관의 장

④ 「의료기사 등에 관한 법률」의 의료기사

⑤ 「응급의료에 관한 법률」의 응급구조사

⑥ 「119구조·구급에 관한 법률」에 따른 119구급대의 대원

⑦ 「정신건강증진 및 정신질환자 복지서비스 지원에 관한 법률」에 따른 정
신건강복지센터, 정신의료기관, 정신요양시설 및 정신재활시설의 장과
그 종사자

⑧ 「영유아보육법」의 어린이집의 원장 등 보육교직원

⑨ 「유아교육법」의 교직원 및 강사

⑩ 「초·중등교육법」에 따른 학교의 장과 그 종사자

⑪ 「학원의 설립·운영 및 과외교습에 관한 법률」에 따른 학원의 운영자·
강사·직원 및 교습소의 교습자·직원

⑫ 「성폭력방지 및 피해자보호 등에 관한 법률」에 따른 성폭력피해상담소,
성폭력피해자보호시설 및 성폭력피해자통합지원센터의 장과 그 종사자

⑬ 「성매매방지 및 피해자보호 등에 관한 법률」에 따른 지원시설의 장과
그 종사자 및 성매매피해상담소의 장과 그 종사자

⑭ 「가정폭력방지 및 피해자보호 등에 관한 법률」에 따른 가정폭력 관련
상담소의 장과 그 종사자 및 가정폭력피해자보호시설의 장과 그 종사자

⑮ 「건강가정기본법」에 따른 건강가정지원센터의 장과 그 종사자

⑯ 「다문화가족지원법」에 따른 다문화가족지원센터의 장과 그 종사자

⑰ 「아동복지법」에 따른 아동권리보장원 및 가정위탁지원센터의 장과 그
종사자

⑱ 「한부모가족지원법」의 한부모가족복지시설의 장과 그 종사자

⑲ 「청소년 기본법」의 청소년시설의 장과 그 종사자 및 청소년단체의 장과 그 종사자

⑳ 「청소년 보호법」에 따른 청소년 보호 · 재활센터의 장과 그 종사자

㉑ 「노인장기요양보험법」의 장기요양요원 및 장기요양인정 신청의 조사를 하는 자

2 장애인고용촉진 및 직업재활법

* 연혁 : 1990년 1월 13일 제정
1991년 1월 1일 시행

1) 목적

장애인이 그 능력에 맞는 직업생활을 통하여 인간다운 생활을 할 수 있도록 장애인의 고용촉진 및 직업재활을 꾀하는 것을 목적으로 한다.

2) 장애인의 자립 노력

① 장애인은 직업인으로서의 자각을 가지고 스스로 능력 개발 · 향상을 도모하여 유능한 직업인으로 자립하도록 노력하여야 한다.

② 장애인의 가족 또는 장애인을 보호하고 있는 자는 장애인에 관한 정부의 시책에 협조하여야 하고, 장애인의 자립을 촉진하기 위하여 적극적으로 노력하여야 한다.

3) 장애인 직업재활 실시 기관

장애인 직업재활 실시 기관은 장애인에 대한 직업재활 사업을 다양하게 개발하여 장애인에게 직접 제공하여야 하고, 특히 중증장애인의 자립능력을 높이기 위한 직업재활 실시에 적극 노력하여야 한다.

① 「장애인 등에 대한 특수교육법」에 따른 특수교육기관
② 「장애인복지법」에 따른 장애인 지역사회재활시설
③ 「장애인복지법」에 따른 장애인 직업재활시설
④ 「장애인복지법」에 따른 장애인복지단체
⑤ 「국민 평생 직업능력 개발법」에 따른 직업능력개발훈련시설

4) 지원고용

고용노동부장관과 보건복지부장관은 중증장애인 중 사업주가 운영하는 사업장에서는 직무 수행이 어려운 장애인이 직무를 수행할 수 있도록 지원고용을 실시하고 필요한 지원을 하여야 한다.

5) 보호고용

국가와 지방자치단체는 장애인 중 정상적인 작업 조건에서 일하기 어려운 장애인을 위하여 특정한 근로 환경을 제공하고 그 근로 환경에서 일할 수 있도록 보호고용을 실시하여야 한다.

6) 장애인실태조사

고용노동부장관은 장애인의 고용촉진 및 직업재활을 위하여 매년 1회 이상 장애인의 취업직종 · 근로형태 · 근속기간 · 임금수준 등 고용현황 및 장애인근로자의 산업재해 현황에 대하여 전국적인 실태조사를 실시하여야 한다.

7) 국가와 지방자치단체의 장애인 고용 의무

국가와 지방자치단체의 장은 장애인을 소속 공무원 정원에 대하여 1,000분의 38에 해당하는 비율 이상 고용하여야 한다.

8) 사업주의 장애인 고용 의무

상시 50명 이상의 근로자를 고용하는 사업주는 그 근로자의 총수의 100분의 5의 범위에서 1,000분의 31 이상에 해당하는 장애인을 고용하여야 한다.

9) 장애인 고용장려금의 지급

고용노동부장관은 장애인의 고용촉진과 직업 안정을 위하여 장애인을 고용한 사업주에게 고용장려금을 지급할 수 있다.

* 연혁 : 2007년 4월 10일 제정
　　　　 2008년 4월 11일 시행

1) 목적

모든 생활영역에서 장애를 이유로 한 차별을 금지하고 장애를 이유로 차별받은 사람의 권익을 효과적으로 구제함으로써 장애인의 완전한 사회참여와 평등권 실현을 통하여 인간으로서의 존엄과 가치를 구현함을 목적으로 한다.

합격노트

어떤 행위가 장애인 차별행위인지 정의를 잘 파악해야 합니다.

2) 차별행위

① 장애인을 장애를 사유로 정당한 사유 없이 제한 · 배제 · 분리 · 거부 등에 의하여 불리하게 대하는 경우
② 장애인에 대하여 형식상으로는 제한 · 배제 · 분리 · 거부 등에 의하여 불리하게 대하지 아니하지만 정당한 사유 없이 장애를 고려하지 아니하는 기준을 적용함으로써 장애인에게 불리한 결과를 초래하는 경우
③ 정당한 사유 없이 장애인에 대하여 정당한 편의 제공을 거부하는 경우
④ 정당한 사유 없이 장애인에 대한 제한 · 배제 · 분리 · 거부 등 불리한 대우를 표시 · 조장하는 광고를 직접 행하거나 그러한 광고를 허용 · 조장하는 경우
⑤ 장애인을 돕기 위한 목적에서 장애인을 대리 · 동행하는 자에 대하여 위의 ①～④까지의 행위를 하는 경우
⑥ 보조견 또는 장애인보조기구 등의 정당한 사용을 방해하거나 보조견 및 장애인보조기구 등을 대상으로 금지된 행위를 하는 경우

3) 차별판단

① 차별의 원인이 2가지 이상이고, 그 주된 원인이 장애라고 인정되는 경우 그 행위는 이 법에 따른 차별로 본다.
② 차별 여부를 판단할 때에는 장애인 당사자의 성별, 장애의 유형 및 정도, 특성 등을 충분히 고려하여야 한다.

4) 차별금지

누구든지 장애 또는 과거의 장애경력 또는 장애가 있다고 추측됨을 이유로 차별을 하여서는 아니 된다.

5) 실태조사

보건복지부장관은 장애인 차별 해소 정책의 수립·시행에 필요한 기초자료를 확보하기 위하여 3년마다 이 법의 이행에 대한 실태조사를 실시하고 그 결과를 공표하여야 한다.

4 **정신건강증진 및 정신질환자 복지서비스 지원에 관한 법률**

* 연혁 : 1995년 12월 30일 정신보건법 제정
2016년 5월 29일 정신건강증진 및 정신질환자 복지서비스 지원에 관한 법률 제정,
2017년 5월 30일 시행

1) 목적

정신질환의 예방·치료, 정신질환자의 재활·복지·권리보장과 정신건강 친화적인 환경 조성에 필요한 사항을 규정함으로써 국민의 정신건강증진 및 정신질환자의 인간다운 삶을 영위하는 데 이바지함을 목적으로 한다.

2) 기본 이념

① 모든 국민은 정신질환으로부터 보호받을 권리를 가진다.
② 모든 정신질환자는 인간으로서의 존엄과 가치를 보장받고, 최적의 치료를 받을 권리를 가진다.
③ 모든 정신질환자는 정신질환이 있다는 이유로 부당한 차별대우를 받지 아니한다.
④ 미성년자인 정신질환자는 특별히 치료, 보호 및 교육을 받을 권리를 가진다.
⑤ 정신질환자에 대해서는 입원 또는 입소가 최소화되도록 지역사회 중심의 치료가 우선적으로 고려되어야 하며, 정신건강증진시설에 자신의 의지에 따른 입원 또는 입소가 권장되어야 한다.
⑥ 정신건강증진시설에 입원을 하고 있는 모든 사람은 가능한 한 자유로운 환경을 누릴 권리와 다른 사람들과 자유로이 의견교환을 할 수 있는 권리를 가진다.
⑦ 정신질환자는 원칙적으로 자신의 신체와 재산에 관한 사항에 대하여 스스로 판단하고 결정할 권리를 가진다. 특히 주거지, 의료행위에 대한 동의나 거부, 타인과의 교류, 복지서비스의 이용 여부와 복지서비스 종류의 선택 등을 스스로 결정할 수 있도록 자기결정권을 존중받는다.

⑧ 정신질환자는 자신에게 법률적 · 사실적 영향을 미치는 사안에 대하여 스스로 이해하여 자신의 자유로운 의사를 표현할 수 있도록 필요한 도움을 받을 권리를 가진다.

⑨ 정신질환자는 자신과 관련된 정책의 결정과정에 참여할 권리를 가진다.

3) 정의

① **정신질환자** : 망상, 환각, 사고나 기분의 장애 등으로 인하여 독립적으로 일상생활을 영위하는 데 중대한 제약이 있는 사람을 말한다.

② **정신건강증진사업** : 정신건강 관련 교육 · 상담, 정신질환의 예방 · 치료, 정신질환자의 재활, 정신건강에 영향을 미치는 사회복지 · 교육 · 주거 · 근로 환경의 개선 등을 통하여 국민의 정신건강을 증진시키는 사업을 말한다.

③ **정신건강복지센터** : 정신건강증진시설, 「사회복지사업법」에 따른 사회복지시설, 학교 및 사업장과 연계체계를 구축하여 지역사회에서의 정신건강증진사업에 따른 정신질환자 복지서비스 지원사업을 하는 기관 또는 단체를 말한다.

④ **정신건강증진시설** : 정신의료기관, 정신요양시설 및 정신재활시설을 말한다.

⑤ **정신의료기관** : 「의료법」에 따른 정신병원, 의료기관 중 기준에 적합하게 설치된 의원, 병원급 의료기관에 설치된 정신건강의학과로서 기준에 적합한 기관에 해당하는 기관을 말한다.

⑥ **정신요양시설** : 정신질환자를 입소시켜 요양 서비스를 제공하는 시설을 말한다.

⑦ **정신재활시설** : 정신질환자 또는 정신건강상 문제가 있는 사람 중 사회적응을 위한 각종 훈련과 생활지도를 하는 시설을 말한다.

4) 국가계획의 수립

보건복지부장관은 관계 행정기관의 장과 협의하여 5년마다 정신건강증진 및 정신질환자 복지서비스 지원에 관한 국가의 기본계획을 수립하여야 한다.

5) 실태조사

보건복지부장관은 5년마다 실태조사를 하여야 한다. 다만, 정신건강증진 정책을 수립하는 데 필요한 경우 수시로 실태조사를 할 수 있다.

6) 정신건강의 날

정신건강의 중요성을 환기하고 정신질환에 대한 편견을 해소하기 위하여 매년 10월 10일을 정신건강의 날로 하고, 정신건강의 날이 포함된 주를 정신건강주간으로 한다.

7) 정신건강전문요원의 자격

① 보건복지부장관은 정신건강 분야에 관한 전문지식과 기술을 갖추고 보건복지부령으로 정하는 수련기관에서 수련을 받은 사람에게 정신건강전문요원의 자격을 줄 수 있다.

② 정신건강전문요원은 그 전문분야에 따라 정신건강임상심리사, 정신건강간호사, 정신건강사회복지사 및 정신건강작업치료사로 구분한다.

③ 보건복지부장관은 정신건강전문요원의 자질을 향상시키기 위하여 보수교육을 실시할 수 있다.

Tip
정신건강의사와 정신건강요양보호사는 정신건강요원에 포함되지 않습니다.

8) 정신요양시설의 설치 · 운영

① 국가와 지방자치단체는 정신요양시설을 설치 · 운영할 수 있다.

② 「사회복지사업법」에 따른 사회복지법인과 그 밖의 비영리법인이 정신요양시설을 설치 · 운영하려는 경우에는 해당 정신요양시설 소재지 관할 특별자치시장 · 특별자치도지사 · 시장 · 군수 · 구청장의 허가를 받아야 한다.

Tip
정신요양시설은 시 · 군 · 구청장의 허가를 받아야 하고, 정신재활시설은 시 · 군 · 구청장에게 신고를 해야 합니다.

9) 정신재활시설의 설치 · 운영

① 국가 또는 지방자치단체는 정신재활시설을 설치 · 운영할 수 있다.

② 국가나 지방자치단체 외의 자가 정신재활시설을 설치 · 운영하려면 해당 정신재활시설 소재지 관할 특별자치시장 · 특별자치도지사 · 시장 · 군수 · 구청장에게 신고하여야 한다.

10) 정신재활시설의 종류

① 생활시설 : 정신질환자 등이 생활할 수 있도록 주로 의식주 서비스를 제공하는 시설

② 재활훈련시설 : 정신질환자 등이 지역사회에서 직업활동과 사회생활을 할 수 있도록 주로 상담 · 교육 · 취업 · 여가 · 문화 · 사회참여 등 각종 재활활동을 지원하는 시설

③ 생산품판매시설 : 정신질환자 또는 장애를 가진 사람이 생산한 생산품의 판매 · 유통 등을 지원하는 시설

④ 중독자재활시설 : 알코올 중독, 약물 중독 또는 게임 중독 등으로 인한 정신질환자 등을 치유하거나 재활을 돕는 시설

⑤ 종합시설 : 2개 이상의 정신재활시설의 기능을 복합적 · 종합적으로 제공하는 시설

11) 입원

(1) 자의입원

① 정신질환자나 그 밖에 정신건강상 문제가 있는 사람은 보건복지부령으로 정하는 입원신청서를 정신의료기관 등의 장에게 제출함으로써 그 정신의료기관에 자의입원을 할 수 있다.

② 정신의료기관 등의 장은 자의입원을 한 사람이 퇴원을 신청한 경우에는 지체 없이 퇴원을 시켜야 한다.

③ 정신의료기관 등의 장은 자의입원을 한 사람에 대하여 입원을 한 날부터 2개월마다 퇴원을 할 의사가 있는지를 확인하여야 한다.

(2) 동의입원

① 정신질환자는 보호의무자의 동의를 받아 보건복지부령으로 정하는 입원신청서를 정신의료기관 등의 장에게 제출함으로써 그 정신의료기관에 입원을 할 수 있다.

② 정신의료기관 등의 장은 입원을 한 정신질환자가 퇴원을 신청한 경우에는 지체 없이 퇴원을 시켜야 한다. 다만, 정신질환자가 보호의무자의 동의를 받지 아니하고 퇴원을 신청한 경우에는 정신건강의학과전문의 진단 결과 환자의 치료와 보호 필요성이 있다고 인정되는 경우에 한정하여 정신의료기관 등의 장은 퇴원의 신청을 받은 때부터 72시간까지 퇴원을 거부할 수 있고, 퇴원을 거부하는 기간 동안 보호의무자에 의한 입원이나 특별자치시장·특별자치도지사·시장·군수·구청장에 의한 입원으로 전환할 수 있다.

③ 정신의료기관 등의 장은 퇴원을 거부하는 경우에는 지체 없이 환자 및 보호의무자에게 그 거부 사유 및 퇴원의 심사를 청구할 수 있음을 서면 또는 전자문서로 통지하여야 한다.

④ 정신의료기관 등의 장은 보호의무자의 동의에 따라 입원을 한 정신질환자에 대하여 입원을 한 날부터 2개월마다 퇴원 등을 할 의사가 있는지를 확인하여야 한다.

(3) 보호의무자에 의한 입원

① 정신의료기관의 장은 정신질환자의 보호의무자 2명 이상(보호의무자가 1명만 있는 경우에는 1명으로 한다)이 신청한 경우로서 정신건강의학과전문의가 입원이 필요하다고 진단한 경우에만 해당 정신질환자를 입원을 시킬 수 있다.

② 정신건강의학과전문의의 입원 필요성에 관한 진단은 해당 정신질환자에 관한 진단을 적은 입원권고서를 입원신청서에 첨부하는 방법으로 하여야 한다.

    ⑤ 정신질환자가 정신의료기관 등에서 입원치료 또는 요양을 받을 만한 정도 또는 성질의 정신질환을 앓고 있는 경우

    ⑥ 정신질환자 자신의 건강 또는 안전이나 다른 사람에게 해를 끼칠 위험이 있어 입원을 할 필요가 있는 경우

③ 정신의료기관 등의 장은 정신건강의학과전문의 진단 결과 정신질환자가 입원이 필요하다고 진단한 경우 그 증상의 정확한 진단을 위하여 2주의 범위에서 기간을 정하여 입원하게 할 수 있다.

④ 정신의료기관 등의 장은 진단 결과 해당 정신질환자에 대하여 계속 입원이 필요하다는 서로 다른 정신의료기관 등에 소속된 2명 이상의 정신건강의학과전문의의 일치된 소견이 있는 경우에만 해당 정신질환자에 대하여 치료를 위한 입원을 하게 할 수 있다.

⑤ 입원의 기간은 최초로 입원을 한 날부터 3개월 이내로 한다.

    ⑤ 3개월 이후의 1차 입원 기간 연장 : 3개월 이내

    ⑥ 1차 입원 기간 연장 이후의 입원 기간 연장 : 매 입원 기간 연장 시마다 6개월 이내

⑥ 정신의료기관의 장은 다음에 해당하는 경우에만 입원 기간의 연장을 할 수 있다.

    ⑤ 서로 다른 정신의료기관에 소속된 2명 이상의 정신건강의학과전문의가 입원기간을 연장하여 치료할 필요가 있다고 일치된 진단을 하는 경우

    ⑥ 보호의무자 2명 이상이 입원의 기간 연장에 대한 동의서를 제출한 경우

⑦ 정신의료기관의 장은 입원을 한 사람 또는 보호의무자가 퇴원을 신청한 경우에는 지체 없이 그 사람을 퇴원을 시켜야 한다.

(4) 특별자치시장 · 특별자치도지사 · 시장 · 군수 · 구청장에 의한 입원

① 정신건강의학과전문의 또는 정신건강전문요원은 정신질환으로 자신의 건강 또는 안전이나 다른 사람에게 해를 끼칠 위험이 있다고 의심되는 사람을 발견하였을 때에는 특별자치시장 · 특별자치도지사 · 시장 · 군수 · 구청장에게 그 사람에 대한 진단과 보호를 신청할 수 있다.

② 경찰관은 정신질환으로 자신의 건강 또는 안전이나 다른 사람에게 해를 끼칠 위험이 있다고 의심되는 사람을 발견한 경우 정신건강의학과전문의 또는 정신건강전문요원에게 그 사람에 대한 진단과 보호의 신청을 요청할 수 있다.

③ 신청을 받은 특별자치시장 · 특별자치도지사 · 시장 · 군수 · 구청장은 즉시 그 정신질환자로 의심되는 사람에 대한 진단을 정신건강의학과전문의에게 의뢰하여야 한다.

④ 정신건강의학과전문의가 정신질환자로 의심되는 사람에 대하여 자신의 건
강 또는 안전이나 다른 사람에게 해를 끼칠 위험이 있어 그 증상의 정확한 진
단이 필요하다고 인정한 경우에 특별자치시장·특별자치도지사·시장·
군수·구청장은 그 사람을 보건복지부장관이나 지방자치단체의 장이 지정
한 정신의료기관에 2주의 범위에서 기간을 정하여 입원하게 할 수 있다.

(5) 응급입원

① 정신질환자로 추정되는 사람으로서 자신의 건강 또는 안전이나 다른 사람
에게 해를 끼칠 위험이 큰 사람을 발견한 사람은 그 상황이 매우 급박하여
입원을 시킬 시간적 여유가 없을 때에는 의사와 경찰관의 동의를 받아 정신
의료기관에 그 사람에 대한 응급입원을 의뢰할 수 있다.

② 정신의료기관의 장은 응급입원이 의뢰된 사람을 3일(공휴일은 제외한다)
이내의 기간 동안 응급입원을 시킬 수 있다.

③ 응급입원을 시킨 정신의료기관의 장은 지체 없이 정신건강의학과전문의
에게 그 응급입원한 사람의 증상을 진단하게 하여야 한다.

④ 정신의료기관의 장은 정신건강의학과전문의의 진단 결과 그 사람이 자신
의 건강 또는 안전이나 다른 사람에게 해를 끼칠 위험이 있는 정신질환자로
서 계속하여 입원할 필요가 있다고 인정된 경우에는 입원을 할 수 있도록
필요한 조치를 하고, 계속하여 입원할 필요가 없다고 인정된 경우에는 즉시
퇴원시켜야 한다.

Chapter 05
장애인복지

01 「장애인복지법」에 대한 설명으로 틀린 것은?

① 장애인의 장애 인정과 장애 정도 사정에 관한 업무를 담당하게 하기 위하여 보건복지부에 장애판정위원회를 둘 수 있다.

② 장애인, 그 법정대리인 또는 보호자도 장애인등록 신청을 할 수 있다.

③ 장애인에 대한 국민의 이해를 깊게 하고 장애인의 재활의욕을 높이기 위하여 매년 4월 20일을 장애인의 날로 한다.

④ 보건보지부장관은 장애인 복지정책의 수립에 필요한 기초자료로 활용하기 위하여 5년마다 장애실태조사를 실시하여야 한다.

⑤ 국가와 지방자치단체는 장애인의 장애 정도와 경제적 수준을 고려하여 장애인의 소득보전을 위한 장애수당을 지급할 수 있다.

해설 보건보지부장관은 장애인 복지정책의 수립에 필요한 기초자료로 활용하기 위하여 3년마다 장애실태조사를 실시하여야 한다.

02 「장애인복지법」에 대한 설명으로 틀린 것은?

① 국가와 지방자치단체는 여성장애인의 권익을 보호하기 위하여 필요한 시책을 강구하여야 한다.

② 보건복지부장관은 장애인의 권익과 복지증진을 위하여 관계 중앙행정기관의 장과 협의하여 3년마다 장애인정책종합계획을 수립·시행하여야 한다.

③ 장애인은 장애인 관련 정책결정과정에 우선적으로 참여할 권리가 있다.

④ 장애인복지의 기본이념은 장애인의 완전한 사회참여와 평등을 통하여 사회통합을 이루는 데 있다.

⑤ 특별자치시장·특별자치도지사·시장·군수·구청장은 등록증을 받은 사람이 사망한 경우 장애인 등록을 취소하여야 한다.

해설 보건복지부장관은 장애인의 권익과 복지증진을 위하여 관계 중앙행정기관의 장과 협의하여 5년마다 장애인정책종합계획을 수립·시행하여야 한다.

03 「정신건강증진 및 정신질환자 복지서비스 지원에 관한 법률」에 대한 설명으로 틀린 것은?

① 정신의료기관 등의 장은 자의입원 등을 한 사람에 대하여 입원 등을 한 날부터 3개월마다 퇴원 등을 할 의사가 있는지를 확인하여야 한다.

② 모든 정신질환자는 인간으로서의 존엄과 가치를 보장받고, 최적의 치료를 받을 권리를 가진다.

③ 「민법」에 따른 후견인 또는 부양의무자는 정신질환자의 보호의무자가 되나, 피성년후견인은 보호의무자가 될 수 없다.

④ 정신요양시설을 설치하려는 사회복지법인은 해당 정신요양시설 소재지 관할 특별자치시장·특별자치도지사·시장·군수·구청장의 허가를 받아야 한다.

⑤ 정신건강증진시설이란 정신의료기관, 정신요양시설 및 정신재활시설을 말한다.

해설 정신의료기관 등의 장은 자의입원 등을 한 사람에 대하여 입원 등을 한 날부터 2개월마다 퇴원 등을 할 의사가 있는지를 확인하여야 한다.

정답 01 ④ 02 ② 03 ①

04 장애인 관련시설에 대한 설명으로 틀린 것은?

① 장애인 관련 조사 · 연구 및 정책개발 · 복지진흥 등을 위하여 한국장애인개발원을 설립한다.

② 국가와 지방자치단체는 장애인의 자립생활을 실현하기 위하여 장애인자립생활지원센터를 통하여 필요한 각종 지원서비스를 제공한다.

③ 장애인 종합정책을 수립하고 관계 부처 간의 의견을 조정하며 그 정책의 이행을 감독 · 평가하기 위하여 보건복지부 소속하에 장애인정책조정위원회를 둔다.

④ 발달장애인지원센터는 「발달장애인 권리보장 및 지원에 관한 법률」에 근거하여 설치하여야 한다.

⑤ 한국장애인개발원은 「장애인복지법」에 근거하여 설립되었다.

> **해설** 장애인 종합정책을 수립하고 관계 부처 간의 의견을 조정하며 그 정책의 이행을 감독 · 평가하기 위하여 국무총리 소속하에 장애인정책조정위원회를 둔다.

05 「정신건강증진 및 정신질환자 복지서비스 지원에 관한 법률」에 대한 설명으로 옳은 것은?

① 정신의료기관 등이 없는 시 · 군 · 구에도 기초정신건강심의위원회를 두어야 한다.

② 정신건강심의위원회는 심의 또는 심사를 위하여 분기별로 회의를 개최하여야 한다.

③ 입원기간 연장의 심사 청구는 기초정신건강심의위원회가 심의 또는 심사한다.

④ 정신요양시설을 설치하려는 사회복지법인은 해당 정신요양시설 소재지 관할 시 · 도지사의 허가를 받아야 한다.

⑤ 정신건강증진시설의 장과 종사자는 인권에 관한 교육을 받아야 한다.

> **해설** ① 정신의료기관 등이 없는 시 · 군 · 구에는 기초정신건강심의위원회를 두지 아니할 수 있다.
> ② 정신건강심의위원회는 심의 또는 심사를 위하여 월 1회 이상 회의를 개최하여야 한다.

③ 입원기간 연장의 심사 청구는 중앙정신건강심의위원회가 심의 또는 심사한다.

④ 정신요양시설을 설치하려는 사회복지법인은 해당 정신요양시설 소재지 관할 특별자치시장 · 특별자치도지사 · 시장 · 군수 · 구청장의 허가를 받아야 한다.

06 「장애인복지법」에 근거하여 국가나 지방자치단체가 지급할 수 있는 급여에 해당하는 것을 모두 고른 것은?

ㄱ. 장애수당	ㄴ. 보호수당
ㄷ. 장애아동수당	ㄹ. 장애연금

① ㄱ, ㄷ   ② ㄴ, ㄹ

③ ㄱ, ㄴ, ㄷ   ④ ㄱ, ㄴ, ㄹ

⑤ ㄱ, ㄴ, ㄷ, ㄹ

> **해설** 장애연금은 국민연금의 급여 중 하나인 장애연금이다. 「장애인복지법」에 근거하여 장애인이 받을 수 있는 급여는 장애수당, 장애아동수당, 보호수당이고 「장애인연금법」에 의거하여 장애인연금이 지급된다.

07 장애인 등록 방법의 설명으로 틀린 것은?

① 장애인, 그 법정대리인 또는 대통령령이 정하는 보호자는 시 · 도지사에게 등록하여야 한다.

② 등록증을 받은 자는 해당 장애인이 기준에 맞지 아니하거나 사망하면 그 등록증을 반환하여야 한다.

③ 장애인의 장애 인정과 등급 사정에 관한 업무를 담당하기 위해 장애판정위원회를 둘 수 있다.

④ 장애 등급 사정이 적정한지 확인하기 위해 「공공기관의 운영에 관한 법률」에 따른 공공기관에 장애 정도에 관한 정밀심사를 의뢰할 수 있다.

⑤ 등록증은 양도하거나 대여하지 못하며, 등록증과 비슷한 명칭이나 표시를 사용하여서는 아니 된다.

> **해설** 장애인, 그 법정대리인 또는 대통령령이 정하는 보호자는 장애 상태와 그 밖에 보건복지부령이 정하는 사항을 특별자치시장 · 특별자치도지사 · 시장 · 군수 또는 구청장에게 등록하여야 한다.

정답   04 ③   05 ⑤   06 ③   07 ①

08 장애인에 대한 국가와 지방자치단체의 생업지원으로 옳은 것을 모두 고른 것은?

> ㄱ. 매점   ㄴ. 우표류 판매업
> ㄷ. 주류 판매업   ㄹ. 자동판매기

① ㄱ, ㄷ
② ㄴ, ㄹ
③ ㄱ, ㄴ, ㄷ
④ ㄱ, ㄴ, ㄹ
⑤ ㄱ, ㄴ, ㄷ, ㄹ

해설 국가와 지방자치단체는 장애인이 매점, 자동판매기 설치, 담배소매인, 우표류 판매업을 신청하면 우선적으로 지정하거나 계약할 수 있도록 노력하여야 한다. 주류 판매업은 포함되지 않는다.

09 정신건강전문요원이 아닌 사람은?

① 정신보건임상심리사
② 정신건강의사
③ 정신건강간호사
④ 정신건강사회복지사
⑤ 정신건강작업치료사

해설 정신건강전문요원은 정신건강임상심리사, 정신건강간호사, 정신건강사회복지사, 정신건강작업치료사이다. 정신건강의사와 정신건강요양보호사는 정신건강전문요원이 아니다.

10 장애인 직업재활 실시 기관에 포함되지 않는 것은?

① 「장애인 등에 대한 특수교육법」에 따른 특수교육기관
② 「장애인복지법」에 따른 장애인 지역사회재활시설
③ 「국민 평생직업능력 개발법」에 따른 직업능력개발훈련시설
④ 「장애인복지법」에 따른 장애인복지단체
⑤ 「장애인복지법」에 따른 생산품판매시설

해설 **장애인 직업재활기관**
• 「장애인 등에 대한 특수교육법」에 따른 특수교육기관
• 「장애인복지법」에 따른 장애인 지역사회재활시설
• 「장애인복지법」에 따른 장애인 직업재활시설
• 「장애인복지법」에 따른 장애인복지단체
• 「국민 평생직업능력 개발법」에 따른 직업능력개발훈련시설

Chapter 06 노인복지

학습 가이드

「노인복지법」은 어느 부분이 출제되기보다는 전체의 내용을 이해하고 있는지 물어보는 문항들이 출제되고 있어 전체적인 내용을 파악하는 것이 중요하다. 그래도 노인복지시설에 대한 내용은 무조건 암기해야 한다.

1 노인복지법

* 연혁 : 1981년 6월 5일 제정 · 시행

1) 목적

노인의 질환을 사전예방 또는 조기발견하고 질환상태에 따른 적절한 치료 · 요양으로 심신의 건강을 유지하고, 노후의 생활안정을 위하여 필요한 조치를 강구함으로써 노인의 보건복지증진에 기여함을 목적으로 한다.

2) 정의

① **부양의무자** : 배우자(사실상의 혼인관계에 있는 자를 포함한다)와 직계비속 및 그 배우자(사실상의 혼인관계에 있는 자를 포함한다)를 말한다.
② **보호자** : 부양의무자 또는 업무 · 고용 등의 관계로 사실상 노인을 보호하는 자를 말한다.
③ **치매** : 「치매관리법」에 따른 치매를 말한다.
④ **노인학대** : 노인에 대하여 신체적 · 정신적 · 정서적 · 성적 폭력 및 경제적 착취 또는 가혹행위를 하거나 유기 또는 방임을 하는 것을 말한다.

3) 기본 이념

① 노인은 후손의 양육과 국가 및 사회의 발전에 기여하여 온 자로서 존경받으며 건전하고 안정된 생활을 보장받는다.

② 노인은 그 능력에 따라 적당한 일에 종사하고 사회적 활동에 참여할 기회를 보장받는다.

③ 노인은 노령에 따르는 심신의 변화를 자각하여 항상 심신의 건강을 유지하고 그 지식과 경험을 활용하여 사회의 발전에 기여하도록 노력하여야 한다.

4) 노인실태조사

보건복지부장관은 노인의 보건 및 복지에 관한 실태조사를 3년마다 실시하고 그 결과를 공표하여야 한다.

5) 노인의 날

① 노인에 대한 사회적 관심과 공경의식을 높이기 위하여 매년 10월 2일을 노인의 날로, 매년 10월을 경로의 달로 한다.

② 부모에 대한 효사상을 앙양하기 위하여 매년 5월 8일을 어버이날로 한다.

③ 범국민적으로 노인학대에 대한 인식을 높이고 관심을 유도하기 위하여 매년 6월 15일을 노인학대예방의 날로 지정하고, 국가와 지방자치단체는 노인학대예방의 날의 취지에 맞는 행사와 홍보를 실시하도록 노력하여야 한다.

6) 노인복지상담원

노인의 복지를 담당하게 하기 위하여 특별자치도와 시 · 군 · 구에 노인복지상담원을 둔다.

노인복지법 시행령 제12조(노인복지상담원의 임용)

① 노인복지상담원은 사회복지사 3급 이상의 자격증 소지자 중에서 특별자치시장 · 특별자치도지사 · 시장 · 군수 · 구청장이 공무원으로 임용한다. 다만, 부득이한 경우에는 공무원 외의 자로 위촉할 수 있다.

② 위촉한 상담원의 임기는 3년으로 하되, 연임할 수 있다.

③ 특별자치시장 · 특별자치도지사 · 시장 · 군수 · 구청장은 필요하다고 인정하는 때에는 아동복지법에 따른 아동복지전담공무원, 「장애인복지법」에 따른 장애인복지상담원 또는 사회복지에 관한 업무를 담당하는 공무원으로 하여금 상담원을 겸직하게 할 수 있다.

Tip
노인의 날이 있지만 노인주간은 없습니다. 대신 10월을 경로의 달로 지킵니다.

Tip 👆
노인 일자리 및 사회활동 지원에 관한 법률에 노인일자리전담기관의 설치 · 운영에 대한 내용이 있습니다.

7) 노인일자리전담기관의 설치 · 운영

① **노인인력개발기관** : 노인일자리개발 · 보급사업, 조사사업, 교육 · 홍보 및 협력사업, 프로그램인증 · 평가사업 등을 지원하는 기관

② **노인일자리지원기관** : 지역사회 등에서 노인일자리의 개발 · 지원, 창업 · 육성 및 노인에 의한 재화의 생산 · 판매 등을 직접 담당하는 기관

③ **노인취업알선기관** : 노인에게 취업 상담 및 정보를 제공하거나 노인일자리를 알선하는 기관

8) 경로우대

① 국가 또는 지방자치단체는 65세 이상의 자에 대하여 대통령령이 정하는 바에 의하여 국가 또는 지방자치단체의 수송시설 및 고궁 · 능원 · 박물관 · 공원 등의 공공시설을 무료로 또는 그 이용요금을 할인하여 이용하게 할 수 있다.

② 국가 또는 지방자치단체는 노인의 일상생활에 관련된 사업을 경영하는 자에게 65세 이상의 자에 대하여 그 이용요금을 할인하여 주도록 권유할 수 있다.

③ 국가 또는 지방자치단체는 노인에게 이용요금을 할인하여 주는 자에 대하여 적절한 지원을 할 수 있다.

9) 노인복지시설의 종류

노인복지시설의 종류는 대분류와 소분류로 분류하여 꼭 암기해야 합니다.

① 노인주거복지시설
② 노인의료복지시설
③ 노인여가복지시설
④ 재가노인복지시설
⑤ 노인보호전문기관
⑥ 노인일자리지원기관
⑦ 학대피해노인전용쉼터

10) 노인주거복지시설

(1) 노인주거복지시설의 종류

① **양로시설** : 노인을 입소시켜 급식과 그 밖에 일상생활에 필요한 편의를 제공함을 목적으로 하는 시설

② **노인공동생활가정** : 노인들에게 가정과 같은 주거여건과 급식, 그 밖에 일상생활에 필요한 편의를 제공함을 목적으로 하는 시설

③ 노인복지주택 : 노인에게 주거시설을 임대하여 주거의 편의 · 생활지도 · 상담 및 안전관리 등 일상생활에 필요한 편의를 제공함을 목적으로 하는 시설

(2) 노인주거복지시설의 설치

① 국가 또는 지방자치단체는 노인주거복지시설을 설치할 수 있다.
② 국가 또는 지방자치단체 외의 자가 노인주거복지시설을 설치하고자 하는 경우에는 특별자치시장 · 특별자치도지사 · 시장 · 군수 · 구청장에게 신고하여야 한다.

11) 노인의료복지시설

(1) 노인의료복지시설의 종류

① 노인요양시설 : 치매 · 중풍 등 노인성질환 등으로 심신에 상당한 장애가 발생하여 도움을 필요로 하는 노인을 입소시켜 급식 · 요양과 그 밖에 일상생활에 필요한 편의를 제공함을 목적으로 하는 시설
② 노인요양공동생활가정 : 치매 · 중풍 등 노인성질환 등으로 심신에 상당한 장애가 발생하여 도움을 필요로 하는 노인에게 가정과 같은 주거여건과 급식 · 요양, 그 밖에 일상생활에 필요한 편의를 제공함을 목적으로 하는 시설

(2) 노인의료복지시설의 설치

① 국가 또는 지방자치단체는 노인의료복지시설을 설치할 수 있다.
② 국가 또는 지방자치단체외의 자가 노인의료복지시설을 설치하고자 하는 경우에는 시장 · 군수 · 구청장에게 신고하여야 한다.

12) 노인여가복지시설

(1) 노인여가복지시설의 종류

① 노인복지관 : 노인의 교양 · 취미생활 및 사회참여활동 등에 대한 각종 정보와 서비스를 제공하고, 건강증진 및 질병예방과 소득보장 · 재가복지, 그 밖에 노인의 복지증진에 필요한 서비스를 제공함을 목적으로 하는 시설
② 경로당 : 지역노인들이 자율적으로 친목도모 · 취미활동 · 공동작업장 운영 및 각종 정보교환과 기타 여가활동을 할 수 있도록 하는 장소를 제공함을 목적으로 하는 시설
③ 노인교실 : 노인들에 대하여 사회활동 참여욕구를 충족시키기 위하여 건전한 취미생활 · 노인건강유지 · 소득보장 기타 일상생활과 관련한 학습프로그램을 제공함을 목적으로 하는 시설

Tip

「노인복지법」에 따른 노인의료복지시설과 재가복지시설은 시 · 군 · 구청장에게 신고해야 합니다. 그러나 「노인장기요양보험법」에 따른 장기요양기관은 시 · 군 · 구청장에게 지정을 받아야 합니다.

(2) 노인여가복지시설의 설치

① 국가 또는 지방자치단체는 노인여가복지시설을 설치할 수 있다.

② 국가 또는 지방자치단체외의 자가 노인여가복지시설을 설치하고자 하는 경우에는 시장·군수·구청장에게 신고하여야 한다.

③ 국가 또는 지방자치단체는 경로당의 활성화를 위하여 지역별·기능별 특성을 갖춘 표준 모델 및 프로그램을 개발·보급하여야 한다.

(3) 경로당에 대한 공과금 감면

① 「전기사업법」에 따른 전기판매사업자, 「전기통신사업법」에 따른 전기통신사업자, 「도시가스사업법」에 따른 도시가스사업자는 경로당에 대하여 각각 전기요금·전기통신요금 및 도시가스요금을 감면할 수 있다.

② 「수도법」에 따른 수도사업자는 경로당에 대하여 수도요금을 감면할 수 있다.

13) 재가노인복지시설

(1) 재가노인복지시설의 제공 서비스

① **방문요양서비스** : 가정에서 일상생활을 영위하고 있는 노인으로서 신체적·정신적 장애로 어려움을 겪고 있는 노인에게 필요한 각종 편의를 제공하여 지역사회 안에서 건전하고 안정된 노후를 영위하도록 하는 서비스

② **주·야간보호서비스** : 부득이한 사유로 가족의 보호를 받을 수 없는 심신이 허약한 노인과 장애노인을 주간 또는 야간 동안 보호시설에 입소시켜 필요한 각종 편의를 제공하여 이들의 생활안정과 심신기능의 유지·향상을 도모하고, 그 가족의 신체적·정신적 부담을 덜어주기 위한 서비스

③ **단기보호서비스** : 부득이한 사유로 가족의 보호를 받을 수 없어 일시적으로 보호가 필요한 심신이 허약한 노인과 장애노인을 보호시설에 단기간 입소시켜 보호함으로써 노인 및 노인가정의 복지증진을 도모하기 위한 서비스

④ **방문 목욕서비스** : 목욕장비를 갖추고 재가노인을 방문하여 목욕을 제공하는 서비스

⑤ **그 밖의 서비스** : 그 밖에 재가노인에게 제공하는 서비스로서 보건복지부령으로 정하는 서비스

(2) 재가노인복지시설의 설치

① 국가 또는 지방자치단체는 재가노인복지시설을 설치할 수 있다.

② 국가 또는 지방자치단체외의 자가 재가노인복지시설을 설치하고자 하는 경우에는 시장·군수·구청장에게 신고하여야 한다.

Tip 👍
그 밖의 서비스에는 방문간호, 복지용품, 재가지원서비스가 있습니다. 「노인장기요양보험법」에는 재가지원서비스가 없습니다.

(3) 요양보호사의 직무 · 자격증의 교부

① 노인복지시설의 설치 · 운영자는 보건복지부령으로 정하는 바에 따라 노인 등의 신체활동 또는 가사활동 지원 등의 업무를 전문적으로 수행하는 요양보호사를 두어야 한다.

② 요양보호사가 되려는 사람은 요양보호사를 교육하는 기관에서 교육과정을 마치고 시 · 도지사가 실시하는 요양보호사 자격시험에 합격하여야 한다.

③ 시 · 도지사는 요양보호사 자격시험에 합격한 사람에게 요양보호사 자격증을 교부하여야 한다.

④ 시 · 도지사는 요양보호사 자격시험에 응시하고자 하는 사람과 자격증을 교부 또는 재교부받고자 하는 사람에게 보건복지부령으로 정하는 바에 따라 수수료를 납부하게 할 수 있다.

(4) 요양보호사교육기관의 지정

시 · 도지사는 요양보호사의 양성을 위하여 보건복지부령으로 정하는 지정기준에 적합한 시설을 요양보호사교육기관으로 지정 · 운영하여야 한다.

14) 노인보호전문기관의 설치

(1) 국가는 지역 간의 연계체계를 구축하고 노인학대를 예방하기 위하여 중앙노인보호전문기관을 설치 · 운영하여야 한다.
  ① 노인인권보호 관련 정책제안
  ② 노인인권보호를 위한 연구 및 프로그램의 개발
  ③ 노인학대 예방의 홍보, 교육자료의 제작 및 보급
  ④ 노인보호전문사업 관련 실적 취합, 관리 및 대외자료 제공
  ⑤ 지역노인보호전문기관의 관리 및 업무지원
  ⑥ 지역노인보호전문기관 상담원의 심화교육
  ⑦ 관련 기관 협력체계의 구축 및 교류
  ⑧ 노인학대 분쟁사례 조정을 위한 중앙노인학대사례판정위원회 운영
  ⑨ 그 밖에 노인의 보호를 위하여 대통령령으로 정하는 사항

(2) 학대받는 노인의 발견 · 보호 · 치료 등을 신속히 처리하고 노인학대를 예방하기 위하여 지역노인보호전문기관을 특별시 · 광역시 · 도 · 특별자치도에 둔다.
  ① 노인학대 신고전화의 운영 및 사례접수
  ② 노인학대 의심사례에 대한 현장조사
  ③ 피해노인 및 노인학대자에 대한 상담
  ④ 피해노인가족 관련자와 관련 기관에 대한 상담

Tip

요양보호사에 대한 내용은 「노인장기요양보험법」이 아니라 「노인복지법」에 규정되어 있습니다.

Tip

노인보호전문기관은 중앙노인보호전문기관과 지역노인보호전문기관으로 구분됩니다. 중앙노인보호전문기관은 노인보호에 대한 정책에 관한 내용이고 지역노인보호전문기관은 클라이언트에 대한 접수, 조사, 교육 등 실천에 대한 내용입니다.

⑤ 상담 및 서비스제공에 따른 기록과 보관

⑥ 일반인을 대상으로 한 노인학대 예방교육

⑦ 노인학대행위자를 대상으로 한 재발방지 교육

⑧ 노인학대사례 판정을 위한 지역노인학대사례판정위원회 운영 및 자체 사례회의 운영

⑨ 그 밖에 노인의 보호를 위하여 보건복지부령으로 정하는 사항

(3) 보건복지부장관 및 시·도지사는 노인학대예방사업을 목적으로 하는 비영리법인을 지정하여 중앙노인보호전문기관과 지역노인보호전문기관의 운영을 위탁할 수 있다.

(4) 중앙노인보호전문기관과 지역노인보호전문기관의 설치기준과 운영, 상담원의 자격과 배치기준 및 위탁기관의 지정 등에 필요한 사항은 대통령령으로 정한다.

(5) 노인학대 신고의무와 절차

① 누구든지 노인학대를 알게 된 때에는 노인보호전문기관 또는 수사기관에 신고할 수 있다.

② 다음의 어느 하나에 해당하는 자는 그 직무상 65세 이상의 사람에 대한 노인학대를 알게 된 때에는 즉시 노인보호전문기관 또는 수사기관에 신고하여야 한다.

• 「의료법」의 의료기관에서 의료업을 행하는 의료인 및 의료기관의 장

• 방문요양과 돌봄이나 안전확인 등의 서비스 종사자, 노인복지시설의 장과 그 종사자 및 노인복지상담원

• 「장애인복지법」에 의한 장애인복지시설에서 장애노인에 대한 상담·치료·훈련 또는 요양업무를 수행하는 사람

• 「가정폭력방지 및 피해자보호 등에 관한 법률」에 따른 가정폭력 관련 상담소 및 가정폭력피해자 보호시설의 장과 그 종사자

• 「사회보장급여의 이용·제공 및 수급권자 발굴에 관한 법률」에 따른 사회복지전담공무원 및 「사회복지사업법」에 따른 사회복지시설의 장과 그 종사자

• 「노인장기요양보험법」에 따른 장기요양기관의 장과 그 종사자

• 「119구조·구급에 관한 법률」에 따른 119구급대의 구급대원

• 「건강가정기본법」에 따른 건강가정지원센터의 장과 그 종사자

• 「다문화가족지원법」에 따른 다문화가족지원센터의 장과 그 종사자

• 「성폭력방지 및 피해자보호 등에 관한 법률」에 따른 성폭력피해상담소 및 성폭력피해자보호시설의 장과 그 종사자

Tip 👆

아동학대 신고의무자, 장애인학대 신고의무자와는 달리 노인학대 신고의무자에는 교육관련 종사자가 포함되지 않습니다.

- 「응급의료에 관한 법률」에 따른 응급구조사
- 「의료기사 등에 관한 법률」에 따른 의료기사
- 「국민건강보험법」에 따른 국민건강보험공단 소속 요양직 직원
- 「지역보건법」에 따른 지역보건의료기관의 장과 종사자
- 노인복지시설 설치 및 관리 업무 담당 공무원
- 「병역법」에 따른 사회복지시설에서 복무하는 사회복무요원(노인을 직접 대면하는 업무에 복무하는 사람으로 한정한다)

③ 신고인의 신분은 보장되어야 하며 그 의사에 반하여 신분이 노출되어서는 아니 된다.

④ 관계 중앙행정기관의 장은 신고의무자에 해당하는 사람의 자격취득 교육과정이나 보수교육 과정에 노인학대 예방 및 신고의무와 관련된 교육 내용을 포함하도록 하여야 하며, 그 결과를 보건복지부장관에게 제출하여야 한다.

(6) 금지행위

누구든지 65세 이상의 사람에 대하여 다음의 어느 하나에 해당하는 행위를 하여서는 아니 된다.

① 노인의 신체에 폭행을 가하거나 상해를 입히는 행위
② 노인에게 성적 수치심을 주는 성폭행·성희롱 등의 행위
③ 자신의 보호·감독을 받는 노인을 유기하거나 의식주를 포함한 기본적 보호 및 치료를 소홀히 하는 방임행위
④ 노인에게 구걸을 하게 하거나 노인을 이용하여 구걸하는 행위
⑤ 노인을 위하여 증여 또는 급여된 금품을 그 목적 외의 용도에 사용하는 행위
⑥ 폭언, 협박, 위협 등으로 노인의 정신건강에 해를 끼치는 정서적 학대행위

15) 노인복지명예지도원

복지실시기관은 양로시설, 노인공동생활가정, 노인복지주택, 노인요양시설 및 노인요양공동생활가정의 입소노인의 보호를 위하여 노인복지명예지도원을 둘 수 있다.

OX 퀴즈

- 보건복지부장관은 노인의 보건 및 복지에 관한 실태조사를 5년마다 실시하고 그 결과를 공표하여야 한다. (×)
- 노인복지시설은 노인주거복지시설, 노인의료복지시설, 노인여가복지시설, 재가노인복지시설, 노인보호전문기관, 노인일자리지원기관, 학대피해노인전용쉼터로 구분된다. (○)
- 재가노인복지시설의 서비스는 방문요양서비스, 주·야간보호서비스, 단기보호서비스, 방문목욕서비스, 방문간호서비스, 그 밖의 서비스(복지용품)으로 구분된다. (×)

01 「노인복지법」에 대한 내용으로 틀린 것은?

① 노인에 대한 사회적 관심과 공경의식을 높이기 위하여 매년 10월 2일을 노인의 날로 한다.

② 보건복지부장관은 노인의 보건 및 복지에 관한 실태조사를 5년마다 실시하고 그 결과를 공표하여야 한다.

③ 노인에 의한 재화의 생산·판매 등을 직접 담당하는 기관은 노인일자리지원기관이다.

④ 노인복지주택 입소자격은 60세 이상의 노인으로 한다.

⑤ 요양보호사의 직무와 자격증의 교부에 대해 규정하고 있다.

해설 보건복지부장관은 노인의 보건 및 복지에 관한 실태조사를 3년마다 실시하고 그 결과를 공표하여야 한다.

02 「노인복지법」에 관한 설명으로 옳은 것은?

① 시·도지사는 요양보호사가 거짓이나 그 밖의 부정한 방법으로 자격증을 취득한 경우 반드시 그 자격을 취소하여야 한다.

② 노인여가복지시설에는 양로시설, 노인공동생활가정, 노인복지주택 등이 있다.

③ 국가 또는 지방자치단체 외의 자가 노인의료복지시설을 설치하고자 하는 경우에는 시장·군수·구청장에게 인가하여야 한다.

④ 노인일자리개발·보급사업, 조사사업, 교육·홍보 및 협력사업, 프로그램인증·평가사업 등을 지원하는 기관은 노인일자리지원기관이다.

⑤ 요양보호사의 자격이 취소된 날부터 2년이 경과되지 아니한 사람은 요양보호사가 될 수 없다.

해설 ② 노인주거복지시설에는 양로시설, 노인공동생활가정, 노인복지주택 등이 있다. 여가시설에는 경로당, 노인복지관, 노인교실이 있다.

③ 국가 또는 지방자치단체 외의 자가 노인의료복지시설을 설치하고자 하는 경우에는 시장·군수·구청장에게 신고하여야 한다.

④ 노인일자리개발·보급사업, 조사사업, 교육·홍보 및 협력사업, 프로그램인증·평가사업 등을 지원하는 기관은 노인인력개발기관이다.

⑤ 요양보호사의 자격이 취소된 날부터 1년이 경과되지 아니한 사람은 요양보호사가 될 수 없다.

03 노인학대에 대한 설명으로 틀린 것은?

① 국가 및 지방자치단체는 노인학대를 예방하고 수시로 신고를 받을 수 있도록 긴급전화를 설치할 수 있다.

② 노인학대 신고전화 운영은 지역노인보호전문기관의 업무이다.

③ 누구든지 노인학대를 알게 된 때에는 노인보호전문기관 또는 수사기관에 신고할 수 있다.

④ 다문화가족지원센터의 장과 그 종사자는 노인학대 신고의무자이다.

⑤ 노인학대관련범죄자에 대하여 취업제한명령을 하는 경우, 취업제한기간은 10년을 초과하지 못한다.

해설 국가 및 지방자치단체는 노인학대를 예방하고 수시로 신고를 받을 수 있도록 긴급전화를 설치하여야 한다(강제 규정).

정답 01 ② 02 ① 03 ①

04 「노인복지법」의 시설에 대한 설명으로 틀린 것은?

① 노인복지주택의 건축물의 용도는 건축관계법령에 불구하고 노유자시설로 본다.

② 노인요양공동생활가정은 「건축법」의 규정에 불구하고 단독주택 또는 공동주택에 설치할 수 있다.

③ 노인복지시설의 설치·운영자는 노인 등의 신체활동 또는 가사활동 지원 등의 업무를 전문적으로 수행하는 요양보호사를 두어야 한다.

④ 노인주거복지시설에는 양로시설, 노인공동생활가정, 노인복지주택 등이 있다.

⑤ 국가 또는 지방자치단체 외의 자가 노인의료복지시설을 설치하고자 하는 경우에는 시장·군수·구청장에게 지정을 받아야 한다.

해설 국가 또는 지방자치단체 외의 자가 노인의료복지시설을 설치하고자 하는 경우에는 시장·군수·구청장에게 신고하여야 한다.

05 노인복지명예지도원을 둘 수 있는 곳이 아닌 것은?

① 양로시설
② 노인공동생활가정
③ 노인복지주택
④ 노인복지관
⑤ 노인요양시설

해설 복지실시기관은 양로시설, 노인공동생활가정, 노인복지주택, 노인요양시설 및 노인요양공동생활가정의 입소노인의 보호를 위하여 노인복지명예지도원을 둘 수 있다. 노인복지관에는 노인복지명예지도원을 둘 수 없다.

06 「노인복지법」에 대한 설명으로 옳은 것은?

① 노인의 복지를 담당하게 하기 위하여 읍·면·동에 노인복지상담원을 둔다.

② 노인일자리전담기관에는 노인인력개발기관, 노인일자리지원기관, 노인취업알선기관 등이 있다.

③ 노인에 대한 사회적 관심과 공경의식을 높이기 위하여 매년 11월 2일을 노인의 날로, 매년 11월을 경로의 달로 한다.

④ 노인학대에 대한 인식을 높이고 관심을 유도하기 위하여 매년 7월 15일을 노인 학대예방의 날로 지정한다.

⑤ 노인학대는 노인에 대하여 신체적·정신적·언어적·정서적·성적 폭력 및 경제적 착취 또는 가혹행위를 하거나 유기 또는 방임을 하는 것을 말한다.

해설 ① 노인의 복지를 담당하게 하기 위하여 특별자치도와 시·군·구에 노인복지상담원을 둔다.
③ 노인에 대한 사회적 관심과 공경의식을 높이기 위하여 매년 10월 2일을 노인의 날로, 매년 10월을 경로의 달로 한다.
④ 노인학대에 대한 인식을 높이고 관심을 유도하기 위하여 매년 6월 15일을 노인 학대예방의 날로 지정한다.
⑤ 노인학대는 노인에 대하여 신체적·정신적·정서적·성적 폭력 및 경제적 착취 또는 가혹행위를 하거나 유기 또는 방임을 하는 것을 말한다. 언어적 학대는 노인학대에 포함되지 않고 장애인학대에 포함된다.

가족복지

학습 가이드 각 법들의 정의 및 연령, 복지 조치, 시설 등을 구분할 수 있도록 학습해야 한다.

---

1 한부모가족지원법

* 연혁 : 1989년 4월 1일 모자복지법 제정
2002년 12월 18일 모 · 부자복지법으로 개정
2007년 10월 17일 한부모가족지원법으로 개정

1) 목적

한부모가족이 안정적인 가족 기능을 유지하고 자립할 수 있도록 지원함으로 써 한부모가족의 생활 안정과 복지 증진에 이바지함을 목적으로 한다.

2) 국가 책임

① 국가와 지방자치단체는 한부모가족의 복지를 증진할 책임을 진다.
② 국가와 지방자치단체는 한부모가족의 권익과 자립을 지원하기 위한 여건 을 조성하고 이를 위한 시책을 수립 · 시행하여야 한다.

③ 국가와 지방자치단체는 한부모가족에 대한 사회적 편견과 차별을 예방하고, 사회구성원이 한부모가족을 이해하고 존중할 수 있도록 교육 및 홍보 등 필요한 조치를 하여야 한다.

④ 교육부장관과 특별시 · 광역시 · 특별자치시 · 도 · 특별자치도의 교육감은 「유아교육법」의 유치원, 「초 · 중등교육법」 및 「고등교육법」의 학교에서 한부모가족에 대한 이해를 돕는 교육을 실시하기 위한 시책을 수립 · 시행하여야 한다.

⑤ 국가와 지방자치단체는 청소년 한부모가족의 자립을 위하여 노력하여야 한다.

⑥ 모든 국민은 한부모가족의 복지 증진에 협력하여야 한다.

3) 정의

① "모" 또는 "부"란 다음의 어느 하나에 해당하는 자로서 아동인 자녀를 양육하는 자를 말한다.
    ㉠ 배우자와 사별 또는 이혼하거나 배우자로부터 유기된 자
    ㉡ 정신이나 신체의 장애로 장기간 노동능력을 상실한 배우자를 가진 자
    ㉢ 교정시설 · 치료감호시설에 입소한 배우자 또는 병역복무 중인 배우자를 가진 사람
    ㉣ 미혼자(사실혼 관계에 있는 자는 제외한다)
② 청소년 한부모 : 24세 이하의 모 또는 부를 말한다.
③ 한부모가족 : 모자가족 또는 부자가족을 말한다.
④ 모자가족 : 모가 세대주인 가족을 말한다.
⑤ 부자가족 : 부가 세대주인 가족을 말한다.
⑥ 아동 : 18세 미만(취학 중인 경우에는 22세 미만을 말하되, 「병역법」에 따른 병역의무를 이행하고 취학 중인 경우에는 병역의무를 이행한 기간을 가산한 연령 미만을 말한다)의 자를 말한다.
⑦ 지원기관 : 지원을 행하는 국가나 지방자치단체를 말한다.
⑧ 한부모가족복지단체 : 한부모가족의 복지 증진을 목적으로 설립된 기관이나 단체를 말한다.

4) 실태조사

여성가족부장관은 한부모가족 지원을 위한 정책수립에 활용하기 위하여 3년마다 한부모가족에 대한 실태조사를 실시하고 그 결과를 공표하여야 한다.

> **Tip** 👆
> 한부모란 한 명의 부모로 이루어진 가족뿐 아니라 부모의 역할을 하지 못하는 경우도 포함됩니다.

5) 복지 급여 신청

① 지원대상자 또는 그 친족이나 그 밖의 이해관계인은 복지 급여를 관할 특별자치시장 · 특별자치도지사 · 시장 · 군수 · 구청장에게 신청할 수 있다.
② 복지 급여 신청을 할 때에는 자료 또는 정보의 제공에 대한 지원대상자의 동의 서면을 제출하여야 한다.
　ㄱ 금융정보
　ㄴ 신용정보
　ㄷ 보험정보

6) 복지 급여의 내용

국가나 지방자치단체는 복지 급여의 신청이 있으면 다음의 복지 급여를 실시하여야 한다.

① 생계비
② 아동교육지원비
③ 아동양육비

7) 복지 자금의 대여

국가나 지방자치단체는 한부모가족의 생활안정과 자립을 촉진하기 위하여 다음의 자금을 대여할 수 있다.

① 사업에 필요한 자금
② 아동교육비
③ 의료비
④ 주택자금
⑤ 그 밖에 대통령령으로 정하는 한부모가족의 복지를 위하여 필요한 자금

8) 가족지원서비스

국가나 지방자치단체는 한부모가족에게 다음의 가족지원서비스를 제공하도록 노력하여야 한다.

① 아동의 양육 및 교육 서비스
② 장애인, 노인, 만성질환자 등의 부양 서비스
③ 취사, 청소, 세탁 등 가사 서비스
④ 교육 · 상담 등 가족 관계 증진 서비스
⑤ 인지청구 및 자녀양육비 청구 등을 위한 법률상담, 소송대리 등 법률구조서비스
⑥ 그 밖에 대통령령으로 정하는 한부모가족에 대한 가족지원서비스

Tip 👍
복지 급여로 아동교육지원비를 지급하고, 복지 자금으로 아동교육비를 대여합니다.

9) 한부모가족복지시설

(1) 한부모가족복지시설

① **출산지원시설** : 다음의 어느 하나에 해당하는 자의 임신·출산 및 그 출산아동(3세 미만에 한정한다)의 양육을 위하여 주거 등을 지원하는 시설
  ㉠「한부모가족지원법」에서 정의하는 모
  ㉡ 혼인 관계에 있지 아니한 자로서 출산 전 임신부
  ㉢ 혼인 관계에 있지 아니한 자로서 출산 후 해당 아동을 양육하지 아니하는 모

② **양육지원시설** : 6세 미만 자녀를 동반한 한부모가족에게 자녀를 양육할 수 있도록 주거 등을 지원하는 시설

③ **생활지원시설** : 18세 미만(취학 중인 경우에는 22세 미만을 말하되,「병역법」에 따른 병역의무를 이행하고 취학 중인 경우에는 병역의무를 이행한 기간을 가산한 연령 미만을 말한다) 자녀를 동반한 한부모가족에게 자립을 준비할 수 있도록 주거 등을 지원하는 시설

④ **일시지원시설** : 배우자(사실혼 관계에 있는 사람을 포함한다)가 있으나 배우자의 물리적·정신적 학대로 아동의 건전한 양육이나 모 또는 부의 건강에 지장을 초래할 우려가 있을 경우 일시적 또는 일정 기간 동안 모와 아동, 부와 아동, 모 또는 부에게 주거 등을 지원하는 시설

⑤ **한부모가족복지상담소** : 한부모가족에 대한 위기·자립 상담 또는 문제해결 지원 등을 목적으로 하는 시설

(2) 한부모가족복지시설의 설치

① 국가나 지방자치단체는 한부모가족복지시설을 설치할 수 있다.

② 한부모가족복지시설의 장은 청소년 한부모가 입소를 요청하는 경우에는 우선 입소를 위한 조치를 취하여야 한다.

③ 국가나 지방자치단체 외의 자가 한부모가족복지시설을 설치·운영하려면 특별자치시장·특별자치도지사·시장·군수·구청장에게 신고하여야 한다.

④ 특별자치시장·특별자치도지사·시장·군수·구청장은 설치·운영 신고 또는 변경 신고를 받은 날부터 여성가족부령으로 정하는 기간 내에 신고수리 여부를 신고인에게 통지하여야 한다.

⑤「입양특례법」에 따른 입양기관을 운영하는 자는 출산지원시설을 설치·운영할 수 없다.

* 연혁 : 2008년 3월 21일 제정
　　　 2008년 9월 22일 실행

1) 목적

다문화가족 구성원이 안정적인 가족생활을 영위하고 사회구성원으로서의 역할과 책임을 다할 수 있도록 함으로써 이들의 삶의 질 향상과 사회통합에 이바지함을 목적으로 한다.

2) 정의

① "다문화가족"이란 다음의 어느 하나에 해당하는 가족을 말한다.
　　㉠ 「재한외국인 처우 기본법」의 결혼이민자와 「국적법」의 규정에 따라 대한민국 국적을 취득한 자로 이루어진 가족
　　㉡ 「국적법」에 따라 대한민국 국적을 취득한 자와 규정에 따라 대한민국 국적을 취득한 자로 이루어진 가족
② "결혼이민자 등"이란 다문화가족의 구성원으로서 다음의 어느 하나에 해당하는 자를 말한다.
　　㉠ 「재한외국인 처우 기본법」의 결혼이민자
　　㉡ 「국적법」에 따라 귀화허가를 받은 자

3) 실태조사

여성가족부장관은 다문화가족의 현황 및 실태를 파악하고 다문화가족 지원을 위한 정책수립에 활용하기 위하여 3년마다 다문화가족에 대한 실태조사를 실시하고 그 결과를 공표하여야 한다.

4) 가정폭력 피해자에 대한 보호 · 지원

① 국가와 지방자치단체는 가정폭력으로 피해를 입은 결혼이민자 등을 보호 · 지원할 수 있다.
② 국가와 지방자치단체는 가정폭력의 피해를 입은 결혼이민자 등에 대한 보호 및 지원을 위하여 외국어 통역 서비스를 갖춘 가정폭력 상담소 및 보호시설의 설치를 확대하도록 노력하여야 한다.
③ 국가와 지방자치단체는 결혼이민자 등이 가정폭력으로 혼인관계를 종료하는 경우 의사소통의 어려움과 법률체계 등에 관한 정보의 부족 등으로 불리한 입장에 놓이지 아니하도록 의견진술 및 사실확인 등에 있어서 언어통역, 법률상담 및 행정지원 등 필요한 서비스를 제공할 수 있다.

5) 의료 및 건강관리를 위한 지원

① 국가와 지방자치단체는 결혼이민자 등이 건강하게 생활할 수 있도록 영양·건강에 대한 교육, 산전·산후 도우미 파견, 건강검진 등의 의료서비스를 지원할 수 있다.

② 국가와 지방자치단체는 결혼이민자 등이 의료서비스를 제공받을 경우 외국어 통역 서비스를 제공할 수 있다.

6) 아동·청소년 보육·교육

① 국가와 지방자치단체는 아동·청소년 보육·교육을 실시함에 있어서 다문화가족 구성원인 아동·청소년을 차별하여서는 아니 된다.

② 국가와 지방자치단체는 다문화가족 구성원인 아동·청소년이 학교생활에 신속히 적응할 수 있도록 교육지원대책을 마련하여야 하고, 특별시·광역시·특별자치시·도·특별자치도의 교육감은 다문화가족 구성원인 아동·청소년에 대하여 학과 외 또는 방과후 교육 프로그램 등을 지원할 수 있다.

③ 국가와 지방자치단체는 다문화가족 구성원인 18세 미만인 사람의 초등학교 취학 전 보육 및 교육 지원을 위하여 노력하고, 그 구성원의 언어발달을 위하여 한국어 및 결혼이민자 등인 부 또는 모의 모국어 교육을 위한 교재지원 및 학습지원 등 언어능력 제고를 위하여 필요한 지원을 할 수 있다.

④ 「영유아보육법」에 따른 어린이집의 원장, 「유아교육법」에 따른 유치원의 장, 「초·중등교육법」에 따른 각급 학교의 장, 그 밖에 대통령령으로 정하는 기관의 장은 아동·청소년 보육·교육을 실시함에 있어 다문화가족 구성원인 아동·청소년이 차별을 받지 아니하도록 필요한 조치를 하여야 한다.

7) 다문화가족지원센터의 설치·운영

① 국가와 지방자치단체는 다문화가족지원센터를 설치·운영할 수 있다.

② 국가 또는 지방자치단체는 지원센터의 설치·운영을 대통령령으로 정하는 법인이나 단체에 위탁할 수 있다.

③ 국가 또는 지방자치단체 아닌 자가 지원센터를 설치·운영하고자 할 때에는 미리 시·도지사 또는 시장·군수·구청장의 지정을 받아야 한다.

Tip 🖐
최근 다문화가족지원센터와 건강가정지원센터를 합쳐 가족센터로 지정하고 있습니다.

* 연혁 : 1997년 12월 31일 제정
　　　　1998년 7월 1일 실행

1) 목적

가정폭력을 예방하고 가정폭력의 피해자를 보호 · 지원함을 목적으로 한다.

2) 기본 이념

가정폭력 피해자는 피해 상황에서 신속하게 벗어나 인간으로서의 존엄성과 안전을 보장받을 권리가 있다.

3) 정의

① **가정폭력** : 가정구성원 사이의 신체적, 정신적 또는 재산상 피해를 수반하는 행위를 말한다.
② **가정폭력행위자** : 가족폭력범죄를 범한 사람 및 가정구성원인 공범을 말한다.
③ **피해자** : 가정폭력으로 인하여 직접적으로 피해를 입은 자를 말한다.
④ **아동** : 18세 미만인 자를 말한다.

4) 가정폭력 실태조사

여성가족부장관은 3년마다 가정폭력에 대한 실태조사를 실시하여 그 결과를 발표하고, 이를 가정폭력을 예방하기 위한 정책수립의 기초자료로 활용하여야 한다.

5) 가정폭력 예방교육의 실시

① 국가기관, 지방자치단체 및 「초 · 중등교육법」에 따른 각급 학교의 장, 공공단체의 장은 가정폭력의 예방과 방지를 위하여 필요한 교육을 실시하고, 그 결과를 여성가족부장관에게 제출하여야 한다.
② 예방교육을 실시하는 경우 「성폭력방지 및 피해자보호 등에 관한 법률」에 따른 성교육 및 성폭력 예방교육, 「양성평등기본법」에 따른 성희롱 예방교육 및 「성매매방지 및 피해자보호 등에 관한 법률」에 따른 성매매 예방교육 등을 성평등 관점에서 통합하여 실시할 수 있다.

Tip 👆
「가정폭력방지 및 피해자보호 등에 관한 법률」상 상담소 설치 시에는 시 · 군 · 구청장에게 신고해야 합니다. 그러나 보호시설 설치 시에는 시 · 군 · 구청장의 인가를 받아야 합니다.

6) 상담소의 설치 · 운영

① 국가나 지방자치단체는 가정폭력 관련 상담소를 설치 · 운영할 수 있다.
② 국가나 지방자치단체 외의 자가 상담소를 설치 · 운영하려면 특별자치시장 · 특별자치도지사 · 시장 · 군수 · 구청장에게 신고하여야 한다.

7) 상담소의 업무

① 가정폭력을 신고받거나 이에 관한 상담에 응하는 일
② 가정폭력을 신고하거나 이에 관한 상담을 요청한 사람과 그 가족에 대한 상담
③ 가정폭력으로 정상적인 가정생활과 사회생활이 어렵거나 그 밖에 긴급히 보호를 필요로 하는 피해자등을 임시로 보호하거나 의료기관 또는 가정폭력피해자 보호시설로 인도하는 일
④ 행위자에 대한 고발 등 법률적 사항에 관하여 자문하기 위한 대한변호사협회 또는 지방변호사회 및 「법률구조법」에 따른 법률 구조법인 등에 대한 필요한 협조와 지원의 요청
⑤ 경찰관서 등으로부터 인도받은 피해자 등의 임시 보호
⑥ 가정폭력의 예방과 방지에 관한 교육 및 홍보
⑦ 그 밖에 가정폭력과 그 피해에 관한 조사 · 연구

8) 보호시설의 설치

① 국가나 지방자치단체는 가정폭력피해자 보호시설을 설치 · 운영할 수 있다.
② 「사회복지사업법」에 따른 사회복지법인과 그 밖의 비영리법인은 시장 · 군수 · 구청장의 인가를 받아 보호시설을 설치 · 운영할 수 있다.
③ 보호시설에는 상담원을 두어야 하고, 보호시설의 규모에 따라 생활지도원, 취사원, 관리원 등의 종사자를 둘 수 있다.

9) 보호시설의 종류

① 보호시설의 종류는 다음과 같다.
    ㉠ 단기보호시설 : 피해자 등을 6개월의 범위에서 보호하는 시설
    ㉡ 장기보호시설 : 피해자 등에 대하여 2년의 범위에서 자립을 위한 주거편의 등을 제공하는 시설
    ㉢ 외국인보호시설 : 외국인 피해자 등을 2년의 범위에서 보호하는 시설
    ㉣ 장애인보호시설 : 「장애인복지법」의 적용을 받는 장애인인 피해자 등을 2년의 범위에서 보호하는 시설

② 단기보호시설의 장은 그 단기보호시설에 입소한 피해자 등에 대한 보호기간을 여성가족부령으로 정하는 바에 따라 각 3개월의 범위에서 두 차례 연장할 수 있다.

10) 보호시설에 대한 보호비용 지원

국가나 지방자치단체는 보호시설에 입소한 피해자나 피해자가 동반한 가정구성원의 보호를 위하여 필요한 경우 다음의 보호비용을 보호시설의 장 또는 피해자에게 지원할 수 있다. 다만, 보호시설에 입소한 피해자나 피해자가 동반한 가정구성원이 「국민기초생활 보장법」 등 다른 법령에 따라 보호를 받고 있는 경우에는 그 범위에서 이 법에 따른 지원을 하지 아니한다.

① 생계비
② 아동교육지원비
③ 아동양육비
④ 직업훈련비
⑤ 퇴소 시 자립지원금

11) 보수교육의 실시

① 여성가족부장관 또는 시 · 도지사는 긴급전화센터 · 상담소 및 보호시설 종사자의 자질을 향상시키기 위하여 보수교육을 실시하여야 한다.
② 여성가족부장관 또는 시 · 도지사는 교육에 관한 업무를 「고등교육법」에 따른 대학, 전문대학 또는 대통령령으로 정하는 전문기관에 위탁할 수 있다.

12) 긴급전화센터 등의 평가

여성가족부장관은 3년마다 긴급전화센터, 상담소 및 보호시설의 운영실적을 평가하고, 그 결과를 각 시설의 감독, 지원 등에 반영할 수 있다.

---

4 **성폭력방지 및 피해자보호 등에 관한 법률**

* 연혁 : 2010년 4월 15일 제정
　　　 2011년 1월 1일 실행

1) 목적

성폭력을 예방하고 성폭력피해자를 보호 · 지원함으로써 인권증진에 이바지함을 목적으로 한다.

2) 성폭력 실태조사

여성가족부장관은 성폭력의 실태를 파악하고 성폭력 방지에 관한 정책을 수립하기 위하여 3년마다 성폭력 실태조사를 하고 그 결과를 발표하여야 한다.

3) 성폭력 예방교육

① 국가기관 및 지방자치단체의 장, 「유아교육법」에 따른 유치원의 장, 「영유아보육법」에 따른 어린이집의 원장, 「초·중등교육법」에 따른 각급 학교의 장, 「고등교육법」에 따른 학교의 장, 그 밖에 대통령령으로 정하는 공공단체의 장은 대통령령으로 정하는 바에 따라 성교육 및 성폭력 예방교육 실시, 기관 내 피해자 보호와 피해 예방을 위한 자체 예방지침 마련, 사건발생 시 재발방지대책 수립·시행 등 필요한 조치를 하고, 그 결과를 여성가족부장관에게 제출하여야 한다.

② 교육을 실시하는 경우 「성매매방지 및 피해자보호 등에 관한 법률」에 따른 성매매 예방교육, 「양성평등기본법」에 따른 성희롱 예방교육 및 「가정폭력방지 및 피해자보호 등에 관한 법률」에 따른 가정폭력 예방교육 등을 성평등 관점에서 통합하여 실시할 수 있다.

4) 성폭력 추방 주간

성폭력에 대한 사회적 경각심을 높이고 성폭력을 예방하기 위하여 1년 중 1주간을 성폭력 추방 주간으로 한다.

5) 상담소의 설치·운영

① 국가 또는 지방자치단체는 성폭력피해상담소를 설치·운영할 수 있다.

② 국가 또는 지방자치단체 외의 자가 상담소를 설치·운영하려면 특별자치시장·특별자치도지사 또는 시장·군수·구청장에게 신고하여야 한다.

6) 보호시설의 설치·운영

① 국가 또는 지방자치단체는 성폭력피해자보호시설을 설치·운영할 수 있다.

② 「사회복지사업법」에 따른 사회복지법인이나 그 밖의 비영리법인은 특별자치시장·특별자치도지사 또는 시장·군수·구청장의 인가를 받아 보호시설을 설치·운영할 수 있다.

③ 국가 또는 지방자치단체는 보호시설의 설치·운영을 대통령령으로 정하는 기관 또는 단체에 위탁할 수 있다.

Tip 👆
대통령령으로 정해진 성폭력 추방 기간은 매년 11월 25일부터 12월 1일까지입니다.

7) 보호시설에 대한 보호비용 지원

국가 또는 지방자치단체는 보호시설에 입소한 피해자 등의 보호를 위하여 필요한 경우 다음의 보호비용을 보호시설의 장 또는 피해자에게 지원할 수 있다. 다만, 보호시설에 입소한 피해자 등이 「국민기초생활 보장법」 등 다른 법령에 따라 보호를 받고 있는 경우에는 그 범위에서 이 법에 따른 지원을 하지 아니한다.

① 생계비
② 아동교육지원비
③ 아동양육비

8) 보호시설의 입소기간

보호시설의 종류별 입소기간은 다음과 같다.

① 일반보호시설 : 1년 이내. 다만, 1년 6개월의 범위에서 한 차례 연장할 수 있다.
② 장애인보호시설 : 2년 이내. 다만, 피해회복에 소요되는 기간까지 연장할 수 있다.
③ 특별지원 보호시설 : 19세가 될 때까지. 다만, 2년의 범위에서 한 차례 연장할 수 있다.
④ 외국인보호시설 : 1년 이내. 다만, 피해회복에 소요되는 기간까지 연장할 수 있다.
⑤ 자립지원 공동생활시설 : 2년 이내. 다만, 2년의 범위에서 한 차례 연장할 수 있다.
⑥ 장애인 자립지원 공동생활시설 : 2년 이내. 다만, 2년의 범위에서 한 차례 연장할 수 있다.

9) 보수교육의 실시

① 여성가족부장관 또는 시·도지사는 상담소, 보호시설 및 통합지원센터 종사자의 자질을 향상시키기 위하여 보수교육을 실시하여야 한다.
② 여성가족부장관 또는 시·도지사는 교육에 관한 업무를 「고등교육법」에 따른 대학 및 전문대학 또는 전문기관에 위탁할 수 있다.

OX 퀴즈

- 「한부모가족지원법」에 따른 복지 급여는 생계비, 아동교육비, 아동양육비이다. (×)
- 보건복지가족부장관은 다문화가족의 현황 및 실태를 파악하고 다문화가족 지원을 위한 정책수립에 활용하기 위하여 3년마다 다문화가족에 대한 실태조사를 실시하고 그 결과를 공표하여야 한다. (×)
- 가정폭력시설을 설치하려는 사회복지법인과 그 밖의 비영리법인은 시장·군수·구청장의 인가를 받아 보호시설을 설치·운영할 수 있다. 또한 국가나 지방자치단체 외의 자가 상담소를 설치·운영하려면 특별자치도지사·시장·군수·구청장에게 신고하여야 한다. (○)

01 「한부모가족지원법」에 대한 내용으로 틀린 것은?

① 한부모가족복지상담소는 한부모가족에 대한 위기·자립 상담 또는 문제해결 지원 등을 목적으로 하는 시설이다.

② 「한부모가족지원법」상 청소년 한부모란 18세 이하의 모 또는 부를 말한다.

③ 여성가족부장관은 한부모가족 지원을 위한 정책수립에 활용하기 위하여 3년마다 한부모가족에 대한 실태조사를 실시하고 그 결과를 공표하여야 한다.

④ 국가나 지방자치단체는 청소년 한부모가 주거마련 등 자립에 필요한 자산을 형성할 수 있도록 재정적인 지원을 할 수 있다.

⑤ 국가 또는 지방자치단체는 복지급여의 신청이 있는 경우 생계비, 아동교육지원비, 아동양육비를 실시할 수 있다.

해설 「한부모가족지원법」상 청소년 한부모란 24세 이하의 모 또는 부를 말한다. 청소년은 24세 이하, 아동은 18세 이하인 사람을 말한다.

02 「가정폭력방지 및 피해자보호 등에 관한 법률」에 대한 설명으로 틀린 것은?

① 피해자 보호시설에는 외국인보호시설도 포함된다.

② 사회복지법인은 시장·군수·구청장에게 신고하여 가정폭력피해자 보호시설을 설치·운영할 수 있다.

③ 여성가족부장관은 3년마다 가정폭력에 대한 실태조사를 실시하여 그 결과를 발표하고, 이를 가정폭력을 예방하기 위한 정책수립의 기초자료로 활용하여야 한다.

④ 국가나 지방자치단체는 상담소나 보호시설의 설치·운영에 드는 경비의 일부를 보조할 수 있다.

⑤ 가정폭력피해자 보호시설에는 단기보호시설, 장기보호시설, 외국인보호시설, 장애인보호시설이 있다.

해설 사회복지법인은 시장·군수·구청장의 인가를 받아 가정폭력피해자 보호시설을 설치·운영할 수 있다. 가정폭력과 성폭력의 보호시설은 인가시설이고, 성매매의 보호시설은 신고시설이다.

03 「다문화가족지원법」에 대한 설명으로 틀린 것은?

① 「다문화가족지원법」에서는 다국어에 의한 서비스 제공규정이 마련되어 있다.

② 「다문화가족지원법」에서는 교육에 대한 규정은 있지만 건강관리를 위한 지원 규정을 두고 있지 않다.

③ 여성가족부장관은 다문화가족 지원을 위하여 5년마다 다문화가족정책에 관한 기본계획을 수립하여야 한다.

④ 「다문화가족지원법」의 관장부처는 여성가족부이다.

⑤ 「다문화가족지원법」에서 아동·청소년이란 24세 이하인 사람을 말한다.

해설 「다문화가족지원법」에서는 교육뿐 아니라 의료 및 건강관리를 위한 지원 규정을 두고 있다.

정답 01 ② 02 ② 03 ②

04 「성폭력방지 및 피해자보호 등에 관한 법률」에 대한 설명으로 틀린 것은?

① 국가는 피해자에 대하여 법률상담과 소송대리 등의 지원을 할 수 있다.

② 국가 또는 지방자치단체 외의 자가 상담소를 설치 · 운영하려면 특별자치시장 · 특별자치도지사 또는 시장 · 군수 · 구청장에게 인가를 받아야 한다.

③ 일반보호시설에의 입소기간은 1년 이내이나 예외적으로 연장할 수 있다.

④ 누구든지 피해자를 고용하고 있는 자는 성폭력과 관련하여 피해자를 해고하여서는 아니 된다.

⑤ 피해자등의 보호 및 숙식 제공은 성폭력피해자보호시설의 업무에 해당한다.

해설 국가 또는 지방자치단체 외의 자가 상담소를 설치 · 운영하려면 특별자치시장 · 특별자치도지사 또는 시장 · 군수 · 구청장에게 신고하여야 한다.

05 「한부모가족지원법」의 정의에 대한 설명으로 틀린 것은?

① 청소년 한부모란 24세 이하의 모 또는 부를 말한다.

② 배우자와 이혼한 자로서 아동인 자녀를 양육하는 자는 「한부모가족지원법」상 모 또는 부에 해당한다.

③ 아동이란 18세 미만의 자를 말하나 취학 중인 경우에는 24세 미만을 말한다.

④ 출산 후 해당 아동을 양육하지 않는 사람도 미혼모이다.

⑤ 병역복무 중인 배우자를 가진 사람도 「한부모가족지원법」상 모 또는 부에 해당한다.

해설 "아동"이란 18세 미만의 자를 말하나 취학 중인 경우에는 22세 미만을 말한다.

06 「성폭력방지 및 피해자보호 등에 관한 법률」에 대한 내용으로 옳은 것은?

① 성폭력에 대한 사회적 경각심을 높이고 성폭력을 예방하기 위하여 매년 10월 25일부터 11월 1일까지를 성폭력 추방 주간으로 한다.

② 여성가족부장관 또는 시 · 도지사는 교육에 관한 업무를 「고등교육법」에 따른 대학 및 전문대학 또는 전문기관에 위탁할 수 있다.

③ 보건복지부장관은 성폭력의 실태를 파악하고 성폭력방지에 관한 정책을 수립하기 위하여 3년마다 성폭력 실태조사를 한다.

④ 보호시설에 대한 보호비용 지원은 생계비, 아동교육비, 아동양육비 등이 있다.

⑤ 국가 또는 지방자치단체 외의 자가 상담소를 설치 · 운영하려면 특별자치시장 · 특별자치도지사 또는 시장 · 군수 · 구청장에게 인가를 받아야 한다.

해설 ① 성폭력에 대한 사회적 경각심을 높이고 성폭력을 예방하기 위하여 매년 11월 25일부터 12월 1일까지를 성폭력 추방 주간으로 한다.

③ 여성가족부장관은 성폭력의 실태를 파악하고 성폭력방지에 관한 정책을 수립하기 위하여 3년마다 성폭력 실태조사를 한다.

④ 보호시설에 대한 보호비용 지원은 생계비, 아동교육지원비, 아동양육비 등이 있다.

⑤ 국가 또는 지방자치단체 외의 자가 상담소를 설치 · 운영하려면 특별자치시장 · 특별자치도지사 또는 시장 · 군수 · 구청장에게 신고하여야 한다.

07 「성폭력방지 및 피해자보호 등에 관한 법률」,「가정폭력방지 및 피해자보호 등에 관한 법률」,「성매매방지 및 피해자보호 등에 관한 법률」에 대한 설명으로 틀린 것은?

① 여성가족부 소속이다.
② 실태조사는 3년마다 한다.
③ 모든 시설에서 숙식을 제공한다.
④ 예방교육이 의무화되어 있다.
⑤ 보수교육이 의무화되어 있다.

> **해설** 「성폭력방지 및 피해자보호 등에 관한 법률」,「가정폭력방지 및 피해자보호 등에 관한 법률」,「성매매방지 및 피해자보호 등에 관한 법률」의 상담소에서는 숙식을 제공하지 않는다.

공공부조

목차	22회	21회	20회	19회	18회
1. 국민기초생활 보장법	2	3	1	2	2
2. 긴급복지지원법		1	1		1
3. 기초연금법	1		1	1	1
4. 의료급여법	1		1		

학습 가이드 ⊙

- 공공부조는 어느 부분이 출제되기보다는 전체의 내용을 이해하고 있는지 물어보는 문항들이 출제되고 있어 전체적인 내용을 파악하는 것이 중요하다.
- 「국민기초생활 보장법」은 정의와 급여의 내용은 꼭 암기해야 한다.
- 「긴급복지지원법」은 어느 부분이 출제되기보다는 전체의 내용을 이해하고 있는지 물어보는 문항들이 출제되고 있어 전체적인 내용을 파악하는 것이 중요하다. 위기상황의 정의, 긴급지원의 기본원칙은 꼭 이해하고 있어야 한다.
- 「기초연금법」은 수급권자의 범위, 수급권의 상실, 시효에 대한 내용을 파악하고 있어야 한다.
- 「의료급여법」은 수급권자와 수급권자 구분에 대한 내용을 파악하고 있어야 한다.

---

1   국민기초생활 보장법

* 연혁 : 1944년 조선구호령
　　　　1961년 12월 30일 생활보호법 제정
　　　　1999년 9월 7일 국민기초생활 보장법 제정, 2000년 10월 1일 시행

1) 목적

생활이 어려운 사람에게 필요한 급여를 실시하여 이들의 최저생활을 보장하고 자활을 돕는 것을 목적으로 한다.

2) 정의

① **수급권자** : 급여를 받을 수 있는 자격을 가진 사람을 말한다.

② **수급자** : 급여를 받는 사람을 말한다.

③ **수급품** : 수급자에게 지급하거나 대여하는 금전 또는 물품을 말한다.

④ **보장기관** : 급여를 실시하는 국가 또는 지방자치단체를 말한다.

⑤ **부양의무자** : 수급권자를 부양할 책임이 있는 사람으로서 수급권자의 1촌의 직계혈족 및 그 배우자를 말한다. 다만, 사망한 1촌의 직계혈족의 배우자는 제외한다.

⑥ **최저보장수준** : 국민의 소득·지출 수준과 수급권자의 가구 유형 등 생활실태, 물가상승률 등을 고려하여 급여의 종류별로 공표하는 금액이나 보장수준을 말한다.

⑦ **최저생계비** : 국민이 건강하고 문화적인 생활을 유지하기 위하여 필요한 최소한의 비용으로서 보건복지부장관이 계측하는 금액을 말한다.

⑧ **개별가구** : 급여를 받거나 이 법에 따른 자격요건에 부합하는지에 관한 조사를 받는 기본단위로서 수급자 또는 수급권자로 구성된 가구를 말한다.

⑨ **소득인정액** : 보장기관이 급여의 결정 및 실시 등에 사용하기 위하여 산출한 개별가구의 소득평가액과 재산의 소득환산액을 합산한 금액을 말한다.

⑩ **차상위계층** : 수급권자에 해당하지 아니하는 계층으로서 소득인정액이 기준 이하인 계층을 말한다.

⑪ **기준 중위소득** : 보건복지부장관이 급여의 기준 등에 활용하기 위하여 중앙생활보장위원회의 심의·의결을 거쳐 고시하는 국민 가구소득의 중위값을 말한다.

3) 급여의 기본원칙

① 급여는 수급자가 자신의 생활의 유지·향상을 위하여 그의 소득, 재산, 근로능력 등을 활용하여 최대한 노력하는 것을 전제로 이를 보충·발전시키는 것을 기본원칙으로 한다.

② 부양의무자의 부양과 다른 법령에 따른 보호는 이 법에 따른 급여에 우선하여 행하여지는 것으로 한다. 다만, 다른 법령에 따른 보호의 수준이 이 법에서 정하는 수준에 이르지 아니하는 경우에는 나머지 부분에 관하여 이 법에 따른 급여를 받을 권리를 잃지 아니한다.

Tip

2015년 「국민기초생활 보장법」이 개정되면서 최저보장수준을 사용하기 시작하였습니다.

4) 급여의 기준

① 급여는 건강하고 문화적인 최저생활을 유지할 수 있는 것이어야 한다.
② 급여의 기준은 수급자의 연령, 가구 규모, 거주 지역, 그 밖의 생활여건 등을 고려하여 급여의 종류별로 보건복지부장관이 정하거나 급여를 지급하는 중앙행정기관의 장이 보건복지부장관과 협의하여 정한다.
③ 보장기관은 급여를 개별가구 단위로 실시하되, 특히 필요하다고 인정하는 경우에는 개인 단위로 실시할 수 있다.

5) 외국인에 대한 특례

국내에 체류하고 있는 외국인 중 대한민국 국민과 혼인하여 본인 또는 배우자가 임신 중이거나 대한민국 국적의 미성년 자녀를 양육하고 있거나 배우자의 대한민국 국적인 직계존속과 생계나 주거를 같이하고 있는 사람으로서 대통령령으로 정하는 사람이 이 법에 따른 급여를 받을 수 있는 자격을 가진 경우에는 수급권자가 된다.

6) 최저보장수준의 결정

보건복지부장관 또는 소관 중앙행정기관의 장은 급여의 종류별 수급자 선정기준 및 최저보장수준을 결정하여야 한다.

7) 기준 중위소득의 산정

기준 중위소득은 「통계법」에 따라 통계청이 공표하는 통계자료의 가구 경상소득(근로소득, 사업소득, 재산소득, 이전소득을 합산한 소득을 말한다)의 중간값에 최근 가구소득 평균 증가율, 가구규모에 따른 소득수준의 차이 등을 반영하여 가구규모별로 산정한다.

8) 소득인정액의 산정

① 개별가구의 소득평가액은 개별가구의 실제소득에도 불구하고 보장기관이 급여의 결정 및 실시 등에 사용하기 위하여 산출한 금액으로 다음의 소득을 합한 개별가구의 실제소득에서 장애·질병·양육 등 가구 특성에 따른 지출요인, 근로를 유인하기 위한 요인, 그 밖에 추가적인 지출요인에 해당하는 금액을 감하여 산정한다.
  ㉠ 근로소득
  ㉡ 사업소득
  ㉢ 재산소득
  ㉣ 이전소득

② 재산의 소득환산액은 개별가구의 재산가액에서 기본재산액 및 부채를 공제한 금액에 소득환산율을 곱하여 산정한다. 이 경우 소득으로 환산하는 재산의 범위는 다음과 같다.
  ㉠ 일반재산(금융재산 및 자동차를 제외한 재산)
  ㉡ 금융재산
  ㉢ 자동차

9) 급여의 종류

(1) 생계급여

① 생계급여의 내용
  ㉠ 생계급여는 수급자에게 의복, 음식물 및 연료비와 그 밖에 일상생활에 기본적으로 필요한 금품을 지급하여 그 생계를 유지하게 하는 것으로 한다.
  ㉡ 생계급여 수급권자는 부양의무자가 없거나, 부양의무자가 있어도 부양능력이 없거나 부양을 받을 수 없는 사람으로서 그 소득인정액이 중앙생활보장위원회의 심의·의결을 거쳐 결정하는 금액 이하인 사람으로 한다. 이 경우 생계급여 선정기준은 기준 중위소득의 100분의 32 이상으로 한다.
  ㉢ 생계급여 최저보장수준은 생계급여와 소득인정액을 포함하여 생계급여 선정기준 이상이 되도록 하여야 한다.

② 생계급여의 방법
  ㉠ 생계급여는 금전을 지급하는 것으로 한다. 다만, 금전으로 지급할 수 없거나 금전으로 지급하는 것이 적당하지 아니하다고 인정하는 경우에는 물품을 지급할 수 있다.
  ㉡ 수급품은 대통령령으로 정하는 바에 따라 매월 정기적으로 지급하여야 한다. 다만, 특별한 사정이 있는 경우에는 그 지급방법을 다르게 정하여 지급할 수 있다.
  ㉢ 수급품은 수급자에게 직접 지급한다. 다만, 보장시설이나 타인의 가정에 위탁하여 생계급여를 실시하는 경우에는 그 위탁받은 사람에게 이를 지급할 수 있다.
  ㉣ 생계급여는 보건복지부장관이 정하는 바에 따라 수급자의 소득인정액 등을 고려하여 차등지급할 수 있다.
  ㉤ 보장기관은 대통령령으로 정하는 바에 따라 근로능력이 있는 수급자에게 자활에 필요한 사업에 참가할 것을 조건으로 하여 생계급여를 실시할 수 있다.

Tip
생계급여, 주거급여, 교육급여는 부양의무자 제도를 폐지하고 의료급여는 부양의무자 제도를 유지합니다.

(2) 주거급여

주거급여는 수급자에게 주거 안정에 필요한 임차료, 수선유지비, 그 밖의 수급
품을 지급하는 것으로 한다.

(3) 교육급여

① 교육급여는 수급자에게 입학금, 수업료, 학용품비, 그 밖의 수급품을 지급
하는 것으로 하되, 학교의 종류 · 범위 등에 관하여 필요한 사항은 대통령령
으로 정한다.
② 교육급여는 교육부장관의 소관으로 한다.
③ 교육급여 수급권자는 부양의무자가 없거나, 부양의무자가 있어도 부양능
력이 없거나 부양을 받을 수 없는 사람으로서 그 소득인정액이 중앙생활보
장위원회의 심의 · 의결을 거쳐 결정하는 금액 이하인 사람으로 한다. 이 경
우 교육급여 선정기준은 기준 중위소득의 100분의 50 이상으로 한다.
④ 교육급여의 신청 및 지급 등에 대하여는 「초 · 중등교육법」에 따른 교육비
지원절차를 준용한다.

(4) 의료급여

① 의료급여는 수급자에게 건강한 생활을 유지하는 데 필요한 각종 검사 및 치
료 등을 지급하는 것으로 한다.
② 의료급여 수급권자는 부양의무자가 없거나, 부양의무자가 있어도 부양능
력이 없거나 부양을 받을 수 없는 사람으로서 그 소득인정액이 중앙생활보
장위원회의 심의 · 의결을 거쳐 결정하는 금액 이하인 사람으로 한다. 이 경
우 의료급여 선정기준은 기준 중위소득의 100분의 40 이상으로 한다.

(5) 해산급여

① 해산급여는 급여 중 하나 이상의 급여를 받는 수급자에게 다음의 급여를 실
시하는 것으로 한다.
ㄱ 조산
ㄴ 분만 전과 분만 후에 필요한 조치와 보호
② 해산급여는 보건복지부령으로 정하는 바에 따라 보장기관이 지정하는 의
료기관에 위탁하여 실시할 수 있다.
③ 해산급여에 필요한 수급품은 보건복지부령으로 정하는 바에 따라 수급자
나 그 세대주 또는 세대주에 준하는 사람에게 지급한다. 다만, 그 급여를 의
료기관에 위탁하는 경우에는 수급품을 그 의료기관에 지급할 수 있다.

(6) 장제급여

① 장제급여는 급여 중 하나 이상의 급여를 받는 수급자가 사망한 경우 사체의 검안 · 운반 · 화장 또는 매장, 그 밖의 장제조치를 하는 것으로 한다.

② 장제급여는 보건복지부령으로 정하는 바에 따라 실제로 장제를 실시하는 사람에게 장제에 필요한 비용을 지급하는 것으로 한다. 다만, 그 비용을 지급할 수 없거나 비용을 지급하는 것이 적당하지 아니하다고 인정하는 경우에는 물품을 지급할 수 있다.

(7) 자활급여

① 자활급여는 수급자의 자활을 돕기 위하여 다음의 급여를 실시하는 것으로 한다.

　　㉠ 자활에 필요한 금품의 지급 또는 대여

　　㉡ 자활에 필요한 근로능력의 향상 및 기능습득의 지원

　　㉢ 취업알선 등 정보의 제공

　　㉣ 자활을 위한 근로기회의 제공

　　㉤ 자활에 필요한 시설 및 장비의 대여

　　㉥ 창업교육, 기능훈련 및 기술 · 경영지도 등 창업지원

　　㉦ 자활에 필요한 자산형성 지원

　　㉧ 그 밖에 대통령령으로 정하는 자활을 위한 각종 지원

② 자활급여는 관련 공공기관 · 비영리법인 · 시설과 그 밖에 대통령령으로 정하는 기관에 위탁하여 실시할 수 있다. 이 경우 그에 드는 비용은 보장기관이 부담한다.

10) 생활보장위원회

생활보장사업의 기획 · 조사 · 실시 등에 관한 사항을 심의 · 의결하기 위하여 보건복지부와 시 · 도 및 시 · 군 · 구에 각각 생활보장위원회를 둔다.

11) 급여의 신청

① 급여의 신청

　　수급권자와 그 친족, 그 밖의 관계인은 관할 시장 · 군수 · 구청장에게 수급권자에 대한 급여를 신청할 수 있다.

② 신청에 의한 조사

　　시장 · 군수 · 구청장은 급여신청이 있는 경우에는 사회복지전담공무원으로 하여금 급여의 결정 및 실시 등에 필요한 다음의 사항을 조사하게 하거나 수급권자에게 보장기관이 지정하는 의료기관에서 검진을 받게 할 수 있다.

③ 확인조사

시장·군수·구청장은 수급자 및 수급자에 대한 급여의 적정성을 확인하기 위하여 매년 연간조사계획을 수립하고 관할구역의 수급자를 대상으로 매년 1회 이상 정기적으로 조사하여야 하며, 특히 필요하다고 인정하는 경우에는 보장기관이 지정하는 의료기관에서 검진을 받게 할 수 있다.

12) 수급자의 권리와 의무

① 급여 변경의 금지 : 수급자에 대한 급여는 정당한 사유 없이 수급자에게 불리하게 변경할 수 없다.
② 압류금지 : 수급자에게 지급된 수급품과 이를 받을 권리는 압류할 수 없다.
③ 양도금지 : 수급자는 급여를 받을 권리를 타인에게 양도할 수 없다.

13) 이의신청

(1) 시·도지사에 대한 이의신청

① 수급자나 급여 또는 급여 변경을 신청한 사람은 시장·군수·구청장의 처분에 대하여 이의가 있는 경우에는 그 결정의 통지를 받은 날부터 90일 이내에 해당 보장기관을 거쳐 시·도지사에게 서면 또는 구두로 이의를 신청할 수 있다. 이 경우 구두로 이의신청을 접수한 보장기관의 공무원은 이의신청서를 작성할 수 있도록 협조하여야 한다.
② 이의신청을 받은 시장·군수·구청장은 10일 이내에 의견서와 관계 서류를 첨부하여 시·도지사에게 보내야 한다.

(2) 시·도지사의 처분 등

① 시·도지사가 시장·군수·구청장으로부터 이의신청서를 받았을 때에는 30일 이내에 필요한 심사를 하고 이의신청을 각하 또는 기각하거나 해당 처분을 변경 또는 취소하거나 그 밖에 필요한 급여를 명하여야 한다.
② 시·도지사는 처분 등을 하였을 때에는 지체 없이 신청인과 해당 시장·군수·구청장에게 각각 서면으로 통지하여야 한다.

(3) 보건복지부장관 등에 대한 이의신청

① 처분 등에 대하여 이의가 있는 사람은 그 처분 등의 통지를 받은 날부터 90일 이내에 시·도지사를 거쳐 보건복지부장관에게 서면 또는 구두로 이의를 신청할 수 있다. 이 경우 구두로 이의신청을 접수한 보장기관의 공무원은 이의신청서를 작성할 수 있도록 협조하여야 한다.
② 시·도지사는 이의신청을 받으면 10일 이내에 의견서와 관계 서류를 첨부하여 보건복지부장관 또는 소관 중앙행정기관의 장에게 보내야 한다.

Tip 👆
수급권은 일신전속권으로 다른 사람에게 자신이 받는 권리를 양도, 압류할 수 없습니다.

(4) 이의신청의 결정 및 통지

보건복지부장관 또는 소관 중앙행정기관의 장은 이의신청서를 받았을 때에는 30일 이내에 필요한 심사를 하고 이의신청을 각하 또는 기각하거나 해당 처분의 변경 또는 취소의 결정을 하여야 한다.

---

2 긴급복지지원법

* 연혁 : 2005년 12월 23일 제정
  2006년 3월 24일 시행

1) 목적

생계곤란 등의 위기상황에 처하여 도움이 필요한 사람을 신속하게 지원함으로써 이들이 위기상황에서 벗어나 건강하고 인간다운 생활을 하게 함을 목적으로 한다.

2) 정의

"위기상황"이란 본인 또는 본인과 생계 및 주거를 같이 하고 있는 가구구성원이 다음에 해당하는 사유로 인하여 생계유지 등이 어렵게 된 것을 말한다.

① 주소득자가 사망, 가출, 행방불명, 구금시설에 수용되는 등의 사유로 소득을 상실한 경우
② 중한 질병 또는 부상을 당한 경우
③ 가구구성원으로부터 방임 또는 유기되거나 학대 등을 당한 경우
④ 가정폭력을 당하여 가구구성원과 함께 원만한 가정생활을 하기 곤란하거나 가구구성원으로부터 성폭력을 당한 경우
⑤ 화재 또는 자연재해 등으로 인하여 거주하는 주택 또는 건물에서 생활하기 곤란하게 된 경우
⑥ 주소득자 또는 부소득자의 휴업, 폐업 또는 사업장의 화재 등으로 인하여 실질적인 영업이 곤란하게 된 경우
⑦ 주소득자 또는 부소득자의 실직으로 소득을 상실한 경우
⑧ 보건복지부령으로 정하는 기준에 따라 지방자치단체의 조례로 정한 사유가 발생한 경우

3) 기본원칙

① **선지원 후조사의 원칙** : 지원은 위기상황에 처한 사람에게 일시적으로 신속하게 지원하는 것을 기본원칙으로 한다.

② **타 법률 지원 우선의 원칙** : 「재해구호법」, 「국민기초생활 보장법」, 「의료급여법」, 「사회복지사업법」, 「가정폭력방지 및 피해자보호 등에 관한 법률」, 「성폭력방지 및 피해자보호 등에 관한 법률」 등 다른 법률에 따라 이 법에 따른 지원 내용과 동일한 내용의 구호·보호 또는 지원을 받고 있는 경우에는 이 법에 따른 지원을 하지 아니한다.

③ **가구단위 지원의 원칙** : 가구단위 지원을 원칙으로 하지만 의료지원, 교육지원과 그 밖의 지원 중 해산비, 장제비는 개인단위로 지원한다.

④ **단기 지원의 원칙** : 위기상황에 처한 사람을 단기로 신속하게 지원한다. 다만 위기상황이 계속될 경우 연장하여 지원한다.

4) 긴급지원대상자

지원대상자는 위기상황에 처한 사람으로서 이 법에 따른 지원이 긴급하게 필요한 사람으로 한다.

5) 외국인에 대한 특례

① 국내에 체류하고 있는 외국인 중 대통령령으로 정하는 사람이 이 법에 해당하는 경우에는 긴급지원대상자가 된다.

② 긴급지원대상자에 해당하는 외국인의 범위
ㄱ 대한민국 국민과 혼인 중인 사람
ㄴ 대한민국 국민인 배우자와 이혼하거나 그 배우자가 사망한 사람으로서 대한민국 국적을 가진 직계존비속을 돌보고 있는 사람
ㄷ 「난민법」에 따른 난민으로 인정된 사람
ㄹ 본인의 귀책사유 없이 화재, 범죄, 천재지변으로 피해를 입은 사람

6) 지원요청 및 신고

① 긴급지원대상자와 친족, 그 밖의 관계인은 구술 또는 서면 등으로 관할 시장·군수·구청장에게 이 법에 따른 지원을 요청할 수 있다.

② 누구든지 긴급지원대상자를 발견한 경우에는 관할 시장·군수·구청장에게 신고하여야 한다.

③ 다음의 어느 하나에 해당하는 사람은 진료·상담 등 직무수행 과정에서 긴급지원대상자가 있음을 알게 된 경우에는 관할 시장·군수·구청장에게 이를 신고하고, 긴급지원대상자가 신속하게 지원을 받을 수 있도록 노력하여야 한다.

ⓐ 「의료법」에 따른 의료기관의 종사자

ⓑ 「유아교육법」, 「초·중등교육법」 및 「고등교육법」에 따른 교원, 직원, 산학겸임교사, 강사

ⓒ 「사회복지사업법」에 따른 사회복지시설의 종사자

ⓓ 「국가공무원법」 및 「지방공무원법」에 따른 공무원

ⓔ 「장애인활동 지원에 관한 법률」에 따른 활동지원기관의 장 및 그 종사자와 활동지원인력

ⓕ 「학원의 설립·운영 및 과외교습에 관한 법률」에 따른 학원의 운영자·강사·직원 및 교습소의 교습자·직원

ⓖ 「건강가정기본법」에 따른 건강가정지원센터의 장과 그 종사자

ⓗ 「청소년 기본법」에 따른 청소년시설 및 청소년단체의 장과 그 종사자

ⓘ 「청소년 보호법」에 따른 청소년 보호·재활센터의 장과 그 종사자

ⓙ 「평생교육법」에 따른 평생교육기관의 장과 그 종사자

ⓚ 그 밖에 긴급지원대상자를 발견할 수 있는 자로서 보건복지부령으로 정하는 자

7) 긴급지원의 종류 및 내용

(1) 금전 또는 현물 등의 직접지원

① 생계지원 : 식료품비·의복비 등 생계유지에 필요한 비용 또는 현물 지원

② 의료지원 : 각종 검사 및 치료 등 의료서비스 지원

③ 주거지원 : 임시거소 제공 또는 이에 해당하는 비용 지원

④ 사회복지시설 이용 지원 : 「사회복지사업법」에 따른 사회복지시설 입소 또는 이용 서비스 제공이나 이에 필요한 비용 지원

⑤ 교육지원 : 초·중·고등학생의 수업료, 입학금, 학교운영지원비 및 학용품비 등 필요한 비용 지원

⑥ 그 밖의 지원 : 연료비나 그 밖에 위기상황의 극복에 필요한 비용 또는 현물 지원

(2) 민간기관·단체와의 연계 등의 지원

① 「대한적십자사 조직법」에 따른 대한적십자사, 「사회복지공동모금회법」에 따른 사회복지공동모금회 등의 사회복지기관·단체와의 연계 지원

② 상담·정보제공, 그 밖의 지원

8) 긴급지원의 기간

① 생계지원의 경우 긴급지원은 3개월간 지원하고 주거지원, 사회복지시설 이용 지원, 그 밖의 지원은 시장·군수·구청장이 긴급지원대상자의 위기 상황이 계속된다고 판단하는 경우에는 1개월씩 두 번의 범위에서 기간을 연장할 수 있다.

② 의료지원은 위기상황의 원인이 되는 질병 또는 부상을 검사·치료하기 위한 범위에서 한 번 실시하며, 교육지원도 한 번 실시한다.

③ 시장·군수·구청장은 지원에도 불구하고 위기상황이 계속되는 경우에는 긴급지원심의위원회의 심의를 거쳐 지원을 연장할 수 있다.

- ㉠ 생계지원 : 6회
- ㉡ 의료지원 : 2회
- ㉢ 주거지원 : 12회
- ㉣ 사회복지시설이용지원 : 6회
- ㉤ 교육지원 : 4회
- ㉥ 그 밖의 지원 : 1회(연료비 6회)
- ㉦ 민간기관·단체와의 연계 등의 지원 : 제한없음

9) 사후조사

시장·군수·구청장은 지원을 받았거나 받고 있는 긴급지원대상자에 대하여 소득 또는 재산 등 대통령령으로 정하는 기준에 따라 긴급지원이 적정한지를 조사하여야 한다.

10) 긴급지원의 적정성 심사

① 긴급지원심의위원회는 시장·군수·구청장이 한 사후조사 결과를 참고하여 긴급지원의 적정성을 심사한다.

② 긴급지원심의위원회는 긴급지원대상자가 「국민기초생활 보장법」 또는 「의료급여법」에 따른 수급권자로 결정된 경우에는 심사를 하지 아니할 수 있다.

11) 이의신청

Tip 🔥
긴급지원에 대해 이의신청을 할 경우 「긴급복지지원법」은 타 법들과 달리 30일 이내에 신청해야 한다고 명시하고 있습니다.

① 결정이나 반환명령에 이의가 있는 사람은 그 처분을 고지받은 날부터 30일 이내에 해당 시장·군수·구청장을 거쳐 특별시장·광역시장·도지사·특별자치도지사에게 서면으로 이의신청할 수 있다. 이 경우 시장·군수·구청장은 이의신청을 받은 날부터 10일 이내에 의견서와 관련 서류를 첨부하여 시·도지사에게 송부하여야 한다.

② 시·도지사는 송부를 받은 날부터 15일 이내에 이를 검토하고 처분이 위법·부당하다고 인정되는 때는 시정, 그 밖에 필요한 조치를 하여야 한다.

* 연혁 : 2007년 4월 25일 기초노인연금법 제정
　　　　 2014년 5월 20일 기초연금법 제정, 2014년 7월 1일 시행

1) 목적

노인에게 기초연금을 지급하여 안정적인 소득기반을 제공함으로써 노인의 생활안정을 지원하고 복지를 증진함을 목적으로 한다.

2) 정의

① 기초연금 수급권 : 법에 따른 기초연금을 받을 권리를 말한다.
② 기초연금 수급권자 : 기초연금 수급권을 가진 사람을 말한다.
③ 기초연금 수급자 : 법에 따라 기초연금을 지급받고 있는 사람을 말한다.
④ 소득인정액 : 본인 및 배우자의 소득평가액과 재산의 소득환산액을 합산한 금액을 말한다.

3) 기초연금 수급권자의 범위

① 기초연금은 65세 이상인 사람으로서 소득인정액이 보건복지부장관이 정하여 고시하는 금액 이하인 사람에게 지급한다.
② 보건복지부장관은 선정기준액을 정하는 경우 65세 이상인 사람 중 기초연금 수급자가 100분의 70 수준이 되도록 한다.

4) 기초연금액의 산정

① 기초연금 수급권자에 대한 기초연금의 금액은 기준연금액과 국민연금 급여액 등을 고려하여 산정한다.
② 기준연금액은 보건복지부장관이 그 전년도의 기준연금액에 전국소비자물가변동률을 반영하여 매년 고시한다. 이 경우 그 고시한 기준연금액의 적용기간은 해당 조정연도 1월부터 12월까지로 한다.

5) 기초연금액의 감액

본인과 그 배우자가 모두 기초연금 수급권자인 경우에는 각각의 기초연금액에서 기초연금액의 100분의 20에 해당하는 금액을 감액한다.

Tip 👆
특수직 연금을 받는 공무원, 사학교직원, 군인, 별정우체국 연금을 받는 자와 그 배우자는 기초연금 수급권이 없습니다.

Tip 👆
부부가 같이 기초연금을 받을 경우에 20%를 감액하는 이유는 중복되는 비용을 줄이기 위함입니다.

6) 기초연금 지급

(1) 기초연금 지급의 신청

기초연금을 지급받으려는 사람 또는 보건복지부령으로 정하는 대리인은 특별자치시장·특별자치도지사·시장·군수·구청장에게 기초연금의 지급을 신청할 수 있다.

기초연금 지급의 정지와 기초연금 수급권의 상실 이유를 확실히 암기해야 합니다.

(2) 기초연금 지급의 정지

특별자치시장·특별자치도지사·시장·군수·구청장은 기초연금 수급자가 다음의 경우에 해당하면 그 사유가 발생한 날이 속하는 달의 다음 달부터 그 사유가 소멸한 날이 속하는 달까지는 기초연금의 지급을 정지한다.

① 기초연금 수급자가 금고 이상의 형을 선고받고 교정시설 또는 치료감호시설에 수용되어 있는 경우
② 기초연금 수급자가 행방불명되거나 실종되는 등 대통령령으로 정하는 바에 따라 사망한 것으로 추정되는 경우
③ 기초연금 수급자의 국외 체류기간이 60일 이상 지속되는 경우. 이 경우 국외 체류 60일이 되는 날을 지급 정지의 사유가 발생한 날로 본다.

(3) 기초연금 수급권의 상실

기초연금 수급권자는 다음에 해당하게 된 때에 기초연금 수급권을 상실한다.

① 사망한 때
② 국적을 상실하거나 국외로 이주한 때
③ 기초연금 수급권자에 해당하지 아니하게 된 때

7) 신고

① 기초연금 수급자는 다음에 해당하는 경우 30일 이내에 그 사실을 특별자치시장·특별자치도지사·시장·군수·구청장에게 신고하여야 한다.
　㉠ 지급 정지의 사유가 소멸한 경우
　㉡ 기초연금 수급권 상실의 사유가 있는 경우
　㉢ 대통령령으로 정하는 기준에 해당하는 기초연금 수급자 또는 그 배우자의 소득·재산의 변동이 발생한 경우
　㉣ 기초연금 수급자가 결혼 또는 이혼을 하거나 그 배우자가 사망한 경우

8) 기초연금 수급권의 보호

① 기초연금 수급권은 양도하거나 담보로 제공할 수 없으며, 압류 대상으로 할 수 없다.
② 기초연금으로 지급받은 금품은 압류할 수 없다.

9) 이의신청

① 결정이나 그 밖에 이 법에 따른 처분에 이의가 있는 사람은 특별자치시장·특별자치도지사·시장·군수·구청장에게 이의신청을 할 수 있다.

② 이의신청은 그 처분이 있음을 안 날부터 90일 이내에 서면으로 하여야 한다. 다만, 정당한 사유로 인하여 그 기간 이내에 이의신청을 할 수 없었음을 증명한 때에는 그 사유가 소멸한 때부터 60일 이내에 이의신청을 할 수 있다.

10) 시효

환수금을 환수할 권리와 기초연금 수급권자의 권리는 5년간 행사하지 아니하면 시효의 완성으로 소멸한다.

11) 비용의 분담

① 국가는 지방자치단체의 노인인구 비율 및 재정 여건 등을 고려하여 기초연금의 지급에 드는 비용 중 100분의 40 이상 100분의 90 이하의 범위에서 대통령령으로 정하는 비율에 해당하는 비용을 부담한다.

② 국가가 부담하는 비용을 뺀 비용은 특별시·광역시·특별자치시·도·특별자치도와 시·군·구가 상호 분담한다. 이 경우, 그 부담비율은 노인인구 비율 및 재정여건 등을 고려하여 보건복지부장관과 협의하여 시·도의 조례 및 시·군·구의 조례로 정한다.

4 　의료급여법

---

* 연혁 : 1977년 12월 3일 의료보호법 제정
　　　　 2001년 5월 24일 의료급여법 개정, 2001년 10월 1일 시행

1) 목적

생활이 어려운 사람에게 의료급여를 함으로써 국민보건의 향상과 사회복지의 증진에 이바지함을 목적으로 한다.

2) 정의

① 수급권자 : 법에 따라 의료급여를 받을 수 있는 자격을 가진 사람을 말한다.

② 의료급여기관 : 수급권자에 대한 진료·조제 또는 투약 등을 담당하는 의료기관 및 약국 등을 말한다.

③ **부양의무자** : 수급권자를 부양할 책임이 있는 사람으로서 수급권자의 1촌 직계혈족 및 그 배우자를 말한다.

3) 수급권자

① 「국민기초생활 보장법」에 따른 의료급여 수급자
② 「재해구호법」에 따른 이재민으로서 보건복지부장관이 의료급여가 필요하다고 인정한 사람
③ 「의사상자 등 예우 및 지원에 관한 법률」에 따라 의료급여를 받는 사람
④ 「입양특례법」에 따라 국내에 입양된 18세 미만의 아동
⑤ 「독립유공자예우에 관한 법률」, 「국가유공자 등 예우 및 지원에 관한 법률」 및 「보훈보상대상자 지원에 관한 법률」의 적용을 받고 있는 사람과 그 가족으로서 국가보훈처장이 의료급여가 필요하다고 추천한 사람 중에서 보건복지부장관이 의료급여가 필요하다고 인정한 사람
⑥ 「무형문화재 보전 및 진흥에 관한 법률」에 따라 지정된 국가무형문화재의 보유자와 그 가족으로서 문화재청장이 의료급여가 필요하다고 추천한 사람 중에서 보건복지부장관이 의료급여가 필요하다고 인정한 사람
⑦ 「북한이탈주민의 보호 및 정착지원에 관한 법률」의 적용을 받고 있는 사람과 그 가족으로서 보건복지부장관이 의료급여가 필요하다고 인정한 사람
⑧ 「5·18민주화운동 관련자 보상 등에 관한 법률」에 따라 보상금 등을 받은 사람과 그 가족으로서 보건복지부장관이 의료급여가 필요하다고 인정한 사람
⑨ 「노숙인 등의 복지 및 자립지원에 관한 법률」에 따른 노숙인 등으로서 보건복지부장관이 의료급여가 필요하다고 인정한 사람
⑩ 그 밖에 생활유지 능력이 없거나 생활이 어려운 사람으로서 대통령령으로 정하는 사람

4) 수급권자의 인정 절차

① 수급권자가 되려는 사람은 특별자치시장·특별자치도지사·시장·군수·구청장에게 수급권자 인정 신청을 하여야 한다.
② 시장·군수·구청장은 신청인을 수급권자로 인정하는 것이 타당한지를 확인하기 위하여 필요한 경우 그 신청인에게 「국민기초생활 보장법」에 따른 자료 또는 정보의 제공에 동의한다는 서면을 제출하게 할 수 있다.

5) 의료급여의 내용

수급권자의 질병·부상·출산 등에 대한 의료급여의 내용은 다음과 같다.

① 진찰·검사
② 약제·치료재료의 지급
③ 처치·수술과 그 밖의 치료
④ 예방·재활
⑤ 입원
⑥ 간호
⑦ 이송과 그 밖의 의료목적 달성을 위한 조치

Tip
의료급여의 내용은 건강보험에서 부담하는 급여와 같습니다.

6) 의료급여기관

의료급여는 다음의 의료급여기관에서 실시한다. 이 경우 보건복지부장관은 공익상 또는 국가시책상 의료급여기관으로 적합하지 아니하다고 인정할 때에는 대통령령으로 정하는 바에 따라 의료급여기관에서 제외할 수 있다.

① 「의료법」에 따라 개설된 의료기관
② 「지역보건법」에 따라 설치된 보건소·보건의료원 및 보건지소
③ 「농어촌 등 보건의료를 위한 특별조치법」에 따라 설치된 보건진료소
④ 「약사법」에 따라 개설등록된 약국 및 설립된 한국희귀·필수의약품센터

7) 서류의 보존

① 의료급여기관은 의료급여가 끝난 날부터 5년간 급여비용의 청구에 관한 서류를 보존하여야 한다.
② 약국 등 보건복지부령으로 정하는 의료급여기관은 처방전을 급여비용을 청구한 날부터 3년간 보존하여야 한다.

8) 요양비

① 시장·군수·구청장은 보건복지부령으로 정하는 수급권자가 긴급하거나 그 밖의 부득이한 사유로 의료급여기관과 같은 기능을 수행하는 기관으로서 질병·부상·출산 등에 대하여 의료급여를 받거나 의료급여기관이 아닌 장소에서 출산을 하였을 때에는 그 의료급여에 상당하는 금액을 수급권자에게 요양비로 지급한다.
② 의료급여를 실시한 기관은 보건복지부장관이 정하는 요양비명세서 또는 요양의 명세를 적은 영수증을 요양을 받은 사람에게 내주어야 하며, 요양을 받은 사람은 이를 시장·군수·구청장에게 제출하여야 한다.

9) 장애인 및 임산부에 대한 특례

① 시장·군수·구청장은 「장애인복지법」에 따라 등록한 장애인인 수급권자에게 「장애인·노인 등을 위한 보조기기 지원 및 활용촉진에 관한 법률」에 따른 보조기기에 대하여 급여를 실시할 수 있다.
② 시장·군수·구청장은 임신한 수급권자가 임신기간 중 의료급여기관에서 받는 진료에 드는 비용에 대하여 추가급여를 실시할 수 있다.

10) 건강검진

시장·군수·구청장은 수급권자에 대하여 질병의 조기발견과 그에 따른 의료급여를 하기 위하여 건강검진을 할 수 있다.

11) 이의신청

① 수급권자의 자격, 의료급여 및 급여비용에 대한 시장·군수·구청장의 처분에 이의가 있는 자는 시장·군수·구청장에게 이의신청을 할 수 있다.
② 급여비용의 심사·조정, 의료급여의 적정성 평가 및 급여 대상 여부의 확인에 관한 급여비용심사기관의 처분에 이의가 있는 보장기관, 의료급여기관 또는 수급권자는 급여비용심사기관에 이의신청을 할 수 있다.
③ 이의신청은 처분이 있음을 안 날부터 90일 이내에 문서로 하여야 하며, 처분이 있은 날부터 180일이 지나면 제기하지 못한다.
④ 의료급여기관이 급여비용심사기관의 확인에 대하여 이의신청을 하려면 통보받은 날부터 30일 이내에 하여야 한다.

12) 심판청구

① 급여비용심사기관의 이의신청에 대한 결정에 불복이 있는 자는 「국민건강보험법」에 따른 건강보험분쟁조정위원회에 심판청구를 할 수 있다.
② 심판청구를 하려는 자는 심판청구서를 처분을 행한 급여비용심사기관에 제출하거나 건강보험분쟁조정위원회에 제출하여야 한다.

13) 소멸시효

다음의 권리는 3년간 행사하지 아니하면 소멸시효가 완성된다.

① 의료급여를 받을 권리
② 급여비용을 받을 권리
③ 대지급금을 상환받을 권리

OX 퀴즈

- 「국민기초생활 보장법」의 급여는 수급자가 자신의 생활의 유지·향상을 위하여 그의 소득, 재산, 근로능력 등을 활용하여 최대한 노력하는 것을 전제로 이를 보충·발전시키는 것을 기본원칙으로 한다. (O)
- 「긴급복지지원법」의 급여는 생계지원, 의료지원, 주거지원, 사회복지시설 이용지원, 교육지원, 그 밖의 지원으로 구분되고 긴급지원은 공공에서만 지원한다. (×)
- 기초연금은 65세 이상인 사람으로서 소득인정액이 65세 이상인 사람 중 100분의 70 수준 이하인 사람에게 지급한다. (O)
- 의료급여를 받을 권리, 급여비용을 받을 권리, 대지급금을 상환 받을 권리는 5년간 행사하지 아니하면 소멸시효가 완성된다. (×)

01 「국민기초생활 보장법」에 대한 내용으로 틀린 것을 모두 고른 것은?

> ㄱ. 국외에 체류하는 외국인도 수급권자가 될 수 있다.
> ㄴ. 생계급여는 매월 정기적으로 지급하여야 한다.
> ㄷ. 급여는 건강하고 문화적인 최저생활을 유지할 수 있는 것이어야 한다.
> ㄹ. 보장기관이란 이 법에 따른 급여를 실시하는 국가 또는 지방자치단체를 말한다.

① ㄱ
② ㄷ, ㄹ
③ ㄴ, ㄷ, ㄹ
④ ㄱ, ㄴ, ㄹ
⑤ ㄱ, ㄴ, ㄷ, ㄹ

해설 ㄱ. 국외에 체류하는 외국인은 수급권자가 될 수 없고 국내에 체류하는 외국인은 수급권자가 될 수 있다. 국내에 체류하고 있는 외국인 중 대한민국 국민과 혼인하여 본인 또는 배우자가 임신 중이거나 대한민국 국적의 미성년 자녀를 양육하고 있거나 배우자의 대한민국 국적인 직계존속과 생계나 주거를 같이하고 있는 사람으로서 대통령령으로 정하는 사람이 이 법에 따른 급여를 받을 수 있는 자격을 가진 경우에는 수급권자가 된다.

02 「국민기초생활 보장법」에 대한 내용으로 틀린 것은?

① 수급자에 대한 급여는 정당한 사유 없이 수급자에게 불리하게 변경할 수 없다.
② 자활급여는 관련 공공기관 · 비영리기관 · 시설과 그 밖에 대통령령으로 정하는 기관에 위탁하여 실시할 수 있다.
③ 수급자란 이 법에 따른 급여를 받을 수 있는 자격을 가진 사람을 말한다.

④ 「국민기초생활 보장법」상 급여의 종류에는 생계급여, 주거급여, 의료급여, 교육급여, 해산급여, 장제급여, 자활급여가 있다.
⑤ 수급권자에 대한 급여는 수급자의 필요에 따라 급여의 전부 또는 일부를 실시하는 것으로 한다.

해설 수급권자란 이 법에 따른 급여를 받을 수 있는 자격을 가진 사람을 말하고, 수급자는 급여를 받는 사람을 말한다.

03 「국민기초생활 보장법」에 대한 내용으로 옳은 것은?

① 퇴직금은 「국민기초생활 보장법」상 소득의 범위에 해당된다.
② 보장기관은 지역자활센터에 국유 · 공유 재산의 무상임대를 지원할 수 있다.
③ 부양의무자의 부양보다 「국민기초생활 보장법」에 따른 급여가 우선하여 행하여진다.
④ 수급자는 세대 구성에 변동이 있는 경우 관할 보장기관에 보고해야 한다.
⑤ 주거급여는 고용노동부 소관으로 한다.

해설 ① 퇴직금은 일회성이기 때문에 「국민기초생활 보장법」상 소득의 범위에 해당하지 않는다.
③ 부양의무자의 부양은 「국민기초생활 보장법」에 따른 급여에 우선하여 행하여진다.
④ 수급자는 세대 구성에 변동이 있는 경우 관할 보장기관에 신고해야 한다.
⑤ 주거급여는 국토교통부 소관으로 한다. 교육급여는 교육부, 나머지 급여는 보건복지부 소관이다.

04 「의료급여법」에 대한 내용으로 틀린 것은?

① 「입양특례법」에 따라 국내에 입양된 18세 미만의 아동은 「의료급여법」에 따른 수급권자이다.

② 급여비용의 일부를 본인에게 부담하게 할 수 있다.

③ 이주노동자도 의료급여 수급권자의 대상이 된다.

④ 의료급여의 내용에는 간호, 이송, 수술, 처치, 예방 및 재활 등이 있다.

⑤ 의료급여증 서식은 1종, 2종 색깔 구분 없이 동일하다.

해설 이주노동자는 의료급여 수급권자의 대상이 아니다.

05 「기초연금법」에 대한 내용으로 옳은 것은?

① 국가는 지방자치단체에 기초연금의 지급에 드는 비용 중 100분의 40 이상 100분의 90 이하의 범위에서 지급한다.

② 기초연금의 이의신청은 그 처분이 있음을 안 날부터 60일 이내에 서면으로 하여야 한다.

③ 수급희망자의 연금지급 신청은 그 친족이 대신할 수 없다.

④ 65세 이상인 사람 중 기초연금 수급자가 100분의 80 수준이 되도록 한다.

⑤ 기초연금 수급자의 국외 체류기간이 30일 이상 지속되는 경우에는 기초연금의 지급을 정지한다.

해설
② 기초연금의 이의신청은 그 처분이 있음을 안 날부터 90일 이내에 서면으로 하여야 한다.
③ 수급희망자의 연금지급 신청은 그 친족이 대신할 수 있다.
④ 65세 이상인 사람 중 기초연금 수급자가 100분의 70 수준이 되도록 한다.
⑤ 기초연금 수급자의 국외 체류기간이 60일 이상 지속되는 경우에는 기초연금의 지급을 정지한다.

06 「기초연금법」에 대한 내용으로 틀린 것은?

① 수급자가 금고 이상의 형을 선고받고 교정시설에 수용 중인 기간 동안에는 연금의 지급을 정지한다.

② 기초연금 수급권자에 대한 기초연금액은 기준연금액과 국민연금 급여액 등을 고려하여 산정한다.

③ 기초연금은 65세 이상의 생활이 어려운 노인을 적용대상으로 한다.

④ 환수금을 환수할 권리와 기초연금 수급권자의 권리는 3년간 행사하지 아니하면 시효의 완성으로 소멸한다.

⑤ 연금은 연금을 신청한 날이 속하는 달부터 수급권이 소멸한 날이 속하는 달까지 매월 정기적으로 지급한다.

해설 환수금을 환수할 권리와 기초연금 수급권자의 권리는 5년간 행사하지 아니하면 시효의 완성으로 소멸한다.

07 「긴급복지지원법」에 대한 내용으로 틀린 것은?

① 사회복지공동모금회와의 연계 지원은 민간기관 · 단체와의 연계 등의 지원에 해당한다.

② 가구구성원으로부터 유기된 경우에도 「긴급복지지원법」상의 위기상황에 해당한다.

③ 위기상황에 처한 사람에게 일시적으로 신속하게 지원하는 것을 기본원칙으로 한다.

④ 본인의 귀책사유가 있어도 화재, 범죄, 천재지변으로 피해를 입은 외국인은 긴급지원 대상자가 된다.

⑤ 생계지원, 주거지원, 사회복지시설 이용 지원, 그 밖의 지원은 1개월간의 생계유지 등에 필요한 지원으로 한다.

해설 본인의 귀책사유 없이 화재, 범죄, 천재지변으로 피해를 입은 외국인은 긴급지원 대상자가 된다.

08 「긴급복지지원법」의 기본원칙으로 옳은 것을 모두 고른 것은?

> ㄱ. 선보고 후처리 원칙
> ㄴ. 타법률 지원 우선의 원칙
> ㄷ. 개인단위 지원의 원칙
> ㄹ. 단기 지원의 원칙

① ㄱ, ㄷ, ㄹ
② ㄴ, ㄷ, ㄹ
③ ㄱ, ㄴ, ㄷ
④ ㄱ, ㄴ, ㄹ
⑤ ㄱ, ㄴ, ㄷ, ㄹ

해설 「긴급복지지원법」의 기본원칙은 선지원 후조사 원칙, 타 법률 지원 우선의 원칙, 가구단위 지원의 원칙, 단기 지원의 원칙이다. 가구단위 지원이 원칙이지만 교육지원에 한해서는 개인단위로 지원이 가능하다.

09 「기초연금법」에 대한 내용으로 틀린 것은?

① 선정기준액은 매년 1월 1일부터 12월 31일까지 적용한다.
② 선정기준액을 정하는 경우 65세 이상인 사람 중 기초연금 수급자가 100분의 70 수준이 되도록 한다.
③ 금고 이상의 형을 선고받을 때는 수급권이 상실된다.
④ 연금을 지급받고자 하는 자 또는 그 친족, 그 밖의 관계인이 급여를 신청할 수 있다.
⑤ 금고 이상의 형을 선고받고 교정시설에 수용 중인 기간 동안에는 연금의 지급을 정지한다.

해설 금고 이상의 형을 선고받을 때는 수급권이 상실되는 것이 아니라 연금의 지급을 정지한다.

10 「국민기초생활 보장법」의 자활급여에 해당하는 것을 모두 고른 것은?

> ㄱ. 자활을 위한 근로기회 제공
> ㄴ. 자활에 필요한 기능습득의 지원
> ㄷ. 취업알선 등 정보의 제공
> ㄹ. 일상생활에 기본적으로 필요한 금품 지급

① ㄱ, ㄷ, ㄹ
② ㄴ, ㄷ, ㄹ
③ ㄱ, ㄴ, ㄷ
④ ㄱ, ㄴ, ㄹ
⑤ ㄱ, ㄴ, ㄷ, ㄹ

해설 ㄹ. 일상생활에 기본적으로 필요한 금품을 지급하는 것은 생계급여이다.

자활급여는 수급자의 자활을 돕기 위하여 다음의 급여를 실시하는 것으로 한다.
• 자활에 필요한 금품의 지급 또는 대여
• 자활에 필요한 근로능력의 향상 및 기능습득의 지원
• 취업알선 등 정보의 제공
• 자활을 위한 근로기회의 제공
• 자활에 필요한 시설 및 장비의 대여
• 창업교육, 기능훈련 및 기술·경영지도 등 창업지원
• 자활에 필요한 자산형성 지원
• 그 밖에 대통령령으로 정하는 자활을 위한 각종 지원

출제경향

목차	22회	21회	20회	19회	18회
1. 산업재해보상보험법		1	1	1	1
2. 국민연금법	1		1	1	
3. 고용보험법	2	1	1	1	1
4. 국민건강보험법	1		1	1	1
5. 노인장기요양보험법	1	1	1		1

학습 가이드

- 「산업재해보상보험법」은 정의, 업무상 재해의 인정, 급여의 종류를 잘 이해하는 것이 중요하다.
- 사회보험법은 어느 부분이 출제되기보다는 전체의 내용을 이해하고 있는지 물어보는 문항들이 출제되고 있어 전체적인 내용을 파악하는 것이 중요하다.
- 산업재해보상보험법은 급여의 유형과 권리구제에 대한은 꼭 파악해야 한다.
- 「국민연금법」에서는 자격과 급여에 대한 내용이 자주 출제되고 있으므로 확실히 내용을 파악해야 한다.
- 「고용보험법」은 보험료와 보험급여에 대한 내용이 자주 출제되고 있고, 특히 실업급여에 내용은 매회 출제되고 있어 꼭 암기해야 한다.
- 「국민건강보험법」은 국민건강보험공단의 업무가 최근 들어 자주 출제되고 있어 이 부분도 이해해야 한다.
- 「노인장기요양보험법」은 장기요양급여의 종류, 보험료, 권리구제가 자주 출제되고 있다.

Tip 👆
공무원, 사립학교교직원, 군인은 「산업재해보상보험법」에 가입하지 않습니다.

1 산업재해보상보험법

＊ 연혁 : 1963년 11월 5일 제정, 1964년 1월 1일 시행

1) 목적

산업재해보상보험 사업을 시행하여 근로자의 업무상의 재해를 신속하고 공정하게 보상하며, 재해근로자의 재활 및 사회 복귀를 촉진하기 위하여 이에 필요

한 보험시설을 설치·운영하고, 재해 예방과 그 밖에 근로자의 복지 증진을 위한 사업을 시행하여 근로자 보호에 이바지하는 것을 목적으로 한다.

2) 정의

① **업무상의 재해** : 업무상의 사유에 따른 근로자의 부상·질병·장해 또는 사망을 말한다.

② **근로자·임금·평균임금·통상임금** : 「근로기준법」에 따른 근로자·임금·평균임금·통상임금을 말한다.

③ **유족** : 사망한 사람의 배우자·자녀·부모·손자녀·조부모 또는 형제자매를 말한다.

④ **치유** : 부상 또는 질병이 완치되거나 치료의 효과를 더 이상 기대할 수 없고 그 증상이 고정된 상태에 이르게 된 것을 말한다.

⑤ **장해** : 부상 또는 질병이 치유되었으나 정신적 또는 육체적 훼손으로 인하여 노동능력이 상실되거나 감소된 상태를 말한다.

⑥ **중증요양상태** : 업무상의 부상 또는 질병에 따른 정신적 또는 육체적 훼손으로 노동능력이 상실되거나 감소된 상태로서 그 부상 또는 질병이 치유되지 아니한 상태를 말한다.

⑦ **진폐** : 분진을 흡입하여 폐에 생기는 섬유증식성 변화를 주된 증상으로 하는 질병을 말한다.

⑧ **출퇴근** : 취업과 관련하여 주거와 취업장소 사이의 이동 또는 한 취업장소에서 다른 취업장소로의 이동을 말한다.

 「산업재해보상보험법」에서는 장해라는 단어를 씁니다. 그러나 타 법에서는 모두 장애라는 단어를 쓰고 있어 주의해야 합니다.

3) 업무상의 재해의 인정 기준

근로자가 다음의 어느 하나에 해당하는 사유로 부상·질병 또는 장해가 발생하거나 사망하면 업무상의 재해로 본다. 다만, 업무와 재해 사이에 상당인과관계가 없는 경우에는 그러하지 아니하다.

(1) 업무상 사고
① 근로자가 근로계약에 따른 업무나 그에 따르는 행위를 하던 중 발생한 사고
② 사업주가 제공한 시설물 등을 이용하던 중 그 시설물 등의 결함이나 관리소홀로 발생한 사고
③ 사업주가 주관하거나 사업주의 지시에 따라 참여한 행사나 행사준비 중에 발생한 사고
④ 휴게시간 중 사업주의 지배관리하에 있다고 볼 수 있는 행위로 발생한 사고
⑤ 그 밖에 업무와 관련하여 발생한 사고

(2) 업무상 질병

① 업무수행 과정에서 물리적 인자, 화학물질, 분진, 병원체, 신체에 부담을 주는 업무 등 근로자의 건강에 장해를 일으킬 수 있는 요인을 취급하거나 그에 노출되어 발생한 질병

② 업무상 부상이 원인이 되어 발생한 질병

③ 「근로기준법」에 따른 직장 내 괴롭힘, 고객의 폭언 등으로 인한 업무상 정신적 스트레스가 원인이 되어 발생한 질병

④ 그 밖에 업무와 관련하여 발생한 질병

(3) 출퇴근 재해

① 사업주가 제공한 교통수단이나 그에 준하는 교통수단을 이용하는 등 사업주의 지배관리하에서 출퇴근하는 중 발생한 사고

② 그 밖에 통상적인 경로와 방법으로 출퇴근하는 중 발생한 사고

4) 적용 범위

근로자를 사용하는 모든 사업 또는 사업장에 적용한다. 다만, 위험률·규모 및 장소 등을 고려하여 대통령령으로 정하는 사업에 대하여는 이 법을 적용하지 아니한다.

5) 보험급여

(1) 보험급여의 종류

① 요양급여   ② 휴업급여   ③ 장해급여

④ 간병급여   ⑤ 유족급여   ⑥ 상병보상연금

⑦ 장례비   ⑧ 직업재활급여   ⑨ 특별급여

(2) 요양급여

① 요양급여는 근로자가 업무상의 사유로 부상을 당하거나 질병에 걸린 경우에 그 근로자에게 지급한다.

② 산재보험 의료기관에서 요양을 하게 한다. 다만, 부득이한 경우에는 요양을 갈음하여 요양비를 지급할 수 있다.

③ 부상 또는 질병이 3일 이내의 요양으로 치유될 수 있으면 요양급여를 지급하지 아니한다.

④ **요양급여의 범위**
   ㉠ 진찰 및 검사
   ㉡ 약제 또는 진료재료와 의지나 그 밖의 보조기의 지급
   ㉢ 처치, 수술, 그 밖의 치료

ⓔ 재활치료

ⓜ 입원

ⓗ 간호 및 간병

ⓢ 이송

⑤ 재요양

요양급여를 받은 사람이 치유 후 요양의 대상이 되었던 업무상의 부상 또는 질병이 재발하거나 치유 당시보다 상태가 악화되어 이를 치유하기 위한 적극적인 치료가 필요하다는 의학적 소견이 있으면 다시 요양급여를 받을 수 있다.

(3) 휴업급여

휴업급여는 업무상 사유로 부상을 당하거나 질병에 걸린 근로자에게 요양으로 취업하지 못한 기간에 대하여 지급하되, 1일당 지급액은 평균임금의 100분의 70에 상당하는 금액으로 한다. 다만, 취업하지 못한 기간이 3일 이내이면 지급하지 아니한다.

(4) 장해급여

① 장해급여는 근로자가 업무상의 사유로 부상을 당하거나 질병에 걸려 치유된 후 신체 등에 장해가 있는 경우에 그 근로자에게 지급한다.

② 장해급여는 장해등급에 따라 장해보상연금 또는 장해보상일시금으로 하되, 그 장해등급의 기준은 대통령령으로 정한다.

③ 장해보상연금 또는 장해보상일시금은 수급권자의 선택에 따라 지급한다.

Tip 👆

장해급여의 경우 1~7급까지는 연금이나 일시금을 선택할 수 있고 8~14급까지는 일시금으로 받습니다.

📖 **장해급여표**(「산업재해보상보험법」제57조 제2항 관련)

(평균임금 기준)

장해등급	장해보상연금	장해보상일시금
제1급	329일분	1,474일분
제2급	291일분	1,309일분
제3급	257일분	1,155일분
제4급	224일분	1,012일분
제5급	193일분	869일분
제6급	164일분	737일분
제7급	138일분	616일분
제8급		495일분
제9급		385일분
제10급		297일분
제11급		220일분
제12급		154일분

1과목

2과목

3과목

4과목

5과목

6과목

7과목

8과목

장해등급	장해보상연금	장해보상일시금
제13급		99일분
제14급		55일분

(5) 간병급여

간병급여는 요양급여를 받은 사람 중 치유 후 의학적으로 상시 또는 수시로 간병이 필요하여 실제로 간병을 받는 사람에게 지급한다.

(6) 유족급여

① 유족급여는 근로자가 업무상의 사유로 사망한 경우에 유족에게 지급한다.

② 유족급여는 유족보상연금이나 유족보상일시금으로 하되, 유족보상일시금은 근로자가 사망할 당시 유족보상연금을 받을 수 있는 자격이 있는 사람이 없는 경우에 지급한다.

③ 유족보상연금을 받을 수 있는 자격이 있는 사람이 원하면 유족보상일시금의 100분의 50에 상당하는 금액을 일시금으로 지급하고 유족보상연금은 100분의 50을 감액하여 지급한다.

④ **유족보상연금 수급자격자의 범위**

유족보상연금을 받을 수 있는 자격이 있는 사람은 근로자가 사망할 당시 그 근로자와 생계를 같이 하고 있던 유족 중 배우자와 다음의 어느 하나에 해당하는 사람으로 한다.

㉠ 부모 또는 조부모로서 각각 60세 이상인 사람

㉡ 자녀로서 25세 미만인 사람

㉢ 손자녀로서 25세 미만인 사람

㉣ 형제자매로서 19세 미만이거나 60세 이상인 사람

⑤ **유족보상연금 수급자격자의 자격 상실과 지급 정지**

유족보상연금 수급자격자인 유족이 다음의 어느 하나에 해당하면 그 자격을 잃는다.

㉠ 사망한 경우

㉡ 재혼한 때

㉢ 사망한 근로자와의 친족 관계가 끝난 경우

㉣ 자녀가 25세가 된 때

㉤ 손자녀가 25세가 된 때

㉥ 형제자매가 19세가 된 때

(7) 상병보상연금

요양급여를 받는 근로자가 요양을 시작한 지 2년이 지난 날 이후에 다음의 요건 모두에 해당하는 상태가 계속되면 휴업급여 대신 상병보상연금을 그 근로자에게 지급한다.

① 그 부상이나 질병이 치유되지 아니한 상태일 것

② 그 부상이나 질병에 따른 중증요양상태의 정도가 대통령령으로 정하는 중증요양상태등급 기준에 해당할 것

③ 요양으로 인하여 취업하지 못하였을 것

(8) 장례비

장례비는 근로자가 업무상의 사유로 사망한 경우에 지급하되, 평균임금의 120일분에 상당하는 금액을 그 장례를 지낸 유족에게 지급한다.

(9) 직업재활급여

① 장해급여 또는 진폐보상연금을 받은 사람이나 장해급여를 받을 것이 명백한 사람으로서 취업을 위하여 직업훈련이 필요한 사람에 대하여 실시하는 직업훈련에 드는 비용 및 직업훈련수당

② 업무상의 재해가 발생할 당시의 사업에 복귀한 장해급여자에 대하여 사업주가 고용을 유지하거나 직장적응훈련 또는 재활운동을 실시하는 경우에 각각 지급하는 직장복귀지원금, 직장적응훈련비 및 재활운동비

(10) 특별급여

① **장해특별급여** : 보험가입자의 고의 또는 과실로 발생한 업무상의 재해로 근로자가 장해등급 또는 진폐장해등급에 해당하는 장해를 입은 경우에 수급권자가 「민법」에 따른 손해배상청구를 갈음하여 장해특별급여를 청구하면 장해급여 또는 진폐보상연금 외에 장해특별급여를 지급할 수 있다. 다만, 근로자와 보험가입자 사이에 장해특별급여에 관하여 합의가 이루어진 경우에 한정한다.

② **유족특별급여** : 보험가입자의 고의 또는 과실로 발생한 업무상의 재해로 근로자가 사망한 경우에 수급권자가 「민법」에 따른 손해배상청구를 갈음하여 유족특별급여를 청구하면 유족급여 또는 진폐유족연금 외에 대통령령으로 정하는 유족특별급여를 지급할 수 있다.

Tip 👆
특별급여에는 장해특별급여와 유족특별급여가 있으나 무조건 받을 수 있는 것이 아니라 사업주에게 「민법」을 통해 청구하면 합의를 통해 받을 수 있습니다.

6) 심사청구와 재심사청구

(1) 심사청구의 제기

① 다음에 해당하는 공단의 결정에 불복하는 자는 공단에 심사청구를 할 수 있다.

　　㉠ 보험급여에 관한 결정

　　㉡ 진료비에 관한 결정

　　㉢ 약제비에 관한 결정

　　㉣ 진료계획 변경 조치

　　　　ⓜ 보험급여의 일시지급에 관한 결정

　　　　ⓗ 합병증 등 예방관리에 관한 조치

　　　　ⓢ 부당이득의 징수에 관한 결정

　　　　ⓞ 수급권의 대위에 관한 결정

　② 심사청구는 그 보험급여 결정을 한 공단의 소속 기관을 거쳐 공단에 제기하여야 한다.

　③ 심사청구는 보험급여 결정이 있음을 안 날부터 90일 이내에 하여야 한다.

　④ 심사청구서를 받은 공단의 소속 기관은 5일 이내에 의견서를 첨부하여 공단에 보내야 한다.

　⑤ 보험급여 결정에 대하여는 「행정심판법」에 따른 행정심판을 제기할 수 없다.

⑵ 재심사청구의 제기

　① 심사청구에 대한 결정에 불복하는 자는 산업재해보상보험재심사위원회에 재심사청구를 할 수 있다.

　② 재심사청구는 그 보험급여 결정을 한 공단의 소속 기관을 거쳐 산업재해보상보험재심사위원회에 제기하여야 한다.

　③ 재심사청구는 심사청구에 대한 결정이 있음을 안 날부터 90일 이내에 제기하여야 한다.

2 국민연금법

* 연혁 : 1973년 12월 24일 국민복지연금법 제정
　　　　1986년 12월 31일 국민연금법 전부개정, 1988년 1월 1일 시행

1) 목적

국민의 노령, 장애 또는 사망에 대하여 연금급여를 실시함으로써 국민의 생활 안정과 복지 증진에 이바지하는 것을 목적으로 한다.

2) 정의

① **근로자** : 직업의 종류가 무엇이든 사업장에서 노무를 제공하고 그 대가로 임금을 받아 생활하는 자를 말한다.

② **사용자** : 해당 근로자가 소속되어 있는 사업장의 사업주를 말한다.

③ 소득 : 일정한 기간 근로를 제공하여 얻은 수입에서 비과세소득을 제외한 금액 또는 사업 및 자산을 운영하여 얻는 수입에서 필요경비를 제외한 금액을 말한다.

④ 평균소득월액 : 매년 사업장가입자 및 지역가입자 전원의 기준소득월액을 평균한 금액을 말한다.

⑤ 기준소득월액 : 연금보험료와 급여를 산정하기 위하여 국민연금가입자의 소득월액을 기준으로 하여 정하는 금액을 말한다.

⑥ 사업장가입자 : 사업장에 고용된 근로자 및 사용자로서 국민연금에 가입된 자를 말한다.

⑦ 지역가입자 : 사업장가입자가 아닌 자로서 국민연금에 가입된 자를 말한다.

⑧ 임의가입자 : 사업장가입자 및 지역가입자 외의 자로서 신청하여 국민연금에 가입된 자를 말한다.

⑨ 임의계속가입자 : 국민연금 가입자 또는 가입자였던 자가 65세까지 가입자가 된 자를 말한다.

⑩ 연금보험료 : 국민연금사업에 필요한 비용으로서 사업장가입자의 경우에는 부담금 및 기여금의 합계액을 지역가입자 · 임의가입자 및 임의계속가입자의 경우에는 본인이 내는 금액을 말한다.

⑪ 부담금 : 사업장가입자의 사용자가 부담하는 금액을 말한다.

⑫ 기여금 : 사업장가입자가 부담하는 금액을 말한다.

⑬ 사업장 : 근로자를 사용하는 사업소 및 사무소를 말한다.

⑭ 수급권 : 급여를 받을 권리를 말한다.

⑮ 수급권자 : 수급권을 가진 자를 말한다.

⑯ 수급자 : 급여를 받고 있는 자를 말한다.

 국민연금의 정의 중 부담금과 기여금의 차이를 구분할 수 있어야 합니다.

3) 국민연금심의위원회

국민연금사업에 관한 다음을 심의하기 위하여 보건복지부에 국민연금심의위원회를 둔다.

① 국민연금제도 및 재정 계산에 관한 사항

② 급여에 관한 사항

③ 연금보험료에 관한 사항

④ 국민연금기금에 관한 사항

4) 가입 대상

국내에 거주하는 국민으로서 18세 이상 60세 미만인 자는 국민연금 가입 대상이 된다. 다만, 「공무원연금법」, 「군인연금법」, 「사립학교교직원 연금법」 및 「별정우체국법」을 적용받는 공무원, 군인, 교직원 및 별정우체국 직원, 그 밖에 대통령령으로 정하는 자는 제외한다.

> 국민연금법 시행령 제18조(가입 대상 제외자)
>
> 다음의 어느 하나에 해당하는 자는 국민연금 가입 대상에서 제외한다.
> 1. 노령연금의 수급권을 취득한 자 중 60세 미만의 특수 직종 근로자
> 2. 조기노령연금의 수급권을 취득한 자. 다만, 조기노령연금의 지급이 정지 중인 자는 제외한다.

5) 가입자의 종류

(1) 사업장가입자

① 사업의 종류, 근로자의 수 등을 고려하여 사업장의 18세 이상 60세 미만인 근로자와 사용자는 당연히 사업장가입자가 된다. 다만, 다음의 어느 하나에 해당하는 자는 제외한다.

② 「공무원연금법」, 「공무원 재해보상법」, 「사립학교교직원 연금법」 또는 「별정우체국법」에 따른 퇴직연금, 장해연금 또는 퇴직연금일시금이나 「군인연금법」에 따른 퇴역연금, 퇴역연금일시금, 「군인 재해보상법」에 따른 상이연금을 받을 권리를 얻은 자. 다만, 퇴직연금등수급권자가 「국민연금과 직역연금의 연계에 관한 법률」에 따라 연계 신청을 한 경우에는 그러하지 아니하다.

③ 국민연금에 가입된 사업장에 종사하는 18세 미만 근로자는 사업장가입자가 되는 것으로 본다. 다만, 본인이 원하지 아니하면 사업장가입자가 되지 아니할 수 있다.

④ 「국민기초생활 보장법」에 따른 생계급여 수급자 또는 의료급여 수급자는 본인의 희망에 따라 사업장가입자가 되지 아니할 수 있다.

(2) 지역가입자

① 사업장가입자가 아닌 자로서 18세 이상 60세 미만인 자는 당연히 지역가입자가 된다. 다만, 다음의 어느 하나에 해당하는 자는 제외한다.

    ㉠ 국민연금 가입 대상에서 제외되는 자

    ㉡ 사업장가입자, 지역가입자 및 임의계속가입자

    ㉢ 노령연금 수급권자 및 퇴직연금 등 수급권자

    ㉣ ㉠~㉢의 어느 하나에 해당하는 자의 배우자로서 별도의 소득이 없는 자

② 퇴직연금 등 수급권자. 다만, 퇴직연금 등 수급권자가 「국민연금과 직역연금의 연계에 관한 법률」에 따라 연계 신청을 한 경우에는 그러하지 아니하다.

③ 18세 이상 27세 미만인 자로서 학생이거나 군 복무 등의 이유로 소득이 없는 자

④ 「국민기초생활 보장법」에 따른 생계급여 수급자 또는 의료급여 수급자

⑤ 1년 이상 행방불명된 자

(3) 임의가입자

① 다음의 어느 하나에 해당하는 자 외의 자로서 18세 이상 60세 미만인 자는 국민연금공단에 가입을 신청하면 임의가입자가 될 수 있다.
  ㉠ 사업장가입자
  ㉡ 지역가입자

② 임의가입자는 국민연금공단에 신청하여 탈퇴할 수 있다.

(4) 임의계속가입자

① 다음의 어느 하나에 해당하는 자는 65세가 될 때까지 국민연금공단에 가입을 신청하면 임의계속가입자가 될 수 있다. 이 경우 가입 신청이 수리된 날에 그 자격을 취득한다.
  ㉠ 국민연금 가입자 또는 가입자였던 자로서 60세가 된 자. 다만, 다음의 어느 하나에 해당하는 자는 제외한다.
    • 연금 보험료를 납부한 사실이 없는 자
    • 노령연금 수급권자로서 급여를 지급받고 있는 자
    • 반환일시금을 지급받은 자
  ㉡ 전체 국민연금 가입기간의 5분의 3 이상을 대통령령으로 정하는 직종의 근로자로 국민연금에 가입하거나 가입하였던 사람으로서 다음의 어느 하나에 해당하는 사람 중 노령연금 급여를 지급받지 않는 사람
    • 노령연금 수급권을 취득한 사람
    • 특례노령연금 수급권을 취득한 사람

② 임의계속가입자는 국민연금공단에 신청하면 탈퇴할 수 있다.

(5) 가입자 자격의 취득 시기

① 사업장가입자는 다음의 어느 하나에 해당하게 된 날에 그 자격을 취득한다.
  ㉠ 사업장에 고용된 때 또는 그 사업장의 사용자가 된 때
  ㉡ 당연적용사업장으로 된 때

② 지역가입자는 다음의 어느 하나에 해당하게 된 날에 그 자격을 취득한다. 소득이 있게 된 때를 알 수 없는 경우에는 신고를 한 날에 그 자격을 취득한다.
  ㉠ 사업장가입자의 자격을 상실한 때

Tip
임의가입자와 임의계속가입자는 탈퇴할 수 있는 권한이 있습니다.

ⓒ 국민연금 가입 대상 제외자에 해당하지 아니하게 된 때

ⓒ 배우자가 별도의 소득이 있게 된 때

ⓔ 18세 이상 27세 미만인 자가 소득이 있게 된 때

③ 임의가입자는 가입 신청이 수리된 날에 자격을 취득한다.

(6) 가입자 자격의 상실 시기

사업장 가입자	① 다음의 어느 하나에 해당하게 된 날의 다음 날에 자격을 상실한다. • 사망한 때 • 국적을 상실하거나 국외로 이주한 때 • 사용관계가 끝난 때 • 60세가 된 때 ② 국민연금 가입 대상 제외자에 해당하게 된 날에 자격을 상실한다.
지역 가입자	① 다음의 어느 하나에 해당하게 된 날의 다음 날에 자격을 상실한다. • 사망한 때 • 국적을 상실하거나 국외로 이주한 때 • 배우자로서 별도의 소득이 없게 된 때 • 60세가 된 때 ② 다음의 어느 하나에 해당하게 된 날에 자격을 상실한다. • 국민연금 가입 대상 제외자에 해당하게 된 때 • 사업장가입자의 자격을 취득한 때
임의 가입자	① 다음의 어느 하나에 해당하게 된 날의 다음 날에 자격을 상실한다. • 사망한 때 • 국적을 상실하거나 국외로 이주한 때 • 탈퇴 신청이 수리된 때 • 60세가 된 때 • 대통령령으로 정하는 기간 이상 계속하여 연금보험료를 체납한 때 ② 다음의 어느 하나에 해당하게 된 날에 자격을 상실한다. • 사업장가입자 또는 지역가입자의 자격을 취득한 때 • 국민연금 가입대상 제외자에 해당하게 된 때

6) 가입기간 계산

(1) 국민연금 가입기간의 계산

국민연금 가입기간은 월 단위로 계산하되, 가입자의 자격을 취득한 날이 속하는 달의 다음 달부터 자격을 상실한 날의 전날이 속하는 달까지로 한다.

(2) 군 복무기간에 대한 가입기간 추가 산입

① 다음에 해당하는 자가 노령연금 수급권을 취득한 때에는 6개월을 가입기간에 추가로 산입한다. 다만, 「병역법」에 따른 병역의무를 수행한 기간이 6개월 미만인 경우에는 그러하지 아니한다.

ㄱ 현역병

ㄴ 전환복무를 한 사람

ㄷ 상근예비역

ㄹ 사회복무요원

② 가입기간을 추가로 산입하는 데 필요한 재원은 국가가 전부를 부담한다.

(3) 출산에 대한 가입기간 추가 산입

① 2명 이상의 자녀가 있는 가입자 또는 가입자였던 자가 노령연금수급권을 취득한 때에는 다음에 따른 기간을 가입기간에 추가로 산입한다. 다만, 추가로 산입하는 기간은 50개월을 초과할 수 없다.

ㄱ 자녀가 2명인 경우 : 12개월

ㄴ 자녀가 3명 이상인 경우 : 둘째 자녀에 대하여 인정되는 12개월에 2자녀를 초과하는 자녀 1명마다 18개월을 더한 개월 수

② 추가 가입기간은 부모가 모두 가입자 또는 가입자였던 자인 경우에는 부와 모의 합의에 따라 2명 중 1명의 가입기간에만 산입하되, 합의하지 아니한 경우에는 균등 배분하여 각각의 가입기간에 산입한다.

(4) 실업에 대한 가입기간 추가 산입

다음의 요건을 모두 갖춘 사람이 「고용보험법」에 따른 구직급여를 받는 경우로서 구직급여를 받는 기간을 가입기간으로 산입하기 위하여 국민연금공단에 신청하는 때에는 그 기간을 가입기간에 추가로 산입한다. 다만, 추가로 산입하는 기간은 1년을 초과할 수 없다.

① 18세 이상 60세 미만인 사람 중 가입자 또는 가입자였을 것

② 재산 또는 소득이 보건복지부장관이 정하여 고시하는 기준 이하일 것

(5) 가입기간의 합산

① 가입자의 자격을 상실한 후 다시 그 자격을 취득한 자에 대하여는 전후의 가입기간을 합산한다.

② 가입자의 가입 종류가 변동되면 그 가입자의 가입기간은 각 종류별 가입기간을 합산한 기간으로 한다.

Tip 👆

크레딧(추가산입) 제도에는 군 크레딧, 출산 크레딧, 실업 크레딧이 있습니다. 군 크레딧과 출산 크레딧은 2008년에 실시되었고 실업 크레딧은 2016년에 실시되었습니다.

7) 급여

(1) 급여의 종류

① 노령연금   ② 장애연금

③ 유족연금   ④ 반환일시금

(2) 급여 지급

① 급여는 수급권자의 청구에 따라 공단이 지급한다.

② 연금액은 지급사유에 따라 기본연금액과 부양가족연금액을 기초로 산정한다.

(3) 중복급여의 조정

① 수급권자에게 2개 이상의 급여 수급권이 생기면 수급권자의 선택에 따라 그중 하나만 지급하고 다른 급여의 지급은 정지된다.

② **선택하지 아니한 급여가 유족연금일 때** : 유족연금액의 100분의 30에 해당하는 금액을 선택한 급여에 추가하여 지급한다.

8) 노령연금

(1) 노령연금 수급권자

① 가입기간이 10년 이상인 가입자 또는 가입자였던 자에 대하여는 60세(특수직종근로자는 55세)가 된 때부터 그가 생존하는 동안 노령연금을 지급한다.

② 가입기간이 10년 이상인 가입자 또는 가입자였던 자로서 55세 이상인 자가 소득이 있는 업무에 종사하지 아니하는 경우 본인이 희망하면 60세가 되기 전이라도 본인이 청구한 때부터 그가 생존하는 동안 일정한 금액의 연금(이하 "조기노령연금"이라 한다)을 받을 수 있다

(2) 지급의 연기에 따른 가산

① 노령연금의 수급권자로서 60세 이상 65세 미만인 사람(특수직종근로자는 55세 이상 60세 미만인 사람)이 연금지급의 연기를 희망하는 경우에는 1회에 한정하여 65세(특수직종근로자는 60세) 전까지의 기간에 대하여 그 연금의 전부 또는 일부의 지급을 연기할 수 있다.

② 연금 전부의 지급 연기를 신청한 수급권자가 연금의 지급을 희망하거나 65세(특수직종근로자는 60세)가 된 경우의 연금액은 지급의 연기를 신청한 때의 노령연금액을 연기되는 매 1개월마다 그 금액의 1,000분의 6을 더한 금액으로 한다.

(3) 노령연금액

① 노령연금액은 다음의 구분에 따른 금액에 부양가족연금액을 더한 금액으로 한다.

　　㉠ 가입기간이 20년 이상인 경우 : 기본연금액

　　㉡ 가입기간이 10년 이상 20년 미만인 경우 : 기본연금액의 1,000분의 500에 해당하는 금액에 가입기간 10년을 초과하는 1년마다 기본연금액의 1,000분의 50에 해당하는 금액을 더한 금액

② 조기노령연금액은 가입기간에 따라 노령연금액 중 부양가족연금액을 제외한 금액에 수급연령별로 다음의 구분에 따른 비율을 곱한 금액에 부양가족연금액을 더한 금액으로 한다.

　　㉠ 55세부터 지급받는 경우에는 1,000분의 700

　　㉡ 56세부터 지급받는 경우에는 1,000분의 760

　　㉢ 57세부터 지급받는 경우에는 1,000분의 820

　　㉣ 58세부터 지급받는 경우에는 1,000분의 880

　　㉤ 59세부터 지급받는 경우에는 1,000분의 940

(4) 소득활동에 따른 노령연금액

노령연금 수급권자가 소득이 있는 업무에 종사하면 60세 이상 65세 미만(특수직종근로자는 55세 이상 60세 미만)인 기간에는 노령연금액에서 다음의 구분에 따른 금액을 뺀 금액을 지급한다. 이 경우 빼는 금액은 노령연금액의 2분의 1을 초과할 수 없다.

① 초과소득월액이 100만 원 미만인 사람 : 초과소득월액의 1,000분의 50

② 초과소득월액이 100만 원 이상 200만 원 미만인 사람 : 5만 원＋(초과소득월액－100만 원)×1,000분의 100

③ 초과소득월액이 200만 원 이상 300만원 미만인 사람 : 15만 원＋(초과소득월액－200만 원)×1,000분의 150

④ 초과소득월액이 300만 원 이상 400만 원 미만인 사람 : 30만 원＋(초과소득월액－300만 원)×1,000분의 200

⑤ 초과소득월액이 400만 원 이상인 사람 : 50만 원＋(초과소득월액－400만 원)×1,000분의 250

(5) 분할연금 수급권자

① 혼인 기간이 5년 이상인 자가 다음의 요건을 모두 갖추면 그때부터 그가 생존하는 동안 배우자였던 자의 노령연금을 분할한 일정한 금액의 연금을 받을 수 있다.

　　㉠ 배우자와 이혼하였을 것

ⓛ 배우자였던 사람이 노령연금 수급권자일 것

ⓒ 60세가 되었을 것

② 분할연금액은 배우자였던 자의 노령연금액(부양가족연금액은 제외한다) 중 혼인기간에 해당하는 연금액을 균등하게 나눈 금액으로 한다.

③ 분할연금은 ①의 요건을 모두 갖추게 된 때부터 5년 이내에 청구하여야 한다.

9) 장애연금

(1) 장애연금의 수급권자

① 가입자 또는 가입자였던 자가 질병이나 부상으로 신체상 또는 정신상의 장애가 있고 다음의 요건을 모두 충족하는 경우에는 장애 정도를 결정하는 기준이 되는 날부터 그 장애가 계속되는 기간 동안 장애 정도에 따라 장애연금을 지급한다.

ⓖ 해당 질병 또는 부상의 초진일 당시 연금 보험료를 낸 기간이 가입대상기간의 3분의 1 이상일 것

ⓛ 해당 질병 또는 부상의 초진일 5년 전부터 초진 일까지의 기간 중 연금 보험료를 낸 기간이 3년 이상일 것. 다만, 가입대상기간 중 체납기간이 3년 이상인 경우는 제외한다.

ⓒ 해당 질병 또는 부상의 초진일 당시 가입기간이 10년 이상일 것

② 장애 정도에 관한 장애등급은 1급, 2급, 3급 및 4급으로 구분하되, 등급 구분의 기준과 장애 정도의 심사에 관한 사항은 대통령령으로 정한다.

(2) 장애연금액

장애연금액은 장애 등급에 따라 다음의 금액으로 한다.

① 장애등급 1급에 해당하는 자에 대하여는 기본연금액에 부양가족연금액을 더한 금액

② 장애등급 2급에 해당하는 자에 대하여는 기본연금액의 1,000분의 800에 해당하는 금액에 부양가족연금액을 더한 금액

③ 장애등급 3급에 해당하는 자에 대하여는 기본연금액의 1,000분의 600에 해당하는 금액에 부양가족연금액을 더한 금액

④ 장애등급 4급에 해당하는 자에 대하여는 기본연금액의 1,000분의 2,250에 해당하는 금액을 일시보상금으로 지급한다.

10) 유족연금

(1) 유족연금의 수급권자

다음의 어느 하나에 해당하는 사람이 사망하면 그 유족에게 유족연금을 지급한다.

① 노령연금 수급권자
② 가입기간이 10년 이상인 가입자 또는 가입자였던 자
③ 연금보험료를 낸 기간이 가입대상기간의 3분의 1 이상인 가입자 또는 가입자였던 자
④ 사망일 5년 전부터 사망일까지의 기간 중 연금보험료를 낸 기간이 3년 이상인 가입자 또는 가입자였던 자. 다만, 가입대상기간 중 체납기간이 3년 이상인 사람은 제외한다.
⑤ 장애등급이 2급 이상인 장애연금 수급권자

(2) 유족의 범위 등

① 유족연금을 지급받을 수 있는 유족은 사람이 사망할 당시 그에 의하여 생계를 유지하고 있던 다음의 자로 한다.
　㉠ 배우자
　㉡ 자녀. 다만, 25세 미만이거나 장애등급 2급 이상인 자만 해당한다.
　㉢ 부모. 다만, 60세 이상이거나 장애등급 2급 이상인 자만 해당한다.
　㉣ 손자녀. 다만, 19세 미만이거나 장애등급 2급 이상인 자만 해당한다.
　㉤ 조부모. 다만, 60세 이상이거나 장애등급 2급 이상인 자만 해당한다.
② 유족연금은 순위에 따라 최우선 순위자에게만 지급한다. 다만, 유족의 수급권이 소멸되거나 정지되면 후순위 유족에게 지급한다.
③ 같은 순위의 유족이 2명 이상이면 그 유족연금액을 똑같이 나누어 지급한다.

(3) 유족연금액

유족연금액은 가입기간에 따라 다음의 금액에 부양가족연금액을 더한 금액으로 한다.

① 가입기간이 10년 미만이면 기본연금액의 1,000분의 400에 해당하는 금액
② 가입기간이 10년 이상 20년 미만이면 기본연금액의 1,000분의 500에 해당하는 금액
③ 가입기간이 20년 이상이면 기본연금액의 1,000분의 600에 해당하는 금액

(4) 유족연금 수급권의 소멸

유족연금 수급권자가 다음의 어느 하나에 해당하게 되면 그 수급권은 소멸한다.
① 수급권자가 사망한 때

② 배우자인 수급권자가 재혼한 때

③ 자녀나 손자녀인 수급권자가 파양된 때

④ 장애등급 2급 이상에 해당하지 아니한 자녀인 수급권자가 25세가 된 때 또는 장애등급 2급 이상에 해당하지 아니한 손자녀인 수급권자가 19세가 된 때

11) 일시금

(1) 반환일시금

① 가입자 또는 가입자였던 자가 다음의 어느 하나에 해당하게 되면 본인이나 그 유족의 청구에 의하여 반환일시금을 지급받을 수 있다.

    ㉠ 가입기간이 10년 미만인 자가 60세가 된 때

    ㉡ 가입자 또는 가입자였던 자가 사망한 때

    ㉢ 국적을 상실하거나 국외로 이주한 때

② 반환일시금의 액수는 가입자 또는 가입자였던 자가 납부한 연금보험료에 이자를 더한 금액으로 한다.

(2) 반환일시금 수급권의 소멸

반환일시금의 수급권은 다음의 어느 하나에 해당하면 소멸한다.

① 수급권자가 다시 가입자로 된 때

② 수급권자가 노령연금의 수급권을 취득한 때

③ 수급권자가 장애연금의 수급권을 취득한 때

④ 수급권자의 유족이 유족연금의 수급권을 취득한 때

(3) 사망일시금

① 다음의 어느 하나에 해당하는 사람이 사망한 때에 유족이 없으면 그 배우자 · 자녀 · 부모 · 손자녀 · 조부모 · 형제자매 또는 4촌 이내 방계혈족에게 사망일시금을 지급한다.

    ㉠ 가입자 또는 가입자였던 사람

    ㉡ 노령연금 수급권자

    ㉢ 장애등급이 3급 이상인 장애연금 수급권자

② 사망일시금은 가입자 또는 가입자였던 사람의 반환일시금에 상당하는 금액으로 한다.

③ 사망일시금을 받을 자의 순위는 배우자 · 자녀 · 부모 · 손자녀 · 조부모 · 형제자매 및 4촌 이내의 방계혈족 순으로 한다. 이 경우 순위가 같은 사람이 2명 이상이면 똑같이 나누어 지급하되, 그 지급 방법은 대통령령으로 정한다.

12) 심사청구와 재심사청구

(1) 심사청구

① 가입자의 자격, 기준소득월액, 연금보험료, 그 밖의 이 법에 따른 징수금과 급여에 관한 공단 또는 건강보험공단의 처분에 이의가 있는 자는 그 처분을 한 공단 또는 건강보험공단에 심사청구를 할 수 있다.

② 심사청구는 그 처분이 있음을 안 날부터 90일 이내에 문서로 하여야 하며, 처분이 있은 날부터 180일을 경과하면 이를 제기하지 못한다. 다만, 정당한 사유로 그 기간에 심사청구를 할 수 없었음을 증명하면 그 기간이 지난 후에도 심사 청구를 할 수 있다.

(2) 재심사청구

심사청구에 대한 결정에 불복하는 자는 그 결정통지를 받은 날부터 90일 이내에 대통령령으로 정하는 사항을 적은 재심사청구서에 따라 국민연금재심사위원회에 재심사를 청구할 수 있다.

---

3 고용보험법

* 연혁 : 1993년 12월 27일 제정
         1995년 7월 1일 시행

Tip
공무원, 사립학교교직원, 군인은 고용
보험에 가입하지 않습니다.

1) 목적

고용보험의 시행을 통하여 실업의 예방, 고용의 촉진 및 근로자의 직업능력의 개발과 향상을 꾀하고, 국가의 직업지도와 직업소개 기능을 강화하며, 근로자가 실업한 경우에 생활에 필요한 급여를 실시하여 근로자의 생활안정과 구직활동을 촉진함으로써 경제ㆍ사회 발전에 이바지하는 것을 목적으로 한다.

2) 정의

① **피보험자** : 고용보험에 가입되거나 가입된 것으로 보는 근로자, 예술인, 노무제공자, 자영업자

② **이직** : 피보험자와 사업주 사이의 고용관계가 끝나게 되는 것을 말한다.

③ **실업** : 근로의 의사와 능력이 있음에도 불구하고 취업하지 못한 상태에 있는 것을 말한다.

④ **실업의 인정** : 직업안정기관의 장이 수급자격자가 실업한 상태에서 적극적으로 직업을 구하기 위하여 노력하고 있다고 인정하는 것을 말한다.

⑤ 보수 : 근로소득에서 대통령령으로 정하는 금품을 뺀 금액을 말한다.
⑥ **일용근로자** : 1개월 미만 동안 고용되는 사람을 말한다.

3) 적용 범위

근로자를 사용하는 모든 사업 또는 사업장에 적용한다. 다만, 산업별 특성 및 규모 등을 고려하여 대통령령으로 정하는 사업에 대하여는 적용하지 아니한다.

4) 적용 제외

① 해당 사업에서 소정근로시간이 대통령령으로 정하는 시간 미만인 사람
② 「국가공무원법」과 「지방공무원법」에 따른 공무원. 다만, 별정직공무원, 임기제공무원의 경우는 본인의 의사에 따라 고용보험에 가입할 수 있다.
③ 「사립학교교직원 연금법」의 적용을 받는 사람
④ 65세 이후에 고용(65세 전부터 피보험 자격을 유지하던 사람이 65세 이후에 계속하여 고용된 경우는 제외한다)되거나 자영업을 개시한 사람에게는 고용안정·직업능력개발 사업을 적용하되 실업급여와 육아휴직 급여는 적용하지 아니한다.

5) 피보험자격

(1) 피보험자격의 취득일

① 피보험자는 이 법이 적용되는 사업에 고용된 날에 피보험자격을 취득한다.
   ㉠ 적용 제외 근로자였던 사람이 이 법의 적용을 받게 된 경우에는 그 적용을 받게 된 날
   ㉡ 보험관계 성립일 전에 고용된 근로자의 경우에는 그 보험관계가 성립한 날
② 자영업자인 피보험자는 보험관계가 성립한 날에 피보험자격을 취득한다.

(2) 피보험자격의 상실일

① 피보험자는 다음의 어느 하나에 해당하는 날에 각각 그 피보험자격을 상실한다.
   ㉠ 피보험자가 적용 제외 근로자에 해당하게 된 경우에는 그 적용 제외 대상자가 된 날
   ㉡ 보험관계가 소멸한 경우에는 그 보험관계가 소멸한 날
   ㉢ 피보험자가 이직한 경우에는 이직한 날의 다음 날
   ㉣ 피보험자가 사망한 경우에는 사망한 날의 다음 날
② 자영업자인 피보험자는 보험관계가 소멸한 날에 피보험자격을 상실한다.

6) 실업급여

실업급여는 구직급여와 취업촉진 수당으로 구분한다.

(1) 구직급여

① **구직급여의 수급 요건** : 이직한 근로자인 피보험자가 다음의 요건을 모두 갖춘 경우

　㉠ 기준기간 동안의 피보험 단위 기간이 합산하여 180일 이상일 것

　㉡ 근로의 의사와 능력이 있음에도 불구하고 취업하지 못한 상태에 있을 것

　㉢ 이직사유가 수급자격의 제한 사유에 해당하지 아니할 것

　㉣ 재취업을 위한 노력을 적극적으로 할 것

구직급여의 소정급여일수(「고용보험법」 제50조 제1항 관련)

(단위 : 일)

구분		피보험기간				
		1년 미만	1년 이상 3년 미만	3년 이상 5년 미만	5년 이상 10년 미만	10년 이상
이직일 연령	50세 미만	120	150	180	210	240
	50세 이상 및 장애인	120	180	210	240	270

② **종류**

　㉠ 훈련연장급여 : 직업안정기관의 장은 직업능력개발 훈련 등을 받도록 지시한 경우에는 수급자격자가 그 직업능력개발 훈련 등을 받는 기간 중 실업의 인정을 받은 날에 대하여는 소정급여일수를 초과하여 구직급여를 연장하여 지급할 수 있다.

　㉡ 개별연장급여 : 직업안정기관의 장은 취업이 특히 곤란하고 생활이 어려운 수급자격자로서 그가 실업의 인정을 받은 날에 대하여 소정급여일수를 초과하여 구직급여를 60일의 범위에서 연장하여 지급할 수 있다.

　㉢ 특별연장급여 : 고용노동부장관은 실업의 급증 등 사유가 발생한 경우에는 60일의 범위에서 수급자격자가 실업의 인정을 받은 날에 대하여 소정급여일수를 초과하여 구직급여를 연장하여 지급할 수 있다.

(2) 취업촉진 수당

① **조기재취업 수당** : 수급자격자가 안정된 직업에 재취직하거나 스스로 영리를 목적으로 하는 사업을 영위하는 경우로서 대통령령으로 정하는 기준에 해당하면 지급한다.

② **직업능력개발 수당** : 직업능력개발 수당은 수급자격자가 직업안정기관의 장이 지시한 직업능력개발 훈련 등을 받는 경우에 그 직업능력개발 훈련 등을 받는 기간에 대하여 지급한다.

③ **광역 구직활동비** : 광역 구직활동비는 수급자격자가 직업안정기관의 소개에 따라 광범위한 지역에 걸쳐 구직 활동을 하는 경우로서 직업안정기관의 장이 필요하다고 인정하면 지급할 수 있다.

④ **이주비** : 이주비는 수급자격자가 취업하거나 직업안정기관의 장이 지시한 직업능력개발 훈련 등을 받기 위하여 그 주거를 이전하는 경우로서 직업안정기관의 장이 필요하다고 인정하면 지급할 수 있다.

7) 육아휴직 급여 및 육아기 근로시간 단축 급여

(1) 육아휴직 급여

① 고용노동부장관은 「남녀고용평등과 일 · 가정 양립 지원에 관한 법률」에 따른 육아휴직을 30일 이상 부여받은 피보험자 중 육아휴직을 시작한 날 이전에 피보험 단위기간이 합산하여 180일 이상인 피보험자에게 육아휴직 급여를 지급한다.

② 육아휴직 급여를 지급받으려는 사람은 육아휴직을 시작한 날 이후 1개월부터 육아휴직이 끝난 날 이후 12개월 이내에 신청하여야 한다.

(2) 육아기 근로시간 단축 급여

① 고용노동부장관은 육아기 근로시간 단축을 30일 이상 실시한 피보험자 중 육아기 근로시간 단축을 시작한 날 이전에 피보험 단위기간이 합산하여 180일 이상인 피보험자에게 육아기 근로시간 단축 급여를 지급한다.

② 육아기 근로시간 단축 급여를 지급받으려는 사람은 육아기 근로시간 단축을 시작한 날 이후 1개월부터 끝난 날 이후 12개월 이내에 신청하여야 한다.

(3) 출산전후휴가 급여

고용노동부장관은 피보험자가 출산전후휴가 또는 유산 · 사산휴가를 받은 경우와 배우자 출산휴가를 받은 경우로서 다음의 요건을 모두 갖춘 경우에 출산전후휴가 급여 등을 지급한다.

① 휴가가 끝난 날 이전에 피보험 단위기간이 합산하여 180일 이상일 것

② 휴가를 시작한 날 이후 1개월부터 휴가가 끝난 날 이후 12개월 이내에 신청할 것

Tip 👆

출산휴가는 90일 동안이며, 출산 후 45일 이상 쉬어야 합니다.

8) 심사와 재심사

① 피보험자격의 취득·상실에 대한 확인, 실업급여 및 육아휴직 급여와 출산
전후휴가 급여 등에 관한 처분에 이의가 있는 자는 심사관에게 심사를 청구
할 수 있고, 그 결정에 이의가 있는 자는 심사위원회에 재심사를 청구할 수
있다.
② 심사의 청구는 같은 항의 확인 또는 처분이 있음을 안 날부터 90일 이내에,
재심사의 청구는 심사청구에 대한 결정이 있음을 안 날부터 90일 이내에 각
각 제기하여야 한다.

4 국민건강보험법

* 연혁 : 1963년 12월 16일 의료보험법 제정
1977년 1월 1일부터 직장의료보험 실시(500명 이상 사업장)
1997년 12월 31일 국민의료보험법 제정
1999년 2월 8일 국민건강보험법 제정, 2000년 1월 1일 시행

1) 목적

국민의 질병·부상에 대한 예방·진단·치료·재활과 출산·사망 및 건강증
진에 대하여 보험급여를 실시함으로써 국민보건 향상과 사회보장 증진에 이
바지함을 목적으로 한다.

2) 정의

① 근로자 : 직업의 종류와 관계없이 근로의 대가로 보수를 받아 생활하는 사
람으로서 공무원 및 교직원을 제외한 사람을 말한다.
② 사용자 : 다음의 어느 하나에 해당하는 자를 말한다.
  ㉠ 근로자가 소속되어 있는 사업장의 사업주
  ㉡ 공무원이 소속되어 있는 기관의 장으로서 대통령령으로 정하는 사람
  ㉢ 교직원이 소속되어 있는 사립학교(「사립학교교직원 연금법」에 규정된
    사립학교를 말한다)를 설립·운영하는 자
③ 사업장 : 사업소나 사무소를 말한다.
④ 공무원 : 국가나 지방자치단체에서 상시 공무에 종사하는 사람을 말한다.
⑤ 교직원 : 사립학교나 사립학교의 경영기관에서 근무하는 교원과 직원을
말한다.

3) 국민건강보험종합계획의 수립

보건복지부장관은 이 법에 따른 건강보험의 건전한 운영을 위하여 건강보험정책심의위원회의 심의를 거쳐 5년마다 국민건강보험종합계획을 수립하여야 한다.

4) 건강보험정책심의위원회

건강보험정책에 관한 사항을 심의·의결하기 위하여 보건복지부장관 소속으로 건강보험정책심의위원회를 둔다.

5) 가입자

(1) 적용 대상

① 국내에 거주하는 국민은 건강보험의 가입자 또는 피부양자가 된다. 다만, 다음의 어느 하나에 해당하는 사람은 제외한다.
  ㉠ 「의료급여법」에 따라 의료급여를 받는 사람
  ㉡ 「독립유공자예우에 관한 법률」 및 「국가유공자 등 예우 및 지원에 관한 법률」에 따라 의료보호를 받는 사람. 다만, 다음에 해당하는 사람은 가입자 또는 피부양자가 된다.
    • 유공자 등 의료보호대상자 중 건강보험의 적용을 보험자에게 신청한 사람
    • 건강보험을 적용받고 있던 사람이 유공자 등 의료보호대상자로 되었으나 건강보험의 적용배제신청을 보험자에게 하지 아니한 사람

② 피부양자는 다음의 어느 하나에 해당하는 사람 중 직장가입자에게 주로 생계를 의존하는 사람으로서 소득 및 재산이 보건복지부령으로 정하는 기준 이하에 해당하는 사람을 말한다.
  ㉠ 직장가입자의 배우자
  ㉡ 직장가입자의 직계존속(배우자의 직계존속을 포함한다)
  ㉢ 직장가입자의 직계비속(배우자의 직계비속을 포함한다)과 그 배우자
  ㉣ 직장가입자의 형제·자매

(2) 가입자의 종류

① 가입자는 직장가입자와 지역가입자로 구분한다.
② 모든 사업장의 근로자 및 사용자와 공무원 및 교직원은 직장가입자가 된다.
③ 지역가입자는 직장가입자와 그 피부양자를 제외한 가입자를 말한다.

국민건강보험법 시행령 제9조(직장가입자에서 제외되는 사람)

1. 고용 기간이 1개월 미만인 일용근로자
2. 「병역법」에 따른 현역병(지원에 의하지 아니하고 임용된 하사를 포함한다), 전환 복무된 사람 및 군간부후보생
3. 선거에 당선되어 취임하는 공무원으로서 매월 보수 또는 보수에 준하는 급료를 받지 아니하는 사람
4. 그 밖에 사업장의 특성, 고용 형태 및 사업의 종류 등을 고려하여 대통령령으로 정하는 사업장의 근로자 및 사용자와 공무원 및 교직원
   ① 비상근 근로자 또는 1개월 동안의 소정근로시간이 60시간 미만인 단시간근로자
   ② 비상근 교직원 또는 1개월 동안의 소정근로시간이 60시간 미만인 시간제공무원 및 교직원
   ③ 소재지가 일정하지 아니한 사업장의 근로자 및 사용자
   ④ 근로자가 없거나 비상근 근로자 또는 1개월 동안의 소정근로시간이 60시간 미만인 단시간근로자만을 고용하고 있는 사업장의 사업주

6) 자격 취득 및 상실 시기

(1) 자격의 취득 시기

가입자는 국내에 거주하게 된 날에 직장가입자 또는 지역가입자의 자격을 얻는다. 다만, 다음의 어느 하나에 해당하는 사람은 그 해당되는 날에 각각 자격을 얻는다.

① 수급권자이었던 사람은 그 대상자에서 제외된 날
② 직장가입자의 피부양자이었던 사람은 그 자격을 잃은 날
③ 유공자 등 의료보호대상자이었던 사람은 그 대상자에서 제외된 날

(2) 자격의 상실 시기

가입자는 다음의 어느 하나에 해당하게 된 날에 그 자격을 잃는다.

① 사망한 날의 다음 날
② 국적을 잃은 날의 다음 날
③ 국내에 거주하지 아니하게 된 날의 다음 날
④ 직장가입자의 피부양자가 된 날
⑤ 수급권자가 된 날
⑥ 건강보험을 적용받고 있던 사람이 유공자 등 의료보호대상자가 되어 건강보험의 적용배제신청을 한 날

7) 보험급여

(1) 요양급여

가입자와 피부양자의 질병, 부상, 출산 등에 대하여 다음의 요양급여를 실시한다.

① 진찰 · 검사

② 약제 · 치료재료의 지급

③ 처치 · 수술 및 그 밖의 치료

④ 예방 · 재활

⑤ 입원

⑥ 간호

⑦ 이송

 요양급여비 지불제도

1. 포괄수가제
 ① 의사에게 환자 1인당 혹은 진료일수 1일당 아니면 질병별로 부수 단가를 정하고 미리 정해진 지불하는 방법이다.
 ② 새로운 약의 사용이나 새로운 의 · 과학 기술의 적용에는 적합하지 못하다.
 ③ 과잉 진료를 억제하고 환자의 의료비 부담을 줄인다.
 ④ 행위별수가제에 비해 과잉진료 행위가 줄어든다.
 ⑤ 행위별수가제에 비해 의료서비스 품질의 저하가 우려된다.

> ※ 4과 7개 증후군
> • 안과 : ① 수정체수술(백내장)
> • 일반외과 : ② 치질수술, ③ 탈장수술, ④ 맹장염수술
> • 이비인후과 : ⑤ 편도 및 아데노이드 수술
> • 산부인과 : ⑥ 자궁 및 자궁부속기 수술, ⑦ 제왕절개분만

2. 행위별수가제
 ① 의료기관에서 받는 진찰료, 검사료, 처치료, 입원료 등 행위에 정해진 수가를 지불하는 방법이다.
 ② 환자들에게 양질의 의료서비스를 제공할 수 있다.
 ③ 신 의료기술과 신약개발에 기여할 수 있다.
 ④ 과잉진료가 발생할 수 있어 의료수가가 상승한다.

3. 총액계약제
 ① 공단과 의사협회 간 의료서비스에 대한 진료비 총액을 협의한 후 사전에 협의한 진료비 총액을 의사협회에 지불하는 방식이다.
 ② 의료비 억제효과가 있으며 매년 계약체결이 용이하다.
 ③ 독일에서 적용하고 있다.

4. 인두제
 ① 의사가 맡고 있는 환자 수에 따른 수가를 받는다.

② 환자가 의사를 정하면 의사는 환자가 서비스 유무와 관계없이 공단으로부터 수가를 받는다.

③ 수준이 높은 의료서비스를 받기 위해서는 1차 의료기관을 거쳐야 하며, 2차 의료기관에 이송이 증가하여 2차 의료가 지연되는 부작용이 생길 수 있다.

(2) 요양비

① 공단은 가입자나 피부양자가 보건복지부령으로 정하는 긴급하거나 그 밖의 부득이한 사유로 요양기관과 비슷한 기능을 하는 기관으로서 질병·부상·출산 등에 대하여 요양을 받거나 요양기관이 아닌 장소에서 출산한 경우에는 그 요양급여에 상당하는 금액을 가입자나 피부양자에게 요양비로 지급한다.

② 요양을 실시한 기관은 요양비 명세서나 요양 명세를 적은 영수증을 요양을 받은 사람에게 내주어야 하며, 요양을 받은 사람은 그 명세서나 영수증을 공단에 제출하여야 한다.

(3) 부가급여

요양급여 외에 대통령령으로 정하는 바에 따라 임신·출산 진료비, 장제비, 상병수당, 그 밖의 급여를 실시할 수 있다.

국민건강보험법 시행령 제23조(부가급여)

① 부가급여는 임신·출산 진료비로 한다.
② 임신·출산 진료비 지원 대상은 다음과 같다.
   1. 임신·출산한 가입자 또는 피부양자
   2. 2세 미만인 가입자 또는 피부양자의 법정대리인(출산한 가입자 또는 피부양자가 사망한 경우에 한정한다)
③ 공단은 비용을 결제할 수 있는 임신·출산 진료비 이용권을 발급할 수 있다.

(4) 장애인에 대한 특례

공단은 「장애인복지법」에 따라 등록한 장애인인 가입자 및 피부양자에게는 「장애인·노인 등을 위한 보조기기 지원 및 활용촉진에 관한 법률」에 따른 보조기기에 대하여 보험급여를 할 수 있다.

(5) 건강검진

공단은 가입자와 피부양자에 대하여 질병의 조기 발견과 그에 따른 요양급여를 하기 위하여 건강검진을 실시한다.

① **일반건강검진** : 직장가입자, 세대주인 지역가입자, 20세 이상인 지역가입자 및 20세 이상인 피부양자

② **암검진** : 암의 종류별 검진주기와 연령 기준 등에 해당하는 사람

Tip
부가급여 중 하나인 상병수당은 서울 종로구, 경기 부천시, 충남 천안시, 전남 순천시, 경북 포항시, 경남 창원시, 경기 안양시, 경기 용인시, 대구 달서구, 전북 익산시에서 시범사업을 실시하고 있습니다.

③ 영유아건강검진 : 6세 미만의 가입자 및 피부양자

8) 요양기관

요양급여는 다음의 요양기관에서 실시한다.

① 「의료법」에 따라 개설된 의료기관
② 「약사법」에 따라 등록된 약국
③ 「약사법」에 따라 설립된 한국희귀 · 필수의약품센터
④ 「지역보건법」에 따른 보건소 · 보건의료원 및 보건지소
⑤ 「농어촌 등 보건의료를 위한 특별조치법」에 따라 설치된 보건진료소

9) 보험료

(1) 공단은 건강보험사업에 드는 비용에 충당하기 위하여 보험료의 납부의무 자로부터 보험료를 징수한다.

① **보수월액** : 직장가입자의 보수월액은 직장가입자가 지급받는 보수를 기준으로 하여 산정한다.

② **소득월액** : 소득월액은 보수월액의 산정에 포함된 보수를 제외한 직장 가입자의 소득이 대통령령으로 정하는 금액을 초과하는 경우 다음의 계 산식에 따라 산정한다.

> 소득월액=(연간 보수외소득－대통령령으로 정하는 금액)×1/12

③ **보험료율** : 직장가입자의 보험료율은 1천분의 80의 범위에서 심의위원 회의 의결을 거쳐 대통령령으로 정한다. 국외에서 업무에 종사하고 있 는 직장가입자에 대한 보험료율은 보험료율의 100분의 50으로 한다.

(2) 보험료부과점수

① 보험료부과점수는 지역가입자의 소득 및 재산을 기준으로 산정한다.
② 보험료부과점수의 산정방법 · 산정기준 등에 필요한 사항은 대통령령으로 정한다.

(3) 보험료의 부담

① 직장가입자의 보수월액보험료는 직장가입자와 사용자가 보험료액의 100 분의 50씩 부담한다. 다만, 직장가입자가 교직원으로서 사립학교에 근무하 는 교원이면 보험료액은 그 직장가입자가 100분의 50을, 사용자가 100분의 30을, 국가가 100분의 20을 각각 부담한다.
② 직장가입자의 소득월액보험료는 직장가입자가 부담한다.

③ 지역가입자의 보험료는 그 가입자가 속한 세대의 지역가입자 전원이 연대하여 부담한다.

④ 직장가입자가 교직원인 경우 사용자가 부담액 전부를 부담할 수 없으면 그 부족액을 학교에 속하는 회계에서 부담하게 할 수 있다.

10) 시효

권리는 3년 동안 행사하지 아니하면 소멸시효가 완성된다.

11) 이의신청 및 심판청구

(1) 이의신청

① 가입자 및 피부양자의 자격, 보험료 등, 보험급여, 보험급여 비용에 관한 공단의 처분에 이의가 있는 자는 공단에 이의신청을 할 수 있다.

② 요양급여비용 및 요양급여의 적정성 평가 등에 관한 심사평가원의 처분에 이의가 있는 공단, 요양기관 또는 그 밖의 자는 심사평가원에 이의신청을 할 수 있다.

③ 이의신청은 처분이 있음을 안 날부터 90일 이내에 문서로 하여야 하며 처분이 있은 날부터 180일을 지나면 제기하지 못한다. 다만, 정당한 사유로 그 기간에 이의신청을 할 수 없었음을 소명한 경우에는 그러하지 아니하다.

④ 요양기관이 심사평가원의 확인에 대하여 이의신청을 하려면 통보받은 날부터 30일 이내에 하여야 한다.

(2) 심판청구

① 이의신청에 대한 결정에 불복하는 자는 건강보험분쟁조정위원회에 심판청구를 할 수 있다.

② 심판청구는 이의신청에 대한 결정통지를 받은 날로부터 90일 이내에 문서로 하여야 하며 처분이 있는 날부터 180일이 지나면 제기하지 못한다.

③ 심판청구를 하려는 자는 심판청구서를 처분을 한 공단 또는 심사평가원에 제출하거나 건강보험분쟁조정위원회에 제출하여야 한다.

Tip

다른 보험들은 이의신청을 심사청구와 재심사청구를 하는데 타 보험과 달리 국민건강보험은 이의신청과 심판청구를 하게 됩니다.

* 연혁 : 2007년 4월 27일 제정
　　　　2008년 7월 1일 시행

1) 목적

고령이나 노인성 질병 등의 사유로 일상생활을 혼자서 수행하기 어려운 노인 등에게 제공하는 신체활동 또는 가사활동 지원 등의 장기요양급여에 관한 사항을 규정하여 노후의 건강증진 및 생활안정을 도모하고 그 가족의 부담을 덜어줌으로써 국민의 삶의 질을 향상하도록 함을 목적으로 한다.

2) 정의

① **노인** : 65세 이상의 노인 또는 65세 미만의 자로서 치매 · 뇌혈관성질환 등 대통령령으로 정하는 노인성 질병을 가진 자를 말한다.
② **장기요양급여** : 6개월 이상 동안 혼자서 일상생활을 수행하기 어렵다고 인정되는 자에게 신체활동 · 가사활동의 지원 또는 간병 등의 서비스나 이에 갈음하여 지급하는 현금 등을 말한다.
③ **장기요양사업** : 장기요양보험료, 국가 및 지방자치단체의 부담금 등을 재원으로 하여 노인 등에게 장기요양급여를 제공하는 사업을 말한다.
④ **장기요양기관** : 법에 따른 지정을 받은 기관으로서 장기요양급여를 제공하는 기관을 말한다.
⑤ **장기요양요원** : 장기요양기관에 소속되어 노인 등의 신체활동 또는 가사활동 지원 등의 업무를 수행하는 자를 말한다.

3) 장기요양급여 제공의 기본원칙

① 장기요양급여는 노인 등이 자신의 의사와 능력에 따라 최대한 자립적으로 일상생활을 수행할 수 있도록 제공하여야 한다.
② 장기요양급여는 노인 등의 심신상태 · 생활환경과 노인 등 및 그 가족의 욕구 · 선택을 종합적으로 고려하여 필요한 범위 안에서 이를 적정하게 제공하여야 한다.
③ 장기요양급여는 노인 등이 가족과 함께 생활하면서 가정에서 장기요양을 받는 재가급여를 우선적으로 제공하여야 한다.
④ 장기요양급여는 노인 등의 심신 상태나 건강 등이 악화되지 아니하도록 의료서비스와 연계하여 이를 제공하여야 한다.

Tip 👆
노인장기요양보험은 노인을 65세 이상 또는 65세 미만인 자로 나이에 대한 정의보다는 노인성 질병을 가진 자를 의미합니다.

---

4) 국가 및 지방자치단체의 책무 등

① 국가 및 지방자치단체는 노인이 일상생활을 혼자서 수행할 수 있는 온전한 심신 상태를 유지하는 데 필요한 사업을 실시하여야 한다.

② 국가는 노인성질환예방사업을 수행하는 지방자치단체 또는 「국민건강보험법」에 따른 국민건강보험공단에 대하여 이에 소요되는 비용을 지원할 수 있다.

③ 국가 및 지방자치단체는 노인인구 및 지역특성 등을 고려하여 장기요양급여가 원활하게 제공될 수 있도록 적정한 수의 장기요양기관을 확충하고 장기요양기관의 설립을 지원하여야 한다.

④ 국가 및 지방자치단체는 장기요양급여가 원활히 제공될 수 있도록 공단에 필요한 행정적 또는 재정적 지원을 할 수 있다.

⑤ 국가 및 지방자치단체는 장기요양요원의 처우를 개선하고 복지를 증진하며 지위를 향상시키기 위하여 적극적으로 노력하여야 한다.

⑥ 국가 및 지방자치단체는 지역의 특성에 맞는 장기요양사업의 표준을 개발·보급할 수 있다.

5) 장기요양인정의 신청

① 장기요양인정을 신청하는 자는 공단에 보건복지부령으로 정하는 바에 따라 장기요양인정신청서에 의사 또는 한의사가 발급하는 소견서를 첨부하여 제출하여야 한다. 다만, 의사소견서는 공단이 등급판정위원회에 자료를 제출하기 전까지 제출할 수 있다.

② 거동이 현저하게 불편하거나 도서·벽지 지역에 거주하여 의료기관을 방문하기 어려운 자는 의사소견서를 제출하지 아니할 수 있다.

③ 의사소견서의 발급비용·비용부담방법·발급자의 범위, 그 밖에 필요한 사항은 보건복지부령으로 정한다.

6) 등급판정

① 공단은 조사가 완료된 때 조사결과서, 신청서, 의사소견서, 그 밖에 심의에 필요한 자료를 등급판정위원회에 제출하여야 한다.

② 등급판정위원회는 신청인이 신청자격요건을 충족하고 6개월 이상 동안 혼자서 일상생활을 수행하기 어렵다고 인정하는 경우 심신상태 및 장기요양이 필요한 정도 등 등급판정기준에 따라 수급자로 판정한다.

③ 등급판정위원회는 심의·판정을 하는 때 신청인과 그 가족, 의사소견서를 발급한 의사 등 관계인의 의견을 들을 수 있다.

Tip
국가는 노인장기요양보험의 전년도 금액의 20%를 지원합니다.

장기요양등급 판정기준

장기요양등급	심신의 기능상태
1등급	심신의 기능상태 장애로 일상생활에 전적으로 다른 사람의 도움이 필요한 자로서 장기요양인정 점수가 95점 이상인 자
2등급	심신의 기능상태 장애로 일상생활에서 상당 부분 다른 사람의 도움이 필요한 자로서 장기요양인정 점수가 75점 이상 95점 미만인 자
3등급	심신의 기능상태 장애로 일상생활에서 부분적으로 다른 사람의 도움이 필요한 자로서 장기요양인정 점수가 60점 이상 75점 미만인 자
4등급	심신의 기능상태 장애로 일상생활에서 일정 부분 다른 사람의 도움이 필요한 자로서 장기요양인정 점수가 51점 이상 60점 미만인 자
5등급	치매환자(「노인장기요양보험법 시행령」 제2조에 따른 노인성 질병으로 한정)로서 장기요양인정 점수가 45점 이상 51점 미만인 자
인지지원등급	치매환자(「노인장기요양보험법 시행령」 제2조에 따른 노인성 질병으로 한정)로서 장기요양인정 점수가 45점 미만인 자

장기요양인정의 갱신신청과 장기요양등급의 변경신청에 대한 정의를 변경하여 출제될 수 있으니 정확히 암기해야 합니다.

7) 장기요양인정의 유효기간

장기요양인정의 유효기간은 최소 1년 이상으로서 대통령령으로 정한다.

8) 장기요양인정의 갱신

수급자는 장기요양인정의 유효기간이 만료된 후 장기요양급여를 계속하여 받고자 하는 경우 공단에 장기요양인정의 갱신을 신청하여야 한다.

9) 장기요양등급 등의 변경

장기요양급여를 받고 있는 수급자는 장기요양등급, 장기요양급여의 종류 또는 내용을 변경하여 장기요양급여를 받고자 하는 경우 공단에 변경신청을 하여야 한다.

10) 장기요양인정 신청 등에 대한 대리

장기요양급여를 받고자 하는 자 또는 수급자가 신체적·정신적인 사유로 이 법에 따른 장기요양인정의 신청, 장기요양인정의 갱신 신청 또는 장기요양등급의 변경신청 등을 직접 수행할 수 없을 때 본인의 가족이나 친족, 그 밖의 이해관계인은 이를 대리할 수 있다.

11) 장기요양급여의 종류

(1) 재가급여

① 방문요양 : 장기요양요원이 수급자의 가정 등을 방문하여 신체활동 및 가사활동 등을 지원하는 장기요양급여

Tip 😊
「노인복지법」과 달리 기타재가급여에 노인지원서비스는 포함되지 않습니다.

② **방문목욕** : 장기요양요원이 목욕설비를 갖춘 장비를 이용하여 수급자의 가정 등을 방문하여 목욕을 제공하는 장기요양급여

③ **방문간호** : 장기요양요원인 간호사 등이 의사, 한의사 또는 치과의사의 지시서에 따라 수급자의 가정 등을 방문하여 간호, 진료의 보조, 요양에 관한 상담 또는 구강위생 등을 제공하는 장기요양급여

④ **주 · 야간보호** : 수급자를 하루 중 일정한 시간 동안 장기요양기관에 보호하여 신체활동 지원 및 심신기능의 유지 · 향상을 위한 교육 · 훈련 등을 제공하는 장기요양급여

⑤ **단기보호** : 수급자를 보건복지부령으로 정하는 범위 안에서 일정 기간 동안 장기요양기관에 보호하여 신체활동 지원 및 심신기능의 유지 · 향상을 위한 교육 · 훈련 등을 제공하는 장기요양급여

⑥ **기타재가급여** : 수급자의 일상생활 · 신체활동 지원 및 인지기능의 유지 · 향상에 필요한 용구를 제공하거나 가정을 방문하여 재활에 관한 지원 등을 제공하는 장기요양급여

(2) 시설급여

장기요양기관에 장기간 입소한 수급자에게 신체활동 지원 및 심신기능의 유지 · 향상을 위한 교육 · 훈련 등을 제공하는 장기요양급여

(3) 특별현금급여

① **가족요양비**

공단은 다음의 어느 하나에 해당하는 수급자가 가족으로부터 방문요양에 상당한 장기요양급여를 받은 때 기준에 따라 해당 수급자에게 가족요양비를 지급할 수 있다.

㉠ 도서 · 벽지 등 장기요양기관이 현저히 부족한 지역에 거주하는 자

㉡ 천재지변이나 그 밖에 이와 유사한 사유로 인하여 장기요양기관이 제공하는 장기요양급여를 이용하기가 어렵다고 보건복지부장관이 인정하는 자

㉢ 신체 · 정신 또는 성격 등 대통령령으로 정하는 사유로 인하여 가족 등으로부터 장기요양을 받아야 하는 자

② **특례요양비**

공단은 수급자가 장기요양기관이 아닌 노인요양시설 등의 기관 또는 시설에서 재가급여 또는 시설급여에 상당한 장기요양급여를 받은 경우 기준에 따라 해당 장기요양급여비용의 일부를 해당 수급자에게 특례요양비로 지급할 수 있다.

Tip 👆
「노인복지법」의 경우 장기요양기관의 설치 시 시·군·구청장에게 신고를 하지만 「노인장기요양보험법」에서는 시·군·구청장에게 지정을 받아야 합니다.

③ 요양병원간병비

공단은 수급자가 「의료법」에 따른 요양병원에 입원한 때 기준에 따라 장기요양에 사용되는 비용의 일부를 요양병원간병비로 지급할 수 있다.

12) 장기요양기관의 지정

① 장기요양기관의 지정

재가급여와 시설급여를 제공하는 장기요양기관을 운영하려는 자는 장기요양에 필요한 시설 및 인력을 갖추어 소재지를 관할 구역으로 하는 특별자치시장·특별자치도지사·시장·군수·구청장으로부터 지정을 받아야 한다.

② 장기요양기관 지정의 유효기간

장기요양기관 지정의 유효기간은 지정을 받은 날부터 6년으로 한다.

③ 장기요양기관 지정의 갱신

장기요양기관의 장은 지정의 유효기간이 끝난 후에도 계속하여 그 지정을 유지하려는 경우에는 소재지를 관할구역으로 하는 특별자치시장·특별자치도지사·시장·군수·구청장에게 지정 유효기간이 끝나기 90일 전까지 지정 갱신을 신청하여야 한다.

13) 본인부담금

재가 및 시설 급여비용은 다음과 같이 수급자가 부담한다. 다만, 수급자 중 「의료급여법」에 따른 수급자는 그러하지 아니하다.

① 재가급여 : 해당 장기요양급여비용의 100분의 15
② 시설급여 : 해당 장기요양급여비용의 100분의 20

14) 심사청구 및 재심사청구

(1) 심사청구

① 장기요양인정·장기요양등급·장기요양급여·부당이득·장기요양급여비용 또는 장기요양보험료 등에 관한 공단의 처분에 이의가 있는 자는 공단에 심사청구를 할 수 있다.

② 심사청구는 그 처분이 있음을 안 날부터 90일 이내에 문서로 하여야 하며, 처분이 있은 날부터 180일을 경과하면 이를 제기하지 못한다. 다만, 정당한 사유로 그 기간에 심사청구를 할 수 없었음을 증명하면 그 기간이 지난 후에도 심사청구를 할 수 있다.

(2) 재심사청구

심사청구에 대한 결정에 불복하는 사람은 그 결정통지를 받은 날부터 90일 이내에 장기요양재심사위원회에 재심사를 청구할 수 있다.

📦 보험별 권리구제 절차

보험	권리구제
산재보험	심사청구 → 재심사청구
국민연금	심사청구 → 재심사청구
고용보험	심사청구 → 재심사청구
건강보험	이의신청 → 심판청구
노인장기요양보험	심사청구 → 재심사청구

OX 퀴즈

- 요양급여는 근로자가 업무상의 사유로 부상을 당하거나 질병에 걸린 경우에 그 근로자에게 지급한다 부상. 또는 질병이 4일 이내의 요양으로 치유될 수 있으면 요양급여를 지급하지 아니한다. (×)
- 크레딧 제도는 군, 출산, 실업에 대해 진행하고 있으며, 군 크레딧 제도는 6개월, 출산 크레딧 제도는 최대 50개월, 실업 크레딧 제도는 최대 1년을 초과할 수 없다. (○)
- 고용보험은 국가공무원, 지방공무원, 사립학교교직원, 월 60시간 미만인 자, 65세가 된 자는 고용보험을 적용하지 아니한다. (×)
- 건강보험의 피부양자는 직장가입자의 배우자, 직장가입자의 직계존속, 직장가입자의 직계비속, 직장가입자 배우자의 형제 · 자매가 해당된다. (×)
- 노인장기요양보험의 수급자는 장기요양인정의 유효기간이 만료된 후 장기요양급여를 계속하여 받고자 하는 경우 공단에 장기요양인정의 갱신을 신청하여야 한다. (○)

01 「국민연금법」에 대한 설명으로 틀린 것은?

① 장애연금은 장애등급을 받는 사람들에게 지급받는 급여액이 모두 같다.

② 연금액은 지급사유에 따라 기본연금액과 부양가족연금액을 기초로 산정한다.

③ 유족급여를 받을 순위는 배우자, 자녀, 부모, 손자녀, 조부모, 형제자매의 순으로 한다.

④ 분할연금은 요건을 모두 갖추게 된 때부터 5년 이내에 청구하여야 한다.

⑤ 유족연금 수급권자인 배우자가 재혼한 때에는 그 수급권은 소멸한다.

해설 장애연금은 장애 정도에 따라 지급받는 급여액이 다르다. 장애등급은 1~4급으로 나뉘며, 1급은 기본연금액에 부양가족연금액을 더한 금액. 2급은 기본연금액의 1천분의 800에 해당하는 금액에 부양가족연금액을 더한 금액. 3급은 1천분의 600에 해당하는 금액에 부양가족연금액을 더한 금액을 연금으로 받고, 4급은 1천분의 2천250에 해당하는 금액을 일시보상금으로 받는다.

02 「국민연금법」에 대한 설명으로 옳은 것은?

① 유족연금액은 가입기간과 상관없이 모두 같은 금액을 규정하고 있다.

② 사업장가입자는 국적을 상실하거나 국외로 이주한 때의 다음 날에 자격을 상실한다.

③ 사업장가입자가 부담하는 금액은 부담금이라고 한다.

④ 유족급여는 유족들에게 모두 지급한다.

⑤ 보건복지부장관의 위탁을 받아 국민연금공단을 설립하며, 공단은 재단으로 한다.

해설 ① 유족연금액은 가입기간에 따라 상이한 금액을 규정하고 있다.

③ 사업장가입자가 부담하는 금액은 기여금이라고 한다. 부담금은 사업장가입자의 사용자가 부담하는 금액을 말한다.

④ 유족급여는 유족 최우선 순위자 1명에게만 지급한다. 배우자, 자녀, 부모, 손자녀, 조부모, 형제자매의 순으로 한다.

⑤ 보건복지부장관의 위탁을 받아 국민연금공단을 설립하며, 공단은 법인으로 한다.

03 「국민건강보험법」에 대한 내용으로 틀린 것은?

① 고의로 요양기관의 지시를 따르지 아니한 때, 고의로 사고를 발생시킨 경우에는 급여가 제한된다.

② 사립학교 교직원의 보험료액은 본인이 100분의 50을, 사용자가 100분의 30을, 국가가 100분의 20을 각각 부담한다.

③ 지역가입자의 월별 보험료액은 보험료 부과점수와 부과점수당 금액을 곱하여 계산하고 보험료액은 개인 단위로 선정한다.

④ 요양급여의 적정성에 대한 평가는 건강보험심사평가원의 업무이다.

⑤ 국민건강보험은 강제 가입 방식이다.

해설 지역가입자의 월별 보험료액은 보험료 부과점수와 부과점수당 금액을 곱하여 계산하고 지역가입자의 월별 보험료액은 세대 단위로 산정한다.

정답 01 ① 02 ② 03 ③

04 「국민건강보험법」에 대한 내용으로 옳은 것은?

① 이의신청은 처분이 있은 날로부터 90일이 지나면 제기하지 못하는 것이 원칙이다.

② 요양병원 간병비도 「국민건강보험법」상 요양급여에 해당한다.

③ 가입자는 국내에 거주하지 아니하게 된 날에 그 자격을 상실한다.

④ 이의신청에 대한 결정에 불복하는 자는 건강보험분쟁조정위원회에 심판청구를 할 수 있다.

⑤ 보험급여를 받을 수 있는 사람이 국내에 여행 중인 경우에는 급여가 정지된다.

해설 ① 이의신청은 처분이 있은 날로부터 180일이 지나면 제기하지 못하는 것이 원칙이다.

② 요양병원 간병비는 「국민건강보험법」상 요양급여에 해당하지 않는다.

③ 가입자는 국내에 거주하지 아니하게 된 날의 다음 날에 그 자격을 상실한다. 가입자는 '사망한 날의 다음 날, 국적을 잃은 날의 다음 날, 국내에 거주하지 아니하게 된 날의 다음 날, 직장가입자의 피부양자가 된 날, 수급권자가 된 날, 건강보험을 적용받고 있던 사람이 유공자등 의료보호대상자가 되어 건강보험 적용배제 신청을 한 날'에 해당하게 된 날에 그 자격을 상실한다.

⑤ 보험급여를 받을 수 있는 사람이 국외에 여행 중인 경우에는 급여가 정지된다.

05 「고용보험법」에 대한 설명으로 틀린 것은?

① 자영업자도 근로자와 똑같이 고용보험에 따른 급여를 모두 받을 수 있다.

② 구직급여를 지급받으려는 자는 이직 후 지체없이 직업안정기관에 출석하여 실업을 신고하여야 한다.

③ "일용근로자"는 1개월 미만 동안 고용되는 자를 말한다.

④ 실업의 신고일부터 계산하기 시작하여 7일간은 대기기간으로 보아 구직급여를 지급하지 아니한다.

⑤ 실업급여를 받을 권리는 양도 또는 압류하거나 담보를 제공할 수 없다.

해설 고용보험에 가입한 자영업자도 고용보험에 따른 급여를 받을 수 있다. 그러나 근로자와 달리 자영업자인 피보험자는 연장급여와 조기재취업수당을 수급할 수 없다.

06 「고용보험법」에 대한 설명으로 옳은 것은?

① 구직급여를 받기 위해서는 피보험 단위간이 통산하여 100일 이상이어야 한다.

② 취업촉진 수당의 종류에는 조기재취업수당, 직업능력개발수당, 광역구직활동비, 이주비가 있다.

③ 구직급여의 종류에는 훈련연장급여, 직업연장급여, 특별연장급여가 있다.

④ 조기재취업수당은 수급자격자에 외국인 근로자도 포함된다.

⑤ 국가는 매년 보험 사업에 드는 비용의 일부를 특별회계에서 부담하여야 한다.

해설 ① 구직급여를 받기 위해서는 피보험 단위기간이 통산하여 180일 이상이어야 한다.

③ 구직급여의 종류에는 훈련연장급여, 개별연장급여, 특별연장급여가 있다.

④ 조기재취업수당의 수급자격자는 「외국인근로자의 고용 등에 관한 법률」에 따라 외국인 근로자는 제외된다.

⑤ 국가는 매년 보험 사업에 드는 비용의 일부를 일반회계에서 부담하여야 한다.

07 「산업재해보상보험법」에 대한 내용으로 틀린 것은?

① 부상 또는 질병이 3일 이내의 요양으로 치유될 수 있으면 요양급여를 지급하지 아니한다.

② 휴게시간 중 사업주의 지배관리하에 있다고 볼 수 있는 행위로 발생한 사고도 업무상 사고에 포함된다.

③ 업무상의 사고란 업무상의 사유에 따른 근로자의 부상·질병·장해 또는 사망을 말한다.

④ 장해보상연금 또는 진폐보상연금의 수급권자가 사망한 경우 그 수급권은 소멸한다.

⑤ 보험급여의 결정과 지급은 근로복지공단에서 수행한다.

해설 업무상의 재해란 업무상의 사유에 따른 근로자의 부상·질병·장해 또는 사망을 말한다.

08 「산업재해보상보험법」에 대한 내용으로 옳은 것은?

① 근로자가 근로계약에 따른 업무나 그에 따르는 행위를 하던 중 발생한 사고는 업무상 사고에 해당되지 않는다.

② 장해는 분진을 흡입하여 폐에 생기는 섬유증식성 변화를 주된 증상으로 하는 질병이다.

③ 근로자의 보험급여를 받을 권리는 퇴직하면 소멸된다.

④ 휴업급여는 취업하지 못한 기간이 3일 이내이면 지급하지 아니한다.

⑤ 산업재해보상보험의 보험료는 사업주와 노동자가 각각 부담한다.

해설 ① 근로자가 근로계약에 따른 업무나 그에 따르는 행위를 하던 중 발생한 사고는 업무상 사고에 해당한다.
② 진폐는 분진을 흡입하여 폐에 생기는 섬유증식성 변화를 주된 증상으로 하는 질병이다. 장해는 부상 또는 질병이 치유되었거나 정신적 또는 육체적 훼손으로 인하여 노동능력이 상실되거나 감소된 상태를 말한다.
③ 근로자의 보험급여를 받을 권리는 퇴직하여도 소멸되지 아니한다.
⑤ 산업재해보상보험의 보험료는 사업주가 단독 부담한다.

09 「노인장기요양보험법」에 대한 내용으로 틀린 것은?

① 장기요양보험사업의 보험자는 노인장기요양보험공단으로 한다.

② 노인 등이 가족과 함께 생활하면서 가정에서 장기요양을 받는 재가급여를 우선적으로 제공하여야 한다.

③ 가족으로부터 장기요양급여를 받은 때 가족요양비를 특별현금급여로 수급할 수 있는 경우도 있다.

④ 장기요양인정의 유효기간이 만료된 후 장기요양급여를 계속하여 받고자 하는 경우 공단에 장기요양인정의 갱신을 신청하여야 한다.

⑤ 수급자는 장기요양인정서와 표준장기요양이용계획서가 도달한 날부터 장기요양급여를 받을 수 있다.

해설 장기요양보험사업의 보험자는 국민건강보험공단으로 한다.

10 「노인장기요양보험법」에 대한 내용으로 옳은 것은?

① 장기요양급여는 노인 등이 가족과 함께 생활하면서 가정에서 장기요양을 받는 시설급여를 우선적으로 제공하여야 한다.

② 시설급여, 가족요양비, 특례요양비, 요양병원간병비 등은 「노인장기요양보험법」상 장기요양급여에 해당한다.

③ 재가급여의 경우 해당 장기요양급여비용의 100분의 20을 수급자가 부담한다.

④ 심사청구는 그 처분이 있음을 안 날부터 30일 이내에 문서로 하여야 한다.

⑤ 재가급여에는 방문요양, 방문간호, 주·야간보호, 단기보호가 포함되고 방문목욕은 포함되지 않는다.

해설 ① 장기요양급여는 노인 등이 가족과 함께 생활하면서 가정에서 장기요양을 받는 재가급여를 우선적으로 제공하여야 한다.
③ 재가급여의 경우 해당 장기요양급여비용의 100분의 15를 수급자가 부담한다.
④ 심사청구는 그 처분이 있음을 안 날부터 90일 이내에 문서로 하여야 한다.
⑤ 재가급여에는 방문요양, 방문목욕, 방문간호, 주·야간보호, 단기보호가 포함된다. 「노인복지법」에는 재가지원서비스가 포함되지만 「노인장기요양보험법」에는 재가지원서비스가 포함되지 않는다.

2025

사회복지사 1급

전 과목
무료동영상

Ⅰ권
이론

이 책의 구성

1교시 사회복지기초
1과목 인간행동과 사회환경 | 2과목 사회복지조사론

2교시 사회복지실천
3과목 사회복지실천론 | 4과목 사회복지실천기술론
5과목 지역사회복지론

3교시 사회복지정책과 제도
6과목 사회복지정책론 | 7과목 사회복지행정론
8과목 사회복지법제론

내가 뽑은 원픽!

최신 출제경향에 맞춘 최고의 수험서

www.yeamoonsa.com

내가 뽑은 원픽! 최신 출제경향에 맞춘 최고의 수험서

2025

사회복지사 1급

노민래 저

전 과목 무료동영상

II권
문제

최근 5개년 과년도 기출문제 수록

- 꼼꼼하고 알찬 **과목별 핵심이론**
- **합격노트, TIP, OX퀴즈 등 학습** 길잡이 수록
- **출제 가능성 높은 문제로 구성한** 챕터별 실전문제
- 사회복지 관련 **최신 개정법령** 반영

동영상 강의, 1:1 Q&A 등 학습자료 제공

NAVER 카페 한끝사 ▼

예문사

내가 뽑은 원픽!　최신 출제경향에 맞춘 최고의 수험서

2025

사회복지사 1급

전 과목
무료동영상

노민래 저

Ⅱ권
문제

예문사

과년도 기출문제

과년도 기출문제

- 2020년 **18회**
- 2021년 **19회**
- 2022년 **20회**
- 2023년 **21회**
- 2024년 **22회**

1과목 | 인간행동과 사회환경

01 인간발달의 원리에 관한 설명으로 옳지 않은 것은?

① 환경적 요인보다 유전적 요인을 중요시한다.
② 결정적 시기가 있다.
③ 일정한 순서가 있다.
④ 개인차이가 존재한다.
⑤ 특정단계의 발달은 이전의 발달과업 성취에 기초한다.

02 로저스(C. Rogers)의 이론이 사회복지실천에 미친 영향으로 옳지 않은 것은?

① 비지시적인 상담의 중요성을 강조한다.
② 공감적 상담의 중요성을 강조한다.
③ 비심판적 태도는 원조관계에 유용하다.
④ 클라이언트 자기결정권의 중요성을 강조한다.
⑤ 클라이언트의 과거 정신적 외상의 중요성을 강조한다.

03 다음의 설명으로 옳은 것을 모두 고른 것은?

ㄱ. 성장은 키가 커지거나 몸무게가 늘어나는 등의 양적 변화를 의미한다.
ㄴ. 성숙은 유전인자에 의해 발달 과정이 방향지어지는 것을 의미한다.
ㄷ. 학습은 직·간접 경험 및 훈련과정을 통한 변화를 의미한다.

① ㄱ　　　　　　　② ㄴ
③ ㄱ, ㄴ　　　　　④ ㄴ, ㄷ
⑤ ㄱ, ㄴ, ㄷ

04 개방형 가족체계에 관한 설명으로 옳은 것은?

① 외부체계와의 상호작용을 하지 않는다.
② 체계 내의 가족기능은 쇠퇴하게 된다.
③ 에너지, 정보, 자원을 다른 체계들과 교환한다.
④ 주변 환경으로부터 고립되어 있다.
⑤ 지역사회와의 교류가 제한된다.

05 다음 학자의 주요이론과 기법의 연결이 옳은 것은?

① 스키너(B. Skinner) – 행동주의이론 – 강화계획
② 프로이트(S. Freud) – 정신분석이론 – 타임아웃기법
③ 피아제(J. Piaget) – 분석심리이론 – 합리정서치료
④ 매슬로우(A. Maslow) – 인본주의이론 – 자유연상
⑤ 융(C. Jung) – 개인심리이론 – 행동조성

06 융(C. Jung)의 이론에 관한 설명으로 옳은 것은?

① 남성의 여성적인 면은 아니무스(Animus), 여성의 남성적인 면은 아니마(Anima)이다.

② 원초아(Id), 자아(Ego), 초자아(Super-ego)의 중요성을 강조한다.

③ 음영(Shadow)은 자기나 자아상과 같은 개념으로 인간의 어둡고 동물적인 측면이다.

④ 페르소나(Persona)는 개인이 외부 세계에 보여주는 이미지이며, 사회적 요구에 대한 반응이다.

⑤ 집단무의식(Collective Unconscious)은 다양한 콤플렉스에 기초한다.

07 매슬로우(A. Maslow)의 이론에 관한 설명으로 옳지 않은 것은?

① 인간의 창조성은 잠재적 본성이다.

② 각 개인은 통합된 전체로 간주된다.

③ 안전의 욕구는 소속과 사랑의 욕구보다 상위단계의 욕구이다.

④ 인간의 욕구는 자신을 성장하도록 동기부여 한다.

⑤ 인간본성에 대해서 낙관적인 태도를 보이고 있다.

08 로저스(C. Rogers)의 이론에 관한 설명으로 옳은 것을 모두 고른 것은?

> ㄱ. 인간은 합목적적이며 건설적인 존재이다.
> ㄴ. 모든 인간에게는 객관적 현실만 존재한다.
> ㄷ. 완전히 기능하는 사람은 자신의 경험에 대해 개방적이다.
> ㄹ. 무조건적인 긍정적 관심이 건강한 성격 발달을 위한 중요한 요소이다.

① ㄱ, ㄴ   ② ㄴ, ㄷ
③ ㄱ, ㄴ, ㄷ   ④ ㄱ, ㄷ, ㄹ
⑤ ㄱ, ㄴ, ㄷ, ㄹ

09 에릭슨(E. Erikson)의 이론에 관한 설명으로 옳지 않은 것은?

① 사회적 관심, 창조적 자아, 가족형상 등을 강조한다.

② 청소년기의 자아정체감 발달을 강조한다.

③ 성격 발달에 있어 환경과의 상호작용이 중요하다고 본다.

④ 각 단계의 발달은 이전 단계의 심리사회적 갈등해결과 통합을 토대로 이루어진다.

⑤ 발달은 점성의 원리에 기초한다.

10 아들러(A. Adler)의 이론에 관한 설명으로 옳은 것을 모두 고른 것은?

> ㄱ. 인간을 사회적 존재로 보았다.
> ㄴ. 인간의 성격발달 단계를 제시하였다.
> ㄷ. 출생순위, 가족과 형제관계에서의 경험은 생활양식에 영향을 준다.

① ㄱ   ② ㄴ
③ ㄷ   ④ ㄱ, ㄴ
⑤ ㄱ, ㄷ

11 반두라(A. Bandura)의 사회학습이론으로 옳지 않은 것은?

① 자기강화란 자기 스스로 목표한 일을 달성하고 자신에게 강화물을 주어서 행동을 유지하고 변화해 나가는 과정이다.

② 자기효능감은 자신이 바라는 목적을 이루기 위해 특정 행동을 성공적으로 수행할 수 있다는 신념이다.

③ 관찰학습은 단순한 환경적 자극에 대한 반응을 통하여 행동을 학습하는 것이 아니라 타인의 행동을 관찰함으로써 행동을 습득하는 것이다.

④ 관찰학습의 마지막 단계는 운동재생단계이다.

⑤ 인간의 성격은 개인적, 행동적, 환경적 요소들 간의 지속적인 상호작용에 의하여 발달한다.

12 받아들일 수 없는 자신의 욕망이나 충동을 타인에게 돌리는 방어기제는?

① 전치(Displacement)
② 억압(Repression)
③ 투사(Projection)
④ 합리화(Rationalization)
⑤ 반동형성(Reaction Formation)

13 피아제(J. Piaget)의 인지이론에 관한 설명으로 옳은 것은?

① 구체적 조작기에는 추상적으로 사고하고 추론을 통해 검증할 수 있다.
② 인지능력의 발달은 아동과 환경 간의 상호작용에 의해 단계적으로 성취되며 발달단계의 순서는 변하지 않는다.
③ 인간의 무의식에 초점을 둔다.
④ 도덕발달단계를 1단계에서 6단계로 제시했다.
⑤ 보존개념은 전조작기에 획득된다.

14 행동주의이론의 주요개념에 관한 설명으로 옳은 것을 모두 고른 것은?

> ㄱ. 인간의 행동은 환경적 자극에 의해 동기화된다.
> ㄴ. 변별자극은 어떤 반응이 보상될 것이라는 단서 혹은 신호로 작용하는 자극이다.
> ㄷ. 강화에는 즐거운 결과를 의미하는 정적 강화와 혐오적 결과를 제거하는 부적 강화가 있고 이 두 가지는 모두 행동의 빈도를 증가시킨다.

① ㄱ
② ㄴ
③ ㄱ, ㄴ
④ ㄴ, ㄷ
⑤ ㄱ, ㄴ, ㄷ

15 사회체계이론의 개념 중 체계 내부 간 또는 체계 외부와의 상호작용이 증가함으로써 체계 내의 에너지 양이 증가하는 것을 의미하는 것은?

① 엔트로피(Entropy)
② 시너지(Synergy)
③ 항상성(Homeostasis)
④ 넥엔트로피(Negentropy)
⑤ 홀론(Holon)

16 생태학적 이론에 관한 설명으로 옳지 않은 것은?

① 개인을 환경과 상황 속에서 이해한다.
② 성격은 개인과 환경 사이의 상호작용이 산물이다.
③ 적합성은 인간의 욕구와 환경자원이 부합되는 정도를 말한다.
④ 생활상의 문제는 전체적 생활공간 내에서 이해한다.
⑤ 환경과의 상호작용에서 인간은 수동적인 존재로 본다.

17 집단에 관한 설명으로 옳은 것은?

① 일차집단(Primary Group)은 목적 달성을 위해 인위적으로 만들어진 집단이다.
② 이차집단(Secondary Group)은 혈연이나 지연을 바탕으로 자연발생적으로 이루어진 집단이다.
③ 자연집단(Natural Group)은 특정위원회나 팀처럼 일정한 목적을 갖는 것이 특징이다.
④ 자조집단(Self-help Group)은 유사한 어려움과 관심사를 가진 구성원들의 경험을 나누며 바람직한 변화를 추구한다.
⑤ 개방집단(Open-end Group)은 집단이 진행되는 동안 새로운 구성원의 입회가 불가능하다.

18 태내기(Prenatal Period)의 발달에 관한 설명으로 옳지 않은 것은?

① 환경호르몬, 방사능 등 외부환경과 임신부의 건강 상태, 정서상태, 생활습관 등이 태아의 발달에 영향을 미친다.

② 터너(Turner)증후군은 남아가 XXY, XXXY 등의 성염색체를 가져 외모는 남자이지만 사춘기에 여성적인 2차 성징이 나타난다.

③ 양수검사는 임신초기에 할 경우 자연유산의 위험성이 있으므로 임신중기에 실시하는 것이 좋다.

④ 융모막검사는 정확도가 양수검사에 비해 떨어지고 유산의 위험성이나 사지 기형의 가능성이 있어 염색체 이상이나 노산일 경우에 제한적으로 실시하는 것이 좋다.

⑤ 다운증후군은 23쌍의 염색체 중 21번 염색체가 하나 더 존재해서 유발된다.

19 영아기(0~2세)에 관한 설명으로 옳지 않은 것은?

① 제1성장 급등기라고 할 정도로 일생 중 신체적으로 급격한 성장이 일어난다.

② 프로이트(S. Freud)의 구강기, 피아제(J. Piaget)의 감각운동기에 해당한다.

③ 생존반사로는 연하반사(삼키기반사), 빨기반사, 바빈스키반사, 모로반사 등이 있다.

④ 대상이 눈에 보이지 않아도 존재한다는 사실을 인식할 수 있는 대상영속성이 습득된다.

⑤ 양육자와의 애착관계 형성은 사회·정서적 발달에 매우 중요하다.

20 유아기(3~6세)의 발달에 관한 설명으로 옳은 것은?

① 프로이트(S. Freud)의 오이디푸스 콤플렉스와 엘렉트라 콤플렉스가 일어나는 시기이다.

② 콜버그(L. Kohlberg)의 후인습적 단계의 도덕적 사고가 나타나는 시기이다.

③ 피아제(J. Piaget)의 자율적 도덕성의 단계이다.

④ 심리사회적 유예가 일어나는 시기이다.

⑤ 보존기술, 분류기술 등 기본적 논리체계가 획득된다.

21 아동기(7~12세)의 발달에 관한 설명으로 옳은 것을 모두 고른 것은?

> ㄱ. 에릭슨(E. Erikson)의 심리사회적 위기 중 솔선성 대 죄의식(Initiative vs Guilt)이 해당된다.
> ㄴ. 조합기술을 획득하기 위해서는 가역성, 보상성, 동일성의 원리에 대한 이해가 필요하다.
> ㄷ. 단체놀이를 통해 개인의 목표가 단체의 목표에 속함을 인식하고 노동배분(역할분담)의 개념을 학습한다.
> ㄹ. 추상적 사고가 가능해져서 미래의 사건을 예측할 수 있는 가설적, 연역적 사고가 발달한다.

① ㄱ   ② ㄷ
③ ㄱ, ㄷ   ④ ㄴ, ㄷ
⑤ ㄴ, ㄹ

22 청소년기(13~19세)에 관한 설명으로 옳지 않은 것은?

① 신체적 성장이 급속히 이루어진다는 점에서 제 2의 성장급등기라고 한다.

② 어린이도 성인도 아니라는 점에서 주변인이라고 불린다.

③ 상상적 청중과 개인적 우화는 청소년기에 타인을 배려하는 사고가 반영된 예이다.

④ 피아제(J. Piaget)의 인지발달과정 중 형식적 조작기에 해당한다.

⑤ 정서적 변화가 급격히 일어난다는 점에서 질풍노도의 시기라고 한다.

23 중년기(성인중기, 40~64세)에 관한 설명으로 옳지 않은 것은?

① 에릭슨(E. Erikson)의 생산성 대 침체성(Genera-tivity vs Stagnation)의 단계에 해당된다.

② 아들러(A. Adler)는 외부에 쏟았던 에너지를 자기 내부로 돌리며 개성화 과정을 경험한다고 본다.

③ 결정성 지능은 계속 증가하지만 유동성 지능은 감소한다고 본다.

④ 성인병 같은 다양한 신체적 질환이 많이 나타나고 갱년기를 경험한다.

⑤ 남성은 테스토스테론이, 여성은 에스트로겐의 분비가 감소되는 호르몬의 변화과정을 겪는다.

24 노년기(성인후기, 65세 이상)에 관한 설명으로 옳지 않은 것은?

① 시각, 청각, 미각 등의 감각기능이 약화되고, 생식기능 또한 점차 약화된다.

② 퀴블러 로스(E. Kübler-Ross)는 인간이 죽음에 적응하는 5단계 중 마지막 단계를 타협단계라고 하였다.

③ 신체변화에 대한 적응, 인생에 대한 평가, 역할 재조정, 죽음에 대한 대비 등이 주요 발달과업이다.

④ 에릭슨(E. Erikson)은 자아통합을 이루지 못하면 절망감을 느낀다고 보았다.

⑤ 신장기능이 저하되어 신장질환에 걸릴 가능성이 증가하고, 방광이나 요도기능의 저하로 야간에 소변보는 횟수가 증가한다.

25 마샤(J. Marcia)의 자아정체감 유형에 속하지 않는 것은?

① 정체감 수행(Identity Performance)

② 정체감 혼란(Identity Diffusion)

③ 정체감 성취(Identity Achievement)

④ 정체감 유예(Identity Moratorium)

⑤ 정체감 유실(Identity Foreclosure)

2과목 | 사회복지조사론

26 조사설계(Research Design)에 반드시 포함되어야 할 내용이 아닌 것은?

① 구체적인 자료수집 방법

② 모집단 및 표집방법

③ 자료분석 절차와 방법

④ 연구문제의 의의와 조사의 필요성

⑤ 주요변수의 개념정의와 측정방법

27 영가설(Null Hypothesis)에 관한 설명으로 옳은 것은?

① 변수 간의 관계가 존재한다는 가설이다.

② 변수 간 관계없음이 검증된 가설이다.

③ 조사자가 검증하고자 하는 가설이다.

④ 영가설에 대한 반증가설이 연구가설이다.

⑤ 변수 간 관계가 우연임을 말하는 가설이다.

28 자료수집에 관한 설명으로 옳지 않은 것은?

① 질문지법은 문서화된 설문지를 사용한다.

② 면접법은 조사대상자에게 질문내용을 모두 전달한다.

③ 관찰법은 유형, 시기, 방법 추론 정도에 따라 조직적 관찰과 비조직적 관찰로 구분된다.

④ 비관여적 조사는 기존의 기록물이나 역사자료 등을 분석한다.

⑤ 내용분석법은 신문, 책, 일기 등의 직접자료를 수집하고 분석하는 방법이다.

29 후기실증주의 과학철학에 관한 설명으로 옳은 것은?

① 실증주의가 주장하는 연역주의에 대한 대안이다.
② 관찰대상이 인간과 무관하게 존재할 수 있다고 본다.
③ 지식의 본질은 잠정적, 확률적으로 본다.
④ 관찰의 이론 의존성을 부인한다.
⑤ 과학은 혁명적으로 변화한다고 본다.

30 가정폭력이 피해 여성의 우울증에 미치는 영향은 여성이 맺고 있는 사회적 네트워크의 수준에 따라 달라진다는 연구 결과가 발표되었다. 이 연구에 존재하지 않는 변수는?

① 독립변수
② 매개변수
③ 종속변수
④ 조절변수
⑤ 내생변수

31 연구윤리에 부합하는 사회복지조사로 옳은 것은?

① 연구 참여자가 평소와 다른 행동을 하지 않도록 연구자의 신분을 숨기고 자료를 수집하였다.
② 연구결과의 확산을 위해 연구 참여자의 신분을 다른 연구기관에 동의 없이 공개하였다.
③ 연구결과에 영향을 미치지 않도록 연구 참여자에게 일어날 수 있는 이익을 미리 알리지 않았다.
④ 연구 참여여부를 성적평가와 연계하여 연구 참여자의 참여 동기를 높였다.
⑤ 연구 참여자에게 연구과정에서 발생할 수 있는 고통을 미리 알리고 사전 동의를 구하였다.

32 다음 연구 상황에 유용한 조사유형은?

> 일본 후쿠시마 원전 유출이 지역주민들의 삶에 초래한 변화를 연구하고자 하였으나 관련 연구나 선행자료가 상당히 부족함을 발견하였다.

① 평가적 연구
② 기술적 연구
③ 설명적 연구
④ 탐색적 연구
⑤ 척도개발 연구

33 가설에 관한 설명으로 옳은 것을 모두 고른 것은?

> ㄱ. 이론적 배경을 가져야 한다.
> ㄴ. 변수 간 관계를 가정한 문장이다.
> ㄷ. 가설구성을 통해 연구문제가 도출된다.
> ㄹ. 창의적 해석이 가능하도록 개방적으로 구성되어야 한다.

① ㄱ, ㄴ
② ㄱ, ㄷ
③ ㄱ, ㄴ, ㄹ
④ ㄴ, ㄷ, ㄹ
⑤ ㄱ, ㄴ, ㄷ, ㄹ

34 종단연구(Longitudinal Study)에 관한 설명으로 옳지 않은 것은?

① 시간흐름에 따른 조사 대상의 변화를 측정하는 연구이다.
② 일정기간의 변화에 대해 가장 포괄적 자료를 제공하는 것은 동년배집단연구(Cohort Study)이다.
③ 조사대상의 추적과 관리 때문에 가장 많은 비용이 드는 것은 패널연구(Panel Study)이다.
④ 일정 주기별 인구변화에 대한 조사는 경향연구(Trend Study)이다.
⑤ 동년배집단연구는 언제나 동일한 대상을 조사하는 것은 아니다.

35 다음 연구 설계에 관한 설명으로 옳지 않은 것은?

> 노인복지관의 노노케어 프로그램 자원봉사자 40명을 무작위로 골라 20명씩 두 집단으로 배치하고 한 집단에는 자원봉사 교육을 실시하고 다른 집단에는 아무런 개입을 하지 않았다. 10주 후 두 집단 간 자원봉사 만족도를 비교·분석하였다.

① 사전조사를 실시하지 않아 내적 타당도를 저해하지 않는다.
② 무작위 선정으로 내적 타당도를 저해하지 않는다.
③ 통제집단을 확보하기 어려울 때 사용하는 설계이다.
④ 사전검사를 하지 않아도 집단 간 차이를 어느 정도 통제할 수 있다.
⑤ 통제집단 전후 비교에 비해 설계가 간단하여 사회조사에서 많이 활용된다.

36 단일사례설계의 개입효과에 관한 설명으로 옳지 않은 것은?

① 개입 후 변화의 파동이 심하면 효과 판단이 어렵다.
② 기초선이 불안정할 경우 기초선의 경향선을 이용하여 통계적 개입효과를 판단한다.
③ 기초선에서 개입시기까지의 경향선을 통해 시각적으로 개입효과를 판단한다.
④ 기초선과 개입기간 두 평균값의 통계적 검증을 통해 개입효과를 판단한다.
⑤ 개입 후 상당한 기간이 지나 최초의 변화가 발생할 경우 개입효과가 있다고 판단한다.

37 실험설계의 내적 타당도에 관한 설명으로 옳은 것을 모두 고른 것은?

> ㄱ. 우연한 사건은 내적 타당도에 부정적 영향을 미칠 수 있다.
> ㄴ. 사전점수가 매우 높은 집단을 선정하면 내적타당도를 저해한다.
> ㄷ. 내적 타당도가 높은 연구 결과는 일반화 가능성이 높다.

① ㄱ
② ㄴ
③ ㄱ, ㄴ
④ ㄴ, ㄷ
⑤ ㄱ, ㄴ, ㄷ

38 내용분석에 관한 설명으로 옳지 않은 것은?

① 역사적 분석과 같은 시계열 분석에 어려움이 있다.
② 인간의 의사소통 기록을 체계적으로 분석한다.
③ 분석상의 실수를 언제라도 수정할 수 있다.
④ 양적 조사와 질적 조사에 공동으로 사용할 수 있다.
⑤ 기존 자료를 활용하여 타당도 확보가 어렵다.

39 질적 연구에 관한 설명으로 옳지 않은 것은?

① 풍성하고 자세한 사실의 발견이 가능하다.
② 문제에 대한 통찰력을 제공한다.
③ 연구 참여자의 상황적·맥락 안에서 이루어진다.
④ 다른 연구자들이 재현하기 용이하다.
⑤ 현상에 대한 심층적으로 기술한다.

40 혼합연구방법(Mixed Methodology)에 관한 설명으로 옳지 않은 것은?

① 철학적, 개념적, 이론적 틀을 기반으로 한다.
② 설계유형은 병합, 설명, 구축, 실험이 있다.
③ 양적 설계에 질적 자료를 단순히 추가하는 것이 아니다.
④ 각각의 연구방법을 통해 얻은 결과가 서로 확증되는지 알아보기 위해 사용한다.
⑤ 질적 연구방법으로 발견한 연구주제를 양적연구방법을 이용하여 탐구하기도 한다.

41 측정의 신뢰도와 타당도에 관한 설명으로 옳은 것은?

① 신뢰도는 일관성을 표현될 수 있는 개념이다.
② 측정도구의 문항 수가 적을수록 신뢰도는 높아진다.
③ 검사-재검사 방법은 타당도를 측정하는 방법이다.
④ 편향(Bias)은 측정의 비체계적 오류와 관련된다.
⑤ 측정도구의 신뢰도가 높아지면 타당도도 높아진다.

42 A대학교는 전체 재학생 중 5백 명을 선정하여 취업욕구조사를 하고자 한다. 비용 부담이 가장 적고 절차가 간편한 자료수집방법은?

① 우편조사　　② 방문조사
③ 전화조사　　④ 온라인조사
⑤ 면접조사

43 다음 변수의 측정수준을 고려하여 변수의 유형을 순서대로 나열한 것은?

- 장애유형 – 정신장애, 지체장애 등
- 장애 등록 후 기간 – 개월 수
- 장애 등록 연령 – 나이
- 장애인의 건강 정도 – 상, 중, 하

① 비율변수, 비율변수, 서열변수, 명목변수
② 명목변수, 비율변수, 비율변수, 서열변수
③ 명목변수, 등간변수, 명목변수, 서열변수
④ 등간변수, 비율변수, 서열변수, 비율변수
⑤ 명목변수, 비율변수, 비율변수, 명목변수

44 다음 해당하는 표집방법은?

빈곤노인을 위한 새로운 사회복지서비스 개발을 위해 사회복지관의 노인 사례관리담당자에게 의뢰하여 자신의 욕구를 잘 표현할 수 있는 빈곤노인을 조사 대상으로 선정하였다.

① 층화 표집　　② 할당 표집
③ 의도적 표집　　④ 우발적 표집
⑤ 체계적 표집

45 설문지 작성에 관한 내용으로 옳지 않은 것은?

① 개연성 질문(Contingency Questions)은 사고의 흐름에 따라 배치한다.
② 고정반응(Response Set)을 예방하기 위해 유사 질문들은 분리하여 배치한다.
③ 민감한 주제나 주관식 질문은 설문지의 뒷부분에 배치한다.
④ 명목측정을 위한 질문은 단일차원성의 원칙을 지켜 내용을 구성한다.
⑤ 신뢰도 측정을 위한 질문들은 가능한 서로 가깝게 배치한다.

46 다음에서 설명하고 있는 타당도는?

> 측정되는 개념이 속한 이론 체계 내에서 다른 개념들과 논리적으로 어느 정도 관련성을 갖고 있는지를 경험적으로 검증하는 가장 수준이 높은 타당도

① 액면타당도(Face Validity)
② 기준타당도(Criterion Validity)
③ 동시타당도(Concurrent Validity)
④ 구성타당도(Construct Validity)
⑤ 예측타당도(Predictive Validity)

47 확률표집에 관한 설명으로 옳지 않은 것은?

① 무작위추출방식으로 표본을 추출한다.
② 의식적이거나 무의식적인 편향을 방지할 수 있다.
③ 모집단의 규모와 특성을 알 때 사용할 수 있다.
④ 표본오차를 추정할 수 있다.
⑤ 질적 연구에서 주로 사용된다.

48 측정 시 나타날 수 있는 체계적 오류에 관한 설명으로 옳지 않은 것은?

① 코딩 왜곡은 체계적 오류를 발생시킨다.
② 익명의 응답은 체계적 오류를 최소화한다.
③ 편견 없는 단어는 체계적 오류를 최소화한다.
④ 척도구성 과정의 실수는 체계적 오류를 발생시킨다.
⑤ 비관여적 관찰은 체계적 오류를 최소화한다.

49 다음 연구주제를 검증하기 위하여 변수를 구성할 때 변수 명(측정 방법), 해당 변수의 종류와 분석가능한 통계수치의 연결이 옳은 것은?

> 학업중단 청소년의 아르바이트 경험이 삶의 만족에 미치는 영향은 또래집단의 지지정도에 따라 차이가 있을 것이다.

① 아르바이트 경험(유무) – 독립변수, 산술평균
② 아르바이트 경험(종류) – 독립변수, 최빈값
③ 아르바이트 경험(개월 수) – 조절변수, 중간값
④ 또래집단의 지지(5점 척도) – 독립변수, 산술평균
⑤ 삶의 만족(5점 척도) – 매개변수, 산술평균

50 질적 연구방법과 적절한 연구 주제가 바르게 연결된 것을 모두 고른 것은?

> ㄱ. 현상학 – 늙어간다는 것이 어떤 의미인지 이해할 수 있다.
> ㄴ. 참여행동연구 – 이혼가족이 경험한 가족해체 사례를 심층적으로 이해할 수 있다.
> ㄷ. 근거이론 – 지속적 비교기법을 통해 노인의 재취업경험을 이론화할 수 있다.
> ㄹ. 생애사 – 위안부 피해자 할머니 삶의 중요한 사건을 이해할 수 있다.

① ㄱ, ㄴ
② ㄴ, ㄷ
③ ㄷ, ㄹ
④ ㄱ, ㄷ, ㄹ
⑤ ㄱ, ㄴ, ㄷ, ㄹ

3과목 | 사회복지실천론

01 생태도를 통하여 파악할 수 있는 내용에 해당되지 않는 것은?

① 클라이언트 · 가족구성원과 자원체계 간의 에너지 흐름
② 클라이언트 · 가족구성원에게 스트레스가 되는 체계
③ 클라이언트 · 가족구성원 간의 자원 교환 정도
④ 클라이언트 · 가족구성원의 환경체계 변화가 필요한 내용
⑤ 클라이언트 · 가족구성원의 생애 동안 발생한 문제의 발전과정에 관한 정보

02 다음은 한국사회복지사 윤리강령 중 어느 영역에 해당하는가?

> • 사회복지사는 인권존중과 인간평등을 위해 헌신해야 하며, 사회적 약자를 옹호하고 대변하는 일을 주도해야 한다.
> • 사회복지사는 자신이 일하는 지역사회의 문제를 이해하고 그것을 해결하는 일에 적극적으로 참여해야 한다.

① 사회복지사의 기본적 윤리기준
② 사회복지사의 동료에 대한 윤리기준
③ 사회복지사의 사회에 대한 윤리기준
④ 사회복지사의 클라이언트에 대한 윤리기준
⑤ 사회복지사의 기관에 대한 윤리기준

03 자선조직협회에 관한 설명으로 옳은 것은?

① 빈민 지원 시 중복과 누락을 방지하고자 시작되었다.
② 빈곤의 원인을 개인의 도덕 문제가 아니라 산업화의 결과로 보았다.
③ 연구 및 조사를 통하여 사회제도를 개혁하고자 설립되었다.
④ 빈민 지역의 주민들을 이웃으로 생각하여 함께 생활하였다.
⑤ 집단 및 지역사회복지의 태동에 영향을 주었다.

04 다음 중 1차 현장이면서 이용시설에 해당하는 것은?

① 장애인복지관, 보건소
② 노인복지관, 지역아동센터
③ 아동양육시설, 사회복지관
④ 노인요양시설, 장애인공동생활가정
⑤ 정신건강복지센터, 학교

05 브론펜브레너(U. Bronfenbrenner)가 제시한 생태체계에 관한 설명으로 옳은 것은?

① 미시체계 : 개인의 일상생활에 존재하는 실제적인 환경
② 중간체계 : 개인이 직접 상호작용을 하지는 않지만 간접적인 영향을 미치고 있는 환경
③ 내부체계 : 개인 내면의 심리적인 상호작용
④ 외부체계 : 개인이 속한 사회의 이념이나 제도의 일반적 형태
⑤ 거시체계 : 개인이 적극적으로 참여하는 둘 이상의 환경 간의 상호관계

06 돌고프, 로웬버그와 해링턴(R. Dolgoff, F. Loewen-berg & D. Harrington)의 윤리적 의사결정과정의 순서로 옳은 것은?

> ㄱ. 가장 적절한 전략이나 개입방법을 선택한다.
> ㄴ. 해당문제와 관련된 사람과 제도를 확인한다.
> ㄷ. 확인된 목표에 따라 설정된 개입방안의 효과성과 효율성을 평가한다.
> ㄹ. 문제를 해결하거나 문제의 정도를 경험할 수 있게 개입목표를 명확히 한다.

① ㄴ - ㄱ - ㄹ - ㄷ
② ㄴ - ㄹ - ㄱ - ㄷ
③ ㄴ - ㄹ - ㄷ - ㄱ
④ ㄹ - ㄴ - ㄱ - ㄷ
⑤ ㄹ - ㄷ - ㄴ - ㄱ

07 사회복지실천이 봉사활동에서 전문직으로 출발하게 된 계기가 아닌 것은?

① 우애방문자들의 활동에 보수를 지급하기 시작하였다.
② 우애방문자를 지도 · 감독하는 체계를 마련하였다.
③ 자선조직협회는 교육 프로그램을 마련하였다.
④ 의사인 카보트(R. Cabot)가 메사추세츠병원에 의료사회복지사를 정식으로 채용하였다.
⑤ 전통적 방법론의 한계로 인하여 통합적 방법론이 등장하였다.

08 사회복지사가 경험할 수 있는 윤리적 딜레마 상황을 모두 고른 것은?

> ㄱ. 실천 결과의 모호성
> ㄴ. 사회복지사와 클라이언트 간의 힘의 불균형
> ㄷ. 클라이언트 체계의 다중성
> ㄹ. 기관에 대한 의무와 클라이언트에 대한 의무의 상충

① ㄱ, ㄹ
② ㄴ, ㄷ
③ ㄴ, ㄹ
④ ㄱ, ㄴ, ㄷ
⑤ ㄱ, ㄴ, ㄷ, ㄹ

09 노인복지관의 사회복지사가 접수단계에서 수행하는 역할로 옳지 않은 것은?

① 가족 간의 상호작용 유형을 조정한다.
② 기관 및 사회복지사 자신을 소개한다.
③ 원하는 서비스가 무엇인지 질문한다.
④ 이름과 나이를 확인한다.
⑤ 클라이언트의 저항감이 파악되면 완화시킨다.

10 사회복지실천 과정의 자료수집에 관한 예시로 옳은 것을 모두 고른 것은?

> ㄱ. 가출청소년의 가족관계 파악을 위해 부모와 면담 실시
> ㄴ. 진로 고민 중인 청년의 진로검색을 위해 적성검사 실시
> ㄷ. 이웃의 아동학대 신고가 사실인지 여부를 확인하기 위해 가정방문 실시

① ㄱ
② ㄷ
③ ㄱ, ㄴ
④ ㄴ, ㄷ
⑤ ㄱ, ㄴ, ㄷ

11 종결단계에서 사회복지사의 과업이 아닌 것은?

① 사후관리 계획 수립
② 성과유지 전략 확인
③ 필요시 타 기관에 의뢰
④ 종결 기준 및 목표 수립
⑤ 종결에 대한 정서다루기

12 다음은 사정결과를 요약한 것이다. 사회복지사가 이후 단계에서 가장 먼저 수행해야 할 과업은?

> 경제적 도움을 요청하여 기관에 접수된 클라이언트는 성장기 학대경험과 충동적인 성격 때문에 가족 및 이웃과의 갈등 문제를 심각하게 겪고 있다. 배우자와는 이혼 위기에 있고, 근로능력은 있으나 근로의지가 거의 없어서 실직한 상태이다.

① 이혼 위기에 접근하기 위해 부부 상담서비스를 제공한다.
② 이웃과의 갈등 문제해결을 위하여 분쟁조정위원회에 의뢰한다.
③ 원인이 되는 성장기 학대 경험에 관한 치료부터 시작한다.
④ 근로의욕을 높이기 위해 집단 프로그램에 참여하도록 한다.
⑤ 클라이언트와 함께 다르고자 하는 문제의 우선순위를 정한다.

13 사회복지실천과정의 개입단계에서 사회복지사가 수행하는 과업으로 옳은 것을 모두 고른 것은?

> ㄱ. 계획된 방법으로 서비스를 제공
> ㄴ. 서비스 제공 전략 및 우선순위 결정
> ㄷ. 계획 수정 필요 시 재사정 실시
> ㄹ. 제공된 서비스에 대한 과정 및 총괄평가

① ㄱ
② ㄱ, ㄷ
③ ㄴ, ㄹ
④ ㄱ, ㄴ, ㄷ
⑤ ㄱ, ㄴ, ㄷ, ㄹ

14 사례관리에 관한 내용으로 옳지 않은 것은?

① 중복서비스를 제공하는 전문기관의 확대로 등장
② 클라이언트의 자율성 극대화 및 역량강화
③ 주로 복합적인 욕구나 문제를 가진 사람이 대상

④ 계획 – 사정 – 연계 · 조정 – 점검의 순으로 진행
⑤ 다양한 욕구충족을 위해 포괄적인 서비스 제공

15 다음에서 사례관리자가 수행한 역할이 아닌 것은?

> 사례관리자는 알코올, 가정폭력, 실직 문제가 있는 클라이언트를 면담하여 알코올 치료와 근로에 대한 동기를 부여하고 지역자활센터 이용 방법을 설명하였다. 또한 클라이언트의 배우자와 다른 알코올 중독자들의 배우자 5명으로 집단을 구성하고 알코올 중독의 영향에 대해서 체계적으로 가르쳐 주었으며, 가정폭력상담소에 연계하여 전문상담을 받도록 하였다.

① 상담가
② 중재자
③ 교육자
④ 중개자
⑤ 정보제공자

16 사례관리 실천과정 중 개입(실행)단계의 과업에 해당하는 것은?

① 클라이언트와 서비스 제공자 간의 갈등 발생 시 조정
② 클라이언트의 욕구에 기초하여 구체적이고 명확한 목표수립
③ 서비스 이용 대상자에 대한 적격성 여부 판별
④ 기관 내부 사례관리 팀 구축 및 운영 능력 파악
⑤ 클라이언트가 달성한 변화, 성과, 영향 등을 측정하기 위한 도구 개발

17 임파워먼트 모델에 관한 설명으로 옳지 않은 것은?

① 클라이언트와 문제해결 방안을 함께 수립한다.
② 개인, 대인관계, 제도적 차원에서 임파워먼트가 이루어진다.
③ 클라이언트와 협력관계를 확립하는 것을 중요시한다.

④ 클라이언트의 문제와 부적응의 개입에 초점을 맞춘다.

⑤ 개입과정은 대화 – 발견 – 발달 단계로 진행된다.

18 핀커스와 미나한(A. Pincus & Minahan)의 4체계 모델에 관한 설명으로 옳은 것은?

① 이웃이나 가족 등은 변화매개체계에 해당한다.

② 문제해결을 위해 사회복지사와 상호작용하는 사람들은 행동체계에 해당한다.

③ 비자발적인 클라이언트는 의뢰 – 응답체계에 해당한다.

④ 목표달성을 위해 변화가 필요한 사람들은 변화매개체계에 해당한다.

⑤ 전문가 육성 교육체계도 전문체계에 해당한다.

19 사회복지실천에서 통합적 방법에 관한 설명으로 옳은 것은?

① 사례관리가 실천현장에서 일반화된 이후 등장하였다.

② 다양한 클라이언트 체계와 수준에 접근할 수 있다.

③ 고도의 전문화를 통해 해당 실천 영역 고유의 문제에 집중한다.

④ 전통적 방법에 비하여 다양하고 복잡한 문제 상황에 개입하기에 적합하지 않다.

⑤ 다양한 유형의 클라이언트를 통합한다는 의미를 가진다.

20 클라이언트를 개별화하기 위해 사회복지사에게 필요한 역량이 아닌 것은?

① 언어적 표현에 대한 경청 능력

② 비언어적 표현에 대한 관찰 능력

③ 질환에 대해 진단할 수 있는 능력

④ 편견과 선입관에 대한 자기인식 능력

⑤ 감정을 민감하게 포착할 수 있는 능력

21 사회복지실천에서 전문적 관계의 특성에 관한 설명으로 옳지 않은 것은?

① 클라이언트의 욕구가 중심이 된다.

② 시간적인 제한을 둔다.

③ 전문가 자신의 정서를 통제하는 관계이다.

④ 전문가가 설정한 목적 달성을 위해 형성된다.

⑤ 전문가는 전문성에 기반을 둔 권위를 가진다.

22 클라이언트의 자기결정을 돕는 데 필요한 사회복지사의 역량으로 옳은 것을 모두 고른 것은?

> ㄱ. 경청하고 수용하는 태도
> ㄴ. 클라이언트가 활용 가능한 자원을 찾고 분석하도록 지원하는 능력
> ㄷ. 클라이언트의 잠재력을 개발하는 데 도움이 되는 환경조성 능력
> ㄹ. 클라이언트에게 필요한 것들을 결정하여 이를 관철시키는 능력

① ㄱ, ㄹ   ② ㄴ, ㄷ

③ ㄱ, ㄴ, ㄷ   ④ ㄴ, ㄷ, ㄹ

⑤ ㄱ, ㄴ, ㄷ, ㄹ

23 개방형 질문의 예시로 옳지 않은 것은?

① 선생님은 어제 자녀와 대화를 나누셨나요?

② 부모님은 그 상황에서 무엇을 생각하셨을까요?

③ 그 상황에서 선생님의 기분은 어떠하셨나요?

④ 어떤 상황이 되면 문제가 해결되었다고 생각하세요?

⑤ 그러한 행동을 하게 되면 선생님의 가족들은 어떤 반응을 보이시나요?

24 면접에 관한 설명으로 옳지 않은 것은?

① 사회복지사와 클라이언트 사이의 특정한 역할 관계가 있다.
② 시간과 장소 등 구체적인 요건이 필요하다.
③ 목적보다는 과정지향적 활동이므로 목적에 집착하는 것을 지양한다.
④ 클라이언트의 어려움을 극복하는 데 필요한 변화들을 가져오기도 한다.
⑤ 클라이언트를 이해하는 데 필요한 정보를 수집하기도 한다.

25 면접을 위한 의사소통기술 중 클라이언트의 혼란스럽고 갈등이 되는 느낌을 가려내어 분명히 해주는 기술은?

① 재명명
② 재보증
③ 세분화
④ 명료화
⑤ 모델링

4과목 | 사회복지실천기술론

26 사회복지실천의 지식과 기술을 습득하는 방법으로 옳은 것을 모두 고른 것은?

> ㄱ. 사례회의(Case Conference)를 개최하여 통합적 지원방법에 대해 논의한다.
> ㄴ. 가족치료모델을 이해하기 위해 해결중심가족치료 세미나에 참석한다.
> ㄷ. 윤리적 가치갈등의 문제에 대하여 직장동료한테 자문을 구한다.
> ㄹ. 초점집단면접(Focus Group Interview)을 실시하여 이용자 인식을 확인한다.

① ㄱ, ㄷ
② ㄴ, ㄹ
③ ㄱ, ㄴ, ㄷ
④ ㄴ, ㄷ, ㄹ
⑤ ㄱ, ㄴ, ㄷ, ㄹ

27 집단사회복지실천의 중간단계에 해당하는 내용으로 옳은 것을 모두 고른 것은?

> ㄱ. 성원의 내적 변화를 파악하기 위해 개별상담을 한다.
> ㄴ. 성원들의 참여를 촉진하기 위해 집단의 목적을 상기시킨다.
> ㄷ. 하위집단의 의사소통과 상호작용 빈도를 평가한다.
> ㄹ. 집단에 대한 의존성을 감소시키기 위해 모임주기를 조절한다.

① ㄱ, ㄷ
② ㄴ, ㄹ
③ ㄱ, ㄴ, ㄷ
④ ㄴ, ㄷ, ㄹ
⑤ ㄱ, ㄴ, ㄷ, ㄹ

28 집단성원의 주도성이 높은 것부터 순서대로 나열한 것은?

> ㄱ. 자조집단
> ㄴ. 성장집단
> ㄷ. 치료집단
> ㄹ. 교육집단

① ㄱ-ㄴ-ㄹ-ㄷ
② ㄱ-ㄷ-ㄴ-ㄹ
③ ㄱ-ㄹ-ㄷ-ㄴ
④ ㄴ-ㄱ-ㄹ-ㄷ
⑤ ㄴ-ㄹ-ㄱ-ㄷ

29 집단성원 간의 관계를 파악하는 사정도구에 관한 설명으로 옳은 것은?

① 소시오메트리 : 성원 간의 상호작용 빈도를 기록한다.
② 상호작용차트 : 집단성원에 대한 다양한 측면의 인식 정도를 평가한다.

01 기출문제 | 02 기출문제 | 03 기출문제 | 04 기출문제 | 05 기출문제

③ 소시오그램 : 성원 간의 관계를 표현한 것으로 하위집단의 유무를 알 수 있다.

④ 목적달성척도 : 목적달성을 위한 집단성원들의 협력과 지지정도를 측정한다.

⑤ 의의차별척도 : 가장 호감도가 높은 성원과 호감도가 낮은 성원을 파악할 수 있다.

30 사회기술훈련에서 활용되는 기법을 모두 고른 것은?

ㄱ. 코칭	ㄴ. 과제제시
ㄷ. 모델링	ㄹ. 자기옹호

① ㄱ, ㄷ ② ㄴ, ㄹ
③ ㄱ, ㄴ, ㄷ ④ ㄴ, ㄷ, ㄹ
⑤ ㄱ, ㄴ, ㄷ, ㄹ

31 토스랜드와 리바스(R. Toseland & R. Rivas)가 분류한 성장집단에 관한 설명으로 옳지 않은 것은?

① 촉진자로서의 전문가 역할이 강조된다.
② 성원 간의 상호작용이 중요한 도구가 된다.
③ 개별 성원의 자기표출을 긍정적으로 인식한다.
④ 공동과업의 성공적 수행이 일차적인 목표이다.
⑤ 공감과 지지를 얻기 위해 동질성이 높은 성원으로 구성한다.

32 다음 사례에 해당하는 단일사례설계의 유형은?

노인복지관 사회복지사가 어르신들의 우울감 개선프로그램을 계획하였다. 프로그램 시작 전에 참여하는 어르신들의 심리검사를 행하였고, 2주간 정서지원프로그램 실시 후 변화를 측정하였다. 1주일 후에는 같은 어르신들을 대상으로 2주간의 명상프로그램을 진행하여 우울감을 개선하고자 한다.

① AB ② BAB

③ ABA ④ ABAB
⑤ ABAC

33 가정폭력 피해경험이 있는 사회복지사가 자기노출을 고려하는 목적으로 옳은 것은?

① 역전이를 활용하기 위해
② 클라이언트의 표현을 촉진하기 위해
③ 자신과 비슷한 경험인지 알아보기 위해
④ 클라이언트의 자기합리화를 돕기 위해
⑤ 사회복지사가 자신의 문제를 극복했는지 확인하기 위해

34 초기면접을 위한 준비로 적절하지 않은 것은?

① 면접 목적을 잠정적으로 설정한다.
② 모든 질문을 사전에 확정해 놓는다.
③ 슈퍼바이저나 동료에게 미리 조언을 구한다.
④ 클라이언트 특성을 고려하여 시설환경에 대한 준비를 한다.
⑤ 의뢰서에 있는 클라이언트의 문제와 관련한 전문지식을 보완한다.

35 1인 가구의 가족사정에 관한 내용으로 옳은 것을 모두 고른 것은?

ㄱ. 원가족 생활주기 파악
ㄴ. 원가족 스트레스와 레질리언스 탐색
ㄷ. 구조적 관점으로 미분화된 경계 파악
ㄹ. 역사적 관점으로 미해결된 과제 관계의 잔재 확인

① ㄹ ② ㄱ, ㄷ
③ ㄴ, ㄹ ④ ㄱ, ㄴ, ㄷ
⑤ ㄱ, ㄴ, ㄷ, ㄹ

36 다음 사례에서 사회복지사의 개입방법에 관한 설명으로 옳은 것은?

> 가정폭력으로 이혼한 영미씨의 전 남편은 딸의 안전을 확인해야 양육비를 주겠다며 딸의 휴대폰 번호도 못 바꾸게 하였다. 영미씨는 아버지의 언어폭력으로 인한 고통을 호소하는 딸에게 전화를 계속하여 받도록 하였다. 사회복지사는 이에 대한 사정평가 후 경제적 어려움에 대한 불안감이 가정폭력을 사실상 지속시킨다고 판단하여 양육비 이행 지원서비스를 받을 수 있도록 지원하고 아버지의 전화를 차단하도록 하였다.

① 가족 옹호　　　　② 가족 재구성
③ 재정의하기　　　　④ 탈삼각화기법
⑤ 균형 깨트리기

37 가족의 특성에 관한 설명으로 옳은 것을 모두 고른 것은?

> ㄱ. 사회변화에 민감한 체계이다.
> ㄴ. 현대 가족은 점차 정서적 기능이 약화되고 있다.
> ㄷ. 가족의 현재 모습은 세대 간 전승된 통합과 조정의 결과물이다.
> ㄹ. 기능적인 가족은 응집성과 적응성, 문제해결력이 높은 가족이다.

① ㄱ, ㄷ　　　　② ㄴ, ㄹ
③ ㄱ, ㄴ, ㄷ　　　　④ ㄴ, ㄷ, ㄹ
⑤ ㄱ, ㄴ, ㄷ, ㄹ

38 다음 사례에서 사회복지사가 우선적으로 계획할 내용으로 적절한 것은?

> 은옥씨는 심각한 호흡기 질환을 앓고 있으며, 28세 아들은 고교 졸업 후 게임에만 몰두하며 집에만 있다. 아들은 쓰레기를 건드리지도 못하게 하여 집은 쓰레기로 넘쳐 나고, 이는 은옥씨의 건강에 치명적인 위협이 되고 있다. 은옥씨는 과거 자신의 잘못과 아들에 대한

> 죄책감을 호소하고 있으나, 서비스를 거부하며 특히 아들에 대한 접근을 막고 있다.

① 치료적 삼각관계 형성하기
② 가족하위체계 간의 경계 만들기
③ 가족의 기능적 분화수준 향상시키기
④ 가족과 합류(Joining)할 수 있는 방법 탐색하기
⑤ 역설적 개입으로 치료자의 지시에 저항하도록 하기

39 노인학대가 의심된다는 이웃의 신고로 노인복지전문기관에서 상황을 파악하고자 하였다. 어르신은 사회복지사의 개입을 거부하며 방어적이다. 이 상황에 관한 분석으로 적절하지 않은 것은?

① 비난형 의사소통 유형이다.
② 스스로 해결하고자 하는 의지의 표현이다.
③ 현재의 상태를 유지하려고 하는 항상성이 있다.
④ 독립과 자립을 강조하는 사회문화적 영향으로 도움에 거부적이다.
⑤ 일방적 신고를 당해서 외부인에 대한 불신과 배신감을 느끼고 있다.

40 가계도 분석에 관한 설명으로 옳은 것을 모두 고른 것은?

> ㄱ. 세대를 통해 반복되는 패턴 분석
> ㄴ. 가족구성원에 대한 객관적 정보를 파악
> ㄷ. 가족기능의 불균형과 그것에 기여하는 요인분석
> ㄹ. 가족구성원별 인생의 중요사건과 이에 대한 다른 가족구성원의 역할 분석

① ㄹ　　　　② ㄱ, ㄷ
③ ㄴ, ㄹ　　　　④ ㄱ, ㄴ, ㄷ
⑤ ㄱ, ㄴ, ㄷ, ㄹ

41 알코올 중독자 당사자는 치료에 거부적이다. 우선적으로 동기화되어 있는 가족들을 알코올 중독자 가족모임이나 자녀모임에 참여하도록 하였다. 이때 사회복지사가 개입 시 고려한 내용으로 옳은 것은?

① 가족 항상성　　② 가족 모델링
③ 가족 재구조화　④ 다세대간 연합
⑤ 순환적 인과성

42 클라이언트를 문제 중심으로 보지 않고, 필요한 자원을 활용하거나 문제에 대처할 수 있도록 지지하여 자립을 가능하게 하는 실천모델은?

① 과제중심모델　② 심리사회모델
③ 역량강화모델　④ 위기개입모델
⑤ 인지행동모델

43 심리사회모델의 기법에 관한 설명으로 옳지 않은 것은?

① 발달적 성찰 : 현재 클라이언트 성격이나 기능에 영향을 미친 가족의 기원이나 초기 경험을 탐색한다.
② 지지하기 : 클라이언트의 현재 또는 최근 사건을 고찰하게 하여 현실적인 해결방법을 찾는다.
③ 탐색-기술-환기 : 클라이언트의 상황에 대한 사실을 드러내고 감정의 표현을 통해 감정의 전환을 제공한다.
④ 수용 : 온정과 친절한 태도를 클라이언트의 감정이나 주관적인 상태에 감정이입을 하며 공감한다.
⑤ 직접적 영향 : 사회복지사와 클라이언트 간의 신뢰관계를 바탕으로 클라이언트에게 제안과 설득을 제공한다.

44 인지적 왜곡이나 오류의 유형에 관한 설명으로 옳은 것은?

① 과잉일반화는 정반대의 증거나 증거가 없음에도 불구하고 어떤 결론을 내리는 것이다.
② 임의적 추론은 상반된 사고의 경향성을 보이는 것이다.
③ 개인화는 하나 또는 별개의 사건들을 가지고 결론을 내린 후 비논리적으로 확장하는 것이다.
④ 선택적 사고는 상황에 대한 자신의 관점을 지지하기 위해 특정 자료들을 걸러 내거나 무시하는 것이다.
⑤ 과장과 축소는 하나의 사건 혹은 별개의 사건들의 결론을 주관적으로 내리는 것이다.

45 해결중심모델에 관한 설명으로 옳은 것은?

① 클라이언트의 문제의 원인을 심리내부에서 찾는다.
② 의료모델을 기초로 문제 중심의 접근을 지향한다.
③ 다양한 질문기법들을 활용하여 클라이언트와 대화한다.
④ 클라이언트의 준거틀, 인식, 강점보다 문제 자체에 초점을 둔다.
⑤ 신속한 문제해결을 위해 행동변화를 위한 새로운 전략을 가르친다.

46 청소년의 정체성 위기, 결혼, 자녀의 출산, 중년기의 직업변화, 은퇴 등 개인의 생애주기에 따른 위기는?

① 실존적 위기　② 상황적 위기
③ 발달적 위기　④ 부정적 위기
⑤ 환경적 위기

47 문제중심기록의 특성으로 옳지 않은 것은?

① 현상의 복잡성을 단순화시키고 부분화를 강조하는 단점이 있다.
② 문제유형의 파악이 용이하며 책무성이 명확해진다.
③ 클라이언트의 주관적 진술과 사회복지사의 관찰과 같은 객관적 자료를 구분한다.
④ 클라이언트의 문제 상황을 진단하고 개입계획을 제외한 문제의 목록을 작성한다.
⑤ 슈퍼바이저, 조사연구자, 외부자문가 등이 함께 검토하는 데 용이하다.

48 정신역동모델에 관한 설명으로 옳은 것은?

① 통찰보다는 치료적 처방에 초점을 둔다.
② 무의식적 충동과 미래 의지를 강조한다.
③ 사회구성주의적 관점의 영향을 받았다.
④ 기능주의 학파의 이론적 기초가 되었다.
⑤ 자유현상, 훈습, 직면의 기술을 사용한다.

49 다음 사례에 적용한 실천모델은?

> 성폭력 피해 대학생인 A씨는 심적 고통을 받고 있으며 서비스 제공자와의 만남도 거부하고 있다. 이에 사회복지사는 A씨가 절망감에 극단적인 선택을 할 가능성이 높다고 생각하여 안전 확보를 위한 지지체계를 구성하였다.

① 과제중심모델
② 심리사회모델
③ 해결중심모델
④ 위기개입모델
⑤ 역량강화모델

50 집단을 대상으로 한 실천의 내용으로 옳지 않은 것은?

① 성원 간의 갈등이 심하여 조기종결을 하였다.
② 집단과정을 촉진하기 위해 공동지도자를 두었다.
③ 적정규모를 유지하기 위해 신규 회원을 받았다.
④ 집단규칙은 사회복지사가 제공하였다.
⑤ 개별성원의 의도적인 집단 경험을 유도하였다.

5과목 | 지역사회복지론

51 지역사회복지에 관한 내용으로 옳은 것은?

① UN 지역사회개발 원칙은 정부의 적극적 지원을 받는 것이 아니라 민간 자원동원을 강조하였다.
② 던햄(A. Dunham)은 사회복지기관은 조직운영과 실천을 민주적으로 해야 한다고 하였다.
③ 로스(M. G. Ross)는 추진회 활동 초기에는 소수 집단을 위한 사업부터 전개하는 것이 좋다고 하였다.
④ 맥닐(C. F. Mcneil)은 지역사회도 자기결정의 권리가 있어 자발적인 사업추진은 거부해야 한다고 하였다.
⑤ 워렌(R. L. Warren)은 지역사회조직사업의 주요 목적은 지역사회이익 옹호, 폭넓은 권력 집중이라고 하였다.

52 지역사회에 관한 설명으로 옳지 않은 것은?

① 지역사회에 대한 정의나 구분은 학자에 따라 매우 다양하다.
② 현대의 지역사회는 지리적 개념을 넘어 기능적 개념까지 포괄하는 추세이다.
③ 지역사회를 상호의존적인 집단들의 결합체로도 볼 수 있다.
④ 펠린(P. F. Fellin)은 역량 있는 지역사회를 바람직한 지역사회로 보았다.
⑤ 로스(M. G. Ross)는 지역사회의 기능을 사회통제, 사회통합 등 다섯 가지로 구분하였다.

53 한국 지역사회복지 역사에 관한 설명으로 옳은 것은?

① 2001년 국민기초생활보장제도 시행으로 정부의 책임성 강화
② 2007년 「협동조합 기본법」의 제정으로 자활공동체가 보다 쉽게 협동조합을 결성할 수 있게 됨
③ 2010년 사회복지통합관리망(행복e음) 구축
④ 2015년 시·군·구 희망복지지원단 운영으로 통합사례관리 시행
⑤ 2018년 주민자치센터를 행정복지센터로 명칭 변경

54 한국 지역사회복지 역사에 관한 설명으로 옳은 것을 모두 고른 것은?

┌─────────────────────────────────────┐
│ ㄱ. 1970년대 : 재가복지서비스 도입   │
│ ㄴ. 1990년대 : 사회복지공동모금제도 실시   │
│ ㄷ. 2000년대 : 지역사회복지계획 수립의 법제화   │
└─────────────────────────────────────┘

① ㄱ   ② ㄱ, ㄴ
③ ㄱ, ㄷ   ④ ㄴ, ㄷ
⑤ ㄱ, ㄴ, ㄷ

55 갈등이론에 관한 설명으로 옳은 것을 모두 고른 것은?

┌─────────────────────────────────────┐
│ ㄱ. 갈등현상을 사회적 과정의 본질로 간주한다.   │
│ ㄴ. 사회나 조직을 지배하는 특정 소수집단의 역할이   │
│   중요하다.   │
│ ㄷ. 사회관계는 교환적인 활동을 통해 이익이나 보상   │
│   이 주어질 때 유지된다.   │
│ ㄹ. 사회문제는 사회변화가 아닌 개인의 사회적응을   │
│   통해 해결할 수 있다.   │
└─────────────────────────────────────┘

① ㄱ   ② ㄱ, ㄴ
③ ㄱ, ㄷ   ④ ㄱ, ㄴ, ㄷ
⑤ ㄴ, ㄷ, ㄹ

56 지역사회복지실천 가치에 관한 설명으로 옳지 않은 것은?

① 상호학습이 없으면 비판적 의식은 제한적으로 생성됨
② 억압을 조장하는 사회구조 및 의사결정과정을 주시하고 이해함
③ 억압적이고 정의롭지 못한 사회현실 개혁을 위한 끊임없는 노력이 필요함
④ 실천가가 주목해야 할 역량강화는 불리한 조건에 처한 주민들의 능력 고취임
⑤ 다양한 문화에 대한 이해를 바탕으로 특수 문화가 있는 지역에서 일어나는 억압은 인정됨

57 다음 사례에 해당하는 지역사회복지 실천이론이 올바르게 짝 지어진 것은?

> A복지관은 지역의 B단체로부터 많은 후원금을 지원받았고 단체 회원들의 자원봉사 참여가 많았다. 그러나 최근에는 B단체의 후원금과 자원봉사자가 감소하여 교육을 통해 주민들의 역량을 강화시켜 복지관 사업에 함께 참여하도록 하고 있다. 또한 다양한 후원기관을 발굴하고자 노력 중이다.

① 사회학습이론, 권력의존이론
② 권력의존이론, 사회구성이론
③ 사회구성이론, 다원주의이론
④ 다원주의이론, 엘리트이론
⑤ 엘리트이론, 사회학습이론

58 지역사회복지실천모델에 관한 설명으로 옳지 않은 것은?

① 로스만(J. Rothman)의 사회행동모델은 불이익을 받거나 권리가 박탈당한 사람의 이익을 옹호한다.
② 로스만(J. Rothman)의 지역사회개발모델은 지역사회나 문제의 아노미 또는 쇠퇴된 상황을 전제한다.
③ 로스만(J. Rothman)의 사회계획모델은 주택이나 정신건강 등의 이슈를 명확히 하고 권력구조에 대항한다.
④ 웨일과 갬블(M. Weil & D. Gamble)의 기능적 지역사회조직모델은 발달장애아동의 부모 모임과 같이 공통 이슈를 지닌 집단의 이해관계를 기반한다.
⑤ 웨일과 갬블(M. Weil & D. Gamble)의 연합모델의 표적체계는 선출직 공무원이나 재단 및 정부당국이 될 수 있다.

59 지역사회복지실천 단계와 활동의 연결로 옳지 않은 것은?

① 지역사회 욕구조사 단계 – 초점집단면접(FGI) 진행
② 목적 · 목표 설정 단계 – 스마트(SMART) 기법 활용
③ 실행 계획 단계 – 프로젝트 활용
④ 자원 계획 단계 – 실행예산 수렴
⑤ 평가 단계 – 저항과 갈등 관리

60 다음에서 설명하는 사회복지사의 활동 방법은?

> • 업무 설계 기재
> • 구체적인 실행방법 명시
> • 개별 사회복지기관이 다룰 수 있는 영역과 범위 안에 있는 이슈를 해결하기 위함

① 사회지표 분석
② 프로그램 기획
③ 커뮤니티 프로파일링(Community Profiling)
④ 지역사회 지도 그리기
⑤ 청원

61 네트워크 기술에 관한 설명으로 옳지 않은 것을 모두 고른 것은?

> ㄱ. 달성하고자 하는 목적을 위해서는 항상 강한 결속력이 필요하다.
> ㄴ. 참여 기관들은 평등한 주체로서의 관계가 보장되어야 한다.
> ㄷ. 구성원 사이의 신뢰와 호혜성이 형성되어야 네트워크가 지속될 수 있다.
> ㄹ. 사회적 교환은 네트워크 형성과 유지의 작동원리이다.

① ㄱ
② ㄴ, ㄷ
③ ㄱ, ㄴ, ㄹ
④ ㄴ, ㄷ, ㄹ
⑤ ㄱ, ㄴ, ㄷ, ㄹ

62 임파워먼트 기술에 해당하는 것을 모두 고른 것은?

> ㄱ. 권력 키우기
> ㄴ. 의식 고양하기
> ㄷ. 공공의제 만들기
> ㄹ. 지역사회 사회자본 확장

① ㄹ ② ㄱ, ㄷ
③ ㄴ, ㄹ ④ ㄱ, ㄴ, ㄷ
⑤ ㄱ, ㄴ, ㄷ, ㄹ

63 다음에서 설명하는 지역사회복지실천 모델은?

> 주민의 관점에서 개발계획을 수립하고, 주민들이 사회ㆍ경제적 투자를 이용하도록 준비시킨다.

① 사회운동모델
② 정치ㆍ사회적 행동모델
③ 근린지역사회조직모델
④ 지역사회 사회ㆍ경제 개발모델
⑤ 프로그램 개발과 지역사회 연계모델

64 조직가의 역할과 기술이 바르게 연결되지 않은 것은?

① 교사 - 능력개발
② 옹호자 - 소송제기
③ 연계자 - 모니터링
④ 평가자 - 자금 제공
⑤ 협상가 - 회의 및 회담 진행

65 다음 사례에 해당하는 사회복지사의 역할이 아닌 것은?

> A사회복지관에서는 클라이언트의 노후화된 주택의 개ㆍ보수를 위해 다양한 자원을 활용한 주거지원서비스를 제공하려고 한다.

① 관리자 ② 후보자
③ 정보전달자 ④ 네트워커(Networker)
⑤ 계획가

66 협상(Negotiation) 기술에 관한 설명으로 옳지 않은 것은?

① 협상 범위를 면밀히 분석한다.
② 사회행동모델에 사용할 수 없다.
③ 협상 과정에 중재자가 개입할 수 있다.
④ 재원확보와 기관 간 협력을 만드는 데 유리하다.
⑤ 협상 시 양쪽 대표들은 이슈와 쟁점에 대해 토의해야 한다.

67 지방자치 발달이 지역사회복지에 미치는 영향이 아닌 것은?

① 지방정부 간 복지 수준 불균형 초래
② 지역주민들의 주체적 참여 기회 제공
③ 중앙정부의 사회복지 책임과 권한 강화
④ 지역주민들의 지역사회복지에 대한 책임의식 향상
⑤ 지방자치단체장 후보의 사회복지 관련 선거공약 활성화

68 시ㆍ군ㆍ구 지역사회보장계획에 포함되어야 할 내용으로 옳은 것을 모두 고른 것은?

> ㄱ. 지역사회보장 전달체계의 조직과 운영
> ㄴ. 지역 내 부정수급 발생현황 및 방지대책
> ㄷ. 사회보장급여의 사각지대 발굴 및 지원 방안
> ㄹ. 지역사회보장의 분야별 추진전략, 중점 추진사업 및 연계협력 방안

① ㄱ, ㄹ ② ㄴ, ㄹ
③ ㄱ, ㄴ, ㄷ ④ ㄱ, ㄷ, ㄹ
⑤ ㄱ, ㄴ, ㄷ, ㄹ

69 시·군·구 지역사회보장협의체가 심의·자문하는 내용이 아닌 것은?

① 시·군·구 사회보장 추진
② 시·군·구 사회보장급여 제공
③ 시·군·구 지역사회보장계획 수립·시행 및 평가
④ 읍·면·동 단위 지역사회보장협의체의 구성 및 운영
⑤ 특별자치시의 사회보장과 관련된 서비스를 제공하는 관계 기관·법인·단체·시설과의 연계·협력 강화

70 사회복지전담공무원에 관한 설명으로 옳지 않은 것은?

① 2000년 별정직에서 일반직으로 사회복지직렬로 전환
② 국민기초생활보장제도의 시행으로 인원 확대
③ 1992년 서울, 부산, 대구 3곳에서 처음으로 임용·배치
④ 사회복지전문요원에서 사회복지전담공무원으로 명칭 변경
⑤ 취약계층에 대한 상담과 지도, 생활실태의 조사 등 사회보장급여 관련 업무 담당

71 사회복지협의회에 관한 설명으로 옳지 않은 것은?

① 민간 사회복지 증진을 위한 법적 단체
② 사회복지 소외계층 발굴 및 민간사회복지자원과의 연계·협력
③ 시·도와 시·군·구에서 모두 의무 실시
④ 1970년 사회복지법인 한국사회복지협의회로 명칭 변경
⑤ 사회복지에 관한 조사·연구 및 정책 건의

72 다음에서 사회복지관이 사회복지서비스를 우선 제공하여야 할 대상을 모두 고른 것은?

> A씨는 「국민기초생활 보장법」에 따른 수급자로서, 75세인 어머니와 보호가 필요한 유아 자녀, 교육이 필요한 청소년 자녀, 취업을 희망하는 배우자와 함께 살고 있다.

① A씨
② A씨, 배우자
③ 어머니, 배우자
④ 배우자, 자녀
⑤ A씨, 어머니, 배우자, 자녀

73 사회적 경제에 관한 설명으로 옳은 것을 모두 고른 것은?

> ㄱ. 협동조합의 발기인은 5인 이상의 조합원 자격을 가진 자가 된다.
> ㄴ. 마을기업은 회원 외에도 지역주민의 의견을 적극 반영한다.
> ㄷ. 자활기업은 조합 또는 「부가가치세법」상의 사업자로 한다.

① ㄱ
② ㄱ, ㄴ
③ ㄱ, ㄷ
④ ㄴ, ㄷ
⑤ ㄱ, ㄴ, ㄷ

74 한국 지역사회복지의 최근 동향으로 옳은 것을 모두 고른 것은?

> ㄱ. 중앙정부의 '사회서비스원' 운영
> ㄴ. '시·군·구 복지허브화' 실시
> ㄷ. '읍·면·동 찾아가는 보건복지서비스' 실시
> ㄹ. 사회적 경제 주체들의 다양화

① ㄱ, ㄴ
② ㄴ, ㄹ
③ ㄷ, ㄹ
④ ㄱ, ㄷ, ㄹ
⑤ ㄱ, ㄴ, ㄷ, ㄹ

75 지역사회복지운동이 갖는 의의에 관한 설명으로 옳은 것을 모두 고른 것은?

> ㄱ. 복지 권리의식과 시민의식을 배양하는 복지권 확립
> ㄴ. 지역사회의 다양한 자원활용 및 관련조직 간의 협력을 통한 지역자원 동원
> ㄷ. 지역사회의 정체성 확인과 역량강화를 통해 지역사회변화를 주도
> ㄹ. 사회복지가 추구하는 사회적 가치로서 사회정의 실현

① ㄱ
② ㄱ, ㄹ
③ ㄴ, ㄷ
④ ㄱ, ㄴ, ㄷ
⑤ ㄱ, ㄴ, ㄷ, ㄹ

6과목 | 사회복지정책론

01 사회복지역사에 관한 내용 중 연결이 옳은 것은?

① 엘리자베스 구빈법(1601) – 열등처우의 원칙
② 길버트법(1782) – 원외구제 허용
③ 비스마르크 3대 사회보험 – 질병보험, 실업보험, 노령폐질보험
④ 미국 사회보장법(1935) – 보편적 의료보험제도 도입
⑤ 베버리지 보고서(1942) – 소득비례방식의 사회보험 도입

02 사회복지의 가치 중 '자유'에 관한 설명으로 옳은 것은?

① 자유지상주의 관점에서는 적극적 자유를 옹호한다.
② 소극적 자유 보장을 위해서는 국가의 역할이 많을 수록 좋다.
③ 적극적 자유의 관점에서 자유의 침해는 개인에게 필요한 자원이나 기회를 박탈당한 것을 의미한다.
④ 적극적 자유의 관점에서는 임차인의 주거 안정을 위해 임대인의 자유를 제약할 수 없다.
⑤ 개인의 행동에 대한 외적 강제가 없는 상태는 적극적 자유의 핵심이다.

03 빈곤과 불평등 측정에 관한 설명으로 옳은 것은?

① 완전 평등사회에서 로렌츠 곡선은 45° 각도의 직선과 거리가 가장 멀어진다.
② 지니계수의 최대값은 1, 최소값은 −1이다.
③ 빈곤갭은 빈곤선 이하에 속하는 인구가 전체인구에 차지하는 비율을 의미한다.
④ 빈곤율은 빈곤선과 실제소득과의 격차를 반영한다.
⑤ 센(Sen)지수는 빈곤집단 내의 불평등 정도를 반영한다.

04 사회복지발달이론에 관한 설명으로 옳지 않은 것은?

① 사회양심이론 – 사회복지는 이타주의가 제도화된 것임
② 수렴이론 – 산업화를 이룬 나라들은 사회복지제도를 도입하게 됨
③ 시민권론 – 마샬(T. H. Marshall)은 사회권(Social Right)을 복지권(Welfare Right)이라고 함
④ 권력자원론 – 사회복지정책은 권력 엘리트의 산물임
⑤ 구조기능주의론 – 사회복지는 산업화, 도시화에 따른 사회문제에 대한 적응의 결과임

05 빈곤의 개념에 관한 설명으로 옳지 않은 것은?

① 절대적 빈곤은 육체적 효율성을 유지하기 위한 최소한의 생활필수품을 소비하지 못하는 상태이다.
② 최저생계비를 계측하여 빈곤선을 설정하는 방식은 절대적 빈곤 개념을 적용한 것이다.
③ 국민기초생활보장제도는 절대적 빈곤 개념을 적용하고 있다.
④ 상대적 빈곤은 한 사회의 평균적인 생활수준과 비교하여 빈곤을 규정한다.
⑤ 중위소득을 활용하여 상대적 빈곤선을 설정할 수 있다.

06 최근 논의되는 사회복지정책 이슈들에 관한 설명으로 옳지 않은 것은?

① 생태주의 관점에서는 복지국가의 '성장' 패러다임을 옹호한다.
② 4차 산업혁명, 일자리 감소, 소득 양극화 심화 등의 이슈는 '기본소득' 도입의 필요성과 관련되어 있다.
③ 민달팽이유니온, 복지국가 청년네트워크 등은 청년 세대 운동조직이 출현한 사례에 해당한다.
④ '마을만들기' 사업은 주민참여형 복지라고 할 수 있다.
⑤ '커뮤니티 케어'는 탈시설화와 관련되어 있다.

07 사회복지 재원에 관한 설명으로 옳지 않은 것은?

① 일반세 중 재산세의 계층 간 소득재분배 효과가 가장 크다.
② 목적세는 사용 목적이 정해져 있어 재원 안정성이 높다.
③ 이용료는 저소득층의 서비스 이용을 저해할 수 있다.
④ 고용주가 부담하는 사회보험료는 수직적 소득재분배 성격을 지닌다.
⑤ 기업이 직원들에게 제공하는 기업복지는 소득역진적 성격이 강하다.

08 사회적 배제의 개념적 특성에 관한 설명으로 옳지 않은 것은?

① 개인과 집단의 다차원적 불이익에 초점을 두고, 다층적 대책을 촉구한다.
② 특정 집단이 경험하는 배제는 정태적 사건이 아니라 동태적 과정으로 본다.
③ 사회적 배제 개념은 열등처우의 원칙으로부터 등장하였다.
④ 소득의 결핍 그 자체보다 다양한 배제 행위가 발생하는 과정에 초점을 둔다.
⑤ 사회적 관계망으로부터의 단절과 차별 문제를 제기한다.

09 복지혼합(Welfare-mix)의 유형 중 서비스 이용자의 선택권이 작은 것에서 큰 순서로 나열한 것은?

① 세제혜택 - 계약 - 증서
② 세제혜택 - 증서 - 계약
③ 증서 - 계약 - 세제혜택
④ 계약 - 증서 - 세제혜택
⑤ 계약 - 세제혜택 - 증서

10 이용료(본인부담금) 부과방식에 따른 소득재분배 효과가 작은 것에서 큰 순서로 나열한 것은?

① 정액제 - 정률제 - 연동제
② 정률제 - 연동제 - 정액제
③ 정률제 - 정액제 - 연동제
④ 연동제 - 정액제 - 정률제
⑤ 연동제 - 정률제 - 정액제

11 베버리지(W. Beverage)가 사회보장 프로그램의 성공을 위해 제시한 전제조건을 모두 고른 것은?

ㄱ. 아동(가족)수당
ㄴ. 완전고용
ㄷ. 포괄적 의료 및 재활서비스
ㄹ. 최저임금

① ㄹ
② ㄱ, ㄷ
③ ㄴ, ㄹ
④ ㄱ, ㄴ, ㄷ
⑤ ㄱ, ㄴ, ㄷ, ㄹ

12 실업보험을 민간 시장에서 제공할 때 발생할 수 있는 문제점을 모두 고른 것은?

> ㄱ. 역의 선택(Adverse Selection)이 나타난다.
> ㄴ. 가입자의 도덕적 해이가 발생할 가능성이 크다.
> ㄷ. 위험발생이 상호의존적이기 때문에 보험료율 계산이 어렵다.
> ㄹ. 무임승차자 문제가 발생한다.

① ㄹ ② ㄱ, ㄷ
③ ㄴ, ㄹ ④ ㄱ, ㄴ, ㄷ
⑤ ㄱ, ㄴ, ㄷ, ㄹ

13 우리나라 사회복지정책의 대상 선정에 관한 설명으로 옳은 것은?

① 소득이나 자신을 조사하여 대상을 선정하는 것은 보편주의 원칙에 부합한다.
② 아동수당은 인구학적 기준을 적용한 제도이다.
③ 장애수당은 전문가의 진단을 고려하지 않는다.
④ 긴급복지지원제도는 보편주의 원칙에 부합한다.
⑤ 기초연금의 대상 선정기준에는 부양의무자 유무가 포함된다.

14 사회보험료와 조세에 관한 설명으로 옳은 것을 모두 고른 것은?

> ㄱ. 정률의 사회보험료는 소득세에 비해 역진적이다.
> ㄴ. 사회보험료는 조세에 비해 징수에 대한 저항이 적다.
> ㄷ. 소득세와 사회보험료 모두 소득이 높은 사람이 더 많이 부담한다.
> ㄹ. 조세는 지불능력(Capacity to Pay)과 관련되어 있다.

① ㄹ ② ㄱ, ㄷ
③ ㄴ, ㄹ ④ ㄱ, ㄴ, ㄷ
⑤ ㄱ, ㄴ, ㄷ, ㄹ

15 사회복지정책을 분석하는 접근방법에 관한 설명으로 옳은 것은?

① 산물분석은 특정정책이 실행된 이후 그 결과를 분석·평가하는 데 관심을 둔다.
② 산물분석은 정책이 형성되는 사회정치적 맥락을 고찰한다.
③ 성과분석은 정책결정이라는 정책활동의 결과물에 대한 내용을 분석하는 것이다.
④ 과정분석은 정책 기획과정(Planning Process)을 거쳐 이끌어 낸 여러 정책대안을 분석한다.
⑤ 과정분석은 정책사정(Policy Assessment)이 어떻게 이루어지는지를 이해하기 위한 목적에서 이루어진다.

16 민영화에 관한 설명으로 옳지 않은 것은?

① 1980년대 등장한 신자유주의와 관련이 있다.
② 정부가 공급하는 재화와 서비스 비용을 절감하기 위해 도입되었다.
③ 소비자 선호와 소비자 선택을 중시한다.
④ 경쟁을 유발시켜 서비스 품질을 향상시키고자 한다.
⑤ 상업화를 통해 취약계층의 서비스 접근성이 높아진다.

17 산업재해보상보험제도에 관한 설명으로 옳지 않은 것은?

① 근로복지공단은 보험급여를 결정하고 지급한다.
② 업무상의 재해란 업무상의 사유에 따른 근로자의 부상·질병·장해 또는 사망을 말한다.
③ 직장 내 괴롭힘, 고개의 폭언 등으로 인한 업무상 정신적 스트레스가 원인이 되어 발생한 질병은 업무상 재해로 인정되지 않는다.

④ 업무상 질병의 인정 여부를 심의하기 위하여 근로복지공단 소속 기관에 업무상질병판정위원회를 둔다.
⑤ 국민건강보험공단이 보험료를 징수한다.

18 국민기초생활보장제도에 관한 설명으로 옳지 않은 것은?

① 국민기초생활보장제도는 보충성의 원칙에 기반하고 있다.
② 「북한이탈주민의 보호 및 정착지원에 관한 법률」상의 북한이탈주민과 그 가족은 의료급여 2종 수급권자에 속한다.
③ 급여는 개별가구 단위로 실시하되, 특히 필요하다고 인정되는 경우에는 개별 단위로 실시할 수 있다.
④ 수급권자와 그 친족, 그 밖의 관계인은 관할 시장·군수·구청장에게 수급권자에 대한 급여를 신청할 수 있다.
⑤ 생계급여는 수급자의 소득인정액 등을 고려하여 차등지급할 수 있다.

19 공공부조, 사회보험, 사회수당의 특성에 관한 설명으로 옳지 않은 것은?

① 공공부조는 다른 두 제도에 비해 권리성이 약하다.
② 사회수당은 수평적 재분배 효과가 있다.
③ 사회보험의 급여조건은 보험료 기여조건과 함께 사회적 위험에 직면해야 하는 조건이 부가된다.
④ 사회수당은 기여 여부와 무관하게 지급된다.
⑤ 운영효율성은 세 제도 중 공공부조가 가장 높다.

20 국민건강보험제도에 관한 설명으로 옳지 않은 것은?

① 사립학교교원의 보험료는 가입자 본인, 사용자, 국가가 분담한다.
② 직장가입자의 보수월액은 직장가입자가 지급받는 보수를 기준으로 하여 산정한다.
③ 직장가입자의 보험료율은 건강보험정책심의위원회에서 심의·의결한다.
④ 부가급여로 임신·출산 진료비, 장제비, 상병수당을 지급하고 있다.
⑤ 국민건강보험공단의 회계연도는 정부의 회계연도에 따른다.

21 고용보험제도에 관한 설명으로 옳은 것은?

① 실업급여를 받을 권리는 양도 또는 압류하거나 담보로 제공할 수 없다.
② 구직급여의 급여일수는 대기기간을 포함하여 산정한다.
③ 육아휴직 시작일로부터 3개월까지는 월 통상임금의 100분의 50에 해당하는 금액을 지급한다.
④ 자영업자인 피보험자의 실업급여에는 구직급여, 연장급여, 조기재취업수당이 포함된다.
⑤ 65세 이후에 자영업을 개시한 사람에게도 구직급여를 적용한다.

22 우리나라의 근로장려세제에 관한 설명으로 옳지 않은 것은?

① 근로장려금 신청 접수는 보건복지부에서 담당한다.
② 근로능력이 있는 빈곤층에 대해 근로의욕을 고취한다.
③ 미국의 EITC를 모델로 하였다.
④ 근로장려금은 근로소득 외에 재산보유상태 등을 반영하여 지급한다.
⑤ 근로빈곤층에게 실질적 혜택을 제공하여 빈곤탈출을 지원한다.

23 국민기초생활보장 대상 가구의 월 생계급여액은? (단, 다음에 제시된 2019년 기준으로 계산한다.)

> - 전세주택에 거주하는 부부(45세, 42세)와 두 자녀 (15세, 12세)로 구성된 가구로 소득인정액은 월 100 만 원으로 평가됨(부양의무자는 없음)
> - 2019년 가구 규모별 기준 중위소득은 다음과 같이 가정함
>   - −1인 : 1,700,000원　　−2인 : 2,900,000원
>   - −3인 : 3,700,000원　　−4인 : 4,600,000원

① 0원
② 380,000원
③ 700,000원
④ 1,380,000원
⑤ 3,600,000원

24 노인장기요양보험제도에 관한 설명으로 옳은 것은?

① 장기요양보험사업의 보험자는 보건복지부장관 이다.
② 등급판정에 따른 장기요양인정의 유효기간은 최소 6개월 이상으로서 대통령령으로 정한다.
③ 통합 징수한 장기요양보험료와 건강보험료를 각각의 독립회계로 관리하여야 한다.
④ 재가급여 비용은 수급자가 해당 장기요양급여 비용의 100분의 20을 부담한다.
⑤ 수급자는 시설급여와 특별현금급여를 중복하여 받을 수 있다.

25 기초연금제도에 관한 설명으로 옳은 것은?

① 65세 이상 모든 고령자에게 제공하는 사회수당 이다.
② 무기여 방식의 노후 소득보장제도이다.
③ 기초연금액의 산정 시 국민연금급여액을 고려하지 않는다.
④ 기초연금액은 가구유형, 소득과 상관없이 동일 하다.

⑤ 기초연금의 수급권자가 사망하면 유족급여를 지급한다.

> **7과목 | 사회복지행정론**

26 조직 내 비공식조직의 순기능으로 옳은 것은?

① 조직의 응집력을 높인다.
② 공식 업무의 신뢰성과 일관성을 높인다.
③ 정형화된 구조로 조직의 안정성을 높인다.
④ 파벌이나 정실인사의 부작용이 나타난다.
⑤ 의사결정이 하층부에 위임되어 직원들의 참여의식을 높인다.

27 사회복지행정의 개념에 관한 설명으로 옳지 않은 것은?

① 사회복지정책을 개별적이고 구체적인 서비스로 전환시키는 과정이다.
② 사회복지서비스 활동으로 민간조직을 제외한 공공조직이 수행한다.
③ 관리자가 조직목표를 달성하기 위해서 수행하는 과정, 기능 그리고 활동이다.
④ 사회복지 과업수행을 위해서 인적·물적 자원을 체계적으로 결합·운영하는 합리적 행동이다.
⑤ 사회복지제도와 정책을 서비스 급여, 프로그램으로 전환시키기 위한 전달체계이다.

28 사회복지조직에서 활용되고 있는 관료제의 역기능으로 옳지 않은 것은?

① 조직 운영규정 자체가 목적으로 인식될 수 있다.
② 조직변화가 어렵다.
③ 부서이기주의가 나타날 수 있다.
④ 서비스가 최저수준에 머무를 수 있다.
⑤ 조직의 복잡한 규칙을 적용하면서 창조성이 향상된다.

29 다음에서 설명하고 있는 이론은?

- 서비스 전달체계에서 업무 환경을 강조한다.
- 생존을 위해서 환경으로부터 합법성을 부여받아야 한다.
- 조직의 내·외부 환경의 역학 관계가 서비스 전달체계에 영향을 미친다.

① 관료제 이론   ② 정치경제이론
③ 인간관계론   ④ 목표관리이론(MBO)
⑤ 총체적 품질관리(TQM)

30 사회복지조직의 조직문화에 관한 설명으로 옳은 것을 모두 고른 것은?

ㄱ. 사회복지서비스 체계의 규범과 가치로서 역할을 한다.
ㄴ. 사회복지서비스 제공자의 상황인식에 중요한 역할을 한다.
ㄷ. 조직구성원의 형태와 인식 그리고 태도를 통해서 조직효과성과 연결하는 역할을 한다.

① ㄱ   ② ㄷ
③ ㄱ, ㄴ   ④ ㄴ, ㄷ
⑤ ㄱ, ㄴ, ㄷ

31 사회복지행정의 특성에 관한 설명으로 옳지 않은 것은?

① 조직들 간의 통합과 연계를 중시한다.
② 지역사회 욕구를 충족시키기 위한 조직관리 기술을 필요로 한다.
③ 모든 구성원들이 조직운영 과정에 참여하여 일정부분 영향을 미친다.
④ 조직내부 부서 간의 관료적이고 위계적인 조직관리 기술을 필요로 한다.
⑤ 사회복지조직의 관리자는 조직의 운영을 지역사회와 연관시킬 책임이 있다.

32 1950년대 우리나라 사회복지행정 역사에 관한 설명으로 옳지 않은 것은?

① 외국민간원조기관협의회(KAVA, Korea Association of Voluntary Agencies)는 구호물자의 배분을 중심으로 사회복지행정 활동을 하였다.
② KAVA는 구호 활동과 관련된 조직관리 기술을 도입했다.
③ 사회복지기관들은 수용·보호에 바탕을 둔 행정관리 기술을 사용하였다.
④ KAVA는 서비스 중복, 누락, 서비스 제공자 간의 협력체계 구축에 초점을 두었다.
⑤ KAVA는 지역사회 조직화나 공동체 형성을 위한 조직관리 기술을 적극적으로 활용하였다.

33 하센필드(Y. Hasenfield)가 주장하는 조직환경 대응전략이 아닌 것은?

① 권위주의 전략   ② 경쟁전략
③ 협동전략   ④ 방해전략
⑤ 전문화전략

34 리더십이론에 관한 설명으로 옳지 않은 것은?

① 관리격자이론은 조직원의 특성과 같은 상황적 요소를 고려하고 있다.

② 특성이론은 비판적 대안으로 행동이론이 등장하였다.

③ 섬김의 리더십(Servent Leadership)은 힘과 권력에 의한 조직지배를 지양한다.

④ 거래적 리더십은 교환관계를 기반으로 하여 조직성과를 높이고자 한다.

⑤ 상황이론은 과업환경에 따라 적합하게 대응하는 리더십이 효과적이라고 가정한다.

35 다음 사례에서 설명하는 동기이론은?

> A는 자신보다 승진이 빠른 입사 동기인 사회복지사 B와의 비교로, 보충해야 할 업무역량을 분석하였다. A는 B가 가진 프로그램 기획력과 사례관리 역량의 필요성을 알게 되었고 직무 향상과 승진을 위해 대학원 진학을 결정하였다.

① 욕구위계이론(A. Maslow)

② 동기위생이론(F. Herzberg)

③ ERG이론(C. Alderfer)

④ 형평성이론(J. S. Adams)

⑤ 기대이론(V. H. Vroom)

36 사회복지시설평가에 관한 설명으로 옳지 않은 것은?

① 평가의 근거는 1997년 개정된 「사회복지사업법」이다.

② 평가의 목적은 시설운영의 효율화 등을 위한 것이다.

③ 이용자의 권리에 관한 지표의 경우 거주시설(생활시설)에 한해서 적용하여 평가한다.

④ 개별 사회복지시설의 고유성이 반영되지 못하는 점은 평가의 한계점으로 여겨진다.

⑤ 평가지표 선정 시 현장의견 수렴 절차가 필요하다.

37 직무수행평가에 관한 설명으로 옳은 것은?

① 기준의 확립은 평가의 마지막 단계에서 이루어진다.

② 조직원들에게 직무수행의 기대치를 전달하는 목적을 지니고 있다.

③ 도표평정식평가(Graphic Rating Scale)는 관대화오류(Leniency Error)가 발생하지 않는다.

④ 자기평가는 서비스 이용자에 의한 평가보다 많은 비용이 소모되는 어려움이 있다.

⑤ 동료평가는 직무에 대해서 평가대상자보다 넓은 지식과 이해를 하고 있다는 전제를 바탕으로 실시한다.

38 사회복지조직의 책임성을 확보하기 위한 노력이 아닌 것은?

① 개인정보보호를 위해 사회복지조직 후원금 사용정보의 미공개

② 「사회복지사업법」에 따른 사회복지법인 이사회 구성

③ 「사회복지법인 및 사회복지시설 재무·회계규칙」에 근거한 예산 편성

④ 배분사업 공모를 통한 사회복지 프로그램 제정지원 시행

⑤ 사회복지예산 수립을 위한 주민 참여제도 시행

39 최근 사회복지행정의 환경 변화로 옳지 않은 것은?

① 지역사회 주민운동의 활성화
② 사회서비스 공급의 주체로서 영리부분의 참여
③ 지역사회보장협의체를 통한 민·관 협력체계 구축
④ 사회적 경제에 의한 비영리조직의 시장경쟁력 강화 필요
⑤ 복지다원주의 패러다임 등장으로 국가 주도의 복지서비스 공급

40 다음에서 설명하는 직원능력 개발방법은?

- 지속적이고 새로운 전문지식 습득 방법
- 지역사회의 필요 및 구성원의 욕구에 따라 융통성 있게 실시 가능
- 사회복지사에게 직무연수 방식으로 제공

① 패널토의(Panel Discussion)
② 순환보직(Job Rotation)
③ 계속교육(Continuing Education)
④ 역할연기(Role Playing)
⑤ 분임토의(Syndicate)

41 직무소진(Burnout)에 관한 설명으로 옳은 것을 모두 고른 것은?

ㄱ. 직무에서 비롯되는 스트레스에 대한 반응이다.
ㄴ. 목적의식이나 관심을 점차적으로 상실하는 과정이다.
ㄷ. 감정이입이 업무의 주요 기술인 직무현장에서 발생하는 현상이다.

① ㄱ
② ㄴ
③ ㄱ, ㄷ
④ ㄴ, ㄷ
⑤ ㄱ, ㄴ, ㄷ

42 변혁적 리더십에 관한 설명으로 옳은 것을 모두 고른 것은?

ㄱ. 새로운 비전제시 및 지적 자극, 조직문화 창출을 지향한다.
ㄴ. 성과에 대한 금전적인 보상이 구성원의 높은 헌신을 가능하게 한다.
ㄷ. 조직목표 중 개인의 사적이익을 가장 우선시한다.

① ㄱ
② ㄴ
③ ㄱ, ㄷ
④ ㄴ, ㄷ
⑤ ㄱ, ㄴ, ㄷ

43 사회복지관에서 우편으로 잠재적 후원자에게 기관의 현황이나 정보 등을 제공하여 후원자를 개발하는 마케팅 방법은?

① 고객관계 관리 마케팅
② 데이터베이스 마케팅
③ 다이렉트 마케팅
④ 소셜 마케팅
⑤ 클라우드 펀딩

44 「사회복지법인 및 사회복지시설 재무·회계규칙」상 사회복지관의 결산보고서에 첨부해야 하는 서류가 아닌 것은?

① 과목 전용조서
② 사업수입명세서
③ 사업비명세서
④ 세입·세출명세서
⑤ 인건비명세서

45 총체적 품질관리(TQM) 원칙에 관한 설명으로 옳은 것은?

① 조직구성원들의 집단적 노력을 강조한다.
② 현상 유지가 조직의 중요한 관점이다.
③ 의사결정은 전문가의 직관을 기반으로 한다.
④ 구성원들과 각 부서는 경쟁체계를 형성한다.
⑤ 품질결정은 전문가가 주도한다.

46 사회복지서비스 전달체계의 도입을 시대순으로 나열한 것은?

```
ㄱ. 사회복지사무소 시범사업
ㄴ. 희망복지지원단
ㄷ. 사회복지전문요원
ㄹ. 보건복지사무소 시범사업
ㅁ. 지역사회보장협의체
```

① ㄹ－ㄷ－ㄴ－ㄱ－ㅁ
② ㄷ－ㄹ－ㄱ－ㄴ－ㅁ
③ ㄹ－ㄱ－ㄷ－ㄴ－ㅁ
④ ㄱ－ㄷ－ㄹ－ㅁ－ㄴ
⑤ ㄷ－ㄹ－ㅁ－ㄴ－ㄱ

47 시간별 활동계획도표의 설명으로 옳은 것을 모두 고른 것은?

```
ㄱ. 시간별 활동계획의 설계는 확인－조정－계획－
   실행의 순환적 과정으로 이루어진다.
ㄴ. 헨리간트에 의해 최초로 개발되었다.
ㄷ. 목표달성 기한을 정해놓고 목표달성을 위해 설정
   된 주요활동과 시간계획을 연결시켜 도표로 나타
   낸 것이다.
ㄹ. 활동과 활동 사이의 상관관계를 파악하기 힘들다.
```

① ㄱ, ㄴ   ② ㄱ, ㄷ
③ ㄴ, ㄷ   ④ ㄴ, ㄹ
⑤ ㄷ, ㄹ

48 사회복지 프로그램 목표에서 성과목표로 옳은 것은?

① 1시간씩 학습지도를 제공한다.
② 월 1회 요리교실을 진행한다.
③ 자아존중감을 10% 이상 향상한다.
④ 10분씩 명상훈련을 실시한다.
⑤ 주 2회 물리치료를 제공한다.

49 품목별 예산에 관한 설명으로 옳지 않은 것은?

① 예산의 남용을 방지할 수 있다.
② 회계책임을 명백히 할 수 있다.
③ 신축성 있게 예산을 집행할 수 있다.
④ 급여와 재화 및 서비스 구매에 효과적이다.
⑤ 정책 및 사업의 우선순위를 소홀히 할 수 있다.

50 중·장년 고독사 예방 프로그램을 기획하기 위해 사회복지관에서 근무하는 사회복지사, 사회복지전담공무원, 보건소 간호사 등이 모여 상호 간 질의와 응답을 통해 자료를 수집하는 방법은?

① 패널 조사   ② 초점집단 조사
③ 델파이기법   ④ 사회지표 조사
⑤ 서베이 조사

51 제정 연도가 가장 빠른 것과 가장 늦은 것을 순서대로 짝 지은 것은?

> ㄱ. 「긴급복지지원법」　ㄴ. 「고용보험법」
> ㄷ. 「노인복지법」　　　ㄹ. 「기초연금법」

① ㄴ, ㄱ
② ㄴ, ㄹ
③ ㄷ, ㄱ
④ ㄷ, ㄴ
⑤ ㄷ, ㄹ

52 「헌법」 제34조 규정의 일부이다. (　)에 들어갈 내용이 순서대로 옳은 것은?

> • 국가는 사회보장 · (　　　)의 증진에 노력할 의무를 진다.
> • 신체장애자 및 질병 · 노령 기타의 사유로 생활능력이 없는 국민은 (　　　)이 정하는 바에 의하여 국가의 보호를 받는다.

① 공공부조, 헌법
② 공공부조, 법률
③ 사회복지, 헌법
④ 사회복지, 법률
⑤ 자원봉사, 법률

53 법령의 제정에 관한 헌법의 내용으로 옳은 것은?

① 국무총리는 총리령을 말할 수 없다.
② 지방자치단체의 장은 부령을 발할 수 있다.
③ 정부는 법률안을 제출할 수 없다.
④ 법률안은 국무회의의 심의를 거쳐야 한다.
⑤ 법률은 특별한 규정이 없는 한 공포한 날로부터 90일을 경과함으로써 효력이 발생한다.

54 「사회보장기본법」상 사회보장제도의 신설 또는 변경에 따른 협의 및 조정에 관한 내용으로 옳지 않은 것은?

① 국가와 지방자치단체는 기존 제도와의 관계, 사회보장 전달체계와 재정 등에 미치는 영향 등을 사전에 충분히 검토하여야 한다.
② 지방자치단체의 장은 국무조정실장과 협의하여야 한다.
③ 중앙행정기관의 장은 보건복지부장관과 협의하여야 한다.
④ 국가와 지방자치단체는 사회보장급여가 중복 또는 누락되지 아니하도록 하여야 한다.
⑤ 중앙행정기관의 장은 협의에 관련된 자료의 수집 · 조사 및 분석에 관한 업무를 사회보장정보원에 위탁할 수 있다.

55 「사회보장기본법」의 내용으로 옳지 않은 것은?

① 사회보장위원회의 위원장은 보건복지부장관이 된다.
② 사회보장위원회는 30명 이내의 위원으로 구성한다.
③ 사회보장 기본계획은 5년마다 수립하여야 한다.
④ 보건복지부장관은 사회보장정보시스템의 구축 · 운영을 총괄한다.
⑤ 모든 국민은 사회보장 관계 법령에서 정하는 바에 따라 사회보장급여를 받을 권리를 가진다.

56 「사회보장급여의 이용 · 제공 및 수급권자 발굴에 관한 법률」상 사회보장정보원에 관한 내용으로 옳지 않은 것은?

① 사회보장정보원은 법인으로 한다.
② 정부는 사회보장정보원의 설립에 필요한 비용을 출연할 수 있다.
③ 사회보장정보원의 운영에 필요한 비용은 정부가 지원할 수 없으며 정보이용자가 지불하는 부담금으로 충당한다.
④ 사회보장정보원에 관하여 이 법에서 규정한 사항 외에는 민법 중 재단법인에 관한 규정을 준용한다.
⑤ 사회보장정보원의 임직원은 그 직무상 알게 된 비밀을 다른 용도로 사용하여서는 아니 된다.

57 「사회보장급여의 이용 · 제공 및 수급권자 발굴에 관한 법률」상 사회복지전담공무원에 관한 내용으로 옳지 않은 것을 모두 고른 것은?

> ㄱ. 시 · 군 · 구, 읍 · 면 · 동에 사회복지전담공무원을 둘 수 있고 시 · 도에는 둘 수 없다.
> ㄴ. 사회복지전담공무원은 사회복지사업법에 따른 사회복지사의 자격을 가진 사람으로 한다.
> ㄷ. 시 · 도지사 및 시장 · 군수 · 구청장은 지방공무원 교육훈련법에 따라 사회복지전담공무원의 교육훈련에 필요한 시책을 수립 · 시행하여야 한다.

① ㄱ   ② ㄴ
③ ㄱ, ㄴ   ④ ㄱ, ㄷ
⑤ ㄴ, ㄷ

58 「사회복지사업법」에서 열거하고 있는 사회복지사업 관련 법률에 해당하지 않는 것은?

① 「아동복지법」   ② 「노인복지법」
③ 「입양특례법」   ④ 「국민건강보험법」
⑤ 「사회복지공동모금회법」

59 「사회복지사업법」상 사회복지법인(이하 '법인'이라고 한다)에 관한 내용으로 옳은 것은?

① 법인 설립 허가자는 보건복지부장관이다.
② 법인 설립은 시장 · 군수 · 구청장에 신고한다.
③ 해산한 법인의 남은 재산은 설립자에 귀속된다.
④ 이사는 법인이 설치한 사회복지시설의 장을 겸직할 수 있다.
⑤ 주된 사무소가 서로 다른 시 · 도에 소재한 법인이 합병할 경우 시 · 도지사에게 신고하여야 한다.

60 「사회복지사업법」상 사회복지시설(이하 '시설'이라고 한다)의 운영위원회에 관한 내용으로 옳은 것은?

① 시설의 장은 운영위원이 될 수 없다.
② 운영위원회의 위원은 시설의 장이 위촉한다.
③ 시설 거주자 대표는 운영위원이 될 수 없다.
④ 운영위원회는 시설운영에 관하여 의결권을 갖는다.
⑤ 시설 거주자의 보호자 대표는 운영위원이 될 수 있다.

61 「국민기초생활 보장법」상 용어의 정의로 옳은 것은?

① 수급권자란 이 법에 따른 급여를 받는 사람을 말한다.
② 기준 중위소득이란 국민 가구소득의 평균값을 말한다.
③ 보장기관이란 이 법에 따른 급여를 실시하는 사회복지시설을 말한다.
④ 소득인정액이란 보장기관이 급여의 결정 및 실시 등에 사용하기 위하여 산출한 개별가구의 소득평가액과 재산의 소득환산액을 합산한 금액을 말한다.
⑤ 최저생계비란 국민이 쾌적한 문화생활을 유지하기 위하여 필요한 적정선의 비용을 말한다.

62 「국민기초생활 보장법」상 자활지원에 관한 내용으로 옳지 않은 것은?

① 보장기관은 자활지원사업의 원활한 추진을 위하여 자활기금을 적립한다.

② 보장기관은 지역자활센터에 국유·공유 재산의 무상임대 지원을 할 수 있다.

③ 보장기관은 수급자 및 차상위자가 자활에 필요한 자산을 형성할 수 있도록 재정적인 지원을 할 수 있다.

④ 보장기관은 수급자 및 차상위자의 자활촉진에 필요한 사업을 수행하게 하기 위하여 법인 등의 신청을 받아 지역자활센터를 지정할 수 있다.

⑤ 수급자 및 소득인정액이 기준 중위소득의 100분의 70 이상인 자는 상호 협력하여 자활기업을 설립·운영할 수 있다.

63 「긴급복지지원법」의 내용으로 옳지 않은 것은?

① 주거지가 불분명한 자도 긴급지원대상자가 될 수 있다.

② 국내에 체류하는 모든 외국인은 긴급지원대상자가 될 수 없다.

③ 위기상황에 처한 사람에게 일시적으로 신속하게 지원하는 것을 기본원칙으로 한다.

④ 누구든지 긴급지원대상자를 발견한 경우에는 관할 시장·군수·구청장에게 신고하여야 한다.

⑤ 국가 및 지방자치단체는 위기상황에 처한 사람에 대한 발굴조사를 연 1회 이상 정기적으로 실시하여야 한다.

64 「기초연금법」의 내용이다. (   )에 들어갈 숫자가 순서대로 옳은 것은?

> • 보건복지부장관은 선정기준액을 정하는 경우 65세 이상인 사람 중 기초연금 수급자가 100분의 (   ) 수준이 되도록 한다.
> • 본인과 그 배우자가 모두 기초연금 수급권자인 경우에는 각각의 기초연금액에서 기본연금액의 100분의 (   )에 해당하는 금액을 감액한다.

① 60, 40　　　　② 60, 50
③ 70, 20　　　　④ 70, 30
⑤ 80, 10

65 「국민건강보험법」상 요양급여에 해당하지 않는 것은?

① 예방·재활
② 이송
③ 요양병원간병비
④ 처치·수술 및 그 밖의 치료
⑤ 약제·치료재료의 지급

66 「산업재해보상보험법」상 업무상 사고에 해당하지 않는 것은?

① 출장기간 중 발생한 모든 사고
② 근로자가 근로계약에 따른 업무나 그에 따르는 행위를 하던 중 발생한 사고
③ 휴게시간 중 사업주의 지배관리하에 있다고 볼 수 있는 행위로 발생한 사고
④ 사업주가 주관하거나 사업주의 지시에 따라 참여한 행사나 행사준비 중에 발생한 사고
⑤ 사업주가 제공한 시설물 등을 이용하던 중 그 시설물 등의 결함이나 관리소홀로 발생한 사고

67 「고용보험법」의 내용으로 옳은 것은?

① 고용노동부장관은 보험 사업에 대하여 3년마다 평가를 하여야 한다.

② 국가는 매년 보험 사업에 드는 비용의 20%를 특별회계에서 부담하여야 한다.

③ 피보험자는 이 법이 적용되는 사업에 고용된 날의 다음 달부터 피보험자격을 취득한다.

④ 실업급여로서 지급된 금품에 대하여 국가는 국세기본법에 따른 모든 공과금을 부과하여야 한다.

⑤ 고용보험 사업으로 고용안정·직업능력개발 사업, 실업급여, 육아휴직 급여 및 출산전후휴가 급여 등을 실시한다.

68 「노인장기요양보험법」상 장기요양급여 제공의 기본원칙에 해당하는 것을 모두 고른 것은?

> ㄱ. 노인 등의 심신상태나 건강 등이 악화되지 아니하도록 의료서비스와 연계하여 이를 제공하여야 한다.
>
> ㄴ. 노인 등이 자신의 의사와 능력에 따라 최대한 자립적으로 일상생활을 수행할 수 있도록 제공하여야 한다.
>
> ㄷ. 노인 등이 가족과 함께 생활하면서 가정에서 장기요양을 받는 재가급여를 우선적으로 제공하여야 한다.
>
> ㄹ. 노인 등의 심신상태·생활환경과 노인 등 및 그 가족의 욕구·선택을 종합적으로 고려하여 필요한 범위 안에서 이를 적정하게 제공하여야 한다.

① ㄴ, ㄹ   ② ㄱ, ㄴ, ㄷ

③ ㄱ, ㄷ, ㄹ   ④ ㄴ, ㄷ, ㄹ

⑤ ㄱ, ㄴ, ㄷ, ㄹ

69 「아동복지법」의 내용이다. ( )에 들어갈 내용이 순서대로 옳은 것은?

> • 국무총리 소속으로 ( )를 둔다.
> • 시·도지사, 시장·군수·구청장 소속으로 ( )를 각각 둔다.
> • 보건복지부장관은 아동정책기본계획을 ( )년 마다 수립하여야 한다.
> • 보건복지부장관은 아동종합실태를 ( )년마다 조사하여 그 결과를 공표하여야 한다.

① 아동복지심의위원회, 아동정책조정위원회, 3, 5

② 아동정책조정위원회, 아동복지심의위원회, 3, 5

③ 아동복지심의위원회, 아동정책조정위원회, 5, 3

④ 아동정책조정위원회, 아동복지심의위원회, 5, 3

⑤ 아동정책조정위원회, 아동복지심의위원회, 5, 5

70 「장애인복지법」에 근거하여 설치 또는 설립하는 것이 아닌 것은?

① 장애인 거주시설

② 한국장애인개발원

③ 장애인권익옹호기관

④ 발달장애인지원센터

⑤ 장애인자립생활지원센터

71 「노인복지법」상 노인학대에 관한 내용으로 옳지 않은 것은?

① 119구조·구급에 관한 법률에 다른 119구급대와 구급대원은 65세 이상의 사람에 대한 노인학대 신고의무자에 속한다.

② 노인학대를 알게 된 때에는 신고의무자만 신고할 수 있다.

③ 법원이 노인학대 관련범죄자에 대하여 취업제한 명령을 하는 경우 취업제한기간은 10년을 초과하지 못한다.

④ 노인학대신고를 접수한 노인보호전문기관의 직원은 지체없이 노인학대의 현장에 출동하여야 한다.
⑤ 국가와 지방자치단체는 노인학대를 예방하고 수시로 신고를 받을 수 있도록 긴급전화를 설치하여야 한다.

72 「다문화가족지원법」의 내용으로 옳지 않은 것은?

① 다문화가족은 대한민국 국적을 취득한 자로 이루어진 가족이어야 한다.
② 다문화가족이 이혼 등의 사유로 해체된 경우에도 그 구성원이었던 자녀에 대하여 이 법을 적용한다.
③ 다문화 가족지원센터는 결혼이민자 등에 대한 한국어 교육 업무를 수행한다.
④ 국가와 지방자치단체는 다문화가족에 대해 가족생활교육 등을 추진하는 경우, 문화의 차이를 고려한 전문적인 서비스가 제공될 수 있도록 노력하여야 한다.
⑤ 여성가족부장관은 5년마다 다문화가족정책에 관한 기본계획을 수립하여야 한다.

73 「사회복지공동모금회법」상 공동모금재원 배분기준에 포함되어야 하는 사항으로 명시되지 않은 것은?

① 배분한도액
② 배분심사기준
③ 배분신청자의 재산
④ 공동모금재원의 배분대상
⑤ 배분신청기간 및 배분신청서 제출 장소

74 「성폭력방지 및 피해자보호 등에 관한 법률」상 성폭력피해자보호시설의 종류가 아닌 것은?

① 일반보호시설
② 상담지원시설
③ 외국인보호시설
④ 특별지원 보호시설
⑤ 자립지원 공동생활시설

75 「가정폭력방지 및 피해자보호 등에 관한 법률」의 내용으로 옳지 않은 것은?

① 이 법에서의 "아동"이란 18세 미만인 자를 말한다.
② 국가인권위원회 위원장은 3년마다 가정폭력에 대한 실태조사를 실시하여야 한다.
③ 시·도지사는 외국어 서비스를 제공하는 긴급전화센터를 따로 설치·운영할 수 있다.
④ 지방자치단체는 가정폭력 관련 상담소를 외국인, 장애인 등 대상별로 특화하여 운영할 수 있다.
⑤ 지방자치단체는 가정폭력 관련 상담원 교육훈련시설을 설치·운영할 수 있다.

1교시 | 사회복지기초

1과목 | 인간행동과 사회환경

01 인간발달이론이 사회복지실천에 미친 영향으로 옳은 것은?

① 아들러(A. Adler)의 이론은 인간을 하나의 통합된 유기체로 인식하는 데 공헌하였다.
② 피아제(J. Piaget)의 이론은 발달단계의 순서가 개인과 문화에 따라 다르게 나타날 수 있음을 인식하는 데 공헌하였다.
③ 프로이트(S. Freud)의 이론은 모방학습의 중요성을 인식하는 데 공헌하였다.
④ 스키너(B. Skinner)의 이론은 인간행동이 내적 동기에 의해 강화됨을 이해하는 데 공헌하였다.
⑤ 로저스(C. Rogers)의 이론은 클라이언트의 생애발달 단계를 파악하고 평가하는 데 공헌하였다.

02 인간발달의 원리에 관한 설명으로 옳은 것은?

① 무작위적으로 발달이 진행되기 때문에 예측이 불가능하다.
② 발달에는 결정적 시기가 있다.
③ 안정적 속성보다 변화적 속성이 강하게 나타난다.
④ 신체의 하부에서 상부로, 말초부위에서 중심부위로 진행된다.
⑤ 순서와 방향성이 정해져 있으므로 발달속도에는 개인차가 존재하지 않는다.

03 생태학 이론에 관한 설명으로 옳지 않은 것을 모두 고른 것은?

> ㄱ. 인간과 환경을 서로 영향을 주고받는 단일체계로 간주한다.
> ㄴ. 인간본성에 대한 정신적 · 환경적 결정론을 이론적 바탕으로 한다.
> ㄷ. 성격을 개인과 환경 사이의 상호교류의 산물로 이해한다.
> ㄹ. 타인과 관계를 맺는 인간의 능력은 환경과의 상호작용을 통하여 후천적으로 습득된다고 전제한다.

① ㄷ
② ㄱ, ㄷ
③ ㄴ, ㄹ
④ ㄱ, ㄴ, ㄹ
⑤ ㄱ, ㄴ, ㄷ, ㄹ

04 프로이트(S. Freud)의 심리성적 발달단계에 관한 설명으로 옳은 것은?

① 남근기 : 동성 부모에 대한 동일시의 기제가 나타나는 시기이다.
② 항문기 : 양육자와의 상호작용 과정에서 최초로 갈등을 경험하는 시기이다.
③ 구강기 : 자율성과 수치심을 주로 경험하는 시기이다.
④ 생식기 : 오이디푸스 · 엘렉트라 콤플렉스가 강해지는 시기이다.
⑤ 잠복기 : 리비도(Libido)가 항문부위로 집중되는 시기이다.

05 에릭슨(E. Erikson)의 이론에 관한 설명으로 옳은 것은?

① 발달에 영향을 미치는 유전적·생물학적 요인을 배제하였다.
② 발달에 영향을 미치는 사회적·문화적 요인을 인정하지 않았다.
③ 성인기 이후의 발달을 고려하지 않았다.
④ 자아(Ego)의 자율적, 창조적 기능을 고려하지 않았다.
⑤ 과학적 근거나 경험적 증거가 미흡하다.

06 융(C. Jung)의 이론에 관한 설명으로 옳은 것을 모두 고른 것은?

> ㄱ. 자기(Self)는 중년기 이후에 나타나는 원형(Arche-type)이다.
> ㄴ. 과거의 사건 및 미래에 대한 열망이 성격발달에 동시에 영향을 미친다.
> ㄷ. 리비도(Libido)는 전반적인 삶의 에너지를 말한다.
> ㄹ. 성격발달은 개성화를 통한 자기실현의 과정이다.

① ㄴ
② ㄱ, ㄴ
③ ㄷ, ㄹ
④ ㄱ, ㄷ, ㄹ
⑤ ㄱ, ㄴ, ㄷ, ㄹ

07 아들러(A. Adler)의 이론에 관한 설명으로 옳지 않은 것은?

① 개인이 지닌 창조성과 주관성을 강조한다.
② 위기와 전념을 기준으로 생활양식을 4가지 유형으로 구분하였다.
③ 열등감은 모든 인간이 지닌 보편적인 감정이다.
④ 사회적 관심은 선천적으로 타고 나는 것이다.
⑤ 개인이 추구하는 목표는 현실에서 검증하기 어려운 가상적 목표이다.

08 반두라(A. Bandura)의 이론에 관한 설명으로 옳지 않은 것은?

① 학습은 사람, 환경 및 행동의 상호작용에 의해 이루어짐을 강조한다.
② 특정행동을 성공적으로 수행할 수 있다는 신념을 강조한다.
③ 개인이 지닌 인지적 요인의 영향력을 강조한다.
④ 관찰학습의 첫 번째 단계는 동기유발과정이며, 학습한 내용의 행동적 전환을 강조한다.
⑤ 인간은 스스로 자신의 행동을 강화할 수 있음을 강조한다.

09 스키너(B. Skinner)의 이론에 관한 설명으로 옳은 것은?

① 행동조성(Shaping)은 복잡한 행동의 점진적 습득을 설명하는 개념이다.
② 조작적 행동보다 반응적 행동을 강조한다.
③ 변동간격 계획은 평균적으로 일정한 수의 반응이 일어난 후에 강화물을 제공하는 것을 말한다.
④ 인간행동은 인간이 지닌 자유의지의 결과이다.
⑤ 부적 강화는 특정 행동의 빈도를 감소시키는 효과를 지닌다.

10 로저스(C. Rogers)의 이론에 관한 설명으로 옳지 않은 것은?

① 개입과정에서 상담가의 진실성 및 일치성을 강조하였다.
② 자아실현을 하는 사람을 완전히 기능하는 인간(Fully Functioning Person)이라는 용어로 정리하였다.
③ 인간이 지닌 보편적·객관적 경험을 강조하였다.
④ 무조건적 긍정적 관심과 수용을 강조하였다.

⑤ 인간 본성이 지닌 낙관적이고 긍정적인 측면을 강조하였다.

11 매슬로우(A. Maslow)의 욕구이론에 관한 설명으로 옳지 않은 것은?

① 생리적 욕구는 가장 하위단계에 있는 욕구이다.
② 극소수의 사람들만이 자아실현을 달성할 수 있다.
③ 자아실현의 욕구는 가장 상위단계에 있는 욕구이다.
④ 상위단계의 욕구는 하위단계의 욕구가 완전히 충족된 이후에 나타난다.
⑤ 인간의 욕구는 강도와 중요도에 따라 위계적으로 구성되어 있다.

12 피아제(J. Piaget)가 제시한 인지발달의 촉진요인이 아닌 것은?

① 성숙   ② 애착 형성
③ 평형화   ④ 물리적 경험
⑤ 사회적 상호작용

13 체계이론의 개념에 관한 설명으로 옳은 것을 모두 고른 것은?

ㄱ. 균형(Equilibrium) : 환경과 상호작용하기 위하여 체계의 구조를 변화시키는 과정 또는 상태
ㄴ. 넥엔트로피(Negentropy) : 체계 내부의 유용하지 않은 에너지가 감소되는 상태
ㄷ. 공유영역(Interface) : 두 개 이상의 체계가 공존하는 부분으로 체계 간의 교류가 일어나는 장소
ㄹ. 홀론(Holon) : 외부와의 상호작용으로 체계 내의 에너지가 증가하는 현상 또는 상태

① ㄱ   ② ㄱ, ㄹ
③ ㄴ, ㄷ   ④ ㄴ, ㄷ, ㄹ
⑤ ㄱ, ㄴ, ㄷ, ㄹ

14 브론펜브레너(U. Bronfenbrenner)의 생태체계이론에 관한 설명이다. ( )의 내용으로 옳은 것은?

• (ㄱ)는 개인이 참여하는 둘 이상의 미시체계 간의 상호작용으로서, 미시체계 간의 연결망을 의미한다.
• (ㄴ)는 개인이 직접 참여하고 있지는 않지만, 그 개인의 발달에 영향을 주는 사회적 환경을 의미한다.

① ㄱ : 외체계, ㄴ : 중간체계
② ㄱ : 미시체계, ㄴ : 외체계
③ ㄱ : 중간체계, ㄴ : 외체계
④ ㄱ : 미시체계, ㄴ : 중간체계
⑤ ㄱ : 중간체계, ㄴ : 미시체계

15 다음이 설명하는 퀴블러-로스(E. Kübler-Ross)의 죽음과 상실에 대한 심리적 단계는?

요양병원에 입원하고 있는 A씨는 간암 말기 진단을 받았다. 그는 자신이 죽는다는 것을 인정하고, 가족들이 받게 될 충격을 최소화하기 위해 만남과 헤어짐, 죽음, 추억 등의 이야기를 나누며 시간을 보내고 있다.

① 부정(Denial)
② 분노(Rage and Anger)
③ 타협(Bargaining)
④ 우울(Depression)
⑤ 수용(Acceptance)

16 태내기(수정~출산)에 관한 설명으로 옳지 않은 것은?

① 성염색체 이상증세로는 클라인펠터증후군(Klinefelter's Syndrome), 터너증후군(Turner's Syndrome)이 있다.
② 임산부의 심각하고 지속적인 불안은 높은 비율의 유산이나 난산, 조산, 저체중아 출산과 연관이 있다.

③ 태아의 성장, 발육을 위하여 칼슘, 단백질, 철분, 비타민 등을 충분히 섭취하여야 한다.

④ 다운증후군은 46개의 염색체를 가짐으로 나타나는 증후군이다.

⑤ 기형발생물질이란 태내발달에 영향을 미쳐 심각한 손상을 일으키는 환경적 매개물을 말한다.

17 영아기(0~2세)에 관한 설명으로 옳지 않은 것은?

① 양육자와의 애착형성은 사회 · 정서적 발달에 중요하다.

② 피아제(J. Piaget)의 감각운동기에 해당한다.

③ 프로이트(S. Freud)의 구강기에 해당한다.

④ 에릭슨(E. Erikson)의 자율성 대 수치심 단계에 해당한다.

⑤ 제1성장 급등기라고 할 정도로 일생 중 신체적으로 급격한 성장이 일어난다.

18 유아기(3~6세)에 관한 설명으로 옳지 않은 것은?

① 프로이트(S. Freud)의 오이디푸스 · 엘렉트라 콤플렉스가 나타나는 시기이다.

② 콜버그(L. Kohlberg)의 도덕발달단계에서는 보상 또는 처벌회피를 위해 행동을 하는 시기이다.

③ 에릭슨(E. Erikson)의 주도성 대 죄의식 단계에 해당한다.

④ 성적 정체성(Gender Identity)이 발달하는 시기이다.

⑤ 영아기(0~2세)에 비해 성장속도가 빨라지는 특성을 보인다.

19 아동기(7~12세)에 관한 설명으로 옳은 것을 모두 고른 것은?

ㄱ. 보존개념을 획득한다.
ㄴ. 분류화 · 유목화가 가능하다.
ㄷ. 가설연역적 추리가 가능하다.
ㄹ. 자아정체감을 획득한다.

① ㄱ ② ㄴ, ㄹ
③ ㄱ, ㄴ, ㄷ ④ ㄱ, ㄷ, ㄹ
⑤ ㄴ, ㄷ, ㄹ

20 청소년기(13~19세)의 성적 성숙에 관한 설명으로 옳은 것은?

① 성적 성숙에는 개인차가 있지만 발달의 순서는 일정하다.

② 여성은 난소에서 에스트로겐이 분비되어 초경, 가슴, 발육, 음모, 겨드랑이 체모 등의 순으로 성적 성숙이 진행된다.

③ 남성은 고환에서 분비되는 안드로겐의 영향으로 음모, 고환과 음경 확대, 겨드랑이 체모, 수염 등의 순으로 성적 성숙이 진행된다.

④ 일차 성징은 성적 성숙의 생리적 징후로서 여성의 가슴 발달과 남성의 넓은 어깨를 비롯하여 변성, 근육 발달 등의 변화가 나타나는 것을 말한다.

⑤ 이차 성징은 여성의 난소, 나팔관, 자궁, 질, 남성의 고환, 음경, 음낭 등 생식을 위해 필요한 기관의 발달을 말한다.

21 하비거스트(R. Havighurst)의 청년기(20~35세) 발달과업으로 옳지 않은 것은?

① 배우자 선택
② 직장생활 시작
③ 경제적 수입 감소에 따른 적응
④ 사회적 집단 형성
⑤ 직업의 준비와 선택

22 중년기(40~64세)에 관한 설명으로 옳지 않은 것은?

① 혼(J. Horn)은 유동적 지능은 증가하는 반면, 결정적 지능은 감소한다고 하였다.
② 레빈슨(D. Levinson)은 성인 초기의 생애구조에 대한 평가, 중년기에 대한 가능성 탐구, 새로운 생애구조 설계를 위한 선택 등을 과업으로 제시하였다.
③ 굴드(R. Gould)는 46세 이후에 그릇된 가정을 모두 극복하고 진정한 자아를 찾는 시기라고 하였다.
④ 에릭슨(E. Erikson)은 생산성 대 침체성의 시기라고 하였다.
⑤ 융(C. Jung)은 중년기에 관한 구체적인 개념을 발전시킨 학자이다.

23 노년기(65세 이상)에 관한 설명으로 옳지 않은 것은?

① 분리이론은 노년기를 노인 개인과 사회가 동시에 상호분리를 시작하는 시기로 보는 이론이다.
② 활동이론은 노년기를 잘 보내기 위해서는 은퇴와 같은 종결되는 역할들을 대치할 수 있는 활동을 발견하는 것이 중요하다는 이론이다.
③ 에릭슨(E. Erikson)은 노년기의 발달과제로 자아통합이 중요하다고 주장하였다.
④ 퀴블러-로스(E. Kübler-Ross)는 죽음과 상실에 대한 심리적 5단계를 제시하였다.

⑤ 펙(R. Peck)의 발달과업이론은 생애주기를 중년기와 노년기로 구분하여 설명하였다.

24 브론펜브레너(U. Bronfenbrenner)의 거시체계(Macro System)에 관한 설명으로 옳은 것은?

① 가족 체계를 구성하는 요소는 개인이다.
② 역사적·사회적·문화적 요인에 의해서 형성되고 수정되는 특성이 있다.
③ 개인이 가장 밀접하게 상호작용하는 사회적·물리적 환경을 말한다.
④ 개인, 가족, 이웃, 소집단, 문화를 의미한다.
⑤ 인간의 삶과 행동에 일방적인 영향을 미친다.

25 인생주기별 특징에 관한 설명으로 옳지 않은 것은?

① 영아기(0~2세)에는 주 양육자와의 안정된 정서적 신뢰관계가 다른 사람이나 사물과의 관계를 형성하는 데 영향을 미치고 이후의 사회적 발달의 밑바탕이 된다.
② 유아기(3~6세)는 사물을 정신적으로 표상할 수 있는 능력이 발달하여 가장놀이를 즐기며, 이는 사회정서발달에 영향을 미친다.
③ 아동기(7~12세)는 또래 친구들과 함께 많은 시간을 보내면서 정서 및 사회적 발달에 영향을 받아 도당기라고도 한다.
④ 청소년기(13~19세)는 또래집단의 지지를 더 선호함으로써 부모로부터 독립하려는 경향을 보인다.
⑤ 노년기(65세 이상)는 생물학적으로 노화를 경험하는 시기이면서 경제적으로 안정된 시기이므로 심리적 위기를 경험하지 않는다.

26 사회과학의 특성에 관한 설명으로 옳지 않은 것은?

① 자연과학에 비해 인과관계에 대한 명확한 결론을 내리기 어렵다.
② 끊임없이 변화하는 사회현상을 규명한다.
③ 관찰대상물과 관찰자가 분명히 구분된다.
④ 인간의 행위를 연구대상으로 한다.
⑤ 사회문화적 특성의 영향을 받는다.

27 사회과학과 사회복지학에 관한 설명으로 옳은 것을 모두 고른 것은?

> ㄱ. 사회복지학은 사회문제에 대처하기 위한 학문이다.
> ㄴ. 사회과학은 사회복지의 실천적 지식의 제공 및 이론적 발전에 기여할 수 있다.
> ㄷ. 사회복지학은 응용과학이 아닌 순수과학에 속한다.
> ㄹ. 사회복지학은 사회과학에 의해 발전된 개념들을 활용할 수 있다.

① ㄴ, ㄷ ② ㄷ, ㄹ
③ ㄱ, ㄴ, ㄷ ④ ㄱ, ㄴ, ㄹ
⑤ ㄱ, ㄷ, ㄹ

28 양적 조사와 질적 조사의 비교로 옳지 않은 것은?

① 질적 조사에 비하여 양적 조사의 표본크기가 상대적으로 크다.
② 질적 조사에 비하여 양적 조사에서는 귀납법을 주로 사용한다.
③ 양적 조사에 비하여 질적 조사는 사회 현상의 주관적 의미에 관심을 갖는다.
④ 양적 조사는 가설검증을 지향하고, 질적 조사는 탐색, 발견을 지향한다.

⑤ 양적 조사에 비하여 질적 조사는 조사결과의 일반화가 어렵다.

29 사회복지조사를 위한 수행단계로 옳은 것은?

① 문제설정 → 가설설정 → 조사설계 → 자료수집 → 자료분석 → 보고서 작성
② 문제설정 → 가설설정 → 자료수집 → 자료분석 → 조사설계 → 보고서 작성
③ 가설설정 → 문제설정 → 자료수집 → 조사설계 → 자료분석 → 보고서 작성
④ 가설설정 → 문제설정 → 자료수집 → 자료분석 → 조사설계 → 보고서 작성
⑤ 가설설정 → 문제설정 → 조사설계 → 자료수집 → 자료분석 → 보고서 작성

30 다음 (   )에 알맞은 내용으로 옳은 것은?

> • 독립변수 앞에서 독립변수에 영향을 주는 변수를 (ㄱ)라고 한다.
> • 독립변수의 결과인 동시에 종속변수의 원인이 되는 변수를 (ㄴ)라고 한다.
> • 다른 변수에 의존하지만 다른 변수에 영향을 미칠 수 없는 변수를 (ㄷ)라고 한다.
> • 독립변수와 종속변수 모두에 영향을 미치는 제3의 변수를 (ㄹ)라고 한다.

① ㄱ : 외생변수, ㄴ : 더미변수, ㄷ : 종속변수, ㄹ : 조절변수
② ㄱ : 외생변수, ㄴ : 매개변수, ㄷ : 종속변수, ㄹ : 더미변수
③ ㄱ : 선행변수, ㄴ : 조절변수, ㄷ : 종속변수, ㄹ : 외생변수
④ ㄱ : 선행변수, ㄴ : 매개변수, ㄷ : 외생변수, ㄹ : 조절변수
⑤ ㄱ : 선행변수, ㄴ : 매개변수, ㄷ : 종속변수, ㄹ : 외생변수

31 다음 ( )에 알맞은 조사유형을 모두 나열한 것은?

> 일정한 시간간격을 두고 연구대상을 표본추출하여 반복적으로 조사하는 방법에는 ( ), ( ), 동년배조사 등이 있다.

① 패널조사, 경향조사
② 패널조사, 문헌조사
③ 전수조사, 경향조사
④ 전수조사, 표본조사
⑤ 문헌조사, 전문가조사

32 다음 ( )에 알맞은 내용으로 옳은 것은?

> • 내적 타당도를 높이기 위해서는 (ㄱ) 이외의 다른 변수가 (ㄴ)에 개입할 조건을 통제하여야 한다.
> • 외적 타당도를 높이기 위해서는 (ㄷ)으로 연구대상을 선정하거나 표본크기를 (ㄹ) 하여야 한다.

① ㄱ : 원인변수, ㄴ : 결과변수
　ㄷ : 확률표집방법, ㄹ : 크게
② ㄱ : 원인변수, ㄴ : 결과변수
　ㄷ : 무작위할당, ㄹ : 작게
③ ㄱ : 원인변수, ㄴ : 결과변수
　ㄷ : 확률표집방법, ㄹ : 작게
④ ㄱ : 결과변수, ㄴ : 원인변수
　ㄷ : 확률표집방법, ㄹ : 크게
⑤ ㄱ : 결과변수, ㄴ : 원인변수
　ㄷ : 무작위할당, ㄹ : 작게

33 측정에 관한 설명으로 옳지 않은 것은?

① 일정한 규칙에 따라 측정대상에 값을 부여하는 과정이다.
② 이론적 모델과 사건이나 현상을 연결하는 방법이다.
③ 사건이나 현상을 세분화하고 통계적 분석에 활용할 수 있는 정보를 제공한다.
④ 측정도구의 신뢰도를 높이기 위해서는 설문문항 수가 적을수록 좋다.
⑤ 측정의 수준에 따라 명목, 서열, 등간, 비율의 4가지 유형으로 분류한다.

34 척도에 관한 설명으로 옳은 것을 모두 고른 것은?

> ㄱ. 명목척도는 응답범주의 서열이 없는 척도이다.
> ㄴ. 비율척도의 대표적인 유형은 리커트척도이다.
> ㄷ. 비율척도는 절대 0점이 존재하는 척도이다.
> ㄹ. 서열척도는 변수의 속성에 따라 일정한 범주로 분류한다.

① ㄱ, ㄴ
② ㄴ, ㄹ
③ ㄷ, ㄹ
④ ㄱ, ㄴ, ㄷ
⑤ ㄱ, ㄷ, ㄹ

35 다음 사례에서 측정하고자 하는 타당도로 옳은 것은?

> 연구자는 새로 개발한 우울척도 A의 타당도를 확인하기 위하여 자아존중감 척도 B와의 상관계수를 산출하였다. 그 결과, A와 B의 상관관계가 매우 낮은 것을 확인하였다.

① 동시타당도(Concurrent Validity)
② 판별타당도(Discriminant Validity)
③ 내용타당도(Content Validity)
④ 수렴타당도(Convergent Validity)
⑤ 예측타당도(Predictive Validity)

36 신뢰도를 측정하는 방법으로 옳은 것을 모두 고른 것은?

| ㄱ. 재검사법 | ㄴ. 대안법 |
| ㄷ. 반분법 | ㄹ. 내적 일관성 분석법 |

① ㄴ   ② ㄱ, ㄷ

③ ㄴ, ㄹ   ④ ㄱ, ㄷ, ㄹ

⑤ ㄱ, ㄴ, ㄷ, ㄹ

37 다음이 설명하는 척도로 옳은 것은?

사회복지사에 대해 느끼는 감정에 대해 해당 점수에 체크하시오.

　　　　　1점 2점 3점 4점 5점 6점 7점 8점
1. 친절한 ├─┼─┼─┼─┼─┼─┼─┤ 불친절한
2. 행복한 ├─┼─┼─┼─┼─┼─┼─┤ 불행한

① 리커트척도(Likert Scale)

② 거트만척도(Guttman Scale)

③ 보가더스 척도(Borgadus Scale)

④ 어의적 분화척도(Semantic Differential Scale)

⑤ 서스톤척도(Thurstone scale)

38 표본크기에 관한 설명으로 옳지 않은 것은?

① 표본의 크기가 클수록 시간과 비용이 많이 든다.

② 신뢰수준을 높이려면 표본의 크기도 커져야 한다.

③ 표본의 크기가 증가하면 표본오차(Sampling Error)도 커진다.

④ 모집단이 이질적인 경우에는 표본의 크기를 늘려야 한다.

⑤ 같은 표본추출방법을 사용한다면 표본의 크기가 클수록 대표성은 커진다.

39 질적 조사에서 일반적으로 사용되는 표본추출방법으로 옳지 않은 것은?

① 이론적(Theoretical) 표본추출

② 집락(Cluster)표본추출

③ 눈덩이(Snowball)표본추출

④ 극단적 사례(Extreme Case)표본추출

⑤ 최대변이(Maximum Variation)표본추출

40 내용분석(Content Analysis)에 관한 설명으로 옳지 않은 것을 모두 고른 것은?

| ㄱ. 기존자료에 의존하기 때문에 연구의 범위가 무제한적이다. |
| ㄴ. 선정편향(Selection Bias)이 발생할 수 있다. |
| ㄷ. 연구대상자의 반응성을 배제할 수 있다. |
| ㄹ. 기존자료를 활용하는 질적 조사이기 때문에 가설검증은 필요하지 않다. |

① ㄴ   ② ㄱ, ㄴ

③ ㄱ, ㄹ   ④ ㄷ, ㄹ

⑤ ㄱ, ㄴ, ㄹ

41 외부사건(History)을 통제할 수 있는 실험설계를 모두 고른 것은?

| ㄱ. 솔로몬 4집단 설계(Solomon Four – group Design) |
| ㄴ. 단일집단 사전사후검사 설계(One – group Pretest – posttest Design) |
| ㄷ. 단일집단 사후검사 설계(One – group Posttest – only Design) |
| ㄹ. 통제집단 사후검사 설계(Posttest – only Control Group Design) |

① ㄹ   ② ㄱ, ㄹ

③ ㄴ, ㄷ   ④ ㄱ, ㄴ, ㄹ

⑤ ㄴ, ㄷ, ㄹ

42 단일사례설계방법에 관한 설명으로 옳은 것은?

① ABCD설계는 여러 개의 개입효과를 개별적으로 증명하기 위한 설계이다.

② AB설계는 외부요인을 충분히 통제할 수 있기 때문에 여러 유형의 문제에 적용 가능하다.

③ 복수기초선 설계는 기초선단계 이후 여러 개의 다른 개입방법을 순차적으로 적용한다.

④ ABAB설계는 외부요인을 통제할 수 있어 개입의 효과를 확인할 수 있다.

⑤ 평균비교는 기초선이 불안정할 때 기초선의 변화의 폭과 기울기까지 고려하여 결과를 분석하는 방법이다.

43 외적 타당도를 저해하는 요인으로 옳은 것은?

① 실험대상의 탈락

② 외부사건(History)

③ 통계적 회귀

④ 개입의 확산 또는 모방

⑤ 연구 참여자의 반응성

44 다음에서 설명하는 근거이론의 분석방법은?

수집된 자료에서 나타난 범주들 간의 관계를 파악하기 위해 범주들을 특정한 구조적 틀에 맞추어 연결하는 과정이다. 중심현상을 설명하는 전략들, 전략을 형성하는 맥락과 중재조건 그리고 전략을 수행한 결과를 설정하여 찾아내는 과정이다.

① 조건 매트릭스   ② 개방코딩

③ 축코딩   ④ 괄호치기

⑤ 선택코딩

45 다음 사례에서 설명하는 표본추출방법은?

사회복지사들의 감정노동 정도를 조사하기 위하여 설문조사를 실시하였다. 표본은 전국 사회복지관에 근무하는 사회복지사를 대상으로 연령(30세 미만, 30세 이상 50세 미만, 50세 이상)을 고려하여 연령 집단별 각각 100명씩 총 300명을 임의 추출하였다.

① 비례층화표본추출

② 할당표본추출

③ 체계적 표본추출

④ 눈덩이표본추출

⑤ 집락표본추출

46 질적 조사의 엄격성(Rigor)을 높이는 방법으로 옳은 것을 모두 고른 것은?

ㄱ. 장기간 관찰
ㄴ. 표준화된 척도의 사용
ㄷ. 부정적 사례(Negative Cases) 분석
ㄹ. 다각화(Triangulation)

① ㄱ, ㄴ   ② ㄱ, ㄷ

③ ㄴ, ㄹ   ④ ㄱ, ㄷ, ㄹ

⑤ ㄱ, ㄴ, ㄷ, ㄹ

47 초점집단(Focus Group) 조사에 관한 설명으로 옳지 않은 것은?

① 집단을 활용한 자료수집방법이다.

② 익명의 전문가들을 패널로 활용한다.

③ 욕구조사에서 활용된다.

④ 직접적인 자료수집방법이다.

⑤ 연구자의 개입에 의해 편향이 발생할 수 있다.

48 설문지 작성방법에 관한 설명으로 옳은 것은?

① 개방형 질문은 미리 유형화된 응답범주들을 제시해 놓은 질문 유형이다.

② 행렬식(Matrix) 질문은 한 주제의 응답에 따라 부가질문을 연결해서 사용하는 질문이다.

③ 많은 정보가 필요할 경우 이중질문을 사용한다.

④ 신뢰도 측정을 위해 짝(Pair)으로 된 문항들을 이어서 배치한다.

⑤ 다항선택식(Multiple Choice) 질문은 응답범주들 중에서 하나 또는 그 이상을 선택하도록 하는 질문이다.

49 실험설계의 유형에 관한 설명으로 옳지 않은 것은?

① 다중시계열 설계(Multiple Time-series Design)는 통제집단을 설정하지 않는다.

② 단일집단 사전사후검사 설계(One-group Pretest-posttest Design)는 검사효과를 통제하기 어렵다.

③ 통제집단 사후검사 설계(Posttest-only Control Group Design)는 사전검사의 영향을 배제할 수 있다.

④ 시계열 설계(Time-series Design)는 검사효과와 외부사건을 통제하기 어렵다.

⑤ 정태적 집단비교 설계(Static Group Design)는 두 집단의 본래의 차이를 확인하기 어렵다.

50 서베이(Survey) 조사에 관한 설명으로 옳은 것을 모두 고른 것은?

> ㄱ. 전화조사는 무작위표본추출이 가능하다.
> ㄴ. 우편조사는 심층규명이 쉽다.
> ㄷ. 배포조사는 응답 환경을 통제하기 쉽다.
> ㄹ. 면접조사는 우편조사에 비해 비용이 많이 든다.

① ㄱ, ㄴ   ② ㄱ, ㄹ

③ ㄴ, ㄷ   ④ ㄱ, ㄷ, ㄹ

⑤ ㄴ, ㄷ, ㄹ

3과목 | 사회복지실천론

01 한국 사회복지실천의 역사적 발달과정을 발생한 순서대로 나열한 것은?

> ㄱ. 대학교에서 사회복지 전문 인력의 양성교육을 시작하였다.
> ㄴ. 「사회복지사업법」에 따라 사회복지사 명칭을 사용하기 시작하였다.
> ㄷ. 사회복지전문요원(이후 전담공무원)을 행정기관에 배치하기 시작하였다.
> ㄹ. 정신건강증진 및 정신질환자 복지서비스 지원에 관한 법률에 따라 정신건강사회복지사 명칭을 사용하기 시작하였다.

① ㄱ - ㄴ - ㄷ - ㄹ
② ㄴ - ㄱ - ㄹ - ㄷ
③ ㄴ - ㄹ - ㄱ - ㄷ
④ ㄷ - ㄴ - ㄹ - ㄱ
⑤ ㄹ - ㄷ - ㄴ - ㄱ

02 그린우드(E. Greenwood)가 제시한 전문직의 속성 중 다음 설명에 해당하는 것은?

> • 자기규제를 통해 클라이언트를 보호한다.
> • 전문가가 지켜야 할 전문적 행동기준과 원칙을 기술해 놓은 것이다.

① 윤리강령
② 전문직 문화
③ 사회적인 인가
④ 전문적인 권위
⑤ 체계적인 이론

03 사회복지실천의 이념적 배경을 모두 고른 것은?

> ㄱ. 인도주의   ㄴ. 민주주의
> ㄷ. 개인주의   ㄹ. 문화 다양성

① ㄱ, ㄴ
② ㄴ, ㄷ
③ ㄷ, ㄹ
④ ㄱ, ㄴ, ㄹ
⑤ ㄱ, ㄴ, ㄷ, ㄹ

04 임파워먼트 모델의 실천단계를 대화단계, 발견단계, 발전단계로 나눌 때, 대화단계에서 실천해야 할 과정을 모두 고른 것은?

> ㄱ. 방향 설정   ㄴ. 자원 활성화
> ㄷ. 강점의 확인   ㄹ. 기회의 확대
> ㅁ. 파트너십 형성   ㅂ. 현재 상황의 명확화

① ㄱ, ㄴ, ㄷ
② ㄱ, ㄷ, ㄹ
③ ㄱ, ㅁ, ㅂ
④ ㄴ, ㄷ, ㄹ
⑤ ㄴ, ㄷ, ㄹ, ㅁ, ㅂ

05 이용시설에 해당하지 않는 것은?

① 재가복지센터
② 아동상담소
③ 주간보호센터
④ 아동양육시설
⑤ 지역사회복지관

06 소속기관의 예산 절감 요구로 클라이언트에게 필요한 서비스를 제공하지 못할 때, 사회복지사가 겪게 되는 가치갈등은?

① 가치상충
② 의무상충
③ 결과의 모호성
④ 힘 또는 권력의 불균형
⑤ 클라이언트 체계의 다중성

01 기출문제 | 02 기출문제 | 03 기출문제 | 04 기출문제 | 05 기출문제

07 한국 사회복지사 윤리강령 중 다음 내용이 제시되어 있는 윤리기준은?

> • 사회복지사는 적법하고도 적절한 논의 없이 동료 혹은 다른 기관의 클라이언트와 전문적인 관계를 맺어서는 안 된다.
> • 사회복지사는 긴급한 사정으로 인해 동료의 클라이언트를 맡게 된 경우, 자신의 의뢰인처럼 관심을 갖고 서비스를 제공한다.

① 사회복지사의 기본적인 윤리기준
② 사회복지사의 클라이언트에 대한 윤리기준
③ 사회복지사의 동료에 대한 윤리기준
④ 사회복지사의 사회에 대한 윤리기준
⑤ 사회복지사의 기관에 대한 윤리기준

08 사회복지사가 현장에서 활용할 수 있는 강점관점 실천의 원리에 해당하지 않는 것은?

① 모든 환경은 자원으로 가득 차 있다.
② 모든 개인·집단·가족·지역사회는 강점을 가지고 있다.
③ 클라이언트와 협동 작업이 이루어질 때 최선의 도움을 줄 수 있다.
④ 클라이언트의 성장과 변화는 제한적이다.
⑤ 클라이언트의 고난은 상처가 될 수 있지만, 동시에 도전과 기회가 될 수 있다.

09 다문화사회복지실천에서 사회복지사에게 요구되는 문화적 역량으로 옳지 않은 것은?

① 문화적 상이성에 대한 수용과 존중
② 주류문화에 대한 동화주의적 실천 지향
③ 자신의 문화적 정체성과 편견에 대한 성찰적 분석
④ 다문화 배경의 클라이언트에 관한 지식의 필요성 인식
⑤ 다문화 배경의 클라이언트에게 개입하고 의사소통 할 수 있는 능력

10 콤튼과 갤러웨이(B. Compton & B. Galaway)의 6체계모델을 다음 사례에 적용할 때 구성체계의 연결이 옳은 것은?

> 사회복지사 A는 중학생 B가 동급생들로부터 상습적으로 집단폭력을 당하는 것을 알게 되었다. A는 이 문제를 해결하기 위하여 B가 다니는 학교의 학교사회복지사 C와 경찰서의 학교폭력담당자 D에게도 사건내용을 알려, C와 D는 가해학생에게 개입하고 있다. A는 학교사회복지사협회(E)의 학교폭력관련 워크숍에 참가하면서, C와 D를 만나 정기적으로 사례회의를 하고 있다.

① A(사회복지사) – 변화매개체계
② B(학생) – 행동체계
③ C(학교사회복지사) – 클라이언트체계
④ D(경찰) – 전문가체계
⑤ E(학교사회복지사협회) – 표적체계

11 인권의 특성으로 옳은 것을 모두 고른 것은?

> ㄱ. 모든 인간에게 해당되는 보편적인 권리이다.
> ㄴ. 개인, 집단, 국가가 상호 간에 책임을 동반하는 권리이다.
> ㄷ. 사회적 약자를 위하여 지켜지고 확보되어야 하는 권리이다.
> ㄹ. 법이 보장하고 있지 않다 해도 인간의 존엄성 보장에 필요한 권리이다.

① ㄱ, ㄴ ② ㄱ, ㄷ
③ ㄴ, ㄷ ④ ㄴ, ㄷ, ㄹ
⑤ ㄱ, ㄴ, ㄷ, ㄹ

12 통합적 접근에 관한 사회복지실천의 특징이 아닌 것은?

① 생태체계관점을 토대로 한다.
② 클라이언트의 자기결정을 최소화한다.
③ 문제에 대해 광범위하고 포괄적으로 접근한다.
④ 체계와 체계를 둘러싼 환경 간의 관계를 중시한다.
⑤ 사회복지실천과정을 점진적 문제해결과정으로 본다.

13 사례관리의 원칙에 해당되지 않는 것은?

① 다양한 욕구를 포괄
② 개별화된 서비스 제공
③ 클라이언트의 자율성 극대화
④ 충분하고 연속성 있는 서비스 제공
⑤ 임상적인 치료에 집중된 서비스 제공

14 사회복지사의 옹호 활동으로 옳지 않은 것은?

① 자신의 권리를 주장할 수 없는 영유아를 대변한다.
② 무국적 아동의 교육 평등권을 위한 법안을 제안한다.
③ 사회복지사가 클라이언트 집단의 대표로 나서서 협상을 주도한다.
④ 이주 노동자에게 최저 임금을 받을 권리를 교육한다.
⑤ 철거민들의 자체 회의를 위해 종합사회복지관의 공간을 제공한다.

15 면접에서 피해야 할 질문기술이 아닌 것은?

① 개방형 질문   ② 모호한 질문
③ 유도 질문   ④ '왜?'라는 질문
⑤ 복합 질문

16 접수단계에서 사회복지사가 수행해야 할 과제를 모두 고른 것은?

ㄱ. 개입 목표의 우선순위 합의
ㄴ. 클라이언트의 강점과 자원 조사
ㄷ. 욕구에 적합한 기관으로 의뢰
ㄹ. 기관에서 제공하는 서비스 적격 여부 확인

① ㄱ, ㄷ   ② ㄴ, ㄹ
③ ㄷ, ㄹ   ④ ㄱ, ㄴ, ㄷ
⑤ ㄱ, ㄴ, ㄷ, ㄹ

17 초기단계에서 사용하는 면접 기술에 관한 설명으로 옳은 것을 모두 고른 것은?

ㄱ. 공감적 태도와 적극적 반응으로 경청한다.
ㄴ. 표정, 눈 맞춤 등 비언어적 표현을 관찰한다.
ㄷ. 가벼운 대화로 시작하여 분위기를 조성한다.
ㄹ. 침묵을 허용하지 않고 그 이유에 대해 질문한다.

① ㄱ, ㄴ   ② ㄴ, ㄹ
③ ㄱ, ㄴ, ㄷ   ④ ㄴ, ㄷ, ㄹ
⑤ ㄱ, ㄴ, ㄷ, ㄹ

18 사정도구와 파악할 수 있는 정보의 연결이 옳지 않은 것은?

① 생태도 – 개인과 가족에 영향을 미치는 주요 환경 체계 확인
② 생활력도표 – 개인의 과거 주요한 생애 사건
③ DSM – Ⅴ 분류체계 – 클라이언트의 정신장애 증상에 대한 진단
④ 소시오그램 – 집단성원 간 상호작용 및 하위 집단 형성 여부
⑤ PIE 분류체계 – 주변인과의 접촉 빈도 및 사회적 지지의 강도와 유형

19 자료수집에 관한 설명으로 옳지 않은 것은?

① 클라이언트의 참여가 필요하다.
② 실천의 전 과정을 통해 이루어진다.
③ 상반된 정보를 제공하는 자료는 폐기한다.
④ 문제와 욕구, 강점과 자원을 모두 포함한다.
⑤ 가정방문으로 자연스러운 상호작용을 관찰할 수 있다.

20 사례관리의 등장배경으로 옳지 않은 것은?

① 가족의 보호 부담 증가
② 장기보호에서 단기개입 중심으로 전환
③ 통합적 서비스 지원의 필요성 증가
④ 복합적인 욕구를 가진 클라이언트 증가
⑤ 시설보호에서 지역사회보호로 전환

21 다음에서 설명하는 전문적 관계의 기본 원칙은?

> • 클라이언트는 문제에 대한 공감적 반응을 얻고자 하는 욕구가 있다.
> • 사회복지사는 클라이언트 감정에 대해 민감성, 공감적 이해로 의도적이고 적절한 반응을 한다.

① 수용 　　　　　② 개별화
③ 비심판적 태도 　　④ 의도적인 감정표현
⑤ 통제된 정서적 관여

22 클라이언트의 혼합된 정서적 반응을 정리하고 사후관리를 계획하는 단계는?

① 접수 　　　　　② 사정
③ 계획 　　　　　④ 개입
⑤ 종결

23 원조 관계에서 책임감을 갖고 절차상의 조건을 따르는 관계형성의 기본요소는?

① 구체성 　　　　② 헌신과 의무
③ 감정이입 　　　④ 자아노출
⑤ 수용과 기대

24 다음 설명에서 사례관리자가 수행한 역할은?

> 클라이언트는 경제적 지원과 건강 지원을 요구하지만, 현재 종합사회복지관, 노인복지관, 경로당, 무료 급식소에서 중복적으로 급식 지원을 제공받고 있으며, 정서 지원도 중복되고 있다. 사례관리자는 사례회의를 통해서 평일 중식은 경로당에서, 주말 중식은 무료 급식소를 이용하고, 종합사회복지관은 경제적 지원을, 노인복지관은 건강 지원을 제공하는 데 합의하였다.

① 중개자 　　　　② 훈련가
③ 중재자 　　　　④ 조정자
⑤ 옹호자

25 전문적 관계의 특성으로 옳은 것은?

① 전문가 윤리강령에 따른다.
② 기관의 입장에서 출발한다.
③ 시간에 제한을 두지 않는다.
④ 전문가 권위와 권한이 없다.
⑤ 클라이언트 동의가 필요 없다.

4과목 | 사회복지실천기술론

26 다음에서 설명하는 집단의 치료적 효과는?

> 집단 내 상호작용 과정에서 그동안 해결되지 않은 원가족과의 갈등에 대해 탐색하고 행동패턴을 수정할 기회를 갖게 된다.

① 정화
② 일반화
③ 희망증진
④ 이타성 향상
⑤ 재경험의 기회 제공

27 사회복지실천기술의 전문적 기반에 관한 설명으로 옳지 않은 것은?

① 이론과 실천의 준거틀을 적절하게 이용하는 것은 예술적 기반에 해당된다.
② 연구자료를 수집하고 분석하는 것은 과학적 기반에 해당된다.
③ 사회복지 전문가로서 가지는 가치관은 예술적 기반에 해당된다.
④ 감정이입적 의사소통, 진실성, 융통성은 예술적 기반에 해당된다.
⑤ 사회복지사에게는 과학성과 예술성의 상호보완적이고 통합적인 실천역량이 요구된다.

28 집단유형별 특성에 관한 설명으로 옳지 않은 것은?

① 지지집단은 유사한 문제와 욕구를 가진 사람들로 구성하여 유대가 빨리 형성된다.
② 성장집단은 집단 참여자의 자기인식을 증가시켜 개인의 잠재력을 최대화하는 데 초점을 둔다.
③ 치료집단은 성원의 병리적 행동과 외상 후 상실된 기능을 회복하는 데 초점을 둔다.
④ 교육집단은 지도자가 집단성원의 문제와 욕구를 해결하기 위해 필요한 기술과 정보를 제공한다.
⑤ 자조집단에서는 전문가가 의도적으로 집단을 구성하여 정서적 지지와 문제해결을 지원한다.

29 집단역동에 관한 설명으로 옳지 않은 것은?

① 하위집단은 집단에 부정적인 영향을 미치기 때문에 사회복지사가 개입하여 만들어지지 않도록 한다.
② 집단성원 간 직접적 의사소통을 격려하여 집단역동을 발달시킨다.
③ 집단응집력이 강할 경우, 집단성원들 사이에 상호의존하려는 경향이 강해진다.
④ 개별성원의 목적과 집단 전체의 목적의 일치 여부에 따라 집단역동은 달라진다.
⑤ 긴장과 갈등을 적절하고 건설적인 방법으로 해결할 때 집단은 더욱 성장할 수 있다.

30 역량강화모델(Empowerment Model)에 관한 설명으로 옳은 것을 모두 고른 것은?

> ㄱ. 클라이언트를 자신 문제의 전문가로 인정한다.
> ㄴ. 사회복지사와 클라이언트 간의 상호 협력적 파트너십을 강조한다.
> ㄷ. 클라이언트를 개입의 개체가 아닌 주체로 보기 때문에 자기결정권이 잘 보호될 수 있다.
> ㄹ. 클라이언트가 가진 문제의 원인에 초점을 두고 개입한다.

① ㄱ, ㄷ
② ㄴ, ㄹ
③ ㄱ, ㄴ, ㄷ
④ ㄱ, ㄷ, ㄹ
⑤ ㄴ, ㄷ, ㄹ

31 다음 예시에서 사회복지사가 활용한 실천기술은?

> • 클라이언트 : "저는 정말 나쁜 엄마예요. 저는 피곤하기도 하지만 성질이 나빠서 항상 아이들한테 소리를 지르고…."
> • 사회복지사 : "선생님이 자녀에게 어떻게 하는지를 저에게 이야기할 수 있다는 사실은 자녀들과 더 좋은 관계를 가지고 싶다는 뜻이지요."

① 명료화하기   ② 초점화하기
③ 재명명하기   ④ 재보증하기
⑤ 해석하기

32 과제중심모델에 관한 설명으로 옳지 않은 것은?

① 개입 초기에 빠른 사정을 한다.
② 구조화된 접근을 한다.
③ 다양한 이론과 모델을 절충적으로 활용한다.
④ 조사에 근거한 경험적 자료를 중심으로 진행한다.
⑤ 사회복지사는 적극적으로 개입하지 않고 클라이언트가 주체적인 역할을 하도록 한다.

33 단기개입을 특징으로 하는 사회복지실천모델을 모두 고른 것은?

> ㄱ. 과제중심모델   ㄴ. 위기개입모델
> ㄷ. 해결중심모델   ㄹ. 정신역동모델

① ㄱ, ㄷ   ② ㄴ, ㄹ
③ ㄱ, ㄴ, ㄷ   ④ ㄴ, ㄷ, ㄹ
⑤ ㄱ, ㄴ, ㄷ, ㄹ

34 해결중심모델에 관한 설명으로 옳지 않은 것은?

① 사회복지사는 클라이언트를 변화시키는 전문가가 아니라 변화에 도움을 주는 자문가 역할을 한다.

② 문제의 원인과 발전과정에 관심을 두기보다 문제해결 방안을 모색하는 것이 더 효과적이라고 본다.
③ 모든 사람은 강점과 자원, 능력을 가지고 있다고 가정한다.
④ 클라이언트의 견해를 존중한다.
⑤ 클라이언트의 과거에 관해 깊이 탐색하여 현재와 미래에 적응하도록 돕는 데 관심을 둔다.

35 위기개입모델의 개입 원칙에 관한 설명으로 옳은 것은?

① 장기적인 개입방법을 사용한다.
② 개입목표는 가능한 한 포괄적으로 설정한다.
③ 사회복지사는 비지시적인 역할을 수행한다.
④ 위기 이전의 기능수준으로 회복하도록 돕는다.
⑤ 문제의 원인에 대한 이해를 위해 클라이언트의 과거 탐색에 초점을 둔다.

36 정신역동모델의 개념과 개입기법에 관한 설명으로 옳은 것을 모두 고른 것은?

> ㄱ. 전이는 정신역동치료에 방해가 되므로 이를 이용해서는 안 된다.
> ㄴ. 무의식적 갈등이나 불안을 표현하도록 하여 자신의 문제에 대해 이해하고 통찰할 수 있도록 한다.
> ㄷ. 클라이언트와 라포가 형성되기 전에 해석을 제공하는 것이 관계형성에 도움이 된다.
> ㄹ. 훈습을 통해 클라이언트의 불안은 최소화되고 적합한 방법으로 자신의 문제를 이해할 수 있는 능력을 기르게 된다.

① ㄱ, ㄷ   ② ㄴ, ㄹ
③ ㄱ, ㄴ, ㄷ   ④ ㄴ, ㄷ, ㄹ
⑤ ㄱ, ㄴ, ㄷ, ㄹ

37 해결중심모델에서 사용하는 질문 기법과 이에 관한 예로 옳은 것은?

① 예외질문 : 그 어려운 상황 속에서도 견딜 수 있었던 것은 무엇이라 생각합니까?

② 관계성 질문 : 남편이 여기 있다면 당신이 어떻게 하는 것이 문제해결에 도움이 된다고 할까요?

③ 기적질문 : 잠이 안 와서 힘들다고 하셨는데, 잠을 잘 잤다고 느낄 때는 언제일까요?

④ 대처질문 : 지난 1주일간 어떤 변화가 있었나요?

⑤ 척도질문 : 문제가 발생하지 않았던 때는 언제인가요?

38 인지행동모델에 관한 설명으로 옳지 않은 것은?

① 구조화된 접근을 한다.

② 클라이언트의 무의식적 행동에 관심을 둔다.

③ 교육적 접근을 강조한다.

④ 클라이언트의 주관적 경험, 문제 및 관련 상황에 대한 인식을 중시한다.

⑤ 클라이언트와 사회복지사의 협조적인 노력을 중시하고, 클라이언트의 능동적인 참여를 권장한다.

39 아무리해도 말이 안 통한다고 하는 부부에게 "여기서 직접 한 번 서로 말씀해 보도록 하겠습니까?"라고 하는 것은 어떤 기법을 활용한 것인가?

① 실연

② 추적하기

③ 빙산치료

④ 치료 삼각관계

⑤ 경계선 만들기

40 어느 시점에서의 인간관계, 타인에 대한 느낌과 감정을 동작과 공간을 사용하여 표현하는 비언어적 기법은?

① 연합   ② 은유

③ 외현화   ④ 가족조각

⑤ 원가족 도표

41 집단 초기단계에 나타나는 특성으로 옳은 것을 모두 고른 것은?

> ㄱ. 집단성원의 불안감과 저항이 높다.
> ㄴ. 집단에 대한 오리엔테이션이 필요하다.
> ㄷ. 사회복지사보다는 다른 집단성원과 대화하려고 시도한다.
> ㄹ. 문제해결과정에서 나타나는 갈등과 차이점을 적극적으로 표현한다.

① ㄹ   ② ㄱ, ㄴ

③ ㄴ, ㄹ   ④ ㄷ, ㄹ

⑤ ㄱ, ㄷ, ㄹ

42 집단응집력을 향상하는 요인이 아닌 것은?

① 이질적 집단으로 구성

② 집단에 대한 자부심 고취

③ 집단성원 간의 다른 인식과 관점의 인정

④ 집단성원 간 공개적이고 활발한 상호작용

⑤ 집단의 참여를 통해 얻게 되는 보상, 자원 제공

43 기록의 목적과 용도에 관한 설명으로 옳은 것을 모두 고른 것은?

> ㄱ. 사회복지사의 전문적 활동을 입증하는 자료로 활용한다.
> ㄴ. 기관 내에서만 활용하고 다른 전문직과는 공유하지 않는다.
> ㄷ. 기관의 프로그램 수행 자료로 보고하며 기금을 조성하는 근거로 활용한다.
> ㄹ. 클라이언트와 정보를 공유하고 의사소통하는 도구로 활용한다.

① ㄷ
② ㄱ, ㄹ
③ ㄱ, ㄷ, ㄹ
④ ㄴ, ㄷ, ㄹ
⑤ ㄱ, ㄴ, ㄷ, ㄹ

44 가계도를 통한 분석 내용으로 옳은 것을 모두 고른 것은?

> ㄱ. 가족 내 삼각관계
> ㄴ. 지배적인 주제와 가족구조의 변화
> ㄷ. 가족이 위치한 지역사회의 안정성과 쾌적성
> ㄹ. 가족 내 반복적으로 나타나고 있는 사건의 연결성

① ㄴ
② ㄱ, ㄴ
③ ㄱ, ㄹ
④ ㄱ, ㄴ, ㄹ
⑤ ㄱ, ㄴ, ㄷ, ㄹ

45 가족대상 사회복지실천의 과정에 관한 설명으로 옳은 것을 모두 고른 것은?

> ㄱ. 가족과 함께 문제의 우선순위를 설정한다.
> ㄴ. 사회복지사는 한 단계 낮은 자세를 취하여 가족의 정보를 얻는다.
> ㄷ. 가족과의 관계형성을 위해 가족이 있는 곳으로 합류할 필요가 있다.

> ㄹ. 문제가 가족 모두에게 영향을 미치고 있고 가족구성원이 그 문제의 발생과 유지에 영향을 주고 있을 경우 가족단위의 개입을 고려한다.

① ㄹ
② ㄱ, ㄷ
③ ㄴ, ㄹ
④ ㄱ, ㄴ, ㄷ
⑤ ㄱ, ㄴ, ㄷ, ㄹ

46 가족의 문제가 개선될 때 체계의 항상성 균형이 위험하다고 판단되어 사용하는 전략으로, 변화의 속도가 빠르다고 지적하며 조금 천천히 변화하라고 하는 기법은?

① 시련
② 제지
③ 재정의
④ 재구조화
⑤ 가족옹호

47 집단구성에 관한 설명으로 옳지 않은 것은?

① 집단이 커질수록 구성원의 참여의식이 증가하고 통제와 개입이 쉽다.
② 집단상담을 위해 가능하면 원형으로 서로 잘 볼 수 있는 공간을 만들 수 있는 장소가 바람직하다.
③ 집단성원의 유사함은 집단소속감을 증가시킨다.
④ 개방집단은 새로운 정보와 자원의 유입을 허용한다.
⑤ 비구조화된 집단에서는 집단성원의 자발성이 더욱 요구된다.

48 가족대상 사회복지실천에 관한 설명으로 옳은 것은?

① 누가 가족문제를 일으키는 원인제공자인지 확인하기 위해 순환적 인과관계를 적용한다.
② 동귀결성을 적용하여 어떤 결과에 어떤 하나의 원인이 작용하였는지를 밝힌다.

③ 가족은 사회환경의 하위체계이나 그 내부는 하위
    체계가 없는 체계이다.
④ 가족체계는 성장과 발전을 추구하면서도 지나친 변
    화는 제어하며 일정한 안정성을 유지하고자 한다.
⑤ 일차적 사이버네틱스에서 가족은 스스로 창조하
    고 독립된 실제이며 사회복지사를 가족과 완전히
    분리된 사람으로 보지 않는다.

49 집단과정을 촉진하기 위한 직면하기에 관한 설명으로 옳은 것을 모두 고른 것은?

> ㄱ. 시작단계에서 가장 많이 쓰는 기법이다.
> ㄴ. 집단성원이 아직 인식하지 못했던 부분을 볼 수
>   있도록 한다.
> ㄷ. 말과 행동의 불일치를 밝히고 이를 해결할 수 있
>   도록 원조한다.
> ㄹ. 행동을 구체적으로 지적하고 집단에 미치는 영향
>   을 설명한다.

① ㄱ, ㄴ   ② ㄴ, ㄹ
③ ㄱ, ㄷ, ㄹ   ④ ㄴ, ㄷ, ㄹ
⑤ ㄱ, ㄴ, ㄷ, ㄹ

50 사티어(V. Satir)의 의사소통 유형에 관한 설명으로 옳은 것을 모두 고른 것은?

> ㄱ. 일치형 의사소통 유형이 치료의 목표다.
> ㄴ. 의사소통 유형은 자존감과 연관하여 설명한다.
> ㄷ. 가족생활주기는 역기능적 의사소통 유형에 영향
>   을 미친다.
> ㄹ. 역기능적 의사소통 유형에서 공통적으로 발견되
>   는 것은 언어적 메시지와 비언어적 메시지의 불일
>   치다.

① ㄱ, ㄴ   ② ㄷ, ㄹ
③ ㄱ, ㄴ, ㄷ   ④ ㄱ, ㄴ, ㄹ
⑤ ㄱ, ㄷ, ㄹ

5과목 | 지역사회복지론

51 기능적 공동체에 관한 설명으로 옳은 것을 모두 고른 것은?

> ㄱ. 멤버십(Membership) 공동체 개념을 말한다.
> ㄴ. 외국인근로자 공동체의 사례가 포함된다.
> ㄷ. 가상공동체인 온라인 커뮤니티도 포함된다.
> ㄹ. 사회문화적 동질성이 기반이 된다.

① ㄱ   ② ㄴ, ㄹ
③ ㄷ, ㄹ   ④ ㄱ, ㄴ, ㄹ
⑤ ㄱ, ㄴ, ㄷ, ㄹ

52 지역사회복지 관련 이론과 내용의 연결로 옳은 것은?

① 다원주의이론 : 인간과 환경과의 상호작용에 초점
    을 둔다.
② 구조기능론 : 지역사회 내 갈등이 변화의 원동력
    이다.
③ 사회구성주의이론 : 지역사회문제를 객관적 사실
    로 인정하지 않고, 특정 집단에 의해 규정된다고
    본다.
④ 권력관계이론 : 지역사회는 구성 부분들의 조화와
    협력으로 발전된다.
⑤ 사회자본이론 : 지역사회 내 소수의 엘리트 집단
    의 권력이 정책을 좌우한다.

53 한국의 지역사회복지 역사에 관한 설명으로 옳지
않은 것은?

① 새마을 운동은 정부 주도적 지역사회 개발이었다.
② 사회복지관 운영은 지역사회 기반의 복지서비스
    를 촉진시켰다.
③ 복지사각지대 발굴의 효과를 제고하고자 읍 ·
    면 · 동 복지허브화를 추진하였다.

④ 시·군·구 지역사회보장협의체는 지역사회복지
협의체로 대체되었다.
⑤ 국민기초생활보장제도의 시행은 지역사회 중심의
자활사업을 촉진시켰다.

54 사회적 자본에 관한 설명으로 옳지 않은 것은?

① 지역사회 문제해결 능력과는 무관하다.
② 네트워크는 사회적 자본의 전제가 된다.
③ 지역사회의 집합적 자산으로서 의미를 가진다.
④ 한 번 형성된 후에도 소멸될 수 있다.
⑤ 신뢰는 공동체의 문제를 해결할 수 있는 자원이다.

55 다음에서 설명하는 웨일과 갬블(M. Weil & D. Gamble)의 지역사회복지실천 모형에 해당하는 것은?

• 대면접촉이 이루어지는 가까운 지역사회에 초점을
둔다.
• 조직화를 위한 구성원의 능력개발, 지역주민의 삶의
질 증진을 목표로 한다.
• 사회복지사의 역할은 조직가, 촉진자, 교육자, 코치
등이다.

① 근린지역사회조직 모형
② 프로그램개발 모형
③ 정치사회적 행동 모형
④ 연합 모형
⑤ 사회운동 모형

56 던햄(A. Dunham)의 지역사회유형 구분과 예시의
연결로 옳지 않은 것은?

① 인구 크기 – 대도시, 중·소도시 등
② 산업구조 및 경제적 기반 – 농촌, 어촌, 산업단지 등
③ 연대성 수준 – 기계적 연대 지역, 유기적 연대 지
역 등

④ 행정구역 – 특별시, 광역시·도, 시·군·구 등
⑤ 인구 구성의 사회적 특수성 – 쪽방촌, 외국인 밀집
지역 등

57 영국의 지역사회복지 역사에 관한 설명으로 옳은
것은?

① 헐 하우스(Hull House)는 빈민들의 도덕성 향상
을 위해 노력하였다.
② 우애방문단은 기존 사회질서를 비판하고 개혁을
주장하였다.
③ 인보관 이념은 우애방문단 활동의 기반이 되었다.
④ 1960년대 존슨행정부는 '빈곤과의 전쟁'을 선포
하고 다양한 지역사회 개혁을 단행하였다.
⑤ 1980년대 그리피스(E. Griffiths) 보고서는 복지
주체의 다원화에 영향을 미쳤다.

58 공식 사회복지조직과 주민조직을 네 가지 차원에서
비교·제시하였다. 다음에서 옳은 것을 모두 고른
것은?

	차원	공식 사회복지조직	주민조직
ㄱ.	목표	조직의 미션달성	지역사회 문제해결
ㄴ.	지역사회개입 모델	사회행동모델이 주로 쓰임	사회계획모델이 주로 쓰임
ㄷ.	정부통제로부터 의 자율성	상대적으로 높음	상대적으로 낮음
ㄹ.	주요 참여자	사회복지사 등의 전문직	일반주민

① ㄱ, ㄴ   ② ㄱ, ㄷ
③ ㄱ, ㄹ   ④ ㄴ, ㄹ
⑤ ㄴ, ㄷ, ㄹ

59 지역사회복지실천에서 옹호(Advocacy)활동에 해당하지 않는 것은?

① 지역사회 내 복지자원을 조정하고 연계한다.
② 시의원 등에게 정치적 압력을 행사한다.
③ 피케팅으로 해당 기관을 난처하게 한다.
④ 행정기관에 증언 청취를 요청한다.
⑤ 지역주민으로부터 탄원서에 서명을 받는다.

60 다음 자료를 활용한 지역사회 사정(Assessment) 유형에 해당하는 것은?

• 사회복지시설 및 기관의 자원봉사자 수
• 관할 지방자치단체의 사회복지분야 예산 규모
• 기업의 사회공헌 프로그램 유형과 이용자 수

① 하위체계 사정
② 포괄적 사정
③ 자원 사정
④ 문제중심 사정
⑤ 협력적 사정

61 다음 사례에 해당하는 지역사회복지실천 모형은?

행복사회복지관은 지역 내 노인, 장애인, 아동을 위해 주민 스스로 돌봄과 자원봉사 활동을 활성화하도록 자조모임 지원 등 사회적 관계망을 확충하였다.

① M. Weil & D. Gamble의 연합 모형
② J. Rothman의 합리적 계획 모형
③ K. Popple의 커뮤니티케어 모형
④ J. Rothman의 연대조직 모형
⑤ M. Weil & D. Gamble의 기능적 지역조직 모형

62 다음에서 설명하고 있는 지역사회복지실천 기술은?

지역주민의 강점을 인정하고 스스로 삶을 결정할 수 있도록 역량을 강화하며, 지역구성원의 능력에 대한 신념을 중요시한다.

① 임파워먼트
② 자원개발과 동원
③ 조직화
④ 네트워크
⑤ 지역사회연계

63 네트워크기술의 특성으로 옳지 않은 것은?

① 자원의 효율적 관리
② 사회정의 준수 및 유지
③ 서비스의 중복과 누락 방지
④ 참여를 통한 시민 연대의식 강화
⑤ 지역주민에게 필요한 자원이나 서비스 연결

64 지역사회복지실천 과정에서 사회복지사가 활용한 기술은?

사회복지사 A는 가족캠핑을 희망하는 한부모가족 10세대를 대상으로 프로그램을 계획하고 있다. A는 개인적으로 참여하고 있는 수영 클럽을 통해 프로그램 운영에 필요한 예산과 자원봉사자를 확보하고자 운영진에게 모임 개최를 요청하였고, 성공적인 결과를 얻었다.

① 옹호
② 조직화
③ 임파워먼트
④ 지역사회교육
⑤ 자원개발 및 동원

65 지방분권에 관한 설명으로 옳지 <u>않은</u> 것은?

① 주민참여 기회가 확대된다.
② 중앙정부의 책임성이 강화된다.
③ 지역 특성에 맞는 정책을 수립할 수 있다.
④ 지역 간 복지수준의 격차가 발생할 수 있다.
⑤ 지방자치단체의 역할과 책임을 강화시킬 수 있다.

66 지방자치제에 관한 설명으로 옳지 <u>않은</u> 것은?

① 민주주의 사상에 기초를 두고 있다.
② 지방자치단체의 장은 선거로 선출한다.
③ 지역문제에 대한 자기통치 원리를 담고 있다.
④ 우리나라에서는 1990년에 처음으로 실시되었다.
⑤ 지방자치단체의 행정사무가 주민참여에 의해 이루어져야 한다.

67 지역사회보장계획에 관한 설명으로 옳은 것은?

① 시·군·구 지역사회보장계획은 변경할 수 없다.
② 사회보장에 관한 기본계획과 연계되도록 하여야 한다.
③ 3년마다 수립하고, 매년 연차별 시행계획을 수립하여야 한다.
④ 시·군·구 지역사회보장계획은 사회보장위원회의 심의를 거쳐야 한다.
⑤ 지역사회보장계획의 평가, 지원 등을 위한 지역사회보장지원센터를 설치·운영할 수 있다.

68 지역사회보장협의체에 관한 설명으로 옳은 것은?

① 「사회복지사업법」에 법적 근거를 두고 있다.
② 10명 이상 25명 이하의 위원으로 구성하고, 임기는 2년이다.
③ 관할 지역의 사회복지사업에 관한 중요사항을 심의·건의한다.

④ 민·관 네트워크를 통한 지역복지 거버넌스 구조와 기능을 축소시킨다.
⑤ 실무협의체, 실무분과, 읍·면·동 협의체 간 수평적 네트워크 관계를 형성한다.

69 다음 사회복지관에 관한 설명으로 옳지 <u>않은</u> 것은?

> 행복시(市)에서 직영하고 있는 A사회복지관은 노인, 장애인 등 취약계층의 욕구 충족과 사회적 지지체계 구축을 위한 자원봉사 프로그램을 개발하였고, 이를 심의하기 위해 운영위원회를 개최하였다.

① 운영위원회는 프로그램 개발, 평가에 관한 사항을 심의한다.
② 자원봉사자 개발·관리는 지역조직화 기능에 해당한다.
③ 취약계층 주민에게 우선적인 서비스를 제공하여야 한다.
④ 운영위원회는 5명 이상 15명 이하의 위원으로 구성한다.
⑤ 사회복지법인, 기타 비영리법인에 한하여 설치·운영할 수 있다.

70 사회복지협의회에 관한 설명으로 옳지 <u>않은</u> 것은?

① 「사회복지사업법」에 근거를 둔 법정단체이다.
② 민·관 협력을 위해 시·군·구에 설치된 공공기관이다.
③ 한국사회복지협의회는 기타 공공기관으로 지정되었다.
④ 사회복지기관 간 연계·협력·조정 등의 업무를 수행한다.
⑤ 광역 및 지역 단위 사회복지협의회는 독립적인 사회복지법인이다.

71 사회복지공동모금회에 관한 설명으로 옳지 않은 것은?

① 기획, 홍보, 모금, 배분 업무를 수행한다.
②「사회복지사업법」에 의한 사회복지법인이다.
③ 지정기부금 모금단체이다.
④ 사회복지 프로그램의 전문성 제고에 기여할 수 있다.
⑤ 지역사회의 자원을 동원하는 민간운동적인 특성이 있다.

72 사회적 경제 주체에 해당하는 것을 모두 고른 것은?

ㄱ. 사회적기업	ㄴ. 마을기업
ㄷ. 사회적 협동조합	ㄹ. 자활기업

① ㄱ, ㄴ
② ㄱ, ㄷ
③ ㄴ, ㄷ
④ ㄱ, ㄷ, ㄹ
⑤ ㄱ, ㄴ, ㄷ, ㄹ

73 지역사회복지운동에 관한 설명으로 옳은 것은?

① 계획되지 않은 조직적 활동이다.
② 사회복지 전문가 중심의 활동이다.
③ 개인의 성장과 변화에 우선적인 초점을 둔다.
④ 노동자, 장애인 등 일부 주민을 대상으로 한다.
⑤ 복지권리 · 시민의식을 배양하는 사회권 확립운동이다.

74 다음 사례에서 설명하는 아른스테인(S. Arnstein)의 주민참여 수준은?

A시(市)는 도시재생사업과 관련하여 주민들과 갈등을 겪고 있다. B씨는 A시의 추천으로 도시재생사업 추진위원회에 주민대표로 참여하였다. 하지만 회의는 B씨의 기대와는 달리 A시가 의도한 방향대로 최종 결정되었다.

① 조작
② 회유
③ 주민통제
④ 권한위임
⑤ 정보제공

75 최근 지역사회복지의 변화과정을 순서대로 옳게 나열한 것은?

ㄱ. 사회서비스원 시범사업
ㄴ. 희망복지지원단 운영
ㄷ. 사회복지통합관리망(행복e음) 구축
ㄹ. 찾아가는 보건복지서비스

① ㄱ－ㄴ－ㄷ－ㄹ
② ㄴ－ㄷ－ㄱ－ㄹ
③ ㄴ－ㄷ－ㄹ－ㄱ
④ ㄷ－ㄴ－ㄹ－ㄱ
⑤ ㄷ－ㄹ－ㄴ－ㄱ

6과목 | 사회복지정책론

01 사회복지정책의 원칙과 기능에 관한 설명으로 옳지 않은 것은?

① 능력에 비례한 배분을 원칙으로 한다.
② 소득을 재분배하는 기능을 한다.
③ 경제의 자동안정화 기능을 한다.
④ 국민의 최저생활을 보장하는 기능을 한다.
⑤ 사회통합과 정치적 안정화 기능을 한다.

02 다음 설명에 해당하는 것은?

> 비경합적이고 비배제적인 성격을 지니고 있기 때문에 구성원이 각각 생산에 기여했는지 여부에 관계없이 모든 구성원이 활용할 수 있는 재화를 말한다.

① 비대칭적 정보 ② 공공재
③ 외부효과 ④ 도덕적 해이
⑤ 역선택

03 사회복지정책 발달이론에 관한 설명으로 옳지 않은 것은?

① 사회양심론은 인도주의에 기초하고 있다.
② 음모이론은 사회복지정책을 사회안정과 질서유지를 위한 통제수단으로 보는 이론이다.
③ 확산이론은 한 지역의 사회복지정책이 다른 지역으로 전파되어 나간다는 이론이다.
④ 시민권론은 참정권, 공민권, 사회권 순으로 발전했다고 설명한다.

⑤ 산업화이론은 사회복지정책발달은 그 사회의 산업화 정도에 따라 결정된다고 보는 이론이다.

04 신빈민법(New Poor Law)에 관한 설명으로 옳지 않은 것은?

① 1832년 왕립위원회(Royal Commission)의 조사를 토대로 1834년에 제정되었다.
② 국가의 도움을 받는 사람의 처우는 스스로 벌어서 생활하는 최하위 노동자의 생활수준보다 높지 않아야 한다는 원칙을 내용으로 하고 있다.
③ 원외구제를 인정하였다.
④ 구빈행정 체계를 통일시키고자 하였다.
⑤ 빈민을 가치 있는 빈민과 가치 없는 빈민으로 분류하였다.

05 에스핑 – 안데르센(Esping – Anderson)의 복지국가 유형에 관한 설명으로 옳은 것을 모두 고른 것은?

> ㄱ. 복지국가 유형을 탈상품화, 계층화 등을 기준으로 분류하였다.
> ㄴ. 자유주의 복지국가는 자산조사에 의한 공공부조의 비중이 큰 국가이다.
> ㄷ. 보수주의 복지국가는 사회보험에 의존하지 않는다.
> ㄹ. 사회민주주의 복지국가는 보편적 원칙과 사회권을 통한 탈상품화 효과가 크다.

① ㄱ, ㄴ ② ㄱ, ㄹ
③ ㄱ, ㄴ, ㄹ ④ ㄴ, ㄷ, ㄹ
⑤ ㄱ, ㄴ, ㄷ, ㄹ

06 새로운 사회적 위험(New Social Risk)에 관한 설명이 아닌 것은?

① 여성들의 유급노동시장으로의 참여 증가로 일과 가정의 양립 문제가 확산되고 있다.
② 노인인구 증가로 인한 복지비용 증가와 노인돌봄이 중요한 문제로 대두되고 있다.
③ 노동시장의 불안정으로 근로빈곤층이 증가하고 있다.
④ 국가 간의 노동인구 이동이 줄어들고 있다.
⑤ 새로운 사회적 위험으로 인한 수요증가에 필요한 복지재정의 부족현상이 심화되고 있다.

07 사회복지정책의 가치에 관한 설명으로 옳은 것은?

① 비례적 평등은 개인의 능력, 업적, 공헌에 따라 사회적 자원을 분배하는 것을 의미한다.
② 적극적 자유는 타인의 간섭 혹은 의지로부터의 자유를 의미한다.
③ 결과의 평등을 달성하기 위해 부자들의 소득을 재분배하더라도 소극적 자유를 침해하지 않는다.
④ 결과가 평등하다면 과정의 불평등은 상관없다는 것이 기회의 평등이다.
⑤ 기회의 평등은 적극적인 평등의 개념이다.

08 빈곤의 기준을 정하는 방법에 관한 설명으로 옳은 것은?

① 전(全)물량 방식은 식료품비를 계산하고 엥겔수의 역을 곱해서 빈곤선을 기준으로 측정하는 방식이다.
② 기초생활보장제도의 수급자 선정기준은 상대적 빈곤 개념을 반영하고 있다.
③ 라이덴 방식은 상대적 빈곤 측정방식이다.
④ 반물량 방식은 소득분배 분포상에서 하위 10%나 20%를 빈곤한 사람들로 간주한다.

⑤ 중위소득 또는 평균소득을 근거로 빈곤선을 측정하는 것은 절대적 빈곤 측정방식이다.

09 길버트(N. Gilbert)와 스펙트(H. Specht) 등의 사회복지정책 분석에 관한 설명으로 옳지 않은 것은?

① 과정분석은 정책형성에 영향을 미치는 사회정치적·기술적·방법적 변수를 중심으로 분석하는 접근방법이다.
② 산물분석은 정책선택에 관련된 여러 가지 쟁점을 분석하는 접근방법이다.
③ 성과분석은 실행된 정책이 낳은 결과를 기술하고 분석하는 접근방법이다.
④ 산물분석은 할당, 급여, 전달체계, 재정 차원으로 구분하여 분석한다.
⑤ 과정분석은 연구자의 주관을 배재해야 한다.

10 사회보험제도의 급여와 급여형태에 관한 설명으로 옳지 않은 것은?

① 「고용보험법」상 구직급여는 현물급여이다.
② 「산업재해보상보험법」상 요양급여는 현물급여이다.
③ 「노인장기요양보험법」상 재가급여는 현물급여이다.
④ 「국민연금법」상 노령연금은 현금급여이다.
⑤ 「국민건강보험법」상 장애인 보조기기에 대한 보험급여는 현금급여이다.

11 선별주의에 근거한 제도에 해당하는 것을 모두 고른 것은?

ㄱ. 장애인연금	ㄴ. 아동수당
ㄷ. 기초연금	ㄹ. 의료급여

① ㄱ, ㄴ, ㄷ 　　② ㄱ, ㄴ, ㄹ
③ ㄱ, ㄷ, ㄹ 　　④ ㄴ, ㄷ, ㄹ
⑤ ㄱ, ㄴ, ㄷ, ㄹ

12 사회복지전달체계에 관한 설명으로 옳은 것을 모두 고른 것은?

> ㄱ. 공급자와 수요자가 가격기구를 매개로 상호작용하는 것을 원칙으로 한다.
> ㄴ. 공급자와 수요자를 이어주는 매개체 역할을 한다.
> ㄷ. 클라이언트에게 사회복지서비스를 제공하기 위한 조직 및 인력이다.
> ㄹ. 공급자들을 공간적으로 분산배치하면 전달체계에 대한 접근성을 높일 수 있다.

① ㄱ, ㄴ   ② ㄴ, ㄷ
③ ㄷ, ㄹ   ④ ㄱ, ㄷ, ㄹ
⑤ ㄴ, ㄷ, ㄹ

13 사회복지정책의 수급조건에 해당하지 않는 것은?

① 연령   ② 자산조사
③ 기여 여부   ④ 진단평가
⑤ 최종 학력

14 사회복지정책의 재정에 관한 설명으로 옳은 것은?

① 한국의 사회복지정책 재원은 주로 민간 기부금에 의존한다.
② 사회복지재정이 수행하는 기능 가운데 하나는 소득재분배이다.
③ 조세가 역진적일수록 소득재분배의 기능이 크다.
④ 한국의 조세부담률은 OECD 회원국가의 평균보다 높다.
⑤ 사회복지재원으로서 이용료는 연동제보다 정액제일 때 소득재분배 효과가 크다.

15 사회복지 전달체계에서 제공되는 재화나 서비스의 속성 등에 관한 설명으로 옳은 것은?

① 사회복지 재화나 서비스는 단일한 전달체계에서 독점적으로 제공하는 것이 바람직하다.
② 공공재적인 성격이 강한 재화나 서비스는 민간에서 제공하는 것이 바람직하다.
③ 사회복지의 재화나 서비스는 정보의 불완전성으로 인해 소비자들의 합리적 선택에 차이가 난다.
④ 공공부문의 전달체계는 경쟁체제가 이루어지기 때문에 효율적이다.
⑤ 사회복지 재화나 서비스는 수급자들에 의한 오용과 남용의 문제가 발생하지 않는다.

16 자활지원사업에 관한 설명으로 옳지 않은 것은?

① 자활급여는 근로능력이 있는 국민기초생활보장 수급자의 자활을 위한 각종 지원을 제공하는 급여이다.
② 자활기업은 조합 또는 「부가가치세법」상의 사업자로 한다.
③ 자활기관협의체의 구성 및 운영 등에 필요한 사항은 보건복지부령으로 정한다.
④ 자산형성지원으로 형성된 자산은 수급자의 소득환산액 산정 시 이를 포함한다.
⑤ 지역자활센터는 참여자의 자활의욕 고취를 위한 교육을 행한다.

17 아동학대의 예방 및 방지에 관한 설명으로 옳은 것을 모두 고른 것은?

> ㄱ. 아동학대를 예방하고 수시로 신고를 받을 수 있도록 아동보호전문기관은 긴급전화(1391)를 설치하여야 한다.
> ㄴ. 아동학대의 예방과 방지에 관한 관심을 높이기 위하여 아동학대예방의 날을 지정하였다.
> ㄷ. 시·도지사 또는 시장·군수·구청장은 아동학대 신고접수, 현장조사 및 응급보호 등의 역할을 한다.
> ㄹ. 아동보호전문기관의 장은 피해아동의 가족에게 상담, 교육 및 의료적·심리적 치료 등의 필요한 지원을 제공하여야 한다.

① ㄱ, ㄹ
② ㄴ, ㄷ
③ ㄱ, ㄴ, ㄷ
④ ㄴ, ㄷ, ㄹ
⑤ ㄱ, ㄴ, ㄷ, ㄹ

18 긴급복지지원제도에 관한 설명으로 옳지 않은 것은?

① 주소득자가 사망, 가출, 행방불명, 구금시설에 수용되는 등의 사유로 소득을 상실한 경우 긴급지원 대상자가 될 수 있다.
② 긴급지원은 위기상황에 처한 사람에게 일시적으로 신속하게 지원하는 것을 기본원칙으로 한다.
③ 긴급지원의 종류에는 금전 또는 현물 등의 직접지원과 민간기관·단체와의 연계 등의 지원이 있다.
④ 「사회복지사업법」에 따른 사회복지시설의 종사자는 긴급지원을 요청할 수 있다.
⑤ 「국민기초생활 보장법」에 따른 지원을 받고 있는 경우에 「긴급복지지원법」을 우선 적용한다.

19 사회복지운동에 관한 설명으로 옳지 않은 것은?

① 민간이 사회복지정책의 방향·내용에 대해 특정한 견해를 가지고 이를 관철시키기 위한 실천이다.
② 여러 사회복지정책 실천 중의 하나라고 할 수 있다.
③ 사회복지시설 종사자는 사회복지운동의 주체가 될 수 없다.
④ 사회복지운동을 통해 특정 사회복지정책이 선거 정치의 의제가 되도록 촉구할 수 있다.
⑤ 1990년대 국민최저선확보운동, 사회복지입법청원운동 등이 사회복지운동의 예이다.

20 사회보험제도에 관한 설명으로 옳지 않은 것은?

① 사회보험제도는 위험의 분산이라는 보험기술을 사용한다.
② 사회보험 급여를 받을 권리 여부는 자산조사 결과에 근거하여 결정된다.
③ 한국의 사회보험제도는 의무가입 원칙을 적용한다.
④ 사회보험은 위험이전과 위험의 광범위한 공동분담에 기초하고 있다.
⑤ 사회보험은 피보험자의 욕구에 기초하지 않고 사전에 결정된 급여를 제공한다.

21 연금제도의 적립방식과 부과방식에 관한 설명으로 옳은 것을 모두 고른 것은?

> ㄱ. 적립방식은 부과방식에 비해 세대 내 소득재분배 효과가 크다.
> ㄴ. 부과방식은 적립방식에 비해 자본축적 효과가 크다.
> ㄷ. 부과방식은 적립방식에 비해 기금확보가 더 용이하다.

① ㄱ
② ㄴ
③ ㄷ
④ ㄱ, ㄴ
⑤ ㄱ, ㄷ

22 고용보험제도에 관한 설명으로 옳은 것은?

① 고용보험료는 고용보험위원회에서 부과·징수한다.

② 고용보험의 가입대상은 모든 국민과 국내에 거주하는 외국인이다.

③ 고용보험 구직급여는 30일 동안의 구직기간에는 지급되지 않는다.

④ 보험가입자는 사업주와 근로자 모두 포함한다.

⑤ 고용보험의 재원은 사용자가 단독으로 부담한다.

23 소득재분배에 관한 설명으로 옳은 것을 모두 고른 것은?

> ㄱ. 조세를 재원으로 하는 공공부조제도에서 일반적으로 나타난다.
> ㄴ. 사회적 취약계층을 대상으로 하는 사회복지서비스는 수직적 재분배 효과가 있다.
> ㄷ. 위험 미발생집단에서 위험 발생집단으로 소득이 이전되는 것은 수평적 소득재분배에 해당한다.
> ㄹ. 재원조달 측면에서 부조방식이 보험방식보다 재분배 효과가 크다.

① ㄱ, ㄴ

② ㄱ, ㄴ, ㄷ

③ ㄱ, ㄷ, ㄹ

④ ㄴ, ㄷ, ㄹ

⑤ ㄱ, ㄴ, ㄷ, ㄹ

24 국민건강보험제도에 관한 설명으로 옳은 것은?

① 본인의 의사에 따라 임의가입할 수 있다.

② 조합방식 의료보험제도가 통합방식으로 전환되어 국민건강보험제도로 변경되었다.

③ 건강보험료는 수직적 소득재분배 기능을 하지 않는다.

④ 국민건강보험의 보험자는 보건복지부이다.

⑤ 직장가입자의 보험료는 평균보수월액에 보험료율을 곱하여 얻은 금액이다.

25 사회복지정책 평가유형에 관한 설명으로 옳은 것은?

① 과정평가는 정책집행 후에 평가하는 활동을 말한다.

② 결과평가는 정책집행 중간의 평가로 전략 설계의 수정보완을 하지 못한다.

③ 총괄평가는 정책이 집행되고 난 후 정책이 사회에 미친 영향을 평가하는 것이다.

④ 효율성 평가는 정책집행의 결과에 따라 정책의 목적이 달성되었는지를 평가하는 것이다.

⑤ 효과성 평가는 정책의 투입된 자원과 대비하는 평가이다.

┌─────────────────────────────┐
│ **7과목 | 사회복지행정론** │
└─────────────────────────────┘

26 사회복지행정에서 효과성(Effectiveness)에 관한 설명으로 옳은 것은?

① 조직의 목표 달성 정도

② 투입에 대한 산출의 비율

③ 사회복지기관의 지역적 집중도

④ 서비스 이용의 편의성 정도

⑤ 서비스 자원의 활용 가능성 정도

27 사회복지관 운영에 관한 설명으로 옳은 것은?

① 기초지방자치단체마다 설치해야 한다.

② 사회복지전담공무원을 의무적으로 고용해야 한다.

③ 지역사회를 기반으로 운영되는 사회복지기관이다.

④ 중산층 주민은 이용할 수 없다.

⑤ 프로젝트 팀 구조를 활용할 수 없다.

28 한국의 사회복지행정체계에 관한 설명으로 옳지 않은 것은?

① 공공 행정체계와 민간 행정체계로 구성된다.
② 중앙정부의 사회복지 담당 부처는 보건복지부이다.
③ 지방자치단체의 사회복지행정체계는 일반 행정체계에 포함되어 있다.
④ 민간 사회복지기관은 국가나 지방자치단체의 보조금을 받지 않는다.
⑤ 사회복지행정체계에는 영리 사업자도 참여하고 있다.

29 과학적 관리론(Scientific Management)에 관한 설명으로 옳은 것을 모두 고른 것은?

> ㄱ. 조직구성원의 업무를 과학적으로 분석하여 활용한다.
> ㄴ. 집권화를 통한 위계구조 설정이 조직 성과의 결정적 요인이다.
> ㄷ. 호손(Hawthorne) 공장에서의 실험결과를 적극 반영하였다.
> ㄹ. 경제적 보상을 통해 생산성을 극대화할 수 있다.

① ㄱ, ㄴ
② ㄱ, ㄷ
③ ㄱ, ㄹ
④ ㄴ, ㄷ
⑤ ㄷ, ㄹ

30 다음에서 설명하고 있는 조직이론은?

> • 효과적인 조직관리 방법은 조직이 처한 환경과 조건에 따라 달라진다.
> • 경직된 규칙과 구조를 가진 조직이 효과적일 경우도 있다.
> • 어느 경우에나 적용되는 최선의 조직관리이론은 없다.

① 상황이론
② 관료제이론
③ 논리적합이론
④ 인지이론
⑤ 인간관계이론

31 비영리조직의 특성을 설명한 것으로 옳지 않은 것은?

① 사적 이익보다는 공동체의 이익을 우선적으로 추구한다.
② 필요에 따라 수익사업을 실시하기도 한다.
③ 회원 조직도 비영리조직에 포함된다.
④ 기부금이나 후원금이 조직의 중요한 재원이다.
⑤ 한국에는 비영리조직에 대한 세제혜택이 없다.

32 다음에 해당하는 사회복지조직 구조의 변화는?

> A지방자치단체는 아동학대 문제에 적극 대처하기 위해 'A지역 아동보호네트워크'를 발족했다. 이 네트워크에는 지역 내 공공기관, 아동보호전문기관, 초등학교, 지역아동센터, 병원, 시민단체, 편의점 등이 참여하여 학대가 의심되는 아동을 발견했을 때 신속하게 신고, 접수 및 대응할 수 있도록 했다.

① 지역복지 거버넌스 구축
② 사업성과 평가체계 구축
③ 서비스 경쟁체계 도입
④ 복지시설 확충
⑤ 서비스 품질인증제 도입

33 사회복지조직의 환경에 관한 설명으로 옳지 않은 것은?

① 다른 기관과의 경쟁은 고려하지 않는다.
② 과학기술의 발전은 사회복지기관의 서비스에도 영향을 미친다.
③ 사회인구적 특성은 사회문제와 밀접한 관계가 있다.
④ 경제적 상황은 서비스 수요에 영향을 미친다.
⑤ 법적 규제가 많을수록 서비스에 대한 클라이언트의 접근이 제한된다.

34 관리격자(Managerial Grid)이론에 따르면 다음에 해당하는 리더십 유형은?

> A사회복지관의 관장은 직원 개인의 문제와 상황에 관심을 갖고 적극적으로 지원한다. 관장은 조직 내 인간관계도 중요하게 여겨서 공식·비공식적 방식으로 직원들의 공동체 의식을 키우기 위해 노력한다. 사회복지관 사업관리는 서비스제공 팀장에게 일임하고 있으며, 자신은 화기애애한 조직 분위기를 조성하는 역할에 전념한다.

① 무력형(Impoverished Management)
② 과업형(Task Management)
③ 팀형(Team Management)
④ 중도형(Middle of the Road Management)
⑤ 컨트리 클럽형(Country Club Management)

35 다음에 해당하는 리더십 유형은?

> • 조직의 목표에 대한 구성원의 참여동기가 증대될 수 있다.
> • 조직의 리더와 구성원 간 의사소통이 활발해질 수 있다.
> • 집단의 지식, 경험, 기술의 활용이 용이하다.

① 지시적 리더십　　② 참여적 리더십
③ 방임적 리더십　　④ 과업형 리더십
⑤ 위계적 리더십

36 인적자원관리의 영역에 해당하지 않는 것은?

① 채용　　　　　② 배치
③ 평가　　　　　④ 승진
⑤ 재무

37 직무를 통한 연수(OJT)에 관한 설명으로 옳은 것을 모두 고른 것은?

> ㄱ. 직원이 지출한 자기개발 비용을 조직에서 지원한다.
> ㄴ. 일반적으로 조직의 상사나 선배를 통해 이루어진다.
> ㄷ. 일상적인 업무를 통해 이루어지는 경우가 많다.
> ㄹ. 조직 외부의 전문교육 기관에서 제공된다.

① ㄱ, ㄴ　　　　　② ㄱ, ㄷ
③ ㄱ, ㄹ　　　　　④ ㄴ, ㄷ
⑤ ㄷ, ㄹ

38 직무기술서에 포함되어야 할 내용으로 옳지 않은 것은?

① 급여 수준　　　② 직무 명칭
③ 직무 내용　　　④ 직무 수행방법
⑤ 핵심 과업

39 예산에 관한 설명으로 옳지 않은 것은?

① 영기준 예산(Zero Based Budgeting)은 예산의 효율성을 중요시한다.
② 영기준 예산(Zero Based Budgeting)은 전년도 예산을 고려하지 않는다.
③ 성과주의 예산(Performance Budgeting)은 업무에 중점을 두는 관리지향의 예산제도이다.
④ 기획 예산제도(Planning Programming Budgeting System)는 미래의 비용을 고려하지 않는다.
⑤ 품목별 예산(Line Item Budgeting)은 전년도 예산을 근거로 한다.

40 사회복지조직의 재원에 관한 설명으로 옳은 것은?

① 국가와 지방자치단체의 보조금은 포함되지 않는다.
② 후원금은 증가하거나 감소하는 유동적인 재원이다.
③ 서비스 이용료로 재정을 충당할 수 없다.
④ 별도의 재원 확보를 위한 모금 전략은 불필요하다.
⑤ 사회복지법인 등 비영리법인의 전입금은 공적 재원이다.

41 사회복지기관의 서비스 질에 관한 설명으로 옳지 않은 것은?

① 서브퀄(SERVQUAL)에는 신뢰성과 확신성이 포함된다.
② 서비스 질은 사회복지평가의 기준이 될 수 없다.
③ 위험관리(Risk Management)는 이용자에 대한 서비스관리 측면과 조직관리 측면을 모두 포함한다.
④ 총체적 품질관리(TQM)에서 서비스의 질은 고객의 결정에 의한다.
⑤ 서비스 이용자와 제공자 관점에서 질적 평가가 중요시되고 있다.

42 우리나라 사회복지전달체계의 변화 과정을 순서대로 나열한 것은?

> ㄱ. 사회복지사무소 시범사업
> ㄴ. 지역사회 통합돌봄
> ㄷ. 읍·면·동 복지허브화
> ㄹ. 사회복지통합관리망(행복e음) 개통
> ㅁ. 보건복지사무소 시범사업

① ㄱ－ㅁ－ㄷ－ㄹ－ㄴ
② ㄴ－ㄱ－ㄹ－ㅁ－ㄷ
③ ㄷ－ㄴ－ㅁ－ㄹ－ㄱ
④ ㄹ－ㅁ－ㄱ－ㄷ－ㄴ
⑤ ㅁ－ㄱ－ㄹ－ㄷ－ㄴ

43 사회복지전달체계 구축 시 고려해야 할 사항으로 옳지 않은 것은?

① 통합성 : 서비스의 중복과 누락을 방지하고 다양한 서비스를 통합적으로 제공해야 한다.
② 포괄성 : 클라이언트의 다양한 욕구 중 한 가지 욕구를 해결하기 위하여 전문가 집단이 개입하는 방식이다.
③ 적절성 : 사회복지서비스의 양과 질이 서비스 수요자의 욕구 충족과 서비스 목표 달성에 적합해야 한다.
④ 접근성 : 서비스 이용자에게 공간, 시간, 정보, 재정 등의 제약이 없는 서비스 제공을 의미한다.
⑤ 전문성 : 충분한 사회복지 전문가의 확보가 필요하다.

44 기획의 모델과 기법에 관한 설명으로 옳지 않은 것은?

① 논리모델은 투입－활동－산출－성과로 도식화하는 방법이다.
② 전략적 기획은 과정을 강조하므로 우선순위를 설정하고 단계적인 계획을 수립한다.
③ 방침관리기획(PDCA)은 체계이론을 적용한 모델이다.
④ 간트도표(Gantt Chart)는 사업별로 진행시간을 파악하여 각각 단계별로 분류한 시간을 단선적 활동으로 나타낸다.
⑤ 프로그램 평가 검토기법(PERT)은 일정한 기간에 추진해야 하는 행사에 필요한 복잡한 과업의 순서가 보이도록 하고 임계통로를 거친다.

45 마케팅 믹스(Marketing Mix)의 4P에 해당하지 않는 것은?

① 제품(Product)
② 가격(Price)
③ 판매촉진(Promotion)
④ 입지(Place)
⑤ 성과(Performance)

46 비영리조직 마케팅에 관한 설명으로 옳은 것은?

① 영리추구의 목적으로만 마케팅을 추진한다.
② 비영리조직 간의 경쟁에 대한 대응은 필요 없다.
③ 공익사업과 수익사업의 적절한 운영을 위하여 필요하다.
④ 사회복지조직이 제공하는 비물질적인 서비스는 마케팅 대상이 아니다.
⑤ 비영리조직의 재정자립은 마케팅의 목표가 될 수 없다.

47 사회복지의 책임성 평가에 관한 설명으로 옳지 않은 것은?

① 효과성 평가를 위하여 비용편익분석을 실시한다.
② 형성평가는 과정을 파악하는 동태적 분석으로 프로그램 진행 중에 실시할 수 있다.
③ 사회복지 프로그램 평가를 통하여 프로그램 수정과 정책 개발 등에 활용한다.
④ 사회복지전달체계는 사회복지의 책임성을 이행할 수 있도록 구축되어야 한다.
⑤ 우리나라의 사회복지시설평가는 「사회복지사업법」에 근거하여 실시한다.

48 우리나라의 사회복지시설 평가제도에 관한 설명으로 옳은 것은?

> ㄱ. 3년마다 평가 실시
> ㄴ. 5년마다 평가 실시
> ㄷ. 평가 결과의 비공개원칙
> ㄹ. 평가 결과를 시설 지원에 반영

① ㄱ, ㄷ   ② ㄱ, ㄹ
③ ㄴ, ㄷ   ④ ㄴ, ㄹ
⑤ ㄷ, ㄹ

49 사회복지평가의 기준이 되는 효율성에 관한 설명으로 옳지 않은 것은?

① 사회복지조직의 책임성 평가 방식이다.
② 투입한 자원과 산출된 결과의 비율을 측정한다.
③ 자금이나 시간의 투입과 서비스 제공 실적의 비율을 파악한다.
④ 비용 절감은 서비스 이용자의 욕구 충족을 위한 목표와 관련성이 없다.
⑤ 최소한의 비용으로 최대한의 효과를 거둘 수 있도록 한다.

50 사회복지행정 환경의 동향에 관한 설명으로 옳지 않은 것은?

① 사회서비스 확대로 사회적 일자리가 창출되고 있다.
② 지방자치단체에서 주민참여를 활성화하고 있다.
③ 주민센터를 행정복지센터로 개편하는 추세이다.
④ 지역사회 통합돌봄 추진에 따라 생활시설 거주자의 퇴소를 금지하고 있다.
⑤ 지역사회 통합돌봄 도입으로 전문직종 간 서비스를 연계하여 제공한다.

8과목 | 사회복지법제론

51 법률과 그 제정연대의 연결이 옳은 것은?

① 「산업재해보상보험법」, 「장애인복지법」 − 1970년대
② 「사회복지사업법」, 「국민기초생활 보장법」 − 1980년대
③ 「고용보험법」, 「사회복지공동모금회법」 − 1990년대
④ 「국민연금법」, 「노인복지법」 − 2000년대
⑤ 「아동복지법」, 「국민건강보험법」 − 2010년대

52 사회복지법의 성문법원에 해당하는 것끼리 묶은 것은?

① 관습법, 판례법
② 헌법, 판례법
③ 헌법, 명령
④ 관습법, 법률
⑤ 법률, 조리

53 자치법규에 관한 설명으로 옳지 않은 것은?

① 조례는 지방의회에서 제정하는 자치법규이다.
② 지방자치단체는 법령의 범위와 무관하게 조례를 제정할 수 있다.
③ 규칙은 지방자치단체의 장이 법령이나 조례가 위임한 범위에서 그 권한에 속하는 사무에 관하여 제정할 수 있는 자치법규이다.
④ 시 · 군 및 자치구의 조례나 규칙은 시 · 도의 조례나 규칙을 위반하여서는 아니 된다.
⑤ 조례안이 지방의회에서 의결되면 의장은 의결된 날부터 5일 이내에 그 지방자치단체의 장에게 이를 이송하여야 한다.

54 우리나라 법체계에 관한 설명으로 옳지 않은 것은?

① 법규범 위계에서 최상위 법규범은 헌법이다.
② 법률은 법규범의 위계에서 헌법 다음 단계의 규범이다.
③ 법률은 국회에서 제정하거나 행정부에서 제출하여 국회의 의결을 거쳐 제정된다.
④ 시행령은 국무총리나 행정각부의 장이 발(發)하는 명령이다.
⑤ 명령에는 시행령과 시행규칙이 있다.

55 「사회보장기본법」상 사회보장수급권에 관한 내용으로 옳은 것을 모두 고른 것은?

> ㄱ. 모든 국민은 사회보장 관계 법령에서 정하는 바에 따라 사회보장급여를 받을 권리인 사회보장수급권을 가진다.
> ㄴ. 사회보장수급권은 정당한 권한이 있는 기관에게 구두로 통지하여 포기할 수 있다.
> ㄷ. 사회보장수급권은 수급자 임의로 다른 사람에게 양도할 수 있다.
> ㄹ. 사회보장수급권의 포기는 취소할 수 없다.

① ㄱ
② ㄱ, ㄹ
③ ㄷ, ㄹ
④ ㄱ, ㄴ, ㄹ
⑤ ㄱ, ㄷ, ㄹ

56 각 법률의 권리구제 절차 내용으로 옳은 것은?

① 「국민연금법」에 따르면 심사청구와 재심사청구의 순으로 진행된다.
② 「국민건강보험법」에 명시되어 있는 권리구제 절차는 심사청구이다.
③ 「고용보험법」에 명시되어 있는 권리구제 절차는 이의신청이다.

④ 「한부모가족지원법」에 따르면 이의신청과 심판청구의 순으로 진행된다.
⑤ 「기초연금법」에 명시되어 있는 권리구제 절차는 이의신청과 재심사청구이다.

④ 보건복지부장관은 사회보장급여 부정수급 실태조사를 5년마다 실시하고 그 결과를 공개해야 한다.
⑤ 이 법에 따른 처분에 이의가 있는 수급권자등은 그 처분을 받은 날부터 30일 이내에 처분을 결정한 보장기관의 장에게 이의신청을 해야 한다.

57 「사회보장기본법」상 용어의 정의에 관한 내용으로 옳은 것을 모두 고른 것은?

> ㄱ. "사회보험"이란 국민에게 발생하는 사회적 위험을 보험의 방식으로 대처함으로써 국민의 건강과 소득을 보장하는 제도를 말한다.
> ㄴ. "공공부조"(公共扶助)란 국가와 지방자치단체의 책임하에 생활 유지 능력이 없거나 생활이 어려운 국민의 최저생활을 보장하고 자립을 지원하는 제도를 말한다.
> ㄷ. "평생사회안전망"이란 생애주기에 걸쳐 보편적으로 충족되어야 하는 기본욕구와 특정한 사회위험에 의하여 발생하는 특수욕구를 동시에 고려하여 소득·서비스를 보장하는 맞춤형 사회보장제도를 말한다.

① ㄱ   ② ㄱ, ㄴ
③ ㄱ, ㄷ   ④ ㄴ, ㄷ
⑤ ㄱ, ㄴ, ㄷ

58 「사회보장급여의 이용·제공 및 수급권자 발굴에 관한 법률」의 설명으로 옳은 것은?

① 2017년 12월 30일에 제정, 2018년 7월 1일부터 시행되었다.
② 지원대상자가 누락되지 않도록 하기 위해 보장기관의 업무담당자는 지원대상자의 동의를 받지 않고도 직권으로 사회보장급여의 제공을 신청할 수 있다.
③ 수급자란 사회보장급여를 받고 있는 사람을 말한다.

59 「사회복지사업법」상 기본이념에 해당하는 것은?

① 사회통합과 행복한 복지사회의 실현
② 국민의 복지증진에 이바지
③ 어려운 사람의 자활을 지원
④ 사회 참여와 평등을 통한 사회통합
⑤ 사회복지서비스를 이용하는 사람의 선택권 보장

60 「사회복지사업법」의 내용으로 옳은 것은?

① 「사회보장기본법」상 사회서비스는 사회복지서비스의 범위에 포함되는 개념이다.
② 사회복지서비스 제공은 현물 제공이 원칙이다.
③ 사회복지사 자격은 1년을 초과하여 정지시킬 수 있다.
④ 사회복지법인은 보건복지부장관의 허가를 받아 설립한다.
⑤ 보건복지부장관은 시설에서 제공하는 서비스의 적정기준을 마련하여야 한다.

61 「사회복지사업법」에 명시된 날에 해당하는 것은?

① 장애인의 날 4월 20일
② 노인의 날 10월 2일
③ 아동학대예방의 날 11월 19일
④ 사회복지의 날 9월 7일
⑤ 어버이의 날 5월 8일

62 「국민기초생활 보장법」상 외국인에 대한 특례 규정이다. ( )에 들어갈 내용이 옳지 않은 것은?

> 국내에 체류하고 있는 외국인 중 (ㄱ)하여 본인 또는 배우자가 임신 중이거나 (ㄴ)하고 있거나 (ㄷ)과 (ㄹ)으로서 (ㅁ)으로 정하는 사람이 이 법에 따른 급여를 받을 수 있는 자격을 가진 경우에는 수급권자가 된다.

① ㄱ : 대한민국 국민과 혼인
② ㄴ : 대한민국 국적의 미성년 자녀를 양육
③ ㄷ : 배우자의 대한민국 국적인 직계비속
④ ㄹ : 생계나 주거를 같이하고 있는 사람
⑤ ㅁ : 대통령령

63 「국민기초생활 보장법」상 5년 이하의 징역 또는 5천만원 이하의 벌금에 처해지는 경우는?

① 부정한 방법으로 급여를 받은 경우
② 수급권자의 금융정보를 사용·제공한 경우
③ 지급받은 급여를 용도 외로 사용한 경우
④ 직무상 알게 된 비밀을 누설한 경우
⑤ 종교상의 행위를 강제한 경우

64 「산업재해보상보험법」상 '업무상 사고'에 해당하지 않는 것은?

① 근로자가 근로계약에 따른 업무나 그에 따르는 행위를 하던 중 발생한 사고
② 사업주가 제공한 시설물 등을 이용하던 중 그 시설물 등의 결함이나 관리소홀로 발생한 사고
③ 사업주가 주관하거나 사업주의 지시에 따라 참여한 행사나 행사준비 중에 발생한 사고
④ 비통상적인 경로와 방법으로 출퇴근하는 중 발생한 사고
⑤ 휴게시간 중 사업주의 지배관리하에 있다고 볼 수 있는 행위로 발생한 사고

65 「기초연금법」상 수급권자의 범위에 관한 내용이다. ( )에 들어갈 숫자가 옳은 것은?

> • 기초연금은 (ㄱ)세 이상인 사람으로서 소득인정액이 보건복지부장관이 정하여 고시하는 금액(이하 "선정기준액"이라 한다) 이하인 사람에게 지급한다.
> • 보건복지부장관은 선정기준액을 정하는 경우 (ㄱ)세 이상인 사람 중 기초연금 수급자가 100분의 (ㄴ) 수준이 되도록 한다.

① ㄱ : 60, ㄴ : 70
② ㄱ : 65, ㄴ : 70
③ ㄱ : 65, ㄴ : 80
④ ㄱ : 70, ㄴ : 70
⑤ ㄱ : 70, ㄴ : 80

66 「국민연금법」상 급여의 종류에 해당하는 것을 모두 고른 것은?

ㄱ. 노령연금	ㄴ. 장해급여
ㄷ. 유족연금	ㄹ. 반환일시금

① ㄱ, ㄴ, ㄷ
② ㄱ, ㄴ, ㄹ
③ ㄱ, ㄷ, ㄹ
④ ㄴ, ㄷ, ㄹ
⑤ ㄱ, ㄴ, ㄷ, ㄹ

67 「고용보험법」의 내용으로 옳은 것은?

① 구직급여를 지급받으려는 사람은 이직 후 지체없이 직업안정기관에 출석하여 실업을 신고하여야 한다.
② 농업·임업 및 어업 중 법인이 아닌 자가 상시 4명의 근로자를 사용하는 사업에 대하여 「고용보험법」은 적용된다.
③ 구직급여의 수급 요건으로서 기준기간은 피보험자의 이직일 이전 36개월로 한다.
④ 실업 신고일부터 계산하기 시작하여 14일간의 대기기간 중에는 구직급여를 지급하지 않는다.
⑤ 이주비는 구직급여의 종류에 해당한다.

68 「국민건강보험법」상 국민건강보험공단이 관장하는 업무에 해당하지 않는 것은?

① 가입자 및 피부양자의 자격관리
② 자산의 관리 · 운영 및 증식사업
③ 의료시설의 운영
④ 건강보험에 관한 교육훈련 및 홍보
⑤ 요양급여비용의 심사

69 학대에 관한 설명으로 옳은 것을 모두 고른 것은?

> ㄱ. 「장애인복지법」상 장애인학대에 경제적 착취는 포함되지 않는다.
> ㄴ. 「아동학대범죄의 처벌 등에 관한 특례법」에 따른 아동학대범죄는 「아동복지법」상 아동학대 관련 범죄에 해당한다.
> ㄷ. 「노인복지법」상 노인학대라 함은 노인에 대하여 신체적 · 정신적 · 정서적 · 성적 폭력 및 경제적 착취 또는 가혹행위를 하거나 유기 또는 방임을 하는 것을 말한다.

① ㄷ
② ㄱ, ㄴ
③ ㄱ, ㄷ
④ ㄴ, ㄷ
⑤ ㄱ, ㄴ, ㄷ

70 「노인복지법」상 노인복지시설의 종류에 해당하지 않는 것은?

① 노인주거복지시설
② 독거노인종합지원센터
③ 노인보호전문기관
④ 학대피해노인 전용쉼터
⑤ 노인일자리지원기관

71 사회복지법상 연령 규정이 옳지 않은 것은?

① 「다문화가족지원법」상 "아동 · 청소년"이란 24세 이하인 사람을 말한다.
② 「아동복지법」상 "아동"이란 18세 미만인 사람을 말한다.
③ 「한부모가족지원법」상 "청소년 한부모"란 24세 이하의 모 또는 부를 말한다.
④ 「한부모가족지원법」상 "취학 중인 경우의 아동"은 24세 미만인 사람을 말한다.
⑤ 「노인복지법」상 노인의 정의에 대한 연령 규정은 없다.

72 「사회복지공동모금회법」의 내용으로 옳지 않은 것은?

① 기부하는 자의 의사에 반하여 기부금품을 모집하여서는 아니 된다.
② 공동모금재원은 지역 · 단체 · 대상자 및 사업별로 복지수요가 공정하게 충족되도록 배분하여야 한다.
③ 공동모금재원의 배분은 객관적인 기준에 따라 효율적으로 이루어지도록 하고, 그 결과를 공개하여야 한다.
④ 이 법 또는 모금회의 정관으로 규정하지 아니한 사항은 「민법」 중 사단법인에 관한 규정을 준용한다.
⑤ 국가나 지방자치단체는 모금회에 기부금품 모집에 필요한 비용과 모금회의 관리 · 운영에 필요한 비용을 보조할 수 있다.

73 자원봉사활동의 기본방향에 관한 「자원봉사활동 기본법」 제2조 제2호 규정이다. ( )에 들어갈 내용이 아닌 하나는?

> 자원봉사활동은 무보수성, 자발성, ( ), ( ), ( ), ( )의 원칙 아래 수행될 수 있도록 하여야 한다.

① 공익성
② 비영리성
③ 비정파성(非政派性)
④ 비종파성(非宗派性)
⑤ 무차별성

74 「성폭력방지 및 피해자보호 등에 관한 법률」의 내용으로 옳지 않은 것은?

① 피해자의 의사에 반하여 피해자 상담을 할 수 있다.
② 보호시설의 장이나 종사자는 업무상 알게 된 비밀을 누설해서는 아니 된다.
③ 보호시설에 대한 보호비용의 지원 방법 및 절차 등에 필요한 사항은 여성가족부령으로 정한다.
④ 시장·군수·구청장은 민간의료시설을 피해자등의 치료를 위한 전담의료기관으로 지정할 수 있다.
⑤ 국가 또는 지방자치단체는 이 법 제27조 제2항에 따른 치료 등 의료 지원에 필요한 경비의 전부 또는 일부를 지원할 수 있다.

75 장애인고용부담금 부과처분과 관련한 헌법재판소 결정(2001헌바96)의 내용으로 옳지 않은 것은?

① 기업의 경제상 자유는 공공복리를 위해 법률로 제한할 수 있다.
② 국가는 경제주체 간의 조화를 통한 경제민주화를 위해 규제와 조정을 할 수 있다.
③ 고용부담금제도는 장애인고용의무제의 실효성을 확보하는 수단이므로 입법목적의 정당성이 인정된다.
④ 고용부담금제도는 그 자체가 고용의무를 성실히 이행하는 사업주와 그렇지 않은 사업주 간의 경제적 부담의 불균형을 조정하는 기능을 하기 때문에 고용부담금제도 자체의 차별성은 문제가 되지 않는다.
⑤ 대통령령이 정하는 일정 수 이상의 근로자를 고용하는 사업주는 기준고용률 이상에 해당하는 장애인을 고용해야 한다고 규정한 구 「장애인고용촉진등에관한법률」 제35조 제1항 본문은 헌법에 불합치한다.

1과목 | 인간행동과 사회환경

01 인간발달의 원리에 관한 설명으로 옳지 않은 것은?

① 발달에는 최적의 시기가 존재하지 않는다.
② 발달의 각 영역은 상호 밀접한 연관이 있다.
③ 일정한 순서와 방향이 있어서 예측 가능하다.
④ 대근육이 있는 중심부위에서 소근육의 말초부위 순으로 발달한다.
⑤ 연속적 과정이지만 발달의 속도는 일정하지 않다.

02 인간발달 및 그 유사개념에 관한 설명으로 옳지 않은 것은?

① 성장(Growth)은 시간의 경과에 따라 나타나는 양적 변화이다.
② 성숙(Maturation)은 환경과의 상호작용에 의한 사회적 발달이다.
③ 학습(Learning)은 경험이나 훈련의 결과로 나타나는 행동변화이다.
④ 인간발달은 유전과 환경의 상호작용 결과이다.
⑤ 인간발달은 상승적 변화와 하강적 변화를 모두 포함한다.

03 동갑 친구들 A~C의 대화에서 알 수 있는 인간발달의 원리는?

> A : 나는 50세가 되니 확실히 노화가 느껴져. 얼마 전부터 노안이 와서 작은 글씨를 읽기 힘들어.
> B : 나는 노안은 아직 안 왔는데 흰머리가 너무 많아지네. A는 흰머리가 거의 없구나.
> C : 나는 노안도 왔고 흰머리도 많아. 게다가 기억력도 예전 같지 않아.

① 발달에는 개인차가 있다.
② 발달의 초기단계가 일생에서 가장 중요하다.
③ 발달은 학습에 따른 결과이다.
④ 발달은 분화와 통합의 과정이다.
⑤ 발달은 이전의 발달과업 성취에 기초하여 이루어진다.

04 프로이트(S. Freud)의 정신분석이론에 관한 설명으로 옳은 것을 모두 고른 것은?

> ㄱ. 자아(Ego)는 일차적 사고과정과 현실원칙을 따른다.
> ㄴ. 잠복기에 원초아(Id)는 약해지고 초자아(Superego)는 강해진다.
> ㄷ. 신경증적 불안은 자아의 욕구를 초자아가 통제하지 못하고 압도될 때 나타난다.
> ㄹ. 방어기제는 외부세계의 요구로부터 스스로를 보호하고자 하는 무의식적 시도이다.

① ㄷ   ② ㄱ, ㄷ

③ ㄴ, ㄹ   ④ ㄱ, ㄴ, ㄹ

⑤ ㄱ, ㄴ, ㄷ, ㄹ

05 융(C. Jung)의 분석심리이론에 관한 설명으로 옳은 것은?

① 페르소나(Persona)는 외부의 요구나 기대에 부응하는 과정에서 생긴 자아의 가면이라고 한다.

② 인간을 성(性)적 에너지인 리비도(Libido)에 의해 지배되는 수동적 존재로 보았다.

③ 원형(Archetype)이란 개인의 의식 속에 존재하는 유일한 정신기관이다.

④ 아니무스(Animus)는 남성이 억압시킨 여성성이다.

⑤ 자아의 기능에서 감각(Sensing)과 직관(Intuiting)은 이성을 필요로 하는 합리적 기능이다.

06 아들러(A. Adler)의 개인심리이론에 관한 설명으로 옳지 않은 것은?

① 지배형 생활양식은 사회적 관심은 낮으나 활동수준이 높은 유형이다.

② 개인이 궁극적으로 추구하는 목적은 가상적 목표이다.

③ 인간은 목적론적 존재이다.

④ 아동에 대한 방임은 병적 열등감을 초래할 수 있다.

⑤ 사회적 관심은 선천적으로 타고나는 것이어서 의식적인 개발과 교육이 필요하지 않다.

07 고전적 조건형성의 학습 원리에 관한 설명으로 옳은 것을 모두 고른 것은?

> ㄱ. 시간의 원리 : 무조건자극보다 조건자극이 늦게 제공되어야 조건형성이 이루어진다.
> ㄴ. 강도의 원리 : 무조건자극에 대한 반응이 조건자극에 대한 반응보다 약해야 한다.
> ㄷ. 일관성의 원리 : 무조건자극과 조건자극은 조건이 형성될 때까지 지속적으로 제시되어야 한다.
> ㄹ. 계속성의 원리 : 자극과 반응 과정의 반복 횟수가 많을수록 조건형성이 잘 이루어진다.

① ㄱ, ㄴ   ② ㄴ, ㄹ

③ ㄷ, ㄹ   ④ ㄱ, ㄴ, ㄷ

⑤ ㄱ, ㄷ, ㄹ

08 스키너(B. Skinner)의 조작적 조건형성을 위한 강화계획 중 '가변(변동)간격 강화'에 해당하는 사례는?

① 정시 출근한 아르바이트생에게 매주 추가수당을 지급하여 정시 출근을 유도한다.

② 어린이집에서 어린이가 규칙을 지킬 때마다 바로 칭찬해서 규칙을 지키는 행동이 늘어나도록 한다.

③ 수강생이 평균 10회 출석할 경우 상품을 1개 지급하되, 출석 5회 이상 15회 이내에서 무작위로 지급하여 성실한 출석을 유도한다.

④ 영업사원이 판매 목표를 10%씩 초과 달성할 때마다 초과 달성분의 3%를 성과급으로 지급하여 의욕을 고취한다.

⑤ 1년에 6회 자체 소방안전 점검을 하되, 불시에 실시하여 소방안전 관리를 철저히 하도록 장려한다.

09 로저스(C. Rogers)의 이론에 관한 설명으로 옳은 것을 모두 고른 것은?

> ㄱ. 인간의 주관적 경험을 강조하였다.
> ㄴ. 공감과 지시적인 상담을 강조하였다.
> ㄷ. 인간을 통합적 존재로 규정하였다.
> ㄹ. 인간의 욕구발달단계를 제시하였다.

① ㄱ   ② ㄱ, ㄷ
③ ㄴ, ㄹ   ④ ㄴ, ㄷ, ㄹ
⑤ ㄱ, ㄴ, ㄷ, ㄹ

10 매슬로우(A. Maslow)의 이론에 관한 설명으로 옳은 것은?

① 대부분의 사람들이 자아실현의 욕구를 달성한다.
② 자존감의 욕구는 소속과 사랑의 욕구보다 상위단계의 욕구이다.
③ 인간본성에 대해 비관적인 태도를 갖고 있다.
④ 인간의 성격은 환경에 의해 수동적으로 결정된다.
⑤ 무조건적인 긍정적 관심을 강조하였다.

11 피아제(J. Piaget)의 인지발달이론에서 '전조작기'의 발달 특성으로 옳지 않은 것은?

① 상징놀이를 한다.
② 비가역적 사고를 한다.
③ 물활론적 사고를 한다.
④ 직관에 의존해 판단한다.
⑤ 다중 유목화의 논리를 이해한다.

12 콜버그(L. Kohlberg)의 도덕성발달이론에 관한 설명으로 옳지 않은 것은?

① 법과 질서 지향 단계는 인습적 수준에 해당한다.

② 피아제(J. Piaget)의 도덕성발달이론에 기초를 제공하였다.
③ 전인습적 수준에서는 행동의 원인보다 결과에 따라 옳고 그름을 판단한다.
④ 보편적 윤리 지향 단계에서는 정의, 평등 등 인권적 가치와 양심적 행위를 지향한다.
⑤ 도덕적 딜레마가 포함된 이야기를 아동, 청소년 등에게 들려주고, 이야기 속 주인공의 행동에 대한 도덕적 판단과 그 근거를 질문한 후 그 응답에 따라 도덕성 발달 단계를 파악하였다.

13 사회체계이론의 주요개념에 관한 설명으로 옳지 않은 것은?

① 넥엔트로피(Negentropy)는 폐쇄체계가 지속되면 나타나는 현상이다.
② 항상성(Homeostasis)은 비교적 안정적이며 지속적인 균형상태를 유지하기 위한 체계의 경향을 말한다.
③ 시너지(Synergy)는 체계 내부 간 혹은 외부와의 상호작용이 증가함으로써 체계 내에서 유용한 에너지양이 증가하는 현상이다.
④ 경계(Boundary)란 체계와 환경 혹은 체계와 체계 간을 구분하는 일종의 테두리를 의미한다.
⑤ 균형(Equilibrium)은 외부체계로부터의 투입이 없어 체계의 구조변화가 거의 없이 고정된 평형상태를 의미한다.

14 생태체계이론에 관한 설명으로 옳지 않은 것은?

① 인간은 목적 지향적이다.
② 적합성은 개인이 환경과 효과적으로 상호작용을 할 수 있는 능력이다.
③ 생활상의 문제는 전체 생활공간 내에서 이해해야 한다.

④ 스트레스는 개인과 환경 간 상호교류에서의 불균형이 야기하는 현상이다.

⑤ 환경 속의 인간을 강조한다.

15 브론펜브레너(U. Bronfenbrenner)의 미시체계(Micro System)에 관한 설명으로 옳은 것은?

① 개인의 생활에 직접적으로 개입하지 않는다.

② 조직수준에서 영향을 미칠 수 있는 체계이다.

③ 개인의 성장 시기에 따라 달라지며 상호 호혜성에 기반을 두는 체계이다.

④ 개인의 발달에 영향을 미치는 부모의 직업, 자녀의 학교 등을 중시한다.

⑤ 개인이 사회관습과 유행을 통해 자신의 가치관을 표현한다.

16 브론펜브레너(U. Bronfenbrenner)의 거시체계(Macro System) 수준에서 학교폭력 피해 청소년에게 개입한 사례는?

① 피해 청소년과 개별 상담을 실시한다.

② 피해 청소년의 성장사와 가족력 등을 파악한다.

③ 피해 청소년 부모의 근무 환경, 소득 등을 살펴본다.

④ 피해 청소년이 다시 피해를 입지 않도록 학교폭력에 대한 처벌을 강화하는 특별법을 제정한다.

⑤ 피해 청소년의 부모, 교사, 사회복지사가 함께 피해 청소년 보호를 위한 구체적 방법을 정기적으로 의논한다.

17 문화에 관한 설명으로 옳지 않은 것은?

① 사회체계로서 중간체계에 해당된다.

② 사회구성원들 간에 공유된다.

③ 문화변용은 둘 이상의 문화가 지속적으로 접촉하여 한쪽이나 양쪽에 변화가 일어나는 현상이다.

④ 세대 간에 전승되며 축적된다.

⑤ 사회화에 대한 지침을 제공한다.

18 태내기(수정~출산)에 유전적 요인으로 인해 발생할 수 있는 장애에 관한 설명으로 옳은 것은?

① 다운증후군은 지능 저하를 동반하지 않는다.

② 헌팅톤병은 열성 유전인자 질병으로서 단백질의 대사장애를 일으킨다.

③ 클라인펠터증후군은 X염색체를 더 많이 가진 남성에게 나타난다.

④ 터너증후군은 Y염색체 하나가 더 있는 남성에게 나타난다.

⑤ 혈우병은 여성에게만 발병한다.

19 유아기(3~6세)에 관한 설명으로 옳지 않은 것은?

① 영아기(0~2세)보다 성장속도가 느려진다.

② 성역할의 내면화가 이루어진다.

③ 오로지 자신의 관점에 비추어 타인의 감정이나 사고를 예측하는 경향이 있다.

④ 피아제(J. Piaget)의 형식적 조작기에 해당한다.

⑤ 전환적 추론이 가능하다.

20 에릭슨(E. Erickson)의 심리사회이론에서 아동기(7~12세) 발달과업을 성취하지 못할 경우 경험하는 심리사회적 위기는?

① 불신감 　　　　② 절망감

③ 침체감 　　　　④ 고립감

⑤ 열등감

21 엘킨드(D. Elkind)가 제시한 청소년기(13~19세) 자기중심성(Egocentrism)에 관한 내용으로 옳지 않은 것은?

① 다른 사람이 경험하는 위기가 자신에게는 일어나지 않으리라 믿는다.
② 상상적 관중을 의식하여 작은 실수에 대해서도 번민한다.
③ 자신의 감정이나 경험이 매우 특별하다고 생각한다.
④ 자신과 타인에 대해 객관적으로 이해하고 판단한다.
⑤ 자신이 타인으로부터 집중적인 관심의 대상이 된다고 믿는다.

22 청년기(20~35세)에 관한 설명으로 옳지 않은 것은?

① 자기 부양 능력을 갖추어야 하는 시기이다.
② 자아정체감 형성이 주요 발달 과제인 시기이다.
③ 부모로부터 심리적, 경제적으로 독립하여 자율성을 성취하는 시기이다.
④ 개인적 욕구와 사회적 욕구 사이에 균형을 찾아 직업을 선택하는 시기이다.
⑤ 타인과의 관계에서 친밀감을 형성하면서 결혼과 부모됨을 고려하는 시기이다.

23 중년기(40~64세)에 관한 설명으로 옳은 것은?

① 펙(R. Peck)은 신체 중시로부터 신체 초월을 중년기의 중요한 발달과제로 보았다.
② 결정성(Crystallized) 지능은 감소하고 유동성(Fluid) 지능은 증가한다.
③ 융(C. Jung)에 따르면, 외부세계에 쏟았던 에너지를 자신의 내부에 초점을 두며 개성화의 과정을 경험한다.
④ 여성은 에스트로겐의 분비가 감소되고 남성은 테스토스테론의 분비가 증가된다.

⑤ 갱년기는 여성만이 경험하는 것으로 신체적 변화와 동시에 우울, 무기력감 등 심리적 증상을 동반한다.

24 다음 학자와 그의 주요 기법이 옳게 연결된 것은?

① 반두라(A. Bandura) – 행동조성
② 로저스(C. Rogers) – 타임아웃
③ 스키너(B. Skinner) – 모델링
④ 피아제(J. Piaget) – 가족조각
⑤ 프로이트(S. Freud) – 자유연상

25 생애주기에 따른 주요 발달과업의 연결이 옳은 것을 모두 고른 것은?

| ㄱ. 영아기(0~2세) – 신뢰감, 애착형성 |
| ㄴ. 청소년기(13~19세) – 생산성, 서열화 |
| ㄷ. 노년기(65세 이상) – 자아통합, 죽음수용 |

① ㄱ
② ㄴ
③ ㄱ, ㄴ
④ ㄱ, ㄷ
⑤ ㄴ, ㄷ

2과목 | 사회복지조사론

26 다음 중 질적 연구와 가장 거리가 먼 것은?

① 문화기술지(Ethnography)연구
② 심층사례연구
③ 사회지표조사
④ 근거이론연구
⑤ 내러티브(Narrative)연구

27 과학철학에 관한 설명으로 옳은 것은?

① 논리적 실증주의에 가장 큰 영향을 미친 사람은 영국의 철학자 흄(D. Hume)이다.

② 상대론적인 입장에서는 경험에 의한 지식의 객관성을 추구한다.

③ 쿤(T. Kuhn)에 의하면 과학은 기존의 이론과 상충되는 현상을 관찰하는 데서 출발하여 기존의 이론에 엄격한 검증을 행한다.

④ 반증주의는 누적적인 진보를 부정하면서 역사적 사실들과 더 잘 부합하는 새로운 패러다임을 제시하였다.

⑤ 논리적 경험주의는 과학의 이론들이 확률적으로 검증되는 관찰에 의해서만 정당화될 수 있다고 주장한다.

28 실증주의의 특징과 가장 거리가 먼 것은?

① 이론의 재검증
② 객관적 조사
③ 사회현상의 주관적 의미에 대한 해석
④ 보편적이고 적용 가능한 통계적 분석도구
⑤ 연구결과의 일반화

29 평가연구에 관한 설명으로 옳지 않은 것은?

① 보고서의 형식은 의뢰기관의 요청에 따를 수 있다.
② 목표달성에 대한 해석이 다양한 이해관계에 영향을 받을 수 있다.
③ 질적 연구방법을 적용할 수 있다.
④ 프로그램의 실행과정도 평가할 수 있다.
⑤ 과학적 객관성을 저해하더라도 의뢰기관의 요구를 수용하여 평가결과를 조정할 수 있다.

30 사회복지조사에 관한 설명으로 옳은 것을 모두 고른 것은?

ㄱ. 사회복지관련 이론 개발에 사용된다.
ㄴ. 여론조사나 인구센서스 조사는 전형적인 탐색 목적의 조사연구이다.
ㄷ. 연구의 전 과정에서 결정주의적 성향을 지양해야 한다.
ㄹ. 조사범위에 따라 횡단연구와 종단연구로 나뉘어진다.

① ㄱ, ㄷ
② ㄴ, ㄹ
③ ㄱ, ㄴ, ㄷ
④ ㄴ, ㄷ, ㄹ
⑤ ㄱ, ㄴ, ㄷ, ㄹ

31 다음에서 설명하는 조사 유형에 해당하는 것은?

• 둘 이상의 시점에서 조사가 이루어진다.
• 동일대상 반복측정을 원칙으로 하지 않는다.

① 추세연구, 횡단연구
② 패널연구, 추세연구
③ 횡단연구, 동년배(Cohort)연구
④ 추세연구, 동년배연구
⑤ 패널연구, 동년배연구

32 17개 시·도의 69개 사회복지기관에서 근무하는 사회복지사 396명을 대상으로 근무기관의 규모별 직무만족도를 설문조사할 때 독립변수와 종속변수의 관찰단위를 순서대로 옳게 짝 지은 것은?

① 개인-개인
② 기관-개인
③ 지역사회-개인
④ 지역사회-기관
⑤ 개인-지역사회

33 다음 사례에서 부모의 재산은 어떤 변수인가?

> 한 연구에서 부모의 학력이 자녀의 대학 진학률에 영향을 미치는 것으로 나타났다. 그러나 부모의 재산이 비슷한 조사 대상에 한정하여 다시 분석해 본 결과, 부모의 학력과 자녀의 대학 진학률 사이에는 통계적으로 유의미한 관계가 없는 것으로 나타났다.

① 독립변수 ② 종속변수
③ 조절변수 ④ 억제변수
⑤ 통제변수

34 양적 조사방법에 관한 설명으로 옳은 것은?

① 자료수집을 완료한 후 가설을 설정해야 한다.
② 자료수집방법은 조사 설계에 포함할 수 없다.
③ 연구가설은 독립변수와 종속변수는 관계가 없다고 설정한다.
④ 개념적 정의는 측정 가능성을 전제로 하지 않는다.
⑤ 사회과학에서 이론은 직접검증을 원칙으로 한다.

35 측정수준이 서로 다른 변수로 묶인 것은?

① 연령, 백신 접종률 ② 학년, 이수과목의 수
③ 섭씨(℃), 화씨(℉) ④ 강우량, 산불발생 건수
⑤ 거주지역, 혈액형

36 척도 유형에 관한 설명으로 옳지 않은 것은?

① 리커트척도(Likert Scale)는 문항 간 내적 일관성이 중요하다.
② 거트만척도(Guttman Scale)는 누적 척도이다.
③ 서스톤척도(Thurstone Scale)의 장점은 개발의 용이성이다.
④ 보가더스척도(Borgadus Scale)는 사회집단 간의 심리적 거리감을 측정하는 데 적절하다.

⑤ 의미분화척도(Semantic Differential Scale)의 문항은 한 쌍의 대조되는 형용사를 사용한다.

37 측정에 관한 설명으로 옳지 않은 것은?

① 측정은 연구대상에 대해 일정한 규칙에 따라 숫자나 기호를 부여하는 과정이다.
② 지표는 개념 속에 내재된 속성들이 표출되어 나타난 결과를 말한다.
③ 측정의 체계적 오류는 타당도와 관련이 없다.
④ 리커트척도는 각 항목의 단순합산을 통해 서열성을 산출한다.
⑤ 조작적 정의는 실질적으로 측정하게 되는 연구대상의 세부적 속성이다.

38 척도의 타당도를 평가하는 기준이 아닌 것은?

① 하나의 개념을 측정하는 개별 항목들 간의 일관성
② 이론적으로 관련성이 없는 두 개념을 측정한 두 척도 간의 상관관계
③ 어떤 척도와 기준이 되는 척도 간의 상관관계
④ 개념 안에 포함된 포괄적인 의미를 척도가 포함하는 정도
⑤ 개별 항목들이 연구자가 의도한 개념을 구성하는 요인으로 모이는 정도

39 신뢰도를 높이는 방법에 관한 설명으로 옳은 것은?

① 측정 항목 수를 가능한 줄여야 한다.
② 유사한 질문을 2회 이상 하지 않는다.
③ 측정자에게 측정도구에 대한 교육을 사후에 실시한다.
④ 측정자들이 측정방식을 대상자에 맞게 유연하게 바꾸어야 한다.
⑤ 조사대상자가 알지 못하는 내용에 대해서는 측정하지 않는 것이 좋다.

40 신뢰도에 관한 설명으로 옳은 것을 모두 고른 것은?

> ㄱ. 재검사법, 반분법은 신뢰도를 평가하는 방법이다.
> ㄴ. 신뢰도는 타당도의 필요충분조건이다.
> ㄷ. 측정할 때마다 실제보다 5g 더 높게 측정되는 저울은 신뢰도가 있다.

① ㄱ
② ㄴ
③ ㄱ, ㄴ
④ ㄱ, ㄷ
⑤ ㄱ, ㄴ, ㄷ

41 다른 조건이 같다면, 확률표집에서 표집오차(Sampling Error)에 관한 설명으로 옳지 않은 것은?

① 표준오차(Standard Error)가 커지면 표집오차도 커진다.
② 신뢰수준(Confidence Level)을 높이면 표집오차가 감소한다.
③ 표본의 수가 증가하면 표집오차가 감소한다.
④ 이질적인 모집단 보다 동질적인 모집단에서 추출한 표본의 표집오차가 작다.
⑤ 층화를 통해 단순무작위추출의 표집오차를 줄일 수 있다.

42 다음 사례의 표집에 관한 설명으로 옳은 것은?

> 400명의 명단에서 80명의 표본을 선정하는 경우, 그 명단에서 최초의 다섯 사람 중에서 무작위로 한 사람을 뽑는다. 그 후 표집간격만큼을 더한 번호에 해당하는 사람을 표본으로 선택한다.

① 단순무작위 표집이다.
② 표집틀이 있어야 한다.
③ 모집단의 배열에 일정한 주기성을 가지고 있어야 한다.
④ 비확률표집법을 사용하였다.
⑤ 모집단에 대한 대표성이 부족하다.

43 표집에 관한 설명으로 옳은 것은?

① 할당표집(Quota Sampling)은 무작위표집을 전제로 한다.
② 유의표집(Purposive Sampling)은 확률표집이다.
③ 눈덩이표집(Snowball Sampling)은 모집단의 규모를 알아야만 사용할 수 있다.
④ 단순무작위표집(Simple Random Sampling)은 모집단으로부터 표본으로 추출될 확률을 알 수 있다.
⑤ 임의표집(Convenience Sampling)은 모집단의 대표성이 높은 표본을 추출한다.

44 통계적 가설검증에 관한 설명으로 옳지 않은 것은?

① 영가설을 기각하면 연구가설이 잠정적으로 채택된다.
② 영가설은 연구가설과 대조되는 가설이다.
③ 통계치에 대한 확률(p)이 유의수준(α)보다 낮으면 영가설이 기각된다.
④ 연구가설은 표본의 통계치에 대한 가정이다.
⑤ 연구가설은 경험적으로 검증이 가능하여야 한다.

45 다음에서 설문조사 결과를 해석할 때 유의해야 할 사항을 모두 고른 것은?

> ㄱ. 표집방법이 확률표집인가 비확률표집인가?
> ㄴ. 표본의 크기는 모집단을 대표하기에 적절한가?
> ㄷ. 설문조사는 언제 이루어졌는가?
> ㄹ. 측정도구가 신뢰할 만한 것인가?

① ㄱ, ㄴ
② ㄷ, ㄹ
③ ㄱ, ㄴ, ㄷ
④ ㄱ, ㄴ, ㄹ
⑤ ㄱ, ㄴ, ㄷ, ㄹ

46 자료수집방법에 관한 설명으로 옳은 것은?

① 질문의 유형과 형태를 결정할 때 조사대상자의 응답능력을 고려할 필요가 있다.
② 설문문항 작성 시 이중질문(Double-barreled Question)을 넣어야 한다.
③ 비참여관찰법은 연구자가 관찰대상과 상호작용을 유지하는 것이 중요하다.
④ 설문지에서 질문 순서는 무작위 배치를 원칙으로 한다.
⑤ 우편조사는 프로빙(Probing) 기술이 중요하다.

47 다음 조사에서 연구대상을 배정한 방법은?

사회복지사협회에서 회보 발송 여부에 따라 회비 납부율에 차이가 있는지 알아보고자 한다. 이를 위해 전체 회원을 연령과 성별로 구성된 할당행렬의 각 칸에 배치하고, 절반에게는 회보를 보내고 나머지 절반은 회보를 보내지 않았다.

① 무작위표집(Random Sampling)
② 할당표집(Quota Sampling)
③ 매칭(Matching)
④ 소시오매트릭스(Sociomatrix)
⑤ 다중특질-다중방법(MultiTrait-MultiMethod)

48 순수실험설계에서 인과성 검증에 관한 설명으로 옳지 않은 것은?

① 사회복지 프로그램의 실행 여부가 독립변수로 설정될 수 있다.
② 사전조사에서 실험집단과 통제집단의 종속변수 측정치는 통계적으로 유의미한 차이가 없어야 한다.
③ 사전조사와 사후조사에서 통제집단의 종속변수 측정치는 통계적으로 유의미한 차이가 있어야 한다.
④ 실험집단과 통제집단의 동질성 확보가 필요하다.
⑤ 실험집단과 통제집단의 차이는 독립변수의 개입 유무이다.

49 다음과 같은 절차로 진행된 유사(준)실험설계의 특징으로 옳지 않은 것은?

• 우울예방 프로그램에 참여할 하나의 집단을 모집함
• 우울검사를 일정한 간격으로 여러 차례 실시함
• 우울예방 프로그램을 진행함
• 우울검사를 동일한 측정도구를 이용해 일정한 간격으로 여러 차례 실시함

① 통제집단을 두기 어려울 때 사용할 수 있다.
② 검사효과가 발생할 수 없다.
③ 정태적 집단비교설계(Static-group Comparison Design)보다 내적 타당도가 높다.
④ 개입효과는 사전검사와 사후검사 측정치의 평균을 비교해서 측정할 수 있다.
⑤ 사전검사와 개입의 상호작용 효과가 발생할 수 있다.

50 근거이론의 분석방법에서 축코딩(Axial Coding)에 관한 설명으로 옳은 것은?

① 추상화시킨 구절에 번호를 부여한다.
② 개념으로 도출된 내용을 가지고 하위범주를 만든다.
③ 발견된 범주의 속성과 차원을 고려하여 유형화를 시도한다.
④ 이론개발을 위해 핵심범주를 중심으로 다른 범주와의 통합과 정교화를 만드는 과정을 진행한다.
⑤ 발견된 범주를 가지고 중심현상을 중심으로 인과적 조건을 만든다.

3과목 | 사회복지실천론

01 인보관운동에 관한 내용으로 옳지 않은 것은?

① 빈민을 통제하는 사회통제적 기능을 담당함
② 인보관에서 일하는 사람은 지역사회에서 함께 살면서 활동함
③ 지역사회 문제에 관한 연구와 조사를 실시함
④ 빈민지역의 주택 개선, 공중보건 향상 등에 관심을 둠
⑤ 사회문제에 대한 집합적이고 개혁적인 해결을 강조함

02 기능주의학파(Functional School)에 관한 내용으로 옳지 않은 것은?

① 개인의 의지 강조
② 인간의 성장가능성 중시
③ '지금 – 이곳'에 초점
④ 인간과 환경의 관계 분석
⑤ 과거경험 중심적 접근

03 자선조직협회 우애방문자의 활동에 해당하는 사회복지실천의 이념을 모두 고른 것은?

ㄱ. 인도주의	ㄴ. 이타주의
ㄷ. 사회개혁	ㄹ. 사회진화론

① ㄱ
② ㄴ, ㄷ
③ ㄷ, ㄹ
④ ㄱ, ㄴ, ㄹ
⑤ ㄱ, ㄴ, ㄷ, ㄹ

04 로웬버그와 돌고프(F. Loewenberg & R. Dolgoff)의 윤리적 원칙 심사표에서 '도움을 요청해 온 클라이언트의 의사를 존중해 주는 것'에 해당하는 윤리적 원칙은?

① 자율성과 자유의 원칙
② 평등과 불평등의 원칙
③ 최소 손실의 원칙
④ 사생활과 비밀보장의 원칙
⑤ 진실성과 정보개방의 원칙

05 접수단계의 주요 과업에 해당하지 않는 것은?

① 관계형성을 통한 클라이언트의 참여 유도
② 클라이언트의 드러난 문제 확인
③ 서비스의 효율성과 효과성 측정
④ 서비스에 대한 클라이언트의 동의 확인
⑤ 클라이언트의 문제가 기관의 자원과 정책에 부합되는지 판단

06 윤리강령의 기능으로 옳은 것을 모두 고른 것은?

ㄱ. 외부통제로부터 전문직 보호
ㄴ. 윤리적 갈등이 생겼을 때 지침과 원칙 제공
ㄷ. 사회복지사의 자기규제를 통한 클라이언트 보호
ㄹ. 전문가로서 사회복지사의 기본업무 및 자세 알림

① ㄱ, ㄷ
② ㄱ, ㄹ
③ ㄱ, ㄴ, ㄹ
④ ㄴ, ㄷ, ㄹ
⑤ ㄱ, ㄴ, ㄷ, ㄹ

07 사회복지실천현장의 기능과 목적에 따른 분류에서 1차 현장에 해당하지 않는 것은?

① 양로시설
② 교정시설
③ 사회복지관
④ 지역아동센터
⑤ 장애인 거주시설

08 강점관점에 관한 설명으로 옳지 않은 것은?

① 개입의 초점은 가능성에 있다.
② 클라이언트를 재능과 자원을 가진 사람으로 규정한다.
③ 개입의 핵심은 개인, 가족, 지역사회의 참여이다.
④ 사회복지사는 클라이언트의 진술에 대해 회의적이기 때문에 재해석하여 진단에 활용한다.
⑤ 돕는 목적은 클라이언트의 삶에 함께하며 가치를 확고히 하도록 지원하는 것이다.

09 사회복지실천에서 통합적 접근 방법에 관한 내용으로 옳지 않은 것은?

① 전통적인 방법론의 한계로 인해 등장
② 클라이언트의 참여와 자기결정권 강조
③ 인간의 행동은 환경과 연결되어 있음을 전제
④ 이론이 아닌 상상력에 근거를 둔 해결방법 지향
⑤ 궁극적으로 클라이언트의 삶의 질 향상을 돕고자 함

10 비스텍(F. Biestek)이 제시한 사회복지실천의 관계 원칙에 해당하지 않는 것은?

① 클라이언트의 비밀을 보장해야 한다.
② 클라이언트의 욕구를 범주화해야 한다.
③ 클라이언트를 비난하거나 심판하지 않아야 한다.
④ 클라이언트의 감정을 자유롭게 표현하도록 해야 한다.
⑤ 클라이언트를 있는 그대로 인정하고 받아들여야 한다.

11 자료수집단계에 관한 설명으로 옳은 것은?

① 클라이언트 개인에게만 초점을 두어 정보를 모은다.
② 다양한 정보원으로부터 자료를 수집하므로 검사도구를 사용하면 안 된다.
③ 초기면접은 비구조화된 양식만을 사용하여 기본적인 정보를 수집해야 한다.
④ 객관적인 자료뿐만 아니라 클라이언트의 주관적인 인식이 담긴 자료도 포함하여 수집한다.
⑤ 클라이언트로부터 얻은 정보가 가장 중요하므로 클라이언트가 직접 작성한 자료에만 의존한다.

12 사회복지실천에서 전문적 관계의 특성으로 옳은 것은?

① 사회복지사는 자신의 반응을 통제하면 안 된다.
② 클라이언트는 전문성에서 비롯된 권위를 가진다.
③ 사회복지사와 클라이언트 사이에 합의된 목적이 있다.
④ 문제가 해결되어야만 종결되는 관계이기 때문에 시간의 제한이 없다.
⑤ 사회복지사와 클라이언트는 반드시 상호 간의 이익에 헌신하는 관계이다.

13 일반체계이론에서 체계의 작용 과정을 순서대로 옳게 나열한 것은?

ㄱ. 투입	ㄴ. 산출
ㄷ. 환류	ㄹ. 전환

① ㄱ－ㄴ－ㄷ－ㄹ　　② ㄱ－ㄴ－ㄹ－ㄷ
③ ㄱ－ㄹ－ㄴ－ㄷ　　④ ㄹ－ㄱ－ㄴ－ㄷ
⑤ ㄹ－ㄷ－ㄱ－ㄴ

14 사회복지실천에서 관계에 관한 설명으로 옳은 것은?

① 비자발적인 클라이언트는 원천적으로 배제한다.
② 사회복지사는 전문성에 바탕을 둔 권위라도 가져서는 안 된다.
③ 클라이언트는 사회복지사와의 문화적 차이를 수용해야만 한다.
④ 사회복지사와 클라이언트 모두에게 요구되는 의무와 책임감이 있다.
⑤ 선한 목적을 위해 클라이언트에게 진실을 감추는 것은 필수적으로 허용된다.

15 사회복지실천 면접에 관한 설명으로 옳지 않은 것은?

① 개입에 필요한 자료를 수집하기 위한 도구가 될 수 있다.
② 사회복지사와 클라이언트 사이의 특정한 역할 관계가 있다.
③ 특정 상황이나 맥락에 관련하여 이루어진다.
④ 목적은 클라이언트의 삶의 질 향상을 위한 것이어야 한다.
⑤ 목적이 옳으면 기간이나 내용이 제한되지 않는 활동이다.

16 펄만(H. Perlman)이 사회복지실천을 구성하는 요소로 제시한 4P에 관한 내용으로 옳은 것을 모두 고른 것은?

ㄱ. 문제(Problem) – 해결하고자 하는 문제나 욕구
ㄴ. 프로그램(Program) – 문제해결을 위해 시행되는 프로그램
ㄷ. 장소(Place) – 문제해결을 위한 서비스가 제공되는 물리적 공간
ㄹ. 전문가(Professional) – 문제해결을 위해 개입하는 전문가

① ㄱ, ㄴ　　　　② ㄱ, ㄷ
③ ㄴ, ㄹ　　　　④ ㄴ, ㄷ, ㄹ
⑤ ㄱ, ㄴ, ㄷ, ㄹ

17 사회복지실천 면접에서 경청에 관한 설명으로 옳지 않은 것은?

① 클라이언트의 진술을 즉각적으로 교정해 주는 것이 핵심이다.
② 클라이언트에 관한 중요한 정보를 얻는 방법 중 하나이다.
③ 클라이언트의 표정이나 몸짓도 관찰하여 의미를 파악한다.
④ 클라이언트의 사고와 감정을 이해하려는 적극적 활동이기도 하다.
⑤ 클라이언트와 사회복지사 사이의 신뢰 관계 형성에 도움이 된다.

18 세대 간 반복된 가족 특성을 파악하기 위한 사정도구는?

① 가계도　　　　② 생태도
③ 소시오그램　　④ 생활력 도표
⑤ 사회적 관계망 그리드

19 '양로시설에서 생활하는 노인의 의사결정을 사회복지사가 대신할 수 없다'는 의미의 인권 특성은?

① 천부성
② 불가양성 · 불가분성
③ 보편성
④ 사회성 · 문화성
⑤ 환경성 · 평화성

20 클라이언트와의 면접 중 질문에 관한 설명으로 옳은 것은?

① 폐쇄형 질문은 클라이언트의 상세한 설명과 느낌을 듣기 위해 사용한다.
② 유도형 질문은 비심판적 태도로 상대방을 존중하기 위해 사용한다.
③ '왜'로 시작하는 질문은 클라이언트의 가장 개방적 태도를 이끌어 낼 수 있다.
④ 개방형 질문은 '예', '아니오' 또는 단답형으로 한정하여 대답한다.
⑤ 중첩형 질문(Stacking Question)은 클라이언트를 혼란스럽게 만들 수 있다.

21 종결단계에서 사회복지사의 과업으로 옳지 않은 것은?

① 사후관리 계획 수립
② 목표달성을 위한 서비스 제공
③ 클라이언트 변화결과에 대한 최종 확인
④ 다른 기관 또는 외부 자원 연결
⑤ 종결에 대한 클라이언트 반응 처리

22 사례관리의 목적에 해당하는 것을 모두 고른 것은?

ㄱ. 서비스의 통합성 확보	ㄴ. 서비스 접근성 강화
ㄷ. 보호의 연속성 보장	ㄹ. 사회적 책임성 제고

① ㄱ, ㄴ
② ㄴ, ㄹ
③ ㄱ, ㄷ, ㄹ
④ ㄴ, ㄷ, ㄹ
⑤ ㄱ, ㄴ, ㄷ, ㄹ

23 사례관리자의 역할에 관한 내용으로 옳지 않은 것은?

① 중개자 : 지역사회 자원이나 서비스 체계를 연계
② 옹호자 : 클라이언트의 권리를 대변하는 활동 수행
③ 정보제공자 : 개인이나 집단의 갈등 파악과 조정
④ 위기개입자 : 위기 사정, 계획 수립, 위기 해결
⑤ 교육자 : 교육, 역할 연습 등을 통한 클라이언트 역량 강화

24 사회복지사의 직접적인 개입 활동으로 옳은 것은?

① 아동학대 예방 캠페인 진행
② 다른 기관과 협력체계 구축
③ 지역사회 전달체계 재정립
④ 가출청소년 보호 네트워크 형성
⑤ 역기능적 가족 규칙 재구성

25 사회복지서비스 계획수립단계에 관한 설명으로 옳지 않은 것은?

① 계획의 목표는 기관의 기능과 일치해야 한다.
② 목표설정은 미시적 수준과 거시적 수준에서 클라이언트의 변화를 고려한다.
③ 계약서는 클라이언트만 작성하여 과업과 의무를 공식화한다.
④ 목표는 클라이언트가 원하는 결과를 포함하여 클라이언트의 적극적인 참여를 유도한다.
⑤ 계획단계의 목표는 클라이언트와 사회복지사가 함께 합의하여 결정한다.

26 사회복지실천에 관한 설명으로 옳지 않은 것은?

① 과학성과 예술성을 통합적으로 활용한다.
② 사회복지의 관점과 이론을 토대로 한다.
③ 심리학, 사회학 등 타 학문과 배타적 관계에 있다.
④ 클라이언트의 특성을 반영한다.
⑤ 사회복지 가치와 윤리를 반영한다.

27 지지집단의 주요 목적으로 옳은 것은?

① 구성원의 자기인식 증진
② 클라이언트의 병리적 행동 치료
③ 구성원에게 기술과 정보 제공
④ 사회적응 지원
⑤ 동병상련의 경험으로 해결책 모색

28 집단 초기단계에서 사회복지사의 역할을 모두 고른 것은?

> ㄱ. 집단과 구성원의 목표를 설정한다.
> ㄴ. 지도자인 사회복지사를 소개하며 신뢰감을 형성한다.
> ㄷ. 구성원 간 유사성을 토대로 응집력을 형성한다.
> ㄹ. 구성원이 집단에 의존하는 정도를 감소시킨다.

① ㄱ, ㄴ   ② ㄴ, ㄷ
③ ㄷ, ㄹ   ④ ㄱ, ㄴ, ㄷ
⑤ ㄱ, ㄴ, ㄷ, ㄹ

29 집단활동 중 발생하는 저항에 관한 설명으로 옳지 않은 것은?

① 구성원이 피하고 싶은 주제가 논의될 때 일어날 수 있다.

② 사회복지사가 제안한 과업의 실행방법을 모를 때 발생할 수 있다.
③ 목표 달성을 위해서는 저항 이유를 무시해야 한다.
④ 효과적으로 해결하면 집단활동이 촉진될 수 있다.
⑤ 다른 구성원의 의견을 통해 해결방안을 찾을 수 있다.

30 집단 사정을 위한 소시오그램에 관한 설명으로 옳은 것은?

① 구성원 간 호감도 질문은 하위집단을 형성하므로 피한다.
② 구성원 모두가 관심을 갖는 주제를 발견하는 데 목적이 있다.
③ 소시오메트리 질문을 활용하여 정보를 파악한다.
④ 구성원 간 상호작용을 문장으로 표현한다.
⑤ 특정 구성원에 대한 상반된 입장 중 하나를 선택하는 것이다.

31 집단 응집력에 관한 설명으로 옳은 것을 모두 고른 것은?

> ㄱ. 구성원 간 신뢰감이 높을수록 응집력이 높다.
> ㄴ. 응집력이 높은 집단에서는 자기노출을 억제한다.
> ㄷ. 구성원이 소속감을 가지면 응집력이 강화된다.
> ㄹ. 응집력이 높은 집단이 낮은 집단보다 생산적인 작업에 더 유리하다.

① ㄱ   ② ㄱ, ㄷ
③ ㄴ, ㄹ   ④ ㄱ, ㄷ, ㄹ
⑤ ㄱ, ㄴ, ㄷ, ㄹ

32 집단목표에 관한 설명으로 옳은 것은?

① 목표는 구체적으로 수립한다.
② 한 번 정한 목표는 혼란 방지를 위해 수정하지 않는다.
③ 집단 크기나 기간을 정할 때 목표는 고려하지 않는다.
④ 집단목표는 구성원의 목표와 관련 없다.
⑤ 목표는 집단과정에서 자연스럽게 형성되므로 의도적인 노력은 필요 없다.

33 심리사회모델의 개입기법에 관한 설명으로 옳지 않은 것은?

① 직접적 개입과 간접적 개입으로 구분된다.
② 직접적 영향은 주변인에게 영향력을 행사하여 환경을 변화시키는 기법이다.
③ 탐색-기술(묘사)-환기는 자기 상황과 감정을 말로 표현하게 함으로써 감정전환을 도모하는 기법이다.
④ 지지는 이해, 격려, 확신감을 표현하는 기법이다.
⑤ 유형의 역동 성찰은 성격, 행동, 감정의 주요 경향에 관한 자기이해를 돕는다.

34 인지행동모델의 개입방법에 해당되는 것을 모두 고른 것은?

> ㄱ. 내적 의사소통의 명료화
> ㄴ. 모델링
> ㄷ. 기록과제
> ㄹ. 자기지시

① ㄱ, ㄴ   ② ㄷ, ㄹ
③ ㄱ, ㄴ, ㄷ   ④ ㄴ, ㄷ, ㄹ
⑤ ㄱ, ㄴ, ㄷ, ㄹ

35 과제중심모델에서 과제에 관한 설명으로 옳지 않은 것은?

① 사회복지사보다 클라이언트가 제시하는 문제나 욕구를 고려하여 선정한다.
② 조작적 과제는 일반적 과제에 비해 구체적이다.
③ 과거보다 현재에 초점을 둔다.
④ 과제 수는 가급적 3개를 넘지 않게 한다.
⑤ 과제달성 정도는 최종평가 시 결정되므로 과제수행 도중에는 점검하지 않는다.

36 다음 전제에 해당되는 사회복지실천모델은?

> • 삶에서 변화는 불가피하며 작은 변화가 더 큰 변화로 이어진다.
> • 모든 문제에는 예외가 존재한다.
> • 클라이언트는 자기 삶의 주체이며, 자신에게 중요한 사람과 일에 대해 가장 잘 아는 전문가이다.

① 클라이언트중심모델
② 해결중심모델
③ 문제해결모델
④ 정신역동모델
⑤ 동기상담모델

37 다음 사례에 대한 위기개입으로 옳은 것은?

> 20대인 A씨는 최근 코로나19에 감염되어 실직한 이후 경제적 어려움과 신체적 후유증으로 인해 일상을 유지하기 힘들 정도로 우울감을 경험하며 때때로 자살까지 생각하곤 한다.

① A씨의 문제를 발달적 위기로 사정한다.
② 코로나19 감염 이전 기능수준으로 회복하는 것을 목표로 잡는다.
③ 적절한 감정표현행동을 습득하도록 장기교육 프로그램을 실시한다.

④ A씨 스스로 도움을 요청할 때까지 개입을 유보한다.

⑤ 보다 긍정적인 인생관을 갖도록 삶의 태도를 근본적으로 재조직한다.

38 인지행동모델에서 비합리적인 사고에 대해 '실용성에 관한 논박기법'을 사용한 질문은?

① 그 생각이 옳다는 것을 어떻게 아세요?

② 지금 느끼는 감정을 명확하게 설명할 수 있으세요?

③ 그 일이 실제로 일어날 가능성이 얼마나 될까요?

④ 그 생각이 문제해결에 얼마나 도움이 될까요?

⑤ 그 생각의 논리적 근거는 무엇입니까?

39 다음 사례에 대한 초기 접근으로 옳은 것은?

> 같은 반 친구를 때린 중학생 B는 학교폭력대책심의위원회의 결정에 따라 사회복지사가 진행하는 학교폭력 가해자 프로그램에 의뢰되었다. 그러나 B는 억울함을 호소하며 비협조적인 태도를 보이고 있다.

① 클라이언트보다 의뢰자의 견해에 초점을 맞춰 개입한다.

② 비협조적 태도는 저항에서 비롯된 것으로 그 원인까지 탐색할 필요는 없다.

③ 원치 않는 의뢰과정에서 생긴 억눌린 감정을 표현할 수 있는 기회를 제공한다.

④ 비협조적 태도를 바꾸려고 시간을 소모하지 말고 곧바로 개입한다.

⑤ 비밀보장원칙이나 학교에 보고해야 할 사항에 대해 설명하지 않는다.

40 사회기술훈련에서 사용되는 행동주의모델기법을 모두 고른 것은?

> | ㄱ. 정적 강화 | ㄴ. 역할 연습 |
> | ㄷ. 직면 | ㄹ. 과제를 통한 연습 |

① ㄱ, ㄴ

② ㄱ, ㄷ

③ ㄱ, ㄴ, ㄹ

④ ㄴ, ㄷ, ㄹ

⑤ ㄱ, ㄴ, ㄷ, ㄹ

41 사회복지실천모델에 관한 설명으로 옳지 않은 것은?

① 행동수정모델은 선행요인, 행동, 강화요소에 의해 인간행동을 예측하고 통제할 수 있다고 본다.

② 심리사회모델은 상황 속 인간을 고려하되 환경보다 개인의 내적변화를 중시한다.

③ 인지행동모델은 왜곡된 사고에 의한 정서적 문제의 개입에 효과적이다.

④ 과제중심모델은 여러 모델들을 절충적으로 활용하며 개입의 책임성을 강조한다.

⑤ 위기개입모델은 위기에 의한 병리적 반응과 영구적 손상의 치료에 초점을 둔다.

42 가족에 관한 체계론적 관점의 기술로 옳지 않은 것은?

① 가족은 하위체계이면서 상위체계이다.

② 가족 규칙은 가족 항상성에 영향을 준다.

③ 가족 내 하위체계의 경계유형은 투과성 정도에 따라 나뉠 수 있다.

④ 가족문제의 원인을 구성원 간 상호작용에서 찾는 것을 순환적 인과관계라고 한다.

⑤ 가족이 처한 상황을 구성원의 인식과 언어체계로 표현하면서 가족 스스로 문제해결의 단서를 찾도록 한다.

43 자녀양육의 어려움을 호소하는 가족의 사정도구에 관한 설명으로 옳지 않은 것은?

① 가계도를 활용하여 구성원 간 관계를 파악한다.
② 생태도를 통해 회복탄력성과 문제해결능력을 확인한다.
③ 양육태도척도를 활용하여 문제가 되는 부분을 탐색한다.
④ 자녀 입장의 가족조각으로 자녀가 인식하는 가족관계를 탐색한다.
⑤ 생활력표를 활용하여 현재 어려움에 영향을 주는 발달단계상의 경험을 이해한다.

44 사티어(V. Satir)의 의사소통유형에 관한 설명으로 옳은 것은?

① 회유형은 자신을 무시하고 타인을 떠받든다.
② 일치형은 자신을 보호하기 위해 타인을 비난한다.
③ 산만형은 자신과 타인을 무시하고 상황을 중요시한다.
④ 초이성형은 자신과 상황을 중시하고 상대를 과소평가한다.
⑤ 비난형은 자기 생각을 관철시키려고 어려운 말로 장황하게 설명한다.

45 보웬(M. Bowen)이 제시한 개념 중 다음 설명에 해당하는 것은?

- 여러 세대에 거쳐 전수될 수 있다.
- 정신내적 개념이면서 대인관계적 개념이다.
- 정신내적 개념은 자신의 지적 측면과 정서적 측면의 구분을 의미한다.
- 대인관계적 개념은 타인과 친밀하면서도 독립성을 유지하는 능력을 말한다.

① 가족투사 　　　② 삼각관계

③ 자아분화 　　　④ 핵가족 정서
⑤ 다세대 전수

46 다음 사례에 대해 미누친(S. Minuchin)의 구조적 모델을 적용한 개입방법이 아닌 것은?

자녀교육 문제로 시어머니와 대립하는 며느리가 가족 상담을 요청했다. 며느리는 남편이 모든 것을 어머니한테 맞추라고 한다며 섭섭함을 토로했다.

① 가족을 이해하고 수용하면서 합류한다.
② 가족문제를 더 정확히 이해하기 위해 실연을 요청한다.
③ 가족지도를 통해 가족구조와 가족역동을 이해하도록 돕는다.
④ 남편이 시어머니의 영향권에서 벗어나도록 탈삼각화를 진행한다.
⑤ 부부가 함께 부모역할을 수행하도록 하위체계의 경계를 명확하게 한다.

47 해결중심모델의 질문기법 예시로 옳지 않은 것은?

① 관계성질문 : 두 분이 싸우지 않을 때는 어떠세요?
② 예외질문 : 매일 싸운다고 하셨는데, 안 싸운 날은 없었나요?
③ 대처질문 : 자녀에게 잔소리하는 횟수를 어떻게 줄일 수 있었나요?
④ 첫 상담 이전의 변화에 대한 질문 : 상담신청 후 지금까지 어떤 변화가 있었나요?
⑤ 기적질문 : 밤새 기적이 일어나서 문제가 다 해결됐는데, 자느라고 기적이 일어난 걸 몰라요. 아침에 뭘 보면 기적이 일어났다는 걸 알 수 있을까요?

48 가족개입의 전략적 모델에 관한 설명으로 옳은 것은?

① 역기능적인 구조의 재구조화를 개입목표로 한다.
② 증상처방이나 고된 체험기법을 비지시적으로 활용한다.
③ 가족문제가 왜 일어났는지 파악하여 원인 제거에 필요한 전략을 사용한다.
④ 가족 내 편중된 권력으로 인해 고착된 불평등한 위계구조를 재배치한다.
⑤ 문제를 보는 시각을 변화시키고 새로운 의미를 발견하는 재명명기법을 사용한다.

49 다음 설명에 해당하는 기록방법은?

- 날짜와 클라이언트의 기본사항을 기입하고 개입 내용과 변화를 간단히 기록함
- 시간 흐름에 따라 변화된 상황, 개입 활동, 주요 정보 등의 요점을 기록함

① 과정기록　　　　　② 요약기록
③ 이야기체기록　　　④ 문제중심기록
⑤ 최소기본기록

50 다음 사례에 해당되는 단일사례설계의 유형은?

독거노인의 우울감 해소를 위해 5주간의 전화상담(주 1회)에 이어 5주간의 집단활동(주1회)을 진행했다. 참가자 5명을 대상으로 프로그램 시작 3주 전부터 매주 1회 우울증검사를 실시했고, 프로그램 시작 전, 5주 후, 10주 후에 삶의 만족도를 조사했다.

① AB설계　　　　　② ABC설계
③ ABAB설계　　　　④ ABAC설계
⑤ 다중(복수)기초선설계

5과목 | 지역사회복지론

51 다음은 워렌(R. Warren)이 제시한 지역사회 비교척도 중 어느 것에 해당하는가?

지역사회 내 상이한 단위 조직들 간의 구조적 · 기능적 관련 정도

① 지역적 자치성　　② 서비스 영역의 일치성
③ 수평적 유형　　　④ 심리적 동일성
⑤ 시민통제

52 길버트와 스펙트(N. Gilbert & H. Specht)가 제시한 지역사회의 기능으로 옳은 것은?

- (ㄱ) 기능 : 지역주민들이 필요한 재화와 서비스를 어느 정도 제공받을 수 있느냐를 결정하는 것
- (ㄴ) 기능 : 구성원들이 사회의 규범에 순응하게 하는 것

① ㄱ : 생산 · 분배 · 소비, ㄴ : 사회통제
② ㄱ : 사회통합, ㄴ : 상부상조
③ ㄱ : 사회통제, ㄴ : 사회통합
④ ㄱ : 생산 · 분배 · 소비, ㄴ : 상부상조
⑤ ㄱ : 상부상조, ㄴ : 생산 · 분배 · 소비

53 우리나라 지역사회복지 역사를 과거부터 순서대로 옳게 나열한 것은?

ㄱ. 영구임대주택단지 내에 사회복지관 건립이 의무화되었다.
ㄴ. 지역사회복지협의체가 지역사회보장협의체로 명칭이 변경되었다.
ㄷ. 「국민기초생활 보장법」 제정으로 공공의 책임성이 강화되었다.

① ㄱ → ㄴ → ㄷ   ② ㄱ → ㄷ → ㄴ
③ ㄴ → ㄱ → ㄷ   ④ ㄴ → ㄷ → ㄱ
⑤ ㄷ → ㄱ → ㄴ

54 영국의 지역사회복지 역사에 관한 설명으로 옳지 않은 것은?

① 시설보호로부터 지역사회보호로 전환이 이루어 졌다.
② 자선조직협회는 사회진화론의 영향을 받았다.
③ 지역사회보호가 강조되면서 민간서비스, 비공식 서비스의 역할은 점차 감소하였다.
④ 1959년 정신보건법(Mental Health Act) 제정으로 지역사회보호가 법률적으로 규정되었다.
⑤ 그리피스 보고서(Griffiths Report)에서 지역사회보호의 권한과 재정을 지방정부로 이양할 것을 권고하였다.

55 이론과 주요 개념의 연결이 옳지 않은 것은?

① 사회체계이론 - 체계와 경계
② 생태학적 관점 - 분리(Segregation), 경쟁, 침입, 계승
③ 사회자본이론 - 네트워크, 일반화된 호혜성 규범
④ 갈등이론 - 갈등전술, 내부결속
⑤ 사회교환이론 - 자기효능감, 집단효능감

56 지역사회복지실천의 원칙으로 옳지 않은 것은?

① 지역사회 특성과 문제의 일반화
② 지역주민 간의 상생협력화
③ 지역사회 특징을 반영한 실천
④ 지역사회 구성원 관점의 목표 형성
⑤ 지역사회 문제의 구조적 요인을 고려한 개입

57 이론과 관련 내용의 연결이 옳은 것은?

① 지역사회상실이론 - 전통사회가 가지고 있는 지역 사회의 사회적 기능을 보존할 수 있다.
② 사회구성(주의)이론 - 가치나 규범, 신념, 태도 등은 다양한 문화적 집단에 따라 다르게 구성된다.
③ 자원동원이론 - 자원이 집단행동의 성패에 영향을 미치지 않는다.
④ 다원주의이론 - 집단 간 발생하는 갈등을 활용한다.
⑤ 권력의존이론 - 사회의 주류 이데올로기가 어떻게 만들어지고 있는지에 관심을 갖는다.

58 테일러와 로버츠(S. Taylor & R. Roberts) 모델에 해당되는 것을 모두 고른 것은?

> ㄱ. 프로그램 개발 및 조정
> ㄴ. 지역사회개발
> ㄷ. 정치적 권력(역량)강화
> ㄹ. 연합
> ㅁ. 지역사회연계

① ㄱ, ㄴ   ② ㄴ, ㄷ
③ ㄱ, ㄹ, ㅁ   ④ ㄱ, ㄴ, ㄷ, ㅁ
⑤ ㄱ, ㄷ, ㄹ, ㅁ

59 로스만(J. Rothman)의 지역사회조직모델 중 지역사회개발에 관한 설명으로 옳지 않은 것은?

① 지역사회 변화를 위한 전술로 합의방법을 사용한다.
② 변화의 매개체는 과업지향의 소집단이다.
③ 지역사회의 아노미 상황에 사용할 수 있다.
④ 정부조직을 경쟁자로 인식한다.
⑤ 변화를 위한 전략으로 문제해결에 다수의 사람을 참여시킨다.

60 다음의 설명에 해당되는 웨일과 갬블(M. Weil & D. Gamble)의 실천모델은?

- 기회를 제한하는 불평등에 도전
- 사회적 · 정치적 · 경제적 정의를 위한 행동
- 표적체계에 선출직 공무원도 해당

① 근린 · 지역사회 조직화모델
② 지역사회 사회 · 경제개발 모델
③ 프로그램 개발과 지역사회연계모델
④ 정치 · 사회행동 모델
⑤ 사회계획모델

61 다음의 설명에 해당하는 지역사회복지실천 단계는?

- 이슈의 개념화
- 이슈와 관련된 다양한 가치관 고려
- 이슈와 관련된 이론과 자료 분석

① 문제확인 단계
② 자원동원 단계
③ 실행 단계
④ 모니터링 단계
⑤ 평가 단계

62 지역사회복지실천의 '실행 단계'에 해당하지 않는 것은?

① 재정자원 집행
② 참여자 간의 갈등 관리
③ 클라이언트의 적응 촉진
④ 실천계획의 목표설정
⑤ 협력과 조정을 위한 네트워크 구축

63 다음에 제시된 지역사회복지실천기술은?

- 소외되고, 억압된 집단의 입장을 주장한다.
- 보이콧, 피케팅 등의 방법으로 표적을 난처하게 한다.
- 지역주민이 정당한 처우나 서비스를 받지 못하는 경우에 활용된다.

① 프로그램 개발기술
② 기획기술
③ 자원동원기술
④ 옹호기술
⑤ 지역사회 사정기술

64 조직화 기술에 관한 설명으로 옳은 것을 모두 고른 것은?

ㄱ. 지역주민이 주체가 되어 사회복지조직의 목표를 성취하도록 운영한다.
ㄴ. 지역주민이 자신들의 문제를 함께 풀어나가는 과정을 포함한다.
ㄷ. 지역사회 역량강화를 위해 지역사회복지 거버넌스 구조와 기능을 축소시킨다.

① ㄴ
② ㄱ, ㄴ
③ ㄱ, ㄷ
④ ㄴ, ㄷ
⑤ ㄱ, ㄴ, ㄷ

65 다음에서 설명하는 지역사회 욕구사정 방법은?

- 전문가 패널의 의견을 수렴하는 방법
- 합의에 이르기까지 여러 번 설문 실시
- 반복되는 설문을 통하여 패널의 의견 수정 가능

① 명목집단기법
② 2차 자료분석
③ 델파이기법
④ 지역사회포럼
⑤ 초점집단기법

66 지방자치제도에 관한 설명으로 옳은 것은?

① 지방정부에 비해 중앙정부의 책임을 강조하고 있다.

② 지역 간 복지수준의 격차가 발생하지 않는다.

③ 복지예산의 지방이양으로 지방정부의 책임이 강화된다.

④ 지방자치단체장은 중앙정부가 임명한다.

⑤ 지방정부의 복지예산 확대로 민간의 참여가 약화된다.

67 시·군·구 지역사회보장계획에 포함되어야 하는 사항을 모두 고른 것은?

> ㄱ. 지역사회보장 전달체계의 조직과 운영
> ㄴ. 사회보장급여의 사각지대 발굴 및 지원 방안
> ㄷ. 지역사회보장에 관련한 통계 수집 및 관리 방안
> ㄹ. 지역사회보장에 필요한 재원의 규모와 조달 방안

① ㄱ, ㄴ ② ㄱ, ㄷ
③ ㄴ, ㄷ ④ ㄱ, ㄴ, ㄹ
⑤ ㄱ, ㄴ, ㄷ, ㄹ

68 시·군·구 지역사회보장협의체의 심의·자문 사항이 아닌 것은?

① 시·군·구의 지역사회보장계획 수립·시행 및 평가에 관한 사항

② 시·군·구의 사회보장급여 제공에 관한 사항

③ 시·군·구의 사회보장 추진에 관한 사항

④ 읍·면·동 단위 지역사회보장협의체의 구성 및 운영에 관한 사항

⑤ 읍·면·동의 지역사회보장조사 및 지역사회보장 지표에 관한 사항

69 「사회복지공동모금회법」상 사회복지공동모금회에 관한 설명으로 옳지 않은 것은?

① 회장, 부회장 및 이사의 임기는 3년으로 하며, 한 차례만 연임할 수 있다.

② 사회복지공동모금사업을 수행한다.

③ 모금회의 업무를 처리하기 위하여 사무총장 1명과 필요한 직원 및 기구를 둔다.

④ 특별시·광역시·특별자치시·도·특별자치도 단위 사회복지공동모금지회를 둔다.

⑤ 사회복지사업이나 그 밖의 사회복지활동 등을 지원하기 위한 재원을 조성하기 위하여 기획재정부장관의 승인을 받아 복권을 발행할 수 있다.

70 사회복지관 사업내용 중 서비스제공 기능에 해당하지 않는 것은?

① 지역사회 보호

② 사례관리

③ 교육문화

④ 자활지원

⑤ 가족기능 강화

71 한국사회복지협의회의 주요 사업이 아닌 것은?

① 사회복지에 관한 교육훈련

② 사회복지에 관한 계몽 및 홍보

③ 자원봉사활동의 진흥

④ 사회복지사업에 관한 기부문화의 조성

⑤ 읍·면·동이 위탁하는 사회복지에 관한 업무

72 사회적 경제에 관한 설명으로 옳은 것을 모두 고른 것은?

> ㄱ. 사회적기업은 경제적 이익을 추구한다.
> ㄴ. 사회적 경제는 자본주의 시장경제의 대안모델이다.
> ㄷ. 사회적 협동조합의 목적은 취약계층에게 사회서비스 또는 일자리를 제공하는 것이다.

① ㄱ
② ㄴ
③ ㄱ, ㄴ
④ ㄴ, ㄷ
⑤ ㄱ, ㄴ, ㄷ

73 지역사회복지운동에 관한 설명으로 옳지 않은 것은?

① 지역사회복지운동의 계층적 기반은 노동운동이나 여성운동과 같이 뚜렷하다.
② 지역사회복지운동의 주된 관심사는 주민 삶의 질과 관련된 생활영역에 있다.
③ 지역사회의 다양한 자원 활용 및 조직 간 유기적 협력이 이루어진다.
④ 지역사회복지운동에는 다양한 이념이 사용될 수 있다.
⑤ 지역사회복지운동의 주체는 사회복지전문가, 지역활동가, 지역사회복지이용자 등 다양하다.

74 주민참여와 관련이 없는 것은?

① 지방자치제도의 발달
② 마을만들기 사업(운동)
③ 지역사회복지 정책결정과정
④ 공무원 중심의 복지정책 결정권한 강화
⑤ 아른스테인(S. Arnstein)의 주장

75 최근 지역사회복지 동향으로 옳지 않은 것은?

① '찾아가는 동주민센터' 사업 실시
② 읍 · 면 · 동 맞춤형 복지전담팀 설치
③ 지역사회통합돌봄사업의 축소
④ 행정복지센터로의 행정조직 재구조화
⑤ 지역사회복지계획이 지역사회보장계획으로 변경

6과목 | 사회복지정책론

01 조지와 윌딩(V. George & P. Wilding, 1976; 1994)의 사회복지모형에서 복지국가의 확대를 가장 지지하는 이념은?

① 신우파
② 반집합주의
③ 마르크스주의
④ 페이비언 사회주의
⑤ 녹색주의

02 사회복지정책의 가치에 관한 설명으로 옳지 않은 것은?

① 소극적 자유는 자신이 원하는 것을 할 수 있는 자유를 강조한다.
② 평등을 추구하는 사회복지정책은 선택의 자유를 제한한다는 비판이 있다.
③ 형평성이 신빈민법의 열등처우원칙에 적용되었다.
④ 적절성은 일정한 수준의 신체적 · 정신적 복리를 제공하는 것을 의미한다.
⑤ 기회의 평등의 예로 사회적으로 취약한 아동을 위한 적극적 교육 지원을 들 수 있다.

03 국민연금의 연금크레딧 제도 중 가장 최근에 시행된 것은?

① 실업 크레딧
② 고용 크레딧
③ 양육 크레딧
④ 군복무 크레딧
⑤ 출산 크레딧

04 진료비 지불방식 중 행위별수가제와 포괄수가제에 관한 설명으로 옳은 것을 모두 고른 것은?

> ㄱ. 행위별수가제는 의료기관의 과잉진료를 유도할 수 있다.
> ㄴ. 행위별수가제에서는 의료진의 진료행위에 대한 자율성이 확보된다.
> ㄷ. 포괄수가제는 주로 발생빈도가 높은 질병군에 적용한다.
> ㄹ. 포괄수가제를 적용함으로써 환자의 본인부담금이 감소할 수 있다.

① ㄱ
② ㄱ, ㄷ
③ ㄱ, ㄴ, ㄷ
④ ㄴ, ㄷ, ㄹ
⑤ ㄱ, ㄴ, ㄷ, ㄹ

05 우리나라의 노인장기요양보험에 관한 설명으로 옳지 않은 것은?

① 가족의 부담을 덜어줌으로써 국민의 삶의 질을 향상하는 것을 목적으로 한다.
② 노인장기요양보험기금과 국민건강보험기금은 통합하여 관리한다.
③ 노인장기요양보험료는 국민건강보험료와 통합하여 징수한다.
④ 65세 이상의 노인은 소득수준과 상관없이 적용대상자이다.
⑤ 재가급여를 시설급여에 우선하여 제공하여야 한다.

06 우리나라의 고용보험에 관한 설명으로 옳은 것을 모두 고른 것은?

> ㄱ. 직업능력개발훈련을 실시하는 사업주를 지원할 수 있다.
> ㄴ. 예술인은 고용보험 가입대상이 아니다.
> ㄷ. 실업 신고를 한 이후에 질병·부상 또는 출산으로 취업이 불가능하여 구직활동을 할 수 없는 경우 상병급여를 지급할 수 있다.
> ㄹ. 고용안정 및 직업능력개발사업의 보험료는 사업주와 근로자가 공동으로 부담한다.

① ㄱ, ㄴ
② ㄱ, ㄷ
③ ㄷ, ㄹ
④ ㄴ, ㄷ, ㄹ
⑤ ㄱ, ㄴ, ㄷ, ㄹ

07 사회보험과 민영보험의 차이점에 관한 설명으로 옳지 않은 것은?

① 사회보험은 현금급여를 원칙으로 하고, 민영보험은 현물급여를 원칙으로 한다.
② 사회보험은 대부분 국가 또는 공법인이 운영하지만 민영보험은 사기업이 운영한다.
③ 사회보험은 강제로 가입되지만 민영보험은 임의로 가입한다.
④ 사회보험은 국가가 주로 독점하지만 민영보험은 사기업들이 경쟁한다.
⑤ 사회보험은 사회적 적절성을 강조하지만 민영보험은 개별 형평성을 강조한다.

08 우리나라의 의료급여에 관한 설명으로 옳지 않은 것은?

① 의료급여 수급권자는 1종과 2종으로 구분한다.
② 의료급여기금에는 지방자치단체의 출연금도 포함된다.
③ 의료급여 수급권자의 1촌 직계혈족 및 그 배우자는 원칙적으로 부양의무가 있다.
④ 국민기초생활보장제도 수급자 중 보장시설에서 급여를 받는 자는 2종수급자로 구분된다.
⑤ 「약사법」에 따라 개설등록된 약국은 의료급여를 실시하는 의료기관이다.

09 우리나라 산업재해보상보험의 급여가 아닌 것은?

① 요양급여   ② 상병수당
③ 유족급여   ④ 장례비
⑤ 직업재활급여

10 우리나라의 국민기초생활보장제도에 관한 설명으로 옳은 것은?

① 의료급여 선정기준은 기준 중위소득의 100분의 50 이상으로 한다.
② 교육급여 선정기준은 기준 중위소득의 100분의 40 이상으로 한다.
③ "수급권자"란 「국민기초생활 보장법」에 따른 급여를 받는 사람을 말한다.
④ 국민기초생활보장제도에서의 "보장기관"은 사회복지서비스를 제공하는 사회복지기관을 말한다.
⑤ 사회복지전담공무원은 수급권자의 동의를 받아 수급권자에 대한 급여를 직권으로 신청할 수 있다.

11 에스핑 – 안데르센(G. Esping – Andersen)의 세 가지 복지체제에 관한 설명으로 옳지 않은 것은?

① 보수주의 복지체제 국가는 가족의 중요성을 강조한다.
② 자유주의 복지체제 국가에서 탈상품화 정도가 가장 높다.
③ 사회민주주의 복지체제 국가는 보편주의를 강조한다.
④ 보수주의 복지체제 국가의 예로 독일, 프랑스, 이탈리아가 있다.
⑤ 자유주의 복지체제 국가의 사회보장급여는 잔여적 특성이 강하다.

12 사회복지 재화나 서비스를 국가가 제공해야 하는 이유가 아닌 것은?

① 사회복지의 공공재적 성격
② 전염병에 대한 치료의 긍정적 외부효과 발생
③ 질병의 위험에 대한 보험방식의 역선택 문제 해결
④ 경제성장의 낙수효과 발생
⑤ 의료서비스에 대한 정보의 비대칭 문제 해결

13 우리나라 사회복지제도의 급여자격 조건에 관한 설명으로 옳은 것은?

① 국민연금은 소득수준 하위 70%를 기준으로 급여자격이 부여되므로 자산조사 방식이 적용된다.
② 노인장기요양보험제도는 요양등급을 판정하여 급여를 제공하므로 진단적 구분이 적용된다.
③ 아동수당은 전체 아동이 적용대상이 아니므로 선별주의 제도이다.
④ 국민기초생활보장제도는 부양의무자 조건을 완화하였으므로 보편주의 제도이다.
⑤ 장애인연금은 모든 장애인에게 지급하는 보편주의 제도이다.

14 사회복지 역사에 관한 설명으로 옳은 것을 모두 고른 것은?

> ㄱ. 길버트법은 작업장 노동의 비인도적인 문제에 대응하여 원외구제를 실시하였다.
> ㄴ. 신빈민법은 특권적 지주계급을 위한 법으로 구빈업무를 전국적으로 통일하였다.
> ㄷ. 미국의 사회보장법(1935)은 연방정부의 책임을 축소하고 지방정부의 책임을 확대하였다.
> ㄹ. 비스마르크는 독일제국의 사회통합을 위해 사회보험을 도입하였다.

① ㄱ, ㄴ   ② ㄱ, ㄷ
③ ㄱ, ㄹ   ④ ㄴ, ㄷ
⑤ ㄷ, ㄹ

15 우리나라의 건강보험제도를 할당, 급여, 전달체계, 재정의 영역으로 구분한 것이다. 내용 연결이 옳은 것을 모두 고른 것은?

> ㄱ. 할당 – 기여조건
> ㄴ. 급여 – 현금급여, 현물급여
> ㄷ. 전달체계 – 민간전달체계, 공공전달체계
> ㄹ. 재정 – 보험료, 국고보조금, 이용료

① ㄱ, ㄴ   ② ㄱ, ㄷ
③ ㄱ, ㄴ, ㄷ   ④ ㄴ, ㄷ, ㄹ
⑤ ㄱ, ㄴ, ㄷ, ㄹ

16 우리나라의 「사회보장기본법」에 근거한 사회보장제도가 아닌 것은?

① 고용보험   ② 국민연금
③ 최저임금제   ④ 국민기초생활보장
⑤ 보육서비스

17 기업복지의 장점에 해당하지 않는 것은?

① 조세방식보다 재분배효과가 크다.
② 노사관계의 안정화 기능을 수행한다.
③ 근로의욕을 고취하여 생산성이 향상하는 효과가 있다.
④ 기업에 대한 사회적 이미지를 제고하는 기능이 있다.
⑤ 기업의 입장에서 임금을 높여주는 것보다 조세부담의 측면에 유리하다.

18 사회복지 전달체계에서 민간 영리기관이 사회서비스를 전달하는 사례는?

① 지역자활센터가 사회적기업을 창업하는 사례
② 지방자치단체가 장애인복지관을 설치하고 민간 위탁하는 사례
③ 광역지방자치단체가 사회서비스원을 설치하는 사례
④ 사회복지법인이 지역아동센터를 운영하는 사례
⑤ 개인 사업자가 노인요양시설을 운영하는 사례

19 정책결정이론 모형에 관한 설명으로 옳은 것을 모두 고른 것은?

> ㄱ. 합리모형은 인간의 이성과 합리성을 믿고 주어진 상황에서 목표 달성을 극대화하는 최선의 정책대안을 찾아낼 수 있다고 본다.
> ㄴ. 점증모형은 조직화된 무정부상태 속에서 점진적으로 질서를 찾아가는 과정을 정책결정과정으로 설명한다.
> ㄷ. 쓰레기통모형은 문제의 흐름, 정책대안의 흐름, 정치의 흐름이 우연히 결합하여 정책의 창이 열릴 때 정책이 결정된다고 본다.
> ㄹ. 혼합모형은 합리모형과 최적모형을 혼합하여 최선의 정책결정에 도달하는 정책결정모형이다.

① ㄱ, ㄷ   ② ㄱ, ㄹ
③ ㄴ, ㄹ   ④ ㄱ, ㄴ, ㄷ
⑤ ㄱ, ㄴ, ㄷ, ㄹ

20 빈곤의 개념에 관한 설명으로 옳지 않은 것은?

① 상대적 빈곤은 한 사회의 평균적인 생활수준을 기준으로 정한다.
② 절대적 빈곤은 최소한의 생필품을 구입하는 데 필요한 비용으로 정한다.
③ 반물량 방식은 모든 항목의 생계비를 계산하지 않고 엥겔계수를 활용하여 생계비를 추정한다.
④ 중위소득의 50%를 빈곤선으로 책정할 경우, 사회구성원 99명을 소득액 순으로 나열하여 이 중 50번째 사람의 소득 50%를 빈곤선으로 한다.
⑤ 상대적 박탈은 인간의 기본적 욕구의 기준을 생물학적 요인에만 초점을 둔다.

21 소득불평등과 빈곤 측정에 관한 설명으로 옳은 것을 모두 고른 것은?

> ㄱ. 로렌츠곡선의 가로축은 소득을 기준으로 하위에서 상위 순서로 모든 인구의 누적분포를 표시한다.
> ㄴ. 지니계수는 불평등도가 증가할수록 수치가 커져 가장 불평등한 상태는 1이다.
> ㄷ. 빈곤율은 모든 빈곤층의 소득을 빈곤선 수준으로 끌어올리는 데에 필요한 총소득으로 빈곤의 심도를 나타낸다.
> ㄹ. 5분위 배율에서는 수치가 작을수록 평등한 상태를 나타낸다.

① ㄱ, ㄴ   ② ㄱ, ㄷ
③ ㄴ, ㄷ   ④ ㄱ, ㄴ, ㄹ
⑤ ㄱ, ㄷ, ㄹ

22 사회복지급여 형태에 관한 설명으로 옳은 것은?

① 현금급여는 사회적 통제를 강조한다.
② 현물급여는 자기결정권을 강조한다.
③ 바우처는 공급자에게 보조금을 직접 지원한다.
④ 기회를 제공하는 프로그램의 예로 장애인의무고
   용제를 들 수 있다.
⑤ 소비자 선택권은 현금급여, 바우처, 현물급여 순
   서로 높아진다.

23 사회복지정책의 발달이론에 관한 설명으로 옳지 않은 것은?

① 산업화론 – 농경사회에서 산업사회로 변화하면서
   사회문제가 발생하였고, 그 대책으로 사회복지정
   책이 발달하였다.
② 권력자원론 – 복지국가 발전의 중요 변수들은 노
   동조합의 중앙집중화 정도, 노동자 정당의 영향력
   등이다.
③ 수렴이론 – 사회적 양심과 이타주의의 확대에 따
   라 모든 국가는 복지국가로 수렴한다.
④ 시민권론 – 마샬(T. H. Marshall)에 따르면 시민
   권은 공민권, 참정권, 사회권 순서로 발전하였고,
   사회복지정책은 사회권이 발달한 결과이다.
⑤ 국가중심적 이론 – 적극적 행위자로서 국가를 강
   조하고 사회복지정책의 발전을 국가관료제의 영
   향으로 설명한다.

24 소득재분배에 관한 설명으로 옳은 것은?

① 소득재분배는 1차적으로 시장을 통해서 발생한다.
② 세대 내 재분배에서는 한 세대에서 다음 세대로
   소득이 이전된다.
③ 수직적 재분배의 예로 공공부조제도를 들 수 있다.

④ 수평적 재분배는 누진적 재분배의 효과가 가장
   크다.
⑤ 세대 간 재분배는 적립방식을 통해 운영된다.

25 사회투자전략에 관한 설명으로 옳은 것은?

① 인적자원에 대한 투자는 결과의 평등을 목적으로
   한다.
② 사회적 약자 집단에 대한 현금이전을 중시한다.
③ 현재 아동세대에 대한 선제적 투자를 중시한다.
④ 사회정책과 경제정책을 분리한 전략이다.
⑤ 소득재분배와 소비 지원을 강조한다.

7과목 | 사회복지행정론

26 사회복지행정가가 가져야 할 능력이 아닌 것은?

① 배타적 사고   ② 대안모색
③ 조직이론 이해   ④ 우선순위 결정
⑤ 권한위임과 권한실행

27 사회복지행정의 실행 과정을 순서대로 나열한 것은?

ㄱ. 과업 평가	ㄴ. 과업 촉진
ㄷ. 과업 조직화	ㄹ. 과업 기획
ㅁ. 환류	

① ㄱ – ㄷ – ㄹ – ㅁ – ㄴ
② ㄷ – ㄱ – ㄹ – ㄴ – ㅁ
③ ㄷ – ㄹ – ㅁ – ㄴ – ㄱ
④ ㄹ – ㄴ – ㄷ – ㄱ – ㅁ
⑤ ㄹ – ㄷ – ㄴ – ㄱ – ㅁ

28 다음의 (　　)에 들어갈 내용으로 옳은 것은?

> 테일러(F. W. Taylor)가 개발한 과학적 관리론은 (ㄱ)에게만 조직의 목표를 설정할 수 있는 (ㄴ)을 부여하기 때문에 (ㄷ)의 의사결정(ㄹ)을(를) 지향하는 사회복지조직에 적용하는 데는 한계가 있을 수 있다.

① ㄱ : 직원, ㄴ : 책임, ㄷ : 직원, ㄹ : 과업
② ㄱ : 관리자, ㄴ : 책임, ㄷ : 직원, ㄹ : 참여
③ ㄱ : 관리자, ㄴ : 과업, ㄷ : 관리자, ㄹ : 참여
④ ㄱ : 직원, ㄴ : 과업, ㄷ : 직원, ㄹ : 과업
⑤ ㄱ : 직원, ㄴ : 과업, ㄷ : 관리자, ㄹ : 참여

29 사회복지조직관리자가 상황이론(Contingency Theory)을 활용할 경우 고려해야 할 것을 모두 고른 것은?

> ㄱ. 계층적 승진제도를 통해서 직원의 성취욕구를 고려한다.
> ㄴ. 시간과 동작 분석을 활용하여 표준시간과 표준동작을 정한다.
> ㄷ. 사회복지조직을 둘러싸고 있는 사회, 정치, 경제, 문화 변수 등을 고려한다.

① ㄱ　　　　　　　　② ㄴ
③ ㄷ　　　　　　　　④ ㄱ, ㄷ
⑤ ㄴ, ㄷ

30 조직구조 유형 중 태스크포스(TF)에 관한 설명으로 옳은 것을 모두 고른 것은?

> ㄱ. 팀 형식으로 운영하는 조직이다.
> ㄴ. 특정 목표달성을 위한 업무에 전문가들을 배치한다.
> ㄷ. 환경의 변화에 대응하기 위해서 만든 조직의 성격이 강하다.

① ㄱ　　　　　　　　② ㄴ

31 현대조직운영 기법에 관한 설명으로 옳지 않은 것은?

① 리스트럭처링(Restructuring) : 중복사업을 통합하여 조직 경쟁력 확보
② 리엔지니어링(Re-engineering) : 업무시간을 간소화시켜 서비스 시간 단축
③ 벤치마킹(Benchmarking) : 특수분야에서 우수한 대상을 찾아 뛰어난 부분 모방
④ 아웃소싱(Outsourcing) : 계약을 통해 외부전문가에게 조직기능 일부 의뢰
⑤ 균형성과표(Balanced Score Card) : 공정한 직원 채용을 위해서 만든 면접평가표

32 학습조직 구축요인에 관한 설명으로 옳은 것은?

① 자기숙련(Personal Mastery) : 명상 활동
② 공유비전(Shared Vision) : 개인적 비전 유지
③ 사고모형(Mental Models) : 계층적 수직구조 이해
④ 팀학습(Team Learning) : 최고관리자의 감독과 통제를 통한 학습
⑤ 시스템 사고(Systems Thinking) : 전체와 부분 간 역동적 관계 이해

33 다음에서 설명하는 사회복지정보시스템 명칭은?

> • 사회복지사업 정보와 지원대상자의 자격정보, 수급이력정보 등을 통합관리하는 시스템
> • 대상자의 소득, 재산, 인적자료, 수급이력정보 등을 연계하여 정확한 사회복지대상자 선정 및 효율적 복지업무 처리 지원

① 복지로
② 사회보장정보시스템(범정부)

③ 사회복지시설정보시스템
④ 사회서비스전자바우처시스템
⑤ 보건복지정보시스템

34 스키드모어(R. A. Skidmore)의 기획과정을 순서대로 나열한 것은?

> ㄱ. 대안 모색
> ㄴ. 가용자원 검토
> ㄷ. 대안 결과예측
> ㄹ. 최종대안 선택
> ㅁ. 구체적 목표 설정
> ㅂ. 프로그램 실행계획 수립

① ㄱ-ㄴ-ㄷ-ㅁ-ㅂ-ㄹ
② ㄱ-ㄷ-ㄹ-ㄴ-ㅁ-ㅂ
③ ㄱ-ㄷ-ㅁ-ㄴ-ㅂ-ㄹ
④ ㅁ-ㄴ-ㄱ-ㄷ-ㄹ-ㅂ
⑤ ㅁ-ㅂ-ㄴ-ㄱ-ㄷ-ㄹ

35 예산통제의 원칙으로 옳지 않은 것은?

① 강제의 원칙　　　② 개별화의 원칙
③ 접근성의 원칙　　④ 효율성의 원칙
⑤ 예외의 원칙

36 사회복지법인 및 시설 재무·회계 규칙상 사회복지관에서 예산서류를 제출할 때 첨부하는 서류가 아닌 것은?

① 예산총칙
② 세입·세출 명세서
③ 사업수입 명세서
④ 임직원 보수 일람표
⑤ 예산을 의결한 이사회 회의록 또는 예산을 보고받은 시설운영위원회 회의록 사본

37 사회복지조직의 책임성에 관한 설명으로 옳지 않은 것은?

① 업무수행 결과에 대한 책임뿐만 아니라 업무과정에 대한 정당성을 의미한다.
② 책임성 이행측면에서 효율성을 배제하고 효과성을 극대화해야 한다.
③ 지역사회와의 관계뿐만 아니라 조직 내 상호작용에서도 정당성을 확보해야 한다.
④ 정부 및 재정자원제공자, 사회복지조직, 사회복지전문직, 클라이언트 등에게 책임성을 입증해야 한다.
⑤ 클라이언트 집단의 욕구를 충족시키고 당면한 사회문제를 해결하고 있다는 증거를 보여줘야 한다.

38 다음에서 설명하는 마케팅 방법은?

> A초등학교의 학부모들이 사회복지사에게 본인들의 자녀와 연령대가 비슷한 아이들을 돕고 싶다고 이야기하였다. 이에 사회복지사들은 월 1회 아동문화체험 프로그램을 기획하여 이들을 후원자로 참여할 수 있도록 요청하였다.

① 사회 마케팅　　　② 공익연계 마케팅
③ 다이렉트 마케팅　④ 데이터베이스 마케팅
⑤ 고객관계관리 마케팅

39 다음에서 설명하는 프로그램평가의 기준은?

> • 서비스를 받은 클라이언트 수
> • 목표달성을 위해 투입된 시간 및 자원의 양
> • 프로그램 담당자의 제반활동

① 노력　　　② 영향
③ 효과성　　④ 효율성
⑤ 서비스의 질

40 최근 사회복지조직의 환경변화로 옳은 것을 모두 고른 것은?

> ㄱ. 사회복지 공급주체의 다양화
> ㄴ. 행정관리능력 향상으로 거주시설 대규모화
> ㄷ. 성과에 대한 강조와 마케팅 활성화
> ㄹ. 기업의 경영관리 기법 도입

① ㄱ, ㄴ　　　　　　② ㄱ, ㄷ
③ ㄴ, ㄹ　　　　　　④ ㄱ, ㄷ, ㄹ
⑤ ㄴ, ㄷ, ㄹ

41 사회복지관에서 제공해야 하는 서비스의 최저기준에 포함되지 않는 것은?

① 시설의 환경　　　　② 시설의 규모
③ 시설의 안전관리　　④ 시설의 인력관리
⑤ 시설 이용자의 인권

42 동기부여이론에 관한 설명으로 옳은 것은?

① 알더퍼(C. Alderfer)의 ERG이론은 고순위 욕구가 충족되지 못하면 저순위 욕구를 더욱 원하게 된다는 좌절퇴행(Frustration Regression) 개념을 제시한다.
② 맥그리거(D. McGregor)의 X · Y이론은 조직에 대한 기대와 현실 간 차이가 동기수준을 결정한다는 점을 강조한다.
③ 허즈버그(F. Herzberg)의 동기 – 위생요인이론은 불만 초래 요인을 동기요인으로 규정한다.
④ 맥클리랜드(D. McClelland)의 성취동기이론은 조직 공정성을 성취동기 고취를 위한 핵심요소로 간주한다.
⑤ 매슬로우(A. Maslow)의 욕구단계이론은 욕구가 존재, 관계, 성장욕구의 세 단계로 구성된다고 주장한다.

43 변혁적 리더십에 관한 설명으로 옳은 것을 모두 고른 것은?

> ㄱ. 구성원들에게 봉사하는 것을 핵심적 가치로 한다.
> ㄴ. 구성원들에 대한 상벌체계를 강조한다.
> ㄷ. 구성원들 스스로 혁신할 수 있도록 비전을 제시해 주는 것을 강조한다.

① ㄱ　　　　　　　② ㄴ
③ ㄷ　　　　　　　④ ㄱ, ㄴ
⑤ ㄴ, ㄷ

44 인적자원관리에 관한 설명으로 옳은 것을 모두 고른 것은?

> ㄱ. 직무분석은 직무명세 이후 가능하다.
> ㄴ. 직무명세는 특정 직무수행을 위해 필요한 지식과 기능, 능력 등을 작성하는 것이다.
> ㄷ. 직무평가에서는 조직목표 달성에 대한 구성원의 기여도를 고려한다.

① ㄴ　　　　　　　② ㄱ, ㄴ
③ ㄱ, ㄷ　　　　　④ ㄴ, ㄷ
⑤ ㄱ, ㄴ, ㄷ

45 리더십 이론에 관한 설명으로 옳은 것은?

① 블레이크와 머튼(R. Blake & J. Mouton)의 관리격자 모형은 자질이론 중 하나이다.
② 블레이크와 머튼의 관리격자 모형에서 가장 바람직한 행동유형은 극단에 치우치지 않은 중도형이다.
③ 허시와 블랜차드(P. Hersey & K. H. Blanchard)의 상황적 리더십 모형에서는 구성원의 성숙도를 중요하게 고려한다.
④ 퀸(R. Quinn)의 경쟁가치 리더십 모형은 행동이론의 대표적 모형이다.

⑤ 퀸의 경쟁가치 리더십 모형에서는 조직환경의 변화에 따라 리더십이 달라져서는 안 된다는 것을 강조한다.

46 참여적 리더십에 관한 설명으로 옳지 않은 것은?

① 의사결정의 시간과 에너지가 절약될 수 있다.
② 하급자가 의사결정에 참여하는 것을 강조한다.
③ 동기부여 수준이 높은 업무자로 구성된 조직에서 효과적이다.
④ 책임성 소재가 모호해질 수 있다.
⑤ 사회복지의 가치와 부합한다.

47 사회복지서비스 전달체계에 관한 설명으로 옳지 않은 것은?

① 구조 · 기능 차원에서 행정체계와 집행체계로 구분할 수 있다.
② 운영주체에 따라서 공공체계와 민간체계로 구분할 수 있다.
③ 전달체계의 접근성을 높이기 위해서는 서비스 이용의 장애요인을 줄여야 한다.
④ 사회복지서비스 급여의 유형과 전달체계 특성은 관련이 없다.
⑤ 서비스 제공기관을 의도적으로 중복해서 만드는 것이 전달체계를 개선해 줄 수도 있다.

48 사회복지서비스 전달체계 도입 순서가 올바르게 제시된 것은?

> ㄱ. 희망복지지원단 설치
> ㄴ. 지역사회복지협의체 설치
> ㄷ. 읍면동 복지허브화 사업 실행

① ㄱ - ㄴ - ㄷ

② ㄱ - ㄷ - ㄴ
③ ㄴ - ㄱ - ㄷ
④ ㄴ - ㄷ - ㄱ
⑤ ㄷ - ㄴ - ㄱ

49 패러슈라만 등(A. Parasuraman, V. A. Zeithaml & L. L. Berry)의 SERVQUAL 구성차원에 관한 설명으로 옳은 것은?

① 신뢰성 : 이용자의 요구에 선제적으로 응대할 수 있는 능력
② 유형성 : 시설, 장비 및 서비스 제공자 용모 등의 적합성
③ 확신성 : 이용자에 대한 관심이나 상황이해 능력
④ 공감성 : 전문적 지식과 기술, 정중한 태도로 이용자를 대하는 능력
⑤ 대응성 : 저렴한 비용으로 서비스를 제공할 수 있는 능력

50 총체적 품질관리(TQM)에 관한 설명으로 옳지 않은 것은?

① 지속적인 품질개선을 강조하는 일련의 과정이다.
② 자료와 사실에 기반한 의사결정을 중시한다.
③ 좋은 품질이 무엇인지는 고객이 결정한다.
④ 집단의 노력보다는 개인의 노력이 품질향상에 더 기여한다고 본다.
⑤ 조직구성원에 대한 훈련을 강조한다.

8과목 | 사회복지법제론

51 헌법 규정의 사회적 기본권에 관한 설명으로 옳지 않은 것은?

① 국가는 근로자의 고용의 증진과 적정임금의 보장에 노력하여야 한다.
② 국가는 여자의 복지와 권익의 향상을 위하여 노력하여야 한다.
③ 국가는 모든 공무원인 근로자의 단결권·단체교섭권 및 단체행동권을 보장하여야 한다.
④ 국가는 평생교육을 진흥하여야 한다.
⑤ 국가는 모성의 보호를 위하여 노력하여야 한다.

52 우리나라 사회복지법의 법원에 해당하는 것을 모두 고른 것은?

> ㄱ. 대통령령
> ㄴ. 조례
> ㄷ. 일반적으로 승인된 국제법규
> ㄹ. 규칙

① ㄱ
② ㄱ, ㄴ
③ ㄱ, ㄴ, ㄹ
④ ㄴ, ㄷ, ㄹ
⑤ ㄱ, ㄴ, ㄷ, ㄹ

53 법률의 제정 연도가 가장 빠른 것은?

① 「사회보장기본법」
② 「국민건강보험법」
③ 「고용보험법」
④ 「영유아보육법」
⑤ 「노인복지법」

54 「사회보장기본법」상 사회보장제도의 운영원칙에 관한 사항이다. ( )에 들어갈 내용으로 옳은 것은?

> 사회보험은 (ㄱ)의 책임으로 시행하고, 공공부조와 사회서비스는 (ㄴ)의 책임으로 시행하는 것을 원칙으로 한다.

① ㄱ : 국가, ㄴ : 국가
② ㄱ : 지방자치단체, ㄴ : 지방자치단체
③ ㄱ : 국가와 지방자치단체, ㄴ : 국가
④ ㄱ : 국가, ㄴ : 국가와 지방자치단체
⑤ ㄱ : 국가와 지방자치단체, ㄴ : 국가와 지방자치단체

55 「사회보장기본법」상 국가와 지방자치단체에 관한 설명으로 옳지 않은 것은?

① 국가와 지방자치단체는 모든 국민의 인간다운 생활을 유지·증진하는 책임을 가진다.
② 국가와 지방자치단체는 사회보장에 관한 책임과 역할을 합리적으로 분담하여야 한다.
③ 국가와 지방자치단체는 사회보장제도의 안정적인 운영을 위하여 중장기 사회보장 재정추계를 매년 실시하고 이를 공표하여야 한다.
④ 국가와 지방자치단체는 지속가능한 사회보장제도를 확립하고 매년 이에 필요한 재원을 조달하여야 한다.
⑤ 국가와 지방자치단체는 가정이 건전하게 유지되고 그 기능이 향상되도록 노력하여야 한다.

56 「사회보장기본법」상 사회보장위원회 위원으로 포함되어야 하는 중앙행정기관의 장을 모두 고른 것은?

> ㄱ. 행정안전부장관 ㄴ. 고용노동부장관
> ㄷ. 기획재정부장관 ㄹ. 국토교통부장관

① ㄱ, ㄴ, ㄷ　　　② ㄱ, ㄴ, ㄹ
③ ㄱ, ㄷ, ㄹ　　　④ ㄴ, ㄷ, ㄹ
⑤ ㄱ, ㄴ, ㄷ, ㄹ

57 「사회보장급여의 이용 · 제공 및 수급권자 발굴에 관한 법률」의 내용으로 옳지 않은 것은?

① 보장기관의 장은 「긴급복지지원법」 제7조의2에 따른 발굴조사를 실시한 경우를 제외하고 지원대상자에 대한 발굴조사를 1년마다 정기적으로 실시하여야 한다.
② 보장기관은 지역의 사회보장 수준이 균등하게 실현될 수 있도록 노력하여야 한다.
③ 누구든지 사회적 위험으로 인하여 사회보장급여를 필요로 하는 지원대상자를 발견하였을 때에는 보장기관에 알려야 한다.
④ 이의신청은 그 처분을 받은 날로부터 90일 이내에 처분을 결정한 보장기관의 장에게 할 수 있다.
⑤ 사회서비스 제공기관의 운영자는 위기가구의 발굴 지원업무 수행을 위해 사회서비스정보시스템을 이용할 수 있다.

58 「사회보장급여의 이용 · 제공 및 수급권자 발굴에 관한 법률」상 수급자격 확인을 위해 지원대상자와 그 부양의무자에 대하여 조사할 수 있는 사항을 모두 고른 것은?

> ㄱ. 인적사항 및 가족관계 확인에 관한 사항
> ㄴ. 소득 · 재산 · 근로능력 및 취업상태에 관한 사항
> ㄷ. 사회보장급여 수급이력에 관한 사항
> ㄹ. 수급권자를 선정하기 위하여 보장기관의 장이 필요하다고 인정하는 사항

① ㄱ, ㄴ　　　② ㄷ, ㄹ
③ ㄱ, ㄴ, ㄷ　　　④ ㄴ, ㄷ, ㄹ
⑤ ㄱ, ㄴ, ㄷ, ㄹ

59 「사회복지사업법」의 내용으로 옳지 않은 것은?

① 보건복지부장관은 사회복지사가 거짓으로 자격을 취득한 경우 그 자격을 취소하여야 한다.
② 사회복지법인을 설립하려는 자는 대통령령으로 정하는 바에 따라 시 · 도지사의 허가를 받아야 한다.
③ 사회복지법인이 설립 후 기본재산을 출연하지 아니한 때 시 · 도지사는 시정명령을 내릴 수 있다.
④ 누구든지 정당한 이유 없이 사회복지시설의 설치를 방해하여서는 아니 된다.
⑤ 사회복지를 필요로 하는 사람은 누구든지 자신의 의사에 따라 서비스를 신청하고 제공받을 수 있다.

60 「사회복지사업법」상 사회복지시설(이하 '시설'이라고 한다)에 관한 설명으로 옳은 것은?

① 지방자치단체가 시설을 설치 · 운영하려는 경우에는 보건복지부에 신고하여야 한다.
② 사회복지법인의 대표는 시설에 대하여 정기 및 수시 안전점검을 실시하여야 한다.
③ 시설을 설치 · 운영하는 자는 시설에 근무할 종사자를 채용할 수 있다.
④ 시설의 장은 시설의 운영에 관한 사항을 의결하기 위하여 시설에 운영위원회를 두어야 한다.
⑤ 지방자치단체는 시설의 책임보험 가입에 드는 비용의 전부를 보조하여야 한다.

61 「사회복지사업법」상 사회복지법인(이하 '법인'으로 한다)에 관한 설명으로 옳지 않은 것은?

① 법인이 설치한 사회복지시설의 장과 직원은 그 법인의 이사를 겸할 수 없다.
② 파산선고를 받고 복권되지 아니한 사람은 임원이 될 수 없다.
③ 법인은 대표이사를 포함한 이사 7명 이상과 감사 2명 이상을 두어야 한다.
④ 이사회는 안건, 표결수 등을 기재한 회의록을 작성하여야 한다.
⑤ 해산한 법인의 남은 재산은 정관으로 정하는 바에 따라 국가 또는 지방자치단체에 귀속된다.

62 「국민기초생활 보장법」상 보장기관과 보장시설에 대한 예시이다. '보장기관 - 보장시설'을 순서대로 옳게 짝 지은 것은?

> ㄱ. 「장애인복지법」 제58조 제1항 제1호의 장애인 거주시설
> ㄴ. 「사회복지사업법」 제2조 제4호의 사회복지시설 중 결핵 및 한센병요양시설
> ㄷ. 대전광역시장
> ㄹ. 전라남도지사
> ㅁ. 인천광역시 교육감

① ㄱ - ㄴ   ② ㄴ - ㅁ
③ ㄷ - ㄱ   ④ ㄹ - ㄷ
⑤ ㅁ - ㄹ

63 「의료급여법」상 의료급여의 내용에 해당하지 않는 것은?

① 진찰 · 검사
② 예방 · 재활
③ 입원
④ 간호
⑤ 화장 또는 매장 등 장제 조치

64 「기초연금법」상 기초연금의 지급정지 사유에 해당하는 것을 모두 고른 것은?

> ㄱ. 기초연금 수급자가 금고 이상의 형을 선고받고 교정시설 또는 치료감호시설에 수용되어 있는 경우
> ㄴ. 기초연금 수급자가 행방불명되거나 실종되는 등 대통령령으로 정하는 바에 따라 사망한 것으로 추정되는 경우
> ㄷ. 기초연금 수급권자가 국적을 상실한 때
> ㄹ. 기초연금 수급자의 국외 체류기간이 60일 이상 지속되는 경우

① ㄱ, ㄴ   ② ㄷ, ㄹ
③ ㄱ, ㄴ, ㄷ   ④ ㄱ, ㄴ, ㄹ
⑤ ㄱ, ㄴ, ㄷ, ㄹ

65 「긴급복지지원법」상 직무수행 과정에서 긴급지원 대상자가 있음을 알게 된 경우 이를 신고하고, 긴급지원대상자가 신속하게 지원을 받을 수 있도록 노력하여야 하는 자에 해당하지 않는 것은?

① 「의료법」에 따른 의료기관의 종사자
② 「고등교육법」에 따른 직원
③ 「지방공무원법」에 따른 공무원
④ 「무형문화재 보전 및 진흥에 관한 법률」에 따라 지정된 국가무형문화재의 보유자
⑤ 「사회복지사업법」에 따른 사회복지시설의 종사자

66 「국민건강보험법」상 건강보험심사평가원의 업무에 해당하는 것은?

① 요양급여의 적정성 평가
② 가입자의 자격 관리
③ 보험급여의 관리
④ 보험급여 비용의 지급
⑤ 보험료의 부과 · 징수

67 「국민연금법」상 급여의 종류에 해당하는 것을 모두 고른 것은?

ㄱ. 노령연금	ㄴ. 장애인연금
ㄷ. 장해급여	ㄹ. 장애연금
ㅁ. 반환일시금	

① ㄱ, ㄴ, ㄹ
② ㄱ, ㄴ, ㅁ
③ ㄱ, ㄷ, ㅁ
④ ㄱ, ㄹ, ㅁ
⑤ ㄴ, ㄷ, ㄹ

68 「산업재해보상보험법」의 내용으로 옳지 않은 것은?

① "업무상의 재해"란 업무상의 사유에 따른 근로자의 부상 · 질병 · 장해 또는 사망을 말한다.
② 보험급여에는 간병급여, 상병보상연금, 실업급여 등이 있다.
③ 근로복지공단은 법인으로 한다.
④ "출퇴근"이란 취업과 관련하여 주거와 취업장소 사이의 이동 또는 한 취업장소에서 다른 취업장소로의 이동을 말한다.
⑤ 요양급여는 근로자가 업무상의 사유로 부상을 당하거나 질병에 걸린 경우에 그 근로자에게 지급한다.

69 「고용보험법」의 내용으로 옳은 것은?

① 고용보험기금은 기획재정부장관이 관리 · 운용한다.
② 국가는 매년 보험사업에 드는 비용의 일부를 일반회계에서 부담하여야 한다.
③ 취업촉진 수당의 종류로는 구직급여, 직업능력개발 수당 등이 있다.
④ "실업"이란 근로의 의사와 능력이 없어 취업하지 못한 상태에 있는 것을 말한다.
⑤ "일용근로자"란 6개월 미만 동안 고용되는 사람을 말한다.

70 「노인장기요양보험법」의 내용으로 옳은 것은?

① 장기요양보험사업은 보건복지부장관이 관장한다.
② "장기요양급여"란 장기요양등급판정 결과에 따라 1개월 이상 동안 혼자서 일상생활을 수행하기 어렵다고 인정되는 자에게 신체활동 · 가사활동의 지원 또는 간병 등의 서비스를 말한다.
③ 장기요양기관은 수급자에게 재가급여 또는 시설급여를 제공한 경우 시 · 도지사에게 장기요양급여비용을 청구하여야 한다.
④ "노인 등"이란 60세 이상의 노인 또는 60세 미만의 자로서 치매 · 뇌혈관성질환 등 대통령령으로 정하는 노인성 질병을 가진 자를 말한다.
⑤ 재가급여에는 방문요양, 방문목욕, 특별현금급여가 있다.

71 「한부모가족지원법」의 내용으로 옳지 않은 것은?

① "청소년 한부모"란 24세 이하의 모 또는 부를 말한다.
② 한부모가족의 모 또는 부와 아동은 한부모가족 관련 정책결정과정에 참여할 권리가 있다.

③ 여성가족부장관은 자녀양육비 산정을 위한 자녀양육비 가이드라인을 마련하여 법원이 이혼 판결 시 적극 활용할 수 있도록 노력하여야 한다.

④ 국가와 지방자치단체는 청소년 한부모의 건강증진을 위하여 건강진단을 실시할 수 있다.

⑤ 국가나 지방자치단체는 아동양육비를 대여할 수 있다.

72 「노인복지법」의 내용으로 옳지 않은 것은?

① 노인복지주택 입소자격자는 60세 이상의 노인이다.

② 보건복지부장관은 요양보호사가 거짓으로 자격증을 취득한 경우 그 자격을 취소하여야 한다.

③ 누구든지 노인학대를 알게 된 때에는 노인보호전문기관 또는 수사기관에 신고할 수 있다.

④ 노인일자리전담기관에는 노인인력개발기관, 노인취업알선기관, 노인일자리지원기관이 있다.

⑤ 지방자치단체는 65세 이상의 자에 대하여 건강진단과 보건교육을 실시할 수 있다.

73 「장애인복지법」의 내용으로 옳은 것은?

① 「난민법」 제2조 제2호에 따른 난민인정자는 장애인등록을 할 수 있다.

② 보건복지부장관은 3년마다 장애인정책종합계획을 수립·시행하여야 한다.

③ 보건복지부장관은 5년마다 장애실태조사를 실시하여야 한다.

④ 보건복지부장관은 피해장애인의 임시 보호 및 사회복귀 지원을 위하여 장애인 쉼터를 설치·운영할 수 있다.

⑤ 장애인복지시설의 장은 장애인 거주시설에서 제공하여야 하는 서비스의 최저기준을 마련하여야 한다.

74 「아동복지법」의 내용으로 옳은 것은?

① 시장·군수·구청장은 보호조치 중인 보호대상 아동의 양육상황을 3년마다 점검하여야 한다.

② 시·군·구에 두는 아동위원은 명예직으로 수당을 지급할 수 없다.

③ 보건복지부장관 소속으로 아동정책조정위원회를 둔다.

④ 아동권리보장원의 장은 아동학대가 종료된 이후에도 아동학대의 재발 여부를 확인하여야 한다.

⑤ 아동복지시설의 장은 보호하고 있는 12세 이상의 아동을 대상으로 자립지원계획을 수립하여야 한다.

75 「사회복지공동모금회법」의 내용으로 옳은 것은?

① 배분분과실행위원회는 위원장 1명을 포함하여 20명 이내의 위원으로 구성한다.

② 국가나 지방자치단체는 모금회의 관리·운영에 필요한 비용을 보조할 수 있다.

③ 기부금품의 기부자는 배분지역, 배분대상자 또는 사용 용도를 지정할 수 없다.

④ 사회복지공동모금회는 언론기관을 모금창구로 지정할 수 있으나 지정된 언론기관의 명의로 모금계좌를 개설할 수 없다.

⑤ 모금회의 정관으로 규정하지 아니한 사항은 「민법」 중 사단법인에 관한 규정을 준용한다.

1과목 | 인간행동과 사회환경

01 인간발달에 관한 설명으로 옳지 않은 것은?

① 영아기에서 노년기까지 시간 흐름의 과정이다.
② 일정한 순서와 방향성이 있어 예측이 가능하다.
③ 생애 전 과정에 걸쳐 진행되는 환경적, 유전적 상호작용의 결과이다.
④ 각 발달단계별 인간행동의 특성이 있다.
⑤ 발달에는 개인차가 있다.

02 생태체계이론의 유용성에 관한 설명으로 옳지 않은 것은?

① 문제에 대한 총체적 이해와 조명을 제공된다.
② 각 체계들로부터 다양하고 객관적인 정보획득이 용이하다.
③ 각 환경 수준별 개입의 근거를 제시한다.
④ 구체적인 방법과 기술 제시에는 한계가 있다.
⑤ 개인보다 가족, 집단, 공동체 등의 문제에 적용하는 데 유용하다.

03 인간발달이론과 사회복지실천에 관한 설명으로 옳지 않은 것은?

① 다양한 연령층의 클라이언트와 일할 수 있는 토대가 된다.
② 발달단계별 욕구를 기반으로 사회복지서비스를 개발할 수 있다.
③ 발달단계별 발달과제는 문제해결의 목표와 방법 설정에 유용하다.
④ 발달단계별 발달 저해 요소들을 이해하는 데 유용하다.
⑤ 인간발달이론은 문제사정 단계에서만 유용하다.

04 생태체계이론의 주요 개념에 관한 설명으로 옳은 것은?

① 시너지는 폐쇄체계 내에서 체계 구성요소들 간 유용한 에너지의 증가를 의미한다.
② 엔트로피는 체계 내 질서, 형태, 분화 등이 정돈된 상태이다.
③ 항상성은 모든 사회체계의 기본 속성으로 체계의 목표와 정체성을 유지하려는 의도적 노력에 의해 수정된다.
④ 피드백은 체계의 순환적 성격을 반영하는 개념으로 안정 상태를 유지하는 데 필요하다.
⑤ 적합성은 인간의 적응욕구와 환경자원의 부합 정도로서 특정 발달단계에서 성취된다.

05 에릭슨(E. Erikson)의 이론으로 옳지 않은 것은?

① 개인의 성격은 전 생애를 통하여 발달한다.
② 청소년기의 주요 발달과업은 자아정체감 형성이다.
③ 각 단계의 발달은 이전 단계의 발달을 토대로 이루어진다.
④ 성격발달에 있어서 환경과의 상호작용이 중요하다고 본다.
⑤ 학령기(아동기)는 자율성 대 수치와 의심의 심리사회적 위기를 겪는다.

06 프로이트(S. Freud)의 정신분석이론에 관한 설명으로 옳은 것은?

① 인간이 가진 자유의지의 중요성을 강조하였다.
② 거세불안과 남근선망은 주로 생식기(Genital Stage)에 나타난다.
③ 성격구조를 원초아, 자아, 초자아로 구분하였다.
④ 초자아는 현실원리에 지배되며 성격의 실행자이다.
⑤ 성격의 구조나 발달단계를 제시하지 않았다.

07 매슬로우(A. Maslow)의 이론으로 옳지 않은 것은?

① 인간에 대해 희망적이고 낙관적인 관점을 갖는다.
② 자아존중감의 욕구는 욕구 위계에서 가장 높은 단계이다.
③ 일반적으로 욕구 위계서열이 높을수록 욕구의 강도가 낮다.
④ 인간은 삶을 유지하려는 동기와 삶을 창조하려는 동기를 가진다.
⑤ 인간은 자아실현을 이루려고 노력하는 존재이다.

08 반두라(A. Bandura)의 사회학습이론의 주요 개념으로 옳지 않은 것은?

① 모델이 관찰자와 유사할 때 관찰자는 모델을 더욱 모방하는 경향이 있다.
② 자신이 통제할 수 있는 보상을 자신에게 줌으로써 자기 행동을 유지시키거나 개선시킬 수 있다.
③ 학습은 사람, 환경 및 행동의 상호작용에 의해 이루어짐을 강조한다.
④ 조작적 조건화에 의해 행동은 습득된다.
⑤ 관찰학습은 주의집중과정 → 보존과정(기억과정) → 운동재생과정 → 동기화과정을 통해 이루어진다.

09 영아기(0~2세)에 관한 설명으로 옳지 않은 것은?

① 인지발달은 감각기관과 운동기능을 통해 이루어지며 언어나 추상적 개념은 포함되지 않는다.
② 정서발달은 긍정적 정서를 표현하는 것에서 시작하여 점차 부정적 정서까지 표현하게 된다.
③ 언어발달은 인지 및 사회성 발달과 밀접한 관련이 있다.
④ 영아와 보호자 사이에 애착관계 형성이 중요하다.
⑤ 낯가림이 시작된다.

10 중년기(40~64세)에 관한 설명으로 옳은 것은?

① 여성만이 우울, 무기력감 등 심리적 증상을 경험한다.
② 여성은 에스트로겐의 분비가 감소되고 남성은 테스토스테론의 분비가 증가된다.
③ 인지적 반응속도가 최고조에 달한다.
④ 외부세계에 쏟았던 에너지가 자신의 내부로 향한다.
⑤ 친밀감 형성이 주요 과업이며 사회관계망이 축소된다.

11 유아기(3~6세)에 관한 설명으로 옳은 것은?

① 남아는 오이디푸스 콤플렉스를 경험하고 여아는 엘렉트라 콤플렉스를 경험한다.

② 콜버그(L. Kohlberg)에 의하면 인습적 수준의 도덕성 발달단계를 보인다.

③ 피아제의 구체적 조작기에 해당되며 상징적 사고가 가능하다.

④ 인지발달은 상위 개념과 하위 개념을 구분하여 완전한 수준의 분류능력을 보인다.

⑤ 영아기에 비해 성장 속도가 빨라지며 지속적으로 성장한다.

12 로저스(C. Rogers)의 인본주의이론에 관한 설명으로 옳은 것을 모두 고른 것은?

> ㄱ. 인간의 주관적 경험을 강조한다.
> ㄴ. 인간은 자아실현경향을 가지고 있다.
> ㄷ. 인간의 욕구발달단계를 제시했다.
> ㄹ. 완전히 기능하는 사람은 자신의 경험에 개방적이다.

① ㄱ, ㄹ   ② ㄴ, ㄷ
③ ㄱ, ㄴ, ㄹ   ④ ㄴ, ㄷ, ㄹ
⑤ ㄱ, ㄴ, ㄷ, ㄹ

13 융(C. Jung)의 이론으로 옳은 것을 모두 고른 것은?

> ㄱ. 무의식을 개인무의식과 집단무의식으로 구분하였다.
> ㄴ. 그림자(Shadow)는 인간에게 있는 동물적 본성을 포함하는 부정적인 측면이다.
> ㄷ. 페르소나(Persona)는 개인이 외부세계에 보여주는 이미지 혹은 가면이다.
> ㄹ. 남성의 여성적 면은 아니무스(Animus), 여성의 남성적 면은 아니마(Anima)이다.

① ㄱ, ㄴ   ② ㄷ, ㄹ
③ ㄱ, ㄴ, ㄷ   ④ ㄱ, ㄴ, ㄹ
⑤ ㄱ, ㄴ, ㄷ, ㄹ

14 브론펜브레너(U. Bronfenbrenner)의 사회환경체계에 관한 설명으로 옳은 것은?

① 문화, 정치, 교육정책 등 거시체계는 개인의 삶에 직접적이고 강력한 영향을 미친다.

② 인간을 둘러싼 사회환경을 미시체계, 중간체계, 내부체계, 거시체계로 구분했다.

③ 중간체계는 상호작용하는 둘 이상의 미시체계 간의 관계로 구성된다.

④ 내부체계는 개인이 직접 참여하거나 관여하지는 않으나 개인에게 영향을 미치는 체계로 부모의 직장 등이 포함된다.

⑤ 미시체계는 개인이 새로운 환경으로 이동할 때마다 형성되거나 확대된다.

15 집단에 관한 설명으로 옳은 것은?

① 2차집단은 인간의 성격형성을 목적으로 한다.

② 개방집단은 구성원의 개별화와 일정 수준 이상의 심도깊은 목적 달성에 적합하다.

③ 구성원의 상호작용이 중요하므로 최소 단위는 4인 이상이다.

④ 형성집단은 특정 목적 없이 만들 수 있다.

⑤ 집단활동을 통해 집단에 관한 정체성인 '우리의식'이 형성된다.

16 문화에 관한 설명으로 옳은 것은?

① 선천적으로 습득된다.
② 개인행동에 대한 규제와 사회통제의 기능은 없다.
③ 고정적이며 구체적이다.
④ 다른 사회의 구성원과 구별되는 공통적 속성이 있다.
⑤ 다양성은 차별을 의미한다.

17 피아제(J. Piaget)의 인지발달이론에 관한 설명으로 옳은 것은?

① 전 생애의 인지발달을 다루고 있다.
② 문화적 · 사회경제적 · 인종적 차이를 고려하였다.
③ 추상적 사고의 확립은 구체적 조작기의 특징이다.
④ 인지는 동화와 조절의 과정을 통하여 발달한다.
⑤ 전조작적 사고 단계에서 보존개념이 획득된다.

18 행동주의이론에 관한 설명으로 옳은 것을 모두 고른 것은?

> ㄱ. 인간행동에 대한 환경의 결정력을 강조한다.
> ㄴ. 강화계획은 행동의 반응 가능성을 증가시키고 유지시키기 위한 방법이다.
> ㄷ. 행동조성(Shaping)은 복잡한 행동의 점진적 습득을 설명하는 개념이다.
> ㄹ. 고정간격 강화계획은 정해진 수의 반응이 일어난 후 강화를 주는 것이다.

① ㄱ, ㄴ   ② ㄱ, ㄹ
③ ㄴ, ㄹ   ④ ㄷ, ㄹ
⑤ ㄱ, ㄴ, ㄷ

19 다문화에 관한 설명으로 옳지 않은 것은?

① 대표적인 사회문제로 인종차별이 있다.
② 다양한 문화를 수용하고 문화의 단일화를 지향한다.
③ 서구화, 근대화, 세계화는 다문화의 중요성을 표면으로 부상시켰다.
④ 동화주의는 이민을 받는 사회의 문화적 우월성을 전제로 한다.
⑤ 용광로 개념은 동화주의와 관련이 있다.

20 노년기(65세 이상)에 관한 설명으로 옳지 않은 것은?

① 주요 과업은 이제까지의 자신의 삶을 수용하는 것이다.
② 생에 대한 회상이 증가하고 사고의 융통성이 증가한다.
③ 친근한 사물에 대한 애착이 많아진다.
④ 치매의 발병 가능성이 다른 연령대에 비해 높아진다.
⑤ 내향성이 증가한다.

21 신생아기(출생~1개월)의 반사운동에 관한 설명으로 옳지 않은 것은?

① 바빈스키반사(Babinski Reflect)는 입 부근에 부드러운 자극을 주면 자극이 있는 쪽으로 입을 벌리는 반사운동이다.
② 파악반사(Grasping Reflect)는 손에 닿는 것을 움켜쥐고 놓지 않으려는 반사운동이다.
③ 연하반사(Swallowing Reflect)는 입 속에 있는 음식물을 삼키려는 반사운동이다.
④ 모로반사(Moro Reflect)는 갑작스러운 외부 자극에 팔과 다리를 쭉 펴면서 껴안으려고 하는 반사운동이다.
⑤ 원시반사(Primitive Reflect)에는 바빈스키, 모로, 파악, 걷기반사 등이 있다.

22 청소년기(13~19세)에 관한 설명으로 옳지 않은 것은?

① 친밀감 형성이 주요 발달과업이다.
② 신체적 발달이 활발하여 제2의 성장 급등기로 불린다.
③ 특징적 발달 중 하나로 성적 성숙이 있다.
④ 정서의 변화가 심하며 극단적 정서를 경험하기도 한다.
⑤ 추상적 이론과 관념적 사상에 빠져 때로 부정적 정서를 경험한다.

23 아동기(7~12세)에 관한 설명으로 옳은 것을 모두 고른 것은?

> ㄱ. 제1의 반항기이다.
> ㄴ. 조합기술의 획득으로 사칙연산이 가능해진다.
> ㄷ. 객관적, 논리적 사고가 가능해진다.
> ㄹ. 정서적 통제와 분화된 정서표현이 가능해진다.
> ㅁ. 타인의 입장을 고려하지 못한다.

① ㄴ, ㄷ
② ㄱ, ㄴ, ㄹ
③ ㄴ, ㄷ, ㄹ
④ ㄷ, ㄹ, ㅁ
⑤ ㄱ, ㄴ, ㄷ, ㄹ, ㅁ

24 생애주기별 특징으로 옳은 것을 모두 고른 것은?

> ㄱ. 유아기(3~6세)는 성역할을 인식하기 시작한다.
> ㄴ. 아동기(7~12세)는 자기중심성을 보이며 자신의 시각에서 사물을 본다.
> ㄷ. 성인기(20~35세)는 신체적 기능이 최고조에 달하며 이 시기를 정점으로 쇠퇴하기 시작한다.
> ㄹ. 노년기(65세 이상)는 단기기억보다 장기기억의 감퇴 속도가 느리다.

① ㄱ, ㄴ
② ㄱ, ㄹ
③ ㄴ, ㄷ
④ ㄱ, ㄷ, ㄹ
⑤ ㄴ, ㄷ, ㄹ

25 이상행동과 사회복지실천에 관한 설명으로 옳지 않은 것은?

① 사회문화적 규범에서 벗어나거나 개인과 타인에게 불편과 고통을 유발하는 행동이다.
② 유일한 진단분류체계로 '정신질환 진단 및 통계편람(DSM)'이 있다.
③ 이상행동의 개념은 사회문화, 역사진행과정의 영향을 받는다.
④ 정신건강사회복지사가 전문실천가로 활동한다.
⑤ 이상행동은 클라이언트들이 겪는 문제의 원인이나 결과가 되기도 한다.

2과목 | 사회복지조사론

26 사회조사 과정에서 준수해야 할 연구윤리로 옳지 않은 것은?

① 참여자의 익명성과 비밀을 보장한다.
② 참여자가 원할 경우 언제든지 참여를 중단할 수 있음을 사전에 고지한다.
③ 일반적으로 연구의 공익적 가치가 연구윤리보다 우선해야 한다.
④ 참여자가 연구에 참여하여 얻을 수 있는 혜택은 사전에 고지한다.
⑤ 참여자의 연구 참여는 자발적이어야 한다.

27 사회과학의 패러다임에 관한 설명으로 옳지 않은 것은?

① 실증주의는 연구결과를 해석할 때 정치적 가치나 이데올로기의 영향을 적극적으로 고려한다.

② 해석주의는 삶에 관한 심층적이고 주관적인 이해를 얻고자 한다.

③ 비판주의는 사회변화를 목적으로 사회의 본질적이고 구조적 측면의 파악에 주목한다.

④ 후기실증주의는 객관적인 지식에 대한 직접적 확증은 불가능하다고 본다.

⑤ 포스트모더니즘은 객관적 실재와 진리의 보편적 기준을 거부한다.

28 종단연구(Longitudinal Study)에 관한 설명으로 옳은 것은?

① 베이비붐 세대를 시간변화에 따라 연구하는 것은 추이연구(Trend Study)이다.

② 일정기간 센서스 자료를 비교하여 전국 인구의 성장을 추적하는 것은 동류집단연구(Cohort Study)이다.

③ 매번 동일한 집단을 관찰하는 연구는 패널연구(Panel Study)이다.

④ 시간에 따른 변화를 가장 정확하게 알려주는 것은 동류집단연구(Cohort Study)이다.

⑤ 일반 모집단의 변화를 시간변화에 따라 연구하는 것은 동류집단연구(Cohort Study)이다.

29 영가설에 관한 설명으로 옳은 것을 모두 고른 것은?

> ㄱ. 연구가설에 대한 반증가설이 영가설이다.
> ㄴ. 영가설은 변수 간에 관계가 없음을 뜻한다.
> ㄷ. 대안가설을 검증하여 채택하는 가설이다.
> ㄹ. 변수 간의 관계가 우연이 아님을 증명한다.

① ㄱ, ㄴ　　　　　② ㄱ, ㄹ

③ ㄴ, ㄷ　　　　　④ ㄱ, ㄷ, ㄹ

⑤ ㄴ, ㄷ, ㄹ

30 사회조사의 목적에 관한 설명으로 옳지 않은 것은?

① 지난해 발생한 데이트폭력 사건의 빈도와 유형을 자세히 보고하는 것은 기술적 연구이다.

② 외상후스트레스로 퇴역한 군인을 위한 서비스개발의 가능성을 파악하기 위한 초기면접은 설명적 연구이다.

③ 사회복지협의회가 매년 실시하는 사회복지기관 통계조사는 기술적 연구이다.

④ 지방도시에 비해 대도시의 아동학대비율이 높은 이유를 보고하는 것은 설명적 연구이다.

⑤ 지역사회대상 설문조사를 통해 사회복지서비스의 만족도를 조사하는 것은 기술적 연구이다.

31 다음 연구과제의 변수들을 측정할 때 ㄱ~ㄹ의 척도유형을 바르게 짝 지은 것은?

> 장애인의 성별(ㄱ)과 임금수준의 관계를 정확하게 파악하기 위해서는 장애유형(ㄴ), 거주지역(ㄷ), 직업종류(ㄹ)와 같은 변수들의 영향력을 적절히 통제해야 한다.

① ㄱ : 명목, ㄴ : 명목, ㄷ : 명목, ㄹ : 명목

② ㄱ : 명목, ㄴ : 서열, ㄷ : 서열, ㄹ : 명목

③ ㄱ : 명목, ㄴ : 서열, ㄷ : 명목, ㄹ : 비율

④ ㄱ : 명목, ㄴ : 등간, ㄷ : 명목, ㄹ : 명목

⑤ ㄱ : 명목, ㄴ : 등간, ㄷ : 서열, ㄹ : 비율

32 조사설계의 내적 타당도와 외적 타당도에 관한 설명으로 옳은 것은?

① 어떤 변수가 다른 변수의 원인임을 정확하게 기술하는 것이 외적 타당도이다.
② 연구결과를 연구조건을 넘어서는 상황이나 모집단으로 일반화하는 정도가 내적 타당도이다.
③ 내적 타당도는 외적 타당도의 필요조건이지만 충분조건은 아니다.
④ 실험대상의 탈락이나 우연한 사건은 외적 타당도 저해요인이다.
⑤ 외적 타당도가 낮은 경우 내적 타당도 역시 낮다.

33 피면접자를 직접 대면하는 면접조사가 우편설문에 비해 갖는 장점이 아닌 것은?

① 응답자의 익명성 보장 수준이 높다.
② 보충적 자료 수집이 가능하다.
③ 대리 응답의 방지가 가능하다.
④ 높은 응답률을 기대할 수 있다.
⑤ 조사 내용에 대한 심층적 이해가 가능하다.

34 다음 변수의 측정 수준에 따른 분석 방법이 옳지 않은 것은?

> ㄱ. 출신지역 : 도시, 도농복합, 농어촌, 기타
> ㄴ. 교육수준 : 무학, 초등학교 졸업, 중학교 졸업, 고등학교 졸업, 대졸 이상
> ㄷ. 가출경험 : 유, 무
> ㄹ. 연간기부금액 : (   )만 원
> ㅁ. 연령 : 10대, 20대, 30대, 40대, 50대, 60대 이상

① ㄱ : 최빈값   ② ㄴ : 중위수
③ ㄷ : 백분율   ④ ㄹ : 범위
⑤ ㅁ : 산술평균

35 델파이조사에 관한 설명으로 옳지 않은 것은?

① 전문가 패널을 대상으로 견해를 파악한다.
② 되풀이 되는 조사 과정을 통해 합의를 도출한다.
③ 반대 의견에 대한 패널 참가자들의 감정적 충돌을 줄일 수 있다.
④ 패널 참가자의 익명성 보장에 어려움이 있다.
⑤ 조사 자료의 정리에 연구사의 편향이 발생할 수 있다.

36 관찰을 통한 자료수집에 관한 설명으로 옳은 것은?

① 피관찰자에 의해 자료가 생성된다.
② 비언어적 상황의 자료수집이 용이하다.
③ 자료수집 상황에 대한 통제가 용이하다.
④ 내면적 의식의 파악이 용이하다.
⑤ 수집된 자료를 객관화하는 최적의 방법이다.

37 다음의 연구에서 활용한 질적 연구방법에 관한 설명으로 옳은 것은?

> A사회복지사는 가정 밖 청소년들의 범죄피해와 정신건강의 문제를 당사자의 관점에서 이해하고 주체적으로 해결하기 위해 연구를 시작하였다. 연구에 참여한 가정 밖 청소년은 A사회복지사와 함께 범죄피해와 정신건강과 관련된 사회 구조적인 문제를 해결하기 위한 다양한 방안들을 스스로 만들고 수행하였다.

① 개방코딩 – 축코딩 – 선택코딩의 방법을 활용한다.
② 범죄피해와 정신건강을 설명하는 이론 개발에 초점을 둔다.
③ 단일사례에 대한 깊이 있는 분석에 초점을 둔다.
④ 관찰대상의 개인적 신화(Narrative)를 만드는 것에 초점을 둔다.
⑤ 사회변화와 임파워먼트에 초점을 둔다.

38 다음의 연구에서 활용한 연구설계에 관한 설명으로 옳은 것은?

> 청소년의 자원봉사의식 향상 프로그램의 효과성을 검증하기 위하여 청소년 200명을 무작위로 두 개의 집단으로 나눈 후 A측정도구를 활용하여 사전 검사를 실시하였다. 하나의 집단에만 프로그램을 실시한 후 두 개의 집단 모두를 대상으로 A측정도구를 활용하여 사후 검사를 실시하였다.

① 테스트 효과의 발생 가능성이 낮다.
② 집단 간 동질성의 확인 가능성이 낮다.
③ 사전 검사와 프로그램의 상호작용 효과의 통제가 가능하다.
④ 자연적 성숙에 따른 효과의 통제가 가능하다.
⑤ 실험집단의 개입 효과가 통제집단으로 전이된다.

39 연구의 외적 타당도를 저해하는 상황으로 옳은 것은?

① 연구대상의 건강 상태가 시간 경과에 따라 회복되는 상황
② 자아존중감을 동일한 측정도구로 사전－사후 검사하는 상황
③ 사회적 지지를 다른 측정도구로 사전－사후 검사하는 상황
④ 실험집단과 통제집단 간 연령 분포의 차이가 크게 발생하는 상황
⑤ 자발적 참여자만을 대상으로 연구표본을 구성하게 되는 상황

40 단일사례설계에 관한 설명으로 옳은 것을 모두 고른 것은?

> ㄱ. BA설계는 개입의 긴급성이 있는 상황에 적합하다.
> ㄴ. ABAC설계는 선행 효과의 통제가 가능하다.

> ㄷ. ABAB설계는 AB설계에 비해 외부사건의 영향력에 대한 통제력이 크다.
> ㄹ. 복수기초선디자인은 AB설계에 비해 외부사건의 영향력에 대한 통제력이 크다.

① ㄱ, ㄴ 　　② ㄴ, ㄹ
③ ㄷ, ㄹ 　　④ ㄱ, ㄴ, ㄷ
⑤ ㄱ, ㄷ, ㄹ

41 단일사례설계의 결과 분석 방법에 관한 설명으로 옳지 않은 것은?

① 시각적 분석은 변화의 수준, 파동, 경향을 고려해야 한다.
② 통계적 분석을 할 때 기초선이 불안정한 경우 평균비교가 적합하다.
③ 평균비교에서는 평균과 표준편차를 함께 고려해야 한다.
④ 경향성 분석에서는 기초선의 정찰을 두 영역으로 나누어 경향선을 구한다.
⑤ 임상적 분석은 결과 판단에 주관적 요소의 개입 가능성이 크다.

42 측정의 오류에 관한 설명으로 옳지 않은 것은?

① 연구자의 의도가 포함된 질문은 체계적 오류를 발생시킨다.
② 사회적으로 바람직한 응답은 체계적 오류를 발생시킨다.
③ 측정의 오류는 연구의 타당도를 낮춘다.
④ 타당도가 낮은 척도의 사용은 무작위오류를 발생시킨다.
⑤ 측정의 다각화는 측정의 오류를 줄여 객관성을 높인다.

43 변수의 조작적 정의에 관한 설명으로 옳은 것을 모두 고른 것은?

> ㄱ. 개념적 정의를 실제로 관찰할 수 있는 수준으로 전환시키는 것이다.
> ㄴ. 조작적 정의를 하면 개념의 의미가 다양하고 풍부해진다.
> ㄷ. 조작적 정의를 통해 개념이 더욱 추상화된다.
> ㄹ. 조작적 정의가 없이도 가설 검증이 가능하다.

① ㄱ   ② ㄱ, ㄴ
③ ㄴ, ㄹ   ④ ㄱ, ㄴ, ㄷ
⑤ ㄱ, ㄷ, ㄹ

44 표집오차(Sampling Error)에 관한 설명으로 옳지 않은 것은?

① 신뢰수준을 높이면 표집오차는 감소한다.
② 모집단의 모수와 표본의 통계치 간의 차이이다.
③ 표본의 크기가 커지면 표집오차는 커진다.
④ 모집단의 동질성에 영향을 받는다.
⑤ 표본으로 추출될 기회가 동등하면 표집오차는 감소한다.

45 '마을만들기 사업 참여경험에 관한 연구'의 엄격성을 높이는 방법으로 옳은 것을 모두 고른 것은?

> ㄱ. 삼각측정(Triangulation)
> ㄴ. 예외사례 표본추출
> ㄷ. 장기적 관찰
> ㄹ. 연구윤리 강화

① ㄱ, ㄴ   ② ㄷ, ㄹ
③ ㄱ, ㄴ, ㄷ   ④ ㄱ, ㄴ, ㄹ
⑤ ㄱ, ㄴ, ㄷ, ㄹ

46 표본추출에 관한 설명으로 옳은 것은?

① 모집단을 가장 잘 대표하는 표본추출방법은 유의표집이다.
② 모집단이 이질적인 경우에는 표본의 크기를 줄여야 한다.
③ 전수조사에서는 모수와 통계치의 구분이 필요하다.
④ 표집오류를 줄이기 위해 층화표집방법(Stratified Sampling)을 사용할 수 있다.
⑤ 체계적표집방법(Systematic Sampling)은 모집단에서 유의표집을 실시한 후 일정한 표본추출 간격으로 표본을 선정한다.

47 척도에 관한 설명으로 옳은 것은?

① 리커드(Likert)척도는 개별문항의 중요도를 차등화한다.
② 보가더스(Bogardus)의 사회적 거리척도는 누적척도이다.
③ 평정(Rating)척도는 문항의 적절성 평가가 용이하다.
④ 거트만(Guttman)척도는 다차원적 내용을 분석할 때 사용된다.
⑤ 의미차별(Semantic Differential)척도는 느낌이나 감정을 나타내는 한 쌍의 유사한 형용사를 사용한다.

48 타당도에 관한 설명으로 옳은 것을 모두 고른 것은?

> ㄱ. 특정 개념에 포함되어 있는 의미를 포괄하는 정도
> 는 내용타당도(Content Validity)이다.
> ㄴ. 개발된 측정도구의 측정값을 현재 사용되고 있는
> 측정도구와 비교하는 것은 동시타당도(Concurrent
> Validity)이다.
> ㄷ. 예측타당도(Predict Validity)의 하위 타당도는 기
> 준관련타당도(Criterion Related Validity)와 동시
> 타당도이다.
> ㄹ. 측정하려는 개념이 포함된 이론체계 안에서 다른
> 변수와 관련된 방식에 기초한 타당도는 구성타당
> 도(Construct Validity)이다.

① ㄱ, ㄴ   ② ㄴ, ㄷ
③ ㄷ, ㄹ   ④ ㄱ, ㄴ, ㄹ
⑤ ㄱ, ㄴ, ㄷ, ㄹ

49 신뢰도를 측정하는 방법으로 옳지 않은 것은?

① 동일한 상황에서 동일한 측정도구로 동일한 대상
을 다시 측정하는 방법
② 측정도구를 반으로 나누어 두 개의 독립된 척도로
구성한 후 동일한 대상을 측정하는 방법
③ 상관관계가 높은 문항들을 범주화하여 하위요인
을 구성하는 방법
④ 동질성이 있는 두 개의 측정도구를 동일한 대상에
게 측정하는 방법
⑤ 전체 척도와 척도의 개별항목이 얼마나 상호연관
성이 있는지 분석하는 방법

50 할당표집방법에 관한 설명으로 옳지 않은 것은?

① 모집단의 주요 특성에 대한 정보를 활용한다.
② 모집단을 구성하는 주요 변수별로 표본을 할당한
후 확률표집을 실시한다.
③ 지역주민 조사에서 전체주민의 연령대별 구성 비
율에 따라 표본을 선정한다.
④ 표본추출 시 할당 틀을 만들어 사용한다.
⑤ 우발적 표집보다 표본의 대표성이 높다.

3과목 | 사회복지실천론

01 사회복지실천의 역사적 발달과정을 발생한 순서대로 옳게 나열한 것은?

> ㄱ. 밀포드(Milford) 회의에서 사회복지실천의 공통요소를 발표하였다.
> ㄴ. 「사회복지사업법」에 따라 국내에서 사회복지사 명칭을 사용하기 시작하였다.
> ㄷ. 태화여자관이 설립되었다.
> ㄹ. 사회복지전문요원이 국내 행정기관에 배치되었다.

① ㄱ－ㄴ－ㄷ－ㄹ ② ㄱ－ㄷ－ㄴ－ㄹ
③ ㄱ－ㄷ－ㄹ－ㄴ ④ ㄷ－ㄱ－ㄴ－ㄹ
⑤ ㄷ－ㄱ－ㄹ－ㄴ

02 양자 간의 논쟁에 개입하여 중립을 지키면서 상호 합의를 이끌어내는 사회복지사의 역할은?

① 중개자 ② 조정자
③ 중재자 ④ 옹호자
⑤ 교육자

03 다음에서 설명하고 있는 것은?

> 사회복지사가 자신의 가치, 신념, 행동습관, 편견 등이 사회복지실천에 어떤 영향을 미치는지 정확하게 이해하는 것이다.

① 자기지시 ② 자기규제
③ 자기노출 ④ 자기인식
⑤ 자기결정

04 사회복지실천 면접의 질문기술에 관한 내용으로 옳은 것은?

① 클라이언트가 방어적인 태도를 취할 수 있기에 '왜'라는 질문은 피한다.
② 클라이언트가 자유롭게 대답할 수 있도록 폐쇄형 질문을 활용한다.
③ 사회복지사가 의도하는 특정방향으로 이끌기 위해 유도질문을 사용한다.
④ 클라이언트에게 이중 또는 삼중 질문을 한다.
⑤ 클라이언트가 개인적으로 궁금해 하는 사적인 질문은 거짓으로 답한다.

05 생태도 작성에 관한 내용으로 옳은 것을 모두 고른 것은?

> ㄱ. 용지의 중앙에 가족 또는 클라이언트체계를 나타내는 원을 그린다.
> ㄴ. 중심원 내부에 클라이언트 또는 동거가족을 그린다.
> ㄷ. 중심원 외부에 클라이언트 또는 가족과 상호작용하는 외부체계를 작은 원으로 그린다.
> ㄹ. 자원의 양은 '선'으로, 관계의 속성은 '원'으로 표시한다.

① ㄹ ② ㄱ, ㄷ
③ ㄴ, ㄹ ④ ㄱ, ㄴ, ㄷ
⑤ ㄱ, ㄴ, ㄷ, ㄹ

06 다음에서 설명하고 있는 면접 기술은?

- 클라이언트가 말하는 것만으로도 치료효과를 얻을 수 있다.
- 클라이언트의 억압된 또는 부정적인 감정이 문제해결을 방해하거나 감정자체에 문제가 있는 경우 이를 표출하게 하여 감정을 해소시키려 할 때 활용한다.

① 해석　　　　　② 환기
③ 직면　　　　　④ 반영
⑤ 재보증

07 다음에서 설명하고 있는 사회복지사의 자질은?

- 클라이언트의 감정을 잘 관찰하는 것과 경청하는 과정에서 비롯된다.
- 클라이언트가 언어적으로 표현한 것뿐만 아니라 표현하지 않은 비언어적 내용들도 파악한다.

① 민감성　　　　② 진실성
③ 헌신　　　　　④ 수용
⑤ 일치성

08 자선조직협회(COS) 활동에 관한 설명으로 옳지 않은 것은?

① 민간 사회복지기관의 활동을 체계적으로 조정하기 위해 등장하였다.
② 적자생존에 기반한 사회진화론을 구빈의 이론적 기반으로 삼았다.
③ 빈민지역에 거주하며 지역사회 문제에 대한 집합적이고 개혁적인 해결을 강조하였다.
④ 과학적이고 적절한 자선활동을 수행하기 위해 클라이언트 등록체계를 실시하였다.
⑤ 자선조직협회 활동은 개별사회사업의 초석이 되었다.

09 개인주의가 사회복지실천에 미친 영향으로 옳은 것을 모두 고른 것은?

ㄱ. 개별화
ㄴ. 개인의 권리와 의무 강조
ㄷ. 최소한의 수혜자격 원칙
ㄹ. 사회적 책임 중시

① ㄱ, ㄴ, ㄷ　　　② ㄱ, ㄴ, ㄹ
③ ㄱ, ㄷ, ㄹ　　　④ ㄴ, ㄷ, ㄹ
⑤ ㄱ, ㄴ, ㄷ, ㄹ

10 거시수준의 사회복지실천에 관한 내용으로 옳지 않은 것은?

① 다문화 청소년을 위한 조례 제정을 추진한다.
② 부모와 자녀의 관계증진을 위한 소집단프로그램을 진행한다.
③ 피학대 노인보호를 위한 제도 개선을 제안한다.
④ 장애인복지에 필요한 정부 예산 증액을 촉구한다.
⑤ 고독사 문제해결을 위해 정책 토론회를 개최한다.

11 다음에서 설명하고 있는 사회복지실천모델은?

- 비장애인이 대부분인 사회에서 장애인 클라이언트의 취약한 권리에 주목하였다.
- 사회복지사와 클라이언트 집단은 장애인의 권익을 옹호하는 데 협력하였다.
- 대화, 발견, 발전의 단계를 통해 클라이언트 집단은 주도적으로 불평등한 사회제도를 개선하였다.

① 의료모델　　　　② 임파워먼트모델
③ 사례관리모델　　④ 생활모델
⑤ 문제해결모델

12 통합적 접근의 특징에 관한 내용으로 옳지 않은 것은?

① 생태체계 관점에서 인간과 환경 체계를 고려한다.
② 미시 수준에서 거시 수준에 이르는 다차원적 접근을 한다.
③ 개입에 적합한 이론과 방법을 폭넓게 활용한다.
④ 다양하고 복합적인 원인으로 발생하는 문제를 해결하기 위한 접근이다.
⑤ 서비스 영역별로 분화되고 전문화된 접근이다.

13 사회복지 실천현장과 분류의 연결로 옳지 않은 것은?

① 사회복지관 – 1차 현장
② 종합병원 – 2차 현장
③ 발달장애인지원센터 – 이용시설
④ 노인보호전문기관 – 생활시설
⑤ 사회복지공동모금회 – 비영리기관

14 콤튼과 갤러웨이(B. Compton & B. Galaway)의 사회복지실천 구성체계 중 '사회복지사협회'가 해당되는 체계는?

① 변화매개체계   ② 클라이언트체계
③ 표적체계   ④ 행동체계
⑤ 전문가체계

15 사회복지실천의 전문적 관계에 관한 설명으로 옳지 않은 것은?

① 사회복지사와 클라이언트가 합의하여 목적을 설정한다.
② 사회복지사는 소속된 기관의 특성에 영향을 받는다.

③ 사회복지사의 이익과 욕구 충족을 위한 일방적 관계이다.
④ 사회복지사는 전문성에 바탕을 둔 권위를 가진다.
⑤ 계약에 의해 이루어지는 시간제한적인 특징을 갖는다.

16 비스텍(F. Biestek)의 관계의 원칙 중 '의도적 감정표현'에 해당하는 것은?

① 클라이언트의 부정적 감정을 자유롭게 표현할 수 있도록 지지한다.
② 클라이언트의 감정이나 태도를 있는 그대로 받아들이고 존중한다.
③ 목적달성을 위한 방안들의 장·단점을 설명하고 클라이언트가 스스로 선택하도록 한다.
④ 공감을 받고 싶어 하는 클라이언트의 욕구에 따라 클라이언트에게 공감하는 반응을 표현한다.
⑤ 사회복지사 자신의 생각과 느낌, 개인적인 경험을 이야기한다.

17 다음에서 설명하고 있는 사례관리 개입 원칙은?

- 변화하는 클라이언트 욕구에 반응하여 장기적으로 서비스를 제공해야 한다.
- 클라이언트에게 필요한 서비스를 중단하지 않고 제공해야 한다.

① 서비스의 체계성   ② 서비스의 접근성
③ 서비스의 개별화   ④ 서비스의 연계성
⑤ 서비스의 지속성

18 원조관계에서 사회복지사의 태도에 관한 내용으로 옳은 것은?

① 개선의 여지가 있다고 판단된 경우에 한해서 클라이언트와 전문적 관계를 형성하였다.
② 클라이언트의 감정에 이입되어 면담을 지속할 수 없었다.
③ 자신의 생각과 다른 클라이언트의 의견은 관계형성을 위해 즉시 수정하도록 지시하였다.
④ 법정으로부터 정보공개 명령을 받고 관련된 클라이언트 정보를 제공하였다.
⑤ 클라이언트 특성이나 상황이 일반적인 경우와 다르지만 획일화된 서비스를 그대로 제공하였다.

19 자료수집을 위한 자료 출처에 해당하는 것을 모두 고른 것은?

ㄱ. 문제, 사건, 기분, 생각 등에 관한 클라이언트 진술
ㄴ. 클라이언트와 직접 상호작용한 사회복지사의 경험
ㄷ. 심리검사, 지능검사, 적성검사 등의 검사 결과
ㄹ. 친구, 이웃 등 클라이언트의 중요한 타인으로부터 수집한 정보

① ㄱ, ㄴ, ㄷ
② ㄱ, ㄴ, ㄹ
③ ㄱ, ㄷ, ㄹ
④ ㄴ, ㄷ, ㄹ
⑤ ㄱ, ㄴ, ㄷ, ㄹ

20 레비(C. Levy)가 제시한 사회복지전문직의 가치 중 결과우선가치에 해당하는 것은?

① 자기 결정권 존중
② 인간 존엄성에 대한 믿음
③ 비심판적 태도
④ 동등한 사회 참여 기회 제공
⑤ 개별성에 대한 인정

21 사회복지실천 개입기술에 관한 설명으로 옳은 것을 모두 고른 것은?

ㄱ. 재보증은 어떤 문제에 대해 클라이언트가 부여하는 의미를 수정해 줌으로써 클라이언트의 시각을 긍정적인 방향으로 변화시키려는 전략이다.
ㄴ. 모델링은 실제 다른 사람의 행동을 직접 관찰함으로써만 시행 가능하다.
ㄷ. 격려기법은 주로 클라이언트 행동이 변화에 장애가 되거나 타인에게 위협이 될 때, 이를 인식하도록 하기 위한 목적으로 사용한다.
ㄹ. 일반화란 클라이언트 혼자만이 겪는 문제가 아니라는 것을 인식하게 하는 기법이다.

① ㄱ
② ㄹ
③ ㄱ, ㄹ
④ ㄱ, ㄴ, ㄷ
⑤ ㄴ, ㄷ, ㄹ

22 사례관리 등장 배경에 관한 설명으로 옳지 않은 것은?

① 탈시설화로 인해 많은 정신 장애인이 지역사회 내에서 생활하게 되었다.
② 지역사회 내 서비스 간 조정이 필요하게 되었다.
③ 복지비용 절감에 관심이 커지면서 저비용 고효율을 지향하게 되었다.
④ 인구·사회적 변화에 따라 다양하고, 복합적이며 만성적인 욕구를 가진 클라이언트가 증가하였다.
⑤ 사회복지서비스 공급주체가 지방정부에서 중앙정부로 변화하였다.

23 사회복지실천의 간접적 개입에 해당하는 것은?

① 의사소통 교육
② 프로그램 개발
③ 부모교육
④ 가족상담
⑤ 사회기술훈련

24 다음에서 설명하고 있는 사례관리 과정은?

> • 계획 수정 여부 논의
> • 클라이언트 욕구변화 검토
> • 서비스 계획의 목표달성 정도 파악
> • 서비스가 효과적으로 제공되고 있는지 확인

① 점검　　　　　② 계획
③ 사후관리　　　④ 아웃리치
⑤ 사정

25 사례관리자 역할과 그 예의 연결로 옳지 않은 것은?

① 조정자(Coordinator) : 사례회의를 통해 독거노인지원서비스가 중복 제공되지 않도록 하였다.
② 옹호자(Advocate) : 사례회의에서 장애아동의 입장을 대변하였다.
③ 협상가(Negotiator) : 사례회의를 통해 생활 형편이 어려운 가정의 아동에게 재정 후원자를 연결해 주었다.
④ 평가자(Evaluator) : 사례 종결 여부를 결정하기 위해 목표 달성 여부를 확인하였다.
⑤ 기획가(Planner) : 욕구사정을 통해 클라이언트에게 필요한 자원을 설계하고 체계적인 개입 계획을 세웠다.

26 사회복지실천현장의 지식 유형에 관한 설명으로 옳지 않은 것은?

① 이론은 현상을 설명하기 위한 가설이나 개념의 집합체이다.
② 관점은 개인과 사회에 관한 주관적 인식의 차이를 보여주는 사고체계이다.
③ 실천지혜는 실천 활동의 원칙과 방식을 구조화한 것이다.
④ 패러다임은 역사와 사상의 흐름에 영향을 받는 추상적 개념 틀이다.
⑤ 모델은 실천과정에 직접적으로 필요한 기술적 적용방법을 제시한 것이다.

27 위기개입모델에 관한 설명으로 옳지 않은 것은?

① 클라이언트에게 실용적 정보를 제공하고 지지체계를 개발하도록 한다.
② 단기개입 서비스를 제공한다.
③ 구체적이고 관찰 가능한 문제에 초점을 둔다.
④ 위기 발달은 촉발요인이 발생한 후에 취약단계로 넘어간다.
⑤ 사회복지사는 다른 개입모델에 비해 적극적이고 직접적인 역할을 수행한다.

28 해결중심모델에 관한 설명으로 옳은 것은?

① 클라이언트에게 대처행동을 가르치고 훈련함으로써 부적응을 해소하도록 한다.
② 탈이론적이고 비규범적이며 클라이언트의 견해를 존중한다.

③ 문제의 원인을 클라이언트의 심리 내적 요인에서 찾는다.

④ 클라이언트의 문제를 자원 혹은 기술 부족으로 본다.

⑤ 문제와 관련이 있는 환경과 자원을 사정하고 개입 방안을 강조한다.

29 인지적 오류(왜곡)에 관한 예로 옳지 않은 것은?

① 임의적 추론 : 내가 뚱뚱해서 지나가는 사람들이 나만 쳐다봐.

② 개인화 : 그때 내가 전화만 받았다면 동생이 사고를 당하지 않았을 텐데. 나 때문이야.

③ 이분법적 사고 : 이 일을 완벽하게 하지 못하면 실패한 것이야.

④ 과잉일반화 : 시험보는 날인데 아침에 미역국을 먹었으니 나는 떨어질 거야.

⑤ 선택적 요약 : 지난번 과제에 나쁜 점수를 받았어. 이건 내가 꼴찌라는 것을 의미해.

30 인지행동모델에 관한 설명으로 옳지 않은 것은?

① 개인의 주관적 경험의 독특성을 중시한다.

② 클라이언트의 강점과 자원이 문제해결의 주요 요소이다.

③ 제한된 시간 내에 특정 문제에 초점을 두고 접근한다.

④ 과제 활용과 교육적인 접근으로 자기 치료가 가능하도록 한다.

⑤ 클라이언트의 적극적 참여와 협조적 태도를 중시한다.

31 사회복지실천의 개입기법에 관한 설명으로 옳지 않은 것은?

① 소거 : 부적 처벌의 원리를 이용하여 바람직하지 않은 행동을 중단시키는 것

② 시연 : 클라이언트가 힘들어하는 행동에 대해 실생활에서 실행 전에 반복적으로 연습하는 것

③ 행동조성 : 특정 행동 수준까지 끌어올리기 위해 작은 단위의 행동으로 나누어 과제를 주는 것

④ 체계적 둔감법 : 두려움이 적은 상황부터 큰 상황까지 단계적으로 노출시켜 문제를 극복하도록 하는 것

⑤ 내적 의사소통의 명료화 : 클라이언트가 자신의 생각을 말로 표현하고, 피드백을 통해 사고의 명료화를 돕는 것

32 사회복지실천모델에 관한 설명으로 옳은 것을 모두 고른 것은?

ㄱ. 위기개입모델에서는 사건에 대한 클라이언트의 주관적인 인식보다 사건 자체를 중시한다.

ㄴ. 클라이언트중심모델에서는 현재 직면한 문제와 앞으로의 문제를 극복할 수 있도록 성장 과정을 도와준다.

ㄷ. 임파워먼트모델에서는 클라이언트가 자신의 삶을 스스로 통제할 수 있도록 원조한다.

ㄹ. 과제중심모델에서는 클라이언트가 인식한 문제에 초점을 두고, 클라이언트의 욕구를 최대한 반영한다.

① ㄱ   ② ㄴ, ㄷ
③ ㄱ, ㄴ, ㄷ   ④ ㄴ, ㄷ, ㄹ
⑤ ㄱ, ㄴ, ㄷ, ㄹ

33 해결중심모델에서 사용하는 질문기법과 그에 관한 예로 옳은 것은?

① 관계성 질문 : 재혼하신 아버지는 이 문제를 어떻게 생각하실까요?
② 기적질문 : 처음 상담했을 때와 지금의 스트레스 수준을 비교한다면 지금은 몇 점인가요?
③ 대처질문 : 어떻게 하면 그 문제가 발생하지 않을 것 같나요?
④ 예외질문 : 당신은 그 어려운 상황에서 어떻게 견딜 수 있었나요?
⑤ 척도질문 : 처음 상담을 약속했을 때와 지금은 무엇이 어떻게 달라졌는지 말씀해 주세요.

34 다음 사례에서 활용한 심리사회모델의 개입기법은?

> "지금까지의 방법이 효과적이지 않다면 다른 방법을 시도해 보면 어떨까요? 제 생각에는 지금쯤 변화가 필요하니 가족상담에 참여해 보시면 어떨까 합니다."

① 지지하기
② 직접적 영향주기
③ 탐색 – 기술 – 환기
④ 인간 – 환경에 관한 고찰
⑤ 유형 – 역동성 고찰

35 정신역동모델의 개입기법에 관한 설명으로 옳은 것을 모두 고른 것은?

> ㄱ. 직면 : 클라이언트의 이야기와 행동 간 불일치를 보일 때 자기모순을 직시하게 한다.
> ㄴ. 해석 : 치료적 관계에서 나타나는 클라이언트의 특정 생각이나 행동의 의미를 설명한다.
> ㄷ. 전이분석 : 클라이언트가 과거의 중요한 인물에 대해 느꼈던 감정을 치료사에게 재현하는 현상을 분석하여 과거 문제를 해석하고 통찰하도록 한다.
> ㄹ. 명료화 : 저항이나 전이에 대한 이해를 심화·확장하여 통합적으로 이해하도록 한다.

① ㄱ
② ㄴ, ㄹ
③ ㄷ, ㄹ
④ ㄱ, ㄴ, ㄷ
⑤ ㄱ, ㄴ, ㄷ, ㄹ

36 클라이언트와의 면접 중에 주제를 전환하기 위한 목적으로 사용하는 실천기술은?

① 반영
② 요약
③ 해석
④ 직면
⑤ 초점화

37 가족개입을 위한 전제조건에 관한 설명으로 옳지 않은 것은?

① 한 사람의 문제는 가족성원 모두에게 영향을 미친다.
② 한 가족성원의 개입노력은 가족 전체에 영향을 준다.
③ 가족성원의 행동은 순환적 인과성의 특성을 갖는다.
④ 가족문제의 원인은 단선적 관점으로 파악한다.
⑤ 한 가족성원이 보이는 증상은 가족의 문제를 대신해서 호소하는 것으로 본다.

38 다음 가족사례에 적용된 실천기법은?

> • 클라이언트 : "저희 딸은 제 말은 안 들어요. 저희 남편이 뭐든 대신 다 해주거든요. 아이가 남편 말만 들어요. 결국 아이문제로 인해 부부싸움으로 번지거든요."
> • 사회복지사 : "아버지가 아이를 대신해서 다 해주시는군요. 어머니는 그 사이에서 소외된다고 느끼시네요. 자녀가 스스로 할 수 있도록 아버지는 기다려주고 어머니와 함께 지켜보는 것이 어떨까요?"

① 합류   ② 역설적 지시
③ 경계선 만들기   ④ 증상처방
⑤ 가족조각

39 다음 사례에서 사회복지사가 우선적으로 개입해야 하는 것은?

> A씨는 25세로 알코올 중독진단을 받았으나 문제에 대한 본인의 인식은 부족한 상황이다. 현재 A씨는 부모와 함께 살고 있으나 몇 년 전부터 대화가 단절되어 있다. A씨가 술을 마실 때면 아버지로부터 학대도 발생하고 있는 상황이다.

① 경직된 가족경계를 재구조화한다.
② 단절된 의사소통의 문제를 해결한다.
③ 알코올 중독 문제에 관여한다.
④ 술 문제의 원인으로 보이는 부모를 대상으로 상담한다
⑤ 부모 간 갈등으로부터 벗어나도록 자아분화를 촉진한다.

40 가족경계(Boundary)에 관한 설명으로 옳은 것은?

① 하위체계의 경계가 경직된 경우에는 지나친 간섭이 증가한다.
② 하위체계의 경계가 희미한 경우에는 감정의 합일 현상이 증가한다.
③ 하위체계의 경계가 경직된 경우에는 가족의 보호 기능이 강화된다.
④ 하위체계의 경계가 희미한 경우에는 가족 간 의사소통이 감소한다.
⑤ 하위체계의 경계가 경직된 경우에는 가족구성원이 독립적으로 행동하기 어렵다.

41 가족사정에 관한 설명으로 옳은 것을 모두 고른 것은?

> ㄱ. 가족체계가 어떻게 기능하는지 발견하는 것이 목적이다.
> ㄴ. 가족상호작용 유형에 적합한 방법을 찾는 것이다.
> ㄷ. 가족사정과 개입과정은 상호작용적이며 순환적이다.
> ㄹ. 가족이 제시하는 문제, 생태학적 사정, 세대 간 사정, 가족내부 간 사정으로 이루어진다.

① ㄱ, ㄴ   ② ㄷ, ㄹ
③ ㄱ, ㄴ, ㄷ   ④ ㄱ, ㄴ, ㄹ
⑤ ㄱ, ㄴ, ㄷ, ㄹ

42 가족실천모델과 주요개념, 기법의 연결로 옳지 않은 것은?

① 보웬모델 – 자아분화 – 탈삼각화
② 구조적 모델 – 하위체계 – 균형깨뜨리기
③ 경험적 모델 – 자기대상 – 외현화
④ 전략적 모델 – 환류고리 – 재구성
⑤ 해결중심모델 – 강점과 자원 – 예외질문

43 집단대상 실천의 장점으로 옳지 않은 것은?

① 타인의 문제에 관심을 갖고 공감하면서 이타심이 커진다.

② 유사 경험을 가진 사람들을 만나면서 문제의 보편성을 경험한다.

③ 다양한 성원들로부터 새로운 행동을 학습하면서 정화 효과를 얻는다.

④ 사회복지사나 성원의 행동을 모방하면서 사회기술이 향상된다.

⑤ 성원 간 관계를 통해 원가족과의 갈등을 탐색하는 기회를 갖는다.

44 집단을 준비 또는 계획하는 단계에서 고려할 사항으로 옳은 것을 모두 고른 것은?

> ㄱ. 집단성원의 참여 자격
> ㄴ. 공동지도자 참여 여부
> ㄷ. 집단성원 모집방식과 절차
> ㄹ. 집단의 회기별 주제

① ㄱ   ② ㄱ, ㄷ

③ ㄴ, ㄹ   ④ ㄱ, ㄷ, ㄹ

⑤ ㄱ, ㄴ, ㄷ, ㄹ

45 집단의 성과를 평가하는 방법으로 옳지 않은 것은?

① 사전사후 검사   ② 개별인터뷰

③ 단일사례설계   ④ 델파이조사

⑤ 초점집단면접

46 사회기술훈련의 단계를 순서대로 옳게 나열한 것은?

> ㄱ. 역할극   ㄴ. 적용
> ㄷ. 시연   ㄹ. 평가

① ㄱ → ㄷ → ㄴ → ㄹ

② ㄱ → ㄷ → ㄹ → ㄴ

③ ㄴ → ㄷ → ㄹ → ㄱ

④ ㄷ → ㄱ → ㄴ → ㄹ

⑤ ㄷ → ㄱ → ㄹ → ㄴ

47 집단발달의 초기단계에 적합한 실천기술에 해당하는 것을 모두 고른 것은?

> ㄱ. 집단성원이 신뢰감을 갖고 참여할 수 있는 분위기를 조성한다.
> ㄴ. 집단성원이 수행한 과제에 대해 솔직하고 구체적인 피드백을 준다.
> ㄷ. 집단역동을 촉진하기 위해 사회복지사가 의도적인 자기노출을 한다.
> ㄹ. 집단성원의 행동과 태도가 불일치하는 경우에 직면을 통해 지적한다.

① ㄱ   ② ㄱ, ㄷ

③ ㄴ, ㄹ   ④ ㄱ, ㄷ, ㄹ

⑤ ㄱ, ㄴ, ㄷ, ㄹ

48 사회목표모델에 관한 내용에 해당하지 않는 것은?

① 자원 개발의 과제

② 민주적 의사결정 방식

③ 인본주의이론에 근거

④ 사회복지사의 촉진자 역할

⑤ 성원 간 소속감과 결속력 강조

49 다음에 해당되는 기록방법은?

- 교육과 훈련의 중요한 수단이며, 자문의 근거자료로 유용
- 면담전개 과정을 시간의 흐름에 따라 기술하는 방식
- 사회복지사 자신의 행동분석을 통해 사례에 대한 개입능력 향상에 도움

① 과정기록
② 문제중심기록
③ 이야기체기록
④ 정보시스템을 이용한 기록
⑤ 요약기록

50 다음에 해당하는 단일사례설계의 유형은?

친구를 사귀는 데 어려움을 갖고 있는 여름이와 겨울이는 사회복지기관을 찾아가 대인관계향상 프로그램에 참여하게 되었다. 먼저 두 사람은 대인관계 수준을 측정하였으며, 여름이는 곧바로 대인관계 훈련을 시작하여 변화정도를 측정하고 있다. 3주간 시간차를 두고 겨울이의 대인관계 훈련을 시작하고 그 변화를 관찰하였다.

① AB
② BAB
③ ABC
④ ABAB
⑤ 다중기초선설계

51 다음은 길버트와 스펙트(N. Gilbert & H. Specht)의 지역사회 기능 중 무엇에 해당되는가?

구성원들이 지역사회의 다양한 사회적 규범을 준수하고 순응하게 하는 것

① 생산 · 분배 · 소비 기능
② 의사소통 기능
③ 사회치료 기능
④ 상부상조 기능
⑤ 사회통제 기능

52 다음의 설명에 해당하는 지역사회복지 이념은?

- 개인의 자유와 권리 증진의 순기능이 있다.
- 의견수렴과정을 통해 합리적 의사결정을 할 수 있다.
- 지역주민의 공동체의식을 강화한다.

① 정상화
② 주민참여
③ 네트워크
④ 전문화
⑤ 탈시설화

53 한국의 지역사회복지 역사에 관한 설명으로 옳은 것은?

① 1960년대 – 지역자활센터 설치 · 운영
② 1970년대 – 사회복지관 운영 국고보조금 지원
③ 1980년대 – 희망복지지원단 설치 · 운영
④ 1990년대 – 재가복지봉사센터 설치 · 운영
⑤ 2010년대 – 사회복지사무소 시범 설치 · 운영

54 영국의 지역사회복지 역사에 관한 설명으로 옳지 않은 것은?

① 중복구호 방지를 위해 자선조직협회가 설립되었다.
② 1884년에 토인비 홀(Toynbee Hall)이 설립되었다.
③ 정신보건법 제정에 따라 지역사회보호가 법률적으로 규정되었다.
④ 하버트(Harbert) 보고서는 헐하우스(Hull House) 건립의 기초가 되었다.
⑤ 그리피스(Griffiths) 보고서는 지역사회보호의 일차적 책임주체가 지방정부임을 강조하였다.

55 갈등이론에 관한 설명으로 옳은 것은?

① 이익과 보상으로 사회적 관계가 유지된다.
② 특정집단이 지닌 문화의 의미를 해석한다.
③ 지역사회는 상호의존적인 부분들로 구성되어 있다.
④ 조직구조 개발에 자원 동원 과정을 중요하게 여긴다.
⑤ 이해관계의 대립을 불평등한 분배로 설명한다.

56 다음 A지역의 변화를 분석하기 위한 지역사회복지 실천이론은?

> A지역은 외국인 노동자의 유입으로 특정 국적의 외국인 주거 공동체가 형성되기 시작하면서 주민 간 갈등이 발생하였다.

① 생태학이론   ② 사회학습이론
③ 엘리트주의이론   ④ 교환이론
⑤ 다원주의이론

57 지역사회복지를 권력의존이론의 관점에서 설명한 것을 모두 고른 것은?

> ㄱ. 장애인 편의시설 설치를 위해 다양한 장애인 단체가 의사결정에 참여하도록 한다.
> ㄴ. 노인복지관은 은퇴 노인의 재능을 활용한 봉사활동을 기획한다.
> ㄷ. 사회복지관은 지방정부로부터 보조금 집행에 대한 지도점검을 받았다.

① ㄱ   ② ㄷ
③ ㄱ, ㄴ   ④ ㄱ, ㄷ
⑤ ㄱ, ㄴ, ㄷ

58 지역사회복지실천의 원칙으로 옳지 않은 것은?

① 지역사회 기관 간 협력관계 구축
② 지역사회 특성을 반영한 계획 수립
③ 지역사회 문제 인식의 획일화
④ 욕구 가변성에 따른 실천과정의 변화 이해
⑤ 지역사회 변화에 초점을 둔 개입

59 다음에서 설명하는 웨일과 갬블(M. Weil & D. Gamble)의 지역사회복지 실천모델은?

> • 공통 관심사나 특정 이슈에 대한 정책, 행위, 인식의 변화에 초점
> • 일반대중 및 정부기관을 변화의 표적체계로 파악
> • 조직가, 촉진자, 옹호자, 정보전달자를 사회복지사의 주요 역할로 인식

① 사회계획
② 기능적 지역사회조직
③ 프로그램 개발과 지역사회 연계
④ 연합
⑤ 정치사회행동

60 로스만(J. Rothman)의 지역사회복지 실천모델에 관한 설명으로 옳은 것을 모두 고른 것은?

> ㄱ. 지역사회개발모델은 지역사회구성원의 조직화를 주요 실천과정으로 본다.
> ㄴ. 지역사회개발모델의 변화 매개체는 공식적 조직과 객관적 자료이다.
> ㄷ. 사회계획모델에서 사회복지사의 핵심 역할은 협상가, 옹호자이다.
> ㄹ. 사회행동모델에서는 지역사회 내 집단들이 갈등관계로 인해 타협과 조정이 어렵다고 본다.

① ㄱ, ㄷ
② ㄱ, ㄹ
③ ㄴ, ㄷ
④ ㄱ, ㄴ, ㄹ
⑤ ㄱ, ㄷ, ㄹ

61 테일러와 로버츠(S. Taylor & R. Roberts)의 지역사회복지 실천모델에 관한 설명으로 옳지 않은 것은?

① 프로그램 개발과 조정 : 지역주민의 역량강화 및 지도력 개발에 관심
② 계획 : 구체적 조사전략 및 기술 강조
③ 지역사회연계 : 지역사회 문제해결을 위한 관계망 구축 강조
④ 지역사회개발 : 지역주민의 참여와 자조 중시
⑤ 정치적 역량강화 : 상대적으로 권력이 약한 시민의 권한 강화에 관심

62 지역사회복지 실천과정에서 다음 과업이 수행되는 단계는?

> • 재정자원의 집행
> • 추진인력의 확보 및 활용
> • 협력과 조정을 위한 네트워크 구축

① 문제발견 및 분석단계
② 사정 및 욕구 파악단계
③ 계획단계
④ 실행단계
⑤ 점검 및 평가단계

63 지역사회 욕구사정 방법에 관한 설명으로 옳은 것은?

① 명목집단기법 : 지역주민으로부터 설문조사를 통해 직접적으로 자료를 획득
② 초점집단기법 : 전문가 패널을 대상으로 반복된 설문을 통해 합의에 이를 때까지 의견을 수렴
③ 델파이기법 : 정부기관이나 사회복지관련 조직에 의해 수집된 기존 자료를 활용
④ 지역사회포럼 : 지역주민이 참여할 수 있는 공개 모임을 개최하여 구성원의 의견을 모색
⑤ 사회지표분석 : 지역사회 문제를 잘 파악하고 있는 사람들을 대상으로 정보를 확보

64 다음에 제시된 사회복지사의 핵심 역할은?

> A지역은 저소득가구 밀집지역으로 방임, 결식 등 취약계층 아동 비율이 높은 곳이다. 사회복지사는 지역사회 아동의 안전한 보호와 부모의 양육부담 완화를 위해 아동돌봄시설 확충을 위한 서명운동 및 조례제정 입법 활동을 하였다.

① 옹호자
② 교육자
③ 중재자
④ 자원연결자
⑤ 조정자

65 지역사회복지 실천기술 중 연계에 관한 내용으로 옳지 않은 것은?

① 인적 · 물적 자원의 효율적 관리
② 사회복지사의 자원 네트워크 확장
③ 지역의 사회적 자본 확대
④ 클라이언트 중심의 통합적 서비스 제공
⑤ 지역주민 권익향상을 위한 사회행동

66 다음 사례에서 사회복지사가 활용한 기술은?

> A사회복지사는 독거노인이 따뜻한 겨울을 보낼 수 있도록 지역 내 종교단체에 예산과 자원봉사자를 지원해 줄 것을 요청하였다.

① 조직화　　　　　② 옹호
③ 자원개발 및 동원　④ 협상
⑤ 교육

67 지방분권에 관한 설명으로 옳은 것은?

① 사회보험제도의 지방분권이 확대되고 있다.
② 주민참여로 권력의 재분배가 이루어진다.
③ 지역주민의 욕구에 대한 민감성이 약화된다.
④ 복지수준의 지역 간 균형이 이루어진다.
⑤ 중앙정부의 사회적 책임성이 강화된다.

68 시·군·구 지역사회보장계획에 관한 설명으로 옳은 것을 모두 고른 것은?

> ㄱ. 시·군·구 지역사회보장협의체의 보고와 의회의 심의를 거쳐야 한다.
> ㄴ. 「사회보장급여의 이용·제공 및 수급권자 발굴에 관한 법률」에 의거한다.
> ㄷ. 시행 연도의 전년도 11월 30일까지 수립하여 제출하여야 한다.
> ㄹ. 4년마다 수립하고 매년 연차별 시행계획을 수립해야 한다.

① ㄱ, ㄴ　　　　　② ㄱ, ㄷ
③ ㄴ, ㄹ　　　　　④ ㄱ, ㄴ, ㄹ
⑤ ㄴ, ㄷ, ㄹ

69 지역사회보장협의체의 실무협의체 운영에 관한 설명으로 옳은 것은?

① 사회보장업무를 담당하는 공무원은 제외된다.
② 위원장 1명을 포함하여 10명 미만의 위원으로 구성한다.
③ 지역사회보장계획과 관련된 조례를 제정한다.
④ 시·군·구의 사회보장급여 제공에 관한 사항을 심의·자문한다.
⑤ 전문성 원칙에 따라 현장 전문가를 중심으로 구성한다.

70 자원봉사활동 추진체계의 역할로 옳지 않은 것은?

① 보건복지부 : 자원봉사활동의 진흥을 위한 국가 기본계획 수립
② 지방자치단체 : 자원봉사센터 운영을 위한 예산 지원
③ 중앙자원봉사센터 : 자원봉사센터 정책 개발 및 연구
④ 시·도 자원봉사센터 : 자원봉사 프로그램 개발 및 보급
⑤ 시·군·구 자원봉사센터 : 지역 자원봉사 거점 역할 수행

71 사회복지관 사업 내용 중 지역사회 조직화 기능에 해당하는 것은?

① 독거노인을 위한 도시락 배달
② 한부모가정 아동을 위한 문화 프로그램 제공
③ 아동 자립생활 지원을 위한 후원자 개발
④ 학교 밖 청소년을 위한 직업기능 교육
⑤ 장애인 일상생활 지원을 위한 서비스 제공

72 사회적기업에 관한 설명으로 옳은 것을 모두 고른 것은?

> ㄱ. 유급근로자를 고용하여 영업활동을 해야 사회적 기업으로 인증받을 수 있다.
> ㄴ. 조직형태는 민법에 따른 조합, 상법에 따른 회사, 특별법에 따른 법인 등이 있다.
> ㄷ. 보건복지부로부터 사회적기업으로 인증을 받아야 활동할 수 있다.
> ㄹ. 서비스 수혜자, 근로자 등 이해관계자가 참여하는 의사결정 구조를 갖추어야 한다.

① ㄱ, ㄴ   ② ㄱ, ㄷ
③ ㄴ, ㄷ   ④ ㄱ, ㄴ, ㄹ
⑤ ㄱ, ㄷ, ㄹ

73 지역사회복지실천에서 지역주민 참여수준이 높은 것에서 낮은 것 순서로 옳게 나열한 것은?

> ㄱ. 계획단계에 참여   ㄴ. 조직대상자
> ㄷ. 단순정보수혜자   ㄹ. 의사결정권 행사

① ㄴ－ㄷ－ㄹ－ㄱ   ② ㄷ－ㄱ－ㄴ－ㄹ
③ ㄷ－ㄴ－ㄱ－ㄹ   ④ ㄹ－ㄱ－ㄴ－ㄷ
⑤ ㄹ－ㄴ－ㄱ－ㄷ

74 지역사회복지운동에 관한 설명으로 옳은 것은?

① 사회복지전문가 중심의 활동으로 이루어진다.
② 목적지향적인 조직적 활동이다.
③ 운동의 초점은 정치권력의 장악이다.
④ 지역사회의 구조적 문제는 배제된다.
⑤ 지역사회복지운동단체는 서비스제공 활동을 하지 않는다.

75 최근 복지전달체계의 동향으로 옳지 않은 것은?

① 사회복지 전담인력의 확충
② 수요자 중심 복지서비스 제공
③ 통합사례관리의 축소
④ 민·관 협력의 활성화
⑤ 보건과 연계한 서비스의 통합성 강화

6과목 | 사회복지정책론

01 1942년 베버리지 보고서에서 규정한 5대 악에 해당되지 않는 것은?

① 무지   ② 질병
③ 산업재해   ④ 나태
⑤ 결핍(궁핍)

02 사회복지정책 평가가 갖는 특징으로 옳지 않은 것은?

① 정치적이다.   ② 실용적이다.
③ 종합학문적이다.   ④ 기술적이다.
⑤ 가치중립적이다.

03 롤스(J. Rawls)의 정의론(공정으로서의 정의)에 관한 설명으로 옳은 것은?

① 제1원칙은 기본적 자유에 대한 동등한 권리이다.
② 기회의 균등보다는 결과의 평등이 더 중요하다.
③ 사회경제적 불평등은 어떠한 경우라도 허용될 수 없다.
④ 최대다수의 최대행복을 추구한다.
⑤ 정당한 소유와 합법적인 이전은 정의로운 결과를 가져온다.

04 다음 중 사회복지정책이 필요한 이유를 모두 고른 것은?

> ㄱ. 국민의 생존권 보장
> ㄴ. 사회통합의 증진
> ㄷ. 개인의 자립성 증진
> ㄹ. 능력에 따른 분배

① ㄱ, ㄴ   ② ㄴ, ㄷ
③ ㄴ, ㄹ   ④ ㄱ, ㄴ, ㄷ
⑤ ㄱ, ㄷ, ㄹ

05 사회복지정책의 발달이론 중 의회민주주의의 정착과 노동자계급의 조직화된 힘을 강조하는 이론은?

① 산업화론   ② 권력자원이론
③ 확산이론   ④ 사회양심이론
⑤ 국가중심이론

06 영국 구빈제도의 역사에 관한 설명으로 옳지 않은 것은?

① 1601년 엘리자베스 빈민법은 빈민을 노동능력 있는 빈민, 노동능력 없는 빈민, 빈곤 아동으로 분류하였다.
② 1662년 정주법은 부랑자들의 자유로운 이동을 금지하였다.
③ 1782년 길버트법은 원외구제를 허용하였다.
④ 1795년 스핀햄랜드법은 열등처우의 원칙을 명문화하였다.
⑤ 1834년 신빈민법은 노동능력이 있는 빈민에 대한 원외구제를 폐지하였다.

07 조지(V. George)와 윌딩(P. Wilding)이 제시한 이념 중 소극적 집합주의에 관한 설명으로 옳은 것은?

① 시장에 대한 국가개입을 최소화하고 개인의 소극적 자유를 극대화하는 것이 바람직하다.
② 개인의 적극적 자유를 보장하기 위해서는 철저한 계획경제와 생산수단의 국유화가 필요하다.
③ 환경과 생태의 관점에서 자본주의의 성장과 복지국가의 확대는 지속 가능하지 않다.
④ 복지국가는 노동의 성(Gender) 분업과 자본주의 가부장제를 고착화시키는 역할을 한다.
⑤ 시장의 약점을 보완하고 불평등과 빈곤에 대응하기 위하여 실용적인 국가개입이 필요하다.

08 에스핑 – 안데르센(G. Esping – Andersen)의 복지국가 유형에 관한 설명으로 옳지 않은 것은?

① 탈상품화 정도, 계층화 정도 등에 따라 복지국가를 3가지 유형으로 분류하였다.
② 탈상품화는 돌봄이나 서비스 부담을 가족에게 의존하지 않는 정도를 의미한다.
③ 사회민주주의 복지국가는 탈상품화 정도가 높고 보편적 사회서비스를 제공한다.
④ 보수주의 복지국가에서 사회보험은 직업집단 등에 따라 분절적으로 운영된다.
⑤ 자유주의 복지국가는 공공부조의 역할이 크고 탈상품화 정도는 낮다.

09 우리나라 의료보장제도(국민건강보험, 의료급여)에서 시행하고 있는 것 중 의료비 절감효과와 관련이 가장 적은 것은?

① 포괄수가제
② 의료급여 사례관리제도
③ 건강보험급여 심사평가제도
④ 행위별 수가제
⑤ 본인일부부담금

10 「조세특례제한법」상의 '총급여액 등'을 기준으로 근로장려금 산정방식을 다음과 같이 설계하였다고 가정할 때, 총급여액 등에 따른 근로장려금 계산 결과로 옳지 않은 것은?

- 총급여액 등 1,000만 원 미만 : 근로장려금 = 총급여액 등 × 100분의 20
- 총급여액 등 1,000만 원 이상 1,200만 원 미만 : 근로장려금 200만 원
- 총급여액 등 1,200만 원 이상 3,200만 원 미만 : 근로장려금 = 200만 원 – (총급여액 등 – 1,200만 원) × 100분의 10
- ※ 재산, 가구원 수, 부양아동 수, 소득의 종류 등 다른 조건은 일체 고려하지 않음

① 총급여액 등이 500만 원일 때, 근로장려금 100만 원
② 총급여액 등이 1,100만 원일 때, 근로장려금 200만 원
③ 총급여액 등이 1,800만 원일 때, 근로장려금 150만 원
④ 총급여액 등이 2,200만 원일 때, 근로장려금 100만 원
⑤ 총급여액 등이 2,700만 원일 때, 근로장려금 50만 원

11 최근 10년간 국민기초생활보장제도의 변화에 관한 설명으로 옳은 것을 모두 고른 것은?

> ㄱ. 수급자격 중 부양의무자 기준은 완화되었다.
> ㄴ. 기준중위소득은 2015년 이후 지속적으로 인상되었다.
> ㄷ. 교육급여가 신설되었다.
> ㄹ. 근로능력평가 방식이 변화되었다.

① ㄱ, ㄴ　　　　　　② ㄱ, ㄷ
③ ㄱ, ㄹ　　　　　　④ ㄴ, ㄹ
⑤ ㄱ, ㄴ, ㄹ

12 사회보험과 비교하여 공공부조제도의 장점으로 옳은 것은?

① 대상효율성이 높다.
② 가입률이 높다.
③ 수급자에 대한 낙인을 예방할 수 있다.
④ 행정비용이 발생하지 않는다.
⑤ 수평적 재분배 효과가 크다.

13 우리나라가 시행하고 있는 취약계층 취업지원 제도에 관한 설명으로 옳은 것은?

① 노인 일자리사업의 총괄 운영기관은 대한노인회이다.
② 장애인고용의무제도는 모든 사업체에 적용된다.
③ 맞춤형 취업지원서비스로 취업성공패키지가 운영되고 있다.
④ 모든 국민기초생활보장 수급자는 반드시 자활사업에 참여해야 한다.
⑤ 고령자를 채용하지 않는 기업은 정부에 부담금을 납부해야 한다.

14 우리나라 고용보험과 산업재해보상보험에 관한 설명으로 옳은 것은?

① 소득활동 중 발생할 수 있는 소득상실 위험에 대한 사회안전망이라는 공통점을 가지고 있다.
② 구직급여는 구직활동 여부와 관계없이 지급된다.
③ 고용형태 및 근로시간에 관계없이 모든 근로자는 두 보험의 적용을 받는다.
④ 장해급여는 산업재해를 입은 모든 근로자에게 지급된다.
⑤ 두 보험의 가입자 보험료율은 동일하다.

15 다음 중 상대적 빈곤선을 설정(측정)하는 방식으로 옳은 것을 모두 고른 것은?

> ㄱ. 중위소득의 일정 비율
> ㄴ. 라이덴(Leyden) 방식
> ㄷ. 반물량 방식
> ㄹ. 라운트리(Rowntree) 방식
> ㅁ. 타운센드(Townsend) 방식

① ㄱ, ㄴ　　　　　　② ㄱ, ㅁ
③ ㄴ, ㅁ　　　　　　④ ㄷ, ㄹ
⑤ ㄱ, ㄷ, ㄹ

16 우리나라 사회보험의 운영 원리에 관한 설명으로 옳지 않은 것은?

① 수익자 부담 원칙을 전제로 하고 있다.
② 사회보험은 수평적 또는 수직적 재분배 기능이 있다.
③ 가입자의 보험료율은 사회보험 종류별로 다르다.
④ 사회보험급여는 피보험자와 보험자 간 계약에 의해 규정된 법적 권리이다.
⑤ 모든 사회보험 업무가 통합되어 1개 기관에서 운영된다.

17 우리나라 사회보험방식의 공적연금에 관한 설명으로 옳은 것을 모두 고른 것은?

> ㄱ. 국민연금과 특수직역연금으로 구분하여 운영되고 있다.
> ㄴ. 국민연금이 가장 먼저 시행되었다.
> ㄷ. 2022년 12월 말 기준 공적연금 수급개시 연령은 동일하다.
> ㄹ. 가입자의 노령(퇴직), 장애(재해), 사망으로 인한 소득중단 시 급여를 지급한다.

① ㄱ, ㄴ   ② ㄱ, ㄹ
③ ㄱ, ㄴ, ㄹ   ④ ㄱ, ㄷ, ㄹ
⑤ ㄴ, ㄷ, ㄹ

18 길버트(N. Gilbert)와 테렐(P. Terrell)이 주장한 사회복지전달체계 재구조화 전략으로 옳지 않은 것은?

① 수급자 수요 강화
② 기관들의 동일 장소 배치
③ 사례별 협력
④ 관료적 구조로부터의 전문가 이탈
⑤ 시민 참여

19 사회복지정책의 주체 및 그 역할에 관한 설명으로 옳지 않은 것은?

① 긍정적 외부효과가 큰 영역은 민간부문이 담당하는 것이 바람직하다.
② 사회복지정책의 주체는 국가, 지방자치단체, 공공복지기관 등 다양하다.
③ 공공재적 성격이 강한 재화나 서비스는 공공부문이 개입하는 것이 바람직하다.
④ 정보의 비대칭성이 강한 영역은 정부가 개입하는 것이 바람직하다.
⑤ 민간복지기관은 정부 및 공공기관에 의하여 권한을 위임받은 경우 사회복지정책의 주체가 될 수 있다.

20 사회복지정책분석에서 산물(Product) 분석의 한계에 관한 설명으로 옳은 것은?

① 정해진 틀에 따라 사회복지정책 내용을 분석함으로써 적용된 사회적 가치를 평가하기 쉽다.
② 사회복지정책의 방향성을 제시하기가 용이하다.
③ 현행 사회복지정책에서 배제되고 차별받는 사람들의 욕구를 파악하기 쉽다.
④ 산물분석 결과는 기존의 사회주류적 입장을 대변할 가능성이 높다.
⑤ 사회복지정책의 구체적인 대안을 담아내기 쉽다.

21 길버트(N. Gilbert)와 테렐(P. Terrell)이 제시한 사회적 효과성에 관한 설명으로 옳은 것은?

① 수급자격을 얻기 위해 개인의 특수한 욕구가 선별적인 세밀한 조사에 노출될 수밖에 없다.
② 사람들이 사회의 평등한 구성원으로 어느 정도나 대우받는가에 따라 판단하는 것이다.
③ 시민권은 수급권을 얻을 수 있는 자격이 안 된다.
④ 급여를 신청할 때 까다로운 행정절차가 반드시 필요하다.
⑤ 사회적 효과성은 단기적 비용절감을 목표로 한다.

22 정책결정모형 중 드로어(Y. Dror)가 제시한 최적모형에 관한 설명으로 옳은 것을 모두 고른 것은?

> ㄱ. 합리모형과 점증모형의 단순혼합이 아닌 정책성과를 최적화하려는 데 초점을 둔다.
> ㄴ. 합리적 요소와 초합리적 요소를 다 고려하는 질적 모형이다.
> ㄷ. 초합리성의 구체적인 달성 방법에 대한 명확한 설명이 제시되었다.
> ㄹ. 정책결정을 체계론적 시각에서 파악한다.
> ㅁ. 정책결정과정에서 실현 가능성이 낮다는 비판이 있다.

① ㄱ, ㄴ   ② ㄱ, ㄷ, ㄹ
③ ㄱ, ㄴ, ㄹ, ㅁ   ④ ㄱ, ㄷ, ㄹ, ㅁ
⑤ ㄴ, ㄷ, ㄹ, ㅁ

23 사회복지정책 급여의 적절성에 관한 설명으로 옳지 않은 것은?

① 인간다운 생활을 할 수 있는 수준의 급여를 제공하는 것을 말한다.
② 기초연금 지급액 인상은 적절성 수준을 높여줄 수 있다.
③ 급여를 받는 사람의 삶의 질에 대한 관심의 표현이다.
④ 일정한 수준의 물질적, 정신적 복지를 제공해야 한다는 것과 관련된다.
⑤ 적절성에 대한 기준은 시간과 환경에 따라 변하지 않는다.

24 사회복지운동에 관한 설명으로 옳은 것을 모두 고른 것은?

> ㄱ. 민간이 사회복지에 대한 특정 견해를 가지고 이를 관철시키려는 실천이다.
> ㄴ. 노동운동·시민운동·여성운동 단체 등 다양한 주체들이 관심과 역량을 투여하는 사회운동의 한 분야이다.
> ㄷ. 사회복지종사자들이 갖고 있는 전문성을 실현하는 중요한 통로의 하나이다.
> ㄹ. 우리나라의 사회복지역사에서 정부는 사회복지운동단체의 의견을 모두 수용하였다.

① ㄱ, ㄷ   ② ㄴ, ㄹ
③ ㄱ, ㄴ, ㄷ   ④ ㄴ, ㄷ, ㄹ
⑤ ㄱ, ㄴ, ㄷ, ㄹ

25 우리나라에서 시행 중인 소득보장제도에 관한 설명으로 옳지 않은 것은?

① 기초연금은 노인의 생활안정 지원을 목적으로 한다.
② 장애정도가 심하지 않은 장애인은 장애인연금을 받을 수 없다.
③ 장애수당은 장애로 인해 발생하는 추가비용을 보전하기 위해 도입되었다.
④ 만 10세 아동은 아동수당을 받을 수 있다.
⑤ 저소득 한부모가족에게는 아동양육비가 지급될 수 있다.

26 한국 사회복지행정의 역사에 관한 설명으로 옳지 않은 것은?

① 1950~1960년대 사회복지서비스는 주로 외국 원조단체들에 의해 제공되었다.
② 1970년대 「사회복지사업법」 제정으로 사회복지시설에 대한 제도적 지원과 감독의 근거가 마련되었다.
③ 1980년대에 사회복지전문요원제도가 도입되었다.
④ 1990년대에 사회복지시설 평가제도가 도입되었다.
⑤ 2000년대에 사회복지관에 대한 정부 보조금 지원이 제도화되었다.

27 사회복지행정의 기능에 관한 설명으로 옳은 것을 모두 고른 것은?

ㄱ. 기획(Planning) : 조직의 목적과 목표달성 방법을 설정하는 활동
ㄴ. 조직화(Organizing) : 조직의 활동을 이사회와 행정기관 등에 보고하는 활동
ㄷ. 평가(Evaluating) : 설정된 목표에 따라 성과를 평가하는 활동
ㄹ. 인사(Staffing) : 직원 채용, 해고, 교육, 훈련 등의 활동

① ㄱ, ㄴ
② ㄱ, ㄷ
③ ㄱ, ㄷ, ㄹ
④ ㄴ, ㄷ, ㄹ
⑤ ㄱ, ㄴ, ㄷ, ㄹ

28 사회복지행정의 특징에 관한 설명으로 옳은 것은?

① 서비스 성과를 평가하기 어렵다.
② 사회복지행정가는 가치중립적이어야 한다.
③ 서비스 효율성은 고려하지 않는다.
④ 재정관리는 사회복지행정에 포함되지 않는다.
⑤ 직무환경에 관계없이 획일적으로 운영된다.

29 다음에서 설명하는 조직이론은?

- 인간의 사회적, 심리적, 정서적 욕구 강조
- 조직 내 비공식 집단의 중요성 인식
- 조직 내 개인은 감정적이며 비물질적 보상에 민감하게 반응

① 과학적 관리론
② 관료제론
③ 인간관계론
④ 행정관리론
⑤ 자원의존론

30 베버(M. Weber)가 제시한 이상적 관료제형으로 옳지 않은 것은?

① 공식적 위계와 업무처리 구조
② 전문성에 근거한 분업 구조
③ 전통적 권위에 의한 조직 통제
④ 직무 범위와 권한의 명확화
⑤ 조직의 기능은 규칙에 의해 제한

31 신공공관리론(New Public Management)에 관한 설명으로 옳지 않은 것은?

① 공공서비스 공급에 있어 정부실패를 해결하기 위해 대두하였다.
② 신자유주의에 이론적 기반을 둔다.
③ 시장의 경쟁원리를 공공행정에 도입하였다.
④ 민간이 공급하던 서비스를 정부가 직접 공급하도록 하였다.
⑤ 정부, 시장, 시민사회의 협치를 추구한다.

32 하센필드(Y. Hasenfeld)가 제시한 휴먼서비스 조직의 특성으로 옳지 않은 것은?

① 인간을 원료(Raw Material)로 한다.
② 클라이언트와의 직접적 관계 속에서 활동한다.
③ 조직의 목표가 불확실하며 모호해지기 쉽다.
④ 조직의 업무과정에서 주로 전문가에 의존한다.
⑤ 목표달성을 위해 명확한 지식과 기술을 사용한다.

33 조직구조에 관한 설명으로 옳은 것은?

① 조직규모가 커질수록 공식화 정도가 낮아진다.
② 공식화 정도가 높을수록 직원의 재량권이 줄어든다.
③ 과업의 종류가 많을수록 수직적 분화가 늘어난다.
④ 분권화 정도가 높을수록 최고관리자에게 조직 통제권한이 집중된다.
⑤ 집권화 정도가 높을수록 직원의 권한과 책임의 범위가 모호해진다.

34 다음 사례에 해당하는 현상은?

A사회복지기관은 프로그램 운영 성과를 높이기 위해 기부금 모금실적을 직원 직무평가에 반영하기로 했다. 직원들이 직무평가에서 높은 점수를 받기 위해 모금활동에 더 많은 시간과 노력을 기울이게 되면서 오히려 프로그램 운영 성과는 저조하게 되었다.

① 리스트럭처링(Restructuring)
② 목적전치(Goal Displacement)
③ 크리밍(Creaming)
④ 소진(Burnout)
⑤ 다운사이징(Downsizing)

35 리더십이론에 관한 설명으로 옳지 않은 것은?

① 상황이론에 의하면 상황에 따라 적합하게 대응하는 리더십이 효과적이다.
② 행동이론에서 컨트리클럽형(Country Club Management)은 사람에 대한 관심과 일에 대한 관심이 모두 높은 리더이다.
③ 행동이론에서 과업형은 일에만 관심이 있고 사람에 대해서는 전혀 관심이 없는 리더이다.
④ 서번트 리더십(Servant Leadership)은 사회복지조직 관리에 적합한 리더십이 될 수 있다.
⑤ 생산성 측면에서 서번트 리더십은 자발적 행동의 정도를 중시한다.

36 사회복지조직의 인적자원관리에 관한 설명으로 옳지 않은 것은?

① 동기부여를 위한 보상관리는 해당되지 않는다.
② 직원채용, 직무수행 평가, 직원개발을 포함한다.
③ 목표관리법(MBO)으로 직원을 평가할 수 있다.
④ 직무수행 과정에서 경력을 개발해 나갈 수 있도록 한다.
⑤ 직무만족도 개선과 소진관리가 포함된다.

37 직무기술서에 관한 설명으로 옳은 것을 모두 고른 것은?

ㄱ. 작업조건을 파악해서 작성한다.
ㄴ. 직무수행을 위한 책임과 행동을 명시한다.
ㄷ. 종사자의 교육수준, 기술, 능력 등을 포함한다.
ㄹ. 직무의 성격, 내용, 수행 방법 등을 정리한 문서이다.

① ㄱ, ㄴ   ② ㄱ, ㄷ
③ ㄱ, ㄴ, ㄹ   ④ ㄴ, ㄷ, ㄹ
⑤ ㄱ, ㄴ, ㄷ, ㄹ

38 사회복지 슈퍼비전에 관한 설명으로 옳지 않은 것은?

① 행정적 기능, 교육적 기능, 지지적 기능이 있다.
② 소진 발생 및 예방에 영향을 미친다.
③ 동료집단 간에는 슈퍼비전이 수행되지 않는다.
④ 슈퍼바이저는 직속상관이나 중간관리자가 주로 담당한다.
⑤ 직무를 수행하면서 훈련을 받을 수 있다는 장점이 있다.

39 예산에 관한 설명으로 옳은 것은?

① 영기준 예산(Zero Based Budgeting)은 전년도 예산 내역을 반영하여 수립한다.
② 계획 예산(Planning Programming Budgeting System)은 국가의 단기적 계획 수립을 위한 장기적 예산편성 방식이다.
③ 영기준 예산(Zero Based Budgeting)은 비용-편익분석, 비용-효과분석을 거치지 않고 수립한다.
④ 성과주의 예산(Performance Budgeting)은 전년도 사업의 성과를 고려하지 않고 수립한다.
⑤ 품목별 예산(Line Item Budgeting)은 수입과 지출을 항목별로 명시하여 수립한다.

40 한국 사회복지행정체계에 관한 설명으로 옳지 않은 것은?

① 읍·면·동 중심의 서비스 제공에 노력하고 있다.
② 사회서비스는 단일한 공급주체에 의해 제공된다.
③ 위험관리는 위험의 사전예방과 사후관리를 모두 포함한다.
④ 지역사회 통합돌봄(커뮤니티 케어) 시행으로 지역사회 내 보건복지서비스 제공이 확대되고 있다.
⑤ 사회서비스의 개념이 기존의 사회복지서비스를 포괄하고 있다.

41 사회복지조직의 서비스 질 관리에 관한 설명으로 옳은 것은?

① 서비스 질 관리를 위하여 위험관리가 필요하다.
② 총체적 품질관리(TQM)는 기업의 소비자 만족을 극대화하기 위한 기법이므로 사회복지기관에 적용하기에는 적합하지 않다.
③ 총체적 품질관리는 지속적인 개선보다는 현상유지에 초점을 둔다.
④ 서브퀄(SERVQUAL)의 요소에 확신성(Assurance)은 포함되지 않는다.
⑤ 서브퀄에서 유형성(Tangible)은 고객 요청에 대한 즉각적 반응을 말한다.

42 한국의 사회복지전달체계 개편 순서를 올바르게 나열한 것은?

ㄱ. 주민생활지원서비스 전달체계
ㄴ. 사회복지통합관리망(행복e음) 개통
ㄷ. 읍·면·동 복지허브화
ㄹ. 지역사회 통합돌봄

① ㄱ-ㄴ-ㄷ-ㄹ   ② ㄱ-ㄴ-ㄹ-ㄷ
③ ㄱ-ㄷ-ㄴ-ㄹ   ④ ㄴ-ㄱ-ㄷ-ㄹ
⑤ ㄴ-ㄷ-ㄱ-ㄹ

43 사회복지조직의 의사결정모형에 관한 설명으로 옳은 것은?

① 점증모형은 여러 대안을 평가하여 합리적 평가 순위를 정하는 모형이다.
② 연합모형은 경제적·시장 중심적 시각에서 이루어지는 모형이다.
③ 만족모형은 주로 해결해야 할 문제가 분명하고 단순한 의사결정에 적용된다.

④ 쓰레기통모형은 조직의 목표가 모호하고, 조직의 기술이 막연한 경우에 적용되는 모형이다.

⑤ 공공선택모형은 시민들을 공공재의 생산자로 규정하고 정부를 소비자로 규정한다.

44 사회복지정보화에 관한 설명으로 옳지 않은 것은?

① 조직의 업무효율성을 증대시킬 수 있다.
② 대상자 관리의 정확성, 객관성을 확보할 수 있다.
③ 클라이언트에 대한 사생활침해 가능성이 높아졌다.
④ 학습조직의 필요성이 감소하였다.
⑤ 사회복지행정가가 정보를 체계적으로 다룰 수 있다.

45 비영리조직 마케팅의 특성으로 옳지 않은 것은?

① 이윤추구보다는 사회적 가치 실현에 주안점을 둔다.
② 마케팅에서 교환되는 것은 유형의 재화보다는 무형의 서비스가 대부분이다.
③ 영리조직에 비해 인간의 태도나 행동을 변화시키는 것이 어렵다.
④ 서비스의 생산과 소비의 동시성을 고려한다.
⑤ 조직의 목표달성과 측정이 용이하다.

46 마케팅믹스 4P에 관한 설명으로 옳은 것을 모두 고른 것은?

> ㄱ. 유통(Place) : 고객이 서비스를 쉽게 이용할 수 있도록 하는 조직적 활동
> ㄴ. 가격(Price) : 판매자가 이윤 극대화를 위하여 임의로 설정하는 금액
> ㄷ. 제품(Product) : 고객의 욕구를 충족시키기 위하여 제공하는 재화나 서비스
> ㄹ. 촉진(Promotion) : 판매 실적에 따라 직원을 승진시키는 제도

① ㄱ, ㄴ   ② ㄱ, ㄷ
③ ㄱ, ㄴ, ㄷ   ④ ㄴ, ㄷ, ㄹ
⑤ ㄱ, ㄴ, ㄷ, ㄹ

47 프로그램 평가에 관한 설명으로 옳은 것을 모두 고른 것은?

> ㄱ. 비용-효과분석은 프로그램의 비용과 결과의 금전적 가치를 고려하지 않는다.
> ㄴ. 비용-편익분석은 프로그램의 비용과 결과를 금전적 가치로 환산하여 평가한다.
> ㄷ. 노력성 평가는 프로그램 수행에 투입된 인적·물적 자원 등을 기준으로 평가한다.
> ㄹ. 효과성 평가는 프로그램의 목표 달성 정도를 평가한다.

① ㄱ, ㄴ   ② ㄱ, ㄷ
③ ㄴ, ㄹ   ④ ㄴ, ㄷ, ㄹ
⑤ ㄱ, ㄴ, ㄷ, ㄹ

48 사회복지조직의 혁신에 관한 설명으로 옳은 것은?

① 변혁적 리더십은 부하 직원의 변화를 필요로 하지 않는다.
② 혁신은 목표를 더 효과적으로 달성하기 위한 인위적이고 계획적인 활동이다.
③ 사회환경 변화와 조직 혁신은 무관하다.
④ 조직 내부환경을 고려하지 않고 변화를 추진할 때 혁신이 성공한다.
⑤ 변혁적 리더십은 조직보다는 개인의 사적 이익을 강조한다.

49 비영리 사회복지조직에 관한 설명으로 옳지 않은 것은?

① 수익성과 서비스 질을 고려하지 않고 조직을 운영한다.
② 정부조직에 비해 관료화 정도가 낮다.
③ 국가와 시장이 공급하기 어려운 서비스를 제공할 수 있다.
④ 특정 이익집단을 위한 서비스를 제공할 수 있다.
⑤ 개입대상 선정과 개입방법을 특화할 수 있다.

50 사회복지행정 환경의 변화에 관한 설명으로 옳지 않은 것은?

① 책임성 요구가 높아지고 있다.
② 서비스 이용자의 소비자주권이 강해지고 있다.
③ 빅데이터 활용이 증가하고 있다.
④ 사회서비스 공급에 민간의 참여가 증가하고 있다.
⑤ 기업의 경영관리 기법 도입이 줄어들고 있다.

8과목 | 사회복지법제론

---

51 법률의 제정 연도가 빠른 순서대로 옳게 나열된 것은?

> ㄱ. 「국민기초생활 보장법」
> ㄴ. 「산업재해보상보험법」
> ㄷ. 「사회복지사업법」
> ㄹ. 「고용보험법」
> ㅁ. 「노인복지법」

① ㄱ－ㄴ－ㄷ－ㄹ－ㅁ
② ㄴ－ㄱ－ㅁ－ㄷ－ㄹ
③ ㄴ－ㄷ－ㅁ－ㄹ－ㄱ
④ ㄷ－ㄱ－ㄹ－ㅁ－ㄴ
⑤ ㄷ－ㅁ－ㄴ－ㄹ－ㄱ

52 「헌법」 제34조 규정의 일부이다. ㄱ~ㄷ에 들어갈 내용으로 옳은 것은?

> • 국가는 (ㄱ)·(ㄴ)의 증진에 노력할 의무를 진다.
> • 신체장애자 및 질병·노령 기타의 사유로 생활능력이 없는 국민은 (ㄷ)이 정하는 바에 의하여 국가의 보호를 받는다.

① ㄱ : 사회보장, ㄴ : 사회복지, ㄷ : 법률
② ㄱ : 사회보장, ㄴ : 공공부조, ㄷ : 법률
③ ㄱ : 사회복지, ㄴ : 공공부조, ㄷ : 헌법
④ ㄱ : 사회복지, ㄴ : 사회복지서비스, ㄷ : 헌법
⑤ ㄱ : 공공부조, ㄴ : 사회복지서비스, ㄷ : 법률

53 사회복지법의 역사적 변천에 관한 설명으로 옳은 것을 모두 고른 것은?

> ㄱ. 2014년 「기초노령연금법」이 제정되면서 「기초연금법」은 폐지되었다.
> ㄴ. 1999년 제정된 「국민의료보험법」은 「국민건강보험법」을 대체한 것이다.
> ㄷ. 1973년 제정된 「국민복지연금법」은 1986년 「국민연금법」으로 전부개정되었다.

① ㄱ
② ㄴ
③ ㄷ
④ ㄱ, ㄴ
⑤ ㄴ, ㄷ

54 「사회보장기본법」상 국가와 지방자치단체의 사회보장 운영원칙에 관한 설명으로 옳지 않은 것은?

① 사회보험은 지방자치단체의 책임으로 시행하는 것을 원칙으로 한다.
② 공공부조와 사회서비스는 국가와 지방자치단체의 책임으로 시행하는 것을 원칙으로 한다.
③ 사회보장제도의 급여수준과 비용부담 등에서 형평성을 유지하여야 한다.

④ 사회보장제도를 필요로 하는 모든 국민에게 적용하여야 한다.

⑤ 국민의 다양한 복지욕구를 효율적으로 충족시키기 위하여 연계성과 전문성을 높여야 한다.

55 「사회보장기본법」상 사회보장수급권에 관한 설명으로 옳지 않은 것은?

① 사회보장급여를 받으려는 사람은 국가나 지방자치단체에 신청하는 것을 원칙으로 하고 있다.

② 사회보장수급권은 다른 사람에게 양도하거나 담보로 제공할 수 없다.

③ 사회보장수급권은 원칙적으로 제한되거나 정지될 수 없다.

④ 사회보장수급권은 구두로 통지하여 포기할 수 있다.

⑤ 사회보장수급권의 포기는 취소할 수 있다.

56 「사회보장기본법」상 사회보장위원회에 관한 설명으로 옳은 것은?

① 대통령 소속의 위원회이다.

② 위원장 1명, 부위원장 2명과 행정안전부장관, 고용노동부장관을 포함한 40명 이내의 위원으로 구성한다.

③ 위원의 임기는 3년으로 하되, 공무원인 위원의 임기는 그 재임기간으로 한다.

④ 고용노동부에 사무국을 둔다.

⑤ 관계 중앙행정기관의 장은 위원회의 심의 · 조정 사항을 반영하여 사회보장제도를 운영 또는 개선하여야 한다.

57 자치법규에 관한 설명으로 옳지 않은 것은?

① 지방의회는 규칙 제정권을 갖고 지방자치단체의 장은 조례 제정권을 갖는다.

② 시 · 군 및 자치구의 조례는 시 · 도의 조례를 위반해서는 아니 된다.

③ 사회복지시설의 설치 · 운영 및 관리는 주민의 복지증진과 관련된 지방자치단체의 사무이다.

④ 지방자치단체는 법령의 범위 안에서 자치에 관한 규정을 제정할 수 있다.

⑤ 주민은 지방자치단체의 조례를 제정할 것을 청구할 수 있다.

58 「사회보장급여의 이용 · 제공 및 수급권자의 발굴에 관한 법률」의 내용으로 옳은 것은?

① 시장 · 군수 · 구청장은 중앙생활보장위원회를 둔다.

② 보건복지부장관은 사회보장급여 부정수급 실태조사를 3년마다 실시하고 그 결과를 공개하여야 한다.

③ "수급권자"란 사회보장급여를 제공하는 국가기관과 지방자치단체를 말한다.

④ 보장기관의 업무담당자는 지원대상자가 심신미약 등 대통령령으로 정하는 경우에 해당하면 지원대상자의 동의하에서만 직권으로 사회보장급여의 제공을 신청할 수 있다.

⑤ 보장기관의 장은 지원대상자 발굴체계의 운영 실태를 3년마다 점검하고 개선방안을 마련하여야 한다.

59 「사회복지사업법」상 사회복지서비스 제공의 원칙에 관한 설명으로 옳지 않은 것은?

① 사회복지서비스는 현물로 제공하는 것이 원칙이다.
② 지방자치단체는 사회복지서비스의 품질향상을 위하여 필요한 시책을 마련하여야 한다.
③ 지방자치단체는 사회복지시설의 서비스 환경 등을 평가할 수 있다.
④ 시장·군수·구청장은 보호대상자에게 사회복지서비스 이용권을 지급할 수 있다.
⑤ 보건복지부장관은 사회복지서비스 품질 평가를 위한 전문기관을 직접 설치·운영해야 하며, 관계기관 등에 위탁하여서는 아니 된다.

60 「사회복지사업법」상 사회복지사에 관한 설명으로 옳지 않은 것은?

① 사회복지사의 등급은 1급·2급으로 한다.
② 보건복지부장관은 정신건강사회복지사·의료사회복지사·학교사회복지사의 자격을 부여할 수 있다.
③ 보건복지부장관은 사회복지사가 거짓이나 그 밖의 부정한 방법으로 자격을 취득한 경우 그 자격을 1년의 범위에서 정지할 수 있다.
④ 사회복지법인에 종사하는 사회복지사는 정기적으로 보수교육을 받아야 한다.
⑤ 자신의 사회복지사 자격증은 타인에게 빌려주어서는 아니 된다.

61 「사회복지사업법」상 사회복지시설에 관한 설명으로 옳은 것은?

① 사회복지시설 운영위원회는 심의·의결기구이다.
② 사회복지시설은 손해배상책임의 면책사업자이다.
③ 사회복지시설의 장은 비상근으로 근무할 수 있다.
④ 사회복지시설은 둘 이상의 사회복지사업을 통합하여 수행할 수 있다.
⑤ 지방자치단체는 사회복지시설을 설치·운영하여서는 아니 된다.

62 「국민기초생활 보장법」상 급여의 종류와 방법에 관한 설명으로 옳은 것은?

① 부양의무자가 「병역법」에 따라 징집되거나 소집된 경우 부양능력이 있는 것으로 본다.
② 보장기관은 차상위자의 가구별 생활여건을 고려하여 예산의 범위에서 급여의 전부 또는 일부를 실시할 수 있다.
③ 생계급여 선정기준은 기준 중위소득의 100분의 50 이상으로 한다.
④ 생계급여는 상반기·하반기로 나누어 지급하여야 한다.
⑤ 주거급여는 주택 매입비, 수선유지비 등이 포함된다.

63 「국민기초생활 보장법」상 급여의 기본원칙을 모두 고른 것은?

ㄱ. 근로능력 활용	ㄴ. 보충급여
ㄷ. 타법 우선	ㄹ. 수익자부담

① ㄱ, ㄴ
② ㄷ, ㄹ
③ ㄱ, ㄴ, ㄷ
④ ㄴ, ㄷ, ㄹ
⑤ ㄱ, ㄴ, ㄷ, ㄹ

64 「긴급복지지원법」상 "위기상황"에 해당하는 사유를 모두 고른 것은?

> ㄱ. 주소득자가 사망, 가출, 행방불명 등으로 소득을 상실하여 생계유지가 어렵게 된 경우
> ㄴ. 본인이 중한 질병 또는 부상을 당하여 생계유지가 어렵게 된 경우
> ㄷ. 본인이 가구구성원으로부터 방임 등을 당하여 생계유지가 어렵게 된 경우
> ㄹ. 본인이 가구구성원으로부터 성폭력을 당하여 생계유지가 어렵게 된 경우

① ㄱ, ㄴ, ㄷ   ② ㄱ, ㄴ, ㄹ
③ ㄱ, ㄷ, ㄹ   ④ ㄴ, ㄷ, ㄹ
⑤ ㄱ, ㄴ, ㄷ, ㄹ

65 「건강가정기본법」에 관한 설명으로 옳지 않은 것은?

① "가족"이라 함은 혼인 · 혈연 · 입양으로 이루어진 사회의 기본단위를 말한다.
② 모든 국민은 혼인과 출산의 사회적 중요성을 인식하여야 한다.
③ "1인가구"라 함은 성인 1명 또는 그와 생계를 같이 하는 미성년자녀로 구성된 생활단위를 말한다.
④ 국가는 양성이 평등한 육아휴직제 등의 정책을 적극적으로 확대 시행하여야 한다.
⑤ 국가는 생애주기에 따르는 가족구성원의 종합적인 건강증진대책을 마련하여야 한다.

66 사회복지사업법령상 보건복지부장관이 시설에서 제공하는 서비스의 최저기준을 마련하지 않아도 되는 시설은?

① 사회복지관
② 자원봉사센터
③ 아동양육시설
④ 장애인 지역사회재활시설
⑤ 부자가족복지시설

67 「국민기초생활 보장법」상 보장기관에 관한 설명으로 옳은 것은?

① 교육급여 및 의료급여는 시 · 도교육감이 실시한다.
② 생계급여는 수급자의 거주지를 관할하는 시 · 도지사와 시장 · 군수 · 구청장이 실시한다.
③ 보장기관은 위기개입상담원을 배치하여야 한다.
④ 생활보장위원회는 자문기구이다.
⑤ 소관 중앙행정기관의 장은 5년마다 기초생활보장 시행계획을 수립하여야 한다.

68 고용보험법령 상 중대한 귀책사유로 해고된 피보험자로서 구직급여 수급자격의 제한 사유에 해당되는 것을 모두 고른 것은?

> ㄱ. 「형법」을 위반하여 금고 이상의 형을 선고받은 경우
> ㄴ. 정당한 사유 없이 근로계약을 위반하여 장기간 무단 결근한 경우
> ㄷ. 사업기밀을 경쟁관계에 있는 사업자에게 제공한 경우

① ㄱ   ② ㄷ
③ ㄱ, ㄴ   ④ ㄴ, ㄷ
⑤ ㄱ, ㄴ, ㄷ

69 산업재해보상보험법령상 유족급여에 관한 설명으로 옳지 않은 것은?

① 근로자가 업무상의 사유로 사망한 경우 유족에게 지급한다.
② 유족보상연금 수급권자가 2명 이상 있을 때 그 중 1명을 대표자로 선임할 수 있다.

③ 근로자와 「주민등록법」상 세대를 같이하고 동거하던 유족으로서 근로자의 소득으로 생계의 상당 부분을 유지하고 있던 사람은 유족에 해당한다.

④ 근로자의 소득으로 생계의 전부를 유지하고 있던 유족으로서 학업으로 주민등록을 달리하였거나 동거하지 않았던 사람은 유족에 해당되지 않는다.

⑤ 유족보상연금 수급 권리는 배우자 · 자녀 · 부모 · 손자녀 · 조부모 및 형제자매의 순서로 한다.

70 「정신건강증진 및 정신질환자 복지서비스 지원에 관한 법률」상 정신질환자의 보호의무자가 될 수 있는 사람은?

① 후견인
② 파산선고를 받고 복권되지 아니한 사람
③ 해당 정신질환자를 상대로 소송 중인 사람
④ 행방불명자
⑤ 미성년자

71 다음이 설명하는 「한부모가족지원법」상의 한부모 가족복지시설은?

> 배우자(사실혼 관계에 있는 사람을 포함한다)가 있으나 배우자의 물리적 · 정신적 학대로 아동의 건전한 양육이나 모의 건강에 지장을 초래할 우려가 있을 경우 일시적 또는 일정 기간 동안 모와 아동 또는 모에게 주거와 생계를 지원하는 시설

① 일시지원복지시설
② 부자가족복지시설
③ 모자가족복지시설
④ 한부모가족복지상담소
⑤ 미혼모자가족복지시설

72 의족 파손에 따른 요양급여 청구사건 대법원 판례 (2012두20991)의 내용으로 옳지 않은 것은?

> (개요) 의족을 착용하고 아파트 경비원으로 근무하던 갑이 제설작업 중 넘어져 의족이 파손되는 등의 재해를 입고 요양급여를 신청하였으나, 근로복지공단이 '의족 파손'은 요양급여 기준에 해당하지 않는다는 이유로 요양불승인처분을 한 사안에 대하여 요양불승인 처분 취소

① 업무상 재해로 인한 부상의 대상인 신체를 반드시 생래적 신체에 한정할 필요는 없다.

② 의족 파손을 업무상 재해로 보지 않을 경우 장애인 근로자에 대한 보상과 재활에 상당한 공백을 초래한다.

③ 신체 탈부착 여부를 기준으로 요양급여 대상을 가르는 것이 합리적이라 할 수 없다.

④ 의족 파손을 업무상 재해에서 제외한다면, 사업자들로 하여금 의족 착용 장애인들의 고용을 소극적으로 만들 우려가 있다.

⑤ 업무상의 사유로 근로자가 장착한 의족이 파손된 경우는 「산업재해보상보험법」상 요양급여의 대상인 근로자의 부상에 포함되지 않는다.

73 다음의 역할을 하는 「노인장기요양보험법」상 기구는?

> • 장기요양요원의 권리 침해에 관한 상담 및 지원
> • 장기요양요원의 역량강화를 위한 교육지원
> • 장기요양요원에 대한 건강검진 등 건강관리를 위한 사업

① 장기요양위원회   ② 등급판정위원회
③ 장기요양심사위원회 ④ 장기요양요원지원센터
⑤ 공표심의위원회

74 다음과 같은 역할을 하는 사회복지시설은?

> • 아동의 안전한 보호
> • 안전하고 균형 있는 급식 및 간식의 제공
> • 등·하교 전후, 야간 또는 긴급상황 발생 시 돌봄서비스 제공
> • 체험활동 등 교육·문화·예술·체육 프로그램의 연계·제공
> • 돌봄 상담, 관련 정보의 제공 및 서비스의 연계

① 장애인 지역사회재활시설
② 다함께돌봄센터
③ 아동보호전문기관
④ 지역장애아동지원센터
⑤ 노인공동생활가정

75 「아동복지법」상 보호가 필요한 아동을 발견하고 양육환경을 개선할 수 있도록 지원하기 위하여 이용할 수 있는 자료와 정보에 해당하는 것을 모두 고른 것은?

> ㄱ. 「국민건강보험법」 제41조 제1항 각 호에 따른 요양급여 실시 기록
> ㄴ. 「국민건강보험법」 제52조에 따른 영유아건강검진 실시 기록
> ㄷ. 「초·중등교육법」 제25조에 따른 학교생활기록 정보
> ㄹ. 「전기사업법」 제14조에 따른 단전 가구정보

① ㄱ, ㄴ, ㄷ
② ㄱ, ㄴ, ㄹ
③ ㄱ, ㄷ, ㄹ
④ ㄴ, ㄷ, ㄹ
⑤ ㄱ, ㄴ, ㄷ, ㄹ

05 22회 기출문제

1교시 사회복지기초

1과목 | 인간행동과 사회환경

01 인간발달이론이 사회복지실천에 미친 영향으로 옳지 않은 것은?

① 스키너(B. Skinner) 이론은 행동결정요인으로 인지와 정서의 중요성을 이해하는 계기를 제공하였다.

② 융(C. Jung) 이론은 중년기 이후의 발달을 이해하는 데 도움을 제공하였다

③ 에릭슨(E. Erikson) 이론은 생애주기별 실천개입의 기반을 제공하였다.

④ 프로이트(S. Freud) 이론은 인간행동의 무의식적 측면을 심층적으로 분석할 수 있는 기반을 제공하였다.

⑤ 매슬로우(A. Maslow) 이론은 인간의 욕구를 파악할 수 있는 근거를 마련하였다.

02 인간발달에 관한 설명으로 옳은 것은?

① 긍정적 · 상승적 변화는 발달로 간주하지만, 부정적 · 퇴행적 변화는 발달로 보지 않는다.

② 순서대로 진행되고 예측 가능하다는 특징이 있다.

③ 인간의 전반적 변화를 다루기 때문에 개인차는 중요하지 않다고 본다.

④ 키 · 몸무게 등의 질적 변화와 인지특성 · 정서 등의 양적 변화를 모두 포함하는 개념이다.

⑤ 각 발달단계에서의 발달 속도는 거의 일정한 것으로 알려져 있다.

03 문화와 관련된 설명으로 옳지 않은 것은?

① 문화는 인간집단의 생활양식의 총체로 정의할 수 있다.

② 다문화주의는 다양한 문화나 언어를 공유하고 상호 존중하여 적극 수용하려는 입장을 취한다.

③ 베리(J. Berry)의 이론에서 동화(Assimilation)는 자신의 고유문화와 새로운 문화를 모두 존중하는 상태를 의미한다.

④ 문화는 학습되고 전승되는 특징이 있다.

⑤ 주류와 비주류 문화 사이의 권력 차이로 차별이 발생할 수 있다.

04 스키너(B. Skinner)의 이론에 관한 설명으로 옳지 않은 것은?

① 강화계획 중 반응율이 가장 높은 것은 가변비율(Variable-ratio) 계획이다.
② 정적 강화물의 예시로 음식, 돈, 칭찬 등을 들 수 있다.
③ 인간행동은 예측 가능하며 통제될 수 있다고 본다.
④ 인간의 창조성과 자아실현을 강조한다.
⑤ 부적 강화는 바람직한 행동의 빈도를 증가시키는 데 초점을 둔다.

05 학자와 주요개념의 연결로 옳은 것을 모두 고른 것은?

> ㄱ. 로저스(C. Rogers) - 자기실현 경향성
> ㄴ. 벡(A. Beck) - 비합리적인 신념
> ㄷ. 반두라(A. Bandura) - 행동조성
> ㄹ. 아들러(A. Adler) - 집단무의식

① ㄱ
② ㄱ, ㄴ
③ ㄴ, ㄷ
④ ㄱ, ㄴ, ㄷ
⑤ ㄴ, ㄷ, ㄹ

06 아들러(A. Adler)의 이론에 관한 설명으로 옳은 것은?

① 성격은 점성원리에 따라 발달한다.
② 개인의 창조성을 부정한다.
③ 무의식적 결정론을 고수하고 있다.
④ 유전적·환경적 요인의 중요성을 배제한다.
⑤ 인간을 목표지향적 존재로 본다.

07 에릭슨(E. Erikson)의 심리사회적 발달단계 위기와 성취 덕목(Virtue)이 옳게 연결된 것은?

① 근면성 대 열등감 - 성실(Fidelity)
② 주도성 대 죄의식 - 목적(Purpose)
③ 신뢰 대 불신 - 의지(Will)
④ 자율성 대 수치심과 의심 - 능력(Competence)
⑤ 정체감 대 정체감 혼란 - 희망(Hope)

08 로저스(C. Rogers) 이론에 관한 설명으로 옳지 않은 것은?

① 개인의 잠재력 실현을 위하여 조건적 긍정적 관심의 제공이 중요함을 강조하였다.
② 자기실현을 완성하는 사람의 특성을 완전히 기능하는 사람(Fully Functioning Person)이라는 용어로 제시하였다.
③ 클라이언트에 대한 공감적 이해의 중요성을 강조하였다.
④ 주관적이고 사적인 경험 세계를 강조하였다.
⑤ 인간을 긍정적이며 창조적인 존재로 보았다.

09 융(C. Jung)의 이론에 관한 설명으로 옳은 것은?

① 정신분석(Psychoanalysis)이론이라 불린다.
② 사회적 관심과 활동수준을 기준으로 심리적 유형을 8가지로 구분하였다.
③ 발달단계에 관하여 언급하지 않았다는 특징을 지니고 있다.
④ 개성화(Individuation)를 통한 자기실현과정을 중요시하였다.
⑤ 성격형성에 있어서 창조적 자기(Creative Self)의 역할을 강조하였다.

10 반두라(A. Bandura)의 이론에 관한 설명으로 옳은 것을 모두 고른 것은?

> ㄱ. 개인의 신념, 기대와 같은 인지적 요인을 중요시하였다.
> ㄴ. 대리적 강화(Vicarious Reinforcement)의 중요성을 강조하였다.
> ㄷ. 자기효능감을 높이는 가장 효과적인 방법으로 대리적 경험을 제시하였다.
> ㄹ. 외부로부터 주어지는 강화의 중요성을 강조하는 자기강화(Self Reinforcement)의 개념을 제시하였다.

① ㄱ
② ㄴ
③ ㄱ, ㄴ
④ ㄴ, ㄷ, ㄹ
⑤ ㄱ, ㄴ, ㄷ, ㄹ

11 방어기제와 그 예시로 옳지 않은 것은?

① 합리화(Rationalization) : 지원한 회사에 불합격한 후 그냥 한번 지원해본 것이며 합격했어도 다니지 않았을 것이라 생각한다.
② 억압(Repression) : 시험을 망친 후 성적발표 날짜를 아예 잊어버린다.
③ 투사(Projection) : 자신이 싫어하는 직장 상사에 대해서 상사가 자기를 싫어하기 때문에 사이가 나쁘다고 여긴다.
④ 반동형성(Reaction Formation) : 관심이 가는 이성에게 오히려 짓궂은 말을 하게 된다.
⑤ 전치(Displacement) : 낮은 성적을 받은 이유를 교수가 중요치 않은 문제만 출제한 탓이라 여긴다.

12 피아제(J. Piaget)의 이론에 관한 설명으로 옳지 않은 것은?

① 인간은 자신과 환경 사이에 조화로운 관계인 평형화(Equilibration)를 이루고자 하는 경향성이 있다.
② 감각운동기에 대상영속성(Object Permanence)을 획득한다.
③ 조절(Accommodation)은 새로운 정보를 접했을 때 기존의 도식을 변경하는 것을 말한다.
④ 구체적 조작기에는 추상적 사고가 가능해진다.
⑤ 보존(Conservation) 개념 획득을 위해서는 동일성, 가역성, 보상성의 원리를 이해해야 한다.

13 생태체계이론의 중간체계(Meso System)에 관한 설명으로 옳은 것은?

① 미시체계 간의 상호작용에 초점을 둔다.
② 개인이 직접적으로 대면하는 체계를 의미한다.
③ 신념, 태도, 전통 등을 통해 영향력을 행사한다.
④ 대표적인 중간체계로 가족과 집단을 들 수 있다.
⑤ 문화, 정치, 사회, 법, 종교 등이 해당된다.

14 체계로서의 지역사회에 관한 설명으로 옳은 것을 모두 고른 것은?

> ㄱ. 지역을 중심으로 형성된 공동체적 특징을 지닌다.
> ㄴ. 구성원에게 사회규범에 순응하도록 규제하는 사회통제의 기능을 지닌다.
> ㄷ. 사회가 향유하는 지식, 가치 등을 구성원에게 전달하는 기능을 지닌다.
> ㄹ. 외부와 상호작용을 통하여 엔트로피(Entropy) 상태를 유지하는 것이 필요하다.

① ㄱ
② ㄱ, ㄴ
③ ㄱ, ㄴ, ㄷ
④ ㄴ, ㄷ, ㄹ
⑤ ㄱ, ㄴ, ㄷ, ㄹ

15 브론펜브레너(U. Bronfenbrenner)의 생태체계이론에서 다음에 해당하는 개념으로 옳은 것은?

> • 전 생애에 걸쳐 발생하는 변화와 사회역사적인 환경을 포함한다.
> • 인간의 생에 단일 사건뿐 아니라 시간의 경과와 함께 연속적으로 일어나는 사건들이 누적되어 영향을 미친다는 것을 보여주고 있다.

① 미시체계(Micro System)
② 외체계(Exo System)
③ 거시체계(Macro System)
④ 환류체계(Feedback System)
⑤ 시간체계(Chrono System)

16 다음에 해당하는 개념으로 옳은 것은?

> • 한 체계에서 일부가 변화하면 그 변화가 체계의 나머지 부분들의 변화를 초래하게 되는 개념을 말한다.
> • 예시로는 회사에서 간부 직원이 바뀌었을 때, 파생적으로 나타나는 조직의 변화 및 직원 역할의 변화 등을 들 수 있다.

① 균형(Equilibrium)
② 호혜성(Reciprocity)
③ 안정상태(Steady State)
④ 항상성(Homeostasis)
⑤ 적합성(Goodness of Fit)

17 영아기(0~2세)에 관한 설명으로 옳은 것은?

① 콜버그(L. Kohlberg) : 전인습적 도덕기에 해당한다.
② 에릭슨(E. Erikson) : 주 양육자와의 "신뢰 대 불신"이 중요한 시기이다.
③ 피아제(J. Piaget) : 보존(Conservation) 개념이 확립되는 시기이다.

④ 프로이트(S. Freud) : 거세불안(Castration anxiety)을 경험하는 시기이다.
⑤ 융(C. Jung) : 생활양식이 형성되는 시기이다.

18 청소년기(13~19세)에 관한 설명으로 옳지 않은 것은?

① 신체적 측면에서 제2의 급성장기이다.
② 심리적 이유기의 특징을 보인다.
③ 부모보다 또래집단의 영향력이 커진다.
④ 피아제(J. Piaget)에 의하면 비가역적 사고의 특징이 나타나는 시기이다.
⑤ 프로이트(S. Freud)의 심리성적 발달단계에서 생식기에 해당한다.

19 유아기(3~6세)에 관한 설명으로 옳지 않은 것은?

① 자신의 성을 인식하는 성정체성이 발달한다.
② 놀이를 통한 발달이 활발한 시기이다.
③ 신체적 성장이 영아기(0~2세)보다 빠른 속도로 진행된다.
④ 언어발달이 현저하게 이루어지는 시기이다.
⑤ 정서적 표현의 특징은 일시적이며 유동적이다.

20 청년기(20~39세)에 관한 설명으로 옳은 것은?

① 에릭슨(E. Erikson)은 근면성의 발달을 중요한 과업으로 보았다.
② 다른 시기에 비하여 경제적으로 안정되어 있고 직업에서도 높은 지위와 책임을 갖게 된다.
③ 빈둥지 증후군을 경험하는 시기이다.
④ 또래와의 상호작용을 통하여 자아개념이 발달하기 시작한다.
⑤ 직업 준비와 직업선택에 대한 의사결정을 하는 시기이다.

21 생애주기와 발달적 특징의 연결로 옳지 않은 것은?

① 영아기(0~2세) – 애착발달
② 아동기(7~12세) – 자아정체감 확립
③ 청소년기(13~19세) – 제2차 성징의 발달
④ 중년기(40~64세) – 신진대사의 저하
⑤ 노년기(65세 이상) – 내향성과 수동성의 증가

22 다음 중 태내기(수정~출산)에 관한 설명으로 옳지 않은 것은?

① 배종기(Germinal Period)는 수정 후 수정란이 자궁벽에 착상할 때까지의 시기를 말한다.
② 임신 3개월이 지나면 태아의 성별구별이 가능해진다.
③ 양수검사(Amniocentesis)를 통해서 다운증후군 등 다양한 유전적 결함을 판별할 수 있다.
④ 임신 중 어머니의 과도한 음주는 태아알콜증후군(Fetal Alcohol Syndrome)을 초래할 수 있다.
⑤ 배아의 구성은 외배엽과 내배엽으로 이루어지며, 외배엽은 폐, 간, 소화기관 등을 형성하게 된다.

23 중년기(40~64세)의 설명으로 옳은 것은?

① 에릭슨(E. Erikson)에 의하면 "생산성 대 침체"라는 심리사회적 위기를 극복하게 되면 돌봄(Care)의 덕목을 갖추게 된다.
② 유동성 지능(Fluid Intelligence)은 높아지며 문제해결능력도 향상될 수 있다.
③ 자아통합이 완성되는 시기로 자신의 삶에 대한 평가를 시도한다.
④ 갱년기 증상은 여성에게 나타나고 남성은 경험하지 않는다.
⑤ 융(C. Jung)에 의하면 남성에게는 아니무스가, 여성에게는 아니마가 드러나는 시기이다.

24 아동기(7~12세)의 발달에 관한 설명으로 옳은 것을 모두 고른 것은?

> ㄱ. 프로이트(S. Freud) : 성 에너지(리비도)가 무의식 속에 잠복하는 잠재기(Latency Stage)
> ㄴ. 피아제(J. Piaget) : 보존, 분류, 유목화, 서열화 등의 개념을 점차적으로 획득
> ㄷ. 콜버그(L. Kohlberg) : 인습적 수준의 도덕성 발달단계로 옮겨가는 시기
> ㄹ. 에릭슨(E. Erikson) : "주도성 대 죄의식"의 발달이 중요한 시기

① ㄱ, ㄴ ② ㄴ, ㄹ
③ ㄱ, ㄴ, ㄷ ④ ㄱ, ㄷ, ㄹ
⑤ ㄴ, ㄷ, ㄹ

25 체계이론에 관한 설명으로 옳지 않은 것은?

① 넥엔트로피(Negentropy)란 체계를 유지하고, 발전을 도모하고, 생존하는 것을 의미한다.
② 항상성(Homeostasis)은 비교적 안정적으로 균형 상태를 유지하기 위한 체계의 경향을 말한다.
③ 경계(Boundary)는 체계를 외부 환경과 구분 짓는 둘레를 말한다.
④ 다중종결성(Multifinality)은 서로 다른 경로와 방법을 통해 같은 결과에 도달할 수 있음을 말한다.
⑤ 부적 환류(Negative Feedback)는 체계가 목적 달성이 어려운 방식으로 움직이고 있다는 정보를 제공하여 체계의 변화를 도모한다.

26 과학철학에 관한 설명으로 옳지 않은 것은?

① 쿤(T. Kuhn)은 과학적 혁명에서 패러다임 전환을 제시하였다.

② 쿤(T. Kuhn)은 당대의 지배적 패러다임에서 벗어나지 않는 것을 정상과학이라고 지칭하였다.

③ 포퍼(K. Popper)는 쿤의 과학적 인식에 내재된 문제점을 극복하기 위하여 반증주의를 제시하였다.

④ 포퍼(K. Popper)의 반증주의는 연역법에 의존한다.

⑤ 포퍼(K. Popper)는 이론이란 증명되는 것이 아니라 반증되는 것이라고 하였다.

27 과학적 탐구에서 제기되는 윤리적 문제에 관한 설명으로 옳지 않은 것은?

① 어떤 경우라도 연구참여자 속이기는 허용되지 않는다.

② 고지된 동의는 조사대상자의 판단능력을 고려하여야 한다.

③ 연구자는 기대했던 연구결과와 다르더라도 그 결과를 사실대로 보고해야 한다.

④ 사회복지조사에서는 비밀유지가 엄격히 지켜질 수 없는 상황이 발생할 수 있다.

⑤ 연구자는 개인정보 유출 등으로 인해 연구참여자에게 피해를 주지 않도록 신중을 기해야 한다.

28 과학적 지식의 특성에 관한 설명으로 옳은 것을 모두 고른 것은?

> ㄱ. 경험적으로 검증 가능하여야 한다.
> ㄴ. 연구결과는 잠정적이며 수정될 수 있다.
> ㄷ. 연구자의 주관적 가치 판단이 연구과정이나 결론에 작용하지 않도록 객관성을 추구한다.
> ㄹ. 같은 절차를 다른 대상에 반복적으로 적용하여 같은 결과가 나오는지 검토할 수 있다.

① ㄱ, ㄷ   ② ㄴ, ㄹ

③ ㄱ, ㄴ, ㄷ   ④ ㄴ, ㄷ, ㄹ

⑤ ㄱ, ㄴ, ㄷ, ㄹ

29 다음에서 설명하는 조사유형을 바르게 짝지은 것은?

> ㄱ. 동일한 표본을 대상으로 시간을 달리하여 추적 관찰하는 연구
> ㄴ. 일정연령이나 일정연령 범위 내 사람들의 집단이 조사대상인 종단연구

① ㄱ: 경향조사, ㄴ: 코호트(Cohort)조사

② ㄱ: 경향조사, ㄴ: 패널조사

③ ㄱ: 코호트(Cohort)조사, ㄴ: 경향조사

④ ㄱ: 패널조사, ㄴ: 경향조사

⑤ ㄱ: 패널조사, ㄴ: 코호트(Cohort)조사

30 분석단위에 관한 설명으로 옳은 것을 모두 고른 것은?

> ㄱ. 이혼, 폭력, 범죄 등과 같은 분석단위는 사회적 가공물(Social Artifacts)에 해당한다.
> ㄴ. 생태학적 오류는 집단에 대한 조사를 기초로 하여 개인을 분석단위로 주장하는 오류이다.
> ㄷ. 환원주의는 특정 분석단위 또는 변수가 다른 분석단위 또는 변수에 비해 관련성이 높다고 설명하는 경향이 있다.

① ㄴ   ② ㄱ, ㄴ

③ ㄱ, ㄷ   ④ ㄴ, ㄷ

⑤ ㄱ, ㄴ, ㄷ

31 변수에 관한 설명으로 옳지 않은 것은?

① 매개변수(Mediating Variable)는 독립변수의 영향을 받아 종속변수에 영향을 미치는 변수이다.

② 통제변수(Control Variable)는 독립변수와 종속변수의 관계에 영향을 줄 수 있기 때문에 통제대상이 되는 변수이다.

③ 독립변수는 결과변수이고 종속변수는 설명변수이다.

④ 조절변수(Moderating Variable)는 독립변수와 종속변수 간의 관계의 강도에 영향을 미칠 수 있다.

⑤ 변수들 간의 관계는 그 속성에 따라 직선이 아닌 곡선의 형태로도 나타날 수 있다.

32 영가설(Null Hypothesis)과 연구가설(Research Hypothesis)에 관한 설명으로 옳은 것은?

① 연구가설은 연구의 개념적 틀 혹은 연구모형으로부터 도출될 수 있다.

② 연구가설은 그 자체를 직접 검정할 수 있다.

③ 영가설은 연구가설의 검정 결과에 따라 채택되거나 기각된다.

④ 연구가설은 수집된 자료에서 나타난 차이나 관계가 표본추출에서 오는 우연에 의한 것으로 진술된다.

⑤ 연구가설은 영가설에 대한 반증의 목적으로 설정된다.

33 인과관계 추론에 관한 설명으로 옳은 것은?

① 독립변수들 사이의 상관관계는 인과관계 추론의 일차적 조건이다.

② 독립변수와 종속변수 간의 관계는 두 변수 모두의 원인이 되는 제3의 변수로 설명되어서는 안 된다.

③ 종속변수가 독립변수를 시간적으로 앞서야 한다.

④ 횡단적 연구는 종단적 연구에 비해 인과관계 추론에 더 적합하다.

⑤ 독립변수의 변화는 종속변수의 변화와 관련성이 없어야 한다.

34 척도의 종류가 올바르게 짝지어진 것은?

> ㄱ. 종교 – 기독교, 불교, 천주교, 기타
> ㄴ. 교육연수 – 정규 학교 교육을 받은 기간(년)
> ㄷ. 학점 – A, B, C, D, F

① ㄱ : 명목척도, ㄴ : 서열척도, ㄷ : 비율척도

② ㄱ : 명목척도, ㄴ : 비율척도, ㄷ : 서열척도

③ ㄱ : 비율척도, ㄴ : 등간척도, ㄷ : 서열척도

④ ㄱ : 서열척도, ㄴ : 등간척도, ㄷ : 비율척도

⑤ ㄱ : 서열척도, ㄴ : 비율척도, ㄷ : 명목척도

35 측정의 수준이 서로 다른 변수로 묶인 것은?

① 대학 전공, 아르바이트 경험 유무

② 복지비 지출 증가율, 월평균 소득(만 원)

③ 온도(℃), 지능지수(IQ)

④ 생활수준(상, 중, 하), 혈액형

⑤ 성별, 현재 흡연여부

36 측정에 관한 설명으로 옳지 않은 것은?

① 측정은 연구대상의 속성에 대하여 일정한 규칙에 따라 숫자나 기호를 부여하는 과정이다.

② 사회과학에서는 개념을 측정하기 위해 특질 자체를 측정하기보다는 특질을 나타내는 지표를 사용하여 간접적으로 측정하는 경우가 많다.

③ 보가더스(Bogardus)의 사회적 거리척도는 등간척도의 한 종류이다.

④ 리커트(Likert) 척도는 각 문항의 점수를 합산하여 전체적인 경향이나 특성을 측정하는 방법이다.

⑤ 측정항목의 수를 많게 하면 신뢰도가 높아지는 경향이 있다.

37 내적 일관성 방법에 근거하여 신뢰도를 측정하는 방법으로 옳은 것을 모두 고른 것은?

ㄱ. 검사 – 재검사법	ㄴ. 조사자 간 신뢰도
ㄷ. 알파계수	ㄹ. 대안법

① ㄱ
② ㄷ
③ ㄴ, ㄷ
④ ㄱ, ㄷ, ㄹ
⑤ ㄴ, ㄷ, ㄹ

38 신뢰도와 타당도에 관한 설명으로 옳은 것은?

① 타당도가 있다면 어느 정도 신뢰도가 있다고 볼 수 있다.
② 신뢰도가 높을 경우 타당도도 높다고 할 수 있다.
③ 요인분석법은 신뢰도를 측정하는 방법이다.
④ 신뢰도는 측정하려고 의도된 개념을 얼마나 정확하게 측정하는가를 나타내는 것이다.
⑤ 주어진 척도가 측정하고자 하는 내용을 담고 있다고 일련의 전문가가 판단할 때 판별타당도가 있다고 한다.

39 다음 사례에 해당하는 표집용어와 관련한 내용으로 옳은 것은?

A종합사회복지관을 이용하는 노인들을 대상으로 노인맞춤돌봄서비스에 관한 설문조사를 위하여 노인 이용자명단에서 300명을 무작위 표본추출하였다.

① 모집단 : 표본추출된 300명
② 표집방법 : 할당표집
③ 관찰단위 : 집단
④ 표집틀 : 노인 이용자명단
⑤ 분석단위 : 집단

40 표집에 관한 설명으로 옳지 않은 것은?

① 의도적 표집(Purposive Sampling)은 비확률표집이다.
② 할당표집(Quota Sampling)은 동일추출확률에 근거한다.
③ 눈덩이표집(Snowball Sampling)은 질적연구나 현장연구에서 많이 사용된다.
④ 집락표집(Cluster Sampling)은 모집단에 대한 표집틀이 갖추어지지 않더라도 사용 가능하다.
⑤ 체계적 표집(Systematic Sampling)은 주기성(Periodicity)이 문제가 될 수 있다.

41 표집오차(Sampling Error)에 관한 설명으로 옳지 않은 것은?

① 표본의 선정과정에서 발생하는 오차이다.
② 표집방법에 따라 달라질 수 있다.
③ 동일한 조건이라면 표본크기가 클수록 감소한다.
④ 모집단의 크기와 표본크기의 차이를 말한다.
⑤ 동일한 조건이라면 이질적 집단보다 동질적 집단에서 추출한 표본의 표집오차가 작다.

42 질적연구에서 일반적으로 사용되는 표집방법이 아닌 것은?

① 판단(Judgemental) 표집
② 체계적(Systematic) 표집
③ 결정적 사례(Critical Case) 표집
④ 극단적 사례(Extreme Case) 표집
⑤ 최대변이(Maximum Variation) 표집

43 다음 사례에 관한 설명으로 옳지 않은 것은?

> 다문화교육이 청소년들의 다문화 수용성에 미치는 영향을 알아보기 위해 청소년 100명을 무작위로 두 집단으로 나누었다. 교육실시 전 두 집단의 다문화 수용성을 측정하고, 한 집단에만 다문화 교육을 실시한 후 다시 두 집단 모두 다문화 수용성을 측정하였다.

① 전형적인 실험설계이다.
② 교육에 참여한 집단이 실험집단이다.
③ 외적 요인의 통제를 시도하지 않았다.
④ 내적 타당도의 저해요인이 발생할 수 있다.
⑤ 두 집단 간의 사전, 사후 측정치를 비교하여 효과를 판단할 수 있다.

44 내용분석에 관한 설명으로 옳지 않은 것은?

① 반응적(Reactive) 연구방법이다.
② 서베이(Survey) 조사에서 사용하는 표본 추출방법을 사용할 수 있다.
③ 연구과정에서 실수를 하더라도 재조사가 가능하다.
④ 숨은 내용(Latent Content)의 분석이 가능하다.
⑤ 양적 분석과 질적 분석 모두 적용 가능하다.

45 단일사례연구에 관한 설명으로 옳지 않은 것은?

① 복수의 각기 다른 개입방법을 연속적으로 도입할 수 없다.
② 시계열설계의 논리를 개별사례에 적용한 것이다.
③ 윤리적인 문제가 발생할 수 있다.
④ 실천과정과 조사연구과정이 통합될 수 있다.
⑤ 다중기초선 설계의 적용이 가능하다.

46 질적연구에 관한 설명으로 옳은 것은?

① 변수 중심의 분석이 이루어진다.
② 논리실증주의적 관점을 견지한다.
③ 인간행동의 규칙성과 보편성을 중시한다.
④ 모집단을 대표할 수 있는 표본을 추출한다.
⑤ 관찰로부터 이론을 도출하는 귀납적 방법을 활용한다.

47 다음에서 설명하는 설계에 해당하는 것은?

> 심리상담 프로그램이 시설입소 노인의 정서적 안정감에 미치는 영향을 알아보기 위해 사전조사 없이 A요양원의 노인들을 대상으로 프로그램을 실시하였다. 프로그램 종료 후, 인구사회학적 배경이 유사한 B요양원 노인들을 비교집단으로 하여 두 집단의 정서적 안정감을 측정하였다.

① 비동일통제집단 설계
② 정태적 집단비교 설계
③ 다중시계열 설계
④ 통제집단 사후검사 설계
⑤ 플라시보 통제집단 설계

48 질문 내용 및 방법의 표준화 정도가 낮은 자료수집 유형끼리 바르게 묶인 것은?

> ㄱ. 스케줄－구조화 면접
> ㄴ. 설문지를 이용한 면접조사
> ㄷ. 심층면접
> ㄹ. 비구조화 면접

① ㄱ, ㄴ ② ㄱ, ㄹ
③ ㄴ, ㄷ ④ ㄴ, ㄹ
⑤ ㄷ, ㄹ

49 내적 타당도 저해요인 중 통계적 회귀에 관한 설명으로 옳은 것은?

① 프로그램의 개입 후 측정치가 기초선으로 돌아가려는 경향

② 프로그램 개입의 효과가 완전한 선형관계로 나타나는 경향

③ 프로그램의 개입과 관계없이 사후검사 측정치가 평균값에 근접하려는 경향

④ 프로그램 개입 전부터 이미 이질적인 두 집단이 사후조사 결과에서도 차이가 나타나는 경향

⑤ 프로그램의 개입 전후에 각각 다른 측정도구로 측정함으로써 차이가 나타나는 경향

50 완전참여자(Complete Participant)에 관한 설명으로 옳은 것은?

① 연구대상이 관찰된다는 사실을 알기에 자연적인 상태에서의 관찰이 불가능하다.

② 관찰대상과 상호작용 없이 연구대상을 관찰할 수 있다.

③ 관찰대상의 승인을 받고 관찰대상과 어울리면서도 객관성을 유지할 수 있다.

④ 관찰대상의 승인을 받지 않고 관찰한다는 점에서 연구윤리문제가 제기될 수 있다.

⑤ 관찰 상황을 인위적으로 통제한 상황에서 관찰을 진행할 수 있다.

3과목 | 사회복지실천론

01 사회복지실천의 사회통제적 측면과 관련성이 가장 높은 이념은?

① 인도주의   ② 민주주의
③ 박애사상   ④ 사회진화론
⑤ 다양화

02 기능주의(Functionalism)에서 강조한 내용으로 옳은 것을 모두 고른 것은?

> ㄱ. 개인의 의지
> ㄴ. 개인에 대한 심리 내적 진단
> ㄷ. 전문가와 클라이언트 사이의 원조관계
> ㄹ. 기관의 기능

① ㄱ, ㄴ   ② ㄷ, ㄹ
③ ㄱ, ㄷ, ㄹ   ④ ㄴ, ㄷ, ㄹ
⑤ ㄱ, ㄴ, ㄷ, ㄹ

03 특정 문제에 대해 어떠한 서비스를 제공할 것인가 결정할 때, 클라이언트의 의사를 존중해 주는 것을 의미하는 윤리적 쟁점은?

① 비밀보장
② 진실성 고수와 알 권리
③ 제한된 자원의 공정한 분배
④ 전문적 관계 유지
⑤ 클라이언트의 자기결정권

04 인권에 관한 설명으로 옳지 않은 것은?

① 천부성은 인간이 세상에 태어나면서부터 존엄성을 가지고 태어났다는 의미이다.
② 자유권은 시민적, 정치적 권리이다.
③ 평화권은 국가들 간의 연대와 단결의 권리이다.
④ 보편성은 자기의 인권은 자기만이 소유할 수 있다는 의미이다.
⑤ 평등권은 경제적, 사회적, 문화적 권리이다.

05 로웬버그와 돌고프(F. Loewenberg & R. Dolgoff)의 윤리적 원칙 중 다음 사례에서 아동학대전담공무원이 결정을 할 때 최우선적으로 고려해야 할 원칙은?

> 아동학대가 발생한 가정의 학대피해 아동을 원가정에서 생활하도록 할 것인가 또는 학대피해 아동쉼터에서 생활하도록 할 것인가에 대해 1차 결정을 해야 한다.

① 평등과 불평등의 원칙
② 최소 손실의 원칙
③ 사회정의 실현의 원칙
④ 진실성과 정보 개방의 원칙
⑤ 사생활보호와 비밀보장의 원칙

06 1960년대와 1970년대 외원단체 활동이 우리나라 사회복지발달에 미친 영향으로 옳지 않은 것은?

① 사회복지가 종교와 밀접한 관련하에 전개되도록 하였다.
② 전문 사회복지의 시작을 촉발하였다.
③ 시설 중심보다 지역사회 중심의 사회복지가 발전하는 계기를 만들었다.
④ 사회복지가 거시적인 사회정책보다는 미시적인 사회사업 위주로 발전하게 하였다.
⑤ 사람들이 사회복지를 구호사업 또는 자선사업과 같은 것으로 인식하게 하였다.

07 1929년 밀포드(Milford) 회의에서 발표한 사회복지사가 갖추어야 할 기본적인 지식 및 방법론에 관한 공통요소에 해당하지 않는 것은?

① 사회에서 받아들여지는 규범적 행동에서 벗어난 행동에 관한 지식
② 인간관계 규범의 활용도
③ 클라이언트 사회력(Social History)의 중요성
④ 사회치료(Social Treatment)에 지역사회자원 활용
⑤ 집단사회사업의 목적, 윤리, 의무를 결정하는 철학적 배경 이해

08 사회복지실천현장 분류의 예로 옳지 않은 것은?

① 1차 현장 : 노인복지관
② 이용시설 : 아동보호치료시설
③ 생활시설 : 장애인 거주시설
④ 2차 현장 : 교정시설
⑤ 생활시설 : 노인요양원

09 강점관점에 관한 설명으로 옳은 것을 모두 고른 것은?

> ㄱ. 개입의 핵심은 개인과 가족, 지역사회의 참여이다.
> ㄴ. 클라이언트의 능력보다 전문가의 지식이 우선시된다.
> ㄷ. 사회복지사는 클라이언트의 진술을 긍정적으로 재해석하여 활용한다.
> ㄹ. 현재 강점을 갖게 된 어린 시절의 원인 사건에 치료의 초점을 맞춘다.

① ㄱ
② ㄱ, ㄹ
③ ㄴ, ㄷ
④ ㄱ, ㄷ, ㄹ
⑤ ㄱ, ㄴ, ㄷ, ㄹ

10 전문적 원조관계에 관한 설명으로 옳은 것은?

① 클라이언트의 문제와 욕구가 중심이 된다.
② 시간적 제한을 두지 않는 관계이다.
③ 전문가의 권위는 부정적 작용을 한다.
④ 전문가가 자신과 원조 방법에 대해 통제해서는 안 된다.
⑤ 클라이언트는 전문가의 지시에 무조건 따라야 한다.

11 핀커스와 미나한(A. Pincus & A. Minahan)의 4체계 모델을 다음 사례에 적용할 때 대상과 체계의 연결로 옳은 것은?

> 가족센터의 교육 강좌를 수강 중인 결혼이민자 A는 최근 결석이 잦아졌다. A의 이웃에 살며 자매처럼 친하게 지내는 변호사 B에게서 A의 근황을 전해들은 가족센터 소속의 사회복지사 C는 A와 연락 후 가정방문을 하여 A와 남편 D, 시어머니 E를 만나 이야기를 나누었다. C는 가족센터를 이용하면 '바람이 난다'라고 여긴 E가 A를 통제하고 있는 것을 알게 되었다. 또한 D는 A를 지지하고 싶지만 E의 눈치를 보느라 소극적으로 행동하는 것도 파악하였다. A의 도움 요청을 받은 C는 우선 E의 변화를 통해 상황을 개선해보고자 한다.

① 결혼이민자(A) : 행동체계
② 변호사(B) : 전문가체계
③ 사회복지사(C) : 의뢰－응답체계
④ 남편(D) : 변화매개체계
⑤ 시어머니(E) : 표적체계

12 임파워먼트 모델에 관한 설명으로 옳은 것은?

① 병리적 관점에 기초를 둔다.
② 어떤 경우에도 환경의 변화를 추구하지 않는다.
③ 클라이언트의 적극적인 참여를 강조한다.
④ 전문성을 기반으로 사회복지사는 클라이언트를 통제한다.
⑤ 클라이언트에 대한 정확한 진단을 최우선으로 한다.

13 통합적 접근방법에 관한 설명으로 옳지 않은 것은?

① 클라이언트의 참여와 개별성을 강조한다.
② 광범위하고 포괄적으로 문제를 규정한다.
③ 클라이언트의 잠재력에 대해 미래지향적 관점을 갖는다.
④ 전통적 접근방법인 개별사회사업과 집단사회사업을 지역사회조직으로 통합하였다.
⑤ 사회복지실천 과정에서 공통적으로 적용 가능한 개념이나 원리 등이 있음을 전제한다.

14 사회복지실천 관계의 요소인 헌신과 의무에 관한 설명으로 옳은 것을 모두 고른 것은?

ㄱ. 일관성을 포함하는 개념이다.
ㄴ. 원조관계에서 책임감과 관련이 있다.
ㄷ. 원조관계의 목적을 달성하기 위해 필요하다.
ㄹ. 클라이언트는 헌신을 해야 하나 의무를 갖지는 않는다.

① ㄴ   ② ㄱ, ㄴ, ㄷ

③ ㄱ, ㄷ, ㄹ   ④ ㄴ, ㄷ, ㄹ
⑤ ㄱ, ㄴ, ㄷ, ㄹ

15 한국 사회복지사 윤리강령에서 '사회복지사의 윤리기준' 중 '클라이언트에 대한 윤리기준' 영역에 해당하지 않는 것은?

① 서비스의 종결
② 기록 · 정보 관리
③ 직업적 경계 유지
④ 정보에 입각한 동의
⑤ 이해 충돌에 대한 대처

16 전문적 원조관계 형성의 장애요인이 아닌 것은?

① 전문가의 권위
② 변화에 대한 저항
③ 클라이언트의 전문가에 대한 부정적 전이
④ 전문가의 클라이언트에 대한 역전이
⑤ 클라이언트의 불신

17 사회복지실천 관계의 요소인 수용에 관한 설명으로 옳지 않은 것은?

① 클라이언트를 있는 그대로 이해한다.
② 클라이언트의 부정적인 감정도 받아들인다.
③ 사회규범에서 벗어난 행동도 허용할 수 있다.
④ 편견이나 선입관을 줄여나가면 수용에 도움이 된다.
⑤ 클라이언트가 안도감을 갖게 하여 현실적인 방법으로 문제 대처를 할 수 있도록 돕는다.

18 사정(Assessment)의 특성으로 옳지 않은 것은?

① 클라이언트의 강점을 포함해야 한다.

② 사회복지사의 지식적 근거가 필요하다.

③ 사회복지사와 클라이언트의 상호작용 과정이다.

④ 클라이언트를 완전히 이해하는 것은 한계가 있다.

⑤ 사회복지실천의 초기 단계에서만 이루어진다.

19 사례관리자의 역할에 관한 예로 옳은 것은?

① 중개자 : 독거노인의 식사지원을 위해 지역사회 내 무료급식소 연계

② 상담가 : 욕구사정을 통해 클라이언트에 대한 체계적인 개입 계획을 세움

③ 조정자 : 사례회의에서 시청각장애인의 입장을 대변하여 이야기함

④ 옹호자 : 지역사회 기관 담당자들이 모여 난방비 지원사업에 중복 지원되는 대상자가 없도록 사례회의를 실시함

⑤ 평가자 : 청소년기 자녀와 갈등을 겪고 있는 부모와 자녀 사이에 개입하여 상호 만족스러운 합의점을 도출함

20 클라이언트가 타인이 하는 바람직한 행동을 보고 모방함으로써 행동의 변화를 가져오는 개입 기술은?

① 초점화   ② 모델링

③ 환기   ④ 직면

⑤ 격려

21 사례관리의 원칙에 해당하지 않는 것은?

① 서비스의 개별화   ② 서비스의 접근성

③ 서비스의 연계성   ④ 서비스의 분절성

⑤ 서비스의 체계성

22 다음 사례에서 사회복지사가 자료수집과정에서 사용한 정보의 출처가 아닌 것은?

사회복지사는 결석이 잦은 학생 A에 대한 상담을 하기 전 담임선생님으로부터 A와 반 학생들 사이에 갈등관계가 있음을 들었다. 이후 상담을 통해 A가 반 학생들로부터 따돌림 당하고 있음을 알게 되었다. 상담 과정에서 A는 사회복지사와 눈을 맞추지 못하고 본인의 이야기를 하는 것에 주저하는 모습을 보이며 상담 내내 매우 위축된 모습이었다. 어머니와의 전화 상담을 통해 A가 집에서 가족들과 대화를 하지 않고 방 안에서만 지내고 있다는 것을 알게 되었다.

① 클라이언트의 이야기

② 클라이언트의 비언어적 행동

③ 상호작용의 직접적 관찰

④ 주변인으로부터 정보 획득

⑤ 클라이언트와의 직접적 상호작용 경험

23 경청에 관한 내용으로 옳지 않은 것은?

① 클라이언트와 시선을 맞추어야 한다.

② 클라이언트의 이야기에 반응하지 않아야 한다.

③ 클라이언트의 언어적 · 비언어적 표현을 함께 파악해야 한다.

④ 클라이언트의 감정과 사고를 이해하고 파악하는 것이다.

⑤ 클라이언트에 대한 열린 마음과 수용적인 태도가 필요하다.

24 사회복지실천과정 중 계획수립단계에서 수행해야 하는 사회복지사의 과업은?

① 서비스 효과 점검

② 실천활동에 대한 동료 검토

③ 개입효과의 유지와 강화

④ 개입 목표 설정

⑤ 평가 후 개입 계획 수정

25 면접의 유형에 관한 예로 옳은 것을 모두 고른 것은?

> ㄱ. 정보수집면접 : 갈등을 겪고 있는 부부를 대상으로 문제에 대한 과거력, 개인력, 가족력을 파악하는 면접을 진행함
> ㄴ. 사정면접 : 클라이언트의 사회적응을 위해 환경변화를 목적으로 클라이언트와 관련 있는 중요한 사람과 면접을 진행함
> ㄷ. 치료면접 : 학교폭력 피해학생의 자존감 향상을 위해 심리적 지지를 제공하는 면접을 진행함

① ㄱ
② ㄱ, ㄴ
③ ㄱ, ㄷ
④ ㄴ, ㄷ
⑤ ㄱ, ㄴ, ㄷ

4과목 | 사회복지실천기술론

26 사회복지사가 가져야 할 지식의 내용으로 옳은 것을 모두 고른 것은?

> ㄱ. 인간행동과 발달
> ㄴ. 인간관계와 상호작용
> ㄷ. 사회복지정책과 서비스
> ㄹ. 사회복지사 자신에 관한 지식

① ㄱ
② ㄱ, ㄴ
③ ㄴ, ㄷ
④ ㄱ, ㄷ, ㄹ
⑤ ㄱ, ㄴ, ㄷ, ㄹ

27 다음 설명에 해당하는 모델로 옳은 것은?

> • 구조화된 개입
> • 개입의 책임성 강조
> • 클라이언트의 자기결정권 강조
> • 클라이언트의 환경에 대한 개입

① 심리사회모델
② 위기개입모델
③ 해결중심모델
④ 인지행동모델
⑤ 과제중심모델

28 해결중심모델의 개입목표 설정 원칙에 관한 설명으로 옳지 않은 것은?

① 클라이언트에게 중요한 것을 목표로 하기
② 작은 것을 목표로 하기
③ 목표를 종료보다는 시작으로 간주하기
④ 있는 것보다 없는 것에 관심 두기
⑤ 목표수행은 힘든 일이라고 인식하기

29 위기개입모델의 중간단계 활동으로 옳지 않은 것은?

① 위기상황에 대한 초기사정을 실시한다.
② 클라이언트의 일상생활에 활용할 수 있는 자원과 지지체계를 찾아낸다.
③ 목표달성을 위한 구체적인 과제들에 대해 작업한다.
④ 위기사건 이후 상황과 관련된 자료를 보충한다.
⑤ 현재 위기와 관련된 과거 경험을 탐색한다.

30 사회복지실천모델과 기법으로 옳지 않은 것은?

① 행동주의모델 : 소거
② 해결중심모델 : 대처질문
③ 과제중심모델 : 유형 – 역동에 관한 고찰
④ 인지행동모델 : 소크라테스식 문답법
⑤ 위기개입모델 : 자살의 위험성 평가

31 심리사회모델에 관한 설명으로 옳은 것을 모두 고른 것은?

> ㄱ. 심리사회모델을 체계화하는 데 홀리스(F. Hollis)가 공헌하였다.
> ㄴ. "직접적 영향주기"는 언제나 사용 가능한 기법이다.
> ㄷ. "환기"는 클라이언트의 긍정적 감정을 표출시킨다.
> ㄹ. 간접적 개입기법으로 "환경조정"을 사용한다.

① ㄱ, ㄹ　　　　　② ㄴ, ㄷ
③ ㄷ, ㄹ　　　　　④ ㄴ, ㄷ, ㄹ
⑤ ㄱ, ㄴ, ㄷ, ㄹ

32 인지행동모델 개입 기법에 관한 설명으로 옳은 것은?

① 행동시연 : 관찰학습 과정을 통해 클라이언트가 시행착오를 거치지 않고 행동할 수 있도록 한다.
② 유머사용 : 인지적 기법의 하나로서 비합리적인 신념에서 오는 불안을 감소시키는 데 유용하다.
③ 내적 의사소통 명료화 : 클라이언트 스스로 자신에 대해 독백하고 사고하는 과정이다.
④ 역설적 의도(Paradoxical Intention) : 클라이언트의 역기능적 사고를 인식하고 이를 현실적인 사고로 대치한다.
⑤ 이완훈련 : 클라이언트가 가장 덜 위협적인 상황에서 가장 위협적인 상황까지 순서대로 제시한다.

33 사회복지실천모델에 관한 설명으로 옳지 않은 것은?

① 역량강화모델의 발견단계에서는 사정, 분석, 계획하기를 수행한다.
② 클라이언트 중심모델은 문제해결에 대한 클라이언트의 책임을 강조한다.
③ 행동주의모델에서는 인간을 병리적인 관점에서 바라본다.
④ 위기개입모델에서 위기는 사건 자체보다 사건에 대한 개인의 주관적 현실에 기반을 두고 있다.
⑤ 해결중심모델은 사회구성주의 시각을 가진다.

34 정신역동모델 개입과정을 순서대로 옳게 나열한 것은?

> ㄱ. 동일시를 위한 자아구축 단계
> ㄴ. 클라이언트의 자기이해를 원조하는 단계
> ㄷ. 관계형성 단계
> ㄹ. 클라이언트가 독립된 자아정체감을 형성하도록 원조하는 단계

① ㄱ → ㄷ → ㄹ → ㄴ
② ㄴ → ㄷ → ㄱ → ㄹ
③ ㄴ → ㄹ → ㄷ → ㄱ
④ ㄷ → ㄱ → ㄹ → ㄴ
⑤ ㄷ → ㄴ → ㄱ → ㄹ

35 사회복지사가 비자발적 클라이언트와 공감하는 기술로 옳은 것을 모두 고른 것은?

> ㄱ. 원하지 않는 면담이 클라이언트에게 힘들다는 것을 이해한다.
> ㄴ. 클라이언트의 행동을 사회복지사의 가치관에 맞추어 평가한다.
> ㄷ. 클라이언트의 어려움을 사회복지사가 도울 수 있다는 것을 알려준다.
> ㄹ. 클라이언트의 저항을 온화한 태도로 수용한다.

① ㄱ, ㄷ　　　　　② ㄴ, ㄹ
③ ㄱ, ㄴ, ㄹ　　　④ ㄱ, ㄷ, ㄹ
⑤ ㄴ, ㄷ, ㄹ

36 생태체계적 관점에서 보는 가족에 관한 설명으로 옳지 않은 것은?

① 항상성 : 가족 구성원들이 현재 상태를 유지
② 경직된 경계 : 가족이 다수의 복지서비스를 이용
③ 하위체계 : 가족 구성원들이 경계를 가지고 각자의 기능을 수행
④ 피드백 : 가족이 사회환경과 환류를 주고 받으며 변화를 도모
⑤ 순환적 인과관계 : 가족 한 사람의 행동이 다른 구성원에게 영향을 주어 가족 전체를 변화

37 알코올 의존을 겪는 가장과 그 자녀의 상황에 사티어(V. Satir)의 의사소통유형을 적용한 것으로 옳은 것은?

① 회유형 : 모든 것이 자녀 때문이라며 자신이 외롭다고 함
② 초이성형 : 스트레스가 유해하다는 연구를 인용하며 술이라도 마셔서 스트레스를 풀겠다고 침착하게 말함
③ 비난형 : 어려서 고생을 많이 해서 그렇다며 벌떡 일어나 방 안을 왔다갔다 함
④ 산만형 : 살기 힘들어 술을 마신다며 자신의 술 문제가 자녀 학업을 방해했다고 인정함
⑤ 일치형 : 다른 사람들 말이 다 옳고 자신은 아무것도 아니라고 술 문제에 대한 벌을 달게 받겠다고 함

38 가족치료모델의 개입 목표에 관한 설명으로 옳지 않은 것은?

① 이야기 가족치료 : 문제중심 이야기에서 벗어나 새롭고 건설적인 가족 이야기 작성
② 구조적 가족치료 : 가족관계 역기능을 유발하는 가족 위계와 경계의 변화 도모
③ 경험적 가족치료 : 가족이 미분화에서 벗어나 가족체계의 변화를 달성
④ 전략적 가족치료 : 의사소통과 행동 문제의 순환고리를 끊고 연쇄작용 변화
⑤ 해결중심 가족치료 : 문제가 일어나지 않는 예외상황을 찾아서 확대

39 보웬(M. Bowen)의 다세대 가족치료의 기법이 적용된 사례에 관한 설명으로 옳지 않은 것은?

① 자아분화 : 가족의 빈곤한 상황에서도 아동 자녀가 자율적으로 생각하고 행동함
② 삼각관계 : 아동 자녀가 부모와의 갈등을 피하기 위해 경찰에 신고함
③ 정서적 체계 : 부모의 긴장관계가 아동 자녀에게 주는 정서적 영향을 파악함
④ 가족투사 과정 : 핵가족의 부부체계가 자신들의 불안을 아동 자녀에게 투영하는 과정을 검토함
⑤ 다세대 전이 : 가족의 관계 형성이나 정서, 증상이 여러 세대에 걸쳐 전수되는 것을 파악함

40 사회변화에 따라 달라지는 가족에 관한 설명으로 옳지 않은 것은?

① 가족 형태가 다양해지는 경향이 있다.
② 저출산 시대에는 무자녀 부부가 증가한다.
③ 세대구성이 단순화되면서 확대가족의 의미가 약화된다.
④ 단독으로 생계를 유지하는 경우는 가구의 범위에 속하지 않는다.
⑤ 양육, 보호, 교육, 부양 등에서 사회 이슈가 발생한다.

41 다음과 같은 기법을 사용하는 가족치료모델은?

• 가족구성원들 사이 힘의 우위에 따라 대칭적이거나 보완적 관계가 형성된다.
• 비언어적 의사소통이 가족의 욕구를 나타내므로 메타 의사소통이 중요하다.
• 가족이 문제행동을 유지하도록 지시함으로써 클라이언트가 통제력을 발휘한다.

① 전략적 가족치료모델
② 해결중심 가족치료모델
③ 구조적 가족치료모델
④ 다세대 가족치료모델
⑤ 경험적 가족치료모델

42 토스랜드와 리바스(R. Toseland & R. Rivas)가 분류한 집단모델에 관한 설명으로 옳은 것은?

① 치료모델은 집단의 사회적 목표를 강조한다.
② 상호작용모델은 개인 치료를 위한 수단으로 집단을 강조한다.
③ 상호작용모델은 개인의 역기능 변화가 목적이다.
④ 사회적 목표모델은 민주시민의 역량 개발에 초점을 둔다.
⑤ 사회적 목표모델은 집단성원 간 투사를 활용한다.

43 집단 사회복지실천 사정에 활용되는 것을 모두 고른 것은?

> ㄱ. 집단 사회복지사의 관찰
> ㄴ. 외부 전문가의 보고
> ㄷ. 표준화된 사정도구
> ㄹ. 집단 성원의 자기관찰

① ㄱ, ㄴ   ② ㄱ, ㄹ
③ ㄴ, ㄷ   ④ ㄱ, ㄷ, ㄹ
⑤ ㄱ, ㄴ, ㄷ, ㄹ

44 집단에 관한 설명으로 옳은 것은?

① 개방형 집단은 폐쇄형 집단에 비해 집단 성원의 중도 가입이 어렵다.
② 개방형 집단은 폐쇄형 집단에 비해 응집력이 강하다.
③ 개방형 집단은 폐쇄형 집단에 비해 집단 성원의 역할이 안정적이다.
④ 폐쇄형 집단은 개방형 집단에 비해 집단 발달단계를 예측하기 어렵다.
⑤ 폐쇄형 집단은 개방형 집단에 비해 집단 규범이 안정적이다.

45 집단 중간단계의 개입기술에 관한 설명으로 옳지 않은 것은?

① 집단 성원 간 상호작용을 향상시킨다.
② 집단 성원을 사후관리한다.
③ 집단의 목표를 달성하도록 원조한다.
④ 집단의 응집력을 향상시킨다.
⑤ 집단 성원이 집단과정에 적극 활동하도록 촉진한다.

46 집단 종결단계에서 사회복지사의 역할로 옳은 것을 모두 고른 것은?

> ㄱ. 집단과정에서 성취한 변화를 지속적으로 유지하도록 돕는다.
> ㄴ. 집단 성원의 개별 목표를 설정한다.
> ㄷ. 종결을 앞두고 나타나는 다양한 감정을 토론하도록 격려한다.
> ㄹ. 집단에 대한 의존성을 서서히 감소시켜 나간다.

① ㄱ, ㄴ   ② ㄷ, ㄹ
③ ㄱ, ㄴ, ㄹ   ④ ㄱ, ㄷ, ㄹ
⑤ ㄴ, ㄷ, ㄹ

47 역기능적 집단의 특성으로 옳은 것은?

① 자발적인 자기표출
② 문제해결 노력의 부족
③ 모든 집단 성원의 토론 참여
④ 집단 성원 간 직접적인 의사소통
⑤ 집단 사회복지사를 존중

48 집단 사회복지실천의 장점에 관한 설명으로 옳지 않은 것은?

① 모방행동 : 기존의 행동을 고수한다.
② 희망의 고취 : 문제가 개선될 수 있다는 희망을 갖게 한다.
③ 이타심 : 위로, 지지 등으로 서로 도움을 주고받는다.
④ 사회기술의 발달 : 대인관계에 관한 사회기술을 습득한다.
⑤ 보편성 : 다른 사람들도 비슷한 경험을 하는 것으로 위로를 받는다.

49 사회복지실천 과정의 개입단계 기록에 포함될 내용으로 옳지 않은 것은?

① 클라이언트와의 활동
② 개입과정의 진전 상황
③ 클라이언트의 문제에 관한 추가 정보
④ 클라이언트에게 제공한 자원들
⑤ 클라이언트에 관한 사후지도 결과

50 다음에 해당하는 단일사례설계 유형에 관한 설명으로 옳지 않은 것은?

> 김모씨는 대인관계에 어려움이 있어서 지역사회복지관에서 실시하는 사회기술훈련프로그램에 참여하였다. 개입 전 4주간(주2회) 조사를 실시하고 4주간(주2회) 개입의 변화를 기록한 후 개입을 멈추고 다시 4주간(주2회)의 변화를 기록하였다.

① 기초선을 두 번 설정한다.
② 통제집단을 활용한다.
③ 개입효과성에 대한 파악이 가능하다.
④ 표본이 하나다.
⑤ 조사기간이 길어진다.

01 기출문제 02 기출문제 03 기출문제 04 기출문제 05 기출문제

5과목 | 지역사회복지론

51 다음이 설명하는 것은?

> 1950년대 영국의 정신장애인과 지적장애인 시설수용보호에 대한 문제제기로 등장하였으며, 지역사회복지의 가치인 정상화(Normalization)와 관련이 있다.

① 지역사회보호
② 지역사회 사회 · 경제적 개발
③ 자원개발
④ 정치 · 사회행동
⑤ 주민조직

52 길버트와 스펙트(N. Gilbert & H. Specht, 1974)가 제시한 지역사회의 기능은?

> 사회적 위험으로부터 어려움에 직면하게 되었을 때 구성원들 간에 서로 돕는 것

① 생산 · 분배 · 소비의 기능
② 사회화의 기능
③ 상부상조의 기능
④ 사회통합의 기능
⑤ 사회통제의 기능

53 우리나라의 지역사회복지 역사에 관한 설명으로 옳지 않은 것은?

① 향약은 주민 교화 등을 목적으로 한 지식인 간의 자치적인 협동조직이다.
② 오가통 제도는 일제강점기 최초의 인보제도이다.
③ 메리 놀스(M. Knowles)에 의해 반열방이 설립되었다.
④ 태화여자관은 메리 마이어스(M. D. Myers)에 의해 설립되었다.
⑤ 농촌 새마을운동에서 도시 새마을운동으로 확대되었다.

54 영국의 지역사회복지 역사에 해당하지 않는 것은?

① 자선조직협회(COS)는 사회진화론에 영향을 받았다.

② 토인비 홀은 사무엘 바네트(S. Barnett) 목사가 설립한 인보관이다.

③ 헐하우스는 제인 아담스(J. Adams)에 의해 설립되었다.

④ 시봄(Seebohm) 보고서는 사회서비스의 협력과 통합을 제안하였다.

⑤ 그리피스(Griffiths) 보고서는 지방정부의 책임을 강조하였다.

55 지역사회복지 이론에 관한 설명으로 옳은 것은?

① 교환이론 : 자원의 교환을 통한 지역사회 발전 강조

② 자원동원이론 : 이익집단들 간의 갈등과 타협 강조

③ 다원주의이론 : 소수 엘리트에 의한 지역사회 발전 강조

④ 기능주의이론 : 지역사회 변화의 원동력을 갈등으로 간주

⑤ 사회자본이론 : 지역사회 하위체계의 기능과 역할 강조

56 사회자본이론과 관련된 개념을 모두 고른 것은?

ㄱ. 신뢰	ㄴ. 호혜성
ㄷ. 경계	ㄹ. 네트워크

① ㄱ, ㄴ
② ㄷ, ㄹ
③ ㄱ, ㄴ, ㄷ
④ ㄱ, ㄴ, ㄹ
⑤ ㄱ, ㄴ, ㄷ, ㄹ

57 다음을 설명하고 있는 이론은?

최근 A지방자치단체와 B지방자치단체는 중앙정부로부터 각각 100억 원의 복지 예산을 지원받았다. 노인복지단체가 많은 A지방자치단체는 지역 노인회의 요구로 노인복지 예산편성 비율이 전체 예산의 50%를 차지하게 되었고, 상대적으로 젊은 층이 많이 거주하고 있는 B지방자치단체는 노인복지 예산의 편성비율이 20% 수준에 그쳤다.

① 교환이론
② 갈등주의이론
③ 사회체계이론
④ 사회자본이론
⑤ 다원주의이론

58 다음 ( )에 들어갈 내용은?

사회복지사는 자신이 가지고 있는 가치와 신념, 행동과 관습 등이 참여자보다 상위에 있는 전문가라고 생각할 수 있기 때문에 ( )을/를 통하여 참여자들의 문화적 배경에 대해 배우고자 하는 자세가 필요하다.

① 상호학습
② 의사통제
③ 우월의식
④ 지역의 자치성
⑤ 서비스 영역의 일치성

59 지역사회복지실천 원칙으로 옳은 것을 모두 고른 것은?

ㄱ. 지역사회 욕구 변화에 따른 유연한 대응
ㄴ. 지역사회 주민을 중심으로 개입 목표 설정과 평가
ㄷ. 지역사회 특성의 일반화
ㄹ. 지역사회의 자기결정권 강조

① ㄱ, ㄴ
② ㄷ, ㄹ
③ ㄱ, ㄴ, ㄷ
④ ㄱ, ㄴ, ㄹ
⑤ ㄱ, ㄴ, ㄷ, ㄹ

60 포플(K. Popple, 1996)의 지역사회복지실천모델을 모두 고른 것은?

| ㄱ. 지역사회개발 | ㄴ. 지역사회보호 |
| ㄷ. 지역사회조직 | ㄹ. 지역사회연계 |

① ㄱ, ㄴ
② ㄷ, ㄹ
③ ㄱ, ㄴ, ㄷ
④ ㄱ, ㄴ, ㄹ
⑤ ㄱ, ㄴ, ㄷ, ㄹ

61 다음 사례에서 사회복지사가 활용한 기술은?

행복시(市)에 근무하는 A사회복지사는 무력화되어 있는 클라이언트의 잠재 역량 및 자원을 인정하고 삶을 스스로 결정할 수 있도록 북돋아주었다.

① 자원동원 기술
② 자원개발 기술
③ 임파워먼트 기술
④ 조직화 기술
⑤ 네트워크 기술

62 지역사회 사정에 해당하지 않은 것은?

① 지역사회의 욕구를 파악한다.
② 협력 · 조정을 위한 네트워크를 구축한다.
③ 지역 공청회를 통해 주민 의견을 수렴한다.
④ 명목집단 등을 활용한 욕구의 우선순위를 결정할 수 있다.
⑤ 서베이, 델파이기법 등을 활용하여 자료를 수집한다.

63 지역사회복지 실천과정의 순서로 옳은 것은?

ㄱ. 지역사회 사정
ㄴ. 실행
ㄷ. 성과평가
ㄹ. 실행계획 수립

① ㄱ → ㄴ → ㄷ → ㄹ
② ㄱ → ㄹ → ㄴ → ㄷ
③ ㄹ → ㄱ → ㄴ → ㄷ
④ ㄹ → ㄱ → ㄷ → ㄴ
⑤ ㄹ → ㄴ → ㄷ → ㄱ

64 지역사회개발모델 중 조력자로서의 사회복지사 역할이 아닌 것은?

① 좋은 대인관계를 조성하는 일
② 지역사회를 진단하는 일
③ 불만을 집약하는 일
④ 공동의 목표를 강조하는 일
⑤ 조직화를 격려하는 일

65 사회계획모델에서 샌더스(I. T. Sanders)가 주장한 사회복지사의 역할이 아닌 것은?

① 분석가
② 조직가
③ 계획가
④ 옹호자
⑤ 행정가

66 로스만(J. Rothman)의 사회행동모델에 해당하지 않는 것은?

① 클라이언트 집단을 소비자로 본다.
② 변화를 위한 기본 전략은 '억압자에 대항하기 위한 규합'을 추구한다.
③ 지역사회 내 불평등한 권력구조의 변화를 지향한다.
④ 변화 매개체로 대중조직을 활용한다.
⑤ 여성운동, 빈민운동, 환경운동 등 시민운동에도 활용될 수 있다.

67 연계기술에 해당하지 않는 것은?

① 클라이언트 중심의 사회적 관계망을 강화시킬 수 있다.
② 이용자 중심의 통합적 서비스를 제공할 수 있다.
③ 새로운 인프라 구축에 필요한 시간과 비용을 줄일 수 있다.
④ 사회복지시설의 서비스 중복·누락을 방지할 수 있다.
⑤ 지역사회 공공의제를 개발하고 주민 의식화를 강화할 수 있다.

68 지방자치제에 관한 설명으로 옳은 것을 모두 고른 것은?

ㄱ. 지방자치제는 자기통치원리를 담고 있다.
ㄴ. 지방자치는 주민자치와 단체자치를 일컫는다.
ㄷ. 지방자치단체는 사회복지시설을 평가할 수 있다.
ㄹ. 지방자치법을 제정함으로써 지방 분권을 위한 법적 장치가 만들어졌다.

① ㄱ, ㄴ   ② ㄷ, ㄹ
③ ㄱ, ㄴ, ㄷ   ④ ㄱ, ㄴ, ㄹ
⑤ ㄱ, ㄴ, ㄷ, ㄹ

69 지역사회보장에 관한 계획(이하 '지역사회보장계획'이라 한다)에 관한 설명으로 옳은 것은?

① 시장·군수·구청장은 4년마다 지역사회보장계획을 수립한 후 보건복지부장관에게 제출한다.
② 시·군·구의 지역사회보장계획은 시·도사회보장위원회의 심의를 거친다.
③ 지역사회보장계획은 사회복지사업법에 의거 매년 연차별 시행계획을 수립한다.
④ 시·도의 지역사회보장계획은 지역사회보장협의체의 심의를 거친다.

⑤ 지역사회보장계획의 수립 및 지역사회보장조사의 시기·방법 등에 필요한 사항은 대통령령으로 정한다.

70 「사회복지사업법」상 (   )에 들어갈 내용으로 옳은 것은?

> **제34조의5(사회복지관의 설치 등)** ① 제34조 제1항과 제2항에 따른 시설 중 사회복지관은 지역복지증진을 위하여 다음 각 호의 사업을 실시할 수 있다.
> 1. 지역사회의 특성과 지역주민의 복지욕구를 고려한 (ㄱ) 사업
> 2. 국가·지방자치단체 및 민간 부문의 사회복지서비스를 연계·제공하는 (ㄴ) 사업
> 3. 지역사회 복지공동체 활성화를 위한 복지자원 관리, 주민교육 및 (ㄷ) 사업

① ㄱ : 서비스 제공, ㄴ : 사례관리, ㄷ : 조직화
② ㄱ : 서비스 제공, ㄴ : 조직화, ㄷ : 사례관리
③ ㄱ : 사례관리, ㄴ : 서비스 제공, ㄷ : 조직화
④ ㄱ : 조직화, ㄴ : 사례관리, ㄷ : 재가복지
⑤ ㄱ : 조직화, ㄴ : 지역사회보호, ㄷ : 사례관리

71 사회복지관의 사업내용 중 기능이 다른 것은?

① 지역 내 보호가 필요한 대상자 및 위기 개입 대상자 발굴
② 개입 대상자의 문제와 욕구에 맞는 맞춤형 서비스 제공을 위한 사례 개입
③ 지역 내 민간 및 공공자원 연계 및 의뢰
④ 발굴한 사례에 대한 개입계획 수립
⑤ 주민 협력 강화를 위한 주민의식 교육

72 「사회복지공동모금회법」상 사회복지공동모금회에 관한 설명으로 옳지 않은 것은?

① 사회복지공동모금회는 사회복지법인이다.
② 특별시·광역시·특별자치시·도·특별자치도 단위 사회복지공동모금지회를 둔다.
③ 임원의 임기는 2년으로 하며, 한 차례만 연임할 수 있다.
④ 모금회가 아닌 자는 사회복지공동모금 또는 이와 유사한 명칭을 사용하지 못한다.
⑤ 사회복지활동 등을 지원하기 위한 재원을 조성하기 위하여 복권을 발행할 수 있다.

73 다음 설명을 모두 충족하는 것은?

- 지역공동체에 기반하여 활동한다.
- 「도시재생 활성화 및 지원에 관한 특별법」에 근거를 두고 있다.
- 주민이 지역자원을 활용한 수익사업을 통해 지역공동체를 활성화한다.

① 사회적기업   ② 마을기업
③ 자활기업   ④ 협동조합
⑤ 자선단체

74 아른스테인(S. Arnstein)이 분류한 주민참여 단계에 해당하지 않는 것은?

① 협동관계   ② 정보제공
③ 주민회유   ④ 주민동원
⑤ 권한위임

75 우리나라 지역사회복지 환경 변화의 순서로 옳은 것은?

ㄱ. 희망복지지원단 설치·운영
ㄴ. 사회복지통합관리망(행복e음) 구축
ㄷ. 지역사회통합돌봄(커뮤니티케어) 선도사업 시행
ㄹ. '읍·면·동 복지허브화' 사업 시행

① ㄱ → ㄴ → ㄷ → ㄹ
② ㄱ → ㄴ → ㄹ → ㄷ
③ ㄴ → ㄱ → ㄷ → ㄹ
④ ㄴ → ㄱ → ㄹ → ㄷ
⑤ ㄴ → ㄷ → ㄱ → ㄹ

6과목 | 사회복지정책론

01 사회복지의 잔여적 개념과 제도적 개념에 관한 설명으로 옳은 것을 모두 고른 것은?

> ㄱ. 잔여적 개념에 따르면 개인은 기본적으로 가족과 시장을 통해 욕구를 충족시킨다.
> ㄴ. 제도적 개념에 따르면 가족과 시장에 의한 개인의 욕구 충족이 실패했을 때 국가가 잠정적·일시적으로 그 기능을 대신한다.
> ㄷ. 잔여적 개념은 작은 정부를 옹호하고 시장과 민간의 역할을 중시하는 보수주의자들의 선호와 맥락을 같이한다.
> ㄹ. 제도적 개념은 사회복지를 시혜나 자선으로 보지 않지만 국가에 의해 주어진 것이므로 권리성은 약하다.

① ㄱ
② ㄹ
③ ㄱ, ㄷ
④ ㄴ, ㄷ
⑤ ㄴ, ㄷ, ㄹ

02 복지다원주의 또는 복지혼합에 관한 설명으로 옳지 않은 것은?

① 국가는 복지의 주된 공급자로 인정하면서도 불평등을 야기하는 시장은 복지 공급자로 수용하지 않는다.
② 국가를 포함한 복지제공의 주체를 재구성하는 논리로 활용된다.
③ 비공식부문은 제도적 복지의 발달에도 불구하고 존재하는 비복지 문제에 대응하는 복지주체이다.
④ 시민사회는 사회적경제조직을 구성하여 지역사회에서 공급주체로 참여하는 역할을 한다.
⑤ 복지제공의 주체로 국가 외에 다른 주체를 수용한다는 점에서 복지국가를 비판하는 논리로 쓰인다.

03 급여의 형태에 관한 설명으로 옳은 것을 모두 고른 것은?

> ㄱ. 현금급여는 선택의 자유를 보장하지만 사회적 통제가 부과된다.
> ㄴ. 현물급여는 집합적 선을 추구하고 용도 외 사용을 방지하지만 관리비용이 많이 든다.
> ㄷ. 서비스는 클라이언트를 위한 제반 활동을 말하며 목적 외 다른 용도로 사용할 수 없다.
> ㄹ. 증서는 일정한 범위 내에서만 교환가치를 가지기 때문에 개인주의자와 집합주의자 모두 선호한다.
> ㅁ. 기회는 재화와 자원을 통제할 수 있는 영향력을 의미하며 정책에 관한 의사결정권을 갖는 것을 말한다.

① ㄱ, ㄹ
② ㄴ, ㅁ
③ ㄱ, ㄴ, ㄷ
④ ㄱ, ㄷ, ㅁ
⑤ ㄴ, ㄷ, ㄹ

04 사회서비스 전자바우처에 관한 설명으로 옳지 않은 것은?

① 급여형태는 신용카드 또는 체크카드로 구현한 증서이다.
② 공급자 중심의 직접지원 또는 직접지불방식이다.
③ 서비스 제공자의 도덕적 해이를 방지하기 위해 도입되었다.
④ 수요자의 선택권을 보장하기 위한 수단으로 활용되고 있다.
⑤ 금융기관 시스템을 활용하여 재정흐름의 투명성이 높아졌다.

05 보편주의와 선별주의에 관한 설명으로 옳은 것을 모두 고른 것은?

> ㄱ. 보편주의는 시민권에 입각해 권리로서 복지를 제공하므로 비납세자는 사회복지 대상에서 제외한다.
> ㄴ. 보편주의는 기여자와 수혜자를 구별하지 않는다.
> ㄷ. 선별주의는 수급자격이 제한된 급여를 제공하기 위해 자산조사 또는 소득조사를 한다.
> ㄹ. 보편주의자와 선별주의자 모두 사회적 평등성 또는 사회적 효과성을 나름대로 추구한다.

① ㄷ ② ㄱ, ㄷ
③ ㄴ, ㄹ ④ ㄱ, ㄴ, ㄹ
⑤ ㄴ, ㄷ, ㄹ

06 사회복지의 민간재원에 관한 설명으로 옳은 것은?

① 사회복지의 민간재원에는 조세지출, 기부금, 기업복지, 퇴직금 등이 포함된다.
② 기부금 규모는 국세청이 추산한 액수보다 더 적을 것으로 추정된다.
③ 이용료는 클라이언트가 직접 지불한 것을 제외하고 사회보장기관 등의 제3자가 서비스 비용을 지불한 것을 의미한다.
④ 기업복지는 기업이 그 피용자들에게 제공하는 임금과 임금 외 급여 또는 부가급여를 의미한다.
⑤ 기업복지의 규모가 커질수록 노동자들 사이의 불평등이 증가한다.

07 조세와 사회보험료에 관한 설명으로 옳은 것은?

① 조세는 사회보험료에 비해 소득역진적이다.
② 조세와 사회보험료는 공통적으로 빈곤완화, 위험분산, 소득유지, 불평등 완화의 기능을 수행한다.
③ 조세와 사회보험료는 공통적으로 상한선이 있어서 고소득층에 유리하다.
④ 사회보험료를 조세로 보기는 하지만 임금으로 보지는 않는다.
⑤ 개인소득세는 누진성이 강하고 일반소비세는 역진성이 강하다.

08 길버트와 테렐(Gilbert & Terrell)이 주장한 전달체계의 개선전략 중 서비스에 대한 접근성 자체를 중요하게 간주하여 독자적인 서비스를 제공하려는 재구조화 전략은 무엇인가?

① 중앙집중화(Centralization)
② 사례수준 협력(Case-level Cooperation)
③ 시민참여(Citizen Participation)
④ 전문화된 접근구조(Specialized Access Structure)
⑤ 경쟁(Competition)

09 사회복지정책의 발달을 설명하는 이론으로 옳은 것을 모두 고른 것은?

> ㄱ. 시민권이론은 정치권, 공민권, 사회권의 순서로 발달한 것으로 본다.
> ㄴ. 권력자원이론은 노동조합의 중앙집중화 정도, 좌파정당의 집권을 복지국가 발달의 변수로 본다.
> ㄷ. 이익집단이론은 다양한 이익집단들의 정치적 활동을 통해 복지국가가 발달한 것으로 본다.
> ㄹ. 국가중심이론은 국가 엘리트들과 고용주들의 의지와 능력에 의해 결정된다고 본다.
> ㅁ. 수렴이론은 그 사회의 기술수준과 산업화 정도에 따라 사회복지의 발달이 수렴된다고 본다.

① ㄱ, ㄴ, ㄹ ② ㄱ, ㄷ, ㅁ
③ ㄴ, ㄷ, ㄹ ④ ㄴ, ㄷ, ㅁ
⑤ ㄷ, ㄹ, ㅁ

10 빈곤과 소득불평등의 측정에 관한 설명으로 옳은 것은?

① 반물량 방식은 엥겔계수를 활용하여 빈곤선을 추정한다.

② 상대적 빈곤은 생존에 필요한 생활수준이 최소한의 수준에 도달하지 못한 상태를 말한다.

③ 라이덴 방식은 객관적 평가에 기초하여 빈곤선을 측정한다.

④ 빈곤율은 빈곤층의 소득을 빈곤선 수준으로 끌어 올리는 데 필요한 총소득을 나타낸다.

⑤ 지니계수가 1인 경우는 완전 평등한 분배상태를 의미한다.

11 사회적 배제의 특성에 관한 설명으로 옳지 않은 것은?

① 문제의 초점을 소득의 결핍으로 제한한다.

② 빈곤에 대해 다차원적으로 접근하는 개념이다.

③ 빈곤의 역동성과 동태적 과정을 강조한다.

④ 개인과 집단의 박탈과 불평등을 유발하는 다양한 영역을 포괄한다.

⑤ 사회적 관계망으로부터의 단절 문제를 제기한다.

12 영국 사회복지정책의 역사에 관한 설명으로 옳은 것을 모두 고른 것은?

> ㄱ. 길버트법은 빈민의 비참한 생활과 착취를 개선하기 위해 원외구제를 허용했다.
> ㄴ. 스핀햄랜드법은 빈민의 임금을 보충하기 위해 가족 수에 따라 보조금을 지급할 수 있게 했다.
> ㄷ. 신빈민법은 열등처우의 원칙을 적용하였고 원내구제를 금지했다.
> ㄹ. 왕립빈민법위원회의 소수파보고서는 구빈법의 폐지보다는 개혁을 주장했다.
> ㅁ. 베버리지 보고서를 근거로 하여 가족수당법, 국민부조법 등이 제정되었다.

① ㄱ, ㄷ   ② ㄷ, ㅁ
③ ㄱ, ㄴ, ㅁ   ④ ㄴ, ㄷ, ㄹ
⑤ ㄴ, ㄹ, ㅁ

13 미국의 빈곤가족한시지원(TANF)에 관한 설명으로 옳지 않은 것은?

① 수급기간 제한

② 개인 책임 강조

③ 근로연계복지 강화

④ 요보호아동가족부조(AFDC)와 병행

⑤ 주정부의 역할과 기능 강화

14 국가가 주도적으로 사회복지를 제공해야 할 필요성으로 옳지 않은 것은?

① 역선택   ② 도덕적 해이

③ 규모의 경제   ④ 능력에 따른 분배

⑤ 정보의 비대칭

15 에스핑 – 안데르센(G. Esping – Andersen)의 복지국가 유형에 관한 설명으로 옳은 것은?

① 복지국가 유형을 탈상품화, 계층화 등을 기준으로 분류하였다.

② 보수주의 복지국가는 탈가족주의와 통합적 사회보험을 강조한다.

③ 자유주의 복지국가는 공공부조의 비중과 탈상품화 수준이 낮은 편이다.

④ 사회민주주의 복지국가는 국가의 책임을 최소화하고 시장을 통해 문제해결을 한다.

⑤ 보수주의 복지국가의 예로는 프랑스, 영국, 미국을 들 수 있다.

16 소득재분배에 관한 설명으로 옳은 것은?

① 수평적 재분배는 공공부조를 들 수 있다.
② 세대 간 재분배는 부과방식 공적연금을 들 수 있다.
③ 수직적 재분배는 아동수당을 들 수 있다.
④ 단기적 재분배는 적립방식 공적연금을 들 수 있다.
⑤ 소득재분배는 조세를 통해서만 발생한다.

17 다음에서 ㄱ, ㄴ을 순서대로 옳게 나열한 것은?

> 2024년 국민기초생활보장제도 수급자 선정 소득기준은 다음과 같다. 생계급여는 기준 중위소득의 (ㄱ)% 이하, 주거급여는 기준 중위소득의 48% 이하, 의료급여는 기준 중위소득의 (ㄴ)% 이하, 교육급여는 기준 중위소득의 50% 이하이다.

① 30, 30   ② 30, 40
③ 32, 30   ④ 32, 40
⑤ 35, 40

18 「사회보장기본법」상 사회서비스에 관한 설명으로 옳지 않은 것은?

① 주체는 민간부문을 제외한 국가와 지방자치단체이다.
② 대상은 도움이 필요한 모든 국민이다.
③ 분야는 복지, 보건, 의료, 교육, 고용, 주거, 문화, 환경 등이다.
④ 상담, 재활, 돌봄, 정보의 제공, 관련시설의 이용, 역량개발, 사회참여 지원 등을 내용으로 한다.
⑤ 인간다운 생활을 보장하고 국민의 삶의 질이 향상되도록 지원하는 제도이다.

19 우리나라 사회보험제도에 관한 설명으로 옳은 것은?

① 기여방식 공적연금은 국민연금, 특수직역연금, 기초연금으로 구분하여 운영된다.
② 고용보험의 고용안정 및 직업능력개발사업 보험료는 노사가 1/2씩 부담한다.
③ 노인장기요양보험의 시설급여 제공기관에는 노인요양공동생활가정과 노인전문요양병원이 포함된다.
④ 국민건강보험의 직장가입자 보험료는 노사가 1/2씩 부담하지만 사립학교 교직원은 국가가 20% 부담한다.
⑤ 산업재해보상보험의 급여에는 상병수당과 상병보상연금이 있다.

20 우리나라 공공부조제도에 관한 설명으로 옳지 않은 것은?

① 긴급복지지원제도는 현금급여와 민간기관 연계 등의 지원을 제공한다.
② 국민기초생활보장제도 부양의무자 기준은 복지 사각지대 해소를 위해 단계적으로 완화되고 있다.
③ 긴급복지지원제도는 단기 지원의 원칙, 선심사 후 지원의 원칙, 다른 법률 지원 우선의 원칙이 적용된다.
④ 의료급여 수급권자에는 「입양특례법」에 따라 국내 입양된 18세 미만의 아동이 포함된다.
⑤ 국민기초생활 보장제도 급여신청은 신청주의와 직권주의를 병행하고 있다.

21 다음에서 ㄱ, ㄴ을 합한 값은?

> 긴급복지지원제도의 생계급여 지원은 최대 (ㄱ)회,
> 의료급여 지원은 최대 (ㄴ)회, 주거급여는 최대 12
> 회, 복지시설 이용은 최대 6회 지원된다.

① 4   ② 6
③ 8   ④ 10
⑤ 12

22 사회보장의 특성에 관한 설명으로 옳은 것을 모두 고른 것은?

> ㄱ. 공공부조는 사회보험에 비해 권리성이 약하다.
> ㄴ. 사회보험과 비교할 때 공공부조는 비용효과성이 높다.
> ㄷ. 사회수당과 사회보험은 기여 여부를 급여지급 요건으로 한다.
> ㄹ. 사회보험과 공공부조는 방빈제도이고 사회수당은 구빈제도이다.

① ㄱ   ② ㄱ, ㄴ
③ ㄴ, ㄷ   ④ ㄷ, ㄹ
⑤ ㄱ, ㄴ, ㄹ

23 우리나라 근로장려세제(EITC)에 관한 설명으로 옳지 않은 것은?

① 소득재분배 효과를 기대할 수 있다.
② 근로능력이 있는 저소득층의 근로유인을 제고한다.
③ 소득과 재산보유상태 등을 반영하여 지급한다.
④ 근로장려금 모형은 점증구간, 평탄구간, 점감구간으로 되어 있다.
⑤ 사업자는 근로장려금을 받을 수 없다.

24 사회보장급여 중 현물급여가 아닌 것은?

① 산업재해보상보험의 요양급여
② 고용보험의 상병급여
③ 노인장기요양보험의 재가급여
④ 국민기초생활보장의 의료급여
⑤ 국민건강보험의 건강검진

25 보건복지부장관이 관장하는 사회보험제도를 모두 고른 것은?

> ㄱ. 국민연금
> ㄴ. 국민건강보험
> ㄷ. 산업재해보상보험
> ㄹ. 고용보험
> ㅁ. 노인장기요양보험

① ㄱ, ㄴ   ② ㄴ, ㄷ
③ ㄱ, ㄴ, ㅁ   ④ ㄱ, ㄷ, ㄹ
⑤ ㄷ, ㄹ, ㅁ

7과목 | 사회복지행정론

26 사회복지조직의 특성에 관한 설명으로 옳지 않은 것은?

① 사회복지사의 전문성과 자율성을 인정한다.
② 클라이언트와 사회복지사의 관계에 따라 서비스의 효과성이 좌우된다.
③ 서비스의 효과성을 객관적으로 입증하기가 용이하다.
④ 다양한 상황에서 윤리적 딜레마와 가치 선택에 직면한다.
⑤ 조직의 목표가 명확하거나 구체적이기 어렵다.

27 한국 사회복지행정의 역사에 관한 설명으로 옳지 않은 것은?

① 6.25 전쟁 이후 외국원조기관을 중심으로 사회복지시설이 설립되었다.
② 1960년대 외국원조기관 철수 후 자생적 사회복지단체들이 성장했다.
③ 1980년대 후반부터 지역사회 이용시설 중심의 사회복지기관이 증가했다.
④ 1980년대 후반부터 사회복지전문요원이 배치되기 시작했다.
⑤ 1990년대 후반에 사회복지시설 설치기준이 허가제에서 신고제로 바뀌었다.

28 메이요(E. Mayo)가 제시한 인간관계이론에 관한 설명으로 옳은 것은?

① 생산성은 근로조건과 환경에 의해서만 좌우된다.
② 심리적 요인은 생산성 향상에 영향을 미친다.
③ 사회적 상호작용은 생산성 향상에 부정적인 영향을 미친다.
④ 공식적인 부서의 형성은 생산성 향상으로 이어진다.
⑤ 근로자는 집단 구성원이 아닌 개인으로서 행동하고 반응한다.

29 조직이론에 관한 설명으로 옳지 않은 것은?

① 학습조직이론 : 개인 및 조직의 학습공유를 통해 역량강화
② 정치경제이론 : 경제적 자원과 권력 간 상호작용 강조
③ 상황이론 : 조직을 폐쇄체계로 보며, 조직 내부의 상황에 초점
④ 총체적 품질관리론 : 지속적이고 총체적인 서비스 질 향상을 통한 고객만족 극대화
⑤ X이론 : 생산성 향상을 위해 조직 구성원에 대한 감독, 보상과 처벌, 지시 등이 필요

30 테일러(F. W. Taylor)의 과학적 관리론에 관한 설명으로 옳은 것을 모두 고른 것은?

> ㄱ. 직무의 과학적 분석 : 업무시간과 동작의 체계적 분석
> ㄴ. 권위의 위계구조 : 권리와 책임을 수반하는 권위의 위계
> ㄷ. 경제적 보상 : 직무성과에 따른 인센티브 제공
> ㄹ. 사적 감정의 배제 : 공식적인 원칙과 절차 중시

① ㄱ, ㄴ　　　　② ㄱ, ㄷ
③ ㄴ, ㄹ　　　　④ ㄱ, ㄴ, ㄷ
⑤ ㄱ, ㄷ, ㄹ

31 조직 구성요소에 관한 설명으로 옳은 것은?

① 집권화 수준을 높이면 의사결정의 권한이 분산된다.
② 업무가 복잡할수록 공식화의 효과는 더 크다.
③ 공식화 수준을 높이면 직무의 사적 영향력이 높아진다.
④ 과업분화가 적을수록 수평적 분화가 더 이루어진다.
⑤ 수직적 분화가 많아질수록 의사소통의 절차가 복잡해진다.

32 다음에서 설명하는 조직구조는?

> • 일상 업무수행기구와는 별도로 구성
> • 특별과업이나 문제해결을 위한 전문가 중심 조직
> • 낮은 수준의 수직적 분화와 공식화

① 기계적 관료제 구조
② 사업부제 구조
③ 전문적 관료제 구조
④ 단순구조
⑤ 위원회 구조

33 조직문화에 관한 설명으로 옳지 않은 것은?

① 조직의 정체성을 결정하는 일련의 가치와 신념이다.
② 조직과 일체감을 갖게 함으로써 구성원의 정체감 형성에 기여한다.
③ 조직의 믿음과 가치가 깊게 공유될 때 조직문화는 더 강해진다.
④ 경직된 조직문화는 불확실한 환경에 대처하도록 돕는다.
⑤ 조직 내에서 자연적으로 생길 수 있다.

34 섬김 리더십(Servant Leadership)에 관한 설명으로 옳은 것을 모두 고른 것은?

> ㄱ. 인간 존중, 정의, 정직성, 공동체적 윤리성 강조
> ㄴ. 가치의 협상과 계약
> ㄷ. 청지기(Stewardship) 책무 활동
> ㄹ. 지능, 사회적 지위, 교육 정도, 외모 강조

① ㄱ, ㄷ
② ㄴ, ㄹ
③ ㄷ, ㄹ
④ ㄱ, ㄴ, ㄷ
⑤ ㄱ, ㄴ, ㄷ, ㄹ

35 사회복지행정가 A는 직원의 불만족 요인을 낮추기 위하여 급여를 높이고, 업무환경 개선을 위한 사무실 리모델링을 진행하여 조직의 성과를 높이고자 하였다. 이때 적용한 이론은?

① 브룸(V. H. Vroom)의 기대이론
② 허즈버그(F. Herzberg)의 동기위생이론
③ 스위스(K. E. Swiss)의 TQM이론
④ 맥그리거(D. McGregor)의 XY이론
⑤ 아담스(J. S. Adams)의 형평성이론

36 인적자원관리의 구성요소에 관한 설명으로 옳지 않은 것은?

① 확보 : 직원모집, 심사, 채용
② 개발 : 직원훈련, 지도, 감독
③ 보상 : 임금, 복리후생
④ 정치 : 승진, 근태관리
⑤ 유지 : 인적자원 유지, 이직관리

37 다음에서 설명하는 인적자원개발 방법은?

> • 짧은 시간에 많은 사람을 대상으로 교육내용을 체계적으로 전달할 때 사용
> • 직원들에게 사회복지시설 평가제도에 대한 이해를 높여서 기관평가에 좋은 결과를 얻도록 하기 위하여 사용

① 멘토링
② 감수성 훈련
③ 역할연기
④ 소시오 드라마
⑤ 강의

38 직무수행평가 순서로 옳은 것은?

> ㄱ. 실제 직무수행을 직무수행 평가기준과 비교
> ㄴ. 직원과 평가결과 회의 진행
> ㄷ. 평가도구를 사용하여 직원의 실제 직무수행을 측정
> ㄹ. 직무수행 기준 확립
> ㅁ. 직무수행 기대치를 직원에게 전달

① ㄷ - ㄹ - ㅁ - ㄱ - ㄴ
② ㄹ - ㄷ - ㄴ - ㅁ - ㄱ
③ ㄹ - ㅁ - ㄷ - ㄱ - ㄴ
④ ㅁ - ㄱ - ㄷ - ㄴ - ㄹ
⑤ ㅁ - ㄹ - ㄴ - ㄷ - ㄱ

39 사회복지조직의 재정관리에 관한 설명으로 옳지 않은 것은?

① 「사회복지법인 및 사회복지시설 재무·회계 규칙」을 따른다.
② 사회복지법인과 시설은 매년 1회 이상 감사를 실시한다.
③ 시설운영 사회복지법인인 경우, 시설회계와 법인회계는 통합하여 관리한다.
④ 사회복지법인의 회계연도는 정부의 회계연도를 따른다.
⑤ 사회복지법인이 설치·운영하는 시설의 경우 시설운영위원회에 보고하고 법인 이사회의 의결을 통해 예산편성을 확정한다.

40 예산집행의 통제 기제에 관한 설명으로 옳지 않은 것은?

① 개별 기관의 제약조건, 요구사항 및 기대사항에 맞게 고안되어야 한다.
② 예외적 상황에 적용되는 규칙을 명시해야 한다.
③ 보고의 규정을 두어야 한다.
④ 강제성을 갖는 규정은 두지 않는다.
⑤ 필요할 경우 규칙은 새로 개정할 수 있다.

41 패러슈라만 등(A. Parasuraman, V. A. Zeithaml & L. L. Berry)의 SERVQUAL 구성 차원에 해당하는 질문을 모두 고른 것은?

ㄱ. 약속한대로 서비스를 제공했는가?
ㄴ. 안전하게 서비스를 제공했는가?
ㄷ. 자신감을 가지고 정확하게 서비스를 제공했는가?
ㄹ. 위생적이고 정돈된 시설에서 서비스를 제공했는가?

① ㄱ, ㄹ   ② ㄴ, ㄷ
③ ㄴ, ㄹ   ④ ㄱ, ㄴ, ㄷ
⑤ ㄱ, ㄷ, ㄹ

42 공공 사회복지전달체계에 관한 설명으로 옳은 것은?

① 사회복지전담공무원 제도 이후 사회복지전문요원 제도가 실시되었다.
② 보건복지사무소와 사회복지사무소 시범사업은 동시에 진행되었다.
③ 읍·면·동 복지허브화 사업 이후 읍·면·동사무소가 주민자치센터로 변경되었다.
④ 지역사회복지협의체가 지역사회보장협의체로 명칭이 변경되었다.
⑤ 사회서비스원 설치 후 전자바우처 방식의 사회서비스 사업이 시작되었다

43 사회복지전달체계 구축 원칙에 관한 설명으로 옳지 않은 것은?

① 서비스 비용 부담을 낮춤으로써 접근성을 높일 수 있다.
② 서비스 간 연계성을 강화함으로써 연속성을 높일 수 있다.
③ 양·질적으로 이용자 욕구에 부응함으로써 적절성을 높일 수 있다.
④ 최소 비용으로 최대 효과를 얻음으로써 전문성을 높일 수 있다.
⑤ 이용자의 요구나 불만을 파악함으로써 책임성을 높일 수 있다.

44 다음 설명에 해당하는 의사결정기법은?

- 대면하여 의사결정
- 집단적 상호작용의 최소화
- 민주적 방식으로 최종 의사결정

① 명목집단기법   ② 브레인스토밍
③ 델파이기법   ④ SWOT기법
⑤ 초점집단면접

45 다음 설명에 해당하는 프로그램 관리기법은?

> - 프로그램 진행 일정을 관리하는 목적으로 많이 활용됨
> - 프로그램을 구성하는 활동들 간 상호관계와 연계성을 명확하게 보여줌
> - 임계경로와 여유시간에 대한 정보를 파악할 수 있음

① 프로그램 평가 검토기법(PERT)
② 간트차트(Gantt Chart)
③ 논리모델(Logic Model)
④ 임팩트모델(Impact Model)
⑤ 플로우 차트(Flow Chart)

46 사회복지서비스 마케팅 과정을 옳게 연결한 것은?

> ㄱ. STP 전략 설계
> ㄴ. 고객관계관리(CRM)
> ㄷ. 마케팅 믹스
> ㄹ. 고객 및 시장 조사

① ㄱ-ㄴ-ㄷ-ㄹ
② ㄱ-ㄹ-ㄴ-ㄷ
③ ㄷ-ㄹ-ㄱ-ㄴ
④ ㄹ-ㄱ-ㄴ-ㄷ
⑤ ㄹ-ㄱ-ㄷ-ㄴ

47 사회복지 마케팅 기법에 관한 설명으로 옳지 않은 것은?

① 다이렉트 마케팅은 방송이나 잡지 등 대중매체를 활용하는 방식이다.
② 기업연계 마케팅은 명분마케팅이라고도 한다.
③ 데이터베이스 마케팅은 이용자에 대한 각종 정보를 수집, 분석하여 활용하는 방식이다.
④ 사회 마케팅은 대중에 대한 캠페인 등을 통해 행동변화를 유도하는 방식이다.
⑤ 고객관계관리 마케팅은 개별 고객특성에 맞춘 서비스를 지속적으로 제공하는 방식이다.

48 다음 설명에 해당되는 것은?

> - 비(非)표적 인구가 서비스에 접근하여 나타나는 문제
> - 사회적 자원의 낭비 유발

① 서비스 과활용
② 크리밍
③ 레드테이프
④ 기준행동
⑤ 매몰비용

49 사회복지 프로그램 평가의 목적과 그 설명으로 옳은 것은?

① 정책개발 : 사회복지실천 이념 개발
② 책임성 이행 : 재무·회계적, 전문적 책임 이행
③ 이론형성 : 급여의 공평한 배분을 위한 여론 형성
④ 자료수집 : 종사자의 기준행동 강화
⑤ 정보관리 : 민간기관의 행정협상력 약화

50 사회복지조직 혁신의 방해 요인으로 옳지 않은 것은?

① 무사안일주의
② 비전의 영향력을 과소평가
③ 비전에 대한 불충분한 의사소통
④ 핵심리더의 변화노력에 대한 구성원의 공개 지지
⑤ 변화를 막는 조직구조나 보상체계의 유지

8과목 | 사회복지법제론

51 헌법 제10조의 일부이다. ( )에 들어갈 내용으로 옳은 것은?

> 모든 국민은 인간으로서의 존엄과 가치를 가지며, ( )을 추구할 권리를 가진다.

① 자유권   ② 생존권
③ 인간다운 생활   ④ 행복
⑤ 인권

52 법률의 제정 연도가 가장 최근인 것은?

① 「아동복지법」   ② 「노인복지법」
③ 「장애인복지법」   ④ 「한부모가족지원법」
⑤ 「다문화가족지원법」

53 우리나라 사회복지법의 법원에 관한 설명으로 옳은 것은?

① 관습법은 사회복지법의 법원이 될 수 없다.
② 법률은 정부의 의결을 거쳐 제정·공포된 법을 말한다.
③ 지방자치단체의 조례는 성문법원이다.
④ 명령은 행정기관이 제정한 법규로 국회의 의결을 거쳐야 한다.
⑤ 일반적으로 승인된 국제법규는 사회복지법의 법원에 포함되지 않는다.

54 「사회복지사업법」상 사회복지사업 관련 법률을 모두 고른 것은?

> ㄱ. 아동복지법
> ㄴ. 장애인복지법
> ㄷ. 국민기초생활 보장법
> ㄹ. 기초연금법

① ㄱ, ㄴ   ② ㄷ, ㄹ
③ ㄱ, ㄴ, ㄷ   ④ ㄱ, ㄴ, ㄹ
⑤ ㄱ, ㄴ, ㄷ, ㄹ

55 「사회복지사업법」상 사회복지법인(이하 '법인'으로 한다)에 관한 설명으로 옳지 않은 것은?

① 정관에는 회의에 관한 사항이 포함되어야 한다.
② 법인은 사회복지사업의 운영에 필요한 재산을 소유하여야 한다.
③ 감사 중에 결원이 생겼을 때 3개월 이내에 보충하여야 한다.
④ 법인은 임원을 임면하는 경우에 지체없이 시·도지사에게 보고하여야 한다.
⑤ 법인이 목적사업 외의 사업을 하였을 때 설립허가가 취소될 수 있다.

56 「사회복지사업법」상 사회복지시설(이하 '시설'이라 한다)에 관한 설명으로 옳지 않은 것은?

① 사회복지관은 직업 및 취업 알선이 필요한 지역주민에게 사회복지서비스를 우선 제공하여야 한다.
② 지방자치단체는 시설의 책임보험 가입에 드는 비용의 전부를 보조할 수 없다.
③ 국가는 시설을 운영할 수 있다.
④ 시설 종사자의 근무환경 개선에 관한 사항은 운영위원회에서 심의한다.
⑤ 회계부정이 발견되었을 때 보건복지부장관은 시설의 폐쇄를 명할 수 있다.

57 「사회복지사업법」의 내용으로 옳은 것은?

① 사회복지서비스는 현금과 현물로 제공하는 것을 원칙으로 한다.

② 국가는 사회복지 자원봉사활동을 지원·육성하기 위하여 자원봉사활동의 홍보 및 교육을 실시하여야 한다.

③ 사회복지에 관한 조사·연구 및 정책 건의를 위하여 한국사회복지사협회를 둔다.

④ 사회복지사 자격증을 다른 사람에게 빌려주거나 빌린 사람은 10년 이하의 징역 또는 1억원 이하의 벌금에 처한다.

⑤ 시·도지사는 사회복지에 관한 전문지식과 기술을 가진 사람에게 사회복지사 자격증을 발급할 수 있다.

58 「사회보장기본법」상 사회보장에 관한 국민의 권리에 대한 설명으로 옳지 않은 것을 모두 고른 것은?

> ㄱ. 지방자치단체는 최저보장수준과 최저임금을 매년 공표하여야 한다.
> ㄴ. 사회보장수급권은 구두로 통지하여 포기할 수 있다.
> ㄷ. 사회보장수급권이 제한되는 경우에는 제한하는 목적에 필요한 최소한의 범위에 그쳐야 한다.
> ㄹ. 사회보장수급권을 포기하는 것이 다른 사람에게 피해를 주게 되는 경우 사회보장수급권을 포기할 수 없다.

① ㄱ, ㄴ   ② ㄴ, ㄹ
③ ㄱ, ㄷ, ㄹ   ④ ㄴ, ㄷ, ㄹ
⑤ ㄱ, ㄴ, ㄷ, ㄹ

59 「사회보장기본법」상 사회보장제도의 운영에 관한 설명으로 옳은 것은?

① 사회보험은 국가와 지방자치단체의 책임으로 시행한다.

② 국가는 사회보장 관계 법령에서 정하는 바에 따라 사회보장에 관한 상담에 응하여야 한다.

③ 일정 소득 수준 이하의 국민에 대한 사회서비스에 드는 비용은 수익자 부담을 원칙으로 한다.

④ 통계청장은 제출된 사회보장통계를 종합하여 사회보장위원회에 제출하여야 한다.

⑤ 지방자치단체의 장은 사회보장제도를 신설할 경우 보건복지부장관과 합의하여야 한다.

60 「사회보장기본법」의 내용으로 옳지 않은 것은?

① 사회보장위원회의 위원 임기는 3년으로 한다.

② 국가와 지방자치단체는 평생사회안전망을 구축하여야 한다.

③ 사회보장 기본계획에는 사회보장 관련 기금 운용 방안이 포함되어야 한다.

④ 사회보장제도를 운영하는 자는 불법행위의 책임이 있는 자에 대하여 구상권을 행사할 수 있다.

⑤ 사회보장에 관한 다른 법률을 개정하는 경우에는 이 법에 부합되도록 하여야 한다.

61 「사회보장급여의 이용·제공 및 수급권자 발굴에 관한 법률」의 내용으로 옳지 않은 것은?

① 보장기관은 지역의 사회보장 수준이 균등하게 실현될 수 있도록 노력하여야 한다.

② 「청소년 기본법」에 따른 청소년상담사는 지원대상자의 사회보장급여를 신청할 수 있다.

③ 보장기관의 장은 위기가구를 발굴하기 위하여 노력하여야 한다.

④ 정부는 한국사회보장정보원의 설립·운영에 필요한 비용을 출연할 수 없다.

⑤ 특별자치시 지역사회보장계획은 사회보장급여 담당 인력의 양성 및 전문성 제고 방안을 포함하여야 한다.

62 「사회보장급여의 이용·제공 및 수급권자 발굴에 관한 법률」상 지원대상자의 발굴에 관한 설명으로 옳은 것은?

① "지원대상자"란 사회보장급여를 제공받을 권리를 가진 사람을 말한다.

② 사회복지시설의 장은 사회보장급여의 제공을 직권으로 신청할 수 있다.

③ 국민건강보험공단 이사장은 보험료를 7개월 이상 체납한 사람의 가구정보를 사회보장정보시스템을 통하여 처리할 수 있다.

④ 시·도지사는 지원대상자에 대한 발굴조사를 1년마다 정기적으로 실시하여야 한다.

⑤ 보장기관의 장은 지원대상자를 발굴하기 위하여 사회보장급여의 제공규모에 대한 정보의 제공과 홍보에 노력하여야 한다.

63 「국민기초생활 보장법」상 급여의 종류와 방법에 관한 설명으로 옳은 것은?

① 생계급여는 물품으로는 지급할 수 없다.

② 생계급여는 수급자에게 주거 안정에 필요한 임차료, 수선유지비, 그 밖의 수급품을 지급하는 것으로 한다.

③ 장제급여는 자활급여를 받는 수급자가 사망한 경우 장제조치를 하는 것으로 한다.

④ 자활급여는 관련 비영리법인에 위탁하여 실시할 수 있다.

⑤ 교육급여는 보건복지부장관의 소관으로 한다.

64 「국민기초생활 보장법」상 지역자활센터의 사업이 아닌 것은?

① 자활을 위한 사업자금 융자

② 자활을 위한 정보제공, 상담, 직업교육 및 취업 알선

③ 생업을 위한 자금융자 알선

④ 자활기업의 설립·운영 지원

⑤ 자영창업 지원 및 기술·경영 지도

65 「의료급여법」의 내용으로 옳은 것은?

① 시·도지사는 의료급여증을 발급하여야 한다.

② 급여비용의 재원을 충당하기 위하여 보건복지부에 의료급여기금을 설치한다.

③ 보건복지부에 두는 의료급여심의위원회는 의료급여의 수가에 관한 사항을 심의한다.

④ 시·도지사는 상환받은 대지급금을 의료급여기금에 납입하여야 한다.

⑤ 수급권자가 의료급여를 거부한 경우 시·도지사는 의료급여를 중지해야 한다.

66 「기초연금법」의 내용으로 옳은 것을 모두 고른 것은?

> ㄱ. 본인과 그 배우자가 모두 기초연금 수급권자인 경우에는 각각의 기초연금액에서 기초연금액의 100분의 20에 해당하는 금액을 감액한다.
> ㄴ. 기초연금 수급권자의 권리는 3년간 행사하지 아니하면 시효의 완성으로 소멸한다.
> ㄷ. 기초연금 수급자가 대통령령으로 정하는 바에 따라 사망한 것으로 추정되는 경우 수급권을 상실한다.

① ㄱ
② ㄱ, ㄴ
③ ㄱ, ㄷ
④ ㄴ, ㄷ
⑤ ㄱ, ㄴ, ㄷ

67 「국민건강보험법」의 내용으로 옳지 않은 것은?

① 「의료급여법」에 따라 의료급여를 받는 사람은 건강보험의 가입자가 될 수 없다.

② 보건복지부장관은 국민건강보험종합계획에 따라 연도별 시행계획에 따른 추진실적을 매년 평가하여야 한다.

③ 건강보험 가입자는 국내에 거주하지 아니하게 된 날에 그 자격을 잃는다.

④ 건강보험정책에 관한 사항을 심의·의결하기 위하여 보건복지부장관 소속으로 건강보험정책심의위원회를 둔다.

⑤ 건강보험 지역가입자는 직장가입자와 그 피부양자를 제외한 가입자를 말한다.

68 「노인장기요양보험법」의 내용으로 옳지 않은 것은?

① "노인등"이란 65세 이상의 노인 또는 65세 미만의 자로서 치매·뇌혈관성질환 등 대통령령으로 정하는 노인성 질병을 가진 자를 말한다.

② 장기요양급여는 노인등이 가족과 함께 생활하면서 가정에서 장기요양을 받는 재가급여를 우선적으로 제공하여야 한다.

③ 장기요양보험사업은 보건복지부장관이 관장한다.

④ 장기요양급여를 받고 있는 수급자는 장기요양등급의 내용을 변경하여 장기요양급여를 받고자 하는 경우 국민건강보험공단에 변경신청을 하여야 한다.

⑤ 재가급여에는 방문요양, 방문목욕, 특별현금급여가 포함된다.

69 「국민연금법」의 내용으로 옳은 것은?

① 가입자의 가입 종류가 변동되면 그 가입자의 가입기간은 각 종류별 가입기간을 합산한 기간으로 한다.

② 국민연금사업은 기획재정부장관이 맡아 주관한다.

③ "수급권자"란 이 법에 따른 급여를 받을 권리를 말한다.

④ 국내에 거주하는 국민으로서 18세 이상 65세 미만인 자는 국민연금 가입 대상이 된다.

⑤ 「국민연금법」을 적용할 때 배우자에는 사실상의 혼인관계에 있는 자는 포함되지 않는다.

70 「고용보험법」의 내용으로 옳은 것은?

① "실업의 인정"이란 근로의 의사와 능력이 있음에도 불구하고 취업하지 못한 상태에 있는 것을 말한다.

② "일용근로자"란 3개월 미만 동안 고용되는 사람을 말한다.

③ 지방자치단체는 매년 보험사업에 드는 비용의 일부를 일반회계에서 부담하여야 한다.

④ 고용보험기금은 고용노동부장관이 관리·운용한다.

⑤ 실업급여를 받을 권리는 양도 또는 압류하거나 담보로 제공할 수 있다.

71 「고용보험법」상 실업급여의 종류로 취업촉진 수당에 해당하는 것을 모두 고른 것은?

> ㄱ. 이주비
> ㄴ. 광역 구직활동비
> ㄷ. 직업능력개발 수당
> ㄹ. 조기재취업 수당

① ㄱ, ㄴ, ㄷ   ② ㄱ, ㄴ, ㄹ

③ ㄱ, ㄷ, ㄹ   ④ ㄴ, ㄷ, ㄹ

⑤ ㄱ, ㄴ, ㄷ, ㄹ

72 「노인복지법」의 내용으로 옳은 것은?

① 노인복지주택에 입소할 수 있는 자는 65세 이상의 노인으로 한다.

② 국가는 지역 간의 연계체계를 구축하고 노인학대를 예방하기 위하여 중앙노인보호전문기관을 설치·운영하여야 한다.

③ 노인취업알선기관은 지역사회 등에서 노인에 의한 재화의 생산판매 등을 직접 담당하는 기관이다.

④ 노인요양공동생활가정은 노인들에게 일상생활에 필요한 편의를 제공함을 목적으로 하는 노인주거복지시설이다.

⑤ 지역노인보호전문기관은 시·군·구에 둔다.

73 「아동복지법」의 내용으로 옳지 않은 것은?

① 지방자치단체는 아동이 항상 이용할 수 있는 아동전용시설을 설치하도록 노력하여야 한다.

② 시·도지사 또는 시장·군수·구청장은 보호조치 중인 보호대상아동의 양육상황을 분기별로 점검하여야 한다.

③ 아동정책조정위원회 위원장은 국무총리가 된다.

④ 아동위원은 명예직으로 하되, 아동위원에 대하여는 수당을 지급할 수 있다.

⑤ 보건복지부장관은 아동정책의 효율적인 추진을 위하여 5년마다 아동정책기본계획을 수립하여야 한다.

74 「한부모가족지원법」의 내용으로 옳은 것은?

① 여성가족부장관은 5년마다 한부모가족에 대한 실태조사를 실시하고 그 결과를 공표하여야 한다.

② "청소년 한부모"란 18세 이하의 모 또는 부를 말한다.

③ 교육부장관은 청소년 한부모가 학업을 계속할 수 있도록 여성가족부장관에게 협조를 요청하여야 한다.

④ "모" 또는 "부"에는 아동인 자녀를 양육하는 미혼자(사실혼 관계에 있는 자는 제외한다)도 해당된다.

⑤ 한부모가족에 대한 국민의 이해와 관심을 제고하기 위하여 매년 9월 7일을 한부모가족의 날로 한다.

75 「사회복지공동모금회법」상 사회복지공동모금회(이하 '모금회'라 한다)에 관한 설명으로 옳지 않은 것은?

① 모금회는 사회복지사업을 지원하기 위하여 연중 기부금품을 모집할 수 있다.

② 지방자치단체는 모금회의 기부금품 모집에 필요한 비용을 보조할 수 있다.

③ 배분분과실행위원회는 20명 이상의 위원으로 구성된다.

④ 모금회는 정관을 작성하여 보건복지부장관의 허가를 받아 등기함으로써 설립된다.

⑤ 모금회는 매년 8월 31일까지 다음 회계연도의 공동모금재원 배분기준을 정하여 공고하여야 한다.

사 회 복 지 사 1 급

과년도 기출문제

정답 및 해설

01	02	03	04	05	06	07	08	09	10
①	⑤	⑤	③	①	④	③	④	①	⑤

11	12	13	14	15	16	17	18	19	20
④	③	②	⑤	②	⑤	④	②	③	①

21	22	23	24	25
②	③	②	②	①

01

인간발달의 원리
• 개인차
• 점성원리
• 최적의 시기
• 통합과 분화의 과정
• 유전과 환경의 상호작용
• 일정한 순서와 방향성
• 연속적 과정
• 불가역성
• 기초성
• 상호관련성
• 연령이 증가하면 발달을 예측하기 어려움

오답 피하기
인간의 발달은 환경과 유전적 요인 모두 중요하다.

02

상담자가 갖추어야 할 능력
• 일치성 또는 진실성
• 감정이입적 이해와 경청
• 무조건적인 긍정적 관심

오답 피하기
클라이언트의 과거 정신적 외상의 중요성을 강조한 이론은 정신분석 이론이다.

03

성장은 신체의 크기나 근육 증가와 같이 양적확대이고, 성숙은 유전적 기제의 작용에 의해 체계적이고 규칙적으로 진행되는 변화이다. 학습은 경험과 훈련을 통해 기술과 지식, 정서, 가치를 얻을 수 있는 것으로 후천적 변화 과정이다.

04

③ 개방형 가족체계는 에너지의 흐름이 자유로운 넥엔트로피가 특징이다.

오답 피하기
①, ②, ④, ⑤는 폐쇄형 가족체계에서 나오는 엔트로피에 대한 설명이다.

05

오답 피하기
② 타임아웃기법은 스키너의 기법이다.
③ 분석심리이론은 융의 이론이고, 합리정서치료는 엘리스의 기법이다.
④ 자유연상은 프로이트의 기법이다.
⑤ 개인심리이론은 아들러의 이론이다.

06

오답 피하기
① 남성의 여성적인 면은 아니마, 여성의 남성적인 면은 아니무스이다.
② 원초아, 자아, 초자아의 중요성을 강조한 학자는 프로이트이다.
③ 음영은 인간의 어둡고 동물적인 측면이지만 자기나 자아상과 같은 개념은 아니다.
⑤ 집단무의식은 모든 인간의 공통된 오랜 경험에서 형성된 잠재적 이미지의 저장고로 다양한 콤플렉스에 기초하지 않는다.

07

오답 피하기
생리적 욕구, 안전의 욕구, 사랑의 욕구, 존경의 욕구, 자아실현의 욕구 순으로 안전의 욕구는 사랑의 욕구보다 하위 단계의 욕구이다.

08

오답 피하기

ㄴ. 로저스는 모든 인간의 주관적인 경험이 중요하므로 클라이언트의 주관적인 경험을 존중했다.

09

오답 피하기

사회적 관심, 창조적 자아, 가족형상 등을 강조한 학자는 아들러이다.

10

인간의 성격발달 단계를 제시한 학자는 프로이트, 에릭슨, 융, 피아제이다.

11

오답 피하기

관찰학습의 단계는 주의집중과정 → 기억과정 → 운동재생과정 → 동기화과정 순이므로 마지막 단계는 동기화과정이다.

12

③ 투사는 자신이 받아드릴 수 없는 충동, 행동을 남의 탓으로 돌리는 것이다.

오답 피하기

① 전치는 자신보다 덜 위험한 대상으로 옮기는 것이다.
② 억압은 현실에서 받아들이기 힘든 생각, 감정, 사고, 기억 등을 무의식 속에 집어넣는 것이다.
④ 합리화는 받아들일 수 없는 현상에 대한 그럴듯하게 변명을 하는 것이다.
⑤ 반동형성은 받아들일 수 없는 욕구, 생각, 충동 등을 반대되는 감정으로 표현하는 것이다.

13

피아제의 발달단계는 감각운동기, 전조작기, 구체적 조작기, 형식적 조작기 순으로 발전한다.

오답 피하기

① 추상적으로 사고하고 추론을 통해 검증할 수 있는 시기는 형식적 조작기 시기이다.
③ 인간의 무의식에 초점을 둔 학자는 프로이트이다.
④ 도덕발달단계를 1단계에서 6단계로 제시한 학자는 콜버그이다.
⑤ 보존개념은 구체적 조작기에 획득된다.

14

행동주의 이론은 조작적 조건형성으로 외부(환경)의 자극에 의해 동기화된다. 변별자극은 어떤 반응이 보상될 것이라는 단서 혹은 신호로 작용하는 자극이다. 강화에는 정적 강화와 부적 강화가 있으며, 정적 강화는 긍정적인 결과를 제시하여 긍정적인 행동을 증가시키고 부적 강화는 부정적인 결과를 제시하여 긍정적인 행동을 증가시킨다.

15

② 시너지는 체계 내에서 유용한 에너지가 증가하는 것이다.

오답 피하기

① 엔트로피는 외부체계와 교류되지 않아 에너지의 투입이 이루어지지 않는 체계이다.
③ 항상성은 변화에 저항하고 현 상태를 유지하려는 것이다.
④ 넥엔트로피는 외부체계와의 교류를 통해 에너지의 투입이 이루어지는 체계이다.
⑤ 홀론은 한 체계가 상위 체계에 포함되는 동시에 하위체계에 포함되는 것이다.

16

오답 피하기

인간은 환경과 상호작용을 할 때 능동적인 면과 수동적인 면이 모두 나타난다.

17

④ 자조집단은 스스로 해결하기 어려운 문제를 구성원들의 도움으로 해결하는 것을 목적으로 하는 집단이다.

오답 피하기

① 목적 달성을 위해 인위적으로 만들어진 집단은 이차집단이다.
② 혈연이나 지연을 바탕으로 자연발생적으로 이루어진 집단은 일차집단이다.
③ 특정위원회나 팀처럼 일정한 목적을 갖는 것이 특징인 집단은 과업집단이다.
⑤ 집단이 진행되는 동안 새로운 구성원의 입회가 불가능한 집단은 폐쇄집단이다.

18

오답 피하기

터너 증후군은 남성이 아닌 여성에게만 생기는 질환으로 여성의 46번 염색체 이상으로 2개가 있어야 할 X염색체가 부족하거나 불완전하여 염색체의 모양 이상이 자궁 안에 발생하는 질환이다.

19

신생아 반사운동은 생존반사와 원시반사로 이루어진다. 생존반사에는 빨기반사, 탐색반사, 눈깜박거리기반사, 연하반사가 있고 원시반사에는 걷기반사, 파악반사, 바빈스키반사, 모로반사가 있다.

오답 피하기

연하반사(삼키기반사), 빨기반사는 생존반사이지만 바빈스키반사, 모로반사는 원시반사이다.

20

오답 피하기

② 콜버그의 후인습적 단계의 도덕적 사고가 나타나는 시기는 7세 이후로 아동기 이후의 시기이고 특별한 사람만 도달하는 단계이다.

③ 피아제의 자율적 도덕성의 단계는 구체적 조작기 시기로 아동기 시기이다.

④ 심리사회적 유예가 일어나는 시기는 청소년기이다.

⑤ 보존기술, 분류기술 등 기본적 논리체계가 획득되는 시기는 아동기 시기이다.

21

ㄷ. 또래 친구들과의 상호작용으로 자아중심적 사고가 감소하고 협동이나 경쟁을 습득하게 되어 사회성이 발달하게 된다.

오답 피하기

ㄱ. 에릭슨의 심리사회적 위기 중 솔선성 대 죄의식은 유아기 시기에 해당된다.

ㄴ. 보존개념을 획득하기 위해서는 가역성, 보상성, 동일성의 원리에 대한 이해가 필요하다.

ㄹ. 추상적 사고가 가능해져서 미래의 사건을 예측할 수 있는 가설적, 연역적 사고가 발달하는 시기는 청소년기이다.

22

오답 피하기

상상적 청중은 청소년이 실제적이거나 가상적인 상황에서 자신에 대해 다른 사람이 어떤 반응을 할 것인지를 예측해 보려는 경향이고 개인적 우화는 자신의 감정과 사고는 너무나 독특한 것이어서 다른 사람들이 이해할 수 없을 것이라고 상상하는 것으로 상상적 청중과 개인적 우화는 타인을 배려하는 것이 아닌 자기중심적인 것이다.

23

오답 피하기

중년기 시기에는 외부에 쏟았던 에너지를 자기 내부로 돌리며 개성화 과정을 경험한다. 개성화의 개념은 아들러가 아니라 융에 대한 내용이다.

24

퀴블러 로스의 죽음에 대한 적응 단계는 부정 → 분노 → 타협 → 우울 → 수용 순으로 이루어진다.

• 부정단계는 불치병을 인정하지 않고 의사의 오진이라고 생각하는 단계이다.

• 분노단계는 '왜 나만 죽어야 하는가?' 라고 건강한 사람을 원망하며, 주변 사람들에게 화를 내는 단계이다.

• 타협단계는 죽음을 받아들이고, 해결하지 못한 인생과업을 해결할 때까지라도 살 수 있도록 기원하고 불가사의한 힘과 타협하는 단계이다.

• 우울단계는 주변사람과 일상생활에 대한 애착을 보이고, 이런 것들과 헤어져야 한다는 점 때문에 우울증이 나타나는 단계이다.

• 수용단계는 죽음 자체를 수용하고, 마음의 평화를 회복하여 임종에 직면하는 단계이다.

오답 피하기

죽음에 대한 적응 마지막 단계는 수용단계이다.

25

자아정체감 유형에는 정체감 성취, 정체감 유예, 정체감 유실, 정체감 혼란이 있다.

② 정체감 혼란은 정체감을 확립하기 위한 노력도 없고 기존의 가치관에 대한 의문도 제기하지 않은 상태이다.

③ 정체감 성취는 위기를 성공적으로 극복하고 정치적 또는 개인적 이념체계를 확립하며, 자신의 의사에 따라 자율적으로 의사결정을 하며 직업적 역할을 성공적으로 수행할 수 있는 상태이다.

④ 정체감 유예는 정체감 성취 또는 정체감 혼란 중 어느 방향으로도 나갈 수 있는 가능성이 있는 상태이다.

⑤ 정체감 유실은 부모나 사회의 가치관을 자신의 것으로 그대로 선택하므로 위기도 경험하지 않고, 쉽게 의사결정을 내리지만 독립적 의사결정을 하지 못하는 상태이다.

오답 피하기

① 자아정체감 유형에 정체감 수행은 포함되지 않는다.

26	27	28	29	30	31	32	33	34	35
④	⑤	⑤	③	②	⑤	④	①	②	③

36	37	38	39	40	41	42	43	44	45
⑤	③	①	④	②	①	④	②	③	⑤

46	47	48	49	50
④	⑤	①	②	④

26

사회조사는 조사주제와 문제설정 → 가설설정 → 조사설계 → 자료수집 → 자료분석 및 해설 → 조사보고서 작성 순으로 이루어진다. 조사설계는 가설을 설정한 후 가설이 맞는지 확인하기 위해 조사계획을 수립하는 것을 의미한다. 조사대상자는 어떻게 선정할 것인지, 어떤 방법으로 자료를 수집할 것인지, 조사기간과 자료수집방법은 어떻게 할 것인지, 측정도구는 어떤 것을 사용할 것인지 등을 조사설계 단계에서 준비한다.

오답 피하기
연구문제의 의의와 조사의 필요성은 조사주제와 문제설정 단계에서 고려한다.

27

조사에서 인과관계에 대한 가설을 설정한 후 이를 검증함으로서 조사문제를 해결하는 방식을 취한다. 따라서 가설은 언제나 경험적으로 검증이 가능해야 한다. 가설은 보통 연구(조사)가설, 영가설, 대립가설로 이루어진다. 연구가설을 검증하기 위해 필요한 가설이 영가설과 대립가설인데, 조사를 한 후에 영향이 없는 경우 영가설을 채택하게 되고 영향이 있는 경우에는 대립가설을 선택하게 된다.
⑤ 변수 간에 서로 영향을 미치지 않는다고 가설을 설정하는 것은 영가설이다.

오답 피하기
① 변수 간의 관계가 존재한다는 가설은 대립가설이다.
② 변수 간 관계없음이 검증된 가설이 아니라 변수 간의 관계가 없음을 가정하는 가설이다.
③ 조사자가 검증하고자 하는 가설은 연구가설이다.
④ 영가설에 대한 반증가설은 대립가설이다.

28

① 질문지법은 질문지를 사용하여 정보를 얻는 방법으로 서베이 방법 중 양적조사에서 가장 많이 사용된다.
② 면접법은 조사자와 조사대상자 간에 상호작용을 통하여 자료를 수집하는 방법이다.
③ 관찰법은 주위에서 일어나는 일들에 대한 지식을 얻는 방법으로 시각, 청각과 같은 감각기관을 통하여 현상을 인지하는 가장 기본적인 방법이다.
④ 비관여적 조사는 조사자가 직접 자료를 수집하는 것이 아니라 기존의 자료를 가지고 자신이 원하는 자료만 분석하는 방법이다.

오답 피하기
⑤ 내용분석법은 조사자가 새로운 자료를 수집하는 것이 아니라 기존의 자료를 분석하여 자료를 수집하는 방법이다. 인간의 의사소통 기록물(신문, 책, 일기)을 분석하는 간접(2차) 자료수집 방법 중 하나이다.

29

③ 후기실증주의는 실증주의 패러다임의 문제를 개선하려는 노력속에서 정립된 패러다임이다. 관찰과 측정이 순수하게 객관적일 수 없음을 인정하고 과학적 지식은 반증되기 전까지만 그 타당성이 인정되는 간주관적, 잠정적, 확률적인 지식이라고 본다. 지식의 내용보다는 지식을 탐구하는 방법과 절차를 더 중요시하고 인간의 비합리적인 행위도 합리적으로 이해할 수 있다고 본다.

오답 피하기
① 실증주의는 연역주의가 아닌 경험주의를 주장한다.
② 경험적 관찰의 중요성을 강조하기에 관찰대상은 경험할 수 있는 인간이다.
④ 관찰의 이론의존성은 순수한 관찰은 존재하지 않으며 관찰자의 지식, 신념, 기대, 이론 등이 관찰에 영향을 미치기 때문에 관찰의 이론 의존성을 부인하지 않는다.
⑤ 과학이 혁명적으로 변화한다고 보는 것은 토마스 쿤의 패러다임이다.

30

변수의 종류
• 독립변수 : 조사하고자 하는 사건이나 상황을 일으키거나 영향을 미친다고 생각되는 변수
• 종속변수 : 독립변수의 영향을 받아 일정하게 변화된 결과를 나타내는 기능을 수행하는 변수
• 매개변수 : 독립변수의 영향을 받아 종속변수에 영향을 주는 변수
• 조절변수 : 독립변수와 종속변수 사이의 제 2의 독립변수로 독립변수와 종속변수 간 관계를 강화시키거나 약화시키는 변수
• 내생변수 : 변수의 값이 내부에서 결정되는 변수

'가정폭력이 피해 여성의 우울증에 미치는 영향은 여성이 맺고 있는 사회적 네트워크의 수준에 따라 달라진다는 연구 결과가 발표되었다'에서 '가정폭력'은 독립변수가 되고 '여성의 우울증'은 종속변수가 된다. '네트워크의 수준에 따라'는 조절변수가 된다.

31

오답 피하기

① 연구 참여자가 평소와 다른 행동을 하더라도 연구자의 신분을 숨기고 자료를 수집하면 안 된다.
② 연구결과의 확산을 위해서라도 연구 참여자의 신분을 다른 연구 기관에 동의 없이 공개하면 안 된다.
③ 연구결과에 영향을 미치더라도 연구 참여자에게 일어날 수 있는 이익을 미리 알려야 한다.
④ 연구 참여자의 참여 동기를 높이기 위해 연구 참여여부를 성적평가와 연계하면 안 된다.

32

탐색적 조사는 어떤 현상에 대하여 사전 지식이 없을 경우 탐색을 목적으로 하는 조사를 말하고 한 번도 조사가 된 적 없는 문제를 알기를 목적으로 한 조사이다. 일본 후쿠시마 원전 유출이 지역주민들의 삶에 초래한 변화를 연구하고자 하였으나 관련 연구나 선행자료가 부족하기 때문에 먼저 선행조사인 탐색적 조사를 실시해야 한다.

33

가설이란 두 개 이상의 변수나 현상 간의 특별한 관계를 검증한 형태로 서술하여 변수 간의 관계를 예측하려는 문장이다. 연구주제를 구체적으로 세분한 것으로 문제의 잠정적인 해답이다.

가설의 특성
• 상호연관성 : 두 개 이상의 변수로 구성되며 변수들 간에 관계를 나타내야 한다.
• 검증 가능성 : 경험적으로 검증하기 위해 조작적으로 정의될 수 있어야 한다.
• 추계성 : 아직 확정된 이론이 아니기 때문에 확률적으로 표현되어야 한다.
• 문제해결성 : 문제를 해결할 수 있어야 한다.
• 구체성 : 변수들의 관계를 나타내는 때문에 구체적이어야 한다.

오답 피하기

ㄷ. 가설구성을 통해 연구문제가 도출되는 것이 아니라 연구 문제를 설정한 후에 가설을 설정한다.
ㄹ. 창의적 해석이 가능하도록 개방적으로 구성되지 않고 가설은 잠정적인 결론 형태로 범위를 한정한다.

34

종단조사는 시간적 차이를 두고 여러 번 걸쳐 조사하는 것을 말하고 패널조사, 경향(추이)조사, 동년배(동류집단, 코호트)조사로 구분된다. 패널조사는 한 집단을 두고 오랜 시간 동안 연속적으로 조사하는 것을 말하고 경향조사는 한 질문을 반복적으로 조사하나 조사할 때마다 대상자가 다른 것을 말한다. 동년배조사는 같은 시기에 태어나 같은 문화에서 비슷한 경험을 한 사람들을 동년배 집단으로 선정하고 일정한 시간을 두고 조사하는 것이다. 조사는 매번 같은 대상자를 조사하지 않고 집단 안에 있는 다른 대상자로 바뀔 수 있다.

오답 피하기

일정기간의 변화에 대해 가장 포괄적 자료를 제공하는 것은 동년배 연구가 아닌 경향조사이다.

35

자원봉사자 40명을 20명씩 통제집단과 실험집단으로 구분하고 실험집단에는 교육을, 통제집단에는 아무런 개입을 하지 않은 후 만족도를 비교했다. 이런 연구설계는 통제집단 후 비교설계에 해당된다.

오답 피하기

통제집단이 없는 설계방법에는 시계열조사, 단일집단 후 비교조사, 단일집단 전후비교조사가 있다.

36

오답 피하기

개입 후 상당한 기간이 지난 후 변화가 발생한 경우에는 개입의 효과보다는 성숙(성장)효과가 있다고 판단해 개입효과가 없다고 판단한다.

37

내적 타당도는 독립변수와 종속변수 사이의 인과관계가 얼마나 확실한가, 즉 독립변수로 인하여 종속변수가 변한 것이라고 얼마나 확신할 수 있는가를 의미한다.
ㄱ. 우연한 사건은 내적 타당도에 부정적 영향을 미칠 수 있다. 연구자의 의도와 상관없이 우연한 사건으로 인해 결과에 영향을 미친다.
ㄴ. 사전점수가 매우 높은 집단을 선정할 때 내적 타당도가 저해되는 요인은 통계적 회귀이다.

오답 피하기

ㄷ. 내적 타당도가 높은 연구 결과는 일반화 가능성이 높지 않다. 연구결과를 일반화할 수 있는 타당도는 외적 타당도이다.

38

내용분석은 인간의 의사소통 기록물(신문, 책, 일기)을 분석하는 간접(2차) 자료수집 방법 중 하나이다.

오답 피하기

역사적 분석과 같은 시계열 분석에 좋은 방법이다. 결과가 나와 있는 역사적 분석은 시작부터 끝까지 모두 조사할 수 있어 시계열적 분석이 가능하다.

39

질적 연구는 조사대상자의 주관적 세계를 조사하는 것으로 사람들이 행동하는 의미를 통해 사회현상을 해석하여 주로 해석적 · 자연적인 접근 방법에 사용된다. 조사자의 주관성을 활용하여 자료수집과 함께 자료분석을 병행한다.

오답 피하기

조사대상자의 주관적인 세계를 조사하기 때문에 다른 연구자들이 재현하기 어렵다.

40

혼합연구는 양적 연구와 질적 연구를 합한 방법으로 질적 · 양적 자료를 동시에 수집하여 상호보완적인 방식으로 분석한다. 그룹수준에 따라 질적 연구와 양적 연구를 섞어 분석하며 연구자에 따라 두 가지 연구방법의 비중은 상이할 수 있다. 또한 질적 연구와 양적 연구를 순차적으로 수행할 수 있으며, 주도적인 하나의 패러다임과 방법에 일부 다른 방법을 적용시켜 다양한 패러다임을 수용할 수 있어야 한다.

오답 피하기

설계유형에는 삼각화설계, 내재설계, 설명설계, 탐색설계가 있다.

41

① 타당도는 측정하고자 하는 것을 정확하게 측정하는 정도를 의미하고 신뢰도는 여러 번 측정해도 같은 값을 얻는 것을 의미한다.

오답 피하기

② 측정도구의 문항 수가 많을수록 신뢰도는 높아진다.
③ 검사－재검사 방법은 신뢰도를 측정하는 방법이다.
④ 편향은 측정의 체계적 오류와 관련된다.
⑤ 측정도구의 신뢰도가 높아진다고 해서 타당도가 반드시 높은 것은 아니다.

42

온라인조사는 네트워크, 인터넷, 등에 컴퓨터가 연결된 상태에서 이루어지는 조사로 일반면접보다 시간적 · 공간적으로 비용절감의 효과가 있다.

43

변수의 종류
• 명목변수는 성별, 인종, 종교, 결혼여부, 직업 등으로 구분한 것으로 장애유형이 이에 해당된다.
• 서열변수는 장애등급, 학점 등으로 구분한 것으로 장애인의 건강정도가 해당된다.
• 등간변수는 지능, 온도, 시험점수, 학년 등으로 구분한 것이다.
• 비율변수는 연령, 무게, 키, 수입, 출생률, 사망률, 이혼율, 가족 수 등으로 구분한 것으로 장애 등록 후 기간이나 장애 등록연령 등이 해당된다.

44

의도적 표집은 판단, 유의표집이라고도 한다. 조사자는 충분한 사전지식을 가지고 있고 주관적 판단에 따라 목적달성이 가능하도록 구성요소를 의도적으로 선정하는 방법이다. 자신의 욕구를 잘 표현할 수 있는 빈곤노인을 조사 대상으로 의도적으로 선정하였기에 의도적 표집에 대한 설명이다.

45

질문의 문항 배열 방법
• 응답하기 쉬운 질문은 먼저 배치한다.
• 개방적인 질문이나 민감한 질문은 뒷부분에 배치한다.
• 질문은 논리적으로 배열한다.
• 일반적인 것을 먼저 묻고 특수한 것은 뒤에서 묻는다.
• 일정한 유형의 응답경향이 조성되지 않도록 문항을 배치한다.
• 신뢰도를 검사하는 질문은 서로 떨어져 있어야 한다.

오답 피하기

신뢰도 측정을 위한 질문들은 서로 떨어져 있어야 한다.

46

타당도는 측정하고 싶은 것을 정확히 측정하였는가를 말하는 것으로 내용(액면)타당도, 기준(관련)타당도, 개념(구성)타당도로 구분된다. 기준(관련)타당도는 동시적 타당도, 예측적 타당도로 구분되고 개념(구성)타당도는 이해타당도, 수렴타당도, 판별타당도로 구분된다. 구성타당도는 측정하는 개념이 전반적인 이론 틀 속에서 다른 개념들과 실제적·논리적으로 적절한 관련성을 갖고 있는 정도를 검증하는 방법이다.

47

오답 피하기

확률표집은 누구나 표집에 포함될 확률이 있는 것으로 각 단위가 추출된 확률을 정확히 알고 무작위방법에 기초하여 표집하는 방법이다. 많은 사람들을 한 번에 조사하는 방법으로 양적조사에 사용된다. 질적 연구에 주로 사용되는 방법은 비확률표집이다.

48

오답 피하기

표집오차는 모집단을 정확하게 반영해주지 못하는 표본을 선정했기에 발생하는 오류이고 비표집오차는 표집과정이 아니라 여타의 자료 수집 과정에서 발생하는 오류이다. 코딩작업 시 생기는 오류는 비체계적 오류이며, 컴퓨터에 입력 시 실수로 생기는 오류이기 때문에 언제, 어디서 생길지 모른다. 코딩 왜곡에서 발생하는 오류는 비체계적 오류이다.

49

아르바이트 경험은 독립변수, 삶의 만족에 미치는 영향은 종속변수, 또래집단의 지지정도는 조절변수이다. 산술평균, 최빈값, 중간값 중 최빈값만이 독립변수에 사용된다.

- 최빈값은 자료의 분포에서 가장 많은 빈도를 가진 관찰값이다. 값을 구하기 쉽다는 장점과 빈도에 포함되지 않는 사례는 고려되지 않는다는 단점이 있다. 명목변수, 서열변수, 등간변수, 비율변수에서 사용된다.
- 중간값은 자료를 순서대로 놓았을 때 중간에 위치한 관찰값이다. 모든 사례를 고려하여 최빈값보다 정확성을 확보할 수 있는 장점이 있으며, 사례들의 빈도만 고려하여 중앙값을 구하기 때문에 관찰값이 잘 고려되지 않는다는 단점이 있다. 서열변수, 등간변수, 비율변수에서만 사용된다.
- 산술평균은 모든 사례의 관찰값을 더한 후 전체 수로 나누어 계산한 값으로 평균과 같다. 척도가 등간격이고 수량화할 수 있는 경우에만 구할 수 있기 때문에 등간변수와 비율변수에만 사용되고 등간격이 없는 명목변수와 서열변수에는 사용할 수 없다.

50

ㄱ. 현상학은 개인생활의 역사적 시간에 따라 이야기 형식으로 서술한 조사방법이다.
ㄷ. 근거이론은 경험적 자료를 근거로 귀납법적 방법을 중시하는 조사방법이다.
ㄹ. 생애사는 문화를 공유하는 사람들의 행동, 신념, 언어의 형태를 분석하는 조사방법이다.

오답 피하기

ㄴ. 참여행동연구는 문제인식과 해결과정에서 조사자와 조사대상자가 함께 문제를 분석하고 해결책을 강구하는 조사방법으로 조사자와 조사대상자의 집합적인 토론과 상호작용을 통해 지역사회 문제의 원인을 분석한다. 이혼가족이 경험한 가족해체 사례를 심층적으로 이해할 수 있는 것은 사례연구이다.

2교시	사회복지실천

| 3과목 | 사회복지실천론 |

01	02	03	04	05	06	07	08	09	10
⑤	③	①	②	①	③	⑤	⑤	①	⑤
11	12	13	14	15	16	17	18	19	20
④	⑤	②	④	②	①	④	②	②	③
21	22	23	24	25					
④	③	①	③	④					

01

생활력표는 출생부터 개입시점까지 특정시기의 클라이언트나 가족의 경험을 시계열적으로 알 수 있도록 도표화한 것이다.

오답 피하기

클라이언트·가족구성원의 생애 동안 발생한 문제의 발전과정에 관한 정보를 알 수 있는 것은 생태도가 아닌 생활력표이다.

02

윤리강령의 윤리기준에는 기본적 윤리기준, 클라이언트에 대한 윤리기준, 동료에 대한 윤리기준, 사회에 대한 윤리기준, 기관에 대한 윤리기준이 있다. 기본적 윤리기준은 전문가로서의 자세, 전문성 개발을 위한 노력, 경제적 이득에 대한 태도로 구분된다. 클라이언트에 대한 윤리기준은 클라이언트와의 관계, 동료의 클라이언트와의 관계로 구분된다. 동료에 대한 윤리기준은 동료, 슈퍼바이저로 구분된다. 사회에 대한 윤리기준에는 사회적 약자, 사회정책의 수립, 사회정의, 지역사회의 문제 등에 대한 내용이 있다. 기관에 대한 윤리기준에는 수속기관 활동, 전문직의 가치와 지식, 서비스의 효과성, 효율성의 증진 등에 대한 내용이 있다.

03

① 우애방문원들이 각자 봉사를 실시하여 중복과 누락이 발생하여 자선조직협회를 결성하였다.

오답 피하기
② 인보관은 빈곤의 원인을 개인의 도덕 문제가 아니라 산업화의 결과로 보았다.
③ 인보관은 연구 및 조사를 통하여 사회제도를 개혁하고자 설립되었다.
④ 인보관은 빈민 지역의 주민들을 이웃으로 생각하여 함께 생활하였다.
⑤ 인보관은 집단 및 지역사회복지의 태동에 영향을 주었다.

04

1차 현장은 사회복지사가 주를 이루는 현장으로, 사회복지사가 다른 전문가보다 더 많이 있는 현장이다. 이용시설은 지역사회에서 생활하고 있는 클라이언트에게 필요한 사회복지서비스를 제공하는 시설이다. 장애인복지관, 노인복지관, 지역아동센터, 정신건강복지센터가 1차 현장이면서 이용시설이다. 보건소와 학교는 2차 현장이고 아동양육시설, 노인요양시설, 장애인공동생활가정은 생활시설이다.

05

브론펜브레너의 생태체계
• 미시체계 : 개인의 가장 근접한 환경으로서 가족 학교 이웃 등의 물리적 환경과 사회적 환경 그리고 환경 내에서 갖게 되는 지위나 역할, 활동, 대인관계 등을 의미한다.
• 중간체계 : 서로 상호작용하는 두 가지 이상의 미시체계의 관계망을 말하는데 개인이 가족 내에서 아들의 지위와 역할을 수행하지만 학교에서는 학생으로서의 지위와 역할을 동시에 갖게 되는 경우를 예로 들 수 있다.
• 외부체계 : 개인이 직접 참여하거나 관여하지는 않지만 개인에게 영향을 미치는 환경체계로 서 부모의 직장, 정부, 사회복지기관, 대중매체 등이 포함된다.
• 거시체계 : 미시체계, 중간체계, 외체계를 포함한 모든 요소에다 정치, 경제, 종교, 교육, 윤리와 가치, 신념, 관습, 문화 등의 광범위한 사회적 맥락을 의미한다.

• 시간체계 : 개인의 전 생애에 걸쳐 일어나는 변화와 역사적인 환경을 포함하는 체계로서 개인은 성장하면서 경험하게 되는 생활사건은 특정 시점에 국한된 것이 아니며, 사전, 진행기간, 사후기간이라는 서로 연결된 시간 속에서 발생한다.

오답 피하기
③ 생태체계에는 미시, 중간, 외부, 거시, 시간체계로 내부체계는 생태체계에 포함되지 않는다.

06

윤리적 의사결정과정의 순서
1. 문제가 무엇이며, 그 문제를 지속시키는 요인이 무엇인가?
2. 당면한 문제에 관련된 사람들과 제도 찾기
3. 당면문제와 관련된 다양한 참여자들이 갖고 있는 가치 찾기
4. 당면 문제를 해결하거나 감소시킬 수 있는 목적과 목표 찾기
5. 대안적인 개입전략과 개입대상 찾기
6. 구체적 목표에 부합하는 각 대안들의 효과성과 효율성 검토
7. 의사결정에 관여해야 할 사람이 누구인지 결정하기
8. 가장 적절한 전략 선택
9. 선택된 전략 실행하기
10. 실행을 검토하고 예기치 않은 결과들에 특별한 주의 기울이기
11. 결과를 평가하고 부가적인 문제 찾기

07

오답 피하기
사회복지실천이 봉사활동에서 전문직으로 출발하게 된 계기는 전통적 방법론의 한계로 인하여 통합적 방법론이 등장한 것과는 아무런 관련이 없다. 사회복지실천이 전문직으로 확립한 시기는 1900~1920년대이고 통합적 방법론이 등장한 시기는 1950년대이다.

08

사회복지사가 경험할 수 있는 윤리적 딜레마 상황은 클라이언트의 자기결정권, 비밀보장, 진실성 고수와 알권리, 제한된 자원의 공정한 분배, 상충되는 의무와 기대, 전문적 관계 유지, 클라이언트의 이익과 사회복지사의 이익, 전문적 동료관계, 규칙과 정책 준수로 ㄱ~ㄹ 모두 윤리적 딜레마 상황이다.

09

접수 시 고려사항
• 클라이언트의 욕구를 정확하게 확인해야 한다.
• 클라이언트와 사회복지사의 면담의 목적을 명확히 하고 이 과정에서 원하는 바가 무엇인지를 정확히 해야 한다.

- 클라이언트가 가질 수 있는 두려움과 긴장감, 양가감정을 완화시키고 비자발적인 클라이언트인 경우 동기가 부족할 수 있어 동기를 가질 수 있도록 도와야 한다.
- 클라이언트의 문제가 기관에서 도움을 줄 수 있는 문제인지를 판단하여 서비스 제공 여부를 결정해야 한다.
- 클라이언트에 대한 서비스를 접수한 후 고려사항에 부합하지 않는 경우 종결 또는 다른 기관으로의 의뢰를 결정해야 한다.

오답 피하기
가족 간의 상호작용 유형을 조정하기 위해서는 상호작용 유형을 먼저 파악해야 한다. 가족 간 상호작용 유형을 파악할 수 있는 단계는 실행단계이다.

10

자료수집단계에서는 클라이언트의 구두보고, 클라이언트의 비언어적 행동 관찰, 클라이언트의 자기 모니터링, 부수적 출처 정보, 심리검사, 사회복지사의 관찰, 사회복지사의 개인적 경험 등을 통해 자료를 수집한다. 부모면담, 적성검사, 가정방문은 모두 자료수집 방법에 해당한다.

11

종결 시 사회복지사의 역할은 종결 계획하기, 종결에 대한 감정다루기, 성취한 것 정리하기, 변화 안정시키기, 타 기관에 의뢰하기, 사후관리, 변화된 결과의 강화 및 유지하기 등이다.

오답 피하기
종결 기준 및 목표 수립은 목표설정단계에서 사회복지사가 하는 과업이다.

12

클라이언트에게는 복합적인 문제가 있다. 여러 가지 문제를 해결하기 위해서 우선순위를 정한 후 우선순위에 따라 실행해야 한다.

13

오답 피하기
서비스 제공 전략 및 우선순위 결정은 목표설정단계에서 수행하고, 제공된 서비스에 대한 과정 및 총괄평가는 평가단계에서 수행한다.

14

사례관리는 일반적으로 초기접촉(접수) → 사정 → 계획 → 개입 → 점검 → 평가의 단계로 실행된다.

15

제시문에는 중재자에 대한 설명은 나와 있지 않다.
- 알코올, 가정폭력, 실직 문제가 있는 클라이언트를 면담하여 알코올 치료와 근로에 대한 동기를 부여한 역할은 상담가이다.
- 지역자활센터 이용 방법을 설명한 역할은 정보제공자이다.
- 알코올 중독의 영향에 대해서 체계적으로 가르쳐 준 역할은 교육자이다.
- 가정폭력상담소에 연계하여 전문상담을 받도록 소개시켜 준 역할은 중개자이다.

16

① 클라이언트와 서비스 제공자 간의 갈등 발생 시 조정은 클라이언트와 서비스 제공자 간의 갈등이 발생하는 서비스 실행단계에서 가능하다.

오답 피하기
② 클라이언트의 욕구에 기초한 구체적이고 명확한 목표수립은 계획단계에서 수립한다.
③ 서비스 이용 대상자에 대한 적격성 여부 판별은 접수단계에서 실시한다.
④ 기관 내부 사례관리 팀의 구축 및 운영 능력은 계획단계에서 파악한다.
⑤ 클라이언트가 달성한 변화, 성과, 영향 등을 측정하기 위한 도구 개발은 계획단계에 개발한다.

17

임파워먼트는 클라이언트의 강점을 중심으로 봄으로써 클라이언트의 잠재력 및 자원을 인정하고 클라이언트가 건강한 삶을 결정할 수 있도록 권한 혹은 힘을 부여한다.

오답 피하기
클라이언트의 문제와 부적응의 개입에 초점을 맞추는 것이 아니라 강점에 초점을 맞춘다.

18

오답 피하기
① 변화매개체계는 사회복지사나 사회복지사를 채용하고 있는 기관이 해당한다.
③ 비자발적인 클라이언트는 의뢰 - 응답체계에 해당하지만 4체계 모델이 아니라 콤튼과 갤러웨이의 일반체계모델(6체계)에 속한다.
④ 목표달성을 위해 변화가 필요한 사람들은 클라이언트체계에 해당한다.
⑤ 전문가 육성 교육체계도 전문체계에 해당하지만 4체계모델이 아니라 콤튼과 갤러웨이의 일반체계모델(6체계)에 속한다.

19

① 통합적 방법은 사례관리가 실천현장에서 일반화된 이전에 등장하였다.
③ 고도의 전문화를 통해 해당 실천 영역 고유의 문제에 집중하는 방법은 전통적 방법이다.
④ 전통적 방법에 비하여 다양하고 복잡한 문제 상황에 개입하기에 적합하다.
⑤ 다양한 유형의 클라이언트를 통합한다는 의미를 가지는 것이 아닌 클라이언트가 가진 다양한 유형의 문제를 통합한다는 의미를 가진다.

20

사회복지사의 자세
• 사회복지사는 인간에 대한 편견이나 선입견을 가지면 안 된다.
• 클라이언트의 개별적인 측면뿐 아니라 환경적인 측면까지도 알아야 한다.
• 사회복지사는 클라이언트가 개별적인 서비스를 받고 있다는 사실을 인식할 수 있도록 해야 하고 이때 클라이언트에 대한 세심한 배려가 필요하다.
• 사회복지사는 클라이언트에 대하여 개인적인 특성을 확실히 알고 이해해야 하고 이를 위해 경청, 감정이입, 수용, 진실성 등이 요구된다.

오답 피하기

클라이언트에게 개별화하기 위해서 질환에 대해 진단할 수 있는 능력은 필요 없다.

21

오답 피하기

사회복지사와 클라이언트의 전문적 관계는 클라이언트의 문제를 해결하거나 적응시키는 분명한 목적을 가지고 제한된 시간 안에서 이루어지는 특수한 관계이다. 사회복지사가 설정한 목적 달성을 위해 형성되지 않고 클라이언트가 설정한 목표를 달성하기 위해 형성된다.

22

클라이언트의 자기결정 원리를 실천하기 위해 고려할 사항
• 클라이언트는 자신의 문제를 해결하기 위한 다양한 대안들을 알고 있어야 한다.
• 주요 문제를 해결하는 사람은 사회복지사가 아니라 클라이언트임을 강조한다.

• 사회복지사는 클라이언트가 문제를 결정할 수 있도록 클라이언트에게 문제해결에 대한 다양한 의견을 제시하여야 한다.
• 클라이언트가 성장하고 스스로 문제를 해결할 수 있도록 환경을 만들어 주어야 한다.

오답 피하기

ㄹ. 사회복지사는 클라이언트의 문제해결에 대한 다양한 대안을 알고 클라이언트가 스스로 결정할 수 있도록 돕는 능력이 필요하다. 클라이언트에게 필요한 것들을 결정하여 이를 관철시키는 능력은 필요 없다.

23

오답 피하기

클라이언트가 질문에 대하여 자신의 생각과 감정을 자유롭게 표현할 수 있는 질문으로 '선생님은 어제 자녀와 대화를 나누셨나요?'는 폐쇄형 질문이다. 이 질문이 개방형 질문이 되려면 '선생님은 어제 자녀와 어떠한 대화를 나누셨나요?'라고 질문해야 한다.

24

면접은 목적과 방향이 있어 구체적 목표를 달성하기 위해 수행되는 과정으로 전문적 관계에 바탕을 두고 정보수집, 과업수행, 클라이언트의 문제나 욕구해결 등과 같은 목적을 수행하는 시간제한적 대화이다.

오답 피하기

면접은 과정지향적 활동이 아니라 목적을 이루기 위한 과정이다.

25

④ 명료화란 클라이언트의 메시지가 추상적이거나 혼란스러운 경우, 보다 구체적으로 표현하도록 하는 기법이다.

오답 피하기

① 재명명은 사회복지사가 클라이언트에게 특정 문제에 있는 부정적 의미, 고정관념, 사고, 가치를 변화시켜 문제를 다른 관점으로 이해하도록 돕는 기법이다.
② 재보증은 클라이언트가 자신의 능력이나 상황에 회의를 느끼고 있을 때 사회복지사가 신뢰를 표현함으로 자신감을 향상시키는 기법이다.
③ 세분화는 자세히 분류하거나 여러 갈래로 잘게 나누는 것이다.
⑤ 모델링은 반두라의 사회학습이론에서 나온 이론으로 사람은 다른 사람의 행동을 보면서 자신의 행동을 변화시키는 기법이다.

26	27	28	29	30	31	32	33	34	35
⑤	③	①	③	⑤	④	⑤	②	②	⑤

36	37	38	39	40	41	42	43	44	45
①	⑤	④	①	⑤	⑤	③	②	④	③

46	47	48	49	50
③	④	⑤	④	④

26
사회복지실천의 전문지식은 패러다임, 관점(시각), 이론, 모델, 실천지혜 등의 방법으로 습득한다.

27
중간단계(개입단계)
• 개별성원의 태도, 관계, 행동, 동기, 목표 등을 평가한다.
• 집단성원 간의 공통점과 차이점을 파악한다.
• 집단성원이 다양한 경험을 할 수 있도록 돕는다.
• 집단의 상호작용, 갈등, 진행상황, 협조체계 등을 파악한다.

오답 피하기
ㄹ. 집단에 대한 의존성을 감소시키기 위해 모임주기를 조절하는 단계는 종결단계이다.

28
치료집단은 문제나 욕구를 충족시키는 데 목적을 두고 있는 집단으로 지지, 교육, 성장, 치료, 사회화집단으로 나뉜다. 자조(지지)집단 > 성장집단 > 교육집단 > 치료집단 순으로 집단성원들의 주도성이 높다.

29
③ 소시오그램은 구성원 간 상호관계, 하위집단 여부, 집단 성원 간 결속의 강도를 알 수 있다.

오답 피하기
① 소시오메트리는 집단 내 대인관계에 대한 매력을 기술하고 측정하기 위해 특정 성원에 대한 호감도를 1점에서 5점으로 평가한다. 점수를 합산하면 점수가 높은 사람을 알 수 있고 집단의 응집력을 상대적으로 비교할 수 있다.

② 상호작용차트는 집단 성원들 간의 상호작용이나 집단성원과 사회복지사 간의 상호작용의 빈도를 기록한 것으로 특정행동이 발생할 때마다 기록하는 방법과 일정시간 동안 특정행동의 발생빈도를 기록하는 방법이 있다.
④ 목적달성척도는 목표에 도달한 정도를 측정하는 척도이다.
⑤ 의의차별척도는 양 끝에 반대되는 형용사적 단어 중 선택하는 방법으로 동료에 대한 평가나 동료의 잠재력에 대한 인식, 성원의 활동력에 대한 인식 등을 사정할 수 있다.

30
사회기술훈련에는 행동주의모델의 대표적인 기법들이 활용된다. 행동시연, 코칭, 역할극, 모델링, 과제부여, 자기옹호, 강화, 시연, 직접적 지시 등이 있다.

31
성장집단은 집단구성원의 잠재력, 인식, 통찰의 발전을 시킬 수 있는 기회를 통해 잠재력을 발휘하도록 하는 것으로 치료를 목적으로 하는 것이 아니라 잠재력을 향상시키는 것을 목적으로 한다. 집단구성원들은 집단을 자신들의 성장기회로 활용하고 자기 표출이 높은 편이다. 또한 동질성을 가진 구성원으로 집단을 구성할 경우 감정이입이나 지지가 증가하기도 한다.

오답 피하기
공동과업의 성공적 수행이 일차적인 목표인 집단은 과업집단이다.

32
ABAC 설계는 기존의 ABAB 설계를 수정한 것으로 기초선을 보고 개입을 한 후에 다시 기초선을 보고 다른 개입을 통해 개입의 효과를 극대화시키는 방법이다.
프로그램 시작 전에 참여하는 어르신들의 심리검사(A) → 2주간 정서지원프로그램 실시 후 변화를 측정(B) → 1주일 후(A) → 2주간의 명상프로그램을 진행(C)

33
자기노출은 사회복지사가 클라이언트에게 적절하다고 생각되는 자신의 경험을 함께 나눌 수 있는 능력이다. 자기노출의 방법에는 두 가지가 있는데 하나는 감정을 표현하는 것이고 또 하나는 경험을 표현하는 것이다. 이러한 방법은 클라이언트와 라포가 강화되고 신뢰를 향상시킬 수 있다.

34

초기면접

① 가족에게 원조를 제공하기 전에 이루어져야 할 조건
- 가족이 특정 문제에 대해 외부에서 개입하는 것에 동의한다.
- 가족은 문제에 새롭게 대처하게 될 때 기관과 연계한다.
- 기관은 가족의 문제가 기관의 정책(방침)에 적절한지 결정한다.

② 초기단계에서 사회복지사가 완수해야 할 과업
- 가족구성원 모두와 계약을 맺어야 한다.
- 가족구성원이 현재 나타난 문제를 어떻게 인식하고 있는지 파악한다.
- 목표를 설정하고 개입과정을 명확히 한다.

오답 피하기

클라이언트의 상황에 맞는 질문을 해야 하므로 모든 질문을 사전에 확정해 놓으면 안 된다.

35

가족사정이란 가족을 하나의 단위로 보고 가족 내부 및 가족 외부 요인 그리고 이들 양자 간의 상호작용 등을 파악하기 위해 자료를 수집, 분석하는 종합적인 과정이다. 가족사정을 하기 위해서는 가족 사정도구인 가계도, 생태도, 생활력도표, 생활주기표, 사회관계망표에 대해 알아야 하고 가족치료 모델별 가족 사정 특징도 알아야 한다. 보기에 대한 내용은 가계도에서 확인이 가능하다.

36

영미씨의 경우 경제적 어려움에 대한 불안감이 가정폭력을 지속시킨다는 판단으로 양육비 이행 지원서비스를 받을 수 있도록 지원하는 역할은 옹호자의 역할이다. 옹호자가 사용하는 기술은 옹호/대변기술로 옹호/대변기술은 개인옹호, 가족옹호, 집단옹호 등으로 구분된다.

① 가족 옹호는 가족의 입장에서 받아야 할 서비스를 받지 못할 때나 불합리한 대우를 받는 경우 사용하는 기법이다. 필요한 자원이나 서비스 확보가 목적인 기법이다.

오답 피하기

② 가족 재구성은 사티어의 기법으로 원가족의 역사적 심리적, 모체 안으로 재통합되도록 도와주는 치료기법이다. 사람들에게 새로운 관점을 제공하여 자신과 부모 그리고 현재와 미래를 새로운 각도에서 바라볼 수 있게 해준다.

③ 재정의하기는 사회복지사가 클라이언트에게 특정 문제에 있는 부정적 의미, 고정관념, 사고, 가치를 변화시켜 문제를 다른 관점으로 이해하도록 돕는 기법이다.

④ 탈삼각화기법은 가족 내 형성되어 있는 삼각관계에서 제 3자를 벗어나게 하는 방법이다.

⑤ 균형 깨트리기는 가족 내 하위체계 간 역기능적 균형을 깨트리기 위한 방법으로 잘못 형성된 역기능이 기능적인 균형을 갖도록 하는 것이다.

37

가족은 인간이 유지해온 가장 오래된 사회화제도로 가족의 개념은 시대와 문화, 사회의 영향을 받아 달라진다. 현재는 전통적으로 가족이 수행하던 기능이 축소되었고 가족의 보호의 기능, 부양의 기능이 약화되었다.

38

가족의 문제를 해결하기 위해 아들은 왜 게임만 몰두하고 쓰레기를 치우지 못하게 하는지 알기 위해 가족과 합류할 수 있는 방법을 모색해야 한다. 합류하기란 사회복지사가 클라이언트 가족에 합류하여 가족의 규칙과 행동을 이해하면 클라이언트 가족은 사회복지사를 받아들여 가족의 문제를 다각적인 측면에서 해결하는 방법이다. 사회복지사가 가족에 합류하기 위해서 적응하는 능력을 갖고 있어야 한다.

39

오답 피하기

비난형 의사소통 유형은 상대방보다 더 우월하다는 것을 보여주거나 상대방에게 강하게 보이기 위해 타인의 결점을 발견하고 비난한다. 낮은 자존심으로 타인의 복종을 통해서 자신의 존재를 느끼려는 유형이다. 어르신이 사회복지사의 개입을 거부하며 방어적이라고 해서 비난형 의사소통 유형이라고 할 수 없다.

40

가계도는 가족구조에 대한 체계적인 이해, 가족 내에서 클라이언트의 위치, 가족의 상호작용을 분석하여 클라이언트의 문제를 사정하는 데 유용하다. 현재 제시된 문제의 근원을 찾는 것으로 가족 내에서 반복되는 행동적, 정서적 패턴을 확인하고 이해할 수 있으며 항상 사회복지사와 클라이언트가 함께 작성해야 한다. 가족 내에서 클라이언트의 위치, 가족의 상호작용 유형, 클라이언트의 문제를 발견할 수 있으며, 가족구성원의 성별, 나이, 출생 및 사망, 직업, 결혼관계, 동거, 종교 등 상세 정보도 알 수 있다.

41

순환적 인과성이란 한 체계에서 일부가 변화하면 그 변화가 다른 모든 부분들과 상호작용하여 나머지 부분들도 변화하게 되는 것으로 사회복지사는 가족을 먼저 알코올 중독자 가족모임이나 자녀모임에 참여하도록 하여 알코올 중독자 당사자에게 치료를 받을 수 있도록 하는 것이다.

42

임파워먼트(역량강화)모델은 클라이언트를 문제 중심으로 보는 것이 아니라 강점 중심으로 봄으로써 클라이언트의 잠재력 및 자원을 인정하고 클라이언트가 건강한 삶을 결정할 수 있도록 권한 혹은 힘을 부여하는 것이다.

43

오답 피하기

지지하기(지지적 기법)는 클라이언트의 문제행동능력에 대한 확신을 표현하여 클라이언트가 느끼는 불안을 감소시키고 자아존중감을 향상시키기 위한 방법으로 개입초기뿐 아니라 치료 전반에 걸쳐 사용되는 방법이다. 클라이언트의 불안감, 자아존중감의 결핍, 자신감 결핍 등을 감소시킨다. 클라이언트의 현재 또는 최근 사건을 고찰하게 하여 현실적인 해결방법을 찾는 방법은 클라이언 환경에 관한 반성적 고찰이다.

44

인지적 오류

- 임의적 추론은 충분한 근거가 없고 반대 증거가 있음에도 불구하고 잘못된 결론을 내리는 것이다.
- 선택적 축약은 문제의 전체를 보는 것이 아니라 소수의 부분만 보고 결론을 내리던지 많은 장점들 중에서 한 가지 단점에 집착하는 것이다.
- 과잉일반화는 한두 가지 사건의 결과를 가지고 관련된 사건이나 관련되지 않은 사건의 모든 결과에 대입하는 것이다.
- 극대화와 극소화는 어떠한 사건에 대한 작은 사실을 크게 하거나 큰 사실을 작게 왜곡하는 것이다.
- 개인화는 나와 아무런 상관이 없는 일을 나와 상관이 있는 일인 것처럼 이야기하는 것이다.
- 이분법적 사고는 양극단적인 사고로 융통성이 없으며 어떤 것을 선택하는 데 있어 모 아니면 도, 성공 아니면 실패처럼 극단적으로 이해하려는 경향을 의미한다.

45

③ 해결중심모델의 다양한 질문기법들은 면담 전의 변화에 대한 질문, 예외질문, 기적질문, 대처질문, 척도질문, 관계성질문, 악몽질문으로 이루어져 있다.

오답 피하기

① 클라이언트의 문제의 원인을 찾기보다는 문제를 해결방법에 초점을 맞춘다.
② 의료모델을 기초로 문제 중심의 접근을 지향하는 모델은 정신역동모델이다.
④ 클라이언트의 문제 자체에 초점을 두기보다는 과거의 성공이나 강점에 초점을 둔다.
⑤ 신속한 문제해결을 위해 단순하고 간단한 방법을 사용한다.

46

위기의 유형

- 발달적 위기는 클라이언트가 살아가는 데 있어 자연스럽게 일어나는 위기로 인간의 발달단계에서 요구되는 문제나 가족의 생애주기에 따른 위기가 포함된다.
- 상황적 위기는 클라이언트가 예측하거나 스스로 통제할 수 없는 위기로 실업, 죽음 등 갑작스럽게 발생하기도 한다.
- 실존적 위기는 클라이언트가 살아가는 데 있어서 목적, 책임감, 독립성, 자유, 헌신 등으로 인한 갈등이나 불안과 관련된 위기이다.
- 환경적 위기는 클라이언트가 통제할 수 없는 홍수, 화재, 지진, 산불과 같은 자연에 의한 재해 또는 전염병, 전쟁 등과 같은 인간에 의한 재해이다.

47

문제중심기록은 클라이언트의 현재 문제를 중심으로 구성하고 문제를 규명하고 사정하여 각 문제에 무엇을 할 것인지 계획을 기록하는 것으로 주관적 정보, 객관적 정보, 사정, 계획으로 구성된다.

오답 피하기

개입에 대한 계획도 문제의 목록에 포함되어야 한다.

48

⑤ 정신역동모델의 개입기법에는 자유연상, 저항, 꿈의 분석, 전이, 역전이, 훈습, 정신결정론, 해석, 직면 등이 있다.

오답 피하기

① 치료적 처방보다는 통찰에 초점을 둔다.
② 무의식적 충동을 강조하고 미래 의지가 아니라 과거를 중시한다.
③ 정신역동모델은 사회구성주의적 관점의 영향을 받지 않았다.
④ 기능주의학파가 아니라 진단주의학파의 이론적 기초가 되었다.

49

A씨는 극단적인 선택을 할 가능성이 높아 안전을 확보해야 하는 긴급한 상황이다. 이때 실천해야 하는 모델은 위기개입모델이다. 위기개입모델은 위기상황에 신속하게 대처하여 스트레스가 높은 상황에 있는 클라이언트를 단기적으로 원조하는 모델이다.

50

오답 피하기
집단규칙은 집단구성원들이 정한다. 큰 틀에서는 사회복지사가 정해줄 수 있지만 집단구성원들은 자신들이 지켜야 할 규칙을 정한다. 사회복지사가 집단 규칙을 10개 정도 정해준다면 집단구성원이 스스로 지킬 규칙을 10개 중에서 선정한다.

5과목	지역사회복지론								
51	52	53	54	55	56	57	58	59	60
②	⑤	③	④	①	⑤	①	③	⑤	②
61	62	63	64	65	66	67	68	69	70
①	⑤	④	④	②	②	③	⑤	⑤	③
71	72	73	74	75					
정답없음	⑤	⑤	③	⑤					

51

오답 피하기
① UN은 지역사회의 자조적인 프로젝트들이 효과를 거두기 위해서는 정부로부터 적극적인 지원을 받아야 한다고 강조하였다.
③ 로스는 추진회 활동 초기에는 주민전체를 위한 사업부터 전개하는 것이 좋다고 하였다.
④ 지역사회도 자기결정의 권리가 있어 자발적인 사업추진은 거부해야 한다고 한 학자는 존슨과 디마치이다.
⑤ 워렌은 지역사회조직사업의 주요 목적을 지역사회이익 옹호, 폭넓은 권력 분산이라고 하였다.

52

오답 피하기
로스는 지리적인 지역사회와 기능적인 지역사로 구분하였다. 생산 · 분배 · 소비의 기능, 사회화, 사회통제, 사회통합, 사회화, 상부상조의 기능으로 구분한 학자는 길버트와 스팩트이다.

53

오답 피하기
① 국민기초생활보장제도는 2000년 10월 1일에 시행하였다.
②「협동조합 기본법」은 2012년에 재정되었다.
④ 2012년 5월부터 시 · 군 · 구 희망복지지원단 운영으로 통합사례관리가 시행되었다.
⑤ 2016년부터 주민자치센터의 명칭을 행정복지센터로 변경하였다.

54

ㄴ.「사회복지공동모금법」은 1997년에 제정되어 1999년에「사회복지공동모금회법」으로 개정되었다.
ㄷ. 지역사회복지계획은 2005년에 수립되었다.

오답 피하기
ㄱ. 재가복지봉사센터가 설립 · 운영된 시기는 1992년이다.

55

갈등이론의 특징
• 지역사회에서 갈등이 일어나는 것은 일반적인 특징이다.
• 갈등은 상반되는 이익에 의해 발생하고 이러한 갈등으로 인하여 지역사회가 변화하고 발전한다.
• 지역사회 내의 구성원들이 경제적 자원, 권력, 권위 등 불평등한 배분관계에 놓일 때 갈등이 발생한다.
• 영향력 있는 사람들은 갈등에 많은 영향을 미친다.
• 지역사회의 불평등 관계를 바꾸고자 한다.
• 갈등이 생기는 것은 자원이 한정되어 있기 때문이다.

오답 피하기
ㄴ. 사회나 조직을 지배하는 특정 소수집단의 역할이 중요하다고 보는 이론은 엘리트이론이다.
ㄷ. 교환적인 활동을 통해 이익이나 보상이 주어질 때 사회관계가 유지된다는 이론은 사회교환이론이다.
ㄹ. 사회변화가 아닌 개인의 사회적응을 통해 사회문제를 해결할 수 있다는 이론은 생태학적 이론이다.

56

오답 피하기
지역사회복지실천의 가치는 다양성 및 문화적 이해, 비판의식의 개발, 상호학습, 사회정의와 균등한 자원배분이다. 다양한 문화를 이해해야 하지만 억압까지 인정할 필요는 없다.

57

사회학습이론이란 행동들을 관찰하고 모방함으로써 생활방식을 사회화되는 것으로 A복지관은 B단체의 후원금과 자원봉사자가 감소하는 경험을 통해 주민들을 교육을 통해 역량을 강화시키려고 한 행위는 사회학습이론에 해당한다. 또한 다양한 후원기관을 발굴하려고 노력한 행위는 권력의존이론에 해당한다. 권력(힘)의존이론은 사회복지 기관들은 외부의 지원에 의존할 수밖에 없다는 전제에서 출발한다. 외부의 재정지원은 서비스 조직이 후원자의 욕구에 충실할 수밖에 없는 구조를 만든다는 이론이다.

58

사회계획모델은 범죄, 주택, 정신건강과 같은 사회문제를 해결하고자 하는 기술적 과정을 강조한다.

오답 피하기

권력구조에 대항하는 것은 사회행동모델이다. 지역사회의 불우계층, 기존 제도와 현실에 대한 근본적인 변화를 요구한다.

59

오답 피하기

평가 단계는 계획에 대한 목표의 성취 정도와 프로그램 실행 과정에서 나타난 문제점을 수정하는 단계이다. 저항과 갈등을 관리하는 단계는 실행 단계이다.

60

사회복지사가 이슈를 해결하기 위하여 업무 설계를 기재하거나 구체적인 실행방법 등을 명시하는 활동은 프로그램 기획이다.

61

네트워크란 클라이언트의 다양한 욕구에 맞는 서비스를 제공하기 위한 서비스 공급 체계의 네트워크, 이용자의 조직화, 관련기관의 연계 등을 의미한다. 참여 기관들은 평등한 주체로서의 관계가 보장되어야 하며 구성원 사이의 신뢰와 호혜성이 형성되어야 네트워크가 지속될 수 있다.

오답 피하기

ㄱ. 달성하고자 하는 목적을 위해서 항상 강한 결속력이 필요한 것은 아니다.

62

효과적인 임파워먼트의 원칙은 의식제고, 자기주장, 공공의제, 권력 키우기, 역량구축, 사회적 자본 창출이다.

63

지역사회 사회 · 경제 개발모델은 사회에서 억압받는 저소득층이 있는 지역 주민의 삶의 질을 제고하고 사회적 · 경제적 기회를 증진시키는 데 있다. 지역의 사회적 · 경제적 개발을 위하여 계획을 개발하고 진행하도록 능력을 강화시키며, 투자를 통한 외부적 지원 강화를 위해 자원을 개발, 목록화하는 것에 관심을 둔다.

64

조직가는 지역주민의 참여의식을 높이고 조직에 참여시키기 위해 훈련을 시키는 역할이다. 계획의 수립과 실천과정에 지역사회에 있는 클라이언트를 적절히 참여시키는 것을 의미한다.

오답 피하기

평가자는 프로그램을 진행한 후에 목적을 얼마나 달성했는지 평가하는 역할로 자금을 제공하는 역할은 아니다.

65

클라이언트의 노후화된 주택의 개 · 보수를 위해 다양한 자원을 활용한 주거지원 서비스를 제공하려고 할 때 사회복지사는 주거지원 서비스를 제공하려고 하는 계획가, 다양한 자원을 활용한 네트워커, 다양한 자원을 통해 제공할 주거지원 서비스를 관리해야 하는 관리자, 자신이 가지고 있는 자원이나 정보, 기술을 제공하는 정보전달자의 역할을 한다.

66

프루이트(Pruitt)의 협상기술

- 협상에 시한을 두어야 한다.
- 요구하는 입장을 확고히 해야 한다.
- 언제 어떻게 양보해야 할지를 배워야 한다.
- 상대방의 제안에 신중하게 대응해야 한다.
- 협상이 계속 진행되도록 한다.
- 중재자 개입 여부를 고려해야 한다.

오답 피하기

협상기술은 사회행동모델에서 중요하게 사용되는 기술이다.

67

지방분권화의 단점

- 사회복지 행정업무와 재정을 지방에 이양함으로써 중앙정부의 사회적 책임성을 약화시킬 수 있다.
- 지방정부가 사회개발정책에 우선을 두는 경우 지방정부의 복지예산이 감소될 수 있다.
- 지방정부 간의 재정력 격차로 복지수준의 차이가 나타날 수 있다.
- 지방자치단체장의 의지에 따라 복지 서비스의 지역 간 불균형이 나타날 수 있다.

지방자치단체는 중앙정부의 권한을 받아 스스로 지역의 공공사무를 처리하는 것으로 지방자치가 발달할수록 중앙정부의 사회복지 책임과 권한은 약화된다.

68

지역사회보장계획안

- 지역사회보장 수요의 측정, 목표 및 추진전략
- 지역사회보장의 목표를 점검할 수 있는 지표의 설정 및 목표
- 지역사회보장의 분야별 추진전략, 중점 추진사업 및 연계협력 방안
- 지역사회보장 전달체계의 조직과 운영
- 사회보장급여의 사각지대 발굴 및 지원 방안
- 지역사회보장에 필요한 재원의 규모와 조달 방안
- 지역사회보장에 관련한 통계 수집 및 관리 방안 등
- 지역 내 부정수급 발생 현황 및 방지대책

69

지역사회보장협의체의 심의·자문

- 시·군·구의 지역사회보장계획 수립·시행 및 평가에 관한 사항
- 시·군·구의 지역사회보장조사 및 지역사회보장지표에 관한 사항
- 시·군·구의 사회보장급여 제공에 관한 사항
- 시·군·구의 사회보장 추진에 관한 사항
- 읍·면·동 단위 지역사회보장협의체의 구성 및 운영에 관한 사항
- 그 밖에 위원장이 필요하다고 인정하는 사항

특별자치시의 사회보장과 관련된 서비스를 제공하는 관계 기관·법인·단체·시설과의 연계·협력 강화는 지역사회보장협의체의 심의·자문하는 내용이 아니라 사회복지협의회의 내용이다.

70

사회복지전문요원은 1987년 5대 직할시(부산, 인천, 광주, 대전, 대구)에서 사회복지전담요원을 채용하면서 시작되었다. 서울시는 1988년에 처음으로 사회복지전문요원을 별정직 7급으로 채용하였다.

71

법령 변경으로 인하여 정답 없음

72

사회복지관의 우선적인 사업대상은 ① 국민기초생활보장 수급자, 차상위계층 등 저소득 주민, ② 장애인, 노인, 모·부자가정 등 취약계층 주민, ③ 직업·부업훈련 및 취업알선이 필요한 주민, ④ 유아, 아동 또는 청소년의 보호 및 교육이 필요한 주민이다.

A씨는 「국민기초생활 보장법」에 따른 수급자이므로 가족 모두 수급자이고, 모두 우선 제공자들이다.

73

사회적 경제의 주요 주체는 자활기업, 사회적기업, 마을기업, 협동조합으로 구분된다.

- 자활기업은 「국민기초생활 보장법」을 근거로 2인 이상의 수급자 또는 저소득층이 상호협력하여 조합 또는 사업자의 형태로 탈빈곤을 위한 자활사업을 운영하는 기업이다. 조합 또는 「부가가치세법」 상의 사업자로 한다.
- 사회적기업은 「사회적기업 육성법」을 근거로 취약계층에게 사회서비스 또는 일자리를 제공하거나 지역사회에 공헌함으로써 지역주민의 삶의 질을 높이는 사회적 목적을 추구하면서 재화 및 서비스의 생산과 판매 등 영업활동을 하는 기업이다.
- 마을기업은 「도시재생 활성화 및 지원에 관한 특별법」을 근거로 지역주민 또는 단체가 해당 지역의 인력, 향토, 문화, 자연, 자원 등 각종 자원을 활용하여 생활환경을 개선하고 지역 공동체를 활성화하여 소득 및 일자리를 창출하기 위하여 운영하는 기업이다.
- 협동조합은 「협동조합 기본법」을 근거로 재화 또는 용역의 구매·생산·판매·제공 등을 협동으로 영위함으로써 조합원의 권익을 향상하고 지역 사회에 공헌하고자 하는 사업조직이다.

01 기출문제 | 02 기출문제 | 03 기출문제 | 04 기출문제 | 05 기출문제

74

ㄱ. 사회서비스원은 지자체로부터 국공립시설을 위탁받아 직접 운영하고 서비스 종사자를 직접 고용하는 형태로 운영되는 시설이다.

ㄴ. 복지허브화는 읍·면·동에서 실시하는 서비스이다.

75

지역사회복지운동이 갖는 의의

• 지역사회 주민의 주체성과 역량을 강화하고, 지역사회의 변화를 주는 조직운동
• 주민참여의 활성화에 의해 복지권리의식과 시민의식을 배양하는 복지권 확립운동
• 지역사회의 다양한 자원 활용 및 관련조직 간의 유기적인 협력이 이루어지는 운동
• 지역사회 주민의 삶의 질과 관련된 생활영역에 두고 있기 때문에 지역사회복지의 확산과 발전을 위한 생활운동

3교시	사회복지정책과 제도

6과목	사회복지정책론

01	02	03	04	05	06	07	08	09	10
②	③	⑤	④	③	①	①	③	④	①
11	**12**	**13**	**14**	**15**	**16**	**17**	**18**	**19**	**20**
④	④	②	⑤	⑤	⑤	③	②	⑤	④
21	**22**	**23**	**24**	**25**					
①	①	②	③	②					

01

① 열등처우의 원칙은 균일처우원칙, 작업장 활용의 원칙과 함께 신구빈법의 3대 구빈행정원칙 중 하나이다.

③ 비스마르크 3대 사회보험은 질병(건강)보험, 재해(산재)보험, 노령폐질(연금)보험이다.

④ 미국 사회보장법은 보편적 의료보험제도를 도입하지 않았다.

⑤ 베버리지 보고서의 사회보험 6원칙은 정액급여의 원칙, 균일한 기여의 원칙, 행정책임의 통일화 원칙, 급여수준의 적정화 원칙, 적용범위의 포괄성 원칙, 적용대상의 계층화 원칙으로 소득비례 방식은 없다.

02

③ 자유는 소극적 자유와 적극적 자유로 구분된다. 소극적 자유는 국가의 구속으로부터의 자유 또는 해방을 의미하는 것으로 개인이 자신의 욕구를 충족하는 데 있어 일정한 유형의 간섭도 없는 것을 말한다. 적극적 자유는 국가에 대하여 자신이 원하는 것을 말할 수 있는 자유를 의미하는 것으로 개인이 욕구를 충족하는 데 있어 자유를 보장받는 것을 말한다.

① 자유지상주의 관점에서는 자유가 우선이므로 소극적 자유를 옹호한다.

② 소극적 자유 보장을 위해서는 국가의 역할이 적을수록 좋다. 국가의 역할이 많을수록 적극적 자유에 가깝다.

④ 적극적 자유의 관점에서는 임차인의 주거 안정을 위해 임대인의 자유를 제약할 수 있다. 임대인의 자유를 제약하는 경우는 소극적 자유이다. 적극적 자유는 처음부터 주거를 개인이 소유할 수 없다.

⑤ 개인의 행동에 대한 외적 강제가 없는 상태는 소극적 자유의 핵심이다. 적극적 자유는 국가가 민간을 원하는 정책으로 규제를 한다.

03

① 완전 평등사회에서 로렌츠곡선은 45° 각도의 직선과 똑같다.

② 지니계수의 최대값은 1로 불평등을 의미하고, 최소값은 0으로 완전 평등을 의미한다.

③ 빈곤갭은 빈곤선 이하의 사람이나 가구를 빈곤선 수준까지 끌어올리는 데 필요한 금액이 얼마인가를 총합하여 계산한 값이다.

④ 빈곤율은 한 사회에서 빈곤선 이하의 사람 또는 가구가 전체 인구나 가구에서 얼마나 차지하고 있는가를 비율로 측정한 값이다.

04

사회복지정책을 권력 엘리트의 산물로 보는 이론은 권력자원론이 아니라 엘리트 이론이다. 권력자원론은 처음에는 자본가들이 모든 권력을 갖고 정치마저 좌우하지만 민주정치가 활발해지고 유권자들의 의식이 깨어나면서 필요의 원칙에 따라 최소한의 삶이 보장되는 방향으로 복지가 확대된다. 즉, 노동자 계급의 정치적 세력이 확대되면 그 결과로 사회복지가 발전한다고 본다.

05

오답 피하기

상대적 빈곤은 특정 사회의 전반적인 생활수준과 밀접한 관련하에 상대적 박탈과 불평등의 개념을 반영한 빈곤의 개념으로 빈곤은 다른 사람과 비교를 통하여 심리적인 박탈감과 빈곤감을 느끼게 되는 것을 말한다. 「국민기초생활 보장법」의 수급자는 중위소득 50% 이하인 사람들로 상대적 빈곤 개념을 적용한다.

06

오답 피하기

생태주의(생태적 패러다임)는 기존의 인간중심적인 사회체계를 전면적으로 재구성하여 인간과 자연이 동등한 관계로 존재하는 완전히 새로운 형태의 사회구성을 제안한다. 대량생산, 대량소비를 실현하기 위해 인간은 끊임없이 자연을 개발하면서 부작용이 발생하게 되는데 생태주의는 '최대한까지' 생산하고 '최대한까지' 소비를 자극하는 자본주의를 비판한다.

07

오답 피하기

일반세 중 소득재분배 효과가 가장 큰 것은 재산세가 아니라 소득세이다. 소득세는 일반예산을 구성하는 조세 가운데 가장 많은 비중을 차지하고 있으며 조세의 누진성을 높이는 데 가장 크게 기여한다. 정부의 일반 수입과 관련된 조세들 중에서 소득세가 차지하는 비율이 가장 크다.

08

사회적 배제(Social Exclusion)는 경제 성장에도 불구하고 갈수록 많은 사람들이 경제적 불안정을 경험하고 있는 현상을 어떻게 이해해야 할 것인가라는 문제에 직면하게 되면서부터 빈곤 문제에 대한 새로운 접근을 위하여 유럽에서 주목받기 시작한 개념이다. 사회적 배제는 인간이 현대사회의 정상적인 교환, 관행, 권리로부터 배제되는 복합적이고 변화하는 요인들을 말한다. 주거, 교육, 건강 및 서비스에 대한 접근 등의 권리가 부적절하게 주어져 있는 상태를 의미하기도 한다. 이는 내버려 두면 사회적 기본 구조의 취약성이 드러나고, 이중 구조 사회가 나타날 위험성이 있음을 강조하고 있다.

오답 피하기

열등처우의 원칙은 국가의 원조를 받는 사람은 국가의 원조를 받지 않는 사람보다 처우가 열등해야 한다는 원칙으로 사회적 배제 개념과는 아무 관련이 없다.

09

복지혼합은 복지 제공주체(가족, 시장, 국가)의 다양한 조합에 의해 이루어진다. 산업화 이전에는 국가의 비중이 높았지만 시간이 지날수록 국가의 비중이 낮아지고 다양한 복지주체들이 나타나게 된다. 공공과 민간이 혼합된 유형들이 있는데 민간부문과의 계약 → 민간부문에서의 재정보조 → 증서(바우처) → 상황 → 세제혜택 → 독점권 → Mandate → 규제 순으로 국가의 역할이 소극적으로 변한다. 민간부문과의 계약은 정부가 특정사회복지 서비스를 특정 민간기관에 계약하여 구입하여 소비자에게 제공하는 방식으로 국가의 역할이 가장 적극적이고, 규제는 민간부문의 사회복지 제공에 있어서 정부는 단지 서비스의 질, 가격, 종류 등 제한적 범위에서 규제하여 소비자를 보호하는 방식으로 국가의 역할이 가장 소극적이다. 계약 – 증서 – 세제혜택 순으로 이용자의 선택권이 커진다.

10

- 정액제는 모든 이용자가 같은 금액을 부담하는 방법이다.
- 정률제는 모든 이용자에게 일정한 비율만큼 본인이 부담하는 방법이다.
- 연동제는 일정한 방식에 따라 물가에 맞춰 연동시키는 방법이다.

이용료 부과방식에 따른 소득재분배 효과가 작은 것은 정액제로, 모두 같은 금액을 부담하기 때문에 소득재분배 효과가 없다. 가장 높은 것은 연동제로 상황에 맞게 이용료를 부담하기 때문에 소득재분배 효과가 높다.

11

베버리지 보고서는 소득보장을 위한 전제조건으로 완전고용, 포괄적 건강재활서비스, 가족(아동)수당을 강조하였다.

오답 피하기

ㄹ. 최저임금은 전제조건에 포함되지 않는다.

12

시장실패 시 나타나는 문제(국가가 복지를 담당해야 하는 이유)로는 공공재적 성격, 규모의 경제, 외부효과, 불완전한 정보, 도덕적 해이, 역선택, 정보의 비대칭성, 위험의 상호의존성이 나타난다.

오답 피하기

ㄹ. 민간에서 보험을 제공할 경우 모든 가입자에게 보험료를 납부하기 때문에 무임승차는 발생하지 않는다. 무임승차가 나타나지 않기 때문에 시장이 제공하는 것이 아니라 국가가 제공해야 한다. 예를 들어 A가 골목이 어두워 가로등을 설치하고 싶지만 A뿐 아니라 다른 사람들도 가로등의 불빛을 이용하기에 A뿐 아니라 누구도 가로등을 설치하지 않는다. 무임승차자 문제가 발생하지 않는 것은 민간의 장점이다.

13

② 「아동수당법」에 근거하여 만 8세 미만의 모든 아동에게 월 10만 원씩 현금으로 지원하여 인구학적 기준을 적용한 제도에 해당한다.

오답 피하기

① 소득이나 자산을 조사하여 대상을 선정하는 것은 보편주의 원칙이 아닌 선별주의 원칙에 부합한다.
③ 장애수당은 전문가의 진단을 고려한다.
④ 긴급복지지원제도는 보편주의 원칙이 아닌 선별주의에 부합한다.
⑤ 기초연금의 대상 선정기준에는 부양의무자 유무가 포함되지 않는다. 「국민기초생활 보장법」의 수급자 선정기준에만 부양의무자 유무가 포함된다.

14

사회보험료는 상한제가 있어 소득세에 비해 역진적이다. 사회보험료는 사회보험에만 사용하기 때문에 징수에 대한 저항이 적다. 조세는 소득이 높은 사람이 많이 부담하기 때문에 지불능력과 연관이 있다.

15

⑤ 과정분석은 사회복지정책 형성과정을 분석하는 것이고, 산출(산물)분석은 사회복지정책 내용(핵심)을 분석하는 것이다. 성과분석은 사회복지정책의 평가를 분석하는 것이다.

오답 피하기

① 특정정책이 실행된 이후 그 결과를 분석·평가하는 데 관심을 두는 것은 성과분석이다.
② 정책이 형성되는 사회정치적 맥락을 고찰하는 것은 과정분석이다.
③ 정책결정이라는 정책활동의 결과물에 대한 내용을 분석하는 것은 성과분석이다.
④ 정책 기회과정을 거쳐 이끌어 낸 여러 정책대안을 분석하는 것은 산출분석이다.

16

오답 피하기

민영화는 국가나 지방자치단체가 경영하던 사업을 민간이 경영하는 것으로 국가는 사회복지서비스를 손해보더라도 운영을 할 수 있으나 민간은 사회복지서비스를 이익을 얻기 위해 운영하기 때문에 취약계층의 경우 서비스 접근성이 낮아질 수밖에 없다.

17

오답 피하기

업무상의 재해란 업무상의 사유에 따른 근로자의 부상·질병·장해 또는 사망을 말한다. 업무상의 재해의 인정기준은 업무상의 사유에 따른 근로자의 부상·질병·장해 또는 사망하면 업무상의 재해로 본다. 다만, 업무와 재해 사이에 상당인과관계(相當因果關係)가 없는 경우에는 그러하지 아니하다. 직장 내 괴롭힘, 고개의 폭언 등으로 인한 업무상 정신적 스트레스가 원인이 되어 발생한 질병은 업무상 재해로 인정된다.

18

오답 피하기

「북한이탈주민의 보호 및 정착지원에 관한 법률」상의 북한이탈주민과 그 가족은 의료급여 1종 수급권자에 속한다. 의료급여 1종 수급권자는 국민기초생활보장 수급권자, 이재민, 의사상자, 국가유공자, 무형문화재보유자, 북한이탈주민, 광주민주화보상자, 입양아동(18세 미만), 행려환자, 차상위 수급권자(희귀난치성질환자)이다.

19

공공부조와 사회보험의 비교

공공부조	① 사후적 대응이 가능하다. ② 급여의 양을 예상할 수 없다. ③ 재산과 소득조사를 통해 수혜자를 선별한다. ④ 일반 조세를 통하여 재원을 조달한다. ⑤ 권리성이 추상적이다. ⑥ 수직적 재분배 기능만 있다. ⑦ 신청하여 선정되는 사람만이 수혜자가 된다.
사회보험	① 사전적 대응이 가능하다. ② 보험 기여금을 통해 급여의 양을 예상할 수 있다. ③ 재산과 소득조사가 필요 없다. ④ 보험 기여금과 지정된 세금을 통해 재원을 조달한다. ⑤ 권리성이 강하다. ⑥ 수평적 재분배 기능이 크지만 수직적 재분배 기능도 한다. ⑦ 소득이 있는 사람만이 가입자가 되고 가입자만이 수혜자가 된다.

오답 피하기

목표효율성은 정책이 목표로 하는 대상자들에게 자원이 얼마나 집중적으로 할당되는지의 여부를 판단하는 기준을 의미하고, 운영효율성은 정책을 집행하고 운영하는 데 있어서 얼마나 적은 비용을 사용하여 많은 효과를 볼 수 있는가의 기준을 의미한다. 운영효율성이 가장 높은 것은 사회수당이고, 목표효율성이 가장 높은 것은 공공부조이다.

20

국민건강보험제도의 부가급여에는 장제비와 상병수당이 있으나 장제비는 2008년 1월 1일에 폐지되었고 상병수당은 2022년 시범사업을 하고 있다.

21

② 구직급여의 급여일수는 대기기간 7일 간은 기본급여를 지급하지 않는다.

③ 육아휴직 시작일부터 첫 3개월까지는 통상임금의 100분의 80 (상한액 : 월 150만 원, 하한액 : 월 70만 원)을 육아휴직 급여액으로 지급하고, 육아휴직 4개월째부터 육아휴직 종료일까지 통상임금의 100분의 50(상한액 : 월 120만 원, 하한액 : 월 70만 원)을 육아휴직 급여액으로 지급한다.

④ 자영업자인 피보험자의 실업급여에는 구직급여만 포함되고 연장급여, 조기재취업수당은 제외한다.

⑤ 65세 이상 근로자도 실업급여가 가능하다. 단 65세 이전에 취업 (고용보험 피보험자 자격취득)하여 65세 이후에 비자발적으로 퇴직하는 경우와 65세 이전에 취업하여 근무하던 중 회사(사업주)가 변경된 경우만 가능하다.

22

우리나라의 근로장려세제

- 일을 하고 있지만, 그 금액이 적어서 생활이 어려운 근로자 가구에게 부양가족대비 총 연간급여액을 산정하여 금전적인 지원을 통해 실질소득을 지원하기 위한 환급형 세액제도이다.
- 2008년 소득을 기준으로 2009년에 처음 근로장려금을 지급하였고 주 수급대상은 저소득임금근로자와 영세자영업자이다.
- 근로빈곤층이 근로를 계속할 수 있게 하여 극빈층이 되는 것을 예방할 수 있다.
- 저소득임금근로자나 영세자영업자에게 혜택을 주어 소득재분배(수직) 효과를 기대할 수 있다.
- 조세특례제한법에 근거하고 국세청에서 관리한다.
- 수급자의 근로유인을 강화하고 근로의욕을 고취시키려는 목적이다.
- 우리나라의 근로장려세제는 미국의 EITC제도를 모델로 하였다.
- 가족구성원(단독가구, 홀벌이 가구, 맞벌이 가구)에 따라 총소득기준금액을 차등하여 적용한다.

근로장려금 신청 접수는 보건복지부가 아니라 관할 세무서에서 담당한다.

23

생계급여 선정기준은 기준 중위소득의 30%이고 4인 가족의 기준 중위소득은 460만 원이다. 460만 원의 30%는 138만 원이고 해당 가족은 월 100만 원의 소득인정액이 있으므로 생계급여의 급액의 부족분 38만 원을 받게 된다.

24

③ 건강보험료와 노인장기요양보험료는 국민건강보험공단에서 통합징수하지만 각각 독립된 회계로 관리한다.

① 장기요양보험사업의 보험자는 장기요양보험공단이고 관장자는 보건복지부장관이다.

② 등급판정에 따른 장기요양인정의 유효기간은 최소 6개월 이상이 아니라 최소 1년 이상으로서 대통령령으로 정한다.

④ 재가급여 비용은 수급자가 해당 장기요양급여 비용의 100분의 15를 부담하고 시설급여 비용은 100분의 20을 부담한다.

⑤ 수급자는 시설급여와 특별현금급여를 중복하여 받을 수 없다.

25

① 65세 이상 모든 고령자에게 제공하는 사회수당이 아니라 65세 이상인 사람 중 기초연금 수급자가 100분의 70 수준이 되도록 하는 것이다.

③ 기초연금액의 산정 시 국민연금급여액을 고려하여 지급한다.

④ 기초연금액은 가구유형, 소득과 관련이 있어 부부가 동시 수급할 경우 20% 감액이 되고 소득에 따라 차등 지급된다.

⑤ 기초연금의 수급권자가 사망하면 수급권은 소멸된다.

26	27	28	29	30	31	32	33	34	35
①	②	⑤	②	⑤	④	⑤	⑤	①	④
36	37	38	39	40	41	42	43	44	45
③	②	①	⑤	③	⑤	①	③	④	①
46	47	48	49	50
②	④	③	③	②

26

① 비공식조직은 조직 안에서 친한 구성원들끼리 인간관계를 맺기 위해 자연스럽게 발생한 집단이다.

비공식조직의 장점
- 의사소통의 통로가 된다.
- 구성원들의 응집력을 유지시켜 준다.
- 구성원들의 스트레스를 배출시켜 준다.

오답 피하기
② 공식 업무의 신뢰성과 일관성을 높이는 조직은 공식조직이다.
③ 정형화된 구조로 조직의 안정성을 높이는 조직은 공식조직이다.
④ 파벌이나 정실인사의 부작용이 나타나는 것은 비공식조직의 단점이다.
⑤ 의사결정이 하층부에 위임되어 직원들의 참여의식을 높이는 조직은 공식조직이다.

27

사회복지행정의 개념
- 협의의 개념으로는 지역사회가 필요로 하는 서비스를 제공하기 위해 이용 가능한 모든 자원을 주민들이 사용할 수 있도록 조직 구성원들이 역량을 발휘하게 하고 주민들과 함께 일하는 과정이다.
- 광의의 개념으로는 모든 국민을 대상으로 사회의 전반적인 문제를 다루는 사회복지정책을 포함하고 일반적인 사회복지정책을 사회복지서비스로 전환시키는 데 필요한 사회복지조직에서의 총체적인 활동을 의미한다.

오답 피하기
사회복지행정은 사회복지서비스 활동으로 민간조직과 공공조직 모두 수행한다.

28

관료제의 단점
- 항상 틀에 박힌 일정한 방식이나 태도를 취하는 매너리즘에 빠져 독창성을 잃는다.
- 전문화로 인하여 자신의 업무 외에는 할 수 없다.
- 구성원이 현상만 유지하면 된다는 식의 무사안일주의에 빠진다.
- 사람보다는 규칙과 규정을 중요하게 생각하여 목적과 수단이 바뀌게 되는 목적전치에 빠진다. 목적을 달성하기 위한 규칙이 목적 자체가 된다.
- 레드테이프(Red Tape)는 문서처리에 지나친 형식을 강조한다.
- 사적 관계를 배제해 몰인간성을 강조한다.
- 크리밍 현상이 나타날 수 있다.

오답 피하기
관료제는 무사안일주의로 창조성과는 거리가 멀다.

29

정치경제이론은 조직운영에서 정치적 요인과 경제적 요인을 중시하는 이론이다. 업무 환경의 중요성을 강조하고 업무 환경은 조직이 필요로 하는 중요한 자원을 통제하고 조직을 통해 해당 조직적 목표를 달성하기 때문에 조직 내ㆍ외부의 역학관계가 전달체계에 어떤 영향을 미치는지 분석하는 데 초점을 둔다.

30

조직문화란 한 조직의 구성원들이 공유하고 있는 가치관, 신념, 이념, 관습 등을 총칭하는 것으로서, 조직과 구성원의 행동에 영향을 주는 기본적인 요인으로 작용한다. 조직의 내적으로는 의사소통이나 의사결정 등에 영향을 미치고 조직의 외적으로는 환경에 영향을 미친다.

31

사회복지행정의 특징
- 인본주의를 지향하므로 가치중립적이지 않고 가치지향적인 행정기술을 활용한다.
- 서비스 대상이 사람이라는 점과 직접 서비스를 제공하고 클라이언트가 그 과정에 참여한다는 점이 특징이다.
- 목표가 모호하고 사용하는 기술이 불확실하다.
- 서비스를 전달하는 담당자가 중요하다.

오답 피하기
조직내부 부서 간의 관료적이고 위계적인 조직관리 기술이 필요한 것은 일반행정이다.

32

1950년대는 전쟁으로 인하여 고아, 미망인, 무의탁 노인 및 빈민들에 대한 긴급구호 위주였기에 지역사회조직이나 공동체 형성을 위한 조직관리 기술을 사용하지 못하고 일방적 구호 수준에 지나지 않았다.

33

조직환경 대응전략은 권위주의 전략, 경쟁적 전략, 협동적 전략(계약, 연합, 흡수), 방해전략으로 구분된다.

① 권위주의 전략은 조직이 정확한 행동을 하도록 권력을 사용하고 이들 행동을 권장하거나 보상을 하지 않는다는 의미에서 권위주의적이다. 세력이 큰 조직이 작은 조직의 행동을 하도록 명령을 내리는 전략이다.
② 경쟁적 전략은 기관 프로그램의 서비스와 질을 더욱 바람직하고 좋은 서비스로 보이게 하여 다른 사회복지조직들과 경쟁하는 것을 말한다. 상대 조직과의 경쟁이 바람직한 현상이지만 상대 조직과의 경쟁으로 인하여 기관에게 유리한 대상자를 선정하는 크리밍 현상이 나타날 수 있다.
③ 협동적 전략은 계약, 연합 흡수 등의 방법을 통하여 권력을 증가시키는 전략이다.
④ 방해전략은 경쟁적 위치에 있는 다른 조직의 전략을 사용하지 못하도록 방해하는 전략으로 최후의 방법으로 사용해야 하는 전략이다.

34

관리격자이론은 생산과 인간에 대한 관심이라는 두 가지 차원으로 무기력형(1.1), 컨트리클럽형(1.9), 중도형(5.5), 과업형(9.1), 팀형(9.9)으로 구분하며 상황적 요소는 고려하지 않는다. 상황적 요소를 고려하는 이론은 상황이론이다.

35

④ A는 B에 비해 프로그램 기획력과 사례관리 역량의 필요성을 알게 되어 대학원 진학을 결정한 것은 타인과 비교하여 차이를 줄이기 위한 노력이다.

아담스(Adams)의 형평성(공정성 또는 공평성)이론
• 개인의 행위는 타인과의 관계에서 공정성(공평성)을 유지하는 방향으로 동기부여가 된다.
• 노력과 보상 간의 공정성이 동기부여의 핵심요소이다.

36

사회복지시설은 3년마다 평가를 받는다. 평가 시 시설의 환경, 재정, 인적자원관리, 지역사회관리, 이용자의 권리 등은 생활시설뿐 아니라 이용시설까지 모두 평가한다.

37

② 직무수행평가는 평가대상자의 참여와 관여 속에서 진행되어야 하고 모든 대상자들에게 일관되게 적용되는 방법과 기준을 사용해야 한다. 업무활동에 대한 피드백을 통해 지속적으로 수행되어야 하며 평가대상자가 수행한 업무와 결과, 행동에 초점을 두어야 한다. 문제를 악화시키기보다 문제를 해결해나가는 데 기본적인 목적이 있다.

① 기준의 확립은 평가의 마지막 단계에서 이루어지는 것이 아니라 계획단계에서 설립한다.
③ 관대화 오류는 평가자가 평가 대상자 간의 친분으로 더 좋은 점수로 평가하는 것을 의미한다. 도표평정식 평가(Graphic Rating Scale)는 왼쪽에 평가 기준을 나열하고 오른쪽에는 직무수행의 등급을 나열하여 체크하는 방식의 평가로 일반적인 것을 주로 평가하여 평가자의 주관성이 포함되기 쉽다. 따라서 관대화오류가 더 크게 나타난다.
④ 자기평가는 스스로 평가하는 것으로 서비스 이용자에 의한 평가보다 적은 비용이 소모된다.
⑤ 동료평가는 직무에 대해서 동료들이 평가하는 것으로 평가대상자보다 넓은 지식과 이해를 하고 있다는 것을 전제하지는 않는다.

38

개인정보보호를 위해서는 개인정보를 즉시 파기하는 것이 좋고 사회복지조직 후원금의 경우 사용 정보를 공개하는 것이 좋다.

39

복지다원주의 패러다임은 국가의 주도로 복지서비스를 공급하는 것이 아니라 국가의 개입을 줄이고 민간의 역할을 증대를 통하여 복지를 실행하는 것이다.

40

계속교육은 학교교육이 끝난 직원들을 대상으로 전문성 유지 및 향상을 위해 계속적으로 교육하는 것이다.

41

소진은 평소 직무에 헌신적이었던 직원이 스트레스에 대한 반응으로 직무에서 멀어져가는 것으로 직업에 대한 이상, 열정, 목적의식이나 관심이 줄어드는 것을 의미한다. 열성단계 → 침체단계 → 좌절단계 → 무관심단계 순이다.

42

변혁적 리더십은 조직의 노선과 문화를 변동시키려고 노력하는 변화를 추구하거나 개혁하는 리더십이다. 환경의 변화에 대응하여 새로운 비전, 조직문화, 규범을 창출하고, 그것이 새로운 현실이 되도록 적절한 지지를 확보하는 등 조직의 변화를 주도하는 리더의 활동을 강조한다.

ㄱ. 지도자는 부하 직원에게 잠재능력을 개발하도록 도움을 주고 내재적 만족감을 갖게 하며, 리더십은 지도자와 추종자 간의 협력 과정을 통해 형성된다.

오답 피하기

ㄴ. 성과에 대한 금전적인 보상이 구성원의 높은 헌신을 가능하게 하는 리더십은 거래적 리더십이다.

ㄷ. 조직목표 중 개인의 사적이익을 가장 우선시하지 않는다.

43

마케팅 기법
- 다이렉트 마케팅은 우편으로 후원을 요청하는 편지를 방송하여 후원자를 개발하는 방법이다.
- 데이터베이스 마케팅은 고객정보에 대해 데이터 베이스를 구축하여 후원자를 개발하는 방법이다.
- 인터넷 마케팅은 배너사용, 인터넷 사이트를 이용하여 후원자를 개발하는 방법이다.
- 고객관계관리 마케팅은 고객의 자료를 분석하고 맞춤 서비스를 제공하여 후원자를 개발하는 방법이다.
- 기업연계 마케팅은 후원 기업의 이미지를 높여주고 기관도 후원을 받는 Win – Win 전략이다.
- 사회 마케팅은 시민과 지역주민에게 홍보하여 후원자를 개발하는 방법이다.

44

오답 피하기

세입 · 세출명세서는 관, 항, 목으로 구분되어 있고 예산의 증감에 대한 내용으로 결산이 아니라 예산에 포함된다. 세입 · 세출결산서를 결산보고서에 첨부해야 한다.

45

총체적 품질관리(TQM)
- 고객 만족을 위하여 모든 조직 구성원이 협력하여 품질의 개선과 향상을 위해 노력한다.
- 개인의 노력보다는 구성원 전원의 다양한 협력활동이 고품질로 나타난다.
- 품질의 질은 고객이 평가한다.
- 품질의 변이를 미리 예측하여 사전에 방지한다.
- 품질에 중점을 둔 관리기법으로 고객중심적인 관리체계이다.
- 서비스의 품질은 초기단계에서부터 고려된다.
- 고객의 욕구를 조사하며, 의사결정은 욕구조사 분석에 기반한다.

오답 피하기

② 현상 유지가 조직의 중요한 관점인 이론은 관료제이다.

③ 의사결정은 전문가의 직관을 기반으로 하는 것이 아니라 전체 구성원의 참여를 활성화시키기 위한 권력의 분배가 필수적이다.

④ 구성원들과 각 부서는 경쟁체계를 형성하지 않고 품질을 전 부서에서 전 과정에 걸쳐 총체적으로 관리할 것을 강조하는 이론이다.

⑤ 품질결정은 전문가가 아니라 소비자가 주도한다.

46

ㄷ. 사회복지전문요원 – 1987년

ㄹ. 보건복지사무소 시범사업 – 1995년

ㄱ. 사회복지사무소 시범사업 – 2004년

ㄴ. 희망복지지원단 – 2012년

ㅁ. 지역사회보장협의체 – 2014년

47

간트차트(Gantt Chart)
- 사업시작부터 완료까지 기간을 막대모양으로 표시한 도표로 세로축에는 세부목표와 활동, 프로그램을 기입하고 가로축에는 일별 또는 월별 기간을 기입하는 기법이다.
- 단순하게 한 사업에 유용하고 계획대로 진행되는지 확인이 쉬운 장점이 있다.
- 활동 간의 상호관계를 도표로 나타낼 수 없어 활동 간 상관관계를 파악하기 어려운 단점이 있다.

ㄱ. 계획 – 실행 – 확인 – 조정의 순환적 과정으로 이루어지는 것은 방침관리기법이다.

ㄷ. 목표달성 기한을 정해놓고 목표달성을 위해 설정된 주요활동과 시간계획을 연결시켜 도표로 나타낸 것은 프로그램 평가검토 기법이다.

48

성과(성취)목표는 프로그램을 통해 클라이언트가 어떻게 변화되기를 바라는지를 수치화하여 표현한 것으로 클라이언트의 변화로 측정되는 것이다. ③ '자아존중감을 10% 이상 향상한다.'는 클라이언트의 변화를 수치화하여 표현하였다. 나머지는 클라이언트의 변화가 아니라 얼마나 많은 서비스가 제공될 것인가를 구체화한 것으로 활동목표에 해당한다.

49

품목별(항목별) 예산

예산의 통제기능을 충족시키기 위해 구입하고자 하는 품목별로 편성하는 예산으로 전년도 예산을 근거로 하여 일정한 양만큼 증가시켜 나가는 점진주의적 특성을 가지고 있다. 품목별로 비용을 처리하기에 회계자에게 유리하여 사회복지기관에서 가장 많이 사용된다.

신축성 있게 예산을 집행할 수 있는 방법은 성과주의 예산이다.

50

초점집단 기법은 특정 문제에 관련된 12~15명의 여러 사람이 한자리에 모아 문제에 대한 의견을 개진하게 하고 참여자끼리 토론도 가능하게 하여 깊이 있는 의견을 듣는 방법이다. 초점집단의 대상자들은 주요 정보제공자뿐 아니라 기관의 대표자, 클라이언트, 지역주민 모두 포함될 수 있다.

8과목 | 사회복지법제론									
51	52	53	54	55	56	57	58	59	60
⑤	④	④	②	①	③	①	④	④	⑤
61	62	63	64	65	66	67	68	69	70
④	⑤	②	③	③	①	⑤	⑤	③	④
71	72	73	74	75					
②	①	③	②	②					

51

제정 연도는 「긴급복지지원법」 2005년, 「고용보험법」 1993년, 「노인복지법」 1981년, 「기초연금법」 2014년으로, 제정 연도가 가장 빠른 것은 「노인복지법」이고 가장 늦은 것은 「기초연금법」이다.

52

헌법 제34조

① 모든 국민은 인간다운 생활을 할 권리를 가진다.

② 국가는 사회보장 · 사회복지의 증진에 노력할 의무를 진다.

③ 국가는 여자의 복지와 권익의 향상을 위하여 노력하여야 한다.

④ 국가는 노인과 청소년의 복지향상을 위한 정책을 실시할 의무를 진다.

⑤ 신체장애자 및 질병 · 노령 기타의 사유로 생활능력이 없는 국민은 법률이 정하는 바에 의하여 국가의 보호를 받는다.

⑥ 국가는 재해를 예방하고 그 위험으로부터 국민을 보호하기 위하여 노력하여야 한다.

53

① 시행규칙은 총리령 또는 부령으로 보통 총리나 장관의 명령을 의미하기에 국무총리는 총리령을 말할 수 있다.

② 지방자치단체의 장이 법령과 조례에 반하지 않는 범위 내에서 규칙을 제정할 수 있다.

③ 「헌법」 제52조에는 법률안 제출권이 있는데 국회의원과 정부가 법률안을 국회에 제출할 수 있는 권리이다.

⑤ 「헌법」 제53조 제1항에 따라 대통령은 국회에서 의결된 법률안이 정부에 이송되면 15일 이내에 공포해야 한다. 그러나 국회에서 의결된 법률안에 이의가 있을 때에는 대통령은 15일 내에 이의서를 붙여 법률안을 국회로 환부하고, 그 재의(再議)를 요구할 수 있다.

54

사회보장기본법 제26조 제2항 중앙행정기관의 장과 지방자치단체의 장은 사회보장제도를 신설하거나 변경할 경우 신설 또는 변경의 타당성, 기존 제도와의 관계, 사회보장 전달체계에 미치는 영향 및 운영방안 등에 대하여 대통령령으로 정하는 바에 따라 보건복지부장관과 협의하여야 한다.

오답 피하기

중앙행정기관의 장과 지방자치단체의 장은 모두 보건복지부장관과 협의해야 한다.

55

사회보장기본법 제21조 제2항 위원장은 국무총리가 되고 부위원장은 기획재정부장관, 교육부장관 및 보건복지부장관이 된다.

오답 피하기

위원장은 보건복지부장관이 아니라 국무총리이다.

56

사회보장정보원은 보건복지정보의 수집·제공과 보건복지 관련 정보시스템 개발 및 운영 등 보건복지 정보화사업을 수행함으로써 보건복지업무를 효율적으로 수행할 수 있도록 지원하는 보건복지부 산하 위탁집행형 준정부기관으로 2009년 12월에 설립되었다.

오답 피하기

사회보장정보원의 설립이 아니라 운영에 필요한 비용을 정부가 지원한다.

57

오답 피하기

ㄱ. 사회복지전담공무원은 읍·면·동, 시·군·구, 시·도에도 둘 수 있다. 사회복지전담공무원은 지방직 공무원으로 지방자치단체에서 일을 한다.

58

오답 피하기

「국민건강보험법」은 사회보험법으로 사회보험법은 공공부조와 달리 「사회복지사업법」에 포함되지 않는다.

59

오답 피하기

① 법인 설립 허가자는 시·도지사이다.

② 법인 설립은 시·도지사의 허가사항이다.

③ 해산한 법인의 남은 재산은 국가 또는 지방자치단체에 귀속된다.

⑤ 주된 사무소가 서로 다른 시·도에 소재한 법인이 합병할 경우 보건복지부장관에게 신고하여야 한다. 시·도지사에게 신고하는 경우는 같은 시·도의 법인이 합병할 경우이다.

60

오답 피하기

① 시설의 장은 운영위원이 될 수 있다. 대부분 운영위원장이 된다.

② 시설의 장이 아니라 관할 시장·군수·구청장이 임명하거나 위촉한다.

③ 시설 거주자 대표는 운영위원이 될 수 있다.

④ 운영위원회가 시설운영에 관하여 의결권을 갖는다는 내용은 「사회복지사업법」에 포함되지 않는다.

61

오답 피하기

① 수급권자란 이 법에 따른 급여를 받을 수 있는 자격을 가진 사람을 말한다.

② 기준 중위소득이란 보건복지부장관이 급여의 기준 등에 활용하기 위하여 중앙생활보장위원회의 심의·의결을 거쳐 고시하는 국민 가구소득의 중위값을 말한다.

③ 보장기관이란 이 법에 따른 급여를 실시하는 국가 또는 지방자치단체를 말한다.

⑤ 최저생계비란 국민이 건강하고 문화적인 생활을 유지하기 위하여 필요한 최소한의 비용을 말한다.

62

오답 피하기

국민기초생활 보장법 제18조 제1항 수급자 및 차상위자는 상호 협력하여 자활기업을 설립·운영할 수 있다.

63

오답 피하기

국내에 체류하는 모든 외국인이 긴급지원대상자가 될 수 없는 것이 아니라 국내에 체류하고 있는 외국인 중 대통령령으로 정하는 사람이 위기상황에 처한 사람으로서 지원이 긴급하게 필요한 사람에 해당하는 경우에는 긴급지원대상자가 된다.

1. 대한민국 국민과 혼인 중인 사람
2. 대한민국 국민인 배우자와 이혼하거나 그 배우자가 사망한 사람으로서 대한민국 국적을 가진 직계존비속(直系尊卑屬)을 돌보고 있는 사람
3. 「난민법」 제2조 제2호에 따른 난민으로 인정된 사람
4. 본인의 귀책사유 없이 화재, 범죄, 천재지변으로 피해를 입은 사람
5. 그 밖에 보건복지부장관이 긴급한 지원이 필요하다고 인정하는 사람

64

- **기초연금법 제3조 제2항** 보건복지부장관은 선정기준액을 정하는 경우 65세 이상인 사람 중 기초연금 수급자가 100분의 70 수준이 되도록 한다.
- **기초연금법 제8조 제1항** 본인과 그 배우자가 모두 기초연금 수급권자인 경우에는 각각의 기초연금액에서 기초연금액의 100분의 20에 해당하는 금액을 감액한다.

65

국민건강보험법 제41조(요양급여)
① 가입자와 피부양자의 질병, 부상, 출산 등에 대하여 다음의 요양급여를 실시한다.
  1. 진찰 · 검사
  2. 약제(藥劑) · 치료재료의 지급
  3. 처치 · 수술 및 그 밖의 치료
  4. 예방 · 재활
  5. 입원
  6. 간호
  7. 이송(移送)

오답 피하기
요양병원 간병비는 노인장기요양보험 장기요양급여의 종류이다. 노인장기요양보험법 제26조 제1항 공단은 수급자가 「의료법」에 따른 요양병원에 입원한 때 대통령령으로 정하는 기준에 따라 장기요양에 사용되는 비용의 일부를 요양병원 간병비로 지급할 수 있다.

66

산업재해보상보험법 제37조(업무상의 재해의 인정 기준)
① 근로자가 다음에 해당하는 사유로 부상 · 질병 또는 장해가 발생하거나 사망하면 업무상의 재해로 본다. 다만, 업무와 재해 사이에 상당인과관계(相當因果關係)가 없는 경우에는 그러하지 아니하다.
  - 근로자가 근로계약에 따른 업무나 그에 따르는 행위를 하던 중 발생한 사고

- 사업주가 제공한 시설물 등을 이용하던 중 그 시설물 등의 결함이나 관리소홀로 발생한 사고
- 사업주가 주관하거나 사업주의 지시에 따라 참여한 행사나 행사준비 중에 발생한 사고
- 휴게시간 중 사업주의 지배관리 하에 있다고 볼 수 있는 행위로 발생한 사고
- 그 밖에 업무와 관련하여 발생한 사고

오답 피하기
출장기간 중 발생한 모든 사고가 아니라 업무와 관련된 사고만 해당된다.

67

오답 피하기
① 고용노동부장관은 보험 사업에 대하여 3년마다 평가를 하여야 한다는 내용은 없다.
② 국가는 매년 보험 사업에 드는 비용의 20%를 특별회계에서 부담하는 보험은 노인장기요양보험이다. 「고용보험법」 제5조 제2항에는 국가는 매년 예산의 범위에서 보험사업의 관리 · 운영에 드는 비용을 부담할 수 있다고 명시되어 있다.
③ 피보험자는 이 법이 적용되는 사업에 고용된 날에 피보험자격을 취득한다.
④ 고용보험법 제38조의2 실업급여로서 지급된 금품에 대하여는 국가나 지방자치단체의 공과금(「국세기본법」 또는 「지방세기본법」에 따른 공과금)을 부과하지 아니한다.

68

장기요양급여 제공의 기본원칙
- 장기요양급여는 노인 등이 자신의 의사와 능력에 따라 최대한 자립적으로 일상생활을 수행할 수 있도록 제공하여야 한다.
- 장기요양급여는 노인 등의 심신상태 · 생활환경과 노인 등 및 그 가족의 욕구 · 선택을 종합적으로 고려하여 필요한 범위 안에서 이를 적정하게 제공하여야 한다.
- 장기요양급여는 노인 등이 가족과 함께 생활하면서 가정에서 장기요양을 받는 재가급여를 우선적으로 제공하여야 한다.
- 장기요양급여는 노인 등의 심신상태나 건강 등이 악화되지 아니하도록 의료서비스와 연계하여 이를 제공하여야 한다.

69

- 아동의 권리증진과 건강한 출생 및 성장을 위하여 종합적인 아동정책을 수립하고 관계 부처의 의견을 조정하며 그 정책의 이행을 감독하고 평가하기 위하여 국무총리 소속으로 아동정책조정위원회를 둔다.

- 시 · 도지사, 시장 · 군수 · 구청장은 다음의 사항을 심의하기 위하여 그 소속으로 아동복지심의위원회를 각각 둔다.
- 보건복지부장관은 아동정책의 효율적인 추진을 위하여 5년마다 아동정책기본계획을 수립하여야 한다.
- 보건복지부장관은 3년마다 아동의 양육 및 생활환경, 언어 및 인지발달, 정서적 · 신체적 건강, 아동안전, 아동학대 등 아동의 종합실태를 조사하여 그 결과를 공표하고, 이를 기본계획과 시행계획에 반영하여야 한다.

70

① **장애인복지법 제58조 제1항 제1호** 장애인 거주시설은 거주공간을 활용하여 일반가정에서 생활하기 어려운 장애인에게 일정 기간 동안 거주 · 요양 · 지원 등의 서비스를 제공하는 동시에 지역사회생활을 지원하는 시설
② **장애인복지법 제29조의2 제1항** 장애인 관련 조사 · 연구 및 정책개발 · 복지진흥 등을 위하여 한국장애인개발원을 설립한다.
③ **장애인복지법 제59조의11 제1항** 국가는 지역 간의 연계체계를 구축하고 장애인학대를 예방하기 위하여 업무를 담당하는 중앙장애인권익옹호기관을 설치 · 운영하여야 한다.
⑤ **장애인복지법 제54조 제1항** 국가와 지방자치단체는 장애인의 자립생활을 실현하기 위하여 장애인자립생활지원센터를 통하여 필요한 각종 지원서비스를 제공한다.

오답 피하기
④ 발달장애인지원센터는 「발달장애인 권리보장 및 지원에 관한 법률」 제33조에 의해 설립되었다.

71

누구든지 노인학대를 알게 된 때에는 노인보호전문기관 또는 수사기관에 신고할 수 있다.

72

오답 피하기
다문화가족은 대한민국 국적을 취득한 자로 이루어진 가족뿐 아니라 결혼이민자, 귀화허가를 받은 자도 다문화가족이 될 수 있다.

73

공동모금회에 배분기준
- 공동모금재원의 배분대상
- 배분한도액
- 배분신청기간 및 배분신청서 제출 장소
- 배분심사기준
- 배분재원의 과부족(過不足) 시 조정방법
- 배분신청 시 제출할 서류
- 그 밖에 공동모금재원의 배분에 필요한 사항

오답 피하기
배분신청자의 재산은 공공모금재원 배분기준에 명시되지 않는다.

74

성폭력피해자보호시설은 일반보호시설, 장애인보호시설, 특별지원보호시설, 외국인보호시설, 자립지원 공동생활시설, 장애인 자립지원 공동생활시설로 구분된다.

오답 피하기
성폭력피해자보호시설에 상담지원시설은 포함되지 않는다.

75

오답 피하기
국가인권위원회 위원장이 아니라 여성가족부장관이 3년마다 가정폭력에 대한 실태조사를 실시해야 한다. 실태조사 실시와 기본계획 수립은 장관의 업무이다.

1교시　사회복지기초

1과목 | 인간행동과 사회환경

01	02	03	04	05	06	07	08	09	10
①	②	③	①	⑤	⑤	②	④	①	③
11	12	13	14	15	16	17	18	19	20
④	②	③	③	⑤	①~⑤	④	⑤	①~⑤	①,⑤
21	22	23	24	25					
③	①	⑤	②	⑤					

01

오답 피하기

② 피아제(J. Piaget)의 이론은 발달단계의 순서를 감각운동기, 전조작기, 구체적 조작기, 형식적 조작기로 구분하였다. 이 발달단계는 개인과 문화에 따라 다르게 나타날 수 있는 것이 아니라 연령에 따라 모두 동일하게 나타난다.

③ 모방학습의 중요성을 인식하는 데 공헌한 학자는 반두라이다. 프로이트는 정신분석이론의 학자이다.

④ 스키너(B. Skinner)의 이론은 인간행동이 내적 동기가 아니라 외적 동기에 의해 강화됨을 이해하는 데 공헌하였다. 스키너는 인간행동은 환경의 자극에 의해 동기화되고, 행동에 따르는 강화에 의해 전체적으로 결정된다고 보았다. 즉, 관찰이 가능한 행동에 초점을 둔다.

⑤ 로저스(C. Rogers)의 이론은 클라이언트의 생애발달 단계를 파악하지 않았다. 발달단계를 이야기한 학자는 프로이트, 아들러, 융, 피아제이다.

02

인간발달에는 결정적 시기가 있다. 제1의 성장기인 영아기와 제2의 성장기인 청소년기에는 다른 시기보다 더 빠른 성장을 한다.

오답 피하기

① 무작위적으로 발달이 진행되는 것이 아니라 일정한 순서와 방향을 가지고 발달이 이루어져 예측이 가능하다.

③ 안정적 속성보다 변화적 속성이 강하게 나타나는 것이 아니라 안정적 속성과 변화적 속성이 서로 공존하면서 나타난다.

④ 신체의 상부에서 하부로, 중심부위에서 말초부위로 진행된다.

⑤ 순서와 방향성이 정해져 있지만 발달속도는 정해져 있지 않아 개인차가 존재한다. 연령이 증가할수록 개인차가 커져 예측하기 어렵다.

03

생태학 이론은 단순한 인과관계의 규명이 아니라 복잡한 인간과 환경 간의 불확실한 상호교류에 관심이 있다. 인간과 환경 간의 상호작용과 상호교류를 통해 서로에게 영향을 미치고 호혜적인 관계를 유지한다고 본다.

오답 피하기

ㄴ. 인간본성에 대한 정신적 · 환경적 결정론은 이론적 바탕이 아니라 인간과 환경 간의 상호작용을 바탕으로 한다.

ㄹ. 타인과 관계를 맺는 인간의 능력은 환경과의 상호작용을 통하여 후천적으로 습득되는 것이 아니라 타고나는 것이다.

04

남근기 시기는 3세에서 6세까지의 시기이다. 모든 에너지가 성기에 집중되는 시기로 자신의 성기를 만지면서 만족감을 느낀다. 남자아이는 어머니를 사랑하여 오이디푸스 콤플렉스가 생기고 여자아이는 아버지를 사랑하여 엘렉트라 콤플렉스가 생긴다. 남아는 오이디푸스 콤플렉스로 인하여 거세불안을 경험하게 되고 여아는 엘렉트라 콤플렉스로 인하여 남근 선호사상이 생긴다. 남근기에 고착이 되면 남자는 경솔하고 과장되고 야심적이며 여자는 난잡하고 유혹적이며 경박한 성격이 된다.

오답 피하기

② 양육자와의 상호작용 과정에서 최초로 갈등을 경험하는 시기는 구강기이다.

③ 자율성과 수치심을 주로 경험하는 시기는 항문기이다.

④ 오이디푸스 · 엘렉트라 콤플렉스가 강해지는 시기는 남근기이다.

⑤ 리비도(Libido)가 항문부위로 집중되는 시기는 항문기이다.

05

오답 피하기

① 발달에 영향을 미치는 유전적 · 생물학적 요인을 모두 인정하였다.

② 발달에 영향을 미치는 사회적 · 문화적 요인을 모두 인정하고 확대, 발전시켰다.

③ 청소년기에서 끝나는 프로이트와 달리 인생 전반에 걸친 발달단계를 제시하였다.

④ 자아(Ego)의 자율적, 창조적 기능을 고려하였다. 프로이트는 원초아를 강조하였고 에릭슨은 자아를 강조하였다.

06

ㄱ. 자기는 성격의 모든 요소들 간 통일성, 전체성, 조화성을 이루기 위해 무의식적으로 추구하는 원형으로 중년기 시기에 나타나 자기실현의 중심 역할을 한다.

ㄴ. 인간행동은 과거 사건에 의해 일부 결정되지만 미래의 목표와 가능성에 따라 조정된다고 보았다.

ㄷ. 리비도는 인생전반에 작동하는 생활에너지로 창조적인 모든 형태의 활동에 에너지를 제동하는 생명력을 의미한다.

ㄹ. 개성화는 한 개인의 의식이 다른 사람으로부터 분리되는 것으로 무의식적인 내용을 의식화하는 과정이다. 성격발달은 개성화의 과정을 통한 자기실현의 과정이라고 보았다.

07

오답 피하기

생활양식은 인생 목표뿐 아니라 자아개념, 성격, 문제에 대처하는 방법, 타인에 대한 감정, 세상에 대한 태도를 포함한 한 개인의 독특한 특징을 나타내는 개념으로 지배형, 획득형, 회피형, 사회적 유용형으로 구분하였다.

08

오답 피하기

관찰학습은 주의집중과정 → 기억과정 → 운동재생과정 → 동기화과정 순으로 진행된다.
동기유발(동기화)과정은 맨 마지막 과정이다.

09

행동조성(Shaping)은 복잡한 행동이나 기술을 학습하는 데 있어 기대하는 반응이나 행동을 학습할 수 있도록 행동을 강화해 점진적으로 만들어가는 것을 의미한다.

오답 피하기

② 스키너는 조작적 조건화로 반응적 행동보다는 조작적 행동을 강조한다. 반응적 행동을 강조한 학자는 파블로프이다.

③ 변동간격 계획은 가변적인 임의의 시간 이후 강화를 주는 것으로 일정한 시간 안에서 시간을 다르게 하여 강화를 준다. 평균적으로 일정한 수의 반응이 일어난 후에 강화물을 제공하는 것은 가변비율 강화계획이다.

④ 인간행동은 인간이 지닌 자유의지의 결과가 아니라 환경적 자극에 대한 반응이다. 자유의지를 강조하지 않았다.

⑤ 부적 강화는 싫어하는 것을 뺏어 바람직한 행동이 증가시키는 것이다. 특정 행동의 빈도를 감소시키는 것은 처벌이다.

10

로저스의 현상학적 장은 개인의 세계는 체험의 세계이며 체험은 특정 순간 개인이 의식하는 것으로 본다. 현재 행동에 영향을 미치는 것은 과거의 경험 속의 사실이 아니라 과거 경험에 대한 현재의 해석이다.

오답 피하기

로저스는 인간이 지닌 개인의 주관적 경험을 강조하였다.

11

오답 피하기

상위단계의 욕구는 하위단계의 욕구가 완전히 충족된 이후에 나타나는 것이 아니라 개인의 욕구가 어느 정도 만족이 되면 다음 욕구로 넘어가게 된다.

12

피아제는 인지발달 촉진요인으로 성숙, 평형화, 물리적 경험, 사회적 상호작용을 제시하였다.

오답 피하기

애착형성은 영아와 주 양육자 사이에 형성되는 특수하고 긍정적인 유대관계나 친밀한 정서적 유대감을 의미하는 것이다. 영아는 자신을 돌보는 사람과의 신뢰를 통해 외부환경에 대하여 신뢰감을 형성하게 된다.

13

오답 피하기

ㄱ. 균형(Equilibrium)은 외부로부터 새로운 에너지의 투입 없이 현상을 유지하려는 속성으로 고정된 구조를 지니고 환경과 수직적 상호작용보다는 수평적 상호작용을 선호한다. 환경과 상호작용하기 위하여 체계의 구조를 변화시키는 과정 또는 상태는 형태변형성이다.

ㄹ. 홀론(Holon)은 상위체계에 포함되는 동시에 하위체계에 포함되는 것이다. 외부와의 상호작용으로 체계 내의 에너지가 증가하는 현상 또는 상태는 넥엔트로피이다. 넥엔트로피는 외부의 에너지가 투입되어 내부의 유용하지 않은 에너지를 소멸시키는 것을 의미하며 개방체계에서 나타난다.

14

브론펜브레너의 생태체계

- 미시체계 : 개인의 가장 근접한 환경으로서 가족 학교 이웃 등의 물리적 환경과 사회적 환경 그리고 환경 내에서 갖게 되는 지위나 역할, 활동, 대인관계 등을 의미한다.
- 중간체계 : 서로 상호작용하는 두 가지 이상의 미시체계의 관계망을 말하는데 개인이 가족 내에서 아들의 지위와 역할을 수행하지만 학교에서는 학생으로서의 지위와 역할을 동시에 갖게 되는 경우를 예로 들 수 있다.
- 외체계 : 개인이 직접 참여하거나 관여하지는 않지만 개인에게 영향을 미치는 환경체계로서 부모의 직장, 정부, 사회복지기관, 대중매체 등이 포함된다.
- 거시체계 : 미시체계, 중간체계, 외체계를 포함한 모든 요소에다 정치, 경제, 종교, 교육, 윤리와 가치, 신념, 관습, 문화 등의 광범위한 사회적 맥락을 의미한다.
- 시간체계 : 개인의 전 생애에 걸쳐 일어나는 변화와 역사적인 환경을 포함하는 체계로서 개인은 성장하면서 경험하게 되는 생활사건은 특정 시점에 국한된 것이 아니며, 사전, 진행기간, 사후기간이라는 서로 연결된 시간 속에서 발생한다.

15

퀴블러 로스(Kubler – Ross)의 죽음에 대한 적응단계(부분타우수)

- 부정단계 : 불치병을 인정하지 않고 의사의 오진이라고 생각하는 단계
- 분노단계 : '왜 나만 죽어야 하는가?'라고 건강한 사람을 원망하며, 주변 사람들에게 화를 내는 단계
- 타협단계 : 죽음을 받아들이고, 해결하지 못한 인생과업을 해결할 때까지라도 살 수 있도록 기원하고 불가사의한 힘과 타협하는 단계
- 우울단계 : 주변사람과 일상생활에 대한 애착을 보이고, 이런 것들과 헤어져야 한다는 점 때문에 우울증이 나타나는 단계
- 수용단계 : 죽음 자체를 수용하고, 마음의 평화를 회복하여 임종에 직면하는 단계

16

① 클라인펠터증후군(Klinefelter Syndrome)은 남성에게 나타나는 증후군으로 남성의 특성이 약하고 염색체 이상으로 X염색체를 더 가지고 태어난다. 46번 염색체가 XY형이 아닌 XXY형을 이루고 고환이 작고 남성호르몬이 부족하며 사춘기에 여성의 2차 성징같이 가슴과 엉덩이가 커진다. 터너증후군(Turner Syndrome)은 여성의 46번 염색체 이상으로 2개가 있어야 할 X염색체가 부족하거나 불완전하여 염색체의 모양 이상이 자궁 안에 발생하는 질환이다. 여성이 사춘기에 2차 성징이 나타나지 않아 외관상으로는 여성이지만 여성호르몬이 분배되지 않고 키가 작다.

③ 다운증후군은 47개의 염색체를 가짐으로 나타나는 증후군이다. 키가 작고 정신지체를 가지고 있으며 손가락과 발가락이 작다. 어머니의 나이가 많을수록 발병률이 높아지고 몽고증이라고도 불린다. 머리가 작고 팔과 다리가 짧고 통통한 신체적 특징과 언어, 기억, 지적장애 등의 인지적 특징을 가진다. 인간의 염색체는 23쌍으로 46개의 염색체로 구성된다. 21번째 염색체가 하나 더 존재하여 47개의 염색체가 되는 것은 삼각형 다운증후군, 15번, 22번 염색체에 문제가 발생한 것은 전위형 다운증후군이다.

⑤ 기형발생물질은 발육 중의 배아 혹은 태아에 신체적 결함을 야기시키는 인자 또는 물질로 생체에 섭취, 또는 흡수되어 태아의 기형을 초래하는 물질로 탈리도미드, 항갑상선제, 항암제, 퀴닌 등이 있다.

17

영아기는 에릭슨의 신뢰감 대 불신감 단계에 해당한다. 자율성 대 수치심 단계는 유아기 시기에 해당한다.

18

영아기는 제1의 성장기로 성장 속도가 가장 빠른 시기이다. 태어난 키에 비해 2배 정도 성장한다. 유아기는 영아기에 비해 성장 속도가 둔화되지만 계속 성장하는 시기이다.

19

아동기 시기의 인지발달

- 보존개념 획득 : 보존의 개념을 획득하여 비논리적인 사고에서 논리적인 사고를 할 수 있게 되고 보존 개념이 획득되어 동일성, 보상성, 가역성을 이해한다.
- 서열화 : 많은 종류의 사물을 큰 순서대로 또는 작은 순서대로 크기에 맞게 분류할 수 있는 능력을 말한다.
- 탈중심화 : 중심에서 벗어나 다른 면도 고려할 수 있는 능력을 말한다. 어떤 사물에 대해 한 측면만을 고려하는 것이 아니라 전체를 고려하는 것으로 문제를 해결할 때 다양한 변수를 고려하여 문제를 조사할 수 있게 된다.
- 유목화(분류화) : 사물의 특성이 비슷한 것끼리 분류할 수 있는 능력을 말한다.
- 자율적 도덕성 : 행동을 하는 데 있어 행동의 결과가 좋은지 나쁜지보다는 행동의 의도가 좋은지 아니면 나쁜지에 따라 달라진다. 어머니의 설거지를 도와주다 컵을 두 개 깨는 것보다 장난치다 컵을 하나 깨는 것이 나쁘다는 것을 알게 돼서 행동에 대해 무조건 처벌을 받지 않고 상황에 따라 달라진다는 것을 알 수 있다.
- 가역적 사고 : 어떤 변화가 일어났을 때 이것을 이전 상태로 되돌려

놓는 것인데 구체적 조작기에는 사고의 비가역성을 극복함으로써 가역적 사고가 가능해진다.

오답 피하기
ㄹ. 자아정체감을 획득하는 시기는 청소년기이다.

20

오답 피하기
② 여성은 난소에서 에스트로겐이 분비되어 가슴 발달, 생식기관 성장, 음모 발생, 월경 시작, 겨드랑이 털과 여드름의 순서로 진행된다.
③ 남성은 고환에서 분비되는 안드로겐의 영향으로 고환(정소)의 발달, 음모 발생, 음경 발달, 사정 경험, 겨드랑이 털과 수염, 여드름의 순서로 진행된다.
④ 이차 성징은 성적 성숙의 생리적 징후로서 여성의 가슴 발달과 남성의 넓은 어깨를 비롯하여 변성, 근육 발달 등의 변화가 나타나는 것을 말한다.

21

하비거스트의 청년기 발달과업
• 배우자를 선택하고, 가정을 꾸민다.
• 배우자와 함께 생활하는 방법을 학습한다.
• 자녀를 양육하고 가정을 관리한다.
• 직업생활을 시작한다.
• 시민의 의무를 완수한다.
• 마음이 맞는 사람들과 사회적 집단을 형성한다.

오답 피하기
경제적 수입 감소에 따른 적응은 노년기이다. 은퇴로 인한 문제이다.

22

혼은 중년기의 지능을 유동성 지능과 결정적 지능으로 구분하였다. 유동성 지능은 문화적 영향을 받지 않는 유전적 혹은 생리학적 영향 하에 있는 능력을 의미하고 주어진 자극을 바탕으로 이를 분석하고 의미를 파악하는 능력으로 경험에 바탕을 두지 않는다. 유동성 지능은 10대 후반에 절정에 도달하고 성년기에는 중추신경구조의 점차적인 노화로 인해 감소하기 시작한다.
결정적 지능은 후천적 경험에 의해 발달한 지적인 능력을 지칭하는 것으로 특정 문화 속에서 교육에 의해 형성된 일종의 지식체계를 가리킨다고 할 수 있다. 결정적 지능을 구성하는 기본 정신능력은 언어 이해력, 개념, 일반추리력 등이며, 결정적 지능은 교육이나 경험의 축적된 효과를 반영하므로 생의 말기까지 계속 증가한다.

오답 피하기
중년기에는 결정적 지능은 증가하고 유동적 지능은 감소한다.

23

오답 피하기
펙(Peck)의 발달과업이론은 에릭슨의 후기 발달단계이론 중 7단계와 8단계를 통합하여 7단계 모델을 제시하였다. 7단계는 중년 이후의 단계로 자아분화와 대 직업 역할에의 열중, 신체초월 대 신체집착, 자아초월 대 자아집중의 발달과업을 갖는다.

24

거시체계는 미시체계, 중간체계, 외체계 등을 모두 포함한 체계이다. 정치, 경제, 종교, 교육, 윤리와 가치, 신념, 관습, 문화 등의 광범위한 사회적 맥락을 의미한다.

오답 피하기
① 가족 체계를 구성하는 요소는 개인인 체계인 미시체계이다.
③ 개인이 가장 밀접하게 상호작용하는 사회적 · 물리적 환경을 말하는 체계는 미시체계이다.
④ 개인, 가족, 이웃, 소집단을 의미하는 것은 미시체계이고 문화를 의미하는 체계는 거시체계이다.
⑤ 인간의 삶과 행동에 일방적인 영향을 미치는 체계는 외체계이다.

25

오답 피하기
노년기에는 65세부터 죽음에 이르는 시기로 신체적 노화로 인해 감각기능이 쇠퇴하는 시기이다. 신체적 노화, 직장에서 은퇴, 배우자와 사별의 경험으로 인한 심리적 변화에 적응해야 한다.

2과목 | 사회복지조사론

26	27	28	29	30	31	32	33	34	35
③	④	②	①	⑤	①	①	④	⑤	②

36	37	38	39	40	41	42	43	44	45
⑤	④	③	②	③	②	④	⑤	③	②

46	47	48	49	50
④	②	⑤	①	②

26

① 사회과학은 자연과학에 비해 인과관계에 대한 명확한 결론을 내리기 어렵고, 다양한 원인으로 인간관계에 대한 객관적인 탐구를 하는 것이 어렵다.
② 사회과학은 끊임없이 변화하는 사회현상을 규명하는 과학이다.
④ 사회과학은 사회문화, 사회현상, 사회구성원 등의 변화를 연구하고 인간의 행위도 연구대상이 된다.
⑤ 사회과학은 사회문화적 특성의 영향을 받아 지속적으로 변화한다.

오답 피하기

③ 사회과학의 경우 관찰자가 관찰대상자가 되기도 하여 자연과학과 달리 관찰자와 관찰대상자(물)는 명확하게 구별되지 않는다.

27

오답 피하기

ㄷ. 응용과학은 자연과학·사회과학의 내용을 실생활에 적용하여 인간 생활을 보다 윤택하게 만드는 것에 목적이 있는 학문이다. 순수과학은 영리 활동을 목적으로 두지 않은 순수한 지적 호기심에서 나오는 학문의 진리 탐구 자체를 목적으로 하는 학문이다. 사회복지학은 응용과학에 속한다.

28

양적 조사와 질적 조사의 특징

양적 조사	질적 조사
• 연역법의 방법을 사용한다.	• 귀납법의 방법을 사용한다.
• 결과지향적이다.	• 과정지향적이다.
• 정형화된 측정과 척도를 활용한다.	• 조사자만의 준거틀을 활용한다.
• 조사결과는 일반화가 가능하다.	• 조사결과는 일반화가 어렵다.
• 신뢰성 있는 자료를 산출한다.	• 깊이 있는 자료를 산출한다.

오답 피하기

양적 조사는 연역법의 방법을 사용하고 질적 조사는 귀납법의 방법을 사용한다.

29

조사연구 과정은 문제설정 → 가설설정 → 조사설계 → 자료수집 → 자료처리 및 분석 → 결과해설 및 보고서 작성 순이다.

30

ㄱ. 독립변수 앞에서 독립변수에 영향을 주는 변수를 선행변수라고 한다.
ㄴ. 독립변수의 결과인 동시에 종속변수의 원인이 되는 변수를 매개변수라고 한다.
ㄷ. 다른 변수에 의존하지만 다른 변수에 영향을 미칠 수 없는 변수를 종속변수라고 한다.
ㄹ. 독립변수와 종속변수 모두에 영향을 미치는 제3의 변수를 외생변수라고 한다.

31

일정한 시간 간격을 두고 연구대상을 표본추출하여 반복적으로 조사하는 방법은 종단조사이다. 종단조사에는 패널조사, 경향(추이)조사, 동년배(동류집단, 코호트)조사가 있다.

• 전수조사는 모집단 전체를 대상으로 하는 조사방법이다.
• 표본조사는 모집단 중 대표할 수 있는 표본을 뽑아 조사하는 방법이다.
• 문헌조사는 과거나 현재 발행된 신문, 보고서, 통계 자료, 예산서, 편지, 사진 또는 도면 따위의 내용을 검토하여 원하는 정보를 찾아내는 방법이다.
• 전문가조사는 특정 영역에 대한 풍부한 경험과 지식을 보유한 사람을 만나 정보를 얻는 방법이다.

32

• 내적 타당도는 종속변수가 변한 이유가 독립변수의 원인인지 아니면 다른 원인으로 인하여 변한 것이지 알아내는 것으로, 내적 타당도를 높이기 위해서는 독립(원인)변수 이외의 다른 변수가 종속(결과)변수에 개입할 조건을 통제하여야 한다.
• 외적 타당도는 표본에서 얻어진 연구의 결과로 인해 연구조건을 넘어선 다른 환경이나 다른 집단들에게까지 적용할 수 있는 정도 또는 일반화할 수 있는 정도로, 외적 타당도를 높이기 위해서는 확률표집방법으로 연구대상을 선정하거나 표본크기를 크게 하여야 한다.

33

측정(척도)은 어떤 현상을 측정하기 위한 도구 또는 일정한 규칙에 따라 숫자나 기호를 배열하여 도구를 만드는 것을 의미한다.

오답 피하기

측정도구의 신뢰도를 높이기 위해서는 설문문항 수가 적을수록 좋은 것이 아니라 측정항목의 수를 늘리고 항목의 선택 범위를 넓혀야 한다.

34

ㄱ. 명목척도는 어떤 사물의 속성을 질적인 특성에 의해 상호배타적인 몇 개의 카테고리로 나눈 것이다.

ㄷ. 비율척도는 척도의 카테고리 간의 등간격뿐만 아니라 카테고리 간에 몇 배나 큰가 또는 몇 배나 작은가를 측정할 수 있는 변수로 절대 0점을 가지고 있다.

ㄹ. 서열척도는 어떤 사물의 속성을 상호배타적인 몇 개의 카테고리로 나눌 수 있고 서열(상대적 순서관계)을 측정할 수 있다.

오답 피하기

ㄴ. 리커트척도는 최상, 상, 중, 하, 최하와 같이 서열성을 가지고 있으므로 서열척도이다.

35

② 판별타당도(Discriminant Validity)는 다른 개념을 같은 측정방법으로 측정했을 때 상관관계가 낮게 나오는지 알아보는 방법으로 A와 B의 상관관계가 매우 낮은 것을 확인하였으므로 판별타당도가 높은 것이다.

오답 피하기

① 동시타당도(Concurrent Validity)는 두 개의 측정도구로 측정한 결과를 비교하여 현재의 상태를 비교하는 방법이다.

③ 내용타당도(Content Validity)는 측정하고자 하는 내용을 측정 문항들이 그 내용을 포함하고 있는지 확인하는 방법이다.

④ 수렴타당도(Convergent Validity)는 같은 개념을 상이한 측정방법으로 측정했을 때 측정한 값의 상관관계가 높게 나오는지 알아보는 방법이다.

⑤ 예측타당도(Predictive Validity)는 현재 측정한 타당도가 미래의 사건을 예측할 수 있는지 확인하는 방법이다.

36

신뢰도는 측정하고 싶은 것을 반복해서 측정하더라도 같은 값을 얻는 것을 의미한다. 신뢰도의 종류로는 조사자 간 신뢰도, 검사－재검사법, 복수양식법(대안법), 반분법, 내적 일관성 분석(크론바 알파)이 있다.

37

어의적 분화척도(Semantic Differential Scale) 또는 의미분화척도는 어떤 개념을 평가하기 위해 양 끝에 반대되는 형용사(잘생김－못생김)를 배치하여 그 속성을 평가를 내리는 척도이다.

38

모집단의 모든 인원을 서베이하거나 관찰을 하는 것은 시간과 비용이 많이 들어가기 때문에 현실적으로 불가능한 경우가 많다. 이런 문제를 해결하기 위해 전체의 모집단 중에서 대표할 수 있는 일부를 뽑아 서베이 또는 관찰을 하게 되는데 이것을 표본이라고 하고 이러한 과정을 표본추출 혹은 표집이라고 한다.

① 표본의 크기가 클수록 많은 대상자를 관찰해야 하기에 시간과 비용이 많이 든다.

② 신뢰수준을 높이려면 표본의 크기도 커져야 한다. 신뢰수준을 높이며 표집오차도 커지는데 표본의 크기를 증가시키면 표집오차가 작아져 표집오차가 커지는 것을 막을 수 있다.

④ 모집단이 이질적인 경우에는 표본의 크기를 늘려야 한다. 모집단은 동질성이 클수록 표본의 대표성에 대한 확신을 가질 수 있는데 이질적인 경우에는 표본의 크기를 늘려 표본오차를 감소시켜 대표성을 높여야 한다.

⑤ 같은 표본추출방법을 사용한다면 표본의 크기가 클수록 대표성이 높아진다.

오답 피하기

③ 표본의 크기가 증가하면 표본오차(Sampling Error)는 낮아진다. 표본오차는 표본의 통계치에서 모집단의 추정치를 추정하는 과정에서 발생하는 오차로 표본의 크기가 커질수록 집단을 대표할 가능성이 높아져 표본오차는 낮아진다.

39

오답 피하기

질적 조사는 과정지향적으로 조사자만의 준거틀을 활용하여 조사결과는 일반화가 어렵다는 특징이 있다. 이론적, 눈덩이, 극단적 사례, 최대변이 표본추출방법은 비확률표집방법으로 질적 조사방법이다. 집락표본추출은 확률표집방법으로 많은 인원을 조사할 때 사용하는 방법으로 양적 조사방법이다.

40

내용분석은 조사자가 새로운 자료를 수집하는 것이 아니라 기존의 자료를 분석하여 자료를 수집하는 방법이다. 책, 음악, 잡지, 회의록, 학술논문, 신문, 문서, 일기, 편지 등 기록물을 분석대상으로 한다. 질적 내용을 양적 내용으로 전환할 수 있고 연구의 목적에 따라서 변수를 측정할 수 있도록 객관적이거나 계량적으로 전환한다.

ㄱ. 기존자료에 의존하기 때문에 연구의 범위가 무제한적인 것이 아니라 기록된 자료만 분석이 가능하다.
ㄹ. 기존자료를 활용하는 질적 조사나 양적 조사로 전환할 수 있어 가설검증이 필요할 수 있다.

41

외부사건은 내적 타당도 저해요인이다. 종속변수가 변한 이유가 독립변수의 원인인지 아니면 다른 원인으로 인하여 변한 것이지 알아내는 것이 내적 타당도이며, 내적 타당도 저해요인을 해결할 수 있는 실험설계는 순수실험설계이다. 순수실험조사의 종류는 통제집단 전후비교조사, 통제집단 후비교조사, 솔로몬 4집단으로 구분된다.

단일집단 사전사후검사와 단일집단 사후검사 설계는 전실험조사설계의 종류이다.

42

④ ABAB설계는 처음에 기초선을 보고 개입을 하고 제2기초선을 보고 다시 개입을 하는 유형으로 외생변수를 효과적으로 통제할 수 있기 때문에 두 번의 기초선과 두 번의 개입을 한다.

① ABCD설계는 여러 개의 개입효과를 개별적으로 증명할 수 없다. ABCD설계는 많은 개입으로 인하여 어떤 개입의 영향이 있었는지 알 수 없다는 단점이 있다.
② AB설계는 기초선과 개입국면으로 이루어져 가장 자주 사용되는 설계이지만 외부요인을 통제할 수 없는 단점이 있다. 여러 유형의 문제에 적용 가능한 설계는 복수기초선 설계이다.
③ 복수기초선 설계는 AB조사를 여러 상황, 여러 문제, 여러 사람들에게 적용하는 방법이다.
⑤ 평균비교는 기초선에서 나타나는 관찰값들의 평균과 개입선의 평균값들을 비교해 보는 방법이다. 기초선이 불안정할 때 기초선의 변화의 폭과 기울기까지 고려하여 결과를 분석하는 방법은 경향선 접근이다.

43

외적 타당도는 표본에서 얻어진 연구의 결과로 인해 연구조건을 넘어선 다른 환경이나 다른 집단들에게까지 적용할 수 있는 정도 또는 일반화할 수 있는 정도를 말한다. 표본이 모집단을 잘 대표하는지의 정도이다. 외적 타당도의 저해요인으로는 표본의 대표성, 조사반응성(호손효과), 플라시보효과(위약효과)가 있다.

실험대상의 탈락, 외부사건, 통계적 회귀, 개입의 확산 또는 모방은 내적 타당도 저해요인이다.

44

- 개방 코딩(open coding)은 조사로 얻은 개념을 하위범주로 나누고 다시 범주로 나누는 방법과 같이 조사로 얻은 개념을 유사성과 차이점으로 분절함으로써 코드화하고 범주를 생성하는 것이다.
- 축 코딩(Axial Coding)은 개방코딩을 하면서 분절하였던 자료를 하나로 묶는 과정이다. 개념을 하위범주들과 연결시켜서 그 상호작용을 통해 얻은 결과로 패러다임을 밝혀낸다.
- 선택코딩(selective coding)은 핵심범주를 선택하고 핵심범주와 다른 범주들을 통합시켜 정교화하는 방식으로 현상을 정리하여 이론화하는 과정이다. 가장 중요한 핵심단어로 선택해서 추출하는 것이다.

45

② 할당표본추출은 모집단을 속성에 따라 여러 개의 집단을 나누고 모집단을 편의대로 할당시켜 표본을 인위적으로 추출하는 방법이다.

① 비례층화표본추출은 집단의 크기에 맞게 표본의 크기를 정하는 방법으로 모집단의 크기가 작으면 사용하기 어렵다.
③ 체계적 표본추출은 모집단 목록에서 일정한 순서에 따라 **매 K번째 요소**를 표본으로 추출하는 방법이다.
④ 눈덩이표본추출은 처음의 굴리는 눈은 작지만 계속 굴리면 커지는 것처럼 한 명의 대상자로 시작하여 점진적인 방법으로 자료를 모으는 방법이다.
⑤ 집락표본추출은 여러 개의 집단을 구분하여 하나의 집단을 선택하고 선택된 집단의 하위 집단에서 하나를 무작위로 선택하는 방법이다.

46

질적 조사의 엄격성(Rigor)을 높이는 방법으로는 장기간 관계유지, 다원화, 동료집단의 조언 및 지지, 연구대상을 통한 재확인, 예외적 사례분석, 감사자료 남기기가 있다.

오답 피하기

ㄴ. 표준화된 척도는 양적 조사에서 사용하는 방법이다.

47

초점집단기법은 10명 이내의 인원을 동시에 면접을 하면서 참여자 간 상호 토의를 통하여 의견을 수렴하는 방법이다. 조사에 필요한 가설을 설정하거나 설문지를 작성할 때 의견을 듣기 위해 실시하고 대부분 비표준화된 면접을 사용한다.

오답 피하기

익명의 전문가를 패널로 활용하는 방법은 델파이기법이다.

48

오답 피하기

① 개방형 질문은 질문에 대해 자신의 생각을 서술할 수 있는 질문으로 자유응답 질문이라고도 한다.
② 한 주제의 응답에 따라 부가질문을 연결해서 사용하는 질문은 종단적 질문이다.
③ 많은 정보가 필요할 경우 개방형 질문을 사용한다.
④ 신뢰도 측정을 위해 짝(Pair)으로 된 문항들은 떨어지게 배치해야 한다. 비슷한 문항을 연속해서 배치하는 경우 신뢰도가 떨어진다.

49

② 단일집단 사전사후검사 설계(One – group Pretest – posttest Design)는 사전검사가 사후검사에 영향을 미쳐 검사효과를 통제하기 어렵다.
③ 통제집단 사후검사 설계(Posttest – only Control Group Design)는 사전검사를 실시하지 않아 사전검사의 영향을 배제할 수 있다.
④ 시계열 설계(Time – series Design)는 통제집단을 설정하기 곤란한 경우 실험집단을 선정하고 3번 이상 사전검사와 사후검사를 실시한다. 사전검사 후 개입하고 사후검사를 실시하여 사전검사와 사후검사의 합을 비교하는 개입의 효과를 알아내는 방법이다. 검사효과와 외부사건을 통제하기 어렵다.
⑤ 정태적 집단비교 설계(Static Group Design)는 단일집단전후비교조사와 단일집단후비교조사의 단점을 보완한 형태이다. 통제집단 사후조사에서 무작위 할당이 제외되어 두 집단의 본래의 차이를 확인하기 어렵다.

오답 피하기

① 다중시계열 설계(Multiple Time – series Design)는 통제집단을 설정한다. 통제집단을 설정하지 않는 것은 단순시계열 설계(Simple Time – series)이다.

50

ㄱ. 전화조사는 조사자가 조사 대상자에게 전화로 질문내용을 묻고 응답을 기록하는 방법으로 전화번호부에 의해 무작위추출이 가능하다.
ㄹ. 면접조사는 조사자와 조사대상자 간에 상호작용을 통하여 자료를 수집하는 방법으로 조사자를 교육시켜야 하여 시간과 비용이 많이 든다.

오답 피하기

ㄴ. 우편조사는 조사대상자에게 우편으로 설문지를 보내 설문지 작성 후 다시 우편으로 보내는 방법으로 많은 정보를 획득하기 위해 사용하는 심층규명 방법을 사용하기 어렵다.
ㄷ. 배포조사는 설문지를 배포하고 일정시간이 지난 후에 설문지를 회부하는 방법으로 응답 환경을 통제하기 어렵다.

2교시	사회복지실천

3과목	사회복지실천론

01	02	03	04	05	06	07	08	09	10
①	①	⑤	③	④	②	②	④	②	①
11	12	13	14	15	16	17	18	19	20
⑤	②	⑤	③	①	③	③	⑤	③	②
21	22	23	24	25					
⑤	⑤	②	④	①					

01

ㄱ. 이화여자대학교에서 1947년 사회복지 전문 인력의 양성교육을 시작하였다.
ㄴ. 1983년 「사회복지사업법」에 따라 사회복지사 명칭을 사용하기 시작하였다.
ㄷ. 1987년 사회복지전문요원(이후 전담공무원)을 행정기관에 배치하기 시작하였다.
ㄹ. 2016년 「정신건강증진 및 정신질환자 복지서비스 지원에 관한 법률」에 따라 정신건강사회복지사 명칭을 사용하기 시작하였다.

02

그린우드는 ① 체계적 이론, ② 전문적 문화, ③ 사회적 승인, ④ 전문가 윤리강령, ⑤ 전문적 권위체계를 전문직의 조건으로 제시하였다. 한국사회복지사 윤리강령은 사회복지 전문직의 가치와 윤리적 실천을 위한 기준을 안내하고, 윤리적 이해가 충돌할 때 고려해야 할 사항을 제시하고자 하였다.

03

사회복지실천의 이념적 배경에는 인도주의, 이타주의, 사회진화론, 민주주의, 개인주의, 다양화가 있다.

04

임파워먼트 모델의 실천단계
- 대화단계 – 파트너십 형성, 현재 상황의 명확화, 방향 설정
- 발견단계 – 강점 확인, 자원의 역량사정, 해결방안 수립
- 발달단계 – 자원 활성화, 동맹관계 창출, 기회의 확대, 성공의 확인, 성과의 집대성

05

이용시설은 지역사회에서 생활하고 있는 클라이언트에게 필요한 사회복지서비스를 제공하는 시설이다.

오답 피하기
아동양육시설은 보호대상아동을 입소시켜 보호, 양육 및 취업훈련, 자립지원 서비스 등을 제공하는 것을 목적으로 하는 시설로 생활시설에 속한다.

06

의무상충은 사회복지사가 지켜야 할 기관의 의무와 클라이언트에 위해 행동해야 할 의무가 상충한 상황이다. 기관의 예산 절감과 클라이언트에게 서비스 제공에 대한 의무가 상충되어 있다.

07

사회복지사의 클라이언트에 대한 윤리기준의 내용이다.

08

오답 피하기
강점관점에서는 인간은 성장과 변화를 위한 능력을 가지고 있어 스스로 회복될 수 있다고 본다.

09

다문화는 다양한 문화를 인정한다는 뜻이다.

오답 피하기
동화는 모국의 문화적 가치는 유지하지 않은 상태에서 주류사회와의 관계만 있는 경우이다. 다문화에서는 동화보다는 다문화주의가 더 중요하므로 주류문화에 대한 동화주의적 실천을 지양해야 한다. 다문화주의는 한 사회에서 여러 유형의 문화를 수용하여 하나의 문화로 통일시키지 않고 있는 그대로 인정하며 공존하는 모형이다.

10

- 변화매개체계는 사회복지사와 사회복지사를 채용하고 있는 기관으로 A이다.
- 클라이언트체계는 자신이 처한 문제를 해결하기 위해 서비스나 도움을 필요로 하는 사람으로 B이다.
- 표적체계는 변화매개인이 클라이언트를 변화시키기 위하여 직접적으로 영향을 주거나 변화시킬 필요가 있는 사람으로 사례에는 없다.
- 행동체계는 클라이언트를 변화시키기 위해 상호작용하는 사람으로 C와 D이다.
- 전문체계는 전문가 단체, 전문가를 육성하는 교육체계 그리고 전문적 실천의 가치와 재가 등으로 학교사회복지사협회이다.
- 의뢰응답체계는 클라이언트가 다른 사람의 요청이나 법원, 경찰 등에 의해 강제로 오게 된 경우로 사례에는 없다.

11

인권은 인간으로서의 존엄을 유지하기 위해 필요한 기본적인 권리로 인간의 가치와 존엄성이 침해되는 상황을 정의롭게 개선하려는 인간의 부단한 노력으로 형성되고 발전되어 온 개념이다.

12

통합적 접근은 '환경 속의 인간(Person in Environment)'을 기본적인 관점으로 하여 인간과 환경을 단선적인 관계가 아니라 순환적인 관계로 이해하는 일반체계이론의 관점과 개인 · 집단 · 조직 · 지역사회 등 보다 구체적이고 역동적인 체계들 간의 관계를 가정하는 사회체계이론의 관점, 유기체와 환경 간의 상호교류 및 역학적 관계를 중시하는 생태체계이론의 관점 등을 포괄한다.

오답 피하기
통합적 접근은 클라이언트의 참여와 자기결정을 강조한다.

13

사례관리 개입원칙은 서비스의 개별화, 클라이언트의 자율성 극대화, 서비스의 지속성, 복잡하고 분리되어 있는 서비스 전달체계 연결, 클라이언트의 욕구 충족, 서비스 제공의 포괄성, 서비스의 접근성이다.

오답 피하기

임상적인 치료에 집중된 서비스 제공은 포함되지 않는다.

14

옹호자는 클라이언트 입장에서 정당성을 주장하고 기존 제도나 기관으로부터 클라이언트가 불이익을 받을 때 클라이언트를 위해 정보를 수집하고 요구사항을 분명히 하여 정책이나 제도를 변화시키는 역할이다.

① 자신의 권리를 주장할 수 없는 영유아를 대변하는 것은 개별옹호이다.

② 무국적 아동의 교육 평등권을 위한 법안을 제안하는 것은 정책옹호이다.

④ 이주 노동자에게 최저 임금을 받을 권리를 교육하는 것은 개별옹호이다.

⑤ 철거민들의 자체 회의를 위해 종합사회복지관의 공간을 제공하는 것은 지역사회옹호이다.

오답 피하기

③ 사회복지사가 클라이언트 집단을 대표로 나서서 협상을 주도하는 역할은 협상가이다.

15

면접에서는 클라이언트의 생각과 감정을 자유롭게 표현할 수 있는 개방형 질문, 클라이언트가 제한된 대답을 하는 폐쇄형 질문, 클라이언트가 질문을 받았다는 느낌을 받는 직접질문, 클라이언트가 질문을 받았다는 느낌을 받지 못하는 간접질문 등을 활용하고 왜 질문, 이중 질문, 유도하는 질문, 모호한 질문은 주의해야 한다.

오답 피하기

개방형 질문은 면접의 질문기술 중 하나이다.

16

접수단계에서는 문제확인, 관계형성, 클라이언트의 동기화, 기관의 서비스에 대한 정보제공, 의뢰, 적격성 여부, 원조과정에 대한 안내를 실시한다.

오답 피하기

ㄱ. 개입 목표의 우선순위 합의는 목표설정단계에서 실시한다.

ㄴ. 클라이언트의 강점과 자원 조사는 자료수집단계에서 실시한다.

17

면접 기술은 분위기 조성기술, 관찰기술, 경청기술, 해석기술, 질문기술, 표현 촉진 기술 등이며, 초기단계에서는 분위기 조성기술, 관찰기술, 경청기술 등을 사용한다.

오답 피하기

ㄹ. 침묵은 저항의 유형으로 인내심을 가지고 어느 정도 기다려주는 것이 바람직하다.

18

PIE 분류체계는 DSM – IV가 지니는 전인적 관점의 한계를 보완하기 위해 미국사회복지사협회가 개발하였다. 성인 클라이언트의 사회기능 수행 문제를 기술하고 분류하며 기록하기 위한 체계로 클라이언트의 사회적 기능수행문제, 환경문제, 정신건강문제, 신체건강문제 등을 간결하게 묘사한다.

오답 피하기

주변인과의 접촉 빈도 및 사회적 지지의 강도와 유형은 사회적 관계망에 대한 설명이다.

19

자료수집은 클라이언트의 문제를 이해, 분석, 해결하기 위해 필요한 자료들을 모으는 것으로 클라이언트의 문제에 대한 사정하기 위한 매우 중요한 과정이다. 클라이언트의 구두보고, 클라이언트의 비언어적 행동 관찰, 클라이언트의 자기 모니터링, 부수적 출처 정보, 심리검사, 사회복지사의 관찰, 사회복지사의 개인적 경험 등을 통하여 자료를 수집한다.

오답 피하기

상반된 정보를 제공하는 자료라 할지라도 클라이언트의 중요한 정보가 될 수 있으므로 폐기하지 않는다.

20

사례관리의 등장배경
- 탈시설화의 영향
- 복합적 욕구를 가진 클라이언트의 증가
- 클라이언트와 그 가족에게 부과되는 과도한 책임
- 복잡하고 분산된 서비스 체계
- 서비스 전달의 지방분권화
- 서비스 비용 억제 효과

21

클라이언트가 공감을 얻고 싶은 욕구는 통제된 정서적 관여이다. 클라이언트의 감정에 대하여 민감성을 갖고 그 감정에 대하여 어떠한 의미를 내포하고 있는지 이해하고 적절한 반응을 의미한다.

22

사후관리는 클라이언트와 사회복지사의 공식적 관계가 종료된 후 1개월에서 6개월이 지났을 때 클라이언트가 잘 적응하고 있는지 점검하는 과정으로 클라이언트가 종결 시 같은 수준에서 잘 기능하고 있는지 알아보기 위함이다. 클라이언트가 어려움을 겪고 있다면 필요한 도움을 제공하기 위해서 실시되며, 종결 시 클라이언트와 함께 계획한다.

23

헌신과 의무는 전문적 관계에서 관계의 목적을 이루기 위해서는 사회복지사뿐 아니라 클라이언트 역시 헌신과 의무로 맺어져야 한다. 전문적 관계에서 대개 헌신적인 자세는 일정한 '의무'도 함께 요구하고 있다. 클라이언트에게 기대되는 일반적인 의무는 그들이 지닌 문제와 상황, 문제에 대처하는 그들의 태도에 대해 정직하고도 개방적으로 제시할 것과 전문적 관계에서 최소한의 절차상 조건에 따르는 것을 말한다.

24

조정자는 클라이언트가 받아야 할 서비스가 흩어져 있거나 다양한 기관에서 산발적으로 주어지는 경우 이러한 서비스를 한 곳에서 서비스를 받을 수 있도록 정리하는 역할이다. 사례관리자는 클라이언트가 중복된 급식지원과 정서지원을 받고 있어 사례회의를 통해 중복된 서비스를 조정하였다.

25

① 전문적 관계는 클라이언트의 문제를 해결하거나 적응시키는 분명한 목적을 가지고 제한된 시간 안에서 이루어지는 특수한 관계이다. 클라이언트는 도움을 요청하고 사회복지사는 전문적인 도움을 주는 관계이다.

오답 피하기

② 기관의 입장에서 출발하지 않고 클라이언트 입장에서 출발한다.
③ 시간 제한을 두고 전문적 관계를 맺는다.
④ 전문가의 위치에서 오는 권위와 권한이 있다.
⑤ 클라이언트에게는 자기결정권이 있어 동의가 필요하다.

26	27	28	29	30	31	32	33	34	35
⑤	①	⑤	①	③	③	⑤	③	⑤	④
36	37	38	39	40	41	42	43	44	45
②	②	②	①	④	②	①	③	④	⑤
46	47	48	49	50					
②	①	④	④	④					

26

⑤ 재경험의 기회 제공은 집단 내에서 이전의 역기능적 경험을 재현하는 것이다.

오답 피하기

① 정화 : 집단 내의 비교적 안전한 분위기 속에서 집단성원은 그동안 억압되어 온 감정을 자유롭게 발산할 수 있다.
② 일반화 : 집단을 통해 다른 사람들도 자기와 비슷한 갈등과 생활경험 또는 문제를 가지고 있다는 것을 알고 위로를 얻는다.
③ 희망증진 : 집단은 클라이언트에게 그들의 문제가 개선될 수 있다는 희망을 심어주고 이러한 희망은 그 자체가 치료적 효과를 갖는다.
④ 이타성 향상 : 집단성원들은 위로, 지지, 제안 등을 통하여 서로 도움을 주고받는다.

27

• 전문적 기반 : 사회복지실천은 과학성이 결여된 예술성만으로는 효과적인 실천이 이루어질 수 없기에 과학적 요소와 예술적 요소는 조화를 이루어야 한다. 과학성과 예술성은 상호보완적인 관계로 과학적 기반과 예술적 기반으로 구분된다.
• 과학적 기반 : 개인, 가족, 집단, 지역사회 등을 대상으로 하기에 기초과학뿐 아니라 다양한 지식들이 있어야 하고 클라이언트가 환경과 상호작용을 하기에 생태학적 지식도 필요하다.
• 예술적 기반 : 학습으로 배울 수 없는 기술들이 있어 직관적인 능력이 필요하다. 사회복지사는 클라이언트를 충분히 이해하고 공감하여 원조관계를 유지해야 한다.

오답 피하기

이론과 실천의 준거틀을 적절하게 이용하는 것은 과학적 기반에 해당된다.

28

자조집단은 서로 유사한 문제나 공동의 관심사를 가진 사람들이 자발적으로 구성하여 각자의 경험을 공유하여 상호원조하는 집단이다.

29

집단역동은 함께 일하는 한 무리의 사람들 간의 상호작용, 태도, 행동을 말한다. 집단역동의 요소로는 의사소통 유형, 집단목적, 대인관계, 지위와 역할, 가치와 규범, 긴장과 갈등, 집단응집력, 하위집단이 있다.

하위집단은 정서적 유대감을 갖게 된 집단구성원 간에 형성되고 집단에서 하위집단의 발생은 필연적이므로 집단에 부정적 영향이 있는지 파악해야 한다.

30

역량강화모델은 클라이언트를 문제 중심으로 보는 것이 아니라 강점 중심으로 봄으로써 클라이언트의 잠재력 및 자원을 인정하고 클라이언트가 건강한 삶을 결정할 수 있도록 권한 혹은 힘을 부여하는 것이다.

ㄹ. 클라이언트가 가진 문제의 원인에 초점을 두고 개입을 하는 모델은 정신분석모델이다.

31

재명명은 가족구성원이 다른 구성원들에게 어떤 문제에 있는 부정적 의미, 고정관념, 사고, 가치를 변화하여 문제를 다른 관점으로 이해하도록 돕는 기법으로 문제의 속성을 변화시키는 것이 아니라 의미를 긍정적으로 볼 수 있도록 가치, 사고, 고정관념을 변화시키는 것이다. 즉, 부정적 의미를 긍정적 의미로 변화시키는 것이다.

32

① 과제중심모델의 특징 중 하나는 단기모형이다.
② 실천과정이 5단계로 구조화되어 있다.
③ 통합적 접근으로 다양한 이론과 모델을 절충적으로 활용한다.
④ 과제중심모델은 다른 모델과 달리 경험지향적이며, 조사에 근거한 경험적 자료를 중심으로 진행한다.

⑤ 클라이언트의 자기결정권을 인정한다고 하여 클라이언트가 주체적인 역할을 한다고 할 수 없다. 클라이언트의 자기결정권을 인정할 뿐 사회복지사도 적극적인 개입을 한다.

33

단기개입모델에는 과제중심모델, 인지행동모델, 해결중심모델, 위기개입모델 등이 있다.

정신역동모델은 과거의 문제가 현재 영향을 미친다는 결정론적 성격이며, 현재 문제를 파악하기 위해서는 과거의 문제를 파악해야 하므로 장기개입모델이다.

34

해결중심모델은 병리적이 아니라 강점에 초점을 두고 클라이언트의 강점과 자원을 발견하여 치료에 활용한다. 클라이언트가 원하는 결과를 얻기 위해 클라이언트의 자원, 기술, 지식, 행동, 환경 등을 활용한다.

해결중심모델은 과거보다는 현재와 미래지향적인 성격을 가지고 있어 클라이언트의 문제의 원인보다는 문제해결방법에 초점을 맞춘다.

35

위기개입의 개입원칙
- 6주 이내에 해결되어야 하는 단기적 성격을 가지고 개입은 즉시 이루어져야 한다.
- 클라이언트의 위기 행동에 초점을 두고 과거에 비중을 두지 않고 현재에 집중한다.
- 위기상황과 직접적으로 관련된 문제에 초점을 두고 간결하게 개입을 해야 한다.
- 사회복지사는 다른 모델과 다르게 직접적이고 적극적인 역할을 해야 한다.
- 클라이언트에게 필요한 정보를 제공하거나 정서적으로 지지하여 희망을 고취시킨다.

36

ㄱ. 전이는 클라이언트가 어린 시절에 억눌려 있던 경험 또는 기억들이 사회복지사를 통하여 그 경험과 기억이 되살아나는 것을 의미한다. 정신역동치료에서 전이를 의도적으로 활용하기도 한다.
ㄷ. 해석은 클라이언트의 꿈, 자유연상, 저항, 전이 등을 분석하고 그 의미를 설명하고 때로는 가르치는 것으로 클라이언트와 라포가 형성되기 전에는 해석을 제공하지 않는 것이 좋다.

37

② 관계성 질문은 클라이언트와 중요한 관계를 갖고 있는 사람들에 대한 질문이다.

오답 피하기

① '그 어려운 상황 속에서도 견딜 수 있었던 것은 무엇이라 생각합니까?'는 대처질문이다.
③ '잠이 안 와서 힘들다고 하셨는데, 잠을 잘 잤다고 느낄 때는 언제일까요?'는 예외질문이다.
④ '지난 1주일간 어떤 변화가 있었나요?'는 치료 면담 전 변화에 대한 질문이다.
⑤ '문제가 발생하지 않았던 때는 언제인가요?'는 예외질문이다.

38

인지행동모델은 정신분석모델의 거부와 한계점을 극복하기 위해 만들어진 모델로 한 가지 모델이 아닌 다양한 기법(인지치료, 행동치료, 합리정서치료, 현실치료, 인지행동치료)들을 총칭하는 모델이다. 인지이론과 행동주의이론을 통합한 모델로 각각의 특성을 갖는다.

오답 피하기

클라이언트의 무의식적 행동에 관심을 두는 모델은 정신분석모델이다.

39

실연은 가족의 갈등을 성원들이 어떻게 해결하는지 실제로 재현시켜 역기능적인 상호작용을 수정하고 구조화하는 방법이다. 사회복지사는 부부에게 "여기서 직접 한 번 서로 말씀해 보도록 하겠습니까?"라고 이야기하며 실제로 재현시켜 실연 방법을 사용하였다.

40

가족조각은 가족관계를 조각으로 표현하여 가족에 대한 성원들의 인식을 파악하는 기법이다. 어느 시점을 선택하여 그 시점에서의 인간관계, 타인에 대한 느낌과 감정을 동작(몸짓, 위치, 자세)과 공간을 사용하여 표현하는 비언어적 기법이다.

41

집단 초기단계
• 구성원 소개
• 프로그램 설명
• 비밀보장 한계 정하기
• 집단 소속감 갖기
• 문제 예측하기

• 오리엔테이션
• 계약

오답 피하기

ㄷ. 사회복지사보다는 다른 집단성원과 대화하려고 시도하는 시기는 중간단계이다.
ㄹ. 문제해결과정에서 나타나는 갈등과 차이점을 적극적으로 표현하는 시기는 중간단계이다.

42

집단응집력 향상을 위한 방안(Corey & Corey, Toseland et al.)
• 집단성원들 간의 활발한 상호작용을 위해 집단토의와 프로그램 활동을 적극적으로 활용하도록 한다.
• 집단성원 개개인이 스스로 가치 있고 능력 있는 존재이며, 서로 다른 인식과 관점을 가진 존재임을 깨닫도록 돕는다.
• 집단성원들의 욕구가 집단 내에서 충족된 방법들을 파악하도록 돕는다.
• 집단성원들이 목표에 초점을 두고 목표를 달성할 수 있도록 돕는다.
• 집단성원들 간 비경쟁적 관계 및 상호협력적인 관계를 형성하도록 돕는다.
• 집단성원들이 집단 과정에 완전히 참여할 수 있는 규모의 집단을 형성하도록 한다.
• 집단성원들이 기대하는 바를 명확히 하고 집단성원의 기대와 집단의 목적을 일치시킨다.
• 집단에 참여함으로써 얻을 수 있는 자원이나 보상 등의 자극제를 제시한다.
• 집단성원들이 현재 참여하고 있는 집단에 대해 자부심을 느끼도록 돕는다.
• 집단성원으로서의 책임성을 강조한다.

오답 피하기

집단 응집력을 향상하기 위해서는 동질적 집단으로 구성해야 한다.

43

사회복지실천에서 기록은 사회복지사가 개입한 사례에 대해 계획에서부터 종결 및 사후지도에 이르기까지의 과정을 합당한 형식을 갖춘 틀에 객관적으로 서술하는 작업이다.

오답 피하기

ㄴ. 기록은 기관 내에서만 활용하는 것이 아니라 다른 전문직과도 공유한다.

44

가계도는 2~3세대에 걸친 가족성원의 정보와 관계를 간단한 그림으로 표시한 것이다. 가족구조에 대한 체계적인 이해, 가족 내에서 클라이언트의 위치, 가족의 상호작용을 분석하여 클라이언트의 문제를 사정하는 데 유용하다. 현재 제시된 문제의 근원을 찾는 것으로 가족 내에서 반복되는 행동적, 정서적 패턴을 확인하고 이해할 수 있으며 항상 사회복지사와 클라이언트가 함께 작성해야 한다.

오답 피하기

ㄷ. 가족을 둘러싼 환경체계(지역사회의 안정성과 쾌적성)는 생태도를 통해서 알 수 있다.

45

가족대상 사회복지실천 과정은 준비단계, 초기단계, 사정단계, 개입단계, 종결단계로 구성된다. 가족대상, 개인대상, 집단대상 사회복지실천은 대상만 다를 뿐 실천과정은 같다. 따로 가족대상 사회복지실천 과정을 설명하지 않았지만 개인대상 사회복지실천의 단계를 이해하면 된다.

46

변화제지(제지기법)은 전략적 가족치료의 기법으로 문제가 재발하는 것을 예측하여 경고하거나 변화의 속도가 지나치게 빠른 것을 지적하여 변화속도를 통제한다.

47

오답 피하기

집단의 크기가 커져 집단구성원이 많아지면 구성원들은 더 열심히 하는 것이 아니라 '나 하나쯤은 괜찮겠지'라는 생각을 하게 되어 기대보다 못한 결과가 나오게 된다. 집단의 크기가 커질수록 개인의 공헌도가 더 떨어지는 현상을 링겔만 효과(Ringelmann Effect)라고 한다. 집단의 크기가 커질수록 구성원의 참여의식과 공헌도는 줄어들고 통제와 개입하기 어려워진다.

48

오답 피하기

① 순환적 인과성은 가족의 한 구성원의 영향이 가족의 모든 구성원에게 영향을 미치고 다시 그 영향으로 인해 구성원이 영향을 받아 가족 전체에게 영향을 미치는 것으로 누가 가족문제를 일으키는 원인 제공자인지 확인하는 것이 아니라 어떤 영향을 주고 받는지를 확인한다.

② 동귀결성은 시작은 다르지만 동일한 결과를 가져올 수 있다는 것이다.

③ 가족은 사회환경의 하위체계로 가족체계 안에는 부부하위체계, 자녀하위체계 등이 존재한다.

⑤ 일차적 사이버네틱스에서 사회복지사는 가족을 관찰하는 외부의 관찰자로 가족의 밖에 존재하며, 가족과 분리되어 조정이 가능하다고 보았다.

49

직면은 클라이언트의 말과 행동 사이에 불일치나 모순이 있는 경우 그것을 직접적으로 지적하는 것이다. 핵심이 되는 문제 자체에 초점을 두기보다는 클라이언트의 불일치성에 초점을 맞춘다.

오답 피하기

ㄱ. 직면하기는 시작단계에서 사용하는 것이 아니라 개입단계에서 가장 많이 사용하는 기법으로 직면은 라포형성이 된 이후에 사용할 수 있다.

50

사티어의 의사소통 유형

• 회유형은 항상 자신보다는 상대방의 비유를 맞추려고 하며, 자존감이 낮아 어떠한 비판에도 동의하고 상대방의 인정을 얻으려고 노력하는 유형이다.
• 비난형은 상대방보다 더 우월하다는 것을 보여주거나 상대방에게 강하게 보이기 위해 타인의 결점을 발견하고 비난하며, 낮은 자존심으로 타인의 복종을 통해서 자신의 존재를 느끼려는 유형이다.
• 초이성형은 자신의 감정보다는 이성적으로 행동하고 나약한 모습을 보여 주지 않기 위해 항상 이성적으로 행동하여 차가운 느낌을 상대방에게 주는 유형이다.
• 산만형은 상황을 제대로 파악하지 못하여 상황에 맞지 않는 주제를 꺼내는 것과 같이 현실을 인식하지 못하는 유형으로 의사소통 내용에 초점이 없고 산만하며 상황에 적절한 반응을 보이지 못한다.
• 일치형은 자신의 생각을 타인에게 정확히 전달하는 유형으로 자신의 감정과 의사소통의 내용이 일치한다.

오답 피하기

ㄷ. 가족생활주기는 가족구성원이 발달단계에 따라 발달하고 변화한다는 것으로 역기능적 의사소통 유형과는 아무런 관련이 없다.

51	52	53	54	55	56	57	58	59	60
⑤	③	④	①	①	③	⑤	③	①	③
61	62	63	64	65	66	67	68	69	70
③	①	②	⑤	②	④	②	⑤	⑤	②
71	72	73	74	75					
③	⑤	⑤	②	④					

51

기능적인 지역사회는 공간과 상관없이 공통된 이해와 목적, 기능 등으로 상호작용을 하는 사람들의 집단이다. 종교집단, 회사, 조합, 정당과 같이 이익을 목적으로 모인 집단을 의미한다. 멤버십 공동체, 외국인 근로자 공동체, 가상 공동체, 사회문화적 동질성 등 공통의 목적으로 모인 집단들도 기능적인 지역사회에 모두 포함된다.

52

③ 사회구성주의이론은 모든 현상에 대한 객관적 진실이 존재한다는 점에 의구심을 던져 지역사회 문제를 객관적 사실로 인정하지 않고, 특정 집단에 의해 규정된다고 본다.

오답 피하기
① 인간과 환경과의 상호작용에 초점을 둔다는 이론은 생태학이론이다.
② 지역사회 내 갈등이 변화의 원동력이라는 이론은 갈등이론이다.
④ 지역사회는 구성 부분들의 조화와 협력으로 발전된다는 이론은 사회체계이론이다.
⑤ 지역사회 내 소수의 엘리트 집단의 권력이 정책을 좌우한다는 이론은 엘리트이론이다.

53

오답 피하기
지역사회의 욕구에 맞는 복지서비스를 제공하기 위해 2015년 시 · 군 · 구 지역사회복지협의체는 지역사회보장협의체로 대체되었다.

54

사회적 자본은 사회적 교환관계에 내재된 자본으로 일부 구성원이 아니라 관계를 맺고 있는 지역사회 주민들과 이익이 공유될 수 있는 자산이다. 사용할수록 총량은 증가하여 자본의 총량은 변화한다.

오답 피하기
사회적 자본은 지역사회에 환원되는 자본으로 사회적 자본이 많을수록 지역사회 문제를 해결하는 데 있어 큰 도움이 된다.

55

근린지역 지역사회조직모델
• 지리적 개념의 지역사회에 초점을 두고 지역주민의 삶의 질을 향상시키고 스스로 역량을 강화시키기 위해 지역사회구성원의 역량을 개발하는 데 있다. 또한 지역주민이 스스로 원하는 변화를 이끌어낼 수 있도록 지역사회 변화과업을 수행하는 데 초점을 둔다.
• 표적체계는 지역사회의 삶의 질을 저해하는 모든 부분으로 공공행정기관, 개발계획의 추진기업, 지역주민 모두 표적체계가 될 수 있다.
• 관심영역은 구성원들의 삶의 질 향상이다.
• 사회복지사의 역할은 조직가, 교사, 코치, 촉진자 등이다.

56

던햄(Dunham)의 지역사회유형 구분
• 인구에 따른 구분 : 대도시, 중 · 소도시, 읍 · 면 · 동과 같은 인구크기에 따라 분류된 형태의 지역사회이다.
• 경제적 기반에 따른 구분 : 산촌, 어촌, 농촌 등과 같이 문화적 특성을 갖는 지역사회이다.
• 행정구역에 따른 구분 : 특별시, 광역시, 시 · 도, 읍 · 면 · 동과 같이 행정구역에 따른 지역사회로 꼭 인구크기에 따라 구분되지 않는다.
• 인구구성의 특성에 따른 구분 : 경제(신도시), 인종(할렘가)과 같이 사회적 특성을 중심으로 구분되는 지역사회이다.

오답 피하기
던햄의 지역사회유형에 연대성 수준은 포함되지 않는다. 기계적 연대와 유기적 연대로 구분한 학자는 에밀 뒤르켐이다.

57

⑤ 그리피스 보고서는 재정을 중앙정부에서 지방정부로 이양할 것을 강조하면서 경쟁을 통하여 서비스 제공의 다양화를 도모해야 함을 강조하였다.

오답 피하기
① 빈민들의 도덕성 향상을 위해 노력한 것은 자선조직협회이다.
② 기존 사회질서를 비판하고 개혁을 주장한 것은 인보관이다.
③ 우애방문단 활동의 기반이 된 것은 자선조직협회이다.
④ 1960년대 미국의 존슨 행정부는 '빈곤과의 전쟁'을 선포하고 다양한 지역사회 개혁을 단행하였다.

58

오답 피하기
ㄴ. 지역사회개입모델의 경우 공식 사회복지조직은 사회계획모델을 주로 사용하고 주민조직은 지역사회개발모델을 주로 사용한다.
ㄷ. 정부통제로부터의 자율성의 경우 공식 사회복지조직은 정부의 예산을 받아 사용하여 자율성이 낮고, 민간조직은 예산을 받지 않으므로 자율성이 높다.

59

옹호활동은 클라이언트가 받아야 할 서비스를 받지 못할 때나 불합리한 대우를 받을 경우 사용하는 기술로 클라이언트 편에 서서 정당성을 요구하거나 이익을 위해 대변한다. 옹호의 구체적인 전술로는 설득, 공청회, 표적을 난처하게 하기, 정치적 압력, 미디어 활용, 청원 등이 있다.

오답 피하기
지역사회 내 복지자원을 조정하고 연계하는 역할은 연계기술이다.

60

③ 자원 사정은 지역사회에서 이용할 수 있는 권력, 전문기술, 재정, 서비스 등 자원영역을 검토하는 것이다. 이러한 자원 사정은 클라이언트의 욕구보다는 이용 가능한 자원의 본질과 운영 그리고 질에 초점을 둔다.

오답 피하기
① 하위체계 사정은 전체 지역사회를 사정하는 것이 아니라 지역의 특정 부분이나 일면을 조사하는 것으로, 특히 지역사회의 하위체계에 초점을 둔다.
② 포괄적 사정은 특정한 문제나 표적집단 관련 욕구보다는 지역사회 전반을 대상으로 한 1차 자료의 생성을 주된 목적으로 한다.
④ 문제중심 사정은 전체 지역사회와 관련되지만 지역사회의 중요한 특정 문제에 초점을 둔다.
⑤ 협력적 사정은 지역사회 참여자들이 완전한 파트너로서 조사계획, 참여관찰, 분석 및 실행 국면 등에 관계되면서 지역사회에 의해 수행된다.

61

K. Popple의 커뮤니티케어(지역사회보호)모델은 노인, 장애인, 아동 등 지역주민의 복지를 위한 사회적 관계망 및 자발적 서비스 증진을 목표로, 복지욕구를 충족시키기 위한 자조개념을 개발하는 데 주력한다.

오답 피하기
① M. Weil & D. Gamble의 연합 모형은 지역사회를 기반으로 존재하는 각 기관들이 함께 힘을 모아 지역사회가 가진 문제에 대해 변화시키는 모델이다.
② J. Rothman의 합리적 계획 모형과 ④ J. Rothman의 연대조직 모형은 없다.
⑤ M. Weil & D. Gamble의 기능적 지역조직 모형은 지리적 개념에 지역사회에 초점을 두기보다는 기능에 더 초점을 두고 모델로 이해관계를 기초한 지역사회조직을 말한다.

62

① 임파워먼트는 치료보다는 역량을 강조하고 능력향상을 통해 문제를 해결할 수 있다고 보며 클라이언트는 잠재능력이 있어서 자신의 문제를 스스로 해결할 수 있다고 본다.

오답 피하기
② 자원개발과 동원 기술은 지역사회의 문제를 해결하는 데 있어 부족한 자원을 발굴하고 동원하는 기술로 인적 · 물적 자원이 포함된다.
③ 조직화 기술은 지역사회가 처한 상황과 해결방향에 따라 목표를 세우고, 합당한 주민을 선정하여 모임을 만들고 지역사회의 욕구나 문제를 해결해 나가도록 돕는 기술이다.
④ 네트워크 기술은 사회복지사가 지역사회 대상자의 정신적 · 신체적 · 경제적 안정을 위한 상담, 치료, 재활서비스 등 사회적 서비스를 제공하기 위해서 지역사회 자원과 연계하는 기술이다.
⑤ 지역사회연계 기술은 서비스 중복은 막고 누락은 방지하여 자원을 효과적으로 사용할 수 있도록 한다.

63

공급자 중심의 사회복지에서 이용자 중심의 사회복지로 변화로 다양한 욕구를 지닌 이용자들이 원하는 서비스를 제공하기 위해서 네트워크가 필요하다. 네트워크기술은 다양한 지역사회 주체들의 자발성을 촉진할 수 있으며 서비스 중복과 누락 문제를 해결하기 위해 사용할 수 있다. 참여 기관들은 평등한 주체로서의 관계가 보장되어야 하며 구성원 사이의 신뢰와 호혜성이 형성되어야 네트워크가 지속될 수 있다.

오답 피하기
사회정의 준수 및 유지는 옹호기술의 특징이다.

64

자원개발 및 동원기술은 지역사회의 문제를 해결하는 데 있어 부족한 자원을 발굴하고 동원하는 기술로 인적 · 물적 자원이 포함된다. 기존 집단, 개인의 직접적인 참여, 네트워크 등을 활용한다. 사회복지사는 예산과 자원봉사자를 확보하기 위해 노력하여 자원개발 및 동원기술을 사용하였다.

65

지방분권화는 중앙정부의 권한을 받은 지방정부가 스스로 지역의 공공사무를 처리하는 것으로 지방정부의 자율성을 강화하고 지역 간 균형발전을 도모하는 데 있다.

오답 피하기

지방분권화는 지방정부의 책임성이 강화되는 것이다. 중앙정부의 책임성이 강화되는 것은 중앙집권화이다.

66

오답 피하기

1949년 「지방자치법」이 제정되고 1952년 지방의회가 구성되었지만 중단되었다. 이후 1991년 지방의회선거를 시작으로 1995년 지방자치단체장 선거를 통해 실시되면서 지방자치 시대가 실시되었다.

67

시 · 군 · 구청장은 시 · 군 · 구 지역사회보장계획을 수립한 후 시 · 도지사에게 제출하고 시 · 도지사는 시 · 도 지역사회보장계획을 수립한다. 시 · 도지사가 보건복지부장관에게 시 · 도 지역사회보장계획을 제출하면 보건복지부장관은 사회보장위원회에서 사회보장기본계획을 수립한다.

오답 피하기

① 시 · 군 · 구 지역사회보장계획은 변경할 수 있다.
③ 시 · 군 · 구청장과 시 · 도지사의 임기인 4년마다 수립하고, 매년 연차별 시행계획을 수립하여야 한다.
④ 시 · 군 · 구 지역사회보장계획은 지역사회보장협의체의 심의를 거쳐야 한다.
⑤ 지역사회보장계획 평가를 위한 지역사회보장지원센터는 없다.

68

⑤ 지역사회보장협의체는 대표협의체, 실무협의체, 실무분과, 읍 · 면 · 동 협의체로 구성되고 협의체 간 수평적 네트워크 관계를 형성한다.

오답 피하기

① 지역사회보장협의체는 「사회보장급여의 이용 · 제공 및 수급권자 발굴에 관한 법률」에 법적 근거를 두고 있다.
② 위원장을 포함한 10명 이상 40명 이하의 위원으로 구성하고, 임기는 2년이다.
③ 관할 지역의 사회복지사업에 관한 중요사항을 심의 · 자문한다. 건의는 사회복지협의회의 역할이다.
④ 민 · 관 네트워크를 통한 지역복지 거버넌스 구조와 기능을 확대시킨다.

69

국가나 지방자치단체는 사회시설을 설치 · 운영할 수 있다. 국가나 지방자치단체 외의 자가 시설을 설치 · 운영하려는 경우 시장 · 군수 · 구청장에게 신고해야 한다. 국가나 지방자치단체가 설치한 시설은 필요한 경우 사회복지법인이나 비영리법인에 위탁하여 운영하게 할 수 있다.

오답 피하기

사회복지법인과 기타 비영리법인에 한하여 설치 · 운영할 수 있는 것이 아니라 시장 · 군수 · 구청장에게 신고하면 사회복지법인, 비영리법인이 아니더라도 시설을 설치할 수 있다.

70

사회복지협의회는 지역사회의 여러 기관들이 모여 함께 지역의 사회복지 문제를 해결하기 위해 협의하고 조정하는 민간기관으로 클라이언트에 직접적인 서비스를 제공하기보다는 기관이나 조직을 지원하는 성격이 더 강한 기관이다.

오답 피하기

민 · 관 협력을 위해 시 · 군 · 구에 설치된 공공기관은 지역사회보장협의체이다.

71

사회복지공동모금회의 지정기탁사업은 사회복지 증진을 위하여 기부자가 기부금품의 배분지역 · 배분대상자 또는 사용용도를 지정한 경우 그 지정취지에 따라 배분하는 사업이다.

오답 피하기

사회복지공동모금회의 업무는 지정기탁사업뿐 아니라 신청사업, 기획사업, 긴급지원사업도 있다. 따라서 지정기부금 모금단체라고는 할 수 없다.

72

사회적 경제의 주체

ㄱ. 사회적기업은「사회적기업 육성법」을 근거로 취약계층에게 사회서비스 또는 일자리를 제공하거나 지역사회에 공헌함으로써 지역주민의 삶의 질을 높이는 사회적 목적을 추구하면서 재화 및 서비스의 생산과 판매 등 영업활동을 하는 기업이다.

ㄴ. 마을기업은「도시재생 활성화 및 지원에 관한 특별법」을 근거로 지역주민 또는 단체가 해당 지역의 인력, 향토, 문화, 자연, 자원 등 각종 자원을 활용하여 생활환경을 개선하고 지역 공동체를 활성화하여 소득 및 일자리를 창출하기 위하여 운영하는 기업이다. 회원 외에도 지역 주민의 의견을 적극 반영한다.

ㄷ. 협동조합은「협동조합 기본법」을 근거로 재화 또는 용역의 구매·생산·판매·제공 등을 협동으로 영위함으로써 조합원의 권익을 향상하고 지역 사회에 공헌하고자 하는 사업조직이다. 발기인은 5인 이상의 조합원 자격을 가진 자가 된다.

ㄹ. 자활기업은「국민기초생활 보장법」을 근거로 2인 이상의 수급자 또는 저소득층이 상호협력하여 조합 또는 사업자의 형태로 탈빈곤을 위한 자활사업을 운영하는 기업이다. 조합 또는「부가가치세법」상의 사업자로 한다.

73

⑤ 지역사회복지운동은 지역사회의 변화를 주도하는 조직운동, 복지권리의식과 시민의식을 배양하는 사회권 확립운동, 주민의 삶의 질 향상 운동이다.

오답 피하기

① 지역사회복지운동은 목적지향적 조직활동이다.
② 지역사회 주민들의 주체적 참여 활동이다.
③ 지역사회의 성장과 변화에 우선적인 초점을 둔다.
④ 노동자, 장애인뿐 아니라 지역사회 전체 주민을 대상으로 한다.

74

아른슈타인의 주민참여 8단계

① 1단계 조작은 행정기관과 주민이 서로 간의 관계를 확인하고, 공무원이 일방적으로 교육, 설득시키고 주민은 단순히 참석하는 수준이다.

② 2단계 치료는 주민의 욕구 불만을 일정한 사업에 분출시켜 치료하는 단계로 일방적인 지도에 그친다.

③ 3단계 정보제공은 주민에게 일방적으로 정보를 제공하여 환류는 잘 일어나지 않는다.

④ 4단계 상담은 공청회나 집회 등의 방법으로 행정에 참여하기를 유도하고 있으나 형식적인 단계이다.

⑤ 5단계 회유는 주민의 참여범위가 확대되지만 최종적인 판단은 행정기관이 한다는 점에서 제한적이다.

⑥ 6단계 협동관계는 행정기관이 최종결정권을 가지고 있지만 주민들이 필요한 경우 그들의 주장을 협상으로 유도할 수 있다.

⑦ 7단계 권한위임은 주민들이 우월한 결정권을 행사하고 집행단계에서도 강력한 권한을 행사한다.

⑧ 8단계 주민통제는 주민 스스로 입안, 결정에서 집행, 평가까지 모든 것을 주민이 통제하는 단계이다.

75

ㄷ. 2010년에 사회복지통합관리망(행복e음)이 시행되었다.
ㄴ. 2012년 희망복지지원단이 운영되었다.
ㄹ. 2017년에 찾아가는 보건복지서비스가 시행되었다.
ㄱ. 2019년 사회서비스원 시범사업이 시행되었다.

3교시	사회복지정책과 제도

6과목	사회복지정책론

01	02	03	04	05	06	07	08	09	10
①	②	④	③	③	④	①	②	⑤	①
11	12	13	14	15	16	17	18	19	20
③	⑤	③	②	⑤	④	④	⑤	③	②
21	22	23	24	25					
①	④	⑤	②	③					

01

사회복지정책은 인간이 살아가는 데 필요한 욕구를 해결하고 동시에 사회문제를 예방하여 삶의 질을 향상시키기 위한 노력으로 정부가 사회복지제도나 프로그램을 만들어 사회적 약자에게 제공하는 것을 의미한다. 사회복지정책은 소득재분배, 최저생활 보장, 사회통합 및 정치적 안정, 개인의 성장 등을 목적으로 한다.

오답 피하기

클라이언트의 능력에 비례한 배분을 원칙으로 하지 않고 사회적 가치와 평등에 기초한다. 클라이언트의 능력에 비례한 배분은 보완적 개념으로 사회복지정책은 보완적 개념보다는 제도적 개념을 더 중시한다.

02

② 공공재적 성격이란 공동으로 사용하는 재화나 서비스를 의미하는데 한 사람이 필요에 의해 공급되어도 다른 사람에게도 혜택이 돌아갈 수 있는 것을 의미한다.

오답 피하기

① 비대칭적 정보는 거래자 간에 정보의 양이 달라 불균등한 구조를 말하는 것을 의미한다.

③ 외부효과는 어떤 경제활동을 하면서 다른 사람에게 의도하지 않게 이익이나 손해를 주면서 아무런 대가나 비용을 지불하지 않는 상태를 의미한다.

④ 도덕적 해이는 보험가입자가 보험에 들기 전에 조심하던 행동들을 보험에 가입하고 나서 하지 않는 것을 의미한다.

⑤ 역 선택은 비대칭적 정보 또는 불완전한 정보로 인하여 보험시장에 불합리한 결과가 발생하는 현상을 의미한다.

03

오답 피하기

시민권은 공민권(18c) → 정치권(참정권, 19c) → 사회권(복지권, 20c) 순으로 발전하였다.

04

왕립위원회

• 스핀햄랜드법의 임금보조제도를 철폐한다.
• 노동이 가능한 자는 작업장 구호를 적용한다.
• 병자·노약자·아동을 거느린 과부에 한해 원외구호를 제공한다.
• 여러 교구의 구호 행정을 구빈법 연맹으로 통합한다.
• 구호의 수준은 그 지역사회의 최저임금 수준보다 더 낮아야 한다.
• 구빈행정을 통제하는 중앙기구를 설립한다.

오답 피하기

최초의 원외구제를 인정한 법은 길버트법이다. 노동능력이 있는 자에게는 일자리를 제공하고 취업알선을 통한 원외구호를 실시하였다.

05

ㄴ. 자유주의적 복지국가는 소득과 재산조사에 의한 공공부조를 실행한다.

ㄹ. 사회민주주의적 복지국가는 복지와 일을 적절히 배합하여 완전고용정책과 직접적인 관련이 있다.

오답 피하기

ㄷ. 보수주의(조합주의)적 복지국가는 재분배 효과가 거의 없고 보험원칙을 강조하여 사회보험에 의존한다.

06

신사회적 위험

• 인구 노령화로 인하여 노인케어에 대한 부담이 증가하고 노인복지 비용과 경제활동 포기로 인한 소득 감소로 빈곤의 가능성이 높아진다.

• 여성의 경제활동 참여가 증가하여 따른 여성의 일·가정 양립의 문제로 어려움이 발생한다.

• 미숙련 생산직의 비중 하락을 가져온 생산기술의 변동으로 인한 저학력자들이 사회적으로 배제되거나 비정규직을 증가시켰다.

• 국가보험이 아닌 민영보험을 잘못 선택하거나 민영보험에 대한 잘못된 규제가 있는 경우 위험이 발생할 수 있다.

• 복지재정의 부족현상으로 인하여 선별주의 접근방식으로 전환되고 있다.

• 국가 간 노동인구 이동으로 인하여 인권침해와 불법체류가 증가하고 있다.

• 소득양극화로 인하여 소득집단 내 차이는 작아지고 있지만 고소득층과 저소득층의 소득집단 차이는 커지고 있다.

• 고령화, 출산율 감소, 가족구조의 변화로 인하여 기존의 복지제도가 지속하는 데 어려움이 있다.

오답 피하기

국가 간 노동인구 이동으로 인하여 인권침해와 불법체류가 증가하고 있다.

07

① 비례적 평등은 구성원의 기여, 욕구, 능력에 따라 다르게 사회적 자원을 배분하는 것을 의미한다.

오답 피하기

② 타인의 간섭 또는 의지로부터의 자유를 의미하는 자유는 소극적 자유이다.

③ 결과의 평등을 달성하기 위해 부자들의 소득을 재분배하면 부자들의 소극적 자유를 침해한다.

④ 결과가 평등하다면 과정의 불평등은 상관없다는 것은 수량적 평등이다.

⑤ 기회의 평등은 가장 소극적인 평등의 개념이다. 적극적이 평등은 수량적 평등이다.

08

② 기초생활보장제도의 수급자 선정기준은 상대적 빈곤 개념을 반영하고 있다. 「국민기초생활 보장법」에서는 다른 사람들과 비교하여 중위소득을 통해 수급자를 선정한다.

① 식료품비를 계산하고 엥겔수의 역을 곱해서 빈곤선을 기준으로 측정하는 방식은 반물량 방식이다.
③ 라이덴 방식은 주관적 빈곤 측정방식이다.
④ 소득분배 분포상에서 하위 10%나 20%를 빈곤한 사람들로 간주하는 방식은 상대적 빈곤 방식이다.
⑤ 중위소득 또는 평균소득을 근거로 빈곤선을 측정하는 것은 상대적 빈곤 측정방식이다.

09

• 산물(산출)분석은 선택한 정책과 연관된 다양한 쟁점에 대한 분석으로 정책의 내용이나 구체적인 프로그램의 내용에 관해 분석하는 방법이다.
• 성과분석은 선택한 정책의 결과에 대한 분석으로 정책을 집행한 결과가 정책 목표와 비교하여 그 효과성이나 효율성을 비교하는 방법이다.

과정분석은 다양한 변수들의 영향력과 관계를 알아보는 작업으로 전체 또는 부분적인 과정과 연관한 분석이다. 정책의 형성이나 결정과정에 관하여 분석한다. 과정분석은 대부분 질적 연구로 연구자의 주관을 배재할 수 없다.

10

② 「산업재해보상보험법」상 요양급여는 병원에서 치료를 받으므로 현물급여이다.
③ 「노인장기요양보험법」상 재가급여는 집에서 서비스를 받으므로 현물급여이다.
④ 「국민연금법」상 노령연금은 돈으로 받으므로 현금급여이다.
⑤ 「국민건강보험법」상 장애인 보조기기에 대한 보험급여는 돈으로 받으므로 현금급여이다.

㉠ 「고용보험법」상 구직급여는 돈으로 받으므로 현물급여가 아니라 현금급여이다.

11

선별주의는 모든 대상자에게 사회복지 급여를 제공하는 것이 아니라 빈민에게만 사회복지 급여를 제공하는 것으로 잔여적 성격을 가지고 있다.

ㄴ. 아동수당은 만 8세 미만(인구학적 기준)의 아동이 대상이다. 만 8세 미만의 모든 아동이 대상이 되므로 보편주의에 근거한 제도이다.

12

사회복지 전달체계는 지역사회 혹은 그 이상의 지역단위에서 사회복지 정책, 제도 및 서비스가 이용자에게 전달되는 과정에서 발생하는 일련의 조직과 활동을 포괄하는 것으로 공공 전달체계와 민간 전달체계로 구분된다.

ㄱ. 공급자와 수요자가 가격기구를 매개로 상호작용하는 것을 원칙으로 하는 것이 아니라 민간기관이나 공공기관이 일방적으로 클라이언트에게 서비스를 제공하며 직접 관리하고 운영한다.

13

사회복지정책의 수급조건은 귀속적 욕구, 보상, 진단, 자산조사가 있다.

연령은 귀속적 욕구, 자산조사는 자산조사, 기여 여부는 보상, 진단평가는 진단이다. 최종학력은 사회복지정책의 수급조건 어디에도 포함되지 않는다.

14

① 한국의 사회복지정책 재원은 주로 국가 보조금과 보험료에 의존한다.
③ 조세가 역진적일수록 소득재분배의 기능이 작다. 누진적일수록 소득대분배의 기능이 크다.
④ 한국의 조세부담률은 OECD 회원국가의 평균보다 낮다.
⑤ 사회복지재원으로서 이용료는 연동제보다 정액제일 때 소득재분배 효과가 작다. 정액제는 모든 클라이언트에게 똑같은 이용료를 받으므로 부자일수록 적은 이용료를 납부한다. 그러나 연동제는 소득에 비례하여 이용료를 납부하여 부자일수록 많은 이용료를 납부한다. 따라서 누진적 소득재분배 효과가 크다.

15

① 사회복지 재화나 서비스는 다양한 전달체계에서 경쟁적으로 제공하는 것이 바람직하다.
② 공공재적인 성격이 강한 재화나 서비스는 공공에서 제공하는 것이 바람직하다. 민간에서 제공하는 경우 무임승차가 나타난다.
④ 민간부문의 전달체계는 경쟁체제가 이루어지기 때문에 효율적이다. 공공부문의 전달체계는 독과점이다.
⑤ 사회복지 재화나 서비스는 수급자들에 의한 오용과 남용의 문제가 발생한다.

16

자산형성지원으로 형성된 자산은 수급자의 소득환산액 산정 시 이를 포함하지 않는다. 자산형성지원으로 형성된 자산을 수급자의 소득환산액 산정 시 포함하게 된다면 자산형성 프로그램에 참여하지 않아 실패한 프로그램이 된다. 또한「국민기초생활 보장법」제18조의4 (자산형성지원)에 따르면 "자산형성지원으로 형성된 자산은 대통령령으로 정하는 바에 따라 수급자의 재산의 소득환산액 산정 시 이를 포함하지 아니한다."라고 명시되어 있다.

17

ㄴ. **아동복지법 제23조 제1항** 아동의 건강한 성장을 도모하고, 범국민적으로 아동학대의 예방과 방지에 관한 관심을 높이기 위하여 매년 11월 19일을 아동학대예방의 날로 지정하고, 아동학대예방의 날부터 1주일을 아동학대예방주간으로 한다.

ㄷ. **아동복지법 제22조 제3항 제1호** 시·도지사 또는 시장·군수·구청장은 피해아동의 발견 및 보호 등을 위하여 아동학대 신고접수, 현장조사 및 응급보호의 업무를 수행하여야 한다.

ㄹ. **아동복지법 제29호 제1항** 보장원의 장 또는 아동보호전문기관의 장은 아동의 안전 확보와 재학대 방지, 건전한 가정기능의 유지 등을 위하여 피해아동 및 보호자를 포함한 피해아동의 가족에게 상담, 교육 및 의료적·심리적 치료 등의 필요한 지원을 제공하여야 한다.

ㄱ. **아동복지법 제22조 제2항** 지방자치단체는 아동학대를 예방하고 수시로 신고를 받을 수 있도록 긴급전화(1391)를 설치하여야 한다.

18

① **긴급복지지원법 제2조 제1호** 이 법에서 "위기상황"이란 본인 또는 본인과 생계 및 주거를 같이 하고 있는 가구구성원이 주소득자(主所得者)가 사망, 가출, 행방불명, 구금시설에 수용되는 등의 사유로 소득을 상실한 경우로 인하여 생계유지 등이 어렵게 된 것을 말한다.

② **긴급복지지원법 제3조 제1항** 이 법에 따른 지원은 위기상황에 처한 사람에게 일시적으로 신속하게 지원하는 것을 기본원칙으로 한다.

③ **긴급복지지원법 제9조 제1호** 이 법에 따른 지원의 종류 및 내용은 다음과 같다.
  - 금전 또는 현물(現物) 등의 직접지원
  - 민간기관·단체와의 연계 등의 지원

④ **긴급복지지원법 제7조 제3항** 「사회복지사업법」에 따른 사회복지시설의 종사자는 진료·상담 등 직무수행 과정에서 긴급지원 대상자가 있음을 알게 된 경우에는 관할 시장·군수·구청장에게 이를 신고하고, 긴급지원대상자가 신속하게 지원을 받을 수 있도록 노력하여야 한다.

⑤ **긴급복지지원법 제3조 제2항** 「재해구호법」, 「국민기초생활 보장법」, 「의료급여법」, 「사회복지사업법」, 「가정폭력방지 및 피해자보호 등에 관한 법률」, 「성폭력방지 및 피해자보호 등에 관한 법률」 등 다른 법률에 따라 이 법에 따른 지원 내용과 동일한 내용의 구호·보호 또는 지원을 받고 있는 경우에는 이 법에 따른 지원을 하지 아니한다.

19

지역사회복지운동은 주민의 주체성 및 역량을 강화하고 지역사회의 변화를 주도하는 조직적 운동이다. 복지에 대한 권리의식과 시민의식을 배양하는 사회권 확립의 운동으로 사회복지가 추구하는 사회적 가치로서 사회정의를 실현한다.

지역사회복지운동의 주체는 지역주민, 지역사회활동가, 사회복지전문가는 물론 사회복지시설 종사자 및 지역사회복지서비스 이용자도 운동의 주체가 될 수 있다.

20

사회보험의 특징
- 사전적 대응이 가능하다.
- 보험 기여금을 통해 급여의 양을 예상할 수 있다.
- 재산과 소득조사가 필요 없다.
- 보험 기여금과 지정된 세금을 통해 재원을 조달한다.
- 권리성이 강하다.
- 수평적 재분배 기능이 크지만 수직적 재분배 기능도 한다.
- 소득이 있는 사람만이 가입자가 되고 가입자만이 수혜자가 된다.

사회보험 급여를 받을 권리 여부는 기여금 납부여부로 결정한다. 자산조사 결과에 근거하여 결정되는 것은 공공부조이다.

21

- 적립방식은 가입자들이 보험료를 납부하고 적립하여 이를 급여재원으로 사용하는 것으로 가입자 각각의 보험료가 적립이 된다.
- 부과방식은 이전세대의 보험료를 현 세대의 기여금으로 부담하는 방식이다.

ㄴ. 자본축적 효과가 큰 방식은 보험료를 적립하는 적립방식이다. 매월 보험료를 납부하고 계속 적립하므로 안정적인 운영이 가능하다.

ㄷ. 기금확보가 더 용이한 방식은 보험료를 적립하는 적립방식이다. 20년 이상 보험료를 납부해야 연금을 받을 수 있으므로 기금확보가 가능하다.

22

④ 고용보험의 보험료는 사업주와 근로자가 각각 50%씩 납부하여 보험 가입자에 사업주와 근로자 모두 포함된다.

① 고용보험료는 고용보험위원회가 아니라 건강보험공단에서 부과·징수한다.

② 고용보험의 가입대상은 모든 국민과 국내에 거주하는 외국인 중 근로를 하고 있는 외국인이다.

③ 고용보험 구직급여는 7일을 대기기간으로 보아 7일 동안의 구직기간에는 지급되지 않는다.

⑤ 고용보험의 재원은 사용자와 근로자가 공동으로 부담한다. 그러나 고용안정·직업능력개발사업에 해당하는 보험료에 대해서는 사용자가 전액 부담한다.

23

ㄱ. 조세를 재원으로 하는 공공부조제도에서 일반적으로 나타나는 소득재분배는 수직적 재분배이다.

ㄴ. 사회적 취약계층을 대상으로 소득이 높은 사람들의 세금을 사용하여 실시하는 사회복지서비스는 수직적 재분배 효과가 있다.

ㄷ. 사회보험과 같이 위험 미발생집단에서 위험 발생집단으로 소득이 이전되는 것은 수평적 소득재분배에 해당한다.

ㄹ. 부조방식은 세금을 통해 수직적 재분배를 실시하고 보험방식은 보험료를 가지고 수평적 재분배를 실시하여 부조방식이 보험방식보다 재분배 효과가 크다.

24

② 조합방식 의료보험제도가 통합방식으로 전환되어 국민건강보험제도로 변경되었다.

① 본인의 의사에 따라 임의가입할 수 있는 보험은 국민연금이다. 국민건강보험은 소득이 없어도 보험료를 납부해야 하는 강제가입이다.

③ 건강보험료는 수직적 소득재분배 효과와 수평적 소득재분배 효과가 나타난다. 소득이 많은 사람은 많은 금액을 납부하여 수직적

재분배 효과가 나타나고 다치지 않은 사람에게서 다친 사람에게 소득이 이전되어 수평적 재분배 효과가 나타난다.

④ 국민건강보험의 보험자는 건강보험공단이다.

⑤ 직장가입자의 보험료는 보수액에 보험료율을 곱하여 얻은 금액이고 지역가입자는 평균보수월액에 보험료율을 곱하여 얻은 금액이다.

25

③ 총괄평가는 정책이 집행되고 난 후 정책이 사회에 미친 영향을 평가하는 것이다.

① 과정평가는 정책집행 도중에 평가하는 활동을 말한다.

② 결과평가는 정책집행 후의 평가로 전략 설계의 수정보완을 하지 못한다.

④ 정책집행의 결과에 따라 정책의 목적이 달성되었는지에 대한 평가는 효과성 평가이다.

⑤ 정책의 투입된 자원과 대비하는 평가는 효율성 평가이다.

7과목	사회복지행정론								
26	27	28	29	30	31	32	33	34	35
①	③	④	③	①	⑤	①	①	⑤	②
36	37	38	39	40	41	42	43	44	45
⑤	④	①	④	②	②	⑤	②	③	⑤
46	47	48	49	50					
③	①	②	④	④					

26

효과성은 정책 목표를 얼마만큼 달성했는지에 초점을 두는 것으로, 특히 사회복지정책에서는 사회연대 및 사회통합 달성 정도와 밀접하게 연관된다.

투입에 대한 산출의 비율은 효율성이다. 효율성은 사회복지조직의 재원은 한정되어 있으므로, 한정된 재원으로 조직이 추구하는 복지행정을 펼쳐야 한다.

사회복지기관의 지역적 집중도, 서비스 이용의 편의성 정도, 서비스 자원의 활용 가능성 정도는 접근성이다. 접근성은 클라이언트가 사회적 서비스를 이용하는 데 있어 얼마나 쉽게 이용할 수 있는가를 의미한다. 비용이 높거나 거리가 멀고 홍보가 되지 않으면 접근성은 떨어진다.

27

오답 피하기
① 기초지방자치단체마다 설치해야 한다는 규정이 있는 것은 아니지만 기초지방자치단체마다 설치되어 있다.
② 사회복지전담공무원은 의무적으로 고용하지 않고 행정복지센터나 시 · 군 · 구에 있다.
④ 모든 지역주민이 이용할 수 있지만 우선순위로 수급자나 차상위계층이 먼저 이용한다.
⑤ 사회복지관에는 다양한 부서가 있어 프로젝트 팀 구조를 활용할 수 있다.

28

오답 피하기
민간 사회복지기관은 국가나 지방자치단체의 보조금을 받아 운영을 한다. 민간 사회복지기관은 국가나 지방자치단체의 보조금이 없는 경우 운영될 수 없다.

29

과학적 관리론
• 업무에 필요한 동작에 대한 소요시간을 표준화하여 적정한 1일 업무를 분업한다.
• 표준화된 분업을 확립하며, 성과와 임금을 연계하여 성과에 따른 임금을 제시한다.
• 객관화, 분화화를 통하여 업무의 능률성을 강조한다.
• 생산성을 강조하여 구성원의 신체적 능력을 중요하게 강조한다.

오답 피하기
ㄴ. 집권화를 통한 위계구조 설정이 조직 성과의 결정적 요인인 이론은 관료제이론이다.
ㄷ. 호손(Hawthorne) 공장에서의 실험결과를 적극 반영한 이론은 인간관계론이다.

30

상황이론
• 리더의 유형과 상황적 조건을 결합시킨 이론으로 상황에 따라 리더십이 달라진다고 전제한다.
• 상황에 따라 어떤 조직에는 효과적일 수도 있고 효과적이지 않을 수도 있다.
• 현 상태의 상황이 지도자의 행동이나 특성을 결정하는 요인이다.

31

비영리조직(법인)은 이윤을 추구하지 않고 다양한 목적으로 설립될 수 있다. 비영리조직의 주된 목적은 이익을 창출하는 것이 아니라 사회에 이익을 주는 것으로 비영리 조직은 자선 단체, 재단, 비정부 조직 등의 형태를 취할 수 있다. 이익창출을 하지 않아 후원금이나 기부금이 중요한 재원이다.

오답 피하기
비영리조직(법인)은 법에서 정한 수익사업에 대해서만 법인세가 과세된다. 비영리조직(법인)은 고유목적사업 준비금 제도를 통해서 법인세가 일부 감면되고 재산에 대한 상속세와 증여세가 면제되어 세제혜택을 받는다.

32

거버넌스는 공공서비스의 효율성을 높이고자 하는 새로운 조직 구조상의 변화로, 정부만이 공공서비스를 공급하는 방식이 아니라 비정부조직이나 민간영역이 함께 공공서비스를 공급하는 구조이다. A지방자치단체는 아동학대 문제에 적극 대처하기 위해 'A지역 아동보호 네트워크'를 발족하여 아동학대에 적극적으로 대응한 것은 거버넌스 구축에 해당한다.

33

사회복지조직은 욕구를 가진 클라이언트를 위해 전문적이고 직업적인 기술을 제공하도록 사회로부터 위임받은 조직이다.

오답 피하기
사회복지조직도 일반조직과 같이 수익사업을 실시하지 않지만 조직을 운영하기 위해서는 후원금이나 자원봉사자를 모집한다. 이때 다른 기관들과 경쟁을 통해 많은 후원금을 모금하려고 노력한다.

34

컨트리클럽형은 인간관계에 초점을 구고 구성원의 욕구에만 관심을 두는 유형으로 생산에 대한 관심은 낮지만 인간에 대한 관심은 높은 유형이다. A사회복지관 관장은 직원 개인의 문제에는 관심을 갖고 적극적으로 지원하지만 사업관리는 서비스 제공 팀장에게 일임하고 있으므로 컨트리클럽형이다.
• 무기력형(1,1)은 생산에 대한 관심과 인간에 대한 관심이 모두 낮은 유형이다.
• 컨트리클럽형(1,9)은 생산에 대한 관심은 낮지만 인간에 대한 관심은 높은 유형이다.
• 중도형(5,5)은 생산과 인간에 대한 관심은 중간수준의 유형이다.
• 과업형(9,1)은 생산에 대한 관심은 높지만 인간에 대한 관심은 낮은 유형이다.
• 팀형(9,9)은 생산에 대한 관심과 인간에 대한 관심이 높은 유형이다.

35

참여적(민주적) 리더십
- 모든 의사결정에 구성원의 참여시켜 함께 검토하여 해결한다.
- 구성원의 자유와 욕구를 인정하여 동기를 부여하고 지식과 기술을 활용한다.
- 구성원의 참여가 가능하여 구성원의 사기가 높다.
- 신속한 결정을 하지 못해 위기상황에 사용하지 못하고 지연가능성이 있다.

오답 피하기
- 지시적 리더십은 모든 의사결정을 지도자가 독단적으로 결정하고 구성원에게 명령과 복종만 요구한다.
- 자율적 리더십은 모든 의사결정 권한을 구성원에게 위임하여 구성원이 문제를 해결한다.

36

인적자원관리의 영역은 교육 및 훈련, 직원채용, 승진 및 배치, 동기부여 등이 속한다.

오답 피하기
재무는 재원과 관련이 있어 자본의 조달 및 운용에 관한 영역이다.

37

OJT는 On the Job Training의 약자로 직장 상사에게 직접 직무교육을 받는 방식으로 직장 내 교육 훈련을 의미한다.

오답 피하기
ㄱ, ㄹ은 Off-JT에 대한 설명이다. Off-JT는 Off the Job Training의 약자로 업무를 멈추고 다른 전문교육기관에서 교육을 받는 방식으로 직장 외 교육훈련을 의미한다.

38

직무기술서(직위기술서, 직무해설서)
- 직무 자체에 대한 기술로 직무분석의 결과에 의거하여 직무수행과 관련된 과업 및 직무행동을 일정한 양식에 따라 기술한 문서이다.
- 작업조건을 파악하여 작성하고 직무수행을 위한 책임과 행동을 명시한다.
- 직무의 성격, 내용, 수행방법 등을 정리한 문서이다.

오답 피하기
급여 수준은 직무기술서에 포함되지 않는다.

39

오답 피하기
기획 예산은 목표를 달성하기 위해 장기적인 계획을 세우고 매년 기본계획을 실행하기 위해 프로그램별로 예산을 편성하는 예산이다. 따라서 미래의 비용을 고려한다.

40

② 후원금은 얼마나 많이 받을 수 있는가에 따라 증가하거나 감소하는 유동적인 재원이다.

오답 피하기
① 국가와 지방자치단체의 보조금이 가장 많은 부분을 차지하고 후원금이나 기부금도 포함된다.
③ 서비스의 질을 향상시키기 위해 서비스 이용료로 재정을 충당할 수 있다.
④ 마케팅을 통해 후원금을 모금하므로 사회복지기관들은 모금 전략이 필요하다.
⑤ 전입금은 사업을 위해 옮긴 돈으로 국가와 지방자치단체의 보조금이 아니며, 사회복지법인 등 비영리법인의 전입금은 사적 재원이다.

41

오답 피하기
서비스 질뿐 아니라 노력성, 효과성, 효율성, 공평성, 영향성, 과정 등은 사회복지평가의 기준이 될 수 있다.

42

ㅁ. 보건복지사무소 시범사업 - 1995년
ㄱ. 사회복지사무소 시범사업 - 2004년
ㄹ. 사회복지통합관리망(행복e음) 개통 - 2010년
ㄷ. 읍·면·동 복지허브화 - 2016년
ㄴ. 지역사회 통합돌봄 - 2018년

43

포괄성은 대상자의 욕구는 다양하기 때문에 욕구를 해결하기 위해 다양한 서비스가 제공되어야 한다는 것이다. 다양한 욕구 중 한 가지 욕구만 해결하지 않는다.

44

방침관리기법(PDCA)은 공통의 목표를 달성하기 위해 조직의 자원을 집결하는 데 초점을 두고 조직 구성원 전체의 노력을 적절하게 조정하기 위한 기법이다. 체계이론을 적용한 모델은 논리모델이다.

45

마케팅 4믹스
- 상품(제품, Product) – 고객맞춤서비스
- 장소(유통, Place) – 접근용의성
- 촉진(Promotion) – 홍보
- 가격(Price) – 서비스 비용, 후원금

46

① 비영리조직은 영리추구의 목적으로 마케팅을 추진하지 않는다.
② 비영리조직 간의 경쟁을 통해 후원금을 받으므로 대응이 필요하다.
④ 사회복지조직이 제공하는 물질적인 서비스와 비물질적인 서비스 모두 마케팅 대상이다.
⑤ 비영리조직의 재정자립은 마케팅의 목표가 될 수 있다. 마케팅을 통해 후원금의 규모가 달라질 수 있어 재정자립에도 도움이 된다.

47

비용편익분석은 결과를 비교하기 쉽게 금액으로 표현하고 이익이나 손실에 대하여 설명할 수 있어 효율성 평가를 위한 방법이다. 비용효과분석이 효과성 평가를 위한 방법이다.

48

우리나라 사회복지시설 평가는 3년마다 평가를 실시하고 평가 결과에 따라 인센티브를 지원하고 있다.

49

효율성은 투입에 비해 산출이 얼마나 높은지를 평가한다. 이때 비용 – 효과분석과 비용 – 편익분석을 실시한다.

이용하고 싶은 서비스가 있더라도 비용이 비싸 서비스를 이용하지 못하는 경우 비용 절감을 통하여 서비스를 이용할 수 있다면 서비스 이용자의 욕구 충족을 위한 목표와 관련성이 있다.

50

지역사회 통합돌봄은 돌봄이 필요한 주민이 지역(집)에서 건강하게 살아갈 수 있도록 주거, 보건 · 의료, 요양, 돌봄 등 필요한 서비스를 통합적으로 연계하는 지역주도형 사회서비스정책으로 생활시설 거주자의 퇴소를 금지하는 것이 아니라 탈시설화를 지원한다.

8과목	사회복지법제론								
51	52	53	54	55	56	57	58	59	60
③	③	②	④	①	①	⑤	③	⑤	②
61	62	63	64	65	66	67	68	69	70
④	④	④	②	③	①	⑤	④	④	②
71	72	73	74	75					
④	④	⑤	①	⑤					

51

① 「산업재해보상보험법」은 1963년, 「장애인복지법」은 1989년이다.
② 「사회복지사업법」은 1970년, 「국민기초생활 보장법」은 1999년이다.
④ 「국민연금법」은 1986년, 「노인복지법」은 1981년이다.
⑤ 「아동복지법」은 1981년, 「국민건강보험법」은 1999년이다.

52

성문법에는 헌법, 법률, 명령, 자치법규(조례, 규칙), 국제조약 및 국제법규가 있고 불문법에는 관습법, 판례법, 조리가 있다.

53

지방자치단체는 법령의 범위와 무관하게 조례를 제정할 수 없다. 상위법 우선의 법칙으로 상위법을 위반한 법은 모두 위법이 된다.

54

시행령은 대통령의 명령이다. 국무총리나 행정각부의 장이 발(發)하는 명령은 시행규칙이다.

55

ㄱ. **사회보장기본법 제9조** 모든 국민은 사회보장 관계 법령에서 정하는 바에 따라 사회보장급여를 받을 권리인 사회보장수급권을 가진다.

오답 피하기

ㄴ. **사회보장기본법 제14조 제1항** 사회보장수급권은 정당한 권한이 있는 기관에 서면으로 통지하여 포기할 수 있다.

ㄷ. **사회보장기본법 제12조** 사회보장수급권은 관계 법령에서 정하는 바에 따라 다른 사람에게 양도하거나 담보로 제공할 수 없으며, 이를 압류할 수 없다.

ㄹ. **사회보장기본법 제14조 제2항** 사회보장수급권의 포기는 취소할 수 있다.

56

오답 피하기

② 「국민건강보험법」에 명시되어 있는 권리구제 절차는 이의신청과 심판청구이다.

③ 「고용보험법」에 명시되어 있는 권리구제 절차는 심사청구와 재심사청구이다.

④ 「한부모가족지원법」에 명시되어 있는 권리구제 절차는 심사청구이다.

⑤ 「기초연금법」에 명시되어 있는 권리구제 절차는 이의신청이다.

57

제시문의 사회보험, 공공부조, 평생사회안전망에 대한 설명은 모두 옳다.

「사회보장기본법」 제3조에는 사회보장, 사회보험, 공공부조, 사회서비스, 평생사회안정망, 사회보장 행정데이터의 정의를 명시하고 있다.

- "사회보장"이란 출산, 양육, 실업, 노령, 장애, 질병, 빈곤 및 사망 등의 사회적 위험으로부터 모든 국민을 보호하고 국민 삶의 질을 향상시키는 데 필요한 소득·서비스를 보장하는 사회보험, 공공부조, 사회서비스를 말한다.
- "사회서비스"란 국가·지방자치단체 및 민간부문의 도움이 필요한 모든 국민에게 복지, 보건의료, 교육, 고용, 주거, 문화, 환경 등의 분야에서 인간다운 생활을 보장하고 상담, 재활, 돌봄, 정보의 제공, 관련 시설의 이용, 역량 개발, 사회참여 지원 등을 통하여 국민의 삶의 질이 향상되도록 지원하는 제도를 말한다.
- "사회보장 행정데이터"란 국가, 지방자치단체, 공공기관 및 법인이 법령에 따라 생성 또는 취득하여 관리하고 있는 자료 또는 정보로서 사회보장 정책 수행에 필요한 자료 또는 정보를 말한다.

58

사회보장급여의 이용·제공 및 수급권자 발굴에 관한 법률 제2조 제2호 "수급권자"란 「사회보장기본법」 제9조에 따른 사회보장급여를 제공받을 권리를 가진 사람을 말한다.

오답 피하기

① 2014년 12월 30일에 제정, 2015년 7월 1일부터 시행되었다.

② **사회보장급여의 이용·제공 및 수급권자 발굴에 관한 법률 제5조 제2항** 보장기관의 업무담당자는 지원대상자가 누락되지 아니하도록 하기 위하여 관할 지역에 거주하는 지원대상자에 대한 사회보장급여의 제공을 직권으로 신청할 수 있다. 이 경우 지원대상자의 동의를 받아야 하며, 동의를 받은 경우에는 지원대상자가 신청한 것으로 본다.

④ **사회보장급여의 이용·제공 및 수급권자 발굴에 관한 법률 제19조의2 제1항** 보건복지부장관은 속임수 등의 부정한 방법으로 사회보장급여를 받거나 타인으로 하여금 사회보장급여를 받게 한 경우에 대하여 보장기관이 효과적인 대책을 세울 수 있도록 그 발생 현황, 피해사례 등에 관한 실태조사를 3년마다 실시하고, 그 결과를 공개하여야 한다.

⑤ **사회보장급여의 이용·제공 및 수급권자 발굴에 관한 법률 제17조 제1항** 이 법에 따른 처분에 이의가 있는 수급권자등은 그 처분을 받은 날로부터 90일 이내에 처분을 결정한 보장기관의 장에게 이의신청을 할 수 있다. 다만, 정당한 사유로 인하여 그 기간 내에 이의신청을 할 수 없음을 증명한 때에는 그 사유가 소멸한 때부터 60일 이내에 이의신청을 할 수 있다.

59

사회복지사업법 제1조의2(기본이념)

① 사회복지를 필요로 하는 사람은 누구든지 자신의 의사에 따라 서비스를 신청하고 제공받을 수 있다.

② 사회복지법인 및 사회복지시설은 공공성을 가지며 사회복지사업을 시행하는 데 있어서 공공성을 확보하여야 한다.

③ 사회복지사업을 시행하는 데 있어서 사회복지를 제공하는 자는 사회복지를 필요로 하는 사람의 인권을 보장하여야 한다.

④ 사회복지서비스를 제공하는 자는 필요한 정보를 제공하는 등 사회복지서비스를 이용하는 사람의 선택권을 보장하여야 한다.

60

오답 피하기

① 「사회보장기본법」상 사회서비스는 사회복지서비스의 범위에 포함하는 개념이다. 사회서비스가 더 큰 개념이다.

③ **사회복지사업법 제11조의3 제1항** 보건복지부장관은 사회복지사의 자격을 취소하거나 1년의 범위에서 정지시킬 수 있다.

④ 사회복지사업법 제16조 제1항 사회복지법인을 설립하려는 자는 대통령령으로 정하는 바에 따라 시·도지사의 허가를 받아야 한다.
⑤ 사회복지사업법 제43조 제1항 보건복지부장관은 시설에서 제공하는 서비스의 최저기준을 마련하여야 한다.

61

사회복지의 날은 9월 7일로 「사회복지사업법」에 명시되어 있다.

오답 피하기
• 장애인의 날은 4월 20일로 「장애인복지법」에 명시되어 있다.
• 노인의 날은 10월 2일로 「노인복지법」에 명시되어 있다.
• 아동학대예방의 날은 11월 19일로 「아동복지법」에 명시되어 있다.

62

국민기초생활 보장법 제5조의2 국내에 체류하고 있는 외국인 중 대한민국 국민과 혼인하여 본인 또는 배우자가 임신 중이거나 대한민국 국적의 미성년 자녀를 양육하고 있거나 배우자의 대한민국 국적인 직계존속과 생계나 주거를 같이하고 있는 사람으로서 대통령령으로 정하는 사람이 이 법에 따른 급여를 받을 수 있는 자격을 가진 경우에는 수급권자가 된다.

63

국민기초생활 보장법 제48조 제1항 금융정보 등을 사용·제공 또는 누설한 자는 5년 이하의 징역 또는 5천만 원 이하의 벌금에 처한다고 명시되어 있다.

64

산업재해보상보험법 제37조(업무상의 재해의 인정 기준)
1. 업무상 사고
   가. 근로자가 근로계약에 따른 업무나 그에 따르는 행위를 하던 중 발생한 사고
   나. 사업주가 제공한 시설물 등을 이용하던 중 그 시설물 등의 결함이나 관리소홀로 발생한 사고
   라. 사업주가 주관하거나 사업주의 지시에 따라 참여한 행사나 행사준비 중에 발생한 사고
   마. 휴게시간 중 사업주의 지배관리하에 있다고 볼 수 있는 행위로 발생한 사고
   바. 그 밖에 업무와 관련하여 발생한 사고

오답 피하기
통상적인 경로와 방법으로 출퇴근하는 중 발생한 사고는 출퇴근 재해로 본다.

65

기초연금법 제3조 제1항 기초연금은 65세 이상인 사람으로서 소득인정액이 보건복지부장관이 정하여 고시하는 금액(이하 "선정기준액"이라 한다) 이하인 사람에게 지급한다. 제2항에는 보건복지부장관은 선정기준액을 정하는 경우 65세 이상인 사람 중 기초연금 수급자가 100분의 70 수준이 되도록 한다.

66

국민연금의 급여에는 노령연금, 장애연금, 유족연금, 일시금(반환, 사망)이 있다.

오답 피하기
장해급여는 「산업재해보상보험법」의 급여로 장해라는 단어는 「산업재해보상보험법」에서만 사용한다.

67

오답 피하기
② 농업·임업 및 어업 중 법인이 아닌 자가 상시 4명의 근로자를 사용하는 사업에 대하여 「고용보험법」은 적용하지 아니한다.
③ 고용보험법 제40조 제2항 구직급여의 수급 요건으로서 기준기간은 피보험자의 이직일 이전 18개월로 한다.
④ 고용보험법 제49조 제1항 실업의 신고일부터 계산하기 시작하여 7일간은 대기기간으로 보아 구직급여를 지급하지 아니한다.
⑤ 고용보험법 제37조 제2항 취업촉진수당의 종류로 조기재취업 수당, 직업능력개발 수당, 광역 구직활동비, 이주비가 있다.

68

국민건강보험공단의 업무
1. 가입자 및 피부양자의 자격 관리
2. 보험료와 그 밖에 이 법에 따른 징수금의 부과·징수
3. 보험급여의 관리
4. 가입자 및 피부양자의 질병의 조기발견·예방 및 건강관리를 위하여 요양급여 실시 현황과 건강검진 결과 등을 활용하여 실시하는 예방사업으로서 대통령령으로 정하는 사업
5. 보험급여 비용의 지급
6. 자산의 관리·운영 및 증식사업
7. 의료시설의 운영
8. 건강보험에 관한 교육훈련 및 홍보

9. 건강보험에 관한 조사연구 및 국제협력

오답 피하기

요양급여비용의 심사는 건강보험심사평가원의 업무이다.

69

오답 피하기

장애인복지법 제2조 제3항 "장애인학대"란 장애인에 대하여 신체적 · 정신적 · 정서적 · 언어적 · 성적 폭력이나 가혹행위, 경제적 착취, 유기 또는 방임을 하는 것을 말한다.

70

노인복지시설의 종류에는 노인여가복지시설, 노인보호전문기관, 노인의료복지시설, 재가노인복지시설, 노인주거복지시설, 노인일자리지원기관, 학대피해노인 전용쉼터가 있다. '여보의재주일학'으로 암기하도록 하자.

71

오답 피하기

「한부모가족지원법」상 "취학 중인 경우의 아동"은 22세 미만인 사람을 말한다.

72

오답 피하기

사회복지공동모금회법 제34조 이 법 또는 모금회의 정관으로 규정하지 아니한 사항은 「민법」 중 재단법인에 관한 규정을 준용한다.

73

자원봉사활동 기본법 제2조 제2항 자원봉사활동은 무보수성, 자발성, 공익성, 비영리성, 비정파성(非政派性), 비종파성(非宗派性)의 원칙 아래 수행될 수 있도록 하여야 한다.

74

오답 피하기

성폭력방지 및 피해자보호 등에 관한 법률 제24조 상담소, 보호시설 및 통합지원센터의 장과 종사자는 피해자 등이 분명히 밝힌 의사에 반하여 상담 및 보호시설 업무 등을 할 수 없다.

75

구 장애인고용촉진등에관한법률 제35조 제1항 대통령령이 정하는 일정 수 이상의 근로자를 고용하는 사업주는 그 근로자의 총수의 100분의 1 이상 100분의 5 이내의 범위 안에서 대통령령이 정하는 비율 이상에 해당하는 장애인을 고용하여야 하며 다만, 장애인을 사용하기 어렵다고 인정하는 직종의 근로자가 상당한 비율을 차지하는 업종에 대하여는 노동부장관이 위원회의 심의를 거쳐 정하는 적용제외율에 해당하는 근로자의 수를 그 근로자의 총수에서 제외할 수 있다고 명시되어 있다.

오답 피하기

장애인고용의무제가 적용되는 사업주의 범위는 우리나라의 전체 실업자 수와 그중 장애인실업자 수가 차지하는 비율, 경제상황 등을 고려하여 시대에 따라 탄력적으로 정하여야 할 사항이어서 이를 법률에서 명시하는 것은 적당하지 아니하다는 입법자의 판단이 반드시 잘못되었다고 볼 수는 없다. 사업주는 그 근로자의 총수의 100분의 1 이상 100분의 5 이내의 범위 안에서 대통령령이 정하는 비율 이상에 해당하는 장애인을 고용하여야 한다고 규정하고 있다. 여기에서 이 규정의 해석상 최소한 20인 이상의 근로자를 고용하는 사업주에게만 장애인고용의무가 도출됨을 알 수 있다. 왜냐하면, 기준고용률의 상한인 5%를 상정하더라도 20인이 되어야 1명의 장애인고용의무가 생기기 때문이다. 따라서 동 조항은 포괄위임입법금지원칙 내지는 법률유보원칙에 위반된다고 할 수 없다.

1교시 **사회복지기초**

1과목 | 인간행동과 사회환경

01	02	03	04	05	06	07	08	09	10
①	②	①	③	①	⑤	③	⑤	②	②
11	12	13	14	15	16	17	18	19	20
⑤	②	①	②	③	④	①	③	④	⑤
21	22	23	24	25					
④	②	③	⑤	④					

01

인간발달의 원리
- 개인차
- 점성원리
- 최적의 시기
- 통합과 분화의 과정
- 유전과 환경의 상호작용
- 일정한 순서와 방향성
- 연속적 과정
- 불가역성
- 기초성
- 상호관련성
- 연령이 증가하면 발달을 예측하기 어려움

오답 피하기
인간의 발달은 최적의 시기가 존재한다. 제1의 성장기는 영아기, 제2의 성장기는 청소년기이다.

02

발달과 유사한 개념

구분	내용
성장 (Growth)	신체(키)의 크기나 근육 증가와 같이 양적확대를 의미하고 생태학적으로 이미 정해져 있는 시간이 지나면 성장은 멈추게 된다. 유전적 요인의 영향을 많이 받게 되고 인간이 이룰 수 있는 최종단계를 의미한다.
성숙 (Maturation)	경험이나 훈련에 관계없이 유전적 기제의 작용에 의해 체계적이고 규칙적으로 진행되는 변화이다. 외적 환경과 무관하게 일어나는 신경생리학적 생화학적 변화 내적, 유전적 메커니즘에 의해 출현되는 신체적, 심리적 변화를 의미한다.
학습 (Learning)	인간이 환경을 통해 변하는 것을 의미하고 경험과 훈련을 통해 기술과 지식, 정서, 가치를 얻을 수 있는 것으로 후천적 변화 과정이다.
발달 (Development)	직접적 · 간접적 경험의 산물, 유전과 환경의 상호작용에 의해 이루어지는 인간의 총체적인 변화에 초점을 둔다.

오답 피하기
환경과의 상호작용에 의한 사회적 발달은 사회화이다. 성숙은 경험이나 훈련에 관계없이 유전적 기제의 작용에 의해 체계적이고 규칙적으로 진행되는 변화이다.

03

A, B, C는 모두 중년으로 노화가 진행되고 있으며, A는 노안이 있고, 흰머리는 없다. B는 노안은 없는데 흰머리가 많다. C는 노안도 왔고 흰머리도 많으며, 기억력도 좋지 않다. 이를 통해 A, B, C 모두 노안과 흰머리, 기억력의 상황이 모두 다르다는 것을 알 수 있다. 즉, A, B, C의 발달에 차이가 나타난다.

04

오답 피하기
ㄱ. 일차적 사고과정은 원초아에 대한 내용이다.
ㄷ. 신경증적 불안은 본능이 의식 밖으로 나와 처벌을 걱정하는 불안으로 원초아가 쾌락원리에 따라 본능이나 욕구 등을 통제하지 못해 '처벌받으면 어떡하지' 하는 두려움이다.

05

① 페르소나(Persona)는 자아가 외부의 보이게 되는 자신의 모습으로 개인이 사회에 보이는 공개되는 얼굴이다. 사회생활을 많이 할수록 페르소나는 많아지고 사회에 적응하기 위해서도 페르소나를 발달시켜야 한다. 하지만 페르소나를 자신과 동일시하여 자신의 본 모습이 보이지 않을 수 있게 된다.

② 인간을 성(性)적 에너지인 리비도(Libido)에 의해 지배되는 수동적 존재로 본 학자는 프로이트이다. 융은 리비도를 생활에너지로 보았다.
③ 원형(Archetype)이란 인류 역사를 물려받은 정신으로 집단 무의식을 구성하고 보편적으로 존재하는 인류의 가장 원초적인 행동 유형이다. 표상이 불가능하고 무의식적이며 선험적인 이미지를 의미하며 대표적인 원형으로는 페르소나, 아니마, 아니무스, 음영이 있다.
④ 아니마는 남성의 여성적인 측면을 의미하고 아니무스는 여성의 남성적인 측면을 의미한다.
⑤ 자아의 기능에서 감각형(Sensing)은 오감을 통하여 관찰한 것을 인식하는 것으로 직접적인 경험에 초점을 맞추어 현실적이고 구체적이며 관찰능력이 뛰어나다. 또한 가능성보다는 보이는 구체적인 현실을 추구한다. 직관형(Intuition)은 관찰을 통해 의미나 관계를 의식하는 것으로 육감이나 예감을 통하여 인식하고 아직 일어나지 않은 일을 포함하여 감각을 통해 보이지 않는 것까지 인식한다. 미래지향적이거나 추상적, 상상적인 특징이 있다.

06

사회적 관심은 의식적인 개발과 교육이 필요하다. 자신이 속한 사회에 대한 소속감, 타인에 대한 감정이입 등과 같이 공동의 목적을 이루기 위해 실행하는 노력을 의미하며 인간은 자신의 이익을 포기해서라도 사회적 이익을 얻기 위해 노력하는 본능이 있다고 믿었다. 특히 사회적 관심은 선천적으로 타고나지만 어머니와 학교교육, 아동기의 경험을 통해서도 후천적으로 발달할 수 있다.

07

고전적 조건형성의 학습 원리
- 시간의 원리는 조건자극은 무조건적 자극의 제시와 거의 동시에 이루어져야 한다.
- 강도의 원리는 무조건적 자극의 강도가 강하면 강할수록 조건형성이 쉽게 이루어진다.
- 일관성의 원리는 동일한 조건자극을 통해 일관성 있게 강화해주어야 한다.
- 계속성의 원리는 자극과 반응의 결합이 반복되는 횟수가 많으면 많을수록 효과적이라는 원리이다.

08

가변(변동)간격 강화계획은 강화를 주는 평균적인 시간 간격은 일정하지만 실제 강화를 제공하는 시간 간격에 어느 정도 편차를 주는 것으로 1년 동안 6회 자체 소방안전 점검을 하되 2개월마다 한다면 고정간격 강화가 되지만 불시에 실시하기에 가변간격 강화가 된다.

① 고정간격 강화계획은 요구되는 행동의 발생빈도에 상관없이 일정한 시간 간격에 따라 강화를 부여하는 것으로 정시 출근한 아르바이트생에게 매주 추가수당을 지급하여 정시 출근을 유도하는 강화는 고정간격 강화계획이다.
② 계속적(연속적) 강화계획은 반응의 횟수나 시간에 상관없이 기대하는 반응이 나타날 때마다 강화를 부여하는 것으로 어린이집에서 어린이가 규칙을 지킬 때마다 바로 칭찬해서 규칙을 지키는 행동이 늘어나도록 하는 것은 계속적 강화계획이다.
③ 가변비율 강화계획은 반응행동에 변동적인 비율을 적용하여 불규칙한 횟수의 바람직한 행동이 나타난 후 강화를 부여하는 것으로 수강생이 평균 10회 출석할 경우 상품을 1개 지급하되, 출석 5회 이상 15회 이내에서 무작위로 지급하여 성실한 출석을 유도하는 것은 가변비율 강화계획이다.
④ 고정비율 강화계획은 행동중심적 강화방법으로 일정한 횟수의 바람직한 반응이 나타난 다음에 강화를 부여한다. 영업사원이 판매 목표를 10%씩 초과 달성할 때마다 초과 달성분의 3%를 성과급으로 지급하여 의욕을 고취하는 것은 고정비율 강화계획이다.

09

로저스의 현상학이론의 특징
- 인간의 주관적 경험을 강조하며, 주관적 현실세계만이 존재한다고 본다.
- 인간을 통합적 존재로 규정하며, 전체론적 관점에서 접근해야 한다고 주장한다.
- 인간을 유목적적인 존재인 동시에 합리적이고 미래지향적인 존재로 규정한다.
- 인간은 능력이 있고 자기이해와 자기실현을 위한 잠재력을 가지고 있다고 본다.
- 인간 본성의 긍정적인 측면과 자기개념의 중요성을 강조한다.
- 사회복지실천의 측면에서 클라이언트의 자기결정권과 비심판적 태도 그리고 비지시적 상담의 중요성을 인식하는 데 유용하다.
- 개인의 존엄과 가치, 사회적 책임에 대한 소신은 사회복지실천 철학과 조화를 이룬다.

ㄴ. 공감과 지시적 상담이 아닌 비지시적인 상담을 강조하였다.
ㄹ. 인간의 욕구발달단계를 제시한 학자는 매슬로우이다.

10

① 매슬로우의 욕구위계는 생리적 욕구 – 안전 욕구 – 소속과 사랑의 욕구 – 존경의 욕구 – 자아실현의 욕구 순이다. 자존감의 욕구가 소속과 사랑의 욕구보다 상위단계의 욕구이다.

오답 피하기
① 대부분의 사람들이 아니라 소수의 사람이 자아실현의 욕구를 달성한다.
③ 인간본성에 대해 비관적인 태도가 아니라 낙천적인 태도를 갖고 있다.
④ 인간의 성격은 환경에 의해 수동적으로 결정된다고 보지 않고, 인간의 행동을 결정짓는 동기요인으로서 다양한 욕구체계를 제시하였다.
⑤ 무조건적인 긍정적 관심을 강조한 학자는 로저스이다.

11

전조작기 시기의 특성에는 타율적 도덕성, 물활론, 상징놀이, 자아중심성(자기중심성), 중심화, 인공론적 사고, 목적론적 사고, 비가역성 등이 있다. 전조작기에는 보고 느끼는 것만을 직관적으로 믿으며 논리적 설명보다 감각적·직관적 판단에 의존한다.

오답 피하기
유목화(분류화)는 구체적 조작기 시기에 나타나는 특성이다.

12

오답 피하기
피아제는 인지발달이론으로 전조작기에 타율적 도덕성, 구체적 조작기에 자율적 도덕성에 대한 설명이 나온다. 타율적 도덕성과 자율적 도덕성을 기초로 콜버그는 도덕성 발달 이론을 창시하였다.

13

넥엔트로피는 개방체계적인 속성을 가지며, 체계 외부로부터 에너지가 유입됨으로써 체계 내부의 불필요한 에너지가 감소하는 상태, 즉 체계 내에 질서, 형태, 분화가 있는 상태를 의미한다.

오답 피하기
폐쇄체계에서 나타나는 것은 엔트로피이다.

14

오답 피하기
적합성은 인간의 욕구와 환경자원이 부합되는 정도를 말한다. 개인과 환경이 효과적으로 상호작용할 수 있는 능력은 유능성이다.

15

미시체계는 개인에게 가장 근접한 환경이며, 상호 호혜성에 기반을 둔다. 가족, 학교, 이웃 등의 물리적 환경과 사회적 환경 그리고 그 환경 내에서 갖게 되는 지위, 역할, 활동, 대인관계 등을 의미한다.

오답 피하기
① 개인의 생활에 직접적으로 개입하지 않지만 간접적으로 영향을 주는 체계는 외체계이다.
④ 개인의 발달에 영향을 미치는 부모의 직업, 자녀의 학교 등을 중시하는 체계는 외체계이다.
⑤ 개인이 사회관습과 유행을 통해 자신의 가치관을 표현하는 체계는 거시체계이다.

16

학교폭력 피해 청소년이 다시 피해를 입지 않도록 학교폭력에 대한 처벌을 강화하는 특별법을 제정하는 것은 거시체계에 속한다. 거시체계는 개인이 속한 사회의 이념(신념)이나 제도, 정치, 경제, 문화 등의 광범위한 사회적 맥락을 의미한다. 개인생활에 직접적으로 개입하지 않지만, 간접적이면서도 전체적으로 강력한 영향력을 발휘한다.

17

오답 피하기
문화는 거시체계에 속한다. 거시체계는 개인이 속한 사회의 이념(신념)이나 제도, 정치, 경제, 문화 등의 광범위한 사회적 맥락을 의미한다. 개인생활에 직접적으로 개입하지 않지만, 간접적이면서도 전체적으로 강력한 영향력을 발휘한다.

18

③ 클라인펠터증후군은 정상인의 성염색체는 남성 XY, 여성 XX를 나타내지만, 이 증후군에서는 XXY, XXYY, XXXY 등의 여러 가지 이상한 형태를 나타낸다. 남성염색체가 있음에도 불구하고 유방이 발달하는 등 여성의 신체적 특성을 보인다.

오답 피하기
① 다운증후군은 운동신경이 지체되고 지적장애가 있으며 질병에 대한 저항력이 약하다.
② 헌팅톤병은 무도병과 치매를 특징으로 하는, 주로 30~40대 발병의 신경계 퇴행 질환이며 염색체 우성 유전질환이다.
④ 터너증후군은 성염색체 이상으로 X염색체가 1개이며, 전체 염색체 수가 45개로 외견상 여성이지만 2차적 성적 발달이 없고 목이 짧은 것이 특징이다.
⑤ 혈우병은 X염색체의 유전적 돌연변이에 의한 유전질환으로서, 정상적인 혈액에 존재하는 혈액응고인자가 없거나 부족하여 발병하는 출혈성 질환이다. 거의 대부분 남성에게서 발병한다.

19

오답 피하기

피아제는 감각운동기(0~2세), 전조작기(2~7세), 구체적 조작기(7~12세), 형식적 조작기(12세 이상) 시기로 구분하였다. 유아기 시기는 형식적 조작기가 아니라 전조작기에 속한다.

20

에릭슨의 심리사회이론의 과정
- 신뢰감 대 불신감 – 영아기
- 자율성 대 수치심과 의심 – 유아기
- 주도성(솔선성) 대 죄의식 – 아동전기
- 근면성 대 열등감 – 아동기
- 자아정체감 대 자아정체감 혼란 – 청소년기
- 친밀감 대 고립감 – 성인초기
- 생산성 대 침체 – 중년기
- 자아통합 대 절망 – 노년기

아동기에 발달과업을 성취하지 못하면 열등감이 생긴다.

21

오답 피하기

청소년기의 자기중심성은 청소년기에 특수하게 관찰되는 자기 자신에 대한 강한 몰두이며, 이로 인해 자신과 타인의 관심사를 적절하게 구분하지 못하는 인지적 경향성을 말한다. 자신과 타인에 대해 주관적으로 이해하고 판단한다.

22

오답 피하기

자아정체감 형성이 주요 발달 과제인 시기는 청소년기이다. 청년기의 주요 발달 과제는 결혼과 직업이다.

23

③ 융(C. Jung)에 따르면, 중년기에는 외부세계에 쏟았던 에너지를 자신의 내부에 초점을 두며 개성화의 과정을 경험한다. 또한 남성의 여성성(아니마)과 여성의 남성성(아니무스)가 나타난다.

오답 피하기

① 펙(R. Peck)은 신체 중시로부터 신체 초월을 노년기의 중요한 발달과제로 보았다.
② 유동성 지능은 퇴보하기 시작하는 반면, 결정성 지능은 계속 발달하는 경향이 있다.
④ 여성은 에스트로겐의 분비가 감소되고 남성은 테스토스테론의 분비가 감소된다.

⑤ 갱년기는 여성과 남성이 모두 경험하는 것으로 신체적 변화와 동시에 우울, 무기력감 등 심리적 증상을 동반한다.

24

행동조성, 타임아웃은 스키너, 모델링은 반두라, 가족조각은 사티어의 경험적 가족치료의 기법이다.

오답 피하기

① 반두라(A. Bandura) – 모방, 모델링, 대리학습, 자기강화, 자기효율성, 자기조절
② 로저스(C. Rogers) – 현상학적 장, 자기, 자기실현 경향성
③ 스키너(B. Skinner) – 강화와 처벌, 강화계획, 불안감소기법, 학습촉진기법
④ 피아제(J. Piaget) – 도식, 적응, 조직화, 자아중심성

25

오답 피하기

ㄴ. 생산성은 청소년기가 아닌 중년기의 발달과업이다. 청소년기는 자아정체감 대 자아정체감 혼란의 시기이고 중년기는 생산성 대 침체감이다.

2과목	사회복지조사론								
26	27	28	29	30	31	32	33	34	35
③	⑤	③	⑤	①	④	①	⑤	④	②
36	37	38	39	40	41	42	43	44	45
③	③	①	⑤	④	②	②	④	④	⑤
46	47	48	49	50					
①	③	③	②	⑤					

26

질적 연구는 주로 작은 규모의 대상자를 대상으로 귀납적 원리를 선호한다. 또한 조사자 자신이 조사도구가 된다. 질적 연구의 종류로는 근거이론, 사례 연구, 민속지학(문화기술지) 연구, 현상학 연구, 네러티브 연구, 생애사 연구, 참여행동 연구 등이 있다.

오답 피하기

사회지표조사는 국민의 사회적 관심사와 주관적 의식에 관한 사항을 파악하여 관련 정책을 수립 및 연구의 기초자료로 제공하는 사회조사로 사회조사 자료를 활용하여 조사하는 2차자료 분석조사이다.

27

⑤ 논리적 경험주의는 논리적 실증주의와 같이 경험적으로 검증이 가능해야 한다고 생각하지만 논리적 실증주의보다 검증 가능성 측면에 대해서는 관대한 태도를 취하고 있다. 확률적으로 검증되는 관찰에 의해서만 정당화될 수 있다.

오답 피하기

① 논리적 실증주의에 가장 큰 영향을 미친 사람은 스펜서와 베이컨이다.
② 상대론적인 입장에서 경험에 의한 지식은 주관적이다. 객관성을 추구하는 것이 아니라 주관성을 추구한다.
③ 쿤(T. Kuhn)에 의하면 과학은 점진적으로 발전하는 것이 아니라 급진적·혁명적으로 발전을 이루고 이를 패러다임의 전환으로 설명하였다. 과학적 진리는 과학 공동체의 패러다임에 의존하고 사회의 성격에 영향을 받는다.
④ 반증주의는 가설이나 이론은 관찰 또는 실험에 의해 지속적인 확인을 받게 되며 반증된 가설이나 이론은 더 우수한 가설이나 이론으로 대체되어 과학이 발전한다는 과학관이다.

28

실증주의 과학과 비과학을 구분하고 사회과학도 자연과학과 같이 실험과 관찰을 통해서 검증된 것만 인정한다. 객관적 조사를 통해 이론을 재검증하고 연구결과의 일반화 가능성을 주장한다. 실증주의 시각에서 과학적 방법은 이론 → 가설 → 관찰 → 일반화 → 이론 → 가설 순으로 반복하는 것을 의미한다.

오답 피하기

실증주의는 객관적 조사를 통해 이론을 재검증하고 연구결과의 일반화 가능성을 주장한다.

29

오답 피하기

• 평가연구는 특정 프로그램이나 정책의 효과를 분석하기 위한 연구이며, 사회조사의 경우 과학적 객관성을 가지고 진행하여 과학적 객관성을 저해하면 평가결과를 조정할 수 없다.

30

ㄱ. 사회복지조사는 사회복지관련 이론 개발에 사용된다.
ㄷ. 과학의 특성에는 수정 가능성(과학은 변하지 않는 것이 아니라 상황이나 시대에 따라 수정이 가능하다)이 있어 연구의 전 과정에서 결정주의적 성향을 지양해야 한다.

오답 피하기

ㄴ. 탐색 목적의 조사연구는 어떤 현상에 대하여 사전 지식이 없을 경우 탐색을 목적으로 하는 조사를 말한다.
ㄹ. 횡단연구와 종단연구는 시점에 따른 분류이다.

31

• 추세조사(경향조사, 추이조사)는 한 질문을 반복적으로 조사하나 조사할 때마다 대상자가 다른 것을 말한다.
• 동년배조사(동류집단조사, 코호트조사)는 조사는 매번 같은 대상자를 조사하지 않고 집단 안에 있는 다른 대상자로 바뀔 수 있다.

32

사회복지사 396명은 조사대상이 되고 근무기관의 규모는 독립변수, 직무만족도는 종속변수가 된다. 사회복지관에서 근무하는 사회복지사는 개인, 직무만족도를 응답하는 사회복지사도 개인이므로 관찰단위는 모두 개인이다.

33

통제변수는 독립변수와 종속변수 간의 관계를 좀 더 정확하게 파악하기 위해서 두 변수 간의 인과관계에 영향을 미칠 수 있는 제3의 변수를 사용하여 통제하는 변수이다.
부모의 학력은 독립변수, 자녀의 대학 진학률은 종속변수가 되고 서로 유의미한 관계이다. 부모의 재산이 비슷한 조사 대상은 통제변수, 부모의 학력은 독립변수, 자녀의 대학진학률은 종속변수가 되고 서로 무의미한 관계이다. 부모의 학력과 자녀의 대학 진학률은 유의미한 관계이다. 부모의 재산을 통제하니 유의미한 관계가 무의미한 관계가 된다.

34

④ 개념적 정의는 연구 대상의 속성, 현상 등의 변수를 개념적으로 정의하는 것으로, 용어가 의미하는 바가 무엇인지를 구체화하는 과정이기 때문에 추상적이고 주관적이다. 따라서 개념적 정의는 측정 가능성을 전제로 하지 않는다.

오답 피하기

① 조사 과정은 연구주제 선정 → 가설 설정 및 조작화 → 조사 설계 → 자료수집 → 자료 해석 및 분석 → 보고서 작성 순으로 가설설정 후에 자료수집을 한다.
② 자료수집방법은 조사 설계에 포함된다.
③ 연구가설은 독립변수와 종속변수는 관계가 있다고 설정한다. 독립변수와 종속변수의 관계가 없다는 가성은 영가성이다.
⑤ 사회과학에서 이론은 직접검증을 원칙으로 하지 않고 간접적으로 검증하기도 한다.

35

- 명목척도(변수)는 어떤 사물의 속성을 질적인 특성에 의해 상호배타적인 몇 개의 카테고리로 나눈 것으로, 성별, 직업, 종교, 결혼, 인종, 운동선수의 등번호 등이 있다.
- 서열척도(변수)는 어떤 사물의 속성을 상호배타적인 몇 개의 카테고리로 나눌 수 있고 서열(상대적 순서관계)을 측정할 수 있는 것으로, 지체장애 등급, 정치성향, 생활수준, 석차, 사회복지사 등급 등이 있다.
- 등간척도(변수)는 어떤 척도의 카테고리 간의 순서뿐만 아니라 카테고리 간의 정확한 간격을 알 수 있고, 온도, 지능지수, 도덕지수, 물가지수, 생산성 지수 등이 있다.
- 비율척도(변수)는 도의 카테고리 간의 간격이 등간격일 뿐만 아니라 카테고리 간에 몇 배나 큰가. 또는 몇 배나 작은가를 측정할 수 있고, 시청률, 투표율, 키, 몸무게, 연령, 자녀, 가격 등이 있다.

연령과 백신 접종률은 비율척도(변수), 학년은 서열척도(변수), 이수과목의 수는 비율척도(변수), 섭씨와 화씨는 등간(척도)변수, 강우량, 산불발생 건수는 비율척도(변수), 거주지역, 혈액형은 명목척도(변수)이다.

36

① 리커트척도(Likert Scale)는 측정에 동원된 모든 항목들에 대한 동일한 가치를 부여하여 문항 간 내적 일관성이 중요하다. 내적 일관성은 신뢰도를 떨어트리는 문항을 제거하여 신뢰도를 높이는 방법이다.
② 거트만척도(Guttman Scale)는 누적 척도이다. 거트만 척도 뿐 아니라 리커트 척도, 보가더스 사회적 거리감 척도도 누적 척도이다.
④ 보가더스척도(Borgadus Scale)는 사회집단 간의 심리적 거리감을 측정하는 데 적절하다. 심리적 거리감을 측정하는데 유용하지만 원근을 표시에 그쳐 친밀감 크기는 나타나지 않는다.
⑤ 의미분화척도(Semantic Differential Scale)의 문항은 한 쌍의 대조되는 형용사를 사용한다. 그 속성을 평가하는 척도이다.

오답 피하기
③ 서스톤척도는 척도를 구성하면서 평가가 이루어지기 때문에 객관성이 인정되는 것이 장점이다. 개발이 용이한 척도는 리커트 척도이다.

37

① 측정은 연구대상에 대해 일정한 규칙에 따라 숫자나 기호를 부여하는 과정으로 이론과 현상을 연결하는 방법이다.
② 지표는 개념 속에 내재된 속성들이 표출되어 나타난 결과를 말한다. 즉, 하나의 개념을 측정한 값을 의미한다.

④ 리커트척도는 각 항목의 단순합산을 통해 서열성을 산출한다. 따라서 서열측정이다.
⑤ 조작적 정의는 추상적인 개념들을 실제 현장에서 측정 가능하도록 관찰 가능한 형태로 정의하고 개념적 정의를 벗어나지 않는 범위 안에서 측정 가능하도록 구체화한 것이다.

오답 피하기
③ 측정의 체계적 오류는 항상 똑같은 방향으로 생기는 오류로 측정의 타당도를 저해한다.

38

타당도는 측정하고자 하는 것을 정확하게 측정해 내는 정도를 의미하고, 신뢰도는 측정하고 싶은 것을 반복해서 측정하더라도 같은 값을 얻는 것을 의미한다. 즉, 측정의 일관성을 말한다.

오답 피하기
하나의 개념을 측정하는 개별 항목들 간의 일관성은 신뢰도를 의미한다.

39

신뢰도를 높이는 방법
- 측정항목의 모호성을 줄이고 구체화해야 한다.
- 측정항목의 수를 늘리고 항목의 선택 범위를 넓혀야 한다.
- 측정자의 측정방식에는 일관성이 있어야 한다.
- 기존에 신뢰도가 있다고 인정된 측정도구를 사용하는 것이 유리하다.
- 측정하는 동안에 환경적 요인을 통제해야 한다.
- 응답자가 무관심하거나 잘 모르는 내용은 측정하지 않는 것이 좋다.

오답 피하기
① 측정 항목 수는 늘려야 한다.
② 유사한 질문은 늘려 신뢰도를 높여야 한다.
③ 측정자에게 측정도구에 대한 교육을 사전에 실시한다.
④ 측정자들이 측정방식을 대상자에 맞게 유연하게 바꾸지 않고 정해진 측정도구를 사용하는 것이 좋다.

40

ㄱ. 재검사법, 반분법뿐 아니라 복수양식법, 내적일관성분석도 신뢰도를 평가하는 방법이다.
ㄷ. 신뢰도는 일관성 있게 측정하는 것으로 측정할 때마다 실제보다 5g 더 높게 측정되는 저울은 신뢰도가 있다.

오답 피하기
ㄴ. 신뢰도는 타당도의 필요조건이지 필요충분조건은 아니다.

41

① 표집오차는 표집 그 자체의 속성과 본질에서 발생하는 오차이다. 즉, 조사 대상자가 모집단을 대표하지 못할 때 나타나는 오차이다.
③ 표본의 수가 증가하면 표집오차가 감소한다. 표본을 추출할 때 10명보다는 100명이, 100명보다는 1,000명이 대표성이 높아진다.
④ 이질적인 모집단보다 동질적인 모집단에서 추출한 표본의 표집오차가 작다. 조건이 같다면 표집오차가 작을 수밖에 없다.
⑤ 층화를 통해 단순무작위 추출의 표집오차를 줄일 수 있다. 단순무작위 추출은 전체 모집단에서 표본을 뽑고 층화표집은 모집단을 층으로 나누어 표본을 뽑아 층화표집이 단순무작위 추출보다 동질성이 높아 단순무작위 추출보다 표집오차 높다.

오답 피하기
② 신뢰수준이 높을수록 표집오차는 커지고 표본의 크기가 커질수록 표집오차는 감소한다.

42

사례의 표집방법은 계통적 표집(체계적, 계층적)으로 모집단 목록에서 일정한 순서에 따라 **매 K번째 요소**를 표본으로 추출하는 방법이다. 매 K번째는 무작위 추출을 해야 하고 목록자체가 일정한 주기성을 가지지 않아야 한다.

43

④ 단순무작위표집(Simple Random Sampling)은 모집단으로부터 표본으로 추출될 확률을 알 수 있다. 1,000명 중 10명을 뽑는다면 1%의 확률이라는 것을 알 수 있다.

오답 피하기
① 할당표집(Quota Sampling)은 비확률표집으로 인위적 표집을 전제로 한다.
② 유의표집(Purposive Sampling)은 비확률표집이다.
③ 눈덩이표집(Snowball Sampling)은 비확률표집으로 모집단의 규모를 몰라도 사용할 수 있다.
⑤ 임의표집(Convenience Sampling)은 모집단에 대한 사전 정보 없는 경우 모집단이 극히 동질적이어서 표집 요소들 간에 차이가 없다고 판단되는 경우에 연구자가 쉽게 이용 가능한 대상들을 표본으로 선택하는 방법이다. 모집단의 대표성은 없다.

44

① 영가설과 연구가설은 반대되는 가설로 영가설을 기각하면 연구가설이 잠정적으로 채택된다.
② 영가설은 독립변수가 종속변수에 영향을 미치지 않는다는 가설이고 연구가설은 독립변수가 종속변수에 영향을 미친다는 가설으로 영가설과 연구가설은 대조되는 가설이다.

③ 유의수준 95%에서 확률이 0.05보다 낮으면 영가설을 기각하고, 유의수준 99%에서 확률이 0.01보다 낮으면 영가설을 기각한다. 반대로 유의수준 95%에서 확률이 0.05보다 높으면 영가설을 채택하고, 유의수준 99%에서 확률이 0.01보다 높으면 영가설을 채택한다.
⑤ 연구가설은 경험적으로 검증이 가능하도록 진술한 가설이다.

오답 피하기
④ 연구가설은 이론이 표본의 통계치의 가정이 아니라 검증되기 전까지의 잠정적인 해답이다.

45

설문조사 결과를 해석할 때에는 표집방법, 표본의 크기, 설문조사 시기, 측정도구의 신뢰성 등이 모두 유의해야 할 사항에 포함된다.

46

① 조사대상자의 응답능력에 따라 질문의 유형이 결정된다.

오답 피하기
② 설문문항 작성 시 이중질문(Double-barreled Question)은 피해야 한다.
③ 비참여관찰법은 관찰자는 조사대상자 집단에 들어가지 않고 제3자의 입장에서 거리를 유지하여 관찰하는 방법으로 연구자가 관찰대상과 상호작용을 유지하는 것이 불가능하다.
④ 설문지에서 질문 순서는 무작위 배치가 아닌 응답하기 쉬운 질문, 가벼운 질문, 흥미로운 질문 등을 먼저 하고, 민감한 질문, 주관식 질문은 뒷부분에 배치한다.
⑤ 프로빙(Probing) 기술은 응답자의 대답이 불충분하거나 정확하지 못할 때 추가질문을 하여 충분하고 정확한 대답을 얻을 수 있도록 캐묻는 질문으로 면접조사에서 사용한다.

47

매칭(배합)은 한정된 수의 변수만을 동등하게 하는 과정이다. 사전에 집단의 속성을 파악하여 내적 타당도를 저해할 것으로 여겨지는 요인들을 실험집단과 통제집단에 동일하게 분배하는 방법으로 무작위 할당과 병행하여 사용한다. 회보를 보내는 실험집단과 회보를 보내지 않는 통제집단으로 구분하여 연구대상을 배정하였다.

48

순수실험조사는 유형 중 가장 완벽하게 내적 타당도를 저해하는 요인을 통제하여 인과관계를 가장 완벽하게 검증할 수 있는 설계이다. 인과성 검증은 내적 타당도로 독립변수에 의해 종속변수가 변화하는지 알아보는 것이다.

① 프로그램 실행 여부가 원인이 될 수 있다.
② 실험집단과 통제집단은 조작을 하지 않았으므로 통계적으로 같아야 한다는 뜻으로 유의미한 차이가 없어야 한다.
④ 무작위할당을 했으므로 실험집단과 통제집단의 동질성 확보가 필요하다.
⑤ 실험집단에는 개입을 하고 통제집단에는 개입을 하지 않은 차이가 발생한다.

③ 통제집단 자체는 아무런 조작을 하지 않았으므로 사전조사와 사후조사에서 통제집단의 종속변수 측정치는 통계적으로 유의미한 차이가 없어야 한다.

49

제시된 실험설계는 유사실험설계 중 하나인 단순시계열설계에 대한 설명이다. 단순시계열설계는 통제집단을 설정하기 곤란한 경우 실험집단을 선정하고 3번 이상 사전검사와 사후검사를 실시한다. 사전검사 후 개입하고 사후검사를 실시하여 사전검사와 사후검사의 합을 비교하는 개입의 효과를 알아내는 방법이다.

① 통제집단을 두기 어려울 때 사용할 수 있다. 단순시계열설계는 통제집단이 없고 실험집단만 있다.
③ 정태적 집단비교설계(Static – group Comparison Design)보다 내적 타당도가 높다. 정태적 집단비교설계는 비동일 집단 후 비교조사로 사전검사를 실시하지 않는 설계이다. 또한 전 실험조사의 종류로 가장 내적 타당도가 떨어지므로 단순시계열설계가 정태적 집단비교설계보다 내적 타당도가 높다.
④ 개입효과는 사전검사와 사후검사 측정치의 평균을 비교해서 측정할 수 있다. 사후검사의 평균이 개입 이전인 사전검사 평균보다 얼마나 차이가 있는지 비교할 수 있다.
⑤ 사전검사와 개입의 상호작용 효과가 발생할 수 있다. 상호작용 효과는 개입의 효과로 인하여 사전검사보다 사후검사 점수가 높은 것을 의미한다.

② 단순시계열조사는 사전검사를 실시하고 사후검사를 실시했으므로 검사효과가 발생할 수 있다.

50

코딩이란 질적 연구에서 연구자가 관여하는 기본적인 분석 과정이며, 개방코딩(Open Coding), 축코딩(Axial Coding), 선택코딩(Selective Coding)의 세 가지 기본적인 코딩 유형이 있다.
• 개방 코딩(open coding)은 조사로 얻은 개념을 하위범주로 나누고 다시 범주로 나누는 방법과 같이 조사로 얻은 개념을 유사성과 차이점으로 분절함으로써 코드화하고 범주를 생성하는 것이다.
• 축 코딩(Axial Coding)은 개방코딩을 하면서 분절하였던 자료를 하나로 묶는 과정이다. 개념을 하위범주들과 연결시켜서 그 상호작용을 통해 얻은 결과로 패러다임을 밝혀낸다.
• 선택코딩(selective coding)은 핵심범주를 선택하고 핵심범주와 다른 범주들을 통합시켜 정교화하는 방식으로 현상을 정리하여 이론화하는 과정이다. 가장 중요한 핵심단어로 선택해서 추출하는 것이다.

⑤ 발견된 범주를 가지고 중심현상을 중심으로 인과적 조건을 만드는 것은 축코딩이다.

① 추상화시킨 구절에 번호를 부여하는 것은 코딩이다.
② 개념으로 도출된 내용을 가지고 하위범주를 만드는 것은 개방코딩이다.
③ 발견된 범주의 속성과 차원을 고려하여 유형화를 시도하는 것은 선택코딩이다.
④ 이론개발을 위해 핵심범주를 중심으로 다른 범주와의 통합과 정교화를 만드는 과정을 진행하는 것은 선택코딩이다.

2교시	**사회복지실천**

3과목	사회복지실천론

01	02	03	04	05	06	07	08	09	10
①	⑤	④	①	③	⑤	②	④	④	②
11	12	13	14	15	16	17	18	19	20
④	③	③	④	⑤	②	①	①	②	⑤
21	22	23	24	25					
②	⑤	③	⑤	③					

01

인보관운동은 취약 지역의 문제를 해결하기 위하여 현지에 정착하여 문제를 해결하고자 하는 운동이다. 빈곤의 원인은 사회적 문제이기 때문에 사회개혁에 의해서만 해결이 가능하다고 보았고 국가의 구빈비 사용에 찬성하였다. 빈민들의 빈곤의 대물림을 방지하기 위해서 교육 사업에 치중하였고 지역을 변화시키기 위한 노력은 집단 사회사업으로 발전하였다.
자선조직협회의 이데올로기는 인도주의적 기능을 하고 사회진화론적 성격을 가지고 있다. 또한 정부가 제공하는 원조에 대한 수혜자격을 평가하면서 조사와 등급제를 통해 빈민을 통제하고자 하여 사회통제적 기능이 있다.

빈민을 통제하는 사회통제적 기능을 담당하는 것은 자선조직협회이다.

02

기능주의학파는 결정론적 성격과 인간을 무의식적, 기계론적으로 보는 접근에 불만이 생기면서 생겨났는데, 대공황을 무의식이나 과거의 문제로 규정하기에는 문제가 있었다. 기능주의는 오토랭크(Otto Rank)의 이론을 기반으로 하고 있는데 과거를 강조하는 프로이트와 달리 현재 및 미래를 강조하고, 인간 성격을 파악하기 위한 방법으로 보지 않았다. 치료의 책임은 사회복지사가 아니라 클라이언트에게 있음을 강조하고 치료보다는 사정이라는 단어를 사용했다.

오답 피하기

과거경험 중심적 접근은 진단주의학파의 내용이다. 진단주의는 프로이트의 정신분석모델을 기반으로 한 학파로 과거의 경험이 현재에 영향을 미친다는 결정론적 성격을 가지고 있다. 해밀턴(Hamilton)이 대표 학자이며 홀리스(Hollis)에 의해 더욱 발전되었다. 진단주의는 프로이트(Freud)의 정신분석적 사고에 많은 영향을 받아 과거에 대한 분석을 통해 진단을 내렸고 조사, 진단을 개념화하고 사회복지사와 클라이언트 간의 치료적 관계를 중요시했다. 무의식, 전이, 저항, 정신결정론과 같은 개념들을 중요하게 생각하였고 자아의 힘을 강화하면 현실 적응력과 사회 환경에 대한 적응이 높아진다고 보았다. 진단주의의 또 다른 이름은 질병의 심리학이라고도 한다.

03

자선조직협회는 상류층 부인들이 빈곤 가정에 대한 조사를 통하여 필요한 원조를 제공하면서 빈민에 대한 인도주의, 이타주의, 사회진화론 성격으로 시작하였다.

오답 피하기

ㄷ. 사회개혁은 인보관운동의 이념이다. 사회문제를 점진적으로 해결하는 것이 아니라 한 번에 문제를 해결하기 위한 급진주의 성격을 가지고 있다.

04

윤리적 원칙 심사표
- 생명보호의 원칙 : 인간의 생명보호가 다른 모든 것보다 우선한다.
- 평등 및 불평등의 원칙 : 동등한 사람은 평등하게 처우되어야 하는 권리를 가진다.
- 자율과 자유의 원칙 : 자율성과 자유를 존중하는 결정을 해야 한다.
- 최소 해악의 원칙 : 선택 가능한 대안이 유해할 때 가장 최소한으로 유해한 것을 선택해야 한다.
- 삶의 질 원칙 : 지역사회는 물론이고 개인과 모든 사람의 삶의 질을 좀 더 증진시킬 수 있는 것을 선택해야 한다.
- 사생활 보호와 비밀보장의 원칙 : 사회복지사가 클라이언트에 대하여 알게 된 사실을 다른 사람에게 공개해서는 안 된다.

- 진실성과 정보개방의 원칙 : 클라이언트와 여타의 관련된 당사자에게 오직 진실만을 이야기하며 모든 관련 정보를 완전히 공개해야 한다.

도움을 요청해 온 클라이언트의 의사를 존중해 주는 것은 자율성과 자유의 원칙에 속한다.

05

접수단계에서는 클라이언트의 문제확인, 관계형성, 동기화, 기관의 서비스에 대한 정보제공, 의뢰, 원조과정에 대한 안내, 클라이언트의 기본정보, 주요문제, 기관을 알게 된 동기, 타 기관의 서비스 경험 유무를 파악한다.

오답 피하기

서비스의 효율성과 효과성 측정은 접수단계가 아니라 평가단계에서 실시한다. 클라이언트에게 실시한 서비스가 계획에 맞게 진행이 되었는지, 비용은 얼마가 들었는지 등은 서비스가 끝난 후에 알 수 있는 부분이다.

06

윤리강령이란 일정한 단체가 외부적으로 공적인 사회적 책임을 인식하고 이를 바탕으로 구성원들의 의식혁신을 통하여 조직의 투명성을 제고하며, 윤리적 소명을 다하기 위하여 사회와 직장 및 나아가 사적인 생활영역에 이르기까지 스스로 준수하여야 할 자세와 실천규범을 정립하는 것을 의미하는 것이다.

사회복지사 윤리강령은 인간의 존엄성과 사회정의를 실현하기 위해 앞장서고 기본적 윤리기준, 클라이언트에 대한 윤리기준, 동료에 대한 윤리기준, 기관에 대한 윤리기준, 사회에 대한 윤리기준으로 구분된다.

07

1차 현장은 사회복지사가 주를 이루는 현장으로, 사회복지사가 다른 전문가보다 더 많이 있는 현장이다. 사회복지관, 아동복지시설, 노인복지시설, 장애인복지시설 등이 1차 현장에 해당된다.

오답 피하기

교정시설은 사회복지사보다 다른 전문가들이 더 많이 있는 현장으로 2차 현장에 해당된다.

08

강점관점의 특징
- 개인은 강점, 재능, 자원이 있다.
- 개입의 초점은 가능성에 있다.
- 클라이언트의 진술을 인정한다.
- 클라이언트의 진술은 그 사람에 대해 알아가는 중요한 방법 중 하나이다.
- 개입의 핵심은 개인, 가족, 지역사회의 참여이다.
- 개인, 가족, 지역사회가 클라이언트 삶의 전문가이다.
- 개인의 발전은 항상 개방되어 있다.
- 변화 자원은 개인, 가족, 지역사회의 강점, 능력, 적응기술이다.
- 돕는 목적은 클라이언트의 삶에 함께 하며 가치를 확고히 하도록 지원하는 것이다.

오답 피하기
사회복지사가 클라이언트의 진술에 대해 회의적이기 때문에 재해석하여 진단에 활용하는 방법은 강점관점이 아니라 병리적 관점이다.

09

통합적 방법은 사회문제에 적용할 수 있는 공통된 원리나 개념을 제공하는 '방법의 통합화'를 의미하며, 사회복지실천에도 공통적으로 적용될 수 있는 방법이 필요하게 되어 등장하게 되었다. 한 명의 사회복지사가 다양하고 복잡한 문제를 가진 클라이언트에게 개입할 수 있도록 하는 것이다. 4체계모델, 6체계모델, 생활모델, 단일화모델로 이루어져 있다.

오답 피하기
통합적 방법은 통합적 모델을 통해 해결방법을 지향하는 것이지 상상력에 근거를 둔 해결방법을 지향하는 것은 아니다.

10

비스텍의 사회복지실천의 관계원칙은 개별화, 의도적 감정표현, 통제된 정서적 관여, 수용, 비심판적 태도, 클라이언트의 자기결정, 비밀보장이다.

오답 피하기
클라이언트의 욕구를 범주화하는 것은 비스텍의 관계원칙에 포함되지 않는다.

11

④ 자료수집은 클라이언트의 문제를 이해, 분석, 해결하기 위해 필요한 자료들을 모으는 것으로 클라이언트의 문제에 대해 사정하기 위한 매우 중요한 과정이다. 자료수집을 할 때에는 클라이언트의 기본적인 정보, 문제에 대한 정보, 개인력, 가족력, 클라이언트의 자원 등을 수집한다. 수집방법으로는 클라이언트의 구두보고, 클라이언트의 비언어적 행동 관찰, 클라이언트의 자기 모니터링, 부수적 출처 정보, 심리검사, 사회복지사의 관찰, 사회복지사의 개인적 경험이 있다.

오답 피하기
① 클라이언트 개인에게만 초점을 두어 정보를 모으는 것이 아니라 주변 환경에 초점을 두어 정보를 모은다.
② 다양한 정보원으로부터 자료를 수집하므로 검사도구를 사용하여 정보를 수집한다.
③ 초기면접 시 구조화된 양식과 비구조화된 양식을 사용하여 기본적인 정보를 수집한다.
⑤ 클라이언트로부터 얻은 정보뿐 아니라 다양한 경로로 클라이언트의 정보를 수집하여 직접 자료와 간접 자료 모두 사용한다.

12

③ 전문적 관계는 클라이언트의 문제를 해결하거나 적응시키는 분명한 목적을 가지고 제한된 시간 안에서 이루어지는 특수한 관계이다. 전문적 관계에서 클라이언트는 도움을 요청하고 사회복지사는 전문적인 도움을 준다.

오답 피하기
① 사회복지사는 자신의 반응을 통제하고 클라이언트의 상황을 이해해야 한다.
② 클라이언트가 아니라 사회복지사는 전문성에서 비롯된 권위를 가진다.
④ 다양한 종결의 유형 중 문제가 해결되지 않아도 계획된 시간이 만료되면 종결되는 계획된 종결도 있으므로 시간제한이 있다.
⑤ 전문적 관계는 사회복지사가 클라이언트의 이익에 헌신하는 관계이다.

13

체계의 작용 과정의 순서는 투입 → 전환 → 산출 → 환류 순이다.

14

④ 전문적 관계의 기본요소는 전문적 관계는 클라이언트의 문제를 해결하거나 적응시키는 분명한 목적을 가지고 제한된 시간 안에서 이루어지는 특수한 관계이다. 클라이언트는 도움을 요청하고 사회복지사는 전문적인 도움을 주는 관계이다.

오답 피하기
① 비자발적인 클라이언트는 원천적으로 배제하지 않고 비자발적인 클라이언트와도 전문적 관계를 가져야 한다.
② 사회복지사는 전문성에 바탕을 둔 권위와 권한을 가진다.

③ 사회복지사는 클라이언트와의 문화적 차이를 수용해야만 한다.
⑤ 선한 목적이라도 클라이언트에게 진실을 감추는 것은 안 된다.

15

면담은 사회복지사와 클라이언트 사이의 일련의 의사소통으로 사회복지개입의 주요한 도구이다 사회복지실천 과정에서 면담은 전문적 관계에 바탕을 두고 정보수집, 과업수행, 클라이언트의 문제나 욕구 해결 등과 같은 목적을 수행하는 시간제한적 대화이다.

콤튼과 갤러웨이의 면접의 특성
• 맥락이나 세팅을 가지고 있다.
• 목적과 방향이 있다.
• 계약에 의한다.
• 면접에서는 관련자 간의 특별한 역할관계가 있다.
• 면접은 공식적인 활동이다.
• 면접의 목적은 단계마다 달라진다.

오답 피하기
면접은 목적과 방향이 있어 목적이 옳다고 해서 기간이나 내용이 제한되지 않는 활동이 아니라 사회복지사와 클라이언트의 계약에 따라 달라진다.

16

펄만의 문제해결모델의 4P는 사람(Person)이 문제(Problem)를 가지고 기관(Place)을 찾아오는 과정(Process)이다. 6P는 4P + 프로그램(Program) + 전문가(Professional)이다.

오답 피하기
ㄴ. 문제해결을 위해 시행되는 프로그램과 ㄹ. 문제해결을 위해 개입하는 전문가는 6P에 해당한다.

17

경청이란 면접에서 가장 중요한 기술로 클라이언트가 무엇을 이야기 하는지, 면접자에게 어떻게 반응하는지 듣는 것이다. 클라이언트의 어려움을 공감하고 필요한 반응을 하면서 잘 들어야 하며, 특히 비언어적 표현에 대해서도 경청해야 한다.

18

① 가계도 : 가계도는 2~3세대에 걸친 가족성원의 정보와 관계를 간단한 그림으로 표시한 것이다. 가족구조에 대한 체계적인 이해, 가족 내에서 클라이언트의 위치, 가족의 상호작용을 분석하여 클라이언트의 문제를 사정하는 데 유용하다.

오답 피하기
② 생태도 : 클라이언트와 가족들이 환경과 어떠한 관계가 있는지 그림으로 나타낸 것이다. 클라이언트뿐 아니라 가족이 환경과 어떠한 상호작용을 하는지, 어떠한 에너지의 흐름이 있는지 알 수 있어 문제해결을 위한 개입 계획을 설정하는 데 유용하다.
③ 소시오그램 : 집단 내 성원들 간의 상호작용을 그림으로 표현한 것으로 집단 내에서 지위를 나타내고, 성원들 간의 관계는 호의적, 무관심, 적대적인 관계로 표현된다. 사회도는 집단의 변화과정을 측정할 때 활용된다.
④ 생활력 도표 : 출생부터 개입시점까지 특정시기의 클라이언트나 가족의 경험을 시계열적으로 알 수 있도록 도표화한 것이다.
⑤ 사회적 관계망 그리드 : 클라이언트의 환경 내에 영향을 미치는 중요한 사람이나 체계를 지칭하는 것으로 사회적지지 유형의 종류와 정도, 소속감과 유대감, 자원정보, 접촉 빈도 등에 관한 정보를 나타내는 도표이다.

19

• 천부성은 하늘로부터 부여받은 인권으로 태어나면서부터 지니게 된다.
• 보편성은 인종, 성별, 사회적 신분과 상관없이 모든 인간이 누려야 한다.
• 불가분성은 누구가 빼앗거나 무시하거나 침해할 수 없는 권리이다.
• 항구성은 영원히 보장되는 권리이다.

양로시설에서 생활하는 노인의 의사결정을 사회복지사가 대신할 수 없다는 인권의 특성은 불가양성, 불가분성이다. 클라이언트의 결정은 클라이언트만 할 수 있다.

20

⑤ 중첩형 질문(Stacking Question)은 클라이언트에게 이중 삼중으로 하는 질문으로 클라이언트를 혼란스럽게 만들 수 있다.

오답 피하기
① 클라이언트의 상세한 설명과 느낌을 듣기 위해 사용하는 질문은 개방형 질문이다.
② 유도형 질문은 미리 답변을 정해두고 클라이언트가 그 답변을 하게끔 유도하는 질문이다.
③ 클라이언트에게서 가장 개방적 태도를 이끌어 낼 수 있는 질문은 개방형 질문이다.
④ '예', '아니오' 또는 단답형으로 한정하여 대답하게 유도하는 질문은 폐쇄형 질문이다.

21

종결단계에서 사회복지사의 역할로는 종결 계획하기, 종결에 대한 감정 다루기, 성취한 것 정리하기, 변화 안정시키기 등이 있다.

오답 피하기
목표달성을 위한 서비스 제공은 실행단계에서 진행되는 과업이다.

22

사례관리의 목적
- 보호의 연속성을 보장한다. 클라이언트의 다양한 욕구를 충족하기 위하여 단일한 서비스가 아닌 다양한 서비스를 제공한다.
- 서비스의 통합성을 확보한다. 클라이언트의 다양한 욕구를 충족시키기 위하여 타 기관의 전문가들과 연합할 수 있고 클라이언트의 서비스 중복과 누락을 예방할 수 있다.
- 서비스의 접근성을 향상한다. 클라이언트가 서비스를 제공받을 수 있도록 조건을 완화하여 접근성을 향상시킨다.
- 사회적 책임성을 보장한다. 클라이언트의 욕구를 충족시키기 위하여 효율성과 효과성을 보장하여야 한다.
- 역량을 강화한다. 클라이언트가 자신의 문제를 해결할 수 있도록 역량을 강화해 자신의 삶을 스스로 향상시킬 수 있도록 해야 한다.

23

① 중개자는 클라이언트가 필요한 자원을 찾을 수 있도록 도와주거나 직접적으로 자원과 클라이언트를 연결해주는 역할이다.
② 옹호자는 클라이언트 입장에서 정당성을 주장하고 기존 제도나 기관으로부터 클라이언트가 불이익을 받을 때 클라이언트를 위해 정보를 수집하고 요구사항을 분명히 하여 정책이나 제도를 변화시키는 역할이다.
④ 위기개입자는 위기사정, 계획수립, 위기해결 등을 재공하는 역할이다.
⑤ 교육자는 문제해결능력이 향상될 수 있도록 다양한 정보와 교육 프로그램을 제공하는 역할이다.

오답 피하기
③ 개인이나 집단의 갈등을 파악하고 조정하는 역할은 조정자이다.

24

- 직접적인 개입은 클라이언트의 욕구나 문제를 사회복지사가 직접 해결하는 것을 의미하고 정보제공, 가족치료, 상담, 직업훈련 등이 있다.
- 간접적인 개입은 클라이언트의 욕구나 문제를 사회복지사가 직접 해결하는 것이 아니라 지역사회, 자원과 연계하는 것을 의미하고 공청회, 홍보활동, 프로그램 개발, 예산확보, 캠페인, 옹호, 서비스 조정 등이 있다.

⑤ 역기능적 가족규칙 재구성은 사회복지사가 클라이언트의 역기능적 가족규칙을 기능적 가족규칙으로 재구성을 하므로 직접적인 개입이다.

오답 피하기
① 아동학대 예방 캠페인 진행, ② 다른 기관과 협력체계 구축, ③ 지역사회 전달체계 재정립, ④ 가출청소년 보호 네트워크 형성은 간접적 개입에 해당한다.

25

계획은 클라이언트의 문제와 욕구를 이해한 후 변화에 초점을 두고 어떻게 개입할 것인지를 설계하는 과정으로서, 목표를 설정하고 이를 구체화하는 과정 등이 포함된다.

목표설정의 선정지침
- 목표는 반드시 클라이언트가 원하는 결과와 연결되어야 한다. 목표 속에 클라이언트가 추구하고 바라는 결과가 반영되어야 클라이언트가 동기를 가지고 목표를 달성하고자 하는 노력을 하게 될 것이다.
- 목표는 명시적이며 측정 가능한 형태로 진술되어야 한다. 원조과정이 방향성을 갖기 위해서는 계획된 목표가 구체적으로 정의되어야 하며, 모든 참여자들이 달성해야 할 변화에 대한 분명한 이해가 있어야 한다. 변화하고자 하는 바가 무엇인지 분명할 때에만 그 결과를 객관적 관찰에 의해 평가할 수 있기 때문이다.
- 목표는 현실적으로 달성 가능한 것이어야 한다. 클라이언트의 목표는 작더라도 달성 가능해야 하며 목표를 방해하는 환경적 요소들은 고려되어야 하고 한정된 기간 동안에 달성하기 어려운 목표설정은 피해야 한다.
- 목표는 사회복지사의 지식과 기술에 상응하는 것이어야 한다. 사회복지사는 자신의 능력을 벗어나는 개입은 하지 않아야 하며, 목표는 사회복지사의 기술과 지식 내에서 설정해야 한다.
- 목표는 성장을 강조하는 긍정적 형태여야 한다. 목표는 클라이언트가 얻게 될 이득이나 혜택을 강조하여 성장에 중점을 두어야 한다.
- 목표가 사회복지사의 권리나 가치에 맞지 않으면 동의하지 않아야 한다. 사회복지사는 자신이나 타인을 유해할 수 있는 목표는 동의하지 않아야 한다.
- 목표는 반드시 기관의 기능과 일치해야 한다. 클라이언트의 욕구와 문제가 기관의 프로그램과 일치해야 하고 일치하지 않을 경우에는 다른 기관에서 서비스를 받을 수 있도록 의뢰해야 한다.

오답 피하기
계약서는 클라이언트만 작성하는 것이 아니라 사회복지사도 함께 작성한다. 이때 사회복지사의 권리나 가치에 맞지 않으면 동의하지 않아야 한다.

4과목 | 사회복지실천기술론

26	27	28	29	30	31	32	33	34	35
③	⑤	④	③	③	④	①	②	⑤	⑤

36	37	38	39	40	41	42	43	44	45
②	②	④	③	③	⑤	⑤	②	①	③

46	47	48	49	50
④	①	⑤	②	②

26

오답 피하기

배타적 관계는 두 대상이 어떤 속성에서 서로 다른 것을 말하는 것으로 사회복지실천은 심리학이나 사회학, 행정학, 정책학, 법학 등 다른 학문과 연관되어 있는 이론이다.

27

⑤ 지지집단은 집단구성원이 스트레스를 받게 되는 사건에 대해 잘 대처하거나 적응하고, 기존의 대처능력을 회복하거나 향상될 수 있도록 원조하는 것이 목적이다. 사회복지사는 집단구성원의 대처기술을 향상시키고 미래에 대하여 희망을 갖도록 촉진시키는 역할을 한다.

오답 피하기

① 구성원의 자기인식 증진은 성장집단이다.
② 클라이언트의 병리적 행동 치료는 치료집단이다.
③ 구성원에게 기술과 정보 제공은 교육집단이다.
④ 사회적응 지원은 사회화집단이다.

28

계획단계에서는 집단의 목적과 목표 달성, 미래 구성원의 정보수집, 구성원모집, 오리엔테이션, 계약을 실시한다. 또한 집단구성원의 동질성과 이질성, 집단의 개방수준, 집단의 크기를 정하고 집단구성 요소를 고려하여 집단을 계획한다.

오답 피하기

ㄹ. 구성원이 집단에 의존하는 정도를 감소시키는 단계는 종결단계이다.

29

저항은 개입목표와는 반대되는 클라이언트의 행동이나, 서비스를 잘못 이해하거나, 사회복지사에 대하여 부정적 감정을 가지고 있을 때 나타난다.

오답 피하기

목표 달성을 위해 저항 이유를 무시하는 것이 아니라 저항의 이유를 알고 저항을 다루는 것이 중요하다.

30

소시오그램은 집단 내 성원들 간의 상호작용을 그림으로 표현한 것으로 집단 내에서 지위를 나타내고, 성원들 간의 관계는 호의적, 무관심, 적대적인 관계로 표현한다.

③ 소시오메트리 질문을 활용하여 정보를 파악한다. 소시오메트리는 집단성원 간 관심 정도를 측정하기 위해 각 성원에 대한 호감도를 1점(가장 싫어함)에서 5점(가장 좋아함)으로 평가하는 방법이다.

오답 피하기

① 구성원 간 호감도 질문을 통하여 구성원들의 관계를 확인할 수 있다.
② 구성원 모두가 관심을 갖는 주제를 발견하는 데 목적이 있는 것이 아니라 구성원들의 상호작용을 그림으로 표현한 것이다.
④ 구성원 간 상호작용을 문장이 아닌 그림으로 표현한 것이다.
⑤ 특정 구성원에 대한 상반된 입장을 파악하는 것이지 하나를 선택하는 것이 아니다.

31

집단응집력은 집단구성원들이 그 집단에 매력을 느끼고 그 안에 머무르도록 작용하는 자발적인 힘의 총체로 집단 내에서 자신이 인정받고, 수용된다는 소속감은 그 자체로서 집단구성원의 긍정적인 변화에 영향을 미친다.

오답 피하기

ㄴ. 자기노출이 높은 집단일수록 응집력이 높다.

32

① 집단목표는 집단의 문제가 해결된 상태 혹은 개입을 통해 일어나기를 바라는 변화를 의미한다.

오답 피하기

② 한 번 정한 목표도 집단의 요구에 따라 목표를 수정할 수 있다. 목표가 변하지 않으면 클라이언트의 탈퇴로 인해 집단의 붕괴를 막을 수 없다.

③ 목표를 고려하여 집단 크기나 기간을 정한다. 교육집단에 기간을 짧게 잡으면 교육의 효과를 볼 수 없다.

④ 집단목표는 구성원의 목표와 관련이 있다. 구성원이 원하는 목표를 달성하기 위해 집단에 참여하므로 집단목표와 구성원의 목표는 관련성이 높다.

⑤ 목표가 집단과정에서 자연스럽게 형성되는 것이 아니라 목표를 먼저 설정한 후 집단을 만들고 구성원을 모집한다.

33

직접적 영향은 사회복지사는 조언이나 제안, 지시 등을 통하여 클라이언트의 행동을 변화시키기 위한 방법으로 판단을 내리기 어렵거나 위기상황에 사용하는 방법이다. 클라이언트가 자기결정권을 사용하는 것도 중요하지만 때론 적절한 결과를 얻을 수 있도록 직접적으로 영향을 주는 것이다.

오답 피하기

주변인에게 영향력을 행사하여 환경을 변화시키는 기법은 클라이언트 환경에 관한 반성적 고찰이다.

34

인지행동모델은 인지이론과 행동주의이론이 합해진 모델로 인간은 외적 자극에 단순히 반응하는 존재가 아니며 상징을 사용할 수 있는 능력을 가지고 있어 스스로 사고하고 창조하며 계획하는 것이 가능한 존재로 본다. 클라이언트의 문제를 해결하기 위해서는 생각을 바꾸어 행동을 수정하는 방법을 사용한다. 주요기술로는 재적(내적) 의사소통의 명료화, 설명, 기록과제, 경험적 학습, 역설적 의도, 실존적 숙고 치료활동, 인지재구조화, 모델링, 시연, 자기 지시기법, 체계적 둔감법, 이완운동, 생각중지기법, 침습적 생각의 외현화, 코칭, 기록과제 등이 있다.

ㄱ. 내적 의사소통의 명료화는 클라이언트 스스로에게 피드백을 줌으로써 자신의 생각과 이야기 속에 숨겨진 인지적 오류와 비합리적 신념에 대한 통찰력을 발전시키고 이해할 수 있도록 도움을 준다.

ㄴ. 모델링은 하나 이상의 모델을 관찰함으로써 나타나는 행동적, 인지적, 정의적 변화를 가리킨다.

ㄷ. 기록과제는 특정 상황에 떠오르는 생각을 점검하기 위해 기록하도록 과제를 주는 것이다.

ㄹ. 자기지시는 내적 대화(Internal Dialogues)와 겉으로 드러나지 않은 자기진술을 하게 함으로써 어려운 생활사건에 대처하고 행동문제를 해결하게 하는 기법이다.

35

실행단계는 개입과정에서 가장 많은 시간을 소요되는 단계로서 문제에 대하여 집중적으로 사정하고, 대안들을 모색하여 결정한다. 문제를 해결하기 위한 결정된 과제들을 수행하고 과제수행의 정도를 점검하고 모니터링하는 단계이다.

오답 피하기

과제달성 정도는 최종평가 시 결정되지만 실행단계에서 과제수행의 정도를 점검하고 모니터링을 한다.

36

해결중심가족치료의 특징

• 병리적이 아닌 강점에 초점을 두고 클라이언트의 강점과 자원을 발견하여 치료에 활용한다. 클라이언트가 원하는 결과를 얻기 위해 클라이언트의 자원, 기술, 지식, 행동, 환경 등을 활용한다.
• 과거보다는 현재와 미래지향적이다.
• 문제의 원인보다는 문제해결방법에 초점을 맞춘다.
• 클라이언트는 자신의 문제를 잘 알고 해결할 수 있는 능력이 있다고 보기 때문에 서로 협력하여 문제를 해결한다.
• 단순하고 간단한 방법을 사용한다. 즉, 경제성을 추구한다.
• 탈이론, 비규범적이다.
• 클라이언트와의 협동 작업을 중요시하고 변화를 불가피한 것으로 인식한다.

37

위기개입의 목표(라포포트, Rapoport)

• 위기로 인한 증상을 제거한다.
• 위기 이전의 기능 수준으로 회복시킨다.
• 불균형 상태를 가지고 온 사건에 대해 이해한다.
• 현재의 문제와 과거의 경험이나 갈등과 연관성을 인식한다.
• 위기상황 이후에도 사용할 수 있는 대처방법을 개발한다.
• 클라이언트나 가족이 사용하거나 지역사회 지원에서 이용할 수 있는 치료기제에 대해 규명한다.

위기개입의 목표 중 가장 중요한 것은 클라이언트의 위기 이전의 기능수준으로 회복시키는 것이다.

38

실용성에 관한 논박기법

• 논리성은 어떤 조건이 바람직하다고 해서 그것이 반드시 존재하는 것이 아님을 알도록 한다.
  예 그 생각이 옳다는 것을 어떻게 아세요?
  예 그 생각의 논리적 근거는 무엇입니까?

- 실용성은 클라이언트가 가지고 있는 신념이 혼란을 초래할 뿐 아무런 이득이 없음을 알도록 한다.
  - **예** 그 생각이 문제해결에 얼마나 도움이 될까요?
- 현실성은 클라이언트가 가지고 있는 신념이 현실적으로 이루어질 수 없음을 알도록 한다.
  - **예** 그 일이 실제로 일어날 가능성이 얼마나 될까요?

39

③ B는 억울함을 호소하며 비협조적인 태도를 보이고 있어 원치 않는 의뢰과정에서 생긴 억눌린 감정을 표현할 수 있는 기회를 제공한다.

오답 피하기

① 의뢰자의 견해보다는 클라이언트에 초점을 맞춰 개입한다. 초기 접근에서는 클라이언트의 진술은 중요한 정보가 되어 사회복지사는 클라이언트를 인정해 주어야 한다.
② 비협조적 태도는 저항에서 비롯된 것으로 그 이유를 계속 물어볼 필요는 없지만 클라이언트의 저항의 원인이 무엇에서 오는지를 탐색할 필요가 있다.
④ 비협조적 태도를 바꾸려고 시간을 소모하지 말고, 곧바로 개입하면 사례가 유지되기 어려우므로 클라이언트의 관점을 이해한 후에 개입을 진행해야 한다.
⑤ 비밀보장원칙이나 학교에 보고해야 할 사항에 대해 명확하게 설명해야 한다.

40

행동을 변화시키는 기술

- 모델링
- 토큰 강화
- 행동시연
- 체계적 둔감법
- 자기주장훈련
- 소거
- 타임아웃
- 행동조성
- 역할극
- 행동계약
- 강화와 처벌
- 과제를 통한 연습

오답 피하기

직면은 인지에 개입하는 기술로 행동주의모델의 기법에 속하지 않는다.

41

위기개입모델은 클라이언트가 스트레스나 외상을 대처하거나 경감할 수 없는 불균형의 상태가 되는 것을 위기로 보고 클라이언트의 불균형 상태로 사건을 이해하여 위기 이전의 기능 수준으로 회복시킨다. 클라이언트에게 필요한 정보를 제공하거나 정서적으로 지지하여 희망을 고취시킨다.

오답 피하기

위기개입모델은 위기에 의한 병리적 반응과 영구적 손상의 치료에 초점을 두기보다는 위기행동에 초점을 두며 과거에 비중을 두지 않고 현재에 집중한다.

42

오답 피하기

가족이 처한 상황을 구성원의 인식과 언어체계로 표현하도록 하는 방법은 주관적으로 인식하는 사회구성주의 방법이다. 가족이 처한 상황을 구성원의 인식과 언어체계로 표현하면서 가족 스스로 문제해결의 단서를 찾도록 하기보다는 가족이 처한 상황을 어떻게 인식하고 있는지 고려하는 것이 중요하다.

43

생태도는 클라이언트와 가족들이 환경과 어떠한 관계가 있는지를 그림으로 나타낸 것이다. 클라이언트뿐 아니라 가족이 환경과 어떠한 상호작용을 하는지, 어떠한 에너지의 흐름이 있는지 알 수 있어 문제해결을 위한 개입 계획을 설정하는 데 유용한 도구이다.

오답 피하기

생태도를 통해서는 환경과의 관계를 파악할 수 있지만 회복탄력성과 문제해결능력은 확인할 수 없다. 문제해결능력을 확인할 수 있는 사정도구는 가족사정척도이다.

44

의사소통유형

기능적 의사소통	일치형	자신	존중	• 자신, 타인 상황 모두 존중한다.
		타인		• 자신을 감정을 잘 알고 적절하게 표현한다.
		상황		
역기능적 의사소통	회유형	자신	무시	• 자신은 무시하고 타인과 상황은 존중한다.
		타인	존중	• 타인의 말과 행동에 무조건 동의하고 비굴한 자세를 취한다.
		상황		
	비난형	자신	존중	• 자신을 제외한 타인과 상황은 무시한다.
		타인	무시	• 타인의 말과 행동을 비난한다.
		상황		
	초이성형	자신	존중	• 자신과 타인은 존중하지만 상황은 무시한다.
		타인		• 규칙과 옳은 것만 절대시한다.
		상황	무시	

01 기출문제 | 02 기출문제 | 03 기출문제 | 04 기출문제 | 05 기출문제

역기능적 의사소통	산만형 (혼란형)	자신	무시	• 자신, 타인, 상황 모두 무시한다.
		타인		
		상황		• 주제나 상황에 맞지 않는 행동을 한다.

오답 피하기

② 자신을 보호하기 위해 타인을 비난하는 유형은 비난형이다.

③ 자신과 타인을 무시하고 상황을 중요시하는 유형은 없다. 산만형은 자신, 타인, 상황을 모두 무시한다.

④ 초이성형은 자신과 타인을 중시하고 상황을 무시한다.

⑤ 비난형은 상당보다 더 우월하다는 것을 보여주기 위해 타인의 결점을 발견하고 비난한다.

45

③ 자아분화는 자신과 타인의 사고와 감정을 분리하여 구분할 수 있는 능력을 의미한다.

오답 피하기

① 가족투사는 원가족에서 형성된 자신의 불안한 감정의 문제들을 가족관계에 투사하는 것을 의미한다.

② 삼각관계는 두 사람 사이에 생긴 문제에 제3자가 개입하여 두 사람의 문제를 해결하는 방법을 의미한다.

④ 핵가족 정서는 핵가족 내에서 가족이 정서적으로 기능하는 패턴이나 가족들이 정서적으로 얼마나 강한 결속력으로 연결되어 있는 정도를 나타내는 것을 의미한다.

⑤ 다세대 전수는 다세대를 통해 가족의 정서과정이 전수되는 것으로 미분화된 가족정서가 가족투사와 삼각관계 과정을 거쳐 세대 간에 불안이 전달되고 가족의 증상이 반복되는 것을 의미한다.

46

구조적 가족치료는 가족을 재구조화하여 가족이 적절한 수행을 할 수 있도록 돕는 방법이다. 가족 내에서 발생되는 일관성이 있고 반복적인 상호작용을 가족구조라 하며 그 패턴을 재조직하거나 새로운 구조와 상호작용 형태로 대체시키는 작업이 가족을 재구조화하는 것이다.

오답 피하기

탈삼각화는 보웬의 다세대 가족치료의 기법으로 미분화된 가족일수록 가족성원 간 불안 수준이 높아져 다른 사람을 개입시켜 삼각관계를 형성하려고 한다. 두 사람 사이에 생긴 문제에 해결하기 위해 개입된 제3자를 분리시키는 과정이다.

47

오답 피하기

관계성 질문은 클라이언트와 중요한 관계를 갖는 사람들에 대한 질문으로, "당신의 어머니는 이 상황에서 당신이 무엇을 해야 문제해결에 도움이 된다고 말씀하실까요?"라고 물어볼 수 있다. "두 분이 싸우지 않을 때는 어떠세요?"와 같은 질문은 예외질문에 해당한다.

48

⑤ 재명명은 가족구성원이 다른 구성원들에게 있는 어떤 문제의 부정적 의미, 고정관념, 사고, 가치를 변화하여 문제를 다른 관점으로 이해하도록 돕는 기법으로 문제의 속성을 변화시키는 것이 아니라 의미를 긍정적으로 볼 수 있도록 변화시키는 것이다. 즉, 부정적 의미를 긍정적 의미로 변화시키는 것이다.

오답 피하기

① 역기능적인 구조의 재구조화를 개입목표로 하는 모델은 구조적 가족치료모델이다.

② 증상처방이나 고된 체험기법을 비지시적으로 활용하는 모델은 전략적 가족치료모델이다. 하지만 증상처방은 비지시적 기법이지만 고된 체험기법은 지시적 기법이다.

③ 가족문제가 왜 일어났는지 파악하기보다는 문제해결에 필요한 전략을 사용한다.

④ 가족 내 편중된 권력으로 인해 고착된 불평등한 위계구조를 재배치하는 모델은 구조적 가족치료모델이다.

49

② 요약기록은 사회복지사와 클라이언트의 면담에서 있었던 내용 중 중요한 정보만 요약하여 기록하는 방법이다.

오답 피하기

① 과정기록은 사회복지사와 클라이언트의 원조과정이나 상호작용 과정에 있었던 내용을 있는 그대로 기록하는 방법이다.

③ 이야기체기록은 면담 내용이나 서비스 제공과정에 대해 이야기하듯 서술체로 기록하는 방법이다.

④ 문제중심기록은 클라이언트의 현재 문제를 중심으로 구성하고 문제를 규명하고 사정하여 각 문제에 무엇을 할 것인지 계획을 기록하는 방법이다.

⑤ 최소기본기록은 클라이언트의 기본정보, 주요문제, 개입정도만 단순하게 기록하는 방법이다.

50

② ABC설계는 한 번의 기초선을 보고 두 번의 다른 개입을 실시하는 유형이다. 한 번의 기초선에 한 번의 개입(전화상담)과 또 다른 개입(집단활동)을 실시하는 유형이다.

오답 피하기

① AB설계는 한 번의 기초선을 보고 한 번의 개입을 실시하는 유형이다.
③ ABAB설계는 기초선을 보고 개입을 하고 다시 기초선을 보고 같은 개입을 하는 유형이다.
④ ABAC설계는 기초선을 보고 개입을 하고 다시 기초선을 보고 다른 개입을 하는 유형이다.
⑤ 다중(복수)기초선설계는 AB 조사를 여러 상황, 여러 문제, 여러 사람에게 적용하는 방법으로 상황 간, 문제 간, 대상자 간 복수기초선으로 이루어진다.

5과목	지역사회복지론								
51	52	53	54	55	56	57	58	59	60
③	①	②	③	⑤	①	②	④	④	④
61	62	63	64	65	66	67	68	69	70
①	④	④	②	③	③	⑤	⑤	⑤	②
71	72	73	74	75					
⑤	⑤	①	④	③					

51

지역사회 내 상이한 단위 조직들 간의 구조적·기능적 관련 정도는 수평적 유형에 대한 설명이다.

지역사회비교척도

• 지역적 자치성은 지역사회가 중요한 기능을 수행하는 데 있어 타 지역에 어느 정도 의존하느냐에 관심을 두는 차원이다.
• 서비스 영역의 일치성은 학교, 병원, 공공시설이 일정한 지역 내에서 이루어지고 있느냐에 관심을 두는 차원이다.
• 지역에 대한 주민의 심리적 동일시는 지역사회에 있는 주민들이 자신이 살고 있는 지역사회를 얼마나 중요한 준거집단으로 생각하고 있으며 어느 정도 소속감을 갖고 있느냐의 차원이다.
• 수평적 유형은 지역사회 내에 다른 조직들끼리 서로 얼마나 강한 관련성을 가지고 있느냐에 관심을 두는 차원이다.

52

ㄱ. 지역주민들이 필요한 재화와 서비스를 어느 정도 제공받을 수 있느냐를 결정하는 것은 생산·분배·소비의 기능이다.
ㄴ. 구성원들이 사회의 규범에 순응하게 하는 것은 사회통합의 기능이다.

길버트와 스펙트의 지역사회 기능

• 생산·분배·소비의 기능(경제제도)은 지역사회 주민들이 일상생활을 영위하는 데 있어 필요한 서비스를 생산하고 분배하고 소비하는 과정과 관련된 기능을 말한다.
• 사회화의 기능(가족제도)은 일반적인 지식, 사회적 가치, 행동 양태를 사회구성원에게 전달시키는 과정을 말한다.
• 사회통제의 기능(정치제도)은 지역사회 구성원들이 사회의 규칙을 준수하도록 강제력을 행사하는 것을 말한다.
• 사회통합의 기능(종교제도)은 사회 체계를 구성하는 사회 단위 조직들 간의 관계와 관련된 기능으로 사회적 집단 및 조직의 활동에 참여하는 과정을 말한다.
• 상부상조의 기능(사회복지제도)은 스스로의 욕구를 해결할 수 없는 경우 필요로 하는 사회적 기능을 말한다.

53

ㄱ. 영구임대주택단지 내에 사회복지관 건립이 의무화된 시기는 1988년이다.
ㄷ. 「국민기초생활 보장법」 제정으로 공공의 책임성이 강화된 시기는 1999년이다.
ㄴ. 지역사회복지협의체가 지역사회보장협의체로 명칭이 변경된 시기는 2015년이다.

54

지역사회보호는 수용시설의 부정적 평가에서 출발한 사회적 돌봄이다. 이후 가정이나 지역사회에서 노인과 장애인을 대상으로 한 지역사회보호 프로그램들이 개발되고 확대되어 프로그램을 제공한다.

오답 피하기

지역사회보호가 강조되면서 민간서비스, 비공식서비스의 역할이 점차 강조되었다.

55

① 사회체계이론은 다양한 체계들 간의 상호작용을 강조하고 하나의 사회체계로 본다.
② 생태학적 관점은 지역사회는 공간을 점유하는 인간집합체로서 경쟁, 중심화, 분산 및 분리 등의 현상이 존재한다고 본다.

③ 사회자본이론은 사회구성원을 묶어주는 사회적 신뢰, 규범, 네트워크, 구성원 간 협동심 등의 전체의 양을 뜻한다.
④ 갈등이론은 지역사회에서 갈등이 일어나는 것은 일반적인 특징이며 사회적 과정의 본질로 간주한다. 지역사회 내의 구성원들이 경제적 자원, 권력, 권위 등 불평등한 배분관계에 놓일 때 갈등이 발생한다.

오답 피하기
⑤ 자기효능감이란 인간은 자신의 행동을 책임지거나 통제할 수 있다고 믿는 믿음으로 반두라의 사회학습이론의 개념이며, 사회교환이론과는 아무런 관련이 없다. 사회교환이론에서 교환을 할 경우에는 호혜성과 시혜성으로 교환이 이루어진다.

56
지역사회복지실천의 원칙은 지역사회의 갈등을 해결하기 위해 지역사회 내 풀뿌리 지도자를 발굴하고 참여시키는 것이다. 지역사회의 공동 목표를 수립하고 이를 실천할 수 있는 방법을 수립한다.

오답 피하기
지역사회복지실천에서 클라이언트는 지역사회가 된다. 지역사회의 특성과 문제가 모두 다르므로 지역사회마다 개별적으로 처우해야 한다.

57
② 사회구성주의이론은 지식은 인간의 경험세계로부터 주관적으로 구성된다고 주장하는 이론이다.

오답 피하기
① 지역사회상실이론은 사회복지정당화이론으로 과거에 전통사회에서 이루어지던 행위들이 산업화로 인하여 가족이나 이웃의 역할이 상실되었다고 본다. 전통사회의 역할이 복구할 수 없게 되어 과거의 공동체에 대한 향수가 깔려 있고 전통사회에 대한 향수로 상실된 지역사회의 기능을 대처할 새로운 제도가 필요하게 되었다. 산업사회에서는 1차 집단의 해체, 공동체의 쇠퇴, 비인간성이 특징이다.
③ 자원동원이론은 힘의존이론과 연관되며 사회운동조직들의 역할과 한계를 설명하고 조직의 발전과 승패를 위해서 구성원 모집, 자금 확충, 직원 고용에 힘쓴다.
④ 다원주의이론은 지역사회복지정책들이 다양한 관련 이익단체들 간의 갈등과 타협으로 만들어진다고 보는 이론이다.
⑤ 권력의존이론은 사회복지기관들은 생존하기 위해 외부의 지원에 의존할 수 밖에 없다는 이론이다.

58
테일러와 로버츠의 모델
- 프로그램 개발 및 조정 모델
- 계획모델
- 지역사회연계모델
- 지역사회개발모델
- 정치적 행동 및 역량강화 모델

오답 피하기
ㄹ. 연합모델은 웨일과 갬블의 모델이다.

59
오답 피하기
정부조직을 경쟁자로 인식하는 모델은 사회행동모델이다. 지역사회개발모델은 지역주민의 협력이 중요하다.

60
정치 · 사회행동모델
- 특징 : 지역사회에서 불평등을 극복하거나 지역사회의 욕구를 무시하는 의사결정자에게 대항하고 불공정한 조건을 변화시키려는 기술을 개발함으로써 사람들의 권한을 부여하는 것을 주요 내용으로 한다.
- 표적체계 : 잠재적 참여자와 선거로 선출된 공직자와 행정 관료가 될 수 있다.
- 구성원 : 정치적 권한이 있는 시민
- 관심영역 : 저소득층 집단에 생기는 불이익을 발생시키는 정부의 조치를 변화시키는 데 초점이 있다.
- 사회복지사의 역할 : 옹호자, 교육자, 조직가, 연구자로서의 역할을 수행한다.

61
지역사회복지실천 단계는 문제확인 단계 → 욕구사정 단계 → 계획수립 단계 → 자원동원 단계 → 실행 · 평가 단계 순이다.
문제확인 단계는 클라이언트의 욕구나 문제를 확인하는 단계로 이슈화, 자료분석, 가치관 등을 고려한다.

62
실행 단계에는 재정실행, 갈등관리, 클라이언트 적응 촉진, 네트워크 구축 등이 실행된다.

오답 피하기
실천계획의 목표설정은 개입방향을 정하는 목적 및 목표설정 단계이다.

63

옹호/대변기술은 클라이언트가 받아야 할 서비스를 받지 못할 때나 불합리한 대우를 받을 경우 사용하는 기술이다. 클라이언트 편에 서서 정당성을 요구하거나 이익을 위해 대변한다.

64

조직화 기술은 지역사회가 처한 상황과 해결방향에 따라 목표를 세우고 합당한 주민을 선정하여 모임을 만들고 지역사회의 욕구나 문제를 해결해 나가도록 돕는 기술이다.

ㄷ. 조직화 기술은 지역주민들의 능력을 향상시켜 문제를 해결할 수 있도록 돕는 기술이다. 지역사회복지 거버넌스는 지역사회의 역량을 강화시키기 위해 민·관을 넘어 지방정부와 비영리단체뿐 아니라 영리단체까지 참여하는 삼자 이상의 협의체계를 가능하게 하므로 지역사회복지 거버넌스 구조와 기능을 축소시키는 것이 아니라 강화시키는 것이다.

65

③ 델파이기법은 전문가들이 직접적으로 대면하지 않고 우편을 통하여 합의점을 도출하는 방법이다. 익명성이 보장된다는 장점이 있는 반면에 2회 이상 실시하기 때문에 장기적으로 시간과 비용이 많이 드는 단점이 있다.

① 명목집단기법은 지역주민을 한자리에 모아 지역에 영향을 미치는 문제나 이슈를 제시하도록 하고 참가자들로 하여금 열거된 문제에 대한 해결책의 우선순위를 종이에 적어 평점이 제일 높은 해결책을 선택하는 방법이다.

② 2차 자료분석은 지역주민이나 전문가들에게 자료를 얻는 것이 아니라 기존에 기록을 검토하여 클라이언트의 욕구나 문제를 파악하는 방법이다.

④ 지역사회포럼은 지역사회에 거주하는 모든 주민들이 참여하여 그 지역의 욕구나 문제에 대해 의견을 발표하여 지역사회 주민의 문제를 파악하는 방법이다.

⑤ 초점집단기법은 질적 자료수집 방법 중 하나로 6~10명 정도의 소집단으로 구성되며 여러 명이 동시에 질의와 응답에 참여할 수 있고, 집중적인 토론에 유용하다.

66

③ 지방분권화는 중앙정부의 권한을 받은 지방정부가 스스로 지역의 공공사무를 처리하는 것으로 중앙정부 복지예산의 지방이양으로 지방정부의 책임이 강화된다.

① 지방정부에 비해 중앙정부의 책임이 약화하고 있다.

② 지방 자립도에 따라 지역 간 복지수준의 격차가 발생한다.

④ 지방자치단체장은 투표로 선출한다.

⑤ 지방정부의 복지예산 확대로 민간의 참여가 강화된다.

67

지역사회보장계획안 마련
- 지역사회보장 수요의 측정, 목표 및 추진전략
- 지역사회보장의 목표를 점검할 수 있는 지표의 설정 및 목표
- 지역사회보장의 분야별 추진전략, 중점 추진사업 및 연계협력 방안
- 지역사회보장 전달체계의 조직과 운영
- 사회보장급여의 사각지대 발굴 및 지원 방안
- 지역사회보장에 필요한 재원의 규모와 조달 방안
- 지역사회보장에 관련한 통계 수집 및 관리 방안

68

대표협의체
- 시·군·구의 지역사회보장계획 수립·시행 및 평가에 관한 사항
- 시·군·구의 지역사회보장조사 및 지역사회보장지표에 관한 사항
- 시·군·구의 사회보장급여 제공에 관한 사항
- 시·군·구의 사회보장 추진에 관한 사항
- 읍·면·동 단위 지역사회보장협의체의 구성 및 운영에 관한 사항

읍·면·동의 지역사회보장조사 및 지역사회보장지표에 관한 사항은 포함되지 않는다.

69

① 사회복지공동모금회법 제7조(임원) 제1항 회장, 부회장 및 이사의 임기는 3년으로 하며, 한 차례만 연임할 수 있다.

② 사회복지공동모금회법 제5조(사업) 제1항 사회복지공동모금사업을 수행한다.

③ 사회복지공동모금회법 제12조(사무조직) 모금회의 업무를 처리하기 위하여 사무총장 1명과 필요한 직원 및 기구를 둔다.

④ 사회복지공동모금회법 제14조(지회) 제1항 특별시·광역시·특별자치시·도·특별자치도 단위 사회복지공동모금지회를 둔다.

⑤ 사회복지공동모금회법 제18조의2(복권발행) 공동모금회는 사회복지사업이나 그 밖의 사회복지활동 등을 지원하기 위한 재원을 조성하기 위하여 복권을 발행할 수 있다. 복권을 발행하려면 보건복지부장관의 승인을 받아야 한다.

70

사회복지관서비스 제공기능에는 가족기능강화, 지역사회보호, 교육문화, 자활지원 등이 있다.

오답 피하기

사례관리 기능에는 사례발굴, 사례개입, 서비스 연계가 있다.

71

한국사회복지협의회의 업무

• 사회복지에 관한 조사연구 및 정책건의
• 사회복지에 관한 교육훈련
• 사회복지에 관한 자료수집 및 간행물 발간
• 사회복지에 관한 계몽 및 홍보
• 사회복지사업에 관한 기부문화의 조성
• 자원봉사 활동의 진흥
• 사회복지사업에 종사하는 자의 교육훈련과 복지증진
• 사회복지에 관한 학술도입과 국제사회복지단체와의 교류
• 보건복지부장관이 위탁하는 사회복지에 관한 업무(중앙협의회만 해당)
• 시 · 도지사 및 중앙협의회가 위탁하는 사회복지에 관한 업무(시 · 도 협의회만 해당)
• 시 · 도지사, 시장 · 군수 · 구청장, 중앙협의회 및 시 · 도 협의회가 위탁하는 사회복지에 관한 업무(시 · 군 · 구협의회만 해당)
• 그 밖에 중앙협의회 도는 시 · 도 협의회의 또는 시 · 군 · 구협의회의 목적달성에 필요하여 정관으로 정하는 사항

오답 피하기

읍 · 면 · 동이 아니라 보건복지부장관이 위탁하는 사회복지에 관한 업무이다.

72

사회적 경제는 이윤을 남기려고 하는 시장경제와는 다르게 사람을 우선순위에 두는 사람중심의 경제활동을 의미한다. 사회적 약자에게 재화와 서비스를 공급하는 제3부문으로 사회적 재화와 서비스를 공급하는 경제활동을 말한다. 사회적 목적과 민주적 운영 원리를 가진 호혜적 경제활동 조직이며 1800년대 초에 유럽과 미국에서 협동조합, 사회적기업, 상호부조조합, 커뮤니티비지니스 등의 형태로 등장하였고 우리나라의 경우 두레나 농민협동조합으로 등장하였다.

ㄱ. 사회적기업은 경제적 이익을 추구하여 이익을 지역주민에 활용한다.
ㄴ. 사회적 경제는 자본주의 시장경제의 대안모델로 사람을 우선순위에 두는 사람중심의 경제활동을 의미한다.

ㄷ. 사회적 협동조합의 목적은 취약계층에게 사회서비스 또는 일자리를 제공하는 것이다. 사회적 협동조합은 영리를 목적으로 하지 않는다.

73

지역사회복지운동은 지역주민의 욕구와 문제를 해결하기 위하여 지역사회의 역량을 강화시켜 주민들의 욕구충족과 지역공동체 형성이라는 목적을 달성하려는 조직적인 운동이다.

오답 피하기

지역사회 주민 전체를 기반으로 하는 활동으로 노동운동이나 민중운동과 같이 정해진 계층이 있는 것이 아니라 지역사회 주민의 발전에 초점을 두고 있다.

74

주민참여는 지역주민들의 욕구를 정책이나 계획에 반영될 수 있도록 정부의 의사결정 과정에 적극적으로 관여하는 것을 말한다.

오답 피하기

공무원 중심의 복지정책 결정권한 강화가 아니라 지역주민 중심의 복지정책 결정 권한을 강화한다.

75

① 2015년 서울시에서 '찾아가는 동주민센터' 사업을 실시하였다.
② 2016년 읍 · 면 · 동 복지허브화로 읍 · 면 · 동 맞춤형 복지전담팀이 설치되었다.
④ 2016년 읍 · 면 · 동 복지허브화로 행정복지센터로의 행정조직을 재구조화하였다.
⑤ 2015년 지역사회복지계획이 지역사회보장계획으로 변경하였다.

오답 피하기

③ 2019년 6월부터 주거, 보건, 의료, 요양, 돌봄, 일상생활의 지원을 통합하여 지역사회 통합돌봄(커뮤니티케어) 선도사업이 실시되었다.

01	02	03	04	05	06	07	08	09	10
④	①	①	⑤	②	②	①	④	②	⑤
11	12	13	14	15	16	17	18	19	20
②	④	②	③	⑤	③	①	⑤	①	⑤
21	22	23	24	25					
④	④	③	③	③					

01

페이비언주의는 평등과 적극적인 자유를 강조하여 국가의 적극적인 개입을 인정한다.

02

오답 피하기

소극적 자유(Negative Freedom)는 국가의 구속으로부터 자유 또는 해방을 의미로 개인이 자신의 욕구를 충족하는 데 있어 일정한 유형의 간섭도 없는 것을 의미한다. 자신이 원하는 것을 할 수 있는 자유는 적극적 자유이다.

03

고용 크레딧, 양육 크레딧 제도는 실시하고 있지 않고 군복무 크레딧, 출산 크레딧은 2008년에 시행되었다. 가장 최근에 시행된 크레딧은 2016년에 시행한 실업 크레딧이다.

04

포괄수가제
• 의사에게 환자 1인당 혹은 진료일수 1일당 아니면 질병별로 부수 단가를 정하고 미리 정해진 지불하는 방법이다.
• 새로운 약의 사용이나 새로운 의, 과학 기술의 적용에는 적합하지 못하다.
• 과잉진료를 억제하고 환자의 의료비 부담을 줄인다.
• 행위별수가제에 비해 과잉진료 행위가 줄어든다.
• 행위별수가제에 비해 의료서비스 품질의 저하가 우려된다.
• 4과 7개 증후군에 포괄수가제를 적용한다.

행위별수가제
• 의료기관에서 받는 진찰료, 검사료, 처치료, 입원료 등 행위에 정해 진 수가를 지불하는 방법이다.

• 의사의 자율성이 보장되어 환자들에게 양질의 의료서비스를 제공할 수 있다.
• 신 의료기술과 신약개발에 기여할 수 있다.
• 과잉진료가 발생할 수 있어 의료수가가 상승한다.

05

오답 피하기

노인장기요양보험료와 국민건강보험료는 건강보험공단에서 통합 징수를 하지만 노인장기요양기금과 국민건강보험기금은 각각 독립 회계를 사용하여 각각 관리한다.

06

오답 피하기

ㄴ. 「고용보험법」 제77조의2에 따라 예술인은 고용보험 가입대상 이 된다.
ㄹ. 「고용보험 및 산업재해보상보험의 보험료징수 등에 관한 법률」 제13조에 따라 고용안정 및 직업능력개발사업의 보험료는 사업 주가 부담한다.

07

사회보험과 민간보험의 차이점

사회보험	민간보험
1. 강제적	1. 자발적
2. 최저소득의 보장	2. 개인의 의사와 지불능력에 따라 고액 보장 가능
3. 사회적 충분성 강조(복지 요소)	3. 개인적 공평성 강조
4. 급여는 법에 의해 규정(법적 권리)	4. 법적 계약에 의거(계약적 권리)
5. 정부 독점	5. 자유 경쟁
6. 비용 예측 곤란	6. 비용 예측 전제
7. 완전 적립 불필요	7. 완전 적립
8. 보험계약 불필요	8. 개인적 또는 집단적 보험계약
9. 목적과 결과를 감안, 다양한 옵션 부여	9. 목적과 결과를 감안, 단일 옵션 부여
10. 중앙정부의 통제하에 투자	10. 사적 경로를 통한 투자
11. 인플레 대응을 위해 조세제도 이용 가능	11. 인플레에 취약

오답 피하기

사회보험과 민영보험 모두 현금급여를 원칙으로 한다.

08

오답 피하기

「의료급여법」 제3조(수급권자)에 의해 1종수급자로 구분된다.

09

보험급여의 종류
- 요양급여
- 휴업급여
- 장해급여
- 간병급여
- 유족급여
- 상병(傷病)보상연금
- 장례비
- 직업재활급여
- 특별급여

오답 피하기
상병수당은 「국민건강보험법」의 급여이다.

10

⑤ 사회복지전담공무원은 「국민기초생활 보장법」, 「긴급복지지원법」, 「장애인연금법」, 「사회보장급여의 이용 · 제공 및 수급권자 발굴에 관한 법률」에 의해 직권신청이 가능하다.

오답 피하기
① 의료급여 선정기준은 기준 중위소득의 100분의 40 이상으로 한다.
② 교육급여 선정기준은 기준 중위소득의 100분의 50 이상으로 한다.
③ 「국민기초생활 보장법」에 따른 급여를 받는 사람은 수급자, 급여를 받을 권리가 있는 자는 수급권자이다.
④ 국민기초생활보장제도에서의 "보장기관"은 국가와 지방자치단체를 의미한다.

11

자유주의적 복지국가
- 시장경제를 강조하여 탈상품화 효과가 가장 낮다.
- 소득과 재산조사에 의한 공공부조를 실행한다.
- 시장의 규제완화와 복지축소를 통해 복지국가의 위기를 모색한다.
- 시장의 효율성과 근로의욕 고취를 강조하고 엄격한 과정으로 인하여 낙인이 생긴다.
- 시장의 효율성, 노동력의 상품화, 근로의욕의 고취를 강조한다.
- 시장규제 완화와 복지축소를 통해 복지국가 위기를 이겨낸다.
- 미국, 캐나다, 오스트레일리아가 해당된다.

오답 피하기
탈상품화가 가장 높은 복지국가는 사회민주주의 복지국가이다.

12

오답 피하기
낙수효과는 고소득층의 소득과 부를 늘려주면 이들이 소비와 투자증가를 통해 전체 경제활동이 활발해지면서 결국 저소득층도 혜택을 볼 수 있다는 이론이다. 낙수효과는 시장경제에서 나타난다.

13

② 노인장기요양보험제도는 요양등급을 판정하여 급여를 제공하므로 진단적 구분이 적용된다. 의사의 진단과 함께 노인장기요양보험에 따른 요양등급을 받아야 급여를 제공받을 수 있다.

오답 피하기
① 소득수준 하위 70%를 기준으로 급여자격이 부여되므로 자산조사 방식이 적용되는 것은 기초연금이다. 국민연금은 소득수준을 적용하지 않는다.
③ 아동수당은 전체 아동이 아니라 만 8세 미만의 아동이 적용대상이므로 아동수당은 선별주의 제도이다. 아동의 나이는 18세 미만으로 모든 아동이 받는 것이 아니다. 그러나 만 8세 미만의 아동들에게만 한정한다면 보편주의 제도이다.
④ 국민기초생활보장제도는 부양의무자 조건을 완화하였다 하더라도 소득기준이 있으므로 선별주의 제도이다.
⑤ 장애인연금은 모든 장애인에게 지급하지 않고 중증장애인과 소득기준으로 판별하므로 선별주의 제도이다.

14

ㄱ. 길버트법은 작업장 노동의 비인도적인 문제에 대응하여 최초로 원외구제를 실시하였다.
ㄹ. 비스마르크는 독일제국의 사회통합을 위해 사회보험을 도입하였다.

오답 피하기
ㄴ. 신빈민법은 특권적 지주계급을 위한 법이 아니라 빈민을 작업장에 입소하지 못하게 하여 구빈비용을 억제하려는 목적이다. 구열등처우의 원칙, 작업장수용의 원칙(원외구제 금지의 원칙), 전국통일의 원칙(균일처우의 원칙)이 있다.
ㄷ. 미국의 사회보장법(1935)은 연방정부의 책임을 강화하였다. 연방정부의 책임을 축소하고 지방정부와 민간의 책임을 확대한 것은 레이거노믹스(1980년대)이다.

15

길버트와 스펙트의 분석틀

- 할당체계 : 누구에게 급여를 제공할 것인가로, 귀속적 욕구, 보상, 진단, 자산조사로 나뉘어지고 보상에는 기여의 조건이 포함된다.
- 급여체계 : 무엇을 급여로 제공할 것인가로, 종류로는 현금급여, 현물급여, 증서, 권력, 기회가 있다.
- 재정체계 : 어떻게 재정을 충당할 것인가로, 공공재원과 민간재원으로 나뉘어진다.
- 전달체계 : 어떻게 급여를 제공할 것인가로, 공공전달체계와 민간전달체계로 나뉘어진다.

16

「사회보장기본법」 제3조에는 사회보험, 공공부조, 사회서비스, 평생사회안전망, 사회보장행정데이터의 정의가 명시되어 있다. 고용보험, 국민연금은 사회보험, 국민기초생활보장은 공공부조, 보육서비스는 사회서비스에 포함된다.

오답 피하기

최저임금제는 「사회보장기본법」에 포함되지 않고, 「사회복지사업법」에 포함된다.

17

기업복지는 사업주가 직접적인 임금 대신 기업복지의 형태로 제공하는 것으로 사업주에게 세제혜택이 주어지므로 역진적인 성격이 있다. 각종 복지로 노사관계는 안정화가 되고 근로자는 근로의욕이 높아진다.

오답 피하기

기업이 복지에 사용하는 금액에는 세제혜택이 주어지므로 사업주에게 유리하고 기업복지는 역진적 성격의 조세방식으로 재분배효과는 나타나지 않는다.

18

민간 영리기관은 민간에서 사회서비스를 실시하고 수익을 창출하는 기관이다. 지역자활센터와 사회복지법인은 비영리기관이고 지방자치단체와 광역지방자치단체는 공공기관이다.

오답 피하기

개인 사업자가 노인요양시설을 운영하는 세례는 개인 사업자가 수익을 창출하기 위해 하는 행위로 민간 영리기관에 해당한다.

19

ㄱ. 합리모형은 정책결정자가 높은 이성과 합리성을 가지고 주어진 상황에서 최선의 정책 대안을 찾아낼수 있다는 모형이다.

ㄷ. 코헨, 마치, 올슨의 쓰레기통모형은 조직화된 무정부상태 속에서 선택기회, 문제, 해결방안, 참여자 등 네가지 흐름에 의해 우연히 쓰레기통 속에서 만나게 되면 정책 결정이 이루어진다고 보았다.

킹던의 쓰레기통모형은 정치의 흐름, 문제의 흐름, 정책의 흐름 등 세 가지 흐름이 각각 존재하다가 우연히 만날 때 정책의 창문이 열리고 그때 정책 결정을 하면 문제가 해결된다고 보았다.

오답 피하기

ㄴ. 점증모형은 과거의 정책결정을 기초로 하여 약간의 변화를 추구하면서 새로운 정책대안을 검토하고 점증적으로 수정하는 과정을 거친다고 보는 모형이다.

ㄹ. 혼합모형은 합리모형과 점증모형의 절충적인 형태의 모형이다.

20

오답 피하기

상대적 박탈감(Relative Deprivation)은 자신보다 상위계층이나 상위집단의 말과 행동 혹은 상위집단의 평균치와 자신의 처지를 보고 느끼는 박탈감, 소외감을 의미하고 물학적 요인에만 초점을 두지 않는다. 경제적, 정치적, 사회적 박탈의 감정 등 모든 요인에 초점을 둔다.

21

ㄱ. 로렌츠곡선은 전체적인 소득불평등 상태를 알아보는 데 유용하다. 가로축은 소득액 순으로 소득인원 수의 누적 백분비를 나타내고, 세로축은 소득액의 누적 백분비를 나타냄으로써 얻어지는 곡선이다.

ㄴ. 지니계수는 로렌츠곡선에 수치를 부여함으로써 분배 상태에 대한 비교를 가능하게 하는 곡선으로 얼마나 균등하게 분배되어 있는가를 나타낸다. 0에 가까울수록 평등에 가깝고 1에 가까울수록 불평등에 가깝다.

ㄹ. 5분위 배율은 소득 분위를 5분위로 구분하여 (상위 20% / 하위 20%)로 나눈 값으로 소득분배 상태를 파악한다. 즉, 상위소득 20% 사람이 하위소득 20% 사람보다 얼마나 더 버는가를 의미한다. 크기가 클수록 불평등을 의미한다.

오답 피하기

ㄷ. 빈곤율은 빈곤 개인이 전체인구에서 차지하는 비율이다. 빈곤선 이하에 소득을 받는 사람들의 소득을 빈곤선 위로 끌어올리기 위해 필요한 총소득을 의미하는 것은 빈곤갭이다.

22

④ 기회는 사회적으로 취약한 위치에 있는 집단이 접근하지 못했던 부분에 접근이 가능하도록 기회를 제공하여 시장의 경쟁에서 평등한 기회를 주는 것으로 장애인의무고용률, 장애인 특례입학, 양성고용평등제 등이 있다.

① 현금급여는 수급자 자신이 필요한 것을 선택할 수 있도록 화폐로 받는 급여를 의미한다. 사회적 통제를 강조하는 급여는 현물급여이다.
② 현물급여는 수급자가 필요한 물품과 서비스를 받는 급여로 선택권이 없다. 자기결정권을 강조하는 급여는 현금급여이다.
③ 증서(바우처)는 현금의 장점(운영효율성)과 현물의 장점(목표효율성)을 합한 제3의 급여형태로 수급자는 정해진 용도 안에서 자기결정을 극대화할 수 있다. 공급자에게 보조금을 직접 지원하는 급여는 현물급여이다.
⑤ 소비자 선택권은 현금급여, 바우처, 현물급여 순서로 높아지는 것이 아니라 낮아지는 것이다. 현금급여가 소비자 선택권이 가장 높고 바우처, 현물급여 순으로 낮아진다.

23

① 산업화이론(수렴이론)은 기술발전과 산업화로 인하여 발생한 사회문제를 해결하기 위하여 새로운 복지 프로그램이 개발되면서 사회복지가 발전한다는 이론이다.
② 사회민주주의이론(권력자원이론)은 계급갈등의 정치적 과정을 중요하게 생각하고 갈등과 정치화 과정을 통해 복지국가가 발전한다는 이론이다. 노동자들의 정치적 참여의 결과로 정치적인 면을 중요하게 생각한다.
④ 시민권론은 공민권(18c) → 정치권(참정권, 19c) → 사회권(복지권, 20c) 순으로 발전하였다.
⑤ 국가중심이론은 중앙집권적이거나 조합주의적인 국가구조의 형태와 정치인의 개혁성이 사회복지의 수요를 증대시켜서 복지국가가 발전하게 되었다는 이론이다.

③ 사회적 양심과 이타주의의 확대에 따라 복지국가가 발전한다는 이론은 사회양심이론이다.

24

③ 공공부조는 수입이 많은 사람에게서 수입이 적은 사람에게 소득이 이전하므로 수직적 재분배의 예로 볼 수 있다.

① 소득재분배는 시장경제에서 1차적으로 배분된 소득을 사회보장제도를 통해서 2차적으로 재분배하는 것으로 사회보험, 공공부조에서 발생한다.
② 세대 내 재분배에서는 동일한 세대에서 소득이 이전한다. 한 세대에서 다음 세대로 소득이 이전되는 것은 세대 간 재분배이다.
④ 누진적 재분배의 효과가 가장 큰 것은 수평적 재분배가 아니라 수직적 재분배이다. 많이 벌면 많은 세금을 납부해야 하기 때문이다.
⑤ 세대 간 재분배는 적립방식이 아니라 부과방식을 통해 운영된다.

25

③ 사회투자전략은 인적자본의 근본적 육성을 통한 사회참여 촉진과 기회의 평등을 통한 인적자원의 투자를 강조하는 것으로 아동세대에 대한 선제적 투자를 중시하는 것은 기회의 평등을 주는 것이다.

① 인적자원에 대한 투자는 기회의 평등을 목적으로 한다.
② 사회적 약자 집단에 대한 현금 이전을 중시하는 것은 공공부조이다.
④ 사회정책과 경제정책을 분리하는 것이 아니라 합한 전략이다.
⑤ 사회투자전략은 소득재분배와 소비 지원을 강조하는 것이 아니라 기회의 평등을 지원하는 것이다.

7과목	사회복지행정론								
26	27	28	29	30	31	32	33	34	35
①	⑤	②	③	⑤	⑤	⑤	②	④	③
36	37	38	39	40	41	42	43	44	45
③	②	⑤	①	④	②	①	③	④	③
46	47	48	49	50					
①	④	③	②	④					

26

사회복지행정가가 갖추어야 할 기술 특성(NASW)
- 현실에 근거하여 계획하고 그 실행 가능성을 사정하는 기술
- 각종 대안을 개발하고 각 대안의 결정이 가져올 영향을 예견·평가하는 기술
- 평가결과에 따라 우선순위를 정하고 최적 대안을 결정하는 기술
- 개인적 균형을 유지하면서 다양한 역할과 과업을 처리하는 기술
- 관료제와 조직 이론의 기능에 입각하여 기관 목표를 달성하는 기술
- 능률성 향상을 위해 조직 내 개인과 집단의 특수한 능력을 활용하는 기술
- 적절한 권한의 위임과 의사소통 기술

배타적 사고는 다른 사람의 의견을 배척하는 것으로 사회복지사는 클라이언트의 의견을 배척하는 것이 아니라 자기결정권을 인정해야 한다.

27

사회복지행정을 실시하기 위한 과정
기획을 통한 목표의 설정과 목표를 달성하기 위한 과업 및 활동, 과업을 수행하기 위해 사용되는 방법을 결정 → 구성원의 역할과 책임을 강조하고 조직구조를 설정하는 조직화 실시 → 기획한 활동이 원활하게 진행할 수 있도록 과업을 촉진 → 실행한 과업을 평가 → 평가결과를 통한 문제점 보완

28

과학적 관리론은 관리자(ㄱ)에게만 조직의 목표를 설정할 수 있는 책임(ㄴ)을 부여하기 때문에 직원(ㄷ)의 의사결정참여(ㄹ)를 지향하는 사회복지조직에 적용하는 데는 한계가 있을 수 있다.
과학적 관리론은 업무에 필요한 동작에 대한 소요시간을 표준화하여 적정한 1일 업무를 분업한다. 이때 관리자가 1일 업무를 정하고 직원을 따르게 되어 상부에서 정한 목적이 일치되지 않을 경우 문제가 발생한다.

29

ㄷ. 상황이론은 리더의 유형과 상황적 조건을 결합시킨 이론으로 상황에 따라 리더십이 달라진다고 전제한다.

오답 피하기
ㄱ. 계층적 승진제도를 통해서 직원의 성취욕구를 고려하는 이론은 관료제 이론이다.
ㄴ. 시간과 동작 분석을 활용하여 표준시간과 표준동작을 정하는 이론은 과학적 관리론이다.

30

태스크포스(TF)는 프로젝트 팀이라고도 하며 각 전문가 간의 커뮤니케이션과 조정을 쉽게 한다. 밀접한 협동관계를 형성하여 직위의 권한보다 능력이나 지식의 권한으로 행동하며 성과에 대한 책임이 명확하고 행동력도 가지고 있다. 특정한 과제를 성취하기 위해 필요한 전문가에 의해 기한이 정해진 임시조직을 말한다.

31

① 리스트럭처링은 제고를 위해 사업 단위들을 어떻게 통합해 나갈 것인가를 결정하는 중장기 경영혁신 전략이다.
② 리엔지니어링은 비용·품질·서비스와 같은 핵심적인 경영요소를 획기적으로 향상시킬 수 있도록 경영과정과 지원시스템을 근본적으로 재설계하는 기법이다.
③ 벤치마킹은 기업에서 경쟁력을 제고하기 위한 방법의 일환으로 타사에서 배워오는 혁신 기법이다.

④ 아웃소싱은 제품의 생산과 유통 및 포장, 용역 등 기업 외부에서 필요한 것을 마련하는 방식의 경영전략이다.

오답 피하기
⑤ 균형성과표는 기업의 비전과 전략을 조직 내·외부의 핵심성과지표로 재구성하여 전체 조직이 목표달성을 위한 활동에 집중하도록 하는 전략경영이다. 공정한 직원채용을 위해서 만든 면접평가표는 채용면접평가표이다.

32

학습조직의 구축요인
- 자기숙련(Personal Mastery)은 개인은 원하는 결과를 창출할 수 있는 자기역량의 확대방법이다.
- 사고모형(Mental Models)은 현상을 이해하기 위해 새로운 양식에 맞게 도식을 만드는 것이다.
- 공유비전(Shared Vision)은 조직구성원들이 공동으로 추구하는 목표와 원칙에 관한 공감대를 형성하는 것이다. 조직의 비전이 곧 나의 비전이며 나의 비전이 곧 조직의 비전이라는 인식으로 승화시켜 적극적인 참여로의 유도가 필요하다.
- 팀학습(Team Learning)은 집단구성원들이 진정한 대화와 집단적인 사고의 과정을 통해 개인적 능력의 한계를 능가하는 지혜와 능력을 구축할 수 있게 하는 것이다.
- 시스템 사고(Systems Thinking)는 체제를 구성하는 여러 연관 요인들을 통합적인 이론체계 또는 실천체계로 융합시키는 능력을 키우는 통합적 훈련이다.

오답 피하기
① 명상 활동은 사고의 틀이다.
② 공유비전은 조직구성원들이 공동으로 추구하는 목표와 원칙이다.
③ 사고모형은 정신적 이미지를 성찰하고 새롭게 하는 것이다.
④ 팀학습은 구성원들의 진정한 대화와 사과의 과정을 통한 학습이다.

33

② 사회보장정보시스템(범정부)은 각종 사회보장급여 및 서비스 지원 대상자의 자격 및 이력에 관한 정보를 통합 관리하고, 국가기관, 지자체 및 공공기관의 업무 처리를 지원하기 위한 정보시스템이다. 기초생활보장, 기초연금, 보육, 한부모 등 복지부, 여성가족부의 120여개 사업에 대해 종합적인 복지서비스를 제공하는 시스템이다.

오답 피하기
① 복지로는 복지서비스를 온라인으로 신청할 수 있는 보건복지부 복지포털사이트이다.
③ 사회복지시설정보시스템은 아동시설, 노인시설, 장애인시설, 부랑인시설, 정신요양시설 등시설의 종별에 관계없이 사회복지법

인과 시설의 회계 · 급여 · 인사 · 후원금 등의 관리하는 시스템
이다.
④ 사회서비스전자바우처시스템은 사회서비스 신청, 이용, 정산 등
을 위한 전산시스템이다.

34

스키드모어의 기획과정은 목표설정 → 자원 고려 → 대안모색 → 결
과예측 → 계획결정 → 구체적 프로그램 수립 → 개방성 유지 순이다.

35

예산통제의 원칙
• 개별화의 원칙
• 강제의 원칙
• 예외의 원칙
• 보고의 원칙
• 개정의 원칙
• 효율성의 원칙
• 의미의 원칙
• 환류의 원칙
• 생산성의 원칙

오답 피하기
접근성의 원칙은 예산통제의 원칙에 포함되지 않는다.

36

예산에 첨부하여야 할 서류
• 예산총칙
• 세입 · 세출 명세서
• 추정대차대조표
• 추정수지계산서
• 임직원 보수 일람표
• 당해 예산을 의결한 이사회 회의록 또는 해당 예산을 보고받은 시
  설운영위원회 회의록 사본

오답 피하기
사업수입 명세서는 예산서류를 제출할 때 첨부하는 서류에 포함되지
않는다.

37

사회복지조직의 책임성은 수행의 결과에 대한 책임감과 함께 투입단
계에서부터 산출단계까지의 과정에 있어서도 정당성을 갖추어야 함
을 의미한다. 조직의 효과성뿐만 아니라 효율성도 중시하고 권한의
원칙이나 영향력 등이 정당성까지도 고려해야 한다.

오답 피하기
책임성 이행측면에서 효율성과 효과성 모두를 포괄하여 극대화해야
한다.

38

마케팅 설정
• 다이렉트 마케팅 : 잠재적 후원자에게 기관의 소식지나 후원자료,
  서비스에 대한 정보를 우편으로 발송하여 후원자를 개발하는 기법
  이다.
• 고객관계관리 마케팅 : 고객에 대한 정보를 수집하고 분석하여 고
  객의 특성에 맞는 맞춤서비스를 제공하여 후원자를 개발하는 기법
  이다.
• 기업연계 마케팅 : 기관은 후원을 받고 기업은 세제혜택과 이미지
  개선의 측면을 강조한 전략으로 기업과 기관이 서로 Win-Win하는
  기법이다.
• 데이터베이스 마케팅 : 고객(클라이언트, 후원자, 자원봉사자)의
  나이, 주소, 성별, 선호도 등 정보를 데이터베이스화하여 관리하여
  후원자를 개발하는 기법이다.
• 인터넷 마케팅 : 이메일이나 배너를 통해 정보를 전달하거나 기관
  을 홍보하여 후원자를 개발하는 기법이다.
• 사회 마케팅 : 공익을 실현하기 위해 사회문제해결을 위한 실천에
  관심을 갖는 기법이다.

학부모들이 자녀와 연령대가 비슷한 아이들을 돕고 싶다고 이야기
했으므로 고객의 특성에 맞는 마케팅인 고객관계관리 마케팅이다.

39

프로그램 평가 기준
• 노력성 : 프로그램을 위해 동원된 자원 정도를 의미하고 사회복지
  사의 참여시간, 인적 · 물적자원 등을 평가한다.
• 효과성 : 서비스의 목표를 얼마나 달성했는지를 평가한다.
• 효율성 : 투입에 비해 산출이 얼마나 높은지를 평가한다. 이때 비
  용 - 효과분석과 비용 - 편익분석을 실시한다.
• 서비스의 질 : 클라이언트의 욕구수준에 맞는 서비스를 제공했는
  가를 평가한다.
• 공평성(형평성) : 클라이언트에게 동일한 기회를 제공했는지 평가
  한다.
• 영향성 : 프로그램이 클라이언트의 문제를 해결하는데 미치는 영
  향을 평가한다.
• 과정 : 미리 정해진 절차나 규정에 맞게 서비스가 제공되는지를 평
  가한다.

40

사회복지조직은 민영화로 인해 사회복지 공급주체가 다양해짐에 따라 마케팅 기법을 활용하여 후원금을 모금하기 위해 기업의 경영관리 기법을 도입하고 있다.

오답 피하기

ㄴ. 행정관리능력 향상으로 거주시설 대규모화보다는 탈시설화로 인한 소규모의 공동생활가정 등이 더 강조되고 있다.

41

시설의 서비스 최저기준
- 시설 이용자의 인권
- 시설의 환경
- 시설의 운영
- 시설의 안전관리
- 시설의 인력관리
- 지역사회 연계
- 서비스의 과정 및 결과
- 그 밖에 서비스 최저기준 유지에 필요한 사항

오답 피하기

시설의 규모는 서비스 최저기준에 포함되지 않는다.

42

오답 피하기

② 맥그리거(D. McGregor)의 X이론에서 인간은 본래 일을 싫어한다고 규정하고, Y이론에서 인간은 본래 일을 좋아한다고 규정한다. 조직에 대한 기대와 현실 간 차이가 동기수준을 결정한다는 점을 강조한다는 이론은 브룸의 기대이론이다.

③ 허즈버그(F. Herzberg)의 동기－위생요인이론의 동기요인은 만족요인으로 심리적 성장과 만족을 성취하려는 욕구이다.

④ 조직 공정성을 성취동기 고취를 위한 핵심요소로 간주하는 이론은 아담스의 공평성이론이다.

⑤ 매슬로우(A. Maslow)의 욕구단계이론은 생리적 욕구, 안전의 욕구, 소속과 사랑의 욕구, 존경의 욕구, 자아실현의 욕구로 구성된다. 존재, 관계, 성장욕구의 세 단계로 구성된 이론은 알더퍼의 ERG이론이다.

43

ㄷ. 변혁적 리더십은 리더는 구성원의 높은 도덕적 가치와 이상에 호소하여 의식을 변화시켜 구성원들에게 권한을 부여하고 비전을 제시하여 생산성을 높인다.

오답 피하기

ㄱ. 구성원들에게 봉사하는 것을 핵심적 가치로 하는 리더십은 서번트 리더십이다.

ㄴ. 구성원들에 대한 상벌체계를 강조하는 리더십은 거래적 리더십이다.

44

- 직무분석은 직무에 대한 업무내용과 책임을 종합적으로 분류하는 것으로, 직무를 구성하고 있는 일과 해당 직무의 내용 및 직무의 수행을 위한 직무조건을 조직적으로 밝히는 절차이다.
- 직무기술서(직위기술서, 직무해설서)는 직무 자체에 대한 기술로 직무분석의 결과에 의거하여 직무수행과 관련된 과업 및 직무행동을 일정한 양식에 따라 기술한 문서이다.
- 직무명세서는 직무요건이나 자격요건만을 분리하여 구체적으로 작성한 문서이다.

오답 피하기

ㄱ. 직무분석이 이루어진 이후 직무명세서와 직무기술서가 작성된다.

45

③ 허시와 블랜차드의 상황적 리더십 이론은 과업지향적 행동과 관계지향적 행동으로 구분하면서 구성원의 성숙도를 중요하게 생각하였다.

오답 피하기

① 블레이크와 머튼(R. Blake & J. Mouton)의 관리격자 모형은 행동이론 중 하나이다.

② 블레이크와 머튼의 관리격자 모형에서 가장 바람직한 행동유형은 인간과 생산에 관심이 높은 팀형이다.

④ 행동이론의 대표적 모형은 오하이오 연구, 미시간 연구, 관리격자이론, 아이오와 연구이다.

⑤ 퀸의 경쟁가치 리더십 모형에서는 내부지향 대 외부지향, 유연성 대 통제성을 각각 가로축과 세로축으로 배치하고 인간관계기술, 경계－잇기기술, 조정기술, 지휘기술 등의 리더십을 제시하였다.

46

참여적(민주적) 리더십
- 모든 의사결정에 구성원을 참여시켜 함께 검토하여 해결한다.
- 구성원의 자유와 욕구를 인정하여 동기를 부여하고 지식과 기술을 활용한다.
- 구성원의 참여가 가능하여 구성원의 사기가 높다.
- 신속한 결정을 하지 못해 위기상황에 사용하지 못하고 지연 가능성이 있다.

참여적 리더십은 모든 구성원이 참여하여 의사결정의 시간과 에너지
가 많이 소요된다.

47

사회복지서비스 급여의 유형과 전달체계에 따라 특성이 변경되며,
대상자에 따라 현금, 현물 등 다양한 유형으로 제공된다.

48

ㄴ. 지역사회복지협의체는 2005년에 설치되었다.
ㄱ. 희망복지지원단은 2012년에 설치되었다.
ㄷ. 읍면동 복지허브화사업은 2016년에 실행되었다.

49

SERVQUAL(서브퀄) 모형

• 유형성 : 클라이언트 눈에 보이는 사회복지기관의 시설에 대한 부
  분으로 사회복지기관이 사용하는 장비나 시설의 외형을 의미한다.
• 신뢰성 : 사회복지기관이 클라이언트에게 약속한 서비스를 잘 지
  고 있는지, 사회복지기관이 클라이언트에게 약속한 서비스를 믿을
  수 있는지를 의미하고 지속성과 예측성과 연관된다.
• 대응성 : 사회복지기관이 클라이언트에 대한 서비스를 얼마나 즉
  각적으로 실행하고 있는지를 의미한다.
• 확신성 : 사회복지기관에서 일을 하는 사회복지사의 능력이나 사
  회복지기관의 자원을 의미한다.
• 공감성 : 클라이언트에 대한 배려와 개별적 관심 및 클라이언트의
  이익을 고려한 맞춤형 서비스를 제공할 수 있는지를 의미한다.

50

총체적 품질관리

• 고객 만족을 위하여 모든 조직구성원이 협력하여 품질의 개선과
  향상을 위해 노력한다.
• 개인의 노력보다는 구성원 전원의 다양한 협력활동을 통해 품질로
  나타난다.
• 투입과 과정에 대한 지속적인 개선을 하고 품질은 고객이 평가한다.
• 품질의 변이를 미리 예측하여 사전에 방지한다.
• 품질에 중점을 둔 관리기법으로 고객중심적인 관리체계이다.
• 서비스의 품질은 초기 단계에서부터 고려된다.
• 고객의 욕구를 조사하며, 의사결정은 욕구조사 분석에 기반한다.
• 고객만족을 우선적 가치로 하며 서비스 질을 강조한다.
• 조직의 문제점을 발견하고 시정함에 있어 지속적인 학습과정을 강
  조한다.

• 초기 과정에서 조직리더의 주도성이 중요하다.

개인의 노력보다는 집단의 노력이 품질향상에 더 기여한다고 본다.

8과목	사회복지법제론								
51	52	53	54	55	56	57	58	59	60
③	⑤	⑤	④	③	②	①	⑤	③	③
61	62	63	64	65	66	67	68	69	70
①	③	⑤	④	④	①	④	②	②	①
71	72	73	74	75					
⑤	②	①	④	②					

51

사회적 기본권은 사회국가에서 국민이 인간다운 생활을 확보하기 위
하여 일정한 국가적 급부와 배려를 요구할 수 있는 헌법상의 권리를
말한다. 헌법재판소는 「헌법」 제31조부터 제36조까지를 사회적 기
본권의 보장을 규정한 것으로 본다. 대한민국 헌법에서는 사회적 기
본권에 대하여 인간다운 생활을 할 권리, 교육을 받을 권리, 근로에
대한 권리, 근로 3권, 환경권 등을 규정하고 있다.

「헌법」 제33조 제2항에서 공무원인 근로자는 법률이 정하는 자에 한
하여 단결권 · 단체교섭권 및 단체행동권을 가진다고 명시되어 있다.

52

사회복지법의 법원은 성문법과 불문법으로 구분된다. 성문법은 헌법,
법률, 명령(시행령), 규칙(시행규칙), 자치법규(조례, 규칙), 국제조약,
국제법규로 구분되며, 불문법은 관습법, 판례법, 조리로 구분된다.

53

• 「사회보장기본법」은 1995년에 제정되었다.
• 「국민건강보험법」은 1999년에 제정되었다.
• 「고용보험법」은 1993년에 제정되었다.
• 「영유아보육법」은 1991년에 제정되었다.
• 「노인복지법」은 1981년에 제정되었다.
따라서 제정 연도가 가장 빠른 것은 「노인복지법」이다.

54

사회보장기본법 제25조(운영원칙)

⑤ 사회보험은 국가(ㄱ)의 책임으로 시행하고, 공공부조와 사회서비스는 국가와 지방자치단체(ㄴ)의 책임으로 시행하는 것을 원칙으로 한다. 다만, 국가와 지방자치단체의 재정 형편 등을 고려하여 이를 협의 · 조정할 수 있다.

55

① **사회보장기본법 제5조 제1항** 국가와 지방자치단체는 모든 국민의 인간다운 생활을 유지 · 증진하는 책임을 가진다.

② **사회보장기본법 제5조 제2항** 국가와 지방자치단체는 사회보장에 관한 책임과 역할을 합리적으로 분담하여야 한다.

④ **사회보장기본법 제5조 제4항** 국가와 지방자치단체는 지속 가능한 사회보장제도를 확립하고 매년 이에 필요한 재원을 조달하여야 한다.

⑤ **사회보장기본법 제6조 제1항** 국가와 지방자치단체는 가정이 건전하게 유지되고 그 기능이 향상되도록 노력하여야 한다.

③ 사회보장기본법 제5조 제4항 국가는 사회보장제도의 안정적인 운영을 위하여 중장기 사회보장 재정추계를 격년으로 실시하고 이를 공표하여야 한다.

56

사회보장기본법 시행령 제9조(위원회의 위원 등)

① 대통령령으로 정하는 관계 중앙행정기관의 장이란 법무부장관, 문화체육관광부장관, 농림축산식품부장관, 산업통상자원부장관, 환경부장관, 국무조정실장 및 국가보훈처장을 말한다.

57

② **사회보장급여의 이용 · 제공 및 수급권자 발굴에 관한 법률 제4조 제6항** 보장기관은 지역의 사회보장 수준이 균등하게 실현될 수 있도록 노력하여야 한다.

③ **사회보장급여의 이용 · 제공 및 수급권자 발굴에 관한 법률 제13조 제1항** 누구든지 사회적 위험으로 인하여 사회보장급여를 필요로 하는 지원대상자를 발견하였을 때에는 보장기관에 알려야 한다.

④ **사회보장급여의 이용 · 제공 및 수급권자 발굴에 관한 법률 제17조 제1항** 이의신청은 그 처분을 받은 날로부터 90일 이내에 처분을 결정한 보장기관의 장에게 할 수 있다.

⑤ **사회보장급여의 이용 · 제공 및 수급권자 발굴에 관한 법률 제24조 제1항** 사회서비스 제공기관의 운영자는 위기가구의 발굴 지원 업무 수행을 위해 사회서비스정보시스템을 이용할 수 있다.

① 긴급복지지원법 제7조의2 제1항 국가 및 지방자치단체는 위기상황에 처한 사람에 대한 발굴조사를 연 1회 이상 정기적으로 실시하여야 한다.

→ 지원대상자에 대한 발굴조사를 1년마다 정기적으로 실시하는 것이 아니라 연 1회 이상 정기적으로 발굴조사를 실시해야 한다.

58

사회보장급여의 이용 · 제공 및 수급권자 발굴에 관한 법률 제7조(수급자격의 조사) 제1항

1. 인적사항 및 가족관계 확인에 관한 사항
2. 소득 · 재산 · 근로능력 및 취업상태에 관한 사항
3. 사회보장급여 수급이력에 관한 사항
4. 그 밖에 수급권자를 선정하기 위하여 보장기관의 장이 필요하다고 인정하는 사항

59

① **사회복지사업법 제26조 제1항 제1호** 사회복지사업법 보건복지부장관은 사회복지사가 거짓으로 자격을 취득한 경우 그 자격을 취소하여야 한다.

② **사회복지사업법 제16조 제1항** 사회복지사업법 사회복지법인을 설립하려는 자는 대통령령으로 정하는 바에 따라 시 · 도지사의 허가를 받아야 한다.

④ **사회복지사업법 제6조 제1항** 사회복지사업법 누구든지 정당한 이유 없이 사회복지시설의 설치를 방해하여서는 아니 된다.

⑤ **사회복지사업법 제1조의2 제1항** 사회복지를 필요로 하는 사람은 누구든지 자신의 의사에 따라 서비스를 신청하고 제공받을 수 있다.

③ 사회복지사업법 제26조 제1항 제7호 법인 설립 후 기본재산을 출연하지 아니한 때에는 법인 설립허가를 취소해야 한다.

60

③ 「사회복지사업법」상 시설을 설치 · 운영하는 자는 시설에 근무할 종사자를 채용할 수 있다.

① 사회복지사업법 제34조 제1항 국가나 지방자치단체는 사회복지시설을 설치 · 운영할 수 있다.

→ 지방자치단체가 시설을 설치 · 운영하려는 경우에는 직접 설치하면 된다.

② 사회복지사업법 제34조의4 제1항 시설의 장은 시설에 대하여 정기 및 수시 안전점검을 실시하여야 한다.

→ 법인 대표가 아니라 시설장이 안전점검을 실시한다.

④ 사회복지사업법 제36조 제1항 시설의 장은 시설의 운영에 관한 사항을 심의하기 위하여 시설에 운영위원회를 두어야 한다.
→ 의결하기 위한 것이 아니라 심의하기 위하여 시설에 운영위원회를 두어야 한다.

⑤ 사회복지사업법 제34조의3 제2항 국가나 지방자치단체는 예산의 범위에서 제1항에 따른 책임보험 또는 책임공제의 가입에 드는 비용의 전부 또는 일부를 보조할 수 있다.
→ 지방자치단체는 시설의 책임보험 가입에 드는 비용의 전부가 아니라 전부 또는 일부를 보조할 수 있다.

61

② 사회복지사업법 제19조 제1항 제1의3호 사회복지사업법 파산선고를 받고 복권되지 아니한 사람은 임원이 될 수 없다.

③ 사회복지사업법 제18조 제1항 법인은 대표이사를 포함한 이사 7명 이상과 감사 2명 이상을 두어야 한다.

④ 사회복지사업법 제25조 제1항 이사회는 안건, 표결수 등을 기재한 회의록을 작성하여야 한다.

⑤ 사회복지사업법 제27조 제1항 해산한 법인의 남은 재산은 정관으로 정하는 바에 따라 국가 또는 지방자치단체에 귀속된다.

오답 피하기

① 사회복지사업법 제21조 제1항 이사는 법인이 설치한 사회복지시설의 장을 제외한 그 시설의 직원을 겸할 수 없다.
→ 법인이 설치한 사회복지시설의 장은 이사를 겸할 수 있다.

62

국민기초생활 보장법 제2조(정의)

이 법에서 사용하는 용어의 뜻은 다음과 같다.

4. "보장기관"이란 이 법에 따른 급여를 실시하는 국가 또는 지방자치단체를 말한다.

국민기초생활 보장법 제32조(보장시설)

1. 「장애인복지법」 제58조 제1항 제1호의 장애인 거주시설
2. 「노인복지법」 제32조 제1항의 노인주거복지시설 및 같은 법 제34조 제1항의 노인의료복지시설
3. 「아동복지법」 제52조 제1항 및 제2항에 따른 아동복지시설 및 통합 시설
4. 「정신건강증진 및 정신질환자 복지서비스 지원에 관한 법률」 제22조에 따른 정신요양시설 및 같은 법 제26조에 따른 정신재활시설
5. 「노숙인 등의 복지 및 자립지원에 관한 법률」 제16조 제1항 제3호 및 제4호의 노숙인재활시설 및 노숙인요양시설
6. 「가정폭력방지 및 피해자보호 등에 관한 법률」 제7조에 따른 가정폭력피해자 보호시설

7. 「성매매방지 및 피해자보호 등에 관한 법률」 제9조 제1항에 따른 성매매피해자 등을 위한 지원시설
8. 「성폭력방지 및 피해자보호 등에 관한 법률」 제12조에 따른 성폭력피해자보호시설
9. 「한부모가족지원법」 제19조 제1항의 한부모가족복지시설
10. 「사회복지사업법」 제2조 제4호의 사회복지시설 중 결핵 및 한센병요양시설

보기에서 보장기관은 ㄷ. 대전광역시장, ㄹ. 전라남도지사, ㅁ. 인천광역시 교육감이다. 따라서 보장기관과 보장시설이 옳게 연결된 것은 보장기관 – 대전광역시장, 보장시설 – 「장애인복지법」 제58조 제1항 제1호의 장애인 거주시설이다.

63

의료급여법 제7조(의료급여의 내용 등)

① 이 법에 따른 수급권자의 질병 · 부상 · 출산 등에 대한 의료급여의 내용은 다음과 같다.
   1. 진찰 · 검사
   2. 약제(藥劑) · 치료재료의 지급
   3. 처치 · 수술과 그 밖의 치료
   4. 예방 · 재활
   5. 입원
   6. 간호
   7. 이송과 그 밖의 의료목적 달성을 위한 조치

오답 피하기

화장 또는 매장 등 장제 조치는 「의료급여법」의 급여에 속하지 않는다.

64

기초연금법 제16조(기초연금 지급의 정지)

① 특별자치시장 · 특별자치도지사 · 시장 · 군수 · 구청장은 기초연금 수급자가 다음의 경우에 해당하면 그 사유가 발생한 날이 속하는 달의 다음 달부터 그 사유가 소멸한 날이 속하는 달까지는 기초연금의 지급을 정지한다.
   1. 기초연금 수급자가 금고 이상의 형을 선고받고 교정시설 또는 치료감호시설에 수용되어 있는 경우
   2. 기초연금 수급자가 행방불명되거나 실종되는 등 대통령령으로 정하는 바에 따라 사망한 것으로 추정되는 경우
   3. 기초연금 수급자의 국외 체류기간이 60일 이상 지속되는 경우. 이 경우 국외 체류 60일이 되는 날을 지급 정지의 사유가 발생한 날로 본다.
   4. 그 밖에 제1호부터 제3호까지의 경우에 준하는 경우로서 대통령령으로 정하는 경우
② 제1항에 따른 지급 정지의 절차 등에 관하여 필요한 사항은 보건복지부령으로 정한다.

ㄷ. 기초연금 수급권자가 국적을 상실한 때에는 기초연금의 수급권을 상실하게 된다.

65

긴급복지지원법 제7조(지원요청 및 신고)
③ 다음의 어느 하나에 해당하는 사람은 진료 · 상담 등 직무수행 과정에서 긴급지원대상자가 있음을 알게 된 경우에는 관할 시장 · 군수 · 구청장에게 이를 신고하고, 긴급지원대상자가 신속하게 지원을 받을 수 있도록 노력하여야 한다.
1. 「의료법」에 따른 의료기관의 종사자
2. 「유아교육법」, 「초 · 중등교육법」 및 「고등교육법」에 따른 교원, 직원, 산학겸임교사, 강사
3. 「사회복지사업법」에 따른 사회복지시설의 종사자
4. 「국가공무원법」 및 「지방공무원법」에 따른 공무원
5. 「장애인활동 지원에 관한 법률」 제20조에 따른 활동지원기관의 장 및 그 종사자와 같은 법 제26조에 따른 활동지원인력
6. 「학원의 설립 · 운영 및 과외교습에 관한 법률」 제6조에 따른 학원의 운영자 · 강사 · 직원 및 같은 법 제14조에 따른 교습소의 교습자 · 직원
7. 「건강가정기본법」 제35조에 따른 건강가정지원센터의 장과 그 종사자
8. 「청소년 기본법」 제3조제6호에 따른 청소년시설 및 같은 조 제8호에 따른 청소년단체의 장과 그 종사자
9. 「청소년 보호법」 제35조에 따른 청소년 보호 · 재활센터의 장과 그 종사자
10. 「평생교육법」 제2조에 따른 평생교육기관의 장과 그 종사자
11. 그 밖에 긴급지원대상자를 발견할 수 있는 자로서 보건복지부령으로 정하는 자

「무형문화재 보전 및 진흥에 관한 법률」에 따라 지정된 국가무형문화재의 보유자는 포함되지 않는다.

66

국민건강보험법 제63조(업무 등)
① 심사평가원은 다음의 업무를 관장한다.
1. 요양급여비용의 심사
2. 요양급여의 적정성 평가
3. 심사기준 및 평가기준의 개발
4. 제1호부터 제3호까지의 규정에 따른 업무와 관련된 조사연구 및 국제협력
5. 다른 법률에 따라 지급되는 급여비용의 심사 또는 의료의 적정성 평가에 관하여 위탁받은 업무

6. 그 밖에 이 법 또는 다른 법령에 따라 위탁받은 업무
7. 건강보험과 관련하여 보건복지부장관이 필요하다고 인정한 업무
8. 그 밖에 보험급여 비용의 심사와 보험급여의 적정성 평가와 관련하여 대통령령으로 정하는 업무

국민건강보험법 제14조(업무 등)
① 공단은 다음의 업무를 관장한다.
1. 가입자 및 피부양자의 자격 관리
2. 보험료와 그 밖에 이 법에 따른 징수금의 부과 · 징수
3. 보험급여의 관리
4. 가입자 및 피부양자의 질병의 조기발견 · 예방 및 건강관리를 위하여 요양급여 실시 현황과 건강검진 결과 등을 활용하여 실시하는 예방사업으로서 대통령령으로 정하는 사업
5. 보험급여 비용의 지급
6. 자산의 관리 · 운영 및 증식사업
7. 의료시설의 운영
8. 건강보험에 관한 교육훈련 및 홍보
9. 건강보험에 관한 조사연구 및 국제협력
10. 이 법에서 공단의 업무로 정하고 있는 사항

67

국민연금법 제49조(급여의 종류)
이 법에 따른 급여의 종류는 다음과 같다.
1. 노령연금
2. 장애연금
3. 유족연금
4. 반환일시금

ㄴ. 장애인연금은 「장애인연금법」에 따른 급여의 종류이다.
ㄷ. 장해급여는 「산업재해보상보험법」에 따른 급여의 종류이다.

68

① **산업재해보상보험법 제5조 제1항** "업무상의 재해"란 업무상의 사유에 따른 근로자의 부상 · 질병 · 장해 또는 사망을 말한다.
③ **산업재해보상보험법 제12조** 근로복지공단은 법인으로 한다.
④ **산업재해보상보험법 제5조 제8항** "출퇴근"이란 취업과 관련하여 주거와 취업장소 사이의 이동 또는 한 취업장소에서 다른 취업장소로의 이동을 말한다.
⑤ **산업재해보상보험법 제40조 제1항** 요양급여는 근로자가 업무상의 사유로 부상을 당하거나 질병에 걸린 경우에 그 근로자에게 지급한다.

② 실업급여는 보험급여에 포함되지 않는다. 실업급여는 고용보험의 급여이다.

산업재해보상보험법 제36조(보험급여의 종류와 산정 기준 등)
① 보험급여의 종류는 다음과 같다.

1. 요양급여   2. 휴업급여
3. 장해급여   4. 간병급여
5. 유족급여   6. 상병(傷病)보상연금
7. 장례비   8. 직업재활급여

69

② **고용보험법 제5조 제1항** 국가는 매년 보험사업에 드는 비용의 일부를 일반회계에서 부담하여야 한다.

① **고용보험법 제79조 제1항** 기금은 고용노동부장관이 관리 · 운용한다.
③ 「고용보험법」 제64~67조에 따르면 취업촉진 수당의 종류로는 조기재취업 수당, 직업능력개발 수당, 광역 구직활동비, 이주비 등이 있다.
④ **고용보험법 제2조 제3항** "실업"이란 근로의 의사와 능력이 있음에도 불구하고 취업하지 못한 상태에 있는 것을 말한다.
⑤ **고용보험법 제2조 제6항** "일용근로자"란 1개월 미만 동안 고용되는 사람을 말한다.

70

① **노인장기요양보험법 제7조 제1항** 장기요양보험사업은 보건복지부장관이 관장한다.

② **노인장기요양보험법 제2조 제2항** "장기요양급여"란 장기요양등급판정 결과에 따라 6개월 이상 동안 혼자서 일상생활을 수행하기 어렵다고 인정되는 자에게 신체활동 · 가사활동의 지원 또는 간병 등의 서비스나 이에 갈음하여 지급하는 현금 등을 말한다.
③ **노인장기요양보험법 제38조 제1항** 장기요양기관은 수급자에게 재가급여 또는 시설급여를 제공한 경우 공단에 장기요양급여비용을 청구하여야 한다.
④ **노인장기요양보험법 제2조 제1항** "노인 등"이란 65세 이상의 노인 또는 65세 미만의 자로서 치매 · 뇌혈관성질환 등 대통령령으로 정하는 노인성 질병을 가진 자를 말한다.
⑤ **노인장기요양보험법 제23조 제1항** 재가급여에는 방문요양, 방문목욕, 방문간호, 주 · 야간보호, 단기보호, 기타재가급여가 있다.

71

① **한부모가족지원법 제4조 제1의2호** "청소년 한부모"란 24세 이하의 모 또는 부를 말한다.
② **한부모가족지원법 제3조 제2항** 한부모가족의 모 또는 부와 아동은 한부모가족 관련 정책결정과정에 참여할 권리가 있다.
③ **한부모가족지원법 제17조의3** 여성가족부장관은 자녀양육비 산정을 위한 자녀양육비 가이드라인을 마련하여 법원이 이혼 판결 시 적극 활용할 수 있도록 노력하여야 한다.
④ **한부모가족지원법 제17조의5 제1항** 국가와 지방자치단체는 청소년 한부모의 건강증진을 위하여 건강진단을 실시할 수 있다.

⑤ **한부모가족지원법 제12조 제1항** 국가나 지방자치단체는 복지급여의 신청이 있으면 생계비, 아동교육지원비, 아동양육비의 복지급여를 실시하여야 한다.

72

① **노인복지법 제33조의2 제1항** 노인복지주택 입소자격자는 60세 이상의 노인으로 한다.
③ **노인복지법 제39조의6 제1항** 누구든지 노인학대를 알게 된 때에는 노인보호전문기관 또는 수사기관에 신고할 수 있다.
④ **노인복지법 제23조의2 제1항** 노인의 능력과 적성에 맞는 일자리지원사업을 전문적 · 체계적으로 수행하기 위한 전문기관은 노인인력개발기관, 노인일자리지원기관, 노인취업알선기관으로 한다.
⑤ **노인복지법 제27조 제1항** 지방자치단체는 65세 이상의 자에 대하여 건강진단과 보건교육을 실시할 수 있다.

② **노인복지법 제39조의14 제1항 제3호** 시 · 도지사는 요양보호사가 거짓으로 자격증을 취득한 경우 그 자격을 취소하여야 한다.

73

① **장애인복지법 제32조의2 제1항 제5호** 「난민법」 제2조 제2호에 따른 난민인정자는 장애인 등록을 할 수 있다.

② **장애인복지법 제10조의2 제1항** 보건복지부장관은 장애인의 권익과 복지증진을 위하여 관계 중앙행정기관의 장과 협의하여 5년마다 장애인정책종합계획을 수립 · 시행하여야 한다.
③ **장애인복지법 제31조 제1항** 보건복지부장관은 장애인 복지정책의 수립에 필요한 기초 자료로 활용하기 위하여 3년마다 장애실태조사를 실시하여야 한다.
④ **장애인복지법 제59조의13 제1항** 특별시장 · 광역시장 · 특별자치시장 · 도지사 · 특별자치도지사는 피해장애인의 임시 보호 및

사회복귀 지원을 위하여 장애인 쉼터를 설치 · 운영할 수 있다.

⑤ **장애인복지법 제60조의3 제1항** 보건복지부장관은 장애인 거주 시설에서 제공하여야 하는 서비스의 최저기준을 마련하여야 하 며, 장애인복지실시기관은 그 기준이 충족될 수 있도록 필요한 조 치를 취하여야 한다.

74

④ **아동복지법 제28조 제1항** 아동권리보장원의 장은 아동학대가 종료된 이후에도 아동학대의 재발 여부를 확인하여야 한다.

오답 피하기

① **아동복지법 제15조의3 제1항** 시 · 도지사 또는 시장 · 군수 · 구 청장은 보호조치 중인 보호대상아동의 양육상황을 보건복지부령 으로 정하는 바에 따라 매년 점검하여야 한다.

② **아동복지법 제14조 제4항** 아동위원은 명예직으로 하되, 아동위 원에 대하여는 수당을 지급할 수 있다.

③ **아동복지법 제10조 제1항** 아동의 권리증진과 건강한 출생 및 성 장을 위하여 종합적인 아동정책을 수립하고 관계 부처의 의견을 조정하며 그 정책의 이행을 감독하고 평가하기 위하여 국무총리 소속으로 아동정책조정위원회를 둔다.

⑤ **아동복지법 제39조 제1항** 보장원의 장, 가정위탁지원센터의 장 및 아동복지시설의 장은 보호하고 있는 15세 이상의 아동을 대상 으로 매년 개별 아동에 대한 자립지원계획을 수립하고, 그 계획을 수행하는 종사자를 대상으로 자립지원에 관한 교육을 실시하여 야 한다.

75

② **사회복지공동모금회법 제33조 제1항** 국가나 지방자치단체는 모 금회에 기부금품 모집에 필요한 비용과 모금회의 관리 · 운영에 필요한 비용을 보조할 수 있다.

오답 피하기

① **사회복지공동모금회법 제13조 제3항** 분과실행위원회는 위원장 1명을 포함하여 20명 이내의 위원으로 구성한다. 다만, 모금분과 실행위원회 및 배분분과실행위원회는 각각 20명 이상의 위원으 로 구성한다.

③ **사회복지공동모금회법 제27조 제1항** 기부금품의 기부자는 배분 지역, 배분대상자 또는 사용 용도를 지정할 수 있다.

④ **사회복지공동모금회법 제19조** 모금회는 기부금품의 접수를 효 율적이고 공정하게 하기 위하여 언론기관을 모금창구로 지정하 고, 지정된 언론기관의 명의로 모금계좌를 개설할 수 있다.

⑤ **사회복지공동모금회법 제34조** 이 법 또는 모금회의 정관으로 규정하지 아니한 사항은 「민법」 중 재단법인에 관한 규정을 준 용한다.

1과목 | 인간행동과 사회환경

01	02	03	04	05	06	07	08	09	10
①	⑤	⑤	④	⑤	③	②	④	②	④
11	12	13	14	15	16	17	18	19	20
①	③	③	③	⑤	④	④	⑤	②	②
21	22	23	24	25					
①	①	③	④	②					

01

인간발달은 양적인 변화와 질적인 변화, 상승적 변화와 하강적 변화가 모두 포함된다. 인간은 발달단계에 따라 독특한 특성이 있으며 발달단계의 특성은 학자마다 다르게 나타난다.

인간발달의 원리
- 개인차
- 점성원리
- 최적의 시기
- 통합과 분화의 과정
- 유전과 환경의 상호작용
- 일정한 순서와 방향성
- 연속적 과정
- 불가역성
- 기초성
- 상호관련성
- 연령이 증가하면 발달을 예측하기 어려움

오답 피하기
인간발달은 태내기에서 노년기까지 인간의 전 생애에 걸쳐 연속적으로 일어나는 체계적인 변화이다. 인간발달은 영아기가 아니라 태내기부터 시작된다.

02

생태체계이론은 인간을 이해할 때 인간을 둘러싸고 있는 환경 속에서 이해하고 인간과 환경 간의 상호작용뿐 아니라 인간과 환경에 미치는 영향을 강조한다. 단순한 인과관계의 규명이 아니라 복잡한 인간과 환경 간의 불확정된 상호교류에 관심이 있다.

오답 피하기
생태체계이론은 가족, 집단, 공동체 등의 문제에 적용하는 것보다 개인의 문제에 적용하는 것이 더 유용하다.

03

인간발달이론은 클라이언트의 욕구나 문제에 대해 알고 개입하기 위해서는 인간발달단계에 대한 지식이 필요하다. 노년기 시기에 나타나는 특성을 이해하고 있으면 노년기가 되지 않았다 하더라도 노년의 클라이언트 문제에 대처할 수 있게 된다.

오답 피하기
인간발달이론은 문제사정단계 뿐 아니라 자료수집단계에서도 중요하다. 또한 지문에서 '~만'으로 끝나는 지문들은 틀린 지문으로 봐도 무방하다.

04

④ 피드백은 자신이 수행하고 산출된 것에서 다시 정보를 얻는 것으로 산출된 에너지가 다시 내부로 투입되는 것을 의미한다.

오답 피하기
① 시너지는 체계를 유지하고 발전시키는 긍정적 에너지의 증가이다.
② 엔트로피는 외부의 에너지가 투입되지 않아 내부의 에너지가 소모되는 것을 의미하고 폐쇄체계에서 나타난다.
③ 항상성은 변화에 저항하고 현 상태를 유지하려는 것을 의미한다. 비교적 안정적이며 지속적인 평형상태를 유지하기 위한 체계의 경향이다.
⑤ 적합성은 개인의 적응력이 환경과 얼마만큼 조화를 잘 이루는지의 정도를 의미한다.

05

에릭슨은 인간의 전 생애를 인간발달 8단계(영아기부터 노년기까지)로 구분하였다. 각 단계마다 심리사회적 위기를 겪게 되고 심리사회적 위기를 극복하는가에 따라 성격형성이 달라진다고 보았다. 프로이트와 달리 환경과의 상호작용을 중요하게 보았다.

심리사회적 발달단계

단계	심리사회적 위기	시기	연령	중요관계 범위
1	신뢰감 대 불신감 희망/위축	영아기	출생~ 18개월	어머니
2	자율성 대 수치심과 의심 : 의지력/강박적 행동	유아기	18개월~ 3세	부모
3	주도성(솔선성) 대 죄의식 : 목적/억제	아동전기	3~6세	가족
4	근면성 대 열등감 : 능력/무력감	아동기	7~12세	이웃, 학교
5	자아정체감 대 자아정체감 혼란 : 성실성/불확실성	청소년기	12~22세	또래집단
6	친밀감 대 고립감 : 사랑/배척	성인초기	22~35세	우정, 애정
7	생산성 대 침체 : 배려/거절	중년기	35~65세	직장, 확대가족
8	자아통합 대 절망 : 지혜/경멸	노년기	65세 이상	인류동족

오답 피하기

자율성 대 수치와 의심의 심리사회적 위기가 아니라 유아기(초기 아동기) 시기의 심리사회적 위기이다. 학령기(아동기)의 심리사회적 위기는 근면성 대 열등감이다.

06

프로이트의 정신분석이론은 지형학적 모델, 구조적 모델, 심리성적 발달단계로 구분한다.

③ 구조적 모델의 원초아는 원초적인 부분으로 쾌락원칙을 따르고 본능의 저장소이고, 자아는 생각과 행동을 통제하는 조정자의 역할로 현실원칙에 따른다. 또, 초자아는 도덕적인 측면이 강하며 현실보다는 이상, 쾌락보다는 완벽을 추구하고 자아의 기능을 관찰ㆍ평가하는 마음의 부분이다.

오답 피하기

① 인간이 가진 자유의지의 중요성을 강조한 이론은 인본주의이론이다.

② 거세불안과 남근선망은 주로 남근기에 나타난다.

④ 초자아는 도덕적인 측면이 강하며 현실보다는 이상, 쾌락보다는 완벽을 추구하고 자아의 기능을 관찰ㆍ평가하는 마음의 부분이다. 현실원리에 지배되며 성격의 실행자는 자아이다.

⑤ 성격의 구조나 발달단계로 구강기, 항문기, 남근기, 잠복기, 생식기로 구분하였다.

07

매슬로우는 인간을 원래 선한 존재로 인식하면서 자유롭고 자율적이며 합리적이고 창조적인 존재로 보았다. 매슬로우의 욕구단계는 생리적 욕구, 안전의 욕구, 사랑과 소속의 욕구, 존경(자존감)의 욕구, 자아실현의 욕구 순이다. 낮은 단계의 욕구가 더 중요하고 낮은 단계의 욕구가 충족되어야 상위욕구로 올라간다.

오답 피하기

자아존중감(존경)의 욕구는 4단계이며 가장 높은 욕구는 자아실현의 욕구이다.

08

반두라의 사회학습이론에서는 인간의 행동이 개인ㆍ행동ㆍ환경 간의 상호작용의 산물이며, 인간을 관찰이나 자기 강화를 통해 스스로 행동을 규제할 수 있는 존재로 보았다. 자신으로부터 보상이나 처벌, 다른 사람의 행동을 보고 자신의 행동을 수정할 수 있다. 관찰학습은 주의집중단계 → 기억(보존, 파지)단계 → 운동재생단계 → 동기화(동기) 순으로단계로 이루어진다.

오답 피하기

조작적 조건화(조건형성)는 스키너의 이론이다. 반두라의 사회학습이론은 대리적 조건화(조건형성)로 불린다.

09

영아기는 제1의 성장기로 일생 중 가장 빠른 성장이 이루어진다. 친숙한 사람에게 애착관계가 형성되고 애착경험은 이후 인간관계를 형성할 수 있는 능력의 기초가 된다. 애착관계를 통해 낯가림이 생기고 돌이 지난 후부터 없어지게 된다. 피아제에 의하면 영아기는 감각운동기 시기로 타고난 반사행동을 통해 환경을 적응한다.

오답 피하기

영아기의 정서는 처음에는 기쁨과 슬픔 두 가지 정서로 구분되다가 시간이 지날수록 성인들과 같은 정서와 같이 분화된다. 영아기 시기의 정서는 부정적 정서가 긍정적 정서보다 먼저 발달하게 된다.

10

④ 융에 의하면 중년기 시기에는 외부에 쏟았던 에너지가 자기 내부로 향하면서 개성화를 경험한다. 융은 아니마(남성의 여성성)와 아니무스(여성의 남성성)가 나타나는 중년기 시기를 가장 중요하게 보았다.

오답 피하기

① 여성뿐 아니라 남성도 우울, 무기력감 등 심리적 증상을 경험한다. 그러나 여성의 증상이 더 강하다.

② 여성은 에스트로겐의 분비가 감소하고 남성은 테스토스테론의 분비가 감소하는 대신 상대 성호르몬은 증가한다.

③ 중년기에는 신체능력과 인지능력이 감소한다. 학습능력은 저하되지만 문제해결능력은 높아진다.

⑤ 중년기는 생산성 형성이 주요 과업이며 사회관계망은 축소되지 않는다. 사회관계망이 축소되는 시기는 노년기이다.

11

① 유아기는 프로이트의 남근기(3~6세) 시기로 아이는 자신의 성기를 만지면서 쾌감을 느끼고 오이디푸스 콤플렉스(남아의 엄마 사랑으로 거세불안)와 엘렉트라 콤플렉스(여아의 아빠사랑으로 남근선호사상)가 생긴다.

오답 피하기

② 콜버그의 인습적 수준(7세 이후)의 도덕성발달단계는 아동기 시기이다. 유아기 시기에는 전 인습적 수준(7세 이전)의 도덕성발달단계에 해당한다.

③ 피아제의 구체적 조작기는 아동기(7~12세)에 해당되며 유아기는(3~6세) 전조작기에 해당한다.

④ 유아기 시기의 인지발달은 성인과 달리 사건을 정서적 · 주관적으로 파악한다. 상위 개념과 하위 개념을 구분하지 못한다.

⑤ 영아기에 비해 성장 속도가 느려지지만 지속적으로 성장한다.

12

로저스는 인간을 이해하는 데 지금 – 여기를 강조하였다. 또한 객관적 경험은 존재하지 않고 주관적 경험을 강조하면서 현상학적 장(과거 경험에 대한 개인의 해석)을 설명하였다. 자기실현 경향성(인간의 궁극적 동기는 잠재력을 개발하는 것)과 완전히(충분히) 기능하는 사람을 강조하였다. 완전히 기능하는 사람은 자기의 잠재력을 실현하여 진정한 자기 자신으로 살아가는 것을 의미한다.

오답 피하기

ㄷ. 로저스는 인간의 욕구 발달(위계)단계를 제시하지 않았다. 욕구 발달(위계)단계를 제시한 학자는 매슬로우이다.

13

융의 이론에는 개인무의식, 집단무의식, 자기와 자아, 개성화, 자기실현, 페르소나와 음영(그림자), 아니무스와 아니마, 콤플렉스, 리비도 등이 있다.

• 개인무의식은 개인이 경험을 하였으나 기억나지 않는 기억이다.
• 집단무의식은 조상들의 경험을 통해 형성된 인류의 보편적인 경험이다.
• 그림자는 인간이 가지고 있는 어둡거나 사악한 측면이다.

• 페르소나는 자아의 가면으로 개인이 외부 세계에 보이는 이미지이다.

오답 피하기

ㄹ. 아니무스는 여성의 남성성을 의미하고 아니마는 남성의 여성성을 의미한다.

14

브론펜브레너(U. Bronfenbrenner)의 생태체계이론

• 미시체계는 개인의 가장 근접한 환경으로서 가족, 학교, 이웃 등의 물리적 환경과 사회적 환경 그리고 환경 내에서 갖게 되는 지위나 역할, 활동, 대인관계 등을 의미한다.

• 중간체계는 서로 상호작용하는 두 가지 이상의 미시체계의 관계망을 말하는데 개인이 가족 내에서 아들의 지위와 역할을 수행하지만 학교에서 는 학생으로서의 지위와 역할을 동시에 갖게 되는 경우를 예로 들 수 있다.

• 외체계는 개인이 직접 참여하거나 관여하지는 않지만 개인에게 영향을 미치는 환경체계로서 부모의 직장, 정부, 사회복지기관, 대중매체 등이 포함된다.

• 거시체계는 미시체계, 중간체계, 외체계를 포함한 모든 요소에다 정치, 경제, 종교, 교육, 윤리와 가치, 신념, 관습, 문화 등의 광범위한 사회적 맥락을 의미한다.

• 시간체계는 개인의 전 생애에 걸쳐 일어나는 변화와 역사적인 환경을 포함하는 체계로서 개인은 성장하면서 경험하게 되는 생활사건은 특정 시점에 국한된 것이 아니며, 사전, 진행기간, 사후기간이라는 서로 연결된 시간 속에서 발생한다.

오답 피하기

① 문화, 정치, 교육정책 등은 거시체계이지만 개인의 삶에 직접적이고 강력한 영향을 미치는 체계는 외체계이다.

② 인간을 둘러싼 사회환경을 미시체계, 중간체계, 외체계, 거시체계, 시간체계로 구분했다.

⑤ 미시체계는 끊임없이 변화하며, 개인이 성장하면서 점점 상호작용이 약화된다.

15

⑤ 집단의 구성원은 공통된 정체성을 가지고 다양한 집단활동을 통해 '우리'라는 의식이 형성된다.

오답 피하기

① 2차집단은 성원 간 관계가 이성적이고 계약적인 회사, 단체를 의미한다. 인간의 성격형성을 목적으로 하는 집단은 1차집단이다.

② 구성원의 개별화와 일정 수준 이상의 심도 깊은 목적달성에 적합한 집단은 구성원이 바뀌지 않는 폐쇄집단이다.

③ 구성원의 상호작용이 중요하므로 최소 단위는 2인 이상이다.

④ 형성집단은 특정 목적을 달성하기 위해 의도적으로 구성한 집단으로 특정한 목적 없이는 만들 수 없다.

16

④ 문화는 사람들이 공유하는 행동양식, 규칙, 규범 등의 총체로 상호 긴밀한 관계를 유지하는 통합체이다. 문화는 개인에게 영향을 주는 거시체계이다.

오답 피하기

① 선천적으로 습득되지 않고 사회적 경험 속에서 후천적으로 학습된다.
② 개인행동에 대한 규제와 사회통제의 기능이 있다. 사회의 안전과 질서를 위해 문제를 제거하거나 조절하는 기능을 수행한다.
③ 문화는 고정적이며 구체적이 아니라 지역과 세대에 따라 매우 다양하고 상이하다.
⑤ 다양성은 문화를 좋고 나쁨으로 구별하는 것이 아니라 문화에 영향을 받는 사회나 세대 안에서 상대적으로 구별한다. 이것은 차별을 의미하는 것이 아니라 개별성을 인정하는 것이다.

17

④ 피아제는 사물의 기본적인 이해의 틀을 도식으로 규정하고 이후 개인이 가지고 있는 도식을 통해 사물을 이해하는 동화와 개인이 가지고 있는 도식을 변경하여 새로운 사물을 이해하는 조절을 통해 인지를 발달시킨다고 보았다.

오답 피하기

① 전 생애의 인지발달을 다루고 있지는 않다. 감각운동기, 전조작기, 구체적 조작기, 형식적 조작기 시기로 구분하면서 청소년기까지의 인지발달단계를 다루고 있다.
② 문화적 · 사회경제적 · 인종적 차이를 고려하지 않고 모든 인간은 동일한 인지발달단계를 거친다고 주장하였다.
③ 실제로 경험할 수 없는 사건을 머리로 생각할 수 있는 추상적 사고의 확립은 형식적 조작기의 특징이다.
⑤ 동일성, 가역성, 보상성의 원리를 이해하는 보존개념은 구체적 조작기에 획득된다.

18

스키너의 행동주의이론은 인간행동은 환경의 자극에 의해 동기화되고, 행동에 따르는 강화에 의해 전적으로 결정된다고 보고 있다. 조작적 조건화는 고전적 조건화와 다르게 사람이 원하는 결과를 얻기 위해 스스로 행동하는 능동적인 반응으로 인간의 행동은 결과에 의해 행동이 변하는 것이다. 행동조성(행동형성)은 복잡한 행동이나 기술을 학습하는 데 있어 기대하는 반응이나 행동을 학습할 수 있도록 행동을 강화해 점진적으로 만들어가는 것을 의미한다.

강화계획

• 고정간격 강화계획은 정해진 시간이 지난 후 강화를 주는 것이다.
• 고정비율 강화계획은 정해진 횟수가 지난 후 강화를 주는 것이다.
• 가변간격 강화계획은 가변적인 임의의 시간 이후 강화를 주는 것으로 일정한 시간 안에서 시간을 다르게 하여 강화를 준다.
• 가변비율 강화계획은 평균적으로 정해진 횟수가 지난 후에 강화를 주는 것으로 언제 강화될지 예측할 수 없어 꾸준한 반응을 한다.

19

다문화는 이민자집단이나 소수민족의 정체성이 공존하는 것을 의미하는 것으로 이주노동자, 결혼이민자, 북한이탈주민 등의 문화를 인정하는 것인데, 모든 문화를 인정하지 않아 인종차별이 생긴다. 동화는 모국의 문화적 가치는 유지하지 않은 상태에서 주류사회의 관계만 인정하는 것으로 이민을 받는 사회의 문화적 우월성을 전제로 한다. 또한 용광로 이론은 다양한 문화를 가진 사람들이 섞여 하나의 동일한 문화를 만들어가는 것으로 동화주의와 관련이 있다.

오답 피하기

다문화는 다양한 문화를 수용하고 그 문화를 인정하는 것이지 문화의 단일화를 지향하는 것은 아니다.

20

노년기에 나타나는 특징적 변화

변화	내용
내향성 및 수동성의 증가	내적인 측면에 더 관심을 기울이며 자신의 일을 스스로 해결하기보다는 다른 사람에 대한 의존성이 증가한다.
조심성의 증가	노인은 젊은 사람들에 비해 모든 일에 조심하는 경향이 있는데 자신의 일에 대한 정확성을 중시하고 자신감 결여로 확신한 것을 추구한다.
경직성의 증가	기존에 가지고 있던 습관이나 지식을 고수하려고 하기 때문에 학습이나 문제를 해결하는 데 어려움을 가지게 된다.
우울성향의 증가	신체적 질병, 배우자 사망, 사회와 가족으로부터의 고립 등으로 우울성향이 증가한다.
생에 대한 회상의 경향	지금까지 살아온 생을 뒤돌아보면서 해결하지 못한 문제가 없는지 생각하고 그 문제를 해결하기 위해 시도하면서 인생의 의미를 발견한다.
친근한 사물에 대한 애착증가	노인은 자신이 생활하면서 사용한 물건들에 애착을 가지며 그것을 통하여 과거를 회상하게 되고 마음의 안정을 찾는다. 그래서 오랫동안 사용해 온 물건에 애착심이 증가한다.

변화	내용
성역할 지각의 변화	남성은 친밀성, 의존성, 관계지향성이 증가하고 여성은 공격성, 자기주장, 자기중심적, 권위주의가 증가한다.
의존성의 증가	노인은 노화가 진행될수록 경제적, 신체적, 정서적 의존성이 증가한다. 그러나 이러한 모습은 병리성이 아니라 정상성이다.
시간전망의 변화	노인은 자신이 살아갈 날이 얼마 남지 않았다는 사실을 알지만 회피하기 위해 과거를 회상하거나 미래지향적이 된다.
유산을 남기려는 경향	노인은 죽기 전에 자신의 재산, 자녀, 기술, 지식 등을 남기려는 성향이 강해진다.

오답 피하기

생에 대한 회상이 증가하지만 조심성의 증가로 융통성은 증가하지 않는다.

21

신생아기 반사운동

반사운동유형		내용
생존 반사	빨기반사 (Sucking Reflect)	신생아의 입을 자극하면 무의식적으로 입에 닿는 것 모두 빨려고 하는 행동을 한다.
	탐색반사 (Rooting Reflect)	외부자극에 자동으로 반응하며 입 주위에 자극이 생기면 자동적으로 그 자극을 향해 고개를 돌려 찾으려고 하는 행동을 한다.
	눈깜빡거리기반사 (Blinking Reflect)	신생아의 눈에 물체가 오면 신생아는 눈을 깜빡거리는 행동을 한다.
	연하반사 (Swallowing Reflect)	음식물을 삼키는 행동을 한다.
원시 반사	걷기반사 (Walking Reflect)	영아의 발을 바닥에 닿게 하면 영아는 자연스럽게 한 다리를 들어 올리고 발을 번갈아 짚어 걷는 것과 같은 행동을 한다.
	파악반사 (Grasping Reflect)	신생아의 손바닥에 물건을 놓으면 그것을 빼앗기지 않기 위하여 힘을 주어 손을 쥐는 행동을 한다. 이 행동은 3~4개월경에 사라진다.
	바빈스키반사 (Babinski Reflect)	신생아의 발바닥을 문지르면 발가락을 부채처럼 구부리는 행동을 한다. 이 행동은 12개월경에 사라진다.
	모로반사 (Mororeflect)	갑자기 큰소리를 듣게 되면 무언가를 안는 것과 같이 팔과 다리를 쫙 펴는 행동과 머리를 뒤로 젖히는 행동을 한다. 이 행동은 3~4개월경에 사라진다.

오답 피하기

바빈스키반사(Babinski Reflect)는 신생아의 발바닥을 문지르면 발가락을 부채처럼 쫙 펴는 반사 운동이다. 입 부근에 부드러운 자극을 주면 자극이 있는 쪽으로 입을 벌리는 반사운동은 탐색반사이다.

22

청소년기는 나이가 딱 정해져 있는 것이 아니라 아동기에서 성인으로 가는 과도기 시기이다. 급격한 신체변화·성숙과 더불어 인지적·사회적 행동양식이 성숙해진다. 신체적 측면으로 제2차 성장급등기, 성적성숙이 이루어지는 사춘기, 심리적 측면에서는 부모로부터 심리적으로 독립하고 자아정체감을 형성하는 심리적 이유기, 정서적변화가 급격히 일어나는 질풍노도의 시기라 부르기도 한다. 사회적 측면에서는 부모로부터 독립된 인격체로 대우받기 원하고 정서적으로 독립하려고 갈등이 생기는 제2의 반항기, 어린이도 아닌 주변인에 머물러 있는 특징이 있다. 프로이트의 생식기, 에릭슨의 청소년기(자아정체감 대 자아정체감 혼란), 피아제의 형식적 조작기에 해당한다.

오답 피하기

친밀감 대 고립은 청년기의 심리사회적 위기이다.

23

아동기는 연령이 7~12세로 초등학교 입학부터 졸업하는 시기를 말한다. 생활의 중심이 가정에서 학교로 바뀌면서 다양한 경험과 기술을 습득하게 된다. 이 시기는 가족보다 친구들과 어울리기 시작하여 도당기, 학동기, 학령기 등으로 불린다. 자신만의 가치관이나 습관, 문화를 형성하고 이 과정을 통하여 자신감과 독립심이 발달하고 자신만의 세계관을 형성한다.

오답 피하기

ㄱ. 제1의 반항기는 유아기 시기이다.
ㄷ. 유아기에는 자아중심성으로 타인의 입장을 고려하지 못한다. 자아중심성은 자신과 타인을 구별하지 못하는 것이다.

24

ㄱ. 유아기에는 성역할이 발달한다. 3세에는 성정체감(Gender Identity)이 형성되어 자신의 성이 남성인지 여성인지 알게 되고 4~5세에는 성안정성(Gender Stability)이 형성되어 남자아이는 남자성인이 되는 것처럼 자신의 성이 평생 변하지 않는다는 것을 알게 된다. 또 6세 이후에는 성항상성(Gender Constancy)이 형성되어 머리나 옷과 같은 겉모습에 변화를 준다 하더라도 자신의 성이 변하지 않는다는 것을 알게 된다.

ㄷ. 성인기(청년기)는 일생 중 가장 활발하고 신체적·심리적·사회적으로 성숙해지는 시기로 학업을 마치고 집을 떠나 독립하여 성인의 세계로 들어가 사회적 역할을 수행한다. 경제적으로는 자립한 상태일지라도 정서적으로는 유아일 수도 있다. 또한 배우자를 만나 가정을 이루고 자녀를 양육하면서 가정생활과 직장생활을 한다. 신체적으로 최고조에 이르고 25세를 정점으로 30세가 지나면서 하향세를 타기 시작한다.

ㄹ. 노년기는 신체적 노화로 인해 감각기능이 쇠퇴하는 시기로 신체적 노화, 직장에서 은퇴, 배우자와 사별의 경험으로 인한 심리적 변화에 적응해야 한다. 머리카락은 희어져서 노인을 실버세대라고 부른다. 기억력의 감퇴가 확실히 나타나는데 일반적으로 단기기억과 최근 기억의 능력이 약화되지만 오래 전의 일은 정확히 기억하고 있다.

오답 피하기

ㄴ. 자기중심성을 보이며 자신의 시각에서 사물을 보는 시기는 유아기이다.

25

이상행동은 인간의 행동특성 중 사회문화적 규범에서 벗어나거나, 사회부적응 행동, 개인과 타인에게 불편과 고통을 유발하는 행동이다. 정신질환 진단 및 통계 편람(DSM)은 정신질환 진단에 가장 널리 사용하고, 질병 및 관련 건강문제의 국제적 통계 분류(ICD)는 모든 종류의 질병을 다룬다.
우리나라 사회복지 실천 분야에서는 이상행동과 부적응 행동을 판별하고 돕는 정신건강사회복지사가 전문실천가로 활동한다.

오답 피하기

정신질환 진단 및 통계편람(DSM)으로만 이상행동을 진단하지 않고 질병 및 관련 건강문제의 국제적 통계 분류(ICD)로도 진단하고 있다.

2과목	사회복지조사론								
26	27	28	29	30	31	32	33	34	35
③	①	③	①	②	①	③	①	⑤	④
36	37	38	39	40	41	42	43	44	45
②	⑤	④	⑤	⑤	②	④	①	③	⑤
46	47	48	49	50					
④	②	④	③	②					

26

사회조사를 시작할 때는 주제를 선정할 때부터 윤리적 이슈를 고려해야 하고 비윤리적인 행위들은 미리 차단해야 한다. 사회조사의 윤리를 지키기 위해서는 고지된 동의(사전고지)와 자발적 참여, 익명성 보장과 비밀 보장을 준수해야 한다.

오답 피하기

일반적으로 연구의 공익적 가치가 연구윤리보다 우선할 수 없다. 연구윤리가 연구의 공익적 가치보다 우선한다. 연구의 공익적 가치가 아무리 높다 하더라도 조사 대상자의 비밀 보장이나 자기결정권, 사전고지 등이 되지 않는다면 사회조사윤리위원회를 통과할 수 없고 조사연구결과도 퇴색될 수 있다.

27

② 해석주의에는 과학과 과학이 아닌 것을 구분하는 기준은 없으며 인간의 다양한 지적 주장들은 인식론적으로 동등하다. 인간행동에 대한 특수한 이유를 설명하여 감정이입적 이해를 얻고자 한다. 즉, 현상에 대한 직접적 이해가 가능하지 않다고 본다.
③ 비판주의는 사람들이 스스로 현재의 조건을 변화시키고 개선된 사회를 구성할 수 있도록 돕기 위해, 현재 사회의 실질적 구조를 발견하는 비판적 탐구를 수행한다.
④ 후기실증주의는 관찰과 측정이 순수하게 객관적일 수 없음을 인정한다. 과학의 이론들이 확률적으로 검증되는 관찰에 의해서만 정당화될 수 있다고 주장한다.
⑤ 포스트모더니즘은 진리에 대한 객관적인 기준이 없고 모든 것은 주관적이라고 본다.

오답 피하기

① 실증주의(경험주의)는 연구의 가치중립성을 강조(가치나 신념 X)하여 연구자의 가치나 편향(Bias)이 개입되어서는 안 된다고 본다. 경험적인 관찰을 사용(통제된 실험, 표준화된 척도에 의한 측정)하며 구조화된 양적방법을 고수한다.

28

종단조사는 시간적 차이를 두고 여러 번 걸쳐 조사하는 것을 말한다. 적어도 2번 이상의 사회 현상을 조사하며 횡단조사보다 논리적이고 타당도가 높다.

종단조사의 종류
• 패널조사는 한 집단을 두고 오랫동안 연속적으로 조사하는 것으로 시간이 흐름에 따라 변화를 조사한다.
• 경향(추이, 추세)조사 : 한 질문을 반복적으로 조사하되 조사할 때마다 대상자가 다른 것으로 일반 모집단 내의 변화를 일정 기간에 걸쳐 연구한다.

- 동년배(동류집단, 코호트)조사는 동년배집단을 선정하여 일정한 시간을 두고 조사하는 것을 말하고 같은 시기에 태어나 같은 문화에서 비슷한 경험을 한 사람들을 동년배집단이라고 한다. 일반적으로 동년배연구는 동일한 연령집단을 대상으로 한다.

오답 피하기
① 베이비붐 세대를 시간변화에 따라 연구하는 것은 동년배조사이다. 동년배조사는 시간의 변화에 따른 특정 집단(베이비붐 세대)의 변화를 연구한다.
② 일정기간 센서스 자료를 비교하여 전국 인구의 성장을 추적하는 것은 경향조사이다. 같은 사람을 조사하기에는 조사대상자의 탈락의 위험이 있기에 경향조사로 실시한다.
④ 시간에 따른 변화를 가장 정확하게 알려주는 것은 패널조사이다.
⑤ 일반 모집단의 변화를 시간변화에 따라 연구하는 것은 경향조사이다.

29

- 연구가설은 2개 이상의 변수 간에 차이가 있다고 예측하는 것으로 독립변수가 종속변수에 영향을 미친다고 가정한다.
- 영가설(귀무가설)은 연구가설에 대한 반증가설로 2개 이상의 변수 간에 차이가 없음을 예측하며, 독립변수가 종속변수에 영향을 미치지 않는다고 가정한다.
- 대립가설은 영가설에 대립되는 가설로 영가설이 기각될 때 채택하기 위해 설정한다.

오답 피하기
ㄷ. 대안(대립)가설은 영가설의 반증가설이다.
ㄹ. 변수 간의 관계가 우연이 아님을 증명하는 가설은 연구가설이다.

30

- 탐색적 조사는 어떤 현상에 대하여 사전 지식이 없을 경우 탐색을 목적으로 하는 조사를 말한다. 한 번도 조사가 된 적 없는 문제를 알기 위한 목적으로, 조사를 실시해야 하는지를 파악하기 위해 조사한다.
- 기술적 조사는 어떤 현상에 대하여 그 현상이 왜 나타나게 되었는지를 알기 위함이 아니라 현상의 특성을 있는 그대로 기술하는 것을 말한다. 현상, 분포, 관계 등에 대해 자세히 기술하여 정책·프로그램을 개발하거나 결정할 때 자료를 얻기 위해 조사한다.
- 설명적 조사는 어떤 현상에 대하여 그 현상이 왜 나타나게 되었는지 알기 위해 연구하여 설명하는 것을 말한다. 어떤 변수들 간의 인과관계를 규명하고자 할 때 사용하는 조사이다.

오답 피하기
외상후스트레스로 퇴역한 군인을 위한 서비스개발의 가능성을 파악하기 위한 초기면접은 기술적 조사이다. 정책이나 프로그램을 개발하기 위한 조사하는 기술적 조사이다.

31

- 명목변수는 어떤 사물의 속성을 질적인 특성에 의해 상호배타적인 몇 개의 카테고리로 나눈 것이다.
  예 성별, 직업, 종교, 결혼, 인종, 운동선수의 등번호, 거주지역 등
- 서열변수는 어떤 사물의 속성을 상호배타적인 몇 개의 카테고리로 나누고 서열(상대적 순서관계)을 측정할 수 있다.
  예 지체장애 등급, 정치성향, 생활수준, 석차, 사회복지사 등급 등
- 등간변수는 어떤 변수의 카테고리 간의 순서뿐만 아니라 카테고리 간의 정확한 간격을 알 수 있다.
  예 온도, 지능지수, 도덕지수, 물가지수, 생산성 지수, 시험점수 등
- 비율변수는 변수의 카테고리 간의 간격뿐만 아니라 카테고리 간에 몇 배나 큰가, 또는 몇 배나 작은가를 측정할 수 있는 변수이다.
  예 시청률, 투표율, 키, 몸무게, 연령, 자녀, 가격 등

장애인의 성별, 장애유형, 거주지역, 직업종류는 모두 같은 속성끼리 분류한 것이므로 명목변수에 속한다.

32

③ 내적 타당도는 외적 타당도를 위한 필요조건이지만 충분조건은 아니다. 내적 타당도가 높다고 해서 외적 타당도까지 높은 것은 아니므로 A지역에서는 효과가 있다고 해도 B지역에서도 효과가 있는 것은 아니다. 따라서 특정한 지역이나 조건에 한정된 검증은 일반화할 수 없다.

오답 피하기
① 어떤 변수가 다른 변수의 원인임을 정확하게 기술하는 것은 내적 타당도이다. 내적 타당도는 종속변수가 변한 이유가 독립변수의 원인인지 아니면 다른 원인으로 인하여 변한 것이지 알아내는 것이다.
② 연구결과를 연구조건을 넘어서는 상황이나 모집단으로 일반화하는 정도는 외적 타당도이다. 외적 타당도의 저해요인으로는 ③ 표본의 대표성, ⓒ 조사반응성(호손효과), ⓒ 위약효과(플라시보 효과), ⓔ 후광효과 등이 있다.
④ 실험대상의 탈락이나 우연한 사건은 내적 타당도 저해요인이다.
⑤ 외적 타당도가 낮은 경우 내적 타당도가 낮다고 할 수 없다. 일반화를 할 수 없다고 해서 종속변수가 변한 이유가 독립변수의 원인인지 아니면 다른 원인으로 인하여 변한 것이지 알아내지 못하는 것은 아니다.

33

면접조사의 장점
- 면접 환경을 표준화할 수 있다.
- 제3자의 참여를 방지할 수 있다.
- 면접 도중 상황에 맞게 융통성을 발휘할 수 있다.
- 비언어적 행위도 알 수 있다.

- 이야기를 통해 면접을 하기에 높은 응답률을 나타낸다.
- 복잡한 질문도 사용할 수 있다.
- 긴 시간에 걸쳐서 대상자를 상세하게 조사할 수 있다.

면접조사는 면접자와 피면접자가 직접 대면을 통해 면접이 이루어지기에 익명성이 부족하다. 익명성 보장 수준이 높아 민감한 주제도 조사할 수 있는 것은 우편설문이다.

34
① ㄱ : 최빈값은 가장 많이 관측되는 수로 데이터에서 가장 많이 나오는 값이다.
② ㄴ : 중위수(중앙값)은 어떤 주어진 값들을 크기의 순서대로 정렬했을 때 가장 중앙에 위치하는 값을 의미한다.
③ ㄷ : 백분율은 전체 사례 수를 100으로 보고 각 범주에 속하는 사례 수가 그중에 차지하는 비율을 의미한다.
④ ㄹ : 범위은 임의의 변수가 가지는 데이터 값들의 집합에서 최대값과 최소값의 차이를 말한다.

⑤ ㅁ : 산술평균은 주어진 수의 합을 수의 개수로 나눈 값으로 평균을 의미한다. 10대, 20대, 30대, 40대, 50대, 60대 이상 연령의 순서대로 정렬했기에 중위수에 해당한다.

35
델파이기법은 전문가들로부터 우편이나 이메일(E-mail)로 의견이나 정보를 수집하여 그 결과를 분석한 후 그것을 다시 응답자들에게 보내어 의견을 묻는 식으로 만족스러운 결과를 얻을 때까지 계속하는 방법이다.

델파이기법은 패널 참가자의 익명성 보장에 어려움이 있는 것이 아니라 전문가들이 모이지 않기 때문에 익명성이 보장된다.

36
관찰법은 주위에서 일어나는 일들에 대한 지식을 얻는 가장 기본적인 방법으로 시각, 청각과 같은 감각기관을 통하여 현상을 인지한다. 즉, 연구대상을 통제하지 않고 있는 그대로 일정시간 관찰결과를 기록한다.

관찰법의 장점
- 조사대상자의 행동을 현장에서 있는 그대로 포착할 수 있다.
- 지적장애인이나 어린아이, 동물처럼 자신의 생각을 말로 표현하지 못하는 경우 유용하다.
- 언어능력이 있더라도 비협조적인 조사 대상자에게 유용하다.
- 설문지법이나 면접법에서 얻을 수 없는 자료도 얻을 수 있고 응답의 오차도 줄어든다.
- 장기간의 종단분석이 가능하기에 질적 연구나 귀납법에 적합하다.

관찰법의 단점
- 겉으로 보이는 정보만 관찰할 수 있고 보이지 않는 정보(특성, 과거 사실)는 수집할 수 없다.
- 조사해야 할 행동을 할 때까지 기다려야 한다.
- 조사 대상자에 접근과 해석이 어려울 수도 있다.
- 시간과 비용, 노력이 많이 든다.
- 관찰이 불가능(범죄)한 것들도 있다.
- 관찰을 하고 있다는 것을 알고 평소와 다른 행동을 할 수 있다.
- 큰 규모나 많은 인원을 한번에 관찰하지 못한다.
- 응답자로부터 조사를 승낙 받기가 어렵다.
- 관찰 내용의 수량화가 어렵기 때문에 관찰 결과를 일반화시키기 어렵다.
- 변수의 의미를 구체적으로 정의할 수 없다.
- 자연적 환경에서 외생변수의 통제가 불가능하다.

① 피관찰자가 아니라 관찰자에 의해 자료가 생성된다. 어떤 목적을 가지고 관찰을 하느냐에 따라 달라진다.
③ 자료수집 상황에 대한 통제가 불가능하다. 관찰자는 피관찰자를 통제하지 않고 관찰 그대로 기록한다.
④ 내면적 의식의 파악은 불가능하다. 보이는 것만 관찰할 수 있다.
⑤ 수집된 자료를 객관화하는 최적의 방법으로 볼 수 없다. 관찰한 내용만 조사할 수 있고 관찰을 하고 있다는 것을 알고 자신의 행동을 하지 않을 수도 있어 객관적인 조사가 될 수 없다.

37
임파워먼트는 클라이언트에게 권한을 부여하여 스스로 자신의 문제를 해결할 수 있도록 능력을 향상시켜 주는 것이다. A사회복지사는 정신건강의 문제를 해결하기 위해 연구하였고 소년들은 A사회복지사와 함께 범죄피해와 정신건강과 관련된 사회 구조적인 문제를 해결하기 위한 다양한 방안들을 스스로 만들고 수행하여 사회변화와 임파워먼트에 초점을 두었다.

38
④ 청소년의 자원봉사의식 향상 프로그램의 효과성을 검증하기 위해 실험집단과 통제집단으로 구분하여 사전검사를 실시하였다. 실험집단에는 프로그램을 실시한 후에 사후검사를 실시하여 프로그램의 효과를 확인하였다. 사전검사와 사후검사가 다른 경우 프로그램의 효과로 볼 수 있어 자연적 성숙(시간에 흐름에 따른 변화)에 따른 효과를 통제할 수 있다.

① 테스트 효과의 발생 가능성이 높다. 사전검사가 사후검사에 영향을 미친다.

② 청소년 200명을 무작위로 집단을 선정해서 집단 간 동질성을 확인할 수 있다.

③ 사전검사와 프로그램의 상호작용 효과의 통제는 불가능하다. 사전검사는 사후검사에 영향을 미치고 실험집단은 프로그램을 통한 효과가 나타난다.

⑤ 실험집단과 통제집단으로 나누어서 실험집단에만 프로그램을 진행하여 실험집단의 개입 효과가 통제집단으로 전이되지 않는다.

39

외적 타당도는 표본에서 얻어진 연구의 결과로 인해 연구조건을 넘어선 다른 환경이나 다른 집단들에게까지 적용할 수 있는 정도 또는 일반화할 수 있는 정도를 말한다. 외적 타당도의 종류는 ⊙ 표본의 대표성, ⓛ 조사반응성, ⓒ 위약효과, ⓔ 후광효과 등이 있다.

⑤ 자발적 참여자만을 대상으로 연구표본을 구성하게 되는 상황은 표본의 대표성의 문제점이 발생한다.

① 연구대상의 건강 상태가 시간 경과에 따라 회복되는 상황에서 성장요인의 문제가 생긴다.

② 자아존중감을 동일한 측정도구로 사전 – 사후 검사하는 상황에서 검사요인의 문제가 생긴다.

③ 사회적 지지를 다른 측정도구로 사전 – 사후 검사하는 상황에서 도구요인의 문제가 생긴다.

④ 실험집단과 통제집단 간 연령 분포의 차이가 크게 발생하는 상황에서 편향된 선별의 문제가 생긴다.

40

단일사례설계는 기초선(A)과 개입국면(B)을 통하여 변화를 확인하는 방법이다. 보통 4주 정도 기초선을 관찰한 후 개입 후의 변화상태를 확인하며, 위기 시에는 기초선을 보지 않고 바로 개입하기도 한다.

ㄱ. BA설계는 개입의 긴급성이 있는 상황에 적합하다. 긴급한 상황에서는 기초선을 보기 어렵다.

ㄷ. ABAB설계는 AB설계에 비해 외부사건의 영향력에 대한 통제력이 크다. 개입의 효과가 프로그램의 효과인지 아니면 외부사건에 의한 변화인지 다시 기초선을 보면서 확인할 수 있다.

ㄹ. 복수기초선디자인은 AB설계에 비해 외부사건의 영향력에 대한 통제력이 크다. 복수기초선디자인은 AB조사를 여러 상황, 여러 문제, 여러 사람들에게 적용하는 방법으로 AB설계보다는 외부사건에 대한 통제력이 크다.

ㄴ. ABAC설계는 선행 효과의 통제가 불가능하다. B(놀이치료)의 효과가 있었는데 개입효과를 보기 위해 다시 기초선을 보고 다시 C(음악치료)로 개입효과를 본다면 기존의 놀이치료의 효과가 음악치료의 효과에 영향을 미칠 수 있어 선행효과 통제는 불가능하다.

41

① 시각적 분석은 표적행동의 수준과 경향의 변화가 그래프에서 시각적으로 나타나 있는가를 개입이 도입되거나 중단된 후에만 분석한다. 개입을 평가함에 있어서 파동, 경향, 수준을 고려한다.

③ 평균비교방법은 기초선에서의 관찰값 평균과 개입국면에서의 관찰값 평균을 비교하여 통계적으로 비교한다. 개입국면이 (기초선의 평균)±2×(기초선의 표준편차)를 벗어나 위치하면 통계적으로 차이가 있다고 본다.

⑤ 실질적 · 임상적 분석은 개입으로 인한 표적행동의 변화량이 실질적 · 임상적 관점에서 판단하여 실천적 의미를 분석한다.

② 통계적 분석을 할 때 기초선이 불안정한 경우 경향선 분석이 적합하다.

42

체계적 오류는 일정한 양태나 일관성이 존재하는 측정오류로 자료를 수집하는 방법(교수가 보는 앞에서 만족도 조사)이나 측정대상자들의 역학(집단 구성원에게 집단을 평가하면 평가 점수가 높은 현상)에서 발생하는 오류이다. 잘못된 측정도구로 인해 발생한다.

① 연구자가 의도한 문항에는 계속 오류가 발생하기 때문에 체계적 오류가 발생한다.

② 자신의 생각과 상관없이 좋은 모습으로 보이기 위해 응답할 경우 체계적 오류가 생긴다.

③ 타당도는 조사하고 싶은 것을 정확히 조사하는 것으로 측정의 오류가 나타날수록 타당도는 낮아진다.

⑤ 측정의 다각화는 두 가지 이상의 다양한 방법으로 자료를 수집하는 것으로 자료의 객관성이 높다.

④ 무작위오류(비체계적 오류)는 일관성이 없이 영향을 미쳐 발생하는 오류로 측정 전 과정에서 항상 나타난다. 무작위오류를 발생시키는 것은 신뢰도가 낮은 척도이다.

43

ㄱ. 조작적 정의는 추상적인 개념들을 실제 현장에서 측정이 가능하도록 관찰 가능한 형태로 정의하고 개념적 정의를 벗어나지 않는 범위 안에서 측정이 가능하도록 구체화한 것이다.

오답 피하기

ㄴ. 조작적 정의를 하면 개념의 의미가 구체화된다.
ㄷ. 조작적 정의를 통해 개념이 더욱 구체화된다.
ㄹ. 조작적 정의가 없으면 측정이 불가능하여 가설 검증이 불가능하다.

44

표집오차는 모집단의 모수와 표본의 통계치 간의 차이를 의미하며 표집 그 자체의 속성과 본질에서 발생하는 오차로 조사대상자가 모집단을 대표하지 못할 때 나타난다. 표본이 크면 클수록 표본의 대표성에 대한 확신을 가질 수 있고 표본이 추출되는 모집단은 동질성이 클수록 표본의 대표성에 대한 확신을 가질 수 있다. 표본의 크기가 클수록, 확률표집을 할수록, 모집단이 동질적일수록 표집오차는 감소한다.

오답 피하기

① 표준오차 ±3%, 신뢰수준 95%에서 시험 점수가 70점이라면 100번을 조사했을 때 95번은 67~73점이 나온다. 여기서 신뢰수준을 99%로 높이면 시험점수가 67~73점이 나올 확률보다 나오지 않을 확률이 높아진다. 신뢰수준을 99%로 높이려면 시험점수에 대한 표준오차를 ±3%보다 더 높게 잡아야 신뢰수준 99% 안에 들어올 확률이 높아진다. 신뢰수준을 95%에서 99%로 높이면 표집오차를 높여야 한다.

  ※ ①번 선지는 틀린 내용이나 해답 정정 신청에서 받아들여지지 않아, 정답은 ③번으로 표기하였고 그 대신 ①번 선지의 옳은 설명을 제시하였습니다.

③ 동일한 조건이라면 표본의 크기가 커질수록 표집오차가 감소한다. 다만, 표본의 크기가 커질수록 작아지던 오차는 일정 수준에 도달하게 되면 더 이상 줄어들지 않는다.

45

연구의 엄격성은 연구를 통해서 얻을 수 있는 결과와 결과해설을 신뢰할 수 있는 정도를 의미한다. 질적 연구의 엄격성을 높이기 위한 방법으로는 다각적 접근방법의 활용(삼각측정), 연구자의 동료집단의 조언, 예외적인 사례분석, 연구대상을 통한 재확인, 장기간 관계형성, 감사자료 남기기 등이 있다.

46

④ 층화표집은 동질적인 집단에서 표집오차가 이질적인 집단보다 더 표집오차가 더 작다는 확률분포의 논리에 기초하여 표집오류를 줄이기 위해 층화표집방법(Stratified Sampling)을 사용할 수 있다.

오답 피하기

① 모집단을 가장 잘 대표하는 표본추출방법은 확률표집 중 하나인 단순무작위표집이다. 유의표집은 비확률표집으로 모집단을 가장 대표하지 못하는 표본추출방법이다.
② 모집단이 이질적인 경우에는 표본의 크기를 늘려야 한다. 모집단이 이질적인 요소로 구성될수록 표집오차가 커진다. 표집오차가 커지기 때문에 표본의 크기를 늘려야 한다.
③ 모든 모집단을 조사하는 전수조사는 모수(모집단의 특성을 나타내는 변수)와 통계치(표본의 특성을 수치로 요약한 것)의 구분이 불필요하다. 모수와 통계치는 표본조사에서 필요하다.
⑤ 체계적표집방법(Systematic Sampling)은 모집단 목록에서 일정한 순서에 따라 매 K번째 요소를 표본으로 추출하는 방법으로 매 K번째는 무작위추출을 해야 한다. 목록자체가 일정한 주기성을 갖지 않아야 한다.

47

오답 피하기

① 개별문항의 중요도를 차등화하는 척도는 서스톤척도이다. 리커트척도는 측정에 동원된 모든 항목들에 대한 동일한 가치를 부여한다.
③ 평정(Rating)척도는 리커트척도로 측정이 비교적 단순하여 양적 조사에서 보편적으로 사용된다.
④ 거트만(Guttman)척도는 개별 문항들을 서열화하는 구성을 취하고 개별항목들 자체에 서열성이 미리 부여되는 방식을 택한다. 단일차원적 내용을 분석할 때 사용된다.
⑤ 의미차별(Semantic Differential)척도는 어떤 개념을 평가하기 위해 양 끝에 반대되는 형용사(잘생김 – 못생김)를 배치하여 그 속성을 평가를 내리는 척도이다.

48

ㄱ. 내용타당도는 측정하고자 하는 내용을 측정 문항들이 그 내용을 포함하고 있는지 보는 것으로 측정도구의 대표성 또는 표본 문항의 적절성을 의미한다.
ㄴ. 두 개의 측정도구로 측정한 결과를 비교했을 때 상관관계가 높게 나오면 동시적 타당도가 높다고 할 수 있다.
ㄹ. 측정하고자 하는 개념이 전반적인 이론적 틀 속에서 논리적으로나 실제적으로 적절한 관련성이 있는지를 검증하는 것은 구성타당도이다.

오답 피하기

ㄷ. 기준관련 타당도의 하위 타당도는 예측타당도와 동시타당도이다.

49

신뢰도는 여러 번 조사해도 같은 값(결과)이 나타나는가를 의미한다. 신뢰도 측정방법에는 ㉠ 조사자 간 신뢰도, ㉡ 검사-재검사법, ㉢ 복수양식법(대안법), ㉣ 반분법, ㉤ 내적일관성 분석(크론바 알파)가 있다.

① 동일한 상황에서 동일한 측정도구로 동일한 대상을 다시 측정하는 방법은 검사-재검사법이다.
② 측정도구를 반으로 나누어 두 개의 독립된 척도로 구성한 후 동일한 대상을 측정하는 방법은 반분법이다.
④ 동질성이 있는 두 개의 측정도구를 동일한 대상에게 측정하는 방법은 복수양식법(대안법)이다.
⑤ 전체 척도와 척도의 개별항목이 얼마나 상호연관성이 있는지 분석하는 방법은 내적일관성 분석이다.

오답 피하기
③ 상관관계가 높은 문항들을 범주화하여 하위요인을 구성하는 방법은 신뢰도 측정방법에 없다.

50

오답 피하기
할당표집은 비확률표집으로 모집단을 속성에 따라 여러 개의 집단을 나누고 모집단을 편의대로 할당시켜 표본을 인위적으로 추출하는 방법이다. 층화표집법과 같은 방법을 사용하지만 층화표집은 무작위표집을 하고 할당표집은 인위적으로 표집을 한다는 점이 다르다.

2교시	사회복지실천

3과목	사회복지실천론

01	02	03	04	05	06	07	08	09	10
④	③	④	①	④	②	①	③	①	②
11	12	13	14	15	16	17	18	19	20
②	⑤	④	⑤	③	①	⑤	④	⑤	④
21	22	23	24	25					
②	⑤	②	①	③					

01

ㄷ. 태화여자관은 1921년에 설립되었다.

ㄱ. 밀포드(Milford) 회의에서 사회복지실천의 공통요소를 발표한 시기는 1929년이다.
ㄴ. 1983년 「사회복지사업법」에 따라 국내에서 사회복지사 명칭을 사용하기 시작하였다.
ㄹ. 사회복지전문요원이 1987년에 5대 직할시에 처음으로 국내 행정기관에 배치되었다.

02

③ 누구의 편을 들지 않고 중립적인 입장에서 상호합의를 이끌어내는 사회복지사의 역할은 중재자이다.

오답 피하기
① 중개자(Broker)는 클라이언트가 필요한 자원을 찾을 수 있도록 도와주거나 직접적으로 자원과 클라이언트를 연결해주는 역할이다.
② 조정자(통합자, Coordinator)는 클라이언트가 받아야 할 서비스가 흩어져 있거나 다양한 기관에서 산발적으로 주어지는 경우 이러한 서비스를 한 곳에서 서비스를 받을 수 있도록 정리하는 역할이다.
④ 옹호자(대변자, Advocate)는 클라이언트 입장에서 정당성을 주장하고 기존 제도나 기관으로부터 클라이언트가 불이익을 받을 때 클라이언트를 위해 정보를 수집하고 요구사항을 분명히 하여 정책이나 제도를 변화시키는 역할이다.
⑤ 교육자(교사, Educator)는 클라이언트에게 정보를 주고 적응기술을 가르치는 역할로, 이 역할을 사회복지사가 수행하기 위해서는 그 기술과 관련된 지식을 가지고 있어야 하며 클라이언트가 이해할 수 있도록 명확히 전달할 수 있는 능력이 있어야 한다.

03

④ 자기인식은 대인관계에 있어서 자신이 어떻게 보이고 또 어떤 성향을 가지고 있는지를 파악할 수 있는 능력이다.

오답 피하기
① 자기지시는 수립된 목표에 도달하는 방법을 계획하고 그 과정을 점검함으로써 수립된 목표에 효과적으로 도달하도록 하는 자기주도 능력이다.
② 자기규제는 스스로 자신의 행동에 제약을 가하는 행위이다.
③ 자기노출은 사회복지사가 클라이언트에게 적절하다고 생각되는 자신의 경험을 함께 나눌 수 있는 능력이다.
⑤ 자기결정은 클라이언트의 권리와 요구를 인식하고 그들이 스스로 선택하고 결정할 수 있도록 하는 원칙이다.

04

① 사회복지사가 클라이언트에게 주의해야 할 질문 형태는 '왜'라는 질문, 이중질문, 유도질문이다. 클라이언트가 방어적인 태도를 취할 수 있으므로 '왜'라는 질문은 피해야 한다.

오답 피하기

② 클라이언트가 자유롭게 대답할 수 있도록 하는 질문은 개방형 질문이다.
③ 사회복지사가 의도하는 특정 방향으로 이끌기 위해 유도질문을 사용하면 안 된다. 사회복지사 기대하는 방향으로 거짓 답변을 할 수 있다.
④ 클라이언트에게 이중 또는 삼중 질문을 하면 클라이언트가 어떤 질문에 대답을 해야 할지 혼란스러워 할 수 있으므로 하나씩 질문하는 것이 좋다.
⑤ 클라이언트가 개인적으로 궁금해 하는 사적인 질문은 거짓으로 답하는 것이 아니라 클라이언트의 문제해결에 관련이 있는 질문인 경우에 간결하게 대답하고 다시 초점을 클라이언트에게 옮기는 것이 좋다.

05

생태도는 클라이언트를 의미하는 원을 중앙에 그린 후 원 주면에 클라이언트의 환경요소들을 작성한다. 원 내부에는 클라이언트뿐 아니라 클라이언트의 가족을 그리고 원 외부에는 가족과 상호작용하는 외부체계를 원으로 그린다. 화살표는 자원과 에너지의 흐름의 방향을 나타낸다.

오답 피하기

ㄹ. 원의 크기는 자원의 양, 실선은 긍정, 굵은 선은 강한 긍정, 점선은 약한 관계를 의미한다. 자원의 양은 '원'으로 관계의 속성은 '선'으로 표시한다.

06

오답 피하기

① 해석은 클라이언트의 표현과 행동을 관찰하고 문제의 요인을 발견하여 클라이언트가 깨달을 수 있도록 도와주는 방법이다.
③ 직면은 클라이언트의 말과 행동이 일치하지 않거나 자신의 문제를 회피 또는 부정하는 것을 지적하는 것이다.
④ 반영은 사회복지사가 클라이언트의 이야기를 듣고 이해한 것을 다시 말하는 것으로 의미는 부여하지 않는다.
⑤ 재보증은 클라이언트가 자신의 능력이나 상황에 회의를 느끼고 있을 때 사회복지사가 신뢰를 표현함으로 자신감을 향상시키는 것이다.

07

① 민감성은 클라이언트의 이야기를 듣고 감정을 보고 듣는 것에 초점을 두어 비언어적 내용도 파악할 수 있다.

오답 피하기

② 진실성은 사회복지사가 클라이언트에게 자신의 감정과 반응을 있는 그대로 전달하는 능력이다.
③ 헌신은 사회복지사가 클라이언트의 문제를 해결하기 위해 노력하는 것이다.
④ 수용은 클라이언트를 있는 그대로 받아들이는 것이다.
⑤ 일치성은 사회복지사의 말과 행동이 일치한다는 것이다.

08

자선조직협회(COS)의 내용
• 다수의 난립된 자선기관을 조정 및 통합을 통해 중복구호를 방지하고자 하였다.
• 무급자원봉사자인 우애방문원이 빈곤 가정에 대한 조사를 통하여 필요한 원조를 제공하고 스스로 자립할 수 있도록 지원하였다.
• 빈민을 가치 있는 자와 가치 없는 자로 구분, 원조 대상을 가치 있는 자로 한정하였다. 가치 있는 자는 자활 의지가 있는, 근검절약하는, 선량한 성격을 가진 자들이다.
• 빈곤은 빈민의 성격이나 생활방식에 있다고 생각하여 구빈비 사용을 반대하였다.
• 빈곤은 개인적 문제이기 때문에 사회개혁이 아니라 빈민의 변화에 핵심이 있다.
• 게으름이나 음주 등의 무책임한 행동의 결과가 빈곤이다.
• 빈민에게 물고기를 주지 말고 물고기 잡는 방법을 가르쳐 주자는 슬로건을 가지고 있다.
• 우애방문원의 빈곤 가정에 대한 조사는 개별사회사업으로 발전하였다.
• 빈곤에 대한 사회적 기반을 경시하였다는 점은 비판을 받고 있다.
• 독일의 엘버펠트 제도를 모방하였고 인도주의, 박애주의의 기본철학과 사회진화론에 바탕을 두었다.

오답 피하기

빈민지역에 거주하며 지역사회 문제에 대한 집합적이고 개혁적인 해결을 강조한 것은 인보관운동이다.

09

개인주의는 두 가지 형태로 나타나는데 하나는 개인의 권리와 의무의 강조이고 또 다른 하나는 수혜자격의 축소의 강조이다. 개인의 권리와 의무가 강조되면서 빈곤의 문제를 개인에게 책임 전가하였고 이러한 빈곤한 자들에게 사회복지서비스를 실시하면서도 최소한의 수혜자격 원칙을 적용하여 저임금 노동자들보다 더 낮은 혜택을 받도록 정책을 펼쳤다. 반면 사회복지실천에서는 클라이언트의 개인적 특성을 중시하여 개별화에 중점을 두고 있다.

> **오답 피하기**
> ㄹ. 민주주의에서는 빈곤이 개인의 문제가 아니라 환경의 문제로 인하여 발생했다는 생각으로 사회적 책임을 강조한다. 사회적 책임 중시는 개인주의가 아닌 민주주의에 대한 내용이다.

10

거시수준의 실천방법은 지역사회나 전체사회를 주요 대상으로 하고 문제해결을 위한 정책수립, 프로그램의 개발, 홍보·교육활동 등을 수행한다. 클라이언트의 문제를 직접 해결해 주는 것이 아니라 문제를 해결할 수 있도록 사회복지정책을 개발하거나 정책대안을 제시하는 간접적인 서비스를 제공한다.

> **오답 피하기**
> 부모와 자녀의 관계증진을 위한 소집단프로그램을 진행하는 수준은 미시수준이다. 미시수준은 개인과 가족을 주요 대상으로 하고 클라이언트가 문제를 잘 해결할 수 있도록 상담을 제공하거나 클라이언트의 능력을 향상시키도록 돕는다.

11

② 임파워먼트모델은 클라이언트를 문제 중심으로 보는 것이 아니라 강점 중심으로 봄으로써 클라이언트의 잠재력 및 자원을 인정하고 클라이언트가 건강한 삶을 결정할 수 있도록 권한 혹은 힘을 부여하는 것이다. 개입과정은 대화단계, 발견단계, 발전단계로 구성된다.

> **오답 피하기**
> ① 의료모델은 전통적인 방법으로 특정 문제를 중심으로 개입하는 모델이다.
> ③ 사례관리모델은 복합적인 문제를 가진 클라이언트의 욕구를 충족시키기 위하여 공식적·비공식적 자원을 연결해주는 단순한 간접서비스뿐 아니라 직접서비스까지 모두 포함하는 활동이다.
> ④ 생활모델은 인간과 환경의 상호작용에 초점을 두고 개인, 집단, 지역사회에 개입할 수 있는 원칙과 기술을 통합한 것으로 목표는 치료를 제공하는 것이 아니라 개인의 잠재력을 표현하도록 격려하고 지속시킬 수 있는 환경을 만들고 그 환경에 잘 적응할 수 있도록 변화시키는 것이다.
> ⑤ 문제해결모델은 문제해결을 초점으로 삼고 클라이언트의 대처능력 강화에 두며, 개인의 문제를 치료하는 것보다는 문제에 대처하도록 문제해결 능력을 회복시키는 데 초점을 둔다.

12

통합적 접근방법의 특징
- 사회복지의 지식은 과거의 심리내적인 정신 역동적 측면으로부터 상황 속의 인간을 이해하고자 하는 일반체계이론까지 확대된 개념을 사용한다.
- 사회복지사가 사회적 기능수행 영역까지 개입해야 한다고 강조한다.
- 병리적인 것보다 강점을 더 강조한다.
- 클라이언트의 잠재성을 인정하고 잠재성이 개발될 수 있다고 보는 미래지향적인 접근을 강조한다.
- 사회복지사는 미시적 수준에서부터 거시적 수준의 실천까지 다양한 체계에 개입한다.
- 클라이언트의 존엄성을 인정하고 클라이언트의 참여와 자기결정 및 개별화를 극대화할 것을 강조한다.
- 다양한 클라이언트의 수준에 맞는 다양한 모델과 기술을 활용하여 접근할 수 있다.
- 문제에 맞는 접근법을 활용하고, 경험적으로 검증된 개입방법을 우선적으로 적용한다.

> **오답 피하기**
> 서비스 영역별로 분화되고 전문화된 접근은 전통적 접근방법이다. 분화되고 접근하기 어려워 통합적 접근방법이 등장하였다.

13

사회복지실천현장
- 1차 현장은 사회복지사가 주를 이루는 현장으로, 사회복지사가 다른 전문가보다 더 많이 있는 현장이다.
  예 복지관, 아동복지시설, 노인복지시설, 장애인복지시설 등
- 2차 현장은 사회복지사가 객을 이루는 현장으로 사회복지사보다 다른 전문가들이 더 많이 있는 현장이다.
  예 학교, 공공기관, 병원, 군, 기업, 보호관찰소 등
- 생활시설은 클라이언트의 주거를 포함한 모든 사회복지서비스를 제공하는 시설이다.
  예 보육원, 양로원, 공동생활가정, 청소년 쉼터 등
- 이용시설은 지역사회에서 생활하고 있는 클라이언트에게 필요한 사회복지서비스를 제공하는 시설이다.
  예 사회복지관, 지역아동센터, 주간보호센터, 쪽방상담소 등

> **오답 피하기**
> 노인보호전문기관은 학대받는 노인의 발견·보호·치료 등을 신속히 처리하고 노인학대를 예방하기 위하여 설치된 기관이다. 중앙노인보호전문기관은 정책, 프로그램 개발 등의 업무를 실행하고 지역노인보호전문기관은 상담이나 현장조사, 사례접수를 한다. 주거서비스를 제공하지 않으므로 이용시설에 해당된다.

14

문제해결과정모델 – 콤튼과 갤러웨이(B. Compton & B. Galaway)의 6체계모델

- 변화매개체계는 사회복지사와 사회복지사를 고용하고 있는 기관 및 조직을 의미한다.
- 클라이언트체계는 자신이 처한 문제를 해결하기 위해 서비스나 도움을 필요로 하는 사람들을 의미한다.
- 표적체계는 변화매개인이 클라이언트를 변화시키기 위하여 변화시킬 필요가 있는 사람들을 의미한다.
- 행동체계는 클라이언트를 변화시키기 위해 상호작용하는 사람들을 의미한다.
- 전문체계는 전문가 단체, 전문가를 육성하는 교육체계 등을 의미한다.
- 의뢰응답체계는 클라이언트가 다른 사람의 요청이나 법원, 경찰 등에 의해 강제로 오게 된 경우로 서비스를 요청한 사람을 의뢰체계라 하고, 강요에 의해서 오게 된 사람을 응답체계라 한다.

15

전문적 관계에서 클라이언트는 도움을 요청하고 사회복지사는 클라이언트의 이익과 욕구 충족을 위해 전문적인 도움을 준다.

오답 피하기
전문적 관계는 사회복지사의 이익과 욕구 충족을 위한 일방적 관계가 아니라 클라이언트의 문제를 해결하거나 적응시키는 분명한 목적을 가지고 제한된 시간 안에서 이루어지는 특수한 관계이다.

16

① 의도적 감정표현은 클라이언트가 자신의 감정, 특히 부정적인 감정을 자유롭게 표현하고자 하는 욕구로 사회복지사는 클라이언트에게 편안한 분위기를 조성하여 클라이언트가 자신의 감정을 표현할 수 있도록 격려하는 것이다. 필요한 경우에는 클라이언트가 감정을 자유롭게 표현할 수 있도록 자극하고 격려해 주어야 한다.

오답 피하기
② 클라이언트의 감정이나 태도를 있는 그대로 받아들이고 존중하는 것은 수용이다.
③ 목적달성을 위한 방안들의 장ㆍ단점을 설명하고 클라이언트가 스스로 선택하도록 하는 것은 클라이언트의 자기결정이다.
④ 공감을 받고 싶어 하는 클라이언트의 욕구에 따라 클라이언트에게 공감하는 반응을 표현하는 것은 통제된 정서적 관여이다.
⑤ 사회복지사 자신의 생각과 느낌, 개인적인 경험을 이야기하는 것은 관계의 원칙에 해당하지 않는다.

17

서비스의 지속성은 클라이언트의 욕구에 맞게 제공되는 서비스는 일회성이 아닌 지속적으로 제공되어야 한다는 것이다.

사례관리 개입원칙

- 서비스의 개별화는 클라이언트가 가지고 있는 문제는 같은 문제이더라도 서로 다른 욕구와 강점이 있기 때문에 욕구와 강점에 맞는 서비스를 개발하여 제공해야 한다.
- 클라이언트의 자율성 극대화는 클라이언트에게 선택할 자유를 주어 자신이 받아야 할 기관의 서비스를 스스로 결정할 수 있도록 해야 한다.
- 서비스의 접근성은 클라이언트에게 좋은 서비스일지라도 접근하기 어려움이 있을 경우에는 서비스 효과를 볼 수 없기에 최대한 서비스에 대한 접근성을 높여야 한다.
- 복잡하고 분리되어 있는 서비스 전달체계 연결은 클라이언트에게 서비스의 정보를 제공하고 서로 연결하여 서비스 효과를 높이기 위하여 복잡하고 분리되어 있는 서비스를 연결해야 한다.
- 클라이언트의 욕구 충족은 클라이언트의 다양한 욕구가 충족될 수 있도록 다양한 분야에서 서비스를 제공해야 한다.
- 서비스 제공의 포괄성은 클라이언트의 욕구가 다양하기에 욕구를 충족하기 위하여 포괄적인 서비스를 제공할 수 있어야 한다.

18

비밀보장은 클라이언트 자신의 비밀을 간직하려는 욕구이다. 하지만 비밀보장이 유보될 수 있는 상황이 있다.

- 전문가들의 서비스에 필요한 정보교환을 하는 경우
- 학생이나 실습생 등 지도를 위한 슈퍼바이저에게 보고하는 경우
- 기관에 기록보관이나 동료들과의 사례회의를 하는 경우
- 클라이언트나 타인의 생명을 위협하는 경우
- 법원으로부터 클라이언트의 정보공개 명령을 받았을 경우

오답 피하기
① 클라이언트와 전문적 관계를 형성할 때에는 개선의 여지와는 관계없이 전문적 관계를 형성해야 한다.
② 사회복지사는 클라이언트의 감정에 이입되어 면담을 실시해야 한다. 클라이언트를 이해하지 못한다면 면담을 지속할 수 없다.
③ 사회복지사와 생각이 다른 클라이언트의 의견도 수용해야 한다. 클라이언트와 사회복지사는 생각이 같을 수 없다.
⑤ 클라이언트 특성이나 상황이 일반적인 경우와 다를 경우 클라이언트의 특성이나 상황에 맞는 개별화된 서비스를 제공해야 한다.

19

자료수집 방법
- 클라이언트의 구두보고
- 클라이언트의 비언어적 행동 관찰
- 클라이언트의 자기 모니터링
- 부수적 출처 정보
- 심리검사
- 사회복지사의 관찰
- 사회복지사의 개인적 경험

20

결과우선의 가치는 클라이언트에게 서비스를 제공하고 초래되는 결과에 대한 가치관으로 사회참여에 대하여 동등한 기회를 제공해야 한다는 사회적 책임에 대한 믿음이다.

21

ㄹ. 일반화는 클라이언트가 사고, 감정, 행동에 대한 자신만의 심각한 문제가 있다고 생각하는 것에 대하여 다른 사람들도 클라이언트의 문제와 같은 경험을 하기에 클라이언트만 겪는 문제가 아니라는 것을 지적하여 다른 사람으로부터 소외시키거나 일탈감이 생기지 않게 하는 기술이다.

오답 피하기

ㄱ. 재보증은 클라이언트가 자신의 능력이나 상황에 회의를 느끼고 있을 때 사회복지사가 신뢰를 표현함으로 자신감을 향상시키는 것이다. 어떤 문제에 대해 클라이언트가 부여하는 의미를 수정해 줌으로써 클라이언트의 시각을 긍정적인 방향으로 변화시키려는 전략은 재명명이다.

ㄴ. 모델링은 반두라의 사회학습이론에서 나온 이론으로 사람은 다른 사람의 행동을 보면서 자신의 행동을 변화시키는 것이다. 다른 사람의 행동을 직접 관찰해야 하는 것은 아니며, 비디오나 역할극을 자료로 사용하기도 한다. 모방할 행동을 선택하여 모방하며 모든 행동을 모방하지는 않는다.

ㄷ. 격려는 사회복지사가 클라이언트의 가능성에 대한 표현과 감정을 인정 · 지지하는 표현이다.

22

사례관리의 등장 배경
- 탈시설화의 영향
- 복합적 욕구를 가진 클라이언트의 증가
- 클라이언트와 그 가족에게 부과되는 과도한 책임
- 복잡하고 분산된 서비스 체계

- 서비스 전달의 지방분권화
- 서비스 비용 억제 효과

오답 피하기

사회복지서비스 공급주체가 지방정부에서 중앙정부로 변화한 것이 아니라 사회복지서비스 공급주체가 중앙정부에서 지방정부로 변화한 것이다.

23

- 간접적 실천은 사회복지사가 클라이언트의 욕구나 문제를 해결하기 위하여 직접 해결하는 것이 아니라 지역사회, 자원과 연계하는 것을 의미한다.
  예 공청회, 홍보활동, 프로그램 개발, 예산확보, 캠페인, 옹호, 서비스 조정
- 직접적 실천은 사회복지사가 클라이언트의 욕구나 문제를 해결하기 위하여 직접 클라이언트의 문제를 해결하는 것을 의미한다.
  예 정보제공, 가족치료, 상담

오답 피하기

의사소통교육, 부모교육, 가족상담, 사회기술훈련은 사회복지사가 클라이언트에게 직접적으로 서비스를 제공하는 것으로 직접실천에 해당한다.

24

① 점검은 서비스와 지원이 잘 이루어지고 있는지 확인하는 것으로 사례관리의 기능 중에서 매우 중요하다. 서비스 계획이 적절하게 이루어지는지와 클라이언트에 관한 서비스 및 지원계획의 목표에 대한 성취여부, 서비스와 사회적 지지의 산출여부, 클라이언트의 욕구변화를 점검하여 서비스 계획의 변화여부를 검토한다.

오답 피하기

② 계획은 사정에서 수집한 정보를 가지고 클라이언트에게 도움이 되는 행동으로 전환하는 과정이다.

③ 사후관리는 클라이언트와 사회복지사의 공식적 관계가 종료된 후 시간이 지나고 클라이언트가 잘 적응하고 있는지 점검하는 과정이다.

④ 아웃리치는 사회복지사가 클라이언트를 찾아 접수하는 방식이다.

⑤ 사정은 클라이언트의 강점, 욕구, 능력, 자원, 잠재능력 등 환경을 포함한 모든 상황을 이해하는 과정이다.

25

사례관리자의 역할은 사회복지사의 역할과 동일하다.
① 조정자(통합자, Coordinator)는 클라이언트가 받아야 할 서비스가 흩어져 있거나 다양한 기관에서 산발적으로 주어지는 경우 이러한 서비스를 한 곳에서 서비스를 받을 수 있도록 정리하는 역할이다.
② 옹호자(대변자, Advocate)는 클라이언트 입장에서 정당성을 주장하고 기존 제도나 기관으로부터 클라이언트가 불이익을 받을 때 클라이언트를 위해 정보를 수집하고 요구사항을 분명히 하여 정책이나 제도를 변화시키는 역할이다.
④ 평가자(Evaluator)는 서비스 자원과 욕구 충족의 정도를 평가하고, 새로운 대안을 모색하는 역할이다.
⑤ 기획가(Planner)는 클라이언트를 위하여 필요한 프로그램이나 서비스를 기획하는 역할이다.

③ 사례회의를 통해 생활 형편이 어려운 가정의 아동에게 재정 후원자를 연결해 주는 역할은 중개자이다. 협상가는 갈등상황에 놓인 클라이언트와 기관 사이에서 상호합의를 이끌어내기 위해 타협하는 역할이다. 양쪽이 모두 잘 되기를 바란다는 점에서 중재자와 비슷하나 협상가는 클라이언트 편에 서서 타협을 이끌어낸다.

4과목	사회복지실천기술론								
26	27	28	29	30	31	32	33	34	35
③	④	②	④	②	①	④	①	②	④
36	37	38	39	40	41	42	43	44	45
②	④	③	③	②	⑤	③	③	⑤	④
46	47	48	49	50					
⑤	①	③	①	⑤					

26

사회복지실천에 영향을 주는 지식은 다양하다. 그러나 사회복지실천에 영향을 주는 정도에 따라 패러다임, 시각(관점), 이론, 모델, 실천지혜로 구분된다.
• 패러다임은 가장 추상적인 틀로 인식의 방향을 결정하는 데 영향을 미친다.
• 시각(관점)은 개념적 준거 틀로서 관심영역과 가치, 대상들을 규정하는 사고체계이다.
• 이론은 실천현장에서 클라이언트의 현상을 설명하기 위한 학자들의 가설이나 의미이다.
• 모델은 이론을 기반으로 하고 실천현장에서 필요한 개입기술을 포함하여 실천활동을 구조화시킨다.

실천지혜는 사회복지현장에서 경험을 통해 만들어진 지식으로 주관적이고 구체적으로 명시할 수 없다. 사회복지사의 경험으로 만들어져 실천 활동의 원칙과 방식을 구조화할 수 없다.

27

위험상황을 경험하고 클라이언트의 능력으로 대처할 수 없는 불균형 상태가 위기가 된다. 위기개입모델은 위기상황에 신속하게 대처하여 스트레스가 높은 상황에 있는 클라이언트를 단기적으로 원조하는 모델이다. 위기상황과 직접적으로 관련된 문제에 초점을 두고 간결하게 사회복지사가 직접적이고 적극적인 역할을 한다.

위기발달단계는 위험사건단계 → 취약단계 → 위기촉발요인단계 → 실제위기단계 → 회복(재통합)단계로 구성된다. 촉발요인이 발생한 후에 취약단계로 넘어가는 것이 아니라 취약단계 이후 위기촉발요인단계로 넘어간다.

28

해결중심모델의 특징
• 인수버그(Insoo Berg)와 세이저(Shazer)가 1970년 개발한 단기 문제해결모델의 이론과 전략적 가족치료모델을 토대로 성장하였다.
• 병리적이 아닌 강점에 초점을 두고 클라이언트의 강점과 자원을 발견하여 치료에 활용한다. 클라이언트가 원하는 결과를 얻기 위해 클라이언트의 자원, 기술, 지식, 행동, 환경 등을 활용한다.
• 과거보다는 현재와 미래 지향적이다.
• 문제의 원인보다는 문제해결 방법에 초점을 맞춘다.
• 클라이언트는 자신의 문제를 잘 알고 해결할 수 있는 능력이 있다고 보기 때문에 서로 협력하여 문제를 해결한다.
• 10회기 정도로 이루어지는 단기치료이다.
• 단순하고 간단한 방법을 사용하여 경제성을 추구한다.
• 탈이론, 비규범적이다.
• 클라이언트와의 협동 작업을 중요시하고 변화를 불가피한 것으로 인식한다.

① 클라이언트의 부적응에 초점을 두는 것이 아니라 강점에 초점을 둔다.
③ 문제의 원인을 클라이언트의 심리 내적 요인에서 찾는 이론은 정신분석이론이다.

④ 클라이언트의 문제를 자원 혹은 기술 부족으로 보는 것이 아니라 클라이언트는 문제를 해결할 수 있는 능력이 있다고 보고 강점에 초점을 둔다.
⑤ 문제와 관련이 있는 환경과 자원을 사정하고 개입 방안을 강조하는 것이 아니라 문제보다는 강점에 초점을 둔다.

29

인지적 오류
- 임의적 추론은 충분한 근거가 없고 반대 증거가 있음에도 불구하고 잘못된 결론을 내리는 것이다.
- 선택적 축약은 문제의 전체를 보는 것이 아니라 소수의 부분만 보고 결론을 내리든지 많은 장점들 중에서 한 가지 단점에 집착하는 것이다.
- 과잉일반화는 한두 가지 사건의 결과를 가지고 관련된 사건이나 관련되지 않은 사건의 모든 결과에 대입하는 것이다.
- 극대화와 극소화는 어떠한 사건에 대한 작은 사실을 크게 확대하거나 큰 사실을 작게 왜곡하는 것이다.
- 개인화는 나와 아무런 상관이 없는 일을 나와 상관이 있는 일인 것처럼 이야기하는 것이다.
- 이분법적 사고는 양극단적인 사고로 융통성이 없으며 어떤 것을 선택하는 데 있어 모 아니면 도, 성공 아니면 실패처럼 극단적으로 이해하려는 경향을 의미한다.

오답 피하기
과잉일반화는 한두 가지 사건의 결과를 가지고 관련된 사건이나 관련되지 않은 사건의 모든 결과에 대입하는 것이다. '시험보는 날인데 아침에 미역국을 먹었으니 나는 떨어질 거야'는 미역국과 시험에서 떨어지는 것과는 아무런 관련이 없음에도 잘못된 결론을 내리는 것으로 임의적 추론에 해당한다.

30

인지행동모델은 클라이언트의 왜곡되고 역기능적인 신념은 행동에 영향을 미친다는 가정하에 신념을 변화시킴으로써 감정이나 행동을 수정하게 된다. 클라이언트의 주관적 의미를 중요시하고 클라이언트와 사회복지사의 협력적 관계를 유지한다. 클라이언트가 개입에 대하여 이해하게 되면 개입기간은 줄어들게 되고 목표를 지향하고 구조화된 접근방식으로 개입이 단기화될 수 있다. 문제해결과 원인탐색을 위해 과거의 경험이나 무의식에 집착하는 것이 아니라 현재가 중심이 되고 지금·여기를 강조한다.

오답 피하기
클라이언트의 강점과 자원을 문제해결의 주요 요소로 보는 모델은 임파워먼트(역량강화)모델이다.

31

② 시연은 문제 상황이 생겼을 경우에 그 문제에 어떻게 대처할 것인지 반복적으로 미리 연습하여 문제에 적절한 대처를 할 수 있도록 준비하는 기법이다.
③ 행동조성은 복잡한 행동이나 기술을 학습하는 데 있어 기대하는 반응이나 행동을 학습할 수 있도록 행동을 강화해 점진적으로 만들어가는 것을 의미한다.
④ 체계적 둔감화는 불안을 일으키는 자극을 행동적으로 분석하고 불안유발상황에 대한 위계목록을 작성한 다음 이완훈련을 시키고 불안을 유발하는 상황을 상상하게 하여 치료하는 기법이다.
⑤ 내적 의사소통의 명료화는 클라이언트가 자신의 생각과 이야기 속에 감춰진 인지적 오류와 비합리적인 신념에 대해 통찰하도록 클라이언트 스스로에게 피드백을 주는 기법이다.

오답 피하기
① 소거는 부적 처벌의 원리를 이용하여 바람직하지 않은 행동을 중단시키는 것이 아니라 강화를 통해 증가한 반응이 강화를 받지 못하면 줄어들거나 사라지는 현상이다.

32

ㄴ. 클라이언트 중심모델은 비지시적인 모델로서, 기존의 지시적인 접근법에서의 치료자와 클라이언트 간의 위계적인 관계를 수평적·협력적인 관계로 전환시켰다. 즉, 클라이언트에게 해석을 내리는 권위주의적 관계구조에 반대하며, 클라이언트와 사회복지사 간의 인간적인 관계를 중시한다. 모든 인간이 자기실현의 욕구를 가지고 있으며, 자신의 모든 능력을 개발하려는 타고난 성향을 가지고 있다고 보았다. 따라서 클라이언트의 자기성장을 향한 잠재력이 발현될 수 있는 분위기를 조성하는 데 목표를 둔다.
ㄷ. 임파워먼트모델은 클라이언트를 문제 중심으로 보는 것이 아니라 강점 중심으로 봄으로써 클라이언트의 잠재력 및 자원을 인정하고 클라이언트가 건강한 삶을 결정할 수 있도록 권한 혹은 힘을 부여하는 것이다. 클라이언트에게 권한을 부여하여 스스로 자신의 문제를 해결할 수 있도록 능력을 향상시켜 준다.
ㄹ. 과제중심모델은 클라이언트가 인식한 문제를 사회복지사가 인정하였을 때 그 문제가 과제가 된다. 클라이언트와 사회복지사가 합의한 문제가 과제가 되고 문제를 규명할 때에는 사회복지사의 관점이 아니라 클라이언트의 관점에 우선한다.

오답 피하기
ㄱ. 위기개입모델에서의 위기란 '위협적 혹은 외상적 위험사건을 경험함으로써 취약해지면서 여태까지의 대처전략으로는 스트레스나 외상에 대처하거나 경감할 수 없는 불균형의 상태가 되는 것' 또는 '어떠한 문제를 해결하지 못하여 정서적으로 심각한 혼란을 경험하는 상태'라고 하였다. 위기는 개인이 사건을 보는 관점에 따라 다르게 인식되는데, 같은 상황에 대해 위기로 느끼는

사람이 있는가 하면 위기가 아니라고 느끼는 사람도 있다. 사건보다는 클라이언트의 주관적인 인식이 더 중요하다.

33

관계성 질문은 클라이언트와 중요한 관계를 가지고 있는 사람들에 대한 질문으로 "재혼하신 아버지는 이 문제를 어떻게 생각하실까요?"라고 클라이언트의 아버지가 문제에 대해 어떻게 생각하는지 물어보았으므로 옳은 예이다.

해결중심모델 질문기법의 예
- 치료 면담 전의 변화에 대한 질문 : "상담예약을 하신 후부터 지금까지 시간이 좀 지났는데 그동안 상황이 좀 바뀌었나요? 그렇다면 무엇이 어떻게 달라졌는지 말씀해 주세요."
- 예외 질문 : "아드님과의 관계가 지금보다 조금이라도 나았을 때는 언제였나요?", "두 분이 매일 싸우신다고 말씀하셨는데, 혹시 싸우지 않은 날은 없었나요?"
- 기적질문 : "간밤에 기적이 일어나 걱정하던 문제가 해결되었다고 생각해 보세요. 당신은 주변에 무엇을 보고 기적이 일어난 것을 알 수 있을까요?"
- 대처질문 : "어려운 상황 속에서도 더 나빠지지 않고 견뎌낼 수 있었던 것은 무엇 때문이라고 생각하십니까?"
- 척도질문 : "처음 상담에 오셨을 때가 0점이고 개입 목표가 달성된 상태를 10점이라고 한다면, 지금 당신의 상태는 몇 점입니까?"

오답 피하기
② "처음 상담했을 때와 지금의 스트레스 수준을 비교한다면 지금은 몇 점인가요?"라는 질문은 척도질문이다.
③ "어떻게 하면 그 문제가 발생하지 않을 것 같나요?"라는 질문은 예외질문이다.
④ "당신은 그 어려운 상황에서 어떻게 견딜 수 있었나요?"라는 질문은 대처질문이다.
⑤ "처음 상담을 약속했을 때와 지금은 무엇이 어떻게 달라졌는지 말씀해 주세요."라는 질문은 치료 면담 전의 변화에 대한 질문이다.

34

② 지시적 기법(직접적 영향 주기)은 사회복지사는 조언이나 제안, 지시 등을 통하여 클라이언트의 행동을 변화시키기 위한 방법으로 판단을 내리기 어렵거나 위기상황에 사용하는 방법이다. 지문은 사회복지사가 클라이언트에게 개입의 방법을 제안하여 문제를 해결하려고 한다.

오답 피하기
① 지지적 기법(= 받쳐주기)은 클라이언트의 문제행동능력에 대한 확신을 표현하여 클라이언트가 느끼는 불안을 감소시키고 자아존중감을 향상시키기 위한 방법으로 개입 초기뿐 아니라 치료전반에 걸쳐 사용되는 방법이다.

③ 탐색, 기술, 환기법(카타르시스, 정화법)은 클라이언트의 문제가 환경과 어떤 상호작용을 하고 있는지 이해하고 설명할 수 있도록 하고 나아가 감정까지도 밖으로 표출할 수 있도록 도와주는 방법이다.
④ 클라이언트 환경에 관한 반성적 고찰은 클라이언트의 환경과 타인과의 상호작용에 대한 인식, 생각, 감정을 잘 알 수 있도록 도와 클라이언트가 문제를 확실히 이해하고 행동이 변할 수 있게 하는 기술이다.
⑤ 유형 – 역동에 관한 반성적 고찰은 클라이언트의 성격이나 행동, 방어기제, 특징 등 심리내적 요소에 대하여 이해할 수 있도록 원조하는 것이다.

35

ㄱ. 직면은 클라이언트의 자기 인식을 증진시키고 변화를 촉진시키기 위한 기술로 클라이언트의 문제를 지속시키는 감정, 행동, 사고를 직접 지적하는 기술이다.
ㄴ. 해석은 클라이언트의 꿈, 자유연상, 저항, 전이 등을 분석하고 그 의미를 설명하며 때로는 가르치는 것이다.
ㄷ. 전이는 클라이언트가 어린 시절에 억눌려 있던 경험 또는 기억들이 사회복지사를 통하여 그 경험과 기억이 되살아나는 것을 의미한다.

오답 피하기
ㄹ. 저항이나 전이에 대한 이해를 심화 · 확장하여 통합적으로 이해하도록 하는 기법은 훈습이다. 명료화는 사회복지사는 자신이 클라이언트가 한 이야기를 잘 이해하고 있는지 다시 물어보는 방법으로 클라이언트의 메시지가 추상적이거나 혼란스러운 경우 구체적으로 표현하도록 하는 방법이다.

36

② 요약은 면접을 시작하거나 마칠 때 혹은 새로운 주제로 전환하려고 할 때나 한 회기가 지나고 다음 회기로 넘어가기 전에 지난 회기에 논의된 내용을 간단히 요약하여 핵심을 잡아주는 것이다.

오답 피하기
① 반영은 클라이언트의 말과 행동에서 표현된 기본적인 생각, 감정, 태도를 사회복지사가 다른 참신한 말로 부연해 주는 기술이다.
③ 해석은 클라이언트의 표현과 행동을 관찰하고 문제의 요인을 발견하여 클라이언트가 깨달을 수 있도록 도와주는 방법이다.
④ 직면은 클라이언트의 자기 인식을 증진시키고 변화를 촉진시키기 위한 기술로 클라이언트의 문제를 지속시키는 감정, 행동, 사고를 직접 지적하는 기술이다.
⑤ 초점화는 면접의 주제와 벗어난 이야기할 경우 다시 주제로 되돌아오는 방법이다.

37

가족체계의 주요가설
- 전체로서의 가족은 부분의 합보다 크다. 가족성원 간의 시너지 효과가 일어난다.
- 가족은 변화와 안정성의 균형을 맞추려고 노력한다.
- 가족의 모든 성원은 한 가족성원의 변화에 영향을 받는다.
- 가족성원의 행동은 순환인과관계로 설명할 수 있다.
- 가족은 큰 사회체계에 속하며 많은 하위체계를 포함한다.
- 가족은 가족의 규칙에 따라 움직인다.

오답 피하기
가족문제의 원인은 단선적 관점으로 파악하는 것이 아니라 순환적 인과관계로 파악해야 한다. 가족의 한 구성원의 영향이 가족의 모든 구성원에게 영향을 미치고 다시 그 영향으로 인해 구성원이 영향을 받아 가족 전체에게 영향을 미치기 때문이다.

38

③ 경계선 만들기는 가족 구성원의 경계가 너무 밀착되거나 분리된 경우 경계선을 수정하는 방법이다. 사회복지사는 어머니와 딸의 관계는 분리되어 있고 아버지와 딸의 관계는 밀착되어 있어서 어머니와 딸의 관계는 밀착되게, 아버지와 딸의 관계를 분리되게 하려고 경계만들기를 실시하였다.

오답 피하기
① 합류는 사회복지사가 클라이언트 가족에 합류하여 가족의 규칙과 행동을 이해하면 클라이언트 가족은 사회복지사를 받아들여 가족의 문제를 다각적인 측면에서 해결하는 방법이다.
② 역설적 지시는 문제행동을 계속하도록 지시하여 역설적 치료 상황을 조장하는 것이다.
④ 증상처방은 사회복지사는 클라이언트에게 도움이 되지만 실천하기 다소 어려운 행동을 할 수 있도록 지시하는 방법이다.
⑤ 가족조각은 가족관계를 조각으로 표현하여 가족에 대한 성원들의 인식을 파악하는 기법이다.

39

A씨의 문제는 알코올 중독과 대화 단절, 학대의 문제가 발생하고 있다. A씨의 알코올 중독으로 인하여 아버지로부터 학대가 발생하고 대화가 단절되고 있으므로 이 문제들을 해결하기 위해서는 A씨의 알코올 중독을 먼저 치료하는 것이 중요하다.

40

가족경계는 경직된(유리된) 경계, 희미된(밀착된) 경계, 명료한(명확한) 경계로 이루어진다. 경직된(유리된) 경계는 가족 간 상호작용이 거의 없는 관계이고 희미된(밀착된) 경계는 가족 간 상호작용이 지나치게 높아 자율성이 없는 관계이다. 명료한(명확한) 경계는 가족 간 상호작용이 밀착되지도 유리되지 않아 융통성이 있는 관계이다.
② 하위체계의 경계가 희미한 경우에는 가족 간 상호작용이 지나치게 높아 감정의 합일현상(둘 이상이 하나가 되는 현상)이 증가한다.

오답 피하기
① 하위체계의 경계가 경직된 경우에는 가족 간 상호작용이 없어 간섭이 감소한다.
③ 하위체계의 경계가 경직된 경우에는 가족 간 상호작용이 없어 가족의 보호 기능이 약화된다.
④ 하위체계의 경계가 희미한 경우에는 가족 간 상호작용이 지나치게 높아 가족 간 의사소통이 증가한다.
⑤ 하위체계의 경계가 경직된 경우에는 가족 간 상호작용이 없어 가족구성원이 독립적으로 행동한다.

41

가족사정은 가족을 하나의 단위로 보고 가족 내부 및 외부 요인, 양자 간의 상호작용 등을 파악하기 위해 자료를 수집, 분석, 종합하여 그 가족에 대한 개입을 계획하는 일련의 과정이다. 가족의 문제는 무엇인지, 가족의 관계는 어떠한지 등 자료를 수집하고 분석하여 개입을 계획하는 일련의 과정이다.

42

가족실천모델에 대한 기법

모델	기법
보웬모델 (다세대가족치료)	자아분화 및 분화촉진, 삼각관계 및 탈삼각화, 다세대 전수과정, 가계도, 코칭 등
구조적 모델	하위체계, 경계만들기, 합류하기, 실연, 긴장고조 시키기, 과제부여, 역기능적 균형 깨뜨리기 등
전략적 모델	직접적 지시, 역설적 지시, 증상처방, 변화제지, 순환질문, 긍정적 의미부여, 재정의, 시련기법, 이중속 메시지 등
해결중심모델	치료 면담 전의 변화에 대한 질문, 예외질문, 기적질문, 대처질문, 척도질문, 관계성질문 등

오답 피하기
③ 경험적 모델에는 의사소통유형, 가족조각, 역할극(역할연습), 가족그림, 접촉, 유머, 은유 등이 있다. 문제의 외현화는 이야기치료의 기법이다.

43

집단의 장점(얄롬)
- 희망의 고취
- 보편성(일반화)
- 정보전달
- 이타심
- 1차 가족집단의 교정적 반복발달
- 사회기술의 발달
- 모방행동
- 대인관계 학습
- 집단응집력
- 정화
- 실존적 요인들

> **오답 피하기**
> 정화는 집단 내의 비교적 안전한 분위기 속에서 집단성원은 그동안 억압되어 온 감정을 자유롭게 발산할 수 있다. 다양한 성원들로부터 새로운 행동을 학습하면서는 정화 효과를 얻을 수 없고, 구성원이 바뀌지 않는 폐쇄집단에서 정화가 나타난다.

44

집단성원의 참여 자격, 공동지도자 참여 여부, 집단성원 모집방식과 절차, 집단의 회기별 주제 등 모두 계획 단계에서 고려할 사항이다.

계획단계
- 집단의 목적과 목표 달성
- 미래 구성원의 정보수집
- 구성원 모집
- 오리엔테이션
- 집단 구성

45

성과평가는 프로그램 운영이 끝날 때 행해지는 평가조사로서, 해당 프로그램이 달성하고자 했던 목표를 얼마나 잘 성취했는가의 여부를 평가한다.
① 사전사후검사는 사전검사 후 사후검사를 통하여 프로그램이 어떤 영향이 있었는가 검사하는 방법으로 변화상태를 알아볼 수 있다.
② 개별인터뷰는 프로그램에 참여했던 집단 구성원의 목표달성을 물어볼 수 있어 변화상태를 알아볼 수 있다.
③ 단일사례설계는 기초선을 보고 프로그램 진행 후 변화상태를 알아볼 수 있다.
⑤ 초점집단면접은 6~10명 정도의 소집단으로 구성되며 여러 명이 동시에 질의와 응답에 참여할 수 있고, 집중적인 토론에 유용

한 방법으로 프로그램 진행 후 토론을 통해 변화상태를 알아볼 수 있다.

> **오답 피하기**
> ④ 델파이기법은 전문가들이 직접적으로 대면하지 않고 우편을 통하여 합의점을 도출하는 방법이다. 집단의 목표달성을 평가하는 데 프로그램에 참여하지 않은 전문가를 조사한다고 해도 프로그램 이후 변화상태를 알 수 없다. 델파이기법은 익명성이 중요한데 집단에서 프로그램에 참여했다면 익명성이 보장될 수 없다.

46

사회기술훈련은 대인관계에 어려움이 있는 사람들을 대상으로 대인관계 기술을 향상시키는 방법으로 코칭, 역할극, 모델링, 과제부여, 자기옹호, 강화, 시연, 직접적 지시 등이 있다. 시연을 통해 문제에 대해 연습을 하고 문제가 생긴 경우 다른 사람의 역할을 바꾸어 실행하여 상황과 감정을 이해하고 문제에 적용하여 평가한다.
ㄱ. 역할극은 가족의 상황을 역할극으로 표현하게 하는 기법으로 다른 가족의 역할을 수행하게 한다. 다른 구성원의 위치를 경험하게 함으로써 다른 구성원의 상황과 감정의 이해를 높일 수 있다.
ㄷ. 시연은 문제 상황이 생겼을 경우에 그 문제에 어떻게 대처할 것인지 반복적으로 미리 연습하여 문제에 적절한 대처를 할 수 있도록 준비하는 기법이다.

47

ㄱ. 초기단계에서는 구성원 소개, 프로그램 설명, 비밀보장 정하기, 집단 소속감 갖기, 목표설정, 집단 규칙수립, 동기부여 등을 실시한다.

> **오답 피하기**
> ㄴ. 집단성원이 수행한 과제에 대해 솔직하고 구체적인 피드백을 주는 단계는 종결단계이다.
> ㄷ. 집단역동을 촉진하기 위해 사회복지사가 의도적인 자기노출을 하는 단계는 중간단계이다.
> ㄹ. 집단성원의 행동과 태도가 불일치하는 경우에 직면을 통해 지적하는 단계는 중간단계이다.

48

사회적 목표모델은 민주시민의 양성을 목적으로 한다.

사회적 목표모델
- 민주주의 정신에 입각한 민주적 집단 과정을 중요시하는 가장 고전적인 모델이다.
- 사회적 의식과 사회적 책임을 향상시켜 책임성 있는 시민을 양성을 목적으로 한다.

- 지역주민을 대상으로 개인의 성숙과 민주시민의 역량개발에 초점을 둔다.
- 사회복지사는 교사, 조력자, 지도자의 역할을 한다.
- 청소년단체, 인보관운동에서 발전하였다.
- 집단의 크기는 3~30명 정도이다.

인본주의 이론이 아니라 민주주의 이론에 근거한 모델이다.

49

① 과정기록은 사회복지사와 클라이언트의 원조 과정이나 상호작용 과정에 있었던 내용을 있는 그대로 기록하는 방법이다. 사회복지실천 현장에서는 거의 사용되지 않는 방법이지만 학생이나 실습생, 경력이 적은 사회복지사를 위하여 교육용 도구로 광범위하게 사용되고 있다. 사회복지사가 클라이언트와 면담의 모든 내용을 인용부호(" ")를 사용하여 대화체로 기록하고 간접인용과 직접인용으로 기록할 수 있다. 사회복지실습이나 교육 방법으로 유용하게 쓰인다.

② 문제중심기록은 클라이언트의 현재 문제를 중심으로 구성하고 문제를 규명하고 사정하여 각 문제에 무엇을 할 것인지 계획을 기록하는 것이다. 의료 분야와 같이 다수의 전문가 집단이 모인 곳에서 많이 사용하고 SOAP 방식으로 기록한다.
③ 이야기체기록은 사회복지사와 클라이언트 간 면담에서 있었던 내용 중 사회복지사의 말보다는 클라이언트의 상황, 서비스에 초점을 맞추어 이야기하듯 서술체로 기록하는 방법이다.
⑤ 요약기록은 사회복지사와 클라이언트의 면담에서 있었던 내용 중 중요한 정보만 요약하여 기록하는 방법이다. 사회복지실천 현장에서 제일 많이 사용하는 방법으로 면접일시, 대상, 장소, 문제탐색, 표적문제에 개입, 계약, 표적문제에 대한 진행상황 등 단계에 따라 요약한다. 또한 클라이언트의 변화에 초점을 두어 기록한다.

50

여름이와 겨울이는 대인관계 향상 프로그램에 참여해서 3주간 시간 차를 두고 훈련의 변화를 관찰하였는데 이 방법은 대상자 간 복수 기초선을 사용하여 평가한 것이다. 대상자 간 복수 기초선은 특정 개입방법이 같은 상황에서 같은 문제를 가진 두 명 이상의 다른 대상에게 적용될 때 개입방법의 효과를 평가하는 것이다.

5과목 | 지역사회복지론

51	52	53	54	55	56	57	58	59	60
⑤	②	④	④	⑤	①	②	③	②	②
61	62	63	64	65	66	67	68	69	70
①	④	④	①	⑤	③	②	③	⑤	①
71	72	73	74	75					
③	④	④	②	③					

51

⑤ 사회통제 기능 → 정치제도 : 지역사회 내 경찰과 사법권을 통해 그 구성원들에게 순응하도록 강제력을 발휘하는 과정이다. 규범을 준수하고 순응하게 하는 기능은 사회통제 기능이다.

① 생산·분배·소비 기능 → 경제제도 : 지역사회에서 지역주민이 살아가는 데 필요한 물건을 생산하고 분배하고 소비하는 과정이다.
② 사회화 기능 → 가족제도 : 일반적인 지식이나 사회적 가치, 행동 양태를 사회 구성원에게 전달시키는 과정이다.
③ 사회통합 기능 → 종교제도 : 사회 체계를 구성하는 사회 단위조직들 간의 관계와 관련된 사회참여의 과정이다.
④ 상부상조 기능 → 사회복지제도 : 지역 주민들의 욕구를 충족할 수 없는 경우에 필요한 기능으로 기존에는 가족, 친척, 이웃으로부터 수행되었으나 현재는 정부, 사회복지관 등에서 수행한다.

52

② 주민참여는 지역주민이 자신의 욕구와 문제를 주체적으로 해결할 수 있도록 하는 것으로 사회복지가 중앙정부에서 지방정부로 이양되면서 지방자치제도가 실시됨에 따라 주민참여의 중요성이 강조되고 주민과 지방자치단체의 동등한 파트너십이 형성되었다.

① 정상화는 장애인을 시설에서 생활하는 것이 아니라 지역사회에 나와 비장애인과 동등한 생활을 할 수 있도록 지원하는 것이다.
③ 네트워크는 지역사회복지실천의 측면에서 기존의 공급자 중심의 서비스에서 탈피하여 이용자 중심의 서비스로 발전하기 위한 공급체계의 네트워크화 및 관련기관 간의 연계를 말한다.
④ 전문화는 특정분야에 대한 지식과 경험이 극대화된 것을 의미한다.
⑤ 탈시설화는 생활시설에서 벗어나 지역사회에서 생활시설에서 받던 서비스를 그대로 받는 것을 의미한다.

53

④ 재가복지봉사센터는 1992년에 설치 · 운영되었다.

오답 피하기

① 지역자활센터는 1996년에 시범운영되었다.
② 사회복지관 운영 국고보조금은 1983년에 지원되었다.
③ 희망복지지원단은 2012년 설치 · 운영되었다.
⑤ 사회복지사무소는 2004년에 시범운영되었다.

54

1869년 중복과 누락을 방지하기 위하여 자선조직협회가 설립되었고 1884년에는 최초의 인보관인 토인비 홀이 설립되었다. 1959년 정신보건법 제정으로 지역사회보호가 법률적으로 규정되었고 그리피스 보고서가 1988년 지역사회보호 행동강령으로 발달되면서 지역사회보호의 1차적 책임은 지방정부에 있고 지방정부는 대인서비스보다는 조정자의 역할을 강조하였다.

오답 피하기

하버트 보고서는 1971년 영국에서 지역사회에 기초한 사회적 보호라는 제명으로 출판되었다. 공공 서비스가 주민의 욕구를 다 해결하지 못하기에 재정적인 지원이 필요하였고 공공과 민간서비스 외의 비공식서비스(가족체계, 이웃)의 중요성을 강조하였다. 헐 하우스는 1889년 미국에서 만들어진 인보관이다. 하버트 보고서와 헐 하우스는 아무 관련이 없다.

55

⑤ 갈등이론은 지역사회에서 갈등이 일어난다고 가정하고 갈등으로 인하여 지역사회가 변화하고 발전한다고 본다. 지역사회 내의 구성원들이 경제적 자원, 권력, 권위 등 불평등한 배분관계에 놓일 때 갈등이 발생하고 갈등이 생기는 것은 자원이 한정되어 있기 때문이라고 설명한다.

오답 피하기

① 이익과 보상으로 사회적 관계가 유지되는 이론은 교환이론이다.
② 특정집단이 지닌 문화의 의미를 해석하는 이론은 사회구성이론이다.
③ 지역사회는 상호의존적인 부분들로 구성되어 있다고 보는 이론은 사회체계이론이다.
④ 조직구조 개발에 자원 동원 과정을 중요하게 여긴 이론은 자원동원이론이다.

56

생태학이론은 인간이 환경을 변화시키거나 환경에 잘 적응하려고 노력하여 환경과 교류하며 적응과 진화를 한다는 견해이다. 지역사회의 변환 과정을 역동적 진화 과정으로 설명하고 지역사회를 공간을 점유하는 인간집합체로서 경쟁, 중심화, 분산 및 분리 등의 현상이 존재한다고 본다. 특정 국적의 외국인 주거 공동체가 형성되어 주민 간 갈등이 발생한 것을 기존 주민이 변한 환경을 다시 변화시키려고 갈등이 발생한 것으로 보는 것은 생태학이론에 대한 내용이다.

57

ㄷ. 권력의존이론은 사회복지기관들은 생존하기 위해 외부의 지원에 의존할 수 밖에 없다는 이론이다. 사회복지관이 지방정부로부터 보조금 집행에 대한 지도점검을 받는 것은 사회복지관이 스스로 생존하지 못하여 지방정부에 의존하는 것이다.

오답 피하기

ㄱ. 장애인 편의시설 설치를 위해 다양한 장애인 단체가 의사결정에 참여하도록 하는 이론은 다원주의이론이다. 다원주의이론은 다수의 집단들이 정책결정과정에서 자신에게 유리하게 영향력을 행사할 수 있다.
ㄴ. 노인복지관은 은퇴 노인의 재능을 활용한 봉사활동을 기획하는 이론은 자원동원이론이다.

58

지역사회복지실천은 지역사회의 특성에 따라 실천이 달라진다. 지역사회의 문제해결과 복지 증진을 위한 전문적 · 비전문적 활동을 포함하며, 지역사회 수준에서 지역 내의 집단과 조직, 제도, 지역주민 간의 상호관계 및 상호작용의 행동패턴을 변화시키기 위해 다양한 실천기술을 적용한다.

오답 피하기

지역사회 문제를 인식하는 데 획일화(모두가 한결같아서 다름이 없음)는 원칙으로 볼 수 없다. 특정 지역사회가 가지고 있는 특성을 이해하고 문제를 인식해야 한다.

59

기능적인 지역사회조직모델

• 특징 : 지리적 개념에 지역사회에 초점을 두기보다는 기능에 초점을 두는 모델로 이해관계를 기초한 지역사회조직을 의미한다.
• 표적체계 : 기능적 지역사회의 삶과 관련된 사회적 제도 형성에 영향을 주는 일반대중이 될 수 있고 정책을 결정하고 집행하는 정부기관이 될 수 있다.
• 구성원 : 문제를 공유하거나 뜻을 같이하는 사람(동호인)들이다.

- 관심영역 : 개인이 택한 특정 이슈의 정책, 행위, 태도의 변화에 있다.
- 사회복지사의 역할 : 구성원을 발굴하고 조직화하고 문제를 정의하는 전략을 결정하는 역할을 하며, 변화활동을 할 수 있게 도와주는 촉진자의 역할을 한다. 또, 조사나 분석기법을 알려주는 교육자의 역할을 한다.

60

- 지역사회개발모델은 광범위한 주민들을 변화의 목표 설정과 실천행동에 참여하는 모델로 지역사회의 통합과 주민의 능력을 향상시킨다.
- 사회계획은 범죄, 주택, 정신건강과 같은 사회문제를 해결하고자 하는 기술적 과정을 강조한다.
- 사회행동은 지역사회의 불우계층, 기존 제도와 현실에 대한 근본적인 변화를 요구한다.

ㄴ. 변화 매개체는 공식적 조직과 객관적 자료인 모델은 사회계획모델이다. 지역사회개발모델은 과업지향의 소집단을 활용한다.
ㄷ. 사회복지사의 핵심 역할은 협상가, 옹호인 모델은 사회행동 모델이다. 사회계획모델의 사회복지사 역할은 전문가, 계획가, 분석가, 촉진자 등이다.

61

테일러와 로버츠의 지역사회복지실천모델은 로스만의 3모형에 프로그램 개발 및 조정모델, 지역사회 연계모델을 추가한 것이다.
- 프로그램 개발 및 조정모델은 지역사회를 변화시키거나 문제를 해결하기 위해 가장 효과적이고 효율적으로 프로그램을 개발하고 조정해 나가는 모델로 후원자의 영향력이 100%인 모델이다.
- 계획모델은 계획을 수립하는 과정에 있어 합리성과 전문성을 기초로 하는 과업 지향적 모델이다. 로스만의 사회계획모델보다 인간적인 면을 강조하는 모델로 후원자의 영향력이 7/8인 후원자 중심 모델이다.
- 지역사회 연계모델은 개인적인 문제와 지역사회문제를 연계하여 지역사회문제를 해결하려는 모형으로 후원자와 클라이언트의 영향력이 각각 50%인 모델이다.
- 지역사회개발모델은 지역주민의 교육을 통한 적극적인 참여를 강조하여 지역사회 자체적 역량을 강화하고 스스로 문제를 해결할 수 있도록 지원하는 모델로 클라이언트 영향력이 7/8인 클라이언트 중심 모델이다.
- 정치적 행동 및 역량강화모델은 사회적으로 배제된 집단의 사회적 참여를 지원하여 스스로의 권리를 찾을 수 있도록 하는 모델로 클라이언트가 100% 권한을 가진 모델이다.

지역주민의 역량강화 및 지도력 개발에 관심을 두는 모델은 지역사회개발모델이다.

62

실행은 목표를 달성하기 위해 실시하는 행동으로 참여자의 적응을 촉진하고 참여자 간 저항과 갈등을 관리한다. 또한 프로그램을 진행하기 위해서 필요한 인적 · 물적 자원을 동원할 수 있어야 하며 동원된 자원을 적재적소에 분배하여 활용해야 한다.

63

④ 지역사회포럼(공개토론회)은 지역주민을 한 곳에 모아 주민의 의사를 파악하는 방법이다.

① 명목집단방법은 지역주민을 한자리에 모아 지역에 영향을 미치는 문제나 이슈를 제시하도록 하고 참가자들로 하여금 열거된 문제에 대한 해결책의 우선순위를 종이에 적어 평점이 제일 높은 해결책을 선택하는 방법으로 욕구조사와 우선순위를 결정할 수 있는 유용한 방법이다. 지역주민으로부터 설문조사를 통해 직접적으로 자료를 획득하는 방법은 설문조사이다.
② 초점집단방법은 질적 자료수집 방법 중 하나로서 6∼10명 정도의 소집단으로 구성되며 여러 명이 동시에 질의와 응답에 참여할 수 있고, 집중적인 토론에 유용한 방법이다. 전문가 패널을 대상으로 반복된 설문을 통해 합의에 이를 때까지 의견을 수렴하는 방법은 델파이기법이다.
③ 델파이기법은 전문가들이 직접적으로 대면하지 않고 우편을 통하여 합의점을 도출하는 방법이다. 익명성이 보장된다는 장점이 있는 반면에 2회 이상 실시하기에 장기적인 방법으로 시간과 비용이 많이 드는 단점이 있다. 정부기관이나 사회복지관련 조직에 의해 수집된 기존 자료를 활용하는 방법은 사회지표분석이다.
⑤ 사회지표분석은 일정 인구가 생활하는 지역의 지역적, 생태적, 사회적, 경제적 및 인구적 특성(사회지표)에 근거하여 지역사회의 욕구를 추정할 수 있다는 전제하에 사회지표를 분석하는 것이다.

64

① 옹호자는 클라이언트 입장에서 정당성을 주장하고 기존 제도나 기관으로부터 클라이언트가 불이익을 받을 때 클라이언트를 위해 정보를 수집하고 요구사항을 분명히 하여 정책이나 제도를 변화시키는 역할이다. 아동돌봄시설 확충을 위한 서명운동 및 조례 제정 입법 활동은 옹호자의 역할이다.

② 교육자는 클라이언트에게 정보를 주고 적응기술을 가르치는 역할이다.

③ 중재자는 서로 다른 입장을 가지고 있는 개인이나 집단 간의 문제에 개입하여 타협, 차이점을 조정하거나 서로 만족할 수 있는 합의점을 도출 할 수 있도록 돕는 역할이다.

④ 자원연결자(중개자)는 클라이언트가 필요한 자원을 찾을 수 있도록 도와주거나 직접적으로 자원과 클라이언트를 연결해주는 역할이다.

⑤ 조정자는 클라이언트가 받아야 할 서비스가 흩어져 있거나 다양한 기관에서 산발적으로 주어지는 경우 이러한 서비스를 한 곳에서 서비스를 받을 수 있도록 정리하는 역할이다.

65

연계기술은 서비스의 중복을 방지하거나 자원을 효율적으로 관리하고 지역사회의 사람들 간의 관계를 강화하여 연계망이라 일컫는 사회적 자산을 형성하는 것이다. 지역주민들이 자원에 대한 정보가 부족하거나 이용할 능력이 없을 경우에 사용한다.

지역주민 권익향상을 위한 사회행동은 옹호기술이다.

66

③ 자원개발 및 동원 기술은 지역사회의 문제를 해결하는 데 있어 부족한 자원을 발굴하고 동원하는 기술이다. 종교단체에 예산과 자원봉사자를 지원해 줄 것을 요청하여 독거노인이 따뜻한 겨울을 보낼 수 있도록 자원을 개발하고 동원하기 위한 기술을 사용하였다.

① 조직화 기술은 지역사회가 처한 상황과 해결방향에 따라 목표를 세우고 합당한 주민을 선정하여 모임을 만들고 지역사회의 욕구나 문제를 해결해 나가도록 돕는 기술이다.

② 옹호기술은 클라이언트가 받아야 할 서비스를 받지 못할 때나 불합리한 대우를 받을 경우 사용하는 기술이다.

④ 협상기술은 갈등상황에 놓인 클라이언트와 기관 사이에서 상호 합의를 이끌어내기 위해 타협하는 역할이다.

⑤ 교육기술은 지역주민들에게 교육을 통해 정보를 제공하거나 기술을 가르치는 기술이다.

67

㉣ 지방분권화는 중앙정부의 권한을 받은 지방정부가 스스로 지역의 공공사무를 처리하는 것으로 지방 정부의 자율성을 강화하고 지역 간 균형발전을 도모하는 데 있다.

① 사회보험제도는 중앙정부의 책임으로 운영된다.

③ 주민들의 지방행정 참여로 인해 지역주민의 욕구에 대한 민감성이 강화된다.

④ 지방정부 간의 재정력 격차, 지방자치단체장의 의지에 따라 복지서비스의 지역 간 불균형이 나타날 수 있다.

⑤ 사회복지 행정업무와 재정을 지방에 이양함으로써 중앙정부의 사회적 책임성을 약화시킬 수 있다.

68

지역사회보장계획은 시·군·구 지역사회보장조사 실시 → 지역사회보장계획안 마련 → 지역주민 의견 수렴 → 지역사회보장협의체의 심의 → 시·군·구 의회 보고 → 시·도지사에 제출 → 시행 및 평가한다. 시·군·구 보장계획은 시행연도의 전년도 9월 30일까지 시·도지사에게 제출한다.

ㄱ. 시·군·구 지역사회보장협의체의 심의와 의회의 보고를 거쳐 시·도지사에게 제출한다.

ㄷ. 시행연도의 전년도 9월 30일까지 수립하여 시·군·구청장은 시·도지사에게 제출하여야 한다. 11월 30일은 시·도계획을 시·도지사가 보건복지부 장관에게 제출하는 시기이다.

69

실무협의체는 위원장 1명을 포함하여 10명 이상 40명 이하로 구성하되, 성별을 고려하고, 특정 성별에 편중되지 않도록 임명 또는 위촉한다. 실무협의체 위원은 해당 시·군·구의 지역사회보장 영역 업무에 종사하고 있는 실무자(현장전문가)를 중심으로 구성한다. 임명직 위원의 수는 전체 위원 수를 고려하여 적정 범위 내로 구성하고 위촉위원은 지역 내 사회보장 업무를 수행하거나 서비스를 제공하는 기관·법인·단체·시설의 실무자 중에서 해당 기관 등의 추천을 받거나 공모를 통하여 대표협의체 위원장이 위촉한다. 임기는 2년으로 하되 위원장은 한 차례 연임할 수 있고, 위원의 결원으로 인하여 새로 위촉된 위원의 임기는 전임위원 임기의 남은 기간으로 한다. 공무원 위원의 임기는 그 직위의 재직기간으로 한다.

① 사회보장업무를 담당하는 공무원도 포함된다.

② 위원장 1명을 포함하여 10명 이상 40명 이하의 위원으로 구성한다.

③ 지역사회보장계획 심의는 대표협의체가 하고 조례는 의회에서 제정한다.

④ 시·군·구의 사회보장계획 심의·자문은 대표협의체가 한다.

70

자원봉사활동의 진흥을 위한 국가기본계획 수립은 행정안전부가 수립한다. 자원봉사진흥 제4차 국가기본계획이 수립되었으며, 2027년까지 확정하여 추진할 예정이다.

71

③ 사회복지관 지역조직화 기능에는 복지 네트워크 구축, 주민조직화, 자원개발 및 관리의 기능이 있다. 자원개발 및 관리의 기능에는 자원봉사자 개발·관리, 후원자 개발·관리에 대한 내용이 포함된다.

① 독거노인을 위한 도시락 배달은 지역사회보호서비스에 포함된다.
② 한부모가정 아동을 위한 문화 프로그램 제공은 교육문화서비스에 포함된다.
④ 학교 밖 청소년을 위한 직업기능 교육은 교육문화서비스에 포함된다.
⑤ 장애인 일상생활 지원을 위한 서비스 제공은 지역사회보호서비스에 포함된다.

72

사회적기업은 「사회적기업 육성법」을 근거로 취약계층에게 사회서비스 또는 일자리를 제공하거나 지역사회에 공헌함으로써 지역주민의 삶의 질을 높이는 사회적 목적을 추구하면서 재화 및 서비스의 생산과 판매 등 영업활동을 하는 기업이다. 「사회적기업 육성법」 제7조에는 사회적기업을 운영하려는 자는 법령에 따른 인증 요건을 갖추어 고용노동부장관의 인증을 받아야 하며, 고용노동부장관은 인증을 하려면 고용정책심의회의 심의를 거쳐야 한다고 명시되어 있다.

ㄷ. 보건복지부가 아니라 고용노동부장관으로부터 사회적기업으로 인증을 받아야 활동할 수 있다.

73

아른슈타인의 주민참여 8단계에 따라 ㄹ. 의사결정권 행사 → ㄱ. 계획단계에 참여 → ㄴ. 조직대상자 → ㄷ. 단순정보수혜자 순이다.

74

② 지역사회복지운동은 지역주민의 욕구와 문제를 해결하기 위하여 지역사회의 역량을 강화시켜 주민들의 욕구충족과 지역공동체 형성이라는 목적지향적 조직적인 활동이다.

① 사회복지전문가 중심의 활동이 아니라 지역사회 주민 전체를 기반으로 하는 활동이다.
③ 운동의 초점은 사회변화와 시민사회의 성장이라는 사회적 관심에 초점을 두는 것이지 정치권 장악의 목적이 아니다.
④ 지역사회의 구조적 문제는 배제되지 않고 지역사회 문제를 해결하는 것뿐 아니라 문제에 영향을 미칠 수 있는 제도를 수정하는 것이 중요하다.
⑤ 지역사회복지 운동단체는 서비스 제공 활동을 한다. 지역주민, 지역사회활동가, 사회복지전문가는 물론 사회복지시설 종사자 및 사회복지서비스 이용자도 사회복지운동의 주체가 될 수 있다.

75

공적부문의 사회복지전담공무원의 인력이 확충되고 있고 지방분권화로 인하여 제공자 중심이 아닌 이용자 중심의 복지서비스를 제공하고 있다. 지역사회보장협의체와 지역사회보장계획을 통해 민·관 협력의 활성화뿐 아니라 사회복지와 보건을 연계한 서비스의 통합성이 강화되고 있다.

통합사례관리가 축소되는 것이 아니라 2012년 시·군·구 희망복지지원단 운영으로 통합사례관리가 시행되었고 2016년 읍·면·동을 중심으로 복지 사각지대 발굴, 통합사례관리, 지역자원 발굴 및 지원 등의 서비스를 제공하고 있어 통합사례관리가 확대되고 있다.

| 3교시 | 사회복지정책과 제도 |

| 6과목 | 사회복지정책론 |

01	02	03	04	05	06	07	08	09	10
③	⑤	①	④	②	④	⑤	②	④	③
11	12	13	14	15	16	17	18	19	20
⑤	①	③	①	②	⑤	②	①	①	④
21	22	23	24	25					
②	③	⑤	③	④					

01

베버리지 보고서에서 규정한 5대 악은 나태, 무지, 질병, 불결, 결핍이다. 산업재해는 베버리지 보고서에 규정되어 있는 5대 악에 포함되지 않는다.

02

사회복지정책의 평가의 특징
- 사회복지정책의 평가는 기술적이다.
- 사회복지정책의 평가는 실용적이다.
- 사회복지정책의 평가는 개별 사례적이다.
- 사회복지정책의 평가는 가치지향적이다.

오답 피하기
사회복지정책은 가치 지향적으로 정책을 기획할 때 보편주의와 선별주의 중 어떤 하나냐를 선택해야 한다. 가치가 보편주의와 선별주의 중 어느 하나를 선택하지 못한다면 사회복지정책을 실행하기 어렵다.

03

① 롤스는 벤담의 최대다수의 최대행복을 사회정의의 원칙으로 삼고 사회효용의 총량은 강조하지만 사람들 간의 효용의 분배는 크게 중요하지 않게 된다는 공리주의의 분배문제를 비판하며, 사람들 간의 정의로운 분배가 가능하도록 하는 사회정의 원칙 3가지를 주장하였다.
- 1원칙 : 모든 이에게 자유를 완벽하게 누릴 수 있어야 한다는 것(평등 자유의 원칙)
- 2원칙 : 결과의 불평등은 존재하되 모든 사람에게 균등한 기회를 주는 것(공평한 기회의 원칙)
- 3원칙 : 가장 빈곤한 사람들의 복지에 대하여 우선으로 배려하여야 한다는 것(차등의 원칙)

오답 피하기
② 결과의 균등보다는 기회의 평등이 더 중요하다.
③ 사회경제적 불평등은 존재한다고 인정한다.
④ 최대다수의 최대행복을 기본원칙으로 하는 공리주의의 분배문제에 대해서는 무관심하다고 비판한다.
⑤ 정당한 소유와 합법적인 이전은 불평등한 결과를 가져온다. 가장 불행한 사람에게 가장 불행하지 않은 상황을 제공해야 한다.

04

사회복지정책의 긍정적 기능
- 사회통합과 정치적 안정
- 사회문제 해결과 사회적 욕구 충족
- 소득재분배 및 최저생활 보장
- 경제성장 안정
- 개인의 자립 및 성장
- 잠재능력 향상을 통한 재생산의 보장

오답 피하기
ㄹ. 능력에 따른 분배는 신자유주의 입장으로 사회복지정책과는 아무 관련이 없다.

05

의회민주주의는 선거의 기능이 국민의 대표를 선출하고 국가기관을 구성한다는 의미를 가지고 있다. 사회민주주의의 다른 이름은 권력자원이론이다. 사회민주주의이론은 계급갈등의 정치적 과정을 중요하게 생각하고 갈등과 정치화 과정을 통해 복지국가가 발전한다는 이론이다. 노동자들의 정치적 참여의 결과로 정치적인 면을 중요하게 생각하고 노동자계급을 대변하는 정치적 집단의 정치적 세력이 커질수록 복지국가가 발전한다. 복지국가를 자본과 노동의 계급투쟁에서 노동이 획득한 승리의 전리품으로 본다.

06

① 엘리자베스의 구빈법(1601)은 기존의 빈민법을 집대성하여 빈민을 통제하는 동시에 노동력을 확보하고자 노동능력이 있는 빈민, 노동능력이 없는 빈민, 아동으로 구분하였다. 빈곤구제에 대한 책임과 주체는 국가가 되어 공공부조의 효시이다.
② 정주법(거주지 제한법. 1662)은 교구마다 구제수준의 차이가 나 빈민은 처우가 좋은 교구를 찾아 유랑하기 시작하여 도시지역의 구빈비 상승과 농촌지역의 노동력의 이주를 막기 위해 이전에 살던 교구로 다시 돌려보내는 법이다.
③ 길버트법(1782)은 작업장의 인도주의화를 실시하여 작업장에서 일하는 빈민의 열악한 생활과 착취를 개선하려는 목적으로 노동능력이 있는 자에게는 일자리를 제공하고 취업알선을 통한 원외구호를 실시ㆍ노동능력이 없는 자에게는 현금급여를 실시하였다.
⑤ 신구빈법(1834)의 주요원칙은 열등처우의 원칙, 작업장수용의 원칙(원외구제금지의 원칙), 전국 통일의 원칙(균일처우의 원칙)이다.

오답 피하기
④ 스핀햄랜드법(1795)은 임금수준이 낮아서 자신과 가족의 생계유지를 위한 빵을 구입하지 못할 경우 부족한 만큼 교구에서 구빈비를 통해 지급해주는 제도로 가족수당제도, 최저생활보장, 임금보조제도를 실시하였고 인도주의적, 낙인이 없는 현금급여를 실시하였다.

07

소극적 집합주의
- 불평등을 인정하지만 불평등을 완화시키기 위해 노력한다.
- 인도주의를 강조하고 시장실패를 보충하기 위해 복지국가를 조건부로 인정한다.
- 자본주의가 효율적이고, 공정하게 기능하기 위해서는 규제와 통제가 필요하다는 것을 인정한다.
- 국민의 최저생활을 정부의 책임으로 인정한다.
- 베버리지와 케인즈가 대표적인 인물이다.

① 시장에 대한 국가개입을 최소화하고 개인의 소극적 자유를 극대화하는 것이 바람직하다는 이념은 반집합주의이다.
② 개인의 적극적 자유를 보장하기 위해서는 철저한 계획경제와 생산수단의 국유화가 필요하다는 이념은 마르크스주의이다.
③ 환경과 생태의 관점에서 자본주의의 성장과 복지국가의 확대는 지속 가능하지 않다고 보는 이념은 녹색주의이다.
④ 복지국가가 노동의 성(Gender) 분업과 자본주의 가부장제를 고착화시키는 역할을 한다고 보는 이념은 페미니즘이다.

08

탈상품화의 정도에 따라 자유주의 복지국가, 조합(보수)주의 복지국가, 사회민주주의 복지국가로 구분하였다. 자유주의 복지국가는 소득과 자산조사에 의한 공공부조를 실시하고 시장경제를 강조하여 탈상품화가 가장 낮다. 조합(보수)주의 복지국가는 보험원칙을 강조하여 사회계층의 유지에 목적을 두고 있어 탈상품화 효과가 높다. 사회민주주의 복지국가는 시민권에 기초한 보편이고 포괄적인 복지체계를 특징으로 보편주의 원칙과 사회권을 통한 탈상품화 효과가 가장 높다.

탈상품화는 근로자가 자신의 노동력을 시장에 팔지 않고 생계를 유지할 수 있는 정도를 말한다.

09

④ 행위별 수가제는 의료기관에서 받는 진찰료, 검사료, 처치료, 입원료 등 행위에 정해진 수가를 지불하는 방법이다. 의료기관에서 받은 양질의 의료서비스로 인하여 과잉진료가 발생할 수 있어 의료비 절감효과가 낮다. 이 문제를 해결하기 위해 4과 7개 증후군에 포괄수가제를 실시하고 있다.

① 포괄수가제는 의사에게 환자 1인당 혹은 진료일수 1일당 아니면 질병별로 부수 단가를 정하고 미리 정해진 지불하는 방법이다.
② 의료급여 사례관리는 수급권자 스스로 자신의 건강을 관리할 수 있도록 지원하고, 수급권자에게 실제적으로 필요한 의료이용을 하도록 하여 수급권자의 건강향상과 의료급여 재정을 효율적으로 관리하고자 도입된 제도이다.
③ 건강보험급여 심사평가제도는 국민건강보험 관련 요양급여비용의 심사 및 요양급여의 적정성 여부를 평가하는 제도이다.
⑤ 본인일부부담금은 납부해야 할 전체 금액에서 본인이 책임을 지고 납부해야 할 금액을 말한다.

10

① 총급여액 등이 500만 원일 때 : 근로장려금 = 500만 원×20% = 100만 원이다.
② 총급여액 등이 1,100만 원일 때 : 총급여액 등이 1,000만 원 이상 1,200만 원 미만인 경우이므로 근로장려금은 200만 원이다.
④ 총급여액 등이 2,200만 원일 때 : 근로장려금 = 200만 원 − (2,200 − 1,200)×10% = 100만 원이다.
⑤ 총급여액 등이 2,700만 원일 때 : 근로장려금 = 200만 원 − (2,700 − 1,200)×10% = 50만 원이다.

③ 총급여액 등이 1,800만 원일 때 : 근로장려금 = 200만 원 − (1,800 − 1,200)×10% = 140만 원이다.

11

교육급여는 입학금, 수업료, 학용품비 기타 수급품을 지원하는 것으로 1979년 「생활보호법」에서 생활보호대상자 중학교 과정 수업료를 지원하면서 신설되었으며 「국민기초생활 보장법」의 교육급여는 이 법이 처음 제정될 때 이미 있었던 급여이다.

12

공공부조의 특징
• 사후적 대응이 가능하다.
• 급여의 양을 예상할 수 없다.
• 재산과 소득조사를 통해 수혜자를 선별한다.
• 일반 조세를 통하여 재원을 조달한다.
• 권리성이 추상적이다.
• 수직적 재분배 기능만 있다.
• 신청하여 선정되는 사람만이 수혜자가 된다.

②~⑤는 모두 사회보험에 대한 설명이다.
② 선정된 사람만 수혜자가 되므로 가입을 할 수 없다.
③ 재산과 소득조사를 통해 수혜자를 선별하여 수급자에 대한 낙인이 있다.
④ 재산과 소득조사를 통해 수혜자를 조사하여 행정 비용이 발생한다.
⑤ 급여가 많은 사람에게 많은 세금을 거둬들여 어려운 사람에게 도움을 주므로 수평적 재분배 효과는 없고 수직적 재분배 효과가 크다.

13

③ 맞춤형 취업지원서비스는 저소득 구직자 등 취업취약계층에게 통합적인 취업지원서비스를 제공하고 생계를 지원함으로써 이들의 구직활동 및 생활안정을 지원한다.

오답 피하기

① 대한노인회에서도 노인 일자리사업을 실시하지만 총괄 운영기관은 한국노인인력개발원이다.

② 장애인고용의무제도는 민간기관은 50인 이상 사업체에 적용된다.

④ 국민기초생활보장 수급자는 자활사업에 참여할 수 있으나 반드시 참여해야 하는 수급자는 조건부 수급자이다.

⑤ 고령자를 채용하지 않는 기업은 정부에 부담금을 납부하지 않아도 된다. 그러나 장애인고용의무제도에 따라 장애인고용부담금은 정부에 납부해야 한다.

14

- 고용노동부에서 운영하는 고용보험은 실업의 예방, 고용의 촉진 및 근로자 등의 직업능력의 개발과 향상을 꾀하고, 국가의 직업지도와 직업소개 기능을 강화하며, 근로자 등이 실업한 경우에 생활에 필요한 급여를 실시하여 근로자 등의 생활안정과 구직 활동을 촉진함으로써 경제 · 사회 발전에 이바지한다.
- 산업재해보상보험은 근로자의 업무상의 재해를 신속하고 공정하게 보상하며, 재해근로자의 재활 및 사회 복귀를 촉진하기 위하여 사업을 실시한다.

① 두 보험 모두 소득활동 중 발생할 수 있는 소득상실 위험에 대한 사회안전망이라는 공통점을 가지고 있다.

오답 피하기

② 구직급여는 ㉠ 법령에 따른 기준기간이 합산하여 180일 이상일 것, ㉡ 근로의 의사와 능력이 있음에도 불구하고 취업하지 못한 상태에 있을 것, ㉢ 이직사유가 수급자격의 제한 사유에 해당하지 아니할 것, ㉣ 재취업을 위한 노력을 적극적으로 할 것을 요건으로 구직활동을 해야 구직급여를 받을 수 있다.

③ 고용형태 및 근로시간에 따라 두 보험의 적용을 받는다. 「공무원연금법」과 「사립학교교직원 연금법」의 적용을 받는 사람, 소정 근로시간 60시간 미만인 사람은 적용 제외가 된다.

④ 장해급여는 근로자가 업무상의 사유로 부상을 당하거나 질병에 걸려 치유된 후 신체 등에 장해가 있는 경우에 그 근로자에게 지급한다.

⑤ 고용보험의 보험료율은 본인과 사업주가 50%씩 부담하고 산업재해보상보험의 보험료율은 사업주 100% 부담하므로 두 보험의 가입자 보험료율은 다르다.

15

상대적 빈곤은 한 사회의 평균적인 생활수준과 비교하여 평균적인 생활수준 이하의 상태로 다른 사람과 비교하여 빈곤을 측정한다. 한 사회의 평균적인 생활수준과 비교하고 타운젠트 방식은 중위소득의 각각 40%, 50%, 60% 지점을 빈곤선으로 지정하는 방식이다.

오답 피하기

ㄴ. 라이덴(Leyden) 방식은 주관적 빈곤을 측정하는 방식으로 개인이 생활하는 데 있어 필요하다고 생각되는 최소 소득이 얼마인가를 물어보고 개인의 소득과 필요한 소득을 분석하여 그 일치점을 기준으로 정하는 방식이다.

ㄷ. 반물량 방식은 절대적 빈곤을 측정하는 방식 중 전물량 방식을 간소화 한 것으로 최저식품비에 엥겔계수의 역수를 곱한 금액을 빈곤선으로 보는 방식이다.

ㄹ. 라운트리(Rowntree) 방식은 절대적 빈곤을 측정하는 방식 중 하나인 전물량 방식으로 한 사람의 1일 평균 필요한 영양을 추정하고 필요한 영양을 구입하기 위해 물품의 목록과 양을 결정하는 방식이다.

16

사회보험급여는 피보험자와 보험자 간 계약에 의해 규정된 법적 권리이다. 그러나 사회보험은 계약에 의해 규정된 법적 권리가 아니라 제도적 · 법적 관계로 규정된 법적 권리이다.

사회보험의 특징

- 사전적 대응이 가능하다.
- 보험 기여금을 통해 급여의 양을 예상할 수 있다.
- 재산과 소득조사가 필요 없다.
- 보험 기여금과 지정된 세금을 통해 재원을 조달한다.
- 권리성이 강하다.
- 수평적 재분배 기능이 크지만 수직적 재분배 기능도 한다.
- 소득이 있는 사람만이 가입자가 되고 가입자만이 수혜자가 된다.

오답 피하기

모든 사회보험 업무가 통합되어 1개 기관에서 운영되는 것이 아니라 국민건강보험공단에서 보험료만 통합하여 징수한다. 산업재해보상보험과 고용보험은 근로복지공단, 국민건강보험과 노인장기요양보험은 건강보험공단, 국민연금은 국민연금공단에서 운영한다.

17

ㄱ. 국민연금과 특수직역연금으로 구분하여 운영되고 있다. 특수직역연금은 공무원연금, 군인연금, 사학연금을 의미한다.

ㄹ. 가입자의 노령(퇴직), 장애(재해), 사망으로 인한 소득중단 시 급여를 지급한다. 국민연금과 특수직역연금은 사회적 위험에 맞게 급여의 종류를 나누어 지급한다.

ㄴ. 국민연금은 1988년 시행되었다. 사회보험 중 가장 먼저 제정된 보험법은 1963년에 시행된 「산업재해보상보험법」이다.

ㄷ. 다음과 같이 2023년 12월말 기준 공적연금 수급개시 연령은 동일하지 않다.

국민연금	• 1953~1956년 61세	• 1957~1960년 62세
	• 1961~1964년 63세	• 1965~1968년 64세
	• 1969년생 이후 65세	
공무원연금	• 2016~2021년 60세	• 2022~2023년 61세
군인연금	20년 이상 복무하고 퇴직한 경우 죽을 때까지 연금 지급	
사학연금	• 1957~1960년 62세	• 1961~1964년 63세
	• 1965~1968년 64세	• 1969년 이후 65세

18

사회복지전달체계 재구조화 전략

정책결정권한·통제력 재조직	조정	행정적 단일화
		기관간의 연합
		사례별 협력
	시민참여	비분배적 참여
		정상적·일상적 참여
		재분배적 참여
업무배분 재조직	역할부과	
	전문가분리	
전달체계 조직구성 변화	접근구조의 전문화	경쟁
		분리

수급자 수요 강화는 수급자의 서비스 욕구를 강화하는 것으로 공공의 사회복지정책 강화를 의미한다. 그러나 사회복지전달체계의 재구조화 전략은 공공과 민간의 강화를 의미한다.

19

사회복지정책의 주체는 사회복지정책과정을 직접적으로 실행하는 기관으로 공공기관과 민간기관으로 나눌 수 있으며 공공기관은 국가와 지방자치단체를 의미하고 민간기관은 개인, 가족, 협동조합, 종교조직, 기업, 사회복지법인들이 될 수 있다.
공공재, 외부효과, 대규모, 강제적, 평등, 안정성, 지속성, 표준화 등의 영역은 국가가 개입하는 것이 바람직하다.

외부효과가 큰 영역은 공공부문이, 개별화의 경우 민간부문이 담당하는 것이 바람직하다.

20

④ 산출(산물)분석은 선택한 정책과 연관된 다양한 쟁점에 대한 분석으로 정책의 내용이나 구체적인 프로그램의 내용에 관해 분석하며, 현재 서비스를 받거나 받았던 사회 주류적 입장만을 대변할 수 있다.

① 사회복지정책 내용을 정해진 틀에 따라 분석해 사회적 가치(서비스나 상품의 사회에 대한 상대적 가치)를 평가하기는 쉽지 않다. 틀은 정해져 있지만 사회적 가치는 변화한다.
② 사회복지정책의 방향성을 제시하기가 용이한 분석은 성과분석이다.
③ 사회복지정책에서 배제되고 차별받는 사람들의 욕구를 사회복지정책의 내용으로 파악하기 어렵다.
⑤ 사회복지정책의 내용을 분석하기에 구체적인 대안을 담아내기 어렵다.

21

② 사회적 효과성은 사회통합 기능에 초점을 두어 사람들이 사회의 평등한 구성원으로 어느 정도나 대우받는가에 따라 판단하며, 사회복지정책으로 인해 사회연대 및 사회통합이 어느 정도 달성되었는지를 평가하고 보편주의의 원리를 강조한다.

① 수급자격을 얻기 위해 개인의 특수한 욕구가 선별적인 세밀한 조사에 노출될 수밖에 없는 것은 선별주의이다.
③ 시민권은 모든 시민들의 권리로 수급권을 얻을 수 있는 자격이 있는 것으로 본다.
④ 급여를 신청할 때 까다로운 행정절차가 반드시 필요한 것은 선별주의이다.
⑤ 비용절감을 목표로 하는 것은 효율성이다.

22

최적모형은 정책결정을 체계론적 시각에서 파악하고 정책성과를 최적화하려는 정책결정모형으로 합리적 요소와 함께 직관, 판단, 통찰력과 같은 초합리적 요소를 바탕으로 정책결정을 하는 질적모형이다. 정책결정에 드는 비용보다 효과가 더 높아야 한다는 전제로 경제적 합리성을 추구한다. 초합리적 요소가 실제 정책결정 과정에서 사용되고 있는 것은 밝혀냈으나 그 달성 방법은 명확하지 않다. 또한 초합리적 요소를 강조하게 되면 신비주의에 빠질 가능성이 있다.

ㄷ. 초합리성의 정책결정과정에서 사용되고 있는 것은 밝혀냈지만 구체적인 달성 방법에 대한 설명이 제시되지 않았다. 그래서 주먹구구식 정책결정에 대한 변명거리로 사용될 수 있다.

23

사회복지정책 급여의 적절성은 사회복지 급여를 받는 클라이언트의 문제를 해결하는 데 적절한가를 의미한다. 클라이언트의 삶의 질을 향상하는 데 있어 클라이언트의 상황이 모두 다르므로 각 상황에 맞게 급여를 제공하는 것을 의미한다.

오답 피하기

사회복지정책 급여의 적절성의 기준은 시간, 공간, 나라, 환경에 따라 모두 다르게 나타난다. 스웨덴의 아동수당은 16세 미만의 아동을 양육하는 모든 부모에게 소득과 관계없이 제공된다. 한국의 아동수당은 8세 미만의 아동을 양육하는 모든 부모에게 소득과 관계없이 제공된다.

24

지역주민의 욕구와 문제를 해결하기 위하여 지역사회의 역량을 강화시켜 주민들의 욕구충족과 지역공동체 형성이라는 목적을 달성하려는 조직적인 운동이다. 지역주민의 주체성 및 역량을 강화하고 지역사회의 변화를 주도하는 조직운동으로 지역주민, 지역사회활동가, 사회복지전문가는 물론 사회복지시설 종사자 및 사회복지서비스 이용자도 사회복지운동의 주체가 될 수 있다.

오답 피하기

ㄹ. 사회복지운동에는 다양한 이념이 사용되어 우리나라의 사회복지역사에서 정부는 사회복지운동단체의 의견을 모두 사용할 수 없다.

25

② 장애정도가 심하지 않은 장애인은 장애인연금을 받을 수 없다. 장애인연금은 18세 이상의 중증장애인이 받을 수 있다.

⑤ 저소득 한부모가족에게는 아동양육비가 지급될 수 있다. 아동양육비뿐 아니라 생계비, 아동교육지원비와 그 밖에 대통령령으로 정하는 비용이 지급될 수 있다.

오답 피하기

④ 아동수당은 경제적 수준과 상관없이 8세 미만의 아동이 있는 가구를 대상으로 하는 보편주의에 근거한 제도이다.

7과목 | 사회복지행정론

26	27	28	29	30	31	32	33	34	35
⑤	③	①	③	③	④	⑤	②	②	②
36	37	38	39	40	41	42	43	44	45
①	③	③	⑤	②	①	①	④	④	⑤
46	47	48	49	50					
②	④	②	①	⑤					

26

① 1950~1960년대 사회복지서비스는 주로 외국 원조단체들에 의해 제공되었다. 1950년대 후반에 KAVA(Korea Association of Voluntary Agencies)를 창설하고 KAVA를 중심으로 개별사회사업 및 시설중심의 서비스가 시행되었다.

② 1970년 「사회복지사업법」 제정으로 법에 의거한 정부의 보조를 받을 수 있게 되었다.

③ 1987년에 5대 직할시에서 사회복지전문요원제도가 도입되었다.

④ 1997년에 「사회복지사업법」 개정으로 사회복지시설 평가제도가 도입되었다.

오답 피하기

⑤ 사회복지관에 대한 정부 보조금 지원이 제도화된 시기는 1983년이다.

27

사회복지행정의 기능

- 기획(Planning)은 목표의 설정과 목표를 달성하기 위한 과업 및 활동, 과업을 수행하기 위해 사용되는 방법을 결정하는 단계이다.
- 조직(Organizing)은 조직의 구조를 설정하는 과정으로 과업이 할당되고 조정되는 과정이다.
- 인사(Staffing)는 직원의 채용과 해고, 직원의 훈련, 우호적인 근무조건의 유지 등이 포함되는 활동이다.
- 지시(Directing)는 행정책임자가 기관을 효과적으로 운영하기 위해 하위구성원에게 업무를 부과하는 기능이다.
- 조정(Coordinating)은 사회복지기관의 활동에 있어 다양한 부분들을 상호연결시키는 중요한 기능이다.
- 보고(Reporting)는 사회복지행정가가 직원, 이사회, 지역사회, 행정기관, 후원자 등에게 조직에서 일어나는 상황을 알리는 것이다.
- 재정(Budgeting)에서 조직의 행정가는 현재를 포함하여 중·장기적인 재정계획을 수립해야 하고 재정운영에 대한 책임을 갖는다.
- 평가(Evaluating)는 사회복지기관의 목표에 따라 전반적인 활동결과를 사정하는 과정을 말한다.

ㄴ. 조직화(Organizing)는 조직의 구조를 설정하는 과정으로 과업이 할당되고 조정되는 과정이다. 조직의 활동을 이사회와 행정기관 등에 보고하는 활동은 보고이다.

28

① 사회복지조직은 인간을 대상으로 하기 때문에 목표가 모호하고 애매하며, 효과성과 효율성 표준척도가 없다. 따라서 서비스 성과를 평가하기 어렵다.

② 사회복지행정가는 가치중립적이 아니라 가치지향적이어야 한다. 가치를 가지고 가치에 따라 행동해야 한다.
③ 서비스 효율성을 고려해야 한다. 효율성과 효과성의 표준척도가 없어 프로그램 또는 클라이언트에 맞게 목표를 설정하여 효율성과 효과성을 측정해야 한다.
④ 재정관리는 사회복지행정에 포함된다.
⑤ 직무환경에 관계없이 획일적으로 운영될 수 없고, 직무환경에 맞게 운영된다.

29

③ 인간관계론은 조직의 생산성 향상을 위해 인간의 정서적인 요인과 함께 심리사회적 요인, 비공식적 요인에 역점을 두어 인간을 관리하는 기술로 인간의 심리사회적 욕구에 초점을 두며, 인간의 정서적인 측면과 사회적인 관계를 중시한다.

① 과학적 관리론은 개인들의 과업을 수행하는 데 필요한 시간 및 동작에 초점을 두고, 조직에서 개인의 기여를 극대화하기 위해 개인의 동작에 대한 소요시간을 표준화하여 적정한 일의 분업을 확립한 다음 과업의 성과와 임금을 관련시킨다.
② 관료제론은 조직관리를 위한 합리적인 규칙을 의미하는 것으로, 의사결정의 계층화, 고도의 전문화에 기초한다.
④ 행정관리론은 상부(위)에서부터 연구하여 조직의 목적을 성취하기 위한 업무의 최적방법을 도출하고 그에 따라 조직을 설계하는 과정을 추구한다.
⑤ 자원의존론은 개방체계적 관점에서 조직과 환경 간의 상호작용을 중시하며, 그와 같은 상호작용이 조직의 내부 역학 관계에 어떠한 영향을 미치는가에 초점을 둔다.

30

관료제이론은 각 구성원이 계층화된 위계질서를 가지고 업무를 세분화하여 그 업무를 한정된 사람들에게 배정하고, 인간관계가 아닌 일정한 규칙과 절차에 따라 업무를 처리하게 된다. 그 결과 전통적 권위에 의존하지 않으며, 합리성과 합규칙성을 기반으로 비자의적 행동(Impersonal Conduct)이 최대한 억제된다. 관료제의 구성원(관료)은 신분이나 인맥이 아닌 실적에 따라 평가받으며 그 결과 조직 전체의 효율성은 증가한다. 실적은 효율성에 부합하는지 여부에 따라 결정되기 때문이다.

일정한 규칙과 절차에 따라 업무를 처리하여 전통적 권위에 의해 조직 통제하는 것이 아니라 전통적 권위에 의존하지 않는다.

31

신공공관리론은 1980년대 이후 신자유주의에서 강조되어 목표대비 성과에 초점을 맞추는 효과적인 행정체계이다.

신공공관리론의 종류
• 관리주의는 행정에도 민간부문의 경영방식을 도입하여 관료는 공공 기업가처럼, 정부는 기업처럼 운영되어 민간의 요구에 대응적이고 효과적인 정부를 만들어야 한다.
• 해방관리론은 능력 있고 효율적인 사람들이 관료를 하고 불필요한 절차들과 규정의 완화를 통한 유연성을 강조하여 관료제의 비능률을 타파한다.
• 시장주의관리론은 내·외부적으로 경쟁원리를 적용시켜 성과를 향상시킨다.

민간이 공급하던 서비스를 정부가 직접 공급하도록 한 것이 아니라 관료제 이론에 시장원리를 혼합하여 생산성과 효율성을 도출한다.

32

하센필드의 사회복지조직의 특성
• 사회복지조직의 원료는 사회적·도덕적 정체성을 지닌 인간이다.
• 사회복지조직은 클라이언트와 직접 접촉하고 활동하므로 사회복지사와 클라이언트와의 관계가 중요하다.
• 사회복지조직은 복잡한 인간이 대상이므로 사용되는 기술이 복잡하고 불확실하다.
• 사회복지조직은 인간을 대상으로 하여 목표가 모호하고 애매하다.
• 목표가 모호하고 애매하여 효과성과 효율성 표준척도가 없다.
• 공공의 이익을 위해서 사회로부터 후원을 받는다.
• 사회복지조직은 외부 환경과 관계에서 가치와 이해관계에 갈등이 있어 어려움을 겪는다.

목표가 모호하고 애매하여 효과성과 효율성 표준척도가 없어 목표달성을 위해 명확한 지식과 기술을 사용할 수 없다.

33

② 공식화는 직무의 표준화 정도로 직원들이 명문화된 규칙이나 절차에 얼마큼 의존하는 정도를 의미한다. 공식화는 단순하고 반복적인 직무일수록 공식화가 높고 직원들 공식화가 높으면 표준화가 높다. 공식화 정도가 높을수록 직원은 재량권을 사용하는 것이 아니라 명문화된 규칙이나 절차를 사용하여 재량권이 줄어든다.

오답 피하기
① 조직규모가 커질수록 공식화 정도가 높아진다. 소규모 조직에서는 최고관리자에 의한 집권적인 의사결정이 가능하나 조직이 대규모화 할수록 의사결정권의 위임은 불가피하다.
③ 수직적 분화가 발달하면(계층의 수가 많으면) 통솔범위가 줄어들어 과업의 종류가 많을수록 수직적 분화는 줄어들게 된다.
④ 분권화는 의사결정의 공식적 권한이 분산되거나 이양되는 것으로 분권화 정도가 높을수록 최고관리자에게 조직 통제권한이 약화된다.
⑤ 집권화는 각종 권한이 조직의 정점에 집중되어 나타나는 현상으로 집권화 정도가 높을수록 직원의 권한과 책임의 범위가 명확해진다.

34

② 목적전치(Goal Displacement)는 업무의 효율적 달성을 위하여 업무의 절차와 규칙을 정해 놓았는데 나중에는 그 절차의 준수에 얽매여 본래의 목표를 소홀히 하는 수단적 가치와 궁극적 가치가 바뀌는 형상으로 목적을 달성하기 위한 규칙이 목적 자체가 되는 것이다. A사회복지기관의 직원은 프로그램 운영에 신경을 쓰는 것이 아니라 모금활동에 더 신경을 써 목적을 달성하기 위한 규칙이 목적 자체가 되었다.

오답 피하기
① 리스트럭처링(Restructuring)은 구조조정으로 기업의 기존 사업구조나 조직구조를 보다 효과적으로 그 기능 또는 효율을 높이고자 실시하는 구조개혁 작업을 말한다.
③ 크리밍(Creaming)은 사회복지조직들이 프로그램의 성공 가능성이 높은 클라이언트만 선발하고, 비협조적이거나 어려울 것 같은 클라이언트를 선발하지 않는 것이다.
④ 소진(Burnout)은 평소 업무에 헌신적이었던 직원이 스트레스를 경험하여 직무에서 멀어져가는 것을 의미한다.
⑤ 다운사이징(Downsizing)은 조직의 효율성을 향상시키기 위해 의도적으로 조직 내의 인력이나 직무, 부서 등의 규모를 축소시키는 방법이다.

35

• 특성이론은 리더가 될 수 있는 사람은 다른 사람과 다른 타고난 특성과 자질을 가지고 있다고 보는 이론이다.
• 행동이론은 리더의 자질과 특성보다는 리더의 행동에 초점을 두는 이론이다.
• 상황이론은 리더의 유형과 상황적 조건을 결합시킨 이론으로 상황에 따라 리더십이 달라진다고 전제한다.
• 서번트 리더십은 리더를 다른 사람에게 봉사하는 하인(Servant)으로, 구성원을 섬김의 대상으로 간주하였다.

오답 피하기
행동이론에서 컨트리클럽형(Country Club Management)은 사람에 대한 관심은 높지만 일에 대한 관심은 없다. 사람과 일에 대한 관심이 모두 높은 리더는 팀형이다.

36

인적자원관리는 인사관리라고도 불리며, 조직의 유지를 위해 조직이 필요로 하는 인사를 채용, 개발, 유지, 활용하는 일련의 관리활동 체계를 말한다. 또한 복지조직 구성원의 소양 · 능력을 개발하고 직무수행에 필요한 지식과 기술을 향상시키며 가치관이나 태도를 바람직한 방향으로 변화시키기 위한 교육 및 훈련을 말한다.

오답 피하기
동기부여는 구성원들로 하여금 목표달성을 위한 활동을 열심히 하도록 유도하는 것으로 동기부여를 위한 보상관리도 인적자원관리에 해당된다.

37

직무분석은 직무에 대한 업무내용과 책임을 종합적으로 분류하는 것으로, 직무를 구성하고 있는 일과 해당 직무의 내용 및 직무의 수행을 위한 직무조건을 조직적으로 밝히는 절차이다. 직무명세서와 직무기술서는 직무분석이 이루어진 후에 작성하게 된다.

• 직무기술서는 직무 자체에 대한 기술로 직무분석의 결과에 의거하여 직무수행과 관련된 과업 및 직무행동을 일정한 양식에 따라 기술한 문서이다.
• 직무명세서는 직무수행자의 인적요건에 대한 기술로 직무수행에 필요한 직원의 지식, 기술, 능력 등을 일정한 양식에 따라 기술한 문서이다.

오답 피하기
ㄷ. 종사자의 교육수준, 기술, 능력 등을 포함하는 것은 직무기술서가 아닌 직무명세서이다.

38

슈퍼비전은 종사자가 업무를 효과적이고 효율적인 수행할 수 있도록 지식과 기술을 잘 사용할 수 있도록 도와주는 활동을 말한다. 슈퍼비전의 질은 슈퍼바이저의 역량에 의해 좌우되며 긍정적 슈퍼비전은 사회복지사의 소진 예방에 도움이 된다. 슈퍼비전의 기능은 행정적 슈퍼비전, 교육적 슈퍼비전, 지지적 슈퍼비전으로 구분된다. 슈퍼비전의 모형은 개인교습, 사례상담, 집단, 동료집단, 직렬, 팀슈퍼비전으로 구분된다.

오답 피하기
동료집단 간에는 슈퍼비전의 모형이 있다. 동료집단 슈퍼비전은 슈퍼바이저가 없는 상태에서 슈퍼바이지로만 구성된 모형이다.

39

⑤ 품목별 예산은 예산의 통제기능을 충족시키기 위해 구입하고자 하는 품목별로 편성하는 예산으로 전년도 예산을 근거로 하여 일정한 양만큼 증가시켜 나가는 점진주의적 특성을 가지고 있다.

오답 피하기
① 영기준 예산(Zero Based Budgeting)은 전년도 예산과는 무관하게 프로그램의 효율성을 평가하여 우선순위를 정하고 우선순위가 높은 프로그램에 먼저 예산을 편성하는 예산이다.
② 계획 예산(Planning Programming Budgeting System)은 목표를 달성하기 위해 장기적인 계획을 세우고 매년 기본계획을 실행하기 위해 프로그램별로 예산을 편성하는 예산이다.
③ 영기준 예산(Zero Based Budgeting)은 비용 – 편익분석, 비용 – 효과분석을 거쳐 수립한다.
④ 성과주의 예산(Performance Budgeting)은 조직의 활동을 기능별 또는 프로그램별로 나눈 후 다시 세부 프로그램으로 나누고 각 세부 프로그램의 원가를 업무량을 계산하여 편성하는 예산이다.

40

① 2016년 민 · 관 협력에 의한 맞춤형 통합서비스 제공을 목적으로 하는 '읍 · 면 · 동 복지허브화' 전략의 구체적인 사업계획이 마련되었다.
④ 2019년부터 각 지자체별로 사회서비스의 공공성 및 투명성 향상을 위한 사회서비스원을 설립 · 운영하기 시작하였고, 양질의 돌봄서비스 기반 구축을 위한 지역사회 통합돌봄(커뮤니티케어) 선도사업을 추진하기 시작하였다.
⑤ 사회서비스는 사회복지 뿐 아니라 보건, 교육, 주거, 고용 등을 포함하고 있다.

오답 피하기
② 사회서비스는 단일한 공급주체에 의해 제공되는 것이 아니라 공공과 민간에 의해 제공된다.

41

① 위험관리는 위험을 예방 · 회피하려는 사전적인 대응활동으로 위험을 확인(발견), 분석, 평가하여 최적의 위험 처리 방도를 선택하는 관리 과정이다. 클라이언트의 안전 확보도 서비스의 질과 연결되어 있어 서비스 질 관리를 위하여 위험관리가 필요하다.

오답 피하기
② 총체적 품질관리(TQM)는 고객 만족을 위하여 모든 조직 구성원이 협력하여 품질의 개선과 향상을 위해 노력하는 기법으로 사회복지기관에 적용 가능하다. 클라이언트는 많은 기관들 중에 선택하기에 사회복지기관은 클라이언트 만족을 위해 프로그램의 품질을 향상시켜야 한다.
③ 총체적 품질관리는 현상유지에 초점을 두기보다는 지속적인 개선에 초점을 둔다. 품질의 변이를 미리 예측하여 사전에 방지한다.
④ 서브퀄(SERVQUAL)의 요소는 확신성, 신뢰성, 반응성, 공감성, 유형성으로 이루어진다.
⑤ 서브퀄에서 유형성(Tangible)은 서비스 제공 혹은 상품생산을 위해 사용된 장비나 물리적인 시설 등의 외형(외관) 혹은 미적 상태와 연관된다. 고객 요청에 대한 즉각적 반응은 반응성이다.

42

ㄱ. 주민생활지원서비스 전달체계는 2006년에 실행되었다.
ㄴ. 사회복지통합관리망(행복e음) 개통은 2010년에 개통되었다.
ㄷ. 읍 · 면 · 동 복지허브화는 2016년에 시행되었다.
ㄹ. 지역사회 통합돌봄은 2019년에 시행되었다.

43

④ 쓰레기통모형은 조직의 목표가 모호하고 조직의 기술이 불확실한 경우에 적용될 수 있는데, 이 모형에서는 의사결정이 합리성이나 협상, 타협 등을 통해 이루어지는 것이 아니라, 선택의 기회, 문제, 대안, 의사결정과정 참여자 등이 의도하지 않은 우연한 접점에서 이루어진다고 본다.

오답 피하기
① 점증모형은 기존의 정책을 바탕으로 변화된 상황과 문제점들을 수정 보완하는 의사결정기법이다. 의사결정이 부분적 · 순차적으로 진행되고, 이 과정에서 목표와 수단은 상호 조절된다.
② 연합모형(혼합모형)은 인간의 정보수집 및 처리능력의 한계와 현실적 제약을 인정하면서 전체적이고 체계적인 검토 후에 이상이 있다고 판단되면 현실적인 제약의 한계 내에서 효과성과 효율성이 가장 높을 것으로 생각되는 대안을 선택하는 것이다.
③ 만족모형에서 현실적인 의사결정은 '어느 정도 만족할 만한' 대안의 선택으로 이루어지고 그래서 제한된 합리성을 찾을 수밖에 없다. 만족을 객관적으로 평가할 기준이 없고 현실만족적이며 습관

적으로 대안이 채택되기 때문에 쇄신적인 문제해결을 필요로 하
는 경우에는 적용이 어렵다는 단점이 있다.
⑤ 공공선택모형은 정부 재정부문의 정책결정에서 바람직한 민주적
의사결정을 추구하면서 나온 모델이다. 이 모형에서는 이기적인
개인이 서로 다른 이익을 관철시키려 하는 것이 의사결정이고, 의
사결정자로서의 개인을 분석단위로 삼기 때문에 가급적 많은 사
람이 민주적으로 의사결정을 하는 집합적 의사결정을 강조한다.

44

사회복지정보화의 효과는 조직의 업무효율성 증대, 사회복지서비스
효과성 증대, 의사소통 및 업무 지도감독 방식 변화를 통한 업무효율
성 증대, 사회복지의 정확성 객관성 · 타당성을 확보할 수 있다. 사회
복지정보화로 인한 문제점은 클라이언트의 사생활 침해 우려와 사회
복지사의 업무부담 증가가 있다.

오답 피하기

사회복지정보화는 서비스에 정보기술을 접목하여 클라이언트에게
적절하고 효과적인 서비스를 효율적으로 전달해 주는 것이다. 학습
조직은 조직에서도 조직원이 학습할 수 있도록 기업이 모든 기회와
자원을 제공하고 학습결과에 따라 지속적 변화를 이루는 조직으로
사회복지기관에도 학습조직의 필요성이 증가하고 있다.

45

비영리조직의 마케팅은 사회복지기관으로부터 서비스를 제공받는
소비자(클라이언트)들로 구성된 시장과 사회복지기관의 활동을 지
원해 주는 후원자들로 구성된 시장으로 이루어진다. 이윤추구를 목
표로 하는 것이 아니라 해당 조직체가 추구하는 목표를 얼마나 효과
적으로 달성하는가에 중점을 둔다. 소멸성을 가지고 있어 제공된 서
비스를 반환하거나 되팔기 어렵고 생산과 소비가 동시에 일어나 서
비스의 다양성과 복잡성이 나타난다.

오답 피하기

사회복지마케팅의 대상은 무형의 서비스로 이루어지는 경우가 많으
므로 목표 달성에 대한 측정이 어렵다.

46

마케팅 4믹스
• 상품(제품, Product)은 클라이언트에게 필요한 서비스를 제공하기
위해 욕구를 파악하는 것이 중요하다.
• 장소(유통, Place)는 클라이언트가 서비스를 받기 위해 쉽게 기관
을 이용할 수 있도록 하는 것이 중요하다.
• 촉진(Promotion)은 클라이언트에 필요한 서비스를 개발하더라도
홍보가 되지 않으면 서비스를 제공할 수 없다. 클라이언트가 알 수
있도록 기관은 서비스에 대한 홍보가 필요하다.

• 가격(Price)은 클라이언트가 서비스를 받기 위해 지불해야 하는
비용과 후원금을 의미한다. 너무 비싸지 않은 적당한 금액이어야
한다.

오답 피하기

ㄴ. 가격(Price) : 판매자가 이윤 극대화를 위하여 임의로 설정하는
금액이 아니라 클라이언트가 서비스를 받기 위해 지불해야 하는
비용이다.
ㄹ. 촉진(Promotion) : 판매 실적에 따라 직원을 승진시키는 제도가
아니라 홍보전략이다.

47

프로그램 평가기준
• 노력성은 프로그램을 위해 동원된 자원 정도를 의미하고 사회복지
사의 참여시간, 인적 · 물적자원 등을 평가한다.
• 효과성은 서비스의 목표를 얼마나 달성했는지를 평가한다.
• 효율성은 투입에 비해 산출이 얼마나 높은지를 평가한다. 이때 비
용 – 효과분석과 비용 – 편익분석을 실시한다.
• 서비스의 질은 클라이언트의 욕구수준에 맞는 서비스를 제공했는
가를 평가한다.
• 공평성(형평성)은 클라이언트에게 동일한 기회와 제공여부를 평가
한다.
• 영향성은 프로그램이 클라이언트의 문제를 해결하는데 미치는 영
향을 평가한다.
• 과정은 미리 정해진 절차나 규정에 맞게 서비스가 제공되는지를
평가한다.

오답 피하기

ㄱ. 비용 – 효과분석은 프로그램을 분석할 때 비용과 효과를 동시에
비교하여 고려하는 방법으로 같은 효과가 나올 경우 비용이 저렴
한 프로그램을 선택한다. 즉, 프로그램의 비용과 결과의 금전적
가치를 고려한다.

48

② 혁신은 기존에 존재하지 않았던 새로운 가치를 더하는 행동으로
가치를 창출한다는 부분을 포함하고 있으므로 주로 긍정적인 의
미로 사용된다.

오답 피하기

① 변혁적 리더십은 높은 도덕적 가치와 이상에 호소하여 조직성원
의 의식을 변화시킨다. 리더가 부하들에게 장기적 비전을 제시하
고 그 비전에 매진하도록 한다.
③ 사회환경에 따라 조직 혁신은 달라질 수 있으므로 조직 혁신은
사회환경 변화와 연관이 있다.

④ 조직 내부환경을 고려하지 않고 변화를 추진할 때 혁신에 실패할 수 있다.
⑤ 변혁적 리더십은 높은 도덕적 가치와 이상에 호소하여 조직성원의 의식을 변화시켜 조직이익을 강조한다.

49

비영리 사회복지조직은 재산상의 이익을 구하지 않고, 사회의 자원을 동원하여 국민의 복지를 유지 및 증진하는 공적 서비스 조직이다. 민간조직으로 공공조직보다 관료화 정도가 낮다. 국가와 시장이 공급하기 어려운 서비스를 제공할 수 있어 특정 클라이언트를 위한 서비스를 제공할 수 있다.

오답 피하기

비영리 사회복지조직은 수익성은 고려하지 않을 수 있지만 서비스 질을 고려하고 조직을 운영한다.

50

사회복지행정은 서비스의 효과적 제공과 조직의 효율적 유지관리가 필요하다. 사회복지부문도 경쟁의 시대에 진입하면서 공급자 중심의 서비스에서 이용자 중심의 서비스, 즉 욕구중심의 복지에서 수요중심의 복지의 경쟁적 시장단계로 접어들었다.

오답 피하기

사회복지기관들도 경쟁적 시장단계로 접어들어 일반기업의 경영관리기법을 받아들이고 있다.

8과목 | 사회복지법제론									
51	52	53	54	55	56	57	58	59	60
③	①	③	①	④	⑤	①	②	⑤	③
61	62	63	64	65	66	67	68	69	70
④	②	③	⑤	③	②	②	⑤	④	①
71	72	73	74	75					
①	⑤	④	②	⑤					

51

ㄴ. 「산업재해보상보험법」은 1963년에 제정되었다.
ㄷ. 「사회복지사업법」은 1970년에 제정되었다.
ㅁ. 「노인복지법」은 1981년에 제정되었다.
ㄹ. 「고용보험법」은 1993년에 제정되었다.
ㄱ. 「국민기초생활 보장법」은 1999년에 제정되었다.

52

헌법 제34조
① 모든 국민은 인간다운 생활을 할 권리를 가진다.
② 국가는 사회보장·사회복지의 증진에 노력할 의무를 진다.
③ 국가는 여자의 복지와 권익의 향상을 위하여 노력하여야 한다.
④ 국가는 노인과 청소년의 복지향상을 위한 정책을 실시할 의무를 진다.
⑤ 신체장애자 및 질병·노령 기타의 사유로 생활능력이 없는 국민은 법률이 정하는 바에 의하여 국가의 보호를 받는다.
⑥ 국가는 재해를 예방하고 그 위험으로부터 국민을 보호하기 위하여 노력하여야 한다.

53

ㄷ. 1973년 제정되어 1974년 실시 예정이었던 「국민복지연금법」은 오일쇼크로 인하여 무기한 연기되었다가 1986년 「국민연금법」으로 전부개정되어 1988년 시행되었다.

오답 피하기

ㄱ. 2014년 「기초연금법」이 제정되면서 「기초노령연금법」은 폐지되었다.
ㄴ. 1999년 제정된 「국민건강보험법」은 「국민의료보험법」을 대체한 것이다.

54

사회보장기본법 제25조(운영원칙)
① 국가와 지방자치단체가 사회보장제도를 운영할 때에는 이 제도를 필요로 하는 모든 국민에게 적용하여야 한다.
② 국가와 지방자치단체는 사회보장제도의 급여 수준과 비용 부담 등에서 형평성을 유지하여야 한다.
③ 국가와 지방자치단체는 사회보장제도의 정책 결정 및 시행 과정에 공익의 대표자 및 이해관계인 등을 참여시켜 이를 민주적으로 결정하고 시행하여야 한다.
④ 국가와 지방자치단체가 사회보장제도를 운영할 때에는 국민의 다양한 복지 욕구를 효율적으로 충족시키기 위하여 연계성과 전문성을 높여야 한다.
⑤ 사회보험은 국가의 책임으로 시행하고, 공공부조와 사회서비스는 국가와 지방자치단체의 책임으로 시행하는 것을 원칙으로 한다. 다만 국가와 지방자치단체의 재정 형편 등을 고려하여 이를 협의·조정할 수 있다.

오답 피하기

사회보험은 전 국민에게 강제적으로 실시하는 것으로 지방자치단체의 책임으로 할 수 없다. 사회보험은 국가의 책임으로 한다.

55

사회보장기본법 제11~14조

① 사회보장급여를 받으려는 사람은 관계 법령에서 정하는 바에 따라 국가나 지방자치단체에 신청하여야 한다. 다만, 관계 법령에서 따로 정하는 경우에는 국가나 지방자치단체가 신청을 대신할 수 있다.

② 사회보장수급권은 관계 법령에서 정하는 바에 따라 다른 사람에게 양도하거나 담보로 제공할 수 없으며, 이를 압류할 수 없다.

③ 사회보장수급권은 제한되거나 정지될 수 없다. 다만, 관계 법령에서 따로 정하고 있는 경우에는 그러하지 아니하다.

⑤ 사회보장수급권의 포기는 취소할 수 있다. 사회보장수급권을 포기하는 것이 다른 사람에게 피해를 주거나 사회보장에 관한 관계 법령에 위반되는 경우에는 사회보장수급권을 포기할 수 없다.

오답 피하기

④ 사회보장수급권은 구두로 통지하여 포기할 수 없고, 정당한 권한이 있는 기관에 서면으로 통지하여 포기할 수 있다(동법 제14조 제1항).

56

사회보장기본법 제20조(사회보장위원회)

① 사회보장에 관한 주요 시책을 심의 · 조정하기 위하여 국무총리 소속으로 사회보장위원회를 둔다.

④ 관계 중앙행정기관의 장과 지방자치단체의 장은 위원회의 심의 · 조정 사항을 반영하여 사회보장제도를 운영 또는 개선하여야 한다.

사회보장기본법 제21조(위원회의 구성 등)

① 위원회는 위원장 1명, 부위원장 3명과 행정안전부장관, 고용노동부장관, 여성가족부장관, 국토교통부장관을 포함한 30명 이내의 위원으로 구성한다.

② 위원장은 국무총리가 되고 부위원장은 기획재정부장관, 교육부장관 및 보건복지부장관이 된다.

④ 위원의 임기는 2년으로 한다.

오답 피하기

① 대통령 소속의 위원회가 아니라 국무총리 소속의 위원회이다.

② 위원장 1명, 부위원장 3명과 행정안전부장관, 고용노동부장관을 포함한 30명 이내의 위원으로 구성한다.

③ 위원의 임기는 2년으로 하되, 공무원인 위원의 임기는 그 재임기간으로 한다.

④ 고용노동부가 아니라 보건복지부에 사무국을 둔다.

57

자치법규는 지방자치단체의 지역 안에서만 효력을 가진다. 자치법규에는 조례와 규칙이 있다. 조례는 지방자치단체의 의회가 법령에 반하지 않는 범위 내에서 그 권한에 속하는 사항에 대하여 의결로서 제정한 것이다. 규칙은 지방자치단체의 장이 법령과 조례에 반하지 않는 범위 내에서 그 권한에 속하는 사항에 대하여 제정한 것이다. 법에는 상위법 우선의 법칙이 있어 상위법을 위반한 하위법은 위법이 된다.

오답 피하기

지방의회는 조례 제정권을 갖고 지방자치단체의 장은 규칙 제정권을 갖는다. 조례가 규칙보다 상위법이다.

58

② 사회보장급여의 이용 · 제공 및 수급권자 발굴에 관한 법률 제19조의2 제1항 보건복지부장관은 속임수 등의 부정한 방법으로 사회보장급여를 받거나 타인으로 하여금 사회보장급여를 받게 한 경우에 대하여 보장기관이 효과적인 대책을 세울 수 있도록 그 발생 현황, 피해사례 등에 관한 실태조사를 3년마다 실시하고, 그 결과를 공개하여야 한다.

오답 피하기

① 중앙생활보장위원회는 기초생활보장제도의 시행과 관련해서 중요한 사안들을 심의, 의결하는 기구로서 보건복지가족부장관을 위원장으로 하고, 재경부, 노동부, 행자부, 기획예산처 차관과 관련전문가 공익위원 등 총 16인으로 구성되어 있다.

③ 사회보장급여의 이용 · 제공 및 수급권자 발굴에 관한 법률 제2조 제2항 "수급권자"란 사회보장급여를 제공받을 권리를 가진 사람을 말한다. 사회보장급여를 제공하는 국가기관과 지방자치단체는 보장기관이다.

④ 사회보장급여의 이용 · 제공 및 수급권자 발굴에 관한 법률 제5조 제3항 보장기관의 업무담당자는 지원대상자가 심신미약 또는 심신상실 등 대통령령으로 정하는 경우에 해당하면 지원대상자의 동의 없이 직권으로 사회보장급여의 제공을 신청할 수 있다. 이 경우 보장기관의 업무담당자는 직권 신청한 사실을 보장기관의 장에게 지체 없이 보고하여야 한다.

⑤ 사회보장급여의 이용 · 제공 및 수급권자 발굴에 관한 법률 제12조의2 제2항 보건복지부장관은 지원대상자 발굴체계의 운영 실태를 매년 정기적으로 점검하고 개선방안을 마련하여야 한다.

59

사회복지사업법 제5조의2(사회복지서비스 제공의 원칙)

① 사회복지서비스를 필요로 하는 사람에 대한 사회복지서비스 제공은 현물(現物)로 제공하는 것을 원칙으로 한다.

② 시장·군수·구청장은 국가 또는 지방자치단체 외의 자로 하여금 제1항의 서비스 제공을 실시하게 하는 경우에는 보호대상자에게 사회복지서비스 이용권을 지급하여 국가 또는 지방자치단체 외의 자로부터 그 이용권으로 서비스 제공을 받게 할 수 있다.

③ 국가와 지방자치단체는 사회복지서비스의 품질향상과 원활한 제공을 위하여 필요한 시책을 마련하여야 한다.

④ 국가와 지방자치단체는 사회복지서비스의 품질을 관리하기 위하여 사회복지서비스를 제공하는 기관·법인·시설·단체의 서비스 환경, 서비스 제공 인력의 전문성 등을 평가할 수 있다.

⑤ 보건복지부장관은 평가를 위하여 평가기관을 설치·운영하거나, 평가의 전부 또는 일부를 관계 기관 또는 단체에 위탁할 수 있다.

오답 피하기

보건복지부장관은 평가를 위하여 평가기관을 설치·운영하거나, 평가의 전부 또는 일부를 관계 기관 또는 단체에 위탁할 수 있다.

60

① 사회복지사의 등급은 1급·2급으로 한다. 기존에 있던 3급은 취득할 수 없다.

② 보건복지부장관은 정신건강사회복지사·의료사회복지사·학교사회복지사의 자격을 부여할 수 있다. 사회복지사 1급 자격증 취득 후 1년의 수련을 거쳐 취득할 수 있다.

④ 사회복지법인에 종사하는 사회복지사는 정기적으로 보수교육을 받아야 한다. 1년에 8시간 이상의 보수교육을 받아야 한다.

⑤ 자신의 사회복지사 자격증은 타인에게 빌려주어서는 아니 된다. 자격증을 양도하는 경우 자격취소에 해당한다.

오답 피하기

③ 보건복지부장관은 사회복지사가 거짓이나 그 밖의 부정한 방법으로 자격을 취득한 경우 무조건 그 자격을 취소한다.

사회복지사업법 제11조의3(사회복지사의 자격취소 등)

① 보건복지부장관은 사회복지사가 다음에 해당하는 경우 그 자격을 취소하거나 1년의 범위에서 정지시킬 수 있다. 다만, 제1호부터 제3호까지에 해당하면 그 자격을 취소하여야 한다.

  1. 거짓이나 그 밖의 부정한 방법으로 자격을 취득한 경우

61

④ 「사회복지사업법」에 따른 시설을 설치·운영하려는 경우에는 지역특성과 시설분포의 실태를 고려하여 「사회복지사업법」에 따른 시설을 통합하여 하나의 시설로 설치·운영하거나 하나의 시설에서 둘 이상의 사회복지사업을 통합하여 수행할 수 있다. 이 경우 국가 또는 지방자치단체 외의 자는 통합하여 설치·운영하려는 각각의 시설이나 사회복지사업에 관하여 해당 관계 법령에 따라 신고하거나 허가 등을 받아야 한다. 사회복지시설은 둘 이상의 사회복지사업을 통합하여 수행할 수 있다.

오답 피하기

① 사회복지사업법 제36조 제1항 시설의 장은 시설의 운영에 관한 사항을 심의하기 위하여 시설에 운영위원회를 두어야 한다. 사회복지시설 운영위원회는 심의기구이다. 의결기구는 아니다.

② 사회복지사업법 제34조의3 제1항 시설의 운영자는 손해배상책임을 이행하기 위하여 손해보험회사의 책임보험에 가입하거나 「사회복지사 등의 처우 및 지위 향상을 위한 법률」에 따른 한국사회복지공제회의 책임공제에 가입하여야 한다. 사회복지시설은 손해배상책임의 면책사업자가 아니다.

③ 사회복지사업법 제35조 제1항 시설의 장은 상근하여야 한다. 비상근으로 근무할 수 없다.

⑤ 사회복지사업법 제34조 제1항 국가나 지방자치단체는 사회복지시설을 설치·운영할 수 있다. 지방자치단체는 사회복지시설을 설치·운영하여도 된다.

62

② 보장기관은 차상위자의 가구별 생활여건을 고려하여 예산의 범위에서 급여의 전부 또는 일부를 실시할 수 있다.

오답 피하기

① 국민기초생활 보장법 제8조의2 제2항 제2호 부양의무자가 「병역법」에 따라 징집되거나 소집된 경우 부양능력이 없는 것으로 본다.

③ 국민기초생활 보장법 제8조 제2항 생계급여 선정기준은 기준 중위소득의 100분의 32 이상으로 한다.

④ 국민기초생활 보장법 제9조 제2항 생계급여는 매월 정기적으로 지급하여야 한다.

⑤ 국민기초생활 보장법 11조 제1항 주거급여는 수급자에게 주거안정에 필요한 임차료, 수선유지비, 그 밖의 수급품을 지급하는 것으로 주택 매입비는 포함되지 않는다.

63

국민기초생활 보장법 제3조(급여의 기본원칙)

① 이 법에 따른 급여는 수급자가 자신의 생활의 유지·향상을 위하여 그의 소득, 재산, 근로능력(ㄱ) 등을 활용하여 최대한 노력하는 것을 전제로 이를 보충·발전시키는 것을 기본원칙으로 한다.

② 부양의무자의 부양과 다른 법령에 따른 보호는 이 법에 따른 급여에 우선(ㄷ)하여 행하여지는 것으로 한다. 다만, 다른 법령에 따른 보호의 수준이 이 법에서 정하는 수준에 이르지 아니하는 경우에는 나머지 부분(ㄴ)에 관하여 이 법에 따른 급여를 받을 권리를 잃지 아니한다.

오답 피하기

ㄹ. 「국민기초생활 보장법」은 공공부조이기 때문에 수익자부담을 기본원칙으로 하지 않는다.

64

긴급복지지원법 제2조(정의)

이 법에서 "위기상황"이란 본인 또는 본인과 생계 및 주거를 같이 하고 있는 가구구성원이 다음에 해당하는 사유로 인하여 생계유지 등이 어렵게 된 것을 말한다.

1. 주소득자가 사망, 가출, 행방불명, 구금시설에 수용되는 등의 사유로 소득을 상실한 경우
2. 중한 질병 또는 부상을 당한 경우
3. 가구구성원으로부터 방임 또는 유기되거나 학대 등을 당한 경우
4. 가정폭력을 당하여 가구구성원과 함께 원만한 가정생활을 하기 곤란하거나 가구구성원으로부터 성폭력을 당한 경우
5. 화재 또는 자연재해 등으로 인하여 거주하는 주택 또는 건물에서 생활하기 곤란하게 된 경우
6. 주소득자 또는 부소득자의 휴업, 폐업 또는 사업장의 화재 등으로 인하여 실질적인 영업이 곤란하게 된 경우
7. 주소득자 또는 부소득자의 실직으로 소득을 상실한 경우
8. 보건복지부령으로 정하는 기준에 따라 지방자치단체의 조례로 정한 사유가 발생한 경우

65

① 건강가정기본법 제3조 제1항 "가족"이라 함은 혼인·혈연·입양으로 이루어진 사회의 기본단위를 말한다.
② 건강가정기본법 제8조 제1항 모든 국민은 혼인과 출산의 사회적 중요성을 인식하여야 한다.
④ 건강가정기본법 제22조 제1항 국가는 양성이 평등한 육아휴직제 등의 정책을 적극적으로 확대 시행하여야 한다.
⑤ 건강가정기본법 제24조 국가는 생애주기에 따르는 가족구성원의 종합적인 건강증진대책을 마련하여야 한다.

오답 피하기

③ 건강가정기본법 제3조 "1인가구"라 함은 1명이 단독으로 생계를 유지하고 있는 생활단위를 말한다. 1인가구는 말 그대로 한명이 살고 있는 단독가구를 말한다.

66

사회복지사업법 시행규칙 제27조(시설의 서비스 최저기준)

② 서비스 최저기준 대상시설의 범위는 다음과 같다.
　　1. 사회복지법에 따른 사회복지시설
　　2. 사회복지관

오답 피하기

자원봉사센터는 「사회복지사업법」상 사회복지시설 31개에 포함되지 않는다.

67

② 생계급여는 수급자의 거주지를 관할하는 시·도지사와 시장·군수·구청장이 실시한다.

오답 피하기

① 국민기초생활 보장법 제12조 제2항 교육급여는 교육부장관 소관으로 한다.
③ 국민기초생활 보장법 제2조 제4항 "보장기관"이란 이 법에 따른 급여를 실시하는 국가 또는 지방자치단체를 말한다. 보장기관은 위기개입상담원을 배치하여야 한다는 내용은 없다.
④ 국민기초생활 보장법 제20조 제2항 보건복지부에 두는 생활보장위원회는 다음의 사항을 심의·의결한다. 자문기구가 아니다.
⑤ 국민기초생활 보장법 제20조의2 소관 중앙행정기관의 장은 수급자의 최저생활을 보장하기 위하여 3년마다 소관별로 기초생활보장 기본계획을 수립하여 보건복지부장관에게 제출하여야 한다.

68

고용보험법 제58조(이직 사유에 따른 수급자격의 제한)

피보험자가 다음에 해당한다고 직업안정기관의 장이 인정하는 경우에는 수급자격이 없는 것으로 본다.

1. 중대한 귀책사유로 해고된 피보험자로서 다음의 어느 하나에 해당하는 경우
　가. 「형법」 또는 직무와 관련된 법률을 위반하여 금고 이상의 형을 선고받은 경우
　나. 사업에 막대한 지장을 초래하거나 재산상 손해를 끼친 경우로서 고용노동부령으로 정하는 기준에 해당하는 경우
　　－영업용 차량을 임의로 타인에게 대리운전하게 하여 교통사고를 일으킨 경우

- 사업의 기밀이나 그 밖의 정보를 경쟁관계에 있는 다른 사업자 등에게 제공하여 사업에 지장을 가져온 경우
- 허위 사실을 날조하여 유포하거나 불법 집단행동을 주도하여 사업에 막대한 지장을 가져온 경우
- 영업용 차량 운송 수입금을 부당하게 착복하는 등 직책을 이용하여 공금을 착복, 장기유용, 횡령 또는 배임한 경우
- 제품 또는 원료 등을 절취 또는 불법 반출한 경우
- 인사 · 경리 · 회계담당 직원이 근로자의 근무상황 실적을 조작하거나 허위 서류 등을 작성하여 사업에 손해를 끼친 경우
- 사업장의 기물을 고의로 파손하여 생산에 막대한 지장을 가져온 경우
- 그 밖에 사회통념상 고의로 사업에 막대한 지장을 가져오거나 재산상 손해를 끼쳤다고 인정되는 경우
다. 정당한 사유 없이 근로계약 또는 취업규칙 등을 위반하여 장기간 무단 결근한 경우

69
① 산업재해보상보험법 제62조 제1항 근로자가 업무상의 사유로 사망한 경우 유족에게 지급한다.
② 산업재해보상보험법 시행령 제60조 제1항 유족보상연금 수급권자가 2명 이상 있을 때 그중 1명을 대표자로 선임할 수 있다.
③ 산업재해보상보험법 시행령 제61조 제1항 근로자와 「주민등록법」상 세대를 같이하고 동거하던 유족으로서 근로자의 소득으로 생계의 상당 부분을 유지하고 있던 사람은 유족에 해당한다.
⑤ 산업재해보상보험법 제63조 제3항 유족보상연금 수급 권리는 배우자 · 자녀 · 부모 · 손자녀 · 조부모 및 형제자매의 순서로 한다.

오답 피하기
④ 산업재해보상보험법 시행령 제61조 제2항 근로자의 소득으로 생계의 전부 또는 상당 부분을 유지하고 있던 유족으로서 학업 · 취업 · 요양, 그 밖에 주거상의 형편 등으로 주민등록을 달리하였거나 동거하지 않았던 사람도 유족에 해당된다.

70
정신건강증진 및 정신질환자 복지서비스 지원에 관한 법률 제39조 (보호의무자)
① 「민법」에 따른 후견인 또는 부양의무자는 정신질환자의 보호의무자가 된다. 다만, 다음 각 호의 어느 하나에 해당하는 사람은 보호의무자가 될 수 없다.
1. 피성년후견인 및 피한정후견인
2. 파산선고를 받고 복권되지 아니한 사람
3. 해당 정신질환자를 상대로 한 소송이 계속 중인 사람 또는 소송한 사실이 있었던 사람과 그 배우자
4. 미성년자
5. 행방불명자

오답 피하기
후견인은 보호의무자가 될 수 없는 사람에 포함되지 않는다.

71
한부모가족지원법 제19조(한부모가족복지시설)
① 일시지원복지시설은 배우자(사실혼 관계에 있는 사람을 포함한다)가 있으나 배우자의 물리적 · 정신적 학대로 아동의 건전한 양육이나 모의 건강에 지장을 초래할 우려가 있을 경우 일시적 또는 일정 기간 동안 모와 아동 또는 모에게 주거와 생계를 지원하는 시설이다.

오답 피하기
② 부자가족복지시설은 부자가족에게 기본생활지원, 공동생활지원, 자립생활지원의 편의를 제공하는 시설이다.
③ 모자가족복지시설은 모자가족에게 기본생활지원, 공동생활지원, 자립생활지원의 편의를 제공하는 시설이다.
④ 한부모가족복지상담소는 한부모가족에 대한 위기 · 자립 상담 또는 문제해결 지원 등을 목적으로 하는 시설이다.
⑤ 미혼모자가족복지시설은 미혼모자가족과 출산 미혼모 등에게 기본생활지원, 공동생활지원의 편의를 제공하는 시설이다.

72
의족은 단순히 신체를 보조하는 기구가 아니라 신체의 일부인 다리를 기능적 · 물리적 · 실질적으로 대체하는 장치로서, 업무상의 사유로 근로자가 장착한 의족이 파손된 경우는 「산업재해보상보험법」상 요양급여의 대상인 근로자의 부상에 포함된다고 보아야 한다.
한 근로자가 1995년 교통사고로 오른쪽 무릎 위에서 다리를 절단한 후 의족을 착용하여 정상적으로 사회 생활을 해오던 중 2009년에는 아파트 경비원으로 취업하여 근무하기 시작했는데, 아파트 경비원의 업무인 제설작업을 하던 중 넘어져 의족이 파손되었다. 이 근로자는 착용하고 있던 의족의 파손에 대하여 근로복지공단에 업무상 재해에 따른 요양급여를 신청하였다. 1심과 2심에서는 근로자가 패소하였으나, 대법원은 의족의 파손도 요양급여의 신청대상인 근로자의 업무상 부상에 해당한다고 판단하였다.

오답 피하기
업무상의 사유로 근로자가 장착한 의족이 파손된 경우는 「산업재해보상보험법」상 요양급여의 대상인 근로자의 부상에 포함된다.

316 사회복지사 1급

73

④ 노인장기요양보험법 제47조의2(장기요양요원지원센터의 설치
등) 국가와 지방자치단체는 장기요양요원의 권리를 보호하기 위
하여 장기요양요원지원센터를 설치·운영할 수 있다.
1. 장기요양요원의 권리 침해에 관한 상담 및 지원
2. 장기요양요원의 역량강화를 위한 교육지원
3. 장기요양요원에 대한 건강검진 등 건강관리를 위한 사업

오답 피하기

① 노인장기요양보험법 제45조(장기요양위원회의 설치 및 기능) 장
기요양위원회는 장기요양보험료율, 가족요양비, 특례요양비, 및
요양병원간병비의 지급기준, 재가 및 시설 급여비용을 심의하기
위한 위원회이다. 보건복지부장관 소속이다.
② 노인장기요양보험법 제52조(등급판정위원회의 설치) 제1항 등
급판정위원회는 장기요양인정 및 장기요양등급판정 등을 심의하
기 위한 위원회이다.
③ 노인장기요양보험법 제55조(심사청구) 제3항 심사청구 사항을
심사하기 위하여 공단에 장기요양심사위원회를 둔다.
⑤ 국민건강보험법 제100조(위반사실의 공표) 제2항 보건복지부장
관은 공표여부 등을 심의하기 위하여 건강보험공표심의위원회를
설치·운영한다.

74

아동복지법 제44조의2(다함께돌봄센터)

① 시·도지사 및 시장·군수·구청장은 초등학교의 정규교육 이
외의 시간 동안 다음의 돌봄서비스를 실시하기 위하여 다함께돌
봄센터를 설치·운영할 수 있다.
1. 아동의 안전한 보호
2. 안전하고 균형 있는 급식 및 간식의 제공
3. 등·하교 전후, 야간 또는 긴급상황 발생 시 돌봄서비스 제공
4. 체험활동 등 교육·문화·예술·체육 프로그램의 연계·제공
5. 돌봄 상담, 관련 정보의 제공 및 서비스의 연계

75

아동복지법 제15조의4(아동보호 사각지대 발굴 및 실태조사)

① 보건복지부장관은 보호가 필요한 아동을 발견하고 양육환경을
개선할 수 있도록 지원하기 위하여 「사회보장기본법」에 따른 사
회보장정보시스템을 통하여 다음의 자료 또는 정보를 처리할 수
있으며, 해당 자료를 토대로 아동보호를 위한 실태조사 대상 아동
을 선정할 수 있다.
1. 「국민건강보험법」 제41조 제1항 각 호에 따른 요양급여 실시
기록
2. 「국민건강보험법」 제52조에 따른 영유아건강검진 실시 기록
3. 「초·중등교육법」 제25조에 따른 학교생활기록 정보
4. 「사회보장급여의 이용·제공 및 수급권자 발굴에 관한 법률」
제12조 제1항 각 호에 따른 정보
ㄹ. 「전기사업법」 제14조에 따른 단전, 「수도법」 제39조에 따른 단
수, 「도시가스사업법」 제19조에 따른 단가스 가구정보

1과목 | 인간행동과 사회환경

01	02	03	04	05	06	07	08	09	10
①	②	③	④	①	⑤	②	①	④	③
11	12	13	14	15	16	17	18	19	20
⑤	④	①	③	⑤	②	②	④	③	⑤
21	22	23	24	25					
②	⑤	①	③	④					

01

스키너는 행동주의 이론을 주장한 학자로 인간행동은 인지와 정서보다는 환경의 자극에 의해 동기화되고, 행동에 따르는 강화에 의해 전적으로 결정된다고 보았다.

02

② 인간발달은 상부에서 하부로, 중심에서 말초로 순서는 바뀌지 않고 일정한 방향에 따라 진행되며 영아기 시기, 유아기 시기 등의 어린 시절 행동들을 예측할 수 있다.

오답 피하기

① 긍정적 · 상승적 변화뿐 아니라 부정적 · 퇴행적 변화도 발달로 본다.
③ 인간의 전반적 변화를 다루기 때문에 개인차는 중요하다. 똑같은 발달과정을 거치지만 환경과 유전적인 영향을 받기 때문에 속도는 일정하지 않고 개인마다 다르게 나타난다.
④ 키 · 몸무게는 양적 변화를 의미하고 인지특성 · 정서 등은 질적 변화를 의미한다. 발달은 양적변화와 질적변화 모두 포함하는 개념이다.
⑤ 각 발달단계에서의 발달 속도는 거의 일정한 것이 아니라 개인차가 나타난다.

03

동화(Assimilation)는 자신의 고유문화적 가치를 유지하지 않은 상태에서 주류사회와의 관계만 있는 경우이다. 자신의 고유문화와 새로운 문화를 모두 존중하는 상태는 통합(Integration)이다.

베리(J. Berry)의 문화적응모형

• 주변화(Marginalization) : 모국의 문화적 가치와 주류사회와의 관계를 둘 다 유지하지 않는 경우이다.
• 동화(Assimilation) : 모국의 문화적 가치는 유지하지 않은 상태에서 주류사회와의 관계만 있는 경우이다.
• 분리(Segregation) : 모국과는 강한 유대관계를 지니지만 주류사회와는 관계가 없는 경우이다.
• 통합(Integration) : 모국의 문화적 가치를 유지하면서 동시에 주류사회와의 관계를 유지하는 경우이다.

04

스키너(B. Skinner)는 인간행동은 환경의 자극에 의해 동기화되고, 행동에 따르는 강화에 의해 전적으로 결정된다고 보았다. 또, 환경의 영향이 중요하다고 생각하였다. 인간의 창조성과 자아실현을 강조한 학자는 로저스(C. Rogers)이다.

05

ㄱ. 자기실현 경향성이란 인간이 자신을 유지하거나 향상시키는 방향으로 자신이 지닌 모든 능력을 개발하려는 강한 성향으로, 로저스(C. Rogers)의 개념이다.

오답 피하기

ㄴ. 비합리적인 신념은 자기 자신이나 타인 혹은 일반에 대하여 절대주의적이고 완벽주의적이며 융통성이 없는 비현실적인 내용으로, 엘리스(Ellis)의 개념이다.
ㄷ. 행동조성은 복잡한 행동이나 기술을 학습하는 데 있어 기대하는 반응이나 행동을 학습할 수 있도록 행동을 강화해 점진적으로 만들어가는 것으로, 스키너(B. Skinner)의 개념이다.
ㄹ. 집단무의식은 개인의 경험이나 기억에 의해 형성되는 것이 아니기 때문에 의식화할 수 없으나 모든 인간의 공통된 오랜 경험에서 형성된 잠재적 이미지의 저장고로, 융(C. Jung)의 개념이다.

06

⑤ 아들러(A. Adler)는 우월에 대한 추구(인간이 목적을 갖게 하는 동기)의 개념을 주장하면서 인간을 목표지향적 존재로 보았다.

오답 피하기
① 점성원리는 에릭슨(E. Erikson)의 개념이다.
② 아들러는 개인의 창조성을 긍정한다. 아들러의 개념 중 창조적 자아는 환경, 경험, 지각 등으로 인하여 스스로 자신의 삶을 만들 수 있는 능력이 있으며 자유가 있는 존재로 보았다.
③ 무의식적 결정론을 고수하고 있는 학자는 프로이트(S. Freud)이다.
④ 아들러는 인간의 성격형성에 영향을 주는 것으로 생활양식과 출생순위 등을 주장하면서 유전적·환경적 요인의 중요성을 인정하였다.

07

에릭슨(E. Erikson)의 심리사회적 발달단계 위기
• 영아기 : 신뢰감 대 불신감 – 희망
• 유아기 : 자율성 대 수치심과 의심 – 의지력
• 아동전기 : 주도성(솔선성) 대 죄의식 – 목적
• 아동후기 : 근면성 대 열등감 – 능력
• 청소년기 : 자아정체감 대 자아정체감 혼란 – 성실성
• 청년기 : 친밀감 대 고립감 – 사랑
• 중년기 : 생산성 대 침체 – 배려
• 노년기 : 자아통합 대 절망 – 지혜

08

로저스(C. Rogers)는 개인의 잠재력 실현을 위해서 무조건적 긍정적 관심을 주장하였다. 무조건적 긍정적 관심은 타인에 대하여 아무런 조건 없이 있는 그대로 수용하거나 받아들이는 것을 의미한다.

09

④ 개성화(Individuation)는 한 개인의 의식이 다른 사람으로부터 분리되는 것으로 융은 개성화를 통한 자기실현과정을 중요시하였다.

오답 피하기
① 정신분석(Psychoanalysis)이론은 프로이트(S. Freud)의 이론이고 융(C. Jung)의 이론은 분석심리이론이다.
② 사회적 관심과 활동수준을 기준으로 심리적 유형을 자아의 태도(외향성, 내향성)와 자아의 기능(사고형, 감정형, 감각형, 직관형) 6가지로 구분하였다.
③ 아동기, 청년기, 중년기, 노년기로 발달단계를 구분하였다.
⑤ 성격형성에 있어서 창조적 자기(Creative Self)의 역할을 강조한 학자는 아들러(A. Adler)이다.

10

오답 피하기
ㄷ. 반두라는 자기효능감을 높이는 방법으로 직접적 성취경험, 대리적 경험, 언어적 설득, 정서적 각성 등을 제시하였고, 가장 효과적인 방법으로 직접적 성취경험을 제시하였다.
ㄹ. 자기강화는 자신이 통제할 수 있는 보상을 자기 스스로에게 줌으로써 자신의 행동을 유지하거나 변화시키는 과정을 의미하는 것으로, 외부로부터 주어지는 강화가 아니라 내적인 행동평가 기준을 갖는다.

11

전치(Displacement)는 자신보다 덜 위험한 대상으로 옮기는 것으로 엄마한테 혼난 아이가 동생에게 화풀이하는 것이다. 낮은 성적을 받은 이유를 교수가 중요치 않은 문제만 출제한 탓이라 여기는 것은 투사(Projection)이다.

12

구체적 조작기(7~11세)는 보존의 개념을 획득하여 비논리적인 사고에서 논리적인 사고를 할 수 있게 되는 시기이다. 추상적 개념을 이용하여 논리적인 사고를 할 수 있는 능력인 추상적 사고는 형식적 조작기(12세~성인)에 가능하다.

13

① 브론펜브레너(Bronfenbrenner)의 생태학적 이론의 중간체계는 두 개 이상의 미시체계로 구성된 체계로 서로 연결되어 영향을 미친다.

오답 피하기
② 개인이 직접적으로 대면하는 체계는 미시체계이다.
③ 신념, 태도, 전통 등을 통해 영향력을 행사하는 체계는 거시체계이다.
④ 가족과 집단은 대표적인 미시체계의 예이다.
⑤ 문화, 정치, 사회, 법, 종교 등은 거시체계에 해당한다.

14

오답 피하기
ㄹ. 엔트로피(Entropy)는 외부체계와 교류되지 않고 에너지의 투입이 이루어지지 않아 유용한 에너지가 감소하는 체계이다. 외부와 상호작용을 하는 것은 넥엔트로피(Negentropy)이다.

15

시간체계(Chrono System)는 개인의 전 생애에 걸쳐 일어나는 변화와 역사적인 환경을 포함하는 체계로 시간에 따라 변화한다. 한 개인이 성장하고 죽음에 이르기까지 경험하게 되는 생활사건을 포함한다.

16

② 호혜성(Reciprocity)은 한 체계에서 일부가 변화하면 그 변화가 다른 모든 부분들과 상호작용하여 나머지 부분들도 변화하게 되는 것이다.

오답 피하기

① 균형(Equilibrium)은 외부로부터 새로운 에너지의 투입 없이 현 상태를 유지하려는 속성이다.
③ 안정상태(Steady State)는 체계가 정상적인 기능을 유지할 수 있도록 정보와 자원이 안정적인 흐름을 보이는 것이다.
④ 항상성(Homeostasis)은 변화에 저항하고 현 상태를 유지하려는 것으로 비교적 안정적이며 지속적인 평형상태를 유지하기 위한 체계의 경향이다.
⑤ 적합성(Goodness of Fit)은 환경과 인간이 상호작용을 통하여 얼마나 조화를 이룰 수 있는가를 의미한다.

17

② 영아기는 출생에서부터 24개월까지의 시기로 출생 30일 이전은 신생아라고도 한다. 이 시기는 프로이트의 구강기, 에릭슨의 영아기, 피아제의 감각운동기에 해당한다.

오답 피하기

① 전인습적 도덕기는 4~9세로 유아기 시기에 해당한다.
③ 보존(Conservation) 개념이 확립되는 시기는 아동기 시기이다.
④ 프로이트(S. Freud) : 거세불안(Castration Anxiety)을 경험하는 시기는 유아기 시기이다.
⑤ 생활양식은 아들러(A. Adler)의 개념으로 5세에 형성되므로 유아기 시기이다.

18

청소년기는 신체적 측면으로는 제2의 성장 급등기, 성적 성숙이 이루어지는 사춘기, 심리적 측면으로는 부모로부터 심리적으로 독립하고 자아정체감을 형성하는 심리적 이유기, 정서적 변화가 급격히 일어나는 질풍노도의 시기라 부르기도 한다. 사회적 측면으로는 부모로부터 독립된 인격체로 대우받기 원하고 정서적으로 독립하려고 하면서 갈등이 생기는 제2의 반항기이다. 어린이도 성인도 아닌 주변인에 머물러 있는 특징이 있다.
④ 피아제(J. Piaget)에 의하면 비가역적 사고의 특징이 나타나는 시기는 유아기이다.

19

유아기 초기는 걸음걸이가 안정되지 못하고 이야기를 많이 하며 타인과 물체에 대한 호기심과 움직임이 상당히 많은 시기이다. 스스로 계획을 수립할 수 있을 정도로 자의식이 발달되고 적극적인 의사표현과 고집스러운 행동이 나타난다. 또래집단과의 접촉을 통해 사회적 기술을 배우고 독립적인 존재가 되어간다. 3세에는 성정체감, 4~5세에는 성안정성, 6세 이후로는 성항상성이 발달한다.
③ 영아기(0~2세)는 제1의 성장기 시기로 인생에서 가장 급격한 성장이 이루어지는 시기이다.

20

⑤ 일생 동안 가장 활발하고 신체적 · 심리적 · 사회적으로 성숙해지는 시기로, 학업을 마치고 집을 떠나 독립하여 성인의 세계로 들어가 사회적 역할을 수행한다. 경제적으로는 자립한 상태일지라도 정서적으로는 유아일 수도 있다. 또한 배우자를 만나 가정을 이루고 자녀를 양육하면서 가정생활과 직장생활을 한다.

오답 피하기

① 에릭슨(E. Erikson)은 근면성의 발달을 중요한 과업인 시기는 아동기이다.
② 다른 시기에 비하여 경제적으로 안정되어 있고 직업에서도 높은 지위와 책임을 갖게 되는 시기는 중년기이다.
③ 빈둥지 증후군을 경험하는 시기는 중년기이다.
④ 또래와의 상호작용을 통하여 자아개념이 발달하기 시작하는 시기는 아동기이다.

21

아동기(7~12세)는 근면성으로 능력이 향상된다. 자아정체감을 확립하는 시기는 청소년기(13~19세)이다.

22

수정 3주째에 배판(Embryonic Disk)은 외배엽, 중배엽, 내배엽 3개의 초기 배엽으로 분화된다.

외배엽(Ectoderm)	표피, 손톱, 머리카락, 중추, 말초신경계, 눈의 수정체, 치아 에나멜층, 양막강을 형성
중배엽(Mesoderm)	뼈와 치아, 근육, 진피와 결합조직, 심혈관계와 비장, 요로생식계 형성
내배엽(Endoderm)	호흡계와 소화계 안쪽의 상피층과 관련 기관, 인후, 간, 췌장, 요관, 방광, 질의 선세포를 형성

23

① 중년기(40~64세)는 인생의 중반에 해당되며 자신의 세대뿐 아니라 다음 세대까지 양육에 관심을 갖고 있고 양육은 가장 중요한 과업 중 하나라고 여긴다. 자녀를 양육하는 것뿐 아니라 다음 세대가 살아갈 수 있도록 사상을 전수하는 것을 통해 생산성이 발달된다.

오답 피하기

② 중년기(40~64세)에는 새롭고 친숙하지 않은 일을 수행하는 능력인 유동성 지능(Fluid Intelligence)은 점점 낮아지고 경험을 통해 습득한 학습 지능인 결정성 지능(Crystalized Intelligence)이 점점 높아져 문제해결능력도 향상될 수 있다.
③ 자아통합이 완성되는 시기로 자신의 삶에 대한 평가를 시도하는 시기는 노년기이다.
④ 갱년기 증상은 여성과 남성 모두에게 나타나지만 남성은 여성에 비해 약하게 나타난다.
⑤ 융(C. Jung)에 의하면 중년기는 남성에게 아니마(남성의 여성성)가, 여성에게 아니무스(여성의 남성성)가 드러나는 시기이다.

24

오답 피하기

ㄹ. 에릭슨(E. Erikson)의 "주도성 대 죄의식"의 발달이 중요한 시기는 유아기 시기이다. 아동기 시기는 "근면성 대 열등감"의 발달이 중요한 시기이다.

25

④ 다중종결성은 유사한 조건이라도 각기 다른 결과를 초래하는 경우를, 동등종결성은 서로 다른 조건이라도 유사한 결과를 초래하는 경우를 의미한다.

2과목 | 사회복지조사론

26	27	28	29	30	31	32	33	34	35
③	①	⑤	⑤	⑤	③	①	②	②	④
36	37	38	39	40	41	42	43	44	45
③	②	①	④	②	④	②	③	①	①
46	47	48	49	50					
⑤	②	⑤	④	④					

26

포퍼(K. Popper)의 반증주의는 과학적 이론은 증명되는 것이 아니라 반증되는 것이며, 과학 이론이 검증될 수 없어도 반증될 수 있다고 보면서 검증 가능한 것만 과학이라고 주장한 논리실증주의에 반기를 들었다. 기존이론과 상충되는 현상을 찾아 이론을 반증하는 과정을 거쳐 과학이 발달한다고 보았으며 과학적 인식에 내재된 문제점을 극복하기 위한 것이 아니라 기존의 이론은 반증하기 위해 반증주의를 제시하였다.

27

「한국상담심리교육복지학회 윤리규정」 제15조 제1항에는 속이기 기법을 사용하는 것이 연구에서 예상되는 과학적, 교육적 혹은 응용 가치에 의해서 정당한 사유가 되고, 또한 속임수를 쓰지 않는 효과적인 대안적 절차들이 가능하지 않다고 결정한 경우를 제외하고는 속임수가 포함된 연구를 수행하지 않는다고 정의되어 있다. 어떤 경우라도 연구참여자 속이기가 허용되지 않는 것이 아니라 상황에 따라 달라진다.

28

과학의 특성

- 논리성 : 논리적 사고의 활동으로 과학적 설명이 이치에 맞아야 하는 것을 의미한다.
- 결과론적 인과성 : 과학의 결과는 100%를 의미하는 것이 아니라 얼마나 확률적인가를 의미한다. - ㄴ
- 일반적인 것을 추구 : 개개인의 개별적인 현상을 설명하는 것이 아니라 다수를 대상으로 일반적인 것을 추구하는 것을 의미한다.
- 간결한 것을 추구 : 최소한의 변수를 이용하여 가능한 최대의 설명력을 추구하는 것을 의미한다. 즉, 간결하게 설명하되 많은 내용을 포함하고 있어야 한다.
- 구체성 : 조작화를 통해 검증하고자 하는 개념을 보다 정확히 측정하고 정의하는 것을 의미한다.

- 경험적으로 검증 가능성 : 이론이나 경험에 근거하는 것이 아니라 지식이 현실에서 경험으로 검증이 가능해야 하는 것을 의미한다. – ㄱ
- 간주관성 : 연구에 대한 주관적 동기가 다르더라도 같은 방법의 과학적 연구 과정이면 같은 결론을 얻을 수 있는 것을 의미한다. – ㄹ
- 수정 가능성 : 과학은 변하지 않는 것이 아니라 상황, 시대에 따라서 수정이 가능한 것을 의미한다.
- 설명적 : 과학을 통해 수집된 사실을 설명하는 것을 의미한다.
- 재생 가능성 : 표준화된 방법을 사용할 경우 누구나 동일한 결과나 결론이 나올 가능성을 의미한다.
- 객관성 : 많은 사람들이 어떠한 대상의 지식을 습득하는 데 있어서 대상을 같게 인식하고 습득한 지식이 일치하는 것을 의미한다. – ㄷ

29

ㄱ. 동일한 표본을 대상으로 시간을 달리하여 추적 관찰하는 연구는 패널조사이다.
ㄴ. 일정연령이나 일정연령 범위 내 사람들의 집단이 조사대상인 종단연구는 코호트조사이다.

30

ㄱ. 분석단위는 조사하는 최종적인 대상을 의미하는 것으로 사회적 가공물은 인간이 만들어 낼 수 있는 가시적인 자료이다.
ㄴ. 생태학적 오류는 집단에서 발견된 내용을 개인에게 적용하는 경우이다(집단 → 개인).
ㄷ. 환원주의적 오류는 어떤 현상의 원인이나 설명을 한 가지 개념이나 변수로 지나치게 제한하는 경우 또는 지나치게 단순화한 경우이다(여러 변수 → 하나의 변수).

31

독립변수는 조사하고자 하는 사건이나 상황을 일으키거나 영향을 미친다고 생각되는 변수로 원인변수, 설명변수, 예측변수로도 불린다. 종속변수는 독립변수의 영향을 받아 변화된 변수로 결과변수, 피설명변수, 피예측변수로도 불린다.

32

오답 피하기
② 가설을 검증할 때에는 연구가설을 검증하기보다는 영가설을 검증하여 기각시켜 연구가설을 채택하게 된다. 연구가설은 직접 검증할 필요가 없는 반면, 영가설은 직접 검증을 거쳐야 하는 가설이다.
③ 연구가설은 영가설의 검정 결과에 따라 채택되거나 기각된다.
④ 수집된 자료에서 나타난 차이나 관계가 표본추출에서 오는 우연에 의한 것으로 진술되는 가설은 영가설이다.
⑤ 영가설에 대한 반증의 목적으로 설정되는 가설은 대립가설이다.

33

② 독립변수와 종속변수 간의 관계는 두 변수 모두의 원인이 되는 제3의 변수로 설명되어서는 안 된다. 종속변수는 독립변수의 영향을 받아 변해야 한다.

오답 피하기
① 독립변수와 종속변수들 사이의 상관관계가 인과관계 추론의 일차적 조건이다.
③ 독립변수가 종속변수를 시간적으로 앞서야 한다.
④ 여러 번 조사하여 변화상태를 확인하는 종단적 연구는 횡단적 연구에 비해 인과관계 추론에 더 적합하다.
⑤ 종속변수의 변화는 독립변수의 변화와 관련성이 있어야 한다. 독립변수가 변화한 후 종속변수가 변해야 한다.

34

ㄱ. '종교 – 기독교, 불교, 천주교, 기타'와 같이 특성에 따라 몇 개의 카테고리로 구분하는 척도는 명목척도이다.
ㄴ. '교육연수 – 정규 학교 교육을 받은 기간(년)'과 같이 계산이 가능하고 절대0값을 가진 척도는 비율척도이다.
ㄷ. '학점 – A, B, C, D, F'와 같이 순서로만 구분하는 척도는 서열척도이다.

35

④ 생활수준(상, 중, 하)은 서열척도이고 혈액형은 명목척도이다.

오답 피하기
① 대학 전공, 아르바이트 경험 유무는 명목척도이다.
② 복지비 지출 증가율, 월평균 소득(만 원)은 비율척도이다.
③ 온도(℃), 지능지수(IQ)는 등간척도이다.
⑤ 성별, 현재 흡연여부는 명목척도이다.

36

보가더스(Bogardus)의 사회적 거리척도는 누적척도의 한 종류이다. 문항 간의 거리를 알 수 없어 서열척도에 속한다. 거트만 척도도 누적척도의 한 종류이다.

37

내적 일관성 분석(크론바알파)에 의한 척도의 평가방법으로는 크론바의 알파계수가 있다. 알파계수는 0에서 1 사이의 값을 가지며 높을수록 좋지만 정확한 기준은 없다. 하지만 보통 0.6점 이상이면 신뢰도가 있다고 본다.

38

① 타당도가 높은 측정은 반드시 신뢰도가 높으므로 타당도가 있다면 어느 정도 신뢰도가 있다고 볼 수 있다.

오답 피하기

② 신뢰도가 높을 경우 타당도가 높을 수도 있고 낮을 수도 있다.
③ 요인분석법은 구성타당도를 점검하기 위한 방법이므로 타당도를 측정하는 방법이다.
④ 신뢰도는 측정하고 싶은 것을 반복해서 측정하더라도 같은 값을 얻는 것을 의미한다. 측정하려고 의도된 개념을 얼마나 정확하게 측정하는가를 나타내는 것은 타당도이다.
⑤ 주어진 척도가 측정하고자 하는 내용을 담고 있다고 일련의 전문가가 판단할 때 내용타당도가 있다고 본다. 판별(구성)타당도는 측정해야 할 내용이 포함되었는지 확인하고 그 내용을 경험적으로 검증하는 방법이다.

39

④ 표집틀(표본추출)은 표집단위나 분석단위가 될 수 있는 명부, 즉 표집단위의 실제 목록이므로 노인 이용자명단이다.

오답 피하기

① 모집단은 연구대상의 집합체로 전체 대상을 의미하므로 복지관을 이용하는 노인들이다.
② 표집방법은 확률 · 비확률 표집에서 선택하는 방법으로 300명을 무작위로 표본을 추출하므로 층화표집이다.
③ 관찰단위는 자료수집의 단위로 복지관을 이용하는 노인들이므로 개인이다.
⑤ 분석단위는 연구의 대상으로 복지관을 이용하는 노인들이므로 개인이다.

40

② 동일추출확률에 근거하는 표집은 단순무작위표집(Simple Random Sampling)이다.

오답 피하기

① 의도적 표집(Purposive Sampling)뿐 아니라 편의표집, 할당표집, 눈덩이표집은 비확률표집이다.
③ 눈덩이표집(Snowball Sampling)은 한 명의 대상자로 시작하여 점진적인 방법으로 자료를 모으는 방법으로, 질적연구나 현장연구에서 많이 사용된다.
④ 집락표집(Cluster Sampling)은 여러 개의 집단을 구분하여 그중에서 하나의 집단을 선택하고 선택된 집단의 하위 집단에서 하나를 무작위로 선택하는 방법으로, 모집단에 대한 표집틀이 갖추어지지 않더라도 사용 가능하다.
⑤ 체계적 표집(Systematic Sampling)은 모집단 목록에서 일정한 순서에 따라 매 K번째 요소를 표본으로 추출하여 일정한 패턴이

나 규칙에 영향을 받는 표집으로, 주기성(Periodicity)이 문제가 될 수 있다.

41

표집오차는 표집 그 자체의 속성과 본질에서 발생하는 오차로 조사대상자가 모집단을 대표하지 못할 때 나타난다. 표본이 크면 클수록, 표본이 추출되는 모집단의 동질성이 클수록 표본의 대표성에 대한 확신을 가질 수 있고, 표본의 비율보다 표본의 크기가 더 중요하다.

42

② 체계적 표집은 확률표집으로 양적연구 표집방법이다.

질적연구의 표집방법

• 기준 표집 : 연구자가 연구목적에 맞게 결정한 기준에 충족되는 사례를 선정하는 표집방법이다.
• 동질적 표집 : 동질적인 사례를 선정하는 표집방법이다.
• 결정적 사례 표집 : 구체적인 정보를 제공하는 결정적인 사례를 선정하는 표집방법이다.
• 극단적 사례 표집 : 주제의 현상이 나타나는 사례와 예외적인 사례를 표집하여 현상을 이해하는 방법이다.
• 최대변이 표집 : 적은 수의 다양한 속성을 가진 사례의 표본을 확보하기 위한 표집방법이다.
• 예외사례 표집 : 조사주제나 유형에 맞지 않는 예외적인 사례를 표집하는 방법이다.

43

청소년 100명을 무작위로 통제집단과 실험집단으로 구분하고 사전검사와 사후검사를 실시한 통제집단 전후비교설계로, 사전검사가 사후검사에 영향을 주는 검사요인 및 역사요인이 발생할 수 있다.
③ 실험집단과 통제집단으로 구분하여 실험집단의 영향이 통제집단에 영향을 주지 못하게 했으므로 외적 요인을 통제하였다.

44

책, 음악, 잡지, 회의록, 학술논문, 신문, 문서, 일기, 편지 등 기록물을 분석대상으로 내용분석은 질적내용을 양적내용으로 전환할 수 있고, 연구의 목적에 따라 변수를 측정할 수 있도록 객관적이거나 계량적으로 전환하는 연구방법이다. 또한 조사 대상자의 반응성의 문제를 피할 수 있는 2차 자료수집 방법으로 원하는 결과가 나오지 않으면 재조사가 가능하다.

오답 피하기

내용분석은 조사자가 새로운 자료를 수집하는 것이 아니라 기존의 자료를 분석하여 자료를 수집하는 방법이므로 비반응적 연구방법이다.

45

① ABCD조사는 기초선을 보고 제1개입 후 개입의 효과가 없을 때 제2개입을 하고, 제2개입도 효과가 없을 경우 제3개입을 하는 방법으로 복수의 각기 다른 개입방법을 연속적으로 도입할 수 있다.

오답 피하기

② 시계열설계는 3번의 기초선을 조사하고 개입 후 3번의 조사를 비교하는 설계로 단일사례연구는 한 번의 기초선과 한 번의 조사를 비교한다.
③ 개입의 효과를 알기 위해 개입 후 다시 기초선을 보므로 윤리적인 문제가 발생할 수 있다.
④ 시간적 여유가 없는 경우나 급한 경우에 기초선을 보지 않고 바로 개입을 통한 개입효과를 보므로 실천과정과 조사연구과정이 통합될 수 있다.
⑤ 다중기초선 설계는 AB조사를 여러 상황, 여러 문제, 여러 사람들에게 적용하는 방법으로 다중기초선 설계의 적용이 가능하다.

46

질적연구는 주로 탐구적인 연구로서 연구자의 직관적인 통찰로 현상의 의미를 해석하고 이해하려는 연구방법으로 귀납법적 방법을 활용한다.
양적연구는 수량적으로 측정할 수 있는 특성을 포함하는 연구문제나 가설에 대해 답하거나 검증하는 탐구방법이다.

오답 피하기

①~④는 모두 양적연구에 대한 설명이다.

47

비동일집단 후비교조사(정태적 집단비교)는 단일집단 전후비교조사와 단일집단 후비교조사의 단점을 보완한 형태로 통제집단 사후조사에서 무작위할당이 제외된 조사이다. 무작위할당을 하지 않고 사전검사도 하지 않으며 실험집단과 통제집단을 비교하여 개입의 효과를 알아낸다. 집단 간에 동질성 보장이 어렵고 외부요인의 설명 가능성을 배제하기 어렵다.

실험집단(A요양원 노인들) 프로그램 진행(X) 01(정서적 안정감 측정)
통제집단(B요양원 노인들)　　　　　　　　 02(정서적 안정감 측정)

48

질문 내용 및 방법의 표준화 정도는 양적조사 자료수집이 질적조사 자료수집보다 표준화 정도가 높다. 설문지를 이용한 면접조사와 스케줄－구조화 면접은 틀이 정해져 있고 심층면접과 비구조화 면접은 틀이 정해져 있지 않다. 따라서 설문지를 이용한 면접조사와 스케줄－구조화 면접이 심층면접과 비구조화 면접보다 표준화 정도가 높다.

49

통계적 회귀는 사전검사에서 너무 높거나 낮은 극단적인 점수를 나타내고, 사후검사에서 독립변수의 효과와 무관하게 평균값으로 수렴한다.

50

완전참여자(참여관찰)는 연구자가 신분과 목적을 알리지 않은 상태에서 원래의 상황을 전혀 방해하지 않고 자연스러운 상태 그대로 관찰하는 방법이다. 관찰대상의 승인을 받지 않고 관찰한다는 점에서 연구윤리문제가 제기될 수 있다.

2교시	사회복지실천

3과목	사회복지실천론

01	02	03	04	05	06	07	08	09	10
④	③	⑤	④	②	③	⑤	②	①	①
11	12	13	14	15	16	17	18	19	20
⑤	③	④	②	⑤	①	③	⑤	①	②
21	22	23	24	25					
④	③	②	④	③					

01

사회진화론에서 부자는 우월해서 부유층으로 살아남게 되고, 빈곤한 사람들은 게으르고 비도덕적인 열등한 인간이기 때문에 가난하게 살 수밖에 없다. 사회진화론은 자선조직협회의 기본이념으로 자선조직협회의 우애방문원의 활동은 빈민이 부자에게 위협적이거나 방해가 되지 않는 존재로만 남도록 빈민들을 통제하는 사회통제적인 측면이 있다.

02

기능주의에서는 인간의 자유의지와 성장 가능성을 강조하였다. 현재와 미래를 강조하고, 치료의 책임은 사회복지사가 아니라 클라이언트에게 있음을 강조하면서 치료보다는 사정이라는 단어를 사용하였다.

오답 피하기

ㄴ. 개인에 대한 심리 내적 진단은 진단주의의 내용이다.

03

클라이언트의 자기결정권이란 클라이언트가 어떠한 일을 결정할 때 타인에 의한 결정이 아니라 스스로 의사를 결정할 수 있는 권리를 의미한다.

04

보편성이란 모든 것이 비슷하게 나타나는 성질로, 자기의 인권을 자기만이 소유할 수 있다는 의미로 보기 어렵다.

05

최소 해악(손실)의 원칙은 선택 가능한 대안이 유해할 때 가장 최소한으로 유해한 것을 선택해야 한다는 원칙이다. 학대피해 아동을 원가정에서 생활하게 하는 것과 아동쉼터에서 생활하게 하는 것 중에서 덜 유해한 것을 선택해야 한다.

06

민간 외원기관들은 시설 중심의 사회복지를 실천하였다. 한국의 지역사회 중심의 사회복지가 발전하게 된 계기는 사회복지관의 설립이다.

07

1929년 밀포드 회의의 개별사회사업 8요소
• 사회에서 받아들여지는 규범적 행동으로부터 벗어난 행동에 관한 지식 – ①
• 인간관계 규범의 활용도 – ②
• 클라이언트 사회력의 중요성 – ③
• 클라이언트 치료를 위한 방법
• 사회치료에 지역사회자원 활용 – ④
• 개별사회복지실천이 요구하는 과학적 지식과 경험 적용
• 개별사회복지실천의 목적, 윤리, 의무를 결정하는 철학적 배경 이해
• 위의 7가지를 사회치료에 융합

08

이용시설은 지역사회에서 생활하고 있는 클라이언트에게 필요한 사회복지서비스를 제공하는 시설이다. 아동보호치료시설은 불량 행위를 하거나 할 우려가 있는 아동, 정서적·행동적 장애가 있는 아동 또는 학대로 인해 부모로부터 일시 격리가 되어 치료가 필요한 아동 등을 보호 및 치료를 목적으로 하는 시설이다.
② 아동보호치료시설은 생활시설이다.

09

ㄱ. 강점관점은 클라이언트를 독특한 존재로서 다양성을 인정하고

존중하면서 클라이언트의 결점보다는 강점에 초점을 두고 가능한 모든 자원을 활용하여 클라이언트의 역량을 실현해 나가도록 돕는 것이다. 개입의 핵심은 개인과 가족, 지역사회의 참여이다.

오답 피하기
ㄴ. 강점관점은 전문가의 지식보다 클라이언트의 능력이 우선시된다.
ㄷ. 사회복지사는 클라이언트의 진술을 긍정적으로 재해석하여 활용하는 것이 아니라 그대로 인정한다.
ㄹ. 어린 시절의 원인 사건에 치료의 초점을 두는 것은 전통적 문제해결 방식(정신분석)이다.

10

① 전문적 관계는 클라이언트의 문제를 해결하거나 적응시키는 분명한 목적을 가지고 제한된 시간 안에서 이루어지는 특수한 관계이다. 클라이언트는 도움을 요청하고 사회복지사는 전문적인 도움을 주는 관계이다.

오답 피하기
② 시간적 제한을 두는 관계이다.
③ 전문가의 권위와 권한은 긍정적 작용도 한다.
④ 전문가가 자신과 원조 방법에 대해 통제하는 관계이다.
⑤ 클라이언트는 전문가의 지시에 무조건 따르는 것이 아니라 합의된 지시만 따르면 된다.

11

핀커스와 미나한의 4체계 모델
• 변화매개체계는 사회복지사와 사회복지사를 고용하고 있는 기관 및 조직을 의미하며, 변화매개란 계획적 변화를 목적으로 특수하게 고용된 돕는 사람, 즉 사회복지사와 사회복지사를 고용한 기관을 의미한다.
• 클라이언트체계는 자신이 처한 문제를 해결하기 위해 서비스나 도움을 필요로 하는 사람들로서 변화매개인과 계약이 이루어졌을 때 비로소 클라이언트가 된다.
• 표적체계는 변화매개인이 클라이언트를 변화시키기 위하여 직접적으로 영향을 주거나 변화시킬 필요가 있는 사람들로서 클라이언트 체계와 중복이 되기도 한다.
• 행동체계는 클라이언트를 변화시키기 위해 상호작용하는 사람들을 의미하며, 이웃, 가족, 전문가들이 이 체계에 해당된다. 변화노력의 과정에서 변화매개인은 단계에 따라 여러 다른 유형의 행동체계와 작업할 수 있다.

오답 피하기
① 결혼이민자(A)는 클라이언트체계, ② 변호사(B)는 행동체계, ③ 사회복지사(C)는 변화매개체계, ④ 남편(D)은 행동체계이다.

12

③ 임파워먼트 모델은 사회복지사가 클라이언트의 문제를 해결하는 것이 아니라 클라이언트가 스스로 문제를 해결할 수 있도록 능력을 향상시키는 것을 목적으로 하며, 클라이언트의 적극적인 참여를 강조한다.

오답 피하기
① 강점관점에 기초를 둔다.
② 클라이언트의 잠재된 역량과 자원을 강조하고 환경의 변화를 추구한다.
④ 사회복지사는 클라이언트와 동반자적 성격으로 협력적 파트너십을 강조한다.
⑤ 클라이언트에 대한 역량을 최우선으로 한다.

13

통합적 방법이란 사회문제에 적용할 수 있는 공통된 원리나 개념을 제공하는 '방법의 통합화'를 의미한다. 한 명의 사회복지사가 다양하고 복잡한 문제를 가진 클라이언트에게 개입할 수 있도록 한다.

14

전문적 관계에서 관계의 목적을 이루기 위해서는 사회복지사뿐 아니라 클라이언트 역시 헌신과 의무로 맺어져야 한다. 전문적 관계에서 대개 헌신적인 자세는 일정한 '의무'도 함께 요구된다. 클라이언트에게 기대되는 일반적인 의무는 그들이 지닌 문제와 상황, 문제에 대처하는 그들의 태도에 대해 정직하고도 개방적으로 제시할 것과 전문적 관계에서 최소한의 절차상 조건에 따르는 것을 말한다.

15

클라이언트에 대한 윤리기준에는 클라이언트의 권익옹호, 클라이언트의 자기결정권 존중, 클라이언트의 사생활보호 및 비밀보장, 정보에 입각한 동의, 기록·정보 관리, 직업적 경계 유지, 서비스의 종결이 있다. 이해 충돌에 대한 대처는 전문가로서의 실천에 대한 내용이다.

16

전문적 원조관계 형성의 장애요인에는 클라이언트의 불신, 비자발성, 전이, 역전이, 저항 등이 있다. 전문가의 권위는 전문적 원조관계 형성의 장애요인에 속하지 않는다.

17

수용은 클라이언트를 있는 그대로 받아들이는 것을 의미한다. 즉, 사회복지사가 클라이언트의 강점과 약점, 좋은 성격과 나쁜 성격, 긍정적인 감정과 부정적인 감정 등을 있는 그대로 인정하는 것을 말한다. 수용의 대상은 선한 것이 아니라 참된 것이다.
③ 사회규범에서 벗어난 행동도 허용하는 것은 동의이다. 동의는 클라이언트의 문제행동을 승인하는 것이지만 수용은 클라이언트의 행동을 승인하는 것이 아니라 문제상황을 이해하는 것이다.

18

⑤ 사정은 초기 단계에서만 이루어지는 것이 아니라 계속적인 과정이다.

사정의 특성
• 사정은 계속적인 과정이다.
• 사정은 이중 초점을 가진다.
• 사정은 클라이언트와 사회복지사의 상호과정이다. – ③
• 사정에는 사고의 전개과정이 있다.
• 수평적·수직적 탐색 모두가 중요하다.
• 클라이언트를 이해하는 데는 지식적 근거가 필요하다. – ②
• 클라이언트의 문제를 규명한다.
• 사정은 개별적이다.
• 판단이 중요하다.
• 클라이언트를 완전히 이해하는 데는 항상 한계가 있다. – ④

19

① 중개자는 클라이언트가 필요한 자원을 찾을 수 있도록 도와주거나 직접적으로 자원과 클라이언트를 연결해주는 역할로, 독거노인의 식사지원을 위해 지역사회 내 무료급식소 연계하는 역할은 중개자이다.

오답 피하기
② 욕구사정을 통해 클라이언트에 대한 체계적인 개입 계획을 세우는 역할은 계획가이다.
③ 사례회의에서 시청각장애인의 입장을 대변하여 이야기하는 역할은 옹호자이다.
④ 지역사회 기관 담당자들이 모여 난방비 지원사업에 중복 지원되는 대상자가 없도록 사례회의를 실시하는 역할은 통합자(조정자)이다.
⑤ 청소년기 자녀와 갈등을 겪고 있는 부모와 자녀 사이에 개입하여 상호 만족스러운 합의점을 도출하는 역할은 중재자이다.

20

② 모델링은 사람은 다른 사람의 행동을 보면서 자신의 행동을 변화시키는 기술이다.

① 초점화는 클라이언트의 산만한 이야기나 목표와 맞지 않는 이야기를 주제에 맞게 되돌리는 기술이다.

③ 환기는 클라이언트의 문제 또는 억압되어 있는 부정적인 감정이 문제가 되거나 문제해결에 있어 방해가 되는 경우 이를 표출시켜 감정의 강도를 없애거나 약화시키는 기술이다.

④ 직면은 클라이언트의 말과 행동이 일치하지 않거나 자신의 문제를 회피 또는 부정하는 것을 지적하는 기술이다.

⑤ 격려는 사회복지사가 클라이언트의 가능성에 대한 표현과 감정을 인정, 지지하는 기술이다.

21

사례관리의 개입원칙은 서비스의 개별화, 클라이언트의 자율성 극대화, 서비스의 지속성, 복잡하고 분리되어 있는 서비스 전달체계 연결, 클라이언트의 욕구 충족, 서비스 제공의 포괄성, 서비스의 접근성이다.
④ 서비스의 분절성은 사례관리의 개입원칙에 포함되지 않는다.

22

담임선생님으로부터 A와 반 학생들 사이의 갈등관계, A가 따돌림 당하고 있음을 알게 된 것은 주변인으로부터 정보획득이다. 사회복지사와 눈을 맞추지 못하고 본인의 이야기를 하는 것에 주저하는 모습을 보이며 상담 내내 매우 위축된 A의 모습은 클라이언트의 이야기와 클라이언트의 비언어적 행동, 클라이언트와의 직접적 상호작용 경험이다.
③ 사회복지사는 A가 다른 사람들과 상호작용하는 것을 직접적으로 관한 것은 아니다.

23

경청은 면접에서 가장 중요한 기술로 클라이언트가 무엇을 이야기하는지, 면접자에게 어떻게 반응하는지 듣는 것이다. 클라이언트의 어려움을 공감하거나 필요한 반응을 하면서 잘 듣는 것이다. 특히, 비언어적 표현에 대해서도 경청해야 한다.

24

④ 계획수립 단계의 활동은 표적문제 선정하기와 개입 목표를 설정하기이다.

① 서비스 효과 점검은 종결단계의 과업이다.

② 실천활동에 대한 동료 검토는 종결단계의 과업이다.

③ 개입효과의 유지와 강화는 종결단계의 과업이다.

⑤ 평가 후 개입 계획 수정은 종결단계의 과업이다.

25

ㄱ. 정보수집면접은 클라이언트의 개인적 · 사회적 문제에 관련된 성장배경이나 사회적 배경에 관한 정보를 수집하기 위한 면접이다.

ㄷ. 치료면접은 클라이언트를 도와 변화시키거나 클라이언트의 기능 향상을 위해 환경을 변화시키는 것이다.

ㄴ. 사정면접은 문제는 무엇인지, 어떤 원인이 있는지, 해결하기 위해서는 어떻게 해야 하는지, 어떤 서비스를 제공할 것인지 등으로 정보수집면접보다 목적 지향적인 특성이 있다. 어떠한 치료를 할 것인가를 결정하기 위한 면접이다.

4과목	**사회복지실천기술론**								
26	**27**	**28**	**29**	**30**	**31**	**32**	**33**	**34**	**35**
⑤	⑤	④	①	③	①	③	③	④	④
36	**37**	**38**	**39**	**40**	**41**	**42**	**43**	**44**	**45**
②	②	③	②	④	①	④	⑤	⑤	②
46	**47**	**48**	**49**	**50**					
④	②	①	⑤	②					

26

사회복지사가 가져야 할 지식
- 인간행동과 발달에 관한 지식 – ㄱ
- 인간관계와 상호작용에 관한 지식 : 효과적인 의사소통 – ㄴ
- 실천이론과 모델에 관한 지식
- 특정분야나 대상집단에 관한 지식
- 사회정책과 서비스에 대한 지식 – ㄷ
- 사회복지사 자신에 관한 지식 – ㄹ

27

리드(Reid)와 엡스타인(Epstein)에 의해 개발된 과제중심모델은 사회복지사가 효율적으로 학습할 수 있고 직접적 실천의 효과성과 효율성을 증진하기 위한 요소로 단기개입, 구조화된 접근, 클라이언트의 자기결정권 존중, 환경에 대한 개입, 개입의 책무성에 대해 강조하였다.

28

해결중심모델은 병리적이 아닌 강점에 초점을 두고 클라이언트의 강점과 자원을 발견하여 치료에 활용한다.

해결중심모델의 개입목표 설정원칙
- 클라이언트에게 중요한 것을 목표로 하기 – ①
- 작은 것을 목표로 하기 – ②
- 구체적이고 명확하며 행동적인 것을 목표로 하기
- 없는 것(문제를 없애는 것)보다는 있는 것 (바람직한, 긍정적인 행동들)에 관심을 두기 – ④
- 목표를 종식보다는 시작 단계로 간주하기 – ③
- 클라이언트의 생활에서 현실적이고 성취 가능한 것을 목표로 하기
- 목표수행은 힘든 일이라고 인식하기 – ⑤

29

① 위기상황에 대한 초기사정은 초기단계에서 실시한다.

중간단계 활동
- 클라이언트의 주요 주제에 대해 탐색하고 필요한 경우에는 과거에 대해서도 탐색한다.
- 위험 사건이후의 자료를 조직화한다.
- 목표와 목표를 달성하기 위한 과제들에 대해 작업한다.
- 사회복지사는 소극적 역할로 전환한다.
- 클라이언트의 일상생활에서 활용할 수 있는 자원과 지지체계를 찾는다.

30

유형 – 역동에 관한 고찰은 심리사회모델의 기법이다. 과제중심모델의 특징은 사회복지사가 효율적으로 학습할 수 있고 직접적 실천의 효과성과 효율성을 증진하기 위한 요소로 단기개입, 구조화된 접근, 클라이언트의 자기결정권 존중, 환경에 대한 개입, 개입의 책무성에 대해 강조하였다.

31

오답 피하기

ㄴ. "직접적 영향주기"는 조언이나 제안, 지시 등을 통하여 클라이언트의 행동을 변화시키기 위한 방법으로 판단을 내리기 어렵거나 위기상황에 사용하는 방법이다.

ㄷ. "환기"는 클라이언트의 문제가 환경과 어떤 상호작용을 하고 있는지 이해하고 설명할 수 있도록 하며 나아가 부정적인 감정까지도 밖으로 표출할 수 있도록 도와주는 방법이다.

32

③ 내적 의사소통 명료화는 클라이언트 스스로 자신에 대해 독백하고 사고하는 것으로, 사회복지사는 클라이언트에게 피드백을 줌으로써 클라이언트 자신의 생각과 이야기 속에 숨겨진 인지적 오류와 비합리적 신념에 대한 통찰력을 발전시키고 이해할 수 있도록 돕는 기법이다.

오답 피하기

① 행동시연은 클라이언트가 문제 상황이 생겼을 경우에 그 문제에 어떻게 대처할 것인지 반복적으로 미리 연습하여 문제에 적절한 대처를 할 수 있도록 준비하는 기법이다.

② 유머사용은 정서적 기법의 하나로서 비합리적인 신념에서 오는 불안을 감소시키는 데 유용하다.

④ 역설적 의도(Paradoxical Intention)는 특정 행동에 대한 클라이언트의 불안이 그 행동을 유발할 때, 클라이언트가 두려워하는 행동을 하도록 지시함으로써 클라이언트의 인지적 오류에 도전하고 불안을 감소시키는 기법이다.

⑤ 이완훈련은 클라이언트가 겪을 수 있는 스트레스 상황에 적절히 대처할 수 있도록 돕는 기법이다.

33

행동주의모델은 문제행동을 수정해야 한다고 생각하지만 문제가 되는 행동 자체에 초점을 둔다. 인간을 병리적인 관점에서 바라보는 모델은 정신역동모델이다.

34

정신역동모델 개입과정

① 관계형성 단계 : 사회복지사와 클라이언트가 신뢰관계를 형성하는 단계로 클라이언트와 라포형성이 중요하다.

② 동일시를 통한 자아구축 단계 : 클라이언트는 사회복지사와 동일시하여 사회복지사의 생각과 태도를 받아들여 세상을 현실적으로 볼 수 있게 한다.

③ 클라이언트가 독립된 정체감을 형성하도록 원조하는 단계 : 클라이언트가 독립된 정체감을 확립할 수 있도록 원조하는 단계이다.

④ 클라이언트의 자기이해를 원조하는 단계 : 클라이언트가 자신의 행동과 그 행동의 과거의 뿌리를 이해할 수 있도록 원조한다.

35

비자발적 클라이언트는 타인에 의하여 사회복지를 찾아온 경우 발생하며 클라이언트와의 라포형성이 중요하다. 공감은 사회복지사가 클라이언트를 수용하고 그에게 관심이 있음을 전달하는 능력으로 클라이언트의 감정을 공개적으로 수용하고 인정하는 것이다.

ㄴ. 사회복지사는 클라이언트와의 가치관 차이가 있음을 인정하고 클라이언트의 가치관에 맞추어 평가해야 한다.

36

경직된 경계는 가족의 경계가 분리된 상태로 가족 구성원끼리의 관계가 너무 먼 경우로, 가족이 다수의 복지서비스를 이용할 수 없다.

37

② 초이성형은 감정보다는 이성적으로 행동하고, 나약한 모습을 보여주지 않기 위해 항상 이성적으로 행동하여 차가운 느낌을 상대방에게 주는 유형이다.

① 비난형은 타인을 비난하는 유형으로, 모든 것이 자녀 때문이라며 자신이 외롭다고 한다.
③ 산만형은 상황에 맞지 않은 주제를 꺼내는 유형으로 어려서 고생을 많이 해서 그렇다며 벌떡 일어나 방 안을 왔다갔다 한다.
④ 일치형은 자신의 생각을 타인에게 정확히 전달하는 유형으로, 살기 힘들어 술을 마신다며 자신의 술 문제가 자녀 학업을 방해했다고 인정한다.
⑤ 회유형은 자신보다는 상대방의 비유를 맞추는 유형으로, 다른 사람들 말이 다 옳고 자신은 아무것도 아니라고 술 문제에 대한 벌을 달게 받겠다고 한다.

38

가족이 미분화에서 벗어나 가족체계의 변화를 달성하는 가족치료는 보웬의 다세대 가족치료이다.

39

삼각관계는 두 사람 사이에 생긴 문제에 제3자가 개입하여 두 사람의 문제를 해결하는 방법으로, 아동 자녀가 부모와의 갈등을 피하기 위해 경찰에 신고하고 경찰이 개입하여 삼각관계로 볼 수 있으나 제3자는 다른 가족 성원을 끌어 들어야 한다.

40

가족의 범위는 핵가족, 확대가족, 수정확대가족, 노인가족, 한부모가족, 혼합가족, 다문화가족, 위탁가족, 1인가족 등이 있다. 산업화 이후로 단독가구나 1인가구뿐 아니라 한부모가족, 혼합가족, 위탁가족, 다문화가족 등 다양한 가족이 증가하고 있다.

41

전략적 가족치료모델은 문제에 직접적 방법을 사용하기보다는 간접적 방법을 사용하고 역설적이다. 증상처방기법을 사용하여 가족의 문제행동에 대해 그대로 유지하도록 지시하여 문제를 해결하려고 한다.

42

④ 사회적 목표모델은 민주적 집단과정을 중요시한다. 책임성 있는 민주시민 양성이 목적이며 민주시민의 역량 개발에 초점을 둔다.

① 집단의 사회적 목표를 강조한 모델은 사회적 목표모델이다.
② 개인 치료를 위한 수단으로 집단을 강조하는 모델은 치료모델이다.
③ 개인의 역기능 변화가 목적인 모델은 치료모델이다.
⑤ 사회적 목표모델은 민주적 집단과정을 중요시한다.

43

집단단계 사정에서는 구성원의 자기관찰, 사회복지사의 관찰, 외부 전문가의 보고, 표준화된 사정도구가 활용된다.

44

⑤ 폐쇄집단은 집단이 진행되는 동안에 새로운 구성원의 합류가 불가능한 집단으로 집단 규범이 안정적이다.

① 개방형 집단은 새로운 구성원 합류가 가능해 집단 성원의 중도 가입이 쉽다.
② 개방형 집단은 구성원이 수시로 바뀌어 응집력이 약하다.
③ 개방형 집단은 잦은 탈퇴로 인하여 집단 성원의 역할이 불안하다.
④ 폐쇄형 집단은 구성원이 변하지 않아 집단 발달단계를 예측하기 쉽다.

45

② 사후관리는 종결 후에 하는 과업이다.

중간단계의 개입기술
• 집단모임 준비하기
• 집단 구조화하기
• 구성원 참여유도
• 구성원의 목표달성 원조
• 저항하는 구성원 다루기
• 집단 진행과정의 점검과 평가

46

종결단계의 사회복지사 과제는 조기종결 사유 이해, 변화노력 유지 및 일반화, 집단에 대한 의존성 감소, 종결 감정 다루기, 미래 계획세우기, 의뢰, 평가이다.

오답 피하기

ㄴ. 집단성원의 개별 목표를 설정하는 단계는 초기단계의 과업이다.

47

역기능적 집단은 집단의 역할이 이루어지지 않는 집단으로 문제해결 노력이 부족할 수밖에 없다.

48

집단의 장점은 희망의 고취, 보편성(일반화), 정보전달, 이타심, 1차 가족집단의 교정적 반복발달, 사회기술의 발달, 모방행동, 대인관계 학습, 집단응집력, 정화, 실존적 요인들이 있다.
① 모방행동은 사회복지사나 다른 성원들의 행동을 보고 새로운 행동을 학습하는 것이다.

49

클라이언트에 관한 사후지도 결과는 사후지도를 한 후에 결과를 작성해야 한다.

50

보기는 ABA설계에 대한 설명이다. 단일사례설계는 실험조사설계와 달리 통제집단을 설정하지 않는다.

5과목 | 지역사회복지론

51	52	53	54	55	56	57	58	59	60
①	③	②	③	①	④	⑤	①	④	③
61	62	63	64	65	66	67	68	69	70
③	②	②	②	④	①	⑤	⑤	⑤	①
71	72	73	74	75					
⑤	③	②	④	④					

51

정상화로 인하여 탈시설화가 시행되면서 사회통합이 가능해졌다. 이후 탈시설화로 인하여 지역사회 안에 있는 클라이언트들의 문제를 해결하기 위하여 지역사회보호가 실시되었다.

52

구성원들 간에 서로 돕는 것은 사회복지제도인 상부상조에 대한 내용이다.

53

오가통은 5가구를 1통으로 묶어 서로 도울 수 있도록 하는 제도로, 어려움이 있을 때 도와주는 역할과 가족 불화나 질서문란에 대한 신고의무가 있었다. 이 오가통은 조선시대에 실시된 인보제도이다.

54

헐하우스는 제인 아담스(J. Adams)에 의해 설립되었으나 영국이 아니라 미국의 시카고에 설립되었다.

55

① 사회교환이론은 인간이 하는 모든 교환을 상호작용의 근본 형태로 파악하며, 인간의 모든 상호작용에는 반드시 교환관계가 따른다고 본다. 지역사회는 상호작용 간 문제점을 해결하면서 발전한다.

오답 피하기

② 이익집단들 간의 갈등과 타협을 강조하는 이론은 이익집단이론이다.
③ 소수 엘리트에 의한 지역사회 발전을 강조하는 이론은 엘리트이론이다.
④ 지역사회 변화의 원동력을 갈등으로 간주하는 이론은 갈등이론이다.
⑤ 지역사회 하위체계의 기능과 역할을 강조하는 이론은 사회체계이론이다.

56

사회자본이론은 물리적 자본과 반대되는 개념으로, 사회 구성원을 묶어주는 네트워크, 상호관계, 신뢰, 사회적 규범, 개인 및 집단 호용, 구성원 간 협동심, 규범 등이 있다.

57

다원주의이론은 노동자이나 이익집단의 정치적인 힘이 결합할 때 복지국가로 발전한다는 이론이다. 다원주의이론에서는 노인회의 요구로 노인복지 예산편성 비율이 젊은 층이 많은 지역의 예산편성 비율보다 높아진 것이 정치적 힘을 가진 노인회의 요구를 무시하지 못하기 때문이라고 본다.

58

상호학습은 대상 집단의 문화적 배경을 적극적으로 배우고자 해야 한다. 클라이언트의 역할뿐 아니라 파트너로서 역할을 할 수 있도록 동기부여를 해줘야 한다. 사회복지사와 클라이언트는 파트너이다.

59

지역사회는 특유의 성격과 문제 및 욕구를 가진다. 따라서 클라이언트와 같이 지역사회의 특성을 일반화시키는 것이 아니라 개별화를 시켜서 지역사회의 특성을 인정해야 한다.

60

포플(K. Popple)의 지역사회복지실천모델
• 지역사회보호 : 사회적 관계망과 자발적 서비스의 증진 - ㄴ
• 지역사회조직 : 타 복지기관 간 협력 증진 - ㄷ
• 지역사회개발 : 삶의 질 향상과 관련된 신뢰 및 기술 습득을 하도록 집단 원조 - ㄱ
• 사회 · 지역계획 : 사회적 상황의 분석, 목표와 우선순위의 설정, 서비스 및 프로그램의 실행 및 평가
• 지역사회교육 : 교육과 지역사회 간의 밀접하고 동등한 관계 시도
• 지역사회행동 : 지역수준에서 계급 및 갈등에 기초한 직접적인 행동
• 여권주의적 지역사회사업 : 여성복지의 향상, 성 불평등 해소를 위한 집합적 활동
• 인종차별철폐 지역사회사업 : 소수인종의 욕구 충족을 위한 집단 조직 및 활동, 인종주의에 대한 도전

61

임파워먼트 기술은 치료보다 역량을 강조하고 능력향상을 통해 문제를 해결할 수 있다고 보고, 클라이언트는 잠재능력이 있어서 자신의 문제를 스스로 해결할 수 있다고 본다. 따라서 사회복지사는 클라이언트의 잠재 역량 및 자원을 인정하고 삶을 스스로 결정할 수 있도록 북돋아 준 기술은 임파워먼트 기술이다.

62

지역사회 사정에는 포괄적 사정, 문제중심 사정, 하위체계 사정, 자원 사정, 협력 사정이 있다. 협력 · 조정을 위한 네트워크를 구축하는 단계는 실행 단계이며 실행해야만 필요한 협력 · 조정을 할 수 있다.

63

지역사회복지 실천과정은 문제분석 → 지역사회 욕구사정 → 계획수립 → 프로그램 실행 → 자원동원 및 활용 → 프로그램 평가 순이다.

64

② 지역사회를 진단하는 일을 하는 역할은 사회치료자이다.

지역사회개발 모델의 조력자 역할
• 지역사회의 개인적, 집단적 불만을 집약과 동시에 표출할 수 있도록 지원한다.
• 불만을 해소할 수 있도록 조직을 격려하고 공동목표를 강조해야 한다.
• 구성원 간 좋은 관계를 유지할 수 있도록 가교역할을 한다.
• 목표달성을 위해 지역사회의 역량을 개발한다.

65

④ 옹호자는 사회행동 모델의 사회복지사 역할이다.

사회계획모델의 사회복지사 역할
• 분석가 : 지역사회의 문제를 조사하고 과정을 분석하거나 목표달성에 대해 분석하는 역할이다.
• 계획가 : 지역사회의 문제를 해결하기 위해 합리적인 계획을 수립하는 역할이다.
• 조직가 : 지역주민의 참여의식을 높이고 조직에 참여시키기 위해 훈련시키는 역할이다.
• 행정가 : 서비스 프로그램을 계획하고 수행하는 데 필요한 행동을 실행하는 역할로 인적 · 물적 자원을 관리하는 역할이다.

66

클라이언트 집단을 소비자로 보는 모델은 사회계획모델이다. 사회행동모델은 클라이언트 집단을 희생자로 본다.

67

⑤ 지역사회 공공의제를 개발하고 주민 의식화를 강화할 수 있는 기술은 조직화 기술이다.

연계기술
- 서비스 중복은 막고 누락은 방지하여 자원을 효과적으로 사용할 수 있도록 한다.
- 주민들이 정보가 부족하거나 이용할 자원이 없는 경우 사용한다.
- 참여조직들에 대한 업무의 배분과 조정에 초점을 둔다.
- 개별 조직들 간의 수직적 관계를 통해 조직의 독립성을 유지한다.
- 새로운 인프라 구축을 위한 시간과 비용을 절감할 수 있다.

68

지방자치제(지방분권화)는 중앙정부의 권한을 받은 지방정부가 스스로 지역의 공공사무를 처리하는 것으로 지방정부의 자율성을 강화하고 지역 간 균형발전을 도모하는 데 있다.

69

오답 피하기
① 시장 · 군수 · 구청장은 4년마다 지역사회보장계획을 수립한 후 시 · 도지사에게 제출한다.
② 시 · 군 · 구의 지역사회보장계획은 지역사회보장협의체의 심의를 거친다.
③ 지역사회보장계획은 「사회보장급여의 이용 · 제공 및 수급권자 발굴에 관한 법률」에 의거 매년 연차별 시행계획을 수립한다.
④ 시 · 도의 지역사회보장계획은 시 · 도사회보장위원회의 심의를 거친다.

70

제34조의5(사회복지관의 설치 등)
① 제34조 제1항과 제2항에 따른 시설 중 사회복지관은 지역복지증진을 위하여 다음 각 호의 사업을 실시할 수 있다.
1. 지역사회의 특성과 지역주민의 복지욕구를 고려한 서비스 제공 사업
2. 국가 · 지방자치단체 및 민간 부문의 사회복지서비스를 연계 · 제공하는 사례관리 사업
3. 지역사회 복지공동체 활성화를 위한 복지자원 관리, 주민교육 및 조직화 사업

71

⑤ 주민 협력 강화를 위한 주민의식 교육은 지역조직과 기능에 대한 내용이다. 나머지는 사례관리 기능에 대한 내용이다.

사례관리 기능
- 사례발굴 : 지역 내 보호가 필요한 대상자 및 위기 개입 대상자를 발굴하여 개입계획을 수립한다.
- 사례개입 : 지역 내 보호가 필요한 대상자 및 위기 개입 대상자의 문제와 욕구에 대한 맞춤형 서비스가 제공될 수 있도록 사례에 개입한다.
- 서비스연계 : 사례개입에 필요한 지역 내 민간 및 공공의 가용자원과 서비스에 대한 정보를 제공 · 연계 및 의뢰한다.

72

임원의 임기는 3년으로 하며, 한 차례만 연임할 수 있다.

73

마을기업은 「도시재생 활성화 및 지원에 관한 특별법」을 근거로 지역주민 또는 단체가 해당 지역의 인력, 향토, 문화, 자연, 자원 등 각종 자원을 활용하여 생활환경을 개선하고 지역 공동체를 활성화하여 소득 및 일자리를 창출하기 위해 운영하는 기업이다. 회원 외에도 지역주민의 의견을 적극 반영한다.

74

주민동원은 아른스테인의 주민참여 8단계에 해당하지 않는다.

75

ㄴ. 사회복지통합관리망(행복e음)은 2010년에 구축되었다.
ㄱ. 희망복지지원단은 2012년에 설치 · 운영되었다.
ㄹ. '읍 · 면 · 동 복지허브화' 사업은 2016년에 시행되었다.
ㄷ. 지역사회통합돌봄(커뮤니티케어)은 2019년에 선도사업 시행되었다.

6과목 | 사회복지정책론

01	02	03	04	05	06	07	08	09	10
③	①	⑤	②	⑤	⑤	⑤	④	④	①
11	**12**	**13**	**14**	**15**	**16**	**17**	**18**	**19**	**20**
①	③	④	④	①	②	④	①	정답 없음	③
21	**22**	**23**	**24**	**25**					
③	②	⑤	②	③					

01

- 잔여적 개념은 개인의 욕구가 가족이나 시장을 통하여 충족되지 않아 위기상황일 때에 일시적 혹은 보충적으로 국가가 사회복지 기능을 수행하는 것을 의미한다. 빈곤은 개인의 책임이며 국가의 역할을 최소화한다.
- 제도적 개념은 개인의 욕구가 충족되지 않아 어려움을 겪기 전에 국가가 사회복지 기능을 수행하여 어려움을 겪지 않게 예방하는 것을 의미한다. 빈곤은 환경의 영향이며 국가의 역할을 극대화한다.

오답 피하기

ㄴ. 가족과 시장에 의한 개인의 욕구 충족이 실패했을 때 국가가 잠정적·일시적으로 그 기능을 대신하는 개념은 잔여적 개념이다.
ㄹ. 사회복지를 시혜나 자선으로 보지 않지만 국가에 의해 주어진 것이므로 권리성이 약한 개념은 잔여적 개념이다.

02

복지다원주의는 사회복지 공급 주체를 국가 외에 지방정부, 비영리 부문(제3섹터), 기업 등으로 다원화하는 것이다. 복지공급주체의 다원화를 의미한다.

03

- 현금급여는 수급자 자신이 필요한 것을 선택할 수 있도록 화폐로 받는 급여로, 수급자의 선택에 자유와 효용, 자기결정을 극대화시킨다. 인간의 존엄성을 높이고 운영효율성이 높다.
- 현물급여는 수급자가 필요한 물품과 서비스를 받는 급여로, 수급자에게 필요한 물건을 직접 제공하여 목표효율성이 높고 효과가 확실하여 정치권에서 선호한다. 현금보다 효용이 낮아 낙인이 발생하고 운영효율성이 낮다.
- 서비스는 생산과 동시에 소비가 되는 클라이언트를 위한 제반 활동을 말하며 목적 외 다른 용도로 사용할 수 없다.

- 증서는 수급자가 정해진 용도 안에서 자기 결정을 극대화할 수 있고 공급자들의 경쟁을 유발시켜 서비스의 질을 향상시킬 수 있다.
- 기회는 사회적으로 취약한 위치에 있는 집단이 접근하지 못했던 부분에 접근이 가능하도록 기회를 제공하여 시장의 경쟁에서 평등한 기회를 주는 것이다.

오답 피하기

ㄱ. 현금급여는 사회적 통제 없이 선택의 자유를 보장한다.
ㄷ. 재화와 자원을 통제할 수 있는 영향력을 의미하며 정책에 관한 의사결정권을 갖는 것은 권력이다.

04

전자바우처(증서)는 현금(운영효율성)과 현물(목표효율성)의 장점을 합한 제3의 급여형태로 수급자는 정해진 용도 안에서 자기 결정을 극대화할 수 있다. 서비스 사용 용도를 명시하고 있어 현금급여에 비해 정책 목표를 달성하는 데 용이하다.
② 공급자 중심의 직접지원 또는 직접지불방식은 현물(서비스)이다.

05

- 보편주의는 사회의 모든 구성원에게 사회적 권리를 통해 사회복지 서비스를 제공하는 것으로 시민권 외에는 어떤 자격요건을 필요로 하지 않는다.
- 선별주의는 사회적 기준에 따라 대상자를 엄격하게 구별하여 사회복지서비스를 제공하는 것으로 자산·소득조사를 통해 대상자를 선별한다.

오답 피하기

ㄱ. 보편주의는 시민권에 입각해 권리로서 복지를 제공하므로 비납세자도 사회복지 대상에 포함된다.

06

⑤ 직책에 따른 복지 수준이 다르기 때문에 기업복지의 규모가 커질수록 노동자들 사이의 불평등이 증가한다.

오답 피하기

① 사회복지의 민간재원에는 기부금, 기업복지, 퇴직금 등이 포함된다. 조세지출은 공공재원이다.
② 기부금을 납부하고 기부금 영수증을 발급하지 않은 기부금의 규모는 파악할 수 없으므로 기부금 규모는 국세청이 추산한 액수보다 더 많을 것으로 추정된다. 국세청이 추산한 기부금 액수는 기부금 영수증을 발급한 금액만 추려 집계한 것이다.
③ 이용료는 클라이언트가 직접 지불한 것을 의미한다.
④ 기업복지는 기업이 그 피용자들에게 직접적인 임금을 제공하는 대신 기업이 복지를 실시하는 것을 의미한다.

01 기출문제　02 기출문제　03 기출문제　04 기출문제　05 기출문제

07

⑤ 개인소득세는 많이 벌면 많이 납부하므로 누진성이 강하고 일반 소비세는 정해진 세금을 납부하므로 역진성이 강하다.

오답 피하기
① 조세는 사회보험료에 비해 누진적이다. 조세의 경우 많이 벌면 많이 납부하지만 사회보험료의 경우 상한선이 있어 역진적이다.
② 조세는 빈곤완화, 불평등 완화의 기능을 수행하지만 위험분산, 소득유지의 기능은 없다. 사회보험료는 위험분산, 소득유지 기능이 있지만 빈곤완화, 불평등 완화의 기능은 없다.
③ 사회보험료는 공통적으로 상한선이 있어 고소득층에 유리하다. 조세는 상한선이 없다.
④ 사회보험료의 다른 이름은 사회보장성 조세이며, 연금보험의 경우 매달 정기적으로 현금으로 직접 지급하기 때문에 임금으로 볼 수 있다.

08

사회복지전달체계 재구조화 전략으로는 정책결정권한 · 통제력 재조직, 업무배분 재조직, 전달체계 조직구성 변화가 있다.
④ 전문화된 접근구조란 전달체계의 권한이나 역할을 바꾸지 않고, 클라이언트가 좀 더 전달체계에 쉽게 접근할 수 있도록 이를 돕는 전문화된 기구를 새로 만드는 것을 말한다.

09

오답 피하기
ㄱ. 시민권이론은 공민권, 정치권, 사회권의 순서로 발달한 것으로 본다.
ㄹ. 국가중심이론은 중앙집권적이거나 조합주의적인 국가구조의 형태와 정치인의 개혁성이 사회복지의 수용을 증대시켜 복지국가가 발전된다고 본다.

10

① 반물량 방식은 모든 품목이 아닌 식비만을 측정한 것으로, 과정을 단순화하여 식비가 소득 가운데에서 차지하는 비율을 파악하는 방법이다. 최저식료품비를 구하여 엥겔계수(식료품비/총소득)의 역수를 곱한 금액이 최저생계비이다.

오답 피하기
② 생존에 필요한 생활수준이 최소한의 수준에 도달하지 못한 상태는 절대적 빈곤이다.
③ 라이덴 방식은 개인이 주관적으로 자신의 소득을 생각할 때 충분히 가지고 있지 않다고 느끼는 것으로, 적절한 생활수준을 유지하는 데 필요한 소득수준에 대한 개인들의 평가에 근거하여 결정된다.

④ 빈곤율은 빈곤선 이하에 있는 빈곤한 사람의 규모로 빈곤인구가 전체인구에서 차지하는 비율이다. 빈곤층의 소득을 빈곤선 수준으로 끌어올리는 데 필요한 총소득을 나타내는 것은 빈곤갭이다.
⑤ 지니계수가 0에 가까울수록 평등에 가깝고 1에 가까울수록 불평등에 가깝다.

11

사회적 배제는 사회 · 경제적 · 심리적 문제를 포함하여 빈곤의 결과뿐 아니라 원인과 과정에 이르는 종합적인 관점이다. 사회 구조적으로 다양한 영역에서의 박탈과 결핍, 불이익을 당해 사회 · 경제 · 정치 활동에 제대로 참여할 수 없게 됨으로써 인간으로서의 최소한의 기본권마저 침해당하는 상황을 의미한다.

12

오답 피하기
ㄷ. 신빈민법은 열등처우의 원칙을 적용하였고 원외구제를 금지하고 원내구호만 실시했다.
ㄹ. 왕립빈민법위원회의 소수파보고서는 구빈행정의 전문성 부족과 중복문제로 인해 구빈법의 폐지를 주장하였다.

13

신자유주의 영향으로 연방정부의 역할을 축소하였다. 요보호아동가족부조(AFDC)를 폐지하고 1997년 빈곤가족을 위한 한시부조 프로그램(TANF)으로 대체하였다. 한시부조 프로그램(TANF)은 수혜를 받은 2년 후부터는 자활 프로그램에 참여를 의무화하고 수혜기간을 최대 5년으로 축소시켰다.

14

국가복지의 정당성에는 공공재적 성격, 규모의 경제, 외부효과, 정보의 비대칭성, 위험의 상호 의존성이 있다. 능력에 따른 분배는 시장경제를 의미한다.

15

① 에스핑 – 안데르센은 유형화를 분류하는 기준으로 탈상품화와 계층화를 활용하였다.

오답 피하기
② 보수주의 복지국가는 가족을 중시하는 가족주의와 통합적 사회보험을 강조한다.
③ 자유주의 복지국가는 공공부조의 비중은 높고 탈상품화 수준이 낮은 편이다.

④ 자유주의 복지국가는 국가의 책임을 최소화하고 시장을 통해 문제해결을 한다.
⑤ 보수주의 복지국가의 예로는 프랑스, 독일을 들 수 있고 영국, 미국은 자유주의 복지국가이다.

16

② 세대 간 재분배는 이전 세대와 현 세대, 현 세대와 미래세대 간에 자원이 재분배되는 것으로 부과방식 공적연금을 들 수 있다.

오답 피하기
① 수평적 재분배는 사회보험을 들 수 있다.
③ 수직적 재분배는 재산세, 법인세 등을 들 수 있다.
④ 단기적 재분배는 공공부조를 들 수 있다.
⑤ 소득재분배는 조세와 사회보험을 통해서 발생한다.

17

2024년 「국민기초생활보장법」의 생계급여는 중위소득의 32%, 의료급여는 중위소득의 40%, 주거급여는 중위소득의 48%, 교육급여는 중위소득의 50% 이하이다.

18

사회서비스는 국가·지방자치단체 및 민간부문의 도움이 필요한 모든 국민에게 복지, 보건의료, 교육, 고용, 주거, 문화, 환경 등의 분야에서 인간다운 생활을 보장하고 상담, 재활, 돌봄, 정보의 제공, 관련 시설의 이용, 역량 개발, 사회참여 지원 등을 통하여 국민의 삶의 질이 향상되도록 지원하는 제도를 말한다.

19

국민건강보험법 제76조(보험료의 부담)
① 직장가입자의 보수월액보험료는 직장가입자와 다음 각 호의 구분에 따른 자가 각각 보험료액의 100분의 50씩 부담한다. 다만, 직장가입자가 교직원으로서 사립학교에 근무하는 교원이면 보험료액은 그 직장가입자가 100분의 50을, 사용자가 100분의 30을, 국가가 100분의 20을 각각 부담한다.
1. 직장가입자가 근로자인 경우에는 사업주
2. 직장가입자가 공무원인 경우에는 그 공무원이 소속되어 있는 국가 또는 지방자치단체
3. 직장가입자가 교직원(사립학교에 근무하는 교원은 제외한다)인 경우에는 사용자

20

「긴급복지지원법」의 기본원칙에는 선지원 후조사 원칙, 타 법률 지원 우선의 원칙, 가구단위 지원의 원칙, 단기 지원의 원칙이 있다. 선처리 후보고 원칙은 지원은 위기상황에 처한 사람에게 일시적으로 신속하게 지원하는 것을 기본원칙으로 먼저 지원한 후에 조사·보고를 한다.

21

생계급여는 최대 6회, 의료급여는 최대 2회 지원된다.

22

오답 피하기
ㄷ. 사회보험은 기여 여부를 급여지급 요건으로 하지만 사회수당은 기여여부와 상관없이 지급받을 수 있다.
ㄹ. 사회보험은 방빈(예방)제도이고, 공공부조는 구빈제도이다.

23

일을 하고 있지만, 그 소득이 적어서 생활이 어려운 근로자 가구에게 부양가족 대비 총연간급여액을 산정하여 금전적인 지원을 통해 실질소득을 지원하기 위한 환급형 세액제도로 수급자의 근로유인을 강화하고 근로의욕을 고취시키려는 목적이다. 근로 빈곤층이 근로를 계속할 수 있게 하여 극빈층이 되는 것을 예방할 수 있다.
⑤ 근로장려금의 수급대상은 저소득 임금근로자와 영세 자영업자로 사업자도 받을 수 있다.

24

현물급여는 현금이 아니라 현물이나 서비스로 급여를 받는 것이며, 산업재해보상보험의 요양급여는 병원에서 받는 의료서비스, 노인장기요양보험의 재가급여는 가정에서 받는 요양서비스, 국민기초생활보장의 의료급여는 병원에서 받는 의료서비스, 국민건강보험의 건강검진은 병원에서 받는 의료서비스가 현물급여에 해당된다.
③ 고용보험에는 상병급여가 없다. 상병급여는 일상생활을 하다 다친 경우 병원에서 치료받는 기간 동안 현금으로 받을 수 있는 급여로 국민건강보험의 급여이다.

25

보건복지부장관이 관장하는 사회보험제도는 국민연금, 국민건강보험, 노인장기요양보험이다.

오답 피하기
고용보험과 산업재해보상보험은 고용노동부장관이 관장한다.

26	27	28	29	30	31	32	33	34	35
③	②	②	③	②	⑤	⑤	④	①	②
36	37	38	39	40	41	42	43	44	45
④	⑤	③	③	④	⑤	④	④	①	①
46	47	48	49	50					
⑤	①	①	②	④					

26

사회복지조직은 클라이언트와 직접 접촉하고 활동한다. 복잡한 인간이 대상이므로 사용되는 기술이 복잡하고 불확실하여 목표가 모호하고 애매하여 효과성과 효율성 표준척도가 없다. 따라서 서비스의 효과성을 객관적으로 입증하기 어렵다.

27

1970년대 초 외국민간 원조기관들이 새마을운동 이후 경제가 발전하면서 철수하고 「사회복지사업법」이 제정되면서 사회복지단체들이 성장할 수 있었다.

28

② 인간관계론은 구성원의 경제적인 욕구나 동기에 따른 행동보다 비경제적 요인인 사회적·심리적 욕구나 동기가 행동에 영향을 미치고 구성원의 작업능률은 다른 구성원과의 인간관계에 크게 좌우된다고 본다.

오답 피하기
① 생산성은 인간관계에 의해서만 좌우된다.
③ 사회적 상호작용은 생산성 향상에 긍정적인 영향을 미친다.
④ 비공식적인 부서의 형성은 생산성 향상으로 이어진다.
⑤ 근로자는 개인이 아닌 집단 구성원으로서 행동하고 반응한다.

29

상황이론은 모든 조직에 보편적으로 효과적인 조직 구성 원칙은 없으며, 조직의 효과성은 외부조건(상황)들의 개연성에 적합하게 반응할 때 나타난다고 본다. 상황이론은 개방체계 관점이다.

30

과학적 관리론은 업무에 필요한 동작에 대한 소요시간을 표준화하여 적정한 1일 업무를 분업한다. 표준화된 분업을 확립하고 성과와 임금을 연계하여 성과에 따른 임금을 제시하고 객관화, 분업화를 통하여 업무의 능률성을 강조한다.

오답 피하기
ㄴ. 권위의 위계구조 : 권리와 책임을 수반하는 권위의 위계를 중시하는 이론은 관료제이론이다.
ㄹ. 사적 감정의 배제 : 공식적인 원칙과 절차 중시하는 이론은 관료제이론이다.

31

⑤ 수직적 분화는 조직 내의 계층의 수로 과업의 분화가 상하관계를 가지고 이루어지는 것을 의미하며, 조직 내의 명령계통과 관련되는 개념으로 계층이라고도 한다. 계층의 수가 많아질수록 조직은 수직적으로 더욱 복잡하게 되어 의사소통의 왜곡될 가능성이 커진다.

오답 피하기
① 집권화 수준을 높이면 의사결정의 권한이 상부에 집중된다.
② 업무가 복잡할수록 공식화의 효과는 더 작아진다.
③ 공식화는 직무의 표준화를 의미하고 공식화 수준을 높이면 직무의 사적 영향력이 낮아진다.
④ 과업분화가 높을수록 수평적 분화가 덜 이루어진다. 과업분화는 부서나 직업적 전문가의 수를 말하고 조직 내에서 부서나 전문가의 수가 높을수록 수평적 분화가 더욱 높아져 조직은 그만큼 복잡하게 형성된다.

32

위원회는 조직의 일상업무 수행기구와는 별도로 구성한 전문가 또는 업무 관련자들의 활동기구이다.

민츠버그(H. Mintzberg)의 조직구조 유형
• 단순구조 : 단순하고 정교하지 않은 형태로 단기적 과업을 수행하기 위한 집권적이면서 유기적인 조직
• 기계적 관료구조 : 일상적이고 반복적인 업무가 많을 경우 나타나는 유형으로 대량생산 및 정부조직에서 볼 수 있는 조직
• 전문적 관료구조 : 전문성이 요구되고 자율성이 부여된 조직 형태로 전문성을 극대화시키기 위한 조직
• 사업부제 구조 : 본사로부터 사업의 권한을 위임받아 제품별·지역별로 분화되어 독립적으로 운영되는 조직
• 임시특별구조 : 새로운 임무를 수행하기 위해 기존 조직에서 임시적으로 형성된 조직

33

건강한 조직문화는 성과를 창출하고 위기를 슬기롭게 대처하는 힘이 되지만 경직된 조직문화는 조직을 위기에 빠뜨리고 쇠락하도록 돕는다. 경직된 조직문화는 불확실한 환경에 대처할 수 없다.

34

서번트(섬김) 리더십은 리더는 권위주의자가 아니라 봉사하는 하인으로 구성원을 섬김의 대상으로 보고 리더의 헌신으로 인하여 구성원과 함께 조직의 목표를 달성한다.

오답 피하기

ㄴ. 가치의 협상과 계약을 중시하는 리더십은 거래 – 변혁적 리더십이다.
ㄹ. 지능, 사회적 지위, 교육 정도, 외모 강조하는 리더십은 특성이론이다.

35

허즈버그는 인간의 만족과 불만족이 별개의 차원에서 야기된다는 것을 발견하고 욕구충족지원설을 주장하였다. 동기요인은 만족 요인으로 심리적 성장과 만족을 성취하려는 욕구이며, 충족되지 않아도 불만이 없지만 충족되면 만족되어 직무 성과는 올라간다. 위생요인은 불만족 요인으로 불만은 고통에 의해 생겨나고 고통은 환경적인 문제들이 원인이다. 위생요인이 좋으면 불만족을 감소시킬 수 있으나 만족감을 높이지는 못한다.

36

인적자원관리의 구성요소

- 노사 관계 관리 : 경영자와 종업원 사이의 상하 관계뿐만 아니라, 노동조합과 사용자 사이의 협력 관계를 유지하고 관리
- 인적자원의 유지 : 기업이 이미 확보하고 개발한 인적자원을 유지시키기 위한 제도와 복리 후생, 인간관계 관리 등을 포함 – ⑤
- 보상 관리 : 조직 구성원의 공헌에 대한 적정하고 공정한 급여 및 보상을 제공하는 것으로, 임금, 상여, 복리 후생 등을 포괄적으로 다룸 – ③
- 직무 관리 : 구성원의 직무에 대한 분석, 설계, 평가를 통해 효율적인 인사 활동을 지원하고 기업의 목표달성에 필요한 기준을 제시
- 고용 관리 : 유능한 인적자원을 계획적으로 모집·선발하고, 적절한 직무에 배치하며, 이동 및 승진을 통해 최적의 성과를 추구하는 활동을 포함 – ①
- 인적자원의 개발 : 교육, 훈련, 경력 개발 등을 통해 인적자원이 조직의 목표를 달성하기 위해 필요한 역량을 갖추도록 지원 – ②

37

⑤ 강의는 학문이나 기술의 일정한 내용을 체계적으로 설명하여 가르치는 행위로 짧은 시간에 많은 사람에게 교육내용을 전달할 때 사용한다.

오답 피하기

① 멘토링은 경험과 지식이 많은 사람이 스승의 역할을 하여 지도와 조언으로 그 대상자의 실력과 잠재력을 향상시키는 것이다.
② 감수성 훈련은 사람들과 서로 집단 토론을 통하여 소통을 하며 자신과 상대방에 대한 인식을 높이는 훈련이다.
③ 역할연기는 현실에 일어나는 장면을 설정하고 여러 명의 사람들 각자가 맡은 역을 연기하여 비슷한 체험을 통해 일이 실제로 일어났을 때 올바르게 대처할 수 있게 하는 훈련이다.
④ 소시오 드라마는 동의된 사회적 상황을 참가자들이 자발적으로 연기하는 집단행동 방법으로 사람들이 그들의 생각과 느낌을 표현하고 문제를 해결하고 그들의 가치를 명확히 하는 것이다.

38

직무수행평가는 '직무수행 기준 확립 → 직무수행 기대치를 직원에게 전달 → 평가도구를 사용하여 직원의 실제 직무수행을 측정 → 실제 직무수행을 직무수행 평가기준과 비교 → 직원과 평가결과 회의 진행' 순으로 이루어진다.

39

사회복지법인 및 사회복지시설 재무·회계 규칙 제6조(회계의 구분)

① 회계는 법인의 업무전반에 관한 회계(법인회계), 시설의 운영에 관한 회계(시설회계) 및 법인이 수행하는 수익사업회계로 구분해야 한다.

40

예산통제의 원칙에는 개별화의 원칙, 강제의 원칙, 예외의 원칙, 보고의 원칙, 개정의 원칙, 효율성의 원칙, 의미의 원칙, 피드백의 원칙, 생산성의 원칙이 있다.

④ 강제성의 원칙은 강제성을 띠는 어떤 명시적인 규정이 있어야 한다.

41

SERVQUAL(서브퀄)은 Service와 Quality의 합성어로 서비스 행위에 대한 고객의 기대와 실제로 고객이 경험한 서비스에 대한 인식을 비교하여 일치하는 정도와 방향을 측정하는 서비스 품질을 관리하는 기법이다. 서브퀄의 요인에는 유형성, 신뢰성, 대응성, 확신성, 공감성이 있다.

ㄱ. 약속한 대로 서비스를 제공했는가? – 신뢰성

ㄷ. 자신감을 가지고 정확하게 서비스를 제공했는가? – 확신성
ㄹ. 위생적이고 정돈된 시설에서 서비스를 제공했는가? – 유형성

42

④ 2015년 지역사회복지협의체의 명칭이 지역사회보장협의체로 변경되었다.

오답 피하기
① 사회복지전문요원 제도 이후 사회복지전담공무원 제도가 실시되었다.
② 1995년에 보건복지사무소, 2004년에 사회복지사무소 시범사업이 진행되었다.
③ 2007년 읍·면·동사무소가 주민자치센터로 변경되었고 이후 2016년 읍·면·동 복지허브화 사업이 진행되었다.
⑤ 2007년 전자바우처 방식의 사회서비스 사업이 시작되었고 2019년 사회서비스원이 설치되었다.

43

전문성은 전문가가 직접 서비스를 제공해야 한다는 것이다. 최소 비용으로 최대 효과를 얻는 것은 효율성이다.

44

명목집단기법은 지역주민을 한자리에 모아 지역에 영향을 미치는 문제나 이슈를 제시하도록 하고 참가자들로 하여금 열거된 문제에 대한 해결책의 우선순위를 종이에 적어 평점이 제일 높은 해결책을 선택하는 방법으로, 욕구조사와 우선순위를 결정할 수 있는 유용한 방법이다.

45

프로그램 평가 검토기법(PERT)은 최종목표를 달성하는 데 필요한 최단 기간을 제시할 수 있는 기법으로 세부목표 또는 활동의 상호관계와 시간계획을 연결시켜 나타낸다.

46

ㄱ. STP 전략 설계 : STP는 세분화(Segmentation), 목표시장 선정(Target), 포지셔닝(Positioning)의 각 단계별 활동의 줄임말로 전체 시장을 일정한 기준에 따라 나누고(Segmentation), 기업과 제품에 적합한 시장을 선정하여(Targeting), 소비자의 마음속에 어떠한 위치를 선점하여(Positioning) 설정된 이들에게 다가가는 과정을 의미한다.

ㄴ. 고객관계관리(CRM) : 소프트웨어는 기업들의 잠재 고객 발굴 현황 및 영업 파이프라인을 측정하고 관리한다.
ㄷ. 마케팅 믹스 : 기업이 제품이나 서비스를 고객에게 마케팅하기 위해 고려해야 할 요소들을 의미한다.
ㄹ. 고객 및 시장 조사 : 한 상품이나 서비스가 어떻게 구입되며 사용되고 있는가, 어떤 평가를 받고 있는가 하는 시장에 관한 조사이다.
⑤ 마케팅 과정은 '기관환경 분석 → 시장조사 욕구분석(ㄹ) → 마케팅 조사 → 프로그램 목표설정 → 시장분석(ㄱ) → 마케팅 설정(ㄷ)→ 마케팅 실행(ㄴ) → 마케팅 평가' 순으로 이루어진다.

47

다이렉트 마케팅은 잠재적 후원자에게 기관의 소식지나 후원자료, 서비스에 대한 정보를 우편으로 발송하여 후원자를 개발하는 기법이다. 방송이나 잡지 등 대중매체를 활용하는 방식은 뉴미디어 마케팅이다.

48

서비스 과활용은 서비스가 필요하지 않은 클라이언트에게 서비스를 제공하거나 서비스를 너무 많이 주는 것을 의미한다.

49

오답 피하기
① 정책개발 : 사회복지정책 개발
③ 이론형성 : 프로그램 개발에 필요한 이론을 형성
④ 자료수집 : 클라이언트의 욕구 파악
⑤ 정보관리 : 민간기관의 행정협상력 강화

50

④ 핵심리더의 변화노력에 대한 구성원의 공개적인 지지는 조직혁신에 도움이 된다.

조직혁신 방해 요인
• 지나치게 무사안일한 경우 – ①
• 충분히 영향력 있는 지도 연합을 형성하지 못한 경우
• 비전의 힘을 과소평가하는 경우 – ②
• 비전을 충분히 의사소통하지 못하는 경우 – ③
• 새로운 비전을 차단하는 장애물을 허용하는 경우
• 단기간의 승리를 이루어내지 못하는 경우
• 너무 일찍 승리를 선언하는 경우
• 변화가 있으나 이를 조직문화에 확실하게 정착시키는 것을 무시하는 경우 – ⑤

51	52	53	54	55	56	57	58	59	60
④	⑤	③	⑤	③	②	②	①	②	①

61	62	63	64	65	66	67	68	69	70
④	⑤	④	①	③	①	③	⑤	①	④

71	72	73	74	75
⑤	②	②	④	④

51

헌법 제 10조
모든 국민은 인간으로서의 존엄과 가치를 가지며, 행복을 추구할 권리를 가진다. 국가는 개인이 가지는 불가침의 기본적 인권을 확인하고 이를 보장할 의무를 진다.

52

⑤ 「다문화가족지원법」은 2008년에 제정되었다.

오답 피하기

① 「아동복지법」은 1981년 제정되었다.
② 「노인복지법」은 1981년에 제정되었다.
③ 「장애인복지법」은 1989년에 제정되었다.
④ 「한부모가족지원법」은 2007년에 제정되었다.

53

③ 지방자치단체의 조례는 지방자치단체의 의회가 법령에 반하지 않는 범위 내에서 그 권한에 속하는 사항에 대하여 의결로서 제정한 것으로 성문법원에 해당한다.

오답 피하기

① 관습법은 불문법으로 사회복지법의 법원이다.
② 법률은 국회에서 제정되어 대통령이 공포한 법을 의미한다.
④ 명령은 대통령의 명령을 의미하는 것으로 기본법에 규정이 있어야만 가능하다.
⑤ 일반적으로 승인된 국제법규는 사회복지법의 법원에 포함된다.

54

사회보험법, 고용촉진, 처벌의 용어가 포함되면 「사회복지사업법」과 관계가 없다.

55

③ 사회복지사업법 제20조 감사 중에 결원이 생겼을 때 2개월 이내에 보충하여야 한다.

오답 피하기

① 사회복지사업법 제17조 제1항 정관에는 회의에 관한 사항이 포함되어야 한다.
② 사회복지사업법 제23조 제1항 법인은 사회복지사업의 운영에 필요한 재산을 소유하여야 한다.
④ 사회복지사업법 제18조 제6항 법인은 임원을 임면하는 경우에 지체없이 시·도지사에게 보고하여야 한다.
⑤ 사회복지사업법 제26조 제1항 제4호 법인이 목적사업 외의 사업을 하였을 때 기간을 정하여 시정명령을 하거나 설립허가를 취소할 수 있다.

56

② 사회복지사업법 제34조의 제2항 제3호 국가나 지방자치단체는 예산의 범위에서 책임보험 또는 책임공제의 가입에 드는 비용의 전부 또는 일부를 보조할 수 있다.

오답 피하기

① 사회복지사업법 제34조의5 제2항 사회복지관은 직업 및 취업 알선이 필요한 지역주민에게 사회복지서비스를 우선 제공하여야 한다.
③ 사회복지사업법 제34조 제1항 국가나 지방자치단체는 사회복지시설을 설치·운영할 수 있다.
④ 사회복지사업법 제36조 제1항 제3호 시설의 장은 시설 종사자의 근무환경 개선에 관한 사항을 심의하기 위하여 운영위원회를 두어야 한다.
⑤ 사회복지사업법 제40조 제1항 제4호 보건복지부장관, 시·도지사 또는 시장·군수·구청장은 회계부정이나 불법행위 또는 그 밖의 부당행위 등이 발견되었을 때 그 시설의 개선, 사업의 정지, 시설의 장의 교체를 명하거나 시설의 폐쇄를 명할 수 있다.

57

② 사회복지사업법 제9조 제1항 제1호 국가와 지방자치단체는 사회복지 자원봉사활동을 지원·육성하기 위하여 자원봉사활동의 홍보 및 교육을 실시하여야 한다.

오답 피하기

① 사회복지사업법 제5조의2 제1항 사회복지서비스를 필요로 하는 사람에 대한 사회복지서비스 제공은 현물로 제공하는 것을 원칙으로 한다.
③ 사회복지사업법 제46조 제1항 사회복지사는 사회복지에 관한 전문지식과 기술을 개발·보급하고, 사회복지사의 자질 향상을

위한 교육훈련을 실시하며, 사회복지사의 복지증진을 도모하기 위하여 한국사회복지사협회를 설립한다.

④ • **사회복지사업법 제11조 제6항** 사회복지사 자격증을 발급받은 사람은 다른 사람에게 그 자격증을 빌려주어서는 아니 되고, 누구든지 그 자격증을 빌려서는 아니 된다.

• **사회복지사업법 제54조 제1호의2 제11조 제6항**을 위반하여 사회복지사 자격증을 다른 사람에게 빌려주거나 빌린 사람은 1년 이하의 징역 또는 1천만 원 이하의 벌금에 처한다.

⑤ **사회복지사업법 제11조 제1항** 보건복지부장관은 사회복지에 관한 전문지식과 기술을 가진 사람에게 사회복지사 자격증을 발급할 수 있다.

58

ㄱ. **사회보장기본법 제10조 제2항** 국가는 관계 법령에서 정하는 바에 따라 최저보장수준과 최저임금을 매년 공표하여야 한다.

ㄴ. **사회보장기본법 제14조 제1항** 사회보장수급권은 정당한 권한이 있는 기관에 서면으로 통지하여 포기할 수 있다.

[오답 피하기]

ㄷ. **사회보장기본법 제13조 제2항** 사회보장수급권이 제한되거나 정지되는 경우에는 제한 또는 정지하는 목적에 필요한 최소한의 범위에 그쳐야 한다.

ㄹ. **사회보장기본법 제14조 제3항** 사회보장수급권을 포기하는 것이 다른 사람에게 피해를 주거나 사회보장에 관한 관계 법령에 위반되는 경우에는 사회보장수급권을 포기할 수 없다.

59

② **사회보장기본법 제35조** 국가와 지방자치단체는 사회보장 관계 법령에서 정하는 바에 따라 사회보장에 관한 상담에 응하여야 한다.

[오답 피하기]

① **사회보장기본법 제25조 제5항** 사회보험은 국가의 책임으로 하고, 공공부조와 사회서비스는 국가와 지방자치단체의 책임으로 시행하는 것을 원칙으로 시행한다.

③ **사회보장기본법 제28조 제4항** 부담 능력이 있는 국민에 대한 사회서비스에 드는 비용은 그 수익자가 부담함을 원칙으로 하되, 관계 법령에서 정하는 바에 따라 국가와 지방자치단체가 그 비용의 일부를 부담할 수 있다.

④ **사회보장기본법 제32조 제3항** 보건복지부장관은 제출된 사회보장통계를 종합하여 위원회에 제출하여야 한다.

⑤ **사회보장기본법 제26조 제2항** 중앙행정기관의 장과 지방자치단체의 장은 사회보장제도를 신설하거나 변경할 경우 신설 또는 변경의 타당성, 기존 제도와의 관계, 사회보장 전달체계에 미치는 영향, 지역복지 활성화에 미치는 영향 및 운영방안 등에 대하여 대통령령으로 정하는 바에 따라 보건복지부장관과 협의하여야 한다.

60

① **사회보장기본법 제21조 제4항** 사회보장위원회의 위원 임기는 2년으로 한다. 다만, 공무원인 위원의 임기는 그 재임 기간으로 한다.

[오답 피하기]

② **사회보장기본법 제22조 제1항** 국가와 지방자치단체는 모든 국민이 생애 동안 삶의 질을 유지 · 증진할 수 있도록 평생사회안전망을 구축하여야 한다.

③ **사회보장기본법 제16조 제2항 제5호** 사회보장 기본계획에는 사회보장 관련 기금 운용방안이 포함되어야 한다.

④ **사회보장기본법 제15조** 제3자의 불법행위로 피해를 입은 국민이 그로 인하여 사회보장수급권을 가지게 된 경우 사회보장제도를 운영하는 자는 그 불법행위의 책임이 있는 자에 대하여 관계 법령에서 정하는 바에 따라 구상권을 행사할 수 있다.

⑤ **사회보장기본법 제4조** 사회보장에 관한 다른 법률을 제정하거나 개정하는 경우에는 이 법에 부합되도록 하여야 한다.

61

④ **사회보장급여법 제29조 제4항** 정부는 사회보장급여의 이용 및 제공이 원활히 이루어질 수 있도록 한국사회보장정보원의 설립 · 운영에 필요한 비용을 출연하거나 지원할 수 있다.

[오답 피하기]

① **사회보장급여법 제4조 제6항** 보장기관은 지역의 사회보장 수준이 균등하게 실현될 수 있도록 노력하여야 한다.

② **사회보장급여법 제5조 제1항** 지원대상자와 그 친족, 「민법」에 따른 후견인, 「청소년 기본법」에 따른 청소년상담사 · 청소년지도사, 지원대상자를 사실상 보호하고 있는 자 등은 지원대상자의 주소지 관할 보장기관에 사회보장급여를 신청할 수 있다.

③ **사회보장급여법 제9조의2 제1항** 보장기관의 장은 누락된 지원대상자가 적절한 사회보장급여를 제공받을 수 있도록 지원이 필요한 위기가구를 발굴하기 위하여 노력하여야 한다.

⑤ **사회보장급여법 제36조 제3항 제3호** 특별자치시 지역사회보장계획은 사회보장급여 담당 인력의 양성 및 전문성 제고 방안을 포함하여야 한다.

62

⑤ **사회보장급여법 제10조 제1호** 보장기관의 장은 지원대상자를 발굴하기 위하여 사회보장급여의 제공규모에 대한 자료 또는 정보의 제공과 홍보에 노력하여야 한다.

[오답 피하기]

① **사회보장급여법 제2조 제4호** "지원대상자"란 사회보장급여를 필요로 하는 사람을 말한다.

② **사회보장급여법 제5조 제2항** 보장기관의 업무담당자는 지원대